Hans Zache (Hrsg.)
Die deutschen Kolonien in Wort und Bild

Hans Zache (Hrsg.)

Die Deutschen Kolonien

in Wort und Bild

Mit 275 Abbildungen
und 7 Karten

marixverlag

Die Originalausgabe erschien unter dem Titel
Das deutsche Kolonialbuch.
Zweite vermehrte und verbesserte Ausgabe
1926 im Wilhelm Andermann Verlag, Berlin/Leipzig

Nachdruck der Ausgabe des
Verlags Wilhelm Andermann, Berlin/Leipzig für
Marix Verlag GmbH, Wiesbaden 2004
Covergestaltung: Thomas Jarzina, Köln
Gesamtherstellung: Stalling GmbH, Oldenburg
Printed in Germany

ISBN: 3-937715-66-5
www.marixverlag.de

Geleitwort

Das »Deutsche Kolonialbuch« will in Wort und Bild das Werden unserer unvergeßlichen Schutzgebiete und unser Wirken an ihrem Aufbau schildern. Die Namen der zahlreichen Mitarbeiter aus allen Kolonien und die Reichhaltigkeit des bildlichen Schmuckes, für den der Verlag freigebig Sorge getragen hat, bürgen dafür, daß dieses Ziel erreicht wird. Aber es will mehr als das. Es will zeigen, daß das Wohl unserer Eingeborenen stets unsere vornehmste Sorge war und daß deshalb die koloniale Schuldlüge, die uns Unfähigkeit und Unwürdigkeit vorwirft, die ruchloseste aller Ausgeburten der Kriegspsychose ist. Deshalb ist mit Recht unsere koloniale Eingeborenenpolitik in den Mittelpunkt gerückt, der Schuldlüge eine koloniale Ehrentafel gegenübergestellt und dem Geschick unserer Kolonien unter Mandatsverwaltung ein breiter Raum eingeräumt worden.

Möge denn das Buch wirklich »Das Deutsche Kolonialbuch« werden und in unserem Volke die Liebe zu seinem Kolonialbesitz wachhalten, unseren Kriegsgegnern aber zeigen, daß wir ein tiefinneres Recht haben, gegen die koloniale Schuldlüge entrüstet Widerspruch zu erheben und die Forderung auf Rückgabe des uns entrissenen Besitzes in dem Satze zusammenfassen. *Wir kämpfen für Kolonialbesitz bis zum Erfolge!*

Adolf Friedrich Herzog zu Mecklenburg

Vorwort

Es ist nicht wahr, daß das deutsche Volk kein Herz für seine Kolonien gehabt hat. Zwar bildet diese wenig überlegte Behauptung die billige Einleitung aller derer, die das Bedürfnis empfinden, ihre Tätigkeit wichtig oder ihre Arbeit interessant zu machen. Aber es ist dennoch nicht wahr. Wahr ist vielmehr, daß die Parteipolitik den Volkswillen nur ungeheuer verfälscht zum Ausdruck gebracht hat, wenn sie um ihrer mehr oder weniger fragwürdigen Zwecke willen den Kolonien ihren Wert abstritt und dem deutschen Volke die Freude an ihnen zu verekeln suchte. Wo waren denn, außerhalb einiger Parteigrüppchen im Reichstage, die Kolonialgegner? – Und 1914, als die Schutzgebiete sich selbst rehabilitiert hatten, als sie keine Zuschüsse mehr erforderten, als Handel und Wandel blühte und ein ungeahnter Aufschwung zu den höchsten Hoffnungen berechtigte, da war selbst der Reichstag in allen Parteien kolonialfreundlich geworden. In der deutschen Nationalversammlung gar haben – mit Ausnahme von acht traurigen Genossen – alle 421 Mitglieder am 9. Juli 1919, wie schon vorher am 12. Mai und wieder am 11. Oktober, feierlich und energisch gegen den Raub unserer Kolonien protestiert.

Diese Gesinnung gilt es wach zu erhalten und den Kolonialwillen hinüberzuretten auf unsere Jugend, bis wir wieder ein Weltvolk sein und Kolonien haben werden. Denn ohne Kolonien ist ein Weltvolk undenkbar.

Du aber, deutsche Jugend, erwirb Dir wieder, was Deine Väter besaßen; was sie in Ehren erwarben, in heißer Arbeit zur neuen Heimat schufen, fähig und würdig wie je ein Kolonialvolk. Fürwahr, von allen Verlusten dieses Krieges war kaum einer grausamer und ungerechter als dieser! Wir sind in Hoffnung gewiß, daß die Spanne Zeit, in der wir kein Kolonialvolk sein dürfen, nur kurz bemessen sein wird; möge diese Pause ausgenutzt werden zur zielsicheren Vorbereitung für neue koloniale Arbeit auf weiteren und womöglich noch schöneren Räumen:

Die Weltgeschichte ist das Weltgericht.
Noch endete die Weltgeschichte nicht!

Der Herausgeber

Inhalt

Ost-Afrika 350–466

Der ferne Osten 467–507

Phot. Hofphotograph
Thiele, Hamburg

Feier an dem vor der Hamburger Universität wieder aufgestellten Wißmann-Denkmal aus Daressalam

U. Prüsse, Vorsitzender des Ostafrikaner-Verbande — Regierungsrat Zache, Vors. des Reichsverb. der Kolonialdeutschen — Gwendo Sieber in SWA — Herbert Wiese in DOA — Hauptmann von Rentzell, Vors. des Bundes der Kolonialfreunde — General Rochus Schmidt — Exzellenz Dr. Solf — O. Riedel, Vors. der Deutschen Kolonial-Ges.

Deutschland als Kolonialmacht

Der deutsche koloniale Gedanke

Von Wilhelm Solf [1)]

Seit mehr denn einem Vierteljahrhundert gehört es zu meinen vornehmsten Pflichten, über die weit verzweigten Interessen der Hanseaten im Ausland zu wachen und sie mit allen meinen Kräften zu fördern. Ehemals als Gouverneur in der Südsee und als Leiter der Kolonialverwaltung, jetzt als deutscher Botschafter in Japan, wo ich wiederum hamburgische Kaufherren als Pioniere des deutschen Überseehandels und als Vertreter des Standes schätzen gelernt habe, der seit Urväterzeiten Zufriedenheit und Wohlstand unter die Völker der Welt gebracht hat. Ich weiß nicht, wieweit denjenigen, die nicht dem Kaufmannsstande angehören, bewußt ist, mit welchen schier unüberwindlichen Schwierigkeiten der deutsche Kaufmann unserer Tage im Auslande zu kämpfen hat, ganz besonders in den Ländern unserer Friedensgegner. Die Kaufleute sind deswegen die besten Sachverständigen für die Beurteilung der Anomalie, die darin liegt, von einem Volke überspannte Leistungen zu verlangen und gleichzeitig seine natürlichen und traditionellen Einnahmequellen zu verstopfen. Zu diesen natürlichen Einnahmequellen gehören neben den abgetrennten und vergewaltigten Gebieten die jetzt liquidierten Vermögen der Auslandsdeutschen und die ohne Gegenleistung uns abgesprochenen Kolonien.

Die heutige Feier hat doppelten Sinn und Inhalt: einmal wollen wir dankbaren Herzens Bismarcks gedenken, dessen gigantisches Steinbild zum Wahrzeichen dieser freien Reichs- und Hansestadt geworden ist, zum andern wollen wir uns die Frage vorlegen, ob und mit welchem Grade der Berechtigung wir trotz alledem hoffnungsfroh in die Zukunft blicken dürfen und damit rechnen können, daß auch Deutschland wieder mitarbeitet an der der Kulturmenschheit gestellten Aufgabe der Erschließung Afrikas und an der gemeinschaftlichen Lösung der mannigfaltigen Probleme kolonialer Verwaltung. Daß kein Deutscher mit tieferem Schmerz als ich den Verlust unserer Kolonien betrauert und sehnsüchtig mit allen Kolonialfreunden auf eine bessere Zeit hofft, brauche ich den Hamburgern nicht zu versichern. Ich halte es aber der guten Sache wegen für richtig, unsere Wünsche und Hoffnungen vorsichtig zu formulieren. Einem Volk, das in erster Linie für die Sicherheit im Land sorgen und gegen Verarmung kämpfen muß, steht die ungestüme Geste nicht wohl an.

In einem Teil der uns feindlichen Presse des Auslandes ist folgende Frage aufgeworfen worden: »Wenn Deutschland den Krieg gewonnen hätte, würde dann auch nur eine einzige britische, belgische oder französische Kolonie unannektiert geblieben sein?« Ich glaube, daß die Beantwortung dieser Frage zu meiner Zuständigkeit gehört, denn ich war während des Krieges Leiter des Reichskolonialamtes und als solcher verantwortlich für die kolonialen Forderungen Deutschlands für den Friedensschluß. Wenn jemand behauptet, Deutschland hätte derartig weitgehende Annexionsabsichten gehabt, so ist das gleichbedeutend mit der Behauptung, ich hätte ein solches Programm aufgestellt. Mit allem Nachdruck muß ich hierzu erklären, daß ich derart habgierige und zugleich utopische Forderungen niemals erhoben habe. Ich gebe zu, daß von privater Seite, namentlich in der ersten Zeit des Krieges, als die gewaltigen Erfolge unserer Truppen einen baldigen siegreichen Ausgang erhoffen ließen, auch koloniale Erwerbungen gefordert worden sind.

---

1) Rede des ehemaligen Staatssekretärs des Reichskolonialamts, gehalten am 27. April 1924 in der deutschen Kolonialgesellschaft, Abt. Hamburg, zur Feier des vierzigjährigen Gedenktages der Begründung der deutschen Kolonialpolitik.

Die deutsche Regierung hat aber derartige Forderungen sich niemals zu eigen gemacht. Ich bin mit dem damaligen Reichskanzler von Bethmann-Hollweg über unser koloniales Kriegsziel vollkommen einer Meinung gewesen. *Unser koloniales Programm war von Anfang an klar und einfach: Wir erstrebten die Erhaltung des vorhandenen Kolonialbesitzes und seine Ausgestaltung zu einem wirtschaftlich leistungsfähigen Gebilde.* Gleichzeitig wollten wir der künftigen Gefährdung des europäischen Friedens entgegenwirken, die wir in der von den Gegnern, besonders von den Franzosen geplanten Militarisierung Afrikas erblickten.

Daß wir die Perle der Südsee, Samoa, verloren haben und Neu-Guinea nebst den kleinen Inseln des Archipels, wird in Hamburg ganz besonders schmerzlich empfunden. Wie die Gedanken aber zollfrei sind, so sind es auch die Hoffnungen. Ich halte es nicht für utopisch, auch in der Südsee an gewisse Zukunftsmöglichkeiten für uns zu denken. Es scheint mir jedoch weiser, stets daran zu denken und nicht davon zu reden.

Wer Deutschland imperialistische und militärische Absichten auf kolonialem Gebiete zuschreibt, verkennt den Geist der deutschen Kolonialpolitik und tut den geschichtlichen Tatsachen Zwang an. Schon die Entstehungsgeschichte des kolonialen Gedankens in Deutschland und seine langsame, allmähliche Entwicklung zeigt, daß nicht ehrgeiziger Tatendrang, nicht der Wunsch nach Machtentfaltung die deutsche Regierung dazu geführt hat, aktive Kolonialpolitik zu treiben. Zögernd nur hat Bismarck sich vor nunmehr 40 Jahren zu diesem Schritt entschlossen. Wenn Sicherheit bestanden hätte, daß der damals noch nicht vergebene Teil der Kolonialgebiete dem internationalen Handel offengeblieben wäre, so wäre es zu diesem Schritte vielleicht überhaupt nicht gekommen. Die Tatsachen zeigten aber, daß diese Sicherheit nicht bestand. So nötigte die Sorge um die Verantwortung für die Zukunft eines an Kopfzahl und an wirtschaftlicher Kraft mächtig anwachsenden Volkes die Reichsregierung dazu, Gebiete Zentralafrikas und der Südsee unter den Schutz der deutschen Flagge zu stellen. Dabei war Deutschland sorgfältig bemüht, bestehende Rechte und Interessen anderer Staaten nicht zu verletzen. Fürst Bismarck wie auch die späteren verantwortlichen Leiter der deutschen Politik haben oft genug betont, wie wertvoll ihnen die Aufrechterhaltung guter Beziehungen zu den kolonialen Nachbarn sei, und daß diese guten Beziehungen durch Differenzen auf kolonialem Gebiete nicht getrübt werden sollten. Zum Beweise dafür darf ich an Bismarcks Verhalten gegenüber den französischen Wünschen in Nordafrika und den Kolonialzielen König Leopolds von Belgien erinnern, denen der Fürst von Anfang an die größte Förderung angedeihen ließ. Die Sicherung eines weiten Freihandelsgebietes in Zentralafrika, die durch die Kongo-Akte, dieses großartige Vertragswerk, dessen geistiger Vater und Taufpate Bismarck war, erreicht worden ist, schien ihm fast gleichwertig mit dem Erwerb eigener Kolonien. Kein Land hat so peinlich wie Deutschland die Erfüllung der Bestimmungen dieses Vertrages durchgeführt. Für die deutschen Kolonien, sogar für die außerhalb des Kongobeckens liegenden, galt Freiheit des Handels und der wirtschaftlichen Betätigung. Dieses gegenseitige Gewährenlassen hätte Bismarck gern auch auf andere Kolonialgebiete ausgedehnt.

Deutschlands militärische Schutzmaßnahmen in seinen Kolonien waren ausschließlich nach dem Gesichtspunkte bemessen, daß sie lediglich zur Unterdrückung von Aufständen und zur Bekämpfung des Sklavenhandels ausreichen sollten.

Das waren die allgemeinen Richtlinien der deutschen Kolonialpolitik, die ich bei meinem Amtsantritt als Staatssekretär des Reichskolonialamts vorfand, unter denen ich groß geworden war und an denen ich festgehalten habe. Meine während des Krieges in verschiedenen Reden ausgeführten Gedanken über Deutschlands Kolonialpolitik und seine kolonialen Kriegsziele bewegten sich auf der gleichen Linie. Kolonialpolitik zu treiben, habe ich stets für eine gemeinsame, hohe Aufgabe aller Kulturstaaten betrachtet. Nach meiner auch jetzt unveränderten Auffassung bedeutet aktive Kolonialpolitik nicht allein die Ausbeutung tropischer und überseeischer Länder, nach Maßgabe der Bedürfnisse des Mutterlandes, sondern Mitarbeit an der Pflicht, die Eingeborenen intellektuell und moralisch zu erziehen, die Voraussetzung zu schaffen für ihre

Kriegerdenkmal (1904–06) in Windhuk (SWA)

wirtschaftliche Weiterentwicklung und ihnen behilflich zu sein, zu einer höheren Gesittung emporzusteigen.

Zur Durchführung dieses hohen sittlichen Programms bin ich eingetreten für eine gerechte Verteilung der Kolonialgebiete Afrikas unter die Kulturstaaten. Die meisten Völkerschaften Zentralafrikas sind für ein Selbstbestimmungsrecht noch nicht reif. Deshalb schien mir der Versuch, diese Völker ohne Aufsicht zu lassen, sich selbst zu organisieren, gleichbedeutend mit dem Zurückstoßen in die chaotischen Zustände, in denen sie sich vor Einsetzen der modernen Kolonisation gegenseitig aufrieben. Deswegen habe ich an der Verteilung Afrikas unter die europäischen Staaten festgehalten. Nicht ein Selbstbestimmungsrecht, aber ein Selbstzweckrecht haben nach meiner Auffassung die Eingeborenen, d. h., sie haben den Anspruch, von den höherentwickelten Rassen jederzeit als Zweck und nicht bloß als Mittel, als *corpus vile* für unsere Erwerbsabsichten betrachtet zu werden. Europas ureigenstes Interesse erfordert die gesunde Entwicklung der afrikanischen Volksstämme, deren Arbeitskraft das erschöpfte Europa zur Gewinnung der von ihm dringend benötigten Rohprodukte bedarf. Egoistischen Raubbau an Land und Leuten, Ausnutzung der Eingeborenen zu militärischen Zwecken habe ich bekämpft und gefordert, daß bei der gerechten Verteilung der tropischen Gebiete diejenigen Länder bevorzugt werden sollten, die bewiesen haben, daß sie die Menschheit auch in den Farbigen achten. Maßstab für die gerechte Verteilung der Kolonialgebiete sollte daneben, unter dem Gesichtspunkt der Wirtschaftspolitik, das Verhältnis der Bedürfnisse und wirtschaftlichen Leistungen, und vom Standpunkt der Kulturpolitik, die Leistungsfähigkeit der einzelnen Staaten auf kulturellem Gebiet sein. Eine nach solchen Gesichtspunkten erfolgende Auseinandersetzung würde eine Gleichgewichtslage auf kolonialem Gebiete schaffen, die künftige Konfliktsmöglichkeiten beseitigt und damit dem ersehnten Weltfrieden dient.

Eingetreten bin ich ferner für eine allgemeine Freiheit des Handels und der wirtschaftlichen Betätigung für das ganze tropische Afrika, also für einen Ausbau der von Bismarck angeregten Kongo-Akte. Denn es schien fraglich, ob die Abschließung der Kolonien allein für die mutterländischen Interessen zu einem Zustand der Weltberuhigung und des Interessenausgleichs führen könnte. In einem solchen Interessenausgleich sah ich aber die Voraussetzung für die Dauerhaftigkeit des Weltfriedens.

Offene Tür verlangte ich ferner für die kulturelle Betätigung, wobei ich auf die Arbeit der Missionare Wert legte, deren Supranationalität ich durch zweifelsfreie Formulierung dem internationalen Recht als allgemeine Norm bei Friedensschluß einzuverleiben hoffte.

Ferner forderte ich weiteren Ausbau bestimmter Grundlinien der Verwaltung der Einzelkolonien, wie der Bekämpfung des Sklavenhandels, des Branntweinhandels, der verheerenden Volks- und Tierseuchen, der Abgabe von Feuerwaffen an Eingeborene und anderes.

Gemeinsam sollten auch die großen Aufgaben auf dem Gebiete der Verkehrspolitik sein; ich dachte dabei an besondere Regelungen für die Schiffbarmachung und Erhaltung der großen afrikanischen Ströme und an eine allen Interessen dienende einheitliche Eisenbahn- und Verkehrsstraßenpolitik.

Mit ganz besonderer Wärme bin ich stets für die Neutralisierung Afrikas und für Rüstungsbeschränkungen in den Kolonien eingetreten. Die Richtigkeit meiner diesbezüglichen Ausführungen beim Ausbruch des Krieges über die ungeheure Gefahr, die der weißen Rasse durch eine Militarisierung der afrikanischen Völker erwachsen würde, wird jetzt auch von uns früher feindlichen Ländern erkannt.

Schließlich habe ich meine Bereitwilligkeit erklärt, an dem Ausbau einer Organisation mitzuarbeiten, deren Aufgabe es ist, die Beobachtung der erwähnten erstrebenswerten Abmachungen durch die beteiligten Kolonialstaaten zu gewährleisten.

Ich war mir bewußt, daß durch ein solches Kontrollorgan eine gewisse Beschränkung des Spielraums der freien Tätigkeit der einzelnen Beteiligten eintreten müsse. Für Deutschland habe ich ohne Bedenken erklärt, daß wir dies in Kauf nehmen würden. Nur so glaubte ich, dem großen Ziel, dem alle europäische Kolonisation in Afrika zustreben müsse, näherzukommen, nämlich der Entwicklung einer höheren, bodenständigen Kultur der eingeborenen Völker in Verbindung mit der Nutzbarmachung der tropischen Produktivkräfte für Europa. Als Zukunftsideal schwebte mir dabei vor, daß das tropische Afrika allmählich den Charakter einer gemeinschaftlichen Kolonie der europäischen Staaten einnehmen würde, in der die Besitzer der Einzelkolonien zu Treuhändern der Gemeinschaft würden.

Das waren die großen Richtlinien meiner für den Frieden angemeldeten Kolonialpolitik, die Ideale, die mir und meinen Mitarbeitern für eine europäische Kolonisation Afrikas stets vorgeschwebt haben. Ich habe diese Gedanken in Wort und Schrift in den langen Jahren des Krieges verbreitet und sie in einem Buch, betitelt: »Kolonialpolitik«, zusammengefaßt. Dieses mein kolonialpolitisches Testament ist geschrieben worden vor der Veröffentlichung des Versailler Diktats. Sie werden mir zugeben, daß meine Gedanken sich mit den einst so hoffnungsvoll erscheinenden Zusagen des fünften der Wilsonschen Punkte vereinigen lassen. Dieser Punkt 5 lautete: »Eine freie, weitherzige und unbedingt unparteiische Schlichtung aller kolonialen Ansprüche, die auf einer genauen Beobachtung des Grundsatzes fußt, daß bei der Entscheidung aller derartigen Souveränitätsfragen die Interessen der betroffenen Bevölkerung ein ebensolches Gewicht haben müssen wie die berechtigten Forderungen der Regierung, deren Rechtsanspruch bestimmt werden soll.«

Wir durften also, nach Sinn und Wort dieses Punktes, im Vertrauen auf unser gutes Recht und gestützt auf unsere kolonialen Leistungen, eine günstige Lösung der kolonialen Frage in Versailles erwarten. Die Hoffnung schlug fehl, wie viele andere! Das Versailler Diktat verlangte den Verzicht Deutschlands auf seinen gesamten überseeischen Besitz. Damals habe ich meinem kolonial-politischen Testament ein Kodizill hinzugefügt, indem ich unter Hinweis auf das uns geschehene Unrecht den Erben des kolonialen Gedankens die Verpflichtung auferlegte, die koloniale Idee hochzuhalten, den Glauben an die Zukunft nicht zu verlieren und dafür zu sorgen, daß der koloniale Gedanke Gemeingut der breitesten Schichten des Volkes werde. Was ich damals geschrieben, vertrete ich noch heute.

Wie können wir nun die Wünsche praktisch der Erfüllung nahe bringen? Wie können wir den kolonialen Gedanken hegen und pflegen? Es gibt viele Möglichkeiten: Unterstütze jeder nach seinen Kräften die Bestrebungen der mannigfachen Kolonialverbände. In den Lehrplan der Schulen sollte die Geschichte unserer Kolonien aufgenommen werden, die Jugend darf die heldenhaften Leistungen unserer Brüder in Afrika nicht vergessen. An den Universitäten wären Lehrstühle einzurichten für Kolonialwesen, Kolonialrecht und Kolonialgeschichte. Jeder einzelne sollte sich mit unserer reichhaltigen Kolonialliteratur beschäftigen; auch die Lichtbilder könnten ihren Teil zur Belehrung beitragen.

Inzwischen sind zahlreiche Veröffentlichungen erfolgt, die uns in der Frage der Verteilung der deutschen Kolonien unter unsere Friedensgegner klarer sehen lassen als damals. Wir wissen jetzt, daß die deutschen Kolonien längst vor dem Versailler Diktat unter die Siegerstaaten verteilt waren auf Grund von geheimen Verträgen, die während des Krieges für gegenseitige Hilfeleistung geschlossen waren. Für die Siegerstaaten kam es in dem Friedensvertrag lediglich darauf an, ihren vorherigen Abmachungen die richtige äußere Form zu geben. Hierzu diente das Mandatssystem. Die Siegerstaaten erhielten Deutschlands Kolonien! Und weil das ja keine Annexion war, sondern die Übernahme einer onerösen Pflicht zu humanitären Leistungen, erhielten sie die Kolonien umsonst! Der amerikanische Staatssekretär, Mr. Lansing, einer der Hauptteilnehmer an den Verhandlungen in Versailles, sagt zu diesem Erwerbstitel wörtlich: »Wenn die Advokaten des Mandatssystems den Anschein vermeiden wollten, als nähmen sie feindliches Gebiet als Kriegsbeute, so war dies ein Unterschlupf, der aber niemand täuschte.« Ähnlich und noch deutlicher hat Renaudel in der französischen Kammer ausgeführt, daß das System des Mandats keinen anderen Zweck habe, als ohne zuviel offenkundige Gewissensbisse sagen zu können: »Wir wollen Deutschland aller Teile seines Kolonialreiches berauben.« Auch sonst ist in der Literatur und in der Presse der Entente wiederholt ausgesprochen worden, daß die Form des Mandats einer Annexion ziemlich gleichkomme.

Wir haben uns gegen die kolonialen Bestimmungen des Friedensvertrages aufgelehnt. Wir haben uns auf den rechtmäßigen Erwerb unserer Schutzgebiete und auf die Notwendigkeit berufen, für Deutschland eigenen Kolonialbesitz zu haben, als Rohstoffbezugsgebiet einerseits, als Absatzgebiet und Siedlungsland andererseits. Unsere Gegner haben die Bemerkungen der deutschen Friedensdelegation verworfen und in der Mantelnote sowohl wie in einer späteren Note die an sich unverständlichen Bestimmungen des Friedensvertrages über die deutschen Kolonien zu begründen versucht. *Es wird eine Zeit kommen, in der die Mächte der Entente sich des Wortlauts und Inhalts dieser Mantelnote schämen werden.* Es steht darin folgendes: »Die alliierten und assoziierten Mächte haben sich davon überzeugen können, daß die eingeborenen Bevölkerungen der deutschen Kolonien starken Widerspruch dagegen erheben, daß sie wieder unter Deutschlands Oberherrschaft gestellt werden; und die Geschichte dieser deutschen Regierung und die Art und Weise, in welcher diese Kolonien verwandt wurden als Ausgangspunkte für Raubzüge auf den Handel der Erde, machten es den alliierten und assoziierten Mächten unmöglich, Deutschland die Kolonien zurückzugeben oder dem Deutschen Reiche die Verantwortung für die Ausbildung und Erziehung der Bevölkerung anzuvertrauen.«

In der Anlage zur Mantelnote heißt es ergänzend dazu:

»Bei dem Verlangen, daß Deutschland allen Rechten und Ansprüchen auf seine überseeischen Besitzungen entsage, haben die alliierten und assoziierten Mächte in allererster Linie die Interessen der eingeborenen Bevölkerungen berücksichtigt, für die Präsident Wilson im fünften seiner 14 Punkte der Botschaft vom 8. Januar 1918 eingetreten ist. Es genügt, auf die deutschen und amtlichen und privaten Zeugnisse vor dem Kriege und auf die im Reichstag erhobenen Anklagen Bezug zu nehmen, um ein Bild von den kolonialen Verwaltungsmethoden Deutschlands, von den grausamen Unterdrückungen, den willkürlichen Zwangsbetreibungen und den verschiedenen Formen der Zwangsarbeit zu erhalten, die weite Strecken in Ostafrika und Kamerun entvölkert haben, ganz zu schweigen von dem aller Welt bekannten tragischen Schicksal der Hererós in Südwestafrika.

Deutschlands Versagen auf dem Gebiete der kolonialen Zivilisation ist zu deutlich zutage getreten, als daß die alliierten und assoziierten Mächte ihre Hand zu einem zweiten Versuche bieten und die Verantwortung dafür übernehmen könnten, dreizehn bis vierzehn Millionen Eingeborener von neuem einem Schicksal zu überlassen, von dem sie durch den Krieg befreit worden sind.

Außerdem haben die alliierten und assoziier-

ten Mächte es für notwendig erachtet, ihre eigene Sicherheit und den Frieden der Welt gegen einen militärischen Imperialismus zu sichern, der darauf ausging, sich Stützpunkte zu schaffen, um gegenüber den anderen Mächten eine Politik der Einmischung zu verfolgen.«

So weit die Mantelnote! In der Tat, es ist ein starkes Stück, so viel Ungerechtigkeit und Unwahrheit einem Dokument einzuverleiben, das die ganze Welt liest! *Wir aber dürfen nicht aufhören und nicht ermüden, diese uns moralisch ächtende Begründung für die Wegnahme unserer Kolonien und für die einseitig egoistische Anwendung der idealen Gedanken eines Völkerbundes und des Mandatssystems an sich zu bekämpfen.* Ich habe ein großes, persönliches Interesse daran, diese Unrichtigkeiten klarzustellen. Denn die Vorwürfe, ein militärisches Deutschland habe in brutaler Gewaltherrschaft die von ihm unterjochten Eingeborenen mißhandelt und sei auf Schaffung von Stützpunkten zur Bedrohung anderer Nationen ausgegangen, treffen mich und meine Amtsvorgänger in allererster Linie. Ich bin es den mir früher unterstellten Beamten und Offizieren, allen Kolonialdeutschen, deren Interessen ich zu vertreten hatte, mir selber und dem deutschen Volke, dem wegen der behaupteten Verfehlungen der Kolonialverwaltung sein Kolonialbesitz genommen ist, schuldig, in diesem Kampfe nicht zu erlahmen.

Es kann heute nicht meine Aufgabe sein, im einzelnen die vielen Unrichtigkeiten der obigen Note nachzuweisen. Nur einiges Wenige will ich darüber sagen. Wo ist Deutschland in seinen Kolonien militaristisch vorgegangen? Wie vorsichtig hat Fürst Bismarck gehandelt, stets darauf bedacht, bestehende Ansprüche zu achten! Erst der Kaufmann, dann der Soldat, das war sein und seiner Nachfolger oberster Grundsatz. Im Vertrauen auf die Bestimmungen der Kongo-Akte hatte man in keiner unserer Kolonien militärische Vorbereitungen getroffen. Keinerlei Befestigungen waren vorhanden, die zur Verteidigung gegen Angriffe europäischer See- oder Landstreitkräfte geeignet gewesen wären, geschweige denn als Basis für Angriffszwecke hätten dienen können. Die Stärke unserer Schutz- und Polizeitruppen war denkbar niedrig gehalten. Wir können uns auf die Richtigkeit dieser Angaben, auf die Berichte der unsere Kolonien verwaltenden Mandatarstaaten an den Völkerbund berufen, in denen unumwunden das Fehlen jeder militärischen Einrichtung zugestanden wird. Die Truppenkontigente, die die Mandatarstaaten in unseren Kolonien unterhalten, sind durchweg höher als zu unserer Zeit. Wer ist es also, der die Kolonien militarisiert, so daß die anderen Staaten die für die weiße Rasse gefährliche Entwicklung mit Angst und Schrecken verfolgen? Nicht wir!

Brutale Unterdrückung und Mißhandlung der unterjochten Eingeborenen wirft man uns vor. Niemals haben wir ein Hehl daraus gemacht, daß bei uns, wie in allen anderen Ländern, in den kolonialen Kinderjahren Fehlgriffe vorgekommen sind. Solche Verfehlungen aber, so schreibt der Engländer Morel 1917, über die die Deutschen selbst keine Neigung haben, ein weißes Tuch zu decken, sind unbedeutend im Vergleich zu den erschütternden Rechtsfällen in anderen Staaten. Morel fährt fort: »Seien wir ehrlich und geben wir zu, daß es vollständig unmöglich sein würde, vor einem internationalen Gerichtshof eine Klage gegen die Ausübung der deutschen Souveränitätsrechte in Afrika mit der Begründung, daß Deutschland die Eingeborenen schlecht behandelt habe, erfolgreich zu erheben. Die Erhebung einer solchen Klage würde nicht nur ein schädliches und unwiderlegliches *tu quoque*, sondern auch die Anführung vieler britischer Stimmen, die die deutsche Verwaltung in Afrika loben, zur Folge haben.«

Das sind Morels Worte, eines sachverständigen Zeugen aus dem Lande unserer Friedensgegner.

Oft genug haben mir britische Staatsleute im persönlichen Gespräch unumwunden ihre Bewunderung für unsere Leistungen auf kolonialem Gebiet ausgesprochen. Die Unrichtigkeit der gegnerischen Behauptungen erhellt am besten aus der beispiellosen Entwicklung, die unsere Schutzgebiete vor dem Kriege durchgemacht haben. Hätte man mit einseitiger Ausbeutungspolitik einen solchen Aufschwung erzielt? Das ist nur zu erreichen durch ein inniges, friedliches Zusammenarbeiten der Eingeborenen mit einem Schutzherrn, zu dem sie in vollem Vertrauen emporsehen. Wo in aller Welt haben je brutal unterdrückte Völker jahrelang Seite an Seite mit ihren

Unterdrückern gefochten, obwohl es ihnen ein leichtes gewesen wäre, zum Gegner überzugehen? Kennt man aus der Kolonialgeschichte auch nur ein Beispiel, daß brutal unterdrückte Völker ihren Unterdrückern sogar in die Gefangenschaft gefolgt sind? Daß die Behauptungen von Deutschlands Unfähigkeit zu kolonisieren sich nicht aufrechterhalten lassen, sehen jetzt auch unsere Gegner ein, wenn sie überhaupt jemals ernstlich daran geglaubt haben. Der Premierminister der südafrikanischen Union hat kürzlich einer Abordnung von Deutschen aus Südwestafrika erklärt, daß er die außerordentliche Leistung der deutschen Kolonisation anerkenne und zu würdigen wisse und daß man in Südafrika auf die Darstellungen des Blaubuches über die deutschen Kolonisations-Methoden nicht mehr zurückgreifen werde. Damit hat Smuts die Unwahrhaftigkeit dieses Dokuments, auf dem die Versailler Entscheidung über die deutschen Kolonien fußt, an den Pranger gestellt! Der südafrikanische Staatsmann ist in seinen uns günstigen Feststellungen aber noch weiter gegangen. Bei den Verhandlungen, die im Oktober 1923 zwischen Smuts und einer deutschen Regierungskommission stattfanden, hat Smuts in einem Schreiben an diesen Regierungsvertreter folgendes gesagt: »Die Deutschen, die sich zu verschiedenen Zeiten in verschiedenen Teilen der Union niedergelassen haben, bilden die wertvollsten Teile der südafrikanischen Bevölkerung. Ich (Smuts) bin sicher, daß die Deutschen in Südwestafrika, deren erfolgreiches und gewissenhaftes Wirken in dem Mandatsgebiet ich sehr hoch schätze, an der Aufrichtung einer dauerhaften europäischen Zivilisation auf dem afrikanischen Kontinent, die die Hauptaufgabe der Union ist, kräftig mitarbeiten werden.«

So spricht ein Staatsmann von der Bedeutung Smuts, dessen wohldurchdachte Reden im Krieg bei Freund und Feind Anerkennung gefunden haben. Und niemand in England hat ihn ob seines günstigen Urteils über die Kolonialfähigkeiten der Deutschen Lügen gestraft! Wie in Südwest, so haben wir uns in den anderen deutschen Kolonien verhalten. Wir dürfen es mit Stolz sagen: Nirgends in tropischen Ländern ist mehr für das Wohl der Eingeborenen geschehen als bei uns! Vergleichen wir auf Grund der Berichte der Mandatarstaaten an den Völkerbund die jetzigen Zustände mit den früheren, so müssen wir mit großem Bedauern für die Eingeborenen die Feststellung machen, daß jetzt auf kulturellem Gebiete, auf dem Gebiete des Gesundheitswesens, des Schulwesens, des Forstwesens, des landwirtschaftlichen Versuchswesens nicht entfernt das geleistet wird, was wir geleistet haben. Es kann dies auch gar nicht geleistet werden, weil, wie es immer wieder in den Berichten heißt, den Mandatarstaaten das erforderliche Personal fehlt! Wir haben das Personal, bei uns wird auch ohne Kolonien weitergearbeitet zum Wohle der Eingeborenen. Das zeigt die glänzende Erfindung des Mittels gegen Schlafkrankheit und Tierseuchen, Germanin, (Bayer 205), das für das tropische Afrika ungeahnte Wirkungen haben wird und das die deutsche Wissenschaft den unglücklichen Opfern der Seuche darbietet. An solchen Tatsachen kann die Welt nicht achtlos vorübergehen. Die Vorwürfe der feindlichen Mantelnote sind zu erklären aus der Kriegspychose des Jahres 1919. Sie sind Folgen einer während des Krieges für nötig gehaltenen und nach Kriegsmoral meinetwegen erlaubten Propaganda. Im Frieden aber ist kein Raum für solches Gebahren. Die Vorwürfe zerfließen in nichts.

Steht die Begründung für die einseitige Anwendung des Mandatssystems auf die früher deutschen Kolonien auf tönernen Füßen, so steht auch die Art und Weise der Durchführung des Mandatsgedankens mit den Grundsätzen eines wahrhaften Völkerbundes in Widerspruch. *Der Völkerbund in seiner jetzigen Form ist aber kein unparteiischer Areopag.* Er gleicht mehr einer Gläubigerversammlung gegen Deutschland, er ist ein Instrument in der Hand der Siegerstaaten, um die Bestimmungen des Versailler Diktats gegen uns durchzuführen. Und doch soll nach Wortlaut und Sinn der Völkerbundsatzungen der Völkerbund die Vormundschaft über die Eingeborenen der früheren deutschen Schutzgebiete übernehmen. Er hat nämlich diejenigen Staaten, die in seinem Namen diese Vormundschaft ausüben sollen, zu bestimmen und zu beaufsichtigen. Der Völkerbundsrat hat aber niemals diese Souveränitätsrechte für sich in Anspruch genommen, er hat die Bestimmung der Mandatarmächte den alliierten und assoziierten Haupt-

Pangani (DOA)

mächten überlassen und sich nur ein zur leeren Form herabgedrücktes allgemeines Aufsichtsrecht über die Mandatsverwaltungen vorbehalten.

Nein, das ist nicht der Völkerbund, wie die Welt ihn braucht, nicht die Organisation, die mir bei der supranationalen Verwaltung Afrikas vorgeschwebt hat. Die große Idee des Völkerbundes ist die Zusammenfassung der Staatenwelt zu einer politischen Organisation der Kulturwelt. Bismarck hat 1884 auf der Kongokonferenz die Anfänge hierfür geschaffen. Dieser Gedanke einer das Recht verwaltenden Organisation der menschlichen Gesellschaft, den Kant als das letzte Ziel der Menschheit bezeichnet hat, bleibt wahr. Wir haben uns zur Mitarbeit an diesem großen, einem wahren Völkerfrieden dienenden Kulturwerk bereit erklärt und wir erhoffen alle einen solchen Frieden. Gerade jetzt versuchen wir wieder einmal, uns diesem ersehnten Frieden zu nähern. Es wäre zu wünschen, daß mit der Regelung der europäischen Angelegenheiten auch eine Neuregelung der afrikanischen Verhältnisse verbunden werden könnte. Denn ein dauerhafter europäischer Friede ist unvereinbar mit dem Ausschluß Deutschlands von der größten natürlichen Reserve an tropischen und subtropischen Stoffen.

Eine Besserung für uns muß kommen, und sie wird kommen, denn ich glaube an den Sieg der Wahrheit und des Rechts. Deutschlands Anteil an der Erschließung Afrikas, seine Leistungen auf kolonialem Gebiete sind zu groß, als daß es dauernd von der gemeinsamen Kulturarbeit der europäischen Staaten in Afrika ausgeschlossen werden könnte. *Unsere Aufgabe aber muß es inzwischen sein, den kolonialen Gedanken im Volke wachzuhalten, ihn zu hegen und zu pflegen, damit, wenn der ersehnte Zeitpunkt kommt, unser Volk zum Werke bereit ist.*

Und wenn an die Hanseaten zum zweiten Male der Ruf ergehen wird, Pionierarbeit für Deutschlands Kolonialsache zu leisten, so werden alle, dessen bin ich sicher, diesem Rufe willig folgen. Mehr als je gehört jetzt und in Zukunft unsere ganze Kraft dem Volke und dem Vaterlande.

Also: *Per aspera ad astra.*

Die Pflege des kolonialen Gedankens im deutschen Volke

Von Kurt Winkler

Obwohl das deutsche Volk als letztes in die Reihe der kolonisierenden Nationen Europas eintrat, hat bei ihm der Drang nach kolonialer Betätigung immer bestanden. Als in der Mitte des vorigen Jahrhunderts die Wogen nationalen Erwachens in Deutschland hochgingen und deutsche Männer für den nationalen Einheitsstaat eintraten, erhoben sie gleichzeitig die Forderung nach einer Flotte und nach Kolonien. Diese Forderung verschwand nicht wieder. Sie führte vielmehr zur Gründung von Vereinen, die es sich zur Aufgabe machten, das Interesse für eine koloniale Betätigung Deutschlands zu wecken.

Der erste derartige Verein, dessen Gründung im Jahre 1878 erfolgte und der heute noch besteht, war der *Zentralverein für Handelsgeographie* und Förderung deutscher Interessen im Auslande zum Zwecke der Ausdehnung des deutschen Einflusses über See. Ackerbau- und Handelskolonisation galten für ihn als wichtigste Faktoren zur Verbreitung des kolonialen Einflusses eines Volkes.

Als um das Jahr 1880 Pläne zur Kultivierung Afrikas laut wurden – so von Gerhard Rohlfs für Marokko und von Hübbe-Schleiden für Westafrika – war das Verständnis für koloniale Dinge in Deutschland noch zu gering, die Kreise zu eng gezogen, als daß an ihre Durchführung hätte gedacht werden können. Dies erkannte der Fürst Hermann zu Hohenlohe-Langenburg.

Die Begründung der Massenorganisation eines die gesamte deutsche Nation umschließenden Vereins war sein schöpferischer Gedanke. Frühere Studien und Reisen hatten ihm die Kolonialidee eingegeben. Die Ablehnung der Samoavorlage durch den Reichstag hatte in weiten Schichten des Volkes Mißstimmung erregt. Da faßte der Fürst den Plan, durch Sammlung der verstreuten Bestrebungen für deutsche Kolonisation einen wirklichen Volksverein zu schaffen, um deutsche koloniale Unternehmungen zu fördern.

So fand am 26. August 1882 unter dem Vorsitz von Fürst Hohenlohe-Langenburg in Frankfurt am Main unter Teilnahme des damaligen dortigen Oberbürgermeisters Dr. Miquel und einer Anzahl anderer hervorragender Männer die erste Vorbesprechung zwecks Gründung eines *Deutschen Kolonialvereins* statt. Einstimmig wurde über die Ziele und Aufgaben des zu gründenden Vereins beschlossen, daß fürs erste nicht an den Erwerb überseeischer Gebiete gedacht werden dürfe, sondern daß anzustreben sei, kleine Handelsstationen zu errichten, für die der Schutz des Reiches ausgewirkt werden müsse.

Alsbald wurden Verhandlungen mit den bereits bestehenden Vereinen angeknüpft, die eine Verschmelzung aller herbeiführen sollten. Während der Westdeutsche Verein für Kolonisation und Export sein Einverständnis erklärte, wollte der Zentralverein für Handelsgeographie seine Selbständigkeit nicht aufgeben.

Der Verein ging nun daran, seine Organisation auszudehnen. Das geschah mit dem Erfolg, daß er am Schlusse des ersten Geschäftsjahres in 492 Orten in Deutschland und in 43 außerdeutschen, worunter 19 außereuropäische, mit einer Mitgliederzahl von 3260 Fuß gefaßt hatte.

Das Netz der Abteilungen dehnte sich rasch weiter aus und der Mitgliederzugang war so erfreulich, daß deren Bestand bei der Hauptversammlung 1885 bereits auf 10275 gestiegen war.

Bezüglich des Erwerbs eigener Kolonien für das Reich beobachtete der Vorstand des Kolonialvereins aber satzungsgemäß große Bedächtigkeit. Diese Vorsicht erschien einer Anzahl von

Ev. Mission Tándala im Livingstonegebirge (Njassa, DOA)

Anhängern der kolonialen Idee übertrieben. Sie forderten ein entschlosseneres Zugreifen und schnelleres tatkräftigeres Vorgehen. Der Wunsch, die koloniale Betätigung tunlichst bald in praktische Kolonisation überzuleiten, führte nach einem Vortrag von Dr. Carl Peters am 3. April 1884 in Berlin zur Gründung der *»Gesellschaft für deutsche Kolonisation«.*

Der in den Satzungen festgesetzte Zweck der Vereinigung wurde in Ziffer I folgendermaßen formuliert:

»Begründung von deutschen Acker- und Handelskolonien, und zwar:

1. Beschaffung eines entsprechenden Kolonisationskapitals,
2. Auffindung und Erwerbung geeigneter Kolonisationsdistrikte,
3. Hinlenkung der deutschen Auswanderung in diese Gebiete.«

Bald darauf wurden Verhandlungen zwischen den beiden Vereinigungen angebahnt, die 1887 zur Verschmelzung führten. Der somit entstandene neue Verein erhielt den Namen *»Deutsche Kolonialgesellschaft«.* Zum ersten Präsidenten wurde Fürst zu Hohenlohe-Langenburg, zum zweiten Dr. Carl Peters gewählt.

Die neue Gesellschaft ging nun daran, ihre Organisation zu festigen und auszugestalten. Ihre Tätigkeit war einerseits werbend, andererseits der praktischen Arbeit zugewendet.

Im Geiste der Vereine, aus denen die Deutsche Kolonialgesellschaft hervorgegangen ist, dienten zur Förderung des kolonialen Wissens und Verständnisses in erster Linie die »Deutsche Kolonial-Zeitung«, eine Bücherei, die heute gegen 20000 Bücher, Broschüren und Karten enthält, die Veranstaltung kolonialer Vorträge, für die später eine große Zahl von Lichtbilderreihen mit verbindendem Text beschafft wurden, Wandersammlungen kolonialer Erzeugnisse, die Beschaffung von Lichtbildapparaten für die Abteilungen.

Praktisch ist die Deutsche Kolonialgesellschaft stets bemüht gewesen, alle nationalen, kolonialen und überseeischen Unternehmungen tunlichst zu fördern. Demzufolge hat sie auf alle Fragen eingewirkt, die sich auf die Entwicklung der Schutzgebiete bezogen und deutsche Interessen im Auslande berührten. Sie hat Expeditionen zur Erforschung der deutschen Kolonien ausgerüstet und unterstützt, das Studium der Sprachen der Eingeborenen angeregt, die tropenhygienische Forschung geldlich gefördert, deutsche Schulen in den Kolonien und über See durch Zuwendung namhafter Beträge unterstützt, die Siedlung deutscher Landwirte in Süd-

Faktorei im Urwald (Süd-Kamerun)

west- und Ostafrika (Leudorf) ins Leben gerufen usw., kurz, sie hat nie versagt, sobald eine neue koloniale Frage auftauchte. Wäre es nach ihr gegangen, so würde die Entwicklung der Kolonien nach jeder Richtung hin sicher in einem schnelleren Tempo vor sich gegangen sein.

Zur Erforschung der Produktionsmöglichkeiten der Schutzgebiete wurden durch das *Kolonialwirtschaftliche Komitee* mit seinem genialen Leiter Fr. Supf zahlreiche Expeditionen in die verschiedenen Kolonien entsandt. Sehr erhebliche Ausgaben beanspruchten die Hebung der Baumwoll- und Kautschukkultur und die Beschaffung von Saatmaterial. Auch wohltätiger Einrichtungen zugunsten der Kolonien nahm sich die Gesellschaft hilfreich an. Vor allem sei hier das Elisabethhaus – Wöchnerinnenheim – in Windhuk genannt, das die Bestimmung hatte, vornehmlich Farmerfrauen aufzunehmen und ihnen in ihrer schweren Stunde ärztlichen Beistand zu gewähren.

Nachdem die »Gesellschaft für deutsche Kolonisation« bereits 1886 versucht hatte, durch Veranstaltung eines Kolonialkongresses ihren Bestrebungen größeren Nachdruck zu verleihen, nahm die Deutsche Kolonialgesellschaft den Gedanken, alle kolonialen und kolonialinteressierten Kreise enger zusammenzuschließen, wieder auf und veranstaltete 1902 im Reichstagsgebäude einen *Kolonialkongreß*. Der große Erfolg desselben war Anlaß zur Abhaltung der weiteren Kongresse *1905* und *1910*.

Die Leitung der *Deutschen Kolonialgesellschaft* lag bis Ende *1904* in den Händen des Fürsten Hermann zu Hohenlohe-Langenburg. Nach seiner Ernennung zum Statthalter von Elsaß-Lothringen kürte der Vorstand einstimmig den Herzog Johann Albrecht zu Mecklenburg zu seinem Nachfolger. Der Herzog, wie selten jemand für dieses Amt geschaffen, hat seine Kraft der wirtschaftlichen Hebung der Schutzgebiete zugewandt und mit Umsicht und nie rastender Tatkraft die Aufgaben der Deutschen Kolonialgesellschaft gefördert. Unter seiner Präsidentschaft hatte sich die Deutsche Kolonialgesellschaft so entwickelt, daß sie 1912 über 42 000 Mitglieder in 422 Abteilungen zählte.

Hier soll auch der gedankenlosen Redensart entgegengetreten werden, »wozu brauchen wir eine Kolonialgesellschaft, seitdem wir keine Kolonien mehr haben«. Bestände die Gesellschaft nicht, so müßte geradezu eine solche ins Leben gerufen werden, denn der koloniale Gedanke darf nicht sterben, sondern muß ungeschwächt im Volke leben: »Deutschland kann nur wieder

Bezirksamt und Ort Gibeon (DSWA)

zu Kräften kommen, wenn es aus kolonialem Besitz neues Herzblut schöpfen kann.«

Unter ihrem jetzigen Präsidenten, dem früheren Gouverneur von Kamerun und Deutsch-Südwestafrika Exzellenz Dr. Seitz, der nach dem 1920 erfolgten Ableben Seiner Hoheit des Herzogs Johann Albrecht gewählt wurde, hat die Deutsche Kolonialgesellschaft wieder einen beachtenswerten Aufschwung genommen. Freilich sind die Rückschläge, die Krieg und Nachkriegszeit brachten, noch lange nicht ausgeglichen, aber durch die klare und zielbewußte Leitung ihres jetzigen Präsidenten ist auch der Aufstieg der Deutschen Kolonialgesellschaft gesichert.

Das bereits erwähnte Kolonialwirtschaftliche Komitee war seit 1902 beratende Stelle der Deutschen Kolonialgesellschaft unter der Bezeichnung »Wirtschaftlicher Ausschuß der Deutschen Kolonialgesellschaft«. Es besteht fort und unterhält nahe Beziehungen zur *Kolonialabteilung der Deutschen Landwirtschaftsgesellschaft,* welche sich lediglich mit Fragen der kolonialen Landwirtschaft und Viehzucht befaßt.

Ähnliche Ziele wie die Deutsche Kolonialgesellschaft hatte der im Jahre 1904 zu Berlin gegründete Deutschnationale Kolonialverein. Seit einigen Jahren hat er den Namen *»Deutscher Kolonialverein, Gesellschaft für nationale Siedlungs- und Auslandspolitik«* angenommen, womit seine jetzigen Ziele deutlich zum Ausdruck kommen.

Als für die Kolonien das Bedürfnis hervortrat, Fürsorge für Krankheitsfälle unter den Kolonialdeutschen zu treffen, wurde im Jahre 1888 der Frauenverein vom Roten Kreuz für die Kolonien gegründet. In Ostafrika beginnend, hat der Verein nach und nach alle Kolonien mit Schwestern versorgt, die sich als Hebammenschwestern, in der Malariabekämpfung, im Schlafkrankheitslager, in den Polikliniken für Eingeborene, bei der Bekämpfung der Säuglingssterblichkeit, im Marinelazarett und in Kindergärten glänzend bewährten. Nach dem Raube unserer Kolonien hat der Verein den Namen *Frauenverin vom Roten Kreuz für Deutsche über See* angenommen. Die Schwestern, denen die Rückkehr in die Kolonie nicht gestattet wurde, sind nach Peru, Argentinien, Tsingtau usw. gesandt worden. Von den deutschen Kolonien wird nur noch in Südwestafrika die Krankenpflege durch die Schwestern des Vereins ausgeübt.

Als der Gouverneur von Südwestafrika Exzellenz von Schuckmann darauf hinwies, daß es unabweisbare Pflicht sei, in den Kolonien unsere Rasse rein zu erhalten und den das Deutschtum

Hängebrücke über einen Nebenfluß des Mungo (Kamerun)

in hohem Maße gefährdenden Mischehen nach Möglichkeit vorzubeugen, ging die Deutsche Kolonialgesellschaft daran, Frauen und Bräute von Ansiedlern sowie weibliche Dienstboten nach Deutsch-Südwestafrika zu senden.

Man gründete den Deutsch-kolonialen Frauenbund, dessen Zweck es war, im Anschluß an die Bestrebungen der Deutschen Kolonialgesellschaft deutschen Familiengeist und deutsche Art in den deutschen Kolonien zu pflegen. Unter dem Namen *Frauenbund der deutschen Kolonialgesellschaft* besteht er noch.

Im Jahre 1910 eröffnete er das Heimathaus in Keetmannshoop (SWA), wo nach Südwest übersiedelte Mädchen bis zum Antritt einer Stellung Aufnahme fanden. Bis 1912 hat das Heimathaus 122 Mädchen aufgenommen.

Für die in Ostafrika in Konzentrationslager Gesperrten konnten reiche Mittel zur Verfügung gestellt werden. Als im Winter 1917 endlich die widerrechtlich nach Frankreich verschleppten ostafrikanischen Frauen und Kinder freigelassen wurden, bereitete ihnen der Frauenbund den Empfang und gewährte ihnen einen Erholungsaufenthalt in Luzern.

Nach dem Verlust unserer Kolonien herrschte vielfach bezüglich kolonialer Angelegenheiten eine recht pessimistische Stimmung. Dennoch unternahmen es im März 1922 alte Afrikaner und einige für die Kolonien begeisterte Frauen und Männer zu Berlin, den *»Bund der Kolonialfreunde«* ins Leben zu rufen, der den Gedanken der Notwendigkeit und Wiedererlangung der Kolonien in Volkskreise hineintragen will, die sich bisher von dieser Idee ferngehalten haben.

Im Jahre 1916 wurde durch Vertreter verschiedener größerer Gesellschaften und Vereine, welche die deutsche Siedlung und Wanderung mit dem ausgesprochenen Zweck der Aufrechterhaltung, Stärkung und Ausbreitung deutschen Volkstums auf ihre Fahne geschrieben hatten, die Meinung laut, daß sie sich zusammenschließen müßten, um nach einheitlichen Gesichtspunkten auf die gesamte deutsche Siedelung und Wanderung einzuwirken. So entstand die *Vereinigung für deutsche Siedelung und Wanderung,* die, nachdem die Zentralauskunftsstelle für Auswanderer von der Deutschen Kolonialgesellschaft in das neugegründete Reichswanderungsamt aufgenommen worden war, die Auskunftserteilung an Auswanderungslustige übernommen hat und in dauerndem Zusammenwirken mit der entsprechenden Reichsstelle und verwandten Körperschaften des In- und Auslandes arbeitet. Ihr Sitz ist Berlin.

Missionssägerei im Urwald bei Bombe (Kamerun)

Die Auskunftserteilung an Auswanderer erfolgt außer den behördlich errichteten Auskunftsstellen noch durch weitere Vereine, wie z. B. den *Ev. Hauptverein für Deutsche Ansiedler und Auswanderer in Witzenhausen.* Daselbst befindet sich auch die rühmlichst bekannte *Kolonialschule,* die auf den Ansiedlerberuf über See vorbereitet.

Zur Unterstützung ehemaliger Kolonialsoldaten, Angehöriger der Marine, der Schutz- und Polizeitruppen und der Hinterbliebenen solcher wurde im Jahre 1909 der *Kolonialkriegerdank* gegründet, der besonders durch Beschaffung von geeigneten Stellen, bei unverschuldeter Not durch Geldspenden und in Krankheitsfällen durch Gewährung von ärztlichem Beistand und Medikamenten wohltätig wirken wollte.

Aber nicht nur diesen Wohlfahrtsbestrebungen hat der Kolonialkriegerdank in den Kriegsjahren gedient, er hat sich auch der Werbetätigkeit für den damals fast ganz in den Hintergrund gedrängten kolonialen Gedanken gewidmet. Entmutigung herrschte nach dem Verlust der Kolonien fast in allen kolonialen Kreisen. Es war ein kühnes Wagnis, in diesem Zeitpunkte mit einer kolonialen Monatsschrift, *»Der Kolonialdeutsche«*, herauszukommen. Trotz aller Schwierigkeiten ist diese Zeitung weiter gewachsen, ja, sie konnte sich sogar als wissenschaftliche Beihefte die alteingeführte *»Koloniale Rundschau«* angliedern, die im In- und Auslande seit 19 Jahren ein getreuer Spiegel für die Reinheit und Lauterkeit der deutschen Kolonisationstätigkeit gewesen war. Der »Kolonialdeutsche« ist jetzt Organ der Deutschen Kolonialgesellschaft.

Als im Jahre 1918 die Kolonialdeutschen, aus den Schutzgebieten vertrieben, nach Deutschland zurückgekehrt waren, hatten sich in Berlin, Bremen und Hamburg Ausschüsse der Kolonialdeutschen gebildet, die sich zum Ziele setzten: Propaganda für Kolonialbesitz, Gefangenenfürsorge, Vertretung der Schadenersatzforderungen und freiheitlichen Ausbau der Regierung etwaiger Kolonien. Diese Ausschüsse vereinigten sich unter der Leitung des Gouverneurs a. D. Dr. Hahl (Neuguinea) bald zum *Reichsverband der Kolonialdeutschen und Kolonialinteressenten.* Er leitete eine Unterschriftensammlung für die Wiedererlangung von Kolonialbesitz ein, die bis 31. März 1919 in 63 660 Listen 3 668 757 Unterschriften zählte, für die damalige Zeit eine erstaunlich große Zahl.

Selbstverständlich haben sich auch die alten Schutztruppler zu Vereinen zusammengetan, die größtenteils dem Kyffhäuserbund angehören.

Landeskultur-Abteilung des Gouvernements in Daressalam (DOA)

Einer der ältesten und bedeutendsten ist der 1896 mit dem Sitz in Berlin gegründete *Verein ehemaliger Kameraden der deutsch-afrikanischen Schutztruppen.*

Die überwiegende Mehrheit der deutschen Kolonialkriegervereine hat sich am 11. Juni 1922 zu einem *Deutschen Kolonialkriegerbund* zusammengeschlossen.

Im Anfang des Jahres 1923 waren bereits 39 Vereine dem Kolonialkriegerbund, der dem leider so früh verstorbenen Generalmajor a. D. Märker (DOA und SWA) unterstand, beigetreten. Heute umschließt der Bund 86 Vereine mit rund 7000 Mitgliedern.

Vom Waffenstillstand an waren die kolonialen Vereine eifrig bemüht, dem Deutschen Reiche seinen Kolonialbesitz zu erhalten oder ihm einen solchen wieder zu verschaffen. Um diesem Bestreben eine größere Stoßkraft zu geben, vereinigte der Präsident der Deutschen Kolonialgesellschaft im Jahre 1921 alle kolonialen Vereine zu einer *kolonialen Arbeitsgemeinschaft.* Aus der Tätigkeit der Korag – Koloniale Reichs-Arbeitsgemeinschaft – sei hier nur die Veranstaltung des Kolonialkongresses 1924 genannt, der ein machtvolles Bekenntnis zum deutschkolonialen Gedanken darstellte.

Die jüngste koloniale Vereinsgründung ist die der *Akotech – Arbeitsgemeinschaft der Kolonial- und Auslandstechniker* – die im Herbst 1924 erfolgte. Diese unter Führung des Reichsbundes deutscher Technik stehende Arbeitsgemeinschaft soll durch Sammlung von Beobachtungen der Fortschritte des Auslandes auf kolonialtechnischem Gebiet und durch Erhaltung der während der deutschen Kolonialtätigkeit gemachten Erfahrung dahin arbeiten, daß die Erschließung künftiger deutscher Kolonien sofort in sachverständiger Weise begonnen werden kann.

Die kolonialen Vereinigungen unterscheiden sich von anderen Vereinen besonders dadurch, daß sie für den deutschkolonialen Gedanken eintreten unter Ablehnung jeglicher Parteipolitik. Die Kolonialleute wollen eine Plattform schaffen, auf der sich Anhänger aller politischen Richtungen zusammenfinden können, die die Sache über die Partei stellen, und in der Überzeugung, daß Deutschland ohne Kolonialbesitz nicht gedeihen kann, dafür eintreten, daß Deutschland wieder Kolonien bekommt.

Warum braucht Deutschland Kolonien?

Von Oskar Karstedt

Woran wir im heutigen Deutschland kranken, ist die Tatsache, daß mehr trennende Erscheinungen das deutsche Volk zerklüften als einigende vorhanden sind.

Die »Einigkeit des Volkes« ist leider nur eine Fiktion der Reichsverfassung geblieben; sie ist in der Tat geringer, als sie vor dem Krieg war. Mag man dafür die Reichsverfassung von Weimar als solche verantwortlich machen, mag man sie auf die verschärften sozialen und politischen Gegensätze schieben: das ist an sich für das Bedauerliche dieser Erscheinung gleichgültig. Lagen schon in den Verhältnissen der Vorkriegszeit infolge der eigenartigen Struktur Deutschlands und seiner Bevölkerung genügend Ansatzpunkte für zentrifugale Kräfte vor, so hat das Verschwinden der allgemeinen Wehrpflicht, des Kolonialbesitzes und ähnlicher *gemeinsamer* Einrichtungen das Zusammengehörigkeitsgefühl, das Zusammenfinden auf einer gemeinsamen Plattform noch mehr eingeschränkt, ohne daß die Schaffung der Finanzeinheit, der Verkehrseinheit usw. einen ebenso populären Ersatz hätte bieten können.

Nicht Schlagworte einen, mögen sie monarchistisch oder republikanisch, marxistisch oder antimarxistisch sein, sondern in erster Linie wirtschaftliche Tatsachen und die des Zusammenlebens und des gemeinsamen Erlebens. Erwägt man nun, daß der zum Kleinlichen, zum Partikularistischen neigende Deutsche nirgends so rasch und leicht von diesen Kinderkrankheiten geheilt wurde, als wenn ihm durch den Augenschein im Ausland das Richtige seiner vielfach eingebildeten heimischen sozialen und politischen Nöte klar wurde; berücksichtigt man ferner, daß gerade in dem Zusammenleben und -arbeiten von Vertretern *aller* deutschen Volksstämme und *aller* Schichten auf deutschem Kolonialboden ein wertvolles Gegengift gegen die Gefahren der heimischen Enge und ihrer Folgen gegeben war, dann wird man auch unter dem innerpolitischen Gesichtspunkt das baldige Wiedererstehen eines deutschen Kolonialbesitzes brennend wünschen müssen.

Gewiß: tropischer Kolonialbesitz, und wohl nur solcher kommt für Deutschland in Betracht, kann nach dem gegenwärtigen Stand nie und nimmer Menschen*massen* aufnehmen. Als Auswanderungsland im Sinne der Aufnahmefähigkeit für Millionen von Menschen nordischer Rasse wird tropisches Land kaum je in Frage kommen. Alle gutgemeinten Erörterungen in der Vorkriegszeit schossen in dieser Hinsicht über das Ziel hinaus; denn mag tropischer Boden noch so reich sein, so erhält auch er seinen letzten und eigentlichen Wert erst durch Arbeit, Kapital und Organisation. Weiße Arbeit ist aber unter tropischen Verhältnissen viel zu teuer, als daß sie im Mechanischen vergeudet werden könnte; sie wird und kann sich, von Ausnahmen abgesehen, immer nur im Geistigen, im Leitenden erschöpfen. Tropischer Boden verlangt aber ferner, wenn er Gold hervorbringen, also seinen Mann nähren soll, eine Düngung mit Silber, einem Artikel, an dem Deutschland in absehbarer Zeit keinen Überfluß haben wird. Es kommt somit nur eine kleine Schicht in Frage, für die deutscher Kolonialboden eine Heimat werden kann. Ich denke da vor allem, nach dem Vorbild der Vorkriegszeit, an die zweitgeborenen und weiteren Söhne der Landwirte, an leistungsfähige und -willige Handwerker, an die Beamten und Truppenangehörigen, die nach Vollendung ihrer Dienstzeit ihre Ersparnisse und ihre Pensionen in der Kolonie anlegten, ein Menschenmaterial, das nach dem Gesetz der natürlichen Auswahl das beste darstellte, was für tropischen Boden geeignet war.

Der Wert dieser Leute liegt nicht so sehr in ihrer Zahl als in den Eigenschaften, die das Leben auf kolonialem Neuland in ihnen entwickelte. Mochten sie Beamte, Offiziere, Forstleute, Kaufleute, Techniker, Ärzte, Landwirte sein: sie brachten in die Heimat, bewußt oder unbewußt, ein Stück des freiheitlichen und unabhängigen Geistes mit, der nun einmal jedem zufliegt, der auf Neuland arbeitet. Spießertum und Engherzigkeit gedeihen auf tropischem Boden nicht, und wer Deutschland aus der Perspektive kolonialer Tätigkeit gesehen hat, wird nie und nimmer wieder in die Engbrüstigkeit der heimatlichen Kirchturminteressen verfallen.

überschuß vom Negativen abzulenken: Jugend will Positives schaffen und wird sich, soweit sie physisch und moralisch nicht ganz verkommen ist, nicht mit dem zufriedengeben, was ihr von Jugendpflege usw. geboten wird. Jugend will gleichzeitig Ideale. In völliger Verkennung dieser Bedürfnisse hat aber die Staatsgewalt leider versäumt, gerade unserer *gebildeten* Jugend neue Ideale anstelle der verlorenengegangenen zu geben. Ist es da ein Wunder, daß sie Wege einschlägt, die nie und nimmer zum Guten führen können? Nur Philistertum kann das verurteilen!

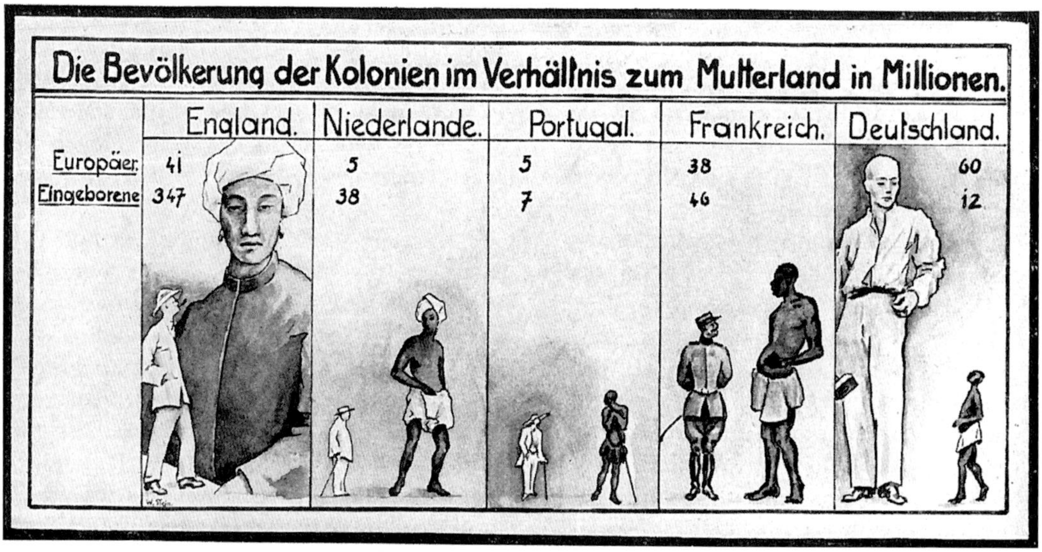

Große Gefahren liegen in der Tatsache, daß uns der Versailler Vertrag die Fenster zur Welt zugeschlagen und uns damit den Zufluß freier Luft verschlossen hat. Erst allmählich fangen sie an, sich bemerkbar zu machen, aber bedrohlich genug sind schon diese Anfänge. Doppelt bedrohlich für ein Volk von der Einstellung des deutschen, bei dem alle Nöte sich immer prompt in ein Wüten des einen Volksgenossen gegen den anderen umsetzen. Dreifach gefährlich für eine Bevölkerung, deren Jugend in Not und Elend herangewachsen ist und die deshalb in negierender Verbitterung leicht zum Radikalismus neigt, wenn ihr nicht eine anderweitige Möglichkeit zur Kraftentfaltung gegeben wird. Mag noch so viel geboten werden, um diesen Kraft-

Gebt unserer gebildeten Jugend einmal die Möglichkeit, ihre Kraft und ihre Persönlichkeit ganz für ein erstrebenswertes Ziel einzusetzen, und sie wird sich wieder auf sich selbst besinnen, wird genauso Großes und Tüchtiges leisten, wie wir es in den deutschen Kolonien in der Vergangenheit an Tausenden von jungen Leuten gesehen haben! Was gibt dem Engländer die Großzügigkeit, den Weltsinn, die Freiheit von Bürokratie und den Sinn für die Größe seines Volkes, wenn nicht die Tatsache, daß er Gelegenheit hat, sich gerade in den entscheidenden Entwicklungsjahren die frische Luft um die Nase wehen zu lassen? Und wenn es tausendmal Scherben dabei gibt, wenn auch mancher dabei unter die Räder gerät: die Heimat hat den Genuß von dem Geist, der von diesen Leuten heimgebracht wird!

Man kann sich des Eindrucks nicht erwehren, als ob das neue Deutschland mit manchen Bestimmungen der Verfassung durch Übertreiben der öffentlichen Fürsorge für den Einzelnen mehr Unheil als Nutzen stiften wird. Doppelt nützlich wäre es darum, wenn gerade unserer Jugend auf deutschem kolonialen Boden eine Entwicklungsmöglichkeit gegeben wäre, bei der nicht hinter jedem zu jeder Zeit der erschlaffende Einfluß der staatlichen Fürsorge und Aufsicht stände.

Mögen bei solchen Möglichkeiten auch vielleicht vielfach »unbequeme« Staatsbürger entstehen, wertvolle sind es auf jeden Fall, weil selbständige und charaktervolle!

Neben diese erziehliche Bedeutung von Kolonialbesitz tritt in ebenso starkem Maß die *wirtschaftiche.*

Die Auffassung von Zweck und Wert von Kolonialbesitz hat sich in der Vorkriegszeit in Deutschland wiederholt gewandelt. Als 1884 die ersten kolonialen Erwerbungen für Deutschland vorgenommen wurden, stand die Öffentlichkeit stark unter den alten romantischen Ideen von Reichtum kolonialen Bodens, soweit sie nicht, wie im Fall des Vorgehens Peters' in Ostafrika, in gewissem Umfang durch imperialistische Auffassungen beeindruckt war. Fiel doch die Zeit der Kolonialgründungen mit dem Entstehen der alldeutschen Bewegung zusammen! Auf diese Einstellung mußte die Reaktion nur zu rasch folgen, als sich ergab, daß es »fertig zum Mitnehmen« in den neuen Gebieten nichts gab.

Die Folge war ein völliges Verzagen, umsomehr, als die neuen Gebiete alsbald auch Opfer an Gut und Blut verlangten, deren bescheidene Höhe immerhin ausreichte, um den Vertretern der Gegnerschaft – einer Gegnerschaft aus mehr als traurigen Motiven – Wasser auf die Mühlen zu leiten. Es konnte von maßgebender Seite das Wort fallen, daß Deutschland nichts Schlimmeres passieren könne, als wenn ihm jemand ganz Afrika schenke. Die Reichsregierung selbst tat nichts, um diesem Pessimismus entgegenzuwirken und ihm den Boden zu entziehen.

Eine Änderung trat erst ein, als man sich allmählich zu der Überzeugung durchrang, daß ohne Kapital die Kolonien nie zu erschließen wären und daß es galt, andere Maßstäbe anzulegen, als sie die Erschließung etwa eines deutschen Moorgebiets verlangte. Wenn diese Entwicklung langsam, sehr langsam gegangen ist, so trifft um diese Zeit im Gegensatz zu früher nicht mehr die Verwaltung die Schuld, sondern in erster Linie die parteimäßige Verbohrtheit und ihren Exponenten, den damaligen Reichstag und vielleicht auch den Bundesrat. Ich möchte darauf nicht aus Freude am Kritisieren hinweisen, sondern lediglich, weil es immer gut ist, einmal gemachte Fehler zur Vermeidung von Wiederholungen nicht zu vergessen. Schließlich haften für diese Irrtümer ja nicht die damals verantwortlichen Männer, sondern das gesamte deutsche Volk, dessen Spiegelbild seine Exponenten nur sind. Was damals an groben Unterlassungssünden begangen ist, war letzten Endes doch nur der Ausdruck der weltpolitischen Unbeholfenheit und des Dogmatismus, in dem das deutsche Volk als Masse noch befangen war. Will man ein Verschulden konstruieren, so mache man den verantwortlichen Männern den Vorwurf, daß sie ihr eigenes Urteil auf Gebieten, von denen sie schlechterdings wenig oder nichts verstanden, allzu selbstgefällig überschätzten. Dieser Fehler ist aber leider wohl mit dem Wesen jedes Parlaments mit Ausnahme vielleicht des englischen verbunden, das ja großen Einfluß auf Dinge erhält, die nur auf lange Sicht zu bearbeiten und zu beurteilen sind.

Das erste Jahrzehnt dieses Jahrhunderts hatte das Ende des romantischen Zeitalters in unserer Kolonialwirtschaft gebracht. Die Zeit der Versuche, des Tastens war vorüber und, gestützt auf ein sich immer mehr vervollkommnendes Verkehrssystem, konnte die Ernte beginnen. Zahlen, die heute leider keine praktische Bedeutung mehr haben, kann ich mir ersparen; Ostafrika deckte unseren Sisalbedarf, Kamerun fing in der Kakaokultur an, ein weltwirtschaftlich bedeutender Faktor zu werden, unsere Ölfabriken lieferten Fette für die Industrie und Ölkuchen für die Landwirtschaft aus Rohstoffen, die in Neu-Guinea, Samoa und Afrika gewachsen waren, der deutsche Bauer brauchte Phosphate, die aus Nauru kamen, Südwest schaffte Kupfer, Diamanten und Wolle in großen Mengen in die Heimat, Togo und Ostafrika lieferten ständig wachsende Mengen von Baumwolle usw. Umgekehrt flossen der Heimat aus den immer wieder investierten Gewinnen neue Industrieaufträge für Maschinen, Eisenbahnmaterial und dergl. zu.

Die weiße Bevölkerung in den deutschen Kolonien verdoppelte und verdreifachte sich in kurzer Zeit und wurde immer kaufkräftiger, wodurch gleichzeitig der Eingeborenenbevölkerung immer mehr Verdienstmöglichkeiten erschlossen wurden. Das alles spielte sich auf dem Hintergrund einer ruhigen Entwicklung ab, die der deutschen Verwaltung den Ruhmestitel derjenigen Regierung einbrachte, die am wenigsten von allen kolonialen Regierungen zu militärischen Machtmitteln zu greifen brauchte.

Ist jemals etwas geeignet gewesen, den wirtschaftlichen Wert des Kolonialbesitzes zu demonstrieren, so war es die Blockade Deutschlands während des Krieges. War er uns weltpolitischer Erzieher, so hat er mit Hammerschlägen uns den kolonialwirtschaftlichen Sinn gehärtet, so stark, daß jetzt etwas wie ein Kolonialhunger im deutschen Volk steckt. Imperialistische Zwecke und Ziele kommen nicht mehr in Frage. Auch die vom kaiserlichen Deutschland blindhaft nie erkannte Bedeutung von Kolonialbesitz für eine ohne eigene überseeische Stützpunkte unsinnige Auslandskreuzerpolitik kommt nicht mehr in Betracht. Zum Vorteil für die klare Erkenntnis und Durchsetzbarkeit der uns vorschwebenden wirtschaftlichen Gesichtspunkte!

Um so gerechtfertigter mag es aber auch sein, sich immer wieder die wirtschaftlichen Wechselbeziehungen zwischen Volkswohl und Kolonialbesitz im Hinblick auf eine hoffentlich nicht zu ferne Änderung des Weltbildes zu vergegenwärtigen!

Die Entwicklung des deutschen Volks seit 60 bis 70 Jahren ist ein Hineinwachsen in die Weltwirtschaft. An die Stelle der kleinen, sich selbst genügenden vorwiegenden Agrarwirtschaft tritt im Zeitalter der Dampfmaschine eine Wirtschaftsform, die sich ihre Materialien nicht mehr aus dem kargen heimischen Boden holen kann, sondern die gezwungen ist, heute über den Atlantik nach Amerika, morgen über den Indischen Ozean nach Australien und Indien überzugreifen. Nur wenn man dies im Großen frei und ungestört vornehmen konnte, war es möglich, den Bevölkerungsstand auf deutschem Boden in wenigen Jahren von 35 auf 60 Millionen zu bringen und dieses Mehr ausreichend mit Arbeit und Brot zu versorgen. Umgekehrt ergibt sich, daß in dem Augenblick, in dem der Faden zur Weltwirtschaft zerreißt, ein großer Teil der Bevölkerung brotlos wird, wenn es nicht gelingt, ihm aus dem eigenen Boden einen Ersatz zu geben.

Zehn Jahre vor dem Krieg schrieb ein französischer Volkswirt: Deutschland muß Weltwirtschaft treiben und exportieren oder untergehen! Man braucht sich nur zu vergegenwärtigen, daß in den letzten Vorkriegsjahren *ein Achtel der Bevölkerung* von der Verarbeitung von Wolle und Baumwolle lebte, um die Bedeutung des Weltwirtschaftlichen für Gedeih und Leben Deutschlands zu erkennen. Oder sich der Tatsache zu erinnern, daß eine Industrie, in der Deutschland führend war, die elektrische, auf dem ungestörten Bezug von Kupfer und Kautschuk aus dem Ausland basierte. Oder gedenken wir endlich des Umstandes, daß unsere Viehwirtschaft ihren hohen Stand der Verfütterung von Ölkuchen dankte und die Landwirtschaft ihre Intensität wesentlich durch die Verwendung überseeischer Phosphate erreichte! Allerdings: der Wohlstand, den uns die letzten 50 Jahre gebracht hatten, war um einen teuren Preis erkauft worden! Immer stärker waren wir in die *wirtschaftliche Abhängigkeit vom Ausland und insbesondere von dem englischen Imperium* geraten. Und diese Abhängigkeit war um so größer, als den Riesenimporten Deutschlands aus englischen Gebieten Indiens, Australiens usw. nur geringe Exporte dahin gegenüberstanden. Der Zug zur Nationalisierung der Wirtschaft, der durch die meisten Länder ging, verhinderte überdies mehr und mehr die Gleichberechtigung des deutschen Wirkens in fremden Gebieten mit den Angehörigen der Besitzerstaaten; oder wie ein bekannter Staatsmann es einmal während des Krieges ausgedrückt hat: Die berühmte offene Tür war gewöhnlich nur das Loch, durch das der deutsche Kaufmann herausflog.

In welchem Geschwindschritt sich die wirtschaftliche Überfremdung Deutschlands bei mangelnden eigenen Rohstoffgebieten vollziehen mußte, geht aus der folgenden kleinen Tabelle hervor, die überseeische Einfuhren von 1896 und 1912 gegenüberstellt:

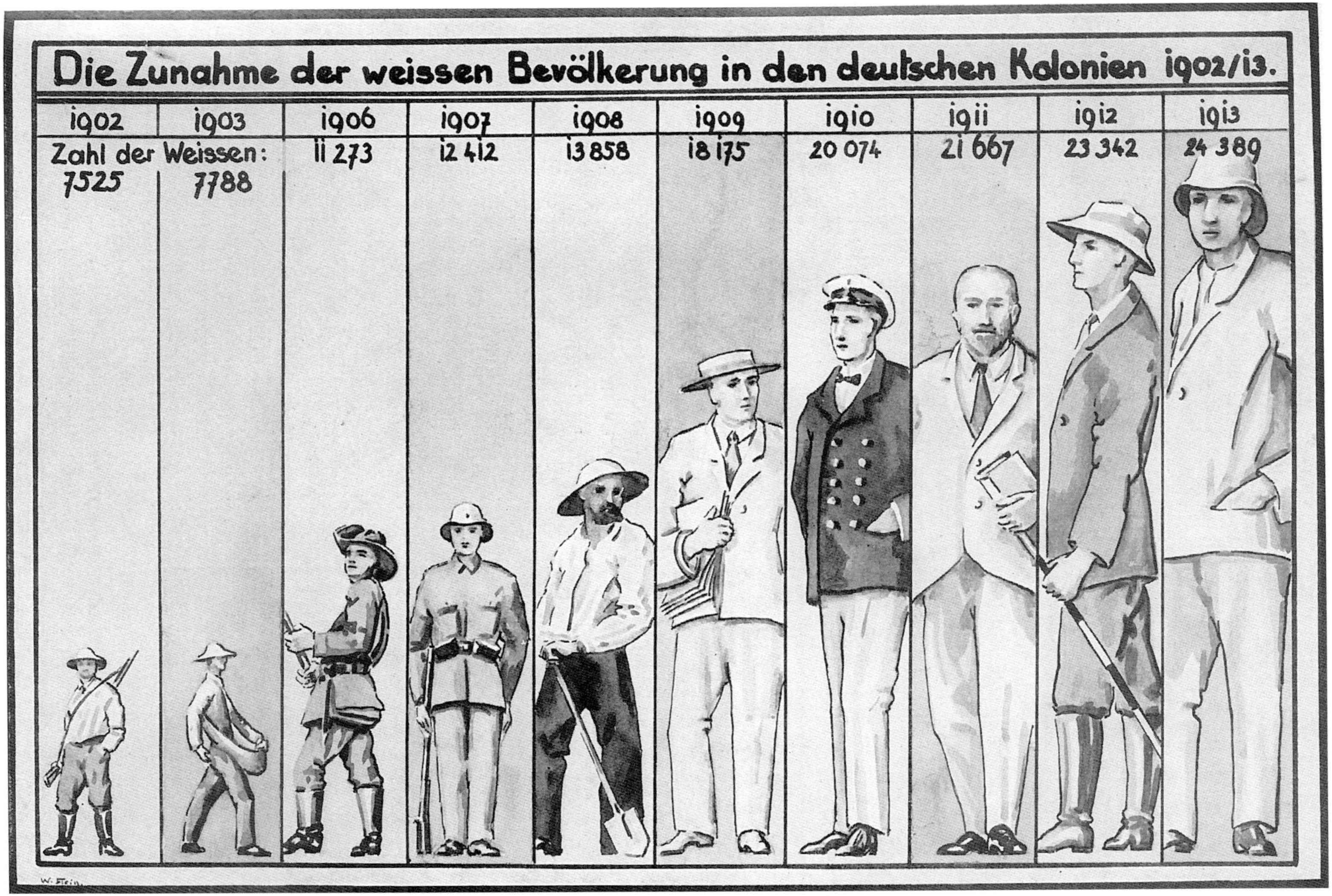

Die Zunahme der weissen Bevölkerung in den deutschen Kolonien 1902/13.
1902
1903
1906
1907
1908
1909
1910
1911
1912
1913
Zahl der Weissen:
7525
7788
11 273
12 412
13 858
18 175
20 074
21 667
23 342
24 389

	1896 in Mill. M.	1912 in Mill.M.
Kautschuk	34,8	174,6
Baumwolle	238,8	595,0
Kakaobohnen	12,1	63,6
Sesam	5,5	35,5
Ölkuchen	29,7	116,5
Reis	19,1	102,6
Palmkerne und Kopra	26,7	195,3

Daß es tatsächlich die überseeischen Erzeugnisse sind, die unsere Industrie und damit die Daseinsmöglichkeiten des größten Teils unserer Bevölkerung richtunggebend beeinflußten, geht ohne weiteres aus folgender Tabelle derjenigen Stoffe hervor, deren Einfuhrwerte 1913 im Einzelnen den Betrag von 100 Millionen Mark überschritten:

	Einfuhrwert in Mill. M.
Rohbaumwolle	607,1
Weizen	417,3
Schafwolle, roh	412,7
Gerste	390,4
Kupfer, roh	335,3
Rind- und Büffelhäute	321,8
Eisenerze	227,1
Kaffee, roh	219,6
Steinkohlen	204,6
Eier, Eigelb	193,9
Felle zu Pelzwerk	187,8
Chilesalpeter	171,9
Rohseide	158
Kleie, Reisabfälle	149,4
Kautschuk usw.	146,8
Schmalz usw.	146,7
Nadelholz, gesägt	135,3
Tabak, unbearbeitet	134,3
Leinsaat	129,7
Kopra	121,9
Milch, Butter usw.	118,7
Ölkuchen	118,6
Pferde	116,3
Baumwollgarne	116,2
Wollgarn	108,0
Palmkerne	104
Reis	103,8
Mais	101,9

Die Abhängigkeit von der englischen Lieferung ist im einzelnen in der folgenden Darstellung erläutert, die meiner Arbeit »Deutschlands koloniale Not« entnommen ist:

Einfuhr	1896 in Mill.M.	1913 in Mill.M.	dav. aus engl. Kolonien in Mill.M.
Reis	19,1	103,8	77,2
Raps, Rübsen	17,6	38,8	29,8
Erdnüsse	2,3	28,2	13,4
Sesam	5,5	43,7	11,9
Leinsaat, Leinmehl	47,2	129,7	16,6
Baumwollsamen	–	37,3	35,3
Sojabohnen, Schinüsse usw.	–	23,4	4,3
Palmkerne Kopra	26,7	225,9	146,8
Baumwolle und Linters	238,8	628,2	134,7
Jute und Juteweg	24,9	94,0	89,2
Kakaobohnen, rohe	12,1	67,1	22,9
Tee	4,2	8.0	2,3
Pfeffer	2,4	6,4	3,9
Gerbstoffe (außer Gerbrinden)	–	10,8	2,8
Schellack	5,5	6,9	6,5
Akazien-, usw. -Gummi	–	3,8	3,4
Kautschuk, roh und gereinigt Guttapercha	34,8	137,0	48,1
Talg von Rindern und Schafen	9,1	18,2	5,8
Kokosnüsse, roh	–	4,6	3,9
Merinowolle	–	229,3	184,5
Kreuzzuchtwolle	277,5	182,5	37,5
Straußfedern	–	9,8	8,7
Rinderhäute	–	321,7	57,5
Palmöl	4,7	9,8	8,4
Reisabfälle (Viehfutter)	–	20,0	9,9
Ölkuchen, Ölkuchenfrucht	29,7	118,5	6,1
Zinkerze	1,3	36,7	19,9
Zinn	17,1	58,1	14,6
Rohkupfer	54,7	335,3	19,9
Tabak	102,0	134,3	–
Stuhlrohr	–	8,7	5,4
Mimosa-, Mangroverinden usw.	–	6,7	4,7
Elfenbein	3,4	8,7	1,9
Glimmer	–	6,9	5,2
Bleierze	–	36,2	32,4
Manganerze	3,0	28,8	8,9
Wolframerze	–	10,6	4,9
Zinnerze	–	42,1	2,3
Edelhölzer, tropische	–	7,3	3,5
Kopale	–	5,4	1,6

Wenn die angegebenen Zahlen, absolut genommen, auch keine Gültigkeit mehr haben können, so hat sich das gefährliche Bild, das sie von der wirtschaftlichen Unsicherheit und Unselbständigkeit Deutschlands geben, durch den Versailler Frieden katastrophal verdüstert.

Zunächst ist die Wirtschaftslage im Innern zu Ungunsten der Landwirtschaft weiter verschoben. 15,4 Proz. unserer Ackerländereien und 11,7 Proz. unserer Viehweiden hat uns die Ver-

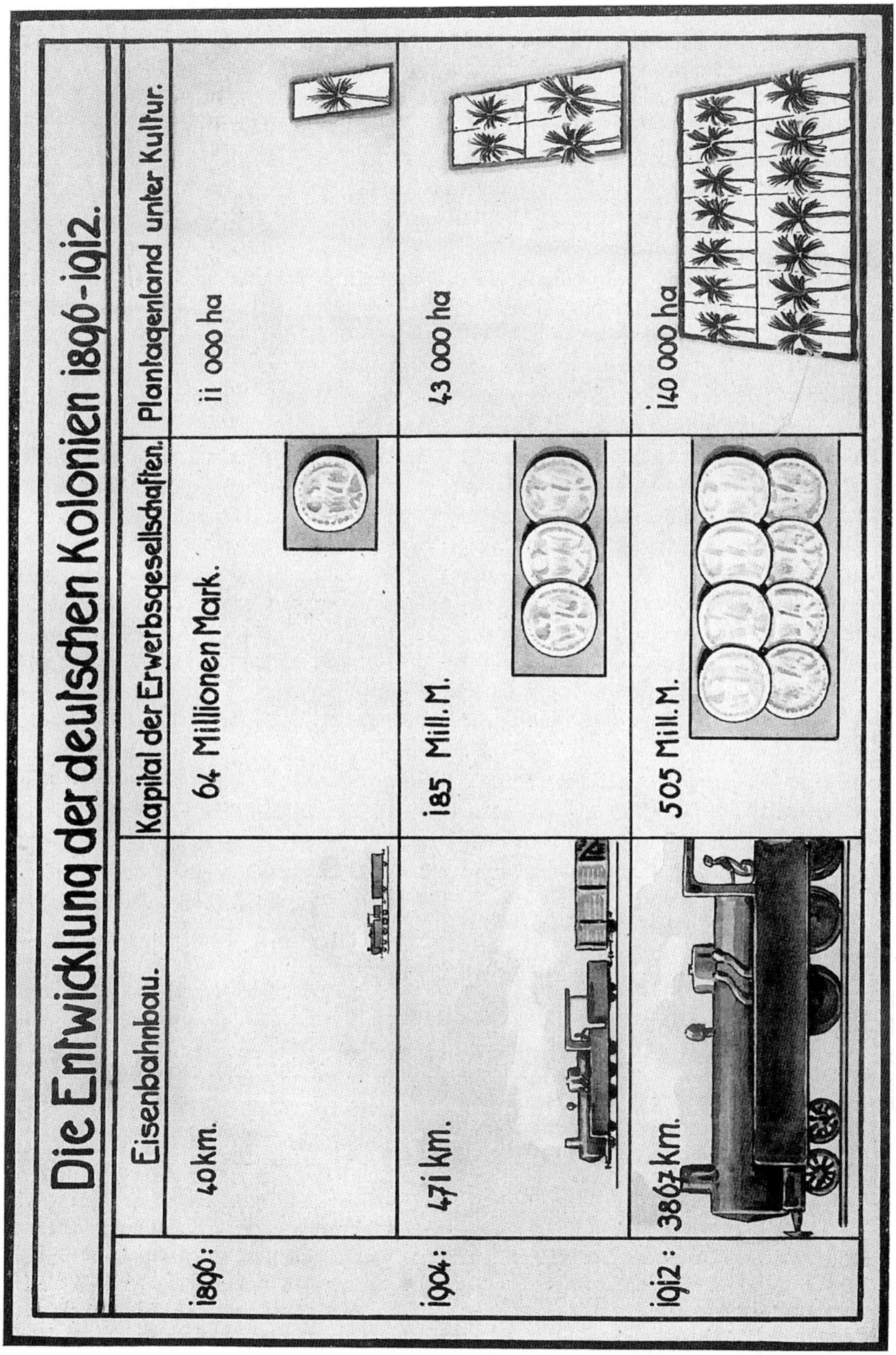

stümmelung des deutschen Bodens genommen. Das bedeutet im Zusammenhang mit der Tatsache, daß wir auch unsere Kohlen-, Kali- und Metallgebiete zum großen Teil verloren haben, neben einer Verkleinerung der unmittelbaren Ernährungsdecke einen verschärften Zwang zum weiteren *Ausbau der Veredelungsindustrie,* mit anderen Worten: *die Notwendigkeit zum noch stärkeren Import ausländischer und, wie wir gesehen haben, überseeischer Rohstoffe!*

Nun wird auch der größte Optimist nicht glauben wollen, daß wir uns mit Hilfe unseres Kolonialbesitzes *völlig* von fremden Importen hätten frei machen können. Auf sie wären wir mehr oder weniger stark immer angewiesen geblieben. Der Unterschied liegt nur in der unbestreitbaren Tatsache, daß eine, wenn auch nur nennenswerte *eigene* koloniale Rohstoffproduktion uns ein so starkes Druckmittel auf den internationalen Markt gegeben hätte, daß wir für die Preisgestaltung usw. nicht mehr wie bisher nur Objekt, sondern Subjekt gewesen wären. Ein wertvolles Beispiel hat uns in dieser Hinsicht vor 15 Jahren die Entwicklung der Kautschukproduktion in unseren Kolonien gewiesen. Jetzt dagegen ist uns völlig die Schlinge um den Hals gelegt, und wenn die Preise auf dem Weltmarkt zu hoch werden oder der Bedarf der Kolonialvölker eine Abgabe an Dritte nicht mehr gestattet, so liegt unsere Industrie still und Hunderttausende von Arbeitswilligen sind zum Feiern und Auswandern gezwungen.

Ein weiteres Moment tritt verschärfend hinzu, das an einem Beispiel erläutert sei! Unser größter Importartikel war Baumwolle. Bekannt ist nun, daß der größere Teil der Baumwolleinfuhren wieder aus Deutschland herausging, und zwar in der veredelten Form als Garne, Stoffe usw. Einer der wesentlichen Abnehmer waren die Vereinigten Staaten, also das Produktionsland für den größeren Teil unserer Baumwolleinfuhr. Der Grund lag in der Tatsache, daß Deutschland billiger arbeitete als die Union, wo eine Baumwollverarbeitung deshalb nur in kleinerem Umfang bestand. Der Unterschied der Verarbeitungskosten war so groß, daß er die doppelten Frachtkosten aufwog. Als während des Krieges der amerikanische Rohbaumwollabsatz infolge der Verkehrshindernisse und anderer bekannter Umstände zur Krisis im Baumwollbau führte, wurden die schon seit der Jahrhundertwende begonnenen Anstrengungen auf Schaffung einer verstärkten nationalen Verarbeitung mit dem Erfolg verdoppelt, daß die Vereinigten Staaten ihre Spindelnzahlen in Kürze verzweifachen konnten. Diese aus der Not geborenen oder mindestens von ihr geförderten Bestrebungen sind seitdem nicht vermindert worden, so daß der Zeitpunkt nicht mehr fern erscheint, an dem die Ausfuhren von Rohbaumwolle völlig der Ausfuhr von Fertigfabrikaten gewichen sind. Mit dem natürlichen Instinkt, der England in allen wirtschaftlichen und politischen Fragen auszeichnet, hat es diese schließlich unabweisbare Entwicklung erkannt und in Erinnerung an die furchtbaren Ereignisse der Zeit des Cotton Famine während des Sezessionskrieges seit etwa 20 Jahren die gewaltigen Anstrengungen gemacht, sich und seine Bevölkerung rechtzeitig vor den aus ihr drohenden Gefahren zu sichern. Der Tätigkeit der mit starker staatlicher Unterstützung arbeitenden Cotton Growing Association ist es gelungen, neue Baumwollgebiete in Indien und Englisch-Westafrika zu erschließen. Auch der Kampf, der sich heute am Nil zwischen England und Ägypten abspielt, ist letzten Endes nichts anderes als ein Kampf um die Erlangung der Gebiete des Sudans, die berufen sind, der Großlieferant für Baumwolle und ein Ersatz für die bald verschlossenen Baumwollgebiete der Union zu werden. Was für die Baumwolle gilt, gilt beim Zusammentreffen entsprechender Umstände ebenso für andere Werte. Für Deutschland ist dabei die Gefahr um so größer, je teurer die Arbeitsleistung infolge sozialer Lasten usw. wird.

Der verstorbene schwedische Historiker Kjellen hat einmal gesagt, der Kampf zwischen Deutschland und England habe sich in drei Etappen vollzogen: die erste sei die gewesen, in der Deutschland sich auf seinem eigenen heimischen Markt frei gemacht habe von dem englischen Wirtschaftseinfluß. Dann habe Deutschland auf England übergegriffen und sich dort neben der englischen Wirtschaft seine Stellung erkämpft. Die letzte Phase werde durch den Ausbruch des wirtschaftlichen Kampfes gekennzeichnet in den Ländern, die England bis dahin als seine ureigene Domäne angesehen habe, den überseeischen Gebieten. Dieser Kampf ist einstweilen für uns verloren, und wenn wir berücksichtigen, daß England den ganzen Krieg zunächst und vorzugsweise aus dem Gesichtspunkt der wirtschaftlichen Vernichtung Deutschlands geführt hat, so müssen wir fest-

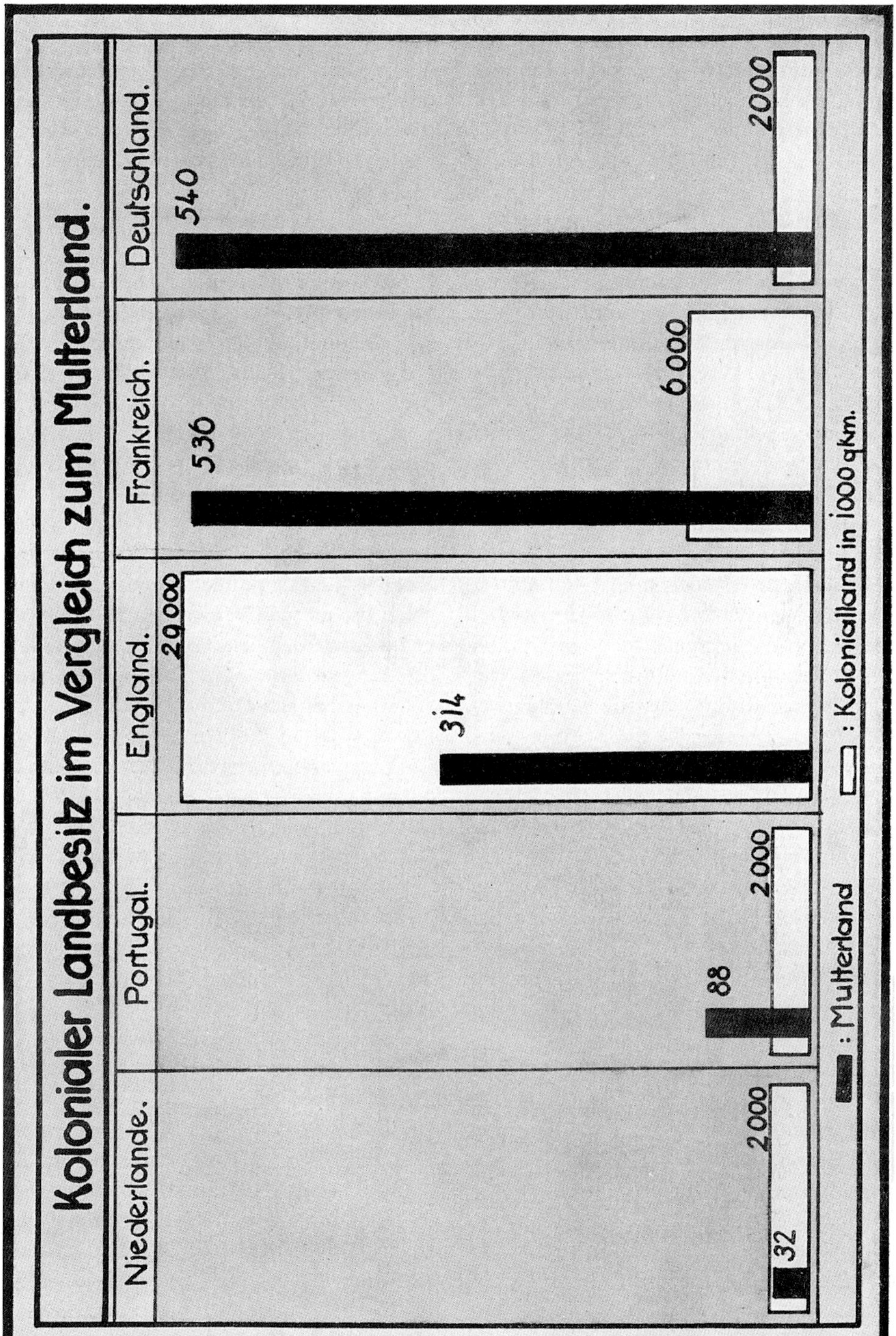

stellen, daß auch die Fortnahme der deutschen Kolonien in erster Linie wirtschaftliche Motive hatte. In dieser Erkenntnis liegt, so bitter diese Wahrheit auch sein mag, ein starkes Hemmnis für ein Wiedererwachen deutscher Kolonialbetätigung. Je klarer man das aber erkennt, um so mehr ist man genötigt, in einer dem Recht und der Vernunft genügenden Regelung der kolonialen Besitzverhältnisse eins der wichtigsten Elemente eines deutschen Wideraufstiegs zu sehen. Lensch hat auf dem Tübinger Parteitag der Sozialdemokratie im Jahre 1917 einmal von der sozial-revolutionären Befreieraufgabe gesprochen, die darin läge, daß die großen Industrievölker den oben gekennzeichneten Zustand der wirtschaftlichen Unfreiheit durchbrächen. Dieses Wort gilt heute, wo der Friedensvertrag den unterlegenen Völkern das wirtschaftliche und nationale Dasein in einer Art erschwert hat, die stark an eine Rezipientenglocke erinnert, mehr denn je. Lebenskräftige große Völker können nicht in gleichsam luftverdünntem Raume leben. Erreicht die Verdünnung einen Grad, durch den das nackte Dasein gefährdet ist, dann werden und müssen sie Wege finden, um die Rezipientenglocke zu zerschlagen und sich mit Gewalt das zu holen, was sie zum Leben nötig haben. In diesem friedensgefährdenden Moment beruht der gesamte Unsinn der jetzigen Verteilung der überseeischen Gebiete. Eine anderweitige Regelung der Kolonialfrage ist somit auch ein Gebot der Erhaltung des Friedens auf der Welt! Der Friedensvertrag hat zwar Deutschland seine Kolonien gerade auch unter Hinweis auf die Behauptung genommen, daß Deutschland aus ihnen Stützpunkte zur gewaltsamen Erweiterung seiner Macht geschaffen habe. Dieses Argument kann für Objektive, soweit es für solche überhaupt bestehen konnte, endgültig als erledigt angesehen werden. Umgekehrt aber erleben wir heute, daß aus dem angeblichen Verbrechen Deutschlands für Frankreich ein Verdienst gemacht wird, indem es seine Kolonien und die ihm zugeteilten Mandatsgebiete zum Rekrutierungsplatz einer farbigen Armee macht, die ihm ein militärisches Gewicht allerersten Ranges verleiht. Ob die Welt in der Lage ist, die furchtbare Drohung zu ertragen, die in dieser Tatsache für ihren Frieden liegt, mag die Geschichte entscheiden. Nicht lange vor dem Kriege hat eine englische offiziöse Stimme sich dahin ausgesprochen, daß England jeden Staat als seinen Gegner ansehen würde, der farbige Truppen in einem europäischen Kriege verwendete. Das war eine Stellungnahme, die für England wie für jedes große Kolonialvolk aus Gründen der Selbsterhaltung selbstverständlich war. Sie beweist, welche Konfliktswahrscheinlichkeiten in der ruchlosen Art liegen, in der Frankreich seine tropischen Gebiete verwendet.

»Was sind die berechtigten Ansprüche Deutschlands? Daß es Zugang zu den Tropen mit ihren Rohprodukten braucht, daß es ein Gebiet für seinen Bevölkerungsüberschuß nötig hat, daß nach den vorgeschlagenen Friedensbedingungen die Eroberung keinen Rechtsanspruch der Gegner begründet.

Was ist das Interesse der Bevölkerung? Daß sie nicht zum Heeresdienst herangezogen wird, daß die Erschließung nach den Grundsätzen der offenen Tür erfolgt und unter genauester Regelung der Arbeitsbedingungen, des Gewinns, der Steuern, daß die gesundheitlichen Maßnahmen beibehalten, ständige Verbesserungen am Wegnetz gemacht werden, daß Einrichtungen und Sitten der Eingeborenen geachtet werden, daß die Schutzmacht stark und erfahren genug ist, um Korruption und Intrigen zu verhindern, daß sie Geld und erfahrene Verwaltungsbeamte genug hat, um erfolgreich zu kolonisieren.« So schreibt der Berater Wilsons, der Oberst House, in seiner Denkschrift vom 29. Oktober 1918! In dieser Feststellung von gegnerischer Seite liegt die Begründung unseres Rechtsanspruchs auf unseren Kolonialbesitz, in ihr liegt die Begründung dafür, daß wir nie und nimmer Verzicht leisten können, *daß wir, wollen wir leben, niemals den jetzigen Zustand als richtig und vernünftig anerkennen können.* Nicht Machtgelüste haben uns zum Kolonialvolk werden lassen, nicht aus Machtgelüsten verlangen wir wieder unseren Platz unter den Kolonialvölkern! Bittere *Lebensnotwendigkeiten* sind es, die unseren Glauben an eine Wiedererlangung unserer kolonialen Stellung die Berechtigung verleihen! Mag es dauern, solange es will, bis auch Deutschland wieder sein koloniales Recht wird – halten wir es mit Schiller: »Endlich legt sich jedes Sturmes Wut, Tag wird es auf die dickste Nacht und kommt die Zeit, so reifen auch die spätesten Früchte!«

Deutsche und Engländer

Von † Carl Peters

Erst im Verlauf von Jahren, in denen ich nach und nach mit den besten Männern unseres Volkes in Berührung gekommen bin, habe ich gelernt, billig über meine Landsleute zu denken, wenigstens über eine breite und immer stärker werdende Unterströmung bei uns. Freilich, unsere nationalen Untugenden: Unbilligkeit, Neid, Kleinlichkeit, welche uns teilweise aus unserer geschichtlichen Vergangenheit anhaften, lassen sich nicht auf einen Schlag beseitigen. In den achtziger Jahren des vorigen Jahrhunderts war die Engheit der allgemeinen Lebensbedingungen im Deutschen Reiche noch um ein gut Teil drückender, als dies heute der Fall ist, und der Wettbewerb, besonders in den oberen Mittelklassen und in den Staatskarrieren erheblich peinlicher. Der Nationalwohlstand unseres Volkes hat sich in den letzten 20 Jahren ganz außerordentlich vermehrt, in viel schnellerer Progression noch als unsere Bevölkerung, trotzdem diese bis auf über 60 Millionen angeschwollen ist (gegen 45 Millionen im Jahre 1880), ein allgemein größerer Durchschnitt von Subsistenzmitteln. Ohne Frage liegt in der Richtung dieser Entwicklung das Hauptmoment auch für den sittlichen und nationalen Fortschritt einer Nation. Es war doch lediglich der breitere Ellbogenraum für jeden einzelnen, der in den englischen Ländern die Heranbildung einer so breiten Klasse von Gentlemen möglich machte. Es ist leicht, innerlich frei und unabhängig zu sein, wenn man nicht für die soziale Stellung, ja das Leben selbst, auf die Gunst von Vorgesetzten angewiesen, sondern finanziell selbständig ist. Um in dieser Richtung an unserer nationalen Entwicklung mitzuarbeiten, war ich ja gerade von England zurückgekehrt. In der Schaffung eines eigenen Kolonialreiches, welches den in der Heimat zusammengepreßten Kräften Betätigungsraum schaffen sollte, erkannte ich das Hauptmittel für eine solche wirtschaftliche Ausdehnung.

Bereits am 1. März 1883 hatte ich diesen Gedanken in einem Aufsatz in der »Gegenwart« Ausdruck gegeben:

»Es macht einen geradezu kümmerlichen Eindruck, wenn man aus dem Kreise englischer Gentlemen plötzlich unter die deutschen Herren zurückgeworfen wird. Dort meistens pekuniäre Unabhängigkeit, Freiheit der Bewegung und Entschlüsse, eine behagliche Existenz; hier beklagenswerte Abhängigkeit von den allernotwendigsten Bedürfnissen, kleinliche Einschränkung, wohl gar Not und Entbehrung! Der junge Engländer, wenn er 19 oder 20 Jahre alt ist und das Seinige nur einigermaßen gelernt hat, wird bei leidlichen Familienbeziehungen eigentlich stets eine gute und pekuniär rentable Anstellung, wenn nicht in England, so irgendwo anders auf der Erde erhalten können[1]), Der junge Deutsche, der jenen an Durchbildung weit übertrifft, wenn

1) »Wozu haben wir denn unsere Kolonien?« heißt es in einer Thackerayschen Novelle, wo von der Versorgung eines jüngeren Sohnes die Rede ist. In der Tat kann man für die Beurteilung der englischen Gesellschaft diese günstige Möglichkeit, jüngere Söhne in den Kolonien zu versorgen, während dem ältesten der eigentliche Stock des Familienbesitzes zufällt, gar nicht hoch genug anschlagen. Auf ihr beruht

Konde-Oberland, n. des Njassa (Bzk. Langenburg, DOA)

er ein Vierteljahrhundert studiert und all seine Examina absolviert hat, sieht sich einer oft fast hoffnungslosen Mitbewerbung gegenüber, zu der ihm, gerade wenn er von besserem Stoff ist, die Neigung sehr wohl überhaupt fehlen darf. Und was erreicht er dann schließlich? Ich bin sicherlich der Letzte, den Wert von Mannesarbeit nach ihrem Erfolg an klingender Münze abzuwägen, und weiß sehr wohl, wie der sittliche Faktor immer das im letzten Grunde Entscheidende bleiben muß – aber ich weiß ebenso wohl, wie ein größeres Maß von sozialer Unabhängigkeit alle die schönen Seiten des deutschen Charakters um so reiner würde hervortreten lassen.

Mit einem Wort, die englische Gesellschaft ist durch ihren staunenswerten Kolonialbesitz imstande, die Kräfte, welche sie produziert, zu verwerten, oder um es deutlicher auszusprechen, ihre Mitglieder in anständiger Weise zu versorgen. Die deutsche Gesellschaft muß fortwährend Tausende ihrer Reiser in elender Weise verkümmern oder ganz absterben lassen. Das englische Staatswesen gleicht einem Baume, der Luft und Licht hat, nach allen Seiten hin seine Äste frei und üppig auszuwachsen, das deutsche einem wohl noch edleren Stamme, der aber in die Schlucht eines zerklüfteten Felsgebirges geraten ist und nun nach allen Seiten hin an die Entfaltung seiner unbändigen Lebenskraft gehindert wird, wodurch gerade die kräftigsten Sprossen gebrochen werden, während die biegsameren, an sich schwächlicheren, am Ende gar die begünstigteren in diesem ungleichen Kampfe ums Dasein sind. Wird er imstande sein, die einengenden Schranken zu zertrümmern?« (Aus: Die Gründung von DOA, Berlin 1906.)

---

zum guten Teil Englands Nationalvermögen überhaupt. Wie anders steht dem gegenüber z. B. der deutsche Herr da, der in die Fremde wandert, um dort eine unsichere Existenz zu gründen! Er hat zu gehorchen; der Engländer befiehlt. Eine ähnliche Betrachtung überkam mich zuweilen, wenn ich in ausländischen Hotels die Engländer meistens auf den Stühlen an der table d'hôte sitzen, meine Landsleute als Kellner dahinter stehen sah. Dies ist wirklich keine allzu schiefe Illustration des sozialen Verhältnisses beider Völker im neutralen Ausland! – An anderer Stelle sagt Carl Peters: »Ich hatte es satt, unter die Parias gerechnet zu werden, und wollte einem Herrenvolke angehören!«

Zur Behandlung des Negers

Von † Hermann v. Wißmann

Keine Tätigkeit ist geeigneter, den Europäer für die richtige Behandlung der Neger zu erziehen als die militärische. Wer jahrelang Rekruten ausgebildet hat, lernt sich in Geduld üben, der Individualität seiner Untergebenen Rechnung tragen und auch dem intellektuell tiefer Stehenden gerecht werden. Er wird bald erkennen, daß er in den Negern eine noch in den Kinderschuhen steckende Rasse vor sich hat.

Die Behandlung soll in erster Linie eine gerechte, streng unparteiische sein, denn der Wilde hat wie das Kind ein feines Gefühl für ungerechte Behandlung, Zurücksetzung oder Bevorzugung.

Gerade weil der Neger die weit höhere Stellung des Europäers anerkennt, besteht das wirksamste Erziehungsmittel darin, ihn bis zu einem gewissen Grade als seinesgleichen anzuerkennen, als Menschen, dem man Mitgefühl schuldig ist. Ich bin durchaus kein Freund davon, jedem »black brother« die Hand zu schütteln, halte vielmehr die Aufrechterhaltung einer Grenze der Annäherung, vor allem dem Offizier gegenüber, für nötig. Der Neger soll aber erkennen, daß man ein Herz für ihn hat, daß man seinen Eigentümlichkeiten Rechnung trägt. Mancher meiner Offiziere war bei großer Strenge doch beliebt, denn er gönnte hier und da seinen Leuten ein freundliches Wort und hatte für die häufigen kleinen Wünsche und Anliegen ein offenes Ohr.

Jeder Europäer, der zum ersten Mal nach Afrika kommt, hat zwei Stadien durchzumachen, bevor er den Neger, je nach Begabung, früher oder später richtig beurteilen lernt. Zunächst überschätzt er ihn, wie man es häufig allem Fremdartigen gegenüber tut; dann sieht er ein, daß er sich getäuscht hat, und fällt gewöhnlich ins Gegenteil – und das ist das gefährlichste Stadium –, bis er den richtigen Mittelweg gefunden hat. Ist dies geschehen, so wird auch der Neger ihn verstehen, aus dem er dann viel, sehr viel machen kann. Er kann die guten Eigenschaften, die in ihm schlummern, zur Entwicklung bringen, er kann ihn entflammen zu hohen Leistungen, ja zur Selbstverleugnung. Hört der gute Einfluß des Europäers auf, so fällt der Neger schnell wieder in seine alte Trägheit und Sorglosigkeit zurück.

Da eine richtige Behandlung des Negers sich gewöhnlich erst aus einem längeren Studium seines Charakters, aus längerer Praxis ergibt, so sollte man mit allen möglichen Mitteln erstreben, darin bewährte Kräfte sich zu erhalten. Aus denselben Gründen ergibt sich für den Führer der Truppe die Notwendigkeit, die Vorgesetzten nur, wenn durchaus nötig, zu wechseln. Ich möchte hier einschalten, daß für unsere jungen Kolonien eine richtige Behandlung von ganz besonderer Tragweite ist, da man den Patriotismus, der bei unseren Soldaten eine mächtige Triebfeder ist, von einem Mann der schwarzen Truppe nicht erwarten kann und die Liebe und Verehrung für seine Vorgesetzten den einzigen Ersatz für jenes ihm unbekannte Gefühl bildet.

Man soll Religion, Sitten und Gebräuche des Afrikaners strengstens respektieren, soweit dies irgend angeht – besonders bei den Mohammedanern –, damit man nicht das Gefühl der Anhänglichkeit durch das Bewußtsein des Glaubens- und Rassenunterschiedes stört.

Man habe ein williges, geduldiges Ohr für Klagen, für das Einholen von Rat, für die Mitteilung von Sorgen und Wünschen; denn das befestigt das Zutrauen, wenn auch dabei die Geduld oft auf eine harte Probe gestellt wird. Der Afrikaner ist sehr leicht mit einer ihn in Hoffnung haltenden Anwort zufriedengestellt. Das bekannte «bukra inschalla« oder »labda kescho« (»morgen , so Gott will«, oder »vielleicht morgen«) sind in Afri-

Kath. Kirche und Araberhaus (Hôtel) in Daressalam (DOA)

ka goldene Worte für jemand, der mit tausend möglichen und unmöglichen Anliegen angegangen wird. Eine schroffe Ablehnung oder Zurückweisung trägt dem Ungeduldigen den Namen »bwana kali« (»der böse Herr«) ein.

Wenn man berücksichtigt, daß der Afrikaner keinen Begriff hat vom Werte der Zeit, so wird man es erklärlich finden, daß er schroffe Ablehnung meist nicht begreift und daß er sich mit einem Hinausschieben leichter tröstet als ein Europäer. Dabei möge man sich aber als Richtschnur den Grundsatz dienen lassen, daß der Wilde erst die Überlegenheit unbedingt anerkennen muß, bevor man ihm Güte zeigt, da er letzteres sonst leicht als Schwäche auslegen würde.

Der aufmerksame Beobachter wird bei dem Afrikaner bald Anklänge an die alttestamentlichen, patriarchalischen Verhältnisse finden und daraus für seinen Verkehr mit ihm die richtigen Schlüsse ziehen können.

(Aus: Afrika, Schilderungen und Ratschläge für den Dienst in den deutschen Schutzgebieten. Berlin 1895.)

Deutschlands koloniale Eingeborenenpolitik

Von Hans Zache

I. Koloniale Eingeborenenpolitik

Am 4. November 1922 stellte die Abteilung Hamburg der Deutschen Kolonialgesellschaft neben der Universität, die aus dem ehemaligen Kolonialinstitut hervorgegangen ist, das Wißmanndenkmal auf, das seit 1909 in Daressalam gestanden hatte. Der 4. November ist der koloniale Ehrentag. 1914 hat der Oberstleutnant v. Lettow-Vorbeck an diesem Tage mit 300 Pflanzern der Nordbezirke Deutsch-Ostafrikas und mit 600 Askari den britischen General Aitken mit einer 8000 Mann starken Division, die tags vorher gelandet war, bei Tanga vernichtend geschlagen. Die Schlacht bei Tanga ist der größte Sieg, den wir auf kolonialem Boden errungen haben. Gewiß an sich schon Anlaß zu großer Freude! Wenn wir uns näher ansehen, was er bedeutet und wie er zustande kam. Wie konnten 300 deutsche Pflanzer, Farmer, Kaufleute, Beamte, Handwerker und 600 Askari, ostafrikanische Landeskinder, ein stolzes englisches Regiment und 7000 indische Elitetruppen über den Haufen rennen, daß sie Hals über Kopf in ihre Schiffe stürzten, um nimmer wiederzukommen?

Weil unsere Kolonialdeutschen nicht, wie es die schamlose Parteilüge bis heute behauptet, die »verlorenen Söhne«, sondern die Besten der Nation darstellten, ganze Männer, die wußten, was sie wollten, jeder ein Kerl, eine Persönlichkeit. Die zehntausend Plantagenarbeiter, die ihren Herren zur Front folgten, um die viertausend Soldaten der Truppe und Polizei zu ergänzen, im Kampfe gegen Feinde ringsum – Engländer und Inder, Südafrikaner und Portugiesen, Belgier und Farbige aus ganz Afrika, aus Westindien – die hunderttausend Plantagenarbeiter, die als Träger im Trosse folgten, sie alle zeigten, was deutsches Beispiel, was deutsche Erziehung in einem Menschenalter zuwege gebracht hatten: die völlige Umwandlung einer fremdrassigen Bevölkerung, die Erfüllung mit deutschartigem Pflichtbewußtsein. Zwang? Wer hinderte Askari und Träger am Weglaufen in den endlosen Buschwäldern? Freude am Kriegerleben? Wer fühlt noch Freude, wenn es Monat für Monat, Jahr für Jahr heißt: Rückzug vor einem hundertfach stärkeren Feinde, mit knurrendem Magen, in Frost und Hitze, in Regenzeiten und Tagen der Krankheit, abgerissen, halbnackt, ohne Arznei? Und sie hielten aus, auch dann noch außerhalb der Heimat, auf portugiesischem und britischem Boden, als es auch dem Blödesten klar sein mußte, daß auf Sieg nicht zu rechnen war: Pflichtgefühl und Anhänglichkeit! Und wenn sie die Treue hielten noch nach dem Abschub der deutschen Herren, wenn 1918 90, ja 98% trotz des feindlichen Besatzungsdruckes für die Rückkehr der Deutschen stimmten, dann kann dem nur das Gefühl zugrunde gelegen haben: Treue um Treue.

Tanga ist ein Sieg der deutschen Methode über die britische, der deutschen Eingeborenenpolitik über die englische und damit der deutschen Kolonialpolitik, der deutschen kolonialen Befähigung über die angelsächsische! So ist der Tangatag mit Recht der allgemeine Kolonialgedenktag.

Es ist keine Frage, daß ein anderer Mann mehr als Wißmann den deutschen Kolonialwillen zum Ausdruck bringt: Carl Peters. Dieser wollte Kolonien schaffen. Deutsch-Ostafrika verdanken wir ihm. Wißmann ging im Auftrage der Wissenschaft nach Afrika, nach dem internationalen Kongostaat. Aber als das Vaterland ihn rief in der Stunde der Gefahr, als die arabische Rebellion die Autorität der Deutsch-Ostafrikanischen Gesellschaft weggefegt hatte, da stellte er sich zur Verfügung und stabilisierte vermittels der schnell von ihm gegründeten Schutztruppe die Reichs-

Bezirksamt Neu-Langenburg (DOA, Njassa)

autorität in Ostafrika. Der Zivilist Peters war der skrupellose Eroberer, der auch Blutvergießen nicht scheute, der Militär Wißmann rühmte sich, ohne Menschenleben zu vernichten, Afrika zweimal durchquert zu haben. Wißmann ist deshalb mit Recht der Repräsentant unserer Kolonialmethode, die väterlich-patriarchalisch war, und streng nur, wo es unbedingt sein mußte. Aber neben sein Denkmal gehört unbedingt das Denkmal Carl Peters. Möge es der Abteilung Hamburg der Deutschen Kolonialgesellschaft vergönnt sein, in Bälde das Denkmal des deutschen Cecil Rhodes hoch am Elbestrand aufzustellen, den ausfahrenden deutschen Überseern ein Symbol unserer Hoffnungen für die Zukunft, den Fremden aber ein Wahrzeichen, daß Deutschland nun und nimmer gewillt ist, auf seine kolonialen Ansprüche zu verzichten!

Wenn Deutschlands koloniale Eingeborenenpolitik von Anfang an im Zeichen Wißmanns stand, kann es nicht richtig sein, zwei Arten der Eingeborenenpolitik zu unterscheiden, von denen die zweite, mildere mit Dernburg – 1906 – begann. Tatsächlich liegen die Verhältnisse anders.

Dem Kulturlosen ist es unfaßbar, daß Macht nicht gleichbedeutend ist mit Mißbrauch der Macht. Er kennt nur das Recht des Stärkeren. Und so war es ihm, als wir von den Kolonien Besitz ergriffen, nicht zweifelhaft, daß wir die Übermacht, die uns Disziplin, Kriegskunst und bessere Bewaffnung gaben, rücksichtslos ausnutzen würden zu seiner Beraubung und Versklavung. So hatten in Afrika die Sklavenhändler gehaust, so die großen Tyrannen, so überall in der Welt auch die europäischen Kolonialmächte in früheren Jahrhunderten. Wir traten zu einer Zeit in die Kolonialgeschichte ein, in der man erkannt hatte, daß Kolonisieren auch Verpflichtungen auferlegt: White mans burden! Kolonisieren heißt missionieren, wie Solf sagt. Und Dernburg hat den Grundsatz, nach dem wir von Anfang an handelten, in das zugkräftige Wort zusammengefaßt: »Der Eingeborene ist das wertvollste Aktivum unserer Kolonialwirtschaft.« Gewiß haben unsere Offiziere und Beamten nicht verfehlt, die Eingeborenen über diese Grundsätze aufzuklären. Aber sie fanden zunächst keinen Boden in den durch jahrhundertelangen Krieg aller gegen alle verhärteten Herzen. So wurde Widerstand geleistet, teils aus Argwohn, teils aus Interessen, die anders gerichtet waren als die der Kulturbringer. In Kamerun waren es die Stämme, die eifersüchtig das Zwischenhandelsmonopol zwischen Küste und Hinterland hüteten, in Ostafrika die Sklavenhändler und ihr Anhang, die sich am meisten wehrten. Beide mußten bekämpft werden. Das geschah im »heroischen Zeitalter unserer Kolonialpolitik«, wie Dernburg es nannte. Es war – im Vergleich mit anderen Kolonialmächten – verhältnismäßig kurz und unblutig. Nach rund zehn Jahren hatte der Eingeborene eingesehen, daß unser Zweck nicht Raub und Bedrückung war, sondern daß es tatsächlich der Wahrheit entsprach, wenn wir versprachen, nur den Widersätzlichen zu bestrafen, dem Gehorsamen und Redlichen aber Schutz angedeihen zu lassen. Ende der neunziger Jahre waren die weiten Gebiete – sechsmal so groß wie Deutschland mit 12 Millionen Eingeborenen – durch etwa 6000 Soldaten in Besitz genommen und überall Landfriede, Rechtsprechung und geordnete Verwaltung durchgeführt. Die Probe aufs Exempel war die fast reibungslos durchgeführte Besteuerung. Das war der große, glänzende Erfolg unserer Kolonialpolitik, der Eisenbahnbau, Plantagenwirtschaft und schließlich auch eine mildere Eingeborenenpolitik ermöglichte. Ohne diese Voraussetzung keine Dernburgsche Eingeborenenpolitik! Und noch eine zweite Voraussetzung sollte erfüllt werden. Das war der endgültige Sieg in den beiden großen Eingeborenenaufständen 1904-06 in Südwest- und Deutsch-Ostafrika. In Deutsch-Ostafrika war der Gouverneur Graf Götzen der Vater der milden Hand gewesen. Jeder Schuß im Schutzgebiet gefährdete bei dem Reichstag den beantragten Eisenbahnbau. Und deshalb stand man Gewehr bei Fuß. Es ist richtig, daß niemand – wie Graf Götzen schreibt – den Ausbruch des Aufstandes vorhergesehen hat; aber es ist auch richtig, daß mancher erfahrene Offizier und Beamte darauf hingewiesen hat, daß die Friedenspolitik *à tout prix* am letzten Ende zur Katastrophe führen müsse. Denn die junge Generation kannte vielfach schon nicht mehr die Unwiderstehlichkeit der deutschen Waffen, fühlte ihre Kraft und sah nicht ein, warum man Jahr für Jahr 3 Rupien Steuern zahlte und an der Instandhaltung 5 Meter breiter Straßen arbeitete, während doch von alters her der ausgetretene Fußpfad genügt hatte. Warum sollte man Baumwollfelder anlegen, warum dem steten Drängen nachgeben, auf den europäischen Pflanzungen zur Arbeit gehen? Landfriede? Ja, hatte denn der Starke Frieden im eigenen Lande nicht immer gehabt? Die Väter waren vielfach anderer Meinung. Sie hatten gelitten unter feindlichen Plünderungen. Dann waren sie eben schlapp gewesen! Aber wir, die Jugend, fühlten Kraft im Arm; warum sollen wir zwei Jahre um Lohn arbeiten, um die Braut kaufen zu können? Warum sollen wir nicht, wie früher, sengend und brandschatzend über die Nachbarstämme herfallen, um Weiber und Vieh zu rauben statt zu arbeiten? Nur der Weiße verhindert das. War aber der Weiße wirklich unbesiegbar, wie die Alten behaupten? Er will ja nicht fechten! Seine Soldaten arbeiten am Wegebau und die Weißen verhandeln, wenn jemand unbotmäßig ist, statt ihn, wie früher, mit rascher und starker Hand aufs Haupt zu schlagen.

Milde ist dem Kulturlosen gegenüber nur dann am Platze, wenn man sicher sein kann, daß sie nicht als Schwäche ausgelegt wird. Sieg ist Voraussetzung der Großmut. Und nachdem der Sieg erfochten war, konnten wir großmütig sein. Es ist unzweifelhaft ein Verdienst, daß das erkannt wurde. Aber die »neue« Eingeborenenpolitik brach die Linie der Entwicklung keineswegs ab. Man war milder, sobald man milder sein konnte. Man erntete die Früchte der starken Hand.

Weniger richtig war es, daß man hie und da zum Schaden der Pflanzer zu weit ging in Eingeborenenfürsorge und Eingeborenenschutz. Aber geradezu ein Fehler war es, daß man zwei Eingeborenenpolitiken konstruierte und die neue als richtiger und besser hinstellte als die alte. Gewiß erreichte man damit einen taktischen Zweck. Die Kolonialnörgler und Kolonialskandalmacher im Reichstage hatten längst geahnt, daß sie auf falschem Wege waren. Die vielverlästerten Kolonien hatten sich aus eigener Kraft rehabilitiert: Überall wurden Zuschüsse des Mutterlandes entbehrlich, überall zeitigte die Besteuerungs- und Zollpolitik Millionüberschüsse, überall blühten Plantagenwirtschaft und Handel in ungeahnter Weise empor. »Die Deutschen waren nahe daran«, wie die »*Dépêche coloniale*« sagt, »den ersten Rang unter den Kolonialvölkern einzunehmen.« Da baute man sehnsüchtig auf das andere Ufer hinüberschielenden Kolonialverderbern die goldene Brücke, statt sie ihrer immer offenkundiger werdenden Lächerlichkeit preiszugeben. »Ja, früher, unter der scheußlichen alten Eingeborenenpolitik, da waren wir Gegner, jetzt unter der neuen Fahne sind wir Freunde der Kolonien«, sagten sie teils kleinlaut, teils dreist und sprangen auf die andere Seite.

Medizinweiber der Ovambo (DSWA)

Aber man übersah – der Deutsche macht seine schlimmsten außenpolitischen Fehler immer aus innenpolitischer Berechnung oder parteipolitischer Schlauheit –, daß man damit die Kolonialverderber rehabilitierte und die Kolonialskandale, die sie gemacht oder doch gern geglaubt und geschäftig ausgeschlachtet hatten für ihre parteipolitischen Zwecke, sanktionierte. Und diesen Kolonialskandalmachern verdanken wir, wenn nicht den Verlust der Kolonien, so doch dessen schamlose Rechtfertigung: ihre Reden im Reichstage sind es, denen man das Material entnahm, uns der »Unfähigkeit und Unwürdigkeit« zu zeihen.

Tempi passati. Wie dem auch sei: Wir haben keinen Grund, eine koloniale Eingeborenenpolitik vor und eine nach Dernburg zu schildern.

Unsere koloniale Eingeborenenpolitik war einheitlich: *eine* Linie, deren Richtung nur von den veränderten Verhältnissen in den Kolonien bedingt wurde. Unsere koloniale Eingeborenenpolitik war eine Funktion der Seele der Eingeborenen, die sich mit der Durchführung des Landfriedens und der neuen wirtschaftlichen Verhältnisse änderte, und zwar in der Richtung auf ein Verständnis dessen, was wir von ihnen wollten und ihnen brachten.

II. Das Recht der Eingeborenen in den deutschen Schutzgebieten

Koloniale Eingeborenenpolitik ist die Kunst, mit der eine Macht die Verhältnisse der Eingeborenen in ihren Kolonien regelt. In unseren Schutzgebieten standen rund 30 000 Europäer, darunter 25 000 Deutsche, 12 000 000 Farbigen gegenüber. Zu den Farbigen zählen nicht die Angehörigen der Staaten, deren Zugehörigkeit zur Kulturwelt völkerrechtlich anerkannt ist, wie die 172 Japaner in den Schutzgebieten der Südsee, die 71 Türken, christlichen Syrer usw. in Deutsch-Ostafrika, wohl aber 25 000 nicht einheimische Farbige, unter ihnen die 9000 mohammedanischen und heidnischen Inder, die 4000 Araber, Belutschen usw. in Deutsch-Ostafrika und andere mehr. Sie standen unter Eingeborenenrecht. Die nicht dauernd ansässigen unter ihnen, wie die 1400 chinesischen und malaiischen Kontraktarbeiter in Neuguinea und ebensoviel in Samoa bleiben außer Betracht, weil ihre rechtlichen und wirtschaftlichen Verhältnisse durch Sonderabmachungen mit den Mutterstaaten geregelt wurden. Danach heischen eine gesonderte Erwähnung nur die Gruppen der Goanesen in Deutsch-Ostafrika, der Bastards in Südwestafrika und der Mischlinge. Die 3300 Köpfe starke Nation der *Bastards* war in Rehoboth als selbständiges Gemeinwesen angesiedelt. Bekanntlich ist der Stamm hervorgegangen aus den Heiraten von Kapburen mit Hottentottenmädchen im achtzehnten und neunzehnten Jahrhundert und 1867-70 unter Führung ihres Captains Hermannus von Wijk und des Missionars Heidmann in ihren jetzigen Wohnsitz übergesiedelt. Sie rechnen zu den Eingeborenen und sind keineswegs zu verwechseln mit den 4000 *Misch-*

lingen unserer Kolonien, die im wesentlichen nach der Besitzergreifung durch Deutschland geboren sind. Während Deutsch-Ostafrika und Kamerun davon nur je etwas über 100 zählten, spielten sie mit 236 Köpfen schon eine größere Rolle in Togo, das 1 000 000 Farbige und 370 Weisse ausweist, und in Südwestafrika mit 1746 Köpfen auf 80 000 Eingeborene und 15 000 Europäer, besonders aber in Samoa mit 1025 Köpfen auf 34 000 Eingeborene und 560 Weiße. Diese Verschiedenheit der Zahl beruht auf verschiedenen Ursachen. In Togo und Samoa bestand schon längere Zeit vor der deutschen Besitzergreifung ein europäisches Händler- und Ansiedlertum. Die eingeborenen Mädchen stellen eine Rasse dar, die dem Europäer durch ihre Sauberkeit und ihr Anpassungsvermögen nicht unsympathisch ist, in Samoa sogar durch ihren Liebreiz dauernd zu fesseln vermag. In Südwestafrika endlich, wo das Klima dem Europäer einen dauernden Aufenthalt ohne die Notwendigkeit der physischen und psychischen Auffrischung gestattet und das Ansiedlertum, wenigstens in den ersten Jahren, sich wesentlich aus entlassenen Schutztrupplern bildete, herrschte dauernder Mangel an deutschen Frauen, bis der Frauenbund der Kolonialgesellschaft die Vermittlung übernahm; zu einer Heimreise und Umschau unter den Töchtern des Mutterlandes fehlte aber außer der Nötigung durch das Klima meist auch das Geld. Nur ganz wenige dieser Mischlinge entstammen standesamtlichen Eheschließungen, da die Behörde fast ausnahmslos die Eintragung dieser Verbindungen in die Ehestandsregister ablehnte. Verbindungen deutscher Frauen mit Farbigen sind selbstverständlich in den Schutzgebieten überhaupt nicht vorgekommen. In einem Falle, wo ein ostafrikanischer Neger *in Deutschland* eine Weiße standesamtlich und kirchlich geheiratet hatte, wurde das Paar glücklicherweise aus Gründen des Rassenpredigers kurzerhand ausgewiesen, als es in die Heimat des Mannes einzuwandern versuchte. Da es sich bei den Mischlingen demnach fast ausnahmslos um uneheliche Kinder farbiger Mütter handelte, konnte ihr Rechtsstand im allgemeinen nicht zweifelhaft sein: schon im altdeutschen Recht »folgte das Kind der ärgeren Hand«. Dennoch gibt es Grenzfälle, wo es schwer ist, mit Takt das Richtige zu treffen. Wenn z. B. in Südwestafrika ein auf einer deutschen Hochschule gebildeter Baumeister, der völlig weiß von Farbe und ganz Kulturmensch und Europäer war, zu den Farbigen gezählt wurde, weil er aus der Ehe eines Missionars mit einer Farbigen stammte, die zu einer Zeit lediglich kirchlich geschlossen wurde, wo das Personenstandsgesetz noch nicht eingeführt war, so ist darin ein bedauerlicher Mißgriff zu sehen. Viel richtiger war der Standpunkt des Gouvernements in Deutsch-Ostafrika gegenüber den Goanesen, indischen Einwanderern portugiesischer Blutbeimischung aus Goa. Ihnen wurde durch den Gouverneur der Rechtsstand der Europäer verliehen, weil sie nach »Religionsbekenntnis, Lebensweise und Art der Erwerbstätigkeit« zu diesen gehören und nicht zu den Eingeborenen.

Für die *nichteingeborenen Farbigen,* z. B. Araber und Inder in Deutsch-Ostafrika, bestanden, obwohl sie grundsätzlich unter Eingeborenenrecht stehen, doch in der Praxis nicht unerhebliche Privilegien, insbesondere strafrechtlich. Im allgemeinen sind besondere Gesetzbücher für die Eingeborenen nicht in Kraft gesetzt worden, sondern es galten für sie bestimmungsgemäß »die unter gebildeten Völkern geltenden Rechtsgrundsätze unter Berücksichtigung der Sitten und Gewohnheiten der Eingeborenen«. Da die unter gebildeten Völkern geltenden Rechtsgrundsätze in den deutschen Gesetzbüchern niedergelegt sind, stand der sinngemäßen Anwendung dieser auch auf Eingeborene nichts im Wege. Das mußte freilich mit Takt geschehen und setzte Erfahrung im Denken und Fühlen der Eingeborenen voraus. Deshalb wurde die *Eingeborenenrechtsprechung* nicht den Bezirksrichtern übertragen, die für die Europäer Recht nach den deutschen Gesetzbüchern sprachen, sondern blieb in der Hand der Verwaltungsbeamten (Bezirksamtmänner). Von diesen wurde allerdings ein *Nachweis* der Kenntnis des Eingeborenenrechts nicht verlangt, man setzte aber bei ihnen, die im täglichen Verkehr mit den Farbigen standen, in höherem Grade Kenntnis der Sprache und Sitten voraus als bei den Bezirksrichtern, die wesentlich mit den deutschen Kolonisten zu tun hatten. Was nach Eingeborenenanschauung Recht war, mußte auch in jedem Falle erst fest-

Massaikrieger (DOA)

halb wünschenswert, daß dieses Recht unseren Beamten nicht unbekannt blieb, und da, im Gegensatz zu den lediglich auf mündlicher Überlieferung beruhenden Stammessitten der Neger, die islamischen Rechtssysteme in einer umfangreichen Literatur niedergelegt waren, konnte dem Wunsche auch Rechnung getragen werden. Ein Teil der angehenden Beamten konnte auf dem Hamburgischen Kolonialinstitut und dem Seminar für orientalische Sprachen an der Berliner Universität islamisches Recht studieren, auch habe ich den Kolonialeleven in Daressalam auf Anordnung des Gouverneurs Vorträge darüber halten können.

gestellt werden. Zu diesem Zwecke waren den Bezirksamtmännern farbige Beisitzer mit beratender Stimme beigegeben. Ja, in der ostafrikanischen Militärgerichtsbarkeit hatten sogar die farbigen Beisitzer ein Stimmrecht, und ich selbst bin zweimal als Vorsitzender überstimmt worden, weil die Richterklassen der farbigen Soldaten und der deutschen Unteroffiziere ihre Ansicht gegen mich geltend machten. Es ist sehr interessant, daß in dem einem Falle, wo es sich um Notzucht an Frauen handelte, über die der Täter dienstliche Gewalt hatte, mein Antrag auf zwei Jahre Kette abgelehnt und nur auf 3 Monate erkannt wurde, daß aber im andern Falle – Feigheit vor dem Feinde – die Kameraden des Ausreißers absolut Todesstrafe, statt, wie ich vorgeschlagen hatte, sieben Jahre Kettenstrafe, verlangten.

Besondere Berücksichtigung verdient natürlich das islamische Recht, wo eine mohammedanische Bevölkerung vorhanden ist, besonders in Ehesachen. Dabei hatte sich als Praxis herausgebildet, daß man im allgemeinen den farbigen Besitzern die Rechtsfindung überließ und der Bezirksamtmann mir dann die Bestätigung versagte, wenn unsere Rechtsanschauungen allzu stark beleidigt wurden. Diese Gefahr besteht beim islamischen Recht, einem reinen *Männer*recht, oft zu Ungunsten des weiblichen Teils. Es war des-

Sehr schwierig war die Frage, wie wir uns gegenüber den Rechtsanschauungen noch unentwickelter Völker, z. B. beim *Zauber*, zu verhalten hätten. Unsere Erklärung, daß es Zauber nicht gäbe und daß entsprechende Strafanzeigen nicht angenommen würden, fanden selbst bei geistig und sozial hochstehenden Eingeborenen kein Verständnis, sondern maßlose Verwunderung und kaum verhaltenen Unwillen. Man muß wissen, welche ungeheure Macht täglich, ja stündlich im Leben des Eingeborenen Geisterglauben und Angst vor dem Verzaubertwerden hat, um das zu verstehen. Dieser in Jahrtausenden festeingewurzelte Glaube ist nicht kurzerhand auszurotten. Im Gegenteile, die Gefahr ist groß, daß nicht nur das Vertrauen zu uns stark erschüttert wird, wenn wir uns hier gänzlich »verständnislos» zeigen, sondern daß sogar Selbsthilfe und Blutrache ergänzend eingreifen. Hier wurden uns die »unter gebildeten Völkern geltenden Rechtsgrundsätze« eine ernstliche Schranke. Nicht immer war es möglich, die »Verzauberung« in einen Giftmordversuch oder ähnliches umzukonstruieren und als solchen zu bestrafen. Aber es war in vielen Fällen die Möglichkeit gegeben, das Problem zu lösen, indem wir Gebrauch machten von dem Vorrecht der »Verwaltungsjustiz«, nach politischer Zweckmäßigkeit, statt nach abstrakten Rechtsbegriffen zu entscheiden. Ich hatte einen sehr amüsanten Fall am Njassa. Dort hatte ich das Bezirksamt Langenburg vom ungesunden Tiefland am See in die Berge hinauf verlegt, und zwar auf den 1600 Meter hohen Ntukuyu, ohne zu wissen, daß eine alte Sage ging: »Wer auf dem Ntukuyu eine Feste bauen würde, sollte das ganze Land beherrschen.« So ward meine Festsetzung auf dem Berge den Häuptlingen höchst unangenehm und mein unmittelbarer Nachbar suchte mich zweimal durch »Zauber« zu vertreiben. Einmal machte er Bienenschwärme gegen mich mobil, ein andermal Wind und Wetter mit Hagelböen. Ich ließ ihn beide Male kommen, beglückwünschte ihn zum geglückten Zauber und ließ ihn sich ein Kuhkalb aus meiner Herde aussuchen, zum Dank dafür, daß er so erfolgreich bestrebt gewesen sei, mich mit Honig zu versorgen und mich in das Klima meiner europäischen Heimat zu versetzen. Aber der halsstarrige Alte ließ sich weder beschämen noch belehren. Einige Wochen darauf kamen meine Getreuen mit allen Zeichen des Entsetzens und führten mich hinaus: »Bist du hier gegangen, Herr?« fragten sie, auf eine Fußspur in der feuchten Erde zeigend. Ich bejahte. Jetzt führten sie mich einige Schritte weiter. Da lag ein Ziegenhorn in dem Eindruck meines Stiefels. Als ich mich bückte, es aufzuheben, wollten sie mich fast mit Gewalt daran hindern, und als ich es doch tat, sahen sie mich aus einiger Entfernung wie einen Todgeweihten an. Es war allerhand Plunder in dem Ziegenhorn: Schwarzpulver, Baumrinde, ein Lappen, Wurzelstücke, Perlen, aber man versicherte mir einstimmig, was mir aus Theorie und Praxis übrigens nicht unbekannt war, daß ich nach dem Volksglauben unfehlbar sterben müßte, wenn – ja, wenn ich nicht etwa als kluger Europäer einen stärkeren Gegenzauber hätte. »Den habe ich«, sagte ich, ließ den Häuptling durch einige handfeste Soldaten vorführen, entkleidete ihn seiner Würde, ließ ihm 25 Hiebe vor versammeltem Volke aufziehen und legte ihn auf einige Monate an die Kette. In das Strafbuch aber trug ich, in der Hoffnung, die mich nicht betrog, die Neugier meines oberrichterlichen Freundes in Daressalam zu erregen, als Delikt ein: »Betätigung illoyaler Gesinnung«.

Daß wir die *Prügelstrafe* in den Kolonien beibehalten haben, hat bei allen Unkundigen im In- und Auslande gelegentlich Stürme von Entrüstung erregt. Kein Kolonialvolk verzichtet auf dieses Mittel, die vorletzte Rassenautorität sofort wiederherzustellen. Nur sind die anderen, z. B. die Engländer, die *viel mehr* prügeln, nicht so gewissenhaft in der Verordnung von Schutzmaßregeln und in der Registrierung. Cant! Hier ein Beispiel, das ich einem Berichterstatter verdanke, für dessen Zuverlässigkeit ich mich auf Grund zwanzigjähriger Bekanntschaft verbürgen kann.

Schon lange vor der deutschen Besitzergreifung des Landes am Kilimandjaro waren die Eingeborenen des Meru von den Massai unterworfen und bedrückt worden. Wie bei anderen Stämmen in gleicher Lage hatten sich auch hier die jungen Burschen gewöhnt, in Kleidung und Sitten die von ihnen gefürchteten und bewunderten Massaikrieger nachzuäffen. So trugen sie die den Massaikriegern eigene Haartracht, einen großen Zopf am Hinterkopf, einen kleinen über der Stirn und je einen kleinen Zopf über den Schläfen. Kein deutscher Verwaltungsbeamter hatte jemals an dieser harmlosen Sitte Anstand genommen. Der englische Verwaltungsbeamte aber, der im Kriege dort die Regierung übernahm, ein Major Browne, glaubte sehr bald mit seinen übertriebenen Forderungen von Dienstleistungen, die – wenn überhaupt – nur sehr schlecht bezahlt wurden, auf Widerstand zu stoßen und ordnete an, daß kein Mann mehr Zöpfe tragen dürfe; er glaubte wohl dadurch einen nicht vorhandenen Stolz zu brechen. Jeder einen Zopf tragende Aruschamann wurde aufgegriffen, zu Prügelstrafe verurteilt, wenn man das wilde Verhauen so nennen kann, und dann wurde ihm der Zopf abgeschnitten. Während die Prügelstrafe bei der deutschen Regierung an eine ganze Reihe von Formalitäten gebunden war und 25 Hiebe das Höchstmaß bildeten, führte der Engländer einen »Großbetrieb« ein. Fünfzig Hiebe waren die Regel. Da das Gesäß seiner Meinung nach diese Anzahl nicht fassen konnte, so

Bauernmädchen aus Tikar (Kamerun)

wurden die zweiten fünfundzwanzig Hiebe sofort anschließend dem Zopfträger auf die Schultern verabreicht. Das Prügeln besorgten abwechselnd vier schwarze Polizeisoldaten. Einer von diesen, der vor dem Einmarsch der Engländer bei der deutschen Verwaltung Dienste als Polizist getan hatte, klagte einigen damals noch auf freiem Fuß befindlichen Deutschen gegenüber, daß er nach besonders ergiebigen Tagen manchmal kaum imstande sei, beim Abendessen die rechte Hand zum Munde zu führen!

Wiederholt wurde der betreffende Beamte gesehen, wie er, einem Tobsüchtigen gleich, aus seinem Dienstzimmer unter die von Polizisten vorgeführten Eingeborenen stürzte und sie solange mit Boxerhieben und Fußtritten bearbeitete, wie Atem und Kräfte vorhielten. Danach ging es an das summarische Prügeln. Von regelrechtem Gerichtsverfahren war nichts zu sehen. Gefragt wurde von den durch die Polizisten Vorgeführten niemand.

Mit schamlosem Zynismus äußerte sich das Fachblatt einer anderen Nation, die berufen wurde, ihre Humanität an Stelle unserer Barbarei in den Kolonien zu setzen, über die Prügelstrafe bei Engländern und Franzosen. Die »*Dépêche Coloniale*« vom 24. September 1919 schreibt wörtlich: »Durch Verordnung vom 24. September 1919 führt das englische Gouvernement in der ganzen Ausdehnung der Straits Settlements (Singapore, verbündete malaiische Staaten) die körperlichen Strafen wieder ein.

Die durch das Strafgesetzbuch von 1871 eingeführten sechs Arten körperlicher Strafen waren im Jahre 1902 abgeschafft worden, aber der neue Artikel Nr. 492 des Strafgesetzbuches, vor fünf Wochen bekanntgegeben, erneut wörtlich:

1. die Peitschenstrafe,
2. die Strafe der neunschwänzigen Katze,
3. die Bestrafung mit dem Bambusstock.

Der einzige Grund für diesen Entschluß, den die britischen Behörden angeben, ist das Wiederauftreten von Diebstahl und Straßenraub in den letzten beiden Jahren.

Jeder ist Herr in seinem Hause. Wir würden nicht taktlos genug sein, auf diesen sittlichen Rückschritt unserer Nachbarn hinzuweisen, wenn nicht die Unterdrückung der Körperstrafen bei ihnen Grund gewesen wäre auch zur Abschaffung bei uns.

Denn M. Beau, M. Klobukowski und die anderen Gouverneure von Französisch-Indochina, die sich an die Abänderung und Humanisierung des Eingeborenenrechts machten, taten das ausdrücklich mit der gefühlsmäßigen Begründung, daß wir nicht im Rückstand bleiben können gegenüber unseren Nachbarn. Tatsächlich haben wir uns nicht einmal damit begnügt. Wir haben alles miteinander abgeschafft: die Peitsche und den damit verbundenen Prunk, der in dem ganz in Rot gekleideten Scharfrichter bestand, der um sein mit entblößten Lenden daliegendes Opfer komplizierte und graziöse Tanzschritte machte.

Abgeschafft haben wir auch die im Haushalt so bewährte ›Cadouille‹ (abgeleitet von ›cadouci‹, auf anamitisch gleich Rochenschwanz), die das Verhältnis zwischen Vorgesetzten und Untergebenen, besonders zwischen Herr und ›boy‹, so sehr vereinfachte!

Die Eingeborenen aber waren wegen der übergroßen Achtung, die wir der unteren Hälfte ihres Rückens zollten, als wir sie nicht mehr zu berühren wagten, geradezu untröstlich. Denn in ihrer primitiven Logik zogen sie die Peitsche und den Stock der Gefängnis- und der Geldstrafe vor, und sie litten direkt unter dieser Neueinrichtung. Aber es ist ja wohl nötig zu leiden, um Achtung zu genießen.

Und jetzt, da wir ihre Epidermis respektieren und nur noch Geldstrafe anwenden, da erscheinen die Engländer wieder auf der Bildfläche mit der prompten und, wie ich zu sagen kein Bedenken trage, national-englischen ›Justiz aus dem Handgelenk‹, der Peitsche. Was werden wir nun tun? Sollen wir uns durch Wiedereinsetzen der bei den Gelben althergebrachten Strafen bei den sentimentalen Gesellschaften, von denen es bei uns nur so wimmelt, in schlechtes Licht setzen? Oder sollen wir bei den Anamiten die Anwendung der französischen Strafarten fortsetzen, auf das Risiko hin, uns den Tadel zuzuziehen, daß wir im Vergleich zu unseren Nachbarn rückständig sind?

Wie wir es auch machen wollen, unsere Lage ist lächerlich; und das ist immer so, wenn man bei politischen Fragen, wo nur Vernunft und Logik sprechen sollten, Herz und Gefühl zu Worte kommen läßt.«

Was sagt die Welt zu diesem Bekenntnis einer schönen Seele? Wird sie auch künftighin als »noble« und »fair« ansehen, was sie uns als »Hunnentum« und »Barbarei« anrechnen würde?

In der Form, wie die *Prügelstrafe* von uns erkannt und vollstreckt wurde, haben die Eingeborenen nie etwas Entwürdigendes gesehen. Würde die Prügelstrafe offiziell abgeschafft, so würden strafbare Mißhandlungen für unsere Beamten und Militärs unvermeidlich gewesen sein und auch der Farmer, der Kaufmann, vielleicht sogar dieser und jener Missionar würden notgedrungen zum Knüppel gegriffen haben. Die Bestrafungen von Europäern würden sich häufen, ohne daß die Mißhandlungen abnähmen, und wer den Neger kennt, weiß, wie ideal er den Zustand nennen würde, der ihm täglich gestattete, durch Verstocktheit seinen Herrn zu einer Mißhandlung zu reizen und dadurch sooft es ihm beliebt um zehn oder zwanzig Mark ärmer zu machen. Wahrscheinlich würde der weiße Herr sich von der Denunziation sogar um einige Rupie freikaufen und sich damit jeder Autorität begeben. Wollten wir also unsere Farbigen nicht zu dem faulen und frechen Gesindel erziehen, das wir in Mittelamerika und leider auch schon anderswo sehen, so durften wir nicht an der Prügelstrafe rühren. Das sahen sogar verständige Eingeborene ein und der Wali in Lindi, ein alter, wohlmeinender Suaheli, rief auf meine Frage, wie er über die Abschaffung denke, erschrocken aus: »Um Gottes willen! Wollt ihr denn mit Gewalt das Land ruinieren?!« –

Gewiß spricht unser europäisches Empfinden gegen diese Strafe und noch im fünfzehnten Jahre kolonialer Tätigkeit war es mir peinlich, der Vollstreckung beiwohnen zu müssen. Aber für den Neger, der kaum auf der Stufe unserer Vorfahren vor zweitausend Jahren steht, kann das nicht entwürdigend sein, was noch vor hundert Jahren unsere Väter und vor fünfzig Jahren der Soldat über sich ergehen lassen mußte, was in Österreich erst 1867 abgeschafft, in Dänemark soeben wieder eingeführt worden ist und auch für gewisse Fälle von vielen verständigen Leuten in Deutschland gewünscht wird.

Auch die *Kettenstrafe* ist vielfach angegriffen und als menschenunwürdig bezeichnet worden. Ich habe andere Erfahrungen gemacht, ganz abgesehen davon, daß sie außerordentlich zweckmäßig ist, weil sie die Verwendung der Arbeitskraft in hohem Maße gestattet. Bekanntlich besteht sie darin, daß etwa acht Mann je einen eisernen Ring um den Hals haben, durch dessen Schlaufen eine Kette gezogen ist, so daß Mann zu Mann im Abstand von reichlich einem Meter bleibt. So können die Sträflinge im Freien am Wegebau arbeiten, in einem Gliede neben- oder in einer Reihe hintereinander, und ein Wächter kann ein bis zwei Ketten (10-20 Mann) beaufsichtigen. Die meisten unserer prachtvollen Straßen in den Küstenstädten der Kolonien sind durch Kettensträflinge geschaffen.

Als ich am Njassa Bezirksamtmann war, bereiste ich einmal von dem Bezirke, der so groß war wie ein deutsches Königreich, einen Teil, in den ich bis dahin noch nicht gekommen war. Die Eingeborenen, die unsere Friedfertigkeit noch nicht kannten, waren beim Anblick meiner Soldaten entflohen und verfolgten von den sicheren Bergen aus neugierig und ängstlich meinen Marsch. Durch kein Mittel waren sie zu bewegen, von ihren Bergen herabzusteigen und mit mir in Verbindung zu treten. Da nahte sich uns am zweiten Tage fröhlich und vertrauensvoll ein Farbiger, der sich von der dreiviertelnackten und nur in Felle gekleideten Bevölkerung schon dadurch unterschied, daß er einen funkelnagelneuen roten Fes und ein blendendweißes Gewand trug. Er schüttelte jedem der vor mir in der Reihe zu Einem marschierenden Soldaten bieder die Hand und begrüßte mich dann mit einem eigenartigen Gemisch von Vertraulichkeit und Respekt. Ich entsann mich nicht, den Mann jemals gesehen zu haben, beantwortete aber gern seine Fragen nach dem Wohlergehen jedes einzelnen der Europäer auf meinem Bezirksamte. Ich versuchte ihn auszuhorchen, indem ich ihn, in der Annahme, er sei vielleicht ein Kautschukaufkäufer, nach den Preisen fragte. Aber er entgegnete, daß er davon nichts verstünde. Schließlich sagte ich: »Höre mal, ich kenne dich ganz genau, wie sollte ich auch nicht? Aber sage mir, wie ist dein Name, ich habe ihn leider vergessen.« Da wurde der Brave ganz betrübt: »Du hast mich vergessen, Herr? Ach, du hast mich vergessen! Und doch bin ich dein Sohn, ein Mann der Regierung! Hast du mich nicht selbst verurteilt und zwei Jahre an die Kette gelegt, weil ich ein Räuber gewesen war?« – Man stelle sich die Wirkung vor auf mich und die Askari. Sie lachten; ich aber dachte: so wirkt also eine gerechte und verständig vollstreckte Strafe. Vor drei Jahren war dieser Mann ein nackter Wilder und Verbrecher und heute ist er der Kulturträger in seinem Stamme, der allein von allen mir die Hand des Vertrauens reicht.

III. Die Antisklavereibewegung in den deutschen Schutzgebieten

Zu den eigenartigen Rechtsverhältnissen der Kolonien, die mit schonender Hand den unter gebildeten Völkern herrschenden Anschauungen entgegengeführt werden mußten, gehört die *Sklaverei*, oder richtiger die milde Form der Hörigkeit, die dort herrschte und mit der uns aus Onkel Toms Hütte bekannten Sklaverei der nordamerikanischen Neger nichts gemein hatte. Es ist ja gewiß beschämend, daß die Sklaverei dort, wo weiße Herren über farbige Sklaven geboten, so viel barbarischer war, als wo Farbige den Farbigen leibeigen angehörten. Aber auch das ist aus den Verhältnissen erklärlich. Den amerikanischen Sklavenhalter trennte nicht nur die Farbe, sondern auch eine Welt anderer Kulturvorstellungen von den Schwarzen, während diese Kluft natürlich zwischen Neger und Neger gar nicht, zwischen Araber und Neger kaum vorhanden war, wenigstens sobald der Neger sich zum Islam bekannt hatte. So war die Sklaverei in den Kolonien an sich eine zwar nicht zu fördernde, aber eine durchaus zu duldende Einrichtung. Wir werden noch an anderer Stelle darauf kommen, daß fast überall, wo noch nicht die Pflugkultur an Stelle des Hackbaus getreten ist, die Landarbeit dem freien Manne unwürdig erscheint. Sie ist also Weiberarbeit – von deren schweren sozialen Folgen werden wir noch sprechen – oder aber Sklavenarbeit. Die Sklavenarbeit ist jedenfalls der Weiberarbeit aus Gründen der Menschlichkeit vorzuziehen. Ja, in ihrem Ursprung ist die Sklaverei einer der ersten und wichtigsten Kulturfortschritte, die die Menschheit zu verzeichnen hat. Als der Ackerbau aufkam, wurden die Kriegsgefangenen nicht mehr getötet, den Göttern geopfert oder verzehrt, sondern am Leben gelassen, um als Haustiere verwendet zu werden. Abgesehen von einzelnen Fällen, wo ein gefühlloser oder grausamer Herr seine Hörigen ausnutzte und mißhandelte, waren diese mit ihrem Lose durchaus zufrieden, wurden nicht überanstrengt, sondern ausreichend verpflegt, konnten eine Familie gründen, hatten ein Stück Land und zu dessen Bewirtschaftung mehrere Tage in der Woche frei, oder aber sie trieben Jagd, Handel oder ein Handwerk und mußten ihren Herren nur einen Teil der Einkünfte abgeben. Ja, der Korân wirkte entschieden auf menschliche Behandlung in der Sklaverei hin, und vielfach ersetzte die Hörigkeit die soziale Fürsorge, die wir durch Alters- und Invaliditätsversicherung erst viel später durchsetzten, weil die fromme Sitte es ausschließt, einen alten oder kranken Sklaven in Hilflosigkeit verkommen zu lassen.

Anderseits darf nicht vergessen werden, daß bei der Begründung unserer Kolonien der Kampf gegen den Sklavenhandel eine große Rolle spielte und uns Verpflichtungen auferlegte. Wurde doch beispielsweise die ostafrikanische Schutztruppe in zweiter Linie begründet mit dem Kampfe gegen den *Sklavenhandel.* Das aber ist der springende Punkt, daß man Sklaverei und Sklavenhandel zu scheiden weiß! Jener konnte geduldet werden, dieser nicht. Unter veränderten

Frauen bei der Feldarbeit im Kameruner Grasland

Umständen wiederholte sich später etwas Ähnliches bei der Arbeiterfrage, die bei unverständigen Heißspornen allmählich zu einem törichten Kampf gegen das Plantagenwesen führte, während die zu bekämpfenden Mißstände lediglich in dem Beschaffungswesen, der Arbeiteranwerbung, lagen. Auch davon später. Der Sklavenhandel blühte lange vor der deutschen Besitzergreifung. In Lissabon wurden im XVI. Jahrhundert jährlich 12 000 Farbige verhandelt, die aus Westafrika, wo die frühere »Sklavenküste« das heutige Togo darstellt, stammten. Karl V. setzte die auf flämischen Schiffen jährlich aus Westafrika zu exportierenden Sklaven auf 4000 fest. In Brasilien gab es 1818 zwei Millionen Sklaven, wesentlich Westafrikaner, und noch 1818 – 1851 wurden jährlich 100 000 eingeführt. In Ostafrika lagen die Araber dem Sklavenhandel ob und führten jährlich Tausende, besonders nach Arabien, aus. Vielfach wurden die Sklaven unter Mord und Brand geraubt und wie Vieh zur Küste getrieben. Was nicht weiter konnte, wurde getötet oder blieb liegen und verkam. Der Sklavenhändler rechnete damit, daß höchstens ein Drittel an der Küste ankam. Wißmann hat auf seinen Reisen quer durch Afrika von Westen nach Osten und umgekehrt herzzerreißende Bilder gesehen und der Kreuzzug gegen den Sklavenhandel, zu dem der Kardinal Lavigerie Ende der achtziger Jahre immer wieder aufrief, war wohlberechtigt. Den Sklavenraub haben dann unsere Schutztruppen mit schneller Energie überall unterdrückt und der gewerbsmäßige Sklavenhandel fand sein ebenso schnelles Ende mit dem Umsichgreifen einer geordneten Verwaltung. Daß die Möglichkeit, das Herrenrecht zu übertragen, offenbleiben mußte, war klar; sie lag sogar sehr oft im Interesse der Hörigen. Sie wurde deshalb auch durch unsere deutsche Verwaltung von seiner Zustimmung abhängig gemacht; im Fall von Ausnutzung und Mißhandlung fand Freisprechung durch die Behörde statt. Schließlich schien Deutsch-Ostafrika soweit für eine völlige Aufhebung des Hörigkeitsverhältnisses reif, daß 1904 bestimmt wurde, alle nach dem 31. Dezember 1905 geborenen Kinder der Hörigen sollten entschädigungslos frei sein.

Die Generalakte der Brüsseler Antisklavereikonferenz vom 2. Juli 1890 erkannte, daß zwei afrikanische Übelstände mit dem Sklavenhandel in einem inneren Zusammenhange standen: die *Feuerwaffenfrage* und die Alkoholeinfuhr.

Die Sklavenräuber waren den mit Speer und Schild oder Bogen und Pfeil bewaffneten Eingeborenen wesentlich durch den Besitz von Feuerwaffen überlegen. Die Einfuhr dieser zu verhindern hieß daher fast schon dem Sklavenhandel ein Ende bereiten. Wir haben die Ausgabe von Hinterladern an Eingeborene so energisch verhindert, daß es die allergrößten Schwierigkeiten machte, ja fast unmöglich war, selbst völlig zuverlässigen Farbigen, wie arabischen Beamten, den Besitz auch nur eines Hinterladers zu erwirken. Einfuhr und Verkauf von Vorderladern wurden schon 1892 Regierungsmonopol und gleichzeitig wurde die Registrierung und Stempelung aller Feuerwaffen angeordnet und dafür eine erhebliche Eintragungs- und Kontrollgebühr erhoben. Auch wurde Pulver nur in kleinen Mengen ausgegeben. Diese an sich löbliche Bestimmung wurde ein Beispiel, wie leicht Vernunft Unsinn und Wohltat Plage werden kann. Denn anderseits zahlten wir für die Vertilgung von Raubzeug (Löwen, Leoparden usw.) Prämien. Dadurch nahm dieses so ab, daß die Affen und Wildschweine überhand nahmen. Diese aber abzuschießen, reichte das den Eingeborenen zugebilligte sparsame und teure Pulver nicht aus. Und so hatte diese Unterbrechung des natürlichen Kreislaufes unerwartete Folgen: die Affen und Schweine vermehrten sich derart, daß sie dem eingeborenen Bauern nachts in Scharen die Felder verwüsteten und ihn so um die Frucht der Tagesarbeit brachten. Da baute er sich Gerüste auf seinen Mais- und Hirseäckern, um die Unholde in nächtlicher Wacht durch Schreien und Toben zu verscheuchen. Natürlich konnte, wer die Nacht durchwachte, nicht tagsüber arbeiten und die landwirtschaftliche Erzeugung geriet in Gefahr. Als Bezirksamtmann von Tanga machte ich 1906 das Gouvernement auf diese Entwicklung aufmerksam und die Folge war, daß in der Ausgabe von Pulver reichlicher verfahren, daneben aber auch sinnreiche Methoden ausprobiert wurden, den nächtlichen Unholden mit anderen Mitteln, z. B. Gift, zu Leibe zu gehen.

Wie Feuerwaffen, so war auch *Alkohol* längst in den Besitz der Eingeborenen gelangt, als uns die Schutzherrschaft über sie zufiel. Es ist bekanntlich sehr viel schwerer, eingewurzelte Übel auszurotten, als ihren Einbruch zu verhindern. Das zeigte sich auch bei dem Alkohol. Fast überall auf der Welt verstehen es die Eingeborenen, Berauschungsmittel herzustellen, d. h. Körnerfrüchte zur Gärung zu bringen und Eßbares in Trinkbares umzuwandeln. Diese Eingeborenenbiere sind in mancherlei Beziehung durchaus nicht harmlos. Aus dem Hinterland von Lindi mußte ich 1899 dem Gouvernement berichten, daß die Bevölkerung nach jeder Ernte aus einer Trunkenheit in die andre taumelte. Manche Großleute und Häuptlinge hatten sich überhaupt das Essen abgewöhnt und zogen bei ihren Hörigen und Untertanen reihum, um lediglich mit Bier den immer gedunsener werdenden Wanst zu füllen. Auch dort sind Exzesse, nicht nur Schlägereien, sondern Überfälle und Krieg oft die Folge des Biergenusses; ja, Aufstände gegen unsere Herrschaft pflegten meist in der Jahreszeit des Bierbrauens auszubrechen. Aber schlimmer war es, daß vielfach der bis zur nächsten Ernte nötige Teil des Kornes leichtsinnig verbraut wurde, was Darben, wenn nicht Hungersnot, ja Elend und Tod zur Folge hatte. Unter diesen Umständen konnte die Frage ernstlich erwogen werden, ob es nicht doch zweckmäßiger wäre, die Einfuhr und den Verkauf eines gesundheitlich nicht allzu schädlichen Alkohols zu gestatten; einmal wurde dann die Ernte dem Nahrungsbedürfnis zugeführt, sodann aber war ein Anreiz zum Gelderwerb, d. h. zum Werteschaffen gegeben, da man sich europäischen Alkohol nur mit Geld, d. h. durch Arbeit verschaffen konnte. Aber die Dosierung nach Qualität und Quantität erschien in der Praxis undurchführbar, und so ist die Frage eine Frage geblieben, mit der sich nur einige wenige und lediglich in der Theorie beschäftigten.

Die Alkoholika, die der Europäer – vornehmlich in Westafrika – einzuführen pflegte, waren aber ein nervenzerrüttendes Gift, gegen das die Erzeugnisse der Eingeborenenbrauerei harmlos erschienen. Wo wir reinen Tisch fanden, d. h. in allen Kolonien außer Kamerun und Togo, also in vier Fünfteln unseres Besitzes, haben wir das Alkoholverbot für Farbige sofort ein- und *streng durchgeführt.* Auch zwei Drittel von Kamerun

Sisal-Entfaserungs-Fabrik (DOA)

und ein Viertel von Togo fielen in die Verbotszone, so daß 90 % unserer 12 Millionen Eingeborenen gegen Alkohol gesichert waren[1]).

Die Hauptschwierigkeit, den Alkoholteufel dort, wo er bereits Fuß gefaßt hatte, auszutreiben, lag in der Unmöglichkeit, die unendlich weiten Landesgrenzen zu überwachen, wenn die Nachbarn, in Westafrika Engländer und Franzosen, nicht gewillt waren, ihre Küsteneinfuhr in gleicher Weise zu beschränken wie wir. Wie die Verhältnisse lagen, faßt der Engländer Harris 1912 (»*Dawn in the darkest Africa*«) folgendermaßen zusammen:

»Der allgemeine Eindruck ist der, daß in der Branntweinfrage die britische Verwaltung die schlimmste in der Welt ist und daß ihr Rekord hierin ohne weiteres anzuerkennen sei; aber ich bin sicher, daß ihre Moral sie behüten wird, so tief zu fallen wie die französische Verwaltung, die zweifellos darin die rückständigste in Äquatorialafrika ist! Obwohl Frankreich heute (d. h. 1912) die große Gefahr des Absinths im Mutterlande kennt, sieht es doch ruhig zu, wie die Kongoeingeborenen in die kleinen Schnapsläden strömen, wo sie für 25 Cents ihre ›Nippes‹ kaufen, die nach der Versicherung ihrer eigenen Verkäufer das schlimmste Getränk ganz Westafrikas sind.«

Gegen den Schnapsschmuggel kam es dann zu internationalen Konferenzen mit dem Ziele, die noch nicht alkoholisierten Gebiete auch für die Zukunft alkoholfrei zu halten und die anderen allmählich zu entalkoholisieren, indem man einen periodisch immer mehr zu erhöhenden Einfuhrzoll auf Alkoholika vereinbarte, und zwar in solcher Höhe und in einem Tempo, daß er nach etwa 15 bis 20 Jahren einem Einfuhrverbot gleichkam und die Firmen dabei doch hinreichend Zeit zur Umstellung ihres Handels hatten. Die erste erfolgreiche Alkoholkonferenz faßte den Beschluß, für die bereits verseuchten Gebiete mit einem Einfuhrzoll von 100 Franken für 1 Hektoliter eines 50prozentigen Getränkes zu beginnen; die deutsche Kolonialverwaltung ging – als einzige – freiwillig nach kurzer Zeit über diese Verpflichtung hinaus. Auch noch die zweite Brüsseler Tagung 1910 verlief unter gemeinsamer Beschlußfassung. Indessen schon im Jahre

1) Über diese wichtige Frage empfehle ich den vorzüglichen Aufsatz des bekannten Kolonialarztes Dr. Külz in der Zeitschrift »Die Alkoholfrage«, Heft 1, 1920, der ich dies und das Folgende entnehme.

1912 ging die Einigkeit in der Schnapsfrage in die Brüche. Wohl erhoben Deutschland und England wieder übereinstimmende Forderungen: sofortige Zollerhöhung von 100 auf 150 Franken mit jährlich automatisch anschließender Steigerung um 10 Franken zunächst bis auf 200. Frankreich lehnte indessen für Äquatorialafrika eine Erhöhung ganz ab, für seinen übrigen Besitz bewilligte es eine geringe Steigerung. Trotz des Versagens der Franzosen ging Deutschland in seinem planmäßigen alkoholgegnerischen Handeln in Kamerun unbeirrt weiter; in Togo mußte die nahe Dahome-Grenze mit der Möglichkeit des Schnapsschmuggels das Handeln beeinflussen. Bei Kriegsausbruch stand also die Sache so, daß in Kamerun zwei Drittel des Landes gesperrt, im übrigen ein Zoll von 300 Mark = 375 Franken in Kraft war. Deutschland marschierte damit vor England und erst recht weit vor Frankreich. In Togo waren wir gezwungen, uns mit 100 Franken Einfuhrzoll der Höhe des benachbarten französischen anzupassen.

So wie wir eben die koloniale Alkoholfrage bei Kriegsbeginn kurz festlegten, ist sie nicht geblieben; sie hat sich oft und in der verschiedensten Weise umgestaltet, aber im Endergebnis ganz sicher verschlechtert: nach amtlichen amerikanischen Quellen verzehnfachten die Amerikaner von 1916 bis 1917 ihre Alkoholausfuhr auf fast 60 Millionen Gallonen jährlich! 1 Gallone = 4 1/3 Liter. Mehr als ein Viertel davon ging 1917 allein nach Afrika, weitaus überwiegend als Rum! Anfangs 1918 gab's im Kongostaat zwar weder Alkohol noch Zucker, noch konnte wegen Beschlagnahme irgendein Lebensmittelschiff von New York dorthin auslaufen; wohl aber beglückte zu gleicher Zeit ein amerikanischer Dampfer mit einer Ladung von – Bier das darbende Land. Im August 1918 konnten von 70 westafrikanischen Missionaren, die monatelang sehnlichst auf Rückkehrgelegenheit in New York warteten, nur neun auf dem nach Liberia beziehungsweise Sierra Leone ausgehenden Schiff Platz finden, weil aller Raum gebraucht wurde für – Whisky! In Englisch-Ostafrika wurden 1916/1917 über 162 000 Pfund Sterling durch den Schnaps erzielt, von dem neun Zehntel aus England stammten, während im Jahr zuvor der Verkauf noch nicht 100 000 Pfund erreicht hatte.

IV. Der Landfrieden in den deutschen Schutzgebieten. Europäer und Farbige

Durch die Vernichtung des Sklavenhandels, durch das Regierungsmonopol für Feuerwaffen und Munition und auch durch die Verhinderung des Genusses europäischen Schnapses haben wir die Vorbedingungen für den *Landfrieden* in den Kolonien geschaffen. Wie töricht ist die Ansicht derer, die da glauben, der Urzustand bedeutete den Frieden des Paradieses, in den wir mit unserer Kultur den Krieg und die Vernichtung gebracht haben! Der Urzustand ist der ewige Krieg aller gegen alle! Jeder Fremde (hospes) ist Feind (hostis). In Neuguinea hausten vor unserer Zeit in weiten Gebieten die Eingeborenen nachts auf hohen Bäumen, die bis zu vielen Metern hinauf entästet und nur durch Leitern, die man hinter sich hinaufzog, zugänglich waren. Scheu stieg man am Morgen hinunter, um in aller Hast einen Fetzen Acker zu bestellen; bei der geringsten Gefahr eilte man auf die schützenden Bäume zurück. In vielen Gegenden Afrikas liegen die Dörfer drei, vier, ja fünf Stunden weit von der nächsten Wasserstelle ab, weil die Wege von Wasserstelle zu Wasserstelle führen und man sich vor den feindlichen Banden, die die Wege unsicher machten, fürchtete. Unter Bewachung bewaffneter Männer gingen Weiberkarawanen wöchentlich ein- oder zweimal mit schweren Tongefäßen auf den Köpfen dorthin, um das Dorf für mehrere Tage zu versorgen. Mensch und Tier litt dauernd an Durst, an Reinlichkeit ist gar nicht zu denken. Überall waren die Dörfer mit Wall und Graben, Palisaden und Dornenhecken umgeben. Doppelte Tore mit Fallgittern und Schießscharten sicherten die Eingänge. Oftmal auch hielt man es für sicherer, sich überhaupt nicht zur Gemeinschaft zusammenzuschließen, sondern wohnte einzeln in Hütten, die im tiefen Wald versteckt oder an die höchsten Felsgipfel angeklebt waren. Das ist schnell anders geworden. Überall haben sich die Ansiedlungen an die Wasserstellen hingezogen, überall sind die Befestigungen gefallen. Überall wanderten Weib wie Mann unbewaffnet über die Steppe und durch den Busch. Es hat harte Kämpfe gekostet, bis der Landfrieden hergestellt war. Es gab z. B. kriegerische Völker, welche periodisch einen *ver sacrum* aussandten, um Beute zu machen, ein Schrecken ihrer Nachbarn und der im wochenweiten Umkreise wohnenden Stämme. Weiber, Sklaven, Vieh und alles, was dem Neger begehrenswert ist, fiel ihnen zu und damit lebten sie bis zum nächsten Plünderungszuge herrlich und in Freuden. Können wir erwarten, können wir verlangen, daß uns diese Stämme dankbar sind für Ruhe und Ordnung, die wir schufen? Gewiß nicht. Aber, wird man einwenden, um so reicher wird uns die Liebe der bisher mißhandelten Völker entschädigen. Mag sein. Aber: die kriegerischen und starken Völker sind es, die uns unserer zivilisatorisches Verdienst zu Feinden macht, die jämmerlichen und schlappen sind es, die uns Beifall klatschen. Darin beruht die Tragik in dem »heroischen Zeitalter« einer jeden Kolonialpolitik, daß die minderwertigen Stämme die neue Herrschaft begrüßen, die tüchtigen sie verfluchen, bis sie sich an den neuen Stand der Dinge gewöhnt, das Neue als das Bessere erkannt, ihre Wirtschaft und ihre Mentalität umgeformt haben, kurz und gut: bis sie kulturwillig geworden sind. Das bringt aber nur ein Zwang zuwege, denn welche ungeheure Revolution setzt das voraus! Und welches Tempo verlangte die Kolonisation des 20. Jahrhunderts im Vergleich zu den früheren. Umformungen, die früher Jahrhunderte erforderten, erfolgten jetzt in Jahrzehnten. Die Dampfschiffahrt leitete einen beständigen Strom europäischer Energie und alter Kultur in die Überseegebiete. Unermüdlich wurden Telegraphendrähte von Mast zu Mast geknüpft und eiserne Schienen vorgestreckt. Europäisch gedrillte Truppen aller Farben nisteten sich in kleinen befestigten Stationen überall in Steppe und Urwald ein und auf sie gestützt begann eine Verwaltung und Rechtsprechung nach europäischen Grundsätzen Platz zu greifen. Nicht mehr der Jäger, Händler und Farmer war es, der voranging und dem behutsam und fast widerwillig die öffentliche Organisation folgte: die Zeit der Dampfmaschine und der Kreditwirtschaft ging großzügig, planmäßig, willensstark an die Erschließung des aufgeteilten Erdenrestes heran. Nicht mehr wartete man in Geduld die Ergebnisse einer jahrhundertelangen Entwicklung ab; in dreißig, zwanzig, zehn Jahren wollte man klar sehen, Systeme entwickeln, ja Früchte ernten.

Und diese ganze gewaltige Kultur des Dampfes und der Elektrizität trat nicht nur an den kulturlosen Eingeborenen heran, sie drängte sich ihm auf, sie heischte sein Bekenntnis zu ihr und seine Unterwerfung. Hielt er das Ganze zunächst nur für einen Spuk, eine vorübergehende Erscheinung, eine Unmöglichkeit, so sah er bald zu seinem grimmigen Erstaunen, daß der Weiße *blieb* und Bäume pflanzte, deren Früchte seine Kinder ernten sollten, daß es Ernst wurde mit seinen kategorischen Forderungen nach Friedehalten, Seuchenbekämpfung, Wegearbeit, Steuerzahlung und pünktlichen Gehorsam. Eine innerliche Revolution verlangte man von ihm und dagegen revoltierte er; er griff zum Speere und wehrte sich mit dem Schilde der Väter gegen das Neue und Unerhörte, gegen den Zwang zur Kultur und gegen die Bedrückung der Beglückung.

Häuptlingsmutter von Bamum (Kamerun)

Aber nur noch sparsam durfte die Flintenkugel den Beweis in die Reihen der Widerspenstigen tragen, daß eine Auflehnung gegen die Kultur der modernen Technik unmöglich sei. Denn eine auf Absatz ihrer Industrieprodukte hinzielende und kaum noch auf Ansiedlerabgabe bedachte Volkswirtschaft sah nicht mehr in dem Eingeborenen das hinderliche Element, sondern erkannte in ihm das wertvollste Aktivum, das nicht durch

Kriege ausgerottet, sondern durch Friedensfürsorge erhalten und gehegt werden mußte.

Daß wir so gehandelt haben, erkennt der Engländer Hamilton in seinem Aufsatze *»The German Colonies in United Empire« 1912* an, wenn er schreibt: »Die Politik, die jetzt in den deutschen Kolonien maßgebend ist: die Eingeborenen mit Freundlichkeit und Rücksicht zu behandeln, hat viel dazu beigetragen, die Sicherheit des Lebens und allgemeine Zufriedenheit zu fördern. Dieser befriedigende Zustand würde nicht von langer Dauer sein, wenn den Eingeborenen nicht die heilsame Lehre beigebracht worden wäre, daß Verbrechen und Aufruhr schnell und mit fester Hand unterdrückt werden, die, wenn nötig, bis in die fernsten Distrikte reicht.« So wurde überall schnell, manchmal zu schnell, der Krieger von dem Verwaltungsbeamten abgelöst und diesem die Aufgabe zugewiesen, durch kluge Politik den Soldaten überflüssig, den Farmer möglich und den Kaufmann erwünscht zu machen. Aufgeklärt sollte der Eingeborene werden über die Ziele der Weißen und ausgesöhnt mit den Anforderungen, die man an ihn stellte. Die Volkszahl sollte vermehrt werden durch Gewöhnung an praktische Hygiene und an friedliches Rechtsuchen an Stelle beständiger Fehde. Die Unternehmer am Häuser- und Hafenbau, die Eisenbahn- und Plantagengesellschaften schreien nach Arbeitern und bald auch schon Missionen und Philantropen nach Arbeiter- und Eingeborenenschutz.

Denn Kolonien sollen dem Mutterlande wirtschaftlich dienen. Daraus ergibt sich die Anerkennung eines dienenden und eines herrschenden Faktors: *Farbige und Weiße.* Die Europäer kommen als Kaufleute, Farmer, Pflanzer in die Kolonie und suchen Waren und Käufer, Land und Arbeiter. Der Farbige will wohl von den Schätzen der Weißen das haben, was ihm begehrenswert erscheint; aber er will es für möglichst geringe Gegenleistungen erwerben. Nicht kann man in den Kolonien diesen Interessenausgleich dem freien Wechselspiel von Angebot und Nachfrage überlassen wie in den hochentwickelten Kulturländern, in denen die Kontrahenten die auszutauschenden Waren kennen, gemeinsame Wertmesser haben, Rechtsbeistände anrufen können und der Selbsthilfe entwöhnt sind. Der Eingeborene ist eher mißtrauisch als kindlich vertrauend, bald unmäßig in der Schätzung dessen, was er zu geben, bald kindisch naiv in der Bewertung dessen, was er zu erhalten gewillt ist. Gesundheit und Leben setzt der Weiße stündlich aufs Spiel und ihn beherrscht eine nervöse Angst vor jeder verlorenen Minute; Zeit ist ihm Geld; und Geld, viel Geld verlangt er in kurzer Zeit als seine berechtigte Risikoprämie. Der Eingeborene hat immer Muße, nichts gilt ihm das Manneswort, der abgeschlossene Vertrag. Was gestern vereinbart war, hat heute der Wind verweht, Lüge ist selbstverständlich, wenn sie nur förderlich erscheint, Wahrhaftigkeit ist keine Tugend, wohl aber die gewinnbringende List.

Der Weiße ist stark, er hat die Feuerwaffe, er hat das Geld, das ihm Gehilfen wirbt, und diese Gehilfen sind gewinnsüchtiger, verschlagener, rücksichtsloser als er. Niemand behandelt den Neger schlimmer als der Neger. Verteidigt sich der Neger mit den Waffen der Sklavenmoral, mit Ausreden und Lügen, mit Weglaufen und Verstecken, mit Dummstellen und Arglist, so appelliert der Weiße nur zu gern an sein Herrenrecht des Stärkeren, an Macht und Gewalt.

So sind die Keime zahlloser Konflikte gegeben, Schutz und Förderung des berechtigten Erwerbsbetriebes des Weißen, Schutz und Förderung aber auch des Farbigen, das Auffinden und Ausführen der mittleren Diagonale zwischen den gegensätzlichen Interessen, das ist die Aufgabe des kolonialen Verwaltungsbeamten. Mit einem Worte: Europäerförderung und Eingeborenenfürsorge.

Aus alledem folgt, daß eine Kolonialmacht die größte Sorgfalt auf die *Auswahl der Beamten* legen muß, denen sie die Regelung ihres Verhältnisses zu den Eingeborenen anvertrauen will: die Besten sind gerade gut genug.

Wenn man sich – schweren Herzens – an die *»Zeit der Kolonialskandale«* erinnert, wird man bezweifeln, daß uns das immer gelungen ist. Es soll gar nicht geleugnet werden, daß in den ersten Jahren unserer Kolonialpolitik Afrika und die Südsee hin und wieder gerade gut genug erschienen zur Abschiebung verlorener Söhne. Aber schon damals waren diese Fälle im Verhältnis zu den einwandfreien Beamten und Offizieren selten, keinesfalls waren sie zahlreicher als in den Kolonien der anderen Kulturvölker: nur haben diese so viel nationalen Takt, sie nicht in Presse und Parlament breitzutreten, und so viel Klugheit, den Feinden nicht die giftigste Waffe in die Hand zu geben. Man mag den englischen Cant verachten: wer den widerwärtigen Sinn erfaßt hat, den das Ausland mit dem Begriff »*querelles allemandes*« oder »*german quarrels*« verbindet, der wird bedauern, daß dem Deutschen der Wahrheitsfanatismus statt des Sinnes für den Cant gegeben ist.

Asiaten gewinnt, der Strenge und Härte bewundert. *Mit der Zeit aber führt der Deutsche kraft seiner ihm innewohnenden Gutmütigkeit sanftere Sitten ein, wenn der Eingeborene aufgehört hat, sich zu widersetzen, und angefangen hat, sich zu unterwerfen.* Das ist das Hoffnungsvolle und Gesunde bei den Deutschen. Sie sind ebenso rasch bereit, ihre Fehler zu betätigen wie sie wieder

Der Regierungssitz Buea auf der Terrasse des großen Kamerunberges

gutzumachen. Wie im Handel so auch in der Regierung beobachten, lernen und befolgen sie die besten Grundsätze. Der Politiker, der die Größe des deutschen Charakters unterschätzte oder auf das Schwinden deutscher Herrschaft in fremden Ländern rechnete, würde sehr kurzsichtig sein.«

Der bekannte Kolonialpolitiker Sir Harry Johnston sagt über unsere sogenannten Kolonialskandale 1913 sehr richtig: »Unglücklicherweise sind ebensowohl unter einigen Angestellten der Deutsch-Ostafrikanischen Gesellschaft und Verwaltung als auch unter einigen Regierungsbeamten in Kamerun zwischen 1887 und 1896 Grausamkeiten vorgekommen, die zu einem ernsten Aufruhr der Negersoldaten führten (1895). Deutschland vertuschte wohlweislich diese Ereignisse nicht, sondern verhandelte sie im offenen Gerichtshof und bestrafte die Schuldigen. Es wird sich, glaube ich, erweisen bei einem geschichtlichen Rückblick auf die Gründung dieser afrikanischen Staatsgebilde, daß der unvermischte Teutone und Germane beim ersten Zusammenstoß mit unterworfenen Völkern geneigt ist, hart, sogar brutal zu sein, aber daß er kein Narr ist und den Respekt des Negers oder

Theodore Roosevelt, der 1910 ein Buch über Jagden in Afrika geschrieben hat und bekanntlich sich im Weltkrieg als einer der übelsten Deutschenfresser entpuppte, sagt: »Ich war nicht vorbereitet auf die interessanten Typen unter den Deutschen, die Pflanzer, die Zivilbeamten, die Offiziere, die weiße oder eingeborene Truppen befehligt hatten oder zu übernehmen im Begriffe waren. Es waren Männer von unzweifelhafter Fähigkeit und Tatkraft; wenn man sie sah, so verstand man leicht, warum Deutschland in Ostafrika so zusehends emporgeblüht ist. Es sind erstklassige Menschen.«

Bei ihm hätte sich sein Kollege und Nachfolger Woodrow Wilson erkundigen sollen, ehe er am 14. Februar 1919 den Raub unser Kolonien mit den ruchlosen Worten begründete: »Die Großmacht, die glücklicherweise eben besiegt ist, mußte ihren Kolonialbesitz verlieren, weil sie den hilflosen Eingeborenen unerträgliche und ungerechte Lasten auferlegte und mehr Interesse an ihrer Ausrottung zeigte als an ihrer Entwicklung.« Wie der unselige Mann, der in entscheidender Stunde das Schicksal der Welt in seinen Händen hielt, zu diesem wie so manchem anderen entsetzlichen Irrtum gekommen sein kann, darauf weist Külz in seiner erwähnten Schrift hin. Ein gewissenloser Schmierfink, Monsieur René Puaur, hat 1918 *»La question des Colonies Allemandes«* geschrieben. Darin behauptet er, »in Togo gab es 1894 2 1/2 Millionen Eingeborene, 1914 waren davon nur noch 1 032 000 übrig. Kaum die Türken, die Verbündeten der Deutschen, haben das noch besser und rascher in Armenien vollbracht.« Er verschweigt, daß 1894 die erste, wie immer in Afrika viel zu hoch gegriffene *Schätzung* vorliegt, 1904 die erste *Zählung*. Über unsere Eingeborenenpolitik konnte Mister Wilson sich bei einem weiteren Landsmann erkundigen, bei Herbert Adams Gibbons, dessen Buch *»The new map of Africa«* (1916) nicht deutschfreundlich ist, aber den ehrlichen Willen nach Gerechtigkeit zeigt. Er sagt:

»Im Gegenteil zu dem, was in den letzten beiden Jahren häufig behauptet worden ist, hat die öffentliche Meinung in Deutschland, wie wir schon bei der Unterdrückung des Hereróaufstandes gesehen haben, die Verantwortlichkeit seinen eingeborenen Schutzbefohlenen gegenüber klar erkannt. Man braucht nur Zeitungen und Zeitschriften zu lesen, Bücherverzeichnisse zu durchblättern und die während der letzten 15 Jahre vorgekommenen Reichstagsverhandlungen zu verfolgen, um sich zu vergegenwärtigen, daß *von allen europäischen Kolonialmächten nur Großbritannien so viel Menschlichkeit und Idealismus bewiesen hat wie Deutschland* bei der Errichtung und Aufrechterhaltung seiner gerechten und aufgeklärten Kolonialherrschaft. In diesem Augenblick ist es von besonders großer Wichtigkeit, daß dies jemand feststellt, von dem man nicht annehmen darf, daß er in dem gegenwärtigen Kriege mit Deutschland sympathisiert oder versucht, für die deutsche Sache einzutreten; aber Wahrheit bleibt Wahrheit. Nur auf Wahrheit kann die Zukunft sich gründen. In Frankreich, in Belgien, in Portugal, in Italien, in Rußland sucht man vergeblich nach einem so weit verbreiteten und bedeutsamen Eintreten für das Wohl der eingeborenen Rassen, wie man es in Deutschland findet.«

Wenn Mister Wilson noch einen Landsmann hören will, so sei er auf die »American Review of Reviews« von 1911 verwiesen, in der E. R. Forbes schrieb: »Von allen Schutzherren in Afrika hat der Deutsche die reinsten Hände und die besten Aussichten. Seine afrikanische Invasion ist durch schlaue Diplomatie gekennzeichnet, aber selbst sein bitterster Gegner kann kaum behaupten, daß er dabei nicht ehrlich gespielt habe. Gefälligkeit und Freundlichkeit: das ist das Geheimnis der deutschen Eroberung der westafrikanischen Meere.«

Der einzige Kolonialkrieg, den wir so führten, daß er mit einem Schein von Recht als *Vernichtungskrieg* bezeichnet werden kann, war der *gegen die Hererós* von 1904 bis 1906, den diese damit eröffneten, daß sie bei Abwesenheit der bewaffneten Macht ziemlich gleichzeitig alle Weissen im mittleren Südwestafrika ermordeten, die Farmen plünderten und das Vieh raubten. Die grausame und blutdürstige Eröffnung des Aufstandes machte eine energische Bestrafung unerläßlich. Am Waterberge war die Einschließung und damit die Beendigung des Krieges durch Gefangennahme des Stammes geplant. Leider gelang es gegen den Willen der Führung dem Stamme, nach der wasserlosen Omaheke durchzubrechen. Offenbar glaubten sie nach den teuflischen Grausamkeiten, die sie verübt hatten, auf Gnade nicht rechnen zu dürfen. Unter diesen Umständen blieb nichts übrig, als sie in das Durstfeld, in das sie geflüchtet waren, zu verfolgen und dieses gegen das übrige Schutzgebiet abzuschließen. Nur ein Teil des Stammes kehrte im Laufe der folgenden Monate allmählich zu der als Sammelstelle bekannt gegebenen Missionsstation zurück, obwohl der Generalpardon bereits einige Wochen nach der Schlacht am Waterberge ausgesprochen war. Über die Hererós äußerte sich übrigens noch 1911 der bekannte Südafrikaner Mr. Samuel im *»Observer«*: »Ich kenne das Land

Gehöft in Notschä (Togo)

seit über dreißig Jahren und prophezeie ihm eine ähnliche Zukunft wie die Britisch-Kaffrarias, das ja auch von den deutschen Auswanderern kolonisiert worden ist. *Nur muß Deutschland es aufgeben, die Eingeborenen,* die den niedrigsten Typen der menschlichen Rasse angehören, *veredeln zu wollen.* Das ist ein hoffnungsloses Beginnen. Die Hererós müssen nach australischem Vorbild auf Reservationen abgeschoben werden.«

»Es ist überhaupt ein Irrtum«, sagt die *»African World«* am 15. März 1913, »daß die Eingeborenen in den deutschen Kolonien wie Rekruten auf dem Kasernenhof regiert werden.« »Die Fähigkeit der deutschen Offiziere in Kamerun und Ostafrika, sich die Treue ihrer eingeborenen Truppen und die *Mitwirkung der Bewohner* dieser beiden Kolonien zu sichern war für Frankreich und England eine große Überraschung, und diese Tatsache widerlegt die Behauptung, daß die Eingeborenen der von den Deutschen beherrschten Teile Afrikas begierig waren, die Engländer und Franzosen als Befreier zu bewillkommnen«, schreibt der Amerikaner Gibbons 1916 (*»The new map of Africa«*). Schon 1905 hatte ein Reisender, der aus Deutsch-Afrika zurückkehrte, in den *»Central African Times«* geschrieben: »Es besteht nicht die entfernteste Möglichkeit, daß sich die Eingeborenen gegen die friedliche und aufgeklärte Verwaltung der deutschen Beamten in Ostafrika, die gewöhnlich akademisch gebildet sind und hohe Befähigung für solche schweren und verantwortungsvollen Ämter besitzen, empören könnten.« Wir sind nach alledem sehr wohl berechtigt zu sagen, daß wir uns die Liebe unserer Eingeborenen erworben haben. Dem »Maaßboden« berichtet sein afrikanischer Korrespondent, daß bei einer Abstimmung im Bezirk Bukoba, westlich des Victoria Njassa, 75 Prozent für die Wiederherstellung der deutschen Herrschaft stimmten. Schon ein halbes Jahr vorher hatte ein nach Indien zurückgekehrter Beamter im dortigen Blatt *»Pioneer«* verraten, daß die Probeabstimmung in Ostafrika eine überwältigende Mehrheit für Deutschland ergeben hatte und daß man sie wegen dieses ebenso überraschenden wie erschreckenden Ergebnisses verheimlicht habe. Überall weigerten die Eingeborenen den Engländern den Dienst und so verkamen die Millionenwerte, die von uns in Plantagen angelegt sind. Nur solange noch Deutsche auf einzelnen Pflanzungen die Leitung hatten, fanden sie die nötigen Arbeiter. Und die Einsicht, daß das Bekenntnis zum Deutschtum nicht auszurotten sei, solange auch nur noch *ein* Deutscher in »Tanganyika Territory« vorhanden sei, veranlaßte die Engländer, von dem schamlosen Artikel des »Friedensvertrages«, der den Mandataren das Ausweisungsrecht gibt, einen so schamlosen Gebrauch zu machen, daß der letzte deutsche Kulturträger »repatriiert« wurde. Im Bezirke Langenburg des deutsch-ostafrikanischen Schutzgebietes, den ich 1899-1904 verwaltete, haben die Eingeborenen ein ganz besonderes Beispiel ihrer Treue und Anhänglichkeit gegeben. Er mußte 1917 von unserem tapferen Lettow und seinen Getreuen geräumt werden und die Engländer übernahmen die Regierung. Als ein Jahr später Lettow denselben Bezirk wieder durchquerte, erschienen bei einem seiner Offiziere die Häuptlinge, brachten Landeskinder, die früher als Soldaten verwundet entlassen und nun genesen waren, zum Dienst in der Front zurück und dazu große Beutel mit blanken Silberstücken: die Hüttensteuer des verflossenen Jahres, die sie ohne Befehl weiter erhoben und vor den Engländern versteckt gehalten hatten!

V. Die Arbeiterfrage in den deutschen Schutzgebieten

Das eigentliche Problem kolonialer Eingeborenenpolitik ist das *der Erziehung zur Arbeit.* Der Eingeborene ist nach unseren Begriffen faul, weil er nicht wie wir alle in ihm steckenden Energien ausnützt zur Produktion über den Eigenbedarf hinaus, sondern weil er sich mit der Arbeit begnügt, die genügt, ihm sein Existenzminimum zu garantieren. Solange er an den Weltmarkt nicht angeschlossen war, gab es ja auch gar keine Möglichkeit für ihn, ein Plus an landwirtschaftlicher Produktion abzusetzen. Diese Möglichkeit trat erst mit den großen Eisenbahnbauten zu Anfang dieses Jahrhunderts ein, die die Hauptháfen mit den Produktionszentren im Innern verbanden. Bis dahin konnten nur solche Waren auf den Markt gebracht werden, welche wie Sklaven und Vieh selbstbeweglich waren, oder bei geringem Umfange so hohen Wert darstellten, daß sie monatelange Transporte durch Trägerkarawanen gestatteten, wie Gold, Elfenbein, Kautschuk, solange noch 10 oder 20 Mk. für das Kilo bezahlt wurden. Denn andere Beförderungsmittel gab es kaum. Die Flüsse sind teils wegen der Stromschnellen und Untiefen nicht schiffbar, teils überhaupt nur in der Regenzeit mit – dann reißenden – Wassern angefüllt. Trag- oder Zugtiere kann man nicht halten, weil überall verheerende Seuchen herrschen – Tsetse, Küstenfieber usw. –, dem das Vieh in kurzer Zeit erliegt. Infolgedessen mußte das Programm lauten: Schaffung von Absatzgelegenheit und Gewöhnung an Bedürfnisse, um die Möglichkeit und den Anreiz zur Überproduktion zu geben. War beides geschehen, so blieb abzuwarten, ob der Eingeborene bereit sein würde, über seine Bedürfnisse hinaus, d. h. für die Ausfuhr zu produzieren. Tat er das, so kamen wir zur Handelskolonie, in der die Europäer lediglich aufkauften, was Jagd, Ackerbau und Sammeltätigkeit der Eingeborenen an Ausfuhrwerten – Kautschuk, Kopal, Elfenbein, Wachs, allenfalls Kopra, Palmkerne, Erdnüsse, Sesam – ergab. Oder aber dies glückte nicht: Der Neger arbeitet nur unter einem Zwange mehr, als für die Fristung seines bescheidenen Daseins unbedingt erforderlich ist. Deshalb schafft er keine nennenswerten Exportwerte, wenn man es *ihm* überläßt, seine Tätigkeit zu regeln. Anderseits genießt er gegen den früheren Urzustand alle Vorteile der Kultur: Sicherheit von Leben und Eigentum, Schutz gegen Seuchen und Gelegenheit zum Erwerb und zur Bildung. Die Gegenleistung muß Arbeit sein, systematisches, planmäßig geleitetes Werteschaffen. Der Neger muß zur Arbeit erzogen werden wie ein Kind in der Schule, und das leistet der europäisch geleitete Plantagenbetrieb. Nur dann können die Kolonien rentabel werden, wenn der Eingeborene über den Eigenbedarf arbeitet. Kurz und gut: unter den Verhältnissen, die wir in den Kolonien finden, müßten Plantagen-, nicht Eingeborenenkulturen die Grundlage der Rentabilität bilden, muß die Losung heißen: Plantagen-, nicht Handelskolonie.

Auf dem Standpunkt der Handelskolonie ist nur Togo stehen geblieben. Seine Bevölkerung besteht ausschließlich aus den den Bantu der anderen afrikanischen Kolonien weit überlegenen Sudannegern und diese ist fast viermal so dicht wie in Kamerun und den küstennahen Gegenden

Ostafrikas. Südwestafrika ist Siedlungskolonie geworden, indem die geringe Zahl der Eingeborenen überhaupt nur eine untergeordnete Rolle spielt und scheidet deshalb aus dieser Betrachtung aus. Alle anderen Schutzgebiete Afrikas und der Südsee, die in unserem Besitz waren, haben sich zu Plantagenkolonien entwickelt; mit welchem Erfolge, zeigt am besten DOA. *Die Ein- und Ausfuhr* läßt erkennen, wie anstelle der anfänglich langsamen und schwankenden Entwicklung mit dem Bemerkbarwerden der Folgen des Eisenbahnbaus (1902/4) eine rapide und sprungweise einsetzt. Dem Rückgang in der Ausfuhr von Elfenbein und Waldkautschuk entspricht anderseits die wachsende Produktion der eingeborenen Landwirtschaft unter dem Einfluß der Eisenbahnen: besonders bei Häuten, Fellen und Erdnüssen. Ebenso bei Kopra, Baumwolle und Kaffee, die von Eingeborenen und Europäern gewonnen werden; den Eingeborenen war durch die Behörde Jahr für Jahr und endlich mit Erfolg das Anpflanzen von Kokospalmen und Baumwolle zur Pflicht gemacht worden; die Kaffeekultur der Eingeborenen im Bezirke Bukoba ist ausschließlich den jahrelangen Bemühungen des dortigen Residenten zu verdanken. Baumwolle, Pflanzungskautschuk, Sisal sind überhaupt erst in den letzten Jahren entstanden und die beiden letztgenannten wuchsen so rapide an, daß sie mit je 7 1/2 Millionen Mk. Ausfuhrwert (1912) zusammen die Hälfte der Gesamtausfuhr ausmachten. Ganz besonders lehrreich ist ein Vergleich der Werte von *Eingeborenen- und Europäerproduktion.* Es zeigt in den Vor-Eisenbahnjahren bei etwas abnehmender Ausfuhr von Eingeborenengütern ein ständiges Anschwellen der europäischen Ausfuhr. Einen gewaltigen Sprung machen beide mit dem Beginn der Wirksamkeit der Eisenbahnbauten (1906). Den durch Dürre und Weltmarktkrisis hervorgerufenen Rückschlag 1907/8 erleidet der Eingeborene, während der Europäer nicht betroffen wird. Beide haben ihn 1910 nicht nur überwunden, sondern haben ihre Produktion fast verdoppelt, womit der Europäer den Eingeborenen eingeholt hat. Von 1912 ab überholt dann der Europäer mit Riesenschritten den Eingeborenen.

Ähnlich verlief die Entwicklung in den andere Tropenkolonien, Togo, wie gesagt, ausgenommen. Diese völlige Umgestaltung der wirtschaftlichen Struktur setzte, wie wir sahen, eine völlige Umwälzung in der Mentalität des Negers voraus, die wir erzielten durch die Erziehung zur Arbeit. Es ist ein nicht hoch genug anzuerkennendes Verdienst unserer kolonialen Verwaltungen, daß sie bei der *Einführung der Eingeborenen-Steuer* den Erziehungszweck von Anfang an nicht weniger im Auge hatten als den Finanzzweck, indem sie wahlweise Arbeitsleistung neben die Zahlung stellten. Die Höhe der Steuer war so gehalten, daß ein Arbeitsmonat ihr entsprach: der alte historische Zehnte. Die Folgen waren bedeutend. Die ganze Erschließung des Landes datiert von der Einführung der Hüttensteuer. Die Bezirksamtmänner, die bis dahin wesentlich in ihrer Küstenresidenz gesessen hatten, um diese zu den Perlen in gesundheitlicher und ästhetischer Beziehung umzugestalten, die das Ausland rückhaltlos bewunderte, die Recht sprachen, soweit es gesucht wurde, waren nun genötigt, in das Hinterland zu gehen und dessen Verwaltung zu organisieren. Die Erhebung der Hüttensteuer erforderte ein des Lesens und Schreibens kundiges farbiges Personal. Den Regierungsschulen erwuchsen daraus ernste und

Brunnenbohrung in DSWA

dankenswerte Aufgaben. Die zahlungsunfähigen Eingeborenen mußten beschäftigt werden. Ihre Zahl betrug in jedem Bezirke viele Zehntausende. In den Monaten der Bestellung und Ernte konnte man sie nicht heranziehen. So waren in dem übrigbleibenden halben Jahre jeden Monat mehrere Tausend zu beschäftigen. Wie und wo? Sofort entstanden große *Wegebaupläne.* Ein oder zwei Europäer mit einer Handvoll Polizisten legten die Trassen fest zwischen den Punkten, die der Bezirksamtmann bestimmte, zogen die Eingeborenen mit Hilfe ihrer Häuptlinge heran, beschäftigten sie und gaben ihnen die hochgeschätzte Steuerquittung aus. Viele Mittel erforderten dieses Wegebauten nicht, da sie sich meist darauf beschränkten, die uralten Negerpfade, die in Schlangenlinien durch den Busch und über die Berge führten, unter Vermeidung der erschwerenden Hindernisse und doch möglichst durch gerade Linien abkürzend auf vier Meter zu verbreitern. Die Flüsse mußten nach wie vor meist durchfurtet oder auf Einbäumen überfahren werden, da die mit landesüblichen Mitteln hergestellten Brücken alljährlich zu erneuern gewesen wären, weil sie weder dem Hochwasser noch den Steppenbränden oder den Termiten standgehalten hätten. Die Werkzeuge – Hacke und Buschmesser – brachten die Eingeborenen im allgemeinen mit. Wo aber eine einsichtige Verwaltung, wie in DOA, den Bezirken einen Teil der einkommenden Barsteuer zu eigenen Zwecken überließ, konnten auch bessere Straßen angelegt werden. So bedeckten sich die Schutzgebiete in wenigen Jahren mit einem primitiven, aber ausgedehnten Wegenetze. Und daß es alljährlich gewissermaßen neu aus der überwuchernden tropischen Natur herausgehauen werden mußte, war unter dem Gesichtspunkte der Erziehung zur Arbeit eher ein Vorteil als ein Nachteil. Jedenfalls gewöhnten sich die Eingeborenen jetzt an den Verkehr mit der Behörde, lernten dem Askari furchtlos ins Auge sehen und mußten bekennen, ob sie Untertanen seien oder im Widerstand verharren wollten. Natürlich wurde dies hier und da versucht, so daß kleine Strafexpeditionen nötig waren. Die Hüttensteuer hat die Besetzung der Schutzgebiete erst effektiv gemacht und im großen und ganzen ist das in überraschender Weise mit friedlichen Mitteln gelungen. Ein Italiener erkennt das willig an[1]): »Die Vorteile des deutschen Steuer-Systems gegenüber dem kongolesischen – bemerkt Baccari – sind in moralischer Hinsicht unschätzbar. Die Steuerlasten werden viel gleichmäßiger verteilt, die Eingeborenen haben mehr Freiheit, über die Früchte ihrer Arbeit und ihres Landes zu verfügen ... Das deutsche System macht außerdem den Umlauf von Geld nötig und entwickelt dadurch in dem Eingeborenen die Liebe zum Gelde, was für jeden Menschen ein Anreiz zur Arbeit ist.«

Es ist wichtig, daß mit der Steuerarbeit erst die *Geldwirtschaft* in weitaus den größten Teilen unserer Schutzgebiete die Naturalwirtschaft ablöste. Die am Wegebau beschäftigten Europäer und Soldaten kauften ihre Bedürfnisse gegen bar ein, einheimische Händler folgten und die überall ausgegebene Parole: Drei Rupienstücke ersetzen einen Monat Arbeit am Wegebau – brachten dem Einzelnen erst den Begriff vom Wesen des Geldes als allgemeinen Tauschmittels und Wertmessers bei. Natürlich entsprach die Wertsetzung »Eine Rupie sind acht Arbeitstage« schon anfänglich nur den Verhältnissen im innersten Innern und wurde mit zunehmender Entwicklung immer mehr ein Mißverhältnis. Absichtlich. Denn so erkennt der Eingeborene am schnellsten, daß es für ihn vorteilhaft sei, Produkte seiner Tätigkeit – Kautschuk, Häute, Wachs, Feldfrüchte – in den Küstenstädten zu verkaufen und seine Steuer in bar zu zahlen. So zog ihn der Bezirksamtmann mit sanfter Gewalt in die Läden, die in Ostafrika meist Inder innehatten. Oft überstieg seine Ware erheblich den Wert von drei Rupien und für den Rest kaufte er Nähnadeln, eine Petroleumlampe, bunte Tücher, Zigaretten oder was sonst eine Negerherz erfreuen kann. So führte die Erziehung zur Arbeit zur *Angewöhnung von Bedürfnissen,* womit der von dem italienischen Schriftsteller erwähnte neue Anreiz zur Arbeit gegeben war.

Aber noch eine weitere Folge ergab sich. Missionaren am Kilimandjaro, die mir einmal andeuteten, daß ich die Eingeborenen für ihre Arbeit zu knapp entlohnte, erwiderte ich: »Ich bin des Vertrauens meiner Eingeborenen so sicher, daß ich den Ehrgeiz haben darf, für den schlechtesten

---

1) Bourbon del Monte Santa Maria. 1913: L'Africa Orientale Tedesca.

Kalema (Brandung) am Strande von Lome (Togo)

Zahler im Bezirk zu gelten.« Nicht aus fiskalischen Gründen. Im Gegenteil ist die Versuchung groß, auf Kosten des Schutzgebietsetats ein beliebter Banamkuba zu werden, sondern deshalb, weil ich wünschte, daß die Eingeborenen in die europäischen Betriebe zur Arbeit gingen, wo man sie dringend brauchte. Das war ja das Ziel der Erziehung zur Arbeit. Ich durfte eben die Löhne nicht verderben, um die Produkte meiner Ansiedler weltmarktfähig zu halten; denn was der Banamkuba zahlt, ist natürlich sofort Standardpreis im Bezirke. Ich hatte vielmehr alles Interesse daran, mich der großen Masse der Steuerarbeiter zu entledigen, den Unternehmen Arbeiter zuzuführen und durch Kaufkräftigmachen meiner farbigen Untertanen Handel und Wandel erblühen zu sehen.

Und tatsächlich erblühte überall Pflanzung auf Pflanzung. In DOA fanden 1909/12 zu den 80 000 ha, die bereits in europäischem Besitz waren, neue 700 Verpachtungen und Verkäufe im Ausmaße von 300 000 ha statt. Die unter Kultur befindliche Fläche wuchs von 1910 bis 1913 in DOA und Kamerun auf das Doppelte an (106 000 und 50 000 ha), in der Südsee betrug sie 1913 43 000 ha. Dementsprechend war die Zahl der farbigen Arbeiter in den Pflanzungskolonien (Afrika und Südsee) von 1910 bis 1913 von 68 400 (DOA: 50 000) auf 118 000 (DOA: 83 000) gestiegen.

Es ist klar, daß diese *Arbeiterheere* einer besonderen Organisation bedurften. Anwerbung, Transport und Verwendung mußten geregelt werden. Insbesondere Löhnung, Verpflegung, Unterbringung waren zu überwachen. Denn die Pflanzungsgebiete waren von den großen Arbeiterreservoiren oft durch Hunderte von Kilometern getrennt und die Versorgung der Pflanzungen erforderte daher eine regelrechte »Sachsengängerei«.

Man muß das Problem, das zu lösen war, in seinem ganzen Umfange erfassen!

In der nebelkalten wasserlosen Sand- und Steinwüste, Namib genannt, die uns in Südwestafrika eines Tages mit ihren Diamanten beschenkte, gibt es keine Menschen und hat es nie welche gegeben. Nur wenn besondere Voraussetzungen geschaffen werden: Unterkunft, Wasser und Verpflegung, können dort solche gehalten werden.

Dort, wo in den Tropenkolonien die Pflanzungen angelegt sind, können zwar Menschen leben; es sind auch solche vorhanden. Aber sie reichen für den Bedarf der enggedrängten europäischen Betriebe nicht annähernd aus.

Wie die Diamanten nur unter ganz besonderen physikalischen Bedingungen entstehen, so auch die Rohprodukte, die uns die Kolonien liefern sollten. Ganz woanders gedeiht Baumwolle, ganz woanders Kaffee und Kakao, ganz woanders Schlachtvieh und Wollschafe. Unter diesen Gesichtspunkten haben sich aber die Eingeborenen nicht angesiedelt. Sie sitzen keineswegs gerade an den Stellen, die zur Produktion der von uns begehrten Rohstoffe geeignet sind; Kohlenbergwerke muß man dort anlegen, wo Kohlen, nicht wo Arbeiter vorhanden sind. Denn die Arbeiter kann man transportieren, die Kohlenflöze aber nicht.

Kakao und Tabak wollen Urwaldboden haben, am liebsten solchen vulkanischen Ursprungs. Wo dieser vorhanden ist, z. B. im Kameruner Urwald, finden wir aber nur kümmerliche Bantustämme, die von den stärkeren, energischeren, kriegerischeren und fleißigeren Sudânvölkern aus den gesunden und für den Ackerbau bequemeren Grasländern verdrängt sind. Diese Waldstämme reichen für das Arbeiterbedürfnis nicht aus, sie sind auch minderwertig.

Ganz ähnlich ist es in Usambara (DOA). Und sodann: wo eine starke Eingeborenenbevölkerung vorhanden ist, ist auch das Land ausgenutzt. In Ruanda ist angeblich kein Platz für Plantagen.

Es hat demzufolge seinen guten Grund, wenn sich die Plantagen auf verhältnismäßig engem Raum zusammendrängen. Voraussetzung ist nämlich:

1. Geeignetheit von Boden und Klima,
2. Okkupierbarkeit des Bodens, d. h. *keine* dichte Bevölkerung,
3. Bequeme Zu- und Abfuhr, also, seitdem wir mit einer Viertelmilliarde Schutzgebietsanleihe Kolonialbahnen gebaut haben: Bahnnähe.

Alle diese Hauptbedingungen – es gibt daneben noch weitere – treffen nur selten zusammen. Ist das aber der Fall, dann heißt es: hier und nirgendwo sonst können und müssen Plantagen entstehen. Und deshalb wird der farbige Arbeiter aus den großen Reservoiren, wo er sich in früheren Zeiten zahlreich angesiedelt hat, wohl auf die Plantagen wandern müssen. Solange die Berge nicht zu den Propheten kommen, müssen die Propheten eben zu den Bergen gehen.

Diese Arbeiterreservoire liegen aber wie gesagt oft wochenweit, Hunderte von Kilometern von dem Produktionsgebiete entfernt. Die Plantagen bedürfen infolgedessen der Anwerber, welche diese menschenreichen Bezirke aufsuchen und die Arbeitslustigen zu Karawanen zusammenstellen. Dies ist keine leichte Aufgabe. Auf Unterstützung durch die Behörde war kaum zu rechnen. Denn die Chefs der Binnenbezirke sahen es keineswegs überall gern, daß ihre Untertanen zu Tausenden abzogen, um anderswo ihr Geld zu verdienen und ihre Steuern zu bezahlen. Viele kamen überhaupt nicht wieder, weil sie für *immer* umsiedelten. Der Bezirk verlor also an Arbeits- und Steuerkraft, die Dörfer verödeten, die Äcker wurden kleiner, die Straßen ließen sich nicht mehr in Ordnung halten. Dazu kam, daß die Eingeborenen sich durchaus nicht etwa zur Arbeit drängten. Wie leicht waren die Bedürfnisse nach Speise und Obdach befriedigt! Gewiß hatte man den Reiz der neuen Bedürfnisse kennen gelernt. Aber der Eingeborene war sehr bald gewitzigt genug, sich genau über die Behandlung, die Marktverhältnisse, die Löhne usw. zu vergewissern. Befand sich auf einer Pflanzung einmal ein Assistent, der den ominösen Namen Bana fimbo (»Herr Prügel«) führte, dann konnte der Anwerber mit Engelszungen reden und goldene Berge in Aussicht stellen: er bekam keinen Mann. Zudem war der Bedarf so groß, daß die Konkurrenz um den Arbeiter zum gegenseitigen Überbieten mit den Lohnsätzen oder zum Aussuchen immer neuer, entfernterer Arbeiterstämme zwang. Die Pflanzungen aber lagen entweder in der malariareichen Küstenniederung oder auf hohen, nebelkalten Bergen. Dort litten die Stämme, die aus den malariafreien Gebieten, dem Graslande Kameruns, dem Zwischenseegebiete, den Berggegenden Ostafrikas kamen, am Fieber, das oft den Tod brachte, hier unter Erkältungskrankheiten, die kaum minder gefährlich waren. Dort hätte man eine energische Chininprophylaxe durchführen, hier Häuser mit flackernden Kaminen und warmen Decken geben müssen. Ja, nicht genug damit, hätte man aufpassen müssen, daß der Mann aus dem Innern auch die kostbare neue Decke, die ihm eingehändigt wurde, in Gebrauch nahm; manchmal fand man sie bei einem an Lungenentzündung Verstorbenen, fein säuberlich zusammengelegt, noch ungebraucht, als Mitbringsel für die Lieben daheim! Die Ernährung mußte den Gewohnheiten angepaßt werden. Es ist vorgekommen, daß Arbeiter den ihnen unbekannten Reis, den sie erhielten, roh aus der Hand futterten, statt ihn zu kochen! Und dann der wochen- und monatlange Marsch der Sachsengänger! Niemand behandelt den Neger schlechter als der Neger. Wurden die Karawanen von Hunderten und Tausenden nicht unter straffer europäischer Aufsicht gehalten, so ließen sie sich gern Übergriffe zuschulden kommen: Diebstahl, Plünderung, Raub, Notzucht. Wie sollte man sie verpflegen? Mehlvorräte für größere Menschenmengen sind in den Dörfern am Wege nie zu finden, weil die in angefeuchtetem Zustande geriebenen Körner ein Mehl geben, das nach kurzer Zeit bitter wird. Um aber den Bedarf für Hunderte und Tausende schnell herzustellen, hätte es des Zehn- und Hundertfachen an Geräten bedurft, über das ein Dorf verfügt. Mitgeben kann man den Männern eine Last, mit der man einige Wochen reichen kann. Aber der Neger ist leichtsinnig, ißt das Doppelte und Dreifache vom Nötigen, solange er hat, tauscht wohl gar einen Teil gegen Bier ein. Auf der Tabakpflanzung Njombe in Kamerun habe ich mit angesehen, wie man die Ankömmlinge drei Wochen lang erst herausfutterte, ehe man sie zur Arbeit verwendete. Es wird also vielfach unumgänglich sein, auf den Karawanenstraßen Verpflegungsmagazine anzulegen. Dann mußten die sanitären Verhältnisse geregelt werden. Überall herrschen Seuchen, wie die Wurmkrankheit. Die Arbeiter-Karawanen verschleppen sie. An der Küste gibt es gefährliche Geschlechtskrankheiten. Die Heimkehrenden stecken ihre Weiber an und Unfruchtbarkeit ist die Folge.

Das sind gewiß alles furchtbar ernste Dinge. Aber lagen hier unlösbare Probleme vor, die Eisenbartkuren, wie sie z. B. der Abgeordnete Ledebour mit dem gänzlichen Verbot der Plantagen vorschlug, rechtfertigten? Da haben wir z. B. in den Ruhrkohlenbergwerken dieselbe verheerende Wurmkrankheit gehabt, die mit zu den Geißeln gehört, die Afrika entvölkern. Haben wir die Zechen geschlossen? Haben wir die Bergwerke bekämpft oder die Wurmkrankheit? Natürlich letztere und mit vollem Erfolg. Ähnliches müßte in Afrika geschehen. Unter allen Mißständen war keiner, der nicht durch Organisation und Hygiene zu beheben gewesen wäre, und bei der Regierung wie bei den Plantagen waren Erkenntnis und guter Wille vorhanden.

Der Reichstag nahm sich 1914 der Sache an. Die Mitglieder der Budgetkommission glaubten mit einem warmherzigen Eifer, der ihnen alle

Bamunweiber (Kamerun)

Ehre machte, aber naturgemäß ohne Sachkunde und Übersicht über die Konsequenzen zur Reform berufen zu sein und faßten Beschlüsse, deren Verwirklichung ungefähr dasselbe bedeutet hätte, was der ehrliche Ledebour in dem frischfröhlichen Antrage zusammenfaßte: »Plantagen sind in den tropischen Kolonien nicht mehr zuzulassen.« Damit wäre der ganzen jahrelangen und folgerichtigen Entwicklung die Krone abgebrochen worden; wir hätten kolonialwirtschaftlich einfach Selbstmord verübt. Dem lag ein schweres, aber nicht sobald bemerktes Mißverständnis zugrunde.

Die Schädigungen, denen der Eingeborene ausgesetzt ist und die unter allen Umständen und mit allen Mitteln bekämpft werden mußten, lagen gar nicht im Plantagen-, sondern im Karawanenwesen.

Nicht ohne eine gewisse Absichtlichkeit scheint diese Verschiebung des Angriffspunktes erfolgt zu sein. Der Staatssekretär Dr. Solf sagte damals im Reichstage: »Die Beschwerden gehen zum großen Teil hervor aus dem Interessenkonflikt zwischen Pflanzern und Kaufleuten«. Das traf den Nagel auf den Kopf! Denn die skandalösesten Zustände herrschten auf den Karawanenstraßen in Südkamerun, *wo es gar keine Plantagen gab.* Hierauf bezogen sich die weiteren Ausführungen des Staatssekretärs: »Das, was ich auf den Landstraßen gesehen habe, hat mich aufs tiefste bekümmert. Das Familienleben geht zugrunde. Es werden keine Kinder mehr geboren, da die Frauen den größten Teil des Jahres von ihren Männern getrennt sind. Es ist ein trauriger Zustand zu sehen, wie Dörfer von Männern entvölkert werden und Weiber und Kinder Lasten tragen.«

Wer die Eingeborenenproduktion als wirtschaftliches Leitprinzip der Kolonien aufstellt, muß folgerichtig von den Europäern in den Kolonien nur den Kaufmann schätzen. Denn das soll ja der Nutzen dieser Kolonien sein, daß in ihnen statt des produzierenden und selbstverfrachtenden Großpflanzers der Kaufmann verdient, der von den eingeborenen Kleinproduzenten aufkauft.

Das schädliche Karawanenwesen ist aber für eine Handelskolonie noch viel unentbehrlicher als für eine Plantagenkolonie. In dieser handelt es sich im wesentlichen nur um die Karawanen der Arbeitsuchenden: die Männer ziehen auf die Pflanzungen, die Frauen und Kinder aber bleiben zur Feldbestellung daheim. Diese »Sachsengänger« sind nicht einmal durch Lasten beschwert.

Wie aber sieht es in einer Handelskolonie aus? Ja, wenn hier annähernd so viele Werte produziert werden sollen wie dort, dann müssen sie auch zur Küste transportiert werden. Wie macht das aber der edle Neger?

Auf seiner Reise in Kamerun, so erzählte der Staatssekretär Dr. Solf in der Budgetkommission vom 18. Februar 1914, sei er einem armen Negerweibe begegnet, das ganz ermattet und aufgelöst am Wege zusammengesunken sei. Es habe eine Ladung Kautschuk zu schleppen gehabt, die er, Dr. Solf, ein starker, rüstiger Mann, nicht einen halben Kilometer weit hätte tragen können. Aber, so fügte er hinzu, die Schuld an diesen Zuständen trügen die Eingeborenen. Auf der Abmarschstation würde jedem Träger sein genau gemessenes Gewicht Kautschuk zugeteilt, den Frauen weniger als den Männern und den Kindern weniger als den Frauen. Sobald aber die Marschkolonne unterwegs sei und der Kontrolle entzogen, packten die Neger ihre Lasten den Weibern und Kindern auf, die nun fast zusammenbrächen, während die Männer rauchend und lachend sich amüsierten.

Darüber darf man sich überhaupt keinem Zweifel hingeben, daß der Grundsatz »Eingeborenen- statt Plantagenkulturen« eine Abwälzung fast der gesamten Arbeit auf die Weiber zur Folge haben würde. Seit urgrauer Zeit war das Weib das Arbeitstier, und in Afrika ist es das heute noch überall da, wo nicht europäische Betriebe an die Stelle der Eingeborenenbetriebe getreten sind.

Die zu bekämpfenden Mißstände lagen eben in der Anwerbung und nicht im Plantagenbetrieb. Die Kolonialverwaltungen haben ihre Pflicht, regelnd im Interesse der Eingeborenen einzugreifen, überall rechtzeitig erkannt. Schon lange vor Dernburg waren ihnen die Eingeborenen das wertvollste Aktivum unserer Kolonialwirtschaft, das geschont und gepflegt werden mußte. Aber kaum setzten dann die großen Wanderungen der Arbeiterkarawanen zu den Pflanzungen ein, so erließen Deutsch-Ostafrika und Kamerun (1909) *Arbeiterschutzgesetzgebungen*. Die Südsee und SWA (1911 für den Arbeiter auf den Diamantfeldern) standen nicht zurück. Eigene Beamte, die Eingeborenen-, Arbeiter- oder Distriktskommissare, wurden überall betraut mit der Aufsicht und der Wahrung der Interessen der Farbigen. Unter erheblicher Belastung der Arbeitgeber wurden Höhe der Lohn- und Verpflegungssätze, Art und Dauer der Beschäftigung geregelt und eine weitgehende soziale Fürsorge durchgeführt. In weitaus der Mehrzahl von Fällen kamen auch die Pflanzer der Regierung entgegen. Sie hatten ja bei der großen Konkurrenz um den Arbeiter selbst ein Interesse daran, nicht in schlechten Ruf zu kommen. Wo es nicht der Fall war, lag der Knüppel beim Hunde. Der hart ums Dasein ringende Farmer in SW z. B. mußte selbst oft den Schmachtriemen enger schnallen; daß er da nicht geneigt war, seine Leute besser zu beköstigen als sich selbst, ist erklärlich. Aber das waren Ausnahmen. Dagegen muß zugegeben werden, daß die Anwerber vielfach einer sehr energischen Aufsicht bedurften, weil sie an der Schonung des Arbeitermaterials nicht das Interesse hatten wie der Pflanzer, sondern mehr an einem »schnellen Umsatze«. Die Handhaben dazu waren aber in der Gesetzgebung und der Organisation der Verwaltung gegeben. Der Britische Vizekonsul in Daressalam berichtete dementsprechend schon im Jahre 1907 an seine Regierung[1]): »Die Regierung in Deutsch-Ostafrika hat sich der Sache der Eingeborenen angenommen, und, während sie bereit ist, dem Pflanzer jeden möglichen Beistand zu ge-

1) Consular Reports 1907/8.

Buschleute (DSWA)

währen, ihm die Rekrutierung, Herbeischaffung und Verstärkung von Arbeitskräften zu erleichtern, ist sie entschlossen, keinerlei Zwangsmaßregeln in irgendeiner Form zu begünstigen.«

Demgegenüber sei an die beweglichen Klagen erinnert, die der Bischof von Sansibar Frank Weston im Jahre 1921 in der Presse erhob über die »Slaves of Great-Britain«, d. h. die Eingeborenen in Ostafrika, für die die britische Regierung nach dem Weltkriege, der uns ausschaltete, alsbald Arbeitszwang eingeführt hat, und an die immer wiederholten und schließlich erfolggekrönten Versuche der Franzosen, für Togo und Kamerun die Erlaubnis zur *Militarisierung* im Sinne der anderen französischen Kolonien zu erhalten, d. h. zur Zwangsaushebung der Eingeborenen zwecks Verwendung als Soldaten außer Landes. Wir hatten demgegenüber in den Kolonien nur Freiwillige als Schutztruppen- und Polizeisoldaten, und zwar in Ostafrika 2500 + 1250 Mann. In Togo – 560 Mann – und der Südsee hatten wir überhaupt keine Schutztruppe, sondern nur Polizisten, in SWA bekanntlich eine *europäische* Truppe von 1967 Mann und 500 Polizisten. Demgegenüber hat Frankreich im Frieden Zehntausende in Westafrika angeworben zum Zwecke des Kriegsdienstes außer Landes, im Kriege Hunderttausende zwangsweise auf die Schlachtbank in Europa geführt. Daß das kolonialerfahrene England Inder, Mongolen, Neger gegen ein Kulturvolk für Zivilisation und Menschlichkeit kämpfen ließ, war noch betrüblicher und erstaunlicher.

VI. Die Eingeborenen-Fürsorge in den deutschen Schutzgebieten

Wir schließen hiermit diese Betrachtung und können nach alledem an die Frage herantreten, ob *unsere Kolonisation den Eingeborenen Segen gebracht hat oder nicht.* Wir stehen offen auf dem Standpunkte, daß wir nicht der Wohlfahrt der Eingeborenen wegen nach Afrika und der Südsee gegangen sind, sondern aus wirtschaftlichen und weltpoltischen, also aus egoistischen Gründen. Aber wir wissen, daß wir von Anfang an bestrebt gewesen sind, die von der Menschlichkeit gebotene mittlere Diagonale zwischen unserem Interesse und dem der Eingeborenen zu finden, und wir haben die feste Überzeugung, daß uns das nicht nur gelungen ist, sondern daß unsere dreißigjährige kolonisatorische Tätigkeit ein unendlicher Segen für unsere farbigen Schutzbefohlenen gewesen ist und allen anderen Kolonialvölkern als Vorbild dienen kann. Mit tiefer innerer Berechtigung haben wir von Anfang an von »Schutzgebieten« und deutschen »Schutzgenossen« gesprochen.

Um das zu verstehen, muß man sich den Zustand der Eingeborenen vor der Besitzergreifung vorstellen. Es wird sich zeigen, daß es ein Ammenmärchen ist, an die Unschuld und Glückseligkeit der Kulturlosen zu glauben.

Die Beantwortung der Frage, ob wir den Eingeborenen Segen oder Unsegen gebracht haben, beantwortet sich von selbst, wenn wir der Frage nachgehen: warum ist Afrika so dünn bevölkert. Der dunkle Erdteil umfaßt – ohne die Wüsten und Binnenseen – 20 000 000 qkm mit 120000000 Eingeborenen, d. h., er weist sechs Köpfe auf den Quadratkilometer auf, während Europa 7 1/2, Deutschland 18 1/2 mal soviel an Bevölkerung zählt.

Die dünne Bevölkerung ist eine Folge der Kulturlosigkeit, vielfach der Kulturwidrigkeit der dortigen Verhältnisse, und zwar in physischer und psychischer, in sozialer und politischer Hinsicht.

Die physische Unkultur führt zu einer vorzeitigen Sterblichkeit der Eingeborenen. Nur ein Beispiel aus der täglichen Praxis in Afrika! Wie oft sieht man Neger mit schweren Vereiterungen des Fußes, des Beines, die Amputationen erfordern oder sogar zum Tode führen. Ein eingetretener Dorn, ein an einem Stein oder einer Wurzel abgestoßener Zehennagel ist der Anlaß gewesen. Denn niemand ist da, der die Wege der Neger von Hindernissen befreit, kein Schuh oder Stiefel schützt den Fuß, keine Hose das Bein. Aseptische Behandlung ist unbekannt. Als der Sandfloh Ende der neunziger Jahre auf seiner fürchterlichen Wanderung um die Welt von Brasilien aus, von wo er mit einer Ladung Sand als Schiffsballast nach Westafrika gekommen war, Ostafrika erreicht hatte, gingen Tausende ein, weil sie die Gefahr nicht kannten und versäumten, das im Anfang leicht zu beseitigende Insekt unter den Nägeln hervorzuholen. Wehrlos waren sie gegen die Wurmkrankheit, gegen die doch Gewöhnung an die Benutzung ständiger Aborte das einfache und sichere Mittel ist; wehrlos gegen die Pocken, die wir durch immer wieder vorgenommene Massenimpfungen fast ausgerottet haben; wehrlos gegen Schlafkrankheit, deren Überträgerin, der Stechfliege Glossina, wir durch systematische Abholzung der See- und Flußufer die Lebensbedingungen genommen haben; wehrlos gegen die Malaria und das Gelbe Fieber, deren Überträger, die Moskitos, wir mit so viel Erfolg bekämpften, daß wir ganze Städte und Landschaften gesundet haben; wehrlos gegen das Rückfallfieber, gegen die Pest und all die anderen Plagen der Pandorabüchse, gegen die unsere auf höchster Höhe ihrer Aufgaben stehenden Tropenärzte, gefördert von einer auf diesen Gebieten außerordentlich freigebigen Verwaltung, Wunder verrichtet haben.

Aber schon die Mehrzahl der Neugeborenen kommt nicht über das *Säuglingsalter* hinaus. Im Paregebirge haben 50 Frauen zusammen 282 Kindern das Leben geschenkt, aber nur 84, d. h. knapp 30 Proz., wurden älter als 2 Jahre. Eine Greisin hatte dort von 14 Kindern kein einziges am Leben. Schuld daran ist der Mangel an jeglicher Fürsorge. Aus der heißen Luft der räucherigen, nachts dicht verschlossenen Hütten kommen die Kinder am frühen Morgen unbekleidet oder halbnackt in die Morgenkälte hinaus. In der Hütte infizieren die dort in den Fugen der Wände hausenden Zecken die Kleinen mit Rückfallfieber, die umherschwirrenden Moskitos mit Malaria. Brei aus getrockneten und gemahlenen Bananen, Bohnen oder Körnern, ja oft rohes Mehl, wird ihnen in das Mündchen gestopft. Daher die entsetzlichen Dickbäuche der Negerkinder. Wo aber die Mütter erkannt haben, daß die grobe Kost Afrikas den Kindern nicht zuträglich ist, da stillen sie sie bis ins zweite oder dritte, ja vierte Jahr. Und das hat wieder außerordentlich tragweite Folgen für die Volkswirtschaft, auf die wir noch zu sprechen kommen. Von Kinderpflege hat der Wilde oder Halbwilde eben keine Ahnung. Hier müssen Aufklärung und Erziehung durch Mission und Schule einsetzen. In Togo hatte die Regierung bereits mit Erfolg begonnen, farbige Hebammen und Kinderpflegerinnen auszubilden.

Und dann bedrohten die Stämme jahraus, jahrein die entsetzlichen Gefahren der *Hungersnot.*

Immer wird nur so viel Land bestellt, daß der Ertrag knapp bis zur nächsten Ernte reicht. Man versteht nicht, die Früchte aufzuheben, zu kon-

Feste (Bezirksamt) Okahandja (DSWA)

servieren: nach Jahresfrist ist alles aufgezehrt, verbraut oder dem Wurmfraß anheimgefallen. Bleibt dann der Regen aus und kommen gar als Folge der Dürre die Heuschrecken über das Land, dann ist das Elend entsetzlich. Man flieht in die Wälder, um mit Wurzeln und Rinde dem Magen Nahrung vorzutäuschen, man verkauft die Kinder und sich selbst in die Sklaverei, Tausende, Zehntausende sterben. Früher zog die Gottesgeißel alle sechs, sieben Jahre über das Land. Neuerdings hört man nichts mehr von Hungersnöten. Sind etwa Dürre und Heuschrecken ausgestorben? Mitnichten. Aber unsere Kolonialverwaltung griff in aller Stille ein und glich den Schaden aus. Die Durchführung der Geldwirtschaft und die Besteuerung machten es möglich, daß Notstandsfonds zur Verfügung standen. Ein Telegramm nach Indien setzte Schiffsladungen mit Reis in Bewegung und die Bahnen ermöglichten die schnelle Zufuhr nach den gefährdeten Gegenden. So habe ich 1908 ganze Reiskarawanen nach der Nordseite des Kilimandjaro führen können, um die hungernde Bevölkerung lebendig und arbeitsfähig zu erhalten bis zur nächsten Ernte.

Ähnlich lag es bei den viehzüchtenden Nomaden, die wie Hereós, Massai und andere ausschließlich vom Ertrag ihrer Herden lebten. Periodisch vernichtete die *Rinderpest* die Existenz ganzer Völker. So zog sie in den Jahren 1890 – 1898 über ganz Afrika dahin, die Viehherden und Wildrudel in Haufen von Kadavern verwandelnd. Die zahlreichen Tierärzte, die wir über das Land verteilten und mit allen Hilfsmitteln der modernen Bakteriologie versahen, haben, unterstützt von den energischen Absperrungsmaßregeln der Verwaltung, seitdem einen katastrophalen Wiederausbruch zu verhindern gewußt.

Weitere Gründe für die dünne Bevölkerung der Schutzgebiete liegen in der *seelischen Veranlagung* ihrer Bewohner, in dem tief eingewurzelten Geister- und Ahnenglauben[1]). Überall wurden Zwillinge als unheilbringend getötet. »Wie Ziegen« werden sie durch Zuhalten von Mund und Nase erstickt oder in großen Tontöpfen ertränkt. Brechen später bei den Kindern die unteren beiden Schneidezähne nicht zuerst durch, so kündet das wieder Unheil an und das Unglückswurm wird schlafend auf einer Klippe ausgesetzt, so daß es beim Erwachen in den Abgrund stürzt. Die Verwaltung griff natürlich mit Verboten und Strafen ein. In Wilhelmstal hängte der Bezirksamtmann einige der Megären, die diese Handlung gewohnheitsgemäß ausführten, an den Galgen. War den Kindern damit geholfen? Man leg-

---

1) Vgl. Dannholz, Im Banne des Geisterglaubens; Gutmann, Dichten und Denken der Dschagganeger.

te sich aufs »Engelmachen«. Gift räumte die unglücklichen Kleinen beiseite, oder man ließ sie verkommen, indem man sie, wenn sie kriechen gelernt hatten, durch Würfe wir räudige Hunde von Hütte zu Hütte jagte. Auch hier kann nur ein Wandel der Gesinnung von Grund auf durch Schule und Mission helfen.

Vielfach ist es Rechtssitte, daß der Ehebrecher dem »beleidigten Ehemann« zwei Ziegen als Sühne zahlt, wenn die Frucht des Ehebruchs am Leben bleibt; außer den zwei Ziegen aber zwei Kälber, wenn das Kind stirbt. Denn die Arbeitskraft des Kindes oder sein Tauschwert – Mädchen werden gegen einen hohen Brautpreis von dem Gewalthaber zur Ehe vergeben – wird geschätzt. Die Folge ist berufsmäßige Kuppelei und Engelmacherei seitens vieler Ehemänner. »Obwohl zweifellos mehr uneheliche als eheliche Kinder geboren werden«, berichtete der Missionar Dannholz aus dem Parcgebirge in DOA, »trifft man doch außereheliche Kinder selten an.« Ein Paremann hatte von einer Frau 14 uneheliche Kinder und für den jedesmal prompt erfolgenden Tod schließlich eine Herde von 29 Stück Rindvieh!

Anderseits ist die *Abtreibung* Volkssitte, wie es überhaupt kein »Kulturlaster« gibt, das nicht bei den Kulturlosen autochthon wäre!

Unwissentlich macht man in Europa die *Vielehe* verantwortlich für die geringe Bevölkerungszahl. Es ist umgekehrt. Wir haben gesehen, daß Mütter, die ihre Kinder am Leben halten wollen, sie vielfach vier Jahre lang stillen, weil Ersatz für die Muttermilch überall dort nicht vorhanden ist, wo die Tsetsefliege die Viehhaltung unmöglich macht. Nach der Volkssitte muß sich aber die Frau, solange sie nährt, des Mannes enthalten, wenn sie das Leben des Kindes nicht gefährden will. Also würden erst vier Frauen dem Manne jährlich ein Kind schenken. Deshalb ist, soweit ein Weiberüberschuß vorhanden ist, und das ist bei den Kulturlosen mit ihren ewigen Kämpfen, ihrer Blutrache und den anderen Gefahren, denen der Mann mehr als das Weib ausgesetzt ist, der Fall, nicht die Einehe, sondern eben die Mehrehe die produktivere Form der Geschlechtsgemeinschaft. Auch hier kann nur Aufklärung helfen und neben der völligen seelischen auch die völlige wirtschaftliche Umgestaltung, die erst eintreten kann, wenn die Ausrottung der Tsetsefliege die Viehhaltung möglich macht.

Auch die *politische Unkultur* wirkte dahin, daß die Bevölkerung eher ab- als zunimmt. Wir sahen bereits, daß überall der Fremde als Feind gilt, daß man sich ängstlich gegeneinander abschließt, so ängstlich, daß in Neuguinea die Dorfbewohnerschaften Sprachen sprechen, die den nächsten Nachbargemeinden unverständlich sind. In anderen Gegenden lehnen Volkssplitter, die somatisch und sprachlich sich nicht mehr unterscheiden als etwa Deutsche und Niederländer, jede Verwandtschaft und Stammesgemeinschaft ab. Commercium und Connubium gibt es nicht und die Inzucht wird lediglich gemildert durch Weiberraub, der das Ziel des periodisch über die Nachbarn mit Mord und Brand herfallenden ver facrum ist.

Zahllose Opfer fallen der Justiz der Häuptlinge und Zauberpriester, dem *Gottesurteil,* anheim. Denn nach dem Volksglauben gibt es keinen natürlichen Tod. An jedem Todesfall ist ein böser Feind schuld, der den Verstorbenen »verzaubert« hat. Das Gifturteil entscheidet über Schuld oder Unschuld des von einem Feinde angezeigten. So müßte der Regel nach jeder Tod einen zweiten nach sich ziehen. Am Kilimandjaro, wo der Mangi (Häuptling) Eigentümer aller Ländereien, aller seiner Untertanen, alles Viehes und alles sonstigen Besitzes ist, herrschte die blutigste Willkür. Ein solcher Landesvater ließ seinen Untertanen bei lebendigem Leibe die Herzen ausreißen, um seine Hunde damit zu füttern. Hatte er geträumt, so wurde eine Sklavin der Leib geöffnet, um aus ihren Eingeweiden den Traum zu deuten. Gegen Zahlung einer Ziege erlaubte er Sklavenhändlern, sich einen beliebigen Menschen zu greifen. Die Bestechlichkeit der Richter war durch die Sitte geheiligt. Die »heimlichen Rinder« waren nach Zahl und Wert der Streitsache festgesetzt. Hunderte und Tausende weiterer Beispiele könnte man anführen. Man denke an die Verbrechen der Geheimbünde, der »Leoparden« und »Krokodile« in Westafrika, an die Schlachtung ungezählter Sklavenscharen beim Tode des Königs von Dahome und anderswo und man kann nicht daran zweifeln, *daß die Verluste, die die Eingeborenen der Kolonien durch die Strafexpeditionen der Schutztruppen und durch andere unvermeidliche Begleiterscheinungen der Besitzergreifung und Verwal-*

tung seitens einer Kulturmacht erleiden, nur einen geringen Bruchteil des Aderlassens darstellen, den sie sich, in Aberglauben und Barbarei befangen, Jahrhunderte und Jahrtausende lang selbst auferlegt haben.

Man hat der deutschen Kolonialverwaltung öfter den Vorwurf der Zuvielgeschäftigkeit und der zu großen Gründlichkeit gemacht, weil sie sich in Dinge mischt, die sie ignorieren sollte. Die Eingeborenen fühlten sich ganz wohl in ihrem Zustande und wünschten gar keine Reformen ihrer Sitten und Gebräuche durch uns. Das ist zum Teil richtig, und die bequemeren englischen und französischen Kolonialbeamtenschaften machten von dieser Tatsache einen weitgehenden Gebrauch. Aber ich glaube, aus dem Angeführten geht doch hervor, daß diese »Sitten und Gebräuche«, oder besser diese »Unsitten«, die Volkswirtschaft so erheblich beeinflussen, daß man schon deshalb an ihnen nicht vorbeigehen kann, daß aber schließlich Kolonisieren auch Verpflichtungen auferlegt. »Kolonisieren heißt Missionieren«, sagt der Staatssekretär Solf; d. h., zum Kolonisieren müssen wir uns die moralische Berechtigung schaffen, indem wir die physische Wohlfahrt und seelische Hebung der Eingeborenen in unser Programm aufnehmen.

Missionskirche in West-Usambara (DOA)

Die *Missionen* sind, sobald man die Arbeitsgebiete von Staat und Kirche richtig abgrenzt, eine zweifellos wertvolle Ergänzung der staatlichen Tätigkeit zur Erziehung und Hebung der Eingeborenen. Die staatliche Tätigkeit wird immer nur die *Organisationen* der Eingeborenen, Stämme, Landschaften usw. erfassen und das Individuum mit geringen Ausnahmen – Justiz – nur behandeln als Teil des Ganzen, für das der Staat seine Vorschriften erläßt und seine Maßnahmen trifft. Kirche und Schule fassen dagegen das *Individuum* ins Auge, gehen auf seine Eigenart ein und haben die Hebung der *Person* zum Ziel. Der Staat kann nicht an den einzelnen Seelchen herummodellieren und ziselieren, aber doch ist ein Organ nötig, dem diese Tätigkeit zufällt, weil das staatliche Verbot und Gebot zwar Gehorsam und Disziplin schafft, aber nicht überzeugt von der Notwendigkeit und Zweckmäßigkeit, nicht das Warum und Wozu erklärt und begründet. Die Tätigkeit der Missionen beider Bekenntnisse war, von Einzelfällen abgesehen, nicht nur von großem Segen für die Eingeborenen, sondern auch eine wertvolle Unterstützung der Verwaltung. In allen Schutzgebieten wurden 110 000 evangelische und 142 000 katholische Getaufte sowie 103 000 evangelische und 86 500 katholische Schulbesucher gezählt. Die Schultätigkeit der Missionen durch *staatliche Schulen* zu ergänzen erwies sich besonders da als nötig, wo gehobene Bevölkerungsschichten, wie die Mohammedaner an der ostafrikanischen Küste, aus religiösen Gründen die Missionsschulen mieden, aber auch deshalb, weil die Missionen selbst an ausgebildeten Kräften noch immer einen so großen Bedarf hatten, daß sie nur ungern und unzulänglich an den Staat und Privatleute abgaben. Der Bedarf an Hilfsorganen, die Lesen, Schreiben – auch auf der Maschine –, Rechnen, Buchführen konnten und die Grundbegriffe der europäischen Denkweise und Disziplin gelernt hatten, wuchs aber beständig. Wie in der Heimat, hat auch in den Schutzgebieten der »Schulmeister« Großes geleistet, was vom Auslande stets neidlos anerkannt worden ist. Der bereits zitierte britische Vizekonsul in Daressalam berichtete: »Alle größeren Küstenstädte besitzen eine wohleingerichtete Eingeborenenschule unter der Leitung eines besonders vorgebildeten deutschen Lehrers. Suaheli, Araber, Inder, in der Tat alle farbigen Rassen, lernen Seite an Seite, und kein Unterschied wird zwischen ihnen gemacht. *Der Erfolg, den diese Schulen gezeitigt haben, grenzt ans Wunderbare*, wenn man die Natur des »Rohmaterials« bedenkt. Nicht allein in Daressalam, sondern auch in anderen Verwaltungsbezirken werden eingeborene junge Leute in behördlichen Büros und in Handelshäusern als Lehrlinge und Maschinenschreiber beschäftigt, und der Anblick dieser eingeborenen Afrikaner, an den Schreibmaschinen sitzend und deutsch aus dem Manuskript schreibend, wird so leicht nicht von einem Fremden vergessen werden. Es muß erwähnt werden, daß der Besuch der Eingeborenen-Schulen nicht erzwungen wird, sondern man ist bestrebt, die Eingeborenen-Häuptlinge und -Anführer zu interessieren und sich so ihrer Mitwirkung zu versichern beim Heranziehen von Schülern aus den verschiedenen Bezirken … Die Idee, daß Erziehung »die Eingeborenen zur Arbeit untauglich mache«, ist offensichtlich absurd, denn die verhältnismäßig geringe Anzahl von Schülern ist der ursprünglich nicht arbeitenden Klasse entnommen. Sodann ist noch das ganze Verhalten und Betragen des Eingeborenen in den Küstenstädten in Deutsch-Ostafrika und wo sich irgend deutscher Einfluß durchgesetzt hat, *gegen die Europäer durchaus ehrerbietig, ohne kriechend zu sein* … Es gibt sieben Missionsgesellschaften in Deutsch-Ostafrika, die ca. 30 Schulen besitzen, in denen Deutsch gelehrt wird. Die Gesellschaft des Hl. Benedikt und die der Weißen Väter scheinen am ausgedehntesten zu sein. Es unterliegt keinem Zweifel, daß alle diese Gesellschaften Gutes tun, oft unter den schwierigsten Bedingungen, indem sie der eingeborenen Bevölkerung in den unzugänglichsten Teilen des Innern in Not und Krankheit beistehen.«

Ebenso anerkennend äußerte sich der Amerikaner Gibbons 1916 über die Erfolge unserer Schulen in Westafrika: »Abgesehen von dem, was die Deutschen in hygienischer Beziehung und in der Verbreitung von Kenntnissen betreffs vorbeugender Maßnahmen gegen Krankheiten getan haben, bleibt ihre größte Leistung in Westafrika ihr Schulsystem. Obgleich Kamerun kaum halb so groß ist wie das benachbarte Gebiet Nigerien und nur ein Siebentel von der Bevölkerung Nigeriens aufweist, waren seine Regierungsschulen und die subventionierten Schulen im Jahre 1913 verhältnismäßig besser besucht als die des englischen Protektorats. Togo hat bessere Schulen als seine französischen und englischen Nachbarn. Es herrschte großer Eifer und es fehlte nicht an pädagogischer Begabung und dem ernstlichen Wunsche, die Eingeborenen moralisch und materiell auf eine höhere Stufe zu heben.«

Die Zöglinge unserer Schulen, namentlich als untere Organe unserer Verwaltung, und unsere Schutztruppen- und Polizeisoldaten waren unsere wertvollsten Gehilfen bei der Erziehung ihrer Landsleute durch Wort und Beispiel. Ihre vorbildliche Treue auch in den kritischen Jahren des Weltkrieges hat gezeigt, daß es nicht äußerlicher Drill, nicht »Kadavergehorsam« war, den wir erzielt haben, sondern europäisch-sittliches Pflichtbewußtsein und bewußtes Eintreten für unsere gerechte Sache aus Liebe und Anhänglichkeit zu den Trägern der deutschen Kultur.

VII. Schlußbetrachtung

Ich habe bereits an mehreren Stellen darauf hingewiesen, daß die *völlige Umgestaltung Afrikas in wirtschaftlicher und kultureller Beziehung* nicht allein Sache des Ingenieurs ist, der Dampfschiffe, Eisenbahnen und Telegraphen herstellt, auch nicht des Verwaltungsbeamten, der im Verein mit dem Missionar und Schullehrer zur Kultur erzieht und vor den schädlichen Nebenfolgen der Kultur schützt, sondern besonders auch des ärztlichen Forschers, der in der bakteriologischen Werkstatt die Waffen schmiedet zum Kampfe gegen die Seuchen, denen Mensch und Tier in den Tropen zum Opfer fallen.

Das *Trypanosoma*, das mikroskopisch-winzige Geißeltier im Blute, ist die wahre Geißel Afrikas, und zwar noch mehr das *Trypanosoma Brucei*, der Erreger der Tsetse-Krankheit, als das *Trypanosoma gambiense*, der Erreger der tödlichen Schlafkrankheit der Menschen.

Denn wo keine Rinderhaltung möglich ist, da kommt, wie wir sahen, die Volksvermehrung nicht vorwärts. Und wo keine Volksdichte vorhanden ist, die zu einem Wettkampfe ums Dasein zwingt wie in Europa, da träumt der Neger seinen

Traum der Indolenz und der Faulheit weiter, da fehlen den Eisenbahnen und Plantagen die Arbeiter, da liegen weite Strecken herrlichster Produktionsgebiete im jahrtausendlangen Dornröschenschlaf. Wo keine Rinderhaltung möglich ist, kann kein Pflug bespannt werden, da muß das Weib, oft mit dem schlafenden Säugling auf den Rücken, tief gebückt mit der Hacke den Boden bearbeiten, da ist keine Düngung möglich, außer mit der kümmerlichen Asche der abgehackten und abgebrannten Bäume. Vier Jahre höchstens trägt solch ein leicht angekratzter und leicht mit Asche überstreuter Acker, dann muß die Familie, die Dorfgemeinschaft weiterwandern, ein neues Dorf bauen, neu roden, neu brennen, neu düngen und neu hacken. So bleibt der Eingeborene Halbnomade, das Weib sein Pack- und Arbeitstier, Bäume werden nicht gepflanzt, weil man ihre Ertragsfähigkeit an Ort und Stelle nicht abwarten kann, Dauerkulturen werden nicht geschaffen. Das Land wird entwaldet und an Stelle des Hochwaldes tritt der Trockenbusch: Afrika wird immer mehr zur Wüste umgewandelt, die Wasser brausen in der Regenzeit ohne Nutzen zu Tal und nur an kümmerlichen Wasserstellen gedeiht ein kümmerliches Leben.

Das Problem ist gelöst. Bald nach dem Verluste unserer Kolonien haben wir das Mittel gefunden, das die Trypanosomen im Blut von Menschen und Tieren abtötet, ohne diesen zu schaden, ja, das sie auf Monate immun macht gegen Infektionen und es so ermöglicht, auch verseuchte Landstriche ungefährdet zu durchwandern. »Bayer 205« ist der neueste Triumph deutscher Forschertätigkeit.

Man hat uns die Schutzgebiete genommen, weil wir »unfähig und unwürdig« waren zu kolonisieren und weil »die Ausrottung der uns anvertrauten Rassen mehr in unserem Sinne zu liegen schien als ihre Erhaltung«. Und Mr. Laveran, der bekannte Tropenhygieniker, Präsident der *Sociéte de pathologie exotique*, erklärte im selben Geiste 1919: daß es ohne Bedeutung sein wird, wenn die Beziehungen zwischen den Gelehrten der Entente und der Mittelmächte aufgehoben sind, da die Leistungen der deutschen Wissenschaft für die Tropenmedizin in Zukunft zweifellos sehr gering sein werden.

»Bayer 205«, zu deutschem Ruhme »Germanin« genannt, ist die Antwort. Es ist der Schlüssel zur Kultivierung Afrikas. Und dieser Schlüssel ist in deutschen Händen. Mögen unsere Feinde daraus erkennen, daß der Kulturfortschritt der Welt ohne deutsche Mitwirkung gefährdet, zum mindesten verlangsamt ist und daß unsere Ausschaltung von der Teilnahme an der Kolonisierung und Kultivierung der Welt ein Verbrechen ist, ein Verbrechen an den farbigen Rassen.

Schule in Windhuk (DSWA)

Unsere Kolonien. Überblick über Landeskunde, Geschichte und Wirtschaft

Von Paul Rohrbach

Deutschlands wichtigste Kolonialgebiete wurden auf *afrikanischem* Boden gewonnen. Das Wort »Afrika« weckt andere Empfindungen bei denen, die draußen waren, andere bei denen, die den schwarzen Erdteil nur vom Hörensagen kennen. Jeder aber, der es hört, fühlt seinen Zauber. Wer noch nie dort war, möchte hinaus, um den Urwald, die Steppe, die Wüste, die Löwen und Elefanten, die schwarzen Menschen kennenzulernen und die Fülle der geträumten Abenteuer zu erleben. Wer Afrika kennengelernt hat und heimgekommen ist – mögen ihn auch das afrikanische Klima und die mancherlei Tücken des afrikanischen Lebens an Gesundheit und Seele noch so sehr verwundet haben –, den fast trotz allem stets wieder die Sehnsucht, von neuem hinauszugehen. Dies Affenland! Wie Unzählige haben so schon im Zorn oder im Humor gesprochen, wenn sie Afrika erlebten oder Afrikas gedachten, und doch war und blieb dies Affenland ihre Liebe. Das gilt auch heute noch für unsere alten Afrikaner, denen ein gütiges Schicksal bestimmen möge, daß nicht gar zu viele von ihnen aus diesem Leben scheiden, bevor ein gutes Stück Afrika wieder deutsch ist!

Afrika umfaßt fünf große Regionen, die nach ihrer geographischen Natur, nach ihrem Klima und ihrem äußeren Bilde sehr verschieden voneinander sind. Die nördlichste Region hat mit dem eigentlichen Afrika wenig gemeinsam. Es sind die Gebirgsländer des Atlas, Marokko und Algier, die durch ihren Bau und ihr Klima mit den übrigen Randländern des Mittelmeeres, Europa und Asien, verwandt sind. Es folgt nach Süden die große Wüste, die Sahara, mit der langen und schmalen Oase des Niltals im Osten. Auch dieses gewaltige Gebiet hat noch nichts besonders Afrikanisches, sondern ist den asiatischen Wüsten- und Oasengebieten ähnlich. Wenn man aber die Sahara südwärts durchquert hat, so erreicht man die unendliche afrikanische Savanne, ein Land, dessen Charakter zwischen Grassteppe und lichtem, parkähnlichem Baumwuchs wechselt, heiß, sonnendurchleuchtet, von großen Strömen mit Galeriewäldern längs den Ufern begleitet, dazwischen oft wasserarm, teilweise ausbaufähig, in der Hauptsache aber ein Wild- und Weidegebiet. Die Savanne reicht südlich der Sahara durch die ganze Breite Afrikas hindurch, vom Atlantischen bis an den Indischen Ozean; sie zieht sich dann durch Ostafrika nach Süden und biegt zuletzt westwärts wieder gegen den atlantischen Ozean um. Sie umschließt auf diese Weise das große zentralafrikanische Urwaldgebiet und hat zum Nachbarn im Süden die südafrikanische Trockenregion, die nicht Wüste ist wie die Sahara, wohl aber durch ihren Regenmangel besondere und eigentümliche Lebensbedingungen bietet. Die Savanne, der Urwald und die Trockensteppe – aus diesen drei großen Regionen setzt sich das eigentliche Afrika zusammen, und an allen dreien hatte das deutsche Kolonialgebiet Anteil.

Als zuerst von deutschen Kolonien in Afrika die Rede war, dachten die meisten an fruchtbare Plantagengebiete, an Gold und Elfenbein, an gewinnbringenden Handel mit den Eingeborenen, an bequeme Auswanderungsmöglichkeit usw. Das alles waren Irrtümer. Afrika ist ein tropisches Land, und die Vorstellung, daß Tropenländer üppig fruchtbar sein müssen, ist zwar weit verbreitet, aber sie ist gründlich falsch. Schon der magere, harte Savannenboden enttäuscht viele. Wer aber den Urwald sieht, mit seinem Wasserreichtum, den fabelhaften Regenmassen, die niedergehen, der undurchdringlichen Vegetation, den

Blick von Buea nach Duala (Kamerun)

riesenhohen Bäumen, unter deren Kronen es noch ein ganzes tieferes Waldstockwerk gibt, und darunter erst das dichte Unterholz, der wird unwillkürlich der Überzeugung sein, daß er auf einem Boden von größter Fruchtbarkeit steht, und wird ungläubig den Kopf schütteln, wenn man ihm das verneint. Und doch ist es so; der wenig fruchtbare Waldboden ist die Regel und der fruchtbare ist die Ausnahme.

Die meisten tropischen Böden entstehen direkt durch die Zersetzung der Gesteinsdecke. Meist ist es in Afrika Granit und Gneis, öfter auch Sandstein, mitunter Schiefer. Durch die Wirkungen der Feuchtigkeit und Hitze werden diese Gesteine, manchmal bis in große Tiefe, in einen roten oder gelbroten Lehm umgewandelt, den sogenannten Laterit. Die Farbe stammt vom Eisengehalt und der Name von *»later«*, dem lateinischen Wort für Ziegelstein. Dieser Lateritboden enthält nicht viel Nährstoffe. Die Fruchtbarkeit unserer heimischen Böden beruht meist auf ihrem Gehalt an Humus, der aus vermoderten Pflanzenteilen entstanden ist. Die Humusbildung aber ist im tropischen Klima dadurch behindert, daß die Zersetzung pflanzlicher Stoffe zu schnell vor sich geht. Es gibt sehr fruchtbare Tropenböden, in Afrika wie in anderen Erdteilen, aber dann handelt es sich entweder um zersetztes vulkanisches Gestein oder um Schwemmland am Ufer der Flüsse oder um andere Verhältnisse besonderer Art. Im gewöhnlichen Urwald kann man immer die Beobachtung machen, daß die Rodungen, die von den Negern angelegt werden, um Nahrungsgewächse zu pflanzen wie Bananen, Wurzelknollen u. dgl. in der Regel schon nach sechs oder sieben Jahren nichts Rechtes mehr hervorbringen. Der Boden ist ausgesogen und ein neues Stück Wald muß geschlagen werden. Die Größe und Mächtigkeit der Urwaldbäume beweist nichts für die Fruchtbarkeit. Das meiste Holz ist wertlos; der hohe Wuchs und die Dicke sind hauptsächlich eine Folge der Feuchtigkeit.

Unter den deutschen Kolonien war Ostafrika fast durchweg hochgelegene Savanne mit wenig Urwald, der nur in einzelnen Flecken dort vorkam, wo sich ein Gebirgsabhang gegen die Regenwinde kehrte. Kamerun ist urwaldreich; nur das Innere gehört zum Savannengebiet. Vulkanische Böden, die für Plantagen geeignet sind , gibt es in Kamerun wie in Ostafrika, doch sind sie in Kamerun ausgedehnter und besonders begünstigt durch großen Regenreichtum. Togo, die kleinste Kolonie, ist fast ganz Savanne. Südwestafrika ist gebirgige Trockensteppe.

Unter diesen Verhältnissen gab es beim Beginn unserer kolonialen Arbeit Mißgriffe und

Felsen am Südrand des Erongo-Gebirges bei Ameib in DSWA

Enttäuschungen. Manche Leute versuchten ganz harmlos, im Sand oder trockenen Laterit an der ostafrikanischen Küste Kaffee zu pflanzen und ernteten natürlich keine Bohne. Hätten sie Kokosnüsse genommen, so hätten sie nach Jahr und Tag eine schöne Palmenpflanzung besessen, die ihnen guten Ertrag an Kopra, dem zerschnittenen und getrockneten Kern der Nuß, gab. Die Kokospalme liebt die Küste und den salzigen Seewind. Nach Südwestafrika kamen Kolonisten mit Pflügen und Saatgut und mußten sich überzeugen, daß das Land eine Steppe war, in der für den Anfang keine andere Wirtschaft möglich war als primitive Viehzucht. In der ersten Zeit glaubte man in Deutschland auch, die Kolonien seien gut dazu, um schiefgegangene Existenzen, mißratene Söhne u. dgl. dorthin abzuschieben. Das war ein gewaltiger Irrtum. Gerade in Afrika forderten die Verhältnisse tüchtige und besonnene Charaktere und hohe Leistungsfähigkeit, geistige wie körperliche. Wer die dreißig Jahre deutscher kolonialer Entwicklung von Anfang an mit durchlebt hat, der ist oft ungeduldig geworden über die scheinbare Langsamkeit, mit der zu Hause das Verständnis von Reichstag und Presse und öffentlicher Meinung kam und in den Kolonien selbst der Erfolg. Überblickt man aber jetzt nachträglich unser koloniales Menschenalter, so kann man im Grunde nur darüber staunen, wie schnell es vorwärtsgegangen ist, vor allen Dingen mit den tatsächlichen Leistungen. Es ist noch nie in der Geschichte vorgekommen, daß ein Volk ohne jede praktische koloniale Erfahrung und Überlieferung in so kurzer Zeit so Bedeutendes zustande gebracht hat.

Das größte – und das einzige wirklich große – Hindernis war unser Mangel an geographischer, namentlich wirtschafts-geographischer Einsicht. Es erforderte über zwanzig Jahre, bis die maßgebenden Stellen, allmählich, widerstrebend und mühsam, die notwendigen Folgerungen aus der Tatsache zogen, die für jeden Afrikageographen grundlegend ist: daß die eigentlichen wirtschaftlichen Werte, vor allem die größere Bevölkerungsdichte und die höhere Eingeborenenkultur, nicht an der Küste, sondern nur weiter im Innern gesucht werden können. In Afrika ist keine Produktion im größeren Stile mög-

Deutsch-Westafrikanische Bank in Togo (Lome)

lich ohne Hilfe der Eingeborenen. Die Küstengebiete aber bieten fast überall schlechtere Lebensbedingungen als das Innere. In Ostafrika sind die Küstenländer im ganzen wenig fruchtbar, während sich im Innern regenreiche Hochländer und Berghänge erheben und die größte in Afrika überhaupt vorkommende Volksdichte erreicht wird. In Kamerun sind die Küste und das nahe Hinterland reiner Urwald. Die große Waldzone aber bietet im ganzen so wenig günstige Lebensbedingungen dar, auch für die Negervölker, die an das tropische Klima gewöhnt sind, daß sie verhältnismäßig menschenarm geblieben ist und nur schwächeren, wenig kultivierten Stämmen zum Wohnsitz dient. Obgleich fruchtbare vulkanische Plantagengebiete in unmittelbarer Nähe der Küste vorhanden sind, so fehlen doch für diese von Natur die genügenden Arbeitermengen. Südwestafrika ist am Meeresgestade eine wasserlose, fast unzugängliche Sandwüste. Die brauchbaren Viehzuchtgebiete liegen im Innern. Überall war es daher notwendig, Eisenbahnen zu bauen, um das Innere aufzuschließen, und hiergegen erhoben sich Widerstände bei den heimischen Faktoren, die die Kosten bewilligen mußten. Man konnte sich nicht losmachen von den Berechnungen der Rentabilität für eine Eisenbahn nach heimischen Maßstäben. In Deutschland baut man eine Eisenbahn, sobald man annehmen kann, daß in der Gegend, durch die sie hindurchführt, genügend Menschen und Güter vorhanden sind, um das Kapital zu verzinsen. Das, was durch die Bahn erst geschaffen werden soll, ist für den Bau nicht bedeutungslos, steht aber in zweiter Linie. In Afrika ist es Hauptsache. Die Amerikaner haben das von vornherein gewußt, als sie ihre Pacificbahnen durch beinahe menschenleere Gebiete über Tausende von Kilometern westwärts bauten. In Deutschland fehlte die Anschauung von solchen Dingen, und aus falscher Sparsamkeit wurden die Mittel für den Bahnbau lange Zeit verweigert; statt sofort, wurden sie nur zögernd und spät, nicht selten zu spät, bewilligt. Die eigene Widerstandskraft unserer Kolonien im Weltkriege wäre *noch* größer gewesen, wenn sie rechtzeitig ein reichliches Bahnnetz erhalten hätten.

Die geographische Durchforschung des deutschen Kolonialgebiets leistete von Anfang an Glänzendes; das auf der Geographie beruhende wirtschaftliche Verständnis folgte sehr langsam nach. Merkwürdig schnell dagegen gelang die Lösung eines anderen, mit der afrikanischen Natur auf das Engste zusammenhängenden Problems: der Behandlung der Eingeborenen. Die feindliche Verleumdung hat gerade auf diesem Gebiet eine Fülle von Unwahrheiten, nicht gutgläubig, sondern als direkte, planmäßig aufge-

Bezirksamt Atakpame (Togo)

baute Lügen, über unsere afrikanischen Leistungen verbreitet. Fremde Besucher, Engländer, Amerikaner und andere, Männer von Rang und hoher Urteilskraft, die vor dem Kriege unsere Kolonien bereisten, haben gegenteilig geurteilt, solange noch kein feindlicher Propagandazweck existierte. Das deutsche System beruhte auf drei Grundpfeilern: Straffheit, Gerechtigkeit und Fürsorge. Nur anfangs gab es gewisse Unsicherheiten und Mißgriffe, die meistens darauf zurückgingen, daß minderwertige oder für Afrika ungeeignete Charaktere am Werk waren. Das bedauerlichste Beispiel dafür war die Führung des Krieges gegen die Hererós, die weder der afrikanischen Natur, noch der afrikanischen Wirtschaft, noch dem afrikanischen Charakter entsprach. Straffheit aber, selbst Härte, sind es nicht, die den Neger zurückstoßen oder verderben. Er *will* fest angefaßt sein, aber er will auch das Empfinden haben, daß gerecht, ohne Willkür und mit Verständnis für seine Eigentümlichkeiten und Bedürfnisse, verfahren wird. Darin waren zuletzt die deutschen Verwaltungsbeamten und Offiziere in Afrika zu einer Meisterschaft gelangt, die alle älteren Kolonisatoren in Afrika, Engländer, Franzosen, Portugiesen, hinter sich zurückließ. Den Beweis dafür sieht man in der beispiellosen Treue und Anhänglichkeit unserer Eingeborenen. Ein Feldzug, in dem über drei Jahre so Heldenhaftes geleistet wurde wie in Ostafrika, gestützt auf Eingeborenentruppen und Eingeborenenbevölkerung, ist in der Geschichte bis dahin noch nie vorgekommen und wird nie wieder vorkommen. In Kamerun wäre es ähnlich gewesen, wenn nicht die Natur des Landes und die geringe Entwicklung der Verwaltung und des Bahnbaues die Kampfdauer zwangsweise abgekürzt hätten. Selbst in Südwestafrika, wo die Härten des Hererókrieges kaum ein Jahrzehnt zurücklagen, haben die Eingeborenen zu den Deutschen gehalten, mit der einzigen Ausnahme der halbweißen Bastards. Als Deutschland im Frieden von Versailles die Kolonien aufgeben mußte, war in Togo, in Kamerun, in Ost- und Südwestafrika die Unzufriedenheit der Eingeborenen groß, und jahrelang kamen heimlich Deputationen nach

Feste (Bezirksamt) Tabora (DOA)

Deutschland, um zu bitten und sich zu erkundigen, ob denn die Deutschen wirklich nicht zurückkehren würden. So ist es auch noch heute. Würde Deutschland die Kolonien wiedererlangen, *so würde ein einziger Ruf der Freude durch all die schwarzen und braunen Menschen am Kilimandjaro, am Viktoriasee, in den Wäldern am Kamerunberg, in der Steppe von Adamaua, in Togo und in Südwestafrika schallen!*

Deutsch-Ostafrika

Der afrikanische Kontinent ist auf der Ostseite am höchsten und seine Oberfläche ist dort am mannigfaltigsten. Seine südlichen Teile haben Abfluß zum Sambesi, die westlichen zum Kongo, die nördlichen zum Nil; im Innern sind einige Gegenden abflußlos. Es gibt kein zweites so großes Stück der Erdoberfläche, das derart durch geologische Einbrüche zerspalten ist wie Ostafrika. Zwei große Senkungsgebiete treten besonders hervor: der »zentralafrikanische« und der »ostafrikanische« Graben. Den ersteren bezeichnen in seinem Verlauf vier hintereinanderliegende Seen: der Tanganjika-, der Kiwu-, der Albert-Edward- und der Albertsee. Die beiden ersteren bilden die innere »Gegenküste« von Deutsch-Ostafrika; zwischen ihren Gewässern und dem Indischen Ozean dehnt sich die breite Masse des alten deutschen Gebietes. Die beiden nördlichen Seen waren von Anfang an englisch. Der zweite Graben beginnt schon etwas südlich vom Bekken des Njassasees; er ist im Njassa selbst mit Wasser gefüllt, zeigt sich weiter nach Norden als einseitige, nur gegen Westen aufsteigende Bruchstufe, nimmt dann aber wieder den Grabencharakter an, mit vielen Salzseen auf seinem Grunde. Der größte von diesen ist der Rudolfsee. Außer diesen beiden großen Grabenlinien gibt es noch viele kleinere Einbrüche.

Mit den Bruchsenkungen hängt der Reichtum Ostafrikas an vulkanischen Bergen und vulkanischem Gestein zusammen. Am Nordende des Njassa hat sich aus der Tiefe empor das Rungwegebirge aufgebaut und mit mehr als 3000 Metern Höhe die große Spalte an dieser Stelle ganz ausgefüllt. Zwischen dem Kiwu und dem Albert-Edward-See, auf der Wasserscheide zwischen Nil und Kongo und auf der alten deutsch-belgischen Grenze, erheben sich die Virungavulkane bis zu 4500 Metern; einige von ihnen sind noch tätig. Am großartigsten ist die Vulkanbildung zu beiden Seiten des ostafrikanischen Grabens. Östlich ragen im alten deutschen Gebiet der Kilimandjaro und Meru, im englischen der Kenia und der Elgon auf. Westlich vom Graben ist die Menge der vulkanischen erloschenen Gebilde besonders groß. Man nennt dies Gebiet das Hochland der Riesenkrater. Darunter sind förmliche Ringgebirge, und weite Strecken des Landes sind ganz aus Lavaflüssen, Steinfall und Aschenregen aufgebaut. Der Kilimandjaro ist mit 6000 Metern der höchste Gipfel Afrikas; er trägt Gletscher und ewigen Schnee.

Man unterscheidet in Ostafrika, von der Küste aus gerechnet, das Vorland und das Hochland. Der Rand des Hochlandes liegt im Norden ganz nahe an der Küste und weicht, je weiter südwärts, desto mehr ins Innere zurück. Es ist anzunehmen,

Bogenschießender Mtussi (Urundi-Ruanda, DOA)

daß in geologischer Vorzeit das Hochland weit näher an die Küste heranreichte, daß es aber, bei wiederholten Hebungen und Senkungen des Festlandes in Millionen von Jahren durch die Brandungswellen abgetragen und außerdem durch klimatische Einwirkungen teilweise zerstört wurde. Seine Stirn kehrt sich gegen den Ozean und die von dort kommenden Monsunwinde. Diese schütten große Regenmassen aus, das fliessende Wasser und die Verwitterung greifen die Stirnwand an, die immer mehr zurückweicht, und auf diese Weise sind als Reste seiner früheren Ausdehnung einzelne weit vorspringende Bastionen entstanden, wie das Hochland von Usambara im Norden von Deutsch-Ostafrika – oder Inselgebirge, wie weiter südlich die Uluguruberge, die gar keinen Zusammenhang mehr mit der Hochlandsmasse haben. Zwischen dem steilen Abfall des Hochlandes kurz diesseits des Njassasees und der Meeresküste, wo das Vorland sich in einer Breite von mehreren hundert Kilometern dehnt, finden sich auf ihm als »Zeugen« der einstigen größeren Erhebung zahllose Inselberge und isolierte kleine Gebirge. Am höchsten erhoben ist der Hochlandsrand im Süden, wo er als Utschungwegebirge massig, steil und reich bewaldet aus einer tiefen Senke, der Ulangaebene, aufsteigt.

Um die Höhengliederung von Ostafrika richtig zu erfassen, muß man das Vorland mit seinen isolierten Erhebungen, den Aufstieg zum inneren Hochlande und schließlich die inneren Grabensenkungen mit ihren Rändern und tiefer gelegenen Sohlen unterscheiden. Die gebräuchlichen Häfen sind: im Norden die Bucht von Tanga, in der Mitte die von Daressalam und im Süden Kilwa und Lindi. Keiner von den Flüssen, die vom Hochlande herabkommen, ist auf längere Strekken schiffbar. Der Njassasee im Süden ist zwar durch seinen Abfluß, den Schire, mit dem Sambesi verbunden; aber auch diese Straße ist von Natur durch Stromschnellen gesperrt. Um den Schire benutzbar zu machen, mußten die Katarakte durch Bahnbauten umgangen werden. Der Tanganjikasee hat bei hohem Wasserstande einen Abfluß zum Kongo, den Lukuga, aber der Zugang zu Ostafrika auf diesem Wege ist viel zu weit, umständlich und unsicher. Der Viktoriasee ist das große Sammelbecken für die Quellflüsse des Nils. Doch ist es auf dem Nil unmöglich, mit Fahrzeugen bis an die ostafrikanische Gegenküste vorzudringen. Die bedeutendsten Flüsse sind im Norden der Pangani, dessen Quellen vom Kilimandjaro herabkommen, in der Mitte das System des Rufidji und im Westen der Malagarassi, der in den Tanganjikasee fließt. In den Viktoriasee ergießt sich von Westen der wasserreiche Kagerafluß, der als Hauptquellfluß des Nils betrachtet werden kann. Der Rovumafluß bildet im Süden die Grenze gegen das portugiesische Gebiet.

Hochsteppe am Gelei-Vulkan (DOA im Kilimandjaro-Gebiet)

Bei der Unbrauchbarkeit der Flüsse für den Verkehr hätte viel früher mit Eisenbahnbauten begonnen werden sollen. Als der Krieg ausbrach, war die Ostafrikanische Zentralbahn, von der Hauptstadt Daressalam ausgehend, eben erst an der inneren Gegenküste bei Kigoma am Tanganjikasee angekommen und die Usambaraeisenbahn war ein kurzer Stumpf, der von Tanga nur bis ins Kilimandjarogebiet reichte.

Unter den ostafrikanischen Landschaften wurden am frühesten aufgeschlossen der küstennahe Bezirk von Tanga und das benachbarte Hochland von Usambara. Man ging aber zuerst von der falschen Meinung aus, die Kolonien wären noch wie früher dazu da, sogenannte Kolonialwaren zu produzieren, Kaffee, Kakao, Gewürze und dergleichen. Um solche Produkte anzubauen, bedarf es fruchtbarer Böden und einer zahlreichen arbeitsgewohnten eingeborenen Bevölkerung. Afrika kann sich in dieser Beziehung nicht mit den tropischen Teilen Asiens und Amerikas messen; die afrikanische Kolonialwirtschaft muß es vor allen Dingen darauf anlegen, industrielle Rohstoffe zu produzieren. Die Kaffeeplantagen von Usambara lieferten ein wertvolles Produkt, aber der Ertrag war nicht groß. Erst nachdem man im Hinterland von Tanga dazu übergegangen war, Plantagen von Sisalhanf und Kautschuk anzulegen, begann die wirtschaftliche Blüte. Die Baumwollkultur, obwohl von der Verwaltung gefördert, war 1914 noch nirgends über das Versuchsstadium hinaus.

Nachdem die Bahn den Kilimandjaro erreicht hatte, blühten dort auf dem guten vulkanischen Boden eine Anzahl Kaffeepflanzungen auf, lauter mittlere und kleinere Betriebe. In dem steppenhaften Land am Fuße des Meru, das viel Ähnlichkeit mit Südafrika hat, siedelten sich Buren an und trieben Viehzucht; deutsche Kolonisten begannen zu folgen. Das Land dort ist hoch, ca. 1500 Meter über dem Meere, und das Klima gesund. Zwar die große Massaisteppe, südlich von den beiden großen Bergen, ist sehr trocken; die räuberischen Massai, ein hamitisches Volk, sind Rinderzüchter gleich den Hererós in Südwestafrika. Südlich und westlich vom Massaigebiet, in den Landschaften Kondoa-Irangi, Turu, Iramba, ist eine Menge Land für weiße Besiedlung und Bodenanbau mit Hilfe schwarzer Arbeitskräfte geeignet. Auf dem Irambaplateau wurde etwas Gold entdeckt und ein kleines Bergwerk in Betrieb genommen.

Der Sitz der Verwaltung und der Haupteinfuhrplatz war von Anfang an Daressalam, gegenüber der Südspitze der bei England verbliebenen Insel Sansibar, mit einem guten Hafen. Von hier gelangt man, der Hauptroute ins Innere, der späteren Zentralbahn, folgend, am Ulugurugebirge vorbei, wo bedeutende Glimmerfunde gemacht wurden, über Morogoro und Kilossa an den Rand des Hochlandes; dann bei Kilimantinde an den Aufstieg zur Bruchstufe. Wenn die Höhe erreicht ist, betritt man die große zentrale Landschaft Unjamwesi, die auf eine Million Einwohner geschätzt wird. Auch Unjamwesi ist im ganzen steppenhaft, aber weite Striche gestatten Ackerbau und die Bevölkerung ist relativ fleißig. Die Wan-

Mtussi-Edeler (Ruanda, DOA)

jamwesi gelten als die besten Träger in Ostafrika; sie sind wanderlustig und ließen sich zur deutschen Zeit auch gern als Arbeiter anwerben. Hauptplatz von Unjamwesi ist Tabora, am Schnittpunkt der wichtigsten Handelsstraßen des Innern. Nach Norden senkt sich das Land gegen den mächtigen Wasserspiegel des Viktoriasees, der etwa so groß ist wie Bayern. Die Engländer hatten Dampfer auf dem See und die Produktion der Ufergebiete konnte auf der Ugandabahn zur Küste geschafft werden. Dadurch blühten am deutschen Teil des Seeufers Muansa und Bukoba als Häfen und Handelsplätze auf. Es war klar, daß die Eingeborenenproduktion, die sogenannten Volkskulturen, wie Erdnüsse, Baumwolle, Wachs, aber auch Viehzuchtprodukte, Häute und Felle, als Wirtschaftswerte eine große Zukunft versprachen. Wie die Plantagenwirtschaft, so sind auch die Volkskulturen unter englischer Herrschaft weit gegen den zur deutschen Zeit erreichten Stand zurückgegangen.

Mächtig erhebt sich vom Viktoriasee gegen Westen das sogenannte Zwischenseenhochland: Ruanda und Urundi auf der deutschen, Unjoro auf der englischen Seite. Dies ist ein kühles, fruchtbares, weidereiches Hochplateau, das von Osten nach Westen bis zu 2500 Metern durchschnittlicher Erhebung ansteigt und dann plötzlich in den zentralafrikanischen Graben abstürzt. Ruanda und Urundi, räumlich nur ein kleiner Teil von Deutsch-Ostafrika, wurden auf vier Millionen Einwohner geschätzt, ungefähr so viel wie die ganze übrige Kolonie. Das herrschende Volk, die Watussi, hamitischer Herkunft, reiche Herdenbesitzer, sind die höchstgewachsenen Menschen, die es gibt, und im Besitz einer für afrikanische Eingeborenenverhältnisse hohen Kultur.

Gegenüber den bisher genannten Gebieten tritt die südliche Hälfte der alten deutschen Kolonie an Bedeutung zurück. Daressalam besaß seine Wichtigkeit als Hauptstadt und Übergangspunkt der Zentralbahn; südlich von der Bahnlinie aber ist das meiste Land trockene und wenig zukunftsreiche Steppe. Eine Ausnahme macht der höchste, gegen Südosten gekehrte Teil des Hochlandsrandes, die wald- und wasserreiche Gebirgslandschaft von Uhehe, mit dem Hauptplatz Iringa. Hier ist stellenweise gleichfalls weiße Siedlung möglich. Am wertvollsten sind wohl die unmittelbaren Randgebiete und das Nordende des Njassasees, teils wegen ihrer Höhe und wegen ihres Regenreichtums, teils wegen der vulkanischen Böden.

Auch in Ostafrika sind das größte wirtschaftliche Aktivum die Eingeborenen, und die deutsche Verwaltung schritt je länger, desto klarer zu dem Grundsatz fort, die Volkskulturen zu entwickeln und auf diese Weise die Leistungen der Kolonie für die Ausfuhr von industriellen Rohstoffen zu steigern. Die Methode langsamer nachdrücklicher Erziehung durch militärische Sicherung, gerechte und planvolle Verwaltung, Ausbau der Verkehrswege und gleichzeitig fortschreitende Besteuerung zeigte sich durchaus wirksam. Das Ziel war: produktive Arbeit, finanzielle Selbständigkeit der Kolonie, Entwicklung

Hochsprung der Watussi (DOA)

der Schwarzen zu der ihnen erreichbaren Kulturhöhe, Aufschließung der gesunden Hochländer für deutsche Ansiedler. Die unbestreitbaren Erfolge, die auf diesem Wege in den letzten Jahren erzielt wurden, erlaubten, auf die Zukunft große Hoffnungen zu setzen. Im ganzen ist der ostafrikanische Neger entwickelter als die Steppen- und namentlich die Waldleute im äquatorialen Westafrika. Ohne einen gewissen Druck der Verwaltung können in Afrika natürlich nirgends größere Ergebnisse erzielt werden; nur auf diesem Wege ist Fortschritt möglich.

Als Kolonie war Deutsch-Ostafrika eine Schöpfung von Carl Peters. Diesem Manne gelang es, durch Kühnheit und Zähigkeit, mit höchst mangelhafter Unterstützung von seiten der Heimat, gegen das Widerstreben starker heimischer Elemente und gegen die Mißgunst der Engländer auf ausgedehnten und kühnen Expeditionen im Innern zahlreiche Verträge mit Eingeborenenhäuptlingen zu schließen und die deutsche Flagge aufzupflanzen. Man hat ihn später herabzusetzen und ihm seinen Ruhm zu rauben versucht, weil er in den schwierigen und primitiven Verhältnissen jenes ersten kolonialen Anfanges, umgeben von Gefahren, manche Gewaltsamkeit beging. Urteilen kann darüber nur, wer selbst im afrikanischen Busch den Speeren und Gewehren der Eingeborenen gegenübergestanden hat. Die spätere Geschichte der Kolonie hatte nur einen großen Rückschlag zu verzeichnen: den Untergang der Zelewskischen Expedition durch die Wahehe 1891. – Im übrigen ist die Geschichte von Deutsch-Ostafrika die Geschichte einer mit geringen Mitteln arbeitenden, ganz auf die persönliche Tüchtigkeit der Beamten und Offiziere gestellten und trotzdem ausgezeichnete Resultate liefernden Verwaltung, die noch weit Glänzenderes geleistet hätte, wenn das koloniale Verständnis in der Heimat nicht so zögernd erwacht wäre. Auch als Siedlungskolonie für deutsche Einwanderer begann sich das Land zu entwickeln, wie die bedeutende Zahl der waffentüchtigen Weißen beweist, die beim Beginn des Krieges zur Fahne eilten.

Togo

Von den drei westafrikanischen Kolonien Deutschlands war Togo die kleinste, aber in gewissem Sinn das »Musterländle«, denn dies Stück unseres Besitzes hat sich ohne Krisen entwickelt und war am frühesten dazu gelangt, die finanzielle Hilfe des Mutterlandes zu entbehren. An der Küste war nur ein ganz schmaler Streifen zwischen dem englischen Besitz an der Goldküste und dem französischen in Dahomé freigeblie-

König Msinga und Watussi-Große (DOA)

ben, mit einer einzigen brauchbaren Reede, in Lome. Das Hinterland ist ein Stück des großen westafrikanischen Savannengebietes und je weiter ins Innere, desto mehr dem Charakter der eigentlichen Sudânländer angenähert. Der tropische Regenwald fehlt, außer an einigen Berghängen, doch erheben sich nirgends im Lande bedeutende Gebirge. Weite Strecken sind mit dem lichten und sperrigen, an unsere Obstbäume erinnernden Baumwuchs bedeckt, der sich überall dort bildet, wo in der Trockenzeit das Gras durch Savannenbrände verzehrt wird und die Flammen Rinde und Laub der Bäume angreifen. Eine Reihe von Erhebungen, die kaum als zusammenhängendes Gebirge bezeichnet werden können, zieht aus der Gegend der Voltamündung durch ganz Togo nordwärts und nordostwärts und streicht auf französischem Gebiet bis in die Nähe des Niger. Östlich und westlich von dieser Schwelle liegt tiefes Land. Der Hauptfluß ist der Oti, der in den Grenzstrom gegen das englische Gebiet, den Volta, mündet. Am dichtesten bevölkert ist der sudânähnliche Norden mit den Zentren Sokodé, Bássari und Sansanne Mangu. Im Mittelland liegt der bedeutende Platz Atakpame, näher zur Küste Misahöhe. Sitz der Verwaltung zur deutschen Zeit war der Hafenplatz Lome, von wo der Eisenbahnbau nordwestlich bis Misahöhe, nördlich bis Atakpame gelangt war.

Togo ist relativ gut bevölkert, und die Eingeborenen zeigten sich anstellig gegenüber den Bemühungen, Volkskulturen bei ihnen einzuführen. So war z. B. die Entwicklung des Maisbaues ein hervorragender Erfolg der deutschen Verwaltung. Auch Baumwolle und Öl versprachen Gutes. Bei Bánjeli, in der Nähe von Bássari, gibt es ein großes Lager von Eisenerz. Bis dahin sollte die Bahn über Atakpame verlängert werden. Togo besaß, seinen friedlichen Zuständen entsprechend, keine militärische Schutztruppe, sondern nur eine Polizeitruppe aus farbigen Mannschaften und weißen Offizieren. Die klimatischen Verhältnisse sind nicht besonders günstig; namentlich drohte beständig der Einbruch des Gelben Fiebers aus Dahomé. Die musterhafte deutsche Sanitätswirtschaft zeigte sich aber imstande, wenigstens alle Hauptplätze relativ gesund zu halten. Lome war zur deutschen Zeit der sauberste Platz in ganz Westafrika.

Am Bach im Urwald (Kamerun)

Kamerun

Im inneren Winkel des Golfs von Guinea liegt die stärkste Einbuchtung, die Afrikas Umrißlinie aufweist. Vielleicht steht es im Zusammenhang damit, wenn wir gerade hier auch auf die bedeutendsten vulkanischen Erscheinungen an der Westküste des Erdteils treffen. Im Golf selbst liegen geradlinig hintereinander die vier Guineainseln, sämtlich Vulkane, davon die wichtigsten das portugiesische Kakao-Eiland São Thomé und das spanische Fernando Po. Sie deuten eine vulkanische Spaltbildung an, und diese setzt sich auf dem Festland in den mächtigen Ausbruchmassen des großen und des kleinen Kamerunberges, die dicht an der Küste liegen, und weiter landeinwärts in dem kolossalen Manengubakrater und anderen ähnlichen Bildungen fort, vielleicht bis in die Nähe des Tschadsees. Die Verwitterungsböden innerhalb dieser vulkanischen Region, namentlich in der Nähe der Küste, wo sie von großen Regenmassen getroffen werden, sind das wirtschaftlich wertvollste Stück von Kamerun.

Man muß drei geographische Regionen in Kamerun unterscheiden. Die erste ist das küstennahe Gebiet, das ganz mit tropischem Urwald bedeckt ist. Der Kameruner Wald hängt südwärts mit dem großen afrikanischen Äquatorialwald zusammen. Die zweite ist das Hochland weiter im Innern. Hauptsächlich Nordwestkamerun hebt sich als eine gewaltige vorspringende Bastion des westafrikanischen Hochlandrandes rund 1500 Meter aus dem vorgelagerten Waldland ab. Der Wald reicht am Steilabfall des Hochlandes fast bis auf die Höhe. Hat man den Rand erstiegen und taucht aus dem feuchten Dunkel ins Sonnenlicht, so betritt man eine ganz andersgeartete Welt: das Grasland. Alle Verhältnisse sind hier verändert: Klima, Bodenbedekkung, Anbaupflanzen (statt Bananen und Wurzelknollen herrscht die Hirse), Bevölkerung und allgemeine Kultur. Die Graslandstämme sind viel vorgeschrittener als die Waldstämme. Die dritte Region ist die innere Abdachung des Hochlandes gegen das tiefgelegene Becken des Tschadsees. Hier ist das Land teilweise steppenhaft, mit schmalen Galeriewaldstreifen längs der Flüsse. Dazwischen erheben sich inselförmige Gebirgslandschaften. Ackerbau ist meist möglich.

In Südkamerun erfolgt die Erhebung des Landes von der Küste aus ganz allmählich; zwischen Wald- und Grasland liegt ein Übergangsgebiet, wo beide Formen sich mischen. Der Unterschied der Kulturen ist jedoch derselbe wie im Nordwesten. Dieselbe Erscheinung, die man überall beobachtet, wo Urwald und offenes Land aneinandergrenzen, begegnet uns auch in Kamerun: daß die offenen Gebiete von starken Völkern eingenommen sind, die Viehzucht oder entwickel-

Landschaft aus dem Hochland von NW Kamerun

ten Ackerbau betreiben, gute Bewaffnung, höhere Kultur besitzen und in großen befestigten Orten wohnen, während der Wald das Rückzugsgebiet schwächerer, verdrängter Stämme ist. Der Urwald ist überall lebensfeindlich und ganz besonders in den Tropen. Bewohnt sind in ihm meist nur die Ufer von Flüssen und Bächen. Im Innern von Kamerun gibt es, wie im großen Kongowalde, Waldstrecken von vielen Tagemärschen in die Länge und in die Breite, wo kein menschliches Wesen haust, sogenannten »toten Busch«. Im Urwald leben auch die Zwerge, Watwa genannt, eine Rasse, die möglicherweise die älteste Bevölkerung von Afrika bildet und schon seit unvordenklichen Zeiten in den Wald gedrängt ist.

Der nördliche Teil des Graslandes von Kamerun heißt Adamaua, nach einem Heerführer der Fulas, namens Adama, der das Land in der ersten Hälfte des 19. Jahrhunderts eroberte. Die Fulas sind ein hellfarbiges, kriegerisches Hirtenvolk, das ursprünglich am Senegal wohnte und vor etwa einem Jahrhundert von dort aus einen großen Teil des westlichen Sudân eroberte. Sokotô, im heutigen Britisch-Nordnigeria, wurde die Residenz der Fulaherrscher, unter denen sich ein beinahe mittelalterlich anmutendes System nominell unterworfener, in Wirklichkeit ziemlich unabhängiger Feudalstaaten bildete. Adamaua stand unter dem Emir von Jola. Es zerfiel in eine ganze Anzahl Herrschaften unter Sultanen oder Lámidos, wie Tibati, Ngaúndere, Gárua, Márua u. a. Die Fulas sind Mohammedaner. Sie strebten danach , die starken heidnischen Negervölker des Graslandes zu unterwerfen, und waren noch im Kampf mit ihnen, als in den 90er Jahren die Aufteilung Afrikas unter die europäischen Mächte erfolgte. Die deutsche Herrschaft brachte dem Lande den Frieden.

Auch für Kamerun gilt die allgemeine afrikanische Tatsache der schweren Zugänglichkeit. Der natürliche Eingang in das Küstengebiet liegt im sogenannten Kamerunbecken, einem flachen, haffähnlichen Gewässer, in das eine Menge wasserreiche Flüsse münden. Sie haben aber alle nur einen kurzen Lauf und sind nahe oberhalb ihrer Mündungen durch Katarakte für den Verkehr gesperrt. Auch der größte in den atlantischen Ozean mündende Kameruner Fluß, der Ssánaga, ist durch seine Wasserfälle unbrauchbar. Im Kamerunbecken entwickelte sich frühzeitig etwas Handel, als dessen Vermittler sich der Küstenstamm der Dualas betätigte. In das Innere führten aber nur schwierige Waldpfade. Der Eisenbahnbau setzte in Kamerun so spät ein, daß bis zum Beginn des Krieges die beiden im Bau

Wasserfall in West-Usambara (DOA)

begriffenen Bahnlinien noch kaum die Urwaldregion durchstoßen hatten. Der Norden war mit einem weiten Umwege über den Benuë, den großen linken Nebenfluß des Niger, zugänglich. Der größte Teil des Bénuelaufes lag auf englischem Gebiet, nur die oberste Strecke auf deutschem. Die Fahrbarkeit des Benuë durch Dampfer beschränkte sich auf zwei bis drei Monate im Jahr. Von Duala bis Dikoa, der nördlichsten deutschen Station in der Nähe des Tschadsees, waren es 60 Tagemärsche, die zu Fuß mit der Trägerkarawane zurückgelegt werden mußten.

1911 vergrößerte sich das deutsche Kameruner Gebiet, nach langwierigen Verhandlungen mit Frankreich wegen der Marokkofrage, um das sogenannte Neu-Kamerun, das mit zwei langen Zipfeln bis an die Mündung des Ssánga und bis an den Ubangi, zwei große Nebenflüsse des Kongo, heranreichte. Der direkte Wert von Neu-Kamerun war nicht groß, da es sich meist um von Schlafkrankheit verseuchtes Waldland handelte; die Wichtigkeit des Erwerbs lag in dem Zugang zum Kongosystem.

Wie bei den übrigen deutschen Kolonien, so kann man auch bei Kamerun in der Aufschliessung des Landes und in der Begründung der deutschen Herrschaft eine frühere heroische und eine spätere mehr administrative und wirtschaftliche Periode unterscheiden. Namen wie Gravenreuth, der »Löwe von Buea«, der gegen das Bergvolk der Bakwiris am großen Kamerunberg fiel, Passarge, Hutter und vor allem Dominik, der populärste der Kameruner Helden, werden in diesem Stück deutscher Kolonialgeschichte unvergessen bleiben. Das romantische Land, das Ziel der Sehnsucht jedes Offiziers und Beamten, war Adamaua mit seinen Sultanen, seinen großen Reiterheeren, weiten Steppen, großen Städten, festungsartig aus der Ebene aufsteigenden Gebirgen, seinem Völkergemenge und seiner aus islamischen und afrikanischen Elementen gemischten Kultur. Wirtschaftlich wichtiger als die entfernte Steppe von Adamaua waren die am höchsten gelegenen Teile des Graslandes im Nordwesten, wo starke, kulturell entwickelte Negervölker wohnten, die sich auch in den Fulakriegen behauptet hatten: wie die Balis, die Bamumleute, die Wutes u.a. Hier fand man eine entwickelte Ackerbaukultur und eine starke, über größere Gebiete sich erstreckende Häuptlingsmacht. Beides hätte die Schaffung von Exportwerten auf dem Wege einer allmählichen Eingeborenenwirtschaft im Graslande leichter gemacht als im Waldgebiet, wenn man den Eisenbahnbau zeitiger begonnen hätte. Die interessanteste Figur unter den Eingeborenenfürsten

Gouverneurshaus in Buea (Kamerun)

war und ist noch heute Njoja, der Häuptling von Bamum, eine der begabtesten Herrscherfiguren, die es je auf afrikanischem Boden gegeben hat. Er war imstande, für sein Volk eine eigene Schrift zu erfinden, die sich weder an das europäische noch an das arabische Schriftsystem anlehnt, sondern für jede Silbe ein Zeichen setzt. Seine Hingabe an Deutschland war so groß, daß er sich jahrelang weigerte, den Übergang Kameruns von der deutschen unter eine andere fremde Herrschaft als Tatsache hinzunehmen.

Die Aufschließung Kameruns begann hauptsächlich von zwei Pforten aus: von Duala an der Mündung des Wuri in das Kamerunbecken und von Kribi an der Südküste aus. Am Fuß des Kamerunberges, auf den vulkanischen Verwitterungsböden, wurde mit Pflanzungswirtschaft begonnen, erst mit Kakao und Kautschuk, zuletzt auch mit Bananen und Tabak. Für die Produkte dieses Bezirks war der Verschiffungshafen Viktoria. Von hier führte eine Straße nach Buea, etwa 1000 Meter hoch am Abhang des Berges gelegen, wo wegen des gesünderen Klimas der Gouverneur und die Zentralbehörden ihren Sitz hatten. Allerdings wäre auf die Dauer die Verlegung des Gouvernements nach Duala, von wo das Bahnsystem der Kolonie seinen Ausgang nahm, nicht zu vermeiden gewesen. Die Kultur des Kamerunkakaos, des Kameruntabaks und der Bananen war erfolgreich. Die Verhältnisse für den Kakaobau lagen ähnlich wie auf Fernando Po und São Thomé. Der Tabak versprach an Güte dem Produkt von Sumatra gleich zu werden; es handelte sich nur noch um die Erziehung eines guten Arbeiterstammes. Im Waldland war es nicht leicht, genügend Arbeiter zu bekommen; die Leute vom volkreichen Hochland litten zunächst unter der Feuchtigkeit und Hitze im Küstengebiet und mußten sich erst akklimatisieren.

Die größten Werte bis zum Kriege brachte indessen nicht das Plantagengebiet, sondern trotz seiner Menschenarmut und seiner Verkehrsschwierigkeiten das Südkameruner Waldland, weil es hier bedeutende Bestände von wild wachsende Kautschuk gab. Die Kautschukstraße führte von Kribi an der Küste über Lolodorf zunächst nach Jaunde, der größten und wichtigsten Station im Innern von Südkamerun, im Gebiet des tapferen und begabten, der deutschen Herrschaft gleichfalls treu ergebenen Jaundestam-

Die Feste (Bezirksamt) Jaunde (Kamerun)

mes. Die Jaundes bildeten den Kern in den Kompanien der Kameruner Schutztruppe; kampflustig, fröhlich, stets in Weiberhändel verwickelt, haben die schwarzen Jaundesoldaten gleich den ostafrikanischen Askaris bis zuletzt die Treue gehalten, und nicht wenige von ihnen machten, als kein weiterer Widerstand mehr möglich war, den Übertritt der Deutschen auf das spanische Gebiet von Rio Muni mit.

Von Jaunde aus verzweigte sich das Netz der Handelswege, unter Benutzung einzelner fahrbarer Strecken auf dem Njong und anderen Flüssen des Waldlandes, bis an die Grenzen der Kautschukregion und bis nach Adamaua hinein. Die einzelnen Handelshäuser schoben ihre Faktoreien immer tiefer in den »Busch« vor. Jede wurde von einem oder zwei Weißen geleitet, die in der Einsamkeit in der Tiefe des Waldes, unter dem schwarzen Volk ein schwieriges, außer auf Kautschuk nur zu oft auf Alkohol und Weiber gerichtetes Dasein führten. Auf dem vorgeschobensten Posten handelten schwarze Angestellte den Kautschuk von den Eingeborenen ein, die schwierig genug dazu zu bringen waren, die Arbeit des Anzapfens der Bäume, des Auffangens und Eindickens des Saftes und den Trägertransport zu leisten. Nie aber ist es in Kamerun auch nur annähernd zu einem solchen Gewaltsystem gekommen wie im belgischen und französischen Kongogebiet, wo die Beamten durch die eingeborenen Soldaten die Einwohner von Dörfern, die nicht genügend Kautschuk lieferten, mit Händeabhacken bestraften.

Unter den Kameruner Waldstämmen gab es auch noch Menschenfresser. Der Grund für diese Unsitte, die im ganzen äquatorialen Urwaldgebiet von Afrika verbreitet ist, liegt hauptsächlich darin, daß es im Walde fast gar keine jagdbaren Tiere gibt, außer Elefanten, die nur selten und schwer erlegt werden können. Der natürliche Fleischhunger der Leute wird dann so groß, daß sie Menschen fressen, seien es Kriegsgefangene, seien es einzelne Angehörige eines fremden Stammes, die irgendwie abgefangen werden. Im Grasland, wo die Eingeborenen Viehherden besitzen und wo ein größerer Reichtum an Wild, namentlich an Antilopen und Büffeln existiert, gibt es keine Menschenfresserei. Die Hauptjagdbeute wird auf der Höhe der Trockenzeit gemacht, wenn die mächtigen, doppelte Manneshöhe erreichenden Grasmassen planmäßig angesteckt und die Flammen so geleitet werden, daß das herausflüchtende Wild den wartenden Jägern zur Beute fällt.

Für die eisenbahnbauliche Aufschließung von Kamerun waren zwei Linien geplant: eine südliche, die, von Duala ausgehend, in der Nähe von Jaunde den schiffbaren Oberlauf des Flusses Njong erreichen sollte, und eine nördliche,

Haussa-Frau mit Säugling (Kamerun)

gleichfalls von Duala, über Bamum und Banjo nach Gárua, dem Hauptplatz von Adamaua, am schiffbaren Teil des deutschen Bénuelaufes. Beim Ausbruch des Krieges steckten beide Linien noch sehr in den Anfängen. Die Nordbahn hätte von da an, wo sie das Hochland erreichte, bis nach Gárua großenteils zukunftsreiche Gebiete durchschnitten, die für die Entwicklung einer intensiven Eingeborenenkultur die besten Aussichten boten. Der Kameruner Eingeborenenschlag, sowohl auf dem eigentlichen Hochland als auch in Adamaua, ist von besserer Qualität als in den meisten übrigen Gebieten von Äquatorialafrika, und das Händlervolk des Haussas, das früher im ganzen Niger-Benuë-Gebiet eine herrschende Stellung eingenommen, danach aber sich zum eigentlichen Träger des Binnenhandels in allen westlichen Sudánländern entwickelt hat, wäre dabei von Nutzen gewesen. Die Haussa sind zwar das Gegenteil von ehrlich, aber sie sind wertvoll durch ihren jeden Verdienst aufsuchenden, von der Passivität des gewöhnlichen Negers sich stark unterscheidenden geschäftlichen Eifer.

Südwestafrika

An der ganzen Westküste von Südafrika wird das Gestade von einem eigentümlichen Strich kalten Wassers begleitet. Es handelt sich nicht nur um den sogenannten Benguellastrom, kühles Oberflächenwasser, das aus dem südlichen Eismeer kommt, sondern hauptsächlich um Auftriebswasser aus der kalten ozeanischen Tiefe, das empordringt, um die durch den häufigen Landwind seewärts fortgetriebenen Mengen zu ersetzen. Über diesem Kaltwassergürtel kühlt sich die Luft, die vom Ozean heranweht, bedeutend ab. Obwohl sie mit Feuchtigkeit beladen ist – die dichten Küstennebel sind ein Beweis davon –, so kann sie sich über dem Lande nicht zu Regen kondensieren, denn das Land ist viel wärmer als das Meer. Auf diese Weise entsteht ein fast regenloser Gürtel, der von der Westküste des Kaplandes bis nach Südangola reicht. Er ist eine vollkommene Wüste, die Namib, und das dahinter langsam aufsteigende südwestafrikanische Hochland bleibt von der Seite des Meeres her ein ausgesprochenes Trokkengebiet. Die Niederschläge, die es erhält, kommen zum größten Teil von Osten, sind aber auch spärlich. An der Ostküste von Südafrika treffen nämlich die ozeanischen Winde auf einen hohen gebirgsartigen Bruchrand, steigen an ihm in die Höhe und regnen sich ab, bevor sie über den Kamm des Randes ins Innere gelangen. Die Mitte von Südafrika, die Kalaharisenke, ist am heißesten und trockensten. Im Osten bekommen Transvaal und seine Nachbargebiete noch genügend Regen für Maisbau; im Westen verdichten sich die letzten Reste der Monsunfeuchtigkeit jenseits der Kalahari über dem südwestafrikanischen Hochland und lassen eine Busch- und Weidelandschaft erstehen.

Die drei Hauptgebiete von Südwestafrika sind das Amboland (Ovamboland) im Norden, das Hereróland in der Mitte und das Namaland im Süden. Das Amboland erhält noch seinen Anteil an den Äquatorialregen des Tropengebietes. Infolgedessen ist regelrechter Ackerbau möglich, die Bevölkerung kann sich in den fruchtbareren Landschaften verdichten; aber das Klima ist für Europäer ungesund und würde keine bodenständige Besiedlung mit weißen Kolonisten er-

In der Namibwüste (DSWA)

lauben. Zur deutschen Zeit war das Amboland noch nicht regelrecht in Verwaltung genommen; die Stämme der Ovambo wurden von den nächstgelegenen Stationen im Süden, Outjo und Grootfontein, beaufsichtigt, und weiße Händler brauchten eine besondere Erlaubnis, um ins Amboland zu gehen.

Das Hereróland ist eine gebirgige Dornbuschsavanne mit geringem Regenfall, nur für Viehzucht brauchbar. Acker- und Gartenland beschränkt sich auf die Stellen, wo Wasser zur Berieselung aus dem Boden geholt oder aufgestaut werden kann. Die Hererós waren reine Rinderzüchter und lebten von ihren Herden, allerdings mehr von Milch als von Fleisch; ihre Zukost bildeten wildwachsende Knollen und Wurzeln, sogenannte Feldkost. Als Farmgebiet, für extensive Weidewirtschaft, ist das Hereróland gut geeignet, wenn auch dürre Jahre dem Vieh gefährlich werden können. Da die Eingeborenen den Begriff des Privateigentums an Land nicht kannten, so entstand unter ihnen Mißvergnügen und schließlich Erbitterung, als weiße Händler und Farmer in zunehmender Zahl Vieh erwarben, von den Häuptlingen Land kauften und auf diesem kein Weiderecht für Eingeborenenvieh zuließen. Die Hererós fühlten sich daher in ihrer Existenz bedroht und erhoben sich Anfang 1904 zu einem allgemeinen Aufstand, bei dessen Bekämpfung durch die deutschen Waffen ein Teil des Volkes und fast das ganze Vieh der Eingeborenen zugrunde ging. Die schließliche Auseinandersetzung war unvermeidlich, denn es ging nicht an, daß die völlig unproduktive Viehwirtschaft eines barbarischen Negerstammes und eine Werte schaffende weiße Kolonisation gleichzeitig auf demselben Raum miteinander existierten. Bei größerer Rücksichtnahme auf die Eigentümlichkeiten der südafrikanischen Wirtschaft und bei vorsichtigerer Handhabung des Strafprinzips hätten jedoch damals viele Werte gespart und viele Menschenleben geschont werden können.

Das Namaland endlich, die südlichste Landschaft, ist eine steinige Halbwüste, in der über der Wirtschaft dauernd die Gefahr verderblicher Verluste durch Regen- und Weidemangel schwebt. In schwachen Niederschlagsjahren geht das Vieh zugrunde. Die Nama- oder Hottentottenstämme

Hererówerft (DSWA)

sind nach Rasse und Sprache von allen übrigen afrikanischen Eingeborenen verschieden; gegenwärtig sind sie stark in der Degeneration und im Aussterben begriffen. Hendrik Witbooi, der 1905 in dem großen Aufstande fiel, war ihr letzter bedeutender Führer. Außer den Ovambos, den Hererós und den Hottentotten existieren in Südwestafrika noch drei eigentümliche Elemente: ein schwarzes Volk, das die Namasprache spricht, die sogenannten Bergdamaras oder Klippkaffern; die Bastards, ein Mischvolk aus Buren und Hottentotten, das vor mehr als einem halben Jahrhundert aus dem Norden der Kapkolonie einwanderte; endlich eine Anzahl ganz und gar kulturloser, in der Kalahari und in der Namib umherschweifender Buschmannhorden.

Südwestafrika ist fast ganz ohne dauernd fließende Gewässer. Der Kunene im Norden und der Oranjefluß im Süden sind Grenzflüsse, jener gegen das portugiesische Angola, dieser gegen die Kapkolonie. Ihre Mündungen sind durch Sandbarren geschlossen und ihre Laufstrecken sind unbrauchbar für den Verkehr. Alle übrigen Flußbetten sind sogenannte »Riviere«, die nur vorübergehend nach heftigen Regenfällen auf Tage oder Stunden mit einer Wasserflut »abkommen«. Durch den Sand, der die Betten der Riviere ausfüllt, sickert aber in der Tiefe Wasser, das mit Brunnenlöchern angezapft wird. Längere Zeit Wasser enthalten nach der Regenzeit einige Strecken im Bett des großen Fischflusses, der durch das Namaland südwärts zum Oranjefluß geht. Das bedeutendste Rivier im Hereróland ist der Swakop; neben ihm, etwas nördlich, der Omaruruфluß, der einige dünne »laufende« Strecken hat. Gegen Nordosten verläuft, aus dem Hereróland kommend, der »große« Omuramba, der ursprünglich wohl in den Kubango oder Okavango mündete, ein gleichfalls dauernd fließendes Wasser, das aus Angola kommt und sich im Innern der Kalahari verliert. Alle südwestafrikanischen Riviere müssen ihre Becken zu einer Zeit ausgearbeitet haben, als die Niederschläge noch bedeutend reichlicher waren. Fließende Quellen gibt es nur wenige; die sogenannten Seen im Norden sind kleine wassergefüllte Einsturztrichter im Kalkgebirge. Die Etoschapfanne, am Südrand des Ambolandes, ist ein großer Salzsumpf. Westlich von ihr, gegen die Küste, liegt die Gebirgswüste des Kakaofeldes, in deren wasserreichen

Oranjefluß, oberhalb Ramansdrift (DSWA)

und baumerfüllten Rivierbetten noch Elefanten vorkommen.

In einem Lande von der Natur Südwestafrikas kann Ackerbau nur ausnahmsweise betrieben werden. Kultur von europäischem Getreide ist überhaupt nicht möglich. Die wirtschaftliche Grundlage ist das Weidefeld, von dem durchschnittlich zehn Hektar auf jedes Stück Rindvieh gerechnet werden müssen. Im Norden, im Grootfonteiner Bezirk, genügen auch weniger, während im Namaland viel mehr erforderlich sind. Die Normalgröße der Farmen wächst daher, mit der Weidearmut zunehmend, von Norden nach Süden von 3000 bis 30 000 Hektar. Ohne eingeborene Hilfskräfte zu wirtschaften ist unmöglich. Die Ovambo kommen vielfach als Wanderarbeiter zu den Farmern und noch mehr in die Minenplätze im Hereró- und Namaland und an die Küste. Die Hererós hatten seit dem großen Aufstand kein eigenes Stammesland mehr und mußten Dienste bei den Weißen als Arbeiter und Viehwächter nehmen.

Trotz der vielfachen Ungunst der Verhältnisse kam Südwestafrika durch die zähe deutsche Arbeit in die Höhe. Die natürliche Eingangspforte in der Mitte, die Walfischbai, war in englischem Besitz. Daher wurde unmittelbar nördlich davon die Reede von Swakopmund als Landungsplatz ausgebaut. Von hier nahmen auch die beiden ersten Bahnbauten, nach der Hauptstadt Windhuk und nach der Kupfermine von Tsumeb bei Otavi, im Norden, den Ausgang. Einen guten Naturhafen bildet die Lüderitzbucht im Süden. Hier wurden ziemlich ausgedehnte Diamantlagerstätten entdeckt. Die Diamanten im Gebiet von Lüderitzbucht finden sich lose und oberflächlich im Sande der Namib; sie sind meist klein, aber von ausgezeichnetem Feuer. Woher sie stammen, ist noch nicht erforscht, da sich nirgends in der Nähe Blaugrund, das gewöhnliche Diamantenmuttergestein, findet. Möglicherweise sind die ursprünglichen Lager vom Meere bedeckt und die Brandung hat die Steine ausgespült. Durch die Diamantenfelder blühte der Ort Lüderitzbuch auf und zahlreiche Betriebe entstanden in der wasserlosen Wüste. Die Diamantensteuer reichte aus, um den Haushalt der Kolonie ins Gleichgewicht zu bringen und das Eisenbahnnetz zu erweitern.

Im Zentrum des Landes, am Fuß des Auasge-

Hererós (DSWA)

birges, liegt die Hauptstadt Windhuk, durch heiße Quellen mit Wasser versorgt. Zwischen Windhuk und Swakopmund liegen Karibib und der alte Heréróplatz Okahandja. An der Otavibahn liegen Omaruru und Grootfontein, wo schon Palmen wachsen und in guten Regenjahren Maisäcker gepflügt werden können. Der Hauptort im Namalande ist Keetmannshoop, über Gibeon mit Windhuk und über Aus mit Lüderitzbucht durch Bahnen verbunden. Nach der Eroberung durch die Südafrikaner im Weltkrieg ist das alte südwestafrikanische Netz auch an die Bahnen der Kapkolonie angeschlossen worden.

Gegen Osten geht Südwestafrika allmählich durch das sogenannte Sandfeld in die Kalahari über. Diese ist keine Wüste, denn sie enthält auf sandigem und kalkigem Boden und inmitten hoher Dünen viel Busch, ja selbst große Bäume, die mit ihren Wurzeln das kärgliche Grundwasser aufsaugen. Die südwestafrikanische Kalahari ist großenteils von Dünen erfüllt, die gutes Weidegras tragen, und an verschiedenen Stellen gelang es sogar, reichlich Wasser durch artesische Bohrungen zu gewinnen. Dürre, Viehseuchen und die nur zu langsame Zunahme des kolonialen Verständnisses in der Heimat, dazu der Eingeborenenaufstand und die Art seiner Bekämpfung, hielten die Entwicklung Südwestafrikas vorübergehend auf, aber doch hat noch niemand aus einem Lande von karger Beschaffenheit in so kurzer Zeit jemals etwas Ähnliches zu machen vermocht wie die Deutschen aus Südwestafrika.

Die Kolonialgebiete in der Südsee

An der eigentümlichen australischen und polynesischen Inselwelt besaß Deutschland als Anteil ein Stück von Neuguinea, der größten Insel der Erde, mit dem benachbarten Bismarkarchipel und der Insel Bougainville, die zu den Salomonen gehört; ferner die Marianen-, Karolinen- und Marshallinseln und den größeren Teil der Samoa-

Krododiljagd auf dem Kunene (DSWA)

gruppe. Diese über einen gewaltigen Meeresraum hin zerstreuten Gebiete sind geographisch ganz verschieden geartet. Neuguinea mit den benachbarten größeren Inseln gehört zu dem alten Kontinentalsockel eines früheren Festlandes Groß-Australien, das ostwärts bis zu den Fidschi- und Tongainseln und südostwärts bis Neuseeland reichte. Die Marianen, kleine, aber größtenteils hohe Inseln, sind die Gipfel eines unterseeischen Rückens, der sich nördlich über die Bonininsel bis nach Japan hinzieht. Die Karolinen sind teils hohe, teils niedrige Inseln. Die letzteren heißen Atolle und sind ringförmige Korallenbauten, nach der herrschenden Theorie dadurch entstanden, daß in dem flachen Wasser über einer langsam sinkenden Festlandsmasse die Korallentierchen ihre Kalkstöcke fortdauernd in die Höhe bauten. Samoa endlich ist hohes vulkanisches Land.

Das alte deutsche Schutzgebiet Neuguinea umfaßte 1. Kaiser-Wilhelm-Land, d. h. unseren Anteil an der Hauptinsel; 2. Den Bismarckarchipel, der aus den Inseln Neu-Pommern, Neu-Mecklenburg und vielen kleineren besteht; endlich den deutschen Anteil an den Salomenen, wo die Verhältnisse aber noch ganz unentwickelt waren und keine eigentliche Verwaltung bestand. Hauptort und Verwaltungssitz des Ganzen war Rabaul an der Nordküste der Gazellehalbinsel von Neu-Pommern. Nicht nur die Bewirtschaftung, sondern auch die Erforschung von Neuguinea stand noch in ihren Anfängen. Die nördlichen unter den großen australischen Inseln liegen in der tropischen Regenzone und sind mit dichtem Urwald bedeckt, der das Eindringen in das pfadlose Innere sehr erschwert. Die eingeborene Bevölkerung ist höchst spärlich. Auf der Hauptinsel Neuguinea, die hohe, aber noch fast unbetretene Gebirge enthält, mit Gipfeln bis in die Nähe der Schneegrenze, sind weite Gebiete vollkommen menschenleer. Zwei bedeutende Flüsse, der Kaiserin-Augusta-Fluß und der Ramu, die aus entgegengesetzten Gebieten herfließend mit ihren Mündungen sich fast vereinigen, ermöglichen zwar das Vordringen ins Innere, aber ihre urwaldbedeckten Ufer weisen fast ebensowenig Siedlungen auf wie die Täler und Hänge des unter unermeßlichen Waldmassen begrabenen Gebirges. Einigermaßen bevölkert sind nur

Windhuk, die Hauptstadt von DSWA

die Küsten und küstennahen Gebiete. Die Eingeborenen sind Melanesier, sogenannte Papúas, dunkelhäutig, aber nicht negerhaft. Man hielt sie früher für unzivilisierbar, aber die deutsche Verwaltung hatte keine schlechten Ergebnisse mit ihrer Anwerbung und Anlernung als Arbeiter auf den Kokospflanzungen gemacht.

Das wichtigste Produkt von Neuguinea ist Kopra: die zerschnittenen und getrockneten Kerne der Kokosnuß. Der Weltbedarf an Öl und Ölfrüchten hat sich so hoch entwickelt, daß Koprapflanzungen an tropischen Küsten ein sicheres gewinnbringendes Unternehmen sind. Das zeigt sich auch in Neuguinea. Die Kolonie blühte auf, die Zahl der Pflanzungen, der weißen Ansiedler und Gesellschaften vermehrte sich rasch. Die größte Schwierigkeit drohte auf die Dauer dadurch zu entstehen, daß die Zahl der Eingeborenen überall gering ist und außerdem noch in der Verminderung begriffen. Im Gegensatz zu den afrikanischen Negern schwindet die melanesische und polynesische Bevölkerung durch die Berührung mit der europäischen Kultur zusehends dahin. Auf den englischen Inseln versucht man, öfter mit Erfolg, die Arbeiterfrage durch Heranziehung indischer Kulis zu lösen; die deutsche Verwaltung bemühte sich statt dessen um rationelle Eingeborenenpflege.

Unter dem weit hingestreuten polynesischen Besitz Deutschlands waren das wertvollste Stück die beiden Samoainseln, Sawaii und Upolu, die letztere kleiner, aber dichter bevölkert und besser kultiviert, mit der Hauptstadt Apia. Die eingeborenen Samoaner, polynesischen Stammes, sind eine schöne und begabte Rasse, hellfarbig, den Malaien verwandt, mit entwickelter Kultur, aber wenig geneigt in regelmäßiger Arbeit. Trotzdem machte das Pflanzungswesen, in der Hauptsache Kopra und Kakao, gute Fortschritte. Als Arbeiter war es gelungen, Chinesen einzuführen, die Gutes leisteten, wenn auch bei steigenden Ansprüchen. Noch Junge, aber erfolgversprechend war die Einführung der Kautschukkultur. Brauchbares Pflanzungsland gab es im waldbedeckten Inneren der hohen Insel noch reichlich, wenn man für den Vergleich die Verhältnisse auf der portugiesischen Kakaoinsel São Thomé im Golf von Guinea zugrunde legt, die etwa ebenso groß ist wie Upolu und beinahe in eine zusammenhängende Kakaopflanzung hat verwandelt werden können.

Auf den drei nördlichen Archipelen macht die

Hotel »Deutscher Hof« in Herbertshöhe (Neu-Guinea)

Summe des festen Areals, obwohl es sich um Tausende von Inseln und Inselchen handelt, kaum soviel aus wie die eines deutschen Kleinstaats. Die größte der Karolineninseln, Ponape, ist kaum so groß wie Schaumburg-Lippe. Guam, die größte der Marianen, gehörte als Kabelstation den Amerikanern. An Pflanzungsboden sind sowohl die Karolinen als auch die Marianen arm, weil die Berge zu steil und die Felsen, meist Basalt, zu wenig verwittert sind. Europäische Plantagenunternehmungen von nennenswerter Bedeutung hatten sich daher nirgends angesiedelt. Das Ziel der Verwaltung war die Entwicklung von Eingeborenenkultur, hauptsächlich Kopra. Die Verwaltung stand unter Neuguinea. Das wertvollste Stück des ganzen Besitzes war das kleine Inselchen Nauru, südlich von der Marschallgruppe, fast unter dem Äquator, vereinzelt gelegen. Hier ist der Korallenfelsen im Laufe ungezählter Jahrtausende durch die Ausleerungen der Seevögel bis in große Tiefe in Phosphat verwandelt, von dem viele Millionen Tonnen vorhanden sind. Phosphat ist eins der wertvollsten Düngemittel, die es gibt, und es wurden große Anlagen zur Ausbeutung dieses Schatzes geschaffen.

Tsingtau

1898 erwarb Deutschland von China als Pachtung auf 99 Jahre die Kiautschoubucht an der Südküste von Schantung, mit den beiden Halbinseln westlich und östlich der Einfahrt und dem Ufergelände. Die chinesische Ortschaft Tsingtau wurde als moderner Hafenplatz, Sitz der Verwaltung und Station des ostasiatischen Kreuzergeschwaders ausgebaut. Die Wahl des Platzes geschah auf den Rat des großen Geographen Ferdinand v. Richthofen, weil es die einzige Stelle zwischen der Mündung des Peiho bei Tientsin, dem Vorhafen von Peking, und der Jangtsemündung ist, wo sich ein natürlicher Hafen und damit ein Zugang ins Innere öffnet. Die ganze übri-

Tsingtau vom Diederichsberg aus (Kiautschou)

ge Küstenlinie ist teils felsig, teils durch die Ablagerungen der großen Flüsse, die die chinesische Ebene durchströmen, verschlammt. Tsingtau wurde von Anfang an als Hafen- und Handelsplatz für die Provinz Schantung und einen Teil des übrigen Hinterlandes gegründet. Zu dem Zweck wurde die Schantungeisenbahn bis zu der Provinzialhauptstadt Tsinanfu erbaut. An der Bahnlinie wurden zwei Kohlenbergwerke in Betrieb genommen. Die wirtschaftliche Wirkung des Bahnbaus und der Hafenanlage war bedeutend. Handel und Einkünfte hoben sich; Tsingtau galt bald als Musteranlage in städtebaulicher und gesundheitlicher Hinsicht für Ostasien; außerdem entwickelte es sich als Seebad. Die Produktion des Hinterlandes für die Ausfuhr hob sich namentlich dadurch, daß ein Teil der dichten bäuerlichen Bevölkerung infolge des Bahnbaues gewinnbringende Beschäftigung in den Kohlengruben, beim Flechten von Strohborten, bei der Pressung von Bohnenöl und anderen Produkten erhielt, die durch den Bahntransport exportfähig gemacht wurden. Dadurch kam Geld ins Land und dieses wiederum konnte für Einfuhrwaren verwendet werden. Ein Musterbeispiel erfolgreicher Verwaltungstätigkeit war die Aufforstung der kahlen Felshügel im Rücken der Stadt. Landeinwärts umfaßte das Pachtgebiet noch das romantische Granitgebirge des Lauschan, mit schönen Quellen, Baumbushainen und verborgen gelegenen buddhistischen Klöstern. Ein Beweis für das rasche Aufblühen von Tsingtau war außer der steigenden Handelsziffer die Zunahme der chinesischen Bevölkerung in Tapautau, der Chinesenstadt von Tsingtau. Einige leichte Befestigungswerke waren zwar nach der Land- und Seeseite hin angelegt, boten aber gegen einen ernsthaften Angriff keinen Schutz. Trotzdem mußten die Japaner viel Mühe aufwenden, um Tsingtau zu erobern.

Die deutsche Kolonialverwaltung

Von Hans Zache

Schon durch den Artikel 4 der Verfassung von 1871 war dem Deutschen Reiche die Beaufsichtigung und Gesetzgebung bezüglich der Kolonisation und Auswanderung übertragen; und die nach dem Verluste der Kolonien am 10. August 1919 zu Weimar zustande gekommene Verfassung des neuen Deutschen Reiches verkündet in ihrem Artikel 80 wieder zukunftssicher und hoffnungsfroh: Das Kolonialwesen ist ausschließlich Sache des Reiches.

Als Deutschland sich 1884 entschloß, Kolonialmacht zu werden, bot deshalb der bezeichnete Artikel 4 der Reichsverfassung die rechtliche Grundlage, auf dem das Schutzgebietsgesetz von 1888 und die neue Fassung von 1900 beruhte. Sein § 1 sagt: »Die Schutzgewalt in den Deutschen Schutzgebieten *übt der Kaiser* im Namen des Reichs aus.« Ausgenommen wurde die Gerichtsbarkeit (über Nichteingeborene), für die dasselbe Gesetz eine der Kolonialgerichtsbarkeit analoge Gerichtsverfassung und materiell die *Reichs- und preußischen Gesetze* einführte. So wurden das Strafgesetzbuch und das Handelsgesetzbuch, seit 1900 das Bürgerliche Gesetzbuch und alle weiter in Geltung befindlichen Normen des heimischen Straf- und Zivilrechtes auch für die Deutschen und anderen Weißen der Schutzgebiete Recht. Des weiteren bestimmte das Gesetz, daß durch Kaiserliche Verordnung über Materien, welche nicht Gegenstand des Strafgesetzbuches sind, Gefängnis bis zu einem Jahre und Geldstrafen angedroht werden konnten. Der Kaiser übte die Verwaltung durch den *Reichskanzler* aus, der Verwaltungsverordnungen erlassen und wegen Nichtbefolgung außer Geldstrafen Gefängnis bis zu 3 Monaten androhen konnte. Der Reichskanzler bediente sich für die Verwaltung von Kiautschou des Reichsmarineamtes, für die der übrigen Schutzgebiete des Reichskolonialamtes, das aus der Kolonialabteilung des Auswärtigen Amtes hervorgegangen war. Zur Zeit – nach dem Verluste der Schutzgebiete – besteht wieder eine Kolonialabteilung des Auswärtigen Amtes. Möge sie bald wieder Kolonien zu verwalten haben und sich danach wieder zu einem Reichskolonialamt auswachsen!

Dem *Reichstag* stand das Etatsrecht zu und damit hatte er eine gewichtige Waffe, seine Ansicht in Kolonialdingen zum Ausdruck zu bringen. Daß er das mit Sachverstand getan hat, wird niemand behaupten können. Zur Entschuldigung wird man anführen dürfen, daß er Sachverstand nicht besitzen *konnte*. Die Folge aus dieser Selbsterkenntnis hätte weise Beschränkung in seiner Kritik sein müssen. Daß er aber die Weisheit des *si tacuisses* besessen hat, werden auch seine Freunde nicht zu behaupten wagen. Im Gegenteil gab es Volksvertreter, die die Kolonialpolitik als parteipolitisches Mittel auffaßten, der Regierung Schwierigkeiten zu machen. Sie erfanden die Kolonialskandale oder bauschten sie in fahrlässiger oder böswilliger Leichtgläubigkeit auf. Damit gaben sie unseren Feinden die erwünschten Scheingründe, mit denen sie den Raub unseres Kolonialreiches rechtfertigen zu dürfen glaubten.

Die *Verwaltung in den Schutzgebieten* selbst wurde durch Behörden ausgeübt, die im großen und ganzen gleichmäßig organisiert waren, natürlich mit Abweichungen, die die besonderen Umstände erforderten. So spielte z. B. in dem hafenarmen SWA die Verwaltung eines Schiffsparkes (Flottille) keine Rolle, während Togo und die Südseeschutzgebiete andererseits keiner Schutztruppe bedurften. Auch war natürlich nach der Zahl der Bevölkerung – DOA hatte z. B. 7 1/2 Millionen Eingeborene, Samoa 36 000 – und dem Umfange der Schutzgebiete die Zahl der unteren Verwaltungseinheiten und der Beamten verschieden.

Im allgemeinen hatten die kleinen Schutzgebiete eine verhältnismäßig viel stärkere Beamtenzahl als die großen. Zu den großen rechnet man DOA, Kamerun und SWA, deren Gouverneure den Titel Exzellenz führten. Auch der verschiedene Stand der Entwicklung brachte Unterschiede. Am unentwickeltsten war Kamerun, das durch die übel angebrachte Sparsamkeit des Mutterlandes am meisten zu leiden hatte und deshalb noch zuletzt mit Eisenbahnen, Beamten und Soldaten im Verhältnis zu seiner Größe am schlechtesten bedacht war.

Aber alle diese Unterschiede schufen kein Bild, das von dem Normaltypus der Kolonialverwaltung so abweicht, daß eine Besprechung jeder einzelnen Schutzgebietsverwaltung erforderlich wäre. Zum Verständnis aller genügt es, *eine* zu schildern. Wir wählen die Deutsch-Ostafrikas, weil diese Kolonie unter den tropischen, zu denen außer Kiautschou und SWA *alle* unsere Schutzgebiete gehören, die entwickeltste war.

A. Die Zentralverwaltung eines Schutzgebietes (DOA)

Das deutsch-ostafrikanische Schutzgebiet wurde von einem Kaiserlichen *Gouverneur* verwaltet. Sein Vertreter war der Erste Referent. Der Gouverneur war befugt, polizeiliche und sonstige die Verwaltung betreffende Vorschriften zu erlassen und gegen deren Nichtbefolgung Gefängnis bis zu drei Monaten, Haft, Geldstrafe und Einziehung einzelner Gegenstände anzudrohen.

Bei der Gesetzgebung stand dem Gouverneur beratend der *Gouvernementsrat* zur Seite. Er bestand außer dem Gouverneur aus Mitgliedern, die dieser berief. Es gehörten ihm *amtliche* Mitglieder (der Erste Referent, der Oberrichter, der Kommandeur der Schutztruppe) und *außeramtliche* Mitglieder an, wozu der Gouverneur zwölf in der Kolonie ansässige Privatleute – und ebensoviel Stellvertreter – berufen hatte. Die Berufungen erfolgten aus je fünfzehn als Mitglieder und Stellvertreter von den männlichen deutschen Staatsangehörigen der Kolonie präsentierten Personen. Das Schutzgebiet war zu diesem Zwecke in drei Wahlkreise eingeteilt worden.

Dem Gouvernementsrat waren zur Begutachtung vorzulegen die Vorschläge für den jährlichen Haushaltsvoranschlag und die Entwürfe der von dem Gouverneur zu erlassenden Verordnungen.

Für die einzelnen Zweige der Zentralverwaltung waren *Referenten* (Regierungsräte) angestellt:

I. Referat für *Handel und Finanzen*. Unter dem Referenten arbeiteten ein Zoll- und ein Finanzdirektor. Unter dem Zolldirektor standen die Zollinspektion und fünf Haupt-, acht Nebenzollämter und – an der Binnengrenze – zwölf Zollstationen. Letztere wurden in der Regel durch die Bezirksämter verwaltet. Der Zollverwaltung standen zur Bewachung der Küste zwei Zollkreuzer zur Verfügung, außerdem bewaffnete farbige Zolldiener (Baharia, d. h. Matrosen). Der Schutz der Binnengrenze wurde durch die Landespolizei ausgeübt.

Der *Zolltarif* kannte Einfuhr- und Ausfuhrzölle.

Der Einfuhrzoll betrug 10 % vom Werte, mit Ausnahme von alkoholartigen Getränken, Tabak und einigen anderen Verzehrungs- und Genußmitteln, für die besondere – meist höhere – Zollsätze vorgesehen waren.

Zollfrei wurden Güter des Gouvernements und der Reichsbehörden, Kultus- und Unterrichtsgegenstände, Maschinen, Geräte, Betriebsmittel, Anzugs- und Heiratsgut usw. eingelassen.

Ausfuhrzölle wurden nicht erhoben auf Produkte der Plantagenwirtschaft und – mit unwesentlichen Ausnahmen – des Ackerbaus. Wohl aber auf Produkte der Viehzucht (Vieh, Häute) und der Sammeltätigkeit bzw. Jagd (Elfenbein, Gehörne, Urwaldkautschuk, Wachs usw.).

Die *Finanzen* der Kolonie beruhten auf den eigenen Einnahmen und dem Reichszuschusse. Seit 1908 war die Kolonie wirtschaftlich selbständig, d. h., ein Reichszuschuß war nur noch erforderlich zur Sicherung der Kolonie gegen innere und äußere Feinde, eine Aufgabe, die zweifellos nicht der Kolonie selbst, sondern dem Reiche zufiel. Denn des Reiches Würde und Machtstellung war es, die eine Einbuße erlitt, wenn in der Kolonie die deutsche Flagge nicht in Ehren wehte oder gar niedergeholt werden mußte. Außerdem kamen die wirtschaftlichen Werte, die die Kolonie schuf, nicht dieser, sondern dem Reiche zugute; in Deutschland saßen die Aktionäre,

Gouvernementsflottille im Hafen von Daressalam (DOA)

denen die Dividenden der Plantagen- und Handelsgesellschaften zuflossen, und nach Deutschland kehrten schließlich die Kolonisten, denen es geglückt war, ein Vermögen zu erwerben, zurück, um hier die Zinsen zu genießen. Der Reichszuschuß war mit den wachsenden eigenen Einnahmen ständig gesunken: 1903 bis 1913 von 5 1/2 auf 3 1/2 Millionen Mark, während die eigenen Einnahmen von 3 2/3 auf 13 3/4 Millionen Mark gestiegen sind.

Bis zum Jahre 1908 waren die indirekten Steuern (Zölle) die Haupteinnahmequelle der Kolonie. Während aber seit 1901 bis 1913 die Zölle von 1 400 000 auf 4 1/2 Millionen Mark angewachsen waren, stiegen die Steuererträge in der gleichen Zeit gar von 3/4 auf 5 1/2 Millionen Mark.

Die Zölle hätten sich stetig weiter gehoben. Denn wenn selbst ein Stillstand der großen Bahnbauten eingetreten wäre, so würden dafür die europäischen Plantagen den Eingeborenen Gelegenheit gegeben haben, Arbeit zu finden und kaufkräftig zu bleiben. Auch die Steuererträge konnten sich noch weiterentwickeln; denn einmal waren damals noch drei bis vier Millionen Menschen in der Nordwestecke der Kolonie unbesteuert, sodann aber konnte die Steuer bedeutend erhöht werden, was unsere Nachfolger, die Engländer, sofort getan haben, auf 6 und neuerdings auf 10 Schilling!

II. *Der Personalreferent* bearbeitete die persönlichen Angelegenheiten der ca. 450 Köpfe zählenden Beamten und Angestellten der Regierung. Es ist in der Presse oft behauptet worden, daß der Apparat zu groß sei, wenn auf je zehn europäische Kolonisten ein Beamter komme. Man unterschlägt dabei, daß 8 000 000 Eingeborene doch noch regiert werden wollten! Es kommt aber nicht einmal ein europäischer Beamter auf 20 000 Eingeborene, weil in der Zahl der 450 auch die Ärzte, Gelehrten, Forstleute, Lehrer, Seeleute, Handwerker usw. einbegriffen waren. Außerdem stellte in jeder Kolonie jeder Europäer einen Kulturfaktor dar, dessen wirtschaftlicher Wert an den von ihm bezogenen Einkünften nur zu einem geringen Teile bemessen werden kann.

III. Der *Justiziar* vertrat die Interessen des Landesfiskus in Rechtsstreitigkeiten.

IV. Das *Baureferat* hatte im Anfange unserer

Tätigkeit wesentlich Hochbauten zu liefern, da es an Bureaugebäuden für das Gouvernement und die Bezirksämter, an Beamtenwohnungen und Lazaretten fehlte. Immer mehr ist aber neben den Hochbauten der Tiefbau, besonders der Wegebau in den Vordergrund getreten. Natürlich bedurfte die Bauinspektion eines erheblichen Stabes von Technikern, von weißen und farbigen Handwerkern sowie großer Werkstätten und Magazine.

V. Das *Eisenbahnreferat* hatte mit dem Eisenbahnbaubetrieb nur indirekt zu tun, da der Bau der Nordbahn der Deutschen Kolonial-Eisenbahnbau- und Betriebsgesellschaft (Lenz & Co), der der Zentralbahn der Firma Philipp Holzmann & Co übertragen war, und da der Betrieb der erstgenannten Firma und der Ostafrikanischen Eisenbahngesellschaft verpachtet war.

An Pacht nahm das Gouvernement eine halbe Million Mark ein und doppelt soviel aus den Zinsen der von ihm aufgekauften Anteilscheine der Zentralbank. Dafür hatte das Schutzgebiet für Verzinsung und Verwaltung seiner Anleihe – wesentlich zu Eisenbahn- und Hafenbauzwecken – 4 3/4 Millionen Mark aus seinem Jahresetat zu zahlen. Das Eisenbahnreferat übte die Aufsicht über Bau und Betrieb der Eisenbahnen aus.

VI.Die *Gouvernementsflottille* bestand aus zwei Dampfern, die den Verkehr zwischen den Küstenstädten vermittelten, zwei Zollkreuzern, je einem Dampfer auf dem Njassa und Tanganjika und einem Heckraddampfer auf dem Rufidjiflusse. Die notwendigen Reparaturen wurden von einem Schwimmdock und umfangreichen Werkstätten in Daressalam versehen. Dem Flottillenreferat unterstand auch das Hafen-, Befeuerungs- und Betonnungswesen der Kolonie.

VII. Das Referat für *Bergwesen* bearbeitete die Verleihung der Berggerechtsame und beaufsichtigte die Betriebe. Außer dem Referenten war beim Gouvernement ein Geologe angestellt. Seine Aufgabe war nicht eigentlich das Aufsuchen von Fundstellen; das blieb im allgemeinen der Privatinitiative der sog. Prospektoren überlassen, die meist von Südafrika in unsere Kolonien kamen. Dennoch haben die Geologen des Gouvernements, denen mehr die Feststellung der geologischen Struktur des Schutzgebietes im ganzen als das Suchen nach Mineralien oblag, auch wertvolle Funde gemacht; erwähnt sei nur das Auffinden von Kohlen am Njassa durch den Bergassessor Bornhardt und eines unterirdischen Wasserstromes am Hafen Daressalam durch Dr. Kört.

VIII. Das *Forstreferat.* Ihm unterstanden drei Forstämter, jedes mit einem höheren Forstbeamten, mehreren Förstern und einer Anzahl farbiger Waldwärter besetzt. Die Hauptaufgabe war der Waldschutz. Es bestanden 129 Waldreservate mit über 400 000 Hektar Flächeninhalt, die gegen die alljährlichen Brände zu schützen waren. Insbesondere auf den Bergkämmen und an den Flußläufen muß der Wald als Sammler und Regulator der Feuchtigkeit erhalten und dem Abholzen und Niederbrennen durch die Eingeborenen entzogen werden. Der Umfang der Aufforstungen war im Verhältnis zur Größe der Kolonie bei dem geringen Personal leider nur unerheblich. Auch die Aufsicht über die Innehaltung der für Privatforsten erlassenen Bestimmungen und über die Art der Nutzung der verpachteten Kronwälder lag den Forstämtern ob.

Ferner wurde der Wildschutz durch diese Behörden – außer den Bezirksämtern – kontrolliert. Die *Jagdschutzbestimmungen* in Ostafrika waren vollkommen ausreichend. Abgesehen von einigen wenigen Wildarten, insbesondere dem Nashorn, konnte von einer beginnenden Ausrottung nicht die Rede sein. Das Wild vermehrte sich im Gegenteil in einer ans Unwirtschaftliche grenzenden Weise. Die öffentliche Meinung in Deutschland hätte sich von einigen in gänzliche Einseitigkeit geratenen Jagd- und Tierliebhabern, die die Kolonie am liebsten in einen Wildpark umwandeln wollten, in dem sie und ihre Freunde das Schießmonopol gehabt hätten, nicht irreführen lassen sollen.

IX. Das *Landeskulturreferat* bearbeitete die Angelegenheiten der Landwirtschaft, d. h. sowohl der europäischen Plantagen und Farmen als auch der Eingeborenenkulturen. Ihm unterstanden das große Biologisch-Landwirtschaftliche Institut in Amani, die Versuchsstation Kibongoto (am Kilimandjaro) für Ackerbau, Viehzucht und Tropenkulturen (Tabak und Kaffee), drei Baumwollversuchstationen (Mpanganja am Rufidji, Mjombo bei Kilossa und Mabama im Bezirk Tabora), die Fruchtkulturstation (für Obst) in

Speisung bei Hungersnot (Kaserne Tanga, DOA)

Morogoro und die bei Anlernung der Eingeborenen tätigen Bezirkslandwirte.

Den *Wetterdienst* versahen unter Oberleitung des Regierungsmeteorologen in Daressalam 40 Stationen 1. und 2., 297 3. Ordnung. Der Dienst auf den Stationen wurde von Beamten und Militärs nebenamtlich, vielfach auch von Pflanzern und Missionaren freiwillig ausgeübt.

X. Das Referat der *Inneren Verwaltung* ist das wichtigste. Es hat alle Geschäfte zu besorgen, für welche nicht Spezialreferate errichtet worden sind.

Am wichtigsten geworden ist mit der Zeit der Abschluß der *Kronlandsverpachtungen* und -verkäufe. Sie wurden zwar von den Bezirksamtmännern abgeschlossen, bedurften aber der Nachprüfung und der Genehmigung des Gouvernements. 1909–1911 wurden 268 Plantagen und Farmen mit 88 000 Hektar Fläche verkauft und 425 mit 214 000 Hektar verpachtet!

Auch die Missions- und Schulangelegenheiten wurden hier bearbeitet.

Die *Landesaufnahme* und Vermessung fand teils durch Routenaufnahmen reisender Offiziere und Beamter, teils durch besondere Vermessungstruppen und die den Bezirksämtern beigegebenen Vermessungsbureaus statt.

Über alle Teile des Schutzgebietes lagen bereits gute – zum Teil schon sehr detaillierte – Karten vor. In Tanga, Daressalam, Wilhelmstal und Morogoro bestand ein Kataster.

Die gesamte *Landesgesetzgebung* des ostafrikanischen Schutzgebietes erschien 1902 in Berlin im Druck. Die folgenden vier Jahre brachten je einen Nachtragsband. 1912 erschien dann eine Neuauflage der Landesgesetzgebung, deren Druck und Verlag die Schule Tanga besorgte.

XI. Für die Ausbildung, Ausrüstung und Überwachung der militärischen Brauchbarkeit der unter den Bezirksamtmännern und 45 deutschen Wachtmeistern stehenden etwa 2000 farbigen Polizeisoldaten bestand eine *Polizeiinspektion,* besetzt mit einem Hauptmann und mehreren Inspektionsoffizieren und Beamten.

XII. Das *Medizinalreferat* wurde von dem Chefarzt der Schutztruppe verwaltet. Ihm lag die Verwaltung der Hospitäler ob, in denen im letzten Jahre 4700 Krankheitsfälle von Europäern und 60 000 von Farbigen behandelt wurden.

Die Hauptaufgabe war die Seuchenbekämpfung. Sie fand statt durch die Quarantäne der ankommenden Seefahrzeuge und durch Maßregeln gegen die einzelnen endemischen Volkskrankheiten.

Städtischer Straßenbau durch Kettengefangene (DOA)

Sechs Regierungsärzte und sechzig Sanitätsoffiziere der Schutztruppe nebst dem erforderlichen Hilfs- und Unterpersonal waren hierbei tätig.

Auch der *Veterinärdienst* unterstand dem Medizinalreferate, weil die Hauptaufgabe der Tierärzte vor der Hand noch die Seuchenbekämpfung war und weil sie bei ihrer geringen Zahl der Mitarbeit der Regierungs- und Militärärzte bedurften; die Kolonialärzte müssen mehr Bakteriologen als behandelnde Praktiker sein.

Eine amtliche Fleischbeschau fand an allen großen Plätzen statt.

Der Förderung der eigentlichen Viehzucht durch Anleitung zur Rasseverbessung konnten sich die wenigen Tierärzte leider nur nebenher widmen.

XIII. Der Kommandeur der Schutztruppe war Referent für alle *militärischen Angelegenheiten*.

Ihm unterstanden die Kompanien, die Depots und Werkstätten der Truppe. Durch die Entlastung von Geschäften der Zivilverwaltung und durch systematische Erkundung und Kartierung des Geländes war die Aktionsfähigkeit der Truppe bedeutend erhöht worden. Im Frieden hielt sie zu Übungszwecken – aber auch zum Gebrauch von Interessen – 1420 Kilometer Heliographenlinie in Betrieb.

XIV. Die *auswärtigen Angelegenheiten* – Verkehr mit den Nachbarkolonien usw. – bearbeitete der Erste Referent.

B. Die Lokalverwaltung

Die *Gerichtsbarkeit über die Europäer* übten das Obergericht in Daressalam in zweiter und die Bezirksgerichte in Daressalam, Tanga, Muansa, Tabora und Neu-Moschi in erster Instanz aus.

In Daressalam waren drei, in Tanga zwei Rechtsanwälte ansässig, von denen je einer zugleich Notar war.

Die *Gerichtsbarkeit über die Farbigen* war von der Verwaltung nicht getrennt und das mußte aus politischen Gründen für absehbare Zeit noch so bleiben. Sie fiel daher den lokalen Verwaltungsbehörden zu. Es kamen in einem Jahr 17 443 Verurteilungen vor.

Als *lokale Verwaltungsbehörden* bestanden 18 Bezirksämter, drei Residenturen und ein Militärbezirk. Der prinzipielle Unterschied ist folgender. Wo keine oder nur schwache eingeborene Autoritäten (Sultane, Häuptlinge, Dorfälteste) vorhanden sind und eine intensive Verwaltung bereits möglich und zweckmäßig erscheint, sind Bezirksämter errichtet worden. Die Vorstufe bil-

Askari beim Bretterschneiden (DOA)

deten die *Militärbezirke;* sie bestanden noch da, wo die Verhältnisse nicht geordnet genug für eine Zivilverwaltung erschienen und die wirtschaftlichen Interessen unentwickelt waren (Mahenge). Wo starke einheimische Machthaber am Ruder waren, die sich friedlich den Direktiven der Regierung fügten, haben wir *Residenturen* errichtet, die im allgemeinen nur beratend und kontrollierend auf den eingeborenen Fürsten einwirken sollten. Dies war der Fall im Zwischenseengebiet Bukoba–Ruanda–Urundi.

Die *Bezirksämter* wurden verwaltet von einem Bezirksamtmann, der meist Jurist war. Bei wichtigen Ämtern war ihm als Gehilfe und ständiger Vertreter ein Adjunkt beigegeben. Der Bezirksamtmann, der Adjunkt oder ein Sekretär pflegte die Eingeborenenrechtsprechung auszuüben, die in der Landessprache stattfand. Der – ev. der zweite – Sekretär war wesentlich Kassenbeamter. Namentlich seitdem die Steuererträge so groß geworden waren, konnte *eine* Arbeitskraft den Anforderungen des Kassen- und Rechnungswesens kaum noch gerecht werden. Für die Führung der Register und den sonstigen Bureau- und Kanzleidienst pflegten noch einige europäische Hilfskräfte vorhanden zu sein. Den Polizeidienst versorgten ein oder zwei Wachtmeister und die farbigen Polizeisoldaten, die eine militärisch ausgebildete und organisierte Abteilung von 70–130 Mann bildeten und teilweise auch über Artillerie verfügten. Da die Soldaten bereits ausgebildete Berufskrieger waren, brauchten sie nur zwei- bis dreimal in der Woche militärischen Dienst zu haben. Im übrigen fiel ihnen der Wachdienst und die anstrengende Beaufsichtigung der Kettengefangenen zu. Außerdem machten sie polizeiliche Patrouillengänge. Am meisten aber wurden sie mit Arbeitsdienst beschäftigt. Da zu Wachmeistern in der Regel nur Unteroffiziere gemacht wurden, die im Zivilberuf Handwerker waren, bildeten diese die Akari in Handwerken aus. Sie besorgten nicht nur als Schuster, Schneider und Sattler die Arbeiten auf Kammer, sondern waren Tischler, Zimmerleute, Schmiede, Schlosser und Maurer. Sie wurden außerdem dauernd am Wegebau beschäftigt.

Überall in den Bezirkshauptstädten gab es Lazarette für Farbige. Zur Behandlung der Europäer und Eingeborenen war, wenn nicht gleichzeitig eine Kompanie am Bezirksorte ihren Sitz hatte, ein Regierungsarzt oder Sanitätsoffizier kommandiert.

Oft auch war dem Bezirksamtmann für die Wege- und Brückenbauten ein Techniker oder Handwerker beigegeben, wo Schulen bestanden, ein Lehrer, wo, wie an der Binnengrenze, den

Bezirksamtsboot auf dem Njassa (DOA)

Bezirksämtern die Zollerhebung oblag, auch ein Zollbeamter. In viehreichen Gegenden waren Tierärzte, in waldreichen Bezirken Förster zum Bezirksamt kommandiert. Von den angegliederten Vermessungsbureaus ist schon gesprochen worden.

Die Tätigkeit des Bezirksamtmannes ist nach alledem außerordentlich vielseitig, besonders wenn man bedenkt, daß fast jedes Amt noch seine Versuchsgärten und -plantagen besaß.

Dem Bezirksamtmann stand, ähnlich wie dem Gouverneur der Gouvernementsrat, ein *Bezirksrat* zur Seite, den er insbesondere bei der Aufstellung des Etats der Bezirke hören mußte. Durch die den Bezirksämtern überwiesenen Selbstbewirtschaftungsfonds von beträchtlicher Höhe wurde hier ein weiter Spielraum gelassen.

Die Haupttätigkeit der Bezirksämter waren außer der Rechtsprechung und der Polizei die Steuererhebung, der Wegebau und die Inbesitznahme und Verpachtung von Kronland. Diese drei Zwecke erforderten viele, Wochen und Monate dauernde, Bezirksbereisungen. Auch die untergeordneten Dienststellen mußten revidiert werden. Als solche kamen in Betracht die *Nebenstellen,* meist mit einem Sekretär, einem Wachtmeister, einem Kanzleibeamten und einem Detachement der Polizeiabteilung besetzt, und die eingeborenen Beamten. Wo tüchtige Häuptlinge vorhanden waren, hat man diesen die Verwaltung unterster Instanz überlassen; wo dies nicht der Fall war, hat man Akiden eingesetzt. Das sind Araber oder gebildete Suaheli, in den letzten Jahren auch schon vielfach Zöglinge der Regierungsschulen, die ein Monatsgehalt von 25 bis 80 Mark bezogen und meist zwei bewaffnete Polizeidiener zur Verfügung hatten. Wo die angestammten Häuptlinge (Jumben) die Steuererhebung und Verwaltung ausübten, erhielten sie 5 % der abgelieferten Beträge als Entschädigung für ihre Mühewaltung.

Zur Aufsicht über die Schutzbestimmungen

für Eingeborene (Anwerbeordnung) bestanden neben den Bezirksamtmännern selbständige *Distriktskommissare.*

Der *Post- und Telegraphendienst* unterstand nicht dem Gouverneur, sondern direkt dem Staatssekretär des Reichspostamtes. Der Chef in der Kolonie war der Postdirektor in Daressalam, dem 3 Postinspektoren, 24 sonstige Beamte, 13 Unterbeamte und etwa 100 farbige Hilfskräfte zur Verfügung standen. Da im Schutzgebiete zwei Postämter (Daressalam und Tanga) und 44 Postagenturen bestanden, erhellt, daß die meisten (27) nebenamtlich von Angehörigen des Gouvernement und der Schutztruppe verwaltet wurden. An Telegraphenlinien waren 2500 Kilometer in Betrieb, Ortsfernsprechnetze gab es 15. Über Sansibar war das Schutzgebiet durch ein Kabel an das Welttelegraphennetz angeschlossen. Funkentelegraphenstationen bestanden in Muansa und Bukoba und zuletzt auch in Daressalam.

Brückenbau des Bezirksamts Langenburg (DOA)

Einnahmen und Ausgaben der Schutzgebiete 1904 und 1914

(Werte in 1000 Mark)

Deutsch-Ostafrika	1904	1914
A. *Ordentlicher Etat*		
I. Einnahmen; darunter:		
Steuern	1 128	6 220
Zölle	1 707	5 550
Sonstige Abgaben	937	2 024
Einnahmen aus dem Eisenbahnbetriebe . . .	171	653
Eigene Einnahmen des Schutzgebietes	5 938	16 478
Ersparnisse aus früheren Rechnungsjahren	95	3 818
Reichszuschuß	6 181	3 300 1)
Summe der Einnahmen2)	12 673	23 743
Summe der Ausgaben	10 452	23 743
B. *Außerordentlicher Etat*		
I. Einnahmen: darunter:		
Aus der Anleihe für die Schutzgebiete3)	—	36 646
Zusammen	—	36 800
II. Ausgaben	—	36 800

Togo	1904	1914
A. *Ordentlicher Etat*		
I. Einnahmen; darunter:		
Steuern	86	807
Zölle	1 289	1 788
Sonstige Abgaben	81	301
Einnahmen aus den Verkehrsanlagen	114	607
Eigene Einnahmen des Schutzgebietes	1 570	3 503
Ersparnisse aus früheren Rechnungsjahren	450	671
Reichszuschuß	—	—
Darlehn des Reiches . .	2 704	—
Summe der Einnahmen	5 268	4 174
Summe der Ausgaben	4 709	4 174
B. *Außerordentlicher Etat*		
I. Einnahmen; darunter:		
Aus der Anleihe für die Schutzgebiete3)	—	—
Summe der Einnahmen	—	4
II. Ausgaben	—	4

Kamerun	1904	1914
A. *Ordentlicher Etat*		
I. Einnahmen; darunter:		
Steuern	168	3 635
Zölle	1 823	5 881
Sonstige Abgaben	427	1 735
Einnahmen aus der Mittellandbahn	—	10
Eigene Einnahmen des Schutzgebietes	2 418	11 306
Ersparnisse aus früheren Rechnungsjahren	—	2 788
Reichszuschuß	1 405	3 166 1)
Summe der Einnahmen	4 175	17 260
Summe der Ausgaben.	4 021	17 260
B. *Außerordentlicher Etat*		
I. Einnahmen; darunter:		
Aus der Anleihe für die Schutzgebiete3)	—	15 230
Zusammen	—	15 230
II. Ausgaben		15 230

Deutsch-Südwestafrika	1904	1914
A. *Ordentlicher Etat*		
I. Einnahmen; darunter:		
Steuern	99	14 333
Zölle	713	2 031
Sonstige Abgaben	417	1 959
Einnah. aus den Betrieben von Eisenbah. und Hafenanlagen	669 } 90 }	3 983
Eigene Einnahmen des Schutzgebietes . .	2 088	23 299
Ersparnisse aus früheren Rechnungsjahren	509	4 500
Reichszuschuß für die Zwecke der Militärverw.	108 136 4)	13 624
Summe der Einnahmen	111 535	41 423
Summe der Ausgaben	66 450	41 423
B. *Außerordentlicher Etat*		
I. Einnahmen; darunter:		
Darlehn des Reiches . .	—	—
Aus der Anleihe für Schutzgebiete3)	—	4 981
Summe der Einnahmen	—	4 981
II. Ausgaben	—	4 981

1) Nur noch für die Schutztruppe.

2) Es sind nur die wichtigsten Summanden aufgeführt.

3) Von den Schutzgebieten selbst verzinst.

4) Der große Eingeborenenaufstand 1904/06.

Deutsch-Neuguinea (einschließlich der Inselbezirke der Südsee	1904	1914
I. Einnahmen; darunter:		
Steuern	57	399
Zölle	49	1 150
Sonstige Abgaben	105	547
Eigene Einnahmen des Schutzgebietes	211	2 096
Ersparnisse aus früheren Rechnungsjahren	100	21
Reichszuschuß	1 076	1 717
Summe der Einnahmen	1 520	3 834
Summe der Ausgaben	1 482	3 834

Samoa	1904	1914
I. Einnahmen; darunter:		
Steuern	108	320
Zölle	279	666
Sonstige Abgaben	50	100
Eingene Einnahmen des Schutzgebietes	437	1 086
Reichszuschuß	235	—
Summe der Einnahmen	746	1 270
Summe der Ausgaben	541	1 270

Gesamteinnahmen der Schutzgebiete

	1904	1914
A. *Ordentlicher Etat*[1])		
Eigene Einnahmen	12 662	57 768
Ersparnisse aus früheren Rechnungsjahren	1 154	11 982
Reichszuschuß für Zwecke der Militärverwaltung	117 033[3])	21 807
Darlehn des Reiches	2 704	—
Zusammen	135 917	91 704
B. *Außerordentlicher Etat*[1])		
Darlehn des Reiches	—	—
Aus der Anleihe für die Schutzgebiete[2])	—	56 857
Ersparnisse aus früheren Rechnungsjahren	—	158
Summe der Einnahmen	135 917	148 719

Gesamtausgaben der Schutzgebiete

	1904	1914
A. *Ordentlicher Etat*		
Zusammen	87 655	91 704
B. *Außerordentlicher Etat*		
Gesamtausgabe	—	57 015
Summe der Ausgaben	87 655	148 719

1) Es sind nur die wichtigsten Summanden aufgeführt.

2) Von den Schutzgebieten selbst verzinst.

3) Der große Eingeborenenaufstand 1904/06.

Unsere Schutztruppen

Von Julius von Boemcken

Der überraschende *Ausbruch des Weltkrieges* traf sämtliche Schutzgebiete für die kommenden Ereignisse unvorbereitet und ungerüstet.

Deutsch-Südwestafrika verfügte i. J. 1914 über eine Schutztruppe von etwa 1800 Mann und über eine Polizeitruppe von 350 Beamten. Es war eine erschütternd kleine Macht, die kaum für die Sicherung eines Gebietes von der eineinhalbfachen Große Deutschlands mit einer Bevölkerung von 15 000 Europäern und 200 000 Eingeborenen ausreichte. Sie erhielt jedoch eine wesentliche Verstärkung durch die wehrpflichtigen Insassen des Landes, so daß sie Ende 1914 eine Höchstzahl von 5–6000 Mann erreichte, von denen rund 3000 am Feinde, der Rest in zweiter Linie unter den Waffen stand. Die Unterstützung der fechtenden Truppe durch farbige Soldaten, wie sie die anderen Kolonien hatten, fehlte hier vollständig. Doch eine Hilfe erwuchs den Südwestern in dem Buren-Freikorps des General Maritz.

Die Schutztruppe war im Frieden in 9 Kompanien und 3 Gebirgsbatterien, im Kriege in 4 Regimenter gegliedert. Sämtliche Truppenteile waren beritten, davon eine Kompanie am Rande der wasserlosen Kalahari auf Kamelen. Das Fehlen von Infanterie-Bataillonen, die eine weit größere Gefechtskraft als berittene Formationen darstellten, machte sich späterhin fühlbar, als der Feind Fußtruppen auf Kraftwagen den Südwester Reitern auf ihren müden, kraftlosen Pferden entgegenstellte. Die Bewaffnung des Reiters war gut und zeitgemäß. Er führte das Gewehr 98 mit S-Munition. Jede Kompanie verfügte über 2 Maschinen-Gewehre, die bei 3 Kompanien auf Tragetieren, bei den anderen auf zweirädrigen Karren befördert wurden. Außer den 12 modernen Gebirgsgeschützen der 3 Batterien war noch ein Arsenal von 50 alten Geschützen zehnerlei Art aus der Aufstandszeit her im Lande vorhanden. Aus den Feldgeschützen G 73, den Feldhaubitzen, den Feld-Schnell-Maschinen- und Revolverkanonen wurden noch 7 Batterien und 4 Halbbatterien gebildet, die aber dem beweglichen Gegner gegenüber kaum zur Geltung kamen. Signal-, Funken- und Fernsprechgerät war verhältnismäßig reichlich vorhanden, sogar 2 Flugzeuge, allerdings ältester Bauart. Ganz im argen lag das Transportwesen. Die Truppe war außerhalb der wenigen Bahnlinien auf Ochsenwagen und Maultierkarren angewiesen. Ein motorischer Fuhrpark fehlte. Man hatte im Frieden zu Versuchen mit Kraftwagen kein Geld gehabt. Die Truppe war nur auf den Krieg mit Eingeborenen eingestellt. Die Erfahrungen der Aufstandsjahre waren wohl verwertet, aber nicht die Fortschritte der heimischen Armee. Das Urteil des Generalstabschefs des Oberkommandierenden der Uniontruppen, daß die Südwester Schutztruppe in ihrer Organisation und Ausrüstung *»ten years behind«* wäre, muß leider als berechtigt anerkannt werden. Alle unsere Schutztruppen waren nicht für den Fall versorgt, in dem sie, von der Heimat abgeschnitten, auf sich allein angewiesen waren.

Geführt wurde die Schutztruppe von einem Oberstleutnant als Kommandeur, dem ein Generalstabsoffizier beigegeben war.. Doch lag in den Schutzgebieten im Gegensatz zu den heimischen Gepflogenheiten die oberste militärische Gewalt auch im Kriege in den Händen eines Zivilisten, des Gouverneurs. Eine gut organisierte Intendantur sorgte für die Bedürfnisse der Truppe. Sie hatte eine Verpflegungsreserve für ein Jahr sichergestellt, die im Verlauf des Krieges auch zur Versorgung der Zivilbevölkerung dienen mußte. Der Gesundheitsdienst lag in den Händen von erprobtem Sanitätspersonal.

In *Deutsch-Ostafrika* bestand zu Beginn des Krieges die eigentliche bewaffnete Macht aus 14 Kompanien zu je 6 Weißen und 160 Farbigen,

Südwestafrikanische Schutztruppe (4. Kompanie unter Hauptmann von Boemcken)

Schutztruppe (DOA), von einer Übung heimkehrend (Daressalam)

auf eine Höchstzahl von 2712 Weißen und 11367 Farbigen in 10 Schützen- und 31 Feldkompanien gebracht worden. Von denen standen am Schluß des Krieges nach dem Erzberger-Waffenstillstand noch 155 Europäer und 1168 Eingeborene bei General von Lettow im Felde. Eine noch bedeutendere Erhöhung des farbigen Mannschaftstandes wäre im Anfang des Krieges, solange wir noch

einem gleichstarken Rekrutendepot und einer Signalabteilung von 60 Köpfen, im ganzen aus 216 Weißen und 2540 Farbigen. Zu diesen trat die Polizeitruppe in Stärke von 45 Weißen und 2200 Schwarzen und ferner einige entlassene ehemalige Askari. An wehrpflichtigen Europäern hielten sich etwa 1 800 im Lande auf, die allmählich nach Bedarf eingezogen wurden. Eine wesentliche Ergänzung an ausgebildeten weißen Offizieren und Mannschaften erhielt General von Lettow-Vorbeck, der ruhmvolle Verteidiger Ostafrikas, im weiteren Verlauf des Feldzuges durch die 322 und 102 Mann starken Besatzungen der »Königsberg« und »Möwe« sowie durch 105 deutsche Freiwillige von den Handelsschiffen und aus den benachbarten feindlichen Kolonien. Die Europäer wurden teils auf die Feld-(Askari)-Kompagnien verteilt, teils wurden sie in weißen Kompagnien, den sogenannten »Schützenkompagnien« vereinigt. Aus Weißen und Farbigen gleichmäßig gemischt wurden 2 Reiterkompagnien, für deren Berittmachung die Engländer unfreiwillige Sorge getragen hatten. Als Kuriosum erwähnt sei ein Araberkorps von 400 Mann, das freiwillig Kriegsdienst tat, aber keinerlei Gefechtswert hatte.

Durch eine glänzende Organisation war die 2200 Mann starke Friedenstruppe bis Ende 1915

Herren des gesamten Gebietes waren, bei dem enormen Andrang von farbigen Freiwilligen aus der 8 Millionen starken eingeborenen Bevölkerung wohl möglich gewesen. Es fehlte jedoch an Waffen. Das vorhandene Rüstzeug genügte nicht einmal für die aufgestellten Formationen. Die Wangoni-Kompanie mußte noch mit dem Speer ausrücken. Lettow's Befehl: »Die Waffen sind beim Feinde zu holen« war zum geflügelten Wort für alle Neuformationen geworden. Die Friedenstruppe war noch mit der Jägerbüchse Modell 71 mit rauchstarkem Pulver und Bleigeschoß ausgerüstet gewesen. Nur 3 Kompanien hatten den Karabiner 88 erhalten. Jede Kompanie verfügte über 2–3 Maschinengewehre. Der Munitionsbestand war knapp. Artillerieformationen kannte die Truppe im Frieden nicht. An Geschützen waren auf den Stationen verteilt: 6 alte Feldgeschütze C 73, zwei 6-cm-Kolonial- und einige 3,7-cm-Wall- und -Revolverkanonen. Für die Mehrzahl der Geschütze waren nur wenige Schuß vorhanden. Später traten dann zwei moderne Feldgeschütze und vier 10,5-cm-Feldhaubitzen, die ein Hilfschiff herausgebracht hatte, und zehn 10,5-cm-Bordgeschütze der »Königsberg« hinzu. Leider war deren Fortbewegung so schwierig, daß ihre große Wirkung nicht ausgenutzt werden konnte. Das Transportmittel Zen-

Kamelreiter der südwestafrikanischen Schutztruppe

tralafrikas, der Träger, dessen unübertreffliche Leistungen und dessen treues Aushalten für Lettows Truppen von größter Bedeutung waren, mußte diesen Gewichtsmassen gegenüber versagen. Neuzeitige technische Hilfsmittel, wie Fernsprech-, Funker- und Fernsignalgerät für den Nachtdienst fehlten. Hierfür wie für Kraftwagen und Flugzeuge hatte das Schutzgebietsbudget niemals gereicht. Lettow war in allem auf »englische Lieferungen« angewiesen. So mußte sich die Truppe im Kampf vom Feinde holen, was ihr die Heimat im Frieden versagt hatte.

Auch in *Kamerun* waren die militärischen Machtmittel lediglich auf die Aufrechterhaltung von Ruhe und Ordnung im Innern eingestellt. Man hatte nicht mit der Möglichkeit gerechnet, eines Tages zur Verteidigung des Landes gegen europäische Räuber gezwungen zu sein. Man hatte sich vielmehr auf die Wirksamkeit der Kongoakte verlassen, zumal der größte Teil des Schutzgebiets in der Neutralitätszone des Kongobeckens lag.

Die Schutztruppe wies bei Ausbruch der Feindseligkeiten nur die verschwindend kleine Anzahl von 150 weißen und 1650 farbigen Soldaten auf, die in 12 Kompanien auf unzähligen Posten zerstreut lagen. Nur eine Kompanie, die sogenannte Expeditionskompanie, stand zur sofortigen Verfügung bereit, die übrigen bedurften zum geschlossenen Einsatz längerer Vorbereitungen. Ebenso erforderte die Einziehung der wehrpflichtigen Europäer und ehemaligen Soldaten sehr viel Zeit, da jegliche Kontrolle über die waffenfähigen Weißen und Schwarzen fehlte, Mobilmachungsvorarbeiten unbekannt waren. Ein wertvoller Zuwachs war für die kleine Streitmacht die 30 Europäer und 1450 Farbige starke Polizeitruppe, die gleichermaßen wie die Schutztruppe ausgebildet und ausgerüstet war. In Kamerun wäre wie in Ostafrika an brauchbarem eingeborenen Soldatenmaterial kein Mangel gewesen, wenn nur Waffen und Munition ausgereicht hätten. Deren Bestand betrug 3800 Maschinengewehre mit im ganzen 5/4 Millionen Patronen. Infolge eines Abkommens mit der Verwaltung von Togo war der größte Teil der 71er Gewehre dorthin abgegeben worden, ehe der Ersatz an Karabinern vollzählig aus der Heimat eingetroffen war. Die Einziehung aller Europäer-Gewehre konnte den Bedarf auch nicht decken, zumal es für die verschiedenen Kaliber und Modelle keine Munitionsreserve gab. Die vorhandene Militärmunition ergab etwa 150 Schuß pro Karabiner, 10 000 Schuß pro Maschinengewehr, eine Summe, die für einen Gefechtstag mit einem eingeborenen Gegner ausreichen konnte, aber

Manöver bei Okahandja (DSWA)
Sitzend: Oberst v. Elstorff. Links daneben: Major Maerder (1925 als Generalmajor verstorben). Rechts vorn: Hauptm. v. Boemcken

Nachbarkolonien für die Nord- und Ostbezirke ausgekommen war. Eine Flaggenpost, die kurz vor dem Kriege eingerichtet war, und die Trommelsprache der Eingeborenen konnten keinen Ersatz für die fehlenden modernen Nachrichtenmittel bilden. Der Truppenmittelpunkt war wie in den Zeiten der Expeditionen gezwungen, die einzelnen Abteilungen ihrem Schicksal zu überlassen. Denn ein Versuch, durch Befehlsübermittlung von eingeborenen Boten größere Truppenverbände zusammenzufassen, war selten erfolgreich.

Kamerun verfügte – wie auch die anderen Schutzgebiete – über keinerlei Befestigungen, weder an der See noch an den Grenzen, die dem Feind den Weg in das Schutzgebiet verlegen konnten. Erst nach erfolgter Mobilmachung wurde an den zur Verteidigung geeigneten Punkten geschanzt und gegraben, um dem zehnfach überlegenen Gegner Widerstand leisten zu können. Wie Lettow's Askari haben auch die Kameruner Schwarzen mit unvergleichlicher Tapferkeit das Schutzgebiet verteidigt und sind endlich der feindlichen Übermacht weichend mit ihren weißen Führern in das neutrale spanische Gebiet übergetreten. Trotz aller ausgestandenen Leiden folgten sie vertrauensvoll ihren weißen Führern in eine ungewisse Zukunft. Die Treue und Anhänglichkeit des Askari an seinen Kompanieführer, dem sich der Kameruner Schwarze in ganz besonderem Maße verbunden fühlte, den er allein als seinen Herrn und Brotgeber, seinen Berater und Richter betrachtete, dessen Zufriedenheit zu erringen Endzweck seines Tuns und Handelns war, zeigte sich hier zum Schluß im hellsten Licht. Der Zug der ganzen Einwohnerschaft Jaundes, des ehemaligen Dominik'schen Bezirks, von der eigenen Scholle über die Grenze in die Fremde ist bei der bekannten Seßhaftigkeit der Eingeborenen der

gänzlich unzureichend war für einen Feldzug mit einem europäisch ausgerüsteten Feind. Diesem Mangel konnte auch nicht eine in Jaunde errichtete Munitionsfabrik abhelfen, deren Leistungen wohl hoch anzuerkennen, deren Patronen aber doch manchmal für den Schützen lebensgefährlich waren. Ebenso knapp stand es mit der Artilleriemunition. Für die 4 alten Kanonen 73 waren pro Geschütz 125 Schuß vorhanden. Für die 3-cm-Gebirgskanonen, 3,7-cm Schnellade- und -Revolverkanonen standen im ganzen 250 Stück uralter Patronen zur Verfügung, so daß man der feindlichen Artillerie gegenüber machtlos war. Mit Verkehrs- und Nachrichtenmitteln war es in Kamerun sehr schlecht bestellt. Bei dem nur 300 km betragenden »Eisenbahnnetz« war der Transport in der Hauptsache auf Trägerbeförderung angewiesen. Kraftwagen fuhren vereinzelt auf der Automobilstraße Kribi–Jaunde. Sie standen der Truppe zur Verfügung. Feldtelegraphen-, Feldsignal- und Funkergerät fehlte gänzlich. Selbst die ständigen Leitungen waren spärlich, weil man in Friedenszeiten mit dem Gebrauch des Drahts in den

Kaserne der 1. Kompanie in Arusch am Meruvulkan (DOA)

ruhmvollste Beweis von der Treue und Anhänglichkeit, die deutsche Arbeit und Art bei der schwarzen Bevölkerung Kameruns ausgelöst haben.

Der § 1 der Schutztruppenverordnung vom 25. Juli 1898 lautet: »Die Schutztruppen dienen zur Aufrechterhaltung der öffentlichen Ordnung und Sicherheit in den afrikanischen Schutzgebieten, insbesondere zur Bekämpfung des Sklavenhandels.

Lediglich diesem Zwecke war ihre Anzahl, Organisation, Bewaffnung und Ausrüstung angepaßt. Vergebens sind Kommandeure und Gouverneure für eine Verstärkung und Umorganisation ihrer Schutztruppen eingetreten. Vergebens haben sie darauf hingewiesen, daß die Truppen in Übersee auch einmal berufen sein könnten, gegen einen weißen Gegner kämpfen zu müssen. Die Auffassung, »das Schicksal der Kolonien entscheidet sich in der Nordsee«, hat die Frage einer Betätigung der Schutztruppen in einem europäischen Kriege überhaupt nicht aufkommen lassen.

So haben wir an eine Nutzbarmachung der einheimischen Menschenkräfte unserer Schutzgebiete, wie Frankreich sie uns jetzt vor Augen führt, niemals auch nur im entferntesten gedacht. Von einer Militarisierung der Kolonien ist nie und nirgends die Rede gewesen.

Keine Befestigungen sind an den Grenzen der Kolonien angelegt worden, die zum Schutze des Landes oder als Ausgangstore zu Einfällen in das Nachbargebiet hätten dienen können. Nicht ein Flottenstützpunkt entstand, der unsere Auslandsflotte, unsern Kreuzern oder U-Booten einen Schlupfwinkel gewähren konnte. Im schroffen Gegensatz zu den Plänen der englischen Kolonien, die in einem europäischen Kriege ein wichtiger Machtfaktor werden sollten, wurde von unsern Schutztruppen nicht einmal erwartet, daß sie den Gegner in namhafter Zahl fesseln, Menschen- und Kriegsmaterial von dem heimischen Kriegsschauplatz fernhalten würden. Deshalb ist auch der Mannschaftsbestand unserer Kolonialtruppen in einer Weise knapp gehalten worden, daß General Botha sich i. J. 1912 dem Unterstaatssekretär Dr. Solf gegenüber zu dem jetzt wie Hohn klingenden Rat veranlaßt sah: »Deutschland möge mit Rücksicht auf die Eingeborenengefahr seine Südwester Schutztruppe nicht noch mehr verringern«. Was trotzdem in dem Weltkrieg in den Schutzgebieten geleistet worden ist, das haben die Truppen, die weißen wie die farbigen Kämpfer, dank der Kraft geschaffen, die ihnen die Erde, für die sie ihr Blut ließen, gab.

Die Schutztruppen bestehen nicht mehr. Jedoch ihr Dasein ist nicht spurlos vergangen. Die schwarzen Askari, die in mühevoller Arbeit vom wilden Buschneger zum pflichttreuen deutschen Soldaten erzogen wurden, sie leben und tragen deutsche Art in sich. Die weißen Schutztruppler aber, die in der harten Schule des Kolonialsoldaten zu selbständigen, umsichtigen und zielbewußten Menschen wurden, sie sind ein kraftvoller Bestandteil unseres Volkes geworden.

Möge diese Schule deutscher Mannhaftigkeit in nicht zu ferner Zeit von neuem erstehen und in ihr der Geist fortleben, der die alten Schutztruppler, die weißen und farbigen Streiter, einte im Kampf für das gemeinsame Vaterland.

Hausbau durch Askari (DOA)

Ärztlicher Dienst und ärztliche Forschung in den deutschen Kolonien

Von Ernst Marshall

Als gegen die Mitte der achtziger Jahre des vorigen Jahrhunderts auch Deutschland sich anschickte, in Afrika seinen »Platz an der Sonne« zu fordern und diesen dank dem staatsmännischen Geschick seines großen Kanzlers und dank der Tatkraft seiner ersten kühnen Kulturpioniere auch behauptete, hatte die Kenntnis tropischer Krankheiten noch kaum begonnen. Zwar war kurz vorher durch Robert Koch die Bakteriologie, von der gerade die Tropenmedizin besonderen Nutzen ziehen sollte, recht eigentlich erst geschaffen, und 1880 hatte Laveran im Blute des Menschen den Erreger der Malaria gefunden; aber es war doch noch ein weiter Weg, bis aus diesen Entdeckungen praktisch die Nutzanwendung für die Krankheiten der warmen Länder sich ergab. So kam es, daß die deutschen Tropenärzte in ihrem neuen Wirkungskreis auch beruflich zunächst vor einer *»terra incognita«* standen. Es waren Militär- und Marineärzte, die die ersten deutschen Unternehmungen im kolonialen Neuland begleiteten. Aber wie im Laufe der Entwicklung das rein Militärische zugunsten einer friedlicheren Durchdringung zurücktrat, wie dem Soldaten der Verwaltungsbeamte, der Kaufmann und Ansiedler folgten, mußte sich auch das Interesse des Arztes von dem verhältnismäßig engen Kreis seiner dienstlichen Obliegenheiten der kranken eingeborenen Bevölkerung zuwenden. Winkte hier doch ein großes, noch unbebautes Feld, dessen Durcharbeitung besonders lockte. Nach und nach erweiterten sich auch unsere Erfahrungen auf tropenärztlichem Gebiet; in Deutschland entstand das mustergültige Hamburger Institut für Schiffs- und Tropenkrankheiten, und kein deutscher Arzt ging hinaus, der nicht an dieser Stelle eine gründliche Sonderausbildung gefunden hätte. Die Ärzte der Truppe wurden erheblich vermehrt. Regierungsärzte traten hinzu; bald entstanden an allen größeren Orten, an denen sich ein Regierungssitz (Bezirksamt) befand, Krankenhäuser für Weiße (je nach Bedürfnis) und für Farbige. In den rein tropischen Kolonien (Südwestafrika und Kiautschou bleiben hier außer Betracht), also in Ostafrika, Kamerun, Togo und in den Besitzungen der Südsee waren 1912 bereits 110 Ärzte tätig, in welcher Zahl außer den beamteten auch Bahn-, Missions-, Pflanzungs- und Privatärzte enthalten sind. Ich stütze mich hierbei auf die »Medizinalberichte über die deutschen Schutzgebiete«, die mir leider nur bis 1912 zur Verfügung standen, sowie auf die Mitteilungen von Professor Steudel auf dem deutschen Kolonialkongreß 1924.

Ich möchte hier vorwiegend von der ärztlichen Tätigkeit für die Eingeborenen sprechen; einmal von der Fürsorge für die Allgemeinheit, der Verhütung und Bekämpfung der Krankheiten (Hygiene), dann von der individuellen Seite, der Behandlung des einzelnen Kranken. Von vornherein hatte die Kolonialverwaltung auf eine gut geleitete ärztliche Versorgung der Farbigen den größten Wert gelegt. Nicht nur, weil der Eingeborene, wie man es oft hört, der wertvollste Teil des Kolonialbesitzes ist, sondern auch aus Gründen der Menschlichkeit, zu der jedes Kulturvolk einer tiefer stehenden Rasse gegenüber verpflichtet ist. Gerade die Seuchenbekämpfung erfordert bei Naturvölkern besonders tatkräftiges Handeln, da diesen jedes Verständnis für das Wesen ansteckender Krankheiten fehlt und oft alteingewurzelte Vorurteile und Aberglaube hemmend entgegenwirken. Das können wir besonders an den *Pocken* verfolgen, die, auch in unseren Schutzgebieten seit langem heimisch, nach mehr oder weniger langer Pause immer wieder aufflammten. Eine durchgreifende Schutzimpfung begegnete zunächst großen

Das Krankenhaus in Daressalam (DOA)

Schwierigkeiten. Der aus Deutschland bezogene Impfstoff verlor schon während des langen Schiffstransports und mehr noch auf dem Weg ins Innere, infolge der hohen Außentemperatur, schnell an Wirksamkeit. Deshalb ging man bald dazu über, im Lande selbst durch Übertragung der Europalnymphe auf Kälber sich selbst neuen und wirksamen Impfstoff herzustellen. Mit der Zeit wurden die Erfolge immer besser, und auch die Bevölkerung, die sich zuerst sehr ablehnend verhalten hatte, faßte größeres Vertrauen. So wurden im Jahre 1912 in Deutsch-Ostafrika, wo allerdings reichlich Impfkälber zur Verfügung standen, 632 591 Menschen, in Kamerun 80 000, in Togo 75 000 geimpft, mit durchschnittlich ausgezeichnetem Erfolg[1]). Größere Epidemien wurden, solange die Kolonien in deutschem Besitz blieben, nicht mehr beobachtet. Während nun die Mehrzahl der Europäer (wenigstens der Deutschen), durch den in der Heimat bestehenden Impfzwang geschützt, in Afrika nur selten an den Pocken erkrankt, hat eine andere Infektionskrankheit für die Weißen in tropischen Ländern die größte Bedeutung; es ist »*die* Tropenkrankheit«, die *Malaria*, ohne welche die Besiedlung der Tropen durch die weiße Rasse wahrscheinlich eine leicht lösbare Frage wäre. Dagegen besitzt der Eingeborene, wenigstens in Gegenden mit edemischer Malaria (es gibt auch in Afrika malariafreie Hochländer), einen natürlichen Schutz gegen die Seuche. Da er von Jugend auf immer wieder erneuten Infektionen ausgesetzt ist, »gewöhnt sich« sein Körper an den Malariaerreger, er wird immun, d. h., auf die Dauer vermögen ihn neu eindringende Krankheitskeime nicht mehr nennenswert zu schädigen. Hoch ist dagegen die Erkrankungs- und Sterblichkeitsziffer unter den Negerkindern, da bei so jungen Individuen der natürliche Schutz noch nicht erreicht sein kann. Farbige aus einer nicht mit Malaria verseuchten Gegend sind gegen die Krankheit genauso anfällig wie Weiße. Eine Malariafolge, die bei Schwarzen übrigens so gut wie nie beobachtet worden ist, tritt bei Weißen (auch bei Asiaten und Halbfarbigen) in einer Reihe von

1) Nach Steudel gab es in Ostafrika 16, in Kamerun 8 Lymphbereitungsstationen.

Krankenbehandlung (Kamerun)

Fällen ein, das gefürchtete *Schwarzwasserfieber.* Der Zerfall großer Mengen roter Blutkörperchen bewirkt den Übertritt des frei gewordenen und veränderten Blutfarbstoffs in den Urin, der hierdurch dunkelrot bis schwarz gefärbt erscheint. Die so akut einsetzende Anämie mit ihren verderblichen Folgen verursacht einen hohen Prozentsatz von Todesfällen. Das Wesen der Krankheit ist noch nicht endgültig erkannt, ein Mittel dagegen gibt es nicht. Die Übertragungsweise der *Malaria* ist heute einwandfrei festgestellt. Man unterscheidet drei Arten, das Tertian- und Quartanfieber, das auch in der gemäßigten Zone vorkommt, ferner das Tropenfieber, das einen durchschnittlich weit schwereren Verlauf zeigt (*»Malaria perniciosa«*), aber auch nicht nur innerhalb der Wendekreise, sondern auch in Südeuropa und in den Subtropen beobachtet wird. Der im Blute des Menschen kreisende Erreger wird beim Stechen einer bestimmten Mückenart (Anopheles) mit aufgenommen und später in einen neuen »Wirt« übertragen. Im Blut des Infizierten kommt es dann schubweise durch Selbstteilung der Malariakeime zu enormer Vermehrung, der jedesmal ein Fieberanfall entspricht. Je mehr infizierte Menschen in einer Gegend wohnen, um so besser ist für die Mücken die Gelegenheit, sich und den Menschen zu infizieren.

In Ostafrika hatte man mit großer Mühe und mit bedeutenden Kosten an zwei Hauptplätzen des Landes, in Daressalam und Tanga, seit Jahren die Malaria systematisch zu bekämpfen versucht. Der von Koch ausgehende Gedanke war, durch dauernde Chiningaben an die farbige Bevölkerung diese parasitenfrei zu halten und so den Mücken die Möglichkeit zur Weiterverbreitung der Malaria zu nehmen. Die Stadt war in eine Reihe von Bezirken geteilt, in denen an bestimmten Wochentagen bei allen Anwohnern Blutproben entnommen wurden. Ergab die Untersuchung im Laboratorium Malariaparasiten, so wurde jeder als krank Befundene einer entsprechend langen Chininkur unterworfen. So gelang es, für Europäer die Malariagefahr an den genannten Orten ganz erheblich herabzudrücken, wenn auch eine völlige Ausrottung der Seuche nicht möglich war. Das lag an dem ständigen Zuzug neu einreisender Leute, unter denen sich natürlich stets eine Menge Parasitenträger befanden, die bei ihrer mangelnden Seßhaftigkeit nicht richtig erfaßt werden konnten. Selbstredend wurde an allen Orten mit europäischer Bevölkerung auch der Kampf gegen die Brutstätten der Mücken ener-

Laboratorium des Schlafkrankenlagers Kluto in Togo

Schlafkrankenlager (Togo)

gisch aufgenommen durch Zuschütten von Tümpeln, Trockenlegen von Sümpfen, soweit letzteres überhaupt durchführbar war, und Abholzung des Busches in der Nähe der Wohnungen. – Im Mittelpunkt der Seuchenabwehr stand aber, etwa seit 1907, die Bekämpfung der *Schlafkrankheit.* Hier half uns wieder die Initiative unseres Altmeisters Koch, der persönlich in Ostafrika seine großzügigen Maßnahmen in die Wege leitete. Wie bei der Malaria ist auch bei dieser Krankheit ein Blutparasit die Ursache; er hat infolge seines länglich gestreckten, in einer Art Geißel auslaufenden Leibes, mit dem er schraubende Vorwärtsbewegungen ausführt, den Namen Trypanosoma (*trypanon* = Schraube) erhalten. Auch hier ist ein Insekt, eine Stechfliege, *Glossina palpalis,* der Überträger. Das Trypanosom wird von der Fliege beim Stechen mit dem Blut aufgesaugt und, allerdings erst nach Ablauf einer gewissen Zeit, bei erneutem Stechen weiterverbreitet. Der Verlauf der Krankheit ist äußerst chronisch; sie beginnt mit einer länger dauernden Fieberperiode; es folgt eine Schwellung der Lymphdrüsen, namentlich im Genick, mit gleichzeitig schnell auftretenden und schnell verschwindenden Ödemen der Haut. Darauf wird das Zentralnervensystem ergriffen, Störungen beim Gehen, Muskelzittern, dann auch allgemeine Verwirrtheit und Erregungszustände sind die Folge, bis schließlich das Endstadium mit unwiderstehlicher Schlafsucht einsetzt und ein allgemeiner Verfall der Körperkräfte, wobei die Kranken oft bis zum Skelett abmagern, das Leben beendet. Da die Kranken auch im späteren Verlauf des Leidens häufig die Parasiten im Blut haben, ist den Glossinen ständig Gelegenheit zur Weiterverbreitung geboten. Die Schlafkrankheitsfliegen bedürfen für ihr Fortkommen außer einem gewissen Feuchtigkeitsgehalt der Luft des Schatten spendenden Buschs. Man findet sie daher ausschließlich in der Nähe von Flußläufen und Seen, soweit dort Wald vorhanden ist, und zwar nur im tropischen Afrika. Die Seuche war schon vor hundert Jahren in Westafrika bekannt und hat sich mit zunehmender Erschließung des schwarzen Erdteils hauptsächlich ostwärts verbreitet. Zu Beginn des Zwanzigsten Jahrhunderts fing sie am Tanganyika- und Viktoriasee, dann auch in Kamerun und Togo an, die Bevölkerung zu dezimieren. Ähnlich wie bei der Malariabekämpfung war auch der Grundsatz für die Ausrottung der Schlafkrankheit ein doppelter: Vertreibung der Fliege und Vernichtung der Tryponosomen im Menschen. Um der Glossine die Existenzbedingung zu nehmen, galt es vor allem, den Busch in der Nähe der bedrohten Ortschaften, besonders unmittelbar am Ufer der Seen und Flüsse, fortzuschlagen und – was wichtiger – auch dauernd niederzuhalten. Unter dem Einfluß der tropischen Regenzeit pflegt nämlich aus stehengebliebenen Wurzeln die Vegetation sehr bald nachzuwachsen und so den Erfolg zu vereiteln. Unter Umständen mußten ganze Gebiete gesperrt und die Anwohner andernorts angesiedelt werden. Für den Kampf gegen das Trypanosoma hatte Koch selbst in Ostafrika die Leitlinien angegeben. In den von der Seuche bedrohten Gegenden wurden als Sammelpunkte für die Kranken stehende Lager errichtet. Der Lagerplatz und seine weitere Umgebung mußten natürlich fliegenfrei sein. Im Lande selbst wurden die Infizierten von Reiseärzten, die alle in Frage stehenden Ortschaften besuchten, ermittelt. Größere Flußübergänge, wichtige Straßen, besonders in der Nähe der Landesgrenze (Kongostaat!), wurden durch vorgebildetes Personal überwacht, dort krank oder verdächtig Befundene zur Behandlung dem Lager zugeführt. Alle Behandelten wurden, auch wenn sie sich längere Zeit als trypanosomenfrei erwiesen und entlassen wurden, doch von Zeit zu Zeit einer erneuten Blutuntersuchung unterworfen. Bis zum Ausbruch des Krieges galt das Atoxyl, ein Arsenpräparat, als das beste Heilmittel. Schon nach der ersten Injektion der Lösung verschwanden die Erreger sehr oft aus dem Blut. Um Dauererfolge zu erzielen, war freilich eine ziemlich lange Behandlung erforderlich. Heilungen waren möglich, wenn das Leiden noch nicht allzuweit fortgeschritten war. Aber in einem nicht geringen Prozentsatz führte das Präparat zu unheilbarer Erblindung.

Das ungeheure Unglück des Weltkrieges vernichtet die Früchte dieser so verheißungsvoll begonnenen hohen Kulturarbeit. In Ostafrika allein betrug 1912 die für die Schlafkrankheitsbekämpfung[1]) planmäßig ausgeworfene Summe 350 000 Mark (!). 1913 waren ebenda 10 Ärzte, in Kamerun 5, in Togo 3 mit dieser Sonderaufgabe beschäftigt. Wie wenig hatte man dagegen im Kongostaat und in Französisch-Kongo auf diesem Gebiet geleistet! Kein Wunder, daß ein amtlicher französischer Bericht der Nachkriegszeit unsere Bekämpfung der Seuche in Kamerun als *»travail gigantesque, travail colossal«* bezeich-net. Und wiederum sollte es *deutschem* Gelehrtenfleiß und –scharfblick vorbehalten bleiben, gegen diese »Geißel der Tropen« ein neues Mittel zu finden, das allerdings berufen scheint, den Kampf gegen die Schlafkrankheit siegreich zu beenden! Und das in einer Zeit, wo man Deutschland wissenschaftlich boykottierte, wo die vorm Krieg reichlich verfügbaren Geldmittel nicht mehr vorhanden waren. Im Laboratorium der bekannten Firma Bayer (Leverkusen) nach unendlich mühevollen Versuchen durch den Chemiker Dr. Heymann entdeckt, im Tierversuch und an einigen in Deutschland anwesenden Schlafkranken mit bestem Erfolg zuerst praktisch erprobt, sollte Bayer 205 oder Germanin, wie man es mit berechtigtem Stolz nannte, auch im Experiment größten Stils, nämlich im afrikanischen Schlafkrankheitsgebiet selber, an Hunderten von Kranken seine einzigartige Heilwirkung beweisen. Wiederum waren es deutsche Gelehrte, Professor Kleine, ein Schüler Robert Kochs, und sein Mitarbeiter Fischer, die in dem schwer verseuchten Nordrhodesia und im Katangagebiet während einer zwei Jahre dauernden Reise (1922/23) bewiesen, daß das von schädlichen Nebenwirkungen völlig freie Mittel eine weit bessere und schnellere Heilwirkung hat als das gefährliche Atoxyl, daß es ferner, in den Körper eingespritzt, sehr lange im Blut verweilt und somit viele Wochen lang eine bedeutende Schutzwirkung gegen erneute Ansteckung prophylaktisch ausüben kann. – Blutsaugende Insekten übertragen auch noch bei anderen Infektionskrankheiten die Erreger, so z. B. bei der *Pest*, die für manche unserer Schutzgebiete, z. B. für Ostafrika, große Bedeutung hat. Auch diese Seuche ist Gegenstand einer planmäßigen Bekämpfung gewesen.

Schlafkranke (Neu-Kamerun)

1) 1914 für Kamerun 550 000 Mark (Steudel).

Gouvernements-Krankenhaus Tanga (DOA)

Die Pest wird durch einen Bazillus verursacht; dieser kommt nicht nur für den Menschen, sondern auch für Tiere, besonders Ratten, als krankmachend in Betracht. Unter diesen erhält sich die Pest oft jahrelang, meist in latenter Form, nur zeitweise als offene Rattenpest plötzlich aufflakkernd. Vom Tier wird sie durch Flöhe auf den Menschen übertragen. In einem Teil der Fälle tritt sie als »Bubonenpest« auf; es kommt dann von dem infizierten Stich aus zu gruppenweise auftretender Entzündung und Vereiterung von Lymphdrüsen. Die zweite Form ist die »Lungenpest«, von Mensch zu Mensch (Anhusten) sehr leicht übertragbar, als Entzündung der Lunge auftretend, mit enormer Schnelligkeit sich verbreitend, fast immer zum Tode führend. In Ostafrika bedrohte sie besonders die Küste, wohin sie auf Schiffen durch infizierte Ratten in die Häfen geschleppt wurde, vor allem über Sansibar von dem alten Pestherd Bombay aus. Aber auch im Innern des Landes gab es endemische Pestherde (Iringa, Muansabezirk). Neben strenger Kontrolle des Schiffsverkehrs wandte man alle Aufmerksamkeit der Untersuchung und Vernichtung der Ratten zu. In Daressalam z. B. wurden jahrelang täglich, besonders in den stets verdächtigen Indervierteln, Ratten gefangen und systematisch im Laboratorium auf Pestbazillen untersucht. Daneben war für alle als Pestherde in Frage kommenden Landschaften Vertilgung der Ratten mit allen verfügbaren Mitteln angeordnet. 1912 betrug die Zahl der getöteten Ratten in Ostafrika 170 000. – Es bliebe noch übrig, kurz von zwei anderen Infektionskrankheiten zu sprechen, gegen die ebenfalls behördliche Maßnahmen getroffen wurden, dem *Rückfallfieber* und der *Lepra* (Aussatz). Beim Rückfallfieber verursacht der Erreger, ein den Bazillen nahestehendes, im Blutpräparat sich als korkenzieherartig gewundenes Gebilde darstellendes Lebewesen wochenlang eine Reihe heftiger Fieberanfälle, die durch mehr und mehr sich verlängernde freie Perioden getrennt werden. Nicht so ganz selten endet die Krankheit tödlich, namentlich bei Kindern. Auch hier gibt es einen übertragenden Zwischenwirt, eine Zecke (Ornithodorus), der Klasse der Spinnentiere angehörig. Diese lebt zu Hunderten in den Lehmwänden der Eingeborenenhütten, von wo aus sie vornehmlich des Nachts nach Art von Wanzen den Menschen überfällt, mit dem Blut eventuelle »Spirochäten«, wie man die Erreger nennt, in sich aufnimmt und diese später bei erneutem Blutsaugen weiterverbreitet. Um wenigstens die Europäer zu schützen, verbot man diesen den Aufenthalt in Eingeborenenhäusern und Karawansereien und legte schließlich, als das nicht viel nützte, die Rasthäuser an den Verkehrsstraßen nieder. Das Rückfallfieber ist über die ganze Welt verbreitet, gelegentlich wird es auch von andern blutsaugenden Schmarotzertieren übertragen. Auch der *Aussatz* ist auf der ganzen Erde heimisch. Je inniger und primitiver das Zusammenleben der Bevölkerung ist, um so verbreiteter pflegt im allgemeinen die Lepra in einer Gegend zu sein. Verursacht wird sie durch einen Bazillus; die Übertragungsweise ist noch nicht genügend bekannt. In allen unsern tropischen Schutzgebieten ist die Seuche eben aufgrund des engen Zusammenlebens der Eingeborenen außerordentlich häufig. Man unterscheidet die Hautlepra, bei der es zu langsam wachsenden, derben Knoten und Wülsten in der Haut, besonders auch im Gesicht kommt, ferner die Nervenlepra, bei der die Bazillen die Nerven befallen, was in der Folge zu den schwersten Ernährungsstörungen an den Gliedmaßen, zum Absterben ganzer Finger und Zehen führt. Das Leiden führt nach Jahren, oft nach Jahrzehnten zum Tod. Um einer Verbreitung der Seuche zu begegnen, ist man schon im Altertum bestrebt gewesen, die Aussätzigen in schärfster Form abzusondern. In den Kolonien hat man die Kranken in besonderen Dörfern, oft auch auf Inseln, wo ein Verkehr mit Gesunden leicht zu unterbinden ist, gesammelt. Naturgemäß stieß dieses in das Familienleben der Farbigen oft tief einschneidende Verfahren häufig auf Widerspruch. Die Mithilfe der Missionen hatte uns hier über manche Schwierigkeiten hinweggebracht. – Eine Seuche ganz anderer Art, die zwar nicht die hohe Sterblichkeit der Schlafkrankheit und Pest besitzt, aber bei ihrer ausgedehnten Verbreitung in allen Schutzgebieten von der allergrößten wirtschaftlichen Bedeutung ist, darf hier nicht vergessen werden, die *Wurmkrankheit.* Sie wird

Stabsarzt Dr. Marjhall impfend

durch einen kleinen, mit bloßem Auge noch gut sichtbaren Fadenwurm, das Ankylostomum (= Hakenmaul), das in großen Mengen den Dünndarm bevölkert, hervorgerufen. Vermöge besonders eingerichteter Mundwerkzeuge bohrt es sich in die Darmschleimhaut ein, entzieht so dem Körper dauernd Blut und erzeugt überdies durch seinen Stoffwechsel Gifte. So kommt es bei den Erkrankten zu schwerer Anämie, die allein schon nicht selten den Tod herbeiführt. Aber auch leichter Kranke sind sehr anfällig anderen Krankheiten gegenüber und zu längerer körperlicher Arbeit meist unfähig. Den Gang der Ansteckung kennt man genau: die Eier der Würmer werden mit dem Kot entleert. Aus ihnen entwickeln sich im Freien die Larven, die um so besser gedeihen, je feuchter der Boden und je wärmer die Außentemperatur ist; daher ihre große Verbreitung in der Tropenzone. Die Larven bohren sich in die unbekleidete Haut der Füße und Unterschenkel der Vorübergehenden, gelangen in den Blutkreislauf und von hier auf Umwegen in den Dünndarm, wo sie ihre Entwicklung zum geschlechtsreifen Wurm vollenden. Es wäre nicht so schwer, der Krankheit Herr zu werden, wenn es gelänge, dem Neger die üble Unsitte, seine Notdurft im Freien zu verrichten, abzugewöhnen. Aber hierin zeigen die Eingeborenen ein Beharrungsvermögen, das einer besseren Sache wert wäre. Je weniger in dieser Hinsicht Disziplin geübt wird, um so weiter und stärker wütet die Seuche, so fand man in Lindi und auch im Urwaldbezirk Kameruns die Kinder bis zu 75 % mit Würmern behaftet. Auf Pflanzungen oder in den Soldatendörfern, wo scharf kontrolliert wurde, gute Abortanlagen in trocken gehaltener Umgebung standen, planmäßige Stuhluntersuchungen und gründliche Thymolbehandlung der Wurmträger stattfand, gab es nur wenig Kranke. Immer und immer wieder hatte die Verwaltung versucht, durch farbige Ortsvorsteher, Eingeborenenlehrer u. a. die Leute zu belehren und vor allen Dingen zum ständigen Gebrauch von Aborten zu erziehen; aber selbst Strafandrohungen hatten bei der frei lebenden Bevölkerung kaum merklich genützt. Neben der Ankylostomiasis spielte die sogenannte *Bilharzia*krankheit, trotz ihrer stellenweise großen Verbreitung in den Schutzgebieten, keine erhebliche Rolle. Auch sie wird durch Würmer veranlaßt, die als Larven im Wasser leben, dort sich in die Haut der badenden Leute einbohren, in die Leber gelangen und von da mit ihren Eiern die Harnblase oder auch den Darm infizieren und schwer entzündlich verändern.

Mit der bloßen Seuchenabwehr waren natürlich die hygienischen Maßnahmen der Medizinalverwaltung keineswegs erschöpft. Fürsorge für Gefangene (Ernährung, Unterkunft, ärztliche Überwachung) für Pflanzungsarbeiter und Träger standen obenan; für strenge Kontrolle der Prostituierten, für Anlage einwandfreier Wasserstellen und Brunnen, öffentlicher Latrinen an Orten mit stärkerem Verkehr, für Beseitigung der Abfälle, sachgemäße Fleischbeschau u. a. m. wurde alles nur Mögliche getan. An vielen Orten bestanden sogenannte »Gesundheitskommissionen«, deren Pflicht es war, sich durch häufige Rundgänge von der richtigen Durchführung der angeordneten Maßnahmen zu überzeugen; sie setzen sich aus dem Stationsarzt, je einem Mitglied des Bezirksamts, der weißen und der farbigen Ortsbevölkerung zusammen. Auch viele größere Pflanzungsgesellschaften, Firmen, so z. B. die den Bau der Zentralbahn in Ostafrika ausführende Firma Holzmann, sorgten durch Ärzte und geschultes Unterpersonal in trefflicher Weise für ihre Arbeiter. –

Wenn schon die allgemeinen hygienischen Maßnahmen, namentlich auch die erfolgreiche Eindämmung der Seuchengefahr das Vertrauen der Eingeborenen zu den Ärzten und der Kolonialverwaltung stärkten, so mußte dies in noch größerem Umfange der Fall sein, wenn der Arzt dem einzelnen Kranken persönlich gegenübertrat, und dieser dann am eignen Leib die Erfolge des ärztlichen Wirkens erfuhr. Es war schon erwähnt, daß an allen Hauptverwaltungsstellen (Bezirksämtern) Krankenhäuser mit einer entsprechenden Bettenzahl für Eingeborene bestanden. Dort fanden schwerer Erkrankte längere Aufnahme, gleichzeitig wurde in der »Poliklinik« täglich beraten und behandelt. Der Krankendienst begann durchschnittlich früh um sieben Uhr; zuerst erschienen die Angehörigen der Schutz- und Polizeitruppe, dann das »große Publikum«. Unter den Leiden »innerer« Art standen die (häufig auf Erkältung beruhenden) Erkrankungen der Bronchien und Lungen obenan. Die in der kühlen Jahreszeit sich häufenden Lungenentzündungen führten auffällig oft zum Tode. Malaria (namentlich bei Kindern) und Rückfallfieber bildeten ebenfalls einen hohen Prozentsatz der Zugänge. Chinin und (gegen Rückfallfieber) Salvarsan wurden mit bestem Erfolg angewandt, Salvarsan auch mit besonders in die Augen springendem Nutzen bei der *Frambösie.* Hierbei kommt es zu warzenartigen Wucherungen in der Oberhaut, die bei dem durchaus chronischen Charakter dieser durch eine »Spirochäte« hervorgerufenen Erkrankung zu schwer heilenden tiefen Geschwüren führen können. Es gibt kaum eine Krankheit, bei der in kürzester Zeit ein Heilmittel so wunderbar wirkt wie das Salversan bei der Frambösie. Daß auch die stellenweise ungeheuer verbreitete Syphilis mit demselben Mittel in allen Schutzgebieten bekämpft wurde, bedarf keiner Erwähnung. Einen großen Teil der behandelten Fälle bildeten auch Darmerkrankungen der verschiedensten Art: die hierunter fallende ansteckende *Amöbenruhr,* ferner die durch Würmer hergerufenen Infektionen. Außer Ankylostomum kommen vor allem *Band-* und *Spulwürmer* in Betracht. Sehr oft wurde auch ärztliche Hilfe von Augenkranken erbeten, unter denen in bestimmten Gegenden viele an *Trachom* litten. Hierbei sei bemerkt, daß die zahlreichen *Erblindeten,* die man überall trifft, meistens infolge einer Pockenerkrankung ihr Augenlicht verloren. Geradezu unübersehbar war an den größeren Hospitälern aber die Schar

Vor dem Lienhardt-Sanatorium in Westusambara (DOA)

der mit chronischem *Unterschenkelgeschwür* Behafteten. Häufig bildet eine kleine Wunde den Ausgangspunkt; hinzutretende Mischinfektionen mit Erregern der verschiedensten Art verwandeln diese nach und nach in eine schmutzige, tiefgreifende Geschwürsfläche, deren Beseitigung an die Geduld des Arztes und Kranken die größten Anforderungen stellt. Eine große Rolle spielten die durch den *Sandfloh* hervorgerufenen Entzündungen; das befruchtete weibliche Tier bohrt sich, meist in der Nähe der Zehennägel, in die Haut ein; dort wächst es sich mit zunehmender Reifung der Eier zu einem über erbsengroßen Gebilde aus. Sehr oft führen Vernachlässigung oder Hantieren mit unsauberen Instrumenten an der Infektionsstelle zu schwerer Eiterung und Geschwürsbildung. Außerordentlich waren die Erfolge deutscher Tropenärzte auf *chirurgischem* Gebiet, und mancher messerscheue Farbige hat, bekehrt durch das Gelingen operativer Eingriffe an anderen, den Arzt mit Bitten bestürmt, auch ihm auf die gleiche Art zu helfen. Vor allem waren es Leisten- und Wasserbrüche, die namentlich in Ostafrika und Kamerun eine große Zahl Hilfesuchender der Behandlung zuführten. So wurden z. B. in Kamerun allein im Jahre 1912 230 Leistenbrüche operiert.

Ich kann dieses Kapitel über die Tätigkeit der deutschen Kolonialärzte nicht schließen, ohne einen kurzen Blick auf ihre Leistungen im ostafrikanischen Feldzuge zu werfen. Niemals war von der höchsten militärischen Stelle in Ostafrika eine ernstliche Vorbereitung auf einen Krieg mit einem europäischen Gegner getroffen worden. Die Schutztruppe sollte nur etwaigen Aufständen der Eingeborenen begegnen; dementsprechend war sie ausgerüstet, auch was das Sanitätsmaterial betrifft. Die Taten General v. Lettows sind bekannt, auch wie nach und nach aus den wehrfähigen Europäern und Farbigen des Schutzgebiets eine den Friedensstand der aktiven Truppe und Polizeitruppe um etwa das Fünffache übertreffende bewaffnete Macht »improvisiert« wurde. Dementsprechend hieß es auch die sanitäre Fürsorge erweitern. Alle nur verfügbaren ärztlichen Hilfskräfte wurden der Truppe beziehungsweise der Etappe angegliedert: die Ärzte der Schlafkrankheitsbekämpfung, die Regierungsärzte, die auf den Schiffen der D.-O.-A.-Linie und die im Dienst von privaten Unternehmungen oder Missionen befindlichen; gleiches galt für das Unterpersonal. An Material wurde requiriert, was in den Privatapotheken der Kolonie, bei vielen Pflanzungen und Firmen vorhanden war. Ein großes Glück war es, daß sich die Truppe bis zuletzt aus dem Lande verpflegen konnte. Man war zwar mit zunehmender Dauer des Krieges immer mehr auf Pflanzenkost angewiesen, aber das war kein Schade, da vor allem die hochwertigen, eiweißreichen Hülsenfrüchte niemals fehlten und frische Gemüse und Früchte stets vitaminreiche Zukost boten. Ab und zu lieferte in den späteren mageren Jahren doch die Jagd noch das nötige Fleisch. Die für den Frieden gut organisierte Seuchenbekämpfung fand auch im Krieg entsprechende Verwendung. An der Nordfront (Kilimandjaro) hatte man sogar die Truppe mit Typhusvakzine, die im Land selbst hergestellt war, geimpft; auch bakteriologische Untersuchungen, für die Typhusbekämpfung unentbehrlich, wurden in Feldlaboratorien ausgeführt. Chinin wurde später im Musterinstitut zu Amani aus dort angebauten Pflanzen gewonnen und verarbeitet. Im letzten Kriegsjahre wurde der Bedarf an diesem unentbehrlichen Medikament durch unsere Patrouillen beim Feind gedeckt. Der Abtransport der Verwundeten aus der Feuerlinie zum Verbandsplatz und weiter zum Feldlazarett geschah auf die einfachste Weise. Automobile, die der Gegner zu Hunderten an die Front brachte, besaßen wir nicht, ebensowenig Sanitäts- oder Krankenfahrzeuge nach europäischem Muster; so war die »Maschilla«, die tragbare Hängematte, das einzige Beförderungsmittel auf nahe und weiteste Entfernung. Solange allerdings der Norden noch gehalten werden konnte, war die das Kilimandjarogebiet mit der Küste verbindende Usambarabahn für den weiteren Abtransport nach dem vortrefflich ausgerüsteten Etappenlazarett Korogwe eine gewaltige Hilfe, was besonders nach der Schlacht von Tanga in Erscheinung trat. Je länger aber der Krieg dauerte, um so behelfsmäßiger wurde die ärztliche Versorgung, und es war im letzten Jahre des Feldzugs nicht Ungewöhnliches, wenn Schwerverwundete mit Brust- oder Knochenschüssen wochenlang in den »Maschillen« auf den Schultern der unermüdlichen Träger dem marschierenden Lazarett folgten. Überhaupt verwischte sich zuletzt der Unterschied zwischen Etappe und Front immer mehr, besonders als nach Überschreitung des Rovuma sich die Truppe in Portugiesisch-Ostafrika meist im Bewegungskrieg befand. So kam es auch, daß ebendort das einzige Lazarett als marschierende Formation innerhalb der Kampftruppe sich bewegen mußte und Ende August 1918 bei einem Feuerüberfall zwei Ärzte durch den Tod und einen durch Gefangennahme verlor. Die Leistungen der Ärzte haben übrigens stets die wärmste Anerkennung durch Kommandeur und Gouverneur erfahren, und es ist keine Anmaßung, wenn die bis zuletzt erhaltene Schlagkraft der Truppe zum guten Teil der gewissenhaften ärztlichen Fürsorge zugeschrieben wird.

Jedenfalls spiegelt die Tätigkeit des deutschen Kolonialarztes ebenso wie die des deutschen Beamten und Soldaten alle guten Eigenschaften unseres Volkes wider: das Verständnis für die tieferstehende Rasse, die Gründlichkeit und Gewissenhaftigkeit in der Behandlung theoretischer und praktischer Fragen, die Ausdauer in der Verfolgung eines einmal als richtig erkannten Ziels. So hat auch der deutsche Arzt zu der großen Kulturarbeit über See redlich das Seine beigetragen, und kein noch so mißgünstiges Geschrei verblendeter Feinde wird ihm diesen Ruhm streitig machen dürfen.

Die Technik in den deutschen Schutzgebieten

Von Alfred Schubert

Überblicken wir rückschauend die Technik in den deutschen Schutzgebieten, so müssen wir an erster Stelle die Schaffung der Verkehrswege und Verkehrsmittel betrachten; denn sie bilden das Rückgrat jeglicher Entwicklung des Handels, der Zivilisation und schließlich der Kultur. An zweiter Stelle werden wir der Industrie gedenken müssen, die sich allerorts in den Städten und auch auf den Pflanzungen entwickelt hat; dann aber werden wir uns denjenigen Aufgaben zuwenden, die die Technik zu lösen hat, wenn wir wieder eigene Schutzgebiete zu erschließen haben werden.

Die Zugänglichkeit eines Landes von der See her ist in erster Linie von der *Güte seiner Häfen* abhängig. Am günstigsten lagen die Verhältnisse in Ostafrika und in Kamerun, wo die Häfen von Tanga, Daressalam, Kilwa, Kissiwani und Lindi bzw. in Kamerun die Mündung des Wuri und der Viktoriahafen der Schiffahrt mehr oder minder geschlossene, ruhige Ankerplätze zum Leichtern boten. Gleichwohl hat es lange Jahre gedauert, bis die Mittel bewilligt worden waren, um sie einigermaßen mit neuzeitlichen Lösch- und Ladevorrichtungen, festen Zoll- und Güterschuppen auszustatten.

Weit ungünstiger lagen die Landungsverhältnisse in *Deutsch-Südwestafrika.* Von dem schönen Hafen im Süden bei Lüderitzbucht und der im englischen Besitz befindlichen Walfischbai abgesehen, weist die ganze Küste starke Brandung auf. Der aus Süden kommende, die Küste entlangstreichende Meeresstrom führt gewaltige Sandmasse mit sich. Eine im Jahre 1903 nördlich der Mündung des Swakop ins Meer hinausgebaute 370 m lange Mole aus Betonkörpern und Steinschüttung versandete rascher, als man erwartet hatte. Der Aufstand der Hererós und der Hottentotten zwang dazu, eine Behelfs-Landungsbrücke aus hölzernen Pfählen südlich davon zu bauen. Sie ist im wesentlichen das Werk unserer tüchtigen Schutztruppe.

Die Holzpfähle wurden indessen sehr rasch von dem Bohrwurm zerstört. Im Jahre 1911 wurde daher unmittelbar südlich der Holzbrücke eine neue eiserne Brücke begonnen. Sie sollte 650 m lang, d. h. bis in das ruhigere Wasser hinausgeführt werden. Mit zunehmendem Verkehr war geplant, sie als Mole auszubauen, auch gegebenenfalls die alte, versandete Mole weiter zu verlängern und so zwischen beiden ein ruhiges Molen- oder Hafenbecken zu schaffen.

Die 1911 begonnene neue Landungsbrücke wurde von der Firma *Grün & Bilfinger* in Mannheim gebaut. Auch hier waren bedeutende technische Schwierigkeiten zu überwinden. Für die Eisenbetonpfähle mußten in dem felsigen Untergrund unter Wasser 40 cm weite und 2 1/2 m tiefe Löcher gebohrt werden. 1914 waren bereits 240 m fertiggestellt. Da brach der Krieg aus.

Heute löschen die Dampfer in der Walfischbai. Die mangelnden Hafenanlagen und ungenügende Baggerungen gestalten aber die Landungsverhältnisse dort noch recht schwierig. Das Löschen muß bei aufkommendem Winde stets unterbrochen werden. Allerdings ist zur Zeit eine großzügige Anlage im Werden, die es Seeschiffen gestatten soll, unmittelbar am Kai zu löschen. Sie soll 1927 fertiggestellt werden.

Am schwierigsten lagen die Landungsverhältnisse in *Togo.* Hier bietet die einförmige, an keiner Stelle auch nur den geringsten Schutz gewährende Küste in der fast immer starken Brandung der Ladung größte Schwierigkeiten. Ein Molenbau kam der großen Kosten wegen nicht in Frage. Man entschloß sich anfangs 1903 eine Landungsbrücke zu bauen. Sie wurde später verlängert und hielt bis 1911 gut, als plötzlich ein vermutlich infolge eines Seebebens entstandener besonders schwerer Seegang mehrere Brük-

Elektrische Lösch- und Ladekräne im Hafen von Daressalam (DOA)

kenöffnungen aus dem Kugellager hob. Der Mangel an Aufzeichnungen über außerordentliche Änderungen des Wasserspiegels hatte nicht erkennen lassen, mit welchen Zufälligkeiten man rechnen müsse. Der Wunsch, die Baukosten wie die Betriebskosten möglichst niedrig zu halten, hat hier die Richtigkeit des Sprichwortes bestätigt: Das Gute ist des Besten Feind.

Inzwischen sind fast 12 Jahre vergangen. Manche Beobachtungen über die Höhe des Seegangs an der Westküste Afrikas werden von den verschiedensten Kolonialvölkern angestellt worden sein. Wo aber ist in Deutschland eine Stelle, die diese Beobachtungen sammelt und wenigstens den Quellennachweis verfolgt, um ähnlichen, Geld und Zeit kostenden Rückschlägen in der Erschließung Afrikas vorzubeugen?

Wenden wir uns nunmehr den *Verkehrsanlagen zu Lande* zu, so sind in erster Linie unsere Bahnbauten zu nennen.

Zehn Jahre dauerte es, bis man sich nach der Besitzergreifung unserer Kolonien in der Heimat entschloß, dort eine *Eisenbahn* zu bauen. Erst am 16. Oktober 1894 wurde als erste deutsche afrikanische Bahn die nur 14 km lange Strecke der Usambaralinie von Tanga nach Pongwe in Ostafrika eröffnet. Weitere volle *elf* Jahre währte es, bis diese Bahn bis Mombo mit 129 km in Betrieb kam.

Als zweite deutsche Kolonialbahn wurde 1897 in Südwestafrika die Bahn Swakopmund–Windhuk begonnen. Der Bau entsprang nicht großzügigen Unternehmungsabsichten, sondern der Not. Die Rinderpest hatte 1896 fast alle Zugochsen, das einzige Verkehrsmittel, auf dem die Wirtschaft des Landes aufgebaut war, vernichtet; man mußte einen Schienenstrang legen, um die 100 km breite, sandige, wasserlose Namib zu durchqueren. Mit bescheidensten Mitteln wurde die Bahn begonnen und 1902 im Juni mit der Erreichung Windhuks eröffnet.

Togo eröffnete am 18. Juni 1905 seine erste,

Kupferhütte Tsumeb (DSWA)

die Küstenstädtchen Lome und Anechó verbindende Bahn. Kamerun erhielt im Jahre 1909 in der Manengubabahn seinen ersten eisernen Verkehrsstrang. Wahrhaftig, langsamer, zögernder hätte man kaum vorgehen können!

Die Schwierigkeiten der Erkundung der richtigen Trasse waren besonders in Kamerun ganz ungeheure. Die Vermessungs-Ingenieure mußten tagelang in ekligstem Sumpfgelände arbeiten; in Südwest stellte der Mangel an Wasser in der wüstenartigen Namib allergrößte Anforderungen an die Bauleute. Aber all diese technischen Aufgaben hätten früher ebenso gelöst werden können, wie es später geschah. Es mangelte das Verständnis daheim für den Wert unserer Kolonien überhaupt. Darum bleibt es ein unbestreitbarer Verdienst unseres ersten Kolonialstaatssekretärs *Dernburg*, dies Verständnis dadurch geweckt zu haben, daß er 1907 selbst nach Ostafrika reiste und im März 1908 der Schutzgebiets-Bahnvorlage zur Annahme durch den Reichstag verhalf. 1400 km Bahnbau wurden mit einem Schlag genehmigt. 1910, 1911 und 1914 folgten dann weitere Bahnvorlagen. 1917 wären 5100 km Eisenbahn in unseren afrikanischen Schutzgebieten fertiggestellt gewesen.

Bei Kriegsausbruch im Jahre 1914 standen folgende Bahnen im Bau bzw. in Betrieb:

A: *Ostafrika:*

	Gesamtlänge	in Betrieb
Usambarabahn von Tanga nach Moschi und Aruscha	438 km	352 km
Tanganjikabahn von Daressalam nach Tabora und Kigoma	1252 km	1 252 km
Ruandabahn von Tabora nach Kagera	481 km	— km
	2171 km	1 604

Die Spurweite betrug 1,0 m.

Das Anlagekapital betrug 209 150 000 M.

Die Baukosten schwankten zwischen 71 200 und 104 000 M. je Kilometer.

Außerdem waren 23,7 km Schmalspurbahn von 75 cm Spurweite in der *Sigibahn* in Betrieb und 18 km einer 60-cm-spurigen Bahn im *Lukuledithal* in Bau.

B: *Kamerun:*

	Gesamtlänge	in Betrieb
Manenguba- oder Nordbahn	160 km	160 km
Mittellandbahn von Duala nach Bidjoka und Njong	283 km	150 km
	443 km	310 km

Phosphat-Verladungsanlage auf Angaur (Westkarolinen)

Die Spurweite betrug 1,0 m.

Das Anlagekapital war auf 64 350 000 M. festgelegt.

Die Baukosten schwankten zwischen 100 000 und 171 000 M. je Kilometer.

Außerdem war auf der Viktoria-Pflanzung eine 60-cm-spurige Kleinbahn von 66 km Länge in Betrieb:

C: *Togo:*

	Gesamtlänge	in Betrieb
Küstenbahn von Lome nach Anechó	44 km	44 km
Inlandsbahn v. Lome nach Pálime	119 km	119 km
Hinterlandbahn von Lome nach Atakpame	164 km	164 km
	327 km	327 km

Die Spurweite betrug 1,0 m.

Das Anlagekapital belief sich auf 18 690 000 M.

Die Baukosten schwankten zwischen 26 400 und 63 100 M. je Kilometer.

D: *Deutsch-Südwestafrika:*

	Gesamtlänge	in Betrieb
Nord-Südbahn von Karibib über Windhuk nach Keetmanshoop	697 km	697 km
Südbahn von Lüderitzbucht nach Seeheim und Keetmanshoop und Seeheim-Kalkfontein	545 km	545 km

Die Spurweite betrug 1,067 m.

Das Anlagekapital belief sich auf 93 760 000 Mark.

Die Baukosten schwankten zwischen 70 700 und 98 000 M. je Kilometer.

Dazu treten als weitere Hauptbahnen:

	Gesamtlänge	in Betrieb
Otavibahn von Swakopmund nach Otavi, Tsumeb und Grootfontein mit 60 cm Spurweite	671 km	671 km

Anlagekapital 25 140 000 M.
Baukosten 37 400 M. je Kilometer.

	Gesamtlänge	in Betrieb
Swakopbahn von Swakopmund über Jakalswater nach Karibib	194 km	194 km

Spurweite 60 cm.
Baukapital 7 700 000 M.

Drahtseilbahn der Firma Wilkins & Wiese, zum Abtransport von Zedernholz aus 2000 Meter Höhe (Westusambara, DOA)

Ambolandbahn von
Otjivarongo nach Outjo
und Okaukuego 265 km — km
Spurweite 60 cm.
Baukapital 13 000 000 M.
Außerdem noch als Anschlußbahn die Khan-Grubenbahn 11 km 11 km
in 60 cm Spurweite.

Insgesamt sollten für das 5313 km lange Bahnnetz, von dem 4448,7 km bereits im Vollbetrieb stehen, ohne die Kleinbahnen über 432 Millionen Mark festgelegt werden. Im Vergleich zu den Ausgaben für unser Heer und die Marine, die alljährlich vor dem Krieg (1913/14) etwa 1848 Millionen betrugen, ist das eine lächerlich geringe Summe, und ein Beweis für die hervorragenden Leistungen der deutschen Technik. Das Bahnnetz der südafrikanischen Union umfaßte am 31. Dezember 1910 etwa 12 208 km, für die etwa 1580 Millionen Mark oder fast 130 000 Mark je Kilometer von Staats wegen aufgebracht wurden. In den deutschen Schutzgebieten beliefen sich (bei allerdings leichterem Oberbau) die Kosten auf durchschnittlich 81 000 Mark je Kilometer.

Diesen gewiß beachtlichen Leistungen steht die Tatsache gegenüber, daß eine Landfläche von der fast fünffachen Größe der Heimat noch nicht so viel Eisenbahnen hatte wie die kleine Schweiz, die nur den 50ten Teil so groß ist wie unsere afrikanischen Schutzgebiete zusammen. Aber auch diese Zahlen besagen noch nichts gegenüber der Rückständigkeit verkehrsprivatwirtschaftlichen Denkens, das noch vor Dernburgs Reise unser Volk befangen hielt.

Die Gesamtzahl der eingeborenen Bevölkerung wurde 1908 auf rund 12 000 000 geschätzt. Zwei Millionen oder der sechste Teil aller Menschen waren damit beschäftigt, die Ausfuhrware auf dem Kopfe (!) nach der Küste zu tragen. Man hatte nicht erkannt, daß rund 150 Eisenbahnzüge von je 50 t Nutzlast im Jahre dieselbe Leistung vollbringen konnten.

Geh. Baurat Schubert bei Höhenforschungen in DSWA 1909

Im Betriebsjahr 1911/12 wurden befördert:

auf der Bahn	bei Betriebslänge	Personen	Güter (ohne Baugut) t
Ostafrika:			
Usambarabahn	352 km	259 300	33 100
Tanganjikabahn	769 km	106 600	19 300
Togo:			
Küstenbahn	44 km	70 100	8 200
Inlandbahn	119 km	75 100	14 700
Hinterlandbahn	163 km	43 700	10 200
Südwestafrika			
Karibib-Windhuk	191 km	31 800	23 300
Otavibahn	671 km	40 500	100 000
Südbahn	545 km	25 400	26 800
Kamerun:			
Nordbahn	160 km	154 300	24 500
Zusamm. auf	3014 km	806 800 Pers.	260 100 t.

Die Gesamtzahl der geleisteten Tonnenkilometer betrug 65 432 700.

Die mittlere Förderlänge belief sich also auf rund 250 km. Nimmt man die Leistung eines Negers zu 3/4 tkm je Tag an und 100 Marschtage im Jahr, also 75 tkm je Kopf, so würde das bedeuten, daß im Jahre 1913 erst 872 400 Träger von den obengenannten zwei Millionen durch die Bahnen entbehrlich geworden sind. Der Gewinn erscheint einerseits noch gering (die Notwendigkeit weiterer Bahnbauten lag ja auf der Hand), aber diese Ersparnis an unfruchtbarer Trägerarbeit wirkte sich doch bereits in der Plantagenwirtschaft und auf anderen Gebieten in einer allgemeinen Hebung der Schutzgebiete aus. Das erhellt schon aus der Zahl der beförderten Personen (806 800).

Im Jahre 1913 befanden sich 23 300, im Jahre 1914 24400 Weiße in den Schutzgebieten. Die Zahl der Bahnreisenden war also das rund 35-fache der weißen Bevölkerung. Das heißt: die Bahnen waren zu einem Verkehrsmittel für die farbige Bevölkerung geworden, sie hatte Geschmack gefunden am »reisen«, der Handelsstand unter ihr nahm zu, ein vielversprechendes Zeichen für das Aufblühen der Wirtschaft.

Aber nicht nur in dieser Beziehung trugen die Bahnen zur Hebung des Landes bei, viel Wertvolleres haben sie der Bevölkerung gebracht: *die Neger lernten arbeiten!*

Ist das wirklich eine Segnung der Kultur?

Es ist ein weitverbreiteter Irrtum zu glauben, daß die Farbigen nicht arbeiten und den Tag mit Nichtstun hinbrächten. Ich glaube kaum, daß irgendeiner von denen, die diesen Irrtum teilen, in Wirklichkeit in der Lage wäre, die Arbeit eines Wilden auf die Dauer zu leisten. Sie arbeiten zwar vielfach nicht in dem Sinne, in dem wir das verstehen, aber schon das Hüttenbauen, das Sich-Nahrungsuchen, das Hüten des Viehes oder das Jagen ist in den Tropen mit so erheblichen Anstrengungen und Entbehrungen verknüpft, daß sich hieraus schon erklärt, warum sich der Eingeborene überhaupt zur Arbeit beim Weißen meldet. Was ihm lästig erscheint, ist der Zwang, tagtäglich das Gleiche tun zu müssen, und die notwendige Trennung von der heimischen Sippe. Wo ihm die Arbeit Abwechslung und Gesellschaft bietet, zieht er in der Regel ein festes Arbeitsverhältnis, das ihm die Sorge ums tägliche Brot nimmt, dem Leben im Busche vor. Nur wenige Nomadenstämme machen davon eine Ausnahme.

Darum kann man füglich behaupten, daß die Technik – gleichgültig ob sie der Missionar, der Pflanzer, der Schutztruppler oder der Ingenieur ins Land bringt – *den Eingeborenen auf eine höhere Stufe der Kultur bringt* (– nicht nur der Zivilisation –), denn sie lehrt ihn die vollkommeneren Geräte: Schaufel, Hobel, Säge, schwere Hämmer und Meißel handhaben, ja schließlich Maschinen bedienen, den Pflug führen, Kautschuk-Bäume zapfen, eigene Pflanzungen anlegen. Schreiben, Rechnen, Telephonieren, Telegraphieren und vieles andere mehr sind Erfolge vereinter Erziehungsarbeit unserer Kolonialtechniker.

Kupfermine Tsumeb (DSWA)

Damit man nicht sage, ich übertreibe, darf ich anführen, was die britische Zeitung »Westafrika« vom 23. 6. 1923, Nr. 334 über Togo schreibt. Es heißt dort: »Die Ausbildung der Afrikaner als Zimmerleute, Monteure, Mechaniker, Maurer, Schmiede usw. war, wie ein Blick in die Stadt Lome lehrt, von den Deutschen in bewundernswerter Weise durchgeführt worden.« Im englischen Bericht über Kamerun (Parlamentsdrucksache vom Mai 1922) heißt es: »Viele von den Negern, die in ihre Dörfer zurückkehren, nehmen die Kultur von Kakao und anderen Nutzpflanzen auf eigene Rechnung auf und vermehren so die Prosperität des Landes.«

Deutlicher noch aber spricht die Tatsache, daß z. B. in Deutsch-Ostafrika mit etwa 7 2/3 Millionen Einwohnern schon im Jahre 1912 dauernd 140 000 Farbige, also der 50. Teil der Gesamtbevölkerung oder fast 8 % der erwachsenen Männer in einem geordneten Arbeitsverhältnis standen, daß dort rund 115 000 Farbige die Regierungs- und Missionsschulen besuchten und alljährlich 300 ihre Gesellenprüfung an den Handwerkerschulen ablegten.

In diesem schließlich von dem Streben nach eigenem Aufstieg getragenen Drang nach Vervollkommnung tritt aber das noch weit höher stehende Streben nach treuester Pflichterfüllung. Ich denke dabei z. B. an die schwierigen Arbeiten beim Einsturz eines Tunnels bei km 23 der Ostafrikanischen Mittellandbahn, wo sich unsere Farbigen todesmutig größter Lebensgefahr aussetzten. Ich denke an einen Ritt in Südwestafrika, wo einer meiner »Bambusen« nach 52stündigem Dursten im letzten Augenblick, als mein Reisegefährte zu erliegen drohte, eine Büchse Milch aus seiner Satteltasche zog und sie ihm reichte. Er hatte sie für den Notfall für uns Weiße aufgespart! Ich denke an meinen farbigen Gefängniswärter, der früher in Deutsch-Südwest in den Otavi-Minen unter Tag gearbeitet hatte und mir als Deutschem, damals in portugiesischer Gefangenschaft, seine Anhänglichkeit erwies. Ich denke an die schwierigen Taucherarbeiten im reißenden Ssáanagastrom beim Bau des verunglückten Pfeilers der Südarmbrücke. Wahrlich, manche unvergleichliche Heldenleistung haben diese jüngsten Glieder des Technikerstandes schon in Vorkriegszeiten vollbracht. Ohne ihre Mithilfe hätten unsere Schutzgebiete nicht diesen Aufschwung nehmen können. *Denn der Farbige ist* und *bleibt* nun einmal *das wertvollste Aktivum* jeglicher wirtschaftlicher Unternehmung in *Afrika.*

Die verkehrstechnische Erschließung hatte nicht nur auf die Wirtschaft Rücksicht zu nehmen, sondern auch auf die klimatischen und sozialen Verhältnisse. Das drückte sich aus in den großzügigen *Bebauungsplänen,* die für die Hafenstädte in Daressalam und Duala in den letzten Jahren vor dem Krieg aufgestellt wurden und mit deren Ausführung bereits begonnen worden

Eisenbahnbrücke über den Khanfluß bei Usakos (DSWA)

war. Hierbei zeigte sich so recht, wie die Technik dem Gesundheitsdienst, der Wohlfahrtspflege und der Sozialwirtschaft verschwistert ist und nur in engster Zusammenarbeit Höchstes geleistet werden kann.

Mit der fortschreitenden Besiedlung und Erschließung des Landes hatten sich auch hier und dort bereits kleinere und größere *Industriebetriebe* entwickelt.

Der bedeutendste war der Minenbetrieb der Otavi-Minen- und Eisenbahngesellschaft in Tsumeb in Deutsch-Südwestafrika. Seit 1906 bis März 1923 sind dort rund 780 000 Tonnen Kupfererze gefördert worden. 390 000 Tonnen wurden davon nach Europa und Amerika verschifft.

An zweiter Stelle sind die Betriebe der Diamantfelder in Südwestafrika zu nennen. Von 1908 bis 1913 sind rund 4,7 Millionen Karat oder 940 kg Diamanten im Werte von 152 Millionen Goldmark gewonnen worden. Die technischen Förder- und Wascheinrichtungen hatten einen hohen Grad der Vollkommenheit erreicht.

Mehrere Bierbrauereien, Weinkellereien, Anlagen für Sisal-Hanfgewinnung, Baumwollspinnereien, Trockenanlagen für Kokosnüsse, Aufbereitungsanlagen für Palmöl und Kakao waren in den tropischen Schutzgebieten geschaffen. In den letzten 8 Jahren hatte sich überall das Keimen kolonialwirtschaftlicher und technischer Tätigkeit zu einem vielversprechenden Fruchtansatz entwickelt. Da griff die gierige Hand der weißen Kriegsräuber nach den Früchten und vernichtete sie. Die Kolonien wurden uns geraubt, fast sämtliche Ansiedler außer Landes gejagt.

Was nun?!

Die Antwort, die uns die Aufgabe und das Ziel unserer künftigen Kolonialpolitik umreißt, lautet kurz: Wiedergewinnen und wiedererschließen! Aus ihr erhellt sofort auch die Aufgabe, die der Technik dabei zukommt, nämlich *die Wiedererschließung.*

Hier mag gar mancher der lieben Leser lächeln und sagen: Ja, wir müssen doch erst wieder eigene Kolonien haben und wissen, wo und was wir wieder erschließen sollen? Vorher ist doch jede Beschäftigung mit solchen Fragen theoretische Spielerei!

Nichts falscher als das. Solcher Standpunkt

Hafen Tsingtau (Kiautschou)

wäre wirklichkeitsfremder, kurzsichtiger, untechnischer Unverstand.

Unterstellen wir einmal den äußersten Grenzfall, daß Deutschland überhaupt keine eigenen Schutzgebiete mehr erhalten werde. Glaubt man wirklich, daß Deutschland auf die Dauer in der Lage sein werde, seine Bevölkerung innerhalb seiner derzeitigen Grenzen zu ernähren? Glaubt man wirklich, daß deutscher Unternehmungsgeist sich dauernd so werde fesseln lassen, daß ihm jegliche überseeische Betätigungsmöglichkeit unterbunden werden könnte? – Ein Grundgesetz der Physik sagt: Wo eine Kraft (Aktion) ausgeübt wird, da tritt auch eine Gegenkraft (Reaktion) auf; Druck und Gegendruck wachsen stets gleichmäßig.

Schon die zunehmende Auswanderung der letzten Jahre beweist, daß die unmittelbare Folge der Beschneidung unserer Landesgrenzen ein Hinausströmen deutscher Arbeitskräfte ist. Versagt man diesem Strom, sich nach bestimmten, eigenen Schutzgebieten zu ergießen, so muß er sich zerteilen und in zahlreichen Einzelästen hier- und dorthin verbreiten, wo immer nur eine Lücke sich bietet. Die Folge wird sein, daß sich in Bälde über die ganze Erde verteilte kleinere und größere Siedlungen (Kolonien) entwickeln werden. Diese gilt's zu fördern und zu heben.

Der oben unterstellte Grenzfall stellt uns also vor eine noch weit größere Aufgabe als die, die zu lösen wäre, wenn wir unsere eigenen Schutzgebiete wiedererlangen. Wir haben nicht nur ein bestimmtes Land, sondern in den verschiedensten Ländern eine *Mehrzahl von kleinen Schutzgebieten* im wahrsten Sinne des Wortes wieder zu erschließen.

Das möge man sich stets vor Augen halten!

Gleichgültig aber, ob man an zahlreiche kleine oder einige größere Schützlinge fern der Heimat denkt: ihre Lage wird keine leichte sein! Denn der Kampf ums Dasein hat sich in der ganzen zivilisierten Welt so verschärft, daß in ihm nur noch wird bestehen können, wer sich der Errungenschaften der neuzeitlichen Technik, ihrer Mittel und Geräte zur Beschleunigung und Verbilligung der Fertigung oder Arbeit zu bedienen weiß.

Kupferhütte Tsumeb (DSWA): Erzsortierung

Dieser Seite der Erschließungsaufgaben hat sich die bisherige koloniale Wirtschaft – man möchte fast sagen glücklicherweise – noch nicht mit Nachdruck und Aufmerksamkeit hingegeben. Darum liegen in ihrer Pflege noch hohe Entwicklungsmöglichkeiten, die auch den kleinen und kleinsten entstehenden deutschen Siedlungen zugute kommen können, wenn nur die Siedler selbst über die Kenntnisse verfügen, die Voraussetzung sind für die Anwendung dieser neuzeitlichen technischen Mittel. Dazu gehören: Kurzschrift, Beherrschung der Schreibmaschine und die Bedienung von Rundfunkempfangs- und Sendestationen.

In unseren ehemaligen Schutzgebieten war zwar in Togo bereits eine *Großfunkstation* errichtet, die von Nauen her empfangen und dahin antworten wie auch den Nebenstationen: Daressalam, Muansa, Bukoba, Swakopmund, Lüderitzbucht, Windhuk und Duala Nachrichten übermitteln konnte; das Funkwesen ist jedoch über diese Vorstufen seiner Entwicklung längst hinaus: der Radioempfänger wird in Zukunft auf keiner Farm fehlen dürfen. Er vermittelt den vom Verkehr abgeschlossenen Kulturpionieren die Vorgänge in der ganzen Welt; ersetzt die Zeitung, die »Post«, wie man draußen sagt, und vermittelt die Marktpreise. Er trägt die Kunst und die Wissenschaft in das einsame Heim und erfrischt nach heißer Arbeit Geist und Gemüt. Zum Sender ausgebildet, ersetzt er die kostspieligen Telegraphenlinien und gestattet den Verkehr jeder Farm mit den Polizeistationen. Die Missionare werden künftig allsonntäglich ihren Eingeborenen im weiten Umkreis eine Predigt halten; belehrende Vorträge, die zur Hebung der Eingeborenen-Wirtschaftsbetriebe besonders beachtenswert sein dürften, werden auf dem gleichen Wege übermittelt werden können.

Weiter wird künftig für jeden Siedler lebensnotwendig sein, ein Automobil lenken zu können. Ja, mit der fortschreitenden Entwicklung des Kleinflugzeuges werden sie sogar das Fliegen lernen müssen.

Die Anfänge, die seinerzeit mit *Automobilen* und Flugzeugen gemacht wurden, standen hinter den Versuchen, die in den englischen und französischen Kolonien angestellt worden waren, erheblich zurück. Jetzt sind auf dem Gebiet dieser beiden Beförderungsmittel ganz ungeahnte Fortschritte gemacht worden. Es muß von jedem Siedler verlangt werden, daß er mit der Behandlung der Explosionsmotoren Bescheid weiß. Denn in ihnen liegt der Ersatz für die Zug- und Reittiere, auf der Verwendung von Motorpflügen und Motorerntemaschinen wird sich die ganze Farmwirtschaft aufbauen.

Gehen wir noch schärfer in die Richtung, die

Landungsbrücke Swakopmund (DSWA)

uns die weitere Entwicklung des drahtlosen Telegraphierens erschließen wird, so wäre das elektrische Fernsehen zu erwähnen. Beim Bruch einer Maschine, beim Eintreten einer Betriebsstörung wird es künftig genügen, die heimische Verwaltung telegraphisch an den Fernseher zu rufen und ihr die charakteristischen Schäden zu zeigen, um sofortige Hilfe zu erlangen.

Und noch eines: Das Gesetz der Aktion und Reaktion ist unerbittlich hart. Der frevelhaft abgeschlossene Pfeil prallt auf den Schützen zurück. Es muß – fangen wir's nur richtig an – die Zeit kommen, zu der unsere Gegner bedauern werden, uns aus Afrika vertrieben zu haben. Gerade die ungeheuren Schwierigkeiten des Wiederaufbaues kolonialer Tätigkeit zwingen uns, alle Geistesschärfe auf die Auswertung der Erfahrungen auf dem Gebiet der tropischen Fabrikationen, der Anlage von Pflanzungen, der Auswertung aller Neben- und Abfallstoffe, der

Afrikanische Marmorgesellschaft (Karibib, DSWA)

Aufbereitung der Rohstoffe anzuwenden, um – wo immer nur möglich – Menschen und Arbeiter zu sparen, d. h. sie durch Maschinen zu ersetzen, damit der denkfähige Mensch für hochwertigere Arbeit frei wird. Auf diesem Gebiet der Mechanisierung und der wirtschaftlichen Ausgestaltung der Betriebe liegt ein fast unübersehbares Feld von neuen erfolgversprechenden Möglichkeiten vor uns, ein Feld, dessen Bearbeitung in allererster Linie der Technik mit ihren Hilfswissenschaften, der Chemie und Biologie, zusteht. Und was das Reizvollste dieser Aufgaben ist: sie liegen nicht nur in eigenen künftigen Schutzgebieten, sondern überall da, wo sich unsere wieder ausgewanderten Deutschen um den Aufbau eigener, geschlossener oder verstreut liegender Siedlungen bemühen.

Zu diesen Aufgaben der Klein- oder Einzelwirtschaft treten die der Groß- und Gemeinwirtschaft. An erster Stelle stehen die Fragen der *Wassererschließung,* des Ausbaues der Wasserkräfte zwecks Steigerung des Ertrages und der Gewinnung von Betriebskräften. Der Bau von Straßen, die einen Automobilverkehr gestatten, wird in weit größerem Maße als bisher eine Rolle spielen. Dabei wird die Frage der zweckmäßigsten und billigsten Geräte, die Verwendung von Bäumen und Beton in den Bereich der Untersuchungen gezogen werden müssen, die jetzt in Deutschland von der Studiengesellschaft für Automobilstraßenbau aufgenommen worden sind.

Auf dem Gebiet des Siedlungswesens wird der künftigen Entwicklung von Großsiedlungen, Großstädten und Haupthafenplätzen noch mehr Rechnung getragen werden müssen, als dies bisher – z. B. bei den Bebauungsplänen für Daressalam und Groß-Duala – geschah. Die Beispiele Berlins und unserer heimischen, verkehrsüberlasteten Großstädte beweisen uns ja, daß in ihren Stadtplänen keine Rücksicht genommen ist auf die höchste Wirtschaftlichkeit des Betriebes im Verkehr. Und wer auch hier lächelt, weil er daran zweifelt, ob sich solche Beobachtungen und Erfahrungen auf unentwickelte Neuländer werden übertragen lassen, dem sei nur als kleines Beispiel erzählt, daß bei der Ausarbeitung eines Bebauungsplanes einer Stadt in Kleinasien die dortige Stadtverwaltung bei der Entscheidung über die Auswahl sich davon hat leiten lassen, daß in dem einen (deutschen) Entwurf alle Straßenkreuzungen, wie sie z. B. der berüchtigte Potsdamer Platz in Berlin aufweist, vermieden waren, während der französische Konkurrenzentwurf über zehn solcher den Straßenverkehr überaus behindernden Plätze aufwies.

Noch manches wäre zu sagen, doch ich muß

Schwimmdock Daressalam (DOA)

es mit diesen Andeutungen bewenden lassen. Wollen wir unser Volk wieder hochbringen, dann müssen wir alle Vorkehrungen treffen, um jederzeit bereit zu sein, neue Auslands- und Kolonialaufgaben zu übernehmen. Dazu brauchen wir Männer, die an die koloniale Aufgabe des deutschen Volkes glauben, Männer, die das erforderliche fachtechnische Wissen und Können besitzen, und Männer, die bereit sind, ihr Leben für das große deutsche Vaterland zu opfern. Den Glauben an unsere Zukunft haben wir wohl nicht verloren und auch an Helden wird es uns nicht fehlen, aber: Wissen und Können wollen erarbeitet sein! Auf sie gründet sich künftig unsere Macht. Darum dürfen wir alten Kolonialleute nicht ruhen und rasten, sondern müssen unsere Erfahrungen dem kommenden Geschlecht preisgeben, und wir dürfen nicht aufhören zu fordern: Deutschland, bereite deine Jugend vor auf die kommenden großen überseeischen und kolonialen Wirtschaftsaufgaben!

Über Tierseuchen und Tierzucht in den deutschen Kolonien

Von Georg Lichtenheld

Als im Jahre 1884 das ostafrikanische Schutzgebiet in deutschen Besitz kam, konnte man in bezug auf die Tierzuchtverhältnisse des Landes einige merkwürdige Erscheinungen beobachten. Es fiel zunächst auf, daß Pferde und Hausschweine fehlten und daß die vorhandenen Haustiere – Rinder, Ziegen und Schafe – sehr ungleichmäßig verteilt waren. Während einige Landschaften wie Ussukuma, Ugogo und vor allem die Massaisteppe einen gewissen Reichtum an Vieh aufwiesen, konnte man in anderen Gegenden wochenlang herumreisen, ohne auch nur ein Haustier zu finden. Diesen Zustand versuchte man dadurch zu beseitigen, daß man Pferde und Hausschweine einführte und von dem vorhandenen Vieh Tiere in die bisher viehlosen Gegenden brachte. Es zeigte sich dabei, daß die eingeführten Pferde nach kürzerer oder längerer Zeit ausnahmslos starben. Dasselbe trat bei den in die viehlosen Gegenden verpflanzten ostafrikanischen Rindern, Ziegen und Schafen ein. Die eingeführten Schweine starben in den viehlosen Gebieten gleichfalls, während sie in Landschaften mit einheimischen Viehbeständen sich ausgezeichnet entwickelten. Da unter den vorhandenen Viehbeständen zudem noch zeitweilig verheerende Seuchen auftraten, hielt man in den ersten Jahrzehnten unserer kolonialen Tätigkeit Ostafrika für ein für Viehzucht ungeeignetes Land. Insbesondere glaubte man in jener Zeit, daß eine Viehzucht in diesem Lande für Europäer wegen der stets drohenden Gefahr großer Verluste bzw. völliger Verseuchung nicht in Frage kommen könne. Man wird diese Auffassung begreifen, wenn man die Erfahrungen kennenlernt, die Europäer in jener Zeit gemacht haben. Am bezeichnendsten hierfür sind die Erfahrungen, die mir ein Italiener am Kilimandjaro mitgeteilt hat. Er hatte zunächst Rinderzucht versucht und zur Aufkreuzung aus seiner Heimat Zuchtbullen eingeführt. Sowohl diese als auch die Stammherde einheimischer Rinder starben ihm jedoch weg. Nicht viel besser war es ihm bei dem Versuch einer Eselzucht ergangen. Schließlich versuchte er sein Glück mit der Ziegenzucht. Seine Stammherde aus eingeborenen Tieren und ebenso die zur Aufkreuzung eingeführten Angoraböcke gediehen zunächst sehr gut. Nach ungefähr einem Jahr befiel auch diese Herde eine Seuche und raffte die Tiere weg.

Zur Erforschung dieser unbekannten Seuchen und zur Bekämpfung derselben wurde aufbauend auf den Ergebnissen der wissenschaftlichen Forschungen eines Robert Koch, Arnold Theiler u. a. unter dem Gouverneur v. Rechenberg, die Grundlage für eine Veterinärorganisation gelegt, die durch den nachfolgenden Gouverneur Schnee unter der Mitarbeit Robert v. Ostertags wesentlich erweitert wurde. Dies hatte den Erfolg, daß bei Ausbruch des Krieges nicht nur der Viehbestand der Eingeborenen gegen größere Verluste gesichert war, sondern auch die Tierzucht für Europäer ein lohnender und sicherer Erwerbszweig geworden war. In diese Verhältnisse sollen die folgenden Ausführungen einen Einblick gewähren.

Für die Tierzucht in Ostafrika sind in höherem Maße noch als in Europa *die Tierseuchen* von ausschlaggebender Bedeutung. Die wichtigsten derselben gehören zu den tropischen Tierseuchen, die sich von den in Europa vorkommenden wesentlich unterscheiden. In Deutschland ist die verbreitetste Rinderseuche die Tuberkulose, in Ostafrika das Küstenfieber. Bei ersterer erfolgt die Verbreitung dadurch, daß gesunde und kranke Tiere zusammen in Ställen gehalten werden

Halbblutaraber des Gestüts »Voigtland« (DSWA)

und die gesunden Tiere die von den kranken ausgehusteten Bazillen einatmen; auf der Weide dagegen findet eine Ansteckung nicht statt. Bei dem Küstenfieber liegen die Verhältnisse umgekehrt. Gesunde und kranke Tiere können in Ställen noch so eng aneinander stehen, es wird eine Ansteckung nicht erfolgen. Dagegen wird diese mit Sicherheit eintreten, wenn gesunde Tiere auf eine Weide gebracht werden, auf der sich kranke Tiere befinden oder befunden haben. Die Ansteckung wird selbst dann noch stattfinden, wenn die gesunden Tiere auf die Weide gebracht werden, nachdem mehrere Monate vorher die kranken entfernt worden sind. Diese sonderbare Erscheinung findet in folgendem ihre Erklärung. Die Küstenfieberparasiten kommen im Blut der kranken Tiere vor, sie gehen außerhalb desselben sofort zugrunde, eine direkte Übertragung von Tier zu Tier findet überhaupt nicht statt. Selbst wenn die Parasiten in sehr großer Menge mit dem Blute kranker Tiere auf gesunde künstlich übertragen werden, tritt in der Regel eine Erkrankung nicht auf, die übertragenen Parasiten sterben ab ohne Schaden für das geimpfte Tier. Die Verbreitung des Küstenfiebers kann nur erfolgen durch Schmarotzer, Zecken oder Holzböcke genannt, die vorübergehend auf der Haut der Rinder leben, sich dort mit ihrem Rüssel in die Haut einbohren und mit Blut vollsaugen. Nachdem dies geschehen ist, fallen sie ab, verkriechen sich im Boden, wo sie sich häuten oder Eier ablegen. Nach der Häutung kriechen sie dann auf die Spitzen der Gräser, um vorübergehende Tiere erneut anzufallen und sich wieder auf der Haut festzusetzen. Die Zecken sind sehr widerstandsfähig und können bis zu 3/4 Jahren leben, ohne Nahrung, d. h. Blut, von Tieren aufzunehmen. Werden nun Küstenfieberparasiten mit dem Blute kranker Tiere von bestimmten Zecken aufgenommen, so entwickeln sie sich in dem Leib derselben weiter. Dabei gelangen sie schließlich in den Rüssel der Zecken. Sobald sich eine solche Zecke wieder in die Haut eines Rindes einbohrt, findet eine Übertragung der Parasiten statt, die sich dann in dem Blute des neuen Wirtes sehr stark vermehren und dadurch zur Erkrankung und schließlich zum Tode desselben führen. Ebenso wie bei dem Küstenfieber findet auch bei den anderen tropischen Tierseuchen die natürliche Verbreitung ausschließlich durch einen Zwischenwirt – Zecke oder Fliege – statt, während eine direkte Ansteckung nicht vorkommt.

Wie ich in der Einleitung erwähnte, fanden wir bei Besitzergreifung von Ostafrika Gebiete vor, in denen Haustiere nicht vorkamen und dorthin verpflanzte Tiere starben. Die Ursache ist eine Fliege, Tsetse oder Glossina genannt. Diese Fliege hat eine gewisse Ähnlichkeit mit unserer Stallfliege (*Stomoxys*), sie ist jedoch etwas größer, hat einen längeren Stechrüssel und eine andere Flügelhaltung. Die Bedeutung der *Tsetse,* die ebenso wie unsere Stallfliege vom Blute von Tieren und Menschen lebt, liegt darin, daß sie Zwischenwirt und damit Verbreiter von afrikanischen Tier- und Menschenseuchen (*Trypanosomiasen*) ist; letztere sind als Schlafkrankheit bekannt, erstere führen verschiedene Namen, die unter der allgemeinen Bezeichnung Tsetsekrankheit hier zusammengefaßt werden sollen. Der Erreger der Tsetsekrankheit ist ein im Blute des Wildes und der Haustiere vorkommender Parasit. Ähnlich wie der Küstenfieberparasit im Leibe bestimmter Zecken, entwickelt sich dieser im Leibe der Tsetsefliege, von wo er schließlich in die Speicheldrüse, von da in den Rüssel und durch den Stich der Fliege in das Blut des gestochenen Tieres gelangt. Hier findet eine periodische Vermehrung durch Teilung statt, die mit Fieber, Abmagerung und öfter mit Anschwellungen des Unterhautzellgewebes verbunden ist und schließlich den Tod des Tieres herbeiführt. Während das Küstenfieber auf Rinder beschränkt ist, kann die Tsetsekrankheit auf alle Haustiere übertragen werden. Glücklicherweise ist die Tsetsefliege auf bestimmte Gegenden beschränkt; dahin gehören hauptsächlich die Gebiete, in denen bei unserer Besitzergreifung Haustiere vollständig fehlten.

Unsere Aufgabe bestand zunächst darin, das Vorkommen und die Verbreitung der Tsetse möglichst genau festzustellen. Dies ist, soweit es praktische Bedeutung hat, im großen und ganzen geschehen. Das Vorkommen wurde auf Karten eingetragen, die dann der Allgemeinheit zugänglich gemacht wurden. Auf diese Weise konnte jeder sich über die Verbreitung unterrichten und durch möglichste Vermeidung derartiger Gegenden sich vor Verlusten schützen. Besonders wichtig waren diese Feststellungen für Europäer, die nach Ostafrika kamen, um Viehhandel oder Farmwirtschaft zu betreiben.

Weiterhin haben wir festgestellt, daß es gelingt, Tsetseplätze durch Kultur des Bodens tsetsefrei zu machen. Dies ist darauf zurückzuführen, daß die Tsetsefliege auf Plätzen, die von Busch und Schilf gereinigt sind, sich nicht mehr fortpflanzen kann und deshalb verschwindet. Die Voraussetzung für einen solchen Erfolg ist allerdings, daß größere Flächen urbar gemacht werden, was jedoch bei der geringen Bevölkerung in den Tsetsegebieten zur Zeit nicht möglich ist. Immerhin ist nach dieser Feststellung mit der zunehmenden Kultivierung Ostafrikas ein allmähliches Zurückdrängen der Tsetse zu erwarten.

Außerdem haben wir versucht, durch geeignete Behandlungsmethoden kranke Tiere zu heilen. Es ist uns dies teilweise gelungen durch Behandlung mit Atoxyl und Brechweinstein. Bessere Erfolge werden mit dem neuesten deutschen Mittel (Germanin, Bayer 205) erzielt, das sich bei der Schlafkrankheit des Menschen glänzend bewährt hat.

Wenn man die Bedeutung der Tsetse für Ostafrika beurteilt, darf nicht übersehen werden, daß unsere großen Viehbestände durch sie nicht bedroht sind, daß die Tsetsegebiete größtenteils auch ohne Vorkommen von Tsetse sich über die Viehzucht wenig oder gar nicht eignen würden und daß in Ostafrika noch sehr große tsetsefreie unbenutzte Gebiete vorhanden sind, die für die Viehzucht außerordentlich günstig sind.

Woran liegt es, daß bei unserer Besitznahme in Ostafrika Pferde überhaupt nicht vorhanden waren und daß, wie ich gleich voraussenden will, auch nach jahrzehntelanger Kolonialarbeit dort sich nur wenig hundert Pferde vorfanden? Als die Buren unter Smuts während des Weltkrieges in Ostafrika einfielen, sollen sie ca. 80 000 Pferde gehabt haben. Diese Tiere sind zum allergrößten Teil innerhalb kurzer Zeit verendet. Da die Buren mit ihren Märschen auch Tsetsegebiete berühren mußten, wird zweifellos ein Teil der Verluste hierauf zurückzuführen sein; durch die Tsetse allein können sie jedoch nicht hervorgerufen worden sein. Wir selbst haben in verschiedenen tsetsefreien Gegenden Pferde eingeführt. Sie gediehen dort zunächst Monate, ja mitunter selbst mehrere Jahre ausgezeichnet; eines Tages, und zwar in der Regel am Ausgang der großen Regenzeit, erkrankten sie jedoch plötzlich unter ganz bestimmten Erscheinungen und starben. In Daressalam, also an der Küste, trat dieses Sterben alljährlich in den Monaten Mai und Juni auf,

Mtussi-Rind, auf lange Hörner gezüchtet (Urundi-Ruanda, DOA)

manchmal auf nur ca. 14 Tage beschränkt. In dieser Zeit verendeten jedesmal fast alle Pferde und auch viele Maultiere; nur die Pferde des Gouverneurs, die nachts in einem, mit feiner Drahtgaze abgeschlossenen Stalle gehalten wurden, blieben am Leben. Je weiter die Pferde nach dem Innern in die höher gelegenen Gebiete gebracht wurden, um so mehr waren sie vor der rätselhaften Erkrankung geschützt; in einer Höhe von über 1800 m blieben sie nach unseren bisherigen Erfahrungen überhaupt verschont. Diese Beobachtungen haben für die Pferdezucht eine große praktische Bedeutung.

Bei der geschilderten Erkrankung der Pferde handelt es sich nicht, wie anfangs vermutet wurde, um eine Vergiftung, die auf die Aufnahme giftiger Pflanzen zurückzuführen ist, sondern gleichfalls um eine tropische Tierseuche, *Pferdesterbe* genannt, die ausschließlich in tropischen und in angrenzenden subtropischen Gebieten Afrikas vorkommt. Es gelingt durch Übertragung eines Tropfens einer 1000fachen Verdünnung von Blut kranker Pferde, die Erkrankung bei gesunden Pferden hervorzurufen. Da dieser Versuch mit dem Blute der angesteckten Pferde beliebig oft mit dem gleichen Erfolg wiederholt werden kann, muß es sich um ein Gift handeln, das sich im Blute der angesteckten Pferde immer wieder vermehrt, also um einen Parasiten. Die Übertragung desselben in der Natur dürfte durch nachtfliegende Insekten erfolgen, die vorübergehend am Ende der Regenzeit auftreten. Um welche Insekten es sich handelt, konnte allerdings bisher nicht festgestellt werden. Immerhin ist die Sterbefrage wenigstens soweit geklärt, daß eine praktische Grundlage für die Möglichkeit einer Pferdezucht gegeben ist.

Die nach Ostafrika eingeführten Pferde stammten aus Südafrika, dem Somalilande und aus Indien; es waren ausschließlich Warmblüter, die abgesehen von der Pferdesterbe sehr gut gediehen. Kaltblüter sind für Ostafrika ungeeignet. Am aussichtsreichsten dürfte die *Zucht* eines mittelschweren Maultieres sein, das unter den gegebenen Verhältnissen dem Pferde weit überlegen ist, zumal es der Pferdesterbe gegenüber wesentlich widerstandsfähiger ist, so daß es gelingt, diese gegen Pferdesterbe zu immunisieren, was bei Pferden nicht mit gleichem Erfolge möglich ist.

Das Rind ist das wichtigste Haustier Ostafrikas. Die Anzahl der vorhandenen Rinder betrug ca. 4 Millionen Stück. Sie verteilen sich auf zwei Rassen, das Langhorn oder Watussirind und das

Kurzhorn oder Massairind. Ersteres ist auf das Zwischenseengebiet (zwischen Viktoria-, Kiwu- und Tanganjikasee gelegen) beschränkt, das andere ist über den übrigen tsetsefreien Teil Ostafrikas verbreitet. Bei beiden Rassen handelte es sich um kleine bis mittelgroße spätreife Tiere von geringer Leistungsfähigkeit. Das Hauptmerkmal des Watussirindes sind sehr große Hörner; das Horn kann bis zu 1 1/4 m lang werden und bis zu 10 Liter Wasser fassen. Bei dem Massairind ist das auffallendste Merkmal ein Buckel auf der Höhe des Widerristes, der aus Muskelfasern und Fett besteht und bei guter Ernährung mehrere Faust groß ist, bei Futterknappheit zu einem kleinen, welken sackähnlichen Gebilde zusammenschrumpft.

Das Schlachtgewicht einer Kuh beträgt ca. 2 Zentner, das eines ausgewachsenen, d. h. ca. 7 jährigen Ochsen der Massairasse kann allerdings auch 7 Zentner erreichen. Die Preise für Schlachtochsen betrugen in entlegenen Gegenden 10–20 M., an der Küste 50–80 M., die Preise für Kühe waren ungefähr doppelt so hoch. Das Massairind ist zum Ziehen geeignet, das Watussirind nicht. Der Milchertrag ist sehr gering, viele Kühe geben gerade so viel Milch, wie zur Ernährung des Kalbes notwendig ist. Die höchste mir bekannt gewordene jährliche Milchleistung betrug 1100 Liter, im Durchschnitt dürften jedoch kaum mehr als 200 Liter erreicht werden.

Der Nutzen der Rinderzucht liegt in der Versorgung der Bevölkerung mit Fleisch und Milch und in der Ausfuhr von Häuten. Infolge der schlechten und unsachgemäßen Behandlung waren die Häute früher minderwertig und erzielten auf dem Weltmarkt einen sehr geringen Preis. Dieser Mißstand ist durch fortgesetzte Belehrung der Eingeborenen zu einem erheblichen Teil beseitigt worden. Vorbildliches hat in dieser Beziehung das Bezirksamt Muansa geleistet, das außerdem eine Reihe von Häuteaufbreitungsanstalten geschaffen hat, in denen die Häute roh abgeliefert und dann sachgemäß aufgebreitet wurden.

Bei der Zucht findet ausschließlich eine Auswahl der männlichen Tiere statt, von den weiblichen werden auch die minderwertigen zur Zucht verwandt. Unter den primitiven Verhältnissen ist es für die Eingeborenen eben immer noch praktischer, Nachzucht auch minderwertiger Kühe als durch Ausscheidung derselben einen Ausfall zu haben. Das wird sich erst dann ändern, wenn bei weiterer Vermehrung der Rinderbestände die vorhandenen Weiden eine größere Anzahl von Rindern nicht mehr zu ernähren vermögen, so daß auch eine Abstoßung von weiblichen Tieren erfolgen muß.

Diese Entwicklung ist in früherer Zeit immer wieder unterbrochen worden durch große Seuchengänge. So ist anfangs der neunziger Jahre des vorigen Jahrhunderts *die Rinderpest* von Ägypten kommend verheerend über Afrika hinweggezogen und hat in Ostafrika ungefähr 4/5 der Rinder vernichtet. Von diesem Seuchengang hatten sich die Bestände noch nicht erholt, als die Rinderpest 1912 auf demselben Wege erneut eingeschleppt wurde. Durch sofort getroffene Maßnahmen, insbesondere durch die in weitestem Umfange kostenlos durchgeführten Impfungen wurden diesmal jedoch wesentliche Verluste verhindert. Das erforderliche Serum wurde zunächst auf schnellstem Wege aus Ägypten bezogen und dann in dem neuerrichteten Veterinärinstitut Mpápua sowie in der Rinderpeststation am Meru in solchem Umfange aufgenommen, daß monatlich bis zu 30 000 Dosen Impfstoff hergestellt wurden. Mittels der Impfung gelang es, die Verluste an Rinderpest unter 4 Proz. herabzudrücken. Damit hatte diese Seuche ihren Schrecken verloren.

Wesentlich schwieriger gestaltete sich der Kampf gegen die zweite verheerende Seuche, das *Küstenfieber.* Die Versuche einer Immunisierung führten zu keinem Erfolge. Wie ich auf einer Reise in Südafrika erfuhr, war es dem Veterinärbakteriologen von Pietermaritzburg gelungen, das Küstenfieber dadurch wirksam zu bekämpfen, daß er in Anlehnung an die Bekämpfung des Texasfiebers in den Vereinigten Staaten die Rinder in bestimmten Abständen durch besonders errichtete Viehbäder trieb, die mit einer zeckentötenden Flüssigkeit angefüllt waren. Durch dieses Verfahren wurden die Zecken, also die einzigen Überträger des Küstenfiebers, beseitigt und eine Verbreitung der Seuche damit verhindert. Diese damals in die Praxis eben eingeführte Methode hatte nach persönlicher Mitteilung des Bakteriologen und der beteiligten Farmer so glänzende

Allgäuer Zuchtherde auf Stauchs Farm Rieffontein-Haribes (DSWA)

Erfolge, daß ihre Einführung auch in Ostafrika beschlossen wurde.

Mit der Feststellung der Verbreitung der Tsetse, der erfolgreichen Bekämpfung der Rinderpest und des Küstenfiebers war *die Rinderzucht* auf eine Grundlage gestellt, auf der sie auch für Europäer in Betracht kam. Es wandten sich daher deutsche Farmer in ständig wachsender Zahl der Rinderzucht zu. Um diese möglichst rentabel zu gestalten, mußte die Leistungsfähigkeit der Rinder, insbesondere die Milchleistung, allerdings erheblich gesteigert werden. Da dies durch Reinzucht nur langsam zu erreichen gewesen wäre, ging man dazu über, die einheimischen Rinder durch eingeführte Bullen hochwertiger Rassen aufzukreuzen. Es wurden von den einzelnen Farmern Franken, Simmentaler, Angler, Holländer, Shorthorn usw. eingeführt. Ein Urteil über den Wert der verschiedenen Rassen läßt sich wegen der Kürze der Zeit, vor allem aber auch wegen der zu verschiedenen Verhältnisse, unter denen sie und ihre Nachzucht gehalten wurden, vorläufig nicht abgeben. Höhere Leistung durch Kreuzung kann naturgemäß nur dann erzielt werden, wenn die Weideverhältnisse den höheren Ansprüchen der Kreuzungstiere auch genügen. Nach den neuerdings im Veterinärinstitut von Onderstsport (Pretoria) angestellten Versuchen scheinen die Weiden in Afrika arm an Phosphorsäure zu sein. Es gelang dort, durch regelmäßige Verabreichung von Knochenmehl die Entwicklung der Rinder in sehr hohem Maße günstig zu beeinflussen. Nicht unerwähnt will ich lassen, daß durch die Aufkreuzung nicht nur die Leistungsfähigkeit erhöht, sondern auch die natürliche Widerstandsfähigkeit der einheimischen Rassen herabgesetzt wird, was besonders in dem Verhalten gegenüber dem überall verbreiteten Texasfieber in Erscheinung trat.

Der Kleinviehbestand (Ziegen und Schafe) betrug in Ostafrika ca. acht Millionen Stück. Der Nutzen dieser Tiere liegt ausschließlich im Fell und im Fleisch, eine Milchnutzung findet nirgends statt. Das Schlachtgewicht dürfte im Durchschnitt kaum 15 Pfund betragen. Die Preise schwankten für Ziegen zwischen 3 und 10 Mark, für Schafe zwischen 1 und 6 Mark, je nach Gegend und Größe der Tiere. Der höhere Preis für Ziegen ist hauptsächlich auf die Vorliebe der Araber und der meisten Eingeborenen für Ziegenfleisch zurückzuführen. Die Eingeborenen kümmern sich recht wenig um die Kleinviehzucht, sie nehmen, abgesehen von den Massai, noch nicht einmal eine Auswahl der männlichen Tiere zur

Zucht vor. Um so erstaunter war ich, als ich im Jahre 1905 bei meinem ersten Besuch des Kilimandjaro hörte, daß ein Häuptling am Ostabhang des Berges eine geradezu glänzende Kleinviehzucht betriebe. Ich fand bei diesem zwar keine glänzende Zucht, aber eine Mast vor, wie ich sie noch nie gesehen und auch nicht für möglich gehalten hätte. Der Häuptling hielt ungefähr 20 Ziegen und Schafe auf dem Hofe, wo sie von seinen Frauen alle 3 bis 4 Stunden gefüttert werden mußten, und zwar außer mit Gras hauptsächlich mit Kräutern und Laub von solchen Sträuchern, die nach den Beobachtungen des Häuptlings vom Kleinvieh gern genommen wurden. Die Ziegen waren so fett, daß die Haut, besonders am Halsansatz, Fettwülste bildete. Noch ausgesprochener war der Mastzustand der Schafe. Die Schwänze derselben (das ostafrikanische gehört zu den Fettschwanzschafen) hatten ein solches Gewicht, daß sie den Tieren nachgetragen werden mußten, als diese am Nachmittag in mein ca. 1/2 km entferntes Lager zum Photographieren gebracht wurden. Da das Futter viele Kilometer weit herbeigeholt werden mußte, bedeutete die Fütterung für die Frauen eine rastlose, anstrengende Arbeit; sie sahen demzufolge auch aus wie Vogelscheuchen. Als ich am nächsten Tage den benachbarten Häuptling nach seinem Viebbestand fragte, lächelte er und sagte, er habe dasselbe versucht wie sein Nachbar, habe aber bald davon Abstand genommen, nachdem er die Wirkung auf seine Frauen gesehen habe. Man kann entweder fette Ziegen und Schafe oder fette Frauen haben, aber nicht beides, und da er die letzteren mehr schätze, so habe er die Fütterung wieder aufgegeben. In der Tat befanden sich die acht Frauen des Häuptlings, die er mir am Nachmittage vorstellte, in einer glänzenden Verfassung; das Kleinvieh habe ich nicht zu sehen bekommen.

Bemerkenswert ist es, daß die Ziege als einzigstes Haustier in Tsetsegebieten vorkommt, allerdings nur sehr spärlich. Aus diesem Umstand allein kann man wohl den Schluß ziehen, daß von einem Gedeihen nicht gut die Rede sein kann. Es scheint bei den in Tsetsegegenden geborenen Ziegen im Jugendstadium gleichfalls eine Ansteckung stattzufinden, von der jedoch ein Teil genest und dann immun ist. Jedenfalls habe ich bei dem Transport von Ziegen aus unverseuchten in verseuchte Distrikte feststellen können, daß sie ausnahmslos an Tsetse erkrankten und größtenteils daran verendeten. Auch die Zucht von *Wollschafen* hatten wir in Ostafrika aufgenommen, ohne allerdings dabei zu einem abschließenden Urteil gekommen zu sein. Dazu waren die Anfänge noch zu klein und die Erfahrungen nicht umfangreich genug.

Das europäische *Hausschwein* ist von allen Haustieren für die Tsetse am empfänglichsten. Infolgedessen starben alle Schweine in Tsetsegegenden nach kurzer Zeit. Dagegen haben sich die eingeführten Schweine in den tsetsefreien Gegenden sehr gut entwickelt. Seuchen sind unter ihnen nicht aufgetreten. Sowohl aus diesem Grunde als auch mit Rücksicht auf die günstigen wirtschaftlichen Verhältnisse dürfte die Schweinezucht in Ostafrika dann eine Zukunft haben, wenn die hochgelegenen Gegenden durch Bahnen weiter erschlossen werden. Wenn auch das Hausschwein in den tiefgelegenen Gebieten, selbst an der tiefen Küste gedeiht, so ist es doch dort wegen der Hitze nicht möglich, das Schweinefleisch in Dauerware überzuführen, und nur für diese kommt ein Absatz in Frage.

Die Leistungen DOA's auf dem geschilderten Gebiete dürften von keiner anderen afrikanischen Kolonialverwaltung übertroffen worden sein. Die *Veterinärsorganisation* in Deutsch-Ostafrika, die zuletzt 23 Veterinärbakteriologen und Regierungstierärzte, 7 deutsche Veterinärgehilfen und über 200 einheimische Hilfskräfte umfaßte, war umfangreicher als irgendeine der benachbarten Kolonien. Auch heute ist in DOA noch keine Veterinärorganisation wieder vorhanden, die der unsrigen von 1914 gleichkommt, während sie unter deutscher Verwaltung inzwischen eine erhebliche Erweiterung erfahren haben dürfte. Den Schaden tragen in erster Linie die Eingeborenen. Unsere Ausschaltung von der kolonialen Tätigkeit – die meiner Überzeugung nach nur vorübergehend sein kann –, bedeutet aber auch ganz allgemein eine wesentliche Beeinträchtigung der wissenschaftlichen Erforschung und wirtschaftlichen Entwicklung des schwarzen Kontinents zum Schaden der Weltwirtschaft. Eine Beseitigung dieses Zustandes dürfte ebenso im Interesse der anderen Völker als in unserem eigenen liegen.

Landwirtschaftliche Versuchsstation Kwai (West-Usambara, DOA)

Ähnlich wie in Ostafrika liegen die Tierseuchenverhältnisse in *Kamerun und in Togo.* Auch in diesen Schutzgebieten hinderten die Seuchen, hauptsächlich Tsetse, Pferdesterbe und Küstenfieber, die weitere Entwicklung der Tierzucht. Zur Erforschung und Bekämpfung dieser Seuchen wurde gleichfalls eine größere Anzahl von Tierärzten entsandt, die in gleicher Weise wie in Ostafrika erfolgreich tätig gewesen sind.

In Südwestafrika kommt Küstenfieber nicht vor, Pferdesterbe tritt nur in geringem Umfange auf und die Tsetse hat keine praktische Bedeutung. Besonders günstig liegen dort die Verhältnisse für die Merino- und die Karakul-Schafzucht, zu deren Förderung seitens der Regierung erhebliche Mittel aufgewandt worden sind. Für die Rinderzucht sind wie in Südafrika zwei Krankheiten: *Lamsiekte und Styfsiekte* von großer Bedeutung. Das Dunkel über diese beiden Krankheiten, die früher große Distrikte für die Rinderzucht fast ausgeschlossen, ist neuerdings von A. Theiler und seinen Mitarbeitern gelichtet worden. Beide Krankheiten haben ihre Ursache in dem Mangel der Weiden an Phosphorsäure bzw. an phosphorsaurem Kalk. Dieser Mangel ist der Anlaß, daß die Rinder die Knochen verendeter Tiere fressen. Dabei nehmen sie durch ein dem *Bac. botulinus* verwandtes Bakterium in den Knochen gebildetes Gift auf, das die Erscheinung der Lamsiekte hervorruft und den Tod herbeiführt. Ob bei der Styfsiekte der Phosphormangel allein die Ursache der Erkrankung bildet oder ob wie bei der Lamsiekte ein weiteres Moment hinzukommt, ist bisher noch nicht aufgeklärt. Jedenfalls sind beide Krankheiten zu heilen bzw. überhaupt zu verhüten durch regelmäßige Verabreichung kleiner Mengen von Knochenmehl.

Außer einer auf alle Distrikte sich erstreckenden Veterinärorganisation besaß Südwestafrika ein ausgezeichnet eingerichtetes Veterinärinstitut, in dem die für das Schutzgebiet zur Bekämpfung der Seuchen erforderlichen Impfstoffe hergestellt und die weitere Erforschung der Tierseuchen eifrig betrieben wurde.

Tropische Landwirtschaft

Von Karl Braun

Man muß für unsere Kolonien unterscheiden zwischen den landwirtschaftlichen Einrichtungen der Eingeborenen und denen der Europäer.

Eingeborenen-Betriebe

Fast in unseren sämtlichen Besitzungen stand die Landwirtschaft der Bewohner, bis auf wenige Ausnahmen, auf einer recht niedrigen Stufe. Das Land wurde gerodet, vorhandene Baumstämme niedergeschlagen und alles, nachdem die Sonne in genügender Weise Holz- und Krautteile getrocknet hatte, verbrannt. Die entstehende Asche diente dem Boden als erste künstliche Düngung. Nur bei einigen meist Bananen bauenden und dabei Viehzucht betreibenden Völkern, besonders in Deutsch-Ostafrika, war Düngung mit tierischem Miste bekannt. In Gebirgen wohnende Völker, wie die Dschagga am Kilimandjaro und die Leute im Paregebirge, legten ihre Pflanzungen in Gestalt von Terrassen an und bewässerten diese in sehr geschickter Weise. Meist übte man nur Einfelderwirtschaft, man pflanzte einige Jahre hintereinander auf einem Landstück stets dieselbe Pflanze und gönnte ihm zur Erholung eine mehrjährige Brache. Neues Roden und Brennen gestattete dann eine neue Benutzung des Ackers. Hier und da kannte man die Vorteile des Fruchtwechsels und schaltete den Anbau von Hülsenfrüchten ein. Das Gerät zur Bodenbearbeitung war die Hacke, welche diesem ganzen Betriebe den Namen Hackbau gegeben hat. In manchen Gegenden, wie am Meru in Deutsch-Ostafrika, bestand sie ganz aus Holz und wurde aus einem geeignet gewachsenen Baumstück zurechtgeschnitten. Sonst war das Blatt aus Eisen, oder – in Ozeanien – oft aus Muschelstücken oder Stein. Weiter hatte man, aber nicht überall, Buschmesser und Grabstöcke, von denen letztere hier und da am oberen Ende durch Steinringe beschwert wurden, um ihnen bei der Arbeit einen größeren Schwung zu geben. Die Aussaat geschah in kleine Gruben, in die man einige Samen legte; mit dem Fuß bedeckte man dieselben mit Erde. Besondere Methoden, wie Anpflanzungen auf Kämme und dergleichen, sollen bei den einzelnen Kulturpflanzen erwähnt werden. Oft trieb man auch Mischkultur und pflanzte allerhand schlingende Pflanzen, wie Leguminosen, an die Halme des Getreides oder ebendahin kürbisartige Gewächse, welche den Boden überzogen. Die Felder wurden von Unkraut freigehalten, und oft verwendete man große Mühe auf Feldschutz, der allerdings gegen Vogelfraß und Einfall anderer Tiere, besonders Wildschweine, Nilpferde und Affen recht nötig war. Man errichtete Hochstände, oft mit kleiner Bedachung gegen die Sonne, und verjagte von dort aus die Eindringlinge mit Klappern, Steinschleudern und vielem Geschrei. Auch Feldzauber war beliebt, man hing mit allerlei unwesentlichen Dingen gefüllte große Schneckenhäuser (*Achatina*-Arten) an zusammengebundenen Halmen oder Stäben auf oder steckte Tierschädel, die man wohl auch schwarz betupfte, auf Stangen. Solche Vorrichtungen sollten hauptsächlich furchtsame Gemüter vom Diebstahl abhalten. Die Ernte führte man in den afrikanischen Kolonien, wo Getreidebau in den Vordergrund trat, meist mit dem Messer aus, in Ozeanien mit vorherrschendem Anbau von Knollengewächsen vorzugsweise mit dem Grabstock. Das frischgeschnittene Getreide trocknete man auf dem Felde, entweder auf gereinigten Stellen direkt am Boden oder auf Matten. Knollengewächse ließ man meist im Boden und entnahm nur so viel, als direkt verbraucht wurde. Sollte jedoch Mehl daraus hergestellt werden, so wurden sie in Stücke zerschnitten und auf Gestellen aus Holzstäben vor dem Zerstampfen im Holzmörser getrocknet. In dieser Weise bereitete man die Maniokwurzel zur Mehlgewinnung vor, während man Mehlbananen oft nur schälte und am Dorngebüsch aufspießte, bis sie trocken waren. Bei den Getreidearten, auch bei Erdnüssen und dergleichen, war der Eingeborene gezwungen, selbst wenn er nicht mehr baute, als für seinen eigenen Bedarf nötig war, einen gewissen Vorrat zu sammeln. Die gut getrockneten Samen, Früchte oder Fruchtstände kamen in Mieten. Dieselben waren je nach der Gegend und den Völkern verschieden. In Afrika hatte man meist auf einem Holzgestell stehende aus Lehm und Stangen erbaute kleine Häuschen, deren Dach man abheben konnte. In anderen Gegenden verwendete man gewaltige aus Baumrinden hergestellte Schachteln oder an Stangen befestigte, wurstförmige Behältnisse aus Bananenstammscheiden. Im Ovanmbolande in Deutsch-Südwestafrika benutzte man zu dem gleichen Zwecke große geflochtene, korbartige Behälter. Zum Schutz gegen Insektenfraß mußten die Vorräte von Zeit zu Zeit geräuchert werden. Bei den Völkern der Südsee sind ähnliche Einrichtungen unbekannt.

Nach diesen einleitenden Bemerkungen sollen die einzelnen Produkte kurz besprochen werden.

Anregungsmittel

In erster Linie ist hier der Tabak (*Nicotiana tabacum*) zu nennen, der in allen Kolonien gebaut wurde, meist in der Nähe der Hütten, wo Abfälle und dergleichen das Land zu dieser Kultur besonders geeignet machten. Je nach Bedürfnis stellte man Rauch-, Schnupf- oder Kautabak dar. Von Lindi in Deutsch-Ostafrika kamen die getrockneten, zu Zöpfen geflochtenen und in Spiralform aufgewickelten Blätter in den Handel. In anderen Gegenden derselben Kolonie und ebenso in Togo stieß man die frischen Blätter im Holzmörser zu Brei und formte aus diesen mit oder ohne Zusatz von Natronsalzen flache Kuchen resp. Kugeln und Stangen, die in der Sonne getrocknet und dann in den Handel gebracht wurden. Dem Tabaksgenusse sind Männer, Frauen und Kinder meist mit großer Leidenschaft ergeben. Man raucht aus Tonpfeifen, doch sind auch Wasserpfeifen und viele andere, lokal gebräuchliche Einrichtungen dazu bekannt. Die raffinierteste Methode dürfte wohl die der Warundi in Deutsch-Ostafrika sein, welche den Tabak in Gestalt eines flüssigen Auszugs mit der Nase aufsaugen und diese dann mit einem einer Wäscheklammer ähnlichen Instrumente zuklemmen, um den Genuß möglichst auszudehnen. In den Küstengegenden Deutsch-Ostafrikas und besonders in der Südsee ist das Betelkauen häufig in Gebrauch. Der Betelpfeffer (*Piper betle*) gedeiht als Schlingpflanze meist in der Nähe der Hütten. Man bietet ihm Windschutz, Feuchtigkeit und Schatten. Das frische Betelblatt wird mit etwas Kalk, einem Scheibchen Arekanuß und Katechu zusammengewickelt und so der Bissen gekaut. Der Genuß färbt den Speichel rot und die Zähne nach und nach schwarz. Die Hanfpflanze (*Cannabis indica*) wird nur wenig angetroffen und dem Laster des Haschischrauchens meistens nur von einzelnen älteren Personen gehuldigt.

Dr. Braun in der Bücherei des Biol. Landw.-Instituts Amani (DOA)

Faserpflanzen

Baumwollkultur (*Gossypium herbaceum* und andere Arten) fand sich in Deutsch-Ostafrika, Kamerun und Togo. Im Tsadseegebiet baute man sie seit alter Zeit für den eigenen Bedarf und im besonderen zur Herstellung der Wattepanzer der Krieger. Zwischen Tabora und Muansa in Deutsch-Ostafrika war die Kultur ebenfalls verbreitet. Mit selbst hergestellten Haspeln spann man den Faden, und auf primitiven Webestühlen stellte man größere Stoffstücke, oft mit schwarzen Randmustern dar. Die Kokospalme muß gleichfalls hier genannt werden, da in allen Gegenden, wo sie wächst, aus der Faserhülle der Nuß Stricke angefertigt werden. Zu diesem Zweck werden dieselben am Meeresstrande in Gruben, zu denen das Salzwasser Zu-

Sisalhanf-Agaven und junge Kokospalmen (DOA)

tritt hat, längere Zeit vergraben, wodurch die einzelnen Faserstränge gelockert wurden. Durch Klopfen reinigt man sie vollends und dreht sie dann zu brauchbaren Stricken zusammen. Anhangsweise sei hier auch des Rindenstoffes gedacht, den man auf manchen Inseln der Südsee und in verschiedenen Teilen Afrikas gewann. Im Seengebiet von Deutsch-Ostafrika hält man die Bäume (*Ficus*-Arten), deren Rinde Verwendung findet in einer Art Halbkultur, indem man die durch zwei Kreisschnitte, welche zwecks Ablösung der Rinde durch einen Längsschnitt miteinander verbunden werden, entstehende Verwundung des Stammes durch Einhüllen mit Blatt- und sonstigem Material vor zu reichlicher Verdunstung schützt und so sich neu berinden läßt.

Fett- und Ölpflanzen

Das wichtigste hierhergehörende Gewächs ist die Kokospalme (*Cocos nucifera*). Hauptsächlich war sie in den Besitzungen der Südsee verbreitet, kam aber auch in reichen Beständen an den Küsten von Deutsch-Ostafrika und Togo vor. Man unterscheidet von ihr viele Sorten. Im deutschostafrikanischen Küstengebiete kannte man eine grüne, eine rotbraune und die sogenannte Pembanuß. Letztere war goldgelb und wurde nur zu Trinkzwecken benutzt. Zur Anzucht wurden die Nüsse mit den Faserhüllen flach auf den Boden gelegt, so daß sie zur Hälfte in diesem steckten, zur Hälfte hervorsahen. Derartige Pflanzbeete wurden feuchtgehalten und lagen im Schatten der Palmenwälder. Wenn die jungen heranwachsenden Pflanzen etwa einen halben Meter hoch waren, nahm man sie heraus und pflanzte sie an die endgültigen Standorte. Außer einer Reinigung von Unkraut ließ man der Pflan zung keine weitere Pflege angedeihen. Ein Baum brachte im Durchschnitt 50 Nüsse, doch konnte des Diebstahls wegen meist nur mit einer Ernte von 30 Stück gerechnet werden. Ließ aus irgendwelchen Gründen die Tragfähigkeit nach, so suchte man im Küstengebiet durch Einschlagen eines großen Eisennagels auf den Baum einen Reiz auszuüben. Die ausgereiften Nüsse werden in sehr geschickter Weise mit Hilfe eines zugespitzten Stockes von der äußeren Faserhülle befreit, dann geöffnet und ein bis zwei Tage in die Sonne gelegt, worauf die innere, nun trockene Fettschicht, die Kopra, sich leicht loslöst. In vollkommen trockenem Zustande kommt sie zum Versand nach Europa und wird dort fabrikmäßig weiter verarbeitet zu Seifen, Kerzen und Speisefett. Die Eingeborenen, besonders in Deutsch-Ostafrika, schaben zum direkten Verbrauch die Fettschicht aus der harten Schale, mit Hilfe eines eigenartigen Instrumentes, eines Klappstühlchens mit sägerartigem Eisenansatz heraus. Der übrigen Verwendbarkeit des Baumes sei der Einfachheit wegen ebenfalls hier kurz gedacht. Aus der harten Schale stellt man mancherlei Gebrauchsgegenstände, Schöpfer und dergleichen her, während das Stammholz im Handel unter den Namen Zebra- oder Stachelschweinholz bekannt ist. Über die Verwendbarkeit der Hüllen zu Stricken wurde schon unter »Faserstoffe« berichtet. Häufig benutzen die Eingeborenen die Palme zur Herstellung eines weinartigen Getränkes. Zu diesem Zwecke wird der aufbrechende Blütenstand mit Bast umwickelt und die hervorsehen-

Schneiden der Sisalagavenblätter (DOA)

de Spitze täglich mit einem flachen Messer angeschnitten. Den ausfließenden Saft fängt man in einem untergehängten Gefäße auf. Frisch schmeckt er angenehm süß, bald fängt er an zu gären und dann wirkt er berauschend. Die vielfache Verwendungsmöglichkeit der Blätter zu Deckmaterial für die Hütten, zu Zäunen und Wänden, zu Flechtereien, Körben und dergleichen kann hier nur erwähnt werden. – Eine weitere wichtige Pflanze, deren Früchte zur Herstellung von Öl dienten, war die Ölpalme (*Elaeis guieensis*). Hauptsächlich kam sie in Togo und Kamerun vor, doch wurde auch am Tanganjika-See in Urundi viel Palmöl gewonnen. Eine eigentliche Kultur von seiten der Eingeborenen fand nirgends statt, höchstens schonte man die vorhandenen wilden Bestände. In primitiver Weise wurden die Früchte mit Wasser ausgekocht und das sich abscheidende Öl gesammelt. Es war frisch von angenehmem Geruch und Geschmack. Als dritte Ölpflanze reiht sich die Erdnuß (*Arachis hypogaea*) an. Ihr Verbreitungsgebiet waren Deutsch-Ostafrika, Togo und Kamerun. Sie gehört zu den Leguminosen. Nach der Blüte verlängern sich die fruchttragenden Stengel, dringen in die Erde ein und dort gelangt die Frucht zur Reife. Die Hülse ist ein- bis zwei- und dreisamig. Die Samenschale ist dünn und hellbraun, doch gab es im Innern von Deutsch-Ostafrika auch Sorten mit weißer Samenschale. Die Pflanze liebt guten, kalkhaltigen Boden. Man legt in die Pflanzlöcher je zwei Samen und bedeckt mit sie Erde. Der Boden wird von Unkraut freigehalten und bis zur Blüte zweimal gehackt. Wenn das Kraut trocknet, wird geerntet. Man nimmt die Pflanzen mit dem Grabstock aus der Erde, legt sie umgekehrt auf den Boden und läßt sie trocknen. Die Früchte werden mit der Hand abgenommen und kommen so in den Handel. Die Samen enthalten 30 bis 50 Prozent Öl. Dasselbe wird zu Speisezwecken verwendet, auch dient es als Brennöl oder bei der Seifenfabrikation. Wir kommen zu dem Sesam (*Sesamun indicum*). Es handelt sich dabei um eine krautartige, bis 1 Meter hohe Pflanze mit Blüten von dem Aussehen unseres Fingerhuts und weißlicher bis rötlicher Farbe. Ihr Verbreitungsgebiet waren Deutsch-Ostafrika und das Hinterland von Kamerun. Es gibt Pflanzen mit weißem und schwarzem Samen. Zur Ölgewinnung werden dieselben auf dem Getreidemahlstein zerquetscht oder in einer primitiven Mühle, die aus einem Mörser und sich darin drehendem, beschwertem Pistill besteht, gemahlen. Solche Mühlen fand man hier und da in den Küstenstädten, sie wurden von ei-

Trocknen der Sisalfasern (DOA)

nem Kamel in Bewegung gesetzt. Das Öl dient als Speisefett, die Rückstände als Ölkuchen zur Viehfütterung. Kurz erwähnt sei die Rizinusstaude (*Ricinus communis*). Man zog sie aus Samen. In Deutsch-Ostafrika war sie weitverbreitet. Das durch Kochen aus dem Samen gewonnene Öl dient bei den Eingeborenen zum Einfetten der Haut. Beachtenswert ist ebenda noch der Talerkürbis (*Telfairia pedata*). Man pflanzt dieses Schlinggewächs an Bäume, in der Nähe der Hütten. In den gewaltigen Früchten finden sich etwa 300 Samen, die bis zu 60 Prozent Öl enthalten. Zuweilen traf man auf dem Markte in Bagamojo (Deutsch-Ostafrika) das zu Speisezwecken dienende Fett des Mkanjibaumes (*Allanblackia Stuhlmannii*). Im Kriege nützte es uns als Speisefett, doch auch in der heimischen Industrie könnte dasselbe zur Herstellung von Kerzen und Seifen Verwendung finden. In Togo und Kamerun gewinnt man aus den Früchten des Schibaumes (*Butyrospermum Parkii*) die Schibutter, welche an Kakaobutter erinnert und sich dadurch auszeichnet, daß sie nicht leicht ranzig wird.

Gemüsepflanzen

Die Eingeborenen benutzen als Gemüse viele wildwachsende Pflanzen. Auf diese kann hier jedoch nicht näher eingegangen werden, sondern es sollen nur die genannt werden, welche sich wirklich in Kultur befinden. In den meisten Fällen legt man Mischkulturen an und nur selten findet man die einzelnen Gewächse für sich allein. Von Hülsenfrüchten pflanzte man in Deutsch-Ostafrika fast überall die Kundebohne (*Vigna sinensis*), von der mindestens neun Varietäten bekannt sind. Man ißt sowohl die gekochten Samen wie die Blätter. Die gewöhnliche Bohne (*Phaseolus vulgaris*) kommt in zahlreichen Spielarten vor; ähnlich ist es mit der Mondbohne (*Ph. lunatus*) und der Helmbohne (Dolichos lablad). Die Mungobohne (Ph. mungo) ist klein, rund und von grüner Farbe; verwandte Sorten sind gelb oder schwarz. Häufig am Rande der Felder findet man die Straucherbse (*Cajanus indicus*) mit verschieden gefärbtem Samen, während die echte Erbse (*Pisum sativum*) mehr auf einige Gegenden im Innern beschränkt ist. Hülsen von oft über 30 cm Länge und 3-4 cm Breite liefert die seltener gebaute Schwertbohne (*Canavalia ensiformis*). Die Samen sind weiß. Eine Sorte mit karminrotem Samen diente nur als Spielbohne. Verwandte der Floridabohne (Stizolobium sp.) wurden hauptsächlich in den südlichen Distrikten gebaut, während die interessante Erderbse (*Voandzeia subterranea*) in vielen Spielarten hauptsächlich aus dem Innern bekannt ist. Auch sie bildet ihre Früchte wie die Erdnuß im Boden aus. Da häufige Angaben über die Giftigkeit verschiedener Bohnensorten, besonders der Mondbohnen, bekannt wurden, so sei hier bemerkt, daß von allen

Baumwollfeld in DOA)

Bohnensorten, die von den Eingeborenen in Deutsch-Ostafrika gebaut wurden, häufig Kostproben hergestellt wurden und sich nachteilige Wirkungen nie einstellten. Besonders reichlich war die Zahl der kürbisähnlichen Pflanzen in derselben Kolonie. Da gedieh der eigentlich Kürbis (*Cucurbita sp.*) in vielen Varietäten. Man kochte die reifen, oft gewaltigen Früchte, und ferner wurde aus einem Gemisch der Blüten und Enden der weit sich über den Boden hinziehenden Triebe ein ausgezeichnetes spinatähnliches Gemüse bereitet. In wasserarmen Gegenden bildeten die vielen Wassermelonen (*Citrullus vulgaris*) eine willkommene Gabe, ebenso wie die zahlreichen Gurken (*Cucumis sp.*), von denen einige dicke stachelige Auswüchse trugen. Luffa-Arten (*Luffa cylindrica* und andere) kamen nur an der Küste vor, wo sie in jungem Zustande gern gegessen wurden. Auch bei den Flaschenkürbissen (*Lagenaria vulgaris*), die mit ihrer harten Schale durch mannigfachste Verschiedenheit der Form geeignet zu Tabakdosen, Medizinflaschen, Milch-, Trink-, Schöpf- und Aufbewahrungsgefäßen waren, gab es Sorten mit dicker fleischiger Außenschicht, die gern gegessen wurden. Großer Beliebtheit erfreuten sich die Früchte verschiedener Nachtschattengewächse. An der Küste gediehen gelbe und schwarzviolette Eierfrüchte (*Solanum Melongena*), eine kleine, kaum mehr als kirschengroße Tomate (*S. Lycopersicum*) und noch eine ganze Anzahl bis hühnereigroße Formen, von grüner bis leuchtendroter Farbe (*S. sinuato-repandum*), wie die abgeplatteten, zitronengelben Mkunga-Früchte (*S. Macrocarpum var. Tonningii*).

Genußmittel

Hier dürfte in erster Linie der Bukobakaffee (*Coffea arabica var Stuhlmanni*) erwähnt werden. Er wird von den Leuten am Viktoria-See gebaut und wurde daselbst wohl von Nordosten her eingeführt. Die Kultur in den Bananenhainen jener Gegend ist sehr eigentümlich. Man streckt lange, aller Seitenteile beraubte Zweige in die Erde. Wenn sie sich bewurzelt haben, werden sie umgebogen und durch einen hakenförmigen Holzpflock in dieser Lage gehalten. Es bilden sich nun Schosse, die in gleicher Weise gebogen und am Boden gehalten werden. Durch weitere gleichartige Behandlung wird der Baum immer mehr in die Breite gezogen; so sah ich dort im Jahre 1913 Bäume, die 11 Meter Raum beanspruchten. Sie stehen vereinzelt, und es wurde mir gesagt, daß diese sonderbare Pflanzart gewählt würde, damit möglichst viele Pflücker zur gleichen Zeit an einem

Pflanzung mit Kapok-(Woll-)Bäumen (DOA)

Baume abernten könnten. Die Kaffeefrüchte werden hier nicht zur Herstellung eines Getränkes benutzt, sondern man brüht sie in heißem Wasser ab und läßt sie trocknen. Auf diese Art vorbereitet, dienen sie als anregendes Kaumittel. Man bewahrt die trockenen Früchte in kleinen aus Gras geflochtenen Körbchen auf, die schön schwarz und weiß gemustert sind. – Im Süden Deutsch-Ostafrikas in Ukinga und im Livingstone-Gebirge baut man eine Bambusart (*Oxythenanthera Braunii*) an und bereitet aus deren Saft ein berauschendes Getränk. Aus fast allen Palmenarten werden alkoholartige Genußmittel gewonnen, und zwar in ähnlicher Weise, wie dies oben bei der Kokospalme beschrieben wurde. Anderer hierher gehörender zu berauschenden Getränken dienender Pflanzenteile wird an weiteren Stellen gedacht werden.

Getreidearten

Das wichtigste Mehlgetreide ist die Sorghumhirse (*Andropogon Sorghum*), Mohrenhirse, Kaffernkorn, Negerkorn oder Durrha. In Kiautschou wird sie mit dem chinesischen Namen Kauliang bezeichnet. Es ist das ertragreichste Getreide der Welt; ein Fruchtstand liefert oft mehrere tausend Körner. Die Halme werden bis 7 Meter hoch, die Fruchtstände sind in bezug auf Form und Farbe

Manihot-Kautschuk-Pflanzung (DOA)

sehr verschieden, bald sind sie locker, bald dicht, bald stehen sie aufrecht, bald sind sie nach unten gebogen. Man bringt mehrere Körner in kleine Pflanzlöcher und bedeckt sie mit Erde. Oft werden andere Pflanzen, wie Mais, damit zusammen ausgesät, auch Kürbisse, Gurken und Flaschenkürbisse findet man häufig in den Sorghumfeldern kultiviert. Nach dem Keimen werden die Felder von Unkraut gereinigt und die Sämlinge eventuell ausgedünnt. Die Ernte findet je nach Sorte und Gegend nach 4 bis 9 Monaten statt. Die Fruchtstände werden abgeschnitten, in der Sonne getrocknet und meist durch Schlagen mit Stöcken ausgedroschen. Man bewahrt die Körner in kleinen Fruchtspeichern auf, wie solcher im allgemeinen Teil bereits gedacht wurde. Außer in Deutsch-Ostafrika baute man die Pflanze hauptsächlich in Togo und Kamerun. In erster Linie dient sie zur Mehlbereitung, dann aber wird ein großer Teil der Ernte zur Herstellung von Bier verwendet. Von lokaler Bedeutung, wie in Togo, ist die Verwendung der Stengel mancher Sorten zur Gewinnung einer roten Farbe. Einige Varietäten führen in ihren Halmen einen Gehalt an Zucker und werden wie Zuckerrohr gekaut. Die trockenen Stengel dienen zum Decken der Dächer und zur Herstellung von Einfriedungen. An nächster Stelle ist die Negerhirse (*Pennisetum spicatum*) zu nennen. Ihr Vorbereitungsgebiet war hauptsächlich Deutsch-Ostafrika. Der Fruchtstand ist walzenförmig und wird bis 30 cm lang. Er ist bei weitem nicht so reich an Körnern wie die zuerst genannte Pflanze. Auch von ihr gibt es viele Sorten, die sich in bezug auf Samenfarbe, Beschaffenheit der Kelchzipfel, wobei alle gleich oder einer grannenartig aufgezogen sein kann, unterscheiden. Die Kultur ähnelt der des Sorghums. Die Verwendung ist ebenso. Das aus Negerhirse gebraute Bier gilt als besonders gehaltreich. Ebenfalls in Deutsch-Ostafrika baute man den Korakan /*Eleusine coracana*) in ähnlicher Weise wie vorher. Die kleinen Samenkörner schmecken etwas bitter, werden ebenfalls zu Mehl verwendet, sind aber besonders als Zusatz zu Bier beliebt. Von hoher Bedeutung war in derselben Kolonie der Reis (*Oryza sativa*). Man unterschied Sumpf- und Bergreis. Botanisch waren etwa 14 Varietäten bekannt, doch pflanzte man meist Mischungen an, die dann überall mit den verschiedensten Namen belegt wurden. Zwecks Kultur bringt man erst die Samen in Saatbeete und setzt die jungen Pflanzen dann, wenn möglich, in Überschwemmungsland. In den Ulugurubergen pflanzte man Bergreis, der nur sehr geringer Feuchtigkeit bedurfte. Erwähnt sei, daß auf der Insel Mafia und am Malagarassi Reis auch wild vorkam. Da die Halme unregelmäßig reifen, ist die Ernte recht mühsam. Bei dem wilden Reis fallen die reifen Früchte von den Ähren ab und müssen aus dem Wasser, in dem er wächst, herausgefischt werden. Der

Reis wird durch vorsichtiges Stampfen im Holzmörser von den Spelzen befreit und dann gekocht. Bei den Negern stellt er eine Art Luxusartikel dar. Von großer Bedeutung ist ferner der Mais (*Zea Mais*). Er war hauptsächlich verbreitet in Deutsch-Ostafrika, in Togo und Kamerun. Die Kultur gleicht der der Sorghumhirse. Man unterscheidet viele Sorten, die sich in bezug auf die Farbe der Samen, die der Hüllblätter, Größe der Kolben usw. unterscheiden. Man ißt die fast reifen am Feuer gerösteten Kolben oder kocht die vorher mit wenig Wasser zwecks Entfernung der Samenhäutchen vorsichtig gestampften Körner.

Gewürze

Bei den Gewürzen, die von den Eingeborenen gebaut werden, ist nicht vieles zu erwähnen; nur eine kleine Form des Spanischen Pfeffers (*Capsicum minimum*) wird häufig in der Nähe der Hütten in wenigen Exemplaren angepflanzt. Die Leute lieben scharfe Brühen und verwenden hierzu die scharlachroten kleinen Früchte, sowohl im frischen wie getrockneten Zustande. Hier und da an der Küste Deutsch-Ostafrikas und ebenso im Innern, wo sich fremder Einfluß geltend macht, pflanzt man auch die Gelbwurz (*Curcuma longa*) an. Sie dient zur Herstellung des beliebten Curry-Pulvers, welches sowohl bei Eingeborenen wie Arabern und Indern gern als Würze der Speisen Verwendung findet.

Knollengewächse

Die beiden heute wichtigsten Knollengewächse: der Maniok (*Manihot utilissima*) und die Batate oder Süßkartoffel (*Ipomaea batatas*), von denen die erstere hauptsächlich in Deutsch-Ostafrika und Kamerun, die andere besonders noch in unserem Kolonialbesitz in der Südsee vorkam, sind in jenen Ländern nicht einheimisch, sondern stammen aus Amerika. Was den Maniok anbelangt, so handelt es sich hier um 1 bis 3 Meter hohe Sträucher, welche einen Milchsaft enthalten. Die Blätter sind meist tief geteilt. Man baut etwa 10 Sorten. Die Wurzeln werden oft mehrere Kilo schwer. Es gibt Formen mit süßen und solche mit giftigen Wurzeln. Die giftigen Eigenschaften gehen durch Kochen verloren. Man genießt roh, gekocht oder durch Vierteilung und Trocknen in Dauerware verwandelt. In letzterem Zustande bedecken sich die Stücke mit grünlichen und orangeroten Pilzrasen. Mir machte es den Eindruck, als ob hierdurch eine Lockerung des Gewebes stattfände. Das graue Mehl so behandelter Knollen war besonders beliebt. Die Süßkartoffel wird in nassem Gelände auf hoch aufgeworfenen Kämmen aus Stecklingen gezogen. In Deutsch-Ostafrika kannte man etwa ein Dutzend Sorten. Sie unterscheiden sich hauptsächlich durch die Gestalt der Blätter und die Farbe der Wurzelrinde. Die Wurzeln wurden gekocht gegessen. Die Blätter, sowohl dieser Pflanze, wie des Maniok, geben spinatartige Gemüse. Zu den einheimischen Knollengewächsen gehören weiter im tropischen Afrika die Jams (*Dioscorea*-Arten). Man vermehrt aus augentragenden Knollenstücken und sorgt dafür, daß die rankenden Pflanzen genügend Stützen finden. Auch in der Südsee sind die Jamssorten beliebt. Manche tragen ebenfalls eßbare Luftknollen, doch gibt es dabei auch giftige Arten. Weiter reiht sich die Taro-Pflanze (*Colocasia antiquorum*) an, die sowohl in Deutsch-Ostafrika, besonders am Kilimandjaro, wie hauptsächlich auf Samoa und anderen Inseln des australischen Archipels beliebt ist. Sie bedarf vieler Feuchtigkeit, die Vermehrung geschieht durch Tochterknollen, die am Wurzelhalse erzeugt werden. Man verwendet sowohl die Knollen wie die Blätter. Von den ursprünglich hierhergehörenden Gewächse nenne ich für Deutsch-Ostafrika noch die Visewa-Bohne (*Sphenostylis stenocarpa*) mit großen, rundlichen, wohlschmeckenden Knollen, die verschiedenen Numbu-Wurzeln (*Coleus sp.*), die ausgezeichnet schmecken, von denen ich aber die meisten, trotz jahrelanger Kultur, nicht zum Blühen bekommen konnte, so daß die Namen sich noch nicht genau feststellen ließen. Nahe verwandt damit sind die Migo-Knollen (*Plectranthus taborensis*), kleine Pflanzen mit blauen Blüten. Ich kann diesen Abschnitt nicht verlassen, ohne die Kawa-Pflanze (*Piper methysticum*) zu erwähnen, deren knollige Wurzeln zwar nicht gegessen werden, aus denen die Samoaner sich aber ihr Nationalgetränk gleichen Namens herstellen.

Obst

Es ist nicht möglich, an dieser Stelle alle Obstsorten anzuführen, die in unseren Kolonien vorkamen. Die meisten sind im ganzen Tropengür-

Tabakfeld auf Farm Hanaus (Gibeon, DSWA)

tel überall verbreitet, und es ist schwer, ihre eigentliche Heimat noch nachzuweisen. Zunächst einige Worte über die Banane (*Musa paradisiaca*). Es ist eine krautartige, mehrere Meter hohe Pflanze mit gewaltigen Blättern. Aus ihrer Mitte tritt der große Blütenstand hervor, der sich nach dem Boden neigt und an dem die Früchte in handähnlichen Anordnungen in ihrem Gesamtbilde als gewaltige Traube sitzen. Nach der Fruchtreife geht die Staude ein. Die am Grunde des Schaftes hervorbrechenden Schößlinge dienen zur Vermehrung. Man unterscheidet Eß- und Mehlbananen. In Deutsch-Ostafrika am Kilimandjaro und am Viktoriasee gibt es Völker, die meist von Bananen leben. Hier kocht man die Früchte wie Kartoffeln oder läßt sie in künstlich erhitzten Gruben nachreifen, um sie zu Bananenwein zu benutzen. In diesen Gegenden legt man hohen Wert auf die Kultur der Pflanze, hält sie sorgfältig rein und benutzt die abgeernteten Stauden, nachdem man sie abgehackt hat, zur Düngung. Die großen Blätter dienen überall als Packmaterial, während die Streifen des Scheinstammes zum Decken der Hütten benutzt werden. In Kamerun war die Kultur der Banane so weit gediehen, daß man daran dachte, die Ernten mit besonderen Kühldampfern nach Deutschland zu bringen. Einer weit geringeren Verbreitung erfreut sich die Papaya oder der Melonenbaum (*Carica Papaya*). Man findet ihn hauptsächlich in der Südsee und in Deutsch-Ostafrika im Küstengebiet oder in der Nähe alter arabischer Niederlassungen. Man unterscheidet männliche und weibliche Bäume. An ersteren hängen die gelblichweißen männlichen Blüten an langen Stielen, während an den anderen die großen bis 3 Kilo schweren Früchte dicht am Stamme sitzen. Sie schmecken recht erfrischend, das Fruchtfleisch ist blaß- bis orangegelb, im Innern liegen die erbsengroßen schwarzgrünen Samen. Überall findet man die herrlichen Mangobäume (*Mangifera indica*). Die Früchte sind je nach Sorte – man unterschied in Deutsch-Ostafrika etwa zehn – von verschiedener Größe und meist etwas nierenförmiger Gestalt. Das dottergelbe Fruchtfleisch muß von den Kernen abgeschnitten werden und ist meist von sehr angenehmem Geschmack. Bei nur wenigen Formen ist ein terpentinartiger Beigeschmack zu bemerken. Vielfach baut man die Ananas an; Anonen, Guayaven und Granatbäume mit leuchtendroten Blüten findet man überall, wohin die Araber ihre Niederlassungen ausdehnten und von wo sie hier und da in der Nähe der Hütten der Eingeborenen kamen. Ebenso

Sortier- und Fermentierhaus der Tabakpflanzung Mbanga (Kamerun)

verbreitet fand man in Deutsch-Ostafrika große, im Gegensatz zu den europäischen Sorten grünschalige Orangen und kleine, ebenfalls grüne, aber sehr saftige Zitronen. Die Kultur des Brotfruchtbaumes (*Artocarpus*-Arten) war besonders für die Südsee von Wichtigkeit. Die bis 5 Kilo schweren Früchte sind reich an Stärke. In anderen Gegenden, wie in Deutsch-Ostafrika, war eine zweite Art verbreitet, deren Früchte bis 30 Kilo schwer wurden.

Zuckerhaltige Gewächse

An dieser Stelle wäre in erster Linie das Zuckerrohr zu nennen, dessen Kultur in allen tropischen Ländern betrieben wird. Man baut es überall da, wo die Bodenverhältnisse dies erlauben. Es liebt feuchtes, warmes Schwemmland, doch darf stagnierendes Wasser nicht vorhanden sein. Bewässerungsmöglichkeit bei zu geringem Regenfall ist von Vorteil. Die Eingeborenen pflanzen Zuckerrohr durch Stecklinge fort, entweder werden dieselben von den Spitzen der Halme entnommen oder Teilstücke des Schaftes werden flach in die Erde gelegt, worauf sie sich bewurzeln und neu ausschlagen. Das meiste Zuckerrohr wird als Lekkerei ausgekaut. Man unterschied, wenigstens in Deutsch-Ostafrika, mehrere Sorten, die man nach der Farbe der Halme trennen konnte. Über den Gehalt an Zucker lagen noch keine Untersuchungen vor. Daß auch die Stengel gewisser Sorghumhirsesorten zuckerhaltig sind, wurde bereits unter: Getreide erwähnt.

Europäer-Betriebe

Die wichtigsten Kulturpflanzen, welche in unserem einstigen Kolonialbesitze für Deutsche in Betracht kamen, waren: Sisal, Baumwolle, Kaffee, Kakao und Kautschuk. Erst in den Anfängen befanden sich die Anlagen mit Kapok, Vanille, Zimt, Gerberakazien, Tabak und dergleichen. Um ausfindig zu machen, welche tropischen Nutzgewächse sich zum Anbau in den deutschen Kolonien am besten eigneten, waren verschiedene Anstalten eingerichtet worden, welche für die Pflanzungsunternehmungen durch Anzucht der aus anderem tropischen Kolonialbesitz beschafften Nutzpflanzungen die Vorversuche in bezug auf Anpassung, Wachstumsbedingungen, Schädlinge, Krankheiten und dergleichen ausführten. Die größte dieser Einrichtungen war das biologisch-landwirtschaftliche Institut in *Amani,* gelegen in den Usambarabergen in Deutsch-Ostafrika. Dort befanden sich botanische, zoologische und chemische Laboratorien, eine große fachwissenschaftliche Bücherei, ausgedehnte Versuchsanlagen und ein Stab wissenschaftlicher und der Praxis dienender Beamter. Eine ähnliche Versuchsanstalt befand sich in Viktoria in Kamerun, kleinere Versuchsgärten in den anderen Kolonien.

Wohl eine der wertvollsten Kulturpflanzen war

Gartenanlage im Bezirk Grootfontein (DSWA)

der *Sisal* (*Agave rigida var. sisalana*). Große Pflanzungen befanden sich in Deutsch-Ostafrika; mit der Kultur begonnen wurde ferner in Togo und Neuguinea. Die Pflanze gehört zu den Agaven. Um einen fast meterhohen Strunk stehen rosettenförmig die geraden, fleischigen, in eine Spitze auslaufenden, bis fast 2 Meter langen Blätter. Gegen Abschluß des Lebens bildet sich aus der Mitte emporwachsend der mehrere Meter hohe Blütenschaft, an dem sich Blüten und Brutknospen, sogenannte Bulbillen, entwickeln. Außerdem produziert die Pflanze zahlreiche Schößlinge. Sowohl diese wie die Bulbillen können zur Heranzucht neuer Pflanzen dienen. Bis dieselben etwa einen halben Meter Höhe haben, bleiben die Schößlinge bei der Mutterpflanze und die Bulbillen in den Saatbeeten. Die Pflanzweite in den Feldern ist verschieden. Man wähle zwischen 2,5 x 2,5 Metern und 2,5 x 1,35 Metern. Im ersten Falle gehen 1600 Pflanzen auf einen Hektar, im letzteren 2960. Auf gutem Boden kann eine größere Zahl angebaut werden als auf geringem. Nach 2 1/2 bis 3 Jahren beginnt die Ernte. Die Blätter werden ziemlich dicht an der Ansatzstelle abgeschnitten, gebündelt und zur Fabrik gebracht. Der Entfernungen wegen, welche bei der Ausdehnung einer Sisalplantage entstehen, benutzt man hierzu eine Feldbahn. Die Entfaserung wird mit Maschinen vorgenommen. Man arbeitete in Deutsch-Ostafrika mit Raspadoren, der Molamaschine, der Neu-Corona und der Roland-Maschine. Mit Hilfe von Schlageisen, die auf den Radreifen befestigt sind, werden die in verschiedener Art festgehaltenen Blätter entfasert. Die frischen Fasern werden zunächst gewaschen und dann auf Gestellen zum Trocknen in die Sonne gehängt. Nachher werden sie noch gebürstet und dann mit Hilfe von Pressen in Ballenform gebracht. Verwendung findet die Faser in erster Linie zur Herstellung von Schiffstauen und konkurriert in dieser Hinsicht mit dem wertvollen Manilahanf.

Ich wende mich nun zu der *Baumwolle.* Größere, zu schönen Hoffnungen berechtigte Pflanzungsanlagen fanden sich in Deutsch-Ostafrika und Togo; auch in Kamerun hatte man mit dem Anbau begonnen. Über die Bemühungen durch die Eingeborenen ist oben unter »Faserpflanzen« nachzulesen. Es handelt sich hier um Sträucher mit mehrlappigen Blättern und meist gelben Blüten vom Aussehen derjenigen unserer Malven. Die Fruchtkapsel hat die Größe einer Walnuß und enthält in ihrem Innern eine große Anzahl mit mehr oder weniger langen Haaren bekleidete Samen. Reif springt die Kapsel auf und die Samenhaare, welche die Baumwolle darstellen, quellen in dichtem Knäul hervor. Zur Aussaat werden mehrere von den Haaren befreite Samen in meterweit auseinanderliegende Reihen in Abständen von 50 cm in etwa 10 cm Tiefe ausgelegt und später bis auf zwei Keimlinge ausgedünnt. Wenn nach 10 Tagen nicht alle Körner aufgegangen sind, muß nachgelegt werden. Man sorge für Reinhaltung von Unkraut und Lockerung des Bodens. Bei der Ernte, die bei trockenem Wetter vorgenommen werden muß, ist darauf zu sehen, daß der ganze Inhalt einer Kapsel mit einem geschickten Griff herausgenommen wird und daß man beim Einsammeln sofort eine Trennung des Materials in erste und zweite Qualität vornimmt. Die geerntete Baumwolle wird mit besonderen, sog. Ginmaschinen entkernt und dann in Ballen verpackt in den Handel gebracht. Sie dient als Spinnstoff und zur Herstellung von Watte, ferner zur Verarbeitung auf Schießbaumwolle und Kollodium, das wieder bei der Fabrikation von Zelluloid eine große Rolle spielt. Die Stengelrinde dient zur Herstellung von Papier; aus den Samen preßt man ein wertvolles Speiseöl.

Als nächster Pflanze *sei des Kaffees* gedacht. Über seine Kultur bei den Eingeborenen wurde bereits oben unter »Genußmittel« einiges gesagt. Seine wichtigsten Pflanzungsgebiete lagen am Kilimandjaro und in Usambara in Deutsch-Ostafrika. Es ist ein kleiner Baum von 5 bis 6 Meter Höhe mit waagerecht abstehenden, meist etwas nach unten geneigten Ästen. Während der Blüte sind diese mit schneeweißen, wohlriechenden, fast kugelförmigen Blütenständen bedeckt. Aus ihnen entstehen die anfangs grünen, dann kirschroten Früchte, in welchen ein bis zwei Samen, die Kaffeebohnen, enthalten sind. Das Fruchtfleisch hat einen schwach süßlichen Geschmack. Zum Anbau sind gleichmäßig warmes Klima und Niederschläge, nicht unter 1500 mm, erforderlich. Man zieht aus Samen. Die Bäumchen tragen vom vierten Jahre ab. Um das Abernten zu erleichtern, werden dieselben gekappt und in einer Höhe von höchstens 2 Metern gehalten. Durch Zwischen- und Randkultur von Grevillea und ähnlichen geeigneten Bäumen sorgt man für Halbschatten und Windschutz. Die geernteten Kaffeekirschen werden mit Hilfe von eigenen Maschinen, sogenannten Pulpern, vom Fruchtfleisch befreit, die Samen einer Gärung unterworfen, gewaschen, getrocknet, durch Schälmaschinen von den ihnen anhaftenden pergamentartigen Hüllen befreit und durch Sortiertrommeln nach Größen getrennt. Nach dieser Aufbereitung kommt der Kaffee in Ballen verpackt zum Versand. An den Kaffee schließt sich der *Kakao* an. Am erfolgreichsten wurde sein Anbau in Kamerun betrieben, doch gab es auch in Togo und Deutsch-Ostafrika Kakaopflanzungen, während der Anbau in der Südsee, außer auf Samoa, noch wenig Bedeutung hatte. Die Kakaobohnen, aus denen die Schokolade hergestellt wird, stammen von einem 4 bis 6 Meter hohen Bäumchen. Die unscheinbaren Blüten brechen direkt aus dem Stamm und dem unteren Teile der dickeren Seitenäste hervor. Die Früchte sind bis 1 Kilo schwer und schmutzigdunkelrot oder gelb gefärbt. Die Samen liegen in dichten Reihen übereinander, umgeben von einem cremeartigen, angenehm säuerlich schmeckenden Fruchtfleisch. – Die Pflanze bedarf zu ihrem Gedeihen feuchter Wärme, einer Höhenlage bis zu etwa 400 Meter über dem Meere und genügender Beschattung. Vom sechsten Jahre an kann man mit Vollernten rechnen. Ein Baum liefert etwa 20-60 Früchte. Bei der Ernte werden die Samen aus den Früchten genommen, in Haufen geschichtet und machen dann, um die ihrer Schale anhaftenden Fleischteile zu entfernen, eine Gärung durch. Gleichzeitig werden hierdurch die bitterschmekkenden Gerbstoffe beseitigt und die Samen erhalten eine schöne Farbe. Nachher werden sie getrocknet, entweder in der Sonne oder mittelst künstlicher Wärme. Ein Baum liefert etwa 1/2 bis 1 Kilo marktfähige Kakaobohnen.

Ein überaus wichtiges Kapitel bildet der *Kautschuk*. Er stellt ein Produkt dar, das auf verschiedene Weise aus dem Milchsaft der sogenannten Kautschukpflanzen abgeschieden wird. Ein gro-

Kakaofrüchte (DOA)

ßer Teil des aus den Kolonien stammenden Kautschuks wurde von den Eingeborenen von wildwachsenden Pflanzenbeständen gesammelt. Es kann hier, wo es sich lediglich um in Kultur befindliche Pflanzen handelt, auf dieses umfangreiche Gebiet nicht näher eingegangen werden. Kurz erwähnt sei deshalb nur, daß in Togo von Feigenbäumen (Ficus Vogelii) der Saje Kautschuk oder die Togo Lumps, in Kamerun von Kickxia-Arten (Funtumia elastica) der gleichnamige Kautschuk und in Deutsch-Ostafrika von Lianan (*Landolphia*-Arten) als beste Marken der Kilwa und Donde-Kautschuk gewonnen wurden. Die Ausbeutung der vorhandenen Bestände durch die Eingeborenen dürfte allmählich zu deren Ausrottung führen. Der beste Kautschuk des Weltmarktes ist der Para-Kautschuk, der von der *Hevea brasiliensis* stammt, einer Pflanze aus dem Gebiet des Amazonenstromes in Südamerika. In den deutschen Kolonien bestanden Pflanzungen in Kamerun, Samoa, Neuguinea und Anfänge in Togo. Durch Überproduktion dieser Pflanze, besonders auf der Halbinsel Malakka, den Sundainseln, Ceylon usw. ist eine Krisis in bezug auf dieses Produkt auf dem Weltmarkte entstanden. An zweiter Stelle folgt der Ceara-Kautschuk von Manihot Glaziovii. Auch diese Pflanze stammt aus Brasilien, und zwar aus dem Staate Cearà. Angebaut wurde sie in erster Linie in Deutsch-Ostafrika, doch hatte man in Kamerun, Togo und Neuguinea ebenfalls mit der Kultur begonnen. Die anderen Kautschuklieferanten waren für die deutschen Schutzgebiete von geringer Bedeutung. Ich kann mich deshalb darauf beschränken, über die Gewinnung des Cearakautschuks einige Worte anzuführen. Wir haben es bei der Pflanze mit einem 10 bis 15 Meter hoch werdenden Baum zu tun, der aus Samen herangezogen wird und sehr schnell wächst. Man pflanzt ihn meist in Abständen von 3 zu 3 Metern an. Oft kann nach 3 Jahren bereits mit dem Zapfen begonnen werden. Dies wird in der Weise ausgeführt, daß man größere Stammflächen erst durch Abbürsten oder Abreiben reinigt, dann mit einer verdünnten Säure, meist Essigsäure, bestreicht und darauf mit einem Messer vielmals ansticht. Der Milchsaft sikkert aus den Wunden hervor und koaguliert, sobald er mit der saueren Flüssigkeit in Berührung kommt, während der Sammler die benachbarten Bäume anpickt. Nachdem mehrere Bäume in gleicher Weise behandelt wurden, wird bei dem ersten Baume mit der Abnahme des fest gewordenen Milchsaftes begonnen, indem man erst wenig davon zusammenballt und dies kleine Bällchen dann durch Antupfen und Abrollen der Kautschukhäutchen vergrößert. Man fährt mit

Ölpalmen bei der Faktorei Nssanakang (Croßfluß, Kamerun)

dieser Methode fort, bis faustgroße Ballen beisammen sind, die dann von den Sammlern abgeliefert werden. Durch Aufschneiden wird nachkontrolliert, ob den Ballen etwa beschwerende Beimengungen zugefügt wurden. Durch Behandlung zwischen geriffelten Stahlwalzen bei zufließendem Wasser werden die Bälle gereinigt und es entstehen durch Ausdehnen die Kautschukfelle mit rauhen Oberflächen, die unter dem Namen Crèpes im Handel zu finden sind. Je nach der mehr oder weniger sorgfältigen Behandlung und ferner nach den Stammpflanzen sind diese Felle bald heller, bald dunkler gefärbt. Die mannigfache Verwendungsmöglichkeit des Kautschuks darf hier als bekannt vorausgesetzt werden.

Zum Schluß sollen noch einige Produkte unseres einstigen Kolonialbesitzes erwähnt werden, deren begonnene Anpflanzungs- und Aufbereitungsversuche zu den schönsten Hoffnungen berechtigten. So wurde Tabakbau überall von den Eingeborenen betrieben und darüber bereits unter »Anregungsmittel« berichtet. In Deutsch-Ostafrika beschäftigte sich die Versuchsstation Kibongoto am Kilimandjaro eingehend damit, doch waren die Versuche bei Ausbruch des Krieges noch nicht vollständig abgeschlossen. In Kamerun wurde ein Sumatra-Deckblatt erzeugt, welches auf dem Bremer Markt gute Preise erzielte. In Deutsch-Ostafrika hatte man beachtenswerte Erfolge in Okahandja. – Mit dem Anbau der Gerberakazien- oder Wattlerinde (*Acacia decurrens* nebst verwandten Arten und Varietäten), befaßte man sich in Wilhlemsthal in West-Usambara (Deutsch-Ostafrika) und erreichte gute Resultate. – Der Kapokbaum (*Ceiba Pentandra*) liefert in den Wollhaaren seiner Früchte ein wertvolles Stopf- und Füllmaterial für Kissen und Matratzen. Größere Pflanzungen davon gab es in Deutsch-Ostafrika und Togo. – Recht gute Vanille wurde sowohl bei Bagamojo wie in einer Pflanzung am Pangani in Deutsch-Ostafrika gewonnen. Die Kultur rentierte sich aber nicht und wurde wieder aufgegeben. – Es würde zu weit führen, wollte ich auf die vielen weiteren erfolgreichen Anbauversuche eingehen. In bunter Reihenfolge nenne ich noch Zimt, Pfeffer, Kardamoms, Gewürznelken, Ananas, Kola und von europäischen Produkten Weizen und Kartoffeln. Für alles dies und vielleicht noch vieles andere boten sich günstige Bedingungen, welche den Verlust unserer so schönen Kolonien auf das schmerzlichste bedauern lassen.

Farmwirtschaft

Von Berengar von Zastrow

Wenn für ein Land das Wort: »Hat der Bauer Geld, hat's die ganze Welt« zutrifft, so ist das für ein Siedlungsland und deshalb besonders Südwestafrika der Fall. Zwar darf nicht verkannt werden, daß die Diamanten von Lüderitzbucht, das Kupfervorkommen von Otavi und die anderen bergmännischen Unternehmungen dem Lande viel genützt und seine Entwicklung gefördert haben; auf die Dauer aber muß sich der Wohlstand des Landes auf die Farmerschicht gründen und deshalb hat die deutsche Regierung von Anfang an der Besiedelung des Landes die größte Aufmerksamkeit geschenkt.

Die Schwierigkeiten, mit denen sie besonders in der ersten Zeit zu kämpfen hatte, waren sehr groß. Erst allmählich ging dem deutschen Volke das Verständnis für die Notwendigkeit und Bedeutung eines eigenen Kolonialbesitzes auf. In den achtziger Jahren gab es viele Reichstagsabgeordnete, die für die Kolonien kein Geld bewilligen wollten. Deshalb war die Regierung gezwungen, große Landesstrecken an Konzessionsgesellschaften wegzugeben und ihnen die Besiedelung des Landes zu überlassen. Bald zeigte sich, was jedem Sachverständigen schon von Anfang an klar gewesen war, daß Gesellschaften nicht geeignet sind, eine großzügige Ansiedelungspolitik zu treiben. Sie müssen darauf sehen, daß ihre Aktionäre schnell Geld in Gestalt von Dividenden erhalten und können nicht Ausgaben machen, die sich erst in Jahrzehnten rentieren.

Erst als der große Aufstand von 1904 und 1905 das Augenmerk Deutschlands auf Südwest lenkte, sah man allgemein ein, welchen Fehler man gemacht hatte und suchte ihn, soweit es möglich war, zu beseitigen. Die Landgesellschaften wurden jetzt gezwungen, Land zur Besiedelung freizugeben, die ganzen ersten 20 Jahre deutscher Kolonialherrschaft waren aber so gut wie verloren, da nur wenige Farmer sich bis dahin im Lande niedergelassen hatten. Als der Aufstand im Januar 1904 ausbrach, gab es im Lande nur etwa 300 Farmer. Ein nicht unbeträchtlicher Teil davon waren Buren, die aus dem benachbarten Südafrika herübergekommen waren. Soweit es Deutsche waren, waren es meist entlassene Soldaten der Schutztruppe, die das Land liebgewonnen und sich während ihrer Dienstzeit die nötige Landeskenntnis und –erfahrung angeeignet hatten.

So kann man von einer richtigen Besiedelung und Farmwirtschaft erst vom Jahre 1908 oder 1909 an sprechen. Nur 5 bis 6 Jahre der friedlichen Entwicklung standen zur Verfügung, und was in dieser kurzen Zeitspanne geleistet worden ist, erweckte das helle Erstaunen der Buren und Engländer, als sie 1914 in das Land einfielen und uns in kurzer Zeit durch ihre Übermacht erdrückten.

Verschiedene äußere Umstände haben diese schnelle Entwicklung begünstigt. Durch den Aufstand waren viele Soldaten in das Land gekommen und, getrieben von der jedem Deutschen angeborenen Liebe zur eigenen Scholle, wollten sie sich als Farmer niederlassen, um auf eigenem Grund und Boden leben zu können. Wenn auch die meisten sich einige tausend Mark gespart hatten, reichten diese geringen Beträge allein nicht aus, um einen Farmbetrieb beginnen zu können. Deshalb kam die Regierung zu Hilfe und gab sogenannte Ansiedelungsbeihilfen, d. h. Darlehen, die auf der Farm eingetragen wurden, unverzinslich waren und nach einigen Jahren Schonfrist in Jahresraten zurückgezahlt werden mußten. Nur durch diese Hilfe war es vielen entlassenen Soldaten möglich, im Lande zu bleiben und einen Farmbetrieb zu beginnen. Nicht ohne Sorge sah man in den ersten Jahren auf diese neuen Farmer. War es doch klar, daß auch mit der Unterstützung der Regierung das Betriebskapital nur gering war und daß nur in sich gefestigte, völlig anspruchslose Männer den Kampf um ihre Existenz aufnehmen konnten. Nicht alle haben sich dieser Aufgabe gewachsen gezeigt, aber dies waren nur verhältnismäßig wenige; bei weitem die meisten haben sich durch die ersten schweren Jahre durchgerungen und waren bei Beginn des Weltkrieges in einer verhältnismäßig gesicherten Lage. Die Erfahrungen der alten Schutztruppler, die schon vor dem Kriege Farmer geworden waren, kamen ihnen besonders zugute.

Zu diesen, schon im Lande befindlichen neuen Farmern kam ein nicht unbedeutender Zustrom aus Deutschland. Es ist das große Verdienst des damaligen Staatssekretärs des Kolonialamtes Dernburg, daß er es verstanden hat, die Kolonien populär zu machen und dadurch zu erreichen, daß manche Auswanderer Südwest zu ihrer neuen Heimat wählten. Begünstigt wurde diese Entwicklung noch dadurch, daß die Bahnen von Swakopmund nach Tsumeb im Norden und von Lüderitzbucht nach Keetmanshoop und Kalkfontein im Süden fertiggestellt waren und so das Land im großen der richtigen Besiedelung erschlossen war.

Dem Grundsatze folgend, daß die Besiedelung des Landes nicht zu einer Quelle des Gelderwerbs gemacht werden dürfe, sondern daß es in erster Linie darauf ankomme, überhaupt Menschen in das Land zu ziehen und sie so zu stellen, daß sie sich wirtschaftlich halten können, waren die Preise, die die Regierung für das verkaufte Farmland forderte, äußerst gering. Kriegsteilnehmer erhielten das Land zeitweise unentgeltlich, später wurden 50 Pfennig und im Laufe der Jahre der zunehmenden Besiedelung und allgemeinen Preissteigerung entsprechend 3 und 5 Mark für das Hektar gefordert. Diese an sich schon geringen Beträge brauchte der Farmer nicht auf einmal zu zahlen. Er hatte eine Anzahlung zu leisten und mußte nur nach 5 Jahren das zinslos gestundete Restkaufgeld in Jahresraten abzahlen. So kam es, daß das Kaufgeld nicht viel mehr als eine Anerkennungsgebühr war.

Diesen großen Vergünstigungen standen aber naturgemäß auch Pflichten gegenüber. Die hauptsächlichste war, daß der Farmer sich verpflichten mußte, auf der Farm seinen Wohnsitz zu nehmen, sie selbst zu bewirtschaften und innerhalb von 10 Jahren nur mit Genehmigung der Regierung zu verkaufen. Nur wenn der neue Ansiedler selbst auf der Farm arbeitete und für seine Wirtschaft sorgte, war es möglich, das zu erreichen, worauf der größte Wert gelegt werden mußte: die Besiedlung des Landes und Erschließung der Wirtschaft. Zustände, wie man sie in Südafrika sehen konnte, wo große Landesteile Leuten gehören, die weit weg in den Städten und sogar in Europa wohnten, konnte man nicht dulden. Außerdem war diese Maßnahme das einzige Mittel, die Spekulation mit dem so billig weggegebenen Lande zu unterbinden. Was lag näher, als daß jeder versuchte, möglichst viel Land so gut wie geschenkt zu bekommen, um es bei der mit absoluter Sicherheit einsetzenden Preissteigerung mit großem Vorteil weiterzuverkaufen. Dies konnte die Regierung nicht zulassen und deshalb gab sie jedem Farmer nur so viel Land, als er brauchte, um sich eine gesicherte Existenz gründen zu können.

Hierbei erhob sich aber die Frage, wieviel Land das sei; und hier standen sich die Anschauungen, nicht nur der Regierung und der Ansiedler, sondern auch innerhalb der Regierung oft scharf gegenüber. Das eine war jedem klar, daß in dem wirtschaftlich und klimatisch so viel ungünstigeren Süden die Größe einer Farm eine ganz andere sein mußte als in dem regenreichen Norden. Aber welche Ausmaße notwendig und angezeigt waren, konnte nur die Erfahrung lehren. Um bestimmte Richtlinien zu schaffen, setzte man die Größe der Farmen im Süden auf 20 000, im Norden auf 3000 Hektar fest und stufte die Größen im dazwischen liegenden Lande entsprechend ab.

Daneben wurden in ganz besonders geeignet erscheinenden Gegenden sogenannte Kleinsiedelungen geschaffen. Hauptsächlich waren dies Osona bei Okahandja und der Südrand des Waterberges. Hier gibt es Wasser in Fülle und guten Boden. Was lag näher, als zu versuchen, diese von der Natur besonders begünstigten Plätze durch eine engere Besiedelung auszunutzen. Jeder Ansiedler sollte nur verhältnismäßig wenige Hektare Land zum Eigentum erhalten, sein für die Wirtschaft erforderliches Vieh aber auf das große Gemeindeweideland treiben. Diese Versuche haben ohne Zweifel nicht den Erfolg gehabt, den sich ihre Gründer erhofft hatten. Es fehlte der nötige Absatz, weil die in Frage kommenden

Farm Voigtland bei Windhuk (DSWA)

Ortschaften Windhuk, Okahandja und andere nicht groß genug waren und den Kleinsiedlern naturgemäß von den Farmern Konkurrenz gemacht wurde. Solange nicht die Bevölkerung des Landes ganz bedeutend zunimmt, sind derartige Wirtschaftsbetriebe nicht lebensfähig.

Eine gewisse Ausnahme machten nur die Kleinfarmen im Bezirk Grootfontein im Norden des Landes. Hier verkaufte die South West Africa Co., der diese besten Teile des Bezirkes gehörten, Ansiedlungen in Größe von einigen Hundert Hektar, damit sie als Ackerbaubetriebe eingerichtet würden. Anfangs war die Nachfrage nach derartigen Farmen sehr gering; als man aber sah, wieviel Mais und Hirse dort angebaut werden konnten, welchen Nutzen die Nähe der Bahn hatte, wuchs die Nachfrage bedeutend, und zu Beginn des Krieges waren fast alle derartigen Farmen verkauft.

Selbstverständlich wurde erwogen, neben dieser Art der Besiedlung auch nach den Vorschlägen der Bodenreformer zu verfahren und das Land nicht zu verkaufen, sondern nur in Erbpacht zu geben, damit die Allgemeinheit und nicht der Einzelne die eintretende Wertsteigerung für sich in Anspruch nehmen könne. Wenn man derartige Bestimmungen eingeführt hätte, würden nicht zu Beginn des Weltkrieges 1500 Farmen mit etwa 15 Millionen Hektar in Privatbesitz gewesen sein, sondern kaum die Hälfte oder der vierte Teil. Ein derartiges System mag für England passen, wo die Bevölkerung seit Jahrhunderten daran gewöhnt ist, oder für Kiautschou, wo es sich nur um eine Handelsniederlassung und kein Siedlungsland handelt; für den Deutschen ist so etwas nicht geeignet, weil es seiner Natur und Grundauffassung fernliegt.

Die Ansiedler, die sich nun auf diese Farmen setzten, waren naturgemäß nach Alter, Herkunft, Vorbildung und Heimat sehr verschieden. In den Jahren bis zum Kriege bildeten die Buren einen nicht geringen Teil der Farmerschaft, besonders im Süden bis nach dem Bastardlande hin und im Norden, wo sich ein großer Burentreck, der über den Ngamisee unter unendlichen Strapazen Mitte der 90er Jahre herübergekommen war, niedergelassen hatte. Anspruchslos, wie sie waren, und

Maisernte auf Mundt's Farm (DSWA)
Dr. Dannert

mit den Eigentümlichkeiten Südafrikas bekannt, fühlten sie sich wohl, solange nur wenige Farmer im Lande waren und sie ungestört der über alles geliebten Jagd obliegen konnten. Als aber die Besiedelung des Landes zunahm, als eine Farm neben der anderen entstand, verließen viele das Land; nur die Tüchtigen blieben zurück, nahmen die Konkurrenz mit den deutschen Farmern auf und schufen an gar manchen Plätzen kleine Musterbetriebe. Sie erwarben auch fast alle die deutsche Staatsangehörigkeit.

Die Ansiedler nun, die aus Deutschland kamen, entstammten naturgemäß den verschiedensten Gegenden und fast allen Berufen. Nicht gering war daneben die Zahl derer, die schon in anderen Ländern gewesen waren, die Australien, Amerika und Südafrika gesehen hatten und jetzt Südwest zur zweiten Heimat erwählten. Fragte man sie, was sie dazu bewogen, so erklärten sie übereinstimmend, daß nicht etwa bessere wirtschaftliche Verhältnisse sie dazu getrieben hätten – diese seien nicht vorhanden –, sondern allein das Bedürfnis, unter deutscher Fahne und unter deutschen Landsleuten zu leben. Wie müssen diese Männer und Frauen leiden, daß dieser ihr Herzenswunsch nicht in Erfüllung gegangen ist und sie jetzt gezwungen sind, nicht nur unter englischer Flagge zu leben, sondern sogar die englische Staatsangehörigkeit anzunehmen!

Fragt man nun, welche Farmer am besten weitergekommen sind, ob die gelernten Landwirte oder andere, ob die jüngeren oder die älteren, die wohlhabenderen oder die ärmeren, so läßt sich hierauf eine genaue Antwort nicht geben. Selbstverständlich zeigte sich, daß die als Landwirt erworbene Vorbildung, besonders in dem Ackerbau treibenden Norden, von Vorteil war, daß derjenige, der über bedeutendere Mittel verfügte, besser seinen Betrieb aufbauen konnte als der arme; einen ausschlaggebenden Einfluß hat dies aber im allgemeinen nicht gehabt. Der Farmer ist am besten und schnellsten vorangekommen, der sich am besten an die Eigentümlichkeiten des Landes gewöhnen, am besten mit den Eingeborenen umgehen konnte, der sich selbst zu helfen wußte und deshalb nicht immer die Hilfe eines teuren Handwerkers in Anspruch nehmen mußte und nicht zuletzt der, der die tüchtigste Frau hatte. Wenn die Entwicklung des ganzen Landes in den letzten Jahren vor dem Weltkriege eine so schnelle und erfreuliche war, so ist das nicht nur der Tüchtigkeit des deutschen Ansiedlers zuzuschreiben, sondern in ganz gleichem Maße, vielleicht sogar noch mehr, der deutschen Frau. Sie trat veredelnd in den Kreis der um ihre Existenz ringenden Männer, sie gewöhnte sie zu sanften Sitten und indem sie weise nicht nur über die Familie, sondern auch besonders über die Eingeborenen herrschte, schuf sie die Grundlagen, auf denen der Mann aufbauen konnte.

Hieraus erklärt es sich auch, daß fast jeder Farmer, der Junggeselle war, das Bedürfnis hatte zu heiraten, daß die Junggesellen leicht der Gefahr ausgesetzt waren, den an sie gestellten Anforderungen nicht gewachsen zu sein, und daß die Frauen eine so geachtete Stellung einnahmen, wie sie sie nicht einmal in einem alten Kulturlande haben.

Naturgemäß stellten sich mit der zunehmenden Zahl der Eheschließungen und der wachsenden Zahl der Kinder Probleme ein, die dringend der Lösung bedurften und sie auch in mustergültiger Weise fanden. An fast allen größeren Orten des Schutzgebietes entstanden Krankenhäuser und an allen Sitzen der Verwaltungsbehörden wurden Schulen errichtet, so daß bald die allgemeine Schulpflicht eingeführt werden konnte. Gerade die Farmer des Landes waren es, die hierauf drängten, die bereit waren, selbst nicht unbedeutende Mittel aufzubringen, um zu ermöglichen, daß die Kinder etwas Ordentliches lernten, und die mit großem Eifer die Schulpensionate beobachteten.

Farmerfamilie in DSWA

Der zur Verfügung stehende Raum reicht leider nicht aus, um einen auch nur kurzen Überblick zu geben, wie die Farmen entstanden sind, wie der neue Ansiedler zuerst den Brunnen bauen mußte, oft viele Meter tief, um Wasser zu haben, wie das erste primitive Haus entstand, der Garten und die Felder angelegt wurden, welche Sorgen der Viehbestand und die, ach, so oft unzuverlässigen Eingeborenen machten. Nur wenige Zahlen sollen die schnelle Entwicklung des Landes klarlegen. In den Jahren von 1907 bis zum Beginn des Krieges wuchs die Zahl des Rindviehs von 52 000 auf 225 000, der Wollschafe von 3500 auf 55 000, der Karakuls von 0 auf 12 000, der Pferde von 3000 auf 16 000 und des Kleinviehs von 200 000 auf 1 000 000. Naturgemäß war die Zahl der weißen Bevölkerung immer noch gering. Als der Weltkrieg ausbrach, lebten nicht viel mehr als 15 000 Weiße im Lande. So klein diese Zahl auch erscheint, ihre wirtschaftliche Bedeutung war den wenigsten klar und deshalb erkannten große Teile unseres Volkes noch nicht, welchen Verlust das gesamte deutsche Vaterland durch den Verlust der Kolonien erlitten hat. Wenige Zahlen sollen das beweisen. Der Ort Grootfontein war im Jahre 1913 der wirtschaftliche Mittelpunkt von etwa 500 Köpfen, Frauen und Kinder eingeschlossen. Diese wenigen erlaubten es den Kaufleuten, Waren im Werte von etwa einer Million einzuführen. Die Post, nach deren Tätigkeit man sich am besten ein Bild machen konnte, zählte im Jahre 1912 etwa 100 000 eingegangene und 50 000 abgegangene Briefe, über 3500 angekommene Pakete und fast 620 000 Mark eingezahlte Postanweisungsgelder. Dieser hohe Betrag erklärt sich daraus, daß es keine Bank am Orte gab. Fast alle Waren, die in den Läden verkauft wurden, stammten aus Deutschland und der Umsatz kam so dem deutschen Handel zugute.

Als der Weltkrieg begann, war das Schutzgebiet und besonders die Farmerschaft über die ersten schweren Jahre des Anfangs hinweg, die notwendigsten zur Erschließung des Landes erforderlichen Bahnen waren gebaut, die Eigenarten des Landes waren erkannt und eine ruhige, stetig vorwärtsschreitende Entwicklung schien gewährleistet. Da brachte der Krieg einen völligen Umschwung, eine wirtschaftliche Katastrophe, wie sie wohl selten ein Land durchgemacht hat. Kühe, die vor dem Kriege 200 Mark gekostet hatten, waren für 20 Mark nicht mehr zu verkaufen, Kleinvieh war nicht mehr als das Fell wert, die Farmer machten einer nach dem anderen bankrott und konnten froh sein, wenn sie

Farm »Rosenhof« (Seßkameelbaum), Bzk. Gibeon, DSWA

bei den Minen in Tsumeb oder auf den Diamantfeldern in Lüderitzbucht ein Unterkommen finden konnten.

Es dürfte notwendig sein, die Gründe zu untersuchen, die zu dieser Krisis geführt haben, denn hiermit hängt auf das engste die Frage zusammen, ob es einem Deutschen geraten werden kann, jetzt noch nach Südwest auszuwandern. Wenn der Zusammenbruch deshalb erfolgte, weil die deutsche Regierung in Südwest eine Treibhauspolitik getrieben und nur künstlich eine Scheinblüte hervorgerufen hat, das Land aber an sich für eine deutsche Besiedelung nicht geeignet ist, so könnte natürlich nur vor einer Auswanderung dorthin gewarnt werden. Sind aber die Gründe andere, nur vorübergehende und aus den augenblicklichen Zuständen zu erklären, so muß man eine ganz andere Stellung einnehmen.

Die Krise, die Südwest nach dem Kriege erlitt, muß man ohne Zweifel als eine Absatzkrisis bezeichnen. Werte waren vorhanden, sie fanden nur keinen Markt und hatten deshalb keinen Preis. Der hauptsächlichste Grund hierfür ist folgender. Südwest mit seiner Bevölkerung von nur etwa 16 000 Weißen und verhältnismäßig wenigen anspruchslosen Eingeborenen bietet naturgemäß nur einen geringen Absatzmarkt. Dieser reichte vor dem Kriege noch aus, weil die meisten Farmen noch im Aufbau begriffen waren und neue Ansiedler ins Land kamen. Es wurde nur wenig verkauft und das Wenige von den Ortschaften und den Zuwanderern willig abgenommen. Mit dem Kriegsende wurde das anders. Zwar kamen an Stelle der deutschen Beamten englische in noch größerer Zahl, aber die Zuwanderung hörte auf, und was noch viel bedeutsamer war, viele deutsche Farmer wurden ausgewiesen. Sie mußten versuchen, soviel als möglich Kapital flüssigzumachen, um wenigstens einen Teil ihres Vermögens mit nach Deutschland zu nehmen, um davon leben zu können. So entstand ein sehr großes Angebot, dem keine Nachfrage gegenüberstand. Der Zustand mußte sich noch dadurch verschlimmern, daß die deutsche Währung zusammenbrach, die Ansiedler das Geld verloren, das sie noch in Deutschland hatten, und überhaupt jeder Geldzufluß von außen aufhörte.

Eine Abhilfe wäre nur möglich gewesen, wenn die Regierung für Absatz des Viehs gesorgt hätte. Das zu tun, unterließ sie, einmal weil sie infolge des Mandatcharakters des Landes wenig Interesse für das Land hatte, hauptsächlich aber, weil sich Südafrika in einer ähnlichen Krisis befand und alles Vieh, das aus Südwest exportiert wurde, eine unangenehme Konkurrenz für ihr eigenes Vieh war. Außerdem muß auch zugegeben

Marsch durch gutes Weideland im Namalande (DSWA)

werden, daß die Regelung des Exports nicht einfach war, weil die Viehbestände an Zahl zwar zu groß waren, um im Lande verwertet zu werden, zu gering aber, um einen Export im großen rentabel zu machen. Denn nur wenn den zu erbauenden Kühlhäusern und Verwertungsanlagen große Mengen von Vieh zugeführt werden konnten, hätten sie mit Nutzen arbeiten können. Schließlich war auch das Vieh selbst noch nicht so gezüchtet, daß es für den Export geeignet gewesen wäre.

Neben diesen Ursachen wirkten noch viele andere Umstände mit, um die Lage so schwierig zu gestalten. Besonders ist auf die Eingeborenen hinzuweisen, die durch die ganz anderen Methoden der Engländer verwirrt werden mußten und immer unzuverlässiger wurden, so daß der Schaden, der durch sie entstand, ein sehr großer war.

Aus alledem geht hervor, daß die Gründe, die den traurigen Zustand herbeigeführt hatten, nur als vorübergehende Erscheinungen angesprochen werden können. Nachdem sie jetzt überwunden sind, werden die zähen deutschen Farmer, die schon manche Stürme haben über sich ergehen lassen müssen, neu erstarken und auch wieder beweisen, was deutsche koloniale Arbeit zu leisten vermag.

Das Land ist in einem unverkennbaren großen Aufschwunge begriffen und die Zuwanderung, die sehr im Ansteigen ist, beweist, daß in weiten Kreisen wieder Vertrauen Platz gegriffen hat. Leute mit 10–20 000 M. Kapital haben dort heute Aussicht auf eine befriedigende Zukunft.

Der Handel in den deutschen Kolonien

Von Christian Pfrank

Als Deutschland Anfang der 80er Jahre in die Reihe der Kolonialmächte trat, waren es weitsichtige deutsche Kaufleute, in der Hauptsache Hanseaten, wie Lüderitz, Woermann, Godeffroy u. a., Leute, wie die Gebrüder Denhardt usw., die im Handel beteiligten Nationen, durch Vertragsabschlüsse mit eingeborenen Häuptlingen, die Anregung oder den Zwang zum politischen Handeln der damals nur kontinentalpolitisch orientierten deutschen Reichsregierung und zum Erwerb von Kolonien gegeben haben. Ohne ihre Initiative wäre Deutschland wohl niemals die Kolonialmacht geworden, die es beim Ausbruch des Weltkrieges war. Ein kühner Wagemut steckt in diesen Handelspionieren. Ohne irgendwelchen Schutz der Heimat zogen sie, moderne Wikinger, aber in friedlicher Absicht, hinaus in ferne Welten auf wirtschaftliche Entdeckungsreisen, nach Ländern, die man im Binnenlande manchmal kaum dem Namen nach kannte. Auf einsamen Inseln in der Südsee, an den fieberschwangeren Küsten Afrikas, inmitten wilder Völkerstämme, errichteten sie ihre Niederlassungen, sogenannte Faktoreien. Wo eingeborene Stämme die Niederlassung am Lande hinderten, fuhren Handelsschiffe von Bucht zu Bucht, von Hafen zu Hafen, um unter der Führung sogenannter Supercargos europäische Waren gegen Landesprodukte einzutauschen, oder abgetakelte Segler, Hulks genannt, legten sich in die Flußläufe und von Bord aus betrieb man die Tauschgeschäfte mit der Küstenbevölkerung. Vom Binnenhandel waren die Europäer bis zum Beginn der 80er Jahre vollständig ausgeschlossen. Dieser, seit undenklichen Zeiten fest organisiert, lag in den Händen gewisser Küsten- und Binnenvölker, die aufgrund ihrer Kenntnisse der Sprachen und Gewohnheiten der Binnenstämme deren Verkehr mit der Küste vermittelten. Das waren die Karawanenhändler, wie wir ihnen in Ostafrika in den Arabern, in Westafrika in den Duala, Gabunesen, Senegalesen, Haussah usw. begegnen. Der Karawanenhandel war und ist ja auch der für Afrika, wo Deutschland seinen bedeutendsten Kolonialbesitz hatte, typische Handel. Er reicht zweifelsohne zurück bis in die ersten Zeiten menschlicher Geschichte. Von ihm erzählt die Geschichte der alten Ägypter und Karthager, die aus Nubien und weiter aus dem Innern Afrikas durch ihre Karawanen Sklaven, Elfenbein, Gold, Straußenfedern, Gummi, Gewürze usw. erhielten. Jahrtausende, bis in die allerneueste Zeit, hat sich dieser Karawanenhandel ungehindert durch politische Schranken in den ganz gleichen Formen abgespielt. Gerade das Fehlen politischer Schranken war es, der ihn überhaupt ermöglichte, denn sein wichtigster Gegenstand war der bereits angedeutete Sklavenhandel. Ohne ihn wäre auch der Handel mit Elfenbein, dem wertvollsten Produkt Afrikas, nie einträglich gewesen. Als mit der Besitzergreifung Afrikas durch die europäischen Mächte im neunzehnten Jahrhundert und mit ihrem Vordringen in das Innere Afrikas der Sklavenhandel immer mehr eingedämmt wurde und schließlich so gut wie ganz erlosch, war es auch mit dem Elfenbeinhandel vorbei. Denn Elfenbeinhändler und Sklavenjäger waren stets eins. Was diese Karawanen sonst an Landesprodukten, wie Wachs, Kautschuk, Harze, Federn u. dgl., mit sich führten, kam dem Werte nach eigentlich nie in Betracht. Afrikas wichtigster und wertvollster Handelsartikel war durch die Jahrtausende das sogenannte schwarze Elfenbein, die Sklaven. Waren es in Westafrika europäische Nationen, Portugiesen, Holländer, Engländer, Spanier, Franzosen, die, um ihren Bedarf an Arbeitern für ihre Kolonien zu decken, die meist farbigen Sklavenhändler finanzierten, so lag in *Ostafrika* dieser Handel vornehmlich in der Hand der Araber und mischblütiger Eingeborener, die von indischen

Wohngebäude der Deutschen Handels- und Plantagengesellschaft in Apia (Samoa)

Kaufleuten für den vorgeschobenen Elfenbeinhandel ausgerüstet wurden. Die Araber brauchten ihre Sklaven für ihre Pflanzungen auf Sansibar und in Arabien, soweit sie die Neger nicht, bis Mitte des 18. Jahrhunderts, an Holländer, Franzosen und andre europäische Kolonialvölker verkauften. Einer der bekanntesten Sklavenjäger und -händler des zentralen Afrika aus der Neuzeit war der ostafrikanische Halbaraber Hamed bin Mohamed, besser bekannt unter seinem Eingeborenennamen Tipotip, der als einer der mächtigsten in allen bekannteren Reisewerken, die die Erforschung Ostafrikas und des Kongo behandeln, genannt ist. Mit einigen zusammengeliehenen Dollars hatte er im Alter von 16 Jahren unter der Leitung seines Vaters den Karawanenhandel begonnen, um schon wenige Jahre darauf mit Waren im Werte von 30 000 Dollar, die er von den indischen Kaufleuten, wie dem nachmals von England geadelten Taria Topan, in Sansibar geborgt hatte, und einer mit Vorderladern gut bewaffneten Gefolgschaft begleitet, seine Tätigkeit nach Uniamwesi und dem weiteren Innern, hinüber bis zum Kongo, auszudehnen. In seiner von Dr. Brode bearbeiteten Autobiographie erzählt er, wie sein Vater, später auch er, die doch eigentlich nur des Handels wegen nach dem Innern gekommen waren, sich in die Thronstreitigkeiten der eingeborenen Sultane einmischten, um dann unter dem Vorwand, der einen oder anderen Partei zu ihrem Recht zu verhelfen, friedliche Dörfer zu überfallen und alles, was nicht im Kampfe fiel, hauptsächlich Frauen und Kinder, als Sklaven nach der Küste zu schleppen. Die Männer, die das teils gekaufte, teils erbeutete Elfenbein tragen mußten, ersparten die Unkosten an Trägerlöhnen und wurden schließlich, ebenso wie die Frauen und Kinder, an der Küste als Sklaven verkauft. Kein Wunder, daß Tipotip, wie er schmunzelnd erzählt, in wenigen Jahren ein schwerreicher Mann wurde. Solcher Tipotips gab es auf Sansibar und an der Küste eine ganze Menge, wenn sie auch nicht die Bedeutung ihres Meisters hatten. Sofort nach der Besitzergreifung der ostafrikanischen Küste durch Deutschland im Jahre 1888 kam es zu einem Araberaufstand, dessen Beweggründe unschwer in der bedrohten wirtschaftlichen Existenz der Sklavenhändler und ihrer Mitläufer und indischen Kreditgeber zu erkennen sind. Mehrere Jahre rangen die europäischen Mächte, Deutschland im Osten, der Kongostaat im Westen, mit den sich verzweifelt wehrenden Sklavenjägern, den eigentlichen Herren des zentralen Afrika, bis diese schließlich vor der Übermacht die Waffen strecken mußten, als Deutschland und der Kongostaat bis an die großen zentralafrikanischen Seen ihre Herrschaft ausgedehnt und die Blokkade der ostafrikanischen Küste den Sklavenhandel über See unterbunden hatte. Zwar versuchten die alten Sklavenhändler der Küste, besonders Leute aus Tanga und Pangani, wie Mambossassa, Gossi la tembo und andere, ferner die großen Häuptlinge die Uniamwesi, Jaohäuptlinge im Süden, nach der Befriedung des Landes das Elfenbeingeschäft wieder aufzunehmen, aber man erkannte bald, daß es mit der Rentabilität ohne den Sklavenhandel vorbei war, um so mehr als sich überall auch die politischen Schranken hindernd in den Weg stellten. Es kam eine neue Zeit, und der Handel suchte neue Wege. Neben den das Küstengeschäft und den Kleinhandel beherrschenden Sansibar-Indern entstanden in Ostafrika, genau wie in Westafrika, Faktoreien der Europäer, die sich durch die Einfuhr von Waren mit der Auswertung der natürlichen Reichtümer des Landes beschäftigten. Überall im Küstengebiet gab es reiche Bestände an Kautschuklianen, die ein hervorragendes, auf dem Weltmarkt hochgeschätztes Produkt lieferten. Wilde Bienenvölker erzeugten große Mengen besten Wachses. Von den zahlreich vorhandenen lebenden Kopalbäumen und älteren untergegangenen Exemplaren gewann man das so hochgeschätzte Kopalharz. Mancherlei Bäume lieferten wertvolle Nutzhölzer. Der in Sicherheit lebende Eingeborene baute Sesamsaat, Hirse und in ausgedehntem Maße die stark begehrten Erdnüsse an. Neben kleinen Handelsexpeditionen, die die Faktoreien ausrüsteten, wurden im Innern, wiederum ganz wie in Westafrika, kleine Buschfaktoreien eingerichtet, die von Europäern oder intelligenten Eingeborenen, Arabern und Mischlingen geleitet, die eingeborene Bevölkerung zur Produktion aneiferten. Der ostafrikanische Handel mit den Eingeborenen war lange Zeit reiner Tauschhandel, obgleich gangbare Münzen in Gestalt von Maria-Theresien-Talern und ostindischen Rupien wenigstens an der Küste im Umlauf waren, die die Einheit bildeten, nach der gehandelt, bzw. der Wert der Waren oder Produkte bemessen wurde. Maße und Gewichte waren in Anlehnung an die Natur, den menschlichen Körper, im Gebrauch oder seit langem von den handeltreibenden Arabern und Indern eingeführt. Die Längenmaße waren Körpermaße, wie Spanne zwischen Daumen und kleinem Finger, Unterarmlänge, Spanne zwischen den ausgestreckten Armen; Flächenmaße rechneten im allgemeinen nach der Spanne zwischen den ausgestreckten Armen; Hohlmaße nach dem Inhalt gewisser getrockneter Früchte, insbesondere der getrockneten, ausgehöhlten Frucht des Affenbrotbaumes. Das Grundgewicht, das Pfund, wurde aus dem vielfach als Wertmesser im Gebrauch befindlichen Maria-Theresien-Taler dergestalt ermittelt, daß das Gewicht von 16 Talern ein Pfund und 35 Pfund, ein Fráßila, die Einheit für den Elfenbein-, Kautschuk-, Kopal-, Wachs- usw. -Handel bildeten. Das Tauschgeschäft auf dieser Grundlage war äußerst mühsam und erforderte eine genaue Kenntnis der von den Eingeborenen geforderten Waren und ihrer Geschmacksrichtung. Denn man darf durchaus nicht glauben, daß der Eingebore gewillt war, jeden beliebigen europäischen Artikel als Tauschmittel oder zur Bezahlung anzunehmen. Jeder Stamm hatte und hat seinen ganz besonderen Geschmack und außerdem änderte sich, in den so beliebten bunten Tüchern, im Laufe kurzer Zeit die Mode. Die als Zahlungsmittel überall gangbaren Glasperlen stellten hinsichtlich Farbe und Größe eine Wissenschaft für sich dar. Während der eine Stamm winzige Stickperlen der verschiedensten Farben begehrte, waren dieselben bei anderen Stämmen nicht umsonst loszuwerden, denn dort verlangte man dicke weiße und blaue Perlen; wieder ein anderer Stamm nahm nur blaue oder grüne Ringelperlen, oder farbige Olivetten, oder dekorierte Perlen usw. Und alle diese Perlen mußte die Faktorei auf Lager haben. Wie mit den Perlen, so ging es mit dem Messing- und Kupferdraht, der in den verschiedensten Stärken verlangt wurde, mit den eisernen Hacken, die je nach Stamm länger oder kürzer, breiter oder schmäler waren, und vielen anderen Artikeln. Einigermaßen stabil war die Liste der gangbaren Baumwollstoffe, die aus Amerika und Indien kamen, der buntgewebten Tücher, für die der arabische Geschmack maßgebend war, die buntgefärbten und gebleichten Baumwollstoffe. In den Buntdrucken dagegen herrschte hinsichtlich der Muster ein dauernder Wechsel,

Gelöschte Güter im Hafen von Daressalam (DOA)

schlimmer als in Europa, denn die schwarzen Frauen, so bescheiden die Anzahl ihrer Gewänder auch ist, sind meist noch größere Modenärrinnen als ihre europäischen Schwestern. Neben diesen Hauptgegenständen des Tauschhandels gab es noch Hunderte von anderen Sachen, die begehrt waren, wie Kummen und Teller aus Steingut, Töpfe aus Metall, Messer, Beile, Nadeln, Zwirn, Wolle, rote Mützen, Gürtel, Gewürze, Wohlgerüche, kurz, zahllose Kleinigkeiten, die alle zum Bestand einer Faktorei gehörten. Die Auswahl all dieser Gegenstände führte meist zu ungemein lästigen und langwierigen Verhandlungen, und es gehörten großer Takt und rasche Orientierungsgabe der Europäer dazu, den Tauschhandel erfolgreich durchzuführen. Der Eingeborene ist durchaus kein leicht zu behandelnder Kontrahent. Zeit ist ihm ein unbekannter Begriff und es geschah gar nicht selten, daß, wenn man zu einer Vereinbarung gelangt war, der Neger in eine andere Faktorei lief und dort das Spiel von vorne anfing.

Berücksichtigt man dabei, daß das Tropenklima große Anforderungen stellt, denen nur ein kerngesunder Körper gewachsen ist, die Wohnungsverhältnisse ebenso wie die Verpflegung oft recht bescheiden waren, an geistiger Erholung und Zerstreuung so gut wie gar nichts geboten wurde, so muß man sagen, daß an die Nervenkraft der Europäer die denkbar größten Anforderungen gestellt wurden.

Aber die fortschreitende Erschließung Ostafrikas brachte mit der Zeit eine Verbesserung der Verhältnisse. An den Küstenorten entwickelten sich die Negerdörfer zu beinahe europäisch anmutenden Städtchen mit zahlreichen Steinhäusern. Die alten Palmblatt- und Strohhäuser traten in den Hintergrund. Die hygienischen Verhältnisse verbesserten sich und machten den Aufenthalt erträglicher, vor allen Dingen weniger gefahrvoll für die Gesundheit.

Bald gab es auch eingeborene Diener, die wenigstens einen Schimmer von europäischer Kochkunst hatten. Der zunehmende Zuzug von Europäern brachte gesellschaftliches Leben und Zerstreuung. Kurz, Ostafrika begann sich zu zivilisieren. Die Poesie des Buschlebens schwand dahin, der uralte Tauschhandel machte unter der sich immer mehr ausbreitenden Geldwirtschaft den europäischen Handelsgewohnheiten Platz. Die Faktoreien wurden zu Geschäftshäusern und Verkaufsläden, wie sie schließlich auch in einer europäischen Stadt anzutreffen waren. Was sich an der Küste vollzog, griff mit der zunehmenden Erschließung des Landes durch Eisenbahnen auch auf das Innere, hinauf bis zu den großen Seen, bis an die Grenzen des Kongo, über, um so mehr als auch im Innern des Landes, besonders längs der Eisenbahn, Pflanzungsunternehmen entstanden. Der Karawanenhandel schlief immer mehr ein, der Eingeborene, der früher jahraus, jahrein als Träger auf der Landstraße lag, wurde seßhaft und bestellte das Land, lieferte Getreide, Erdnüsse und anderes mehr; in wenigen Jahrzehnten hatte Ostafrika handelspolitisch sein Gesicht vollständig verändert. Daß es zu seinem Vorteil war, zeigte die zunehmende Einfuhr europäischer Waren, die Verdrängung der primitiven Rindenstoff- und Fellkleidung durch baumwollene Stoffe.

Wesentlich anders als in Ostafrika entwickelten sich die Handelsverhältnisse in *Westafrika*.In den von seinen ursprünglichen Entdeckern, den Portugiesen, aus gesundheitlichen Gründen aufgegebenen Gebieten zwischen dem Senegal und dem Kongo waren an den Küsten und stellenweise auch in den Flußmündungen, soweit die Küstenbevölkerung keinen Widerstand leistete, im Laufe der Zeit zahlreiche englische, französische und hanseatische Faktoreien entstanden, die trotz der ungeheuren Schwierigkeiten einen äußerst gewinnbringenden Handel trieben. Den Sklavenhandel hatten das Elfenbein und die Produkte des Landes, Palmöl, Kautschuk und Edelhölzer abgelöst. Hiervon kam nur das wertvolle Elfenbein aus dem weiteren Hinterlande, und zwar durch die Vermittlung der mit dem Innern handeltreibenden Küstenbevölkerung, die eifersüchtig nicht nur das Eindringen der Europäer ins Innere, sondern auch die Niederlassung der innerafrikanischen Handelsvölker an der Küste verhinderte. Die übrigen Landesprodukte lieferte das Küstengebiet.

Der Streit um die besten Faktoreiplätze an der Küste und in den sogenannten Ölflüssen führte zu ununterbrochenen Streitigkeiten zwischen den Angehörigen der verschiedenen Nationen, von denen die Hanseaten, vor der Gründung des Deutschen Reiches, mangels einer hinter ihnen stehenden Macht, sich nur mit Mühe gegen ihre englischen und französischen Mitbewerber behaupten konnten. Die Lage der hanseatischen Faktoreien wurde verschärft, als die Franzosen und Engländer trotz des Widerstandes der Eingeborenen unter dem Schutze ihrer Kriegsschiffe damit begannen, befestigte Stationen anzulegen, von dieser Basis aus in das Innere vorzudringen, und alle fremdländischen Handeltreibenden, trotzdem es an einer Protektoratserklärung noch fehlte, nach Kräften behinderten.

Bis zum Beginn der 80er Jahre hatten sich auf diese Weise scharf umrissene französische und englische Interessensphären herauskristallisiert. Bis auf wenige kleine Küstenstreifen war alles in festen Händen. Sollte der in den Händen der Hanseaten liegende wertvolle und wichtige deutsche Handel nicht gänzlich ausgeschaltet werden, dann mußte in irgendeiner Form, am besten durch rasch entschlossene Besitzergreifung der noch nicht unter irgendeiner europäischen Flagge stehenden Handelsplätze oder durch Vertragsschluß mit eingeborenen Häuptlingen, eingegriffen werden.

Noch ehe es gelungen war, das damals in seiner Politik noch gänzlich kontinental eingestellte deutsche Reich zu einem Eingreifen für den schwer bedrohten deutschen Handel zu gewinnen, hatten vornehmlich Vertreter hanseatischer Firmen begonnen, mit Negerhäuptlingen Vereinbarungen zu treffen und Schutzverträge zu schließen. Es ereigneten sich dann Anfang 1884 die bekannten Vorgänge in Südwestafrika, und nun griff das Reich auch in Westafrika ein. Der zum Reichskommissar ernannte Generalkonsul Nachtigal hißte an der Kamerun- und Togoküste die deutsche Flagge, die deutschen Handelsniederlassungen wurden unter deutschen Schutz gestellt. Mit der einzigen Ausnahme von Duala, wo die in ihren Handelsinteressen sich bedroht fühlenden Eingeborenen einen Aufstand erregten, den deutsche Kriegsschiffe mit bewaffneter Hand niederschlugen, vollzog sich überall die Besitzergreifung in friedlicher Weise. Der deutsche Handel in Westafrika hatte nunmehr eine gesicherte Grundlage und war nicht mehr von dem guten Willen anderer Nationen, deutsche Faktoreien in ihren Interessensphären zu dulden, abhängig. Die deutsche Stellung in Westafrika wurde sogar mit einem Schlage so stark, daß deutsche Kaufleute imstande waren, auf dem Fuße der Gleichberechtigung, auch in den englischen und französischen Gebieten Niederlassungen zu errichten. Während der Europäerküstenhandel einen ungeheueren Aufschwung nahm, wozu die scharfe Konkurrenz neue ntste-

Faktorei der DOAG in Bagamojo (DOA 1890)

hender Faktoreien und ausländischer Wettbewerber, die starke Nachfrage des Weltmarktes nach den afrikanischen Landesprodukten, insbesondere Kautschuk und Palmöl, das meiste beitrugen, blieb der Karawanenhandel mit Elfenbein und Kautschuk wie früher bestehen und lag so gut wie vollständig in den Händen der alten eingeborenen Ivory- und Rubber-Trademen, die mit größeren Partien Ivory- und Rubber-Goods, also den für diesen Handel erforderlichen Waren, Trusts genannt, in das Innere gingen. Das führte bei dem scharfen Wettbewerb der Europäer um die Erlangung der Produkte leider in kurzer Zeit schon zu höchst ungesunden Zuständen in den Kreditverhältnissen, indem weit über die Kreditwürdigkeit und -fähigkeit der Eingeborenen Vorschüsse gewährt wurden. Für die eingeborenen Händler waren die Folgen verhängnisvoll und die europäischen Firmen erlitten erhebliche Verluste. Dieses ungesunde, leider in ganz Westafrika verbreitete, hauptsächlich beim Kautschukhandel eingeführte System ist dann beim Aufkommen des Plantagenkautschuks vollständig zusammengebrochen. Daneben hatte der früher nur im Küstengebiet bestehende Buschfaktoreibetrieb an den zahlreichen schiffbaren Flüssen und im Innern, soweit militärische Stationen für das Leben der Europäer und ihr Eigentum Sicherheiten boten, eine erhebliche Ausdehnung angenommen, ohne indes das ganze Land überziehen zu können, da die Grundlage hierfür, der Bahnbau, nur langsame Fortschritte machte.

Von immer größerer Bedeutung wurde mit der Zeit der Handel der betriebsamen Haussah, dieses Händlervolkes des Sudângebietes, das seine Tätigkeit immer mehr gegen das Küstengebiet vorschob, stellenweise, wie in Duala und Kribi, sogar eigene Niederlassungen gründete. In ihren Händen lag und liegt heute noch das Zwischenhandelsmonpol mit dem ausgedehnten Sudângebiet, in welches alle westafrikanischen europäischen Kolonien münden und das heute gänzlich in französischen Händen ist. Durch die Hände der Haussah geht in erster Linie der ganze Viehhandel; ferner beherrschen sie den Handel mit den Stämmen des Innern, von denen sie gegen Vieh die hochwertigen Produkte Elfenbein und Kautschuk eintauschen, die sie wieder in den Buschfaktoreien, bei den Europäern und -farbigen Händlern gegen Waren, vor allem Salz,

Zeuge und Perlen absetzen. Diese Waren bringen sie wieder nach dem Innern, insbesondere nach Adamaua zurück, um dort Vieh zu kaufen und den Kreislauf aufs neue zu beginnen. Der Kolanußhandel von den Produktionsgebieten nach den englischen Nachbargebieten liegt gänzlich in ihren Händen. Wenn auch die Meinungen über sie geteilt sind und man sie vielfach für Ausbeuter der Eingeborenen, wie die Inder in Ostafrika, erklärt, so sind sie doch sicher ein Kulturfaktor und das belebende Element im Binnenhandel Westafrikas, wie die Europäer die treibende Kraft im Küstenhandel sind. Wie in uralten Zeiten, so ist auch heute noch der Handel Westafrikas in der Hauptsache Tauschhandel und wird es auch noch für absehbare Zeit, solange nicht Eisenbahnen die ganzen Gebiete erschließen, bleiben. Unter der Mandatsverwaltung sind der Handel und das wirtschaftliche Leben in den vormals deutschen Kolonien in Ost- und Westafrika erheblich zurückgegangen, im günstigsten Falle zu Stok-kung und Stillstand gekommen.

Deutsch-Südwestafrika, dessen Erwerbung Deutschland gleich seinen westafrikanischen Kolonien kaufmännischer Initiative verdankt, liegt zu beiden Seiten des südlichen Wendekreises und hat vorwiegend subtropisches Klima, ist also für den Aufenthalt von Europäern ungleich geeigneter als die rein tropischen Kolonialgebiete Deutschlands in West- und Ostafrika. Bis zum Beginn der 80er Jahre war es, abgesehen von der englischen Walfischfängerstation Walfischbai, herrenloses Land, bewohnt von herumstreifenden Jäger- und Hirtenvölkern. An der nur gelegentlich von handeltreibenden Segelschiffen besuchten Küste versuchte Ende 1882 der Bremer Westafrika-Kaufmann Lüderitz eine Handelsniederlassung zu gründen, um mit den Eingeborenen Handel in Vieh und Viehprodukten, so ziemlich den einzigen Erzeugnissen des Landes, zu treiben. Seine Bestrebungen führten bekanntlich zum Eintreten Deutschlands in die Kolonialpolitik, indem der damalige Reichskanzler die Niederlassungen und Erwerbungen von Lüderitz unter deutschen Schutz stellte.

Ein wertvolles Handelsgebiet ist Deutsch-Südwestafrika nie gewesen und konnte es auch nicht werden, dazu fehlten ihm einheimische Landesprodukte und die Möglichkeit, solche anzubauen. Dagegen besitzt es gewisse Mineralien, die aber nur in einem von Europäern geleiteten Bergbau gewonnen werden können, und ist im übrigen ein typisches Viehzuchtgebiet, das für die Zukunft Aussichten hat, vorausgesetzt, daß die Vorbedingungen dazu erfüllt werden. Der geringe Handel mit dem Eingeborenen, der zu Beginn der Erwerbung bestand, wurde bei den Aufständen, in denen die ganzen Viehbestände der Eingeborenen zugrunde gingen, vernichtet.

Was sich später als Handel entwickelte, war Einfuhrhandel europäischer Erzeugnisse für den Gebrauch der Europäer und den geringen Bedarf der wenigen Eingeborenen. Diesem stand die Ausfuhr der Mineralien, insbesondere in den letzten Jahren vor dem Kriege, eine gesteigerte Ausfuhr der im Sande der Namib, des Wüstengebiets der Küste, gefundenen Rohdiamanten gegenüber. Auch unter der Mandatsherrschaft hat der Handel sein Ansehen nicht verändert: er beruht auf der Ausfuhr von Erzen, Diamanten, Vieh und Viehprodukten und der Einfuhr der Bedarfsartikel der Bewohner.

In ähnlicher Weise wie in Westafrika, d. h. infolge der Initiative handeltreibender Hanseaten, kam Deutschland in der *Südsee und auf Neuguinea,* wo diese Handels- und Pflanzungsunternehmungen, eine für die Südsee typische Vereinigung zweier Wirtschaftsformen, auf den unzähligen kleinen und kleinsten Koralleneilanden Faktoreien zum Ankauf von Kokosnüssen und einiger Meeresprodukte hatten, zu einem Kolonialbesitz. Die Veranlassung zum Eingreifen Deutschlands bot die Störung des Geschäftsbetriebs der deutschen Geschäftshäuser durch englische und australische Fahrzeuge, die durch List und Gewalt, auf der Suche nach Arbeitern, sich der Eingeborenen der Inseln bemächtigten, mit dürren Worten gesagt, Menschenraub trieben. Die gelegentliche Entsendung eines Kriegsschiffes genügte nicht zum Schutze des Handelsbetriebes, außerdem lag die Gefahr nahe, daß England eines Tages sämtliche Inseln annektieren und die friedlichen deutschen Handeltreibenden dann durch Schikanen vertreiben würde. Ähnlich wie in Ostafrika der Gesellschaft für deutsche Kolonisation, wurde für einen Teil der Insel Neuguinea, den der Forscher Dr. Finsch für Pflanzungs- und Handelszwecke von Eingebore-

Häuser der Hamburger Südsee A.-G. in Rabaul (Neu-Guinea)

nen erworben hatte, und das vorgelagerte Inselgebiet, das später den Namen Bismarck-Archipel erhielt, einer Neuguineakompanie benannten Handels- und Pflanzungsgesellschaft ein kaiserlicher Schutzbrief erteilt. Bezüglich der Karolinen-, Marianen- und Palauinseln, wo bedeutende deutsche Handelsinteressen bestanden, fand ein Abkommen mit Spanien statt, welches gewisse Ansprüche besaß: die Marschallinseln, das Handelsgebiet mehrerer deutscher Handelsfirmen, wurden durch einfache Hissung der deutschen Flagge nach Vereinbarung mit den Häuptlingen unter deutschen Schutz gestellt.

Samoa, mehr ein wertvolles Pflanzungs- als Handelsgebiet, wurde 1899 zwischen Deutschland und den Vereinigten Staaten geteilt, wobei Deutschland die beiden Inseln Sawai und Upolu erhielt, die sich langsam zu wertvollen Besitztümern entwickelten, wenn auch die leidige Arbeiterfrage immer größere Schwierigkeiten machte. Der Gesamtwert des deutschen Handels in der ganzen deutschen Südsee, einschließlich Neuguinea, war nicht nennenswert, da die Bevölkerung zahlenmäßig gering und in ihren Ansprüchen und Bedürfnissen mehr als bescheiden war. Dagegen versprachen die zahlreichen Anlagen von Kokospalmenpflanzungen für die Zukunft reiche Erträge und dauernde Renten auf lange Zeiten. Nicht unbedeutend war ferner die Phosphatgewinnung auf den Marshall- und Palauinseln.

Der Verlust unserer Kolonien hat Deutschland in vielen unentbehrlichen Erzeugnissen der Tropen, gedacht sei nur der Baumwolle und der Ölfrüchte, wieder in die vollständigste Abhängigkeit vom Ausland gebracht, eine Abhängigkeit, die teuer bezahlt werden muß, sollte es nicht gelingen, den ehemals deutschen Kolonialbesitz wieder zu erlangen, ein Streben, das bis zur Erreichung des Zieles keinen Augenblick nachlassen darf. Es handelt sich nicht nur um die deutsche Ehre, die verpflichtet ist, es handelt sich auch um wertvolle Wirtschafts- und Handelsgebiete, die die deutsche Volkswirtschaft nicht entbehren kann.

Gesamthandel der Schutzgebiete

(Werte in 1000 Mark)

	A. Einfuhr 1902	A. Einfuhr 1912	B. Ausfuhr 1902	B. Ausfuhr 1912	C. Gesamthandel 1902	C. Gesamthandel 1912
I. *Afrikanische Schutzgebiete:*						
Deutsch-Ostafrika	8 858	50 309	5 283	31 418	14 141	81 727
Kamerun	13 392	34 242	6 652	23 336	20 044	57 578
Togo	6 206	11 428	4 194	9 959	10 400	31 387
Deutsch-Südwestafrika	8 568	32 499	2 213	39 035	10 781	71 534
Summe	37 024	128 478	18 342	103 748	55 366	242 226
II. *Südsee-Schutzgebiete:*						
Deutsch-Neuguinea:						
Bismarck-Archipel	1 715	5 872	919	5 041	2 634	10 913
Kaiser-Wilhelmsland	573		202		775	
Ost-Karolinen	321	1 963	167	5 164	488	6 327
West-Karolinen, einschl. Palau	121	1 372	116	1 882	237	3 254
Marianen	58		176		234	
Marshall-Inseln	488		505		993	
Samoa	2 603	4 994	1 692	5 045	4 295	10 039
Summe	5 879	14 201	3 777	17 132	9 656	31 533
Summe der Einfuhr (A I u. II)	42 903	142 679				
Summe der Ausfuhr (B I u.II)			22 119	120 880		
Summe des Gesamthandels					65 022	273 759
III. *Kiautschou*		121 254	115 000	79 640		200 894

Reihenfolge der Produkte nach dem Werte der Ausfuhr (1912)

(Über 50 000 Mark)

Lfde. Nr.	Bezeichnung	Wert M.
1	Diamanten	30 414 078
2	Kautschuk	21 147 800
3	Kopra	11 704 506
4	Palmkerne	7 785 718
5	Sisal	7 369 669
6	Erze	6 547 722
7	Kakao	5 413 592
8	Phosphate	4 991 325
9	Häute und Felle	4 332 006
10	Palmöl	3 035 241
11	Baumwolle	2 625 126
12	Kaffee	1 903 748
13	Erdnüsse	1 273 066
14	Elfenbein	939 011
15	Nutzhölzer	853 662
16	Wachs	829 057
17	Glimmer	581 507
18	Rindvieh	535 898
19	Gold	530 624
20	Sesam	523 719
21	Paradiesvögel	449 390
22	Mais	288 785
23	Butter, Milch usw.	257 767
24	Blei	228 127
25	Reis	196 860
26	Kolanüsse	166 962
27	Perlmutterschalen	157 867
28	Schafwolle	149 658
29	Mtama	149 551
30	Kassada	122 063
31	Kopal	119 718
32	Gerbhölzer	99 836
33	Straußfedern	97 012

Die Mission in den deutschen Kolonien

Von Paul Rohrbach

Die entscheidende Vorfrage für die Mission in Afrika ist dieselbe wie für die Kolonialpolitik und Kolonialwirtschaft, nämlich die der *Rasse.* Was in Afrika arbeitet, hat es mit dem afrikanischen Menschen zu tun und dieser Mensch gehört im Vergleich zu uns einer niedrigeren Rasse an. *Auch das Missionsproblem ist zunächst ein Rassenproblem.* Zwar kann man nur sehr summarisch und oberflächlich von einer »afrikanischen« Rasse sprechen, denn in Wahrheit gibt es auch auf afrikanischem Boden eine Vielheit von Rassen und Rassenmischungen. Unter den Gesichtspunkten aber, die für die Mission in Betracht kommen, kann man sie in ähnlichem Sinn als Einheit zusammenfassen wie etwa die ostasiatischen oder die europäischen Völker, die auch vielerlei Unterschiede zeigen. Über die Frage, ob die Eingeborenen Afrikas, die »Neger« nach gewöhnlichem Sprachgebrauch, als Rasse gegenüber den Weißen minderwertig sind oder nicht, ist viel gestritten worden und wird auch noch heute gestritten. Sie ist von vornherein schief gestellt, sobald man dabei ein falsches moralisches Werturteil hineinbringt. Angenommen, der Neger sei im Ganzen »minderwertig« – und daran, daß er es ist, kann nicht gezweifelt werden –, so wäre es unsinnig und ungerecht, ihm aus seiner Rassenveranlagung einen Vorwurf zu machen und ihm eine Verantwortlichkeit dafür zuzuschreiben, daß er geistig und seelisch nicht dieselbe Höhe erreichen kann wie der Weiße. Er muß so genommen werden, wie er ist, auch von der Mission, und es ist unsere Aufgabe, ihn religiös und sittlich so weit zu entwickeln, wie seine Naturveranlagung das erlaubt.

Nicht nur von Missionsseite, sondern auch von den sogenannten Rassenphilantropen wird häufig unter Berufung auf bestimmte Erfahrungen und Beispiele behauptet, es gäbe keine rassenhafte Minderwertigkeit des Negers. Weder die angeführten Beispiele noch die Behauptungen sind aber beweiskräftig. Der erstrebte Beweis wäre erst geliefert, wenn irgendwo Angehörige der schwarzen Rasse Leistungen vollbracht hätten, die etwas für den Kulturfortschritt der Menschheit bedeuten, und wenn schwarze Gemeinwesen oder Völker sich imstande gezeigt hätten, sei es auch anfangs mit weißer Hilfe, späterhin selbständig eine gewisse geistige und materielle Kulturhöhe zu erreichen und zu behaupten. Etwas Ähnliches aber haben die Schwarzen bisher noch nie und nirgends zustande gebracht. »Staaten« wie Haiti oder Liberia sind Fratzen der Zivilisation, von Kultur nicht zu reden. Ganz verkehrt ist es, mit vermeintlichen Beweisen aus der Zahl der Farbigen in Nordamerika zu kommen. Unter diesen ist der Zusatz von Blut der weißen Rasse so stark, daß man von keinem Einzigen sagen kann, ob er wirklich ein »Neger« ist. Vielleicht der stärkste Hinweis auf die vermutlich auf eine uranfängliche Veranlagung zurückgehende Inferiorität der schwarzen Rasse ist es, daß sie allein sich im Zustand der Unfreiheit unbehindert fortpflanzt, wie die Negerzüchtung zur Sklavenzeit in Nord- und Südamerika beweist. Sklavenzüchtung mit Angehörigen der weißen Rasse dagegen war immer unmöglich, wie die Erfahrung des Altertums beweist.

Jede afrikanische Kolonialpolitik muß den doppelten Grundsatz verfolgen: die in den Eingeborenen steckende Arbeitskraft zum Nutzen ihrer selbst, der kolonisierenden Nation und der Weltwirtschaft durch erziehliche Mittel zu entwickeln, gleichzeitig aber auf jeden Fall den Eingeborenen ihr Recht auf geistige, moralische Entwicklung zu wahren. Dies letztere Ziel verfolgen am ausschließlichsten und energischsten die Missionsgesellschaften, und die manchmal von radikaler Seite geäußerte Idee, für die Kolonisierung Afrikas sei auf eine Mitwirkung der Mission überhaupt zu verzichten, ist in materieller Bezie-

Fronleichnamsprozession in Lome (Togo)

hung ebenso verständnislos einseitig wie vom moralischen Standpunkt aus verwerflich. In der religiösen Erziehung der Eingeborenen sieht die Mission zugleich ihren Daseinszweck und ihren moralischen Rechtstitel. Ihr diesen bestreiten zu wollen hieße nichts anderes, als den christlichen Kirchen das Recht auf ihre natürlichste und notwendigste Lebensäußerung absprechen. Ein Christentum, das keinen inneren Zwang zum Missionieren unter den nichtchristlichen Völkern mehr fühlt, ist überhaupt religiös unfruchtbar geworden. Aus diesem Grunde wird sowohl die evangelische als auch die katholische Mission durchaus auf der inneren Autonomie ihrer Arbeit bestehen. Sie wird nie zugeben können, daß sie das Recht ihrer Tätigkeit anderswoher als aus der Treue gegen ihr christliches Prinzip abzuleiten habe, und sie wird stets Widerspruch gegen die Zumutung erheben, eine bloße Gehilfin politischer oder wirtschaftlicher Zwecke gegenüber den Eingeborenen zu sein.

In der Theorie ergibt sich zwischen *Mission und Kolonisation* eine sehr einfache Arbeitsteilung: Sorge für die allgemein-kulturelle und politisch-ökonomische Entwicklung ist Sache der Verwaltung, Erziehung zu religiöser Sitte und Sittlichkeit ist Sache der Mission! Die praktische Erfahrung aber hat gelehrt, daß bei dieser Teilung nur zu leicht Reibungen vorkommen. Abgesehen von dem natürlichen Wunsch, sowohl des Missionars als auch des Verwaltungsbeamten, über seine Pflegebefohlenen zu herrschen, kommen Schwierigkeiten dadurch, daß die Mission, namentlich die evangelische, ein gewisses Widerstreben gegen die notwendigen Konsequenzen der Rassenungleichheit zeigt. Sie soll zwar den Negern das Gut der christlichen Verkündigung so tief und so innerlich wie möglich nahe bringen, aber sie muß dabei doch den Inhalt dieses Guts für ihre Zöglinge so zu fassen und zu vereinfachen verstehen, wie es der beschränkteren Aufnahme- und Bewährungsfähigkeit der niederen Rasse entspricht. Bei aller Hochachtung vor der Arbeit und der Gesinnung unserer Missionare kann man nicht behaupten, daß die Erkenntnis von der eigentümlichen Schwierigkeit dieses Problems schon zu einem Gemeingut unter ihnen geworden war.

Das Schlüsselwort für den erzieherischen Erfolg beim Neger heißt nicht »Lehre«, wie von Missionsseite manchmal behauptet wird, sondern es heißt »Disziplin«. Viele Missionare wollen durch ihre Arbeit die Eingeborenen zu gläubigen Bekennern des Christentums im Sinne des sogenannten positivbiblischen Verständnisses der christlichen Religion, besser gesagt: des protestantischen Pie-

Hereró-Predigt eines schwarzen Missionsgehilfen (DSWA)

tismus machen. Die Möglichkeit, in Einzelfällen gewisse Erfolge des Missionsunterrichts nach dieser Richtung hin zu erzielen, soll nicht bestritten werden, aber trotzdem können Ziel und Methode nicht als richtig anerkannt werden, weil es unmöglich ist, die eingeborenen Völker Afrikas binnen menschlich absehbarer Zukunft als Rasse so weit emporzuheben, daß sie eine so sehr auf dem Prinzip des religiösen Individualismus beruhende und so hoch entwickelte Religionsform, wie die neutestamentlich-evangelische, innerlich begreifen und lebendig sich aneignen sollten. Die christliche Religion in Afrika wird ihre großen positiven und ausdauernden Erfolge zuletzt nicht so sehr durch Predigt, Schule und freies, eingeborenes Gemeindeleben erzielen, wie durch die Begründung disziplinarischer Autorität. Darauf ist es auch im wesentlichen zurückzuführen, daß viele praktische Afrikaner, auch Nichtkatholiken, die Erfolge der katholischen Mission für besonders günstig halten – eine Bemerkung, mit der kein Werturteil abgegeben, sondern nur an etwas Tatsächliches erinnert werden soll.

Die Mission, und zwar die *evangelische,* hat einen Anteil schon an der Begründung der deutschen kolonialen Arbeit. Die Schrift des Inspektors der Barmer Mission Fabri, »Bedarf Deutschland der Kolonien?«, die 1879 erschien, gehört zu den fundamentalen Veröffentlichungen im Beginn des deutschen Kolonialzeitalters. Die Barmer oder Rheinische Mission hatte auch in Südwestafrika für die Kolonisierung Vorarbeiten geleistet, ohne die es anfangs überhaupt nicht möglich gewesen wäre, so wie es geschah, im Lande Fuß zu fassen. Das erste, was man über Südwestafrika erfuhr, verdankte man den Schriften der Missionare. Sofort nachdem die afrikanischen Kolonialgebiete formell unter deutschen Schutz gestellt waren, wandten sich die bestehenden evangelischen Missionsgesellschaften der Tätigkeit auf diesem Boden zu und neue, speziell koloniale, wurden gegründet.

In Ostafrika arbeiteten schon vor der deutschen Zeit mehrere englische Missionsgesellschaften, die in der Fortsetzung ihrer Arbeit durch die deutsche Verwaltung nicht gestört wurden. Eine von ihnen, die Church Missionary Society, hatte schon in den vierziger Jahren des vorigen Jahrhunderts zwei Deutsche in ihren Diensten, die Württemberger Krapf und Rebmann, die 1848 als die ersten Weißen die Schneegipfel des Kilimandjaro und des Kenia erblickten. An deutschen evangelischen Gesellschaften arbeiteten in Ostafrika acht: die Bielefelder, die Berliner, die Herrenhuter, die Leipziger, die Neukirchener, die Schleswig-Holsteinische, die der Adventisten und der Evangelische Afrikaverein. Alle zusammen besaßen 89 Stationen mit 112 Missionaren, 76 weißen Hilfskräften, namentlich Ärzten und Handwerkern, und 41 Missionsschwestern. Die Zahl der getauften Eingeborenen betrug gegen 15 000. Durch die deutsch-ostafrikanische Missionkonferenz in Daressalam, im August 1911, wurde eine nähere Fühlung unter den evangelischen Missionsgesellschaften hergestellt und es wurden Verabredungen für eine Arbeit nach gemeinsamem Plane getroffen.

In Südwestafrika gab es nur zwei evangelische Missionsgesellschaften, die Rheinische mit 22 Stationen, 29 Missionaren, einer Anzahl anderer weißer Hilfskräfte und über 19 000 Getauften, und die Finnische, die schon 1870, vor der deutschen Zeit, von Portugiesisch-Angola aus unter den Ovambos gegründet worden war. Sie besaß 9 Stationen, 12 Missionare, ebenso viele Hilfskräfte und über 2000 getaufte Gemeindeglieder.

In Kamerun stand auf der evangelischen Seite bei weitem an erster Stelle die Basler Missionsgesellschaft, die ihren Sitz zwar in der Schweiz hat, aber den größten Teil ihrer Mittel und auch die meisten Missionare aus Württemberg erhält. Die Basler besaßen 13 Gemeinden, 38 Missionare und 22 Hilfskräfte. Die Zahl der Getauften betrug gegen 12 000. Neben ihnen existierten deutsche Baptisten und amerikanische Presbyterianer, die ersteren mit 10 Missionaren, 6 durch die Mission geleiteten und 8 »selbständigen« Gemeinden und zirka 3000 Getauften; die anderen mit 5 Stationen, 15 Missionaren, 18 Hilfskräften und etwa 4000 eingeborenen »Mitgliedern«. Ähnlich wie in Kamerun die Basler, stand in Togo die Norddeutsche Missionsgesellschaft weitaus an der Spitze, mit 8 Stationen, 15 Missionaren, 5 Hilfskräften und über 6000 Getauften. Daneben existierte noch die Wesleyanische Missionsgesellschaft mit wenigen hundert Mitgliedern.

In Deutsch-Neuguinea arbeitete die evangelische Neuendettelsauer Gesellschaft mit 17 Stationen, 26 Missionaren, 11 Hilfskräften und 3000 Christen; daneben die Rheinische mit 5 Stationen und 10 Missionaren, aber wegen des besonders schwierigen Arbeitsgebiets nur mit knapp 100 Getauften. Im Bismarckarchipel arbeiteten australische Methodisten, auf den Karolinen- und Marshall-Inseln Amerikaner sowie eine deutsche Gesellschaft, die Liebenzeller, die auf den Ostkarolinen 4 Stationen, 5 Missionare, 4 Hilfskräfte und über 1100 Gemeindeglieder zählte. Samoa war nicht mehr eigentliches Missionsgebiet, da die Eingeborenen formell alle zum christlichen Bekenntnis gehörten. Die Christianisierung war durch die Londoner Missionsgesellschaft und die australischen Methodisten erfolgt.

Zusammenfassend ist über die evangelische Mission in den Kolonien zu sagen, daß zu ihr 14 deutsche, 4 englische, 3 amerikanische, 1 finnische und 1 australische Gesellschaft gehörten, die zusammen 161 Hauptstationen und über 400 weiße Arbeitskräfte besaßen. Die Gesamtzahl der Getauften, ausgenommen Samoa, betrug rund 80 000. Die jährlichen Ausgaben dieser Gesellschaften waren auf 3–3 1/2 Millionen Mark zu beziffern, was einem Aufwand von rund 7000 Mark durchschnittlich für jede europäische Arbeitskraft gleichkam. Man darf aber nicht vergessen, daß außerdem auch zahlreiche eingeborene Gehilfen unterhalten wurden und daß auf der anderen Seite der Wert der von den eingeborenen Gemeindegliedern für die Mission geleisteten Arbeiten nicht niedrig veranschlagt werden darf.

Anders organisiert als die evangelische war die *katholische* Mission in den Kolonien. Sie ging nicht von einer Vielheit selbständiger Gesellschaften aus, deren jede ihren eigenen Charakter trug und ihre eigenen Methoden befolgte, sondern sie war kirchlich zentralisiert und unterstand der kirchlichen Hierarchie, speziell der päpstlichen Missionszentrale, der *»Propaganda fidei«* in Rom. Der unmittelbare Betrieb der Mission war aber durch päpstliche Übertragung in die Hand religiöser Genossenschaften gelegt, die teils besondere Missionsorden, teils sogenannte

Trappistenschwestern verteilen Reis während einer Hungersnot (Tanga, DOA)

Kongregationen waren. Die katholischen Missionsvereine haben im Unterschied zu den evangelischen Missionsgesellschaften nicht den Zweck, selbständig Missionare auszusenden, sondern nur die bestehenden Orden und Kongregationen zu unterstützen.

Von den katholischen Missionsgesellschaften arbeitete die Steyler Gesellschaft in Neuguinea und Togo; die Pallotiner aus Limburg an der Lahn in Kamerun; die Hünfelder Oblaten im Norden und die Wiener Oblaten im Süden von Südwestafrika; die Benediktiner von St. Ottilien, die Knechtstedner Väter, die Trierer Weißen Väter in Ostafrika; die Hiltruper Missionare, die Meckener Maristen und die rheinisch-westfälischen Kapuziner in der Südsee. Spezifisch deutsche Genossenschaften waren die Steyler und die Benediktiner von St. Ottilien; die übrigen, und ebenso die weiblichen in den Kolonien tätigen katholischen Genossenschaften, hatten ihre Leitung außerhalb Deutschlands, zumeist in Rom.

Die Zahl der katholischen Hauptstationen in sämtlichen Kolonien betrug 234, die der Missionspriester, die den ordinierten evangelischen Missionaren entsprechen, 460, der dienenden Brüder etwa 300 und der Schwestern über 400. Getauft waren über 140 000 Eingeborene, im Taufunterricht standen gegen 50 000. Der strafferen Organisationen und der anders gerichteten Methode der katholischen Mission entsprachen die trotz der kürzeren Gesamtarbeitszeit zahlenmäßig größeren Erfolge, die außerdem natürlich durch die größere Zahl von Arbeitskräften bedingt waren. An Zahl der Stationen und Schulen und an räumlicher Ausdehnung des mit Stationen besetzten Gebietes stand dagegen die evangelische Mission der katholischen voran.

Nicht unter demselben Gesichtspunkt wie die deutsch-afrikanische Mission kann die Missionstätigkeit betrachtet werden, die im Pachtgebiet von *Kiautschou* auf chinesischem Boden betrieben wurde. Die chinesische Kultur ist ein altes und eigentümliches, in geistiger Beziehung der westlichen vielfach ebenbürtiges Gebilde, so daß es sich im Verhältnis zu ihr nicht einfach um missionarische Predigt, sondern um die Ausein-

Fetisch (Togo)

andersetzung zweier tief fundierter religiös-sittlicher Weltanschauungen handelt. Allerdings muß man dabei nicht an den populären Götzendienst in den chinesischen Tempeln denken, der für das geistige Innere Chinas ebenso wenig maßgebend ist wie der südamerikanische oder süditalienische Volkskatholizismus für die Beurteilung des Christentums, sondern an das konfuzianische Moralsystem der Gebildeten und an die eigentümlichen seelischen Werte des ursprünglichen Taoismus. In Tsingtau und im Kiautschougebiet arbeiteten von evangelischen Gesellschaften die Berliner und der Allgemeine Evangelische-Protestantische Missionsverein und von katholischen die Steyler Mission; dazu amerikanische protestantische Missionare, deren Arbeitsfeld aber hauptsächlich im Inneren der Provinz Schantung lag.

Wenn man das Kautschougebiet und die schwach bevölkerten Schutzgebiete im Stillen Ozean außer acht läßt, so betrug die Gesamtbevölkerung unserer Kolonien an Eingeborenen schätzungsweise 12 Millionen. Hiervon waren getauft, *evangelische und katholische Missionsschriften* zusammenrechnend, rund eine Viertelmillion, d. h. etwa 2 Prozent. Für die Zukunft der Mission wäre es aber ein Fehler gewesen, die voraussichtlichen ferneren Fortschritte auf ein ebenso langsames Tempo zu schätzen wie während des ersten Vierteljahrhunderts unter deutscher Herrschaft. Das Missionswerk war stark in der Ausdehnung begriffen und die Erfolge während des letzten Jahrfünfts waren verhältnismässig viel größer als während des vorhergegangenen Zeitraumes. Allerdings muß berücksichtigt werden, daß die Zukunft der Mission bei den einzelnen Völkern in Afrika sehr verschieden ist, je nach dem Kulturstand und der Begabung der Eingeborenen. Bei den kultivierten Stämmen der Graslandgebiete, wie z. B. Bali und Bamum in Kamerun, Ruanda und Urundi in Ostafrika, und ähnlich auch im mittleren und nördlichen Teil von Togo, wird voraussichtlich einmal ein Zeitpunkt eintreten, wo unter dem Einfluß für das Christentum gewonnener Häuptlinge Massentaufen vorgenommen werden können und auf diese Weise starke eingeborene Volkskirchen entstehen. Solche gibt es bereits z. B. in dem alten englischen Protektoratsgebiet Uganda am Viktoriasee, wo das Volk allerdings in Katholiken, Protestanten und Mohammedaner geteilt ist. Das Bestreben der Eingeborenen ist, je weiter die Christianisierung vorschreitet, stets dahin gerichtet, von der Autorität der weißen Führer und Lehrer möglichst loszukommen, und die Folgen sind entsprechend: Oberflächlichkeit und Verwilderung des religiösen Lebens. In Liberia und in der englischen Kolonie Sierra Leone kann man die groteskesten Proben davon sehen. In West-Indien, wo die Neger in Haïti einen eigenen Staat besitzen und wo äußerlich der katholische Kultus herrscht, ist es im geheimen zum Rückfall in ein blutiges und scheußliches Heidentum gekommen, mit Menschenopfern und wilden Orgien in der Tiefe der Wälder, dem sogenannten Ventoux-Kultus, und im Inneren der englischen Insel Jamaika, wo auch keine Weißen mehr wohnen und die Neger sich selbst überlassen sind, gibt es ähnliche Zustände bei nominellem protestantischen Bekenntnis.

Den schwierigsten Boden für die Mission bilden in Afrika die wenig entwickelten oder zurückgebliebenen und degenerierten Waldstämme, die irgendwann von den stärkeren Völkern, die das Grasland besetzten, in die Tiefe des Äquatorialwaldes hineingedrückt worden sind. Das Christentum ist eine soziale Religion. Primitive Völker, die unterhalb einer gewissen sozialen Entwicklungsstufe stehen, können überhaupt nicht christlich werden, zum mindesten nicht den Sinn und die praktische Übung des Christentums erfassen. Ein besonderes Hindernis liegt auch darin, daß bei allen Häuptlingen und Besitzenden die Vielweiberei Sitte ist und schwer beseitigt werden kann. Der Neger besitzt erstens eine besonders starke Sinnlichkeit; außerdem aber fehlt überall, wo die Tsetsefliege vorkommt, das Rind und damit das Hauptmittel, um abgesehen von der Muttermilch Kinder im Säuglingsalter zu ernähren. Die Negerfrau stillt ihr Kind bis tief ins zweite Lebensjahr hinein, manchmal noch länger, und während der Zeit hat sie keinen Verkehr mit dem Mann. Das ist ein Hauptgrund für die Vielweiberei, und man kann ohne besondere Paradoxie sagen, daß die erfolgreiche Bekämpfung der Tsetsekrankheit eins der erfolgreichsten Mittel sein wird, um die Mission zu fördern.

Der gefährlichste Gegner der christlichen Missionierung ist die *mohammedanische.* Der Islam erlaubt die Vielweiberei, begnügt sich mit einem Minimum von Unterweisung – wenige Formeln und Riten genügen – und verlangt von seinen Bekennern im übrigen keine Änderung ihrer bisherigen Lebensweise. Sittliche Forderungen, wie sie dem mohammedanischen Bekenntnis bei höher entwickelten Völkern nicht fremd sind, werden in Afrika von ihm nicht erhoben; wohl aber stärkt sich das Selbstgefühl des Negers, der Mohammedaner geworden ist, ungemein. Für die deutsche Kolonialverwaltung war es daher ein schwieriges Problem, wie man sich zu der schnell vor sich gehenden Ausbreitung des Islam stellen sollte. Ein festes Prinzip in dieser Hinsicht bestand nicht. Man hatte eher Neigung, die Dinge gehen zu lassen, doch hätte man sich mit der Zeit wohl entschließen müssen, namentlich bei den starken Graslandvölkern, die Christianisierung zu fördern. Wer einmal die Arbeit auf einer Missionsstation gesehen und ihre Wirkungen in der Umgebung beobachtet hat, der wird, wenn ihm die Fähigkeit der Objektivität nicht abhanden gekommen ist, keinen Zweifel daran hegen können, daß unter den sittlichen Rechtstiteln der Kolonisation die Mission der vornehmste ist.

Drei Negerbrautpaare. Lehrer der evangelischen Mission am Kilimandjaro (DOA)

Die koloniale Schuldlüge

Von Eduard Dannert

Neben den großen europäischen Kriegszielen, die Frankreich mit der Rückeroberung von Elsaß-Lothringen und der Zerstückelung des Deutschen Reiches, England mit der Vernichtung der deutschen Kriegs- und Handelsflotte und des deutschen Welthandels anstrebten, verfolgten die Regierungen beider Länder noch ein gemeinsames weiteres Ziel: die kostenlose Aneignung, den Raub der deutschen Kolonien, die bei Kriegsausbruch in so hoher Blüte standen, und die längst den Neid dieser nimmersatten Kolonialvölker erregt hatten.

Zwar hatte Lloyd George, der damalige englische Finanzminister, dem sozialistischen Londoner »Herald« zufolge noch zu Beginn des Krieges, am 10. November 1914, öffentlich erklärt: »So wahr Gott lebt, haben wir an keiner Verschwörung gegen Deutschland teilgenommen. Wir beneiden Deutschland nicht um seinen Grundbesitz, wir verlangen keinen Fußbreit seiner Kolonien« – wer indessen die doppelzüngige Politik diese Wallisers kennt, weiß auch, daß er zu den Diplomaten gehört, die die Sprache für das geeignetste Mittel zur Verheimlichung ihrer Gedanken halten. Und in der Tat hat ihn auch seine so feierliche Beteuerung nicht davon abgehalten, schon ein halbes Jahr später, am 26. April 1915, mit Italien den ersten Geheimvertrag abzuschließen, in welchem ihm für seinen Eintritt in den Krieg kolonialer Gebietszuwachs in Afrika zugesagt wurde, »falls Frankreich und Großbritannien ihre kolonialen Besitzungen in Afrika auf Kosten Deutschlands erweitern würden«.

Schon damals stand es also für ihn fest, daß Frankreich und England bei einem für sie erfolgreichen Ausgange des Krieges den Raub der deutschen Kolonien als eins ihrer wesentlichsten Kriegsziele ansahen.

In der Folgezeit schloß England unter der Regierung Lloyd Georges als Premierminister dann eine Reihe weiterer Geheimverträge über die Verteilung des deutschen Kolonialbesitzes, die seine Raubabsichten nunmehr ganz unverhüllt erkennen lassen; so im Jahre 1916 durch einen Notenwechsel mit Frankreich über die Teilung von Kamerun und Togo und mit Belgien über die Zuteilung eines Teiles von Deutsch-Ostafrika. Im März 1917 folgte dann ein Geheimvertrag mit Japan, in welchem diesem für die Entsendung japanischer Seestreitkräfte ins Mittelmeer zur Unterstützung des Kampfes gegen die deutschen und österreichischen U-Boote die Übertragung des deutschen Pachtgebiets von Kiautschou und der deutschen Südseeinseln nördlich des Äquators vertraglich zugesichert wurde. Alle diese Verträge lassen inhaltlich einwandfrei erkennen, daß die Verteilung desjenigen deutschen Kolonialbesitzes, den England für seine eigenen Zwekke nicht in Anspruch nahm, an die übrigen Kolonialvölker nur als Entgeld für die kriegerische Unterstützung Englands erfolgte. So erhielt Frankreich Teile von Kamerun und Togo für seine Unterstützung der englischen Angriffe auf diese beiden Kolonien, so wurden Ruanda und Urundi Belgien für seine Teilnahme am Kriege gegen Deutsch-Ostafrika zugesprochen, und so konnte sich Japan die deutschen Inseln in der Südsee für seine Unterstützung Englands im Mittelmeer aneignen. England hat auch hier seine altbewährte Politik verfolgt, die Kriegsdienste seiner Helfershelfer mit dem Eigentum seiner Gegner zu bezahlen.

Da die alliierten Regierungen und insbesondere diejenige Englands indessen ihre Völker nur durch die Vorspiegelung für den Krieg zu begeistern gewußt hatten, daß es sich für sie lediglich um einen Verteidigungs- und nicht um einen Eroberungskrieg handele, so ergab sich für sie daraus von selbst die Notwendigkeit, der Welt wie ihren eigenen Völkern gegenüber den Raub der

Wasserstelle im Löwenrevier (Namaland, DSWA)

deutschen Kolonien nicht als das erscheinen zu lassen, was er wirklich war, sondern ihn rechtlich wie moralisch zu rechtfertigen, ja selbst die Form ihrer Fortnahme so zu gestalten, daß sie nach Möglichkeit die wirkliche Absicht der Ententeregierungen, die entschädigungslose Annexion, nicht erkennen ließ.

Aber auch hier half Englands alte kolonialpolitische Erfahrung.

Es ist eine jahrhundertalte Gewohnheit englischer Kolonialpolitik, einen von ihr beabsichtigten Raub von Kolonialgebieten, die sich im Eigentum oder in der Verwaltung anderer Kolonialvölker befinden, dadurch vorzubereiten und einzuleiten, daß sie durch eine geschickte Bearbeitung der Öffentlichkeit den Anschein erweckt, als würden die in Frage kommenden Gebiete von den sie beherrschenden Völkern brutal unterdrückt oder zum mindesten schlecht verwaltet. Aus diesen angeblichen Feststellungen folgerte England dann noch jedesmal das Recht, helfend eingreifen und anstelle der bisherigen Verwaltungen die englische Verwaltung setzen zu dürfen. Es suchte daher auch bei der Durchführung des Raubes der deutschen Kolonialgebiete zur Begründung seiner und seiner Verbündeten Maßnahmen denselben Weg zu gehen, die Fortnahme auch dieser Gebiete nach außen hin als in ihrem eigenen Interesse und zum Schutze ihrer Bevölkerung gegen ihre angebliche Unterdrückung durch die deutsche Verwaltung erfolgend hinzustellen. Und wie die alliierten und assoziierten Mächte es verstanden haben, dem deutschen Volke im Versailler Diktat die unerhörtesten Friedensbedingungen, die die Weltgeschichte je gesehen hat, mit der unwahren Begründung aufzuerlegen, daß es die alleinige Schuld am Weltkriege trage, so suchten sie auch ihre kolonialen Kriegsziele auf demselben Wege unwahrer Behauptungen zu erreichen, und neben der Schuldlüge schuf das Versailler Diktat zugleich ihre Schwester, die *Kolonial*schuldlüge. Sie umfaßt alle diejenigen unwahren Behauptungen, die Deutschlands Gegner zum Teil im

Versailler Diktate selbst, zum Teil in den ihm vorausgegangenen Verhandlungen über Deutschlands Kolonialpolitik aufgestellt haben und die sich dahin zusammenfassen lassen: Deutschland habe

1. sich in der Entwicklung seiner Kolonien als kolonisatorisch unfähig erwiesen,
2. seine koloniale Herrschaft zur Bedrückung der Eingeborenen ausgenutzt;
3. die Militarisierung der eingeborenen Bevölkerung seiner Kolonien angestrebt;
4. den Welthandel durch Anlage von U-Boot- und Kriegsschiffstützpunkten bedroht, und
5. keinen Anspruch auf Kolonialbesitz, da seine Volkswirtschaft in keiner Weise auf den Besitz eigener Kolonien angewiesen sei.

Zum Nachweise der Kolonialschuldlüge als bewußter Unwahrheit bedarf es demnach eines Eingehens auf jede einzelne der vorstehenden fünf Behauptungen und des Beweises, daß keine von ihnen den Tatsachen wirklich entspricht.

Was zunächst die Art des Erwerbs seiner kolonialen Besitzungen anbetrifft, so ist es für Deutschlands Kolonialpolitik bezeichnend, daß, im Gegensatz zu anderen Nationen, nicht politischer Machthunger, sondern seine wirtschaftlichen Bedürfnisse dafür ausschlaggebend wurden. Dem Erwerbe fast aller deutschen Kolonien gingen zunächst Landerwerbungen deutscher Kaufleute voraus, die dann im friedlichen Einvernehmen mit den in den Konzessionsgebieten ansässigen Eingeborenen ihre Neuerwerbungen in den politischen Schutz des Deutschen Reiches stellten, das seinerseits durch den Abschluß besonderer Verträge mit den Eingeborenen selbst dann auch diese unter seinen Schutz nahm.

Die Folge dieser friedlichen Kolonialpolitik war daher nicht nur, daß die Besitzergreifung der deutschen Schutzgebiete durchweg ohne kriegerische Verwicklungen und mit viel geringeren Reibungen durchgeführt werden konnte als in den Kolonien anderer Staaten, in denen vielfach die Geschütze das erste Wort reden mußten und langwierige Eroberungskriege notwendig waren, sondern daß sich auch ihre ganze Entwicklung schneller und in friedlicheren Bahnen vollzog.

Wenn gleichwohl die englisch-französische Propaganda die Behauptung aufzustellen wagte, Deutschland habe es nicht verstanden, seine Kolonien zu entwickeln, so wußte sie dabei nicht nur einen Vergleich des Entwicklungsstandes der deutschen Kolonien mit demjenigen ihrer eigenen Kolonialbesitzungen geschickt zu umgehen, sondern sie unterdrückte dabei auch geflissentlich die Tatsache, daß Deutschland seine Schutzgebiete bis zum Ausbruche des Weltkrieges noch nicht einmal 30 Jahre lang besaß, daß es sie als vollkommen unbekannte, unerschlossene und unbefriedete Länder erworben hatte und daß es zunächst jahrelanger, mühseliger Arbeit bedurft hatte, bis sie so weit erforscht und befriedet waren, daß sie einer höheren Kultur erschlossen werden konnten. Sie unterließ es auch zu erwähnen, daß anerkanntermaßen kein Kolonialvolk seine Überseebesitzungen vor ihrer wirtschaftlichen Inangriffnahme so gründlich und systematisch durchforscht und erschlossen hat wie gerade das deutsche. Es muß daher diesen bewußten Entstellungen gegenüber immer wieder festgestellt werden, daß die wirtschaftliche Entwicklung der deutschen Schutzgebiete erst um die Wende des 19. Jahrhunderts beginnen konnte, und daß sonach die bei Ausbruch des Weltkrieges erreichte wirtschaftliche Blüte das Ergebnis einer nur zehn- bis fünfzehnjährigen Kolonialarbeit bedeutete. Ein paar statistische Angaben mögen hierfür als Beleg dienen:

In den sechzehn Jahren von 1896 bis 1912 entwickelte sich der Eisenbahnbau von 40 km auf 3867 km, also um fast das 100fache, stieg das Kapital der Erwerbsgesellschaften von 64 Millionen Mark auf 505 Millionen Mark, also um das 8fache, und wuchs das unter Kultur genommene Plantagenland von 11 000 ha auf 140 000 ha, also um fast das 14fache an, während die weiße Bevölkerung unserer Schutzgebiete in den 11 Jahren von 1902 bis 1913 von 7525 auf 24 389 zunahm, sich also mehr als verdreifachte. In derselben Zeit aber stiegen die Handelsbeziehungen Deutschlands zu seinen Kolonien von 60 Millionen Mark auf 260 Millionen Mark, also um mehr als das 4fache.

Aber wir sind, was die kolonisatorischen Leistungen Deutschlands anbetrifft, nicht auf unsere eigenen statistischen Feststellungen allein angewiesen, obwohl gerade diese ein Beweismaterial bieten, dessen feststehenden, nüchternen Zahlen auch die mißgünstigste Verleumdung unserer

Trägerkarawane bei Korogwe am Pangantufer (DOA)

Gegner nichts anzuhaben vermag. Nicht minder schlagend sind vielmehr auch die Anerkennungen, die unserer kolonialen Tätigkeit in der Zeit *vor* dem Weltkriege aus den Reihen ihrer eigenen Staatsangehörigen zuteil wurden, und zwar von den zu sachverständigen Urteilen berufensten Kennern unserer wie ihrer eigenen Kolonien.

So faßt Sir Harry H. Johnston, einer der besten englischen Kenner Afrikas und der Geschichte seiner Erforschung und Kolonisation, der den schwarzen Erdteil nicht nur unzählige Male bereist hat, sondern auch als britischer Beamter lange Jahre an hervorragenden Stellen in Afrika tätig war, in seiner »Geschichte der Kolonisation Afrikas« sein Gesamturteil über den Anteil der Deutschen an der Erforschung Afrikas kurz dahin zusammen: »Die Wissenschaft hat enorme Fortschritte durch die deutsche Erforschung Afrikas gemacht, und es ist jetzt eine feststehende Tatsache, daß die Rolle, die Deutschland bei der Entwicklung Afrikas gespielt hat, sehr bedeutsam ist«. Und während er bei der Behandlung Deutsch-Ostafrikas feststellt, » daß es, seitdem es unter deutscher Verwaltung stehe, auf dem besten Wege sei, eine blühende tropische Niederlassung zu werden«, und daß »der Teutone es verstehe, die Eingeborenen zu höherer Kultur zu erziehen«, muß er bei der Entwicklung der deutschen Kolonialpolitik in Kamerun erkennen: »Die Deutschen beobachten sowohl in der Regierung als auch im Handel die besten Grundsätze, und ein Politiker, der die Großzügigkeit des deutschen Wesens unterschätzte oder auf ein Schwinden der deutschen Herrschaft in fremden Ländern rechnete, würde sehr kurzsichtig sein«.

Aber Johnston blieb in der günstigen Beurteilung der deutschen Kolonialtätigkeit keineswegs allein. Zwei Jahre nach ihm äußerte sich Sir Charles Eliot, der vier Jahre lang als Kommissar Britisch-Ostafrika verwaltet hat und daher als besonders sachkundiger Beurteiler gelten kann, in seinem Buche »The East Africa Protectorate« über Deutschlands Art und Erfolge in der Kolonisation: »Die Deutschen widmeten sich der planmäßigen Gründlichkeit, die ihre Rasse kennzeichnet, und mit der Verschwendung, die aus der Entschlossenheit herrührt, um jeden Preis ein Kolonialreich zu gründen«, und stellt dann in seinen weiteren Betrachtungen über die deutschen Kolonialmethoden fest: »Wie zu erwarten war, haben die Deutschen den wissenschaftlichen Aufgaben, die in den britischen Besitzungen meist gänzlich vernachlässigt worden sind, die größte Aufmerksamkeit gewidmet, ... und der Erziehung der Eingeborenen mehr Aufmerksamkeit gezollt als wir«. »Während es in Britisch-Ostafrika keine Regierungsschulen gibt und der Unterricht sich ganz in den Händen der Missionare befindet, haben die Deutschen acht solcher Schulen, ... außerdem noch verschiedene Gemeindeschulen«, und schließlich faßt Eliot sein Gesamturteil dahin zusammen: »Wenn wir die britischen und die deutschen Kolonien betrachten, so fragen wir uns unwillkürlich, welche Verwaltungsart wohl die bessere sei ... Ich möchte jedenfalls nicht, daß wir uns mit schönen Redensarten schmeicheln und uns, wie wir es zu tun pflegen, dazu beglückwünschen, daß wir alles besser machen als andere Nationen«.

Etwa ein halbes Jahrzehnt später hatten zwei weitere, erfahrene englische Kolonialbeamte aus Nordrhodesien, Frank A. Mellland und Edward H. Cholmeley, Gelegenheit, auf einem Marsche quer durch Deutsch-Ostafrika diese Kolonie und die Art ihrer Verwaltung auf das eingehendste kennenzulernen. In ihrem 1912, also nur 2 Jahre vor Ausbruch des Krieges, über diese Reise herausgegebenen Buche »Trough the Heart of Africa« bekennen sie, daß sie in den Eingeborenen ein »glückliches Völkchen« angetroffen hätten, »dem man ganz und gar nichts von Erbitterung gegen die deutsche Herrschaft anmerke«, und ihr Gesamteindruck sei, daß die allgemeine Ansicht, der Engländer könne nicht viel von der deutsch-ostafrikanischen Verwaltung lernen, auf oberflächlicher, nicht mehr zutreffender Kenntnis der Tatsachen beruhe, ... denn wenn man berücksichtige, wie jung Deutschlands Betätigung sei, müsse man anerkennen, daß es allen Grund habe, auf das stolz zu sein, was es in seinem ostafrikanischen Schutzgebiete geleistet habe.«

Doch nicht nur englische Urteile stehen uns über die Erfolge deutscher Kolonisationstätigkeit zur Verfügung; noch wenige Jahre vor dem Kriege äußerten sich auch zwei Amerikaner, deren Namen in der amerikanischen Öffentlichkeit ausgezeichneten Klang haben, nicht minder günstig darüber, so der bekannte amerikanische Reisende E. A. Forbes in der Zeitschrift »Review of Reviews« (1911), daß »von allen Schutzherren in Afrika der deutsche die reinsten Hände und die besten Aussichten habe«, und so auch Theodor Roosevelt, der ehemalige volkstümliche Präsident der Vereinigten Staaten von Nordamerika, der eine längere Jagdreise durch Ostafrika gemacht hatte, in seinem Buche »Afrikanische Wanderungen eines Naturforschers und Jägers (Leipzig 1910)«: »Es waren Männer von unzweifelhafter Fähigkeit und Tatkraft; wenn man sie sah, so verstand man leicht, warum Deutschland in Ostafrika so zusehends emporgeblüht ist. Es sind erstklassige Menschen, diese Engländer und Deutschen; beide verrichten in Ostafrika ein Werk, das der ganzen Welt zugute kommt!«

Und wie diese Kolonialschriftsteller von Ruf, so hat vor dem Kriege auch die große englische Presse in aller Öffentlichkeit die Leistungen Deutschlands auf dem Gebiete der Kolonisation freimütig anerkannt und ihre Ursachen zu ergründen versucht. So stellte die hochangesehene englische Monatszeitschrift *»United Empire«*, das Organ des Royal Colonial Institute, noch in seinem ersten Hefte des Jahrgangs 1911 fest: »Deutschland ist, was Erziehung anbetrifft, in der Welt Führer, wenn man das Wort in der Bedeutung von Kultivierung der intellektuellen Kraft auffaßt. Daher ist es auch nicht überraschend, daß seine Kolonialerziehung gut ist«, und ein Jahr später mußte der bekannte englische Kolonialpolitiker Louis Hamilton, der nie zu den Freunden deutscher Kolonialtätigkeit gehört hat, in derselben Zeitschrift (United Empire, Heft 9, 1912) anerkennen: »Wir können sehr viel lernen aus dem, was Deutschland ruhig und unauffällig in China tut. Die deutschen Maßnahmen zur Einführung von Ordnung, Gesundheit, System und Aufforstung sind Achtung erzwingende Faktoren, welche in beredter Weise zu dem erwachenden China sprechen. China blickt nicht mehr auf Kiautschou als auf einen Dorn in seinem Fleische, sondern als auf einen gesunden Punkt, von welchem das Gesundheit bringende Beispiel westlicher Zivilisation durch das himmlische Reich strahlt«, und derselbe Verfasser äußerst sich noch im Juli 1913 (United Empire, Heft 7, 1913) über die deutschen Kolonialerfolge im allgemeinen: »In Verbindung mit den Missionaren haben die deutschen Kolonialregierungen die Erziehung der Eingeborenen zu einer geradezu bewunderungswürdigen Grösse entwickelt!«

Aber nicht nur die englische Spezialpresse, sondern auch die große politische Presse Englands wußte vor dem Weltkriege über die deutsche Kolonialtätigkeit nur anerkennend zu berichten. Aus der Fülle gleichartiger Urteile sei hier nur eine Äußerung der Times aus dem Januar 1913 wiedergegeben; sie lautet: »Wo kann der Kaufmann nach neuen Feldern seiner Betätigung suchen? In Französisch-Dahome oder am französischen Kongo? Vor zehn Jahren würde man gesagt haben, daß, wo auch immer die Trikolore flattert, den englischen Kaufmann nur Mißerfolge erwarten, und auch jetzt noch findet niemand außer Franzosen dort einiges Entgegenkommen. Blinde Selbstsucht charakterisiert dagegen den Deutschen nicht. Wenn er eine Kolonie erwirbt, lädt er alle, Deutsche und Engländer, Portugiesen und Franzosen ein, ihr Kapital und ihren Handel dorthin zu tragen. In keiner der westafrikanischen Kolonien wird der Kaufmann freundlicher ermutigt als in Deutsch-Togoland oder Kamerun, wo Freiheit, Gleichheit und Brüderlichkeit das Motto der herrschenden Macht ist«.

Soviel zum ersten Teile der Kolonialschuldlüge. Die angeführten Beispiele dürften genügen, um einwandfrei den Beweis zu erbringen, daß die unterrichteten und daher allein maßgebenden Kreise unserer Kriegsgegner *vor* dem Kriege, als noch nicht die Möglichkeit lockte, sich auf unredlichem Wege in den Besitz fremden Eigentums zu setzen, den Deutschen unumwunden ein besonderes Maß kolonisatorischer Fähigkeiten zugestanden. Sie lassen aber auch die unlauterer Absicht der späteren, entgegengesetzt lautenden Behauptungen besonders deutlich hervortreten, und dies umsomehr, als noch im Sommer 1923 der französische, nicht gerade als deutschfreundlich anzusprechende »Intransigeant«, – und ähnlich zur selben Zeit auch die englische *»African World«* –, unter der ausdrücklichen Feststellung, daß die Mandatverwaltungen bis dahin die mustergültig entwickelt gewesenen deutschen Kolonien völlig verwahrlost hätten, verlangte: »Frankreich muß nicht nur die übernommen deutschen Kolonien auf dem hohen Stande ihrer früheren Entwicklung zu halten suchen, sondern auch sonst danach trachten, daß es seine eigenen Kolonien endlich auf die Kulturhöhe bringt, auf der die deutschen Kolonien schon im Jahre 1913 gestanden haben!« –

Nicht minder schwer ist der Beweis zu führen, daß auch der zweite Teil der Kolonialschuldlüge, die Behauptung, daß Deutschland seine koloni-

Jaundeweiber (Kamerun)

ale Herrschaft lediglich zur Unterdrückung der Eingeborenen mißbraucht habe, auf ebenso unwahrer Grundlage ruht wie der erste.

Wie eingangs schon ausgeführt, stützen sich Deutschlands Ansprüche auf seine Schutzgebiete nicht nur darauf, daß seine Erwerbungen durchweg in Übereinstimmung mit dem Völkerrecht durch Verträge mit den Eingeborenen oder durch Abkommen mit anderen Kolonialmächten erfolgten, die ihm Kolonialbesitz im Wege des Kaufs oder Tauschs überließen, sondern die deutsche Kolonialpolitik war auch von Anfang an darauf eingestellt, die den Eingeborenen gegenüber eingegangenen vertraglichen Verpflichtungen, die sich insbesondere auf ihrem Schutz und ihre kulturelle Förderung bezogen, auf das peinlichste zu erfüllen.

Abgesehen davon aber ließ auch die praktische Kolonialarbeit alsbald deutlich erkennen, daß eine Entwicklung der Kolonialgebiete ohne die Mitwirkung der eingeborenen Bevölkerung für den Europäer nicht durchführbar erschien, daß sie aber um so schneller möglich war, je eher es gelang, die Eingeborenen zu geregelter Arbeit zu gewinnen und zu erziehen, und es ist in dieser Beziehung für die deutsche Kolonialverwaltung außerordentlich bezeichnend, daß sie für alle ihre Schutzgebiete schon frühzeitig den Grundsatz prägte: »Der Eingeborene ist das wertvollste Aktivum der Kolonien!« Daß es aber für eine Kolonialverwaltung, die diesen Grundsatz für sich aufzustellen vermag, auch selbstverständlich ist, daß sie »das wertvollste Aktivum« ihrer Kolonien pfleglich behandelt, liegt so sehr auf der Hand, daß es eines besonderen Beweises nicht bedürfe, wenn es nicht notwendig erschiene, die Entstellungen der Entente-Propaganda in dieser Hinsicht ausdrücklich aufzudecken und zu widerlegen.

Zu diesem Zwecke bedarf es zunächst der Feststellung, wie vor dem Kriege die Auffassung der maßgebenden Kolonialpolitiker der Entente über die Behandlung der Eingeborenen in den deutschen Schutzgebieten war.

Noch im Jahre 1913 faßte der Professor Macmillan Brown, der lange Jahre Lehrer an der Universität Canterbury auf Neuseeland war, nach einer längeren ethnographischen Studienreise durch die deutschen Südseekolonien sein Urteil über die Eingeborenenbehandlung im *»Daily Telegraph«* vom 27. 8. 1913 dahin zusammen: »Die Deutschen behandeln die Eingeborenen auf den Karolinen- und Marshall-Inseln sehr gut! Ich habe die Methode des dortigen Bezirksamtmanns genau beobachtet. Er hat große Sympathien für die Eingeborenen und steht in einem engen Konnex mit ihnen. Er tut alles, um sie gesund und glücklich zu machen, und ich kann mir keinen besseren Beamten denken als ihn!« Gewiß ein Zeugnis, wie es sich kein Kolonialvolk besser wünschen kann.

Und was von der Südsee gilt, das stellte im selben Jahre die *»African World«*, das Organ aller britischen Afrikainteressen, auch bezüglich aller übrigen deutschen Kolonien fest, wenn sie in ihrer Nr. 540 vom 15. März 1913 gelegentlich der Besprechung des deutschen Kolonialetats ausführte: »Es ist ein Irrtum, anzunehmen, wie dies oft geschieht, daß die Eingeborenen in den deutschen Kolonien wie Rekruten auf dem Kasernenhof regiert werden. Das ist durchaus nicht der Fall. Dr. Solf zeigt, daß die deutsche Kolonialverwaltung von denselben Grundsätzen gelenkt wird, die die englische Politik in Ost- und Westafrika leiten, und die sich in diesen Gegenden des schwarzen Erdteils so erfolgreich erwiesen haben.«

Von besonderem Interesse aber ist das Urteil eines amerikanischen Kolonialpolitikers, des schon früher erwähnten Reisenden E. A. Forbes, der in einem 1911 im »American Review of Reviews« erschienenen Artikel seine langjährigen Beobachtungen in den deutschen Schutzgebieten Westafrikas dahingehend schildert: »Ohne laute Posaunenstöße und ohne die lärmende Hilfe der Presseagenten erzieht sich der Deutsche das junge Afrika nach seiner Art, und er läßt es sich auch Mühe kosten. Ich habe die Deutschen in ihrem nahen Verkehr mit ihren halbwilden Schützlingen an der Westküste genau beobachtet. Die Verwaltung und Regierung im schwarzen Erdteil ist zu einem sehr großen Teile eine Frage des Temperaments, und allem Anschein nach lassen sich die Deutschen weniger leicht zur Heftigkeit und zur Erregung hinreißen als die anderen weißen Menschen. Ich habe alle weißen Rassen bei ihrer Arbeit, Afrika zu erwecken, beobachtet, und kann mich nicht der Überzeugung verschließen, daß der deutsche Eingeborene sich ebenso weit, wenn nicht noch höher, emporentwickeln wird wie alle anderen!«

Man ersieht aus den angeführten Beispielen schon zur Genüge, daß wirklich ernst zu nehmende Forscher und kolonialpolitische Beobachter der Behandlung der Eingeborenen durch die deutschen Kolonialverwaltungen eine Anerkennung zuteil werden ließen, wie sie jedem Kolonialvolke zur Ehre gereichen kann, und es ist erfreulich, festzustellen, daß sich in den Reihen unserer Gegner selbst während des Krieges noch Männer fanden, die aufrecht genug waren, den von der Ententepropaganda aufgestellten unwahren Behauptungen über die angebliche Bedrückung der Eingeborenen durch die Deutschen entgegenzutreten, so wenn der schon wiederholt erwähnte Sir Harry Johnston nach der Eroberung Deutsch-Ostafrikas durch die englisch-südafrikanischen Truppen in der *»Daily News«* offen bekannte: »Deutschland hatte das Glück, einige gute Gouverneure hinausschicken zu können, die mit den Eingeborenen auf gutem Fuße standen. Tatsächlich war die deutsche Herrschaft von den neunziger Jahren an bis zum Ausbruch des Krieges in Ostafrika keineswegs unbeliebt. Die

Eingeborenenstraße in Daressalam (DOA)

führenden Häupter der Eingeborenen wurden behandelt, wie wir die indischen Rajahs behandeln, und die Araber wurden so vollkommen mit der deutschen Herrschaft versöhnt, daß sie starke Bundesgenossen der Deutschen wurden«, oder wenn der bekannte englische Arbeiterführer E. D. Morel in seinem 1916 in London erschienenen Buche *»Truth and War«* (Seite 269) kategorisch erklärte: »Es hat in der Verwaltung der deutschen Kolonien nichts den scheußlichen Tragödien im Kongofreistaate und im französischen Kongogebiet Vergleichbares gegeben!«, und mit dieser Erklärung gegen die Absicht ankämpfte, Deutschland aufgrund unwahrer Vorwürfe von weiterer kolonialer Betätigung auszuschließen.

Indessen: sie blieben ungehört, man wollte nun einmal der unbequemen Wahrheit nicht die Ehre geben, und Morel mußte seinen offenen Freimut sogar mit einer längeren Gefängnisstrafe büßen!

Schon bald nach Beginn des Krieges setzte dagegen trotz der eingangs erwähnten feierlichen Erklärung Lloyd Georges zuerst in England die Agitation für die Wegnahme der deutschen Kolonien ein, deren hauptsächlichste Führer anfangs der schon wiederholt genannte englische Kolonialfachmann Sir Harry Johnston, der Bibliothekar des Londoner Kolonial-Instituts Evans Lewin und der frühere Missionar und spätere Annexionist John Harris waren, derselbe Harris, der noch kurz vor Ausbruch des Krieges in seinem Buche *»Dawn in darkest Africa«* die Auffassung vertrat: »Im Interesse der Erhaltung des Weltfriedens und zugleich einer besseren Entwicklung Zentralafrikas würde es liegen, wenn die Großmächte Frankreich und Belgien veranlassen könnten, den ganzen oder doch einen großen Teil des belgischen und französischen Kongo an Deutschland abzutreten« mit der Begründung: »Nicht nur der Handel dieser beiden Kolonien würde dann freier entwickelt werden, sondern, wenn es angängig wäre, die Eingeborenen zu befragen, so würden sie zweifellos in beiden Kolonien ihre Stimmen für eine Abtretung an Deutschland abgeben! ... Das Kongobecken würde, im ganzen genommen , sowohl vom wirtschaftlichen Standpunkte als auch vom Standpunkt der Eingeborenen aus betrachtet, durch eine Übertragung an Deutschland nur gewinnen!«

Nicht viel später übernahm dann ein Größerer die Durchführung der kolonialen Hetzpropaganda in England und in den übrigen Ländern der Entente: Lord Northeliffe stellte ihr seine weitverbreitete, einflußreiche Presse zur Verfügung und verstand es, durch sie die öffentliche Meinung der Welt in einem Maße zu vergiften, daß bald auch die englische Regierung Geschmack an der Mitarbeit fand, sobald ihr der Eintritt Amerikas in den Krieg die Gewähr des Sieges und damit die Durchführbarkeit des Kolonialraubes zu bieten schien.

Da jedoch die bis dahin bekannt gewordenen englischen Veröffentlichungen über die deutsche Kolonialtätigkeit nur lobende Anerkennungen enthielten und daher als Material für die Begründung des geplanten Raubes nicht geeignet erschienen, mußte ein für diesen Zweck geeignetes Material besonders geschaffen werden. Man erinnerte sich in England, daß man die in deutschen Kolonialverwaltungen vorgekommenen Mißgriffe einzelner, wie sie sich in den Kolonien aller Völker ereignet haben und auch in Zukunft ereignen werden, solange die Menschen nicht fehlerlos sind, in aller Öffentlichkeit vor ihren Kolonialgerichten verhandelt und zur Rechenschaft gezogen hatte, ließ diese Einzelfälle nach der Einnahme Südwestafrikas aus den dort vorgefundenen deutschen Gerichtsakten heraussuchen und in einem von der englischen Regierung herausgegebenen Blaubuche derart zusammenstellen, daß sie den Eindruck erweckten, als wären es nicht zur Rechenschaft gezogene Vergehen einzelner, sondern als bildeten sie die *Regel* deutschen Verhaltens gegenüber den Eingeborenen. Die Tendenz der englischen Darstellung ging dabei, ohne Würdigung der einzelnen Begleitumstände, die aus den benutzen Akten ohne weiteres ersichtlich waren, dahin, nur die Tatsachen der vorgekommenen Mißhandlungen zu registrieren, ohne zugleich den Umstand zu würdigen, daß die Mißhandelten in den meisten Fällen durch ihr eigenes Verhalten, durch Diebstahl, Raub oder schädigenden Ungehorsam, die Täter zu der Mißhandlung gereizt hatten. Bei dieser absichtlich schiefen Darstellung war es dann natürlich auch leicht, die richterlichen Entscheidungen trotz der verhängten Strafen als nicht im Einklang mit der Straftat stehend zu bezeichnen.

Dies so gekennzeichnete Machwerk ist also die einzige Unterlage, die der Entente für ihre ungeheuerlichen und unwahren Behauptungen über die angebliche Unterdrückung der Eingeborenen zur Verfügung stand, und es mußte sich schon bald gefallen lassen, daß selbst aus den Reihen der Ententeangehörigen wahrheitsliebende Männer offen von ihm abrückten. Unumwunden bekannte noch im Jahre 1923 General Smuts, der damalige Premierminister der südafrikanischen Union, einer Abordnung südwestafrikanischer Deutscher gegenüber, daß er die außerordentlichen Leistungen deutscher Kolonialtätigkeit in Südwest, nachdem er das Land persönlich durchreist und kennengelernt hatte, voll anerkenne, und daß daher für die Zukunft seitens der Unionsregierung auf die Darstellungen des Blaubuches nie mehr zurückgegriffen werden solle.

Treffend und scharf aber ist das Urteil, das der jetzige Premierminister der Unionsregierung, General Hertzog, gelegentlich seiner Bereisung Südwests im Jahre 1924 fällte, als er bei seinem Empfang in Omaruru erklärte: »Seitens des Deutschen Vereins ist von dem sogenannten Blaubuch gesprochen worden. Ich muß sagen, daß ich es offiziell nicht kenne. Jedenfalls ist es ein Beweis, wie verderblich es ist, wenn in politischen Dingen die Unwahrheit benutzt wird, um Vorteile zu erlangen, die mit der Wahrheit nicht zu erreichen gewesen wären. Ich und meine Freunde haben nie daran geglaubt. Es ist ein Produkt der Kriegszeit, benutzt, um die öffentliche Meinung dazu zu bringen, etwas gutzuheißen, das sie auf andere Weise vielleicht verurteilt hätte. Ich halte das für einen Fehler und hoffe, daß die Geschichte nicht wieder Fälle zu verzeichnen haben wird, wo derartige Mittel zur Erlangung politischer Vorteile verwendet werden! Es ist eine Schande!«

Das bestes Beweismittel für die Unwahrhaftigkeit dieser Schuldbehauptung besitzen wir aber in dem Verhalten unserer Eingeborenen selbst, die uns in *allen* Schutzgebieten während des Weltkrieges und selbst nach seiner Beendigung eine Treue bewahrten, wie sie unerschütterlicher nicht gedacht werden kann.

Von der Heimat und jeder äußeren Hilfe völlig abgeschnitten, waren unsere schwachen

Bezirksamt (Alt-)Langenburg am Njassa (DOA) mit Gouv.-Dampfer »Hermann v. Wißmann«

Schutztruppen in allen Kolonien von Kriegsbeginn an allein auf die Unterstützung durch die Eingeborenen angewiesen, ohne die ein Widerstand überhaupt nicht denkbar war. Wären diese wirklich von der deutschen Kolonialverwaltung so unterdrückt worden, wie es die gegnerische Propaganda darstellt, so wäre eine Auflehnung gegen die deutsche Herrschaft oder ein Übergehen zu den in zehn- bis zwanzigfacher Übermacht anrückenden Gegnern nicht nur erklärlich, sondern die unbedingt notwendige Folge gewesen. Statt dessen aber wurde die alliierte Welt überall von dem außerordentlich zähen Widerstande der von der einmütigen Unterstützung der Eingeborenen getragenen deutschen Schutztruppen völlig überrascht.

In Kamerun zogen nicht weniger als 117 Häuptlinge es vor, mit ihren deutschen Schutzherren in die Kriegsgefangenschaft zu gehen, anstatt ihren angeblichen »alliierten Befreiern« entgegenzujubeln, und richteten noch im Februar 1919 die Bitte an den König von Spanien, sich bei Friedensschluß dafür zu verwenden, daß sie der deutschen Regierung weiter unterstellt blieben, mit der ausdrücklichen Versicherung: »Hab und Gut und unsere Familien haben wir in unserer Heimat Kamerun zurückgelassen, so groß war die Liebe zu unserer Regierung und das Vertrauen, bald wieder mit ihr in unser Land zurückkehren zu können. Diese Liebe und Treue ist bis heute unverändert in uns geblieben. Wir alle haben nur einen Wunsch: Mit der deutschen Regierung nach Kamerun zurückzukehren!«

Eingaben ähnlichen Inhalts richteten Togoeingeborene am 20. Mai 1919 an ihren früheren Gouverneur, den Herzog Adolf Friedrich zu Mecklenburg, und Kameruneingeborene am 19. Juni 1919 an die deutsche Nationalversammlung in Weimar, und noch nach Friedensschluß mußte die englische Mandatverwaltung in Ostafrika eine von ihr eingeleitete geheime Abstimmung der Eingeborenen, von der sie gehofft hatte, daß sie unter der Einwirkung der Mandatregierung zu Englands Gunsten ausfallen würde und so den Anlaß zu weitergehenden englischen Ansprüchen geben könnte, schleunigst abbrechen, da weitaus die Mehrzahl der abgegebenen Stimmen die Rückkehr der deutschen Verwaltung forderten. Eine besonders schmerzliche Enttäuschung aber bereitete allen denen, die die angebliche Abneigung der Eingeborenen gegen die deutsche Verwaltung behauptet und in die Welt hinausposaunt hatten, insbesondere der englischen Kolonialverwaltung, ihr langjähriger Schützling, der große Hereró-Häuptling Kamahárero, der seit der Niederwerfung des Hereróaufstandes in Südwestafrika im britischen Südafrika weilte, und dessen letzter Wille an sein Volk vor seinem 1924 erfolgten Tode unter anderem lautete: Er wünsche, daß sein Volk nach seinem Tode »seine« Farben trage, und diese Farben des deutschen Volkes, dessen Regierung sich nach der Niederwerfung des Aufstandes des Hereróvolkes in väterlicher Fürsorge angenommen habe. Jeder Hereró, der diese Farben nicht trage, solle aus der Stammesgemeinschaft der Hereró ausgestoßen werden!

Und nun gar der Vorwurf, Deutschland habe seine Kolonialherrschaft dazu benutzt, die Eingeborenen zu militarisieren, um sich ein afrikanisches Kolonialreich zu erobern!

Den Regierungen der Entente war sehr wohl bekannt, daß Südwestafrika überhaupt keine farbige Schutztruppe besaß, daß in Deutsch-Ostafrika mit einer Einwohnerzahl von etwa acht Millionen Eingeborenen und einer das Deutsche Reich fast um das Doppelte übertreffenden Ausdehnung, eine durchweg nur mit alten, noch rauchstarke Munition verfeuernden Jägerbüchsen ausgestattete Schutztruppe von nur 2500 farbigen Soldaten und eine Polizeitruppe von 2140 farbigen Polizisten stand, daß die Schutztruppe in Kamerun bei fast gleichen Verhältnissen nur 1550 Mann stark war und die dortige Polizeitruppe nur 1255 Köpfe zählte, und daß die übrigen deutschen Schutzgebiete überhaupt keine Schutztruppen, sondern nur schwache farbige Polizeitruppen besaßen.

Der Gedanke, daß die deutsche Kolonialverwaltung beabsichtigt habe, mit diesen kaum 5000 farbigen Soldaten ein großes zentralafrikanisches Kolonialreich zu erobern, das größer als ganz Europa gewesen wäre, ist so absurd, daß er nur in der Überzeugung verbreitet werden konnte, die Welt werde unter der allgemeinen Kriegspsychose und in völliger Unkenntnis der einschlägigen Verhältnisse die in ihm liegende Unwahrheit nicht durchschauen können. Geradezu als frivol aber muß angesichts der Tatsache, daß England, Frankreich, Belgien und Portugal in jeder ihrer Nachbarkolonien zahlenmäßig um das Vielfache stärkere Truppenverbände besaßen, daß Frankreich schon seit Jahren aus seinen afrikanischen Besitzungen Hunderttausende farbiger Soldaten aushob, die Behauptung unserer Kriegsgegner bezeichnet werden, Deutschland habe die Eingeborenen seiner Kolonien zu »militarisieren« versucht. Hier wird ganz deutlich die Absicht erkennbar, ein der Kriegspsychose und der allgemeinen gegen Deutschland gerichteten Kriegsstimmung entnommenes Schlagwort zur Erreichung des gesteckten Raubzieles bewußt unwahr zu gebrauchen.

Auch hier ist also der Nachweis der völligen Unwahrheit des gegen uns erhobenen Vorwurfs voll erbracht. –

Offenbar aber rechneten die Ententevertreter in Versailles bei der Begründung des Kolonialraubes ganz allgemein damit, daß weder bei ihren eigenen Völkern noch bei den neutralen Mächten genügend Sachkenntnisse vorhanden waren, um die Unwahrheit ihrer Behauptungen nachprüfen zu können.

Wenn es daher im Ultimatum der feindlichen Mächte vom 16. Juni 1919 heißt: »Die Art und Weise, in welcher die (deutschen) Kolonien als Ausgangspunkte für Raubzüge auf den Handel der Erde verwandt wurden, machen es den alliierten und assoziierten Mächten unmöglich, Deutschland die Kolonien zurückzugeben«, oder wenn der damalige englische Premierminister Lloyd George in seiner Unterhausrede vom 3. Juli 1919 mit fast denselben Worten behauptete: »Südwestafrika benutzte Deutschland als ein Mittel, um Unzufriedenheit und Aufruhr in den südafrikanischen Kolonien zu schüren. Die übrigen Schutzgebiete gebrauchte es als Stützpunkte, um den Handel aller Länder in jenen Gewässern zu schädigen«, so geschah das trotz der allen diesen Männern genau bekannten Tatsache, daß Deutschland – von dem zu einer schwachen Verteidigung eingerichteten Kiautschou abgesehen – in keinem seiner Schutzgebiete auch nur einen einzigen befestigten Hafen besaß, der als Stützpunkt für kriegerische Maßnahmen hätte dienen können oder in Wirklichkeit gedient hat. Es war ihm auch bekannt, daß die wenigen deutschen Auslandskreuzer, die sich bei Ausbruch des Krieges in den deutschen Schutzgebieten befanden – für die gesamten ausgedehnten deutschen Kolonien Afrikas kam der kleine Kreuzer »Königsberg« als einziges Schutzschiff in Frage! –, gezwungen waren, die Häfen unserer Schutzgebiete sofort zu verlassen, weil sie dort gerade *keinen* Schutz fanden und die hohe See ihnen eine weit sicherere Zuflucht bot.

Und wenn am selben 3. Juli 1919 der englische Außenminister Lord Curzon den Kolonialraub im englischen Oberhaus mit den Worten begründete: »Deutschland wollte die Kolonien zurückhaben, um Rohmaterial aus ihnen zu beziehen und eine große schwarze Armee anzuwerben, die den afrikanischen Erdteil beherrscht haben würde und die im Kriegsfall nach Europa geschafft worden wäre; die Küsten wären für Kriegshäfen, Docks, Unterseebootsstützpunkte, drahtlose Stationen und Befestigungen benutzt worden, die nicht nur uns, sondern den Seeverkehr der ganzen Welt bedroht haben würden«, so kann diese Ausführung angesichts der vorstehend schon erörterten Tatsachen, angesichts der Tatsache, daß sowohl Frankreich wie im besonderen Maße auch England in ihren Kolonien aller Meere ausgesprochene Flottenstützpunkte besaßen und noch besitzen und von diesen aus den deutschen Seehandel vom ersten Tage des Krieges an systematisch zerstörten, sowie insbesondere des Umstandes, daß es Lord Curzon sehr wohl bekannt war, daß Deutschland nach dem damals schon vorliegenden Friedensdiktate nur sechs veraltete Linienschiffe, sechs leichte Kreuzer und zwölf Torpedoboote halten darf, und daß ihm der Bau von U-Booten überhaupt verboten ist, nur als zynische Unwahrhaftigkeit bezeichnet werden.

Der letzte Teil der Kolonialschuldlüge, die in Teil II der »Antwort der alliierten und assoziierten Mächte auf die Bemerkungen der deutschen Delegation zu den Friedensverträgen« enthaltene Behauptung: »Die alliierten und assoziierten Mächte sind der Meinung gewesen, daß der Verlust seiner Kolonien Deutschlands normale wirtschaftliche Entwicklung nicht behindern würde … Die kleine Zahl der Kolonisten, die sich vor dem Kriege dort niedergelassen hatten, ist in dieser Beziehung Beweis genug«, ist an anderer Stelle dieses Buches schon so eingehend behandelt worden, daß es einer weiteren Erörterung und des Nachweises ihrer Unrichtigkeit an dieser Stelle nicht mehr bedarf. Stärker als die so überaus günstige koloniale Wirtschaftsentwicklung vor dem Krieg, – wobei nicht übersehen werden darf, daß außer den damals schon ertragreichen Pflanzungen noch gewaltige Kulturen im Heranwachsen begriffen waren, bis dahin also noch nicht in die Erscheinung traten –, haben die langen Hungerjahre nach dem Versailler Diktate nicht nur das gesamte deutsche Volk, sondern in stetig wachsendem Maße auch einsichtige Männer der neutralen Welt, ja selbst in den Ländern unserer Kriegsgegner davon überzeugt, daß das übervölkerte Deutschland mehr als jedes andere europäische Volk auf den Bezug von kolonialen Erzeugnissen für die Lebenshaltung seiner Bevölkerung angewiesen ist und sie bei seiner völligen Verarmung nicht anders als in eigenen Kolonien und mit eigener Arbeit gewinnen kann.

Markthalle in Daressalam (DOA)

Was bleibt hiernach von allen gegen die deutsche Kolonialtätigkeit aufgestellten Behauptungen unserer Kriegsgegner, was von der ganzen Kolonialschuldlüge übrig? Nichts als die Überzeugung, daß das deutsche Volk auch bezüglich der Frage seiner kolonisatorischen Tätigkeit freimütig jede Schuld von sich abwerfen darf, daß aber jene Männer schwere Schuld und den ewigen Vorwurf unredlichen Erwerbs auf ihre Völker luden, die es um seinen Kolonialbesitz betrogen. Diese Überzeugung aber wird dem deutschen Volke im Kampf um sein Recht, um die Wiedererlangung der ihm geraubten Kolonien ewig neue Kraft verleihen und unüberwindliche Stärke sein.

Die deutschen Schutzgebiete unter Mandatsherrschaft

Von Hans Zache

I. Der Zustand bei Kriegsausbruch

Über die Entwicklung der Schutzgebiete bis zum Kriege gibt die nachfolgende Tabelle Aufschluß, die in zehnjährigem Abstand die Finanzlage 1902 und 1912 in Millionen Mark angibt.

	1902						1912					
	Steuern	Zölle	Gesamte eigene Einnahmen	Ersparnisse aus früheren Jahren	Reichszuschuß	Gesamtetat	Steuern	Zölle	Gesamte eigene Einnahmen	Ersparnisse aus früheren Jahren	Reichszuschuß	Gesamtetat
Deutsch-Ostafrika	0,90	1,35	3,22	0,00	4,93	8,20	4,46	4,10	12,48	3,23	3,62	19,32
Togo	0,06	1,03	1,13	0,07	0,30	1,49	0,85	1,86	3,51	0,12	0,00	3,76
Kamerun	0,06	1,49	1,82	0,00	2,28	4,10	1,92	4,06	6,87	1,26	2,85	12,47
Südwestafrika	0,11	0,91	2,24	0,00	7,03	9,27	0,51	9,93	17,61	4,02	13,83	36,02
Südsee	0,02	0,46	0,91	0,00	1,49	2,19	0,61	1,35	2,43	0,08	1,21	3,71
	1,15	5,24	9,32	0,07	16.03	25,25	8,35	21,30	42,90	8,71	21,51	75,28
Kiautschou			0,36		12,04	12,40			7,75		8,08	15,83

1902 betrug der Reichszuschuß noch fast 61 Proz. des Etats, 1912 nicht mehr 23 Proz., d. h., er deckte nur noch die Kosten der Schutztruppen, während die Schutzgebiete alle ihre Ausgaben einschließlich der Verzinsung der Eisenbahnen und sonstiger werbender Anlagen und Bauten selbst aufbrachten. Der Schutz der Schutzgebiete war natürlich eine Ehrenpflicht des Reiches, die die Kolonien nicht ablösen durften, auch wo sie es gekonnt hätten. Diese erfreuliche Finanzlage ergab sich aus der in den afrikanischen Schutzgebieten eingeschlagenen Finanzpolitik, die darin bestand, daß man die Erschließungsbahnen aus Anleihen baute, für die das Reich nur noch die Zinsgarantie übernahm. Die Bahnbauten erforderten Arbeiter und machten die Anlage neuer Pflanzungen möglich, die ebenfalls wieder Arbeiter lohnten. Damit wurden neue Ausfuhrwerte geschaffen und – außer den europäischen Unternehmern – große Scharen Eingeborener, in Deutsch-Ostafrika, zuletzt an 150 000 Plantagenarbeiter, steuer- und kaufkräftig, wodurch sich wieder die Zolleinnahmen hoben. Die Gesamtzolleinnahmen stiegen in den Kolonien von 1902 bis 1912 um 300 Proz., die Gesamteinkünfte aus Steuern gar um 636 Proz. Dabei war der Steuersatz mit durchschnittlich 3–5 Mark jährlich pro Familie keineswegs hoch, wenn man berücksichtigt, daß sich das Jahreseinkommen eines farbigen Arbeiters auf etwa 200 bis 250 Mark belief. Die Steuer wirkte als gelinder Arbeitszwang: »Die Vorteile des deutschen Steuersystems«, schrieb 1913 der Italiener Baccari, »sind in moralischer Beziehung unschätzbar.« Da die Finanzwirtschaft außerordentlich sparsam und sachgemäß war, finden wir in den Etats von Togo seit 1902, von Ost- und Südwestafrika seit 1904, von Kamerun seit 1909 sogar fast jedes Jahr »Ersparnisse aus früheren Rechnungsjahren«, die 1912 zusammen 8,71 Millionen ausmachten. Da ein Kilometer Eisenbahn einschließlich rollenden Materials durchschnittlich 100 000 Mark kostete, so erhellt, daß jährlich bei 4 Proz. Verzinsung 200 Millionen Mark Anleihen aufgenommen oder 2000 Kilometer Eisenbahnen aus den Anleihen hätten vorgestreckt werden können, wenn man die Ersparnisse allein auf Eisenbahnbauten verwenden wollte. »Niemand kann behaupten«, schreibt der Amerikaner H. A. Gibbons 1916, »daß Deutschland, vom europäischen Standpunkt aus beurteilt, die Kolonie, die es in Afrika besaß, nicht voll ausgenutzt hätte«, und der Engländer L. Hamilton schrieb 1913 in *»United Empire«:* »Ist Deutschland in dem, was es in seinen Kolonien unternommen hat, erfolgreich gewesen? Vor fünf Jahren wäre es schwer gewesen, die Frage zu beantworten. Heute muß sie von jedem ehrlichen objektiven Beurteiler mit Ja beantwortet werden. Auf die Frage: »Was wird die Zukunft wohl bringen«? scheint es uns nur eine vernünftige Antwort zu geben: »Wenn die deutschen Kolonialpolitiker in derselben Weise weiterarbeiten wie bisher und sich nie durch Rückschläge entmutigen und von ihren Zielen ablenken lassen, wird die Zukunft ihnen schenken, was sie brauchen.«

Daß es anders kam, ist die Schuld der Mächte, die den Krieg in die Schutzgebiete trugen und uns im Frieden zu Versailles unsere Kolonien raubten.

Die *»Dépêche Coloniale«* schreibt noch am 6. Oktober 1916: »Durch das Aufblühen Togos, Kameruns, Ostafrikas, ja sogar der kleinen deutschen Schutzgebiete im Stillen Ozean, schließlich auch Kiautschous, waren die Deutschen nahe daran, den höchsten Rang unter den Kolonialmächten einzunehmen.

Wenn nach alledem der Raub der Kolonien mit unserer kolonialen Unfähigkeit und Unwürdigkeit begründet wird, so kann man nur mit tiefer Empörung bedauern, daß »fortgeschrittene Nationen«, wie sie sich im Gegensatz zu uns im Friedensvertrage selbst nennen, sich bewußt so grober Unwahrheiten zur Erreichung ihrer Annexionsgelüste bedienten und sich nur auf die Feststellung und Hoffnung H. A. Gibbons verlassen: »Von allen europäischen Kolonialmächten hat keine – Großbritannien ausgenommen – soviel Menschlichkeit und Idealismus bewiesen wie Deutschland bei der Erreichung und Aufrechterhaltung seiner gerechten und aufgeklärten Kolonialherrschaft. Es ist von größter Wichtigkeit, daß dies zur Zeit (1916) jemand feststellt, dem man nicht nachsagen kann, daß er im gegenwärtigen Kriege mit Deutschland sympathisiert oder versucht, für seine Interessen einzutreten. Aber Wahrheit bleibt Wahrheit und nur auf Wahrheit kann die Zukunft sich gründen.«

II. Die Kolonien während des Krieges

Gleich im Kriegsbeginn hatte die Reichsregierung den feindlichen Mächten den Artikel 11 der Kongoakte in Erinnerung gebracht: »Falls eine Macht, welche Souveränitäts- oder Protektoratsrechte in den dem Freihandelssystem unterstellten Ländern ausübt, in einen Krieg verwickelt werden sollte, verpflichten sich die hohen Teile, welche die gegenwärtige Akte unterzeichnen, sowie diejenigen, welche ihr in der Folge beitreten, ihr gute Dienste zu leisten, damit die dieser Macht gehörigen und in der konventionellen Freihandelszone einbegriffenen Gebiete im gemeinsamen Einverständnis dieser Macht und der anderen kriegsführenden Teile für die Dauer des Krieges den Gesetzen der Neutralität unterstellt und so betrachtet werden, als ob sie einem nicht kriegführenden Staate angehörten.« Zu diesem konventionellen Kongobecken gehört ganz Deutsch-Ostafrika und ein großer Teil von Kamerun. Es kann aber keinem Zweifel unterliegen, daß dem Geiste nach alle tropischen oder überhaupt alle der Mehrzahl nach von Eingeborenen bewohnten Kolonien dazugehörten. Belgien bemühte sich im Sinne des deutschen Vorschlages bei England, und auch Frankreich erklärte sich noch am 9. August 1914 nicht abgeneigt, änderte aber, da England keine Antwort gab, am 16. August seine Stellungnahme. Am Tage darauf erklärte England, daß bereits Kriegszustand herrsche, da die Deutschen am Njassa auf englischem Gebiet angegriffen und die Engländer Daressalam beschossen hätten. Es wurde verschwiegen, daß die ersten feindlichen Akte am 7. August im Einmarsch in Togo durch Engländer und Franzosen, in der Gefangennahme eines deutschen Parlamentärs durch die Belgier am kongostaatlichen Ufer des Tanganjika, am 8. August in der Beschießung des Daressalamer Funkenturms durch die britischen Kreuzer »Pegasus« und

Die Regenzeit kommt! (Kapps Farm bei Windhuk) SWA

»Astraea« und am 19. August in der Wegnahme des deutschen Dampfers »Hermann v. Wißmann« auf dem Njassa, als er friedlich in deutschem Gebiet auf dem Slip lag, bestanden hatten. Erst am 15. August besetzte die ostafrikanische Schutztruppe den britischen Ort Taveta in dem einspringenden Winkel am Kilimandjaro und erst am 9. September fand der deutsche Angriff auf Karonga im britischen Njassagebiet statt.

Außerdem konnte natürlich in jeder Phase des begonnenen Kampfes bei ernstlichem Willen noch ein Waffenstillstand und eine Neutralerklärung der Schutzgebiete eintreten. Aber es fehlte der Wille. Noch am 23. August wurde eine bei den Vereinigten Staaten durch Deutschland nachgesuchte Vermittlung abgelehnt aus dem formalen Grunde, daß die Vereinigten Staaten nicht Vertragspartei seien, weil sie zwar die Kongoakte mit beschlossen, aber nicht ratifiziert hätten.

So nahm das Unglück seinen Lauf. Schon am 7. August war die Grenze Togos von den Feinden überschritten und am Tage darauf die Hauptstadt Lome besetzt worden, obwohl der Gouverneur auch hier Neutralität aufgrund der Kongoakte anbot. Am 12. August wurden die Funkstation Jap auf den Ostkarolinen und die Postanstalten in Neuguinea zerstört. Am 14. und 15. August beschossen britische Truppen die deutschen Zollwächter am Croßfluß, der Nordgrenze Kameruns, am 23. erfolgte der erste Angriff in Neukamerun, das zum konventionellen Kongobecken gehörte. Am 29. wurden von der australischen Flotte Samoa, am 11. September Rabaul und Herbertshöhe, die Hauptstädte von Neuguinea, besetzt, am 29. von den Japanern die Marshallinseln. Diese Nation hatte am 19. August in einem Ultimatum, dessen Ton eine Beantwortung ausschloß, die Übergabe Kiautschous verlangt und zwang es durch zehnwöchige Beschießung am 7. November zur Übergabe. Am 14. September war der deutsche Polizeiposten Namansdrift am Oranjefluß von Truppen der südafrikanischen Union besetzt worden.

Wenn wir das Hineintragen des Krieges in die Kolonialgebiete ein Unglück nannten, so wird die Zukunft zeigen, wie berechtigt das ist. Die Herrschaft Europas über die tropischen Rohstoffgebiete beruht nicht in erster Linie auf Maschinengewehren oder Flugzeugen, sondern auf der Solidarität der weißen Rasse, auf dem Prestige der Farbe. Dieses Rassenprestige hat der Krieg zerstört. Und einmal zerstört ist es nicht wieder herstellbar. Im Verlauf des Krieges ist dann gar eine halbe Million Farbiger auf den europäischen Kriegsschauplatz gebracht und zum Abschlachten Weißer ausgebildet worden. Die Folge war jedem, der die Verhältnisse kennt, klar. Und so, wie man voraussehen mußte, ist es gekommen. Der Rassenkampf ist im Werden. Nichts werden die Kolonialmächte so bitter zu bereuen haben als ihren Rassenverrat im Weltkriege: England, daß es den Krieg in die Kolonien trug, Frankreich, daß es seine farbige Soldateska nach dem Rhein brachte, wo es sie zu Herren über eine weiße Herrennation machte und duldete oder nicht verhindern konnte, daß sie sich an weißen Frauen verging.

Der Krieg nahm überall nach heldenhafter Gegenwehr den Ausgang, der unvermeidlich ist, wenn ein Land blockiert ist und den Feinden unerschöpflicher Nachschub an Waffen, Munition, Menschen und modernsten Kriegswerkzeugen zur Verfügung steht: in Südwestafrika mußten die letzten 3370 Mann am 6. Juli 1915 unter ehrenvollen Bedingungen kapitulieren. Der Feind war zeitweilig 60 000 Mann stark gewesen, wir nie stärker als 5500 Mann, worunter 1967 Berufssoldaten: Schutztruppe und Polizisten. In Kamerun, wo das Zahlenverhältnis ähnlich war – die Schutztruppe hat 200 Europäer und 2000 Farbige gezählt, wozu noch 1200 farbige Polizeisoldaten, im Kriege ausgebildete farbige Freiwillige und einige hundert eingezogene Europäer kamen – traten im Februar 1915 1140 deutsche und 5900 farbige Soldaten auf spanisches Gebiet über, wobei ihnen 45 000 Eingeborene in Treue und Anhänglichkeit folgten. In Ostafrika focht Lettow mit einer Truppe von 260 Europäern und 2500 Mann, die er im Kriege auf 2400 Weiße und 13 000 Farbige brachte, vier Jahre lang gegen 130 Generale mit 300 000 Mann, und als er schließlich auf heimischen Befehl nach Abschluß des Erzbergerschen Waffenstillstandes mit 155 Europäern, 1168 Askari und 1522 Trägern am 10. November 1918 auf britischem Gebiet die Waffen streckte, befand sich darunter kein einziges deutsches Gewehr oder Geschütz: die ganze Truppe war seit Jahren mit eroberten britischen und portugiesischen Waffen ausgerüstet gewesen und hatte nur feindliche Munition verfeuert!

III. Der Friedensvertrag

Der erzwungene Friedensvertrag sagt in seinem Artikel 119: »Deutschland verzichtet zugunsten der hauptsächlichen alliierten und assoziierten Mächte auf alle seine Rechte und Ansprüche bezüglich seiner überseeischen Besitzungen.«

Das Pachtgebiet Kiautschou wird im Abschnitt VII (Schantung) behandelt. Nach Artikel 156 und 157 gehen alle Rechte Deutschlands in Kiautschou und Schantung auf Japan über. Die Eisenbahnen mit Gebäude und Material, die Gruben und Betriebseinrichtungen, die Unterseekabel und alles Staatseigentum werden unbelastetes Eigentum Japans.

Die Zukunft der eigentlichen Schutzgebiete behandelt der Völkerbundsvertrag (Teil I) des Entwurfes im Artikel 22:

»Auf die Kolonien und Gebiete, die infolge des Krieges aufgehört haben, unter der Souveränität der Staaten zu stehen, die sie vorher beherrschten und die von solchen Völkern bewohnt sind, die noch nicht imstande sind, sich unter den besonders schwierigen Bedingungen der heutigen Welt selbst zu leiten, finden nachstehende Grundsätze Anwendung. *Das Wohlergehen und die Entwicklung dieser Völker bilden* eine heilige Aufgabe der Zivilisation, und es ziemt sich, in den gegenwärtigen Vertrag Bürgschaften für die Erfüllung dieser Aufgabe aufzunehmen.

Der beste Weg, diesen Grundsatz praktisch zu verwirklichen, ist die Übertragung der Vormundschaft über diese Völker an die *fortgeschrittenen Nationen,* die aufgrund ihrer Hilfsmittel, ihrer Erfahrung oder ihrer geographischen Lage am besten imstande und bereit sind, eine solche Verantwortung auf sich zu nehmen, und zwar hätten sie die Vormundschaft als Beauftragte und im Namen des Bundes zu führen.

Endlich gibt es Gebiete wie Südwestafrika und gewisse Inseln des australischen Stillen Ozeans, die infolge ihrer geringeren Bevölkerungsdichte, geringen Ausdehnung, ihrer Entfernung von den Mittelpunkten der Zivilisation, ihrer geographischen Nachbarschaft zum Gebiet des Beauftragten oder infolge anderer Umstände nicht wohl besser verwaltet werden können als nach den Gesetzen des beauftragten Staates und als integrierender Bestandteil seines Gebietes, unter Vorbe-

Evangelische Kirche in Daressalam (DOA)

halt der Garantien, die vorstehend im Interesse der eingeborenen Bevölkerung vorgesehen sind.«

Den Übergang des Staatseigentums regelt Artikel 120:

»Alle Rechte an beweglichem und unbeweglichem Eigentum, die in diesen Gebieten dem Deutschen Reiche oder irgendeinem deutschen Staat zustehen, gehen auf die Regierung über, unter deren Gewalt diese Gebiete stehen.«

Abschnitt IV bezieht sich auf das Privateigentum, bezüglich dessen schon die Artikel 122 und 123 die einschneidendsten Bestimmungen enthalten. Artikel 122 lautet:

»Die Regierung, die über diese Gebiete die Gewalt ausübt, darf die ihr als notwendig erscheinenden Maßnahmen hinsichtlich der *Heimbeförderung der daselbst befindlichen deutschen Reichsangehörigen* sowie hinsichtlich der Bedingungen treffen, unter denen die deutschen Reichsangehörigen europäischer Herkunft zur Niederlassung, zum Besitzerwerb, zum Handeltreiben oder zur Ausübung eines Berufes daselbst ermächtigt oder nicht ermächtigt werden.«

Damit war es völlig der Willkür des Feindes anheimgegeben, ob er alle Deutschen abschieben oder ob, wieweit und welche er in den Schutzgebieten belassen will. Es konnte aber keinem Zweifel unterliegen, daß die restlose Enteignung mit Zwangsabschub beabsichtigt ist. Artikel 297 b sagt:

»Unter Vorbehalt entgegengesetzter Bestimmungen des gegenwärtigen Vertrages behalten sich die alliierten und assoziierten Mächte das Recht vor, *alles Eigentum,* alle Rechte und Interessen der deutschen Staatsangehörigen oder der durch sie beherrschten Gesellschaften innerhalb ihrer Gebiete, ihrer Kolonien, Besitzungen und Schutzgebiete, einschließlich der Gebiete, die ihnen durch den gegenwärtigen Vertrag abgetreten worden sind, zurückzubehalten und zu liquidieren. Die Liquidation erfolgt nach den Gesetzen des interessierten alliierten oder assoziierten Staates, und der deutsche Eigentümer darf weder über dieses Eigentum, diese Rechte und Interessen verfügen noch sie ohne Zustimmung dieses Staates belasten.«

Tatsächlich sind denn auch, mit Ausnahme von Südwestafrika, überall die Deutschen restlos ausgewiesen und ihr Eigentum liquidiert worden. Nur einzelne, die bei den Grenzverstümmelungen, denen das Mutterland unterworfen wurde, Franzosen, Dänen, Polen, Tschechen geworden waren, durften zurückkehren. Am schlimmsten benahm sich die australische Regierung. Hatte doch der militärische Befehlshaber in dem Übergabevertrag, den er mit dem deutschen Gouverneur von Neu-Guinea schloß, ausdrücklich die Unversehrbarkeit des Privateigentums anerkannt! Aber die Regierung erklärte später, das habe natürlich nur für die Zeit seines Kommandos Kraft gehabt und sei durch den Friedensvertrag überholt.

In Südwestafrika durfte etwa die Hälfte der Deutschen bleiben, später wurde sogar die Rückwanderung der Ausgewiesenen in vielen Fällen gestattet.

Die den Ausgewiesenen nach dem Friedensvertrag zustehende Entschädigung für ihre materiellen Verluste lag dem Reiche ob, das aber zunächst nur wenige (5) Promille zahlen konnte und schließlich eine immer noch kümmerliche Nachentschädigung – etwa 6 Proz. – gewährte.

Die Kolonien hatten natürlich im Kriege sehr gelitten, am meisten Ostafrika, in dem der Krieg am längsten gedauert hatte und in dem die Eingeborenen immer wieder zu vielen Tausenden zu Trägerdiensten gepreßt worden waren. Hierbei sind viele Zehntausende umgekommen.

IV. Togo unter Mandatsherrschaft

Das Mandat über Togo teilten sich England und Frankreich dergestalt, daß jenes etwa 1/6 des Gebietes erhielt und seiner Goldküstenkolonie angliederte, während Frankreich den Rest in Verwaltung nahm.

Im *britischen Teil* wurde durch Verordnung vom 20. Juli 1921 der Zolltarif der Goldküste eingeführt. Der Bericht über das Jahr 1920/21 beklagt die für die Eingeborenen außerordentlich nachteiligen Folgen der Aufteilung des Schutzgebietes, dessen britischer Teil nicht nur aus dem Etat der Goldküste verwaltet, sondern – entgegen den völkerbundlichen Bestimmungen – als *»integral part«* dieser bezeichnet wird. Leider verzichtet der Bericht auf die Wiedergabe zahlenmäßiger Belege, »da diese keinem guten Zweck gedient haben würden«. Da bekanntlich jeder britische Zweck ein guter ist, wird man nicht fehlgehen in der Annahme, daß hier der »gute Zweck« ein britischer ist, d. h., daß es im britischen Interesse lag, die Zahlen, aus denen der katastrophale Niedergang des Schutzgebietes ersichtlich war, zu unterdrücken.

So muß man als einziges Ergebnis der britischen Mandatsherrschaft ansehen:

1. daß zum Unsegen der Eingeborenen die Stammeseinheiten durch die französisch-englische Grenzführung zerrissen sind,
2. daß das Schulwesen abgebaut ist,
3. daß die Forstwirtschaft aufgegeben ist,
4. daß die Fürsorge für die eingeborene Landwirtschaft durch Landeskulturanstalten und Sachverständige – die wir sogar aus den Vereinigten Staaten kommen ließen – aufgehört hat,
5. daß die ausgezeichneten Verkehrswege dem Verfall preisgegeben sind,
6. daß die deutsche Eingeborenenrechtspflege beibehalten ist,
7. daß die Polizeitruppe verstärkt werden mußte,
8. daß das Schutzgebiet, daß sich früher aus eigenen Mitteln erhielt, bedeutende Zuschüsse braucht.

Im Jahre 1922 wurden 25 241 £ aufgewendet, während nur 2700 £ einkamen, und dazu wird erklärt; daß die Hoffnung auf eine Änderung gering ist! Da muß denn doch die Frage gestellt werden, wie das möglich ist, zumal 50 Proz. aller Ausfuhren aus diesem Teile des Schutzgebietes stammten und Deutsch-Togo sich seit Jahrzehnten selbst erhielt. Will man das Mandatsgebiet so belasten, daß eine zukünftige Rückübernahme unmöglich oder nur mit schweren Opfern möglich wird?

Der *»African World«* vom 30. 6. 23 schreibt man aus Britisch-Togo: Vergleiche zwischen einst und jetzt sind allgemein üblich unter den Eingeborenen. Soweit es sich um leibliches Wohlergehen handelt, hat die deutsche Zeit wenig Bosheit und Kritik zu fürchten. Sie verwaltete allerdings das Land als ein Ganzes, während es jetzt zersplittert ist zwischen zwei Völkern, deren Ansichten und Absichten Unterschiede, wenn nicht Gegensätze aufweisen. Demzufolge besteht viel Unzufriedenheit nicht mit dieser und jener Mandatarmacht, sondern mit ihrer verschiedenen Politik. Das liegt an dem alten Wirrwarr urteilsloser Grenzfestsetzung. Auf briti-

Feste (Militärstation) in Kamerun

scher Seite gab es hohe Zölle, so daß französische Eingeborene, die auf britischer Seite ihren Markt suchen, schwere Gebühren zu entrichten haben, und bei Rückkehr womöglich noch französische. Dieser aufreizende Blödsinn in der Mandatsverwaltung beleuchtet die Unmöglichkeit, daß europäische Staatsmänner politische Grenzen festsetzen in einem Lande, von dem sie nichts wissen und wenig halten. Hinzukommt, daß der Anbau von Kautschuk, Kopra, Baumwolle usw., den die Deutschen verschwenderisch unterstützten, zum Stillstand gekommen ist. Ebenso die Ausbildung von Handwerkern. All das ist betrüblich. Denn die Togoleute sind ein fleißiges, gescheites und anpassungsfähiges Völkchen.«

Im *französischen Mandatsgebiet* sind die für den Waffen- und Pulververkauf der Eingeborenen erlassenen strengen deutschen Bestimmungen außer Kraft gesetzt oder so durchlöchert worden, daß eine starke Erhöhung der Verkäufe stattgefunden hat. In der Alkoholfrage war die französische Verwaltung in Westafrika nicht nur die rückständigste, sondern auch diejenige, die Deutschland in seinem Vorgehen gegen den Alkoholmißbrauch dauernd und mit Erfolg sabotierte. Wenn demgegenüber die neuerdings ins Auge gefaßten Maßnahmen, um den Alkoholverbrauch einzudämmen und den Schmuggel zu unterbinden, auch bemerkenswert sind, so ist doch offensichtlich, daß die Ausdehnung der in Französisch-Westafrika geltenden Gesetze auf Togo in erster Linie den Zweck verfolgt, fremde Alkoholerzeugnisse zugunsten der französischen vom Eintritt in das Mandatsgebiet fernzuhalten: *»la situation entrainait des alcools, importés de Hollande et d' Allemagne, était singulièrement favorisé«*. (Bericht für 1921)

Das Schulgesetz vom 1. 10. 22 verbietet im Artikel 5 den Unterricht außer in Französisch in allen, also auch den Eingeborenensprachen. Daß in einem Lande, in dem unter deutscher Verwaltung eine wahre auf Lehrfreiheit in deutscher, englischer, französischer und in den Eingeborenensprachen beruhende Gewissensfreiheit geherrscht hatte, nunmehr das gesamte Schulwesen gelähmt worden ist, leuchtet jedem ein, der die Verhältnisse in tropischen Kolonien kennt. Ohne Eingeborenensprachen keine Volksbildung! Der Ruhm unserer Missionen und Volksschullehrer war es, daß sie in der meisterhaft beherrschten Sprache der Eingeborenen den Schlüssel zu deren Seele besaßen. Zahllose erstklassige, von ihnen verfaßte Grammatiken, Wörterbücher und Textaufgaben bewiesen das. Der

Unterricht im Französischen bedeutet Drill. Es ist unschwer einzusehen, daß das ganze französische Erziehungssystem eine Propädeutik für einen kolonialen Militarismus Frankreichs ist. Die Statistik weist gegenüber 211 deutschen Schulen mit 9575 Schülern nur 71 Schulen mit 5565 Schülern auf. Der Bericht rühmt, daß Frankreich 215 224 (Papier-) Franken gegenüber 56 300 (Gold-) Mark für Erziehungszwecke ausgegeben habe. Er unterschlägt dabei die Ausgaben für die landwirtschaftliche Schule Nuatjä mit 64 300 Goldmark, so daß den 86 000 Goldfranken Frankreichs 150 750 Goldfranken Deutschlands gegenüberzustellen sind.

Der Gesundheitsdienst liegt überall im argen. Während 1912 in den beiden Bezirken Misahöhe und Sokodé 128 000 Impfungen vorgenommen wurden, brachten die Franzosen nur 54 379 auf der dreifachen Fläche fertig. Aber freilich: Deutschland besoldete 1914 13 Ärzte, einen Tierarzt, einen Bakteriologen in Togo. Frankreich 1921 nur fünf Ärzte. Nicht einmal die Hälfte der von uns aufgewendeten Mittel hatte Frankreich für die öffentliche Gesundheitspflege übrig.

Die europäische Bevölkerung ist zurückgegangen, in Lome um 45 Proz., in Anechò um 35 Proz., in Atakpame um 90 Proz. Unaufgeklärt bleibt der katastrophale Rückgang der Eingeborenenbevölkerung um 127 021 Seelen – vermutlich durch Abwanderung ins britische Mandatsgebiet. Die *»African World«* vom 22. November 1922 gibt vielleicht die Erklärung dazu in dem Aufsatze »Frankreich in Afrika«: »In Togo herrschten zur Zeit merkwürdige Zustände. Gewissenlosen Menschen und Banden erlaubt man es, andere zu bedrücken und zu morden. Es ist hohe Zeit, daß höhere Instanzen einschreiten, wenn nicht der Name Frankreichs in Verruf kommen soll.« –

An Schulen waren gegenüber 211 deutschen mit 9575 Schülern 108 mit 6927 Schülern in Betrieb. Aber *»L'Afrique française«*, verkündet (Oktober 1923) stolz aus dem Bericht des Kommissars Bonnecarrère: »Nach alledem ist die Lage von Französisch-Togo in jeder Hinsicht höchst zufriedenstellend. Dieses an Umfang so kleine, aber an Bevölkerung und Produktion so bedeutende Schutzgebiet ist im Begriff, das zu werden, was die Deutschen erträumten: eine Musterkolonie. Um das zu erreichen, hatten sie nicht gezögert, ihre Untertanen zu einer Herde herunterzudrücken. Wir dagegen stützten uns, um zum selben Ziel zu gelangen, auf die vertrauensvolle und freie Mitarbeit unserer Schutzbefohlenen. Auf der einen Seite die Brutalität und die Versklavung, auf der anderen die Überredung und die Angliederung. Diese beiden Systeme symbolisieren Sinnesart und Tendenzen beider Rassen.«

Wir werden sehen, ob die »Überredung«, die die französische Rasse symbolisiert, auf die Mandatskommission wirkt. Wir haben immer nur Tatsachen berichtet, weil wir überzeugen, nicht überreden wollten, und auf Fanfarronnaden, von denen die eitlen französischen Berichte strotzen, verzichtet. Sollte das ein Fehler gewesen sein? Teilt die Welt die »französische Sinnesart«, die auf »Überredung« ausgeht?

»In Togo und Kamerun bekommen wir die Ergebnisse der deutschen Tätigkeit zu merken«, schrieb am 17. August 1923 *»L'Intransigeant«:* »Gewiß! Togo ist unendlich viel kleiner als unser ausgedehntes westafrikanisches Kolonialgebiet; aber wir finden dort eine Stufe der Vervollkommnung, welche vorbildlich ist. Die Deutschen haben uns den Weg gewiesen. Wenn alle unsere Kolonien das wirtschaftliche Rüstzeug von Kamerun und Togo besäßen, besonders ihre Eisenbahnnetze, dann würde das einen großen Schritt vorwärts bedeuten auf dem Wege ihrer Entwicklung. Aber das mindeste ist, daß das deutsche Vorbild nicht für uns verloren ist und daß wir in unseren Kolonien verwirklichen, was die Deutschen in den ihren bis 1914 haben zur Tat werden lassen. Das ist eine moralische Verpflichtung, die keines Beweises bedarf.«

Das dürfen wir berücksichtigen, wenn wir anerkennen, daß Togo jetzt anfängt, eine Entwicklung zu nehmen, die die deutschen Endergebnisse erreicht oder über die hinausgeht: man beginnt zu ernten, was *wir* gesät haben.

Es betrug:

	Einfuhr	Ausfuhr	Gesamthandel
1925	76,3	61,6	137,9

Tausend Fr. auf Goldmark umgerechnet beträgt also der Gesamthandel 1925: 27,6 Mill., d.h. das Ergebnis von 1912 (21,4) wird um 24 Proz. übertroffen. Die wesentlichen Ausfuhrprodukte sind – in 1000 Tonnen – 1925:

Palau-Insel Eirei (Südsee)

Kakao	Baumwolle	Palmkerne	Palmöl
4,6	1,6	0,8	2,7

1912 betrugen sie:

Kakao	Baumwolle	Palmkerne	Palmöl
0,283	0,551	11,6	3,3

Der Haushalt wird angegeben auf 23,9 Mill. Fr. Die beiden letzten Jahre ergeben umgerechnet (auf 1 Fr. = 20 bzw. 14 Pfennige) 3,3 bis 3,4 Mill. Goldmark: der deutsche Etat (1914) belief sich auf 4,1 Mill. Goldmark, nicht wie das Bulletin du Comité de l'Afrique française (Mai 1926, S. 226) behauptet, auf 1,878 Mark! Dabei aber hat Frankreich 1924 nur 6,2 Mill. Papierfr. (= 1,2 Mill. Goldmark) ausgegeben und 14,4 Mill. Papierfr. Einem »Reservefonds« zugeführt! Daß sich der Directeur de l'Agence économique des Territoires Africaines sous Mandat dieser eigenartigen Finanzpolitik *rühmt*, wird bei allen Kolonialpolitikern Staunen erregen: wir wissen, daß in Kolonien die Anforderungen überall die verfügbaren Mittel weit überschreiten, wenn die Verwaltung fähig und gedankenreich ist, es sei denn, daß die eigenen Einnahmen die Voranschläge über alles Erwarten übersteigen. Davon ist aber nicht die Rede in dem französisch verwalteten Togo. Was ist also der Grund dieser Politik des Taschezuhaltens? Besorgnis vor einer bevorstehenden Rückgabe?

V. Kamerun unter Mandatsherrschaft

a) Britisches Mandatsgebiet

Wie das kolonial übermäßig belastete Frankreich hat auch das kolonial übersättigte England nicht die nötigen Kräfte, um den Länderzuwachs – 31 000 Sqm – ordnungsgemäß zu verwalten und zu entwickeln. Das wird zugegeben, wenn als Entschuldigung angeführt wird: »Es empfiehlt sich, daran zu erinnern, daß die Regierung von Nigeria unter großen Schwierigkeiten zu leiden hatte, die in der Personalknappheit bestanden.« In der sogenannten Kamerunprovinz, d. h. dem dem Meere nächstgelegenen Teile des Mandatsgebietes, konnten deshalb nur drei Ärzte, gegenüber acht Ärzten und fünf europäischen Heilgehilfen zu deutscher Zeit, verwendet werden. Und wenn der Bericht zugesteht: »Die deutsche Regierung war ängstlich bemüht, in wenigen Jahren eine Kolonie zu schaffen, wie sie andere Mächte nur in Jahrhunderten aufbauen konnten«, so sagt dies nichts weniger, als daß Deutschland über einen Reichtum an geistigen Kräften gebot, mit dem es sein großzügiges Kolonialprogramm durchführen und den Forderungen des Völkerbundes, die Eingeborenen zu kultureller und wirtschaftlicher Blüte zu führen, gerecht werden konnte.

Verantwortlich für den Bericht ist der deutschfeindliche Gouverneur von Nigeria, Sir Hugh Clifford. Trotzdem kann er sich Anerkennungen unserer Tätigkeit nicht versagen: »Unter der Aufsicht der deutschen Regierung waren alle Maßnahmen getroffen, nach allen Richtungen hin das Wohlbefinden (*the allround well being*) der Arbeiter zu sichern«, und »abgesehen von der regelmäßigen Beschäftigung, die ihnen geboten wurde, wurde den Eingeborenen Disziplin beigebracht und die Erkenntnis dessen, was durch Fleiß erreicht werden kann. Jeder Eingeborene ist das Embryo eines Kakaopflanzers. Eine große Zahl von denen, die zu ihren Dörfern zurückkehren, nehmen auf eigene Rechnung die Kakao- oder eine andere Kultur auf, womit sie die allgemeine Wohlfahrt des Landes fördern. Die gut angelegten und gepflegten Kakaokulturen, die in den Hauptrekrutierungsgebieten der Plantagearbeiter entstanden sind, heben sich so von den primitiven Kakaopflanzungen ab, die in Nigeria zu sehen sind, daß sie ein schlagender Beweis sind für den Wert von Erfahrung und Beispiel«. Es ist anzunehmen, daß der listenreiche Sir Hugh damit die Beibehaltung des deutschen Anwerbesystems zu gelegener Zeit begründen wird als im Interesse der Eingeborenen gelegen. Als wir es aber einführten, war es ein brutaler und verdammungswürdiger *»abuse«*.

Die sogenannte »Kamerunprovinz«, die außer Victoria, Buea, Rio del Rey und Johann-Albrechts-Höhe anscheinend auch Ossidinge und Bamenda umfaßt, weist unter 42 Europäern mit sieben Frauen 36 Beamte auf. Den ungeheuren Rückgang des einst blühenden Schutzgebietes zeigt die Tatsache, daß zur deutschen Zeit auf demselben Gebiete 403 Europäer angesessen waren, wovon nur 152 Beamte und Schutztruppenangehörige waren, obwohl in Buea und Soppo die Zentralbehörde und das Kommando der Schutztruppe ihren Sitz hatte! Die produktiv tätige Bevölkerung ist also auf ein Neunzehntel gesunken!

Von unseren Pflanzungen wird zugegeben: *»As a whole they are wonderful examples of industry based on solid scientific knowledge; they should betaken overby European and American companies, which alone will have sufficient capital and experience to maintain them at their present high level of efficiency and preserve the good name of the Cameroons for the high quality of its cacao«.*

Die Einfuhr betrug 49 600 £. 1923 aber ist die Ausfuhr um die Hälfte herabgegangen. Kurz vor Weihnachten 1924 ist es den deutschen Vorbesitzern geglückt, auf der öffentlichen Versteigerung in London einen großen Teil ihrer Plantagen zurückzukaufen. Sie werden mit deutschem Personal wieder bewirtschaftet werden. So wird es voraussichtlich gelingen, die Ausfuhrziffern wieder in die Höhe zu bringen! Tatsächlich wurden 1924/25 ausgeführt 63 000 Ztr. Kakao, 200 Kaffee, 100 Kola, 230 Tonnen Palmkerne, 1000 Tonnen Palmöl, zusammen für 112 000 £.

b. Französisches Mandatsgebiet

Bekanntlich gehört es auch zu den Vorwürfen, die man gegen die deutsche Kolonialverwaltung erhob, daß wir die Sklaverei nicht restlos abgeschafft hatten. In Kamerun ist Frankreich entgegen den früheren Deklamationen und Denunziationen nunmehr auch zu der Erkenntnis gekommen, daß »die Beseitigung der Sklaverei Sache der allmählichen Entwicklung ist – andernfalls bliebe die Befreiung eine rein nominelle ... Diese Entwicklung durch gesetzliche Maßnahmen beschleunigen zu wollen hieße sich dem Mißerfolg aussetzen und schwere Wirrnisse über die einzelne Wirtschaft bringen«. Also ganz der deutsche Grundsatz, in Kamerun wie in den anderen Schutzgebieten!

Als verabscheuungswürdig wurde auch das deutsche System hingestellt, sich die für den Bahnbau usw. nötigen Arbeiter aus allen Teilen der Kolonie zu holen. Die Franzosen machen es genauso, weil es eben nicht anders geht, und befolgen dabei angeblich sogar die von uns erlassenen Vorschriften über Ernährung, Unterbringung, ärztliche Überwachung usw. Auch die Verhältnisse der Arbeiter auf Pflanzungen und anderen Privatbetrieben sind nach den in der Praxis erprobten deutschen Bestimmungen geregelt worden. Nur hat man die großen Betriebe, die nach den deutschen Vorschriften einen eigenen ärztlichen Dienst für die Arbeiter unterhalten mußten, davon befreit. Im Notfall sollen sie die beamteten Ärzte herbeirufen: *»mais l'effectif, faible encore, du cadre des médecins de l'assistance ne*

Ruine aus der Portugiesenzeit (Kilwa-Kissiwani, DOA)

permettait pas d'en distraire«. Zum Ersatz hat man den Eingeborenen, wie so oft in der französischen Kolonialpraxis, eine »papierne Wohltat« gewährt: die Mitwirkung im *»conseil d'arbitrage«*, der eingestandenermaßen nichts zu tun hat.

Am bedenklichsten aber sind die Maßnahmen, die, im Gegensatz zu dem deutschen Arbeiterausfuhrverbot, vorsehen, daß Eingeborene als Arbeiter in fremde Länder ausgeführt werden dürfen. Sollen Kameruner Eingeborene nach dem von allmächtigen Konzessionsgesellschaften ausgebeuteten Kongo- und Ubangigebiet deportiert werden, wo nach einwandfreien Feststellungen französische Nachlässigkeit gegenüber der herrschenden Schlafkrankheit weite Länderstrecken nahezu entvölkert hat?

Für Gesundheitspflege gab Deutschland nach dem Etat von 1914 – ohne die Schutztruppenärzte – 1 190 000 Goldmark = 1 487 000 Goldfranken aus, von denen auf die 3/5 französisches Mandatsgebiet 892 000 Goldfranken entfielen. Frankreich hat im Etat 1922 1 452 125 Papierfranken, also nahezu 100 Proz. weniger als die deutsche Verwaltung 1914. Zur Bekämpfung der Schlafkrankheit verwendeten wir (1914) 550 000 Goldfranken, Frankreich verwendete (1922) 236 790 Papierfranken, d. h. nur etwa ein Fünftel! Aber der Bericht rühmt: *»Si l'oeuvre de l'assistance joue un rôle capital en matière de colonisation, on peut voir que l'administration du Territoire n'a rien négligé pour la reprendre et la conduire prudemment, sagement à la bonne fin.«* Spottet seiner selbst und weiß nicht wie.–

Für das Schulwesen gab Deutschland 1913/14 – einschließlich der Subvention für Unterrichtszwecke an die Missionsgesellschaften von 60 000 Goldmark gegen 12 450 Papierfranken – 120 000 Goldmark aus, Frankreich 1921 242 200 Papierfranken, also nicht viel mehr als ein Drittel.

Demgemäß gab es 1912 512 Schulen mit 43 491 Schülern, 1921 38 743 Schüler; die Zahl der Schulen ist nicht ersichtlich. 1913 waren acht Regierungsschulen in Tätigkeit und 7 284 Missionsschüler – gegen 833 – bestanden mit Erfolg die Prüfung der amtlichen deutschen Aufsichtsorgane. *»Le principal but à atteindre pour le moment est la propagation de la langue française.«*

»Den Pariser Kolonialbehörden fehlt das Verständnis für die Bedürfnisse des Landes. Der französische Beamte überträgt die heimische Bürokratie in aller Starrheit auf das Neuland. Das lähmt Handel und Verkehr, wie zahlreiche Beispiele zeigen. Trotzdem ist Kamerun ein reiches Land und sehr entwicklungsfähig. Aber die Entwicklung wird aufgehalten durch den Wandel an Sachkenntnis in Paris. (*»African World«*.)

Den Rückschritt auf der ganzen Linie sucht *»L'Economiste Français«* (4. 23) durch die ohnmächtige Phrase zu bemänteln: »Das Werk unserer Vorgänger soll weder verkleinert noch über die Maßen gelobt werden. Auf ihre Aktivseite muß man das methodische Studium aller Möglichkeiten des Landes und des Bestrebens setzen, sie nutzbar zu machen für das Bedürfnis des Vaterlandes, sodann eine gut ausgedachte Organisation, in der jedes Rädchen an seinem vorgeschriebenen Platze war und eine Maximalleistung hervorbrachte, ferner Weitblick und den Ehrgeiz Großes zu leisten. Der herrschende Leitgedanke war: die Rohstoffe, deren Deutschland bedarf, im großen Maßstabe hervorzubringen. Aber unter den Passiven finden wir den autoritativen und brutalen Charakter dieser Organisation (Beweis?). Es war die Herrschaft der Zwangsarbeit (Beweis?). Die Eingeborenen wurden, ich will nicht sagen wie Sklaven, aber wie Soldaten in der Kaserne behandelt, die zur bestimmten Stunde die befohlene Arbeit verrichten mußten.« Da fragte man sich denn doch: Wie stellen sich denn die Herren Franzosen Arbeit vor, und zweitens: Was ist schlimmer, eingeborene Arbeiter wie in der Kaserne an soldatische Pünktlichkeit zu gewöhnen oder sie in der Kaserne zu Soldaten zu machen? Und, wieder ohne die Spur eines Beweises, fährt Mr. Girault fort: »Vom sozialen und moralischen Standpunkt aus stießen die Deutschen die Eingeborenen stark vor den Kopf, so daß sie ihren Abzug wie eine Befreiung auffaßten.« Man hat das Gefühl, daß er zwar ehrlich sein möchte mit dem Bekenntnis: »Wir können's nicht wie die Deutschen«, aber nicht genug moralischen Mut hat, um auf die übliche Verdammungsphrase zu verzichten.

1925 gab man in Kamerun 2,1 Mill. Papierfr. für die gesundheitliche Fürsorge aus und 577 000 Fr. für Schlafkrankheitsbekämpfung. Das waren zusammen 0,5 bis 0,6 Mill. Mark. Unser Etat 1914 wies allein zur Bekämpfung ansteckender Krankheiten 0,65 Mill. Mark auf! Dazu kamen 0,5 Mill. Für Sanitätswesen im allgemeinen. Die gesamte Aufwendung für die Bekämpfung der Schlafkrankheit in den vier Jahren seit 1922 (1,7 Mill. Frn. = 0,22 Mill. Mark) erreicht nur zwei Drittel unserer Aufwendungen in dem einen Jahre 1913! Und dabei bedauert Mr. Peyrouton, der unter Togo bereits zitierte Verfasser des amtlichen Berichtes, nicht etwa, daß Frankreich *so wenig* zu tun in der Lage ist, sondern er rühmt sich dieser Tätigkeit in den höchsten Tönen, allerdings aufgrund sehr durchsichtiger statistischer Spiegelfechtereien und unter Berufung auf zahllose »papierne Wohltaten«: »créations«, *»organisations«* *»élévations«* – echt französisch!

Der Handel wird wie folgt angegeben (in Mill. Papierfr.):

	Einfuhr	Ausfuhr	Gesamthandel
1925	126,1	113,1	239,2

Somit stand dem deutschen Gesamthandel aus 1913 von 63,8 Mill. Goldmark 1925 ein solcher von 47,4 gegenüber. Das ist also ein Minus, selbst wenn man berücksichtigt, daß der Streifen an der Nordgrenze (britisches Mandat) in der französischen Statistik nicht einbegriffen ist.

In 1000 Tonnen wurden ausgeführt:

	Palmkerne	Palmöl	Holz	Kakao	Kautschuk
1925	36,4	6,3	37,5	4,9	0,8
Die deutschen Zahlen von 1912 sind:					
	16,0	3,6	11,3	4,6	2,8

Der Etat betrug (in Mill. Fr.):

	Ordentl. Etat	Öffentl. Bauten	Öffentl. Gesundheit
1926	26,2	21,5	3,6

Vorausgesetzt also, daß der. Fr nicht unter den jetzigen Stand fällt:

1926 Goldmark:			
	3,3	2,7	0,5 = 6,5
gegen 1914 Goldmark:			32,5

Wenn dabei gerühmt wird, daß die Schutztruppe von 2132 (zu deutscher Zeit 1867) Farbigen auf 787 Mann herabgesetzt ist, so ist das kein Verdienst. Denn einmal dürfte bei Herabsetzung des Etats auf mehr als ein Fünftel die Schutztruppe nur 360 Mann stark sein: der Militäretat ist also um 50 Proz. zu hoch, während der Sanitätsetat um über 50 Proz. zu niedrig ist! Außerdem hat Frankreich im Gegensatz zu Deutschland in den Nachbarkolonien sehr starke Truppenmassen, die im Notfalle schnell herbeigeholt werden können. Nach alledem mag man sich selbst ein Urteil bilden über die Fanfaronaden

Bezirksort Muansa am Victoria-Njansa (DOA)

des Berichterstatters für das Kolonialbudget, Mr. Archembaud: »Seitdem Deutschland Togo und Kamerun verlassen hat, haben wir Franzosen die Anzahl der Schulen verdoppelt (weil die deutschen Missionsschulen geschlossen wurden), den Sklavenhandel volllkommen beseitigt (es war nichts zu beseitigen, weil er nicht bestand, die Haussklaverei besteht fort). Während Deutschland eine große Anzahl von Regimentern (1867 Mann!) brauchte, um dort Ordnung aufrechtzuerhalten, haben wir Franzosen die beiden Senegalesenkompagnien aufgelöst, weil die Eingeborenen von Togo und Kamerun jetzt allein von eingeborenen Polizisten in Ordnung gehalten werden. Ist das nicht das größte Lob, das man dem französischen Frieden machen kann? (Nein, der französischen Spiegelfechterei: der Militäretat ist noch 50 Proz. zu hoch!) Wir haben dort nicht nur ein hervorragendes Werk der Zivilisation vollbracht (Sanitätsetat 50 Proz. zu gering!), sondern auch in bezug auf die Finanzlage eine ausgezeichnete Lage geschaffen (6,5 Mill. Ausgaben statt 32,5, d. h. Verzicht auf alles, was über notdürftige Aufrechterhaltung des *Scheins* einer Verwaltung hinausgeht). – Ich darf, weil es nötig ist, einige Zahlen anführen, da man selbst vor dem Völkerbund unsere zivilisatorische Arbeit kritisiert hat. (Dazu fordert das Budget geradezu heraus. Armer Völkerbund, der sich damit für befriedigt erklärte!): 30 Proz. der Einnahmen sind verwandt worden zur Ausführung weitsichtiger öffentlicher Arbeiten (ganze 2 Mill. Mark; 1914: ca. 16 Mill.), 20 Proz. zur Verbesserung sozialer Einrichtungen (? – *»créations, organisations, élévations«?*). Das Budget in Togo ist dreimal so groß wie das frühere deutsche (nun hört's aber auf: Arithmetik war doch bisher Frankreichs Stärke: jetzt 3,4 gegen früher 4,1 Mill. Goldmark!), obwohl wir nur zwei Drittel des ehemaligen Togo verwalten (stimmt!) und obwohl wir eine große Anzahl von Steuern aufgehoben haben, die die Eingeborenen aufreizten (das Gegenteil ist der Fall). Der Reservefonds für Togo, der unter deutscher Herrschaft nicht bestand (weil wir das Geld im Interesse des Landes anzulegen wußten), enthält heute 30 Mill. Fr. (das ist eine sehr engstirnige Thesaurierungspolitik. Warum verzinst Frankreich damit nicht 33 Mill. Mark Bahnanleihe, wie wir es taten!). Das genügt, um unser Protektorat über diese Gebiete zu rechtfertigen. Frankreich kann stolz sein auf die dort vollbrachten Taten.« Das ist wirklich eine edle Bescheidenheit, die Marianne sehr gut ansteht! Aber wie reimt sich zu all dieser Selbstzufriedenheit folgendes Bekenntnis, das in derselben Nummer der *»Afrique française«* steht?:

»In Kamerun ist die Lage besonders ernst. In gewissen Regionen ist fast die gesamte Bevölkerung von der Schlafkrankheit verseucht und die Krankheit macht trotz beständiger, oft von Erfolg gekrönter Anstrengungen, immer beängstigendere Fortschritte. Gegen Mitte des vergangenen Jahres wurden in Kamerun und Französisch-Westafrika 82 943 Schlafkranke gezählt. Da nur ein Teil der verseuchten Gebiete besucht werden konnte, so kann man ohne Übertreibung die annähernde Zahl der Kranken für diese beiden Gebiete auf 200 000 schätzen. Da die Gesamtbevölkerung 6 Millionen beträgt, so ergibt sich ein mittlerer Prozentsatz an Schlafkranken von 3 Proz.« Ist Frankreich wirklich seiner Aufgabe gewachsen, das Mandat zum Segen der eingeborenen Bevölkerung auszuüben? – Der Völkerbund hat das Wort!

VI. Südwestafrika unter Mandatsherrschaft

Der erste Lichtblick in der traurigen Wirtschaftslage nach dem Kriege war die Wiederaufnahme des Betriebes der Consolidated Diamonds Mines in Kolmanskop und die Gründung der Namaqua Diamonds Ltd. für die Felder nördlich Lüderitzbucht. Auch die Kupfermine Tsumeb hatte nicht schlecht abgeschnitten. Die Verschiffungen von Erzen waren zwar gegen das Jahr vom April 1921 bis März 1922 von 37 000 auf 32 000 Tonnen zurückgegangen, aber nur weil eine größere Menge verhüttet worden ist, so daß die Ausfuhren an Kupfer auf 4220 (2090) Tonnen und von Werkblei auf 690 (315) Tonnen gestiegen sind. Die Belegschaft zählt 150 Weiße und 3000 Eingeborene. Der alte Schacht ist bis zur 12. Sohle gesenkt und der neue, 150 Meter westlich niedergebrachte, auf 200 Meter bis zur 8. Sohle. Eine mächtige elektrische Zentrale mit 1200 Pferdestärken und eine neue imposante Aufbereitungsanlage sind angelegt. Aber die südwestafrikanische Wirtschaft baut sich nicht auf Diamanten und Kupfer, sondern auf Viehzucht auf, und die lag lange fast hoffnungslos darnieder. Nach dem Bericht der Windhuker Handelskammer schlossen die Preise für Schlachtochsen die Rentabilität aus. In Kapstadt und Johannesburg wurden nicht einmal die Frachtkosten erlöst. Die Folge waren Überstockung und Wassermangel, bis das einsetzende Viehsterben den Bestand verminderte. Erst ganz zuletzt, Anfang 1924, ist eine Erleichterung eingetreten.

Ganz besonders ist die Schafzucht zurückgegangen, die stark unter dem Diebstahl der Eingeborenen zu leiden hat. Dagegen ist dank der Energie der Hauptzüchter die Karakulzucht ein wertvoller Bestandteil der Viehzucht geworden. Es wurden vom 1. Januar 1921 bis zum 30. Juni 1922 4000 bis 4500 Fellchen im Werte von 10–30 Schilling ausgeführt. Von einer Straußenzucht kann nicht mehr die Rede sein, die Pferde- und Maultierzucht weicht dem Automobil.

1925 ist nach drei Jahren der Dürre eine Besserung eingetreten. Da Farmen billig zu haben sind, kann kapitalkräftigen deutschen Landwirten zur Übersiedelung nach SWA im Interesse der Stärkung des Deutschtums nur geraten werden. Seitdem sich die Farmwirtschaft auf Milchwirtschaft umgestellt hat und zahlreiche Molkereien gegründet sind, hat mancher Farmer eine erhebliche Monatseinnahme aus dem Butterverkauf.

So geht es im ganzen jetzt wieder vorwärts. Die Ausfuhr ist im ersten Halbjahr 1925 allerdings gegen 1924 gefallen: 1,24 gegen 1,44 Mill. Mark. Aber die Gesamtsumme des Jahres wird ein anderes Bild zeigen, weil der Aufschwung erst in der zweiten Hälfte 1925 einsetzte. Die Einfuhr ist dagegen sehr gestiegen: 0,90 gegen 0,80 Mill. £. Die Bauten des Hafens und der Fleischkühlhäuser in Walfischbucht schreiten so rüstig fort, daß man sie schon im September 1926 statt 1927 dem Verkehr übergeben zu können hofft, obwohl die Kaimauer 450 statt 300 m lang wird, so daß sie *drei* großen Schiffen Gelegenheit gibt, gleichzeitig anzulegen.

Die deutsche Rückwanderung findet eine Stütze an der deutschen South West Land Settlement Coy Ltd., unter der Leitung des verdienten Direktors August Stauch. Aber es kann auch an dieser Stelle nur wieder betont werden, daß Ansiedler,

Dorf der Wanjakjussa (Konde-Unterland, nördlich des Njassa, DOA)

die Farmen wollen, die nötigen Mittel mitbringen müssen: eine Zinslast frißt die Einnahmen auf.

Die erfreulichste Veränderung, die auf den Anfang des Jahres 1925 fiel, war der Ausgleich, der zwischen der Reichsregierung und der südafrikanischen Union zustande gekommen ist. Allein die Unionsregierung hatte von dem schamlosen Artikel des Versailler Vertrages, der die Ausweisung der Deutschen und die Liquidation ihres Vermögens zuläßt, keinen Gebrauch mehr gemacht, seitdem das Kriegsrecht aufgehört und die Union das Mandat übernommen hatte. So blieben 7800 Deutsche im Lande und Eigentum wurde fast gar nicht eingezogen. Dies war wohl eine Folge der zwischen Gouverneur Seitz und Louis Botha abgeschlossenen Kapitulation von Khorab, die die Unverletzlichkeit des Privateigentums garantierte. Aber die staatsrechtliche Stellung der Deutschen blieb völlig unklar, da Deutschland die Souveränität hatte aufgeben müssen, ohne daß ein Nachfolger da war. Die Union war ja nur »Mandatar«, also Beauftragte des Völkerbundes, während die Abtretung an die »alliierten und assoziierten Hauptmächte« erfolgt war. Dieser Schwebezustand war nicht gut haltbar, da nicht nur die Deutschen, sondern auch die bereits die Mehrheit bildenden Engländer und Buren für die wirtschaftliche Depression den Mangel jeglicher Selbstregierung verantwortlich machten. Eine Selbstregierung ohne Teilnahme der Deutschen war aber nicht denkbar.

Jetzt griff die Reichsregierung ein, indem sie zu persönlichen Verhandlungen mit Smuts bei seiner Anwesenheit in London 1924 überging. Sie erzielte keinen vollen, aber einen den Umständen nach befriedigenden Erfolg.

Deutschland verpflichtete sich, seinen Einfluß auf die Deutschen in Südwest auszuüben, damit sie das zur Teilnahme an der Selbstverwaltung erforderliche Unionsbürgerrecht annähmen. Aber sie behalten zugleich die deutsche Reichsangehörigkeit und sind für ein Menschenalter vom Zwange des Militärdienstes gegen das Deutsche Reich befreit. Die Folge ist volle rechtliche Gleichstellung mit dem Unionsbürger, also Aufhebung der Sonderstellung, die das

Versailler Diktat für ihre Person und ihr Eigentum vorschreibt. Als Ansiedler sollen Deutsche künftig willkommen sein und die Zusammenstellung von deutschen Kolonialgreueln in dem berüchtigten Blaubuch wird nicht mehr anerkannt, im Gegenteil äußerte sich Smuts durchaus anerkennend und schmeichelhaft über die deutsche Kolonialbeteiligung: »Die Deutschen, die sich zu verschiedenen Zeiten in verschiedenen Teilen der Union niedergelassen haben, bilden einen der wertvollsten Teile der südafrikanischen Bevölkerung. Ich bin sicher, daß die Deutschen in Südwestafrika, deren erfolgreiches und gewissenhaftes Wirken in dem Mandatsgebiet ich sehr hoch schätze, an der Aufrichtung einer dauerhaften europäischen Zivilisation auf dem afrikanischen Kontinent, die die hauptsächliche Aufgabe der Union ist, kräftig mitarbeiten werden.«

Am 18. bis 24. Januar 1925 fanden dann in Kap- stadt Verhandlungen zwischen Smuts und einer elfköpfigen Deputation der deutschen Bevölkerung von Südwestafrika statt, die ein Einverständnis erzielte. Der würdige Ton der deutschen Antwort ist besonders erfreulich. Sie betont insbesondere, daß die Deutschen nicht wünschten, als 5. Provinz der Union angegliedert zu werden, sondern daß sie hoffen, Südwestafrika würde eigenes Budgerecht und eigene Volksvertretung erhalten. Nachdem die Regierung von Smuts auf den General Hertzog übergegangen war, bereiste dieser das Mandatsgebiet und sagte den deutschen Ansiedlern viele freundliche Worte. In der Tat aber ging er nicht über die Smutsschen Anerbietungen hinaus. Bis zum 13. März 1925 konnten die Deutschen, die es ablehnten, Unionsbürger zu werden, ihren Widerspruch anmelden. Aber erfreulicherweise tat das nur eine ganz verschwindende Minderheit. Denn andere und höhere Ziele haben unsere deutschen Landsleute in Südwestafrika als den aussichtslosen Kampf gegen das Unabwendbare: es gilt das deutsche Volkstum – Sprache und Schule vornehmlich – zu retten. Und das können sie nur durch Teilnahme am politischen Leben. Smuts sagte ihnen einmal: er selbst habe nur deshalb Ministerpräsident der Union werden können, weil er, der geborene Bur, durch eine englische Schule gegangen sei; und er hoffe, daß einmal ein deutscher Junge aus Südwestafrika an seiner Stelle stehen möge. Das erscheint uns Realpolitik. Möge Smuts Wunsch sich erfüllen!

Die Teilnahme der Deutschen an der Regierung ist inzwischen zur Tat geworden. Zum Landesrat sind 7 Deutsche unter 12 zu wählenden Mitgliedern gewählt, und zwar in dem Bezirk Grootfontein, Kolmanskoppe, Lüderitzbucht, Okahandja, Omaruru, Swakopmund, Windhuk-Mitte: 2 Farmer, 1 städtischer Grundbesitzer, der Direktor der Kupfermine Tsumeb, 1 Arbeiter, 1 Rechtsanwalt, 1 Kaufmann. Das ist auch eine gesunde Zusammensetzung, abgesehen davon, daß die Farmer zu schwach vertreten sind. Wenn auch die Verfassung des Mandatsgebietes – im Gegensatz zu der des deutschen Schutzgebietes – dem Landesrat alle Beschlüsse in wichtigen Angelegenheiten vorenthält und sie dem Landpfleger (Administrator) zuweist, so ist doch in dem Albertus Johannes Werth, einem deutschblütigen nationalistischen Abgeordneten aus dem Lehrstande, dem Lande ein neuer Mann gegeben, zu dem man allgemein Vertrauen hat. Seine deutsch gehaltene Einführungsrede versprach den Deutschen Gerechtigkeit und Verständnis. Und wenn sie, die so oft und so viel mit schönen, aber leeren Worten Abgespeisten, diesmal ernstlich auf die Worte bauen, so ist das, bei ihrem erklärlichen Skeptizismus, ein guter Grund zur Hoffnung auch für uns.

VII. Deutsch-Ostafrika unter Mandatsherrschaft

Großbritannien erhielt als Mandatar etwa 95 Proz. des Bodens, aber nur 55 Proz. der Bevölkerung. Den Rest, die dichtbevölkerten Landschaften Urundi-Ruanda im Nordwesten erhielt Belgien. Sehr zu seinem Kummer blieb diesem Tabora, wo während des Krieges die belgische Flagge gehißt worden war, versagt und mußte es noch einen für die Fortführung der Cap-Cairo-Bahn benötigen Streifen seines Gewinnes abtreten. Die Engländer tauften ihren Anteil an Deutsch-Ostafrika in Tanganyika-Territory um.

Eine Gegenüberstellung von vier Zahlen zeigt mit erschreckender Deutlichkeit, was die Engländer, die »Meister auf kolonialpolitischem Gebiet«, in den ersten acht Jahren ihrer Mandatsherrschaft daraus gemacht haben. Der Gesamthandel betrug

Dorf in Unjika (Njassa, DOA)

1904	1,164,473 £	deutscher Aufstieg!
1913	4,445,471 £	
1920	3,755,612 £	britischer Abstieg!
1921	2,672,995 £	

Daran ändert sich auch nichts, wenn man 7 Mill. (Papiermark) des Gesamthandels von Urundi-Ruanda 1921, die übrigen 1922 um mehr als 60 Proz. zurückgegangen sind, mit 300 000 bzw. 120 000 £ hinzuzählt! Die folgenden vier Zahlen lassen den wichtigsten Grund des Zerfalls der Volkswirtschaft unseres dereinst so blühenden Schutzgebietes erkennen:

	Europäische Bevölkerung	davon Beamte	in Proz.
1913	5336	551	15,6
1924	2447	800	33

Dabei hat diese gegenüber der ehemaligen deutschen um 45 Proz. erhöhte Beamtenschaft nach der Überlassung von Ruanda-Urundi an die Belgier nur noch 54 Proz. der ehemaligen Bevölkerung zu regieren. Es kamen auf einen deutschen Beamten 10 Europäer und 138 506 Eingeborene, auf einen britischen Beamten drei Europäer und nur 50 181 Eingeborene!

Kein Wunder, daß alljährlich mit einem Defizit gearbeitet wurde, das betrug:

1919/20	436,415 £
1920/21	442,510 £
1921/22	793,190 £
1922/23	433,633 £
1923/24	457,533 £
1924/25	187,708 £

Die seit 1922 absteigende Summe zeigt indes, daß die Kolonie anfängt, wieder in geordnete Verhältnisse zu kommen: Die Einnahmen haben sich seit 1922 um 65 Proz. erhöht, namentlich auch die der Eisenbahnen, nachdem man die deutschen Gesellschaften 1924 fast entschädigungslos enteignet hatte. Ihre Einnahmen wuchsen seit 1921 um 115 Proz., so daß sie zurzeit mit Überschüssen arbeiten sollen. Aber noch 1923 war der Standpunkt der Entwicklung der Kolonie von 1913 nicht wieder erreicht. Die Einfuhr betrug 1923: 1,8, 1924: 2,1, die Ausfuhr 1,7 und 2,7 Mill. £. Die verkehrte Eingeborenenpolitik des ersten britischen Gouverneurs Sir Horace Byatt hatte die Arbeiternot verschärft, einzelne Eingeborene konnten sogar durch Aufkauf deutscher

Kaffeepflanzungen Plantagenbesitzer werden. Von dem versteigerten deutschen Besitz erwarben Engländer 1,107 (58 Proz.), Inder 0,266 (21 Proz.), sonstige 0,396 (Griechen 10 Proz., Goanesen 4 Proz.) Mill. *acres;* der Rest ist noch unverkauft. Seit dem Juni 1924 ist *»exenenies«,* also auch Deutschen die Rückkehr gestattet, seit dem 9. November 1924 auch der Landerwerb.

So befindet sich DOA zurzeit wieder in einem gewissen Aufschwunge. Für die allernächste Zeit wird die Bewilligung einer 10-Millionen-£-Anleihe erwartet. Seit der Abkehr des neuen Gouverneurs Sir Donald Cameron von der verfehlten Politik seines Vorgängers und besonders, seitdem der »Cecil Rhodes des Kenya« – Lord Delamere – sich für Tanganjika Territory interessiert, ist Schwung in die Sache gekommen. Sein an den Ansiedlungsmöglichkeiten des Henya-Hochlandes geschultes Auge hat erkannt, daß das beste Stück von DOA das Land nördlich des Njassa ist. Es soll, ehe Deutsche kommen, an Engländer »ausverkauft« werden. Deshalb will man nur die 60 000 *acres* abgeben, die bereits beantragt sind, den Rest aber erst, wenn das Land vermessen ist. Man schätzt den Wert des Landes so hoch ein, daß man auf die Reis- und Baumwollbahn Ngerengere (Zentralbahn) – Kidatu (Ruaha) – Kilombero – Pitu – Wiedhafen, deren Bau schon sicher schien, in letzter Stunde zugunsten der Kaffee-, Tee- und Ansiedlerbahn Dodoma (Zentralbahn) – Iringa – Langenburg (Njassa) verzichtet hat! Man kann Ansiedlern, die über etwa 50 000 Mark verfügen, durchaus raten, sich im Norden des Njassa als Kaffee- und Teepflanzer anzusiedeln. Die Sperrung wird voraussichtlich nur so lange dauern, bis die Bahnstrecke festgelegt ist. Das ist verständlich, denn es ist klar, daß eine vorherige Vergebung für den Fiskus eine Verschleuderung bedeuten würde.

Die Absatzmöglichkeiten sind durch die »Automobilisierung Afrikas« unter ganz neue Gesichtspunkte gerückt. Und im Kraftfahrwesen hat die englische Verwaltung wirklich etwas geleistet. Im Kriege spielte Geld keine Rolle, Zehntausende von Autos für Personen- und Lastenverkehr wurden in Betrieb gesetzt. Man fuhr »auf Deubel komm raus« und Tausende von Wracks in Busch und Steppe zeigen, welches Lehrgeld gezahlt wurde. Aber immerhin erwies sich das für unmöglich Gehaltene als möglich: die Barrabarra – die durch den Busch geschlagene Straße – war für Autoverkehr geeignet! Die Behelfsbrükken für 5-Tonnen-Wagen werden alljährlich erneuert, die Dauerbrücken tragen 10 Tonnen. Schon 1924 wurden 2455 miles als fahrbar für Autos angegeben, darunter eigentlich alle lebenswichtigen Verbindungen von Nord nach Süd und von Ost nach West.

Auch die Einteilung des Landes in Provinzen ist ein Fortschritt, den wir schon Anfang des Jahrhunderts hätten machen können. Die Nebenstellen sind zu Bezirksämtern gemacht und diese in elf Provinzen gegliedert. Das bietet viele Vorteile. Man kann nicht 24 oder 36 gleich tüchtige und gleich erfahrene Bezirksamtmänner haben, und es ist ungerecht, den einen Bezirk von einem Beamten mit zehnjähriger, den anderen von einem mit einjähriger Erfahrung verwalten zu lassen. Man kann aber annehmen, daß ein Viertel oder ein Fünftel der Bezirksbeamten Befähigung und Erfahrung genug haben, auch größere Teile – Provinzen – zu verwalten und junge Beamte anzulernen und zu beaufsichtigen. Die Bezirke lassen sich wirtschaftlich und politisch zwanglos zu größeren Einheiten – es brauchen nicht 11 zu sein – zusammenfassen. Sie kann man durch ältere Sekretäre und Assessoren sehr wohl verwalten lassen, wenn Wegebau, Selbstverwaltungsfonds, die zweite Instanz der Rechtsprechung und anderes mehr in einer Provinzialbehörde vereinigt sind. Zwei bis drei Dutzend selbständige Bezirke waren anderseits schließlich nicht mehr sachgemäß zu regieren: entweder man mußte in Daressalam schematisieren oder man ließ ihnen freie Hand und sie entwikkelten sich auseinander.

Die Ausfuhr belief sich 1925 auf 2,4 Mill. £, die Einfuhr auf 2,4, wozu Großbritannien 39, Indien 17, Deutschland 11 Proz. beitrugen. Angegeben werden 1924 folgende Ausfuhrwerte (in Mill. Mark, in Klammern die Zahlen von 1912):

Sisal	12,897	(7,359)
Häute und Felle	3,716	(2,917)
Baumwolle	7,474	(2,110)
Kopra	3,564	(1,563)
Erdnüsse	7,198	(1,273)
Wachs	0,893	(0,829)
Kaffee	7,050	(1,903)
Sesam	1,606	(0,524)
Reis	1,188	(0,197)

Massai-Weiber (Bezirk Moschi, DOA)

Die Eisenbahnen arbeiten jetzt angeblich mit Überschuß. Dagegen hat die Schlafkrankheit so überhand genommen, daß fast der ganze Südwesten für die Arbeiteranwerbung gesperrt werden mußte. Bekanntlich ist Prof. Dr. Kleine die Bekämpfung übertragen worden, dem bereits vielfach in der Praxis bewährten Schüler Robert Kochs.

Eine Legislative Assembly – Gesetzgebender Rat – soll noch in diesem Jahre (1926) gebildet werden, doch so, daß Deutsche ihm nicht angehören können, indem höchstens eine ganz kleine Zahl der Mitglieder gewählt, der Rest ernannt wird.

Scharfe Aufmerksamkeit verdienen die Anregungen, die ostafrikanischen Kolonien (Uganda, Kenya, Sansibar, eventuell auch Northern Rhodesia und Britisch Nyassaland) und das Mandatsgebiet zu einem Ganzen zusammenzulegen. Es wird rechtzeitig darauf hingewiesen werden müssen, daß eine solche Maßregel unzulässig ist. Deutschland hat jedenfalls ein hohes Interesse daran, daß die Rechtsform des Mandatsgebietes nicht beeinträchtigt wird durch eine Zusammenlegung mit britischen Gebieten, wodurch die Möglichkeit der Rückgabe an uns erschwert würde. Eine internationale Autorität, der berühmte Forscher Nordenskjöld, sagte vor kurzem: »Das frühere Deutsch-Ostafrika, das England jetzt als Mandatar des Völkerbundes verwaltet, gibt in gewissen Bezirken die Möglichkeit für eine beschränkte Einwanderung auch von Nordeuropäern, und mit seiner abwechslungsreichen Natur und seiner arbeitsfähigen Bevölkerung bietet dieses Gebiet ein reiches Feld für europäischen Unternehmungsgeist. Wieviel würde es doch für das neue Deutschland bedeuten, ein solches Gebiet für seine Tätigkeit zu besitzen! Die Möglichkeit, sich von eigenem Land wenigstens einen Teil der tropischen Rohstoffe für seine Industrie zu beschaffen, ist nur *ein* Gesichtspunkt; und die Gelegenheit, die Deutschland wieder zur Teilnahme an der tropischen Kolonisationsarbeit bekäme, wäre für alle Völker von Wert. Hierzu kommt, daß gerade Ostafrika für alle Deutschen einen ganz besonderen Pietätswert hat nach der glänzenden Verteidigung, die dort während des Krieges von General Lettow-Vorbeck und seiner Truppe geleistet worden ist. Für England wiederum, das so große Besitzungen in Afrika hat, kann dieses Gebiet keinen so hervorragenden Wert haben. Es wäre ganz gewiß von allergrößter Bedeutung für die Versöhnung der Völker sowohl als auch für die Lösung der praktischen Schwierigkeiten, die jetzt noch ein Hindernis für die im Völkerleben offenbar doch unentbehrliche Mitarbeit deutschen Wirkens jenseits der Meere bilden, wenn England in irgendeiner Form – und eine Form läßt sich ja, wenn man nur will, immer finden – Deutschland Gelegenheit geben wollte, seine Tätigkeit auf jenem Gebiete wieder in Freiheit aufzunehmen.«

VIII. Deutsch-Neuguinea unter Mandatsherrschaft

Das Neuguinea-Schutzgebiet umfaßt Kaiser-Wilhelms-Land nebst dem Bismarckarchipel, die hart südlich am Äquator gelegene Insel Nauru und die Inselgruppen nördlich des Äquators, Marianen, Karolinen und Marshallinseln. Das Land südlich des Äquators kam unter australisches, die Inseln nördlich unter japanisches Mandat. Nauru heimste Großbritannien ein.

a) Australisches Mandatsgebiet

Mit dem 9. Mai 1921, dem Datum des Übergangs der Verwaltung von der Militär- auf die Zivilbehörde, war die restlose Austreibung der letzten deutschen Pflanzer und Kaufleute und die Einziehung des gesamten privaten Eigentums durchgeführt. Dank der Tatkraft und Schaffensfreudigkeit des deutschen Elementes hatte sich noch während der Kriegsjahre das Inselgebiet in aufsteigender Linie bewegt. Jetzt trat der Rückgang ein. Am 18. Februar 1922 schrieb John A. Brailsford in der *Review of Reviews* (Melbourne): »Australien hat das deutsche Privateigentum in Neu-Guinea konfisziert und die Ansiedler mit ihren Familien gezwungen, das Land zu verlassen. Das soll durch den Wortlaut des Friedensvertrages gerechtfertigt sein. Meine Antwort ist, daß das nicht nur nach den Grundsätzen der Zivilisation unsittlich ist, sondern auch einen Bruch der Übergabebedingungen von 1914 bedeutet. Hier deren Wortlaut: ›Ich, Oberst William Holmes, erkläre, daß der Krieg nur gegen die bewaffnete Macht des Deutschen Reiches geführt wird, Leben und Eigentum der friedlichen Bewohner sollen geschützt werden.‹ Der Premierminister entschuldigte den Bruch dieser Zusicherung damit, daß der Oberst weder die Macht noch die Absicht hatte, die Übergabebedingungen über die Zeit der militärischen Besetzung hinaus auszudehnen, die mit dem Friedensvertrag automatisch ihr Ende fanden. Diese Behauptung verbirgt mehr von der Wahrheit, als sie offenbart: denn die Konfiskationsklausel war nicht zwingend, sondern nur eine Ermächtigung. Ja, will der Herr Ministerpräsident leugnen, daß im September 1920 wenigstens den kleinen Landbesitzern gegenüber die Zusicherung, daß sie ihr Eigentum behalten sollten, wiederholt wurde, und daß sich der Administrator, General Johnston, lebhaft für ihr Recht einsetzte? Will er leugnen, daß die Offiziere des Expeditionskorps vom höchsten bis zum niedrigsten ihren Widerwillen gegen den Wort- und Treubruch aussprachen? – Schweres Unrecht widerfuhr auch den Deutschen, die Grund hatten, die ihnen von der Enteignungsbehörde vorgelegte Abrechnung zu beanstanden. Man gestand ihnen aus ihren eigenen Mitteln nicht einmal genug zu, um sich einen Rechtsbeistand anzunehmen. Ja, wenn sie unbequem wurden, sperrte man ihnen kurzerhand die Unterhaltungsmittel! Ein bequemer Weg, seines Gegners ledig zu werden, indem man ihn vor die Wahl stellt, zu verhungern oder auf sein Recht zu verzichten!« Die Strafe folgte auf dem Fuße, denn mit dem Ersatz der fleißigen und sachkundigen deutschen Pflanzer durch ehemalige Soldaten aus Australien setzte jäh die wirtschaftliche Katastrophe ein. E. Mansfield-Hardy schrieb im *»Fairplay«* vom 6. April 1922: »Eine reiche Kolonie, deren volltragende Pflanzungen und blühende Geschäfte reichliche Erträgnisse brachten, ist in lächerlich (*absurdly*) kurzer Zeit bankrott geworden. Außerhalb der Hauptstadt spürt man keinen Pulsschlag des Lebens mehr. Das Land ist tot. Unter deutscher Herrschaft fanden die Eingeborenen Arbeit und Vergnügen, – eine glückselige Art von »Sklaverei«! Heute verweigern sie die Arbeit. Bitten und Bestechungen vermögen sie nicht zu bewegen, Arbeitskontrakte einzugehen unter unseren neuen Bedingungen. Alle haben nur den Wunsch, in ihre Dörfer zurückzukehren und die Pflanzungen können kaum die Hälfte der nötigen Arbeiter auftreiben. Überall liegen Kokosnüsse und verfaulen. Diese Abneigung gegen die Arbeit ist das schlimmste, was dem Lande widerfahren konnte. Es geht auf Leben und Tod! Denn von dem Eingeborenen und seiner Bereitwilligkeit, für uns zu arbeiten, hängt der ganze Wert unserer neuen Besitzung ab.«

Vor allen Dingen trägt dazu bei, daß das Prestige

der weißen Rasse verlorengegangen ist: Farbige wurden als Spione gegen Weiße benutzt, die vor ihren Augen eingekerkert wurden, sie sahen die neuen Herren betrunken durch die Straßen taumeln und sich prügeln; am schlimmsten aber waren die Eindrücke, die die Enteignung ihrer ehemaligen Herren auf sie machte. Der Eingeborene hat ein sehr gesundes Gefühl für das Eigentum. Deshalb wird auch z. B. Felddiebstahl nach seiner Sitte fast stets mit dem Tode bestraft. Auch die Weißen bestraften ihn streng, wenn er sich an ihrem Eigentum vergriff. Jetzt sieht er, daß die Männer, denen er 15, 20, ja 30 Jahre lang geholfen hat, in friedlicher Arbeit Pflanzungen aufzubauen, plötzlich von einer andren weißen Rasse von ihrem Eigentum vertrieben werden. Mit einem Male sollen diese Plantagen einem Herrn oder einer Gesellschaft gehören, die er niemals eine Nuß hat pflanzen sehen. Was soll er da denken? Sein Begriffsvermögen reicht nicht weiter als: diese Zivilisation, die man uns aufzwingt, ist nicht besser, sondern schlechter als unsere alten Stammesgewohnheiten; jedenfalls ist sie uns unverständlich. Und mit einem Gefühle, das etwa besagt: »die ganze Richtung paßt uns nicht«, kehrt er bestürzt und störrisch zu seinem Urwalddorf und seinen urwäldlichen Zuständen zurück.

Hinzu kommt seine Erkenntnis, daß an Stelle der deutschen Pflanzer, deren Sachkunde er staunend anerkannte, Neuankömmlinge getreten sind, die Kokosnüsse zum ersten Male in ihrem Leben an Palmen hängen sehen, sich ihren sachkundigen Arbeitern gegenüber Blößen über Blößen geben und alle Augenblicke neue Methoden einschlagen, die längst in der Praxis als unmöglich erkannt worden sind. Major A. V. Hayes, der als australischer Richter in Neu-Guinea gewirkt und das Land kreuz und quer bereist hat, beurteilt in den *»Canton Times«* die Neugestaltung der Dinge wie folgt:

»Es ist nun mehr als ein Jahr her, daß die Militärverwaltung durch die Zivilverwaltung ersetzt ist, aber ich muß zu meinem Bedauern sagen, daß das von den Mandatsmächten befolgte Verwaltungssystem alles andere als ideal ist. Die Deutschen waren dagegen ideale Herren, unerschütterlich, geradeaus, konsequent in der Strenge, aber vor allen Dingen gerecht; und diese Eigenschaft spricht besonders zu den Herzen der Eingeborenen« (*unemotional, aloof, strict to the point of severity, – but above all things just, and this quality appeals in particular to the natives*).

Die Empörung über die Entwicklung der Dinge in Australien ist allgemein. Hier nur zwei Zeugnisse:

»Australische Schandwirtschaft« (aus: *Stead's Review of Reviews*, Melbourne 27. 7. 1921):

»Mit raffinierter Grausamkeit wurden die deutschen Pflanzer ihres Eigentums beraubt und dann vertrieben. Die Pflanzungen wurden *»returned soldiers«* in Verwaltung gegeben, denen jede Erfahrung fehlte. Es geht so schnell abwärts, daß innerhalb weniger Jahre die Katastrophe erwartet wird ..«

Sodann der *»Sidnay Daily Telegraph«* vom 12. Dezember 1921:

»Die Reise durch das Mandatsgebiet Neu-Guinea hinterläßt ein erschütterndes Bild der Verwahrlosung des einst so blühenden Landes und der moralischen Verkommenheit der jetzigen Beamten. Chaotische Zustände, Unerfahrenheit und schlechte Sitten herrschen unter den heutigen Angestellten. In Nabaul bekommt man Dinge zu Gesicht, die empörend sind. Das von den Beamten und Angestellten geführte Leben macht sie zu jeder Arbeit untauglich. Große Summen werden notwendig sein, um alles wieder auf die von den Deutschen erreichte Höhe zu bringen. Der wirtschaftliche und finanzielle Zusammenbruch naht mit Riesenschritten. Die Eingeborenen sind jetzt frech, ungehorsam, faul und diebisch, die australischen Verwaltungsorgane trinken, faulenzen und verprassen die öffentlichen Gelder.«

Wahrhaftig glänzende Zeugnisse *»for the change from German to Australian control!«*

Der Skandal war so groß, daß schließlich eine Parlamentskommission nach Neu-Guinea ging, um den Tatbestand festzustellen. Ein Mitglied des Parlaments des *Commonwealth of Australia*, F. M. Forde, hat in den Nummern der *»Sidney Evening News«* vom 10. bis 15. Oktober 1923 seine Wahrnehmungen veröffentlicht. Er unterläßt es dabei absichtlich, die Verhältnisse unter der deutschen Herrschaft zum Vergleiche heranzuziehen, ja bemüht sich, die Fehlschläge der australischen Schandwirtschaft zu entschuldigen mit der Bemerkung, daß es natürlich in der kurzen Zeit unmöglich war, eine *»very efficient organisation«*

aufzubauen, wie es den Deutschen in 30 Jahren gelungen war, und daß dieselbe *»disorganisation«* den Deutschen, Franzosen, Japanern – die Engländer verschweigt er rücksichtsvoll – untergelaufen wäre, wenn sie ein neues Land hätten übernehmen müssen. Man muß dabei berücksichtigen, daß das ehrenwerte M. P. politische Gesichtspunkte im Auge hat, nicht aber die Feststellung der reinen Wahrheit, wie der durch seinen richterlichen Beruf dazu erzogene Major Hayes. Dennoch sprechen die erschütternden Feststellungen Fordes so für sich selbst, daß wir sie hier ohne Kommentar – auszugsweise – wiedergeben können.

»Zwei große Regierungsbehörden verwalten das Gebiet, die eigentliche Verwaltung unter General Wisdom mit etwa 180 Bamten[1]) – zu deutscher Zeit 84 – und das Enteignungsamt unter Captain F. J. Jolly mit 300 Beamten; es handelt sich um 259 deutsche Besitzungen mit 294 730 *acres,* von denen 119 386 mit Kokospalmen bepflanzt sind. Im Anfang war die Verwaltung schwer belastet dadurch, daß Australien dorthin manche höchst ungeeigneten Kräfte abschob, ausgesucht von Politikern und einflußreichen Freunden und Verwandten. Einige davon sind noch da, aber glücklicherweise nicht viele. Dem Enteignungsamt glückte es, 14 des Mißbrauchs amtlicher Mittel und unehrenhafter Handlungen zu überführen. In Australien würde niemand, der wegen Unterschlagung gesessen hat, den Posten eines Polizeibeamten erhalten können, aber das galt nicht für die Kolonie. Ein Mann, der in Australien zwei Jahre wegen Unterschlagung gesessen hat, wurde hingeschickt, um den hohen und ehrenvollen Posten eines Polizeioffiziers und Bezirksamtmannes auszufüllen. Es war nichts Ungewöhnliches, daß ein ehemaliger Barbier oder Grobschmied, der es zum Offizier in der Armee gebracht hatte, einen Oberbeamtenposten erhielt, für den er natürlich gänzlich ungeeignet war. Wenn man behauptet, daß die Beamten völlig aufs Geratewohl ausgewählt wurden, drückt man sich noch sehr vorsichtig aus. Von dem erwähnten Beamten z. B. wußte es nicht nur jedermann im Bezirk, sondern auch die Vorgesetzten und die Aufsichtsbehörden in Melbourne, daß er zwei Jahre gesessen und nun die Macht hatte, andere zu derselben Freiheitsstrafe zu verurteilen! Von einem anderen Bezirksbeamten und Richter erfuhr ich, daß er seine Polizisten mißbrauchte, Paradiesvögel schießen zu lassen. Der Erlös ging in seine Tasche. Und dabei war die Jagd auf diese Vögel verboten!

1) 1924 war die Zahl der Beamten auf 204 angewachsen.

Urwald in Usambara (DOA)

Die Pflanzungen, die ich sah, waren, das muß ich zugeben, in sehr guter Verfassung[1]). So war es in Rabaul, Neu-Irland (= Neu-Mecklenburg), Kaevieng und zahlreichen anderen Inseln. Es wurde zugegeben, daß einige Pflanzungen im Bainingbezirk infolge von Arbeitermangel nicht

1) Später wird ausführlich geschildert, wie die Angestellten und Pflanzer aus Angst um ihre Existenz alles Ungünstige verschwiegen und verheimlichten.

in so guter Verfassung waren. Wenn man berücksichtigt, daß unerfahrene Leute die Pflanzungen von sehr erfahrenen deutschen Pflanzern übernahmen, muß das entstandene Nichtfunktionieren und das Chaos als unvermeidlich anerkannt werden. (!) Nachher aber erfuhr ich, daß die Parlamentskommission nur die guten und nicht die schlechten Pflanzungen zu sehen bekommen hatte und daß eine fliegende Kolonne von 100 Arbeitern eifrig tätig war, die Pflanzungen in Ordnung zu bringen, die wir besichtigen wollten. Mir war die Pflanzung Raniolo im Kokopobezirk als eine der vernachlässigsten genannt worden, und so ließ ich mir, zwei Stunden, ehe unser Schiff heimwärts Anker aufnahm, wenigstens dic letzten Berichte geben. Unter dem 30. Juni 1923 hatte der Verwalter geschrieben: › Wenn ich nicht die Weisung erhalten hätte: Machen Sie Kopra, so viel Sie können, würde ich die Kopra schneiden lassen und ein paar Monate die Pflanzung reinigen ... Die Gebäude sind im Verfall. Das Dach leckt, durch den Fußboden bin ich zweimal durchgefallen. Die Gefahr eines Unfalles mit strafrechtlicher Verantwortlichkeit besteht andauernd ... ‹Ich fragte meinen Vertrauensmann, warum er mich nicht bei meiner Ankunft auf diese Zustände aufmerksam gemacht hätte. Er antwortete, daß er nicht hätte an mich herankommen können, da wir stets von den Verwaltungschefs umgeben gewesen seien.

Bis ich nach Neuguinea kam, war ich des Glaubens, daß die Regierung jedes zivilisierten Gemeinwesens seine Krankenhäuser dem Publikum für einen erschwinglichen Preis und den Armen unentgeltlich zugänglich macht. So ist es aber nicht in Neuguinea. Der Preis beträgt 42 Mark (2,2 £) je Tag; von Sonnabendabend bis Montag früh hatte ein ehemaliger Soldat 3,8 £ (68 Mark) und für jeden ärztlichen Besuch außerdem eine Guinee (1,1 £) zu bezahlen.Entbindungen kosten 1,1 £ je Tag, wozu die ärztliche Behandlung mit 10,10 £ (210 Mark) bis 20 Guineen (420 Mark) kommt. Ist es ein Wunder, daß so wenig Kinder in der Kolonie geboren werden? Diese Gebühren erhält die Verwaltung. Dabei war es höchst vergnüglich (?), von einer Dame in Rabaul zu hören, daß von den beiden Ärzten der eine unerfahren und der andere Spezialist nur für D.T. (*Delirium tremens*!) und Fieber war. »Mehr jedoch für ersteres.« Für Eingeborene werden 2 Schilling je Tag in den Krankenhäusern bezahlt. Überall sieht man Eingeborene mit Hautkrankheiten und anderen Leiden. Wenn auch manches geschehen ist in wirksamer Organisation, die öffentliche Gesundheitspflege aufzubauen, so ist doch kaum der Anfang gemacht. Wenn wirklich den Seuchen Einhalt getan und die Mortalität herabgemindert werden soll, muß (nur?) zweimal so viel Geld für die öffentliche Gesundheit ausgegeben werden. Die eingeborenen Heilgehilfen, welche in den Dörfern gute Dienste tun, hatten seit sechs Monaten keine Medikamente mehr erhalten. Es darf künftig nicht mehr möglich sein, daß man hautkranke Eingeborene Kopra schneiden sieht, aus der Seife hergestellt werden soll.«

Die von unseren Landsleuten vor – und aufgrund der trügerischen Versicherung, daß sie im Besitze der Früchte ihrer Arbeit bleiben sollten – im und nach dem Kriege gepflanzten Kokospalmen sind zum Ertrage gediehen, so daß sich die Kopraausfuhr verdreifacht hat. Die Ausfuhr betrug (in Tonnen):

	1912	1923/24
Kopra	4000	35 000
Schildpatt u. Muscheln	320	333
Stein- und Elfenbeinnüsse	118	16
Kakao	74	70
Gesamtausfuhr (in 1000 £)	252	718

Die Einfuhr betrug 1912: 295, 1923/24: 486 000 £.

Die in Sydney erscheinenden *»Evening News«* schreiben am 25. Februar 1925: »Unser Berichterstatter Mr. E. O'Loughlin hat soeben das Mandatsgebiet besucht und Fühlung genommen mit Händlern, Arbeiteranwerbern, Missionaren, Beamten und Pflanzungsbesitzern. Seine ungemein reichen Informationen bestätigen keineswegs den günstigen Stand der Dinge, welchen die Beamten der Welt glauben machen wollen.

Rabaul ist eine geschäftige Stadt, entzückend gelegen an einem schönen Hafen, und die Straßen sind reizend beschattet von schlanken Bäumen. Die Bureaus der Verwaltung atmen den tiefen Frieden der Tropen und man schmachtet in der drückenden Luft nach einer Flasche Lagerbier in der chinesischen Kneipe, bis die weißgekleideten, zufrieden aussehenden Herren zum Klub oder zu ihren Bungalows ziehen.

Fragt man: ›Wer sind das?‹ so erhält man die unvermeidliche Antwort: ›Natürlich Beamte‹, und wenn es Abend ist, scheint die ganze Stadt mit Beamten angefüllt zu sein.

Und so ist es. Überall Beamte! Von 400 Europäern in Rabaul sind 300 Staatsdiener. – Zur deutschen Zeit waren es von 482 ganze 72! – Kein Wunder, daß der Sachverständige aus Britisch-Ostafrika, Oberst Ainsworth, nach seiner neulichen Studienreise bemerkte, daß von allem sein Erstaunen am meisten die ungeheure Zahl weißer Beamte aller Grade erregte: ›Sie stellen eine schwere und ernste Belastung dar, die über die Leistungsfähigkeit des Mandatsgebiets unverhältnismäßig hinausgeht.‹

Sobald der Dampfer aus Sydney eintrifft, kommen weißgekleidete Zollbeamte in glänzender und höflicher Laune an Bord. Dann klettern weißgekleidete Gestalten das Fallreep hinab, Beamte, die vom Urlaub aus Australien zurückkehren, um wieder unter ihresgleichen unterzutauchen.

Gouverneur ist General Wisdom, der sich vor dem Kriege mit den Alkoholgesetzen in Westaustralien befaßte, und sein Heim auf einem Hügel über Rabaul ist eine Sehenswürdigkeit.

Bei besonderen Gelegenheiten, wie beim Besuch des Generalgouverneurs, legt er seine Kriegsbemalung an und führt die Ehrengäste spazieren. Alles ist dann tipptopp. Dann erweist sich auch manchmal eine Besichtigung des Mandatsgebietes als unvermeidlich. Das Regierungsboot ›Franklin‹ wird klargemacht und die Fahrt des Generals mit seinem Gefolge geht an der Küste entlang, wobei man hier und da eine Spritztour macht oder in einsamen Flüssen Krokodile und Haie angelt, aber nicht eindringt in das Herrschaftsgebiet der Wilden, wo die Gefahr lauert. Die Kosten aber, die der Steuerzahler zu begleichen hat, betragen 100 £ täglich.

Als der Schreiber diese seine Erkundungsreise durch das Mandatsgebiet machte, traf er mit dem General in einem Hafen zusammen, der ihn aber schon wieder in derselben Nacht verließ. ›Der hat einen feinen Posten‹, bemerkte der Verwalter der dortigen Pflanzung. ›Es ist höchste Zeit, daß die Hälfte der Beamtenschaft abgeschoben wird.‹ Das ist eine allgemeine Klage: zuviel Beamte und zuviel Regiererei. Und die Feindschaft zwischen Verwaltungs- und Enteignungsbehörde fördert die Geschäfte nicht. Gegenseitig machen sie sich Schwierigkeiten, und die sonst allmächtige Verwaltung ist nicht stark genug, der anderen Behörde ihren Willen aufzuzwingen. Die Direktoren der Enteignungsbehörde gehen schmunzelnd ihren eigenen Weg, eine Masse Geld ausgebend und die Kosten so in die Höhe treibend, daß man sich wundern muß, daß die australische Regierung sich nicht bemüßigt fühlt, einzuschreiten. Der Enteignungsbehörde läuft erheblich mehr Geld durch die Finger als der Verwaltung: Pflanzungen, die vor dem Waffenstillstand auf 4 Mill. £ bewertet wurden, geben einer meist gänzlich kenntnislosen Beamtenschaft einen gewissen Spielraum bei der Wirtschaft – oder Mißwirtschaft.

Eingeborener, sein Hirsefeld bewachend (DOA)

Natürlich ist solch eine Behörde sehr mächtig. Der Direktor, Mr. Lucas, läßt sich selten im Mandatsgebiet blicken. Tatsächlich war er seit 1920, dem Jahre seiner Ernennung, 13 Monate im Lande. Er bezieht 1350 £ im Jahr nebst 30 s täglich Reiseentschädigung und hat seinen Aufenthalt in Melbourne, wo er die Regierung berät, wenn der Völkerbund gelegentlich Auskunft verlangt.« – NB. Er ist Teilhaber der im Mandatsgebiet herrschenden Monopolfirma Burns Philp. – »Jedenfalls nimmt man im Mandatsgebiet an, daß er das Melbourner Klima für zuträglicher hält als das Rabauler. Daß dem so ist, kann nicht bezweifelt werden. Aber für das Verantwortlichkeitsgefühl von M. Lucas ist diese Mutmaßung nicht gerade schmeichelhaft. Immerhin ist es befremdlich und störend für die Geschäfte, daß Mr. Lucas sich so selten im Mandatsgebiet aufhält. Seine Mitdirektoren Mr. Jolly und Mr. Judd machen die Arbeit und scheinen ihren Chef nicht zu vermissen. Der große Mann ist Mr. Jolly, allmächtig und ein Napoleon in seiner Art. Mr. Judd, in dunkler Stellung vor dem Kriege, ist nun eine Person von Wichtigkeit im Mandatsgebiet. Diese Behörde hat 360 Pflanzungen zu betreuen, und seit den wütenden Angriffen der letzten Jahre haben sich die Angriffspunkte beträchtlich vermehrt. Aber seine selbstherrliche Gewalt und die Vertuschungspolitik enthalten der Öffentlichkeit den Blick auf die dunklen Punkte in der Verwaltung vor. Journalisten werden schief angesehen, und da Zeitungen im Mandatsgebiet nicht erscheinen, finden die Unzufriedenheit der Händler und der Unmut der Pflanzer keinen Ausdruck. Die Behörde hat eine so starke Stellung und die Verwaltung ist so gefürchtet, daß die Leute Angst haben, sich zu beschweren. Erst kürzlich wieder kam eine Unterschlagung vor. Aber obwohl der Schuldige bestraft wurde, wurde die Sache wieder einmal vor den Steuerzahlern totgeschwiegen. Die allgemeine Ansicht ist, daß die Pflanzungen veräußert werden sollten, selbst auf die Gefahr hin, daß sie großen Gesellschaften, wie Burns Philp. und Levers, anheimfielen. Immerhin würde damit der Weg geöffnet für die Abreise der Enteignungsbehörde mit ihrem Heer von Angestellten.«

Soweit die australische Zeitung. Das einzig richtige Mittel wäre, die deutschen Vorbesitzer mit ihrem Fleiß und ihrer Sachkenntnis wieder einzusetzen. Aber Australien läßt ja Deutsche noch nicht einmal wieder in Australien zu!

b) Japanisches Mandatsgebiet

Das japanische Mandat umfaßt die Mariannen-, Karolinen- und die Marshallinseln ohne Nauru, also die nördlich des Äquators gelegenen Südseebesitzungen Deutschlands: 2158 qkm. Seit 1917 besteht Zivilverwaltung, die dem »Südseebüro« untersteht. Die Verwaltung erfordert Zuschüsse, die 1921 3,3, 1923 3, 1924 2,9 Mill. Yen betrugen. In diesem Jahre stehen 1,7 Mill. Einnahmen 4,6 Mill. Ausgaben gegenüber. Dabei dient ein Hauptposten von mehr als 1 Mill. Yen der »Anregung von Schiffahrt, Industrie usw.«, d. h. wohl der japanischen Ansiedlung. Schon 1920 machten die Japaner mit 3671 Köpfen 8 v. H. der Gesamtbevölkerung aus, jetzt sind es 5038 Köpfe! Von ihnen sind 2178 Männer und 677 Frauen beim Zuckerrohrbau beschäftigt, zu mehr als einem Drittel als Pächter. Die Kopfsteuer, die von männlichen Bewohnern über 16 Jahre erhoben wird, ist von 20 auf 5–50 Yen umgewandelt worden. An 17 öffentlichen Schulen erziehen 48 Lehrer 2632 Eingeborenenkinder zu Japanern. Für 226 japanische Kinder sind 3 Schulen mit 9 Lehrkräften vorhanden.

Den Handel beherrscht Japan.

Einfuhr (in 1000 Yen)	1919	1920	1921	1922	1923
Reis	195	204	156	196	301
Sonstige Nahrungsmittel	89	56	30	182	231
Papier, Bücher usw..	11	8	6	24	33
Bekleidungsgegenstände	147	164	120	192	404
Werkzeuge, Maschinen	35	25	15	132	276
Bauholz	69	50	34	142	103
Gesamteinfuhr	1080	972	690	1831	2454

Ausfuhr (in 1000 Yen)					
Phosphat	1419	1039	1477	1019	1049
Kopra	795	582	555	562	767
Zucker	18	202	136	71	376
Muscheln	76	16	24	4	75
Gesamtausfuhr	2177	2179	2111	1769	2344

Die Dampfschiffahrt wird von 2 japanischen Reedereien mit 9 Dampfern von 13 000 RG. betrieben und erhält 875 000 Yen Zuschüsse.

Zur deutschen Zeit waren 459 Europäer und 77 Japaner anwesend. Jetzt sind es 59 Europäer und 5038 Japaner. Australien hat also gegen die eingebildete deutsche die reale gelbe Gefahr eingetauscht!

c) Nauru

Das »Geschäft«, das England mit seinen australischen und neuseeländischen Trabanten abschloß, indem es sich und Australien je 42, Neuseeland 16 Proz. der abgebauten Phosphate sicherte, hat

Professor Mendelsohn-Bartholdy im Februarheft 1921 der *»Deutschen Nation«* gebührend beleuchtet. Dort kann man auch nachlesen, was anständige Engländer aller politischen Parteien darüber dachten. »Wegen des ungeheuren Wertes der Phosphate, weil die Ertragsfähigkeit unseres Erdteils in Zukunft vollständig von einem solchen Düngemittel abhängt, traf ich Maßnahmen, die australische Flagge sofort auf Nauru zu hissen«, hat der damalige australische Marineminister W. H. Kelly bekannt, nicht aber, »um die Eingeborenen von ihren deutschen Zwingherren zu befreien«. Daß das Geschäft sich gelohnt hat, geht daraus hervor, daß die Ausfuhr 1913: 132 000 Tonnen, 1924: 281 000 Tonnen betrug.

Man konnte ohne Anlagekapital arbeiten, da die mustergültigen deutschen Förderungs- und Verladungsanlagen »kostenlos übernommen« werden konnten.

Die Einnahmen und die Ausgaben stellten sich auf 1000 £:

	1916/17	1917/18	1918/19	1919/20	1920/21	1921/22
Einn.	8,4	9,5	8,6	6,8	10,6	9,5
Ausg.	5,9	16,5	5,0	4,7	4,8	11,8

Die Mandatskommission des Völkerbundes hat im August 1922 sich mit der Naurufrage befaßt und die resoluten Vertreter Australiens und Neuseelands ins Verhör genommen. Mit Recht schien es dem Vorsitzenden der Kommission, dem Marchese Theodoli, daß das Mandat nicht, wie Artikel 22 der Völkerbundsatzung vorschreibt, »allein zum Wohle der eingeborenen Bevölkerung« ausgeübt wird, und daß das Monopol der drei ungetreuen Verwalter dem Grundsatz widerspricht, daß ein Mandatar keinen Vorteil aus seinem Mandat ziehen soll und daß auf jeden Fall ein etwaiger Nutzen dem ganzen Völkerbunde zugute kommen solle. Denn das war der einzige Grund, daß der Wert der deutschen Schutzgebiete nicht auf die finanziellen Verpflichtungen des Friedensvertrages angerechnet wurde! Und was die Farbigen anbelangt, so sind jedenfalls die chinesischen Kulis schlimmer daran, als es zur deutschen Zeit die Kanaker waren, denn »schlecht genährt, übel in Baracken untergebracht, in denen sie des Nachts eingeschlossen werden, unterliegen sie in großer Zahl der Schwindsucht. Sie sind zu Sklaven gemacht, um möglichst hohen Profit für die Phosphatindustrie herauszuholen«[1]). Unter den Eingeborenen sind 24 Proz. mit Aussatz behaftet, einer Krankheit, die zu deutscher Zeit im Lande unbekannt war. Auch stellte sich heraus, daß die drei musterhaften Vormünder das Mandat und die Ausnützung der Bodenschätze durch dieselben Personen ausüben lassen, die noch dazu ihren Wohnsitz in London, Neuseeland und Australien hatten!

1) H. van Kol: *Les Mandats coloniaux* II. Genf 1923.

IX. Samoa

Das ehemalige deutsche Schutzgebiet steht als *Territory of Western Samoa* unter neuseeländischem Mandat. Der dem Völkerbund im Mai 1922 vorgelegte Mandatsbericht ist nicht zugänglich, so daß die im zweiten Bericht gerühmten »Verbesserungen« nicht nachgeprüft werden konnten.

1913 waren in Samoa 50 000 ha (= 125 000 *acres*) in europäischen Händen. Davon waren bereits 11 000 ha (= 27 000 *acres*) bebaut und von diesen 6000 ha (= 15 000 *acres*) ertragsfähig. Von den 13 Mill. Bäumen, die darauf standen, waren 400 000 Kokospalmen und 600 000 Kakaobäume tragend, während 500 000 Kakaobäume dem Ertrag entgegenreiften. Die Ausfuhr hatte 1912 11 200 Tonnen Kopra und 734 Tonnen Kakao betragen. Inzwischen sind die damals gepflanzten Bäume tragend geworden. 1924/25 hat sich die Kopraausfuhr nur auf 13 200 Tonnen gehoben. Da die von uns bis 1913 gepflanzten, damals noch nicht tragenden 150 000 Palmen jetzt volltragend sein müssen, hätte bei pfleglicher Entwicklung die Ausfuhr auf 15 000 Tonnen anwachsen müssen, selbst wenn seit 1913 keine einzige Nuß mehr ausgelegt worden wäre.

An *Kakao* sind 1006 Tonnen ausgeführt. Hier ist das Ergebnis ebenso unbefriedigend: Zu deutscher Zeit brachten 636 702 Bäume 734 Tonnen, zu neuseeländischer Zeit bringen 1 162 400 Bäume 1006 Tonnen! Das Ergebnis hätte 1300 Tonnen sein müssen, wenn man sich auch nur darauf beschränkt, die Früchte von unserer Hände Arbeit zu pflücken und selbst nichts zu pflanzen! Wir würden der Mandatsregierung raten, ihre deutschfeindliche Politik aufzugeben und Deutschen es nicht länger zu verwehren, wie sie es

Malagarassifälle (Tanganjika, DOA)

acht Jahre nach dem »Frieden« immer noch tun, als selbständige Pflanzer und Geschäftsleute tätig zu sein: dann würde die schöne Insel wohl schnell aus dem Dornröschenschlaf, in den man sie künstlich versetzt zu haben scheint, erwachen!

Der Außenhandelswert betrug in 1000 £:

	Einfuhr	Ausfuhr	Gesamt
1912	249,7	252,3	592,0
1921	408,9	241,5	650,5
1922	282,9	365,6	648,5
1923	268,9	268,8	557,7
1924	274,8	361,4	636,2

Von der Einfuhr stammten (1924) 9,2 Proz. aus England, 31,8 aus Neuseeland, 36,2 aus Australien, 15,5 aus den Vereinigten Staaten.

Die Einnahmen des Mandatsgebietes sind gegen das Vorjahr von 133 917 auf 130 914 £ gesunken (1914: 63 500 £). Durch Einführung einer »Medizinaltaxe« von 1£ je Kopf wuchs die Steuerlast der Eingeborenen von 9899 auf 17 219 £, das heißt auf rund 10 Reichsmark je Kopf (einschließlich der Kinder)! Dafür sind die Einnahmen aus Gebühren (Gericht, Krankenhäuser) von 10 969 auf 7247 £ und der Zuschuß der Mandatsmacht von 24 000 auf 19 140 £ gefallen. Wieviel von den Ausgaben auf den Unterhalt der zahlreichen Beamtenschaft entfällt, ist mangels einer Angabe der Höhe der Gehälter und einer Trennung nach persönlichen und sachlichen Ausgaben nicht zu erkennen. Sie betrug zu deutscher Zeit 40, zu neuseeländischer 130, so daß auf einen deutschen Beamten 13–14 Weiße und 803 Eingeborene, auf einen neuseeländischen 16 Weiße, aber nur 254 Eingeborene entfallen. Die Eingeborenen sollen für 18 170 £ direkte Leistungen direkte Wohltaten im Betrage von 32 000 £ beziehen. Darunter befinden sich 3572 £ Gehälter an Europäer, ferner die Eingeborenenzeitung, das Eingeborenenparlament, Kleidung und Beköstigung der Eingeborenenpolizei und sogar 126 £ für Halsbänder von Eingeborenenhunden!

X. Kiautschou

Japan hatte in seinem Ultimatum die spätere Rückgabe des Pachtgebietes an China in Aussicht gestellt. Wider aller Welt Erwarten hat es dies Versprechen ausgeführt. Allerdings war der andauernde Druck Englands und der Vereinigten

Staaten dazu nötig, daß Japan aufgrund der Konferenz in Washington 1921/22 mit China wegen der Rückgabe in Verbindung trat. Am 10. Dezember 1922 wurde dann auf dem Gouvernementsgebäude in Tsingtau unter Salutschüssen das Sonnenbanner eingeholt und die chinesische Flagge gehißt. Allerdings hatte Japan in den acht Jahren seiner Herrschaft verstanden, durch Erwerb der meisten und besten Grundstücke sich für immer die wirtschaftliche Vorherrschaft zu sichern; zudem bedang es sich und seinen Staatsbürgern wertvolle Vorrechte aus. Welche unglaublichen Zustände im Pachtgebiet unter japanischer und chinesischer Herrschaft im Gegensatz zu dem Landfrieden zu deutscher Zeit herrschten, schildert folgender Bericht:

»Während der japanischen Besetzung wurde die Räuberplage immer schlimmer. Die Chinesen wurden systematisch ausgeplündert, und zwar waren die Japaner die Anführer und Mithelfer der Hunghusen, wie die Räuber heißen. Leider bekannte sich auch mancher der Räuber, die meistens aus der Mandschurei und der Tschiliprovinz stammen, als Christ. Die Räuber kamen sogar in Vorkampf's Kirche (ein deutscher Missionar, dem die Japaner die Rückkehr gestattet hatten), hörten andächtig zu und sangen aus dem Gesangbuch mit, das ihnen gereicht wurde. Kurz vor der Übergabe der Stadt an die Chinesen erreichte die Räuberplage ihren Höhepunkt. Scharen von Banditen wanderten bis an die Zähne bewaffnet durch Tsingtaus Straßen – von japanischen Gendarmen beaufsichtigt. ›Chinesische Offiziere‹, schreibt der Missionar, ›erzählten mir lachend in der Bahn, das Ganze sei ein bekannter Theatercoup, gegen den sie schon ihre Maßregeln ergreifen würden. Zunächst wurde der Zweck erreicht: Die Bewohner flohen in kopfloser Hast und alle meine Ermahnungen in der Predigt hatten wenig Erfolg. Man wollte offenbar dadurch eine Verzögerung in dem Abzug der japanischen Garnison herbeiführen. Ein chinesischer Bankdirektor, ein Christ, wurde nachts aus dem Bette geholt und verschleppt. Nun griff die neue chinesische Regierung in echt asiatischer Manier ein. Verhandlungen mit den Räuberanführern wurden von ihr angeknüpft, eine große Anzahl von Hunghusen wurde in die Soldatenjacke gesteckt, den übrigen gab man ein gutes Handgeld, entließ sie, griff sie in kleineren Trupps wieder auf, nahm ihnen das Geld ab und sandte die Kerle gebunden nach Tsianfu, der Provinzialhauptstadt, zur weiteren Veranlassung.‹«

»Tsingtaus Steine reden.«

Die stumme eindringliche Sprache, die der heute längst in Selbstverständlichkeit und Kolonialgröße wachsende Hafen Tsingtau zum Besucher spricht, wirkt von Jahr zu Jahr stärker. Die Patina der Überseegründungen der großen europäischen Kolonialzeit wird nicht so leicht auf Tsingtau fallen, denn diese Stadt ist ein helles, ganz modernes Wesen mit Luft und Licht, mit breiten Straßen und einem grünen Waldgürtel, mit lachenden roten Dächern, dem einzigen Komplex dieser Art in ganz Ostasien, und mit weißen, leuchtenden Fronten, die in dem Besucher, wenn er von der Seeseite kommt, sofort etwas wie leichte freudige Erregung wecken.

Dieses Tsingtau ist eine schöne Stadt geworden. Der Natur ist hier die deutsche Schöpfung in einer klaren Durchdachtheit verbunden worden, wie es nirgends auf Erden in gleichem Maße der Fall ist. Ich sah kalifornische Städte und bewunderte sie. Geld spielte dort keine Rolle. In Los Angeles, in San Diego, in Santa Barbara brauchte man mit Millionen nicht zu knausern. Trotzdem zeigen sie, daß sie aus kleinsten Anfängen gewachsen sind und daß ihre Meister zu keinem Zeitpunkt bis nach Kriegsende den großen Schmiß zur Städtegründung mitbrachten, der in Tsingtau wirklich Außerordentliches geschaffen hat.

Was den Gründern hier vorschwebte, eine klare geschäftliche Teilung! Hafenstadt, Industriestadt, Geschäftsstadt, Wohnstadt, Villenstadt, das wurde durchgeführt.

Bespöttelt, bekrittelt steht es heute als ein vollendetes, fast lückenloses Ganzes da, vor dem jeder Besucher, Amerikaner, Japaner und Engländer, den Hut abnimmt und sagt: Allerhand Achtung, das ist Deutschland. Jeden Tag fragt man sich hier: Wann wird Deutschland wieder Tsingtau nehmen, damit die schreckliche Verwahrlosung, die unter Chinas Regime eingerissen ist, aufhört? Meine stereotype Antwort ist jeden Tag: Niemals. Ihr Engländer und Amerikaner, ihr Japaner und Franzosen habt uns ja das

Recht auf diesen Platz abgesprochen, habt uns hinausgeworfen, gedemütigt und verschleppt zu einem Zeitpunkt, wo jeder Deutsche voll Willens war, mit den Chinesen einen Frieden zu machen, der ihnen dieses schöne Stück Land, Stadt und Hafen, zu treuen Händen überwiesen hätte.

Und die Chinesen? Sie haben hier eine Erbschaft angetreten, wie sie noch niemals einem Volk, ohne daß es einen Finger gerührt hat, in den Schoß gefallen ist. Mit allem, was drum und dran hängt, besonders mit der Eisenbahn ins Hinterland, bedeutet der Wert weit über eine Milliarde Goldmark. Die soll China, ohne daß die geringste Verzinsungsverpflichtung auf der mit fabelhafter deutscher Gründlichkeit und Sauberkeit durchgefuhrten Basis ruht, verwalten.

Das kann es nicht. Es zeigt sich unfähig, obwohl, wie ich gern zugebe, bei manchem der gute Wille vorhanden ist. Der schreckliche Bürgerkrieg im Reich ist stärker. Er zieht auch Tsingtau das Mark aus den Knochen. All das Geld, das Tsingtau heute bringt, wandert in die Provinzialkriegskassen. Der Hafen allein bringt eine Million Dollars bei 650 000 Dollar Ausgaben. Der Rest wird in Waffen angelegt, in Munition, in russischen Söldnern, in sinnlosen Kriegen weit jenseits der Provinzialgrenzen.

Die Molen verkommen, das Fahrwasser versandet, die Schlepper sind verkauft, die Warnungssignale bei den Nebeln sind meist stumm, die fremden Schiffe laufen auf (Vogtland), niemand kann ihnen helfen, die natürlichen Hilfsmittel eines Hafens wie Tsingtau, die uns eine Selbstverständlichkeit in Verbindung mit der Verwaltung dünken, sind längst verschoben, um Geld zu machen.

Mit unsäglicher Zähigkeit hat sich eine pflichttreue deutsche Gemeinde hier wieder festgesetzt, bewunderungswürdig in ihrem Korpsgeist, in ihrem konstruktiven vaterländischen Willen. Wenn in jedem Platz der Erde, wo Auslandsdeutsche in geschlossenen Gruppen sitzen, so viel Zusammenhalt ist wie in der Tsingtauer deutschen Gemeinde, dann ist Deutschland Übersee niemals als Heimat verloren. Schon heute kann man sehen und vorausfühlen, daß in zehn oder zwanzig Jahren Tsingtau wiederum ein überwiegend deutscher Platz sein wird, obwohl die fünffarbige Fahne der chinesischen Republik darüber weht.

Die Steine Tsingtaus werden dann nicht mehr stumme Zeugen zu sein brauchen, unser Handel wird lebendig sprechen.«

(Erich von Salzmann 1926).

XI. Schlußbetrachtung

Nach alledem wird auch der objektive Beurteiler zugeben müssen, daß die Mandatare keinen großen Erfolg aufzuweisen haben. Auf keinen Fall hat ihre Wirksamkeit das mit so großem Wort angekündigte Wohlergehen der farbigen Rassen gefördert. Im Gegenteil: überall sehen wir einen erschreckenden Rückschritt gegenüber den Segnungen der deutschen Verwaltung. Das französische Fachblatt, die *»Dépêche Coloniale«*, wußte auf diese Vorwürfe nichts anders als den kläglichen Einwand zu machen, die Deutschen hätten 30 Jahre lang gearbeitet, die Mandatare erst fünf bis acht. Als ob unsere dreißigjährige Tätigkeit ihnen nicht zugute gekommen wäre! Gewiß hat der von den Feinden in die Kolonien getragene Krieg, wenigstens in Afrika, zahlreiche Werte und unendlich viele Menschenleben zerstört, und gewiß leiden die Schutzgebiete mit unter der allgemeinen Weltlage, die der Krieg geschaffen hat. Es ist auch nicht zu bezweifeln, daß die Berichte von Jahr zu Jahr günstiger laufen werden. Aber: die Linie der Entwicklung ist gebrochen, nicht nur geknickt, und es ist keine Hoffnung, daß die einsetzende Entwicklung auch nur einigermaßen das Tempo annehmen wird, das zu deutscher Zeit die Bewunderung und teilweise den Neid des Auslandes erregte, und das zweifellos sich noch von Jahr zu Jahr beschleunigt hätte. Denn wir hatten die Menschen, das Geld und die Industrie, die erforderlich waren. Frankreich hat das alles nicht. England fehlen bereits ebenfalls die Menschen, um seinen ungeheuren Besitz sachgemäß zu verwalten. Vor allem aber fehlt die intensive Arbeitslust, die der Deutsche mit in die Kolonien brachte, sowohl Engländern wie Franzosen, und es ist bezeichnend, daß man sich bereits bemüht, deutsche Pflanzer wieder in die Länder zu bekommen, aus denen man sie vertrieben hat, mit der eingestandenen Begründung, daß sie fleißiger, gewissenhafter, sachkundiger, kurzum erfolgreicher sind. Es waren wesentlich diese deutschen Eigenschaften, gegen die der Krieg geführt wurde. Der Krieg wurde verloren, aber die deutsche Tüchtigkeit siegt doch. Man will und wird den Deutschen wieder benutzen, ausnutzen wie in den Jahrzehnten vor unserer wirtschaftlichen Erstarkung und Weltgeltung und wir werden in dieser Beziehung wieder anfangen müssen. Wenn wir vorerst nicht in eigenen Kolonien, ja oft nicht auf eigener Scholle arbeiten können, so bleibt doch das Gute, daß wir uns koloniale Erfahrung und Fähigkeit erhalten. Sie, wie den kolonialen Willen im Volk gilt es hinüberzuretten in die Zeit, da wir wieder ein Kolonialvolk sein werden, und dieser Zeitpunkt wird früher oder später eintreten. Nirgends hat man gewagt, die von Lloyd George versprochene Abstimmung der Eingeborenen herbeizuführen, weil überall Probeabstimmungen eine gewaltige Mehrheit für Deutschland ergaben. Das ist nachweisbar. Ostafrikaner, Togoleute, Kameruner, ja Hererós bekannten sich immer wieder freudig zu der Fahne schwarz-weiß-rot! An die Lüge von der kolonialen Unfähigkeit und Unwürdigkeit haben weder die Sachkenner noch die leitenden Staatsmänner, die sie erfanden oder als Mittel zum Zweck verbreiteten, jemals geglaubt. Die vergiftenden Nebel der Kriegspsychose werden sich verziehen und es werden wieder vernünftige Stimmen zu Worte kommen wie vor dem Kriege:

Am 18. Januar 1912 schrieb die imperialistische *»Morningpost«*: »Angenommen, Deutschland wolle irgendwo in der Welt Territorien erwerben, die nicht zum britischen Reich gehören. Liegt irgendein Grund vor, weshalb sich England ihrer Erwerbung durch Deutschland widersetzen sollte? *Die Deutschen sind fähige Kolonisatoren und würden in allen Besitzungen, die sie erwerben, Tüchtiges leisten.* Sie haben in ihren jetzigen Besitzungen Tüchtiges geleistet und tun es noch, wenn auch ihr System sich von dem englischen unterscheidet. Aber es gibt mehr als ein System, und es gibt kein Monopol von kolonisatorischem Talent. Indessen stehen die Deutschen unter dem Eindruck, daß, sooft sie den Platz für eine mögliche Erwerbung finden, England ihnen im Wege steht, wenn es auch das Gebiet nicht für sich selbst beansprucht. Wäre das der Fall, dann hätte Deutschland Grund zur Klage.«

Schon 1908 hatte Paul Leroy (Beaulieu) geschrieben: »Die Deutschen haben als Forscher und auch als Kaufleute glänzende Proben ihres Können abgelegt. Jetzt sollen sie auch zeigen, was sie als Kolonisten vermögen. Es liegt im Interesse der Zivilisation, daß alle europäischen Völker einem der noch in Besitz zu nehmenden Teile der Erde ihr besonderes Gepräge aufdrük-ken. Die Welt wird auf diese Weise mehr Abwechslung zeigen und nicht so leicht in der Einförmigkeit der Methoden und Begriffe einschlummern.«

Und in *»United Empire«* (London 1912) lesen wir: »Da das britische Reich den inneren Wert der deutschen Zivilisation anerkennt, dürfte es der deutschen Ausdehnung jenseits der Meere, weder was den Handel noch das Gebiet betrifft, Hindernisse in den Weg legen.«

Wir aber sind unserer kolonialen Zukunft sicher:

»Die Weltgeschichte ist das Weltgericht:
Noch endete die Weltgeschichte nicht!«

stand auf dem Kranze, den die Hamburger Kolonialdeutschen bei der vierzigsten Wiederkehr der Kolonialreichsgründung am Denkmale Wißmanns niederlegten.

Deutschlands koloniale Ehrentafel

Über 100 Anerkennungen aus Feindes- und Freundesmund für die deutsche Kolonialbetätigung

Ist Deutschland unwürdig und unfähig Kolonien zu besitzen?

Zusammengestellt von Hans Zache

I. Aus welchem Holze sind die deutschen Kolonisten geschnitzt?

1. Ich war nicht vorbereitet auf die interessanten Typen unter den Deutschen, die Pflanzer, die Zivilbeamten, die Offiziere, die weiße oder eingeborene Truppen befehligt hatten oder zu übernehmen im Begriffe waren. Es waren Männer von unzweifelhafter Fähigkeit und Tatkraft; wenn man sie sah, so verstand man leicht, warum Deutschland in Ostafrika so zusehends emporgeblüht ist. *Es sind erstklassige Menschen, diese Engländer und Deutschen; beide verrichteten in Ostafrika ein Werk, das der ganzen Welt zugute kommt.*

Theodore Roosevelt: Afrikanische Wanderungen eines Naturforschers und Jägers, 1910

2. *Die Deutschen,* mit denen wir irgendwie zu tun hatten, *waren riesig nette Leute.* Die deutschen Hospitalärzte pflegten alle unsere europäischen Verwundeten und ermöglichten es den unseren, nach den Eingeborenen zu sehen. Sie benahmen sich bei dieser Gelegenheit jedenfalls sehr höflich, vielleicht, weil wir auch farbige Truppen haben, und sie fühlen, daß sie sich wie Weiße betragen müssen, aber *ich denke mir auch, daß die Kolonialdeutschen viel bessere Menschen sind als die zu Hause.*

Eingesandt an die Beira-Post vom 15. Januar 1915

3. Unglücklicherweise sind ebensowohl unter einigen Beamten der Ostafrikanischen Gesellschafts-Verwaltung als auch unter einigen Regierungsbeamten in Kamerun zwischen 1887 und 1896 Grausamkeiten vorgekommen, die zu einer ernsten Revolte bei den Negersoldaten führten (1895). *Deutschland vertuschte wohlweislich diese Angelegenheiten nicht,* sondern verhandelte sie im offenen Gerichtshof und bestrafte die Schuldigen. Es wird sich, glaube ich, erweisen bei einem geschichtlichen Rückblick auf die Gründung dieser afrikanischen Staatsgebilde, *daß der waschechte Teutone und Germane* beim ersten Zusammenstoß mit unterworfenen Völkern geneigt ist, hart, sogar brutal zu sein, aber *daß er kein Narr ist und den Respekt des Negers oder Asiaten gewinnt, der Strenge und Härte bewundert. Mit der Zeit aber führt der Deutsche kraft einer ihm innewohnenden Gutmütigkeit sanftere Sitten ein, wenn der Eingeborene aufgehört hat, sich zu widersetzen, und angefangen hat, sich zu unterwerfen.* Das ist das Hoffnungsvolle und Gesunde bei den Deutschen. Sie sind ebenso rasch bereit, ihre Fehler zu bestätigen wie sie wieder gutzumachen. *Wie im Handel so auch in der Regierung beobachten, lernen und handhaben sie die besten Grundsätze. Der Politiker, der die Größe des deutschen Charakters unterschätzte oder auf das Schwinden deutscher Herrschaft in fremden Ländern rechnete, würde sehr kurzsichtig sein.*

Sir Harry H. Johnston: A History of the Colonisation of Africa by Alien Races. Cambridge, 1913

4. Die Fähigkeit der deutschen Offiziere in Kamerun und Ostafrika, sich die Treue ihrer eingeborenen Truppen und die Mitwirkung der Bewohner dieser beiden Kolonien zu sichern, war für Frankreich und Großbritannien eine große Überraschung, und diese Tatsache *widerlegt die Behauptung, daß die Eingeborenen* der von den Deutschen beherrschten Teile von Afrika *begierig waren, die Engländer und Franzosen als Befreier zu bewillkommnen.*

Herbert Adams Gibbons (Amerikaner): The new map of Africa, 1916

5. *Es ist ein Irrtum anzunehmen, daß die Eingeborenen bei Ausbruch des Krieges sich stark nach Befreiung sehnten …*

Ein Element kann sich für uns sogar als eine ausgesprochene Gefahr erweisen, nämlich *der deutsche eingeborene Soldat, dessen unbedingte Treue bemerkenswert ist.*

Times Nr. 41 971 vom 12. Dezember 1918

6. *Ohne große Posaunenstöße und ohne die lärmende Hilfe der Preßagenten erzieht sich der Deutsche das junge Afrika nach seiner Art,* und er läßt es sich auch Mühe kosten. Ich habe die Deutschen in ihrem nahen Verkehr mit ihren halbwilden Schützlingen an der Westküste genau beobachtet. Die Verwaltung und Regierung im schwarzen Erdteil ist zu einem sehr großen Teil eine Frage des Temperaments, und *allem Anschein nach lassen sich die Deutschen weniger leicht zur Heftigkeit und zur Erregung hinreißen als die anderen weißen Menschen.* Ich habe allen weißen Rassen bei ihrer Arbeit, Afrika zu erwekken, zugesehen und kann mich nicht der Überzeugung verschließen, daß *der deutsche »Eingeborene« sich ebensoweit, wenn nicht noch höher entwickeln wird wie alle anderen.*

E. R. Forbes: American Review of Reviews, 1911

7. *Es besteht nicht die entfernteste Möglichkeit, daß sich die Eingeborenen gegen die friedliche und aufgeklärte Verwaltung der Beamten* in Deutsch-Ostafrika, die gewöhnlich akademisch gebildet sind und hohe Befähigung für ein schweres und verantwortungsreiches Amt besitzen, *empören könnten.*

The Central African Times (Blantyre) vom 4. Februar 1905

8. *Im Erziehungswesen nimmt Deutschland die führende Stelle in der Welt ein; es hat das Wort in Bildungsfragen unter den intellektuellen Mächten.* Es ist deshalb vielleicht kaum überraschend, daß seine kolonialen Schulen gut sind …

9. *Es ist klar, daß in der Erziehung der besten Kolonisten Deutschland an der Spitze aller Länder steht.* Es hat das Schulwesen und nicht die Kolonien; wir haben die Kolonien und nicht das Schulwesen.

Laßt uns zugeben, daß die Deutschen uns unvermerkt einen Vorsprung abgewonnen haben und laßt uns das einen Wink sein.

Louis Hamilton: in United Empire, Volume II, 1911

10. Wenn von den großen Kolonialvölkern der Welt gehandelt wird, *ist es schwierig, zwischen den Deutschen und den Engländern einen Unterschied zu machen.*

Sir Harry Johnston, 1914

II. Wie behandeln die Deutschen die Eingeborenen in ihren Kolonien?

11. Im Gegenteil zu dem, was in den letzten beiden Jahren häufig behauptet worden ist, *hat die öffentliche Meinung in Deutschland,* wie wir schon bei der Unterdrückung des Hereróaufstandes gesehen haben, *die Verantwortlichkeit Deutschlands seinen eingeborenen Schutzbefohlenen gegenüber klar erkannt.* Man braucht nur Zeitungen und Zeitschriften zu lesen, Bücherverzeichnisse zu durchblättern und die während der letzten fünfzehn Jahre veröffentlichten Reichstagsverhandlungen zu verfolgen, um sich zu vergegenwärtigen, *daß von allen europäischen Kolonialmächten nur Großbritannien so viel Menschlichkeit und Idealismus bewiesen hat wie Deutschland bei der Errichtung und Aufrechterhaltung einer gerechten und aufgeklärten Kolonialherrschaft.* In diesem Augenblick gerade ist es außerordendlich wichtig, das dieses jemand feststellt, von dem man nicht annehmen darf, daß er in dem gegenwärtigen Kriege mit Deutschland sympathisiert oder versucht, für die deutsche Sache einzutreten, aber Wahrheit bleibt Wahrheit. Nur auf Wahrheit kann die Zukunft sich gründen. *In Frankreich, in Belgien, in*

Portugal, in Italien, in Rußland sucht man vergeblich nach einem so weit verbreiteten und bedeutsamen Eintreten für das Wohl der eingeborenen Rassen, wie man es in Deutschland findet.

Herbert Adams Gibbons (Amerik.): The new map of Africa, 1916

12. Die Politik, die jetzt in den deutschen Kolonien maßgebend ist, *die Eingeborenen mit Freundlichkeit und Rücksicht zu behandeln, hat viel dazu beigetragen, die Sicherheit des Lebens und die allgemeine Zufriedenheit zu fördern. Dieser befriedigende Zustand würde aber nicht von langer Dauer sein, wenn den Eingeborenen nicht die heilsame Lehre beigebracht worden wäre, daß Verbrechen und Aufruhr schnell und mit fester Hand unterdrückt werden,* die, wenn nötig, bis in die fernsten Gegenden reicht.

L. Hamilton: United Empire, 1912

13. *Es ist ein Irrtum anzunehmen,* wie es oft geschieht, *daß die Eingeborenen in den deutschen Kolonien wie Rekruten auf dem Kasernenhof regiert werden.* Das ist durchaus nicht der Fall. Dr. Solfs Reden zeigen, daß die deutsche Kolonialverwaltung von denselben Grundsätzen gelenkt wird, die die englische Politik in Ost- und Westafrika leiten und die sich in diesen Gegenden des schwarzen Erdteils so erfolgreich erwiesen haben.

The African World, March 15th, 1913

14. Sie haben nicht allzuviel Rücksicht auf Rechte der Eingeborenen genommen, aber im allgemeinen haben sie *die Eingeborenen nicht schlechter und in einigen Beziehungen besser behandelt als andere europäische Mächte,* die sich in der Kolonisation und Entwicklung Afrikas versuchten. Wenn *Deutsch-Ostafrika unter eine* oder mehrere andere *fremde Flaggen kommt, wird das nicht als Strafe für große Fehler geschehen,* die Deutschland in Verwaltung oder Justiz begangen hat, und sicherlich nicht für Mängel in der wissenschaftlichen Erforschung. Da ist kein Licht unter den Scheffel gestellt worden. *Wenn die Deutschen Ostafrika verlieren, wird es nicht die Folge irgendwelcher Verbrechen sein, die sie in Afrika begangen haben.*

Sir Harry Johnston: Windsor Magazin, March 1916

15. *Die Deutschen behandeln die Eingeborenen in den Karolinen- und Marshallinseln sehr gut;* ich habe die Methode des dortigen Bezirksamtmanns Kersting genau beobachtet: er hat große Sympathien für die Eingeborenen und steht in einem engen Konnex mit ihnen; er tut alles, um sie gesund und glücklich zu machen, und *ich kann mir keinen besseren Beamten denken* als ihn.

Prof. Macmillan Brown, 27. August 1913

16. Aus Mangel an Verwaltungsbeamten ist in dem englischen Teil von Kamerun so gut wie nichts getan worden. *Jahre müssen vergehen, bevor das Land wieder den Zustand erreichen kann, in dem es unter deutscher Herrschaft war,* und viel Geld wird aufgewendet werden müssen. *Jeder kleine Häuptling,* den ich bei meinem Besuch in Victoria und Buea traf, *war offener und überzeugter laudator temporis acti,* für die die deutsche Zeit gleichbedeutend war mit den Jahren des Wohlstandes vor dem Ausbruch des Krieges.

Die englische Zeitschrift Westafrica 1921

III. Was tun die Deutschen für die Farbigen in ihren Kolonien?

17. *Was die Deutschen für die Erziehung der Eingeborenen durch die Verhinderung von Krankheiten, durch ihre Sorge für die Gesundheit von Einzelpersonen und Gemeinden geleistet haben, ist bewunderungswürdig …*

Herbert Adams Gibbons (Amerikaner): The new map of Africa, 1916

18. *Das Eingeborenenviertel Daressalams* liegt hinter der Stadt und *ist ein überzeugendes Beispiel für die Gründlichkeit des deutschen Systems und für den Ernst, mit dem die Deutschen ihr Kolonisationswerk betreiben.*

R. S. und M. E. Meikle: After Big Game, London, S. 78

19. *Die Regierung in Deutsch-Ostafrika hat sich der Interessen der Eingeborenen angenommen,* und, während sie bereit ist, den Pflanzern jeden möglichen Beistand zu gewähren, ihm die Rekrutierung, Herbeischaffung und Verstärkung von Arbeitskräften zu erleichtern, ist sie entschlossen, keinerlei Zwangsmaßregeln in irgendeiner Form zu begünstigen.

Vice-Consul Douglas Young: Dipl. and Cons. Rep. 1907/08

20. *Die Vorteile des deutschen Steuer-Systems* gegenüber dem kongolesischen – bemerkt *Baccari* – sind in moralischer Hinsicht unschätzbar.

Bourbon del Monte Santa Maria: L'Africa Orientale Tedesca, 1913. Vol. 2. S. 381/82

21. *Die Lokalbehörden zeigten einen rühmenswerten Eifer, der Not in ihren Bezirken zu steuern.* Ärzte wurden ausgesandt, Unterstützungsfonds gegründet, die Hungernden wurden gespeist und große Mengen Saat wurden verteilt, um die verwüsteten Felder wieder zu bebauen.

Tatsächlich scheinen die Eingeborenen außerordentlich zufrieden zu sein mit der Verwaltung der Schutzmacht.

Vice-Consul Douglas Young: Dip. and Cons. Rep. 1907/08

IV. Wie erziehen die Deutschen die Eingeborenen in ihren Kolonien?

22. Wahrscheinlich wird Deutsch-Ostafrika mit der Zeit eine blühende tropische Niederlassung werden; nicht ein Land, das die Deutschen in dem Sinne kolonisieren könnten, wie es etwa mit Australien oder Kanada möglich wäre, sondern ein Ceylon, ein Java, ein südliches Indien, wo der deutsche Pflanzer bestehen kann, wo die deutschen Waren unbegrenzte Absatzgebiete finden und *wo die Deutschen eine kräftige Negerbevölkerung erziehen und zu höherer Kultur bringen.*

Harry H. Johnston: A History of the Colonisation of Africa by Alien Races, Cambridge 1913

23. Alle größeren Küstenstädte besitzen eine wohleingerichtete Eingeborenenschule unter der Leitung eines besonders vorgebildeten deutschen Lehrers.

Der Erfolg, den diese Schulen gezeitigt haben, grenzt ans Wunderbare, wenn man die Natur des »Rohmaterials« bedenkt. Nicht allein in Daressalam, sondern auch in anderen Verwaltungsbezirken werden eingeborene junge Leute in behördlichen Bureaus und in Handelshäusern als Lehrlinge und Maschinenschreiber beschäftigt, und der Anblick dieser eingeborenen Afrikaner, an den Schreibmaschinen sitzend und deutsch aus dem Manuskript schreibend, wird so leicht nicht von einem Fremden vergessen werden.

Sodann ist noch das ganze Verhalten der Eingeborenen in den Küstenstädten in Deutsch-Ostafrika und wo sich irgend deutscher Einfluß durchgesetzt hat, *gegen die Europäer durchausehrerbietig, ohne kriechend zu sein ...*

Vice-Consul Douglas Young: Dip. and Cons. Rep. 1907/08

24. Abgesehen von dem, was sie in hygienischer Beziehung und auch für die Verbreitung von Kenntnissen vorbeugender Maßnahmen gegen Krankheiten getan haben, bleibt die größte Leistung der Deutschen in Westafrika ihr Schulsystem. *Obgleich Kamerun kaum halb so groß ist wie das benachbarte Nigerien und nur ein Siebentel von der Bevölkerung Nigeriens aufweist, waren seine Regierungsschulen und die subventionierten Schulen im Jahre 1913 verhältnismäßig besser besucht als die des englischen Protektorats.* Ebenso hat Togo bessere Schulen als seine französischen und englischen Nachbarn. Im Jahre 1910 wurde der Schulbesuch in Kamerun für Knaben und Mädchen obligatorisch. Es herrschte reger Eifer und *es fehlte nicht an* pädagogischer Begabung und *dem ernstlichen Wunsche, die Eingeborenen moralisch und materiell auf eine höhere Stufe zu heben.*

Herbert Adams Gibbons (Amerikaner): The new map of Africa, 1916

25. Wenn auch der Sklavenhandel wegen der vielen damit verbundenen Grausamkeiten gänzlich zu verurteilen ist, *so ist doch die Sklaverei in der Form, wie sie in Ostafrika gehandhabt wird, voll-*

ständig unschädlich. Der Sklave ist hier Mitglied der Familie des Herrn, der ihm Kost und Wohnung gewährt und ihn bei Krankheiten und im Alter bei sich behält. Die ganze Einrichtung ist so eng verknüpft mit den Sitten und Gebräuchen des Landes, daß man sie nicht als Entwürdigung der Eingeborenen ansehen kann, die besser gedeihen, wenn sie zur Arbeit gezwungen werden. Und die Summe von Arbeit, die ein Herr von seinen Sklaven im allgemeinen verlangt, ist so klein, daß Dienstboten, die in Kulturländern dienen, sich, man kann sagen, geringerer Freiheit erfreuen. Die Grausamkeiten aus der Zeit der Araber verschwanden gänzlich, teils durch die Tätigkeit der Missionen, teils durch die Berührung mit den weißen Elementen des Landes. Wenn heute ein Sklavenhalter bei den Behörden wegen schlechter Behandlung eines Sklaven angezeigt ist, wird er ohne weiteres gezwungen, diesem die Freiheit zu geben ...

Jeder Sklave hat das Recht, sich loszukaufen, indem er seinem Herrn die Vergütung, die von der Lokalbehörde festgesetzt ist, bezahlt.

Ein Sklavenhalter kann ohne Erlaubnis der Behörde und ohne die Zustimmung des Sklaven ihn nicht an andere weiter verkaufen.

Bourbon del Monte Santa Maria: L'Africa Orientale Tedesca, 1913. Vol. 2. S. 267. und 269.

26. *Lome ist die entzückendste Stadt, die ich in Westafrika gesehen habe.* Sie ist hübsch, ordentlich und sauber, wunderschön angelegt, und die Gebäude würden einer jeden Nation zur Ehre gereichen. Ich kann in der Tat keine Worte finden, um meine Bewunderung für diese Stadt auszudrücken. Als Engländerin schreibe ich es mit tiefstem Bedauern, aber *der Unterschied zwischen einem englischen und einem deutschen Dorf ist wie der Unterschied zwischen dem Musterdorf Edensor und der schmutzigen Stadt Hanley.* Die Deutschen waren sehr gut zu mir. Ich bin gewiß, daß ich niemals dankbar genug sein kann für ein so warmes, herzliches Willkommen.

Während meines ganzen Aufenthaltes im deutschen Gebiet habe ich niemals unter einem Moskitonetz geschlafen. Offenbar vertilgen die Deutschen lieber die Moskitos. *Ich kann nur sagen, daß man die gründliche deutsche Methode doch sehr bewundern muß.*

Wir hatten sehr gute Träger, und weil ich soviel von der deutschen Unduldsamkeit gegenüber den Eingeborenen gehört habe, muß ich diesen Punkt richtigstellen. Als wir an eine steile, aber prächtige Straße gelangten, *stiegen die Deutschen nicht nur aus und gingen selbst, sondern sie erwarteten auch von mir dasselbe.* Ich tat es natürlich, aber viele, viele Male habe ich mich von meinen Leuten über viel, viel schlechtere Stellen tragen lassen und habe gesehen, daß mancher Engländer dasselbe getan hat ...

Mary Gaunt: Alone in Westafrica

27. Wo immer der Deutsche sein mag, der Schulmeister ist immer dabei; *in Verbindung mit den Missionaren haben die deutschen Kolonialregierungen die Erziehung der Eingeborenen zu einer geradezu bewunderswerten Größe entwickelt.*

L. Hamilton in: United Empire, 1913

28. *Wenn morgen eine Volksabstimmung stattfinden würde, stimmten 95 v. H. für eine Trennung von Neuseeland.*

R. D. Croudace: Präsident der Handelskammer von Samoa, 1920

29. Die Eingeborenen in Duala sind antideutsch, wahrscheinlich aber nur, weil wir jetzt hier sind. *Die Eingeborenen im Hinterlande sind entschieden deutschfreundlich* und hassen die Duala.

African Mail v. 20. November 1914

V. Haben die Deutschen etwas aus ihren Kolonien zu machen gewußt?

30. *Mit eigenen Augen konnte ich sehen, welches Riesenwerk die Deutschen bei der Ordnung der verschiedenen Verhältnisse in dieser Kolonie –* Deutsch-Ostafrika – *geleistet haben. Man merkte, daß es Deutschland in erster Linie nicht darum zu tun war, einen so großen wirtschaftlichen Gewinn wie nur möglich zu erzielen, sondern daß die Kolonie auf eine Weise verwaltet wurde, die auch den Eingeborenen Nutzen brachte.*

Graf Eric von Rosen-Sparreholm, 1911/12

31. *Togo, Kamerun, Südwest- und Deutsch-Ostafrika waren in voller Blüte.*

La Dépêche Coloniale Nr. 6143 v. 6. Oktober 1919

32. *Deutschland hat alle anderen Kolonialmächte in Afrika in vier Punkten überflügelt,* was an der kleinen Kolonie Togo ganz besonders auffällt: im Wegebau für das Zusammenwirken mit den Eisenbahnen und dem Transport, in Bequemlichkeiten für im Inneren des Landes Reisende, in der wissenschaftlich betriebenen Forstwirtschaft und in der öffentlichen Gesundheitspflege ...

Niemand kann behaupten, daß Deutschland, vom europäischen Standpunkte aus beurteilt, *die Kolonien, die es in Afrika besaß, nicht voll ausgenutzt hätte.*

Herbert Adams Gibbons (Amerikaner): The new map of Africa, 1916

33. Was haben die Deutschen in Deutsch-Ostafrika geschaffen? Sie haben eine Eisenbahn gebaut, 1200 Kilometer lang, von Daressalam zum Tanganjika, ... von Tanga 300 Kilometer in der Richtung auf den Kilimandjaro. Sie haben Straßen gebaut, die für den Automobilverkehr geeignet sind. Sie haben mehrere europäische Städte und Siedlungen gegründet und eine Anzahl von Mittelpunkten für Eingeborenenniederlassungen. Sie haben im weitesten Maße Räubereiunwesen und Sklaverei ausgerottet. Sie haben den Landbau beträchtlich gefördert und überhaupt *die Lebenshaltung und Daseinsbedingungen der Eingeborenen gebessert und gehoben.* Ihre Missionare haben ähnliche Erziehungsarbeit geleistet wie die britischen und französischen in derselben Gegend.

Harry Johnston: Windsor Magazin , March 1916

34. Man kann, wie auch der Krieg enden mag, behaupten, daß Deutsch-Ostafrika eine große Zukunft hat. Dafür legt Daressalam ein beredtes Zeugnis ab. *Die Verwaltung war gut,* der Eifer für die Gesundheitspflege bewunderungswürdig, wissenschaftliche Forschungen wurden energisch betrieben. Die Deutschen bauen gut, legen ausgezeichnete Wege an, halten Gesetz und Ordnung aufrecht und gehen energisch darauf aus, alle Möglichkeiten des Landes zu erkennen und auszunutzen.

Die sehr gut gebauten Wege sind wieder ein auffallendes Beispiel von deutscher Gründlichkeit. *Man muß sich darüber wundern, daß sie in so kurzer Zeit so viel fertigbrachten und ihre praktische Art und ihr geduldiger Fleiß lassen sich mit den allzu bedächtigten Methoden der Engländer in den Tropen kaum vergleichen.*

R. S. und M. E. Meikle: After Big Game, London S. 81/82

35. *Deutsch-Ostafrika* ist fruchtbar und *wird gut verwaltet,* vom rechtlichen und vom landwirtschaftlichen Standpunkt aus geurteilt.

In ökonomischer Hinsicht ist die deutsche Regierung unternehmungslustiger als unsere eigene gewesen, in bezug auf die Einführung und Anpassung neuer Gewächse. Ceara-Gummi und Sisalhanf haben sie Jahre vor uns gebaut und exportieren nun große Mengen der Produkte, während unsere Plantagen sich erst entwickeln.

The Guide to South and East Africa, London 1914

36. In Deutsch-Ostafrika wurden niemals halbe Maßregeln ergriffen und Geld war immer reichlich vorhanden. Die Möglichkeiten des Landes wurden in Betracht gezogen und gründlich nach kaufmännischen Gesichtspunkten ausgebeutet. Wenn Experimente ergaben, daß irgendeine Industrie oder irgendein Produkt keine kaufmännischen Erfolge zeitigten, wurden sie ohne Erbarmen aufgegeben, die Verluste verschmerzt und neue Versuche angestellt. Wo die ersten Resultate etwas versprachen, geschah alles, um sie zu verbessern und zu vermehren ...

Die organisierte Wissenschaft ist dem Pflanzer auch sehr zu Hilfe gekommen. *Schwerlich könnte man die Schönheiten und Reize von Amani, den* »Kew gardens« *jener Kolonie übertreiben.* Jede Art Kautschuk und Liane, Faserpflanzen, tropische Früchte, Zerealien, Waldbäume und andere Nutzpflanzen wurden hier versuchsweise nach wissenschaftlichen Grundsätzen und mit Rücksicht auf kaufmännischen Vorteil angebaut. Ein Stab von Professoren, Botanikern und Chemikern, die mit ihrem Fach vollständig vertraut sind, wurden hier angestellt und ein gut eingerichtetes Unterkunftshaus wurde für die Pflanzer, die hier lernen wollten, eröffnet, die so alle Auskünfte sammeln konnten, die ihre Gastgeber ihnen mit der größten Bereitwilligkeit über alle sie interessierenden Gegenstände erteilten.

The Times Nr. 41 175 vom 24. Mai 1916

37. Wenn es auch schwer ist, *mit den Ausdrükken des begeistertsten Lobes über die Fortschritte in der Entwicklung Deutsch-Ostafrikas zurückzuhalten,* so wäre doch jeder Versuch, sich über die Zukunft des Landes auszusprechen, im Augenblick verfrüht.

Vice-Consul Douglas Young: Dipl. and Cons. Rep

38. Denjenigen, welche eine der deutschen Kolonien besucht haben, müssen *die wunderbaren öffentlichen Gebäude in den wichtigsten Städten* aufgefallen sein, so wie *der Gegensatz, den diese Städte im Vergleich zu denen in den benachbarten englischen Kolonien bieten.*

Evans Lewin: The Germans and Africa, London 1915

39. *Südwest-Afrika mit seiner hindernisreichen hafenlosen Küste und seinem armen Boden zeigt den unüberwindlichen Geist der Männer, die den bestmöglichsten Nutzen aus den widrigsten Umständen zu ziehen wußten und eine sich selbst erhaltende Kolonie schufen trotz ungünstiger politischer, geographischer wie wirtschaftlicher und finanzieller Bedingungen.*

Herbert Adams Gibbons (Amerikaner)
The new map of Africa, 1916

40. Mit Rückblick darauf, daß die Deutschen ihren Kolonialbesitz erst seit 30 Jahren haben, während England seine Überseestaaten seit mindestens einem Jahrhundert okkupiert hält, ist der *Fortschritt Deutsch-Südwestafrikas keineswegs gering anzuschlagen.* Ich kenne das Land seit über 30 Jahren und prophezeie ihm eine ähnliche Zukunft wie die Britisch-Kaffrarias, das ja auch von deutschen Auswanderern kolonisiert worden ist.

Nur muß Deutschland es aufgeben, die Eingeborenen, die den niedrigsten Typen der menschlichen Rassen angehören, *veredeln zu wollen. Das ist ein hoffnungsloses Beginnen.* Die Hererós müssen nach meiner Überzeugung nach australischem Vorbild auf Reservationen abgeschoben und pensioniert werden. *Nur durch weiße Besiedelung ist das Aufblühen der Kolonie zu erhoffen.*

Samuel: Observer, London 1911

41. In Ozeanien ist es der deutschen Verwaltung gelungen, die beständigen Kämpfe, welche die Hauptstämme des Archipels früher miteinander führten, zum Aufhören zu bringen. Als der jetzige Gouverneur Dr. Solf vor bald zehn Jahren hierherkam, fand er die Eingeborenen bis an die Zähne bewaffnet und davon überzeugt, daß sie alle Europäer besiegt hätten. *Durch seine Geschicklichkeit gelang es ihm,* sie wenigstens teilweise auf friedlichem Wege zu entwaffnen und *sich ihr Vertrauen zu erwerben.*

Camille Martin: La Quinzaine
Coloniale Nr. 9, 10. Mai 1909

42. ... *Ist Deutschland* in dem, was es in seinen Kolonien unternommen hat, *erfolgreich gewesen?* Vor fünf Jahren wäre es schwer gewesen, die Frage zu beantworten. *Heute muß sie von jedem ehrlichen, objektiven Beobachter mit »ja« beantwortete werden.* Auf die Frage, »was wird die Zukunft wohl bringen?«, scheint es uns nur eine vernünftige Antwort zu geben: *Wenn die deutschen Kolonialpolitiker in derselben Weise weiterarbeiten wie bisher und sich nie durch Rückschläge entmutigen und von ihren Zielen ablenken lassen, wird die Zukunft ihnen schenken, was sie brauchen.*

L. Hamilton: United Empire, 1913

43. *Aber am großartigsten ist der Hafen von Tsingtau, ein richtiger Hafen* nach europäischem Muster, *wie ihn weder Yokohama noch Schanghai besitzen,* wo die größten Schiffe an mehr als zwei Kilometer langen Kais anlegen können. Ein über vier Kilometer langer Hafendamm schützt den Hafen vor Versandung. Es befinden sich dort Reparaturwerften und Trockendocks und ein Schwimmdock, welches Schiffe von 16 000 Tonnen aufnehmen kann und das *im ganzen fernen Osten seinesgleichen sucht.* Die Hafenar-

beiten und das Dock haben die Kolonie jährlich im Durchschnitt 4 Millionen Mark gekostet.

Camille Martin: La Quinzaine Coloniale Nr. 9, 10. Mai 1906

44. *So alt wir als kolonisierende Nation auch sind, so haben wir doch noch nicht ausgelernt; besonders wenn das Wort »Kolonisieren« in modernem Sinne gebraucht wird. Sehr viel können wir lernen aus dem, was Deutschland ruhig und unauffällig in China tut.* Die deutschen Maßnahmen zur Einführung von Ordnung, Gesundheit, System und Aufforstung sind Achtung erzwingende Faktoren, welche in beredter Weise zu dem erwachenden China von einem Lande sprechen, welches ihm eine aus der Dunkelheit aufgestiegene neuweltliche Macht ist. *China blickt nicht mehr auf Kiautschou wie auf einen Dorn in seinem Fleische, sondern wie auf eine Stelle, von der aus das gesundheitbringende Beispiel westlicher Zivilisation durch das himmlische Reich strahlt.*

United Empire Vol. III. London 1912, S. 717

45. *Die britischen Kaufleute wissen mit absoluter Sicherheit, daß sie ein warmes Willkommen und jeglichen Beistand in den deutschen Kolonien empfangen.* Sie wissen, daß keiner ihnen vorgezogen wird und daß, wenn es das öffentliche Interesse erfordert, daß eine Faktorei entfernt oder ein Weg durch ein Grundstück gelegt wird, *die deutsche Regierung keine zweifelhaften gesetzlichen Vorwände gebraucht, sondern die Frage auf der breitesten Linie eines gesunden Menschenverstandes behandelt.*

Die Deutschen lieben weder den britischen Kaufmann noch hassen sie ihn. Es kommt für sie nur darauf an, daß britisches Kapital und britischer Geist ein Segen für ihre Kolonien sind. Ohne sentimentale Phrase! Der Deutsche bewillkommnet den Briten warm und achtet darauf, *daß kein deutscher Kaufmann einem englischen vorgezogen wird,* weil dadurch die britischen Firmen veranlaßt werden könnten, weiteres Kapital in einer deutschen Kolonie nicht mehr anzulegen.

John Harris: Dawn in darkest Africa, London 1912

46. *Es ist ein wissenschaftlicher Zug in der ganzen Tätigkeit, ein Vermeiden von Lärm, ein Geschäftseifer, geradezu erfrischend im tropischen Afrika,* und vor allem, da ist eine Art von »*Hey presto*-Geschwindigkeit«, mit der diese Kisten von Geschirr, diese Ballen von Baumwolle, Fässer voll Öl, Säcke voller Palmkerne gehandhabt werden.

John Harris. Dawn in darkest Africa, London 1912

47. Deutschland hat seine Kolonien ganz außerordentlich gut entwickelt. *Deutsch-Neuguinea hat zur deutschen Zeit die besten Wege, Häfen und Verkehrsmittel gehabt im Stillen Ozean, die ganze Organisation war vorzüglich,* die Deutschen haben Ausgezeichnetes in diesem Lande geleistet. Wir müssen es machen, wie die Deutschen es gemacht haben, womöglich noch besser.

Australische Zeitung 1920

48. *Deutschland ist auf dem besten Wege gewesen, aus Togo eine Musterkolonie zu machen.*

Bonnecarrère: französischer Staatskommissar in Togo, 1920

49. Was immer man gegen deutsche Kolonialverwaltung sagen mag: *außerordentlich praktisch waren die Deutschen ...*

Die Stadt Lome trägt den deutschen Stempel so ausgeprägt, daß kein späterer Besitzer der Kolonie ihn wegwischen wird ... Die Technische Schule ist ein Muster ihrer Art.

Daily Telegraf 1920

50. Die Pflanzungen (in Samoa) befinden sich in sehr schlechtem Zustande, und wenn niemand einspringt, werden einige unserer schönsten Pflanzungen dahin sein. *Man sieht jetzt ein, welch' großer Fehler es war, alle deutschen Einwohner auszuweisen, da Neuseeland nicht imstande ist, sie durch Leute von Erfahrung zu ersetzen ... Das Ergebnis ist allgemeine Unzufriedenheit, bei Europäern wie Eingeborenen.*

Daily Mail 1921 in einem Bericht aus Brisbane

51. *Togo ist von den Deutschen zweifellos in erstklassiger Weise verwaltet worden.* Sie scheuten mit weit ausschauender Politik weder Zeit noch Geld und hatten großzügige Methoden ... Die

Ausbildung der Afrikaner war von den Deutschen in bewundernswerter Weise durchgeführt worden ... Die Deutschen hatten ein ausgedehntes erstklassiges Straßennetz über das ganze Land hin. *Solche wirklich erstklassigen Wege,* wie sie in Togo sind, *kann man in ganz Westafrika vergeblich suchen.*

Die englische Zeitschrift Westafrica, Juli 1923

52. Am Fuße des Kilimadjaro liegen viele schöne früher deutsche Kaffeeplantagen. Unsere Pflanzung ist herrlich. Üppige Kaffeebestände von vieltausend reich tragenden Kaffeebäumen, von reizenden Allen durchzogen. *Alles dies von Deutschen gepflanzt.* Jede Pflanzung hat einen Wassergraben, von denen einige so breit wie Kanäle sind. Wir haben einen großen Obstgarten mit Bananen, Pfirsichen, Granatäpfeln, Weintrauben, Äpfeln, Orangen, Mandarinen, Zitronen, Avokado-Birnen usw. Ein wahres Paradies.

The Farmers Weekly

53. Die Angebote auf der Versteigerung der Kameruner Pflanzungen waren alles andere als lebhaft zu nennen und es schien nur sehr wenigen daran gelegen zu sein, sich eine wünschenswerte, *mit teutonischem Scharfsinn und wissenschaftlichen Methoden ausgebaute Besitzung* zu sichern.

The African World, 28. Oktober 1922

54. *Deutschland* war zu spät gekommen, um ein wirkliches Kolonialreich wie Frankreich und England zu begründen; aber es *hatte seine Kolonien mit großer Klugheit ausgenützt.*

Nitti: Das friedlose Europa

55. Die deutschen Kolonien hatten eine Ausdehnung von nahezu drei Millionen Quadratkilometer: ihre fortschreitende Entwicklung war erstaunlich, *sie wurden mit außergewöhnlichem Geschick verwaltet.* Sie stellten einen ungeheuren Wert dar; nun sind sie Frankreich, England, in kleinerem Maße auch Japan, zugesprochen worden, ohne nur wenigstens auf das Reparationskonto gutgeschrieben zu werden.

Nitti: Das friedlose Europa

56. Kein besserer Beweis kann für *die Gründlichkeit deutscher Kolonisierungsmethoden* angeführt werden, als die Niederlassung Rabaul, der Sitz der Regierung und die Hauptstadt von Deutsch-Neuguinea. Rabaul verfügt in vollkommener Weise über jede moderne Annehmlichkeit. Die Straßen sind breit und gut angelegt, und jede einzelne von ihnen ist eine kühle, entzückende schattige Promenade freundlicher blühender Bäume. Die Gebäude, amtliche wie private, sehen schmuck aus in ihren hellen Farben, mit denen sie gestrichen sind. *Alle sind nach künstlerischen Plänen gebaut.* An dem einen Ende der Stadt befindet sich ein botanischer Garten, der alle tropischen Pflanzen, Bäume und Blumen enthält und der von einem Gärtner angelegt und verwaltet wurde, der aus der Kgl. Gärtnerei in Berlin kam.

Unzweifelhaft hat Deutsch-Neuguinea eine große Zukunft. *Es hatte den besten aller Anfänge in deutschem Unternehmungsgeist, deutscher Entwicklungsfähigkeit und allgemeiner kaufmännischer Gründlichkeit.* Wenn Australien diese energische Politik fortsetzt, dann muß Deutsch-Neuguinea eine der blühendsten Inseln aller Inselgruppen des südlichen Stillen Ozeans werden.

Thos. J. Mc. Mahon: Far Eastern Review, Juni 1921

VI. Sind die Deutschen besser oder schlechter als andere Kolonialvölker?

57. *Blinde Selbstsucht charakterisiert den Deutschen nicht,* wie einige von uns annehmen mögen, denn wenn der Deutsche eine Kolonie erwirbt, lädt er alle, Deutsche und Engländer, Portugiesen oder Franzosen ein, ihr Kapital und ihren Handel dorthin zu bringen. *In keiner der westafrikanischen Kolonien wird der Kaufmann freundlicher ermutigt als in Deutsch-Togoland und Kamerun, wo Freiheit, Gleichheit und Brüderlichkeit das Motto der herrschenden Macht ist.* In Duala teilte mir ein englischer Kaufmann mit, daß der Gouverneur zweimal jährlich Beamte, Kaufleute und Missionare zur Beratung zusammenruft. Man stelle sich den englischen

Gouverneur von Sierra Leone, der Goldküste oder Südnigeria vor, der einen ähnlich radikalen Schritt täte und noch dazu Deutsche einlüde, mit ihm zu beraten. Was für Fragen würden im Hause der Gemeinen gestellt werden?

The Times: Finance and Commerce, 13. Januar 1913

58. *Von allen Schutzherren in Afrika hat der Deutsche die reinsten Hände und die besten Aussichten.* Seine afrikanische Invasion ist durch eine schlaue Diplomatie gekennzeichnet, aber selbst sein bitterster Gegner kann kaum behaupten, daß er dabei nicht ehrlich gespielt habe. *Gefälligkeit und Freundlichkeit: das ist das Geheimnis der deutschen Eroberung der westafrikanischen Meere.* Einst beherrschte hier unbestritten die Flagge von Liverpool den Handel. Bereits heute sieht man auf hoher See ebenso oft die deutsche Flagge wie die englische. Kommt man aber in einen unabhängigen Hafen, wie z. B. Monrovia, so wird man fast immer für jeden Union-Jack zwei deutsche Flaggen sehen. Deutschland braucht den Handel Afrikas und es erringt ihn auch überall, wo der Wettbewerb frei und die Aussichten gleich groß sind.

E.R. Forbes in: American Review of Reviews 1911

59. Was können wir von ihnen lernen? ist die letzte Frage auf unserer Liste. Wir können von der deutschen Kolonialpolitik lernen, daß die Ausbildung für die Tätigkeit in den Kolonien keine quantité négligeable ist. Theorie allein genügt nicht, aber auch nicht die Praxis allein ... *Hinter dem geschäftigen Deutschen im Auslande und in den Kolonien steht der bescheidene Gelehrte in seinem Laboratorium, vor seinen Landkarten, in seiner Bibliothek, im Vorlesesaal.* Wie die Ausbildung für koloniale Tätigkeit in Deutschland organisiert ist und wirkt, hat der Verfasser dieses Artikels in einer früheren Nummer des »United Empire« gezeigt.

L. Hamilton: The German Colonies, 1911-1912 in United Empire 1913

60. *Der hervorstechendste Zug der deutschen Verwaltung ist zweifelsfrei die Gründlichkeit,* mit der sie die Entwicklungsmöglichkeiten von Deutsch-Ostafrika erforscht und ausprobiert. Die Art, wie sie den Verkehr des Landes gefördert und organisiert hat, verdient alles Lob. Die hergestellten Straßen sind ausgezeichnet, und die Art und Weise, in der sie den Eisenbahnbau beschleunigt, erheischt viel Bewunderung. *Zielbewußt und systematisch angelegt, bietet er einen recht deutlichen Gegensatz zu der britischen, gewöhnlich mehr aufs Geratewohl losgehenden Methode.* Das etwas starre System und die festen, auf ihren Stationen geltenden Vorschriften mögen einem Engländer vielleicht wie zwecklose Spielerei erscheinen, und dennoch sind bei der Verwaltung eines Landes Disziplin und Ordnung von größter Wichtigkeit. Es mag sein, daß die goldene Mittelstraße zwischen der deutschen Straffheit und unserer eigenen, mehr dem Zufall überlassenen Beweglichkeit zu den besten Ergebnissen führen würde. Wir sollten beide Methoden studieren und zusehen, was mit Vorteil übernommen, was verworfen werden muß. Die Deutschen lernen sichtlich und zugestandenermaßen von uns, die wir die größte koloniale Erfahrung besitzen. *Wir sollten andererseits aber nicht meinen, daß wir von ihnen nichts zu lernen hätten.*

Colonial Office Journal 1912, S. 119

61. Viele englische Schriftsteller und besonders die, welche seit dem 1. August 1914 über die deutschen Kolonien in Afrika geschrieben haben, haben das Vordringen der Deutschen in Südwestafrika und anderswo als das Resultat verächtlicher Täuschung und Betrügerei dargestellt. Sie versuchen zu beweisen, daß das Eindringen Deutschlands in Afrika in diplomatischer und politischer, ja teilweise sogar in wirtschaftlicher Hinsicht ein schmachvolles Kapitel voll Brutalität und Mißgriffen ist. *Die Hitze des Kampfes hat sie dazu veranlaßt, Tatsachen zu verdrehen und hoffnungslos voreingenommene Urteile zu äußern. Es ist ein Unglück, daß zu einer Zeit, wo die Frage der Zukunft der deutschen Kolonien eine leidenschaftslose Stellungnahme verlangt, die Nachrichtenquellen in englischer Sprache so einseitig sind.*

Herbert Adams Gibbons (Amerikaner): The new map of Africa, 1916

62. Die Leser der *Dépêche Coloniale* wissen noch, daß wir von einem Tage zum anderen die Fortschritte der deutschen Kolonien und die beständigen Anstrengungen, sie zur Blüte zu bringen, verzeichnet haben, denn es wäre kindisch

gewesen, dieses zu leugnen oder zu verschweigen. *Durch das Aufblühen Togos, Kameruns, Ostafrikas, ja sogar der kleinen deutschen Gebiete im Stillen Ozean, schließlich auch Kiautschous, waren die Deutschen nahe daran, den höchsten Rang unter den Kolonialmächten einzunehmen,* nachdem man noch vor kaum einem halben Jahrhundert neben den kühnen englischen, portugiesischen, spanischen Pionieren, welche den Erdball für ihre Heimat eroberten, nicht drei deutsche Namen hätte anführen können.

Dépêche Coloniale, 6. Oktober 1916

63. Die Verwaltung in den deutschen Kolonien ist entschieden autokratisch, indessen nicht mehr als in den britischen Kronkolonien. In Kamerun wird alles in einer Weise gehandhabt, die zeigt, daß *die Regierung eifrig bemüht ist, mit den Kaufleuten auf gutem Fuße zu stehen.* Zwei- bis dreimal im Jahre hält der Gouverneur einen großen Kolonialrat ab, zu dem nicht nur die bedeutendsten Kaufleute, sondern auch die leitenden Missionare eingeladen werden. Man sagte mir, daß in diesen Sitzungen jede Kritik an den vorliegenden Verordnungen warm begrüßt wird, ganz gleich, von welcher Seite sie kommt, mit dem Ergebnis, daß ein jeder sich für einen wichtigen Bestandteil der Kolonie hält.

Wie anders ist da die französische Verwaltung! Mit der *Entente cordiale* mag es ja ganz nett sein, aber es ist Tatsache, daß die französischen Kaufleute andere Nationalitäten in ihren Kolonien nicht wollen, daß die Kaufleute durch die Schikanen der Regierung und Beamten völlig verärgert sind, und zwar nicht nur in Westafrika, sondern auch in Madagaskar.

John Harris: Dawn in darkest Africa, London 1912

64. »Geehrter Herr! Ihre hiesigen Landsleute sehen sich veranlaßt, Stellung zu nehmen zu den Verhandlungen zwischen der französischen und deutschen Regierung betreffend die Zukunft der deutschen Kamerun- und französischen Kongo-Kolonie in West-Äquatorialafrika. Es wird der Anschein erweckt, als ob Deutschland unfaire Anforderungen an Frankreich stellt, und es ist angedeutet worden, daß eher eine Beschränkung als eine Ausdehnung des deutschen Besitzes in Zentralafrika im britischen Interesse läge, weil Deutschland in seinen afrikanischen Kolonien britischen Unternehmungen stets hindernd entgegengetreten wäre. Wir haben nichts mit der politischen Seite der Frage zu schaffen, wir haben aber in der Praxis als Kaufleute beträchtliche Erfahrungen sowohl in Kamerun wie im französischen Kongo gemacht. Wir können ehrlich sagen, daß nach unseren Erfahrungen gerade das Gegenteil von dem richtig ist, was, soweit wir unterrichtet sind, die öffentliche Meinung annimmt.

In Deutsch-Kamerun haben wir niemals irgendwelche Schwierigkeiten gefunden. Unser Handel mit den Eingeborenen war vollkommen ungehindert und unbeschränkt, und ebenso waren die Eingeborenen vollkommen frei in ihrem Handel mit uns. *Immer haben wir mit der deutschen Regierung, die uns offenbar gern im Lande sieht, auf gutem Fuße gestanden.* Das ist ja auch verständlich, da wir gleich anderen Kaufleuten, Deutschen und Ausländern, Zoll auf unsere Waren zahlen, Summen, die der Regierung zugute kamen. *Jedenfalls wurden wir stets durch die deutschen Beamten geschützt und gefördert.* Im Verkehr mit den Zollbehörden haben wir nie Schwierigkeiten gehabt, und die Kapitäne unserer Ozeanschiffe berichten, daß sie bei der Abfertigung ihrer Schiffspapiere und bei anderen Gelegenheiten bei den deutschen Behörden *schneller zum Ziel kamen als irgendwo sonst an der Küste.* Der Zoll auf Importartikel ist für britische Waren derselbe wie für deutsche Waren; es besteht keine ungleiche Behandlung.

Zu der Weise, wie die Deutschen ihr Kamerun kolonisieren, können wir sie nur beglückwünschen. Sie bauen vorzügliche Straßen und tun alles, was in ihrer Macht steht, zur Erschließung und Entwicklung der Kolonie. Die Regierung schuf uns eine telefonische Verbindung mit vielen unserer Innenfaktoreien, und wir tragen keine Bedenken zu behaupten, *daß keine andere Kolonie in Westafrika in verkehrstechnischer Beziehung so als Vorbild dienen kann wie Deutsch-Kamerun.*

Wenn uns die Deutschen auch fernerhin in derselben Weise entgegenkommen wie seit Beginn unseres Wirkens in ihrer Kolonie, haben wir uns über nichts zu beklagen, und deshalb haben wir die volle Zuversicht, *daß der britische Handel nur zu gewinnen und nichts zu verlieren hat, wenn die deutsche Territorialhoheit im tropischen Westafrika sich ausbreitet. Unter Deutschlands Flagge finden wir in Kamerun Gerechtigkeit, Wohlwollen und Freiheit.*

Hochachtungsvoll
John Holt & Co., (Liverpool) Ltd.
Jonathan Holt, Direktor
(Hamb. Fremdenbl., 16. Dezember 1911

65. Großbritannien bemüht sich zu erreichen, daß *die englische Verwaltung in Deutsch-Ostafrika der deutschen nicht nachstehe; infolgedessen hat sich im Laufe des Jahres doch ein beträchtliches Defizit ergeben. Die vom britischen Parlament verlangten Kredite reichen nicht aus, und es ist daher zu befürchten, daß England in ein- oder zweijähriger Verwaltung diesem Gebiete nicht die gleiche Wohlfahrt werde geben können, wie sie zur Zeit der deutschen Herrschaft bestanden hat.*

Der britische Kolonialminister Winston Churchill, Juni 1921 im englischen Unterhause

66. Die ganze Kolonie befindet sich in einem bejammernswerten Zustand. *Die Deutschen, das muß die Gerechtigkeit zugestehen, hatten in Kamerun enorm gearbeitet.* Das wenigste, was wir hätten tun müssen, wäre gewesen, den Erfolg der deutschen Arbeit zu erhalten und die herrlichen Pflanzungen auszunutzen, die wir bei Besetzung des Landes vorgefunden haben. *Unsere Regierung hat es vorgezogen, alles zu vernachlässigen, und so ist alles verloren.*

Ein französischer Beamter in Kamerun 1920 in Le-Cri de Paris

67. Sowohl das Land (Togo und Kamerun) als auch die technischen Einrichtungen verschlechtern sich zusehends, und *der hohe Stand der Leistungsfähigkeit unter den Deutschen ist nicht im entferntesten erhalten worden.*

The African World, 12. Juli 1924

68. *Weiße und Schwarze sind angeekelt von den in den ehemals deutschen Kolonien herrschenden heutigen Zuständen.*

Review of Reviews, Dezember 1920

69. Es sind wundervolle Länder, reich an allen möglichen Produkten, *die die Deutschen mit den modernsten Arbeitsmethoden auszunutzen verstanden.* Die Engländer haben sie inzwischen arg vernachlässigt. Es ist ein eigenartiges Gefühl, das die neuen Herren beseelt: eine uneingestandene Vorsicht, in nicht so entfernter Zeit gezwungen zu sein, die schöne Beute an die alten Herren zurückzugeben.

Wo früher kräftiges Leben war, ist heute Öde: Häuser, Straßen, Gärten verwüstet, riesige Faktoreien verlassen, der Handel vollständig eingeschlafen. *Die Politik der Vernichtung hat damit begonnen, daß man alle Deutschen aus den Gebieten vertrieb, alle, wohlverstanden, sind verjagt worden ohne irgendwelche Entschädigung, und ihre Güter sind verauktioniert worden,* um die Kriegskosten zu bezahlen. Und niemand ist an ihre Stelle getreten.

Und die Eingeborenen, die von den Deutschen zur Arbeit und an guten Verdienst gewöhnt waren, sind heute mit den neuen englischen Herren unzufrieden, die ihnen nichts Gutes gebracht haben, denn sie können die politischen und wirtschaftlichen Gründe, die ein unmittelbares Aufblühen der Wirtschaft verhindern, nicht verstehen.

Messagero, 4. Februar 1922

70. *Frankreich hat in Kamerun eine schön organisierte und wohlentwickelte Kolonie vorgefunden. Es braucht kein neues Werk zu schaffen, sondern die deutsche Tätigkeit nur wieder aufzunehmen und fortzuführen.* Seit 1884 hatten sich die deutschen wirtschaftlichen Unternehmungen ständig ausgebreitet. Die Verwaltung arbeitete Hand in Hand und wirkte als belehrendes leitendes Organ in engster Fühlung mit den Privatunternehmen. Die Eingeborenenarbeit bildete einen Teil der deutschen Verwaltungstätigkeit. So erzielte die Kolonisation nennenswerte Erfolge, welche an der Ausdehnung der Handelszentren, Anlage von Pflanzungen, industriellen Betrieben, Entwicklung von Niederlassungen, Schulen und Missionsgesellschaften ersichtlich sind. Alle diese Fortschritte wurden durch Anlage guter Wegenetze, Flußverkehrsstraßen, durch Eisenbahnen, Bau von Häfen zu erleichtern versucht!

Colonies et Marine, Februar 1921

71. Der Unterschied in der Verwaltung von Deutsch- und Britisch-Ostafrika besteht namentlich in der Tatsache, daß, während wir unsere Zeit und unsere Aufmerksamkeit vor allem dem Bau der Uganda-Eisenbahn widmeten und im übrigen äußerste Sparsamkeit und Gleichgültigkeit an den Tag legten, die Deutschen im Eisenbahnbau nur wenig getan haben, sich dagegen der *planmäßigen Entwicklung ihrer Kolonie mit jener systematischen Gründlichkeit gewidmet haben, die ihre Rasse kennzeichnet,* und mit der Verschwendung, die aus der Entschlossenheit herrührt, um jeden Preis ein Kolonialreich zu gründen.

Wie zu erwarten war, haben die Deutschen den wissenschaftlichen Abteilungen, die in den britischen Besitzungen meist gänzlich vernachlässigt worden sind, die größte Aufmerksamkeit gewidmet. Sorgfältig durchgeführte und kostspielige Experimente sind gemacht worden, um zu ermitteln, welche Produkte des Landes sich als gewinnbringend erweisen würden, und die Regierungsplantagen namentlich in Kwai (West-Usambara) sollen eine große Ausdehnung haben. In Daressalam befindet sich ein Museum, in etwa zwanzig Stationen gibt es Wetterbeobachtungsposten und in Landesvermessung und Herstellung von Karten sind große Fortschritte gemacht worden. Wir sind in dieser Beziehung kläglich im Rückstand. Als ich Kommissar des Protektorats war, *zog ich gewöhnlich eine deutsche Karte zu Rate, auf der unsere der Grenze zunächst liegenden Gebiete noch mit berücksichtigt waren, und nährte mich also gewissermaßen von den Abfällen, die vom teutonischen Tisch fielen;* sie waren nahrhafter als irgendeine durch unsere Kartographen beschaffte Mahlzeit.

Die Deutschen stehen in dem Ruf, die Eingeborenen strenger zu behandeln, als wir es zu tun pflegen, und weniger volkstümlich mit ihnen umzugehen. Andererseits wird berichtet, daß Eingeborene aus dem Kongofreistaat und aus den portugiesischen Besitzungen nach dem deutschen Gebiet einwandern, *so daß sie doch wohl die deutsche Herrschaft nicht sehr widerwärtig finden können.*

Der Erziehung wird mehr Aufmerksamkeit als bei uns gewidmet. Während es in Britisch-Ostafrika keine Regierungsschulen gibt und sich der Unterricht ganz in den Händen der Missionare befindet, haben die Deutschen acht solcher Schulen …

Wenn wir die britischen und die deutschen Kolonien betrachten, so fragen wir uns unwillkürlich, welche Verwaltungsart wohl die bessere ist. Noch ist es zu früh, aus den Ergebnissen Schlüsse ziehen zu wollen. Die Saatzeit ist kaum vorüber und die Ernte ist sicher noch nicht da. Solche Frage, wie die über den verhältnismäßigen Grad und Erfolg der Kolonisation, kann nur durch wirkliche Ergebnisse entschieden werden. Obgleich wir uns auf ein Volk mit größerer Befähigung zur kolonialen Ansiedlung stützen können, *sind die deutschen Kaufleute und Pflanzer in Ostafrika jedenfalls ebenso auf dem Plan gewesen* … Ich möchte jedenfalls nicht, daß wir uns mit schönen Redensarten schmeicheln und uns, wie wir es zu tun pflegen, dazu beglückwünschen, daß wir alles besser machen als andere Nationen.

Gouverneur Sir Charles Elliot: The East Africa Protektorate, London 1901

72. Großbritannien hat eine lange und vielseitige Erfahrung als kolonisierendes Land. *Deutschland* ist verhältnismäßig ein Neuling auf kolonialem Gebiet und *hat sich,* nachdem es eingetreten ist, *seiner ungewohnten Aufgabe mit charakteristischer Gründlichkeit und Energie unterzogen. Es wäre ein großer Fehler, zu glauben, daß wir von seiner Erfahrung auf diesem Gebiete nichts zu lernen haben,* wie auch Deutschland viel, auf jeden Fall aber etwas zu lernen hat von unserer langen Geschichte als Kolonialvolk.

Wir haben alle Hände voll zu tun, gerade in dieser Hinsicht zu voll, als daß uns Zeit oder Entschuldigung bliebe für Feindseligkeit und Neid. *Andererseits ist Raum genug für ehrbaren Wetteifer,* die materiellen Hilfsquellen dieser reichen Länder zu entwickeln und das Prestige der europäischen Zivilisation unter ihren primitiven Völkern aufrechtzuerhalten.

Viscount Milner: Vorsitzender des Colonial-Instituts, United Empire, Februar 1914

73. Wir waren immer geneigt zu glauben, daß das britische Reich und Volk ein bedeutendes Kolonialvolk ist, und sicherlich ist sein Ruf ein sehr stolzer und berühmter gewesen, aber die *Kraft und Stärke und das System, mit dem Deutschland sich in den letzten Jahren der ausländischen Kolonisation unterzogen hat, ist sehr beachtenswert gewesen.*

Georg Foster: canadischer Handelsminister, United Empire, Februar 1914

74. *Die deutsche Kolonialpolitik ist* eine Arbeit von nur 30 Jahren. *Es ist die fabelhafte Leistung eines großen Volkes.*

United Empire, Februar 1914

75. Die Kolonialvölker sollten gemeinsame Bestrebungen haben, statt wie jetzt gegeneinander zu arbeiten und zu streiten. Achtung ist der wissenschaftlichen Art und Weise, mit der Deutschland seine Hilfsquellen entwickelt hat, bereits gezollt worden; es war keine Frage, daß Deutschland weitere gewaltige Fortschritte gemacht hat. *Die Arbeitsmengen, die Deutschland im Kolonisieren geleistet hat, gereichen ihm zur Ehre.*

Robert Melville: United Empire, Februar 1914

76. *Wenn alle französischen Kolonien so ausgerüstet wären wie Kamerun und Togo, so wäre das ein großer Fortschritt* auf dem Wege zu ihrer rentablen Erschließung. Frankreich muß in seinen Kolonien unbedingt das verbessern, was die Deutschen schon 1913 in ihren Kolonien verwirklicht hatten. Vor allem ist das, wie nicht erst dargelegt zu werden braucht, eine moralische Notwendigkeit.

Intransigeant, August 1923

77. *Die Eingeborenen in Deutsch-Ostafrika sind freundlich und respektvoll gegen Fremde.* Nie vermißten wir Höflichkeit. Ja, wir waren aufs angenehmste überrascht durch die Fürsorge der Dorfältesten für gänzlich fremde Europäer und noch dazu Ausländer. *Die Eingeborenen scheinen ein zufriedenes und* trotz der Ärmlichkeit ihres Landes (Gegend zwischen dem Rukwa und Tabora) *ganz glückliches Völkchen zu sein, dem man absolut nichts von Erbitterung gegen die deutsche Herrschaft anmerkt.*

Eins sechswöchiger Aufenthalt könnte natürlich nicht genügen, um sich ein Urteil zu bilden, wenn nicht die Vertrautheit mit den verwandten Verhältnissen des benachbarten Rhodesia und die freimütige Offenheit, mit der jeder in Deutsch-Ostafrika sprach, uns unterstützt hätten. *Die allgemeine Ansicht, daß wir Engländer nicht viel von der deutsch-ostafrikanischen Verwaltung lernen könnten, beruht auf oberflächlicher oder nicht mehr zutreffender Kenntnis der Tatsachen* und erinnert an die Worte, die ein früherer Gouverneur von Britisch-Ostafrika, Sir Charles Eliot, im Hinblick auf die deutsche Kolonie schrieb: Wir beurteilen natürlich die deutsche Kolonialpolitik vom britischen Standpunkte aus; und da wir über eine längere Kolonialpraxis verfügen, fanden wir auch schwache Punkte der deutschen Verwaltung. Aber wir sahen doch auch manches Bewundernswerte und das *Gesamturteil muß das sein, daß wir unsere Nachbarn beglückwünschen können zu ihren Leistungen.* Der in die Augen stechendste Charakterzug der deutschen Verwaltung ist zweifellos die entschlossene Art, mit der die Deutschen die Entwicklungsmöglichkeit ihrer Kolonie erforschen und erproben. *Die Art, wie sie den Handel entwickelt und organisiert haben, ist ausgezeichnet,* und ihre Methode, Eisenbahnen ins Land hineinzutreiben, verdient Bewunderung; *in ihrer Gründlichkeit und Planmäßigkeit bildet sie einen sehr bemerkenswerten Gegensatz zu der von den Zufällen des Augenblicks abhängigen britischen Übung.* Die Deutschen bemühen sich offensichtlich, von uns zu lernen. Wir unsererseits sollten nicht glauben, daß wir nicht von ihnen lernen können. Denn, wenn man berücksichtigt, wie jung Deutschlands koloniale Betätigung ist, muß man anerkennen, daß es allen Grund hat, stolz zu sein auf das, was in seinem ostafrikanischen Schutzgebiet geleistet ist.

Frank A. Melland und Edward H. Cholmeley: Beamte in Northern Rhodesia: Through the Heart of Africa, 1912

78. *Der Kaufmann,* der ein neues Handelsfeld in Westafrika sucht, *wird das herzlichste Willkommen und die tadelloseste (fairest) Behandlung in den deutschen Kolonien finden* und danach

auch in den britischen Kolonien. Zwischen belgischen und portugiesischen Kolonien ist nicht viel Unterschied. Keine anderen als Franzosen sollten in die Kolonien des Landes der *Liberté, Egalité et Fraternité* gehen, denn da ist wenig *Liberté*, noch weniger Fraternité und gar keine *Egalité* für Weiß und Schwarz zu finden.

John Harris: Dawn in darkest Africa, London 1912

VII. Sollen die Deutschen Kolonien haben oder nicht?

79. Die Deutschen haben als Forscher und auch als Kaufleute *glänzende Proben ihres Könnens* abgelegt. Jetzt müssen sie auch zeigen, was sie als Ansiedler vermögen.

Es liegt im Interesse der Zivilisation, daß alle europäischen Völker einem der noch in Besitz zu nehmenden Teile der Erde ihr besonderes Gepräge aufdrücken. Die Welt wird auf diese Weise etwas mehr Abwechslung zeigen und nicht so leicht in der Einförmigkeit der Methoden und Begriffe einschlafen.

Paul Leroy: De la Colonisation chez les Peuples modernes, Paris 1908

80. *Da das britische Reich den inneren Wert der deutschen Zivilisation anerkennt, dürfte es der deutschen Ausdehnung jenseits der Meere weder was den Handel noch das Gebiet betrifft Hindernisse in den Weg legen.*

Richard Jebb: in United Empire, London 1912

81. Das Kolonialproblem ist ein großes geschlossenes internationales Problem. Dieselben Faktoren, die die deutsche Kolonialpolitik beherrschten, bestehen für jedes kolonisierende Land. Deutschland befindet sich in der bevorzugten Lage einer Großmacht, und *die Drähte seiner Kolonialpolitik, die in Versailles zerschnitten wurden, werden daher wieder einmal aneinandergeknüpft werden.* In der Natur der Dinge liegt es, daß, wie man wenigstens argumentieren muß, *die gegenwärtige koloniallose Zeit in der Geschichte des Reiches eine Periode darstellt, die nicht lange andauern kann.*

Telegraaf (Amsterdam), April 1925

82. *Wenn der gesunde Menschenverstand zu seinem Recht kommen soll, ist die Wiedererrichtung des deutschen Kolonialbesitzes unvermeidlich,* und wir Italiener müssen den Tag herbeiwünschen, wo die deutschen Kolonien ihrem Besitzer zurückgegeben werden.

Giacomo Buonomo in Afrika Italiana, März/April 1920

83. Viele wunderbare Arbeit ist von Euch (Deutschen) in Deutsch-Ostafrika geleistet worden. Nachdem ich 30 Jahre in vielen englischen Kolonien tätig gewesen bin, kann ich mir gewiß erlauben zu sagen, *daß ich noch nie ein Land so gut und solide ausgebaut gesehen habe, wie Deutsch-Ostafrika* von den Deutschen ausgebaut worden ist. Es fiel mir auf, daß alles so solide war und die Arbeit, die dort geleistet ist, wäre ein Lob für jede Nation. *Ich bin der Meinung, daß es nicht mehr lange dauern wird, bis die englische Regierung Deutsch-Ostafrika Euch zurückgeben wird* ... Nachdem ich die großen Mißstände der Engländer gesehen habe, wäre es besser, wenn Tanganyika (Deutsch-Ostafrika) je schneller desto besser Euch zurückgegeben würde, zum Vorteile beider Länder ... Im allgemeinen haben wir Engländer ein volles Fiasko in dem einst so prächtigen Lande gemacht.

Ein hoher Kolonialengländer, Anfang 1924

84. Die Reichsregierung muß ihren Industrien ein genügendes Absatzgebiet verschaffen. *Das ist nur durch Wiedergewinnung der Kolonien möglich. Deutschland muß durchaus seine überseeischen Besitzungen zurückbekommen,* um seine Produkte absetzen zu können. Wenn dies nicht geschieht, wird Deutschland heute wie gestern der fruchtbare Konkurrent des übrigen Europas sein, der Hauptinteressent an der Industrie und dem Handel der ganzen Welt. Eine fruchtbare Nation, die sich durch starken Nachwuchs wieder ergänzt hat und in zu enge Grenzen eingeschnürt ist, braucht Ausgänge zunächst nach überseeischen Besitzungen. Sie beteiligt sich an dem Handel und der Industrie

ihrer Nachbarn nur mit dem Überschuß ihrer Produktion. Sonst gibt es im Innern Arbeitslosigkeit, Elend, Revolution und bei Gelegenheit des kleinsten Konfliktes Gefahr für die anderen Völker. Auch wird ein revolutionärer Staat nur die Verbreitung der bolschewistischen Lehre fördern.

Fernand Bouisson: Vizepräsident der Kammer der Deputierten, (N. Fr. Presse, Wien, Januar 1925)

85. Das Grundgesetz verbietet nicht, daß auch *Deutschland eine Mandatschaft über eine seiner ehemaligen Kolonien erhält.*

Bekanntlich sind Deutschland seine Kolonien weggenommen worden, weil nach Angabe der Verbündeten Deutschland dort Mißwirtschaft getrieben hat und die Eingeborenen dort von deutschen Gewalttaten und Sklavenketten erlöst werden müßten.

Wir wissen heute, daß diese Beschuldigungen unwahr sind. Die deutschen Kolonien wurden bestimmt nicht schlechter verwaltet als der Kolonialbesitz irgendeines der Verbündeten. Heute müssen wir sogar anerkennen, daß gewisse deutsche Kolonien jetzt schlechter verwaltet und entwickelt werden als früher von den Deutschen. *Da also bewiesen ist, daß Deutschland seine Kolonien nicht schlecht verwaltet hat, fallen auch die Gründe weg, aus denen Deutschland der Kolonien beraubt wurde; also hat Deutschland einen Anspruch auf ein Mandat.* Es müßte amtlich durch den Völkerbund untersucht und festgestellt werden, daß die deutschen Kolonien wirklich nicht schlechter als andere Kolonien verwaltet und entwickelt worden sind.

Regierungsblatt De Burger, Februar 1924

86. Wenn wir uns heute die vierzehn Punkte des Präsidenten Wilson vornehmen, die sich die Entente als Friedensprogramm aufs Banner schrieb, und sie mit dem vergleichen, was tatsächlich als Folge des Versailler Vertrages eingetreten ist, steht man vor folgenden Tatsachen:

Freie und weitherzige Schlichtung aller kolonialen Ansprüche, vor allem vom Vorteil der betroffenen Bevölkerung bestimmt. *Die Kolonien sind Deutschland abgenommen worden, obwohl es sie notwendiger brauchte als alle anderen Länder des europäischen Kontinents,* da es eine Bevölkerungsdichte von beinahe 124 Einwohnern auf einen Quadratkilometer besitzt (wie Italien, das 133 aufzuweisen hat), während Frankreich nur 74, Spanien 40, das europäische Rußland vor dem Kriege nur 24 zu verzeichnen hatte.

Nitti: Das friedlose Europa

87. Wenn man aus Gründen allgemeiner Natur Mittel finden will, um Deutschland Genugtuung zu geben, so braucht man sie nicht gerade in Europa zu suchen.

Um es zu beruhigen (wenn man daran überhaupt ein Interesse hat), *muß man seinen Ansprüchen auf Kolonien,* auf Seegewalt, auf Ausbreitung seines Handels *entgegenkommen.*

Nitti: Das friedlose Europa

88. Angenommen, Deutschland wolle irgendwo in der Welt Territorien erwerben, die nicht zum britischen Reich gehören. Liegt irgendein Grund vor, weshalb sich England ihrer Erwerbung durch Deutschland widersetzen sollte? *Die Deutschen sind fähige Kolonisatoren und würden in allen Besitzungen, die sie erwerben, Tüchtiges leisten.* Sie haben in ihren jetzigen Besitzungen Tüchtiges geleistet und tun es noch, wenn auch ihr System sich von dem englischen unterscheidet. Aber es gibt mehr als ein System, und es gibt kein Monopol für kolonisatorisches Talent. Indessen stehen die Deutschen unter dem Eindruck, daß, sooft sie den Platz für eine mögliche Erwerbung finden, England ihnen im Wege steht, wenn es auch das Gebiet nicht für sich selbst beansprucht. Wäre das der Fall, dann hätte Deutschland Grund zur Klage.

Morning Post, 18. Januar 1912

VIII. Stimmen Eingeborener der Deutschen Kolonien

89. Massa, bleib doch hier, bis der Krieg zu Ende ist, wir werden hier sonst sicher umkommen. *In Kamerun sind jetzt die Franzosen … dadurch sind wir wieder in die alte Zeit zurückversetzt, wo nur der Stärkere das Recht auf seiner Seite hatte,* der Schwache aber unterdrückt und verfolgt wurde.

Das war, als Ihr Weißen noch nicht im Lande waret. Ach, wenn jetzt doch wenigstens die Engländer das Land verwalteten, bis die Deutschen zurückkehren.

Ein Kameruner im April 1916 zu einem Deutschen, der von Fernando Po nach Spanien gebracht wurde

90. Ich habe eine große Sehnsucht nach Ihnen. Ich habe in meinem letzten Schreiben zum Ausdruck gebracht, daß ich Sie und Ihre Nation zeitlebens nie vergessen werde. Das wiederhole ich hier von neuem. *Ich bin deutsch, ich lebe deutsch, ich sterbe deutsch.* Ich bin immer bereit, daß Gesagte zu wiederholen, wenn ich Sie zu Gesicht bekomme. Das Beste, was hier zu tun ist, besteht darin, daß Sie bitte versuchen wollen, daß die Musterkolonie wieder in die Hände Ihrer Nation kommt. Denn Diebstahl, Mord, Raub und Großsprecherei nehmen alltäglich überhand.

Brief eines Togonegers, 1920

91. Einige von den weißen Leuten sagten, Sie kommen, einige sagten, Sie kommen nicht. Aber ich glaube allen ihren Worten nicht. Ich bin sicher in meinem Herzen, daß Sie kommen. Lieber Herr, *mit der Kolonie geht es abwärts.* Bitte, lassen Sie mich wissen, wann Sie nach Hause kommen, damit ich weiß, was ich zu tun habe.

Ein Togoneger an seinen deutschen Herrn, Ende 1920

92. Das ganze Dualavolk liebt die französische Regierung nicht. *Wir wollen lieber einen Deutschen als tausend Franzosen.* Wo bleiben die guten deutschen Kaufleute? Es fehlt an Faktoreien, an Stoffen, Arbeitsgerät usw. *Unter der Mehrzahl der Eingeborenen besteht der Wunsch und das Verlangen nach Rückkehr der Deutschen.*

Brief aus Kamerun: Junge Männer Dualas, 1920

93. Ich bin ermächtigt, im Namen des Nationalkongresses von Britisch-Westafrika zu erklären, daß *unter den Eingeborenen Westafrikas Unzufriedenheit wegen der Übertragung von Togo und Kamerun an Frankreich herrscht ... Ich betone ausdrücklich, daß Frankreich heute nicht im Besitz von Kamerun und Togo wäre, wenn die Bevölkerung befragt worden wäre.*

Abordnung westafrikanischer Neger in London, 1921

94. Wenn ich in die vergangene Zeit zurückblicke, so sehe ich, daß die Deutschen mir und dem lieben Togolande nur große Wohltaten erwiesen haben. Ich weiß, daß die Deutschen streng sind; aber *Warmherzigkeit, Gerechtigkeit und Wohltätigkeit sind bei ihnen zu finden.* Haben die anderen Nationen auch diese Eigenschaften? Nein, gar nicht! Sie sind heimtükkisch, böse, geizig und lieben die farbigen Angestellten nur in dem Auge. Von der deutschen Zucht ist nur Gutes zu reden. Ein strenger, guter und wohltätiger Her ist tausendmal besser als ein heimtückischer, böser und geiziger.

In der deutschen Zeit war jeder Mensch seines Lebens sicher. Ein einzelner Mensch konnte ohne Furcht das ganze Togoland bereisen; Mord und Raub kamen sehr selten vor. Und wie ist es heute in Togo? Sehr schrecklich. Keiner darf es jetzt wagen, allein eine Fußreise von der Küste nach dem Innern Togos zu machen ...

Ist das ganze Togoland deutsch gesinnt? Ja. Togo steht immer auf deutscher Seite. Selbst in den englischen und französischen Gebieten haben die Leute große Sehnsucht nach den Deutschen. Seit dem Ausbruch des Krieges ist Togo mit einem Kinde zu vergleichen, dessen Eltern gestorben sind und das keine Geschwister hat und allein auf der Erde ist. *Oh, treues Deutschland, behalte immer deine Musterkolonie Togo in deinen Gedanken und vergiß sie nie!*

... Wenn auch heute die deutschen Kolonien in den Händen anderer Nationen sind, so hoffe ich doch fest, daß sie einst in die Hände ihrer alten Herren zurückkommen werden.

Ein Togoneger, März 1921

95. Am Sonntag kam der erste deutsche Dampfer der Woermann-Linie mit deutscher Flagge. Viele Leute liefen an den Strand, um alle wohlbekannten Freunde zu begrüßen; es war einfach erhebend ... *Hier war die Verwunderung über die Begeisterung der Eingeborenen so groß, daß die Regierung die Truppen an die Brücke beorderte* und der Administrator die Leute mit dem Stock vom Strande zu vertreiben suchte, was ihm aber nicht gelang. Der Kapitän wollte an Land kommen, aber es wurde ihm verweigert; es durfte auch niemand an Bord ... Sie hätten das Ereignis,

die Ankunft des ersten deutschen Frachtdampfers in Lome erleben sollen! Woher die große Frucht vor einem einfachen Frachtdampfer, ist schwer zu ergründen. Immerhin ist ein Anfang gemacht.

Brief eines Togonegers, 23. Februar 1921

96. Ach, was sagten die Eingeborenen nicht alles zu mir! *»Unser Vater kommt zurück. Jetzt freue ich mich sehr, jetzt ist unserem Lande von Gott unser Vater wiedergegeben.«* »Gott sei Dank, daß endlich nach so vielen Jahren ein Dampfer von unserem Vater gekommen ist.« *»Kommt wieder, damit das goldene Zeitalter wieder anfängt!«*

Ein Eingeborener zu einem alten Deutsch-Ostafrikaner, der am 15. April 1922 mit dem ersten deutschen Dampfer in Daressalam war

97. Stolz setzte der Hereró hinzu: *»Wir sind doch auch Deutsche, genau so wie ihr!«* Das ist keine Spielerei, keine Negerlaune; das ist aufrichtiges Bekenntnis, das ist Ernst! Sogar zur Ruhrspende haben Eingeborene aus freien Stücken selbständig und unbeeinflußt beigetragen. Vor ein paar Tagen brachte noch ein Hereróweib einem hiesigen Kaufmann zehn Schilling mit dem ausdrücklichen Bemerken, *das sei für die Deutschen, die unter den Franzosen leiden müßten.* Mehr könne sie leider nicht geben.

Aus einem Briefe aus Deutsch-Südwestafrika, Oktober 1923

98. Ich bin in ... beschäftigt, da die Behandlung zu Hause zu tierisch geworden war seit dem Abgang der Deutschen. Das deutsche Kamerun ist jetzt wegen der schlechten Behandlung durch die Franzosen leer. *Das ganze Kamerun steht bis heute am Ufer und erwartet die Ankunft der Deutschen.*

Asu dem Briefe eines Kameruners, 1923

IX. Nachlese

99. Wir brauchen Sie wohl kaum davon zu unterrichten, daß die Einwohner, beide, Europäer und Eingeborene, mehr denn je empört sind über die Lage der Dinge in *Samoa;* und somit bitten und ersuchen wir Sie, Ihre besten Mittel aufzuwenden, um zu verhindern, daß das Land unaufhaltsam dem Bankrott zutreibt; veranlassen Sie dazu energische Abstriche und bedeutende Verminderung der Ausgaben, um die schwere Steuerlast zu erleichtern.

Die Weißen in Samoa an den Neuseeländischen Minister 5. Juli 1921

100. In *Togo und Kamerun* bekommen wir die Ergebnisse der deutschen Tätigkeit zu merken. Gewiß! Togo ist unendlich viel kleiner als unser ausgedehntes westafrikanisches Kolonialgebiet; aber wir finden dort eine Stufe der Vervollkommnung, welche vorbildlich ist. Die Deutschen haben uns den Weg gewiesen. Das mindeste ist, daß das deutsche Vorbild nicht für uns verloren ist, und daß wir in unseren Kolonien verwirklichen, was die Deutschen in den ihren bis 1914 haben zur Tat werden lassen. Das ist eine moralische Verpflichtung, die keines Beweises bedarf.

L'Intransigeant 17. August 1923

101. Die Deutschen wollten aus *Togo* in Anbetracht seiner Kleinheit und seines Reichtums eine Musterkolonie machen, ein Laboratorium für Versuche: zu diesem Zwecke scheuten sie vor keinem Opfer zurück. Wir haben in Togo zweckmäßige und wohnliche Verwaltungsgebäude, ausgedehnte und gut eingerichtete Krankenhäuser, landwirtschaftliche Stationen, recht leistungsfähige Pflanzungen, eine Landungsbrücke und eine Eisenbahn vorgefunden. Togo zeigte damals die Fassade eines reichen Landes, in dem ein Maximum von Erfolgen in einem Minimum von Zeit das Ergebnis der Verwaltungsmethode war.

»Le Temps« 1925

102. Es scheint, daß kaum noch ein Zweifel möglich ist über die Richtigkeit des Gerüchts, das schon lange heimlich von Mund zu Mund ging, daß nämlich das englische Regiment in dem jetzt Tanganjika Territory genannten *Deutsch-Ostafrika* keine befriedigenden Resultate ergeben hat. Die schöne ehemals deutsche Kolonie, die unter strenger, aber gerechter Regierung einstmals in höchster Blüte stand, wurde damit beglückt, daß man grundsätzlich alles Deutsche auszurotten bemüht war. Darauf zu-

rückzuführen ist unter anderem auch die Schlappheit der englischen Eingeborenenpolitik und als deren Folge der Verfall der herrlichen Kaffee- und Sisalpflanzungen.

Das deutsche Regierungssystem war übrigens weder verhaßt noch inhuman gewesen. Schwarze und Weiße im früheren Deutsch-Ostafrika stimmen vollkommen überein in der Anerkenntnis, daß es ihnen unter deutscher Herrschaft besser gegangen ist. Sie entsinnen sich wohl, daß die Kolonie auf dem sicheren Wege zu einer glänzenden wirtschaftlichen Zukunft war. Diese Überzeugung und dieses schmerzliche Bedauern der eingetretenen Veränderung machte sich unwillkürlich Luft in dem Jubel, der in Daressalam und Tanga ausbrach, als daselbst 1923 wieder der erste deutsche Dampfer erschien.

Graf Silvia Caterini in Giornale Economico v. 10. 6. 1925

103. »Es läßt sich kaum mit Recht behaupten, daß Deutschland seine Kolonien schlecht regiert hat. England hat sogar offen zugegeben, daß einige von ihnen vortrefflich organisiert waren. Man muß sich auch der vorbildlichen Haltung der Eingeborenen in Ostafrika im Kampfe v. Lettow Vorbecks erinnern, wenn man gerecht sein will. Unzweifelhaft befanden sich die deutschen Kolonien in blühender Entwicklung, als der Krieg kam, und sie werden daher für die Finanzlage Deutschlands eine große Bedeutung erlangen, selbst wenn Deutschland nur Mandatarmacht wird.«

»Berlinske Tidende« 1926

104. Nach einer Inspektionsreise in Westafrika äußerte der oberste Leiter der Bank of British Westafrika seine größte Bewunderung über deutsche Arbeit und deutsches Wirken in *Kamerun:* »Ich bedauere es, daß britisches Kapital an den *Kakaopflanzungen in Victoria* nicht beteiligt ist. Ich halte die Aussichten dieser Pflanzungen, die sich heute zum größten Teil wieder in deutschen Händen befinden, für sehr aussichtsreich. Auch die Pflanzungen im Stadtgebiet von Duala sind in sehr günstigem Zustand und in der dem Deutschen eigenen gründlichen Weise angelegt. Man wird unwillkürlich dazu gezwungen, sich die Frage vorzulegen, welch hohen Grad der Entwicklung *Kamerun* wohl heute schon erreicht haben würde, wenn die Deutschen es seit 1914 hätten weiter verwalten können. Die Berichte von angeblichen Mißhandlungen Eingeborener durch deutsche Pflanzer in Duala oder Victoria glaube ich nicht, denn dazu sind die Neger an ihre früheren Herren viel zu anhänglich. Dies wurde dadurch bewiesen, daß einige tausend Eingeborene sich kürzlich bei der Ankunft eines Woermanndampfers in Victoria versammelten, um deutsche Reisende, die zu ihren Pflanzungen zurückkehrten, zu begrüßen. Die Deutschen fassen ihre Arbeit wissenschaftlich an, und ich glaube bestimmt, *daß sie unserer alten Methode, zu kolonisieren, über sind.* Die einzigen französischen Plätze, die ich besuchte, waren Dakar und Duala. An beiden Orten befinden sich Cafés und Restaurants und es ist am Abend in Westafrika sehr angenehm, sein Abendessen im Freien bei gutem Konzert einnehmen zu können. Es scheint Lebensbedürfnis des Franzosen zu sein, schon im Café zu sitzen, wenn der Engländer noch auf dem Sportplatz sich befindet, während der Deutsche aller Wahrscheinlichkeit nach – noch bei der Arbeit ist. Die Deutschen führten in Duala und Victoria ein großes Entwässerungssystem durch, wie ich es noch an keinem anderen Platze in Britisch-Westafrika gesehen habe. Man sollte unbedingt von den Deutschen lernen und ihren Methoden mehr Aufmerksamkeit schenken.«

Aus »Westafrika« in der Deutschen Tages-Ztg., 21. März 1926

105. Der Oxforder Professor der Neueren Geschichte William Harbutt Dawson, Sachverständiger bei der Vorbereitung des Versailler Vertrage, schreibt in seiner Einleitung zu den Schneeschen Buche *»German Colonization Past and Future«* (1926):

»Zweck der Darlegung ist, zu zeigen, inwiefern Deutschlands Ruf und Erfolg als Kolonialmacht ungerecht in Zweifel gezogen ist und zu begründen, weshalb die *Rückgabe von Kolonien* an Deutschland sowohl ein Pflichtgebot als auch eine Notwendigkeit ist.« (S. 10.)

»Es war ein Unglück für Europa und für die Welt, daß die 14 und die 5 Punkte Wilsons außer Betracht gelassen wurden.« (S. 14.) »Die Hohlheit und Unaufrichtigkeit der Begründungen, daß Deutschland seine Unfähigkeit und Unwürdigkeit dargetan habe, die Verantwortung für die Regierung Eingeborener zu tragen, ist am besten bewiesen durch die Tatsache, daß man nie zuvor diese Unfähigkeit und Unwürdigkeit versucht hat die Welt glauben zu machen, denn die Zeugnisse, amtliche wie nichtamtliche, lauteten alle ganz anders, und zwar derart, daß ausgerechnet bei Kriegsausbruch unsere Regierung darüber verhandelte, noch weitere Gebiete, darunter sogar britische, den Deutschen zu überlassen.« (S. 23.) »Das wissen unsere Staatsmänner sehr wohl, aber nur wenige haben den moralischen Mut zuzugeben, daß die Weigerung, Deutschland wieder Kolonien zu geben, unvermeidlich einmal zum Kriege führen muß. Wer kann denn glauben, daß eine Großmacht mit einem so gewaltigen Anteil am Welthandel und mit einer so männlichen und begabten Bevölkerung, die in dem Maße zunimmt, wie die Frankreichs abnimmt, nach vierzigjährigen Erfahrungen in überseeischer Herrschaft, sich begnügen wird, die gegenwärtige Verteilung der unentwickelten Gebiete der Eingeborenen in Afrika ruhig mit anzusehen?« (S. 25.) »Es ist unfaßbar, daß Belgien von 7 1/4 Millionen Einwohnern ein Kolonialreich von fast einer Million (englischer) Quadratmeilen haben soll, daß ein dekadentes Land wie Portugal mit 6 Millionen Bevölkerung ein Weltreich von gleicher Ausdehnung haben soll, daß Frankreich mit seinen 38 Millionen, die kaum für die Bedürfnisse des Mutterlandes genügen, ein Kolonialreich von fast 5 Millionen Quadratmeilen besitzen soll, während Deutschland, das drittgrößte Industrieland der Welt, mit noch immer 65 Millionen einer fruchtbaren Bevölkerung, verurteilt sein soll zu dauerndem Ausschluß aus der Reihe der Kolonialmächte.« (S. 25/26) »Erst am 10. Mai 1916 erklärte Mr. Asquith öffentlich: ›Das Ziel der Verbündeten in diesem Kriege ist, den Weg zu ebenen zu einem internationalen System, das gleiche Rechte für alle zivilisierten Nationen sichert.‹ Die Kolonialbestimmungen des Versailler Vertrages sind eine Verhöhnung dieses gerechten Prinzips.« (S. 26.)

»Es war gerade vor Kriegsausbruch, daß Sir Harry Johnston in einem Buche, in dem er zeigte, wie Deutschland seinen Geburtenüberschuß an andere Nationen verliert, die faire Lösung gab, als er schrieb: Wenn die Deutschen mehr Ellbogenraum beanspruchen, erfüllen sie für Gottes Willen, daß der beste Menschenschlag die Welt beherrschen soll.« (S. 41.) »Daß der Vertrag von Versailles – und nicht dieser allein – später oder früher von Grund auf revidiert werden muß, hat nie jemand bezweifelt, der einen Funken politischer Einsicht und Voraussicht besitzt. Eines der Gebiete, auf dem die Revision am drängendsten ist, ist die *Rückgabe von Kolonialbesitz* an Deutschland.« (S. 40.) »Die deutsche Forderung auf Kolonialbesitz ist am drängendsten und sie kann man nicht bald genug ins Auge fassen.« (S. 42.) »Deutschlands Wünsche könnten im tropischen Afrika befriedigt werden und zum mindesten sollten ihm Mandatsgebiete in Ost und West zurückgegeben werden. – Wenn eingewendet werden sollte, daß in Tanganyika *(Deutsch-Ostafrika)* Schwierigkeiten entgegenständen, weil viele Engländer seitdem dort Pflanzungen erworben und sich angesiedelt haben, so ist die Antwort, daß wir mit Aneignung dieses Gebiets eine unentschuldbare Dummheit begangen haben. – Uninteressierte neutrale Staaten würden uns vielleicht zu antworten geneigt sein, daß die Unbequemlichkeiten, die die Wiedereinsetzung der Deutschen in ihren Kolonialbesitz mit sich bringen würde, nicht verglichen werden können mit den Leiden, die Tausenden von unschuldigen Deutschen zugefügt wurden, indem man sie auswies, nachdem man sie ihrer Habe beraubt hatte, aus Ländern, für deren Entwicklung und Zivilisierung sie so viel getan haben.« (S. 43) »Ist es nicht immer noch wahr, was Bonar Law im Abgeordnetenhause sagte: »Das Britische Weltreich ist bereits groß genug, und woran wir wirklich ein Interesse haben, ist zu entwickeln, was wir besitzen?« (S. 44.) »Wenn Großbritannien zu Deutschlands Gunsten auf seine Mandate in Ost- und Westafrika verzichten würde, so besteht die Wahrscheinlichkeit, daß Frankreich sofort dasselbe tun würde, glücklich, daß es gnädig entbunden wird von einer unmöglichen Verpflichtung.« (S. 45.)

106. Deutschlands Forderung auf Kolonialmandate kann nicht länger abgewiesen werden.

Der Weltfriede erfordert eine gerechte Lösung des Kolonisationsproblems

Von dem vormaligen Schatzkanzler im Kabinett Macdonald Philip Snowden

Der Teil des Versailler Vertrages, welcher Deutschland all seiner Kolonien beraubt, war nicht nur ein ausgemachtes Unrecht gegen die

Versprechen der Alliierten während des Krieges, sondern war *ein bewußter Versuch, Deutschlands wirtschaftliche Entwicklung zum Besten des Handels der Rivalen lahmzulegen.* Präsident Wilson erklärte, daß, wenn Friede geschossen wird, er alles vermeiden wolle, was die deutsche Nation zu dem Glauben führen könnte, daß er einen Frieden beabsichtige, welcher seinen legitimen wirtschaftlichen Bestrebungen entgegenarbeiten würde. Andere alliierte Staatsmänner fällten Gutachten ähnlichen Inhalts. Allein bei dem rachsüchtigen Geist, welcher den Vertrag diktierte, wurde diese seine Zusage vergessen oder ignoriert. Um die Beschlagnahme von Deutschlands Kolonien zu entschuldigen, *wurde eine weitläufige Propaganda in Gang gesetzt, um die Meinung hervorzurufen, daß Deutschland sich unfähig erwiesen habe, Kolonien zu verwalten.*

Es wurde kein wirklicher Grund für eine solche Beschuldigung gefunden. Als Deutschland Erfahrungen gesammelt hatte, wurde sogar seine Kolonialmethode Gegenstand für Großbritanniens Bewunderung.

Mr. Winston Churchill hob hervor, als er als Kolonialminister auf der Imperial Conference vom 21. 6. 1921 sprach: »Wir haben danach gestrebt, es (DOA) mit einer Regierung zu versehen, *welche der deutschen Verwaltung,* die sie ersetzt, *nicht nachsteht.* Ich fürchte, daß in einem oder einigen Jahren später die Entwicklung und der Wohlstand dieses Gebietes nicht imstande sein werden, einen Vergleich mit der Zeit auszuhalten, als es in den Händen unserer früheren Feinde war.« Der jetzige Unterstaatssekretär für koloniale Angelegenheiten sagte zwei Jahre später über dasselbe Gebiet: »Es ist unsere Pflicht, diesem großen Gebiet *wenigstens eine gleich gute Verwaltung* zu geben, wie die Deutschen sie vor dem Kriege dem Lande schenkten.« Dieses Zeugnis vernichtet die Kriegszeitpropaganda bezüglich Deutschlands Ungeeignetheit, Kolonien zu besitzen. *Was die Fähigkeit betrifft, setzt sie Deutschland zum mindesten auf gleiche Stufe mit Großbritannien.*

Zwei andere bedeutungsvolle Umstände in deutscher Kolonialpolitik müßten ebenfalls erwähnt werden, weil sie in scharfem Gegensatz zu der Frankreichs stehen. Deutschland trieb die Politik der »offenen Tür«, wo es sich um den Handel anderer Länder handelte, und es unterzog die Eingeborenen nicht dem Militärdienst. Frankreich militarisiert die Eingeborenen, während es das Mandat ausübt, welches es vom Völkerbund erhalten hat und diese verstößt gegen Sinn und Buchstaben des Paktes.

Abgesehen von der moralischen Seite des Vorgehens wird es als *ein unumgängliches deutsches Bedürfnis* empfunden, *zu wichtigem Rohmaterial* und Möglichkeiten zur Expansion *Zugang zu haben.* Wenn gute internationale Beziehungen beibehalten werden sollen, ist es untunlich, daß Großbritannien, Frankreich, Belgien, Portugal und Italien große Kolonialbesitzungen haben, während einer Nation wie Deutschland solche Besitzungen und Möglichkeiten abgesprochen werden. Frankreich mit einer Bevölkerung von 38 Millionen hat ein Kolonialgebiet von annähernd 5 Millionen englischer Quadratmeilen, Belgien mit einer Bevölkerung von 7 Millionen hat Kolonien mit einer Fläche von 1 Million Quadratmeilen und Großbritanniens Kolonialbesitzungen umfassen etwa ein Fünftel der Erdoberfläche.

Großbritannien hat kein Interesse daran, sich Deutschlands Forderung auf Kolonialmandate zu widersetzen. Großbritannien hat selbst ein Kolonialfeld, welches groß genug ist, den gefräßigsten Appetit zufriedenzustellen. Seine Aufgabe ist, was es hat, zu entfalten und nicht seine Verantwortlichkeitsverbindungen mit neuen Gebieten zu vermehren.

Die Entscheidung über Deutschlands Forderung auf Kolonialmandate muß durch freundschaftliche Unterhandlungen geschehen. Der Fehlgriff von 1919 muß stillschweigend anerkannt werden. *Einige von den Gebieten, welche jetzt unter dem Mandat anderer Großmächte stehen, müssen an Deutschland zurückgegeben werden.«*

Sudsvenska Dagbl. 1926

West-Afrika

Eine schwierige Landung. Lome 1911

Von Edmund Brückner

Ich befand mich mit Frau und einem frisch zur Welt gebrachten Kinde in Südwestafrika, als ich im April 1911 die Weisung erhielt, die Leitung des Gouvernements von Togo zu übernehmen. Es war selbstverständlich, daß meine Frau mich begleitete. Aber was sollten wir mit unserem kaum drei Monate alten Baby anfangen in einer Kolonie, in der man sich durch Chinin gegen Malaria schützen mußte? Doch die Trennung wäre zu schmerzlich gewesen, und so nahmen wir denn, in einem Wäschekorb wohl verwahrt, auch diese teure Last unter der Fürsorge einer älteren Kinderfrau mit in das uns noch unbekannte Togoland.

Ein direkter Schiffsverkehr von Südwestafrikas nach Togo bestand nicht; ein nordwärts gehender Frachtdampfer nahm uns auf. Es war eine köstliche Fahrt. Auch die See wollte uns wohl. Das wurde erst anders, als wir uns Togo zu nähern begannen. Es war, als wollte das Meer nach den vergangenen ruhigen Wochen seine ganze Gewalt zeigen. Und als wir am 19. Mai Lome sichteten, bot sich unseren Augen ein Bild wildester Zerstörung: von der neu erbauten eisernen Landungsbrücke stand nur noch der Brückenkopf mit den beiden Kränen. Verzweifelt reckten diese ihre langen Arme aus; sie waren zur Untätigkeit und Einsamkeit verdammt; seitdem die Verbindung mit dem Lande unterbrochen war. Die gewaltigen Brandungswellen hatten in der Nacht zum 17. Mai den mittleren Teil der schweren Landungsbrücke wie ein Spielzeug hochgehoben und ins Meer gestürzt. Wenn man bedenkt, daß die Brücke für schweren Lastverkehr mit Eisenbahnwagenbetrieb hergerichtet war, so kann man ermessen, welche Gewalt nötig war, um eine solche Masse von Gewicht zu heben.

Bis zu unserer Ankunft hatte sich die See wohl schon ein wenig beruhigt; doch war die Brandung noch immer überaus stark. Da lag nun das schöne Lome vor uns, man sah, wie sich am Strande alles zu unserem Empfang versammelte, und wir waren ganz von dem Verlangen erfüllt, unser Reiseziel und den Ort meiner neuen Tätigkeit als Gouverneur zu erreichen. Mit Spannung verfolgten wir durch das Glas, wie sich die Dinge am Lande entwickelten. Zunächst holte man Landungsboote herbei, wie sie vor dem Bau der Brücke in Gebrauch waren. Mit Eingeborenen bemannt, versuchten die Boote sich den Weg durch die Brecher zu bahnen. Immer wieder kenterten sie dabei und die Besatzung mühte sich ab, Paddel und Boote zu retten. Nach langem vergeblichem Bemühen kam endlich ein Boot hindurch und erreichte unser Schiff. Mit lebhaften Gesten schrien die schwarzen Bootsleute alle durcheinander: »Wir wollen den Gouverneur holen!« Die Mitnahme meiner Frau und des Babys lehnten sie aber als zu gefährlich ab. Ich gab den Leuten daher lediglich eine große mit Zinkblech verschlagene Kiste von meinem Gepäck mit, und siehe da: kurz vor dem Ziel lag alles wieder im Wasser.

Unser Dampfer mußte weiterfahren. Wir wurden auf den in der Nähe vor Anker liegenden Küstendampfer »Lome« übergeholt. Wer es einmal erlebt hat, der weiß, was für ein Vergnügen der Aufenthalt auf einem kleinen Dampfer bei starker Dünung ohne Fahrt ist.

Kurz vor Sonnenaufgang ist der Seegang erfahrungsgemäß am wenigsten heftig. Am 21. Mai in aller Frühe machten wir uns zur Abfahrt bereit. Boote waren durch Signale herangeholt. In einem Boot meine Frau und ich, im anderen der 1. Offizier der »Lome«, unser Baby und die Kinderfrau, so traten wir die Fahrt an. Es war über alle Begriff schön, von den Wellen mit unheimlicher Geschwindigkeit ans Land getragen zu werden. Hinten auf dem Boot steht der Führer, mit langem Ruder das Boot steuernd und mit ei-

Landungsbrücke in Lome (Togo) und Woermanndampfer

Empfang des Gouverneurs Brückner in Atakpame (Togo)

ner schrillen Pfeife seine Leute regierend. Jedes Kommando durch Zuruf würde bei dem Tosen der Brandung ungehört verhallen. Bald heißt es, durch schnelles Paddeln einer Sturzsee entgehen, die von hinten droht, bald wieder das Boot stoppen, um nicht in einen Brecher vorne zu kommen. Da arbeiten dann die sehnigen schwarzen Gestalten »wie die Wilden«; denn es kommt oft auf eine Sekunde an, ob man von einer Sturzsee begraben oder von ihrer schäumenden Flut in rasender Eile vorwärts getragen wird. Eine solche Fahrt hat etwas Berauschendes und gehört zu meinen schönsten Erinnerungen an Afrika. Kaum liegt das Boot auf dem Sande, so faßt blitzschnell ein Eingeborener zu, man wird mit starken Armen getragen, und ehe die nächste Welle kommt, ist man auf dem Trocknen. Bald nach uns landete auch das 2. Boot mit dem kleinen Kind, das vergnügt und ahnungslos aus seinem Körbchen hervorblickte, als man das schützende Öltuch abnahm.

Trotz der frühen Morgenstunde hatten sich die Beamten am Strande zu unserer Begrüßung eingefunden, und bald ging es in Rikschas durch die freundliche Stadt und ein Kasuarinenwäldchen nach dem prächtigen Gouvernementspalast.

Die Geschichte von Notschä und der ersten landwirtschaftlichen Schule für Eingeborene in den afrikanischen Kolonien

Von Geo A. Schmidt

Meine amtliche koloniale Tätigkeit habe ich Anfang des Jahres 1900 in Togo begonnen. Wenige Tage nach meiner Ankunft in Lome erhielt ich den Auftrag, den im Hinterland gelegenen Bezirk Atakpáme, in welchem einer der erfahrensten und bewährtesten Kolonialoffiziere, Hauptmann Hans Georg von Döring, sechs Monate vorher zum ersten Male die deutsche Flagge gehißt und eine Regierungsstation eingerichtet hatte, zu übernehmen. Wie es eigentlich dort oben aussah, wußte man nicht in Lome. Man sagte mir, ich würde in etwa 12 bis 14 Tagesmärschen Atakpáme erreichen. Da mir freie Träger nicht gestellt werden konnten, mußte ich mit vier Soldaten und 36 Gefangenen den Marsch ins Innere antreten. Der schmale, zu einer tiefen Rinne ausgetretene Pfad führte im Zickzack und in weitem Bogen durch dichten Buschwald und zwei bis vier Meter hohes Elefantengras, das nach keiner Seite einen Ausblick möglich machte. Die als Träger dienenden Gefangenen, darunter manch schwerer Junge, der ein oder mehrere Morde auf dem Gewissen hatte, hofften in mir einen Neuling zu sehen und erklärten nach etwa vierstündigem Marsch, nicht mehr mitmachen zu wollen. Nachdem sie aber gemerkt hatten, daß ich doch nicht ganz ein Neuling im Buschleben und im Umgang mit Eingeborenen war, nahmen sie die Lasten wieder auf und ich erreichte nach zehn Tagesmärschen mein Ziel.

Die Bevölkerung aus den berührten Ortschaften lief oft davon, da damals nur sehr selten Europäer dort durchreisten. In den Dörfern, in denen ich mein Zeltlager für die Nacht aufschlug, gelang es aber immer bald, die Eingeborenen zu beruhigen und zum Verkauf von Lebensmitteln zu bewegen.

Nur in der Landschaft Notschä (Nuadjä, Nuatschä), welche schon dem mir anvertrauten Bezirk angehörte, waren die Eingeborenen schwieriger. Ich hörte, daß der Ober-Häuptling »König« Adjaitó ein übelbeleumundeter Sklavenhändler sei. Außerdem aber war Notschä der Sitz einer sehr einflußreichen Fetischgesellschaft, welche schon seit alters her bis nach Dahomé und der Goldküste einen starken Einfluß ausübte.

Nach meiner Ankunft in Atakpáme und Übernahme des Bezirks empfahl mir auch Döring, den Volkstamm der Notschä scharf zu überwachen, da diesen Leuten nicht zu trauen sei.

Ein Einfluß auf die verschiedenen, zum Teil noch nicht unterworfenen Volksstämme im Bezirk war natürlich nur dann möglich, wenn man sie auf guten Wegen schnell erreichen konnte.

Als zunächst wichtigste Verwaltungstätigkeit erschien mir daher auch der Wegebau, den ich, sobald ich mich etwas über die allgemeinen Verhältnisse des Bezirks unterrichtet hatte, denn auch begann, und zwar zuerst nach der Küste zu durch das Gebiet der Notschäleute. In Entfernungen von je 25 bis 30 Kilometern wurde an den neuen Straßen ein Rasthaus mit Hütten für die Träger und Lasten errichtet, als Unterkunftsmöglichkeit für reisende Europäer. Diese Einrichtung hatte ich in Indien kennen- und schätzen gelernt. Auch in Notschä baute ich ein solches Rasthaus. Diese Einrichtung wurde bald auch in anderen Bezirken getroffen und fand großen Anklang. Die Notschäleute hatten mich ganz freundlich empfangen, nur in einem außerhalb Notschä gelegenen Dorf Dalia wurde ich eines Tages plötzlich beschossen, und gehämmerte Eisenstückchen und Steine prasselten auf mein Zelt. In wenigen Stunden aber waren Ruhe und Ordnung wiederhergestellt.

Geo A. Schmidt
Baumwollfeld in Notschä (Togo)

Aber dieser Volksstamm zeigte sich doch im Laufe des nächsten Jahres wiederholt recht unbotmäßig, wohl auf Veranlassung des Königs Adjaitó, der wegen Verkaufs zweier Sklaven gerade wieder einmal zur Rechenschaft gezogen worden war. Da die Notschä schließlich auch einen Europäer bedroht hatten und mir sagen ließen, sie lehnten ab, der deutschen Regierung zu gehorchen, war ich gezwungen schärfer durchzugreifen. In Eilmärschen von etwa 21 Stunden erschien ich plötzlich eines Nachmittags in Notschä mit 24 Soldaten und verlangte als Genugtuung die Gestellung von 500 Arbeitern, die bis zum Sonnenaufgang zu meiner Verfügung stehen mußten. Meine Soldaten, mit Ausnahme der Wache, schliefen vom Eilmarsch ermüdet einige Stunden mit dem Gewehr im Arm am Lagerfeuer. In allen Ortschaften wirbelten die Trommeln. Die Boten der Dorfältesten liefen von Stadt zu Stadt, von Dorf zu Dorf. Mein plötzliches Erscheinen hatte selbst den Fetischmännern Angst gemacht. Als die Hähne zu krähen anfingen, kamen die Eingeborenen in Scharen, und als die Sonne aufging, konnte ich mir aus der Masse der erschienenen Eingeborenen 500 kräftige Leute aussuchen.

Nach einem langen »Palaver«, in welchem ich den Häuptlingen und Dorfältesten und allen erschienenen Eingeborenen die Gründe meines Einschreitens gegen sie deutlich auseinandersetzte, erklärte ich ihnen, daß sie zur Strafe für ihre Unbotmäßigkeit ein großes Baumwollfeld in der Nähe des Königssitzes anzulegen hätten. Zur Pflege dieses Feldes mußte jeder Ort der Landschaft zwei junge Leute stellen, die im Baumwollbau ausgebildet werden und später als Wanderlehrer dienen sollten. Wenn sich der Volksstamm in Zukunft nichts mehr zuschulden kommen lassen würde, sollte die Ernte ihnen gehören. Täglich mußten 500 Eingeborene arbeiten, die sich mit anderen nach Belieben der Häuptlinge abwechseln durften. Es wurde ein zusammenhängendes Baumwollfeld von rund 25 Hektar gerodet und bestellt.

Auf diese Weise entstand das erste große Baumwollfeld im Bezirk Atakpáme. Um die von den Ortschaften gestellten Baumwollschüler gut ausbilden zu können, richtete ich eine landwirtschaftliche Schule ein, in welcher den Leuten der Baumwollbau, die Verwendung europäischer Geräte usw. gezeigt werden sollte.

Aus dieser Baumwollschule entwickelte sich aus kleinen Anfängen die spätere landwirtschaftliche Station Notschä (Nuatjä).

Der unzuverlässige König Adjaitó wurde abgesetzt. Mit der Absetzung waren die Unterhäuptlinge und Dorfältesten sehr einverstanden, weil er sehr willkürlich geherrscht und in »Palavern« in zu auffälliger Form immer nur der Partei Recht gegeben hatte, die ihn am besten bezahlte. Manche hatten auch noch einen alten Groll auf ihn, da er früher Verwandte von ihnen als Sklaven verkauft hatte. Sie schlugen mir als Nachfolger den derzeitigen Stockträger und Sprecher Komédja vor, welcher auch aus einer Königsfamilie stammte, und baten darum, daß bei seiner Einsetzung alle früheren Zeremonien beobachtet würden. Ich stellte ihnen das in Aussicht, soweit solche Zeremonien nicht gegen die deutschen Gesetze verstießen, und forderte sie auf, mir die Stammesgeschichte und Gebräuche mitzuteilen. Am Abend versammelten sich die Unterhäuptlinge, Fetischpriester und Dorfältesten bei mir am Lagerfeuer und der Sprecher Komédja erzählte:

»Vor vielen, vielen Jahren wanderte der Stamm der Notschä von Ketu bei Anago (Lagos) in die jetzige Landschaft Notschä in Südtogo ein. Er fand nur wenige Leute anderen Stammes dort vor, deren Nachkommen, Bágbe, noch heute in der Stadt Adimé wohnen. Der König, welcher das Volk hierhergeführt hatte, war aus der Familie Awisúcha, welche die Stadt Alinú gründete, während andere Familien ihre eigenen Niederlassungen anlegten. Er war außerordentlich grausam, tötete die Ungehorsamen und führte mit anderen Stämmen wilde Kriege. In der Stammessprache heißt Notschä (Nuatje) = »grausam«. Viele Familien waren mit dem König unzufrieden und versuchten auszuwandern. Der König aber wollte dies verhindern und ließ um die Ortschaften Tako, Agbaládome, Ekli, Adimé, Tegbui und Alinú zwei Wälle bauen. Seine Leute mußten Dornen und Stacheln in den Lehm mischen und dann den Lehm mit den Füßen kneten. Dadurch wuchs die Erbitterung gegen den König noch mehr und auch die Wälle hielten diese Leute nicht zurück. Sie wanderten doch aus und gründeten viele andere Städte, z. B. Aneho, Ho, Anglo usw. Um nicht gewaltsam an der Abwanderung gehindert zu werden, schickten sie ihre Frauen und Kinder voraus und zogen in dunklen Nächten nach. Sie verließen rückwärtsgehend die Umwallungen, damit ihre Flucht nicht an den Fußspuren bemerkt werden sollte. Als der König merkte, daß viele Leute fehlten, sandte er Boten nach allen Himmelsrichtungen, um nach den Flüchtlingen zu forschen. Die Boten kamen jedoch mit dem Bericht zurück, daß alle Fußspuren nur in die Umwallung hinein, aber keine hinausführten. Daraufhin gab der König die Verfolgung auf.

Einer der Nachfolger dieses Königs war leprakrank. Seine Hände und Füße fielen ihm ab. Seine Söhne und Leute verließen ihn und sorgten nicht mehr für ihn. Nur ein Sohn einer seiner Schwestern aus Agbaládome pflegte ihn und gab ihm zu essen. Aus Dankbarkeit vermachte der König ihm das ganze Land und die Königswürde, die auf diese Weise von Alinú nach Agbaládome überging. Der neue König war ein Bruder des Häuptlings von Eklí. Beide einigten sich dahin, daß die Königswürde abwechselnd den Familien von Agbaládome und Eklí gegeben werden sollte.

Von Notschä aus verbreiteten sich die Stammesangehörigen nach allen Seiten und wanderten auch nach dem jetzigen Aschante- und Dahomégebiet. Neue Volkstämme entstanden.

Bis in die neuere Zeit haben die Abgewanderten ihre Zugehörigkeit zu den Notschäleuten dadurch bekundet, daß sie alljährlich dem König Geschenke und Abgaben schickten. Sie pflegten sogar, bevor sie Kriege führten, erst den Fetisch in Notschä zu befragen. Die Dahomé-Häuptlinge hatten dem Notschäkönig das wertvollste äußere Zeichen der Würde, den Häuptlingsschirm zu liefern. Der letzte Notschä-König, welcher einen Königsschirm von dem Dahomé-Häuptling Géso erhalten hat, war Egu, der Vater des Unterhäuptlings Komédja.

Zur Zeit der Regierung von Egu wanderten viele Familien von Notschä nach Norden und gründeten die Stadt Atakpáme.

Alle Könige waren gleichzeitig Fetischpriester. Sie waren durch ihre Fetischsitten gezwungen, sich zu gewissen Zeiten bei Tage in ihren Hütten aufzuhalten. Wer den König in dieser Zeit bei Tage sah, mußte sterben, wenn er sich nicht umdrehte und sagte: »Omedoagbe nā Kūo« d. h., »Man grüßt den Tod nicht«. Nur seine Frau und Kinder durften ihn bei Tage sehen. Wenn er seine Mahlzeiten einnahm, wurde dies durch eine Glocke bekanntgegeben. Alle Leute, die das Schlagen der Glocke hörten, mußten sich in dieser Zeit ganz still verhalten.

Ein Weber in Togo

Die Könige zogen manchmal verkleidet durch das Land, um andere Fetischpriester zu besuchen. So zog auch einst Ashiga aus der Eklí-Familie nach Adele, um bei dem dortigen Fetisch Hilfe zu suchen, weil seine Leute ihm nicht gehorchen wollten und in großen Scharen auswanderten. Drei Jahre blieb er fort. Seine Verwandten hatten das Gerücht ausgesprengt, er sei gestorben. Auf dem Wege zur Heimat erfuhr Ashiga dies, als er am Jotofluß angelangt war, und verwandelte sich dort mit Frau und Kindern in Fetische. Der Platz, an welchem diese Verwandlung vor sich ging, heißt noch heute »Ashiga« und wird von den Eingeborenen sehr gefürchtet, weil man manchmal die Frau und die Kinder dieses Königs ihre Kleider im Fluß waschen sehen kann. Jeder neue König muß hier einen Bullen, einen Ziegenbock und einen Hahn opfern. Wer an dieser Stelle fischt, findet kleine Kinder im Netz.

Starb ein König, so wurde er in Dakpóji begraben und drei Jahre später wurde zu seiner Bedienung eine seiner Frauen durch den Fetisch getötet und ihm ins Grab gelegt. Dieser wurde ein Kranz aus Gras um den Hals gelegt, der sie sofort tötete. Die Beerdigung des Königs mußte heimlich durch die Awisucha-Leute geschehen und durfte erst nach drei Jahren bekanntgegeben werden.

Die äußeren Zeichen der Königswürde waren und sind noch heute ein Königskleid, ein Hut und Sandalen. Diese Zeichen der Würde werden dem neu ausgerufenen Könige durch die Ältesten verschiedener Häuptlingsfamilien überreicht bzw. angezogen. Die Gledomme-Leute aus Eklí müssen ihm die Sandalen, die Adiméga-Leute das Königskleid anziehen und den Königshut aufsetzen. Die Awisucha-Leute haben ihn auf den Königsthron zu setzen. Nach der Einsetzungsfeier darf der König nie mehr ohne Sandalen gehen und es darf niemand sein Haus mit Fußbekleidung betreten.

Drei Monate nach der Feier wird dem neuen Oberhaupt auf dem Fetischplatze Dakpóji bei

Leistung des Treueides auf die deutsche Fahne durch den Fürsten Wilhelm Hossugba (Togo)

Alinú von den Awisucha-Leuten eine Fetischhütte errichtet, in welcher er sich acht Tage aufzuhalten hat und die er nur nachts verlassen darf. Wenn der König des Nachts aus der Hütte heraustritt, wird die Königstrommel »Gogutégugu« geschlagen, die nur bei einer Einsetzungsfeier oder einer Beerdigungsfeier von einem Häuptling geschlagen werden darf. Diese Trommel ist im Busch von Dakpóji versteckt und nicht von Menschenhand gefertigt, sondern sie lief im Busch als Fetisch herum und wurde von den eingewanderten Notschä seinerzeit eingefangen. Wenn sie geschlagen werden soll, wird ihr ein neues Trommelfell aufgezogen und ihr ein Opfer, bestehend aus einem Bullen, einem Ziegenbock und einem Hahn, dargebracht. Diese Opfertiere werden geschlachtet, das Fleisch wird gekocht und an alle Anwesenden verteilt.

Während der acht Tage, die der König in der Fetischhütte tagsüber zu verbleiben hat, müssen alle Leute, die in der Nähe wohnen, bei Tage schlafen und nachts tanzen. Nach acht Tagen wird der König feierlich in sein Haus gebracht. Von dieser Zeit an darf er kein Wasser und keinen Fisch mehr aus dem Joto-Fluß genießen.«

Der Sprecher unterbrach seine Erzählungen häufig mit der Frage an die zuhörenden Häuptlinge und Ältesten: »Sind meine Worte wahr?« Meist wurde ihm darauf mit einem vielstimmigen, lebhaften »Äh! Äh!« geantwortet, selten wurde noch diese oder jene Ergänzung gegeben. –

So habe ich oft am Lagerfeuer den Erzählungen der Alten gelauscht und mich in die Wesensart und Eigentümlichkeiten der Eingeborenen hineinzudenken gelernt. –

Die vor langer Zeit um die Stadt herumgebauten Wälle habe ich gelegentlich der Wegetrassierung tatsächlich gefunden. Die Ortschaften Tegbui, Adimé, Eklí, Agbaládome und Tako sind von einem kleinen Walle gemeinsam umschlossen. Dieses Gebiet ist dann nochmals von einem größeren Wall umgeben, welcher den Ort Alinú mit einschließt.

Komédja wurde von den Häuptlingen zum Nachfolger Adjaitós gewählt und von mir bestätigt. Er legte sich den Kriegsnamen »Wilhelm Hossugba« d. h. »Wilhelm, der große Adler« zu. Gegen seine feierliche Einsetzung durch die Familienältesten, die Bekleidung mit dem Königskleid, Hut und Sandalen konnte ich keine Bedenken haben. Um ihm und der Bevölkerung vor Augen zu führen, daß sie deutschen Gesetzen gehorchen müssen, ließ ich den neu eingesetzten König vor versammeltem Volk das Versprechen der Treue zur deutschen Flagge geben.

Wilhelm Hossugba hat sich gut bewährt.

Der Marsch durch die Hungersteppe von Gurma

Von Hans Gruner

Die deutsche Togohinterlandexpedition befand sich im Januar 1895 im Pamma, dem südlichsten Fürstentum des Gurmalandes, rund 600 Kilometer Weges von der Seeküste entfernt. Von hier aus gab es zwei Wege nach dem im Norden liegenden Matschakuale, dem Sitz des mächtigsten der Gurmafürsten, für den mir der Herrscher von Sansanne Mangu einen Königsboten mitgegeben hatte. Der eine übliche Weg, der genügend Wasser und Verpflegung bot, machte einen gewaltigen Umweg nach Westen. Ihn war die französische Expedition voraufgegangen. Der andere, bedeutend kürzere, fast nur von Jägern oder Berittenen benutzte, führte direkt nach Norden durch die unbewohnte und in der Trockenheit fast ganz wasserlose Dornbuschsteppe. Um den schwachen, unter Führung des Oberleutnant von Carmap-Quernheimb zwecks Überholung der Franzosen vorausgesandten Vortrupp möglichst bald zu erreichen und zu unterstützen, entschied ich mich für den derzeit für große Expeditionen als unpassierbar geltenden direkten Weg. Der befreundete Pammafürst unterstützte mich durch Lieferung eines für fünf Tage berechneten Lebensmittelvorrats, Stellung der dafür nötigen Hilfsträger und eines seiner Jäger als Führer.

Am 26. Januar erfolgte unser Aufbruch, etwas verzögert, da die Pammaträger anscheinend den Marsch fürchteten und sich unter Vorwänden zu drücken suchten. Dicht hinter der recht malerisch am Fuße zweier rötlich schimmernden Granithügel liegenden Stadt hörten die Felder auf und es begann die Grassteppe. Das Gras war allerdings durch das in der Trockenzeit übliche Abbrennen bis nahe an die Wurzeln verbrannt. Der schmale Jägerpfad, auf dem die etwa 150 Köpfe zählende Kolonne im Gänsemarsch entlangzog, wand sich zwischen roten Granitklippen hin, die für die Landschaft Pamma typisch sind. Ihre wechselnden Formen, Farben und Beleuchtungseffekte machten den Marsch trotz der Hitze reizvoll. Am Abend wurde die Wasserstelle, ein Tümpel im ausgetrockneten Bett eines Flusses, erreicht und dort Lager bezogen. Die Schönheit des Abends im afrikanischen Busch ist schon so oft und so unerreichbar gut geschildert worden, daß ich davon schweige. Aber es war der letzte schöne Abend auf lange, lange Zeit, den ich genoß. In der Nacht brannten die Pammaträger, die wohl wußten, was kommen würde, durch; wie ich viel später erfuhr, sind sie dafür von ihrem Fürsten streng bestraft worden. Ich war nun trotz aller Bedenken gezwungen, den Lebensmittelvorrat unter die ohnehin schon schwer belasteten Träger zu verteilen. Auch die Schonungsbedürftigen, die ohne Last gingen, ebenso die Soldaten mußten ihren Teil selbst tragen. Jenseits des Flußbettes begann der gefürchtete Dornbusch. Der völlig ebene Boden war kahl und mit niedrigen, verkrüppelten Bäumen und Büschen ohne alles Laub bestanden, die mit zahllosen Dornen der verschiedensten Formen und Größen versehen waren. Vereinzelt standen vom Buschfeuer verkohlte Grasstoppeln; der regelmäßig etwas nach Sonnenaufgang einsetzende heftig und andauernd bis zum Spätnachmittag wehende warme Wind trieb uns die Asche der verbrannten Vegetation ins Gesicht. Ohne ihn wäre die unbarmherzige Sonnenstrahlung kaum zu ertragen gewesen. Fernsicht gab es nicht, da die Luft, wie überall um diese Zeit in Westafrika, von feinstem Staub erfüllt war, als wenn es nebelte. Am Morgen, der infolge der starken Bodenausstrahlung bei andauernd wolkenlosem Himmel sehr kühl war, konnte man sich beim Anblick der kahlen Zweige in den deutschen Winter versetzt glauben. Die Sonne hing wie eine glühende, gelbrote Kugel am Himmel, in die man infolge des Staubnebels ungeblendet hineinschauen konnte. Keine Vogelstimme unterbrach die Stille. Schon um 8 Uhr vormittags triefte der Körper von Schweiß. Um 11 Uhr kamen wir an einen Wassertümpel, auf den alles begierig zueilte. Dort wurde abgekocht und so viel Wasser als möglich mitgenommen, weil an dem Tage keine Wasserstelle zu erreichen war. Nach weiteren 5 Stunden Marsch bezogen wir in einem wasserlosen Flußbett Lager. Zur Feier von Kaisers Geburtstag wurden nach einer kurzen Ansprache von mir 3 Hurras ausgebracht und 3 Salven abgefeuert. Aufsteigende Raketen und knallende Feuerräder erhellten die Nacht und verscheuchten das Wild. Die Leute mußten sich mit dem Versprechen eines bei nächster Gelegenheit zu liefernden Ochsen zufriedengeben. Ich trank mit meinem Begleiter, dem Militärarzt Dr. Döring, eine für diesen Tag aufgesparte halbe Flasche Sekt. Wir hätten sie auch gern für einen großen Topf Wasser eingetauscht. Denn das mitgenommene Wasser war verbraucht. Vor Durst schliefen wir nur sehr wenig und im Tagebuch steht verzeichnet: »Wir gedenken sehr der Heimat.« Die Gegend war ungeheuer wildreich, wie die zahllosen Fährten verrieten. Wiederholt fanden wir Gerippe von Antilopen und einmal sogar das vollständige Gerippe eines Elefanten, natürlich ohne Stoßzähne. Außer den verschiedenen Antilopenarten von der Größe einer Ziege bis zu der eines Pferdes stießen wir bei der zweiten Wasserstelle auf Warzenschweine, Tiere von einer grotesken Häßlichkeit, aber vorzüglichem Geschmacke, und kurz dahinter wurden 3 Strauße vor uns flüchtig. Die Nacht war sehr kalt, so daß ich unter 3 Wolldecken fror und mich zu den Feuern der Leute setzte. Wir brachen am Morgen sehr früh auf, weil uns der Durst quälte. Die Perlschnurkette der Träger zog sich immer mehr in die Länge und zerriß schließlich in Stücke. Hier und da brach einer zusammen und blieb am Wege liegen. Die braven Soldaten, ebenfalls Togoeingeborene, die unter Führung Dr. Dörings am Schlusse marschierten, bekanntlich der schwerste Dienst bei einer großen Expedition, nahmen ohne weiteres die Lasten selbst auf den Kopf und führten die Erschöpften mit sich. Denn wer zurückblieb, war voraussichtlich verloren. Welches Vertrauen die Träger zu den Soldaten hatten, erhellt aus folgendem. Ich fragte einmal scherzweise einen Träger, ob er keine Angst habe, mit in so ferne, fremde Länder zu ziehen. Er erwiderte: »Herr, warum soll ich Angst haben, die Soldaten sind ja da.« Nach 3 Stunden qualvollen Marsches erreichten wir ein trockenes Flußbett, wo der Führer glücklicherweise einen Wassertümpel auffand. Alle diese Wasserstellen trocknen, wie der Führer sagte, in wenigen Wochen ebenfalls aus. Dann ist die Gegend selbst für den einzelnen Jäger unpassierbar. Die Umgebung des Tümpels war weithin von tiefeingedrückten Wildfährten, darunter auch frischen von Elefanten, dicht bedeckt, das Wasser schlammig und verunreinigt. Es reichte außerdem nicht hin, um uns satt zu trinken. Die Sonne brannte fürchterlich auf den schattenlosen Platz. Deshalb mußten wir weitermarschieren. Nachtmärsche zu machen ging nicht an, weil das Marschieren durch weglosen Dornbusch in dunkler Nacht äußerst schwierig ist. Dabei verlieren die Träger erfahrungsmäßig leicht die Fühlung und verirren sich. Ich persönlich hätte übrigens doch am Tage marschieren müssen wegen der topographischen Wegeaufnahme. Hinter dem Flußbett war keine Wegspur mehr zu finden und der treu bei uns aushaltende Pammaführer erklärte, von hier an die Gegend nicht mehr zu kennen. Wir marschierten daher nach dem Kompaß direkt nach Norden, wobei wir den lichten Stellen des Dornbusches folgen mußten. Die unbequemsten Wegstellen waren die, wo sich Elefanten aufgehalten hatten. Dort war der in der Regenzeit weiche Boden siebartig tief zerlöchert und man mußte von einem Rand der Löcher zum anderen springen. Nach 4 1/2 stündigem Marsch war ich gezwungen, mit der Spitze an einem trockenen Bachbette haltzumachen, da die Leute nicht mehr weiterkonnten. Vergeblich suchten wir das Bachbett nach beiden Richtungen nach Wasser ab. Von Dr. Döring, der seinen eigenen Wasservorrat an die schwachen Leute verteilt hatte, kam die dringende Bitte um Wasser für die zusammengebrochenen Träger. Deren Lasten wurden von den pflichtgetreuen Soldaten nacheinander an den Lagerplatz geschleppt, und als es abends kühler wurde, schleppten sich auch nach und nach die erschöpften Träger herbei. Unterdessen hatte ich an der am günstigsten erscheinenden Stelle nach

Wasser graben lassen, aber erfolglos. Die Leute setzten das Graben bis tief in die Nacht hinein fort. Schweigend und mit stieren Blicken hockte ein dichter Menschenklumpen um das tiefe Loch herum. Das sonst so lebhafte Lager war stumm. Nur ab und zu ließ sich Murmeln und Stöhnen vernehmen. Es fand sich aber nirgends Wasser, nur feuchte Erde, mit der sich die Leute die aufgeschwollenen Lippen und die Zunge kühlten. Schließlich verlangten sie in ihrer Verzweiflung Schnaps, von dem ich einige Flaschen zu Geschenkzwecken mitführte. Da aber die Soldaten und die mir vertrauten Stationsarbeiter, die ich mitgenommen hatte, zu mir hielten, so fanden meine Mahnungen Gehör und die Disziplin hielt in dieser gefahrvollen Lage Stand. Ohne das Zelt aufzuschlagen, warf ich mich in den Kleidern auf das Feldbett, um etwas zu ruhen. Aber trotz meiner großen Ermüdung konnte ich wegen des schrecklichen Durstgefühls nicht schlafen. Endlich entschloß ich mich, die im Kochthermometer mitgeführte kleine Menge reinen Wassers zu opfern. Sie füllte den Blechbecher kaum zur Hälfte. Ich nahm einen Schluck und reichte den Becher meinem kleinen, 10 Jahre alten Boy, der am meisten litt. Er nippte nur ein wenig und reichte mir mit einem unbeschreiblichen Blick den Becher zurück. Der Opfermut des kleinen Helden rührte mich so tief, daß ich den Becher zurückwies. Er trank ihn aber erst, als ich es ihm befahl. Ich nahm dann das kleine metallene Wassergefäß in den Mund, um ihn zu kühlen. Die Sorge um das Schicksal der Expedition trieb mich schon um 3 Uhr morgens auf. Ich ging mit den kräftigsten Leuten, meist Soldaten, auf die Wassersuche vorauf. Dr. Döring, der sich mit größter Hingabe um die verzagenden Leute bemühte, blieb im Lager. In weitgespannter Kette gingen wir mit Fackeln bewaffnet vor. Hornsignale sollten uns vor dem Verirren schützen. Die Nacht war bitterkalt und uns fror in der leichten Kleidung. Der Tag brach an, ohne das wir Wasser gefunden hatten. Die aufgehende Sonne vergoldete den schweigenden Busch. Trotzdem mein Herz vor Sorgen heftig pochte, machte die Schönheit des Morgens Eindruck auf mich. Ich kam an einigen vorausgelaufenen Trägern vorbei, die mit dick aufgeschwollenen Lippen, stieren Augen und grauem Gesicht auf dem Boden lagen und mich um Wasser anflehten. In der Erregung warf ich meinen leichten Kakirock ab und lief so rasch als möglich. Schließlich waren nur noch Soldaten bei mir, die in ihrer Ungeduld ihre Blechbecher von den Feldflaschen in die Hand genommen hatten. Gegen 8 Uhr morgens kamen wir an ein tiefes Bachbett, das wir emsig absuchten. Da ertönte weit rechts von mir ein Jubelgeschrei. Ein fernab Suchender war auf eine Pfütze lehmgelben Wassers gestoßen, die durch einen überhängenden Felsblock vor der direkten Sonnenbestrahlung geschützt war. In meinem ganzen Leben habe ich nicht mit einem solchen Wonnegefühl getrunken wie damals. Der Lehm und die kleinen Tierchen im Wasser störten uns nicht im mindesten beim Trinken. Alle vorhandenen Feldflaschen wurden nun mit Wasser ge-

Gouverneur Herzog Adolf Friedrich zu Mecklenburg und Kolonial-Staatssekretär Dr. Solf auf einer Bahnstation in Togo

füllt und die Soldaten eilten damit zurück ins Lager zu Dr. Döring. Unsere Signale ermunterten die noch Marschfähigen, die gegen 10 Uhr mit Dr. Döring ankamen. Diese trugen unsern Waschzuber und die Eimer voll Wasser zu den im Lager und unterwegs Liegengebliebenen. Die Soldaten, deren Verhalten über alles Lob erhaben war, waren wieder die ersten, die die Lasten der zum Tragen Unfähigen herbeibrachten. Die letzten sind aber erst um 2 Uhr nachmittags zur Wasserstelle gekommen. Ich saß in einem Glücksgefühle sondergleichen im Schatten des Felsens und briet in Ermangelung von Koch und Küche für uns beide einige aufgesparte Fleischstücke unter fleißigem Wenden auf glühender Asche. Dadurch verloren sie auch das etwas starke Hautgout. Es war ein kräftiges Mahl, denn wir hatten vor Durst seit dem vorigen Vormittag nichts genossen. Dagegen hatten unsere vorwiegend von Pflanzenkost lebenden Leute, wie sich jetzt herausstellte, nichts mehr zu essen. Sie hatten, wie ich befürchtet hatte, ihre ganze Mehlration in den ersten 2 Marschtagen aufgegessen. Nun drohte das Gespenst des Hungers. Da das bewohnte Land nicht mehr allzufern sein konnte, brach ich mit 3 Mann und dem Führer sofort auf, entschlossen, bis zum nächsten Dorf durchzumarschieren, um von da Lebensmittel zurückzuschicken. Schon nach einer Stunde traf ich ein Flußbett mit reichlichem, klarem Wasser. Davon benachrichtigte ich Dr. Döring, der am Abend mit dem Lager dahin übersiedelte. Als er die Pfütze verließ, war sie leer. Ich will den verzweifelten Marsch durch die endlose Dornbuschsteppe nicht schildern. Nach 3 1/2 weiteren Marschstunden änderte sich die Vegetation und wir fanden zu unserer Freude ein ehemaliges Feld. Nach weiteren 1 1/4 Stunden – wir folgten alten Hufspuren – trafen wir endlich die ersten Menschen in einem Felde. Dank unserm Führer, dessen Zurufe sie am Ausreißen verhinderten, konnten wir mit ihnen in Verbindung treten. Sie waren freundlich zu uns – mir erschienen sie wie Engel – und gaben uns Wasser und Essen, dann führten sie uns zu ihrem nur 1/2 Stunde entfernten Dorfe, wo wir mit Einbruch der Nacht ankamen. Der Matschakuale untertänige Häuptling gab uns zwar eine Hütte und Essen, aber seine Leute weigerten sich, sofort Lebensmittel zur Expedition zu bringen, da es Nacht sei. Ungeduld und Sorge peinigten mich, aber ich war machtlos. Dazu befiel mich infolge der Überanstrengung in der Nacht das Fieber. Mein Tagebuch enthält an der Stelle die Worte: »Entsetzliche Nacht.« Erst am nächsten Morgen ging eine Schar von Dorfleuten mit Lebensmitteln ab. Am Abend schon traf Dr. Döring mit unseren sehr ermatteten Leuten ein. Die Gurmas und die Soldaten trugen die Lasten. Nur ein Träger fehlte, der sich bei der Suche nach Wasser verlaufen hatte: Sofort zurückgesandte Leute fanden ihn nicht; das gelang erst am nächsten Tage zwei von den Gurmas begleiteten Soldaten. Er war halbtot, als sie ihn fanden. So war die ganze Expedition ohne jeden Verlust gerettet; eine Leistung, deren Verdienst ausschließlich den braven Togoleuten gebührt. Allerdings ist die Voraussetzung solcher Leistungen, daß Führer und Leute zueinander Vertrauen haben. Dieses Vertrauen habe ich mir bis heute bewahrt und mich durch Verwirrungen einzelner nicht beirren lassen. Das bitte ich meine Landsleute, wenn sie wieder nach Togo kommen, zu beherzigen. Dann wird ihnen der Erfolg nicht fehlen.

Bare, Bezirksamt am Ende der Nordbahn im Kameruner Grasland

Wie Kamerun deutsch wurde

Aus dem Tagebuch (1884) von † Eduard Woermann

»Das war einmal eine aufregende Woche. Die ganze Zeit Unterhandlungen, Bewirtungen und Demonstrierungen. Cameroons ist jetzt deutsch und wird es nun auch hoffentlich immer bleiben und bald durch diese Annektierung ganz bedeutend gewinnen. Dienstag, den 8. Juli 1884, abends, kamen wir glücklich noch bis in die Kamerunmündung hinein und gingen dort zu Anker, weil es spät und Ebbe war. Am Mittwochmorgen ganz früh brachen wir wieder auf und waren gegen 8 Uhr oben. Schmidt und Voß kamen gleich an Bord. Der Kohlendampfer »Betty Sauber« lag noch hier, um aber bald wieder weiterzugehen. Schmidt und Voß hatten leider in der Kamerunangelegenheit wenig geschafft bis jetzt und waren ziemlich desparat. Die beiden Könige Bell und Aqua wollten wohl das Schriftstück unterzeichnen, aber ihre mächtigen Untertanen wollten es nicht zugeben und opponierten heftig gegen jede Unterzeichnung eines Kontraktes mit dem Deutschen Reich. Überhaupt sind die Kamerunneger die frechsten und unverschämtesten Neger der ganzen Küste und ich kann nur nicht begreifen, wie die Weißen sich hier haben die Neger so schlecht erziehen können. Selbst der Einfluß der Könige auf das Volk ist gering und der berühmte King Bell kann sich nicht einmal zu einer Unterschrift bequemen, ohne seine Großen zu befragen. Den ganzen Mittwoch wurde nun noch palavert und Schulze und ich griffen jetzt kräftig mit ein. Mit der größten Gelassenheit kamen all die Schwarzen auf die Veranda, und schließlich kriegten wir denn die Leute etwas mehr herum. Sie wollten Freitag ein Meeting haben und sich dann entschließen. Zeit spielt bei den Leuten keine Rolle. Nachmittags besuchten wir King Bell, der wirklich sehr hübsch wohnt. Er empfing uns, wollte aber nicht unterschreiben, ehe Aqua wiederkäme und seine Leute einverstanden seien. So entschlossen wir uns denn, Donnerstagmorgen nach Bimbia zu gehen, um dort erst die Sache zu setteln, da die Schwarzen Donnerstag doch allein sprechen wollten. Schweren Herzens fuhren wir also Donnerstag morgens nach Bimbia. Als wir eben den Fluß hinunter waren, sahen wir ein Schiff, das sich bald als Kriegsschiff auswies. Natürlich wurde gleich behauptet, das sei die »Möwe«, und allgemeiner

Jubel herrschte. Wir wechselten Signale mit dem Schiff und kehrten wieder um, um ihm den Weg zu zeigen. Es kam uns näher, die Flagge wurde deutlich ausgemacht und siehe, es war ein Engländer! Die Enttäuschung war groß. Wir kehrten gleich wieder um, um nach Bimbia zu gehen, und gaben Cameroons für immer verloren. Wir fuhren also weiter nach Bimbia und überließen Voß, die Sache mit dem Engländer abzumachen. Bimbia wollten wir bekommen auf alle Fälle. Eine böse See stand heute vor der Cameroonsbarre. Wir konnten nicht drin liegen, weil das Wasser an beiden Seiten überschlängelte. Wir mußten also hinaussteuern und machten so einen großen Umweg. Um 3 Uhr waren wir aber doch in Bimbia. Es ist ein schönes hohes Land, von weitem aussehend wie Monrovia oder selbst Madeira. Die Einfahrt ist aber leider sehr schlecht und kein guter Hafen. Größere Schiffe müssen weit draußen bleiben. Mit dem »M'Pongwe« kamen wir aber recht gut hinein und lagen nach der schlechten See den ganzen Tag hier wieder ganz schön ruhig. Natürlich fuhren wir gleich an Land, um die schöne Faktorei des Herrn Jührs und das Land zu besehen. Wir gingen natürlich gleich an die Arbeit und riefen die Leute zusammen zum nächsten Morgen, Freitag, den 11. Juli, um die Papiere zu zeichnen und das Land abzutreten. Einige von den Leuten waren schwer zu erlangen und mußten erst per Kanu von weit her geholt werden. Die Nacht schliefen Schmidt und ich an Land, alle in einem Zimmer. Am anderen Morgen kamen wirklich einige der Schwarzen an und im Laufe des Morgens waren alle dort und alle unterzeichneten. Schulze legalisierte und Bimbia war deutsch.

Nach diesem glücklichen Ereignis fuhren wir natürlich baldmöglichst ab, um nun zu sehen, was in Cameroons los sei. Am Freitag, dem 11., fuhren wir also um 2 Uhr wieder ab und trafen an der Barre wieder ein Kriegsschiff. Diesmal war es aber die »Möwe«. 36 Stunden kam sie also zu spät nach unserer Berechnung; in Cameroons mußten ja schon die englischen Flaggen wehen. In demselben Augenblick kam die »Betty Sauber« von oben herunter und wir freuten uns natürlich sehr, von ihr Neues aus Cameroons zu hören. Die »Möwe« schickte gleich ein Boot zu uns ab und eins zur »Betty Sauber«, um Nachrichten zu bekommen. Ich wollte mit einem Boot an die »Betty Sauber« fahren, um Nachrichten zu holen und welche für Hamburg abzugeben. Kaum aber war ich abgestoßen, so setze sich die »Betty Sauber« auch wieder in Bewegung, nachdem sie eben den Lotsen abgesetzt hatte, und ließ uns sitzen. Wie kann man nur so unpatriotisch sein, nicht eben noch auf Nachrichten von immenser Wichtigkeit zu warten! Ein Kohlensteamer rechnet eben wohl nicht auf die Behandlung eines Postdampfers. Ich kehrte also wieder zum »M'Pongwe« zurück, während die anderen Herren schon an die »Möwe« gefahren waren. Dort erfuhren sie also gleich vom Lotsen, daß der Engländer wieder fort sei und nichts ausgerichtet habe. Die »Möwe« ging daraufhin Anker auf und nach Cameroons hinauf, mich in banger Ungewißheit auf dem »M'Pongwe« lassend. Weil es dunkel wurde, ging die »Möwe« eben unterhalb des Hulks zu Anker und der »M'Pongwe« auch. Die Steambarkasse der »Möwe« war vorausgefahren, als letztere unten lag, um zu peilen, und konnte nun nicht mit uns mitkommen. Wir hatten sie ins Schlepptau genommen und der Offizier Leutnant Jachmann kam zu uns über. Von ihm erfuhren wir, daß Bagida und Lome auch schon deutsch seien. Little und Grand Popo aber nicht, da die Franzosen Ansprüche darauf zu haben vorgaben. Als wir nun hier zu Anker lagen, fuhr der Offizier mit der Barkasse wieder an Bord der »Möwe«, und ich machte mich mit einem Boot auf hinauf zu Voß' Hulk, um zu hören und zu erzählen. Ich erfuhr hier also, daß der Engländer »Goshawk« nichts ausgerichtet habe. Er hatte wohl keine Instruktionen und hatte Bell und Aqua nur gesagt, sie möchten 8 Tage warten, dann käme der englische Konsul und würde Cameroons nehmen. So hatte uns der gute »Goshawk« eigentlich nur genützt und wir konnten eifrig weiter agitieren und sagen: von den Engländern bekommt ihr Cameroonsleute gar nichts, aber wenn ihr uns Deutsche nehmt, gibt es einen großen Dash. Abends um 12 Uhr kam der »M'Pongwe« auch herauf, und Schmidt und ich gingen nun noch zu Bell, um ihn zu überreden. Er war schließlich auch gar nicht abgeneigt und sagte nur, morgen, Sonnabend, den 12. Juli, sollte ein Meeting aller Cameroonsleute sein und man würde sich dann schon einigen. Sonnabend, den 12., kam nun die »Möwe« ganz nach oben; ein Triumph für uns Deutsche, ein

Mahnzeichen für die Schwarzen, daß wir auch Kriegsschiffe haben. Das Staunen war auch allgemein: »That be German Man of War«, und entschieden nutzte uns dies wieder für unsere Seite. King Aqua, der aus Furcht vor seinen eignen Leuten geflohen war, wurde per Boot vom Kriegsschiff aus geholt. Am Abend kam er, Bell auch, man unterschrieb und schloß den Akt mit einem begeisterten Wohl auf unseren deutschen Kaiser.

Generalkonsul Dr. Nachtigal und Dr. Buchner waren zugegen, beide wohnten sie bei uns. Sonntag, den 13., sollte Ruhe sein und Montag der feierliche Akt vorgenommen werden. Natürlich gab es Sonntag genug zu tun; die Herren Offiziere wollten das Land sehen und ich selbst war ja auch noch nicht viel herumgewesen. So liefen wir denn den ganzen Tag herum und besuchten uns gegenseitig. Die »Möwe« ist ein nettes, wenn auch für diese Tour zu kleines und warmes Schiff. Besonders hatte sie gar keine Räume für Passagiere und Nachtigal, Buchner und der Konsulatssekretär Mevius hatten genug zu leiden. Montag morgen um 10 Uhr wurde nun die Feierlichkeit vorgenommen. In Bell, Aqua und Didotown war je eine Flaggenstange errichtet; auf jeder wurde eine Flagge unter einer Ansprache von Nachtigal und drei Gewehrsalven gehißt und, nachdem dies geschehen, salutierte die »Möwe« unter 21 Schuß die deutsche Flagge in Cameroons. Es war ein festlicher Augenblick, selbst alle Engländer kamen mit ihren Flaggen heraus und trotz der Regenzeit schien die Sonne wohlgefällig auf das neue deutsche Eigentum herab. Cameroons ist und bleibt nun hoffentlich deutsch. Wir alle sahen natürlich gespannt der nächsten Zeit entgegen, wo diese große Tatsache in der Welt bekannt würde. Die »Möwe« blieb noch einige Zeit in Cameroons, um die Maschine zu reinigen und Kohlen zu nehmen. Bald saß man an Bord, bald an Land zusammen, Spaziergänge wurden gemacht und Fahrten mit der Barkasse und der Kommandantengig den Fluß ein Stück hinauf. Leider regnete es aber die ganze Zeit sehr viel, so daß man häufiger naß wurde. Alle die Herren von der »Möwe« waren sehr liebenwürdige Leute; dennoch aber glaube ich, daß sie über Afrika im allgemeinen und Cameroons im besonderen nicht sehr gut berichten werden. Derselbe Empfang wie in Valparaiso, Montevideo usw. kann ihnen hier unmöglich zuteil werden; vielleicht wenn Cameroons 50 Jahre deutsch ist. Um das Geschäft konnte ich mich diese ganze Zeit wenig kümmern, da es eben immer sonst etwas zu tun gab. Die »Ella Woermann« ängstigte mich aber doch etwas in dieser ganzen Zeit. Die »Möwe« hatte sie in Bagida und Lome getroffen und acht Tage, nachdem die »Möwe« in Cameroons war, war sie immer noch nicht dort gewesen. Schulze wartete noch bis zum Donnerstag, den 17., auf sie, um gleich Salz für Batanga und Batta zu nehmen, ging aber an diesem Tage leer nach dort ab mit dem »M'Pongwe«, um auch diese ganze Gegend für Deutschland zu annektieren. Hoffentlich glückt ihm dies und keine Franzosen kommen ihm zuvor. Die »Möwe« wollte Sonntag, den 20., nachgehen. Gewissermaßen war das auch recht gut für uns in Cameroons; denn Sonnabend, den 19., nachmittags, als ich gerade mit den Herren Offizieren eine Partie Kegel machen wollte, kamen einige Schiffe in den Hafen, von denen eins bestimmt ein Kriegsschiff sein mußte. Wir alle sahen natürlich aufgeregt danach aus. Der erste kleine Steamer, der einkam, war ein neuer Branchsteamer für Bucan von der Firma Kings in Bristol. Gleich wurde ein Boot zu ihm gesandt, welches berichtete, drei englische Kriegsschiffe kreuzten bei Fernando Po und eins davon käme jetzt hier den Fluß hinauf; aber von der »Ella Woermann« behauptete er nichts gesehen zu haben. Das Kriegsschiff kam näher und wurde dann schließlich als der »Flirt« erkannt und es hieß, der englische Konsul sei an Bord. Das war natürlich eine Freude für unsere Offiziere, daß der Engländer zu spät gekommen ist. Die Cameroonsleute aber waren sehr ängstlich und dachten, nun würde das Fighten zwischen Deutschen und Engländern gleich losgehen. Der englische Konsul ließ sich King Bell sofort an Bord rufen und hat ihn wohl ordentlich heruntergemacht, daß er so einfach unterzeichnet hat. Da sich aber nun doch nichts mehr ändern ließ, hat der Konsul dem Bell wohl gesagt, er müsse sich aber ordentlich bezahlen lassen. Wenigstens fand ich ihn abends um 11 Uhr, als ich von der »Möwe« zurückkam, noch bei Schmidt, mit ihm und Voß über seinen Dash sprechend. Am folgenden Tage, Sonntag, den 20., wollte Nachtigal durchaus fort. Er machte deswegen morgens früh noch einen Besuch bei dem englischen Konsul und teilte ihm das Faktum offiziell mit und zugleich, daß Dr. Buchner als offizieller Vertreter des Deutschen Reiches hierbleibe und morgen seinen Besuch machen wolle. Gleich nach dem Besuch an Bord des »Flirt« setzte sich die »Möwe« in Bewegung, um direkt nach Bimbia zu gehen, Schmidt und Voß mitnehmend. In demselben Augenblick, als die »Möwe« ging, kam auch die »Ella Woermann« ein. Am selben Abend wurde Dr. Buchner noch zu einem Meeting zum anderen Morgen, dem 21. Juli, beim Engländer Bucan eingeladen. Es sollte über den sogenannten *Court of Equity* gesprochen werden, der hier vor vielen Jahren von den Engländern und Deutschen zusammen eingesetzt war zum Schutze des Handels, um die Palaver der Eingeborenen zu schlichten. Dr. Buchner und Krohn, Schmidts Vertreter jetzt, da er in Bimbia war, gingen hin. Der englische Konsul kam auch, protestierte gegen die Besitzergreifung Deutschlands und sagte, daß der *Court of Equity* vorläufig so bleiben müsse, wie er wäre, und daß Mr. Bucan englischer Vizekonsul für Cameroons sei. Am andern Morgen machten wir Bucan einen offiziellen Besuch infolge seines neuen Amtes und besuchten zugleich alle übrigen Engländer; eher war ich noch nicht dazu gekommen, es zu tun, weil zu viel vor war die ganze Zeit. Am selben Tage, Dienstag, dem 22. Juli, kamen Schmidt und Voß wieder und erzählten, daß Bimbia auch deutsch sei. (Der »Flirt« war Montag nachmittag fortgegangen.) Auch in Bimbia hatte sich vor einigen Tagen ein englisches Kriegsschiff sehen lassen. Der Kommandant war an Land gegangen zu unserem Herrn Jührs in seine Faktorei und erklärte, dieses Land englisch machen zu wollen, und machte alles dazu fertig, es sogleich zu tun. Herr Jührs teilte ihm natürlich mit, daß es bereits in Händen deutscher Kaufleute sei. Der Kommandant fragte die Schwarzen, ob das richtig sei, und zog dann wieder wutentbrannt ab. Hoffentlich hat die »Möwe« nun im Süden auch so viel Glück wie hier. Am Freitag, dem 25., wurde unten an der Barre wieder ein großes Schiff gesehen. Bald kam auch eine Barkasse in Sicht und man erkannte dort deutlich die französische Flaggte. Was wollten die Franzosen in Cameroons? Entschieden, Afrika wird jetzt unter die europäischen Mächte verteilt und die Franzosen suchen abzubekommen, was noch möglich ist. Mit Cameroons hatten sie nun kein Glück mehr und die Barkasse kehrte wieder um, als sie eben in unserer Faktorei in Bell Town und an Bord von Voß' Hulk gewesen waren. Zu Voß waren sie gegangen, um mit Passavant Französisch sprechen zu können und dem hatten sie dann erzählt: sie kämen, da sie gehört hätten, der »Möwe« wäre hier ein Unglück zugestoßen, und sie wollten nun sehen, ob das wahr wäre. Darauf entfernten sie sich wieder und wurden nicht mehr gesehen. Bis zu Dienstag, dem 29., wo wir Cameroons verließen, passierte nichts Neues mehr. Am Sonntag, dem 27., nahm ich von Bell Abschied und nun sollte ich durchaus seinen zweiten Sohn William mitnehmen, nachdem wir schon vorher bei dem Kontraktschreiben davon gesprochen hatten. Ich willigte dann schließlich ein, wenn auch ungern, und hoffe nur, daß mir dieser William Bell nicht zu viel Schwierigkeiten machen wird. Im übrigen ist es vielleicht sehr gut, einmal einen Cameroonmann mit nach Deutschland zu nehmen, um ihm sein Hauptland zu zeigen. Montag abend, den 28., wurde Abschied von Cameroons gefeiert und Dienstag, den 29. Juli, um 9 1/2 Uhr, ging es wieder für sechs Wochen auf einem Dampfer fort. Herr Schmidt, King Bell und der Lotse brachten uns noch hinunter bis zur Barre und der William bekam von seinem Vater manche Ermahnungen auf den Weg, und dann ging es hinaus in die See.«

Im Kriegslager von Tibati

Von Curt v. Morgen

Am 12. November 1890 war in Jokó ein Abgesandter des Häuptlings von Tibati eingetroffen, der mir die Grüße des Sultans überbrachte, mir außerdem jedoch mitteilte, daß ich bis zur Rückkunft meiner Abgesandten in Jokó bleiben möchte. Als aber nach zehntägigem weiteren Warten die Gesandten noch nicht erschienen waren, brach ich am 23. November, auch gegen den Willen des Jokóhäuptlings, auf. Der arme Mann befand sich zwischen zwei Feuern. Er fürchtete vor allen Dingen die Ungnade seines Königs, andererseits aber wagte er auch nicht, mich, des Sultans Gast, zurückzuhalten. Als ich ihm schließlich fest versprach, alles auf meine Verantwortung zu nehmen, gab er sich zufrieden und ich erhielt von ihm auch zum Führer einen Wutemann, dessen Sprache ich verstand. Langsam ging der Marsch vorwärts. Mein Pferd war in den letzten Tagen infolge der ungesunden Regenzeit an einer maukeartigen Krankheit verendet, und da meine Kräfte infolge einer Dysenterie zum Fußmarsch nicht ausreichten, mußte ich in einer von meinen Leuten aus Baumbast hergestellten Hängematte, welche an einer Bambusstange befestigt war, transportiert werden. Die hin- und herschaukelnde Bewegung hierbei machte mich in den ersten Stunden des Transports völlig seekrank; allmählich jedoch gewöhnte ich mich ganz gut an dies schwankende Lager.

Am vierten Tage, nachdem wir viele kleine Dörfer, deren Bevölkerung aus einem Gemisch von Wute und Fullah bestand, passiert hatten, kamen wir in das Gebiet der Tikar, eines großen Heidenstammes, welcher erst im verflossenen Jahre von dem Häuptling von Tibati unterworfen worden und der nun unter Leitung des Tibatikönigs gegen einen weiter nördlich wohnenden Stamm, die Domme, zum Krieg ausgezogen war. Wir überschritten in diesem Lande mehrere linke Nebenflüsse des Mbam; die kleineren durchwateten wir, während die beiden bedeutenderen, Kim und Nye, auf vorgefundenen Lianenbrükken passiert werden mußten. Die Brücken waren an zwei sich zu beiden Ufern des Flusses gegenüberstehenden Bäumen etwa zehn Fuß über dem Wasserspiegel befestigt. Natürlich war der Übergang über eine derartige Brücke, die beim Betreten von nur einer einzelnen Person sogleich in bedenkliches Schwanken geriet, keineswegs sehr angenehm. Meine Leute konnten daher nur immer jeder allein über dieselbe gehen, da außerdem viele Löcher in dem korbartig geflochtenen Gehänge keine allzu große Haltbarkeit annehmen ließen. Doch gelang trotz dieser Schwierigkeiten beide Male der Übergang ohne jeglichen Unfall. Die durchschnittliche Breite dieser größten Nebenflüsse des Mbam, die fast durchweg schiffbar schienen, betrug 80 Meter.

Am 28. November überschritten wir einen etwa 1500 Meter hohen Höhenrücken und kamen am westlichen Abhange desselben in das Dorf Njua, wo die zerstörten Wälle und die verkohlten Häuserreste noch von der kurz zuvor erfolgten Zerstörung des Ortes durch die Tibati den Stempel trugen. Mit der Einnahme dieses Dorfes hatte sich bereits ein Teil des feindlichen Dommestammes unterworfen. Die Kapitulation der Hauptstadt des Landes unter dem Oberhäuptling stand, wie ich hier hörte, in den nächsten Tagen bevor. Drei Jahre lang hatten sich diese starken Heidenstämme, die Tikar und Domme, gewehrt, aber auch sie mußten sich dem unerbittlichen und nachhaltigen Andrängen der mohammedanischen Fullah beugen.

Hier in Njua war meine Gesandtschaft, die erst jetzt nach Jokó zurückkehren sollte, zu uns gestoßen. Meine Leute erzählten mir Wunderdinge von der Macht, dem Reichtum und der Liebenswürdigkeit des jungen Tibatihäuptlings. Ich hatte bereits den nächsten Tag für die Ankunft in Sansernie in Aussicht genommen, aber am Abend des 28. hatten meine Kräfte derart abgenommen, daß ich in einen vollkommen bewußtlosen Zustand verfiel.

Achtundvierzig Stunden hatte ich im Delirium gelegen, als ich am 30., abends, wieder zu mir kam und mich etwas besser fühlte. Ich wollte nun den Häuptling von Tibati, der meine Ankunft erfahren hatte und seit drei Tagen für mich zum Empfang bereit war, nicht länger warten lassen. Am 1. Dezember ließ ich mich in meine Hängematte legen, und unter starken Schmerzen wurde der siebenstündige Marsch durch die Ebene nach Sansernie-Tibati angetreten. Am Abend langte ich vor dem riesigen Lager an. Es war wie jedes andere Dorf in diesen Gegenden angelegt, hatte große, runde Spitzhütten und die einzelnen Gehöfte waren mit hohen Mattenzäunen umgeben.

Etwa 500 Meter mochte ich noch von der Lisière des Lagers entfernt sein, als mir unter gellendem Geschrei ein Haufe von 50 Reitern mit aufgeputzten Pferden, die Reiter selbst mit roten Tuchkleidern und mit Fes oder Turban bedeckt, entgegenkam. Sie parierten einige Schritte vor mir und streckten mir dann als Zeichen ihres Grußes ihre Lanzen entgegen. Ich nahm meine ganze Kraft zusammen, stieg aus der Hängematte und erwiderte den Gruß durch Vorstrecken meiner rechten geöffneten Hand. Angetan mit meinem mohammedanischen Kleide und meinem Turban, unter dem Vorritt der Begrüßungstruppe, legte ich die letzte Strecke zum Dorfe zu Fuß zurück. Von allen Seiten kamen die neugierigen Einwohner herbeigestürzt. Haussahändler, schon gewöhnt an den Anblick der Weißen, riefen mir ihr »Sanu« (Gruß) und »Barka« (Untertäniger Gruß) entgegen.

Auf dem großen Platz inmitten des Lagers sah ich vor den Häuptern des Häuptlings, welche durch ihre Größe und Sauberkeit sich vorteilhaft von den übrigen abhoben, einen Haufen Bewaffneter stehen. Hinter ihnen zeigte sich ein bildhübscher Jünglingskopf von auffallend heller Gesichtsfarbe. Die tiefblauen, mandelförmigen Augen blickten mich neugierig und schüchtern zugleich an. Der untere Teil des Gesichtes, vom Munde ab, war durch einen Gesichtsschleier (»Litam«), die Stirn durch einen riesigen weißen Turban verdeckt. Dieser Jüngling mußte unzweifelhaft der Sultan sein. Ich ging auf ihn zu, um ihn durch Handschlag zu begrüßen, als er seine Hand halb abwehrend, halb grüßend mir entgegenstreckte. Ich erwiderte darauf diese Geste in gleicher Weise, beendete damit kurz die für mich anstrengende Zeremonie und wandte mich wieder zum Gehen. Im gleichen Augenblick sprang ein mit reich gestickter Tobe bekleideter älterer Mann vor mich, grüßte ehrerbietig und winkte mir, ihm zu folgen. Dieser Führer, der sich später als der Minister des Auswärtigen, Adjia, vorstellte, geleitete und alsbald auf unsern Lagerplatz. Überall wurden Freudenschüsse abgefeuert, von allen Seiten ertönten gellende Willkommensrufe und Gesänge. Wir langten am südlichen Rande des Lagers an, wo uns auf einer abgeweideten Farm an einem kleinen Bache ein idyllischer Fleck Erde angewiesen wurde. Ich sah hier noch, wie mein Zelt aufgeschlagen wurde, dann warf ich mich erschöpft auf mein Feldbett.

Mein Schwächezustand ließ am zweiten Tage nach. An meinem Lager standen der besorgte Cornelius und meine beiden schwarzen Diener. Ersterer hatte in der Zwischenzeit nach Möglichkeit um meine Rettung sich verdient gemacht. Er war schon von früher her in der Behandlung der Dysenterie erfahren. Sein früherer Expeditionschef am Kongo, Premierleutnant Schulze, von der gleichen Krankheit befallen, war einst hingebend von ihm gepflegt worden, und wenn dieser tapfere Pionier auch schließlich der Krankheit erlegen war, so hat Cornelius doch treu bis an sein Ende bei ihm ausgehalten. Cornelius hatte erkannt, daß bei dem chronischen Charakter meiner Krankheit, der alle Medikamente wirkungslos ließ, nur eine veränderte gesunde Kost noch helfen könne.

Die Tibatileute bauten Reis und trieben Milchwirtschaft, und lediglich diesen beiden Umständen verdanke ich die Erhaltung meines Lebens. Cornelius hatte sich um Reisvorräte an den Häuptling gewandt, und dieser hatte denn auch reichliche Mengen für mich herbeischaffen lassen. Eine Schale Reiswasser stand neben meinem Bett auf dem Feldstuhl; diese Abkochung wurde mir alsbald eingeflößt. Hatten bisher Opium, Dowerches- und Morphiumpulver ihre Wirkung verfehlt, so merkte ich jetzt schon nach wenigen Tagen eine günstige Folge der neuen Kost, von welcher – ich nahm außer Reiswasser nur gekochten Reis zu mir – ich noch wochenlang ausschließlich lebte.

Der Tibatihäuptling hatte sich sehr aufmerksam und freigebig gezeigt. Ein reitender Bote war nach der alten Tibatistadt, wo die Viehherden des Königs sich zurzeit noch befanden, gesandt worden, um für mich eine Milchkuh zu holen. Vom siebenten Tage meines Aufenthaltes an erhielt ich jeden Morgen eine Schale frischer Milch. Für meine Leute war außer großen Quantitäten Maisbrot gleichzeitig noch ein stattlicher Buckelochse angelangt. Alle Not schien jetzt überstanden, zumal auch die entsetzliche Regenzeit zu Ende ging und wir bereits mehrere regenfreie Stunden zu verzeichnen gehabt hatten. Nach Möglichkeit hatte ich nun vor, die Aufmerksamkeit und Freigebigkeit des Häuptlings zu erwidern. Da ich selbst noch das Bett hütete, sandte ich gleich in der ersten Woche nach unserer Ankunft Cornelius mit meinen Geschenken zum König. Sie fielen leider spärlich genug aus. Es waren drei Feuersteinflinten, ein mohammedanisches Gewand, zwei rote Fes, zwei Stück rote und zwei Stück gelbe Halbseide, zehn Pakete Sattelnadeln, zwei Pakete Polsternägel (zum Verzieren der Sättel) und drei kleine Zinnspiegel. Ich wartete gespannt auf die Rückkehr von Cornelius, um zu erfahren, wie der Häuptling meinen Gesandten empfangen hatte. Nach einstündiger Abwesenheit kehrte dieser mit der Nachricht zurück, daß der König über die Geschenke aufs höchste erfreut gewesen sei. Auf meine Bemerkung, daß ich infolge der langen Reise nicht mehr zu geben imstande sei, ließ er mir zurücksagen: »Und wenn du mir anstatt deiner vielen reichen Geschenke nur eine einzige Nadel gesandt hättest, ich würde sie ganz ebenso dankbar angenommen haben. Es kommt mir nicht darauf an, was ich geschenkt erhalte, sondern von wem das Geschenk herrührt.«

Da sich mein Zustand in den nächsten Tagen wesentlich gebessert hatte, beschloß ich, nun endlich den Sultan persönlich aufzusuchen. Ich zog das mir von Gnutte geschenkte mohammedanische Kleid an, setzte meinen Turban, einen mit weißem, gemustertem Stoff umwundenen roten Fes, auf und ließ mich in meiner Hängematte vor die Empfangshalle zum Häuptling tragen. Ich hatte die gewöhnliche Audienzzeit, 9 Uhr morgens, gewählt. Wir hatten uns eben in Bewegung gesetzt, als drei Schüsse vom Königsplatze her den Eintritt des Häuptlings aus seinen inneren Gemächern in die Empfangshalle ankündigten. Der König erreicht diese offene, auf freiem Platze stehende Halle direkt durch eine Tür, die aus der Umzäunung seines Gehöftes auf den Platz führt. Die Fullah lieben im allgemeinen kein Offenstehen ihrer Häuser; diese sind, wie schon erwähnt, alle mit hohen Mattenzäunen umgeben, welche die einzelnen Gehöfte voneinander absperren und das Innere, vor allem die Geheimnisse des Harems, den Blicken der Nachbarn und der Fremden entziehen. Überall, wo ich an solchen Gehöften vorüberkam, wurde ich von den davorstehenden Bewohnern ehrerbietigst begrüßt und allenthalben zeigten sich über dem Rand der Mattenzäune die neugierigen Gesichter eingesperrter Fullahmädchen, welche sich den Anblick des weißen Mannes nicht versagen wollten. In der Regel folgte dem Ausschauen ein verstohlenes Gelächter und Kichern, das erst ein Ende nahm, wenn die kreischende Stimme des Haremswächters ertönte und die Neugierigen vom Zaune wegrief.

Durch die engen Lagergassen langte ich auf dem großen Platze vor den auf einer Anhöhe gelegenen Königshäusern an. An der Seite derselben erhob sich die große geräumige Empfangshalle. Vor ihr lagerten wohl fünfzig Häuptlinge mit ihrem Gefolge, welche hierherkamen, um dem König ihre Berichte zu erstatten, ihn um seinen Wunsch und seine Meinung zu befragen, oder auch nur, um ihm ihren Morgengruß: »Allah sabenani«, d. h. »Der Herr schütze dich«, entgegenzubringen. Am Rande des Platzes scharrten und wieherten die Pferde, Troßknechte plauderten in Gruppen, und die Großen saßen, mit allerhand bunten Toben angetan, auf Steinen und Bänken umher und besprachen anscheinend die wichtigsten Neuigkeiten. Als ich auf dem Platze erschien und aus meiner Hängematte stieg, verstummte das Gespräch. Man begrüßte mich in artigster Weise, erhob sich von den Sitzen, und alsbald lief der Minister des Äußeren, Adjia, in die Halle, um dem Sultan meine Ankunft zu melden.

In gebückter Haltung kam er eilfertig wieder heraus und unter seinem Vortritt betrat ich mit meinen Dienern das Haus.

An der Wand, dem Eintrittstore gegenüber, saß auf einem Throne von Lederkissen mit gekreuzten Beinen Amalamu. Von seinem schönen Gesicht waren wieder nur Augen und Nase zu sehen; der mächtige schneeweiße Turban und das daran befestigte Litam verdeckten die übrigen Gesichtsteile. Eine prachtvolle blauseidene Tobe hüllte den Körper ein, während die bloßen gekreuzten Füße, die in ihrer Größe zu der übrigen wohlgeformten, ja eleganten Erscheinung etwas im Widerspruch zu stehen schienen, unter derselben zum Vorschein kamen. Vor dem Throne standen zwei gelbe Lederpantoffeln zur Benutzung des Königs. Der Boden der Halle war mit schneeweißem Sande bestreut, auf dem in ansehnlicher Entfernung Adjia und ein kleineres Gefolge Platz genommen hatten.

Nachdem Gruß und Gegengruß getauscht worden war, ereignete sich zunächst ein kleiner lustiger Zwischenfall. Ich hatte mich vergebens nach einer Sitzgelegenheit umgesehen, als der Minister, meinen Wunsch erkennend, mir ganz harmlos durch eine Geste zu verstehen gab, ich möchte auf der Erde Platz nehmen. Diese Aufforderung beachtete ich indessen nicht, sondern ließ mir meinen außenstehenden, für alle Fälle mitgenommenen Feldstuhl hereinbringen und setzte mich dem König gegenüber. Ich saß nun ungefähr in gleicher Höhe wie Amalamu. Dieser sah mich erstaunt an; es war ihm wohl noch nicht passiert, daß in seiner Halle ein Mensch anders als auf der Erde vor ihm gesessen hatte. Daß ein Fremder, wenn selbst ein Weißer, sich auf gleiche Höhe mit ihm setzen konnte, erschien ihm unerhört. Ein kurzer Befehl, und gleich darauf erschien ein neues Sitzkissen. Der Häuptling erhöhte sich um einige Zentimeter. Doch da mein Stuhl verstellbar war, stand ich auf und ließ ihn etwa um das gleiche Maß erhöhen. Erst allgemeines Erstaunen, dann großes Gelächter. Der Häuptling merkte nun wohl, daß er bei diesen Erhöhungen schließlich leicht den kürzeren ziehen könnte, er gab daher die Konkurrenz auf und sprach nur seine Verwunderung über meinen merkwürdigen Thron aus.

Damit war die Unterhaltung eröffnet, die durch vier Sprachen geführt werden mußte. Ich sprach zu einem Elminamann englisch, dieser darauf in seiner Sprache zu einem Haussamanne, der Haussa übersetzte dies einem Fullah in der Haussasprache, und dieser endlich verdolmetschte es dem Häuptling. Die Unterhaltung war recht interessant. Amalamu unterrichtete mich über seine und seines Volkes Herkunft und Macht, nachdem er sich eingehend nach meinem Vaterlande, der Länge meines Weges usw. erkundigt hatte. Er erzählte, daß seine Vorfahren als mutiger, aber nicht sehr mächtiger Stamm von Norden eingewandert seien und daß sie, die unbesiegbaren Fullah, alles unterworfen hätten. »Die großen Haussareiche und jetzt auch hier die großen Heidenreiche sind unterworfen worden und alles wird von uns regiert. Auch die Domme und die Tikar waren sehr groß und mächtig, sie weigerten sich, mir Tribut zu zahlen. Aber ich habe sie mit Krieg überzogen und nach langen dreijährigen Kämpfen besiegt. In den nächsten Tagen wirst du den großen Dommehäuptling, der jetzt mein Sklave ist, hier sehen. Allah wird mein Reich noch größer machen«,schloß der fanatische Mohammedaner mit leuchtenden Augen.

Ehe ich mich entfernte, überreichte ich dem Häuptling als kleine Aufmerksamkeit eine Schachtel Bleisoldaten. Ich erklärte ihm an den einzelnen Figuren die verschiedenen Waffengattungen und suchte ihm unserer Heereseinteilung und Kampfesweise dabei etwas zu verdeutlichen. Diese Mitteilungen interessierten ihn derart, daß er nach meinem Weggange sofort mit einem Kriegsspiel begann; und wie ich später erfuhr, hat dasselbe mit kurzen Unterbrechungen drei Tage und drei Nächte gedauert.

Nach meinem Zelte zurückgekehrt, wurde mir der Besuch des ältesten Bruders des Häuptlings angekündigt. Auch er kam, wie alle mich besuchenden Häuptlinge des Landes, mit großem Gefolge. Er ließ dasselbe auf zwanzig Schritt Entfernung vor meinem Zelte niederhocken, gab seine Waffen ab, zog die Sandalen von den Füßen – eine Zeremonie, die selbstredend auch in der Empfangshalle des Königs stets beobachtet wurde – und kam in gebückter Stellung auf mich zu. Darauf reichte ich ihm die Hand und gab ihm das Zeichen, daß er sich auf eine herbeigebrachte Strohbank niederlassen dürfe. Er hatte eine

Wattepanzerreiter aus dem Sudan. (Haussa aus Kusserie, NO-Kamerun)

auffallende Ähnlichkeit mit seinem Bruder: seine Haare waren jedoch noch blonder und sein Gesicht noch markierter geschnitten. Er mochte im Alter von ungefähr dreißig Jahren stehen. Als ich ihn, anknüpfend an seine Familiengeschichte, fragte, weshalb er, der Ältere, seinem Vater nicht auf dem Throne gefolgt sei, erklärte er mir mit vergnügtem Gesicht, daß er früher nur stets allerhand Dummheiten gemacht, seine Leute aus nichtigen Gründen geprügelt und die Frauen anderer verführt hätte. Infolgedessen habe ihn sein Vater ganz mit Recht von der Thronfolge ausgeschlossen und seinen jüngeren Bruder zum Nachfolger bestimmt. Dies sei auch gut, denn der jetzige Häuptling sei der weiseste und beste Mann auf der ganzen Welt. Mit einem kleinen Geschenk, einem steirischen Rasiermesser, gab ich dem Königsbruder das Zeichen, daß er sich entfernen könne.

Die Sonne war bereits im Untergehen begriffen und wie allenthalben hier oben auf dem Plateau begann die Temperatur zu dieser Zeit rapid zu sinken. So begab ich mich schon in mein Zelt zur Ruhe, während meine Leute noch an den Feuern vergnügt schwatzend saßen. Sie hatten auch keine Ursache mehr, schwarz in die Zukunft zu sehen. Wir befanden uns auf sicherem Wege zur Küste, und wenn wir auch längere Zeit noch hier bleiben sollten, so war dieser Aufenthalt ja nicht so unangenehm, zumal der Häuptling reichlich für unseren Unterhalt sorgte.

(Aus: Durch Kamerun von Süd nach Nord, Leipzig 1893.)

Eingeborenenrecht im alten Kamerun

Von Theodor Seitz

Als ich im März 1895 auf der Aline Woermann die Ausreise nach Afrika antrat, um beim Gouvernement von Kamerun Verwendung zu finden, war ich mir darüber, wie sich meine künftige dienstliche Tätigkeit gestalten würde, recht im unklaren. In den drei Monaten, die ich zu meiner Vorbereitung in der Kolonialabteilung des Auswärtigen Amts beschäftigt war, hatte ich zwar einen allgemeinen Überblick über die im Werden begriffene Organisation der Verwaltung der einzelnen Kolonien bekommen, ein Bild über die eigentliche Tätigkeit der Beamten in den Schutzgebieten aber war nicht zu gewinnen. Man studierte die wenigen, der Natur der Sache nach meist recht allgemein gehaltenen Verordnungen, las die von draußen eingehenden Berichte und beschäftigte sich besonders eingehend mit dem ganzen Material über die Sklaverei, deren Bekämpfung damals für die Kolonialverwaltung im Vordergrunde stand. Und in dieser Beziehung war ich wirklich gut vorbereitet, ich hatte die ganzen Akten über die Sklavereifrage gründlich studiert. Gerade auf diesem Gebiete aber erlebte ich nach meiner Ankunft eine ziemliche Enttäuschung. Obgleich ich sofort nach meiner Ankunft mitten in die praktische Arbeit hineingeführt wurde – ich mußte zunächst den zur Erholung in Sao Thomé weilenden Gouverneur vertreten, dann die Verwaltungs- und richterlichen Geschäfte des neugebildeten Bezirksamts Kamerun, des späteren Bezirksamts Duala übernehmen – und mir alle möglichen Fragen auf dem Gebiete der Eingeborenenpolitik entgegentraten, dauerte es doch einige Zeit, bis es mir zum Bewußtsein kam, daß in Kamerun, d. h. dem damals von uns besetzten und verwalteten Teil des Schutzgebietes, überhaupt Sklaverei existierte. Da gab es keine Sklavenmärkte, keine Sklavenkarawanen, da wurden keine Sklaven zur Fronarbeit geführt, äußerlich war überhaupt vom Vorhandensein einer Sklaverei nichts zu bemerken. Abgesehen von den paar Soldaten, den Schreibern des Gouvernements, einzelnen Missionszöglingen und den meist aus Accra stammenden gelernten Handwerkern trug alles, hoch und niedrig, damals noch die gleiche Tracht, bestehend aus dem Hüfttuch, dem sogenannten Lavalava. Eine Ausnahme machten eigentlich nur der alte King Bell insofern, als er bei besonders feierlichen Gelegenheiten einen grauen Zylinder trug, und sein Sohn und Thronfolger Manga Bell, den eine schwarze, nach Husarenart verschnürte Jacke vor der Masse der Dualas auszeichnete. Da das Gouvernement die Sklaverei als rechtliches Institut nicht anerkannte, so konnte auch gerichtlich auf Zurückführung entlaufener Sklaven nicht geklagt werden, eine Freilassung von Sklaven und die Ausstellung von Freibriefen war nicht nötig. Nur einmal habe ich eine Ausnahme erlebt. Vor Gericht erschien eines Tages der alte Häuptling Green Joß von Hickory mit einem etwa gleichaltrigen Neger, der sich durch eine wahre Galgenphysiognomie auszeichnete. Green Joß erklärte: dieser Mann sei sein Sklave, der ihn täglich beschimpfe und ihm nachts Steine in die Hütte werfe; er verlange, daß der Mann, mit dem er nichts mehr zu tun haben wolle, gerichtlich für frei erklärt würde. Der Sklave machte geltend, Green Joß stelle seinen Antrag nur aus Bosheit, um ihn, den Sklaven, loszuwerden, er lasse sich das nicht gefallen, er sei Sklave und werde es bleiben. Ich konnte den beiden nur eröffnen, daß es unter der deutschen Regierung keine Sklaverei gebe, und sie ermahnen, sich wieder zu vertragen. Der Erfolg war, daß beide versuchten, ihrer Rechtsauffassung handgreiflich zum Siege zu verhelfen und schließlich von dem wachhabenden Polizeisoldaten hinausgeworfen wurden.

Ein scharfes Licht auf das Verhältnis zwischen Sklaven und Herren warf folgender Vorfall. Manga Bell hatte einen Ziegelofen gebaut und bot dem

Gouvernement die Lieferung von Ziegelsteinen zum Bau des neuen Krankenhauses an. Es wurde ein Vertrag abgeschlossen, aber eines Tages erschien Manga Bell und bedauerte, den Vertrag nicht einhalten zu können, weil seine Sklaven sich weigerten, Ziegelsteine zu machen. Er bat den Baumeister Drees, der sich allgemeinen Vertrauens bei den Eingeborenen erfreute, die Vermittlung zu übernehmen. Aber auch Drees hatte kein Glück. Obgleich er den Sklaven so viel Lohn anbot, als sich überhaupt mit dem Wert der Steine vertrug, blieben sie bei ihrer Weigerung, weil sie nicht verpflichtet seien, Ziegelsteine zu machen. Manga Bells Ziegelofen war in kurzer Zeit eine Ruine. Ich fragte damals Manga Bell, was denn nach der ursprünglichen Auffassung der Dualas die Rechte des Herrn gegenüber dem Sklaven seien. Eine klare Auskunft gab er mir nicht, konnte sie wohl auch nicht geben, denn die Rechtsbegriffe der Dualas waren seit langem unter dem Einfluß der Europäer in ständiger Wandlung begriffen. Nur soviel sagte er mir: Auch nach alter Dualaanschauung seien die Sklaven nicht verpflichtet gewesen, unentgeltlich für den Herrn zu arbeiten. Der Begriff »Sklave« passe überhaupt auf das ganze Verhältnis nicht, das Mißverständnis und die große Empörung in Europa sei nur daher gekommen, daß die Engländer das Wort »Sklave« in falscher Weise auf ein Abhängigkeitsverhältnis angewandt hätten, das gar keine Sklaverei sei. Soviel steht fest, daß der Begriff der Sklaverei bei den verschiedensten Stämmen ganz verschieden war und an der Küste unter dem europäischen Einfluß die Rechte des Herrn immer geringer wurden und schließlich, da rechtlich die Sklaverei überhaupt nicht anerkannt wurde, ganz verschwanden. Auch in politischer Beziehung zeigte sich eine entschiedene Entwicklung zugunsten der Sklaven. Hatten es immer schon einzelne Sklaven oder deren Nachkommen zur Häuptlingswürde gebracht – der Vater King Akwas soll noch ein Sklave King Bells gewesen sein und der gefürchtete Pen im Abogebiet war selbst ursprünglich Sklave –, so war in den neunziger Jahren die Entwicklung schon so weit gediehen, daß in das Dualaschiedsgericht ohne weiteres Sklaven zu Richtern gewählt wurden.

Diese ständigen Wandlungen, die wohl schon in den fünfziger Jahren des vorigen Jahrhunderts mit Einsetzung des *Court of Equity* am Kamerunfluß begonnen hatten, brachten eine Unsicherheit in die Rechtsauffassungen der Eingeborenen, die dem deutschen Richter, besonders wenn es sich um Rechtsstreitigkeiten handelte, deren Entstehung in ältere Zeiten zurückging, außerordentliche Schwierigkeiten boten. Ich habe mir, solange ich Richter in Kamerun war, alle erdenkliche Mühe gegeben, die ursprünglichen Rechtsanschauungen der kleinen Stämme, die um das Kamerunbecken saßen, zu ergründen, um ein System des Eingeborenenrechts zu konstruieren. Ich habe zu diesem Zweck an vielen Sitzungen des Dualaschiedsgerichts teilgenommen und bei den Verhandlungen, die ich wegen Gründung von Eingeborenenschiedsgerichten am Wuri und Dibamba führte, tagelang unter Zuziehung von verhältnismäßig guten Dolmetschern wenigstens die einfachsten Rechtsauffassungen der Eingeborenen festzustellen versucht. Aber bei den Verhandlungen des Schiedsgerichts in Duala traten auf Schritt und Tritt europäische Einflüsse zutage, die sogar soweit gingen, daß in der Begründung des Urteils einfach auf einen früheren Rechtsspruch des Gouverneurs Bezug genommen wurde, und in Unterhaltungen mit Eingeborenen, die nicht an einen bestimmten Fall angeknüpft werden konnten, war es außerordentlich schwer, eine objektive Auskunft zu erhalten. Entweder verstanden die Eingeborenen, denen unsere Rechtsbegriffe fremd waren, die Frage überhaupt nicht, oder sie suchten aus dem Gesichtsausdruck des Fragenden zu ergründen, welche Antwort er wünsche, oder aber sie wurden mißtrauisch und wichen einer bestimmten Antwort aus. Am meisten gelang es mir noch, bei Gerichtsverhandlungen, die ich selbst als Richter zu leiten hatte, aufgrund der Ausführungen der Parteien und der Zeugen einen Einblick in die Rechtsanschauungen der Eingeborenen zu gewinnen. Dabei fiel mir mehrfach eine merkwürdige Einrichtung auf, die an die altdeutschen Eideshelfer erinnert. Ein Wurimann verklagte einen Dualahändler, weil er ihm ein Huhn gestohlen habe. Jeder der beiden Prozeßgegner brachte fünf Zeugen seines Stammes. Die fünf Wurileute erklärten, der Duala habe das Huhn gestohlen. Auf die Frage, ob sie das gesehen hätten, konnten sie nur antworten, sie wüßten, daß der Duala das Huhn gestohlen habe. Ebenso

Eingeborene Südkameruns, Bezirk Jaunde

»wußten« die fünf Dualas, daß ihr Landsmann das Huhn nicht gestohlen habe. Ich wies die Klage ab mit er Begründung, daß, selbst, wenn das Huhn tatsächlich gestohlen sei, nicht bewiesen sei, daß gerade der Beklagte das Huhn gestohlen habe. Ich merkte sehr bald, daß die Wurileute über den Spruch äußerst erbost waren und fragte den Dolmetscher, einen Duala, ob denn das Urteil nach ihrer, der Eingeborenen, Auffassung nicht richtig sei. O ja, sagte er, aber die Wurileute sind erbost, weil du die Dualas für die besseren Zeugen erklärt hast. Der Auffassung, daß, wenn ein Tatbestand nicht durch Augenzeugen oder sonstwie aufgeklärt werden kann, diejenige Partei siegen muß, welche für ihre Sache die »besseren« Zeugen beibringen kann, bin ich auch später mehrfach begegnet.

Eine große, häufig verhängnisvolle Rolle spielte bei den Eingeborenen das Pfandrecht. Nicht nur Tiere und Sachen, sondern auch Menschen, besonders Weiber, zu pfänden, war allgemeiner Brauch. Daraus entwickelte sich, ursprünglich in der guten Absicht, den Mißbrauch gepfändeter Weiber zu verhindern, das Institut der »Pfandweiber«, das in dem Prozesse des Kanzlers Leist eine Rolle spielte. Gerade an dem Pfandrecht hielten die Eingeborenen zähe fest, während die Regierung es mehr und mehr einzuschränken suchte. In den ersten Tagen meines Aufenthalts in Kamerun fiel mir auf, daß sich vor einem Wellblechhaus auf der Joßplatte immer ein Weib herumtrieb. Eines Tages fragte ich den Polizeimeister, was denn das Weib da zu tun habe, und erhielt die Antwort, das sei das letzte Pfandweib. Erstaunt fragte ich den Polizeimeister, ob er denn nicht wisse, daß das Institut der Pfandweiber abgeschafft und das Weib zu entlassen sei. Antwort: Das Weib sei längst entlassen, weigere sich aber, nach Hause zu gehen, er habe sich vergebens bemüht, das Weib in Güte wegzubringen, Gewalt anwenden dürfe er nicht. Wie der Polizeimeister das verstockte Pfandobjekt schließlich losgeworden ist, weiß ich nicht, jedenfalls traf ich einige Zeit später, als ich durch Deidodorf ritt, auf ein Weib, das mich mit wilden Schimpfworten überhäufte: es war das letzte Pfandweib.

Besonders unklar und umstritten waren die Auffassungen über das Erbrecht. Nicht selten kam es vor, daß beim Tode eines Häuptlings drei Personen, der älteste Sohn, der älteste Bruder von derselben Mutter und der älteste Neffe (Sohn der Schwester des Verstorbenen) sich um die Nachfolge stritten. Mit Bestimmtheit kann man sagen, daß, wo der Sohn dem Vater folgte, bereits europäische Einflüsse maßgebend waren. Will man zu einiger Klarheit über die Auffassung der Eingeborenen kommen, so muß man m. E. davon ausgehen, daß das ganze soziale und staatliche Leben der Eingeborenen ursprünglich aufgebaut war auf der Familie. Für die Zugehörigkeit zur Familie aber war maßgebend die Abstammung von der Mutter. Das Familienoberhaupt war, und zwar mit weitgehender Gewalt über alle Familienmitglieder, der älteste Mann der Familie. Starb er, so folgte sein nächster Bruder von derselben Mutter oder sein Neffe, d. h. der Sohn seiner ältesten Schwester. Wer von diesen beiden aber das bessere Anrecht hatte, darüber entstand sehr häufig Streit. Gewöhnlich wurde dieser Streit, wie so viele Rechtsfragen bei den Eingeborenen, entschieden nach dem Rechte des Stärkeren.

Gerichtssitzung in Jaunde (Kamerun)

Überhaupt neigten die Eingeborenen dazu, tatsächliche Zustände, wenn sie nur durch Macht aufrechterhalten wurden, als rechtlich begründet zu betrachten. Das galt besonders auch bei der Frage nach dem Eigentum an Grund und Boden. Auch hier muß man, wenn man einigermaßen klar sehen will, von der Familie ausgehen. Die Gemeinde als solche war, soweit von ihr überhaupt die Rede sein konnte, nichts als die Gemeinschaft zusammengehöriger Familien. Maßgebend waren die Oberhäupter der Familien und unter diesen wieder derjenige, der aufgrund körperlicher oder geistiger Eigenschaften der einflußreichste war und häufig als Oberhäuptling bezeichnet wurde, während die übrigen Familienmitglieder seine Unterhäuptlinge waren. Ich habe noch. z. B. am oberen Mungo, kleine Gemeinden getroffen, die nur aus einer Familie bestanden. Das Eigentum an dem Grund und Boden, den die Familie oder die Familien in Besitz nahmen, fiel ohne weiteres dem Häuptling oder dem Oberhäuptling zu, der es den einzelnen Familien zur Benutzung zuwies. Wer anerkannter Häuptling oder Oberhäuptling war, der galt als Eigentümer des Grund und Bodens. Diese Auffassung habe ich überall im Binnenlande, sowohl im Norden wie im Süden des Schutzgebiets angetroffen, soweit nicht europäische Einflüsse eine Änderung in der Anschauung der Eingeborenen herbeigeführt hatten.

Den Begriff der Gemeinde in unserem Sinn kannten meiner Erfahrung nach die Eingeborenen überhaupt nicht. Es gab nur eine größere oder kleinere Anzahl von Familien, die einem Häuptling oder mehreren Häuptlingen und einem Oberhäuptling unterstanden. Gemeindeeigentum in unserem Sinne gab es nicht. Häufig waren nicht einmal abgegrenzte Gemarken vorhanden. Soweit das Land nicht den einzelnen Familien überwiesen war, konnte es von jedem benutzt werden, wenn ihn nicht benachbarte Stämme vertrieben. Einen Kommunismus im modernen Sinn, so daß jeder ein gleiches Recht an Grund und Boden der Gemeinde gehabt hätte, habe ich nirgends gefunden. Die ganze, auf der Familie mit ihrem Oberhaupt aufgebaute Struktur der sozialen Lebensverhältnisse der Eingeborenen, die in keiner Weise eine Gleichheit aller kannte, widerspricht in ihrem Wesen dem modernen Kommunismus.

Eingeborenengericht in Jaunde (Kamerun)

nach Ebolowa eine Dame, angetan mit schwarzem Seidenrock und rotseidener Bluse, als anerkannter Oberhäuptling mehrerer Dörfer. Die Dame erfreute sich offenbar eines großen Ansehens. Da ihr Gangwerk nicht ganz sicher war, wurde sie auf den schlüpfrigen Gebirgspfaden dauernd von zwei galanten Jünglingen gestützt. Noch viel weiter im Innern auf dem Wege nach Lomie kamen wir einst in ein Dorf, in dem eine schwarze Dame im eleganten Berliner Straßenkostüm mit einem englischen Strohhut auf dem krausen Wollkopf des Häuptlingssamtes waltete und mit Sicherheit die Anordnungen wegen Unterbringung meiner Soldaten und Träger gab.

Wie sehr der Begriff des Eigentums an Grund und Boden mit der Person des Häuptlings verbunden war, habe ich besonders bei den Bakwiris erfahren. Als ich im Jahre 1895 zum erstenmal in Buea war, besuchte ich die sämtlichen um Buea gelegenen Ortschaften, um den ewigen Streitereien ein Ende zu machen, die seit der Eroberung Bueas durch die Schutztruppe und dem Tode des Bueahäuptlings Kuba an der Tagesordnung waren. Überall, wo ich an die Eingeborenen die Frage richtete, wem eigentlich das Land gehörte, erhielt ich die Antwort: Kuba. Ob die Dörfer auch schon vor Kuba in dem Bueahäuptling ihren Herrn gesehen hatten, konnte ich nirgends mit Bestimmtheit feststellen. Der Mann hatte einen derartigen Einfluß gehabt, daß sein Verschwinden den Eingeborenen nur sehr schwer zum Bewußtsein kam. Noch zwölf Jahre später, als ich Gouverneur geworden war, ging um die Weihnachtszeit – Kuba war kurz nach der am 22. Dezember 1894 erfolgten Einnahme von Buea auf der Flucht gestorben – immer wieder eine gewisse Unruhe durch das Land. Niemand traute sich in diesen Nächten aus den Hütten: Kuba ging nun durch das Bakwiriland.

Wie sehr bei den Eingeborenen die Macht der Persönlichkeit sich allen Rechtsanschauungen gegenüber durchsetzte, zeigt die Tatsache, daß es auch Sklaven zur Häuptlingswürde brachten. Ich habe vorher schon den gefürchteten Abohäuptling Pen erwähnt, der ursprünglich ein Sklave war. Aber auch Frauen traten mir als Häuptlinge entgegen. So begrüßte mich einst auf dem Wege

Aber nicht nur die Eingeborenen übernahmen europäische Rechtsauffassungen, auch die Europäer machten sich gelegentlich die Auffassungen der Eingeborenen zu eigen. Die Eingeborenen kannten keine Unterscheidung zwischen Strafrecht und Zivilrecht. Besonders war das Verfahren das gleiche. Ein Offizialverfahren gab es nicht, auch ein Strafprozeß wurde nur eingeleitet, wenn ein Kläger auftrat. Ebenso gingen Strafe, Buße und Schadenersatz ineinander über. Die Folge war, daß mehr als einmal Europäer bei Streitigkeiten mit Eingeborenen sich die Vorteile zu sichern suchten, die das europäische Strafverfahren bot, indem sie bei einer Forderung aus nicht erfülltem Vertrag, besonders bei Hingabe von Warenvorschüssen zu einem bestimmten Zwecke, dem sog. Trust, Betrug oder Unterschlagung konstruieren wollten und statt Schadenersatz eine Buße beantragten.

Ein geschriebenes Recht gab es natürlich nirgends. Die Verordnung über die Einführung des ältesten Eingeborenenschiedsgerichts, desjenigen in Duala, enthielt die schöne Bestimmung: Für die Rechtsprechung des Schiedsgerichts sind die an Ort und Stelle in Übung stehenden Gebräuche und Gewohnheiten maßgebend. Nach dieser Vorschrift, die in alle späteren Verordnungen über die Bildung von Eingeborenenschiedsgerichten überging, mußten natürlich auch die deutschen Beamten verfahren, soweit sie als Eingeborenenrichter zu amtieren hatten. Nun war es aus Gründen, die ich schon kurz erwähnt habe, an sich nicht einfach, festzustellen, welche Gebräuche und Gewohnheiten bei den Eingeborenen in Übung waren, zumal nicht in den Küstengegenden, wo sich die Auffassungen der Eingeborenen unter europäischem Einfluß dauernd wandelten. Vielfach aber widersprachen Gebräuche und Gewohnheiten der Eingeborenen derart unsern rechtlichen und sittlichen Anschauungen, daß sie ein deutscher Richter nicht anwenden konnte. So war die Stellung des Eingeborenenrichters außerordentlich heikel und wohl jeder wünschte Festlegung der einfachsten, für die Praxis unentbehrlichen Rechtssätze. Zu einer solchen Feststellung des Eingeborenenrechts, wenigstens in allgemeinen Umrissen, ist es in keinem Schutzgebiet gekommen. Besonders aber ist es nicht gelungen, auch nur für einen oder den anderen Stamm die ursprünglichen Rechtsauffassungen der Eingeborenen mit Zuverlässigkeit so festzulegen, daß darauf ein bestimmtes System hätte aufgebaut werden können. Den Beamten fehlten meist Zeit und Sprachkenntnisse, auch kamen sie mit dem wirtschaftlichen und sozialen Leben der Eingeborenen doch nicht in so nahe Berührung, um in alle Verhältnisse einen genügenden Einblick zu gewinnen und sich in Fühlen und Denken der Eingeborenen ganz einzuleben. Das hätte eines langjährigen speziellen Studiums bedurft. Die Missionare, die noch am ehesten über alle Verhältnisse bei einzelnen Stämmen unterrichtet waren, hatten nicht die nötige juristische Schulung, um die Auffassungen der Eingeborenen in unsere Rechtsbegriffe zu übersetzen. Heute aber, nachdem ganz Afrika mit Europäern durchsetzt ist und überall europäische Anschauungen eingedrungen sind, ist es zu spät, um mit Sicherheit die ursprünglichen Auffassungen primitiver Völker festzulegen, eine Tatsache, die wir für die Erforschung der Entwicklung der Menschheit nur beklagen können.

Mir selbst brachten meine Studien des Eingeborenenrechts jedenfalls die Erkenntnis, daß kein Recht von Dauer sein kann; hinter dem nicht die entsprechende Macht steht, und diese Erkenntnis muß heute leider unser ganzes Volk tagtäglich nicht in der Rolle des Richters, sondern in der des Angeklagten machen.

Im Urwald

Die Eroberung des Kamerun-Gebirges

Von Hans Dominik

Eng und verwachsen wurde der Weg, nachdem wir die letzte Kakaoplantage der Victorianer hinter uns hatten. Bald ging es steil bergan. Mann hinter Mann, vornübergebeugt, keuchten wir bis um zwölf Uhr vorwärts. Auf dem steinbedeckten Boden fand der Fuß nur schwer einen Halt. Wir passierten das Bakwiri-Dorf Buana, das aus wenigen kleinen schmutzigen Hütten bestand. Die Leute, wild und stumpf aussehend mit zottigem Haar, breiten, häßlichen Gesichtern, wenig schönen Figuren und überlangen Gliedmaßen, sahen uns gleichgültig zu und berichteten, daß uns Kuba, der gefürchtete Bakwiri-Häuptling, in Buea mit seinen Kriegern erwartete. Viele kannten Dr. Preuß und Pfeil und nickten ihnen freundlich zu. In Likumbi, einer kleinen Niederlassung von wenigen Hütten, wurde das Biwak aufgeschlagen, denn die Sudanesen namentlich waren von dem ungewohnten Aufstieg stark angestrengt, und auch uns Europäer hatte der bergige Weg in der glühenden Hitze arg mitgenommen.

Am 22. Dezember 1894, bei Sonnenaufgang, waren wir bereits wieder auf dem Marsche, voran bei der Spitze Dr. Preuß, der den Weg zeigte. Fortwährend ging es heute bergauf, dann lag wieder ein Tal vor uns, tief einschneidend, so daß wir die Wipfel der hohen Urwaldriesen zu unseren Füßen sahen. Wir mußten hinunter und an der anderen Seite einen noch steileren Hang wieder heraufklimmen. Es war unendlich ermüdend. Groß war daher die Freude, als uns der Doktor kurz vor zwölf Uhr mitteilte, daß wir ganz nahe bei Buea seien.

Der Wald wurde stellenweise lichter. Der Kommandeur, Rittmeister von Stetten, ließ haltmachen und aufmarschieren. Vor uns lag in einer Schlucht ein kleiner Flußlauf, durch den der Weg einen von einer Steinmauer gekrönten Steilabhang hinaufführte. Hier begannen die Buea-Siedlungen, und beim Sturm gegen diese Mauern war Gravenreuth gerade dort, wo wir jetzt hielten, gefallen. Auch Stetten erkannte die Gegend wieder und zeigte uns den Platz, wo er beim Bedienen des Marinegeschützes damals verwundet worden war.

Wir hörten in der Ferne Hörner blasen und trommeln, hin und wieder hallte auch ein dumpfer Schuß durch die Stille des Waldes, aber vom Gegner selbst war nichts zu sehen. Vorsichtig überschritten wir das Wasser und stiegen zu den vernachlässigten Befestigungen hinauf. Sie waren unbesetzt. Die Bakwiris waren augenscheinlich auf unser Kommen noch nicht vorbereitet gewesen. Jetzt sahen wir die ersten Hütten durch das Dunkel des Waldes schimmern; im »Marsch, Marsch« ging es vorwärts. Zäune und kleine Steinwälle umgaben dürftige Felder, in deren Mitte die Gehöfte liegen. Schüsse ertönten, wildes Geschrei. Die einzelnen Züge gingen nach verschiedenen Seiten hin auseinander und folgten den schmalen Fußpfaden, die rechts und links in den Busch bergauf zu den Siedlungen führten. Aus einzelnen Hütten flohen in wilder Hast Frauen und Kinder, in anderen wieder hatten sich mehrere trotzige Gesellen zusammengerottet und empfingen die Soldaten mit Salven aus ihren Vorderladern. Nach einer Stunde ungefähr wurde das Schießen schwächer, ich hörte »Sammeln« blasen und fand Stetten mit dem geschlossenen Teil der Expedition und den Lasten auf einem größeren freien Platz wieder, der von mehreren elenden Hütten gebildet wurde. Man hatte hier etwas Übersicht; der Kommandeur beschloß daher, sich hier festzusetzen. Mehrere tote Bakwiris und einige verwundete Soldaten zeigten, daß hier ein ernsterer Kampf stattgefunden hatte.

Es wurden nun Posten ausgestellt, Patrouillen vorgetrieben und mit der Einrichtung des Lagers begonnen. Hin und wieder schlichen sich noch

Major Dominik
Eingeborenen-Aufgebot im Kameruner Urwalde,

einige freche Bakwiris durch die Postenkette und feuerten auf die arbeitenden Leute. Aber unheimlich war es ihnen doch, als sie die scharfen Schüsse unserer Patrouillen überall weit in den Bergen in ihrem Rücken hörten; sie zogen es bald vor, uns bis zum Abend, wo an der Wasserstelle noch öfter geschossen wurde, nicht mehr zu belästigen.

Der Kommandeur selbst erkundete das alte Grundstück der Baseler Mission. Gegen Abend kamen die Patrouillen, die sich überall in den Bergen mit den Bakwiris herumgeschossen hatten, heim.

Am folgenden Tage wurde der Polizeimeister Pfeil nach dem nahen Dorfe Soppo geschickt, um den Häuptling Sakko der dortigen Bakwiri zu rufen und ihm Straflosigkeit zuzusichern, falls er sich unterwerfen würde. Wir selbst blieben mit dem Einrichten des Lagers beschäftigt, denn der Kommandeur wollte hier bleiben und von der festen Lagerbasis aus den Gegner unablässig beunruhigen und ihn schließlich zwingen, sich auf Gnade und Ungnade zu unterwerfen.

Nur Ausdauer konnte hier in den unwirtlichen, unzugänglichen Gebirgswäldern zum Ziel führen. Den Missionshügel hatte Stetten nicht als Lagerplatz gewählt, weil er zu weit vom Wasser entfernt war. Das klare Bächlein, das an unseren Quartieren vorbeirauschte, wurde von uns Europäern fleißig zum Baden benutzt. Das Wasser war wunderbar kühl, befanden wir uns doch schon 900 m hoch in den Bergen, auch die Temperatur war wie daheim, und abends, wenn die Nebel niedergingen, hüllten wir verweichlichten Tropenmenschen uns erschauernd in Decken und Mäntel. Wie erquickend und wohltuend waren diese Nächte! Unten in Kamerun wirft man sich des Nachts oft stundenlang bei 25 bis 26°C ruhelos hin und her. Hier zog man einmal wieder die Kamelhaardecke bis an das Kinn hinauf und hütete sich, selbst nur eine Zehe aus der schützenden Hülle herausschauen zu lassen.

Den Weihnachtsabend feierten wir bei einem kräftigen Punsch. Stetten versammelte um einen kleinen künstlichen Weihnachtsbaum, der im Glanze winziger Lichter erstrahlte, sämtliche Eu-

Der Regierungssitz Buea auf der ersten Stufe des Kamerunberges

ropäer in unserer gemeinsam bewohnten kleinen Bakwiri-Hütte. Am ersten Feiertagmorgen ging es mit Spaten und Schaufeln zur Mission. Preuß und Stetten fanden nach einigem Suchen den Platz, wo sie Gravenreuth vor dem Rückzug der Expedition begraben hatten, um ihn nicht den Bakwiris in die Hände fallen zu lassen. Altes Gerümpel, Balken, Steine und gewaltige Erdhaufen wurden entfernt. Eifrig gruben die Arbeiter, tiefer und tiefer. Plötzlich etwas Hartes, Glänzendes – es war der richtige Fleck! Der Lauf eines Maximgeschützes, das man gleichfalls hatte zurücklassen müssen, wurde sichtbar. Steine flogen, alles beteiligte sich am Graben, neugierig glitten die Blicke in die Tiefe, und als das Geschütz freigelegt und von kräftigen Armen emporgewuchtet war, da sahen wir das weiße Gerippe des tapferen Löwen von Ostafrika am Boden. Lang ausgestreckt lag er da. Wenige Zeugfetzen fielen bei der ersten Berührung wie Zunder von den weißen Knochen, nur die Füße steckten noch in den wohlerhaltenen gelben, festen, nägelbeschlagenen Schnürschuhen. Es war ein weihevoller Augenblick! Selbst die Schwarzen standen, auf ihre Spaten und Hacken gestützt, still und fast andachtsvoll dabei, als wir die Hüte von den Köpfen zogen und in stiller Betrachtung den tapferen Soldaten ehrten. Stetten ließ die Gebeine aufheben, sie sollten nach Kamerun überführt, eingesargt und unter dem Denkmal, das dem Helden gesetzt ist, bestattet werden.

Aber nicht lange Zeit hat der Soldat zu traurigen Betrachtungen. Am Nachmittag schon gingen Preuß und ich mit stärkeren Patrouillen nach verschiedenen Seiten hinauf ins Gebirge; Preuß auf Lisoka zu, ich nach Ewunda, größeren Bakwiri-Siedlungen. Der Busch war hier fast undurchdringlich, kaum sah man die Spuren menschlicher Füße, dazu wurde der Boden immer felsiger, überall lagen versteinerte Lavablöcke umher; die unbeschuhten Soldaten mußten ihre ganze Willenskraft aufbieten, um vorwärtszukommen. Aber unermüdlich spürten sie in Gras und Busch nach versprengten Bakwiris

Lager im Urwald (Kamerun)

Gouv. v. Puttkamer Hptm. v. Ramsay

und öfter trafen wir im Walde auf Trupps, die sich in Kasssadafeldern, die hier versteckt lagen, festgesetzt und sich kleine, provisorische Hütten aus Gras und Zweigen hergestellt hatten, um ihr Leben zu fristen, weil sie im Walde hätten verhungern müssten. Öfter wurden sie von uns überrascht und beschossen, kreischend flüchteten sie auseinander. Aber wunderbar war es, wie sie über Stock und Steine zu springen, die steilsten Hänge emporzuklimmen, Abhänge wie Igel zusammengekrümmt herabzurollen wußten, um spurlos im Walde zu verschwinden. Hin und wieder lauerten und, auch einzelne Schützen hinter Felsblöcken an begangenen Pfaden auf. Dann donnerten ihre schweren Gewehre tausendfach widerhallend durch die Stille der Gebirgswelt.

Es war klar, daß wir die Gegner möglichst von den Feldern und Wasserstellen abschneiden mußten; wir waren deshalb sehr beglückt, als der Unteroffizier John Coult mit einer Patrouille mehrere Buealeute lebend fing, die nun die Führung zu den Verstecken übernahmen.

Im Lager fand ich bei meiner Rückkehr auch Dr. Preuß wieder, der mehrere Weiber gefangen hatte, die aussagten, daß Kuba, den sie Dschagga (der Gewaltige) nannten, über Lisoka hin geflüchtet sei. Die Soldaten hatten inzwischen eine Menge kleines, aber sehr schönes Rindvieh zusammengetrieben, und im Lager ging es hoch her. Die kühle Temperatur, das herrliche Wasser, das viele Fleisch und die mannigfachen Genüsse, die Preuß aus Victoria hatte nachkommen lassen, machten den Aufenthalt zu einem sehr angenehmen. Der Küche stand ein Victoria-Mann Liteke vor, den wir auf gut Deutsch Lüdecke nannten. Er verstand ausgezeichnet zu kochen und war neben Louis, dem Diener des Dr. Preuß, der Mann des Tages. Louis war zu allem zugebrauchen. Als Handelsgenie hatte er sich aus gefangenen Bakwiri-Hunden einen Hundepark angelegt, den er mit Vorteil später zu verkaufen gedachte. Einen wüst aussehenden Bonjongo-Mann, der melken konnte, hatten wir zum Milchmädchen ernannt, und wem es an Zerstreuung fehlte, der brauchte nur zuzuhören, wie der Dualla Mukossi log. Er war nicht aus dem Lager herausgekommen, dünkte sich aber wie ein Held und wußte so viel von seinen Taten zu erzählen, daß man hätte glauben sollen, er lebe bereits seit Monaten als furchtloser Bakwiri-Töter hier oben im Gebirge.

Am letzten Tage des Jahres erklärte sich einer

der Gefangenen bereit, uns Kubas Versteck zu zeigen. Auf unglaublichem Pfade führte er uns in das Bergdorf Buoba, wo wir Neujahr verlebten. Es war spät abends, als wir in das Dorf kamen; in der Dunkelheit konnten wir kein Wasser mehr finden, so daß wir den Sylvester ohne jeden flüssigen Tropfen aushalten mußten. Ich schoß nachts noch mehrere Stück Rindvieh, die brüllend aus dem Busch gelaufen kamen, um uns wenigstens etwas Eßbares zu verschaffen. Butter hatten wir nicht und so mußten wir schon bei einem Riesentartarbeefsteak den Anfang des Jahres 1895 erwarten.

Am anderen Tage ging es dann höher hinauf in das Gebirge, an alten Flußläufen entlang über Felsen und Lavablöcke bis an die Grenze der Waldregion. Aber nirgends fanden wir eine Spur von Kuba. Als wir am 2. Januar im Lager anlangten, empfing mich Stetten, der bessere Wege als ich eingeschlagen hatte und Kuba wirklich auf den Fersen gewesen war, mit der Nachricht, daß Kuba nach der übereinstimmenden Aussage sämtlicher Gefangener, die er gemacht hatte, auf der Flucht den Strapazen des Umherirrens erlegen sei.

(Aus: Dominik, Kamerun, sechs Kriegs- und Friedensjahre in deutschen Tropen. Berlin 1910.)

Sumpf im Palmenwald (Kamerun)

Bubandjidda

Von Siegfried Passarge

Die Nacht zum 22. November 1893 war sehr unruhig gewesen, weil die von den Mosquitos gepeinigten Esel umherliefen und öfter in die Zeltstricke gerieten. Beim Abmarsch am nächsten Morgen verursachten die am Palast postierten Bewaffneten einen kleinen Krawall und folgten später in geringer Entfernung hinter meiner Abteilung nach. Nach dreiviertelstündigem Marsch stieß ich auf das Gros der Expedition. Auf dem Weg saß ein mit blauen, weißen und roten Gewändern reich bekleideter Großer, der Gesandte des Königs, hinter ihm stand ein reich aufgezäumter Rappe nebst einigen dreißig Bewaffneten. Vor ihm hielt Üchtritz zu Roß. Der Gesandte bestellte die Grüße des Königs und seines Sohnes. Beide wären sehr erfreut, die fremden Gäste zu sehen, die aus solcher Ferne kämen; er sei geschickt, um uns nach der Hauptstadt zu geleiten. Üchtritz versicherte seinerseits, er hätte mit dem Sultan von Jola nichts zu tun, sondern käme nur, um zwischen seinem König, der tapfere Männer ehre, und dem von Bubandjidda Freundschaft zu schließen. Dann wurde der Marsch wieder aufgenommen, indem der Gesandte mit seinen Leuten vorausritt. Seine Worte hatten sehr schön geklungen, allein Vorsicht war doch angebracht, zumal er mehrmals versuchte, Üchtritz vom Wege abseits durch hohes Gras nach einem angeblich unter hohen Bäumen gelegenen Schlafplatz, der jenseits des Benuë sein sollte, zu führen. Es sah fast nach einem Hinterhalt aus. Üchtritz ließ sich indes nicht beirren, sondern blieb auf dem Wege. Bereits gegen 11 Uhr erreichte er die Stadt Djirum und wählte einen militärisch günstig gelegenen Platz als Lager aus. Ich selbst traf zwanzig Minuten später ein. Der heutige Marsch hatte ebenfalls einen großen Sumpf, der sich neben dem Fluß erstreckte, umgangen; dann führte der Weg über einen schmalen »Paß« zwischen zwei Sümpfen direkt zum Fluß, und an diesem entlang weiter. Der schmale Pfad, der links von dem Sumpf, rechts von dem zehn Meter abstürzenden Ufer des Benue begrenzt wurde, war von zahlreichen, tief ausgetretenen Flußpferdwegen durchschnitten, welche ebenso, wie das hohe Schilfgras, den heutigen Marsch beschwerlich gemacht hatten. Die Vegetationsdecke war, wie in den früheren Tagen, Buschwald mit sehr hohem Gras gewesen.

Gleich nach der Ankunft im Lager hatte Üchtritz den Gesandten zu sich rufen lassen und ihm erklärt, wir brauchten durchaus Lebensmittel, da die mitgenommenen Vorräte aufgezehrt seien. In Assāli habe man uns ohne die Erlaubnis des Königs nichts verkaufen wollen, und er habe mit Rücksicht auf die Freundschaft desselben auch nichts getan, was dem Verbot zuwider gewesen; jetzt müsse er aber dringend verlangen, Lebensmittel kaufen zu dürfen. Der Gesandte schickte dieserhalb sofort nach Rei Buba, um vom Jarima die Erlaubnis dazu einzuholen, denn offenbar war er zur Erteilung einer solchen nicht legitimiert, wenn auch dazu bereit. In diesem grenzenlos despotisch regierten Staat besteht das strengste Verbot des Königs, irgendeinem Fremden den Eintritt in das Land zu gestatten, sodann darf niemand, selbst nicht in den Grenzdörfern, an einen Fremden etwas verkaufen. Wer dem Verbot zuwiderhandelt, wird selbst als Sklave verkauft. Gesandtschaften und sonstige Gäste sind auf Befehl des Königs von den Gemeinden, in denen sie weilen, kostenlos zu bewirten und die Lieferung der Lebensmittel wird denselben wie eine Steuer auferlegt. Diese Gesetze, zusammen mit dem Verbot der Auswanderung, bedingen die vollständige Abschließung des Landes und seiner Bewohner von der Außenwelt, welche dieselben nur in den allerdings zahlreichen Kriegen mit den Nachbarn kennenlernen. Deshalb machen aber auch Land und Leute einen so verkommenen Eindruck: die Häuser klein und liederlich gebaut, die Bewohner unwissend und mißtrauisch. Von den Europäern haben sie nur höchst unklare Vorstellungen trotz des freilich nur kurzen Aufenthalts der Engländer im Lande. Hier kennt man nur freie Fulbe und Sklaven, wie einst in Sparta Spartiaten und Heloten. Hier wie dort überwiegen die letzteren weit an Zahl und werden jährlich durch Sklavenjagden noch bedeutend vermehrt. Wohl infolge ihrer großen Anzahl hat sich jedoch die Vermischung der Fulbe mit ihnen schnell vollzogen. Es wird kein Zufall gewesen sein, daß wir in Bubandjidda keinen einzigen »Gelben«[1]) gesehen haben.

Am Nachmittag kamen ein Dutzend Leute, welche in länglichen, kanuförmigen, geflochtenen Matten Lebensmittel wie Bohnen, Erdnüsse, Durrha und Artischocken brachten. Obwohl die Überbringer gewiß herzlich arm waren, wagte doch niemand das angebotene Gegengeschenk anzunehmen, aus Furcht vor dem Jarima. Der Gesandte überbrachte abends den Gruß seines Herrn, wir möchten ihn morgen hier erwarten, er käme selbst, um uns nach der Hauptstadt Rei Buba zu geleiten. Uns war diese Bitte, zu warten, ganz recht; denn wir befanden uns hier in einer vorzüglichen Position, deren Aufgeben ein großer taktischer Fehler gewesen wäre. Rechts floß der etwa sechzig Meter breite, tiefe Benue, dessen anderes Ufer mit hohem Schilfgras bestanden war; links dehnte sich ein sechshundert bis tausend Meter breiter Sumpf aus. Vom Rücken her führte nur ein schmaler, leicht zu verteidigender Pfad zwischen Fluß und Sumpf. Vor uns lag die Stadt Djirum in zweihundert Meter Entfernung, und nur von dieser Seite konnten wir auf einem sechzig Meter breiten Strich mit einiger Aussicht auf Erfolg angegriffen werden. Die Taktik, welche uns, mindestens in diesem Teile Afrikas, einem jeden Feinde gegenüber, am meisten Vorteil versprach, war, denselben nicht bis auf Pfeilschußnähe, also neunzig bis hundert Meter herankommen zu lassen. Denn war auch die überlegene Waffe auf unserer Seite, so stand dem Feind dafür eine ungeheure Übermacht zu Gebote, welche bei einem plötzlichen Überfall aus der Nähe, und namentlich bei einem Nachtangriff, notwendigerweise den Ausschlag hätte geben müssen. Glücklicherweise kämpfte aber der Fulla mit Vorliebe in offener Schlacht, und zwar so: die Reiterei stürmt voran, das Fußvolk in hellen Haufen hinterher; und für solchen Kampf war das freie Schußfeld unsere einzige Rettung.

Indessen schien man doch in Rei Buba sich die Sache reiflich überlegt zu haben und aufrichtig den Frieden zu wünschen. Dafür sprach auch, daß sich der Gesandte halbwegs zwischen Stadt und Lager eine Hütte hatte bauen lassen, in welcher er übernachtete.

Abends wurden mehrere Posten aufgestellt. Wohl durch den Schein der Nachtfeuer aufgeregt, trieb sich ein Flußpferd, das aus dem nahen Sumpf zur Linken gekommen sein mußte, schnaubend in der Nähe des Lagers umher. Üchtritz versuchte es zu schießen, konnte es aber trotz des Mondlichts in dem hohen Grase nicht zu Gesicht bekommen.

24. November. Die Sonne ging an diesem verhängnisvollen Tage so klar und leuchtend auf wie nie in den Tagen zuvor, an welchen der Himmel meist bedeckt gewesen war. Wir nahmen es als gutes Omen an, denn heute sollten wir ja die Hauptstadt des Landes kennenlernen, welche noch kein Weißer betreten hatte. Da wir bereits seit zwei Tagen nur von Reis und Kartoffeln gelebt hatten, ging ich am Flusse entlang, um einige Wasservögel zu schießen. Ich erlegte mehrere der niedlichen blauen Strandläufer mit weißem, schwarzgebändertem Hals, welche an allen Bächen des Bénuegebietes vorkommen, nebst einer rotbraunen Ralle. Der Koch, der sie zum Mittag braten sollte, wies diese Tiere indes als unwürdig zurück: »Sir, that is not snipe.« Snipe or not snipe, er mußte sie braten und sie schmeckten uns später sehr gut. Der Gang führte mich auch in die Stadt hinein, welche äußerst schmutzig und winkelig gebaut ist: Hof dicht an Hof, die einzelnen Höfe selbst klein und schmierig, die Häuser und Kornspeicher denen von Assäli gleich. Am Anfang des Ortes, der fünfhundert Einwohner haben mochte, befand sich unter einem auf niedrigen Pfählen ruhenden spitzen Grasdach eine Schmiede. Mit drei doppelten Blasbälgen wurde gerade ein Holzkohlenfeuer angefacht und auf den Kohlen das Eisen glühend gemacht. Zu Barth's Zeiten war die Eisengewinnung und Schmiedekunst Bubandjiddas berühmt. Jetzt scheint sie heruntergegangen zu sein, wenigstens sollen die Bubandjidda-Leute jetzt von den heidnischen Durru in Galibu Pfeilspitzen und Speere kaufen.

---

1 d. h. reinen Fulbe.

Mitten in dem Ort ragte durch die Höhe der Mattenzäune und Häuser wie eine Burg der königliche Palast über die anderen Gebäude hervor. Wie in Neu-Assāli residiert in Djirum als Bürgermeisterin eine Prinzessin. Der Mattenzaun der Burg ist etwa fünfundzwanzig Fuß hoch, und im Südosten bildet ein wohl dreißig Fuß hohes Sauri mit großem hölzernem Tor die Eingangspforte. Eine Schar Bewaffneter lagerte und stand am Eingang desselben und maß mich mit wenig freundlichen Blikken. Einige folgten mir sogar nach und sahen mit Interesse zu, wie ich von den höchsten Bäumen am Rande der Stadt Tauben herunterschoß. Der Stadt gegenüber befindet sich eine breite Sandfläche am Fluß, wo angeblich einmal die englische Station gestanden haben soll. Ein Schwarm Enten veranlaßte mich, den Fluß noch eine Viertelstunde hinaufzugehen, als mich plötzlich der alte Giwa schon von weitem zurückrief. Ich kehrte schnell in das Lager zurück und erfuhr, daß einige unzufriedene Bubandjiddaer unserem Ssariki mitgeteilt hatten, der Jarima wäre mit einem starken Heer nach Djirum unterwegs. Jetzt verstand ich auch das verdächtige Lächeln, mit dem mich der Gesandte betrachtet hatte, als er mich aus der Stadt zurückkommen sah. In der Tat trafen auch seit einiger Zeit von unserem Rücken her, aus Assāli und anderen im Norden gelegenen Ortschaften, Scharen von Bewaffneten ein, welche in Trupps von drei, vier und mehr Mann unser Lager passierten. Bogen und Lanze in der Hand, einen wohlgefüllten Köcher auf dem Rücken, schritten sie finsteren Blickes zwischen unseren Leuten, die sie mit spöttischen Blicken maßen, hindurch und verschwanden in der Stadt. Auch von SW. und NO. strömten Heerhaufen herbei, und über die Ebene, auf der ich soeben gejagt, kamen sie ebenfalls in Scharen gewandert. Das sah allerdings sehr wenig nach einem friedlichen Geleit zur Hauptstadt aus und es war gut gewesen, daß Üchtritz mich hatte zurückrufen lassen. Wer weiß, ob ich nach einer Viertelstunde noch unbehelligt zurückgekehrt wäre.

Wir saßen gerade beim Essen und ließen uns die mit Reis gekochten Strandläufer gut schmecken, als unsere Leute das Herannahen einer großen Truppenmacht aus Südosten, in der Richtung von Rei Buba her, meldeten. Da kamen sie in der Tat in dichten Massen heran, an der Spitze eine Schar Berittener und hinter ihnen das

Junger Tikar-Edelmann mit Frau und Tochter

Fußvolk. Es mochten reichlich 30 Reiter und 1500 Mann sein, mehr als ein exerzierendes Regiment in Deutschland. Wir waren natürlich sofort auf der Hut. Die Reiter nahmen in dem hohen Hirsefeld östlich der Stadt Stellung und beobachteten unser Lager. Sie waren nur undeutlich zwischen den grünen Halmen zu sehen, über welchen die Turbane und die mit bunten Federn geschmückten Helme kaum hervorragten. Die gelegentlich sichtbaren, farbigen, bauschigen Gewänder verrieten aber deutlich, das jeder einen eisernen Brustharnisch unter den Kleidern trug, daß sie also in wenig friedlicher Absicht gekommen waren. Besonders fiel ein Reiter auf weißem Roß mit scharlachroter breiter Schärpe auf. Neben den Reitern kribbelte in den Feldern das Fußvolk umher wie ein aufgestörter Ameisenhaufen.

Fullahgehöft (Joko, Kamerun)

Lange Zeit geschah nichts. Der Zuzug von Kriegern hörte allmählich auf, aber in der Stadt herrschte reges Leben. Da wimmelte es von Männern und Weibern, welche Kalebassen und Krüge auf den Köpfen trugen, während andere Schafe und Ziegen forttrieben. Man räumte die Stadt aus, um uns die Lebensmittel zu nehmen. Sollten wir angreifen, um dieses zu hindern? Denn auf Frieden war kaum noch zu hoffen. Aber an der Grashütte saßen ja noch die Leute des Gesandten mit dessen Pferd und Brustharnisch. Wir wollten nicht den Kampf beginnen, lieber abwarten, vielleicht ging alles noch gut.

Es war elf Uhr, als der Gesandte von gestern mit einigen Speerträgern kam, um einen Auftrag des Kronprinzen, Jarima Ssille, auszurichten. Derselbe lasse fragen, was wir im Lande wollten, er werde unsere Antwort dem König überbringen; bis der Bote zurück wäre, sollten wir warten. Üchtritz wiederholte den so oft gegebenen Bescheid, wir kämen als Freunde usw., zugleich verlangte er Lebensmittel für heute, da die gestrigen Vorräte ganz unzureichend gewesen wären. Mit dieser Antwort kehrte der Gesandte zurück, kam aber bald wieder. Der Jarima wollte mit Ssariki und Audu persönlich sprechen, diese sollten zu ihm kommen. Mit uns würde er nicht eher unterhandeln, als bis wir den jetzigen Lagerplatz verlassen und uns auf den von ihm bestimmten begeben hätten. Die Anwort lautete, die Zusammenkunft mit dem Jarima müsse halbwegs zwischen beiden Heeren an der Grashütte stattfinden. Übrigens, warum bringe der Jarima ein Heer mit, wenn er versichere, als Freund zu kommen? Den Platz würden wir nicht verlassen. Einen Freund stecke man nicht in Sumpf und hohes Gras, sondern lasse ihn lagern, wo es ihm gefalle. Wieder schob der Gesandte ab. Man wollte wahrscheinlich unsere beiden Dolmetscher abfangen, uns aber hatte man in das hohe, filzige Gras an eine Stelle locken wollen, wo wir zwischen Fluß und Sumpf in elender Lage ohne Ausweg gesteckt hätten, während der Feind die Flußlinie besetzen konnte. Schon während der letzten Gesandtschaft hatten die Leute des Gesandten mit Pferd und Brustpanzer die Hütte verlassen und sich in die Stadt begeben. Es war klar, man wollte den Krieg. Üchtritz stellte fünfunddreißig Mann in die Front, zehn Mann wurden in unserem Rücken an dem Wege vorgeschoben, fünf Mann deckten die linke Flanke am Sumpf. Kaum waren diese Vorbereitungen getroffen, als eine neue Gesandtschaft erschien, dieses Mal bestehend aus zehn bis an die Zähne Bewaffneten. Der alte Gesandte, dem, wie es schien, eine friedliche Vereinbarung am Herzen lag, war zwar dabei, ein anderer aber führte für ihn das Wort und verlangte in dreistem Tone, wir sollten augenblicklich auf den angewiesenen Platz gehen oder uns aus dem Lande scheren. So frech hatte man noch nicht zu uns zu reden gewagt, Üchtritz antwortete ruhig, wir würden hierbleiben. Als Freund des Königs sei er gekommen, wenn derselbe aber durchaus den Krieg wolle, werde er es schwer zu bereuen haben. Mit Drohungen entfernte sich die Gesandtschaft.

Da standen wir nun! Der Krieg war erklärt; umkehren, überhaupt zurück, konnten wir nicht, schon wegen der Esel nicht. Wir mußten in jedem Falle die günstige Stelle halten oder selber angreifen. Doch wurden wir allen Überlegens sehr schnell überhoben. Mit dem Krimstecher beobachtete ich die Reiter im Kornfeld, bemerkte eine Bewegung unter denselben. Ich rufe es den anderen zu, stürze in das Zelt, das dicht an der Schützenlinie stand, ergreife meinen Karabiner und springe in die Schützenlinie zurück. In dicken Klumpen kamen die Reiter, wohl dreißig an der Zahl, aus dem Kornfelde hervor, augenblicklich um sich vor dem Dorf zum Angriff zu rangieren. In schwarzem Gewimmel, Kopf an Kopf quoll das Fußvolk neben und hinter ihnen heraus, aus den Hirsefeldern und den Straßen der Stadt. Kein Warten länger! Üchtritz hob die Doppelflinte empor: »Legt an! Feuer!« Die Salve krachte und ging bald in Schnellfeuer über. Die Kugeln pfiffen in die Massen des Feindes hinein, Rosse und Reiter rollten zahlreich zu Boden; aber auch in die Reihen des Fußvolkes, das mit lautem Geschrei und mit geschwungenen Speeren anstürmte, riß das Blei tiefe Lücken. Vergebens suchten sie jetzt hinter den mächtigen Lederschilden Deckung oder gedachten durch seltsame Luftsprünge die pfeifenden Kugeln zu vermeiden. Üchtritz schoß mit zwei Doppelbüchsen, sein Bursche lud hinter ihm stets das abgeschossene Gewehr. Ich arbeitete abwechselnd mit einem Karabiner achtundachtzig und einer Doppelbüchse. So konnten wir sehr schnell schießen, und bei der geringen Entfernung saß in dem Haufen wohl auch jede Kugel. In einigen Minuten waren die Reiter vom Kampfplatz verschwunden. Was nicht gefallen, war in die Stadt und aufs eigene Fußvolk zurückgegangen. Nur noch wenige hatten mutig ausgehalten und trieben das Fußvolk in den Kampf. Auf seinem schwarzen Hengst kommt unser Freund, der Gesandte, trotz des Kugelregens, in dem zweifelhaften Schutze der Grashütte angesprengt. Üchtritz schießt auf ihn, das Pferd bricht zusammen. Der Reiter rollt herab und verschwindet im hohen Grase des Flußufers. Zur Ehre unserer Feinde sei es gesagt, sie schlugen sich mit Löwenmut. Immer wieder kamen sie, drangen heran im Grase und Schilf des Sumpfes, einzeln, zu zweien und dreien; mancher brach zusammen, aber sie wichen und wichen nicht. An der Grashütte tobte der Kampf am heftigsten. Dort knieten sie nieder und versandten Pfeil auf Pfeil. Zwar flogen dieselben noch nicht in unsere Reihen, aber kam der Feind näher, es hätte bedenklich werden können. Als aber einer nach dem andern zusammenbrach, hielt keiner länger stand und sie flohen in flüchtigen Sätzen zur Stadt zurück.

Auf dem linken Flügel war damit der Kampf entschieden; der Feind, längst in voller Flucht, hatte die Stadt geräumt. Unsere Leute aber feuerten, obwohl kein Feind mehr zu sehen war, noch immer drauflos und ich mußte mit Faustschlägen und Kolbenstößen die vor Aufregung rasend Gewordenen zur Vernunft bringen und das unsinnige Feuer stoppen. Andere tanzten mit lautem Siegesgeheul herum, schwangen die Büchsen über den Kopf und setzten den Fliehenden nach. Eine wirkliche Verfolgung des Feindes wäre bei unserer Minderzahl aber unser Verderben gewesen; ich also hinter ihnen her, und jage sie zurück.

Unterdessen hatte Üchtritz auf dem rechten Flügel am Fluß noch einen schweren Stand. Am Ufer entlang, durch das hohe Gras und Gestrüpp gedeckt, kamen sie bis auf sechzig Meter herangeschlichen. Schon flogen die Pfeile bis in die Linie hinein. Viele der Angreifer fielen, noch mehr wurden verwundet, immer neue drängten nach; sie, die noch niemals einen ebenbürtigen Gegner gefunden, glaubten, es müsse doch wohl gehen. Vergeblich das Triumphgeschrei des tapferen Eselkönigs, der den Fall eines jeden Feindes, wie die homerischen Helden, mit Schimpfreden begleitete. Der Kampf dauerte fort. Endlich schoß Üchtritz den Führer, einen Großen in himmelblauer Tobe und dunkelblauem Litham. Er stürzte den Fluß hinab. Noch einmal versuchte er sich am Gestrüpp hinaufzuziehen, er sank zurück und verschwand in dem tiefen Wasser. Jetzt hielt der Feind nicht länger stand. Einige Kugeln pfiffen noch den Fliehenden nach. Einem, der den steilen Uferrand emporklettern wollte, schlug Üchtritz' Kugel vor der Nase ein, daß die Erde ihm ins Gesicht spritzte. Hei, wie er sprang!

Der Kampf war aus, der Sieg erfochten. – Während Üchtritz die Leute von neuem aufstellte, um zum Angriff gegen Djirum vorzugehen, legte ich einem Lagosmann einen Notverband an. Der neben ihm stehende Ssariki hatte ihn in seiner Aufregung durchs Bein geschossen. Glücklicherweise war der Knochen nicht getroffen. Die bessere Hälfte der Expedition, nämlich das schöne Geschlecht, welches während des Kampfes bis ans Kinn im Benue gesteckt hatte, um vor der anstürmenden Reiterei und den Pfeilen geschützt zu sein, wagte es jetzt, das sichere Versteck zu verlassen. Die Ruhe, welche die Damen während des Gefechts bewahrt hatten, war nur einmal durch lautes Zetergeschrei unterbrochen worden, hervorgerufen durch einen Gegenstand, welchen die starke Strömung zwischen sie trieb: ein Krokodil, wie die einen, ein schwimmender Leichnam, wie die andern meinten. Auch das Häuflein Unbewaffneter, das sich mit dem Zuschauen hatte begnügen müssen, atmete wieder auf und folgte hinter der Front nach, um zu plündern. Langsam rückte die Linie vor. Bereits nach wenigen Schritten war der Boden mit Pfeilen gespickt. An und in der Grashütte waren mehrere Tote. Einer derselben lag auf dem Rücken mit einem Loch in der Stirn. In der Linken hielt er noch den Bogen, mit der Rechten griff er nach dem Köcher über der rechten Schulter. Regungslos war er nach dem Schuß zusammengesunken. Es war der freche Sprecher der letzten Gesandtschaft. Gleich hinter ihm lag der Rappe des Gesandten; Üchtritz' Kugel hatte ihm das eiserne Stirnschild durchbohrt.

Hundert Meter vor der Stadt kommandierte Üchtritz eine Salve, um die letzten Nachzügler zu verscheuchen. Über tote und sterbende Pferde und über die Leichen zahlreicher Gefangener ging es dann in die Stadt hinein. Gleich am ersten Hause lag einer. Er war über einer Kalebasse mit Erdnüssen zusammengestürzt, das Blut war über dieselbe geströmt und das große Loch in der Schläfe rührte wohl von einer meiner englischen Kugeln her. Die meisten Toten fand man vor der Stadt und in dem Kornfeld, Menschen und Pferde, hie und da auch einen in den Höfen und Häusern der Stadt; alles geringe Leute mit augenblicklich tötenden Wunden, durch Kopf, Herz und Rückgrat. Nicht ein einziger Verwundeter lag auf dem Felde, kein Laut, kein Hilferuf! Nur Tote! Alle Großen, vor allem die Reiter waren fortgetragen worden, sogar die gefallenen Pferde hatte man noch mitten im Feuer abgesattelt. Überall Blutspuren und fortgeworfene Waffen, aber die Verletzten, selbst die Schwerverwundeten, hatten sich weiter fortgeschleppt in das hohe Gras und in die Kornfelder. Denn die Lebenszähigkeit des Schwarzen ist enorm. Auch waren ja Leute zum Forttragen und Helfen genug vorhanden.

Ich war, die Häuser absuchend, bis an das Südwestende der Stadt vorgedrungen, von wo ich auch die Ebene übersehen konnte, auf der ich heute morgen noch gejagt hatte und die jetzt mit Fliehenden bedeckt war. Eben wollte ich ihnen noch einige Schüsse nachsenden, als ich plötzlich links von mir eine Salve kommandieren hörte. Unter einem hohen Baum in hundert Meter Entfernung hielten eine Menge Reiter und Fußvolk, anscheinend um einen Sterbenden beschäftigt, der an den Stamm gelehnt dasaß. Als Üchtritz sie bemerkte, pfiff er schnell einige Leute herbei und kommandierte Feuer. Sieben Mann und zwei Pferde brachen zusammen, der Haufe stob auseinander. Der Reiter mit der Scharlachschärpe sprengte gerade vor Üchtritz durch das Hirsefeld hin. Dieser sah nur noch seinen hohen Federhelm, wie er zwischen den Spitzen der Ähren auf und nieder wippte, und schoß zum zweiten Male. Nach dem Schuß war der Reiter verschwunden, das Roß jagte allein davon.

Der Feind wurde nicht weiterverfolgt, auch

die Hirsefelder ließen wir nicht absuchen, um nicht die Leute Verwundungen mit den vergifteten Pfeilen auszusetzen. Denn wie hätten wir sie wohl transportieren können? Aber die Stadt wurde nach Lebensmitteln abgesucht und sodann in Brand gesetzt. In einer Kornurne fand man ein altes Weib, das mit großem Geschrei herausgeholt wurde. Die Toten wurden von den Leuten natürlich rein ausgeplündert, selbst ihrer Kleider beraubt. Die Haussa, welche vor dem Kampfe die feigsten gewesen waren, zeigten sich beim Plündern als die tätigsten. Von Lebensmitteln wurde nur wenig gefunden, etwas Erdnüsse und Hirsekorn. Der Feind hatte eben vorher die Stadt ausgeräumt. Wir verließen daher bald den brennenden Ort, in welchem die Flammen hoch emporloderten. Um zwei Uhr betraten wir wieder das Lager. Es war ein melancholisches Bild: die rauchenden Trümmer, die lodernde Glut, die rot und prasselnd zum Himmel emporschlug, das Krachen der einstürzenden Dächer, die Scharen der Aasgeier und Milane in der Luft und auf den Leichen, dazwischen das übermütige Siegesgeschrei der verwilderten Leute, welche beutebeladen die brennenden Trümmer verließen. Was sie nur alles geplündert hatten! Lebensmittel am wenigsten, aber mit Strohmatten, Kalebassen, Töpfen, Webeapparaten, Kleidern, Tüchern, Lumpen, Sandalen, Mützen, Ochsen- und Antilopenhörnern und –fellen waren sie schwer beladen; sogar die Blasbälge und Geräte der Schmiede und anderes wertloses Zeug schleppten sie davon. Waffen hatte natürlich jeder im Überfluß erbeutet: Lanzen, Bogen, Pfeile, Köcher und Messer, welche sie teils den Gefallenen abgenommen, teils in Menge von der Erde aufgelesen hatten. Welche wertvolle ethnographische Sammlung hätten wir hier anlegen können! Aber wie sie transportieren? Das merkwürdigste Beutestück waren übrigens die berühmten Kriegsglocken von Bubandjidda. Es sind dieses zwei schwere, sechzig Zentimeter hohe und dreißig Zentimeter breite eiserne Glocken mit ovalem Querschnitt, welche durch einen starken eisernen Bügel miteinander verbunden sind. Sie werden auf einer Stange von mehreren Leuten getragen und von außen mit Klöppeln angeschlagen. Kleine Kriegsglocken von derselben Form sind auch sonst wohl bei den Haussa und Fulla im Brauch, aber nur Bubandjidda hatte solche Riesenglocken, und wo sie erklangen, wußte ein jeder: der Bubandjidda kommt. Sie waren der Schrecken aller Nachbarn dieses Räuberstaates Jetzt werden sie niemand mehr beunruhigen, denn sie liegen zerbrochen im Benue.

Aus: Passarge: Adamana.

Hofburg in Rei Buba (Kamerun)

Entdeckungen in Nordwest-Kamerun

Von Hans von Ramsay

Im Jahre 1899 war der von den Herren Dr. Max Schöller, Fürst Hohenlohe, von Hiller u. a. gegründeten Gesellschaft Nordwest-Kamerun (GNK), namentlich auf Betreiben des damaligen Gouverneuers von Puttkamer, mit dessen Amtstätigkeit die eigentliche wirtschaftliche überraschend schnelle und großartige Entwicklung von Kamerun ihren Anfang genommen hat, ein großes Gebiet im NW des Schutzgebietes von der Kaiserlichen Regierung als »Konzessionsgebiet« übertragen worden und die GNK hatte sofort mit großen Mitteln und mit großem Personal die Erschließung ihres Konzessionsgebietes begonnen. Als Generalbevollmächtigter der Gesellschaft habe ich das Gebiet in den Jahren 1900–1902 nach allen Richtungen hin durchquert, neue Gebiete erkundet und durch zahlreiche Wegeaufnahmen und astronomische Ortsbestimmungen die Grundlage für eine neue Karte dieser Gegend geschaffen. Von den Ergebnisse und den vielen heiteren und ernsteren Erlebnissen dieser Reisen will ich im Nachfolgenden erzählen.

Nach dem unglücklichen Ende der Expedition von Dr. Zintgraff, der 1892 verärgert und mißmutig über die Kurzsichtigkeit des Gouverneurs Zimmerer nach Europa zurückkehren mußte, war die Straße von der Küste über Tinto nach Bali wieder verschlossen. Die Erfolge seines langen Aufenthaltes in Bali und seiner Freundschaft mit dem alten berühmten Sultan Garega wurden in der Folge ebenso wenig ausgenützt wie die Erkundungen seines kühnen Zuges von Bali nach dem Benue und zurück nach Bali. – Der alte Garega war daher nicht wenig erstaunt, als plötzlich nach acht Jahren wieder ein Weißer bei ihm erschien und ich 1902 in sein Dorf einmarschierte, und zwar auf einem neuen Wege. – Von den Croßschnellen über Ossidinge, wo ich gegen den Willen und trotz der Warnungen der Eingeborenen über den Croß setzte, war ich auf ganz unbekanntem Wege quer durch denn Urwald marschiert und hatte mit sehr großen Schwierigkeiten und unter täglichen, hartnäckigen Kämpfen mit den Eingeborenen den Weg nach Bali durch eine landschaftlich wundervolle, zum Teil sehr stark bevölkerte und sorgfältig angebaute Berglandschaft erzwungen – fast immer ohne zuverlässige Führer. – Die Eingeborenen waren durchaus feindselig, stellten keine Führer und stahlen, was sie irgend erwischen konnten. In einem dieser großen schönen Dörfer lernte ich einen besonders scherzhaften Häuptling kennen; dieser Held, bekleidet mit einem bunten Haussahemde, mit Schuhen aus Leopardenfell und einem sehr eigenartigen Kopfschmuck, war auffallend lebhaft und von einer geradezu verblüffenden Neugierde und Unverfrorenheit. Alles mußte er besitzen, betasten und befühlen. Alles wollte er haben. – Er ruhte nicht eher, als bis ich ihm einen Schlafanzug, ein Paar Strümpfe, ein Unterhemd und eine Jacke geschenkt hatte; wenig angenehm war es, daß er sofort in meinem Zelte Toilette machte und dazu auf meinem Feldbett Platz nahm. – Es ist mir ganz unbegreiflich geblieben, daß Dr. Zintgraff nie mit einer Silbe von allen diesen reichen und sehr bevölkerten Gegenden spricht und berichtet; es ist nur dadurch zu erklären, daß der schlaue Garega ihn z. Zt. über die um Bali herumliegenden Landschaften völlig im unklaren gelassen hat. – Erst ganz kurz vor Balidorf kam mir die erste Gesandtschaft von Garega unter Führung seines vertrauten Leibsklaven Fonté entgegen. – Fonté erschien mit großem Gefolge; zwei Leute, von denen einer ein großes Pack Speere, deren Spitzen in einem sehr schönen mit Perlen bestickten Behälter steckten, und der zweite einen mit großen Haarbüscheln versehenen Stab trug, nahmen mich in ihre Mitte, und so zog ich festlich in Bali ein.

Da an dem Tage gerade ein sechstägiges großes Fest begonnen hatte, war auf dem Marktplatz

Palast des Häuptlings Joja (Kamerun)

eine sehr große Menschenmenge versammelt. Das Fest wurde zunächst auf Garegas Befehl unterbrochen, nahm aber sehr bald seinen Fortgang, nachdem wir uns ausgiebig begrüßt hatten. Garega, ein sehr alter gebrechlicher Herr, der nur noch wenig Ähnlichkeit mit dem in Zintgraffs Buch abgebildeten Garega hatte, empfing mich inmitten seiner Großen, an seiner Tür auf einem sehr schön geschnitzten Bambusstuhl sitzend, der auf einem mit Elfenbeinzähnen ausgelegten Platz stand; für mich und meinen damaligen Begleiter Rudatis waren zwei ebenfalls hübsch geschnitzte Schemel bereitgestellt. – Nach der Begrüßung und nachdem Garega schmunzelnd meine Absicht, in seinem Dorf eine große Faktorei anzulegen, erfahren hatte, ließ der Alte eine ungeheure Menge Palmwein, Maisbier und Kolanüsse herbeischaffen und es begann ein frohes Gelage. Dann bat mich der Sultan, dem eben wieder beginnenden Tanz seiner Leute zuzusehen; dabei bemerkte der alte Schlauberger ganz treffend, daß ich mir bei der günstigen Gelegenheit gleich alle bei seinen Männern, Frauen und Sklaven beliebten Kleider, Stoffe und Perlmuster ansehen könnte, die dann in der Faktorei geführt werden müßten. – Es war aber auch in der Tat ein sehr farbenprächtiges und interessantes Bild, das ich mir mit Muße betrachten konnte. – Der ganze große Marktplatz war schwarz von Menschen. In einem großen Viereck tanzten in konzentrierten Kreisen mehrere hundert Frauen und Mädchen; in dem größten Kreise um die Frauen herum tanzten die Männer in ihren zum Teil sehr hübschen und geschmackvollen, weiten Gewändern und mit famosem Federkopfschmuck. Während sogar viele Knaben reich bekleidet waren, waren die Frauen und Mädchen vollkommen nackend bis auf den von einzelnen Frauen getragenen »Quassi«, einen aus Gras gefertigten kleinen Schurz. Nur einige vornehme Frauen trugen sehr schöne Perlenschürze; in einige dieser Schürze waren sogar kleine Spiegel eingenäht und es freute die Schönen sehr, daß dies unserer Aufmerksamkeit nicht entgangen war. Männer und Frauen rauchten während des Tanzes, der nur hin und wieder unterbrochen wurde, um irgendwo einen Schluck Palmwein zu trinken und eine Kolanuß zu kauen. Es mögen wohl 1500-2000 Tänzer versammelt gewesen sein. Mit Sonnenuntergang hörte der offizielle Teil auf dem Markte auf; der Tanz wurde aber bis in die späte Nacht auf den Höfen einzelner Großen fortgesetzt – 6 Tage lang. Das ganze, sich alljährlich etwa um dieselbe Zeit wiederholende Fest ist ein Erntefest oder, wie die

Leute sagten, ein Medizinfest; während der Dauer desselben ist es den Männern verboten, irgendwelche Waffen zu tragen.

Garegas beide Lieblingsfrauen mußten mich mit Kuchen, Palmwein und sonstigen Lebensmitteln reichlich versorgen; jeder meiner Träger wurde einer Balifamilie zur besonderen Pflege überwiesen.

Die Bali haben eine andere Wocheneinteilung als wir; nach sechs Arbeitstagen feiern sie zwei Tage – Balisonntage. Am Tage vor meinem Abmarsch von Bali mußte ich zu Garega kommen, der mit mir noch besondere Freundschaft schließen wollte; ich fand ihn, den damals etwa 70jährigen Mann, bei besonders guter Laune; er hielt eine lange und vermutlich sehr witzige und geistreiche Ansprache, was ich aus dem fortwährenden beifälligen Grunzen seiner drei Vertrauten schloß; dann machte er aus Pfefferkörnern und Kola eine große Medizin; unter andächtigem Schweigen der Versammlung aßen wir beide dann diese, die uns zu Blutsfreunden machte. Zur besonderen Bekräftigung wurde diese Prozedur noch einmal wiederholt und mit einem Palmweintrunk begossen. Darauf wurden drei Schafe herbeigeschleppt und sofort geschlachtet – als Wegzehrung. Der Abschied von dem alten Garega, den kennengelernt zu haben mir heute noch Freude macht, war besonders feierlich. Er empfing mich wieder auf seinem Stuhl auf dem Elfenbeinplatz, er segnete uns gewissermaßen, indem er uns mit Wasser benetzte und dabei bei lautloser Stille der großen Versammlung Sprüche und Segenswünsche sprach. Dann schüttelten wir uns kräftig die Hände und ich zog ab. Die ganze Zeremonie hat auch auf uns Europäer einen tiefen Eindruck gemacht und bei mir und Rudatis eine feierliche Stimmung hinterlassen. Ich bin der letzte Europäer gewesen, der dem alten Garega, der zweifellos ein weit über die sonstigen Negerkings hinausragender, bedeutender Mann gewesen ist, die Hand geschüttelt hat; denn als ich wenige Monate später wieder vor der Küste auf dem Marsch nach Ngaúndere usw. nach Bali kam, war Garega tot und Fumo Bakari, der ebenso wie sein Vorgänger immer treu zu den Deutschen gehalten hat, war der neue Balihäuptling.

Diese zweite und größere Expedition führte mich auch wieder durch zum Teil noch ganz unbekannte Gebiete und wurde erfolgreich beendet durch die »Entdeckung« der fabelhaften Landschaft Bamum mit ihrer riesigen Hauptstadt Fumban und ihres merkwürdigen Häuptlings Joja. Aber auch unterwegs begegnete mir auf dem mehrmonatigen Marsch ungewöhnlich viel Interessantes. Von Bali, wo eine GNK-Faktorei eingerichtet war, ging es zunächst in einem sehr anstrengenden Marsch nach der inzwischen gegründeten herrlich gelegenen kaiserlichen Station Bamenda, wo ich von dem Stationschef, dem damaligen Oberleutnant Strümpell und seinem Kompanieoffizier Leutnant Graf Stillfried in kameradschaftlicher Weise aufgenommen wurde. Durch sehr stark von freundlich gesinnten Eingeborenen bevölkerte Landschaften kam ich in mehreren Tagesmärschen nach Kumbo, dessen Sultan Bansso mich und meine Leute wie alle anderen Sultane in der allerfreundlichsten Weise empfing, aufnahm und überreichlich verpflegte. In Babanki werden hauptsächlich die wundervollen Holzschnitzereien – Stühle, Hocker, Bettgestelle, Türpfeiler, Götzenfiguren – hergestellt, die jetzt in allen deutschen Museen zu finden sind. Der junge Häuptling in Babungo zeigte mir das Haus, in dem z. Zt. Dr. Zintgraff auf seinem Marsch nach dem Benue gewohnt hat. Der »King« Bansso, ein mittelgroßer, sehr dicker, stark an Gicht leidender Mann von zirka 45 Jahren, empfing mich am Eingang seines sehr schön gelegenen, ganz neu aufgebauten Dorfes – das alte war vor kurzem infolge eines Blitzes abgebrannt – und geleitete mich nach dem Königsplatz. Auf dem inneren Königshof versammelten sich die Großen des Reiches um ihren Häuptling und sofort begann ein großes Palmweingelage; solche Massen von Palmwein sah ich noch nie vorher und auch nicht nachher. Der brave King machte am ersten Tage und an dem darauffolgenden Ruhetag den Versuch, mich unter den Tisch zu trinken; der Versuch mißglückte aber dank meiner in der Heimat während der Studentenzeit erworbenen Trinkfestigkeit vollkommen und der sonst wahrscheinlich sehr tapfere King mußte an beiden Tagen vorzeitig die Waffen strecken und sich zurückziehen, während ich mit den Herren Ministern, die vorher nur mäßig aus der hohlen Hand hatten trinken dürfen, das Gelage noch weiter fortsetzen konnte – nur zur Bekräftigung unserer Freundschaft.

Überall, wie auch hier, verfehlte mein Grammophon, das mein treuer Reisemarschall Habisch unentwegt in Tätigkeit setzte, nicht seine Wirkung auf den Häuptling und die Eingeborenen; nur ganz allmählich konnten sie ihre Scheu vor dem Schalltrichter überwinden, aus dem eventuell doch ein böser Geist herausspringen könnte. – Die nächste Etappe war Bango, wo ich den ersten Fulbe-Sultan kennenlernte. Die Stadt machte einen ziemlich öden Eindruck, und die vielen Brandstellen erinnerten mich an den Kampf, der nach der Ermordung des Leutnants Nolte hier zwischen den Soldaten und den Eingeborenen stattgefunden hatte. Der derzeitige Stationschef Leutnant Sandrock war krank; wir konnten aber doch eine gemeinsame Unternehmung nach Bamum verabreden. Abgesehen von den uns neuen Erscheinungen von Haussahändlern und Fulbe in ihren weiten, farbigen Gewändern fielen mir vor allem die schönen Buckelrinder auf. In Banjo bezog ich dasselbe Quartier, das einige Wochen vorher der Kommandeur der Schutztruppe, Oberstleutnant Pavel, auf seinem Marsch nach dem Tschadsee bewohnt hatte. Auf dem Markt und in den Straßen herrschte ein lebhaftes, echt orientalisches Treiben. Alles konnte man kaufen – Fleisch, Milch, Eier, wie alle anderen Lebensmittel; schöne Haussa-Lederwaren, Stoffe usw. –, die Bezahlung erfolgte in Mariatheresiatalern oder in Kaurimuscheln. (1 Taler z. Zt. = 2000 Kauri) Der Haupthandel ging nach Ibi am Benue; die Haupthandelsartikel waren damals Sklaven, Elfenbein, Kolanüsse; die Preise für Pferde wurden in Sklaven angegeben, z. B. für ein gutes Pferd zehn Sklaven. Wie überall in der Welt machten auch hier Zwischenhändler ein Hauptgeschäft und steckten den Hauptverdienst ein. Während in Banjo damals ein Sklave mit 10 Stück Zeug bezahlt wurde, wurde er in Bamum und in anderen südlich und östlich von Banjo gelegenen Landschaften mit 1 1/4 Stück Zeug eingekauft.

In 12 Tagen marschierte ich von Banjo nach Ngaúndere, wo mir ein Empfang bereitet wurde, wie ich ihn selbst in Ostafrika noch nicht erlebt hatte. Einige Stunden von Ngaúndere entfernt begegnete mir ein berittener Abgesandter des Lámidos, der mich begrüßen und in die Stadt geleiten sollte. Von da ab erschien jede halbe Stunde eine neue immer größere Abordnung, deren Führer in schönen reichen Gewändern und auf sehr schönen Pferden mich im Namen des Lámidos begrüßten. Als wir eine kleine Anhöhe erstiegen hatten, bot sich uns plötzlich ein prächtiges, malerisches Bild. Etwa 150 bis 200 Reiter und mehrere hundert Männer zu Fuß schwärmten um ihren Lámido Jerima Mai herum, der mir auf einem prachtvollen braunen Hengst entgegensprengte. Über ihn wurden an langen Stangen zwei Schirme gehalten und in seiner unmittelbaren Nähe räumten seine Leibsklaven jedes Stroh- und Grashälmchen aus dem Wege – dabei fortwährend Loblieder auf ihren Herrn singend. Dicht vor mir stieg der Lámido schnell ab, begrüßte mich in freundlichster Weise und lud mich ein, vor ihm in die Stadt zu reiten. Mein Schimmelhengst, der bei dem Anblick der vielen Pferde ganz toll wurde und vor Aufregung zitterte und wieherte, machte auf die Pferdekenner den besten Eindruck. Kurz vor dem Tore bat mich der Lámido, einen Augenblick zu halten, um mir ein Rennen vorzuführen. Er jagte, auf jeder Seite von einem Großen begleitet, nach dem Tore und dann in allerschärfstem Galopp auf mich zu, dicht vor mir kurz parierend und mich nach der Landessitte durch Schütteln der erhobenen rechten Faust begrüßend – unter dem Gejubel und Geschrei des Volkes, dessen Lärm noch verstärkt wurde durch die Lámidokapelle und -bläser und durch einen Hofnarren, der wie wahnsinnig brüllte, bzw. sang. Es war ein herrliches Bild und meine Leute, die zunächst bei dem Anblick der vielen Bewaffneten eine Mordsangst bekommen hatten – wie ich nachträglich erfuhr –, waren sprachlos. In der Stadt wurde uns ein schönes Quartier angewiesen und sogleich erschienen 60 bis 70 Frauen mit fertiggekochtem Essen (Fleisch, Gemüse, Fufu, Milch, Kartoffeln, Bananen, frisches Fleisch für uns Europäer, in enormen Mengen) für die ganze Expedition.

Nach den recht kargen Mahlzeiten der vorhergehenden Tage begann bei meinen Leuten ein gewaltiges Schmausen und alle Angst war schnell vergessen. Bei dem Gegenbesuch, den mir am folgenden Tage der Lámido machte, brachte er noch vier große Rinder mit, die meine Leute sofort aufessen sollten; als besonderes Gastgeschenk erhielt ich zwei schöne Haussasattel mit Decken, einen schönen geflochtenen Lederhut u. a.; am folgenden Tage zwei recht hübsche Pferde – einen schönen Rapphengst, der mir gleich am ersten Tage aufgefallen war, und einen starken braunen Hengst. Nachdem ich mit dem Lámido meine Wünsche auf Landeserwerb und Handel in mehrtägigen Verhandlungen zur Zufriedenheit erledigt hatte, marschierte ich weiter nach Tibati, von da weiter über Lomonji-Njua-Bumbo nach Ngambe, das durch die Reise von Morgen bekannt geworden ist. Der Empfang von Seiten des Sultans, eines riesig dicken, stark vertrunken aussehenden Mannes, war auch hier freundlich. Was mir in Ngambe besonders auffiel, war die große Anzahl von Karabinern Modell 71 in Händen der Eingeborenen, die zum größten Teil von der Expedition von v. Kamptz herrührten. Sehr merkwürdig sind die ungeheuerlichen Haarfrisuren der Frauen, deren Herstellung Stunden dauert, die dafür aber auch wochenlang unverändert bleiben.

Während der ganzen Reise von Bali ab hatte ich immer von dem sagenhaften Land Bamum gehört und den festen Entschluß gehabt, dieses Reich aufzusuchen. Demnach machte ich dem Sultan Ngambe diese Mitteilung und verlangte Führer von ihm nach Bamum-Fumban. Da er furchtbar zu lügen anfing und behauptete, noch nie etwas von einem solchen Lande gehört zu haben, mir also auch keine Führer stellen könnte, erklärte ich ihm, daß ich auch ohne Führer mein Ziel erreichen würde. Und als ich dann tatsächlich in der Richtung nach Bamum abmarschierte, erschienen rasch doch einige Führer, die mich zunächst in südwestlicher Richtung führten und in einigen Tagen nach Ditam brachten, wo ich wieder mit Leutnant Sandrock zusammentraf. Als nun auch die Ditamleute Miene machten, mich immer weiter ab von Bamum zu führen, drohte ich ihnen mit ungeheuren Strafmaßregeln, wenn sie nicht sofort nördlich direkt nach Bamum den Weg zeigen würden. Das half, und nach einigen Schwierigkeiten kam ich schließlich vor den Toren des von keinem Weißen vorher betretenen, gefürchteten Fumban an, wo ich den merkwürdigsten von allen mir bis dahin in Afrika begegneten Negersultanen kennenlernte. Wir marschierten etwa eine Stunde durch die sehr ausgedehnte Ortschaft, zwischen deren einzelnen Häusern und Gehöften große Farmen in sorgfältiger Weise angelegt waren, bis zu einem großen, schönen Platz, auf dem uns der Sultan erwartete. Jonja war damals ein noch junger, großer, kräftiger Mann, der in reichen Haussagewändern auf einem Schimmelhengst etwas an den Lámido von Ngaúndere erinnerte. Und dieser in der ganzen weiten Umgegend verschrieene, über alle Begriffe gefürchtete King war zunächst etwas ängstlich; erst allmählich wurde er sicherer in seinem Auftreten und konnte nicht genug seine Freude über das endliche Erscheinen von Weißen Ausdruck geben. Und es war auch in der Tat merkwürdig und erstaunlich, daß diese riesige Stadt, jedenfalls die an Ausdehnung größte Stadt des Schutzgebietes, so lange unbekannt geblieben war, trotz der Nähe der Küste, von Bali und Ngambe. Wenn auch die Schilderungen von dem Reichtum Jojas an Sklaven, Pferden, Vieh und Elfenbein reichlich übertrieben waren, so war doch der Eindruck, den wir von der Stadt, deren Einwohnerzahl die von Ngaúndere übertraf, bekamen, ein ganz außerordentlicher; wenn nicht die Mauer und der Graben um die Stadt herum vorhanden wären, könnte man nur von einer Landschaft Tumban sprechen.

Nach der ersten kurzen Begrüßung führte uns der Sultan auf den wundervollen, von hohen Schattenbäumen umgebenen Königsplatz, auf dem etwa 1500–2000 unbewaffnete Männer hockten und jede Bewegung von uns beobachteten. Nach einer weiteren kurzen Begrüßungsansprache, die das Volk durch Beifall begleitete, führte uns der Häuptling durch eine prachtvolle breite Allee, die jeder europäischen Großstadt und Gartenanlage zur Zierde gereichen würde, nach einem Stadtviertel, das vollkommen von den Eingeborenen geräumt worden war und uns als Quartier überwiesen wurde. Bald darauf erschien in unserem Lager eine Karawane, die fertiggekochte Speisen in so ungeheuren Mengen anbrachte, wie ich sie nicht einmal in Ngaúndere gesehen habe. Außer den fertigen Speisen brachte er 2 Stiere, 14 Schafe, mindestens 1000 Eier, annähernd 1000 Kolanüsse, Bananen, Erdnüsse, Öl, Feuerholz, Pferdefutter – kurzum alles, was wir nur wünschen konnten; gegen Abend wurden noch etwa 1000 Eier angeschleppt. Am folgenden Tage war die offizielle Begrüßung und Verbrüderung auf dem Königsplatz. Joja saß vor seinem Haupthaus auf einem merkwürdigen hohen, ganz mit schönen Perlmustern bedeckten Thron, der jetzt eine Zierde des Berliner Museums für Völkerkunde ist; ihm wurden Zweck und Absicht unseres Besuches bekanntgemacht; der Sprecher verdolmetschte den Inhalt der Rede bei lautloser Stille der versammelten 3000 Männer; mit beifälligem Gemurmel und Händeklatschen wurde die Rede aufgenommen. Als dann dem Sultan mit einer besonderen Feierlichkeit die deutsche Flagge übergeben wurde, schwand wohl auch der Rest der Angst und des Mißtrauens, und Sultan und Eingeborene wurden immer vertrauter. Joja hatte aus Vorsicht sämtlichen Leuten die Waffen abnehmen und in seiner ausgedehnten Behausung unterbringen lassen; wir haben bei dem ersten mehrtägigen Besuch keinen einzigen bewaffneten Mann gesehen; noch viel merkwürdiger aber war es, daß wir während unseres Aufenthaltes außer Jojas Schwester kein einziges weibliches Wesen, keine Frau und kein Mädchen zu sehen bekommen haben. Der Sultan hatte es fertig bekommen, sie alle fortzuschicken oder zu verstecken, und man wird zugeben müssen, daß das bei der großen Bevölkerung ein Meisterwerk gewesen ist, das beredtes Zeugnis von seiner unumschränkten Macht und Gewalt gibt.

Häuptling Joja von Bamum (Kamerun)

Riesig und ungewöhnlich war alles, was wir in Tumban gesehen haben; die Häuser in Ausmaßen, mit Höfen und Verzierungen, wie sie sonst in Afrika bei Eingeborenen nicht vorkommen; die Mengen von Lebensmitteln, die uns angebracht wurden; wir haben u. a. mehr als 7–8000 Eier bekommen, Hunderte von Hühnern, abgesehen von den fertiggekochten Speisen; es ist mir noch heute rätselhaft, wie unsere Leute mit all den Leckerbissen fertig geworden sind, und noch rätselhafter ist es mir bis auf den heutigen Tag geblieben, wo und wie Joja, trotz der Abwesenheit aller Frauen, alle diese Sachen herbeischaffen konnte. Am interessantesten war und blieb aber doch Joja selbst, der ein ganz ungewöhnlich begabter Neger war. Später hat er sich eine eigene Schrift erdacht und nach eigener Manier kleine Routen aufgenommen, wie er das von Weißen gesehen hatte. Bamum ist dann, nachdem es durch mich erkundet und entdeckt war, das Ziel aller Reisenden geworden; jeder Weiße mußte Tumban und den berühmten Sultan Joja gesehen und kennengelernt haben. Und es ist wiederum ein Zeichen von der bei Negern seltenen Klugheit dieses Mannes, daß er nicht total verdorben wurde und bis zum Ausbruch des Krieges unverändert und bis heute ein treuer, zuverlässiger Freund der Deutschen geblieben ist.

Von Tumban marschierte ich auf einem neuen, unglaublich anstrengenden und beschwerlichen Wege, zum Teil durch sehr feindlich gesinnte Stämme, direkt nach Jabassi am Mungo und eröffnete damit eine neue, später vielbegangene Handelsstraße ins Innere.

Drei afrikanische Märchen

Von Leo Frobenius

I.
Der gefangene Weg

Der Vater und der Sohn gingen in den Wald, um Fallen zu stellen. Sie kamen über einen Weg, den viele Menschen gegangen sein mußten. Der Sohn sagte: »Ich will hier meine Fallen stellen.« Der Vater sagte: »Laß, das ist ein Weg der Menschen.« Der Sohn sagte: »Ich tue es doch.« Der Sohn setzte seine Falle an diesen Ort. Am andern Tage fand der Sohn den Bruder seiner Mutter in der Falle. Er rief: »Mein Vater! Ein Tier!« Der Vater rief: »Was für ein Tier?« Der Sohn sagte: »Der Bruder meiner Mutter!« Der Vater sagte: »Ich habe es dir ja gesagt. Nun laß den Bruder deiner Mutter frei und stelle deine Falle nicht wieder dort auf!«

Der Sohn hörte nicht. Er stellte seine Falle wieder dort auf. Am anderen Tage hatte er den Vater seines Vaters, am dritten Tage seine Mutter in der Falle.

Am fünften Tage hatte der Sohn den Weg selbst gefangen. Der Vater sagte: »Laß ihn laufen! Wenn du ihn nicht laufen läßt, finden wir uns nicht in das Dorf zurück.« Der Sohn hörte nicht. Er nahm den Weg, rollte ihn zusammen und steckte ihn in den Sack. Den Sack nahm er auf den Rücken. Als er aber mit dem Vater weitergehen wollte, konnten sie nichts sehen als Büsche. Sie fanden das Dorf nicht wieder. Endlich warf der Sohn die Last auf die Erde. Sofort sprang der Weg auf und lief in das Dorf. Sohn und Vater liefen hinterher. Im Dorfe erwischte der Sohn den Weg. Die Leute sagten: »Jetzt gehört der Weg dem Sohne, denn er hat ihn gefangen.« Der Sohn sagte: »Es ist gut. Das ist mein Weg und niemand darf ihn gehen!« – Darauf ging niemand den Weg und der Weg ward ganz traurig und starb endlich.

II.
Das Klatschgespenst

Eine Frau suchte in der Ebene Heuschrecken. Sie war auf einem Auge blind und hatte keine Zähne. Es war eine alte Frau. Ein Mann kam über die Ebene. Er hatte keine Nase. Der Mann sagte zu der Frau: »Wo gehst du hin?« Die Frau sagte: »Ich gehe in mein Dorf diesseits. Wo gehst du hin?« Der Mann sagte: »Ich gehe in mein Dorf jenseits.« Sie gingen ein Stück über die Ebene. Sie kamen an einen großen Baum. Der Mann sagte: »Ich möchte dich heiraten.« Die Frau sagte: »Es ist mir recht.« Der Mann sagte: »Dann wollen wir morgen mittag hier wieder zusammenkommen. Was bringst du mit?« Die Frau sagte: »Es ist gut. Wir wollen morgen mittag wieder unter diesem Baume zusammenkommen. Ich bringe Mehlbrei und Fleisch mit.« Der Mann sagte: »Es ist gut, und ich bringe zwei Kalebassen mit Palmwein mit.« Sie gingen auseinander.

Am anderen Tage wollten der Mann und die Frau sich auf den Weg machen. Ein Klatschgespenst ging um. Das Klatschgespenst ging zu dem Manne und sagte: »Die Frau hat gesagt, sie wolle dich doch nicht heiraten, weil du keine Nase hast.« Der Mann ging nicht zu dem Baume in der Ebene. Er blieb zu Hause. Das Klatschgespenst ging zu der Frau und sagte: »Der Mann hat gesagt, er wolle dich nicht heiraten, weil du keine Zähne hast und nur ein Auge.« Die Frau ging nicht zu dem Baume in der Ebene.

Beide blieben zu Hause. Sie heirateten sich nicht, weil ein Klatschgespenst umging.

III.
Die Frage nach den Toten

Rabamba, ein Mann, hatte zehn Kinder. Alle zehn Kinder starben. Rabamba klagte alle Tage: »Wo sind meine zehn Kinder?« Rakaschi Rakullu hörte es. Rakaschi Rakullu fragte: »Was willst du?« Rabamba sagte: »Wo sind meine zehn Kinder?« Rakaschi Rakullu sagte: »Geh in die Mitte der Straße, dann kannst du es erfahren.«

Rabamba ging aus dem Dorfe in die Mitte der Straße. Er hörte einen Mann kommen. Es war der

Tikar-Häuptling von Ngambe in Fulla-Tracht mit seinen Lieblingsfrauen (Kamerun)

Abend. Rabamba fragte: »Wo sind meine zehn Kinder?« Der Abend sagte: »Ich bin der Abend.« Er ging weiter.

Rabamba sah einen Mann kommen. Es war die Plauderstunde. Rabamba fragte: »Wo sind meine zehn Kinder?« Die Plauderstunde sagte: »Ich bin die Plauderstunde.» Er ging vorüber.

Rabamba hörte einen Mann kommen. Es war der feste Schlaf. Rabamba fragte: »Wo sind meine zehn Kinder?« Der feste Schlaf sagte: »Ich bin der feste Schlaf.« Er ging vorüber.

Rabamba hörte einen Mann kommen. Es war der unruhige Schlaf. Rabamba fragte: »Wo sind meine zehn Kinder?« Der unruhige Schlaf sagte: »Ich bin der unruhige Schlaf.« Er ging vorüber.

Rabamba hörte einen Mann kommen. Es war die Morgendämmerung. Rabamba fragte: »Wo sind meine zehn Kinder?« Die Morgendämmerung sagte: »Ich bin die Morgendämmerung.« Er ging vorüber.

Rabamba hörte einen Mann kommen. Es war der Morgen. Rabamba fragte: »Wo sind meine zehn Kinder?« Der Morgen sagte: »Ich bin der Morgen.« Er ging vorüber.

Rabamba ging in sein Dorf zurück. Er sagte zu Rakaschi Rakullu: »Ich habe sie alle gefragt: Wo sind meine zehn Kinder? – und keiner hat mir eine Antwort geben.« Rakaschi Rakullu sagte: »Das ist deine Schuld. Denn wenn du Antwort auf deine Frage haben willst, so mußt du die Leute packen und festhalten. Sonst antwortet dir niemand, wenn du fragst: Ich zeugte zehn Kinder, meine zehn Kinder starben, wo sind meine zehn Kinder? – Siehe, es geht alles vorüber wie der Abend, die Plauderstunde, der feste Schlaf, der unruhige Schlaf, die Morgendämmerung, der Morgen. Deine Kinder sind auch vorübergegangen.«

(Aus: Leo Frobenius »Paideuma«, Umrisse einer Kultur- und Seelenlehre, München 1921, C. H. Becksche Verlagsbuchhandlung.)

Die schwarze Frau in Kamerun

Von Marie Pauline Thorbecke

Unberührt von dem großen Weltgeschehen, das sich in den letzten Jahrzehnten auf dem Boden Afrikas, an der Küste und im Innern, abgespielt hat, verläuft das Leben der schwarzen Frau in uralten, immer gleichbleibenden Formen.

Wenn ich auf unsern Wanderungen, weit im Innern von Kamerun, zu gelegentlichen Rastzeiten den äußeren Tageslauf der eingeborenen Negerfrau verfolgte und beobachtete, so hatte ich den Eindruck, daß der sich gar nicht sehr unterschied von dem Leben, das vor vielleicht 200 oder 300 Jahren unsere Bäuerinnen auf dem platten Land führten, als es dort noch keine Kaufläden gab, sondern nur gelegentliche Märkte, und jede Frau ganz und gar für den Bedarf ihres Hauses sorgte.

Bei Sonnenaufgang, in den Tropen also genau um 6 Uhr, steht die schwarze Frau von ihrer harten, kleinen Bettbank im Schlafraum des meist zweiteiligen Negerhauses auf. Als erstes wäscht sie ihre kleinen Kinder mit viel kaltem Wasser; das heftige Geschrei, mit dem diese sich dagegen wehren, ist das erste Geräusch, das in der Frühe durch ein Negerdorf klingt. Dann bereitet sie das Frühstück, nach dem Vegetationscharakter des Landes verschieden, immer aber aus einer warmen Speise oder einem suppenartigen heißen Mehltrank bestehend. In den Vormittagsstunden, ehe es gar zu heiß wird, arbeitet sie auf dem Feld oder im Hausgarten, was die Jahreszeit erfordert; oder sie holt Brennholz aus dem Wald, wo die Männer es geschlagen haben. Um die Mittagsstunde kocht sie eine zweite warme Mahlzeit, um danach, wie jedes Naturkind in den Tropen, die heißeste Tagesstunde in der schattigen, kühlen Hütte zu ruhen. Dann wird in der Hütte oder draußen vor der Hüttentür im Schatten gearbeitet: Korn zwischen zwei Steinen zu Mehl gerieben, Knollen geschnitzelt, gestampft oder gerieben, Baumwolle entkernt und gesponnen, Matten, Taschen oder Körbe aus Bast geflochten, oder aus geschlemmtem Ton große und kleine, zum Teil schön verzierte Töpfe geformt und gebrannt. – Der richtige »ländliche Hausfleiß«, wie wir das heute bei uns nennen. Gegen Abend wird die Hütte sauber gefegt und geputzt; ich bin unerwartet in viele Negerhütten eingetreten und habe es fast nie schmutzig oder unordentlich darin gefunden.

Mehrmals am Tage muß auch Wasser aus dem Bach in großen Tonkrügen geholt werden, beim letzten Mal wird gebadet; es gibt wohl kaum eine schwarze Frau, die das, wenn genügend Wasser in der Nähe ist, nicht täglich täte. Und gegen Sonnenuntergang, also 6 Uhr, muß sie wieder kochen. Dann sitzt schon die Familie erwartungsvoll in der Hütte und sieht zu, wie in den irdenen Töpfen, die auf einigen Steinen über dem offenen Feuer stehn, gerührt wird. Und die Küche dieser schwarzen Hausfrauen ist überraschend vielseitig. Aus Mehlkloß, gekochten Knollen oder gekochten, nicht süßen Bananen besteht im allgemeinen die Grundlage der Mahlzeit; dazu gibt es je nach der Jahreszeit grünes Gemüse, Pfeffersaucen, goldrotes Palmöl, gerösteten jungen Mais, Eier, Fische, gebackene Raupen und andere Insekten, oder, an seltenen Tagen des Jagdglückes, Fleisch. Süße Früchte gelten nicht als Nahrung, sie sind »Schmuck des Essens«. Die ganze Familie hockt dann im Kreis auf dem Estrich um die vom Feuer genommenen Töpfe, langt zu und ißt mit – sehr sauber gewaschenen Fingern. Man bricht ein Stückchen vom Mehlkloß oder der Banane ab, taucht es in die Zukost und führt es zum Mund; und ich habe beobachtet, daß es stets sehr reinlich und appetitlich dabei zugeht. Allerdings werden die Kochtöpfe nicht gespült; man kocht friedlich nach ein paar Stunden etwas ganz anderes darin.

So hat im allgemeinen jede schwarze Frau einen fleißigen Tagesablauf, wenn auch das Maß

Mute-Frauen beim Haarmachen (Kamerun)

der Arbeit bei den verschiedenen Stämmen ganz verschieden ist. Bei manchen Völkerschaften ist sie fast ganz zum Arbeitstier geworden, auf dem alle Last des Lebens und der Nahrungsbeschaffung liegt; nur die ganz schwere, aber seltene körperliche Anstrengung des Bäumefällens und Rodens tut der Mann; alles übrige, das Fortschaffen des Holzes, das mühsame Hacken des Bodens mit einer kurzen, kleinen Handhacke, die man nur tief gebückt benutzen kann, das Säen, Pflanzen, Jäten, Anhacken und Ernten ist Aufgabe der Frau, die dadurch früh alt und – unbeschreiblich häßlich wird.

Die Erzeugnisse ihres Fleißes bringt sie gern auf die großen Märkte, die in volkreichen Siedlungen täglich abgehalten werden. Häufig aber liegen die Marktplätze auf dem Grenzsaum der Stammesgebiete, weit entfernt von jedem Dorf; hier finden die Märkte nur ab und zu in regelmäßigen Zwischenräumen statt; in tagelangen Wanderungen bringen die Frauen ihre schweren Kiepen dorthin. Doch ist jeder solcher Marktgang eine freudig erwartete Unterbrechung im täglichen Einerlei der Arbeit, man erfährt Neuigkeiten und bringt reichen Gesprächsstoff ins Heimatdorf zurück.

Aber nicht überall haben die Frauen die untergeordnete Stellung der Arbeiterinnen. Wir haben auf unseren Wanderungen Stämme kennengelernt, bei denen die Frau eine sehr hohe Stellung genießt, wo sie keine schwere Arbeit, vor allem keine Feldarbeit zu tun braucht, sondern nur in unserm europäischen Sinn die Herrin und Verwalterin des Hauses und eines kleinen Küchengartens ist. Da wir grade unter diesen Stämmen auch eine überraschend hohe Geisteskultur in religiösen Vorstellungen, in Rechtsanschauungen und Sitten fanden, möchte ich bei sogenannten Natur-Völkern die Stellung der Frau als einen wichtigen Maßstab der Kulturhöhe ansehn; je geachteter und höher die soziale Stellung der Frau, um so höher pflegt auch der Stand der Kultur zu sein.

Bei den kulturell gehobenen Stämmen, die in geordneten, z. T. großen Staatswesen leben, fanden wir auch eine Differenzierung, die sie andern Erdteilen nahe bringt: es gibt Frauen, die über alle Arbeit erhoben sind, Häuptlingsmütter, Hauptfrauen und Favoritinnen großer Häuptlinge und reicher Edelleute. Sie sind nur dazu da, sich zu schmücken, sich bedienen und bewundern zu lassen, Luxusgeschöpfe im wahren Sinne des Wortes. Solche Frauen treiben einen erstaunlichen Aufwand in Schmuck und Kleidung, vor allem aber die peinlichste Körper- und Hautpflege: sie waschen, massieren, salben sich, denn

Häuptlingsschwester aus Bamum (Kamerun)

sie wollen unbekleidet mindestens ebenso schön sein wie in den kostbarsten Gewändern. Eine berühmte Häuptlingsmutter ließ sich jeden Morgen in stundenlanger Prozedur von ihren Dienerinnen die Haut des ganzen Körpers mit kleinen scharfen Messerchen schaben und dann mit ganz wenig feinem, frischem Öl einreiben. Sie hatte, trotz ihrer mindestens 45 Jahre die schönste Haut, die ich überhaupt je gesehen habe, wie eine polierte Bronze mit goldigem Schimmer und ohne den kleinsten Makel. Sehr wichtig ist auch die Frisur; die Haare werden zu wahren Gebäuden aufgetürmt über Unterlagen aus der Haarschur, die die Männer sich von den Köpfen scheren. Solch eine Prachtfrisur muß dann allerdings mindestens eine Woche halten. Und darin gibt es starken Wechsel der Mode, dem sich sogar die Arbeits- und Bauersfrauen nach Möglichkeit anpassen. Bei einem Stamm galt es während unserer Anwesenheit als unerläßlich, sich eine hohe, spitze Helmfrisur zu bauen, die möglichst noch mit bunten Tüchern umwunden wurde; dazu schminkte man sich eine blaue Linie vom Haaransatz bis auf die Nasenspitze und trug ein kurzes Stäbchen in der durchbohrten Nasenscheidewand, möglichst aus feinziseliertem Knochen oder Elfenbein; wer das nicht hatte, nahm ein Stäbchen gelbglänzenden Strohhalm. – Und überall schmückten diese Frauen sich mit Ketten, Knöchel- und Armringen, Haarpfeilen, Ohrringen, aus Bronze, aus Eisen, aus Elfenbein, aus Knochen. Feinste Gewebe aus Baumwolle oder Bast, ja schwere europäische Sammet- und Seidenstoffe, die durch Tauschhandel und wochenlangen Trägermarsch ins Land gekommen sind, werden als große, glatte Stoffbahnen unter den Achseln fest um den Körper geschlagen, so daß die zum Teil prachtvoll gewachsenen Gestalten sich deutlich abzeichnen.

Schön geschmückt versammeln sich die Frauen abends zum Tanz, und häufig treten die einfachen Bäuerinnen hier mit den reichen Frauen fröhlich in eine Reihe, und stundenlang führen sie, singend und händeklatschend, ihre Tänze auf. Manche Tänze sind den Frauen allein vorbehalten, ja, hier und da ist es den Männern streng verboten, auch nur zuzuschauen. In anderen Gegenden tanzen Männer und Frauen zusammen in Kreis- oder Reihentänzen, bei denen es häufig um Mitternacht, wenn der Mond voll und stark scheint und Palmwein oder Hirsebier seine Wirkung getan hat, recht verliebt zugeht.

Mag aber die soziale Stellung, die persönliche Bewertung der afrikanischen Frauen noch so verschieden sein, in einem sind sie alle gleichgestellt: bei ihrer Verheiratung werden sie vom Vater an den Gatten teuer verkauft. Und damit sind wir mitten im Kernpunkt des Unterschieds zu unsern europäischen Verhältnissen, nämlich in allen Fragen des Ehe- und Familienrechts. Etwas zu kaufen und hoch zu bezahlen, ist auch der schwarze Mann nur bereit, wenn er es umsonst nicht bekommen kann, wenn es hoch im Wert steht, weil das Angebot der Nachfrage nicht entspricht. Und die Nachfrage ist so groß, weil Vielweiberei rechtsgültig und überall verbreitet ist. »Überall verbreitet« aber nur in der Theorie; in der Praxis gibt es überhaupt nicht so viele Frauen, daß jeder Mann auch nur zwei haben könnte, zumal ja unter allen primitiven Völkern die Zahl der Frauen geringer zu sein pflegt als die der Männer. So lebt denn tatsächlich der weitaus größte Teil der Männer in Einehe. Aber der Wunsch nach mehr als einer Frau ist tief in Landesnatur und Sitten begründet.

Den meisten alteingesessenen Negervölkern, die noch nicht dem Kultureinfluß der Hirtenvölker des Nordens und Ostens verfallen sind, ist der Gebrauch von tierischer Milch unbekannt; in weiteren Gebieten gibt es infolge der Tsetse-Krankheit überhaupt keine Rinder und nur wenige Ziegen, und auch von diesen nimmt der Neger die Milch nicht. Um nun bei der schweren Pflanzenkost die kleinen Kinder am Leben zu erhalten, werden sie von ihren Müttern zwei bis drei Jahre lang gestillt; und während dieser ganzen Zeit ist die Frau nur Mutter, ist heilig und unantastbar für den Mann, lebt in geschlechtlicher Trennung von ihm. Beim Mann entsteht im Lauf dieser langen Zeit der Wunsch nach einem Ersatz, nach einer zweiten Frau, und damit ist der Vielweiberei das Tor geöffnet; denn nun bleibt es nicht bei zwei Frauen; wer irgend Reichtümer besitzt, bezahlt die Väter von Töchtern, damit sie ihm die Mädchen zur Ehe geben: der Frauenkauf ist da.

Und bei vielen Stämmen ist es ja auch sehr nutzbringend angelegtes Geld. Dann da die Frauen von früh bis spät arbeiten, Felder bestellen, Feldfrüchte ziehn, Handwerke treiben, erzeugen sie sehr viel mehr, als für das Gehöft gebraucht wird; der Mann kann den Überschuß verkaufen an solche, die nur eine oder gar keine Frau besitzen, und mit dem eingenommenen Geld – sich wieder eine Frau mehr kaufen. Also auch hier im dunkelsten, primitivsten Afrika gibt es eine Form des kapitalistischen Kreislaufs, der doch vielfach als ein Merkmal der modernen Industriewirtschaft angesehen wird. Nur daß das Kapital in Afrika aus Frauen besteht! Was sonst dort drüben dazugehört – Land –, das kostet gar nichts, Land ist bei der dünnen Bevölkerung im Überfluß vorhanden, jeder kann es in Besitz nehmen und beackern.

Der Frauenkauf vollzieht sich in sehr verschiedenen Formen. Bei manchen Stämmen werden schon die ganz kleinen Mädchen verkauft, d. h., der Bewerber gibt eine Anzahlung und den Rest des Kaufpreises, wenn das Mädchen erwach-

Frau Thorbecke auf Kameruner Pony

sen ist und zu ihm – oder zu seinem inzwischen auch herangewachsenen Sohn ins Gehöft zieht. Hier wird häufig großer Wert auf die Keuschheit des Mädchens gelegt; sie wird von Vater und Brüdern ängstlich bewacht, allerdings aus dem sehr materiellen Grund, daß für ein Mädchen, dessen Ruf nicht ganz tadellos ist, sehr viel weniger bezahlt wird. Bei anderen Völkern hat auch das Mädchen selber bei ihrer Verheiratung ein wenig mitzureden; daß sie vor der Ehe einige Liebschaften hat, gilt dann als selbstverständlich, denn sie muß doch wissen, mit wem sie schließlich ihr Leben verbringen soll. Und hier entscheiden – wie wohl auch in kühleren Ländern – Charakter und Neigung, ob sie dem Vater einen Bewerber bringt, der ihrem Herzen gefällt, oder ob sie dem Ziel zustreben soll, die bewunderte Lieblingsfrau eines reichen Mannes zu werden. Körperliche Vorzüge sind aber sicher nötig, wenigstens beobachtete ich, daß vielfach die jungen Frauen der Häuptlinge und reichen Edelleute auch für unsere Augen schöne anmutige Geschöpfe waren, meist von hoher oder von zarter Gestalt, mit schlanken, graziösen Gliedern, während das Mädchen, das ein einfacher Höriger zu erringen vermochte, eine recht plumpe, unschöne Erscheinung war.

Durch das System der Vielweiberei, verbunden mit Frauenkauf, kommt es nun dazu, daß ein Mann viele Frauen hat, dafür aber mehrere Männer keine Frau bekommen können, erstens weil sie keine Mittel haben, sie zu bezahlen, zweitens weil es überhaupt nicht genug Frauen gibt. Und meist gehen natürlich die jungen kräftigen Bauernburschen leer aus. Daß das zu den größten Unzuträglichkeiten führt, liegt auf der Hand; Verführungen, Liebschaften mit den Frauen aus den großen Gehöften, Skandale, blutige Fehden sind die Folge.

Einen sehr wichtigen Einfluß scheint die Vielweiberei auf die Fortpflanzung zu haben. Bei den einfachen Bauersleuten, die in Einehe leben, sind uns kinderlose Frauen überhaupt nicht begegnet, ja, trotz der jahrelangen Stillzeiten und den dadurch bedingten langen Zeiträumen zwischen den Geburten hatte manche Frau fünf, ja sieben Kinder zur Welt gebracht. Je größer aber die Zahl der Frauen in einem Gehöft wurde, um so weniger Kinder hatte jede Frau; bei 8 Frauen war die Höchstzahl 15 Kinder, 20 Frauen hatten aber auch nur 15 Kinder, 50 Frauen 4 Kinder, 100 Frauen 2 Kinder. Dieses erschreckende Verhältnis beruht einmal darauf, daß gerade die alten Häuptlinge die größten Harems schöner, junger Frauen haben. Daneben bewirken heimliche Liebschaften mit den Folgen von Krankheit oder Abtreibung die Kinderlosigkeit.

Aber es gibt auch Formen des Ausgleichs in den durch die Vielweiberei hervorgerufenen Schwierigkeiten, die bei den vielen Stämmen ganz verschieden sind, uns allerdings zumeist sehr sonderbar anmuten. Wir müssen uns klar machen, daß solche schwarze Ehe nicht unbedingt auf Lebenszeit geschlossen wird; der Vertrag kann mit gegenseitigem Einverständnis jederzeit rückgängig gemacht werden. Allerdings wird der Kaufpreis nicht zurückgegeben; aber der Vater nimmt die Tochter, der Bruder die Schwester mit Vergnügen wieder auf, denn er kann sie nun aufs neue verkaufen. Da die Ehe nicht unbedingt auf Lebenszeit geschlossen ist, kann auch ein Mann dem andern eine Frau abtreten, allerdings wohl nur mit ihrem Einverständnis; ja, dieses Abtreten kann sogar auf Zeit geschehen. Da hat z. B. ein junger Bursche nicht genug Geld, um sich eine Frau zu kaufen, oder vielleicht nur eine kleine, noch kindliche Frau, die erst nach vielen Jahren zu ihm ziehen kann. Inzwischen muß er aber eine Frau haben, schon allein um seinen Acker zu bestellen und sein Essen zu kochen. Da mietet er denn eine Frau bei einem Reichen, der ihrer viele besitzt; und er bezahlt dafür in regelmäßigen Zeiträumen. Bleibt er mit der Zahlung im Rückstand, so wird die Frau ihm sofort wieder weggeholt. Werden nun Kinder in solcher Miet-Ehe geboren, so gehören sie nicht etwa ihrem Vater, sondern dem Besitzer und Vermieter der Frau; denn Kinder sind wertvoller Besitz, besonders Mädchen, die man wieder verkaufen kann. Wir selbst beobachteten einen sehr eigenartigen Fall: Ein Mann war bei seinem Nachbarn in Schulden geraten, und da er ihm kein Geld bezahlen wollte oder konnte, trat er ihm für zwei Monate eine Frau ab. Diese Zeit genügte aber, daß die zwei sich ganz gewaltig ineinander verliebten, und nach Verlauf der zwei Monate durchaus nicht voneinander lassen wollten. Es hatte schon furchtbare Prügeleien gegeben, die Frau war mit Gewalt weggeschleppt worden, war wieder ausgerissen und zu ihrem Geliebten zurückgekehrt. Endlich kam die Angelegenheit vor den Häuptling. Wir wohnten der Gerichtsverhandlung bei und ließen uns alles leise dolmetschen. Nach langem Hin- und Herreden, wobei die Frau, wenn sie aufgefordert wurde, zu ihrem rechtmäßigen Eheherrn zurückzukehren, nur immer stumm den Kopf schüttelte und auf alle Fragen nur antwortete: »Ich habe den andern gern«, schlug der kluge Häuptling einen Vergleich vor. Er sagte: »Was nützt dem Ehemann eine Frau, die ihn nicht mehr leiden mag? Freude hat er nicht mehr an ihr, sondern nur Streit und Ärger, und arbeiten wird sie auch nicht mehr ordentlich. Außerdem hat er schon zwei kleine Töchter von ihr, die kann er verkaufen, so daß er das für die Frau angelegte Geld reichlich wiederbekommt. Wenn die beiden nun durchaus beieinander bleiben wollen, so sollen sie beide schwer arbeiten, viel Land urbar machen, ihre Feldfrüchte verkaufen und den Kläger nach und nach ausbezahlen, aber zu einem etwas verminderten Preis, weil die Frau nicht mehr jung ist. Ist die Summe bezahlt, so gehört die Frau rechtmäßig dem zweiten. Seid ihr damit einverstanden?« Und beide Parteien waren es zufrieden, am fröhlichsten aber schien die Frau, auf deren Schultern doch die Hauptlast der Arbeit liegen würde.

In den großen Gehöften, in denen mehrere Frauen leben, geht es meist sehr friedlich und freundlich zu. Besonders wenn ihrer nicht gar zu viele sind, vielleicht vier oder sechs, leben sie schwesterlich zusammen. Jede hat ihre eigene Hütte, in der sie die Herrin ist; dadurch wird von vornherein eine starke Veranlassung zum Streit weggeräumt. Auch der Mann hat eine oder zwei Frauen, je nach seiner Laune, bei ihm weilen; reihum kochen die Frauen für den Eheherrn. Sie arbeiten zusammen auf dem Felde, helfen einander bei häuslichen Arbeiten und Handwerken, pflegen einander bei Krankheiten. Im Gehöft eines Reichen mit mehreren Frauen zusammenzuleben, gilt als ein glückliches Los.

Und überraschend ist das starke Familiengefühl, das sie alle verbindet. Die Kinder, die in solch einem großen Gehöft aufwachsen, sehen in jeder der Frauen eine Mutter, nennen sie auch so; sie machen den Unterschied zwischen »Mutter« und »Mutter, die mich gebar«. Wenn der Mann und Vater stirbt und die Frauen alt und gebrechlich werden, fühlt jedes Kind des Gehöftes sich verpflichtet, für sie zu sorgen, ob es sich nun um die eigene Mutter oder um eine Nebenfrau handelt. Wir haben Beispiele erlebt, daß für solche alte Nebenmutter aller Besitz und Verdienst geopfert wurde, als sie krank war und die Hilfe des Medizinmannes brauchte.

Eine Witwe bleibt nie allein: ist der Mann in jüngeren Jahren gestorben, so nimmt ein Bruder oder naher Verwandter von ihm sie in sein Gehöft; nach der Trauerzeit wird sie dessen Frau. Die Frauen sind also sozusagen Bruder-Erbe. Ist die Witwe schon älter und kein Bruder oder Vetter des Mannes da, so nimmt ein erwachsener Sohn oder Neffe sie auf und sorgt für sie. Das Elend der alten, verlassenen armen Frau, das in Kulturländern so häufig und so traurig ist, gibt es bei diesen sogenannten Wilden nicht.

Wenn ich nun bei den Schwarzen nach ihren Frauen und deren Leben forschte, dann wollten sie auch manchmal wissen, wie es bei uns zuginge. Und sie waren immer starr vor Erstaunen, daß es bei den Weißen unverheiratete Frauen gäbe. *»Some woman stop for nothing«* – eine Frau, die für nichts da ist – sagten sie.

Ich muß aber doch hinzufügen, daß meine selben schwarzen Freunde bersten wollten vor Lachen, wenn ich ihnen erzählte, daß es bei uns auch unverheiratete Männer gäbe. Daß ein Mann die Möglichkeit hat, eine Frau zu bekommen, die ihm sicher auf Lebenszeit gehört – und noch dazu umsonst oder gar mit reicher Mitgift an Geld oder Hausrat – und daß er darauf freiwillig verzichtet – nein, sie wollten es kaum glauben, daß es bei den klugen Weißen etwas so Dummes geben könnte.

Die Geschichte der kleinen Ahanda

Von Elisabeth von Gustedt

Ntunga, der Häuptling eines stattlichen Dorfes, das tief im Urwald zwischen Kribi und Lolodorf liegt, stand vor der Tür seiner Hütte und nahm mit gelassener Miene die Glückwünsche seiner Untertanen entgegen. Männer, Weiber und Kinder defilierten an ihm vorbei, ängstlich bemüht, ein huldvolles Lächeln oder gar einen Händedruck zu erhaschen. Ntunga war heute freigebig mit beiden Händen und seine Untertanen nahmen daher die Gelegenheit wahr, ihres Häuptlings ungezwungenes und leutseliges Wesen mit lautem und übertriebenem Lob zu preisen, ehe sie wieder scheu und bescheiden in ihre Hütten krochen.

Nur drei Männer blieben bei Ntunga zurück. Es waren dies Muanga, Ediedie und Tschua, die Häuptlinge der benachbarten Dörfer, die Weg und Mühsal nicht gescheut, um Ntunga persönlich ihren Glückwunsch darzubringen. Alle vier trugen als einziges Bekleidungsstück jeder ein Lendentuch um die Hüften geschlungen. Ntunga hatte außerdem noch einen schäbigen Filzhut auf dem Kopf und einen zerrissenen Regenschirm in der Hand, um seinerseits dem heutigen Tage ein besonderes Gepräge zu verleihen.

Das Gespräch der vier Männer drehte sich nun um das Ereignis des Tages. Ntunga war heute Nacht eine Tochter geboren. Nwa, seine Lieblingsfrau, hatte sie ihm geschenkt. Aber ganz abgesehen davon ist die Geburt eines Mädchens ein so großes Glück für die Familie, daß Ntungas Freude und der festliche Aufmarsch der Dorfbewohner wohl zu begreifen sind. Ntunga wiederholte zum soundsovielten Male seine Schilderung von der Geburt. Er beschrieb Nwas Schmerzen, die Aufregung der anderen Frauen und was für ein wehes Weinen das kleine Mädchen erhob, als es das Licht der Welt, aber richtiger gesagt, das spärliche Dämmer der Hütte erblickt hatte.

Ntungas Besucher hören interessiert zu, verlangen aber, das Neugeborene zu sehen. Auf Ntungas Wink öffnet sich die Hüttentür, ein altes Weib reicht ein kleines zappelndes Etwas heraus, das aussieht wie ein nacktes Mäuschen. Es hat fast weiße Fußsohlen und ganz helle Innenflächen der Hände und kneift die Augen zu vor den Strahlen der Sonne. Das Würmchen wird begutachtet und verschwindet wieder im Dunkel der Hütte.

Im Beratungshaus ist das Festmahl bereitet. Die Häuptlinge nehmen die Einladung, die sie natürlich erwartet haben, mit vielen Dankbezeigungen an. Aus den Hütten nahen sich die festfreudigen Untertanen und alles drängt, etwas vom Festessen zu erhaschen. Ganze Töpfe voll Speisen sind von den Frauen zubereitet und werden von den Männern herbeigeschleppt. Im Beratungshaus, bei offenen Türen speist Ntunga mit seinen Freunden und den Ältesten des Dorfes. Auf dem freien Platz vor dem Haus sitzen und hocken groß und klein und tun sich gütlich. Heut kostet es ja nichts.

Der Palmwein löst die Zungen. Allerhand Scherze werden laut, schließlich kommt die Rede nochmals auf das Neugeborene zurück. »Wie heißt das Kleine eigentlich?« »Ahanda!« »Was, Ahanda! Das ist ein sehr niedlicher Name. Hoffentlich wird sie auch danach, damit ihr Vater eines Tages, wenn sie erwachsen ist, auch ein gutes Kaufgeld für sie erhält. – Hat Ntunga schon darüber nachgedacht, wen er zum Schwiegersohn und zum Gatten der kleinen Ahanda haben will!« Tschua, Muanga und Ediedie sehen ihn erwartungsvoll an. Aber Ntunga erklärt, diese Frage habe noch zehn Jahre Zeit, dann könne man wieder darüber sprechen, und er fordert seine Freunde auf, tüchtig zu trinken. So nimmt das Fest seinen Lauf. Die Nacht bricht herein. Heller rauscht der nahe Wasserfall. Millionen von Glühwürmchen illuminieren den Tanz der Männer und Frauen, deren Füße unermüdlich den Dorfplatz stampfen, bis sie umsinken vor Müdigkeit.

Zehn Jahre scheinen eine lange Zeit, wenn sie vor einem liegen, und wie ein Hauch sind sie vergangen, wenn man auf sie zurückblickt. – Eines Tages macht sich Ediedie auf und wandert, gestützt auf einen derben Stock, in der Richtung von Ntungas Dorf. Er kommt dort um die Mittagsstunde an und ruft sein »Heh! Heh!« vor Ntungas Hüttentür. Ntunga hat gerade in einem Winkel gelegen und geschlafen, was er häufig und ausgiebig zu tun pflegt. Aber er ermuntert sich schnell, reicht Ediedie die Hand, lädt ihn ein, näherzutreten, und sie setzen sich auf den festgestampften Boden der Hütte. Ntunga sieht mit schlecht verhehlter Besorgnis seinen Besucher an. Lange ist Ediedie nicht bei ihm gewesen – er ist übrigens recht alt geworden – und was mag er nun von ihm wollen. Haben etwa seine, Ntungas Leute, Kassada von Ediedies Feldern gestohlen, oder hat vielleicht Esone, der leichtsinnige Bursche, eine der Frauen aus Ediedies Dorf verführt? Ja, das wird es sein, denkt Ntunga und seufzt; denn nun gibt es Ärger und Aufregungen die Menge. Buße muß bezahlt werden, aber vor allen Dingen muß Esone bestraft und ihm klargemacht werden, daß er die Bananen in Nachbars Garten schön in Frieden zu lassen habe. Aber all diese Befürchtungen erweisen sich als unbegründet. Ediedie fängt ganz freundlich zu sprechen an. Er erkundigt sich, wie es denn Ntunga geht, ob seine Felder vom Besuch der Wildschweine und Elefanten verschont geblieben, ob seine Frauen gesund und fleißig und ob die Kinder herangewachsen seien. Da weiß Ntunga, warum der alte Häuptling gekommen ist. Er atmet erleichtert auf. Es wird keinen Zank und Streit und vor allem kein Weiber-Palaver geben, und das ist die Hauptsache. Oder doch, nein! Ein Weiber-Palaver, eine Frauen-Angelegenheit wird es geben, aber eine angenehme. Doch heißt es schlau und auf der Hut sein, damit der Ediedie ihn nicht übers Ohr haut. Ntunga beeilt sich, alle Fragen seines Gastes ausführlich und liebenswürdig zu beantworten und dann seinerseits sich nach Ediedies Befinden zu erkundigen. Ediedie dankt. Es geht ihm soweit ganz gut. Nur seine Frauen werden alt und wollen nicht mehr so viel arbeiten. Eigentlich brauchte er, Ediedie, eine neue junge Frau, die das Lager ordentlich macht und mit frischen Kräften auf den Feldern arbeitet. Aber wie gesagt, die

Tikar-Mädchen (Kamerun)

Frau, die Ediedie mit seiner Wahl beehrt, muß jung und natürlich sehr hübsch sein, außerdem aus guter Familie; er, Ediedie, ist bereit, einen anständigen Kaufpreis an den Vater des Mädchens zu zahlen, und vielleicht weiß er, Ntunga, eine passende Frau für ihn.

Ntunga hatte frohlockend zugehört. Was, der reiche und mächtige Ediedie kommt zu ihm und fragt nach einer Frau! Natürlich will er eine seiner Töchter haben, aber welche. Etwa Sumba, aber die ist häßlich und faul obendrein. Für die zahlt kein Mann auch nur eine Ziege oder ein Schaf. Ediedie würde ihn auslachen, wollte er ihm Sumba anbieten. Oder käme vielleicht die Ewu in Frage! Sie ist still und fleißig und hat eine so hübsche Stimme. Aber nein, das geht auch nicht. Die ist dem Tschua versprochen, der neulich bei ihm war und ihm bereits den Kaufpreis gezahlt hat. Es wäre natürlich ein feines Geschäft, die Ewu nun noch an Ediedie zu verkaufen und den doppelten Gewinn einzustecken; mochten dann später die beiden Häuptlinge sich die Köpfe blutigschlagen, er, Ntunga, hatte seinen Profit gehabt und würde nichts mehr herausrücken. Aber besser, er spielte in diesem Falle kein doppeltes Spiel, denn Ediedie ist zu mächtig. Man soll es nicht mit ihm verderben. Auf einmal weiß Ntunga, was Ediedie will. Natürlich will er die kleine, niedliche Ahanda. Die Geburt des Kindes und wie er, Ediedie, Tschua und Muanga beisammengesessen und sich beredet und so viel getrunken haben, das alles fällt ihm wieder ein. Nun, meinethalben kann er sie gern haben. Aber er muß einen tüchtigen Kaufpreis zahlen, denn Ahanda ist gar so fein und niedlich. Machts auch Mühe, die vielen Frauen und Kinder zu ernähren und großzuziehen, eines Tages lohnt sich der Schweiß des Edlen. Ja, es ist eine gute Sache, liebevoller Vater von recht vielen Töchtern zu sein, besonders wenn sie hübsch sind und, wie in diesem Falle, ein so reicher und annehmbarer Freier wie Ediedie kommt.

Ntunga erhebt sich, klatscht in die Hände und schreit, bis eine seiner Frauen schüchtern in der Hüttentür erscheint, und auf sein Geheiß wird nun etwas zu essen gebracht und zu trinken natürlich; auch Ediedie greift tüchtig zu, denn er ist hungrig geworden und Ntunga leistet ihm Gesellschaft und nun wird die Sache ganz gemütlich.

Aber bevor der Palmwein die Geister völlig zu benebeln droht, müssen Ware und Preis mit kaltem Verstande gegeneinander abgewogen werden. Edidie verlangt seine künftige Gattin zu sehen und Ahanda muß eilends erscheinen. Sie tritt in die Tür der Hütte und traut sich nur langsam näher. Was will man von ihr? Ängstlich blickt das zehnjährige Kind vom Vater zu dem fremden Gast. Aber der schaut sie sehr freundlich an. Nein, wirklich, denkt Ediedie, die kleine Ahanda ist ein reizendes Mädchen. So schlank und zierlich und hat so treuherzige Augen. Viel Arbeit auf den Feldern wird sie zwar nicht leisten können, denn sie ist zu zart gebaut, aber sie wird mich gut pflegen, wenn ich alt bin, und ich werde schon aufpassen, daß keiner der Burschen im Dorf sie mir verführt. Überhaupt, das ist doch einfach zum Lachen, wer würde es wohl wagen, eine Frau des Häuptlings Ediedie anzuschauen und ihrer zu begehren. So philosophiert der alte Ediedie, kalt und gewissenlos das Leben eines Kindes an das seine kettend, weil es für ihn so praktisch ist.

Ahanda kann wieder gehen, ohne daß sie den Zweck dieser Vorstellung erfahren hat, und sie läuft eilig in die Hütte zu ihrer Mutter zurück. – Nun, was will Ediedie für diese entzückende Tochter bezahlen! Siegessicher blickt Vater Ntunga auf seinen künftigen Schwiegersohn. Der wiegt das schon leicht ergraute Wollhaupt und zählt kalt und geschäftsmäßig an den Fingern her, was er zu geben gedenkt: zehn Schafe, acht Ziegen, zwölf Lendentücher und sechs tadellose Elefantenzähne. Ntunga hört still zu und sein Vaterherz lacht ihm im Leibe. Nun schweigt Ediedie, der Betrag scheint ihm genug. Aber Ntunga ist noch nicht zufrieden, er verlangt noch ein richtiges Gewehr, wie die Weißen es tragen, und eine Petroleumlampe für Ahandas Mutter. Nach vielem Hin und Her und Sträuben von seiten Ediedies werden auch diese Forderungen zugebilligt und so kommt man zum erfreulichen Schluß. Gern möchte Ediedie die kleine Ahanda gleich mitnehmen, aber Ntunga will sie nicht so eilig hergeben und so wird ausgemacht, daß Ahanda mit ihrem vierzehnten Lebensjahr in die Hütte zu Ediedie ziehen soll, und am gleichen Tag wird dieser den Kaufpreis an den Vater bezahlen. Gern hätte Ntunga eine Anzahlung auf seine Tochter gehabt, aber darauf läßt sich der schlaue Bewerber nicht ein.

Nun, so ist denn alles abgemacht; was braucht es überflüssiger Reden. Die Kürbisflasche mit Palmwein steht vor ihnen auf der Erde, sie greifen danach und stellen fest, daß der Wein stark und gut ist.

Ahanda ist nun vierzehn Jahre geworden. Der Tag, wo sie dem alten Ediedie übergeben werden soll, ist herangekommen. Sie sitzt in der Hütte bei ihrer Mutter, schlank und fein wie eine Antilope, und hat ein so niedliches Gesicht. Ahanda wird schon seit drei Stunden frisiert, die kurzen Wollhaare werden langgezogen und wieder aufgerollt und kunstvoll verflochten. Ein sauberer Scheitel teilt das Köpfchen in zwei Hälften. Die Mutter und ein paar Frauen des Dorfes sind um die »Braut« beschäftigt und geben ihr gute Lehren. »Sei recht verträglich, Ahanda, mit den anderen Frauen«, ermahnt die Mutter. »Laß dich nicht zur Arbeit antreiben, damit du keinen Verdruß und wir, dein Dorf, nicht Schande und Ärger haben.« »Ach was«, ruft die alte Asua, die klügste Frau im Dorfe, dazwischen, »das mußt du ganz anders anfangen. Du mußt recht zärtlich zu Ediedie sein und ihn umschmeicheln, dann mag er dich gern um sich haben und du brauchst nicht auf den Feldern zu arbeiten. Feldarbeit macht alt und häßlich, man wird auch so müde davon.« Alle sind sich aber einig, daß Ahanda ihrem Gatten treu sein muß, denn sonst steckt er sie in einen Sack und ertränkt sie im nächsten Fluß.

Nun erschallt Halloh und Gesang auf dem Dorfplatz. Ediedie ist gekommen mit seinen Freunden und Verwandten, Ahanda abzuholen, und der Kaufpreis ist auch zur Stelle. Schafe, meckernde Ziegen, Lendentücher und Elefantenzähne, wie ausbedungen auch das Gewehr. Nur die Petroleumlampe fehlt, soll aber später nachgeliefert werden. Sämtliche Männer des Dorfes gehen mit ihre Gästen in das Beratungshaus, wo stundenlang gegessen, getrunken und geredet wird. Erst gegen Abend, als Ediedie sich auf den Heimweg macht, wird Ahanda gerufen und ihm zugeführt.

Ahanda ist froh, aus dem langweiligen Dorf herauszukommen; sie freut sich auf neue Eindrücke und auch auf Ediedie. Er wird hübsch und jung sein, wie die jungen Männer ihres Dorfes. Welcher ist es wohl! Ihre Blicke irren umher und dann steht der künftige Gatte vor ihr. Sie erschrickt so sehr, daß sie fast umzusinken droht. Oh, ist der alt, häßlich und wie böse sieht er aus. Mit einem Auge schielt er sogar und mit hartem Griff packt er sie bei der Hand. Die Männer und Frauen singen und schreien, der Zug setzt sich in Bewegung und Ahanda muß mit. Eine ganze Strecke weit gibt ihr ihr Dorf noch das Geleite und dann muß sie mit den Fremden weiterwandern. Ein einziger Gedanke erfüllt Ahandas niedliches Köpfchen: diesem alten, schrecklichen Kerl lauf ich weg.

Der Entschluß, fortzulaufen, wird Ahanda sehr erleichtert. Die älteren fünf Frauen ihres Mannes empfangen sie voll Mißtrauen und Eifersucht, sie wird bei Ediedie beklatscht und beargwohnt und die Hütte ist eng und voll Kindergeschrei. Am meisten aber graut ihr vor Ediedie. Er gibt sich Mühe, freundlich mit ihr zu sein, aber seine Gegenwart flößt ihr gleicherweise Angst und Widerwillen ein. Sie will fort um jeden Preis, wenn sie nur wüßte, wohin. Aber Ahanda hat nicht nur ein hübsches, sondern auch ein schlaues Köpfchen. Sie denkt lange angestrengt nach, schweigt still und läßt

Hackbrettspieler (Njong), Kamerun

sich nichts anmerken und eines Tages, als Ediedie mit Freunden fortgegangen ist zu einer Feier ins Nachbardorf, führt Ahanda ihren Entschluß aus.

Ediedie kommt erst später in der Nacht zurück. Der Kopf brummt ihm, denn es ist sehr viel Palmwein getrunken worden, aber noch ahnt er nichts Böses und Ahanda hat den erhofften Vorsprung. Erst am Morgen, als er mit schwerem Kopf aufwacht, hört er durch die anderen Frauen, daß Ahanda die ganze Zeit, seit dem gestrigen Abend, nicht mehr in der Hütte gesehen worden ist. Die ganze Nacht ist sie fort gewesen, wer weiß, wo sie sein mag. Verdächtigungen werden laut. Ediedie ist sofort ganz nüchtern, als er die Botschaft von Ahandas Verschwinden vernimmt. Natürlich, die Weiber haben in ihrer Eifersucht die kleine niedliche Ahanda geplagt und sie ist in ihr Dorf zu ihrem Vater zurückgelaufen. Einen Tag lang wartet Ediedie, ob nicht sein Schwiegervater ihm die ungehorsame Tochter zurückschicken wird, aber niemand kommt, und so macht sich Ediedie auf den Weg, um sie zurückzuholen. Er kommt in Ntungas Dorf an, dort weiß man schon, was vorgefallen, und empfängt ihn halb ängstlich und halb schadenfroh. Ntunga steht im braunen Khakianzug, einen weißen hohen Kragen um den Hals gewürgt, vor seiner Hütte. Die Hände hat er in die Hosentasche gesteckt und sieht seinem Schwiegersohn mißbilligend und seelenruhig entgegen. Nein, Ahanda ist nicht ins Dorf gekommen und in keiner der Hütten versteckt, das würde er, Ntunga, ihr Vater, auch gar nicht dulden. Wahrscheinlich hat Ediedie seine Frau schlecht behandelt, oder er hat nicht ordentlich auf sie aufgepaßt und sie ist mit einem Liebhaber davon. Ediedie soll nur sehen, wie er sie wiederbekommt. Nun bekommt die Sache ein ernstes Gesicht. Jetzt wird es Ediedie klar. Natürlich ist Ahanda mit einem anderen schönen, jungen Mann davon. Aber wer ist der Verführer und wo mögen sie sich verbergen? Ediedie zittert vor Wut. Am liebsten möchte er aus seiner alten schwarzen Haut fahren vor Ärger. Das ihm so etwas passieren muß! Mit leeren Händen kommt er heim. Das ganze Dorf wird ihn, den Häuptling, auslachen, weil ihm die Frau weggelaufen ist, für einen Mann das Schlimmste, was ihm passieren kann. Wer hätte das gedacht! So niedlich und sanft sah die kleine Ahanda aus und ist ein trotziges und kühnes Ding.

Ahanda ist aber nicht mit einem schwarzen »Tristan« davon, sie kennt gar keine anderen Männer, sie ist ja gar nicht aus der Hütte ihres Gatten herausgekommen. So schnell ihre kleinen Füße sie trugen, ist sie die große, weiße Straße hinabgelaufen. Am Ende der Straße, da wo das Meer ist, liegt Kribi. Dort wohnt der Bezirksamtmann, das weiß Ahanda, der hält Gericht und spricht Recht, der muß ihr helfen. Eine Karawane mit Gummi und Elfenbein trifft Ahanda unterwegs und schließt sich an und gelangt glücklich nach Kribi.

Aber auch Ediedie, ihr verlassener Gatte, ist nicht untätig gewesen. Er hat Freunde und Späher, und bevor noch Ahanda die Küste erreicht, weiß er schon, wohin sie sich gewandt, und ist bereits hinterdrein. Beim Bezirksamtmann wird auch er klagen. Entweder muß Ahanda zu ihm zurück oder ihr Vater, der Häuptling Ntunga, muß den Kaufpreis zurückzahlen. Die Klage wird erhoben und Verhandlung anberaumt. Es wird einen schwierige Sache für den Bezirksamtmann werden. Die beiden Parteien, Ediedie, Ahanda und Vater sowie allerhand Zeugen sind geladen. Ahanda hat für die Dauer der Gerichtstage und um der bedrohlichen Nähe ihres erzürnten Gatten einen unübersteigbaren Wall entgegenzusetzen, auf kurze Zeit den Schleier genommen.

Sie hat Unterschlupf bei den Missionsschwestern gesucht und gefunden. Ediedie stellt seine Forderung, entweder oder. Aber Ahanda weigert sich, zu ihm zurückzukehren, lieber will sie sterben. Ntunga, der Vater, erklärt kalt, die Kaufsumme zahle er nicht zurück, umsoweniger, als die Schafe bereits verzehrt und Ediedie noch im Rückstand mit der Petroleumlampe sei. Jedermann hat Mitleid mit der kleinen Ahanda und es muß auch endlich mal mit der abscheulichen Unsitte aufgeräumt werden, daß ein alter, fünfzigjähriger Häuptling eine so blutjunge Frau sich nimmt, bloß weil er das Geld dazu hat, und andere, junge und liebesheiße Männer haben das Nachsehen. – Ein salomonisches Urteil wird gefällt. Ediedie hat seine Frau von Ntunga gekauft und erhalten und dafür bezahlt. Das war und bleibt eine glatte Sache. Ntunga braucht nichts zurückzuerstatten. Hat Ediedie die Dummheit begangen, eine so junge Frau zu heiraten, und sie ist ihm davongelaufen, so wird das Bezirksamt sie nicht zur Rückkehr zwingen. Aber damit Ediedie nicht ganz betrogen und hereingefallen ist, ist es nicht mehr als recht und billig, daß Ahandas künftiger Verehrer, wenn er sie heiraten will, eine Entschädigung an den verlassenen Gatten zu zahlen hat. Damit müssen sich alle zufriedengeben, und da Ahanda gar so fein und niedlich ist, wird sie schon Verehrer finden.

Vorläufig aber scheint guter Rat teuer, denn wovon soll Ahanda leben. Aber das kleine Köpfchen weiß immer einen Ausweg. Schon ein paar Tage später sitzt Ahanda am Pfeiler der Kribibrücke und bietet den Vorübergehenden ihre Ware feil. Auf dem schwarzen Wollköpfchen balanciert sie eine große, runde Kalarbarschüssel mit länglichen, heißen Weißbroten. Das Geschäft geht glänzend. Haussahändler und die Träger, aus dem Innern des Landes kommend, versorgen sich gern bei Ahanda, die immer freundlich, ein Liedchen summend, zum Kauf einlädt.

Woher sie nur das teure, weiße Mehl zu ihrem Brotbacken nehmen mag! Das Geheimnis wird klar, als die Mehlvorräte der Europäer in Kribi so schnell abnehmen und feststeht, daß Ahanda mit allen Leibköchen gute Freundschaft hält. Da setzt es ein Donnerwetter auf das Haupt der Köche, aber für Ahanda stecken die Männer mit Vergnügen Schimpf und Schande ein.

Kommt der Abend, ist die Sonne untergegangen, so verläßt Ahanda ihren Platz auf der Brükke. Keine Macht der Welt könnte sie veranlassen, dort nur noch Minuten zu verweilen oder gar die Brücke zu überschreiten. Mit Dunkelheit steigen böse Geister aus den Wogen des Flusses, mit gie-

Frau eines Tikar-Edelen (Kamerun)

rigen Händen langen sie nach der kleinen Ahanda, sie hinabzureißen in die Tiefe. So wandert sie dann die Kribistraße aufwärts dem Urwald zu. Ihre niedlichen Füße berühren nur leicht den Staub der Straße, ihre feine, helle Stimme schwebt in die sinkende Nacht hinein. So hat sie viele Male Joseph, der schwarze Gärtner des Bezirksamtes, gesehen und gehört. Sein Herz zieht ihn zu Ahanda und er findet Erhörung. Eines Tages werden sie in aller Stille sich einig, daß sie sich heiraten wollen. Joseph kommt zu der Erzählerin dieser Geschichte und bittet um sein Geld. Er will Ahanda vom alten Ediedie loskaufen, damit sie seine Frau werden kann. Auch soll es eine richtige Trauung in der Mission mit Trauringen aus Goldblech und Hochzeitskleidern werden, denn »Ahanda will es so.« Alles Ersparte eines ganzen langen Jahres geht dabei drauf, aber Joseph ist es nicht leid. Sein Herz und seine Sinne sind erfüllt von Ahandas Bild, er zittert in dem Gedanken, sie verlieren zu können, kurz und gut, er ist schon vor der Hochzeit völlig unter ihrem Pantoffel.

Ahanda wird also Joseph des Gärtners Frau. Sie backt auch noch Brot, aber nur noch für ihn, den sie liebt. So erfüllen sich die Schicksale der Menschen.

Im toten Busch

Von Carl W. A. Koch

Der tote Busch in Kamerun ist der unbewohnte Urwald. Die unermeßlichen und feuchtdunklen tropischen Regenwälder Afrikas sind lebensfeindlich wie jeder Urwald. Die Menschen wie die Tiere lieben mehr das offene Land, die Savanne. Diese ist im Besitz der starken Völker mit entwickelter, einheimischer Kultur; in der Waldregion leben schwächere, hineingedrängte Stämme. Bevölkert sind die Flußufer. An begünstigten Stellen, wo der Boden fruchtbar und der Wald infolge besonderer Regenverhältnisse weniger mächtig ist, sind im Laufe der Zeit größere Rodungsgebiete entstanden. Seit dem Eindringen des europäischen Handels, namentlich der Kautschukgewinnung, gibt es Niederlassungen, Pflanzungen von Lebensmitteln (sog. »Farmen«) und Verkehrspfade bis weit in die Tiefen des toten Busches. Unter den Menschen, die das Waldgebiet bewohnen, finden sich alle Typen des afrikanischen Negers. Was fehlt, ist die Zusammenfassung zu großen Verbänden, wie in den Häuptlingsschaften oder Sultanaten des Graslandes. Jedes Dorf ist eine Welt für sich. Der Europäer, der hier leben und arbeiten will, muß noch mehr als in den Gebieten jenseits des Waldes fähig sein, das Seelenleben des Eingeborenen zu beurteilen, dessen primitive Seiten für uns gewöhnlich die unverständlichsten sind. So groß die Mannigfaltigkeit der Charaktere auch bei den Schwarzen ist, geradeso wie bei den Weißen – das Primitive ist es, das sie alle eint. So auch in der folgenden Geschichte, die mit Erlaubnis des Verfassers und des Verlages (R. Voigtländer in Leipzig) dem glänzend geschriebenen Buch von Carl W. A. Koch: *»Im toten Busch«* entnommen ist.

Akono, der Held der ersten Geschichte, ist ein beschränkter Bursche aus dem Jaundeland. Ein Mädchen, Dede, ist das Ziel seiner Sehnsucht. Um das Geld zu verdienen, mit dem er sie ihrem Vater abkaufen kann, läßt er sich durch den Agenten einer Gummifaktorei für die Arbeit in der Tiefe des Waldes anwerben. Er ist ungeschickt, fällt beim Versuch, einen Baum zu ersteigen, mit dem Kopf an den Stamm und wird schließlich in der Gummiküche angestellt. (Hier nun setzt unsere Erzählung ein! D. H.)

Akono hatte inzwischen gelernt, den gekochten Gummi richtig und hart auszuwalzen, so daß der Weiße nicht mehr andauernd Grund zum Schimpfen und Schlagen fand; er wußte auch genau, wie fest und wie dick die Gummiwürstchen gepreßt werden mußten und wie lang die Stücke sein sollten, in welche sie zerschnitten wurden. Aber Freude hatte er nicht an der Arbeit. Einer seiner Landsleute hatte ihm zwar vorgerechnet, über die Hälfte der Kontraktzeit sei herum und sie hätten etwa siebzig Mark im Buch des Weißen als Guthaben stehen, jedoch Akono kam nicht über den vergeblichen Versuch hinaus, zu verstehen, was das zu bedeuten hatte. Seit dem Sturz vom Baume hatte er mitunter Kopfschmerzen, fühlte sich müde und matt und empfand zudem ständig Angst, weil der Modabum ihm gesagt hatte, die Zeit, die er krank gewesen sei, müsse er nach Ablauf des Kontraktes abarbeiten. Daß das nur drei Tage waren, half ihm nicht über die fürchterliche Vorstellung hinweg, im Kongobusch bleiben zu müssen, wenn die Landsleute abmarschierten, zurück aus dem düsteren, drückenden Gummibusch in das heitere, helle Jaundeland. Gleich einer fixen Idee setzte sich dieser eine Gedanke in seinem kümmerlichen Hirn fest und peinigte ihn besonders, wenn er in der mit ätzendem Rauch erfüllten Gummiküche seine Anfälle von Schmerzen hatte. Trotz alledem arbeitete er weiter, dumpf und doch unverdrossen, weil er an seine Dede dachte.

Nach weiteren drei Monaten wurde ihm auch diese Hoffnung genommen. Mit dem neuen Weißen, der den Modabum ablöste, kamen Arbeiter aus Dedes Dorf. Einer erzählte, der Nachbarhäuptling wolle das Mädchen haben, denn Dedes

Schwester, die er vor über Jahresfrist von Minkullu für schweres Heiratsgut erstanden hatte, sei unfruchtbar und deshalb wertlos, und er fordere Ersatz oder Rückzahlung. Da Minkullu ein alter Geizkragen sei und die Waren nicht zurückgeben wolle, würde er es wohl vorziehen, Dede zu geben. Freilich, das Palaver sei noch nicht entschieden.

Akono vermochte nicht mehr das Gehörte durchzudenken, er hörte nur den Verlust der Dede, seines einzigen Haltes, als unumstößliche Tatsache heraus. Die Bruchstücke von Gedanken, deren er fähig war, quälten ihn. Sein körperlicher und seelischer Zustand wurde derart, daß er sich schließlich nur noch an den Begriff Heimat klammerte und in seinem bescheidenen Dorf die letzte schirmende Zuflucht seiner Sehnsucht sah. Der dumpfe Buschwald drückte mehr als je auf ihn und er sah keinen Zweck für den nutzlos gewordenen Frondienst. Er fiel so ab, daß er eines Tages nicht mehr zur Arbeit aufstehen konnte. Der neue Massa gab ihm eine Woche lang allerlei Arzneimittel und ließ ihn dann, als sein Zustand kaum besser geworden war, in seine Hütte kommen. Akono hatte Angst und trat mit weit offenen, leeren Augen vor seinen Herrn. Jedoch, der war ein fühlender Mensch und sprach freundliche Worte. Er gab Akono eine Anweisung auf sein Guthaben, die er auf der Faktorei nahe dem Heimatdorfe einlösen sollte, ferner einige Chininperlen, Reiseverpflegung und Geld für den Marsch. Akono kam die Bedeutung von alledem erst zu Bewußtsein, als er wieder in seiner Hütte war und die anderen ihm Grüße und allerlei Wünsche auftrugen. Sie seien gesund und kämen in zwei Monden nach, hätten viel Geld und viele Waren im Besitz und ihr Massa sei ein guter Massa und ihre Familien sollten sich nicht um sie sorgen. Akono packte seine Sachen, verabschiedete sich am nächsten Morgen von seinem Herrn und den Landsleuten und marschierte ab. Er freute sich, den üblen Busch verlassen zu können, und dachte an die Heimat. Die erste Nacht verbrachte er in einer der Laubhütten, die in passender Entfernung am Wege standen, die zweite in einem ähnlichen Lager. Am dritten Vormittag, als er das vierte Gewässer passiert hatte, fing es an zu regnen. Da gerade eine offene Schutzhütte auf dem Steilufer des Baches stand, machte er halt.

Die Tropfen fielen hart auf die trockenen Phryniumblätter des Daches und zerplatzten. Akono fachte einige glimmende Holzscheite zur Flamme an, wärmte die mageren Glieder und blickte vor sich hin. Nach einiger Zeit packte er seine Vorräte aus und verzehrte gedankenlos eine seiner drei Dosen Ölsardinen und zwei der zehn Kangwürste, die ihm das Weib eines Landsmannes mitgegeben hatte; nachher rauchte er und schlief auf einem Lager frischer Blätter. Kurz nach Mittag kamen einige Arbeiter mit Maismehllasten von der großen Farm und machten bei Akono kurze Rast. Sie stifteten einen Topf Maismehl, Akono die beiden restlichen Dosen Sardinen, und so hatten sie ein gutes Mahl. Mit einigen Scherzworten marschierten die Träger am späten Nachmittag weiter. Akono war wieder allein.

Es regnete langsam in gleichmäßigem Fallen der Tropfen den Abend und die Nacht hindurch. Im windlosen Wald blieb es still, das Wild hatte sich längst Schutz suchend verkrochen; nur einmal schrien Schimpansen in der Ferne in wildem Spiel und ein Nachtvogel strich schwer und bedächtig über das triefende Laub der Unterholzbestände und verlor sich zwischen den schattenhaften Stämmen hoher Bäume.

Morgens verzehrte Akono die Hälfte seiner Kangwürste und wollte dann abmarschieren; unterließ es jedoch, da es wieder finsterer wurde und stärker zu regnen begann. Im Laufe des Tages rauchte oder ruhte er, dachte mitunter an seine Heimat oder betrachtete die Anweisung auf sein Guthaben und seinen Reiseausweis; besah sich das Papier und die rätselhaften Zeichen und versuchte, einige davon, die seine Aufmerksamkeit fesselten, auf der Erde nachzuzeichnen. Zwischendurch verzehrte er den Rest seiner Nahrungsmittel. Abends, mit sattem, vollem Bauch und bei einem behaglichen Pfeifchen fühlte er sich wohl und angeregt und war vergnügt, malte sich seine Ankunft zu Hause aus und was er mit seinem Gelde alles anfangen könne. War er nicht ein wohlhabender Mann, konnte er anstelle der Dede nicht ein anderes Mädchen kaufen? Dieser neue Gedanke machte ihn so munter, daß er leise vor sich hin summte und plötzlich voller Lebensfreude war. Er holte frisches Feuerholz für die Nacht und schlief bald ein.

Der Regen hatte aufgehört, frühmorgens schon zeichnete die Sonne zitternde Muster

Brücke in Kameruner Urwald

nach ihm griffen, und wahnsinniger Schrecken schüttelte ihn. Er jammerte nach Mutter und Heimat, nach Dede und Dorf, bis er endlich erschöpft in Halbschlaf verfiel. Jedoch häufig wurde er angsterfüllt wach, allerlei unklare Schreckbilder verfolgten sein bißchen Phantasie, und am Morgen war er so schwach, daß er liegenblieb, ohne an Aufstehen zu denken. Hunger zehrte an seinen Eingeweiden, jedoch er rührte sich nicht. Plötzlich sah er das Nutzlose auch des Weitermarsches ein: zur großen Farm war ebenso weit als zurück zum weißen Herrn. Er wußte, daß seine Kraft nicht ausreichen werde, so weit zu gelangen. Vorübergehend ermunterte ihn die instinktive Überlegung, daß Arbeiter in dieser oder jener Richtung durchkommen mußten, die ihm helfen könnten, und daß es deshalb das Beste sei, ruhig zu warten. Gegen Mittag rauchte er seine letzte Pfeife, wickelte sich in seine dünne, buntbemusterte Decke und kauerte sich zu einem elenden Häufchen am Feuer zusammen.

Er stand nicht mehr auf.

Am Spätnachmittag begann der Regen von neuem und trommelte prasselnd hernieder; es wurde kalt und frühzeitig dunkel im Buschwald und das Feuer erlosch in langsamem Verglimmen. Akono erwachte abends zitternd und frierend zu kurzem, wachem Bewußtsein und erkannte, daß alles nutzlos sei. In klaren Strichen stand im schwindenden Rest seiner Seele eine strahlende Heimat, in der aus kümmerlichen Hütten stattliche Bauten geworden waren, in der eine verjüngte Dede mit kokettem Ebui am Holzmörser stand und lächelte; dann entwich die letzte versöhnende, sonnige Vorstellung. »Mutter«, flüsterte Akono in apathischer Bedrängnis vor sich hin und verfiel in einen Traumzustand, aus dem er am folgenden Nachmittag weiterwanderte, ohne es zu merken.

So konnten ihm auch die Träger nicht mehr helfen, die eine Stunde später singend ankamen, überrascht halt machten und das bißchen Kreatur kurzerhand verscharrten.

durch Buschwald und Unterholz und die Tierwelt erwachte; ein Pärchen silbergrauer Zwergantilopen kam in die Nähe des Lagers, verhoffte und ging in plötzlichem Erschrecken mit zischendem Warnruf ab.

Akono saß am Fenster, hungrig und matt. Als jäh zum Bewußtsein gekommene Drohung stand in ihm der Gedanke an den Weg in die ferne Heimat, die hinter endlosem, dunklem Buschwald verheißungsvoll lockte und doch unerreichbar schien. Er glaubte nicht mehr an die Möglichkeit, jemals dorthingelangen zu können, und damit versank all das, was ihn am Abend vorher mit einer gewissen Spannkraft erfüllt hatte. Statt dessen überwältigte ihn unaufhaltsam erdrückende Gleichgültigkeit. Mittags beim Wasserholen sah er einige rote Früchte, pflückte sie und zerkaute langsam das säuerliche Fleisch. Dann hockte er wieder am Feuer nieder und rauchte, um den Hunger zu betäuben. Mitunter spielte er schwach mit dem Entschluß, am nächsten Tage abzumarschieren; vielleicht werde er Arbeiter treffen, die ihm etwas Nahrung geben könnten, so hoffte und grübelte er.

Darüber verging der Tag und die Nacht kam. Akono hatte plötzlich Angst vor den Geistern des dunklen Waldes und schürte helles Feuer an, ohne Ruhe zu finden. Er fühlte die Seelen Verstorbener in der Nähe, spürte, wie sie ihn streiften oder

Meine Erlebnisse mit den Häuptlingen Nikodemus und Kahimema vom Stamme der Hereró und Ovambándjeru

Von Friedrich von Lindequist

Es war im Jahre 1894, als der Gouverneur oder, wie damals der wohlklingende deutsche Titel lautete, der Landeshauptmann von Deutsch-Südwestafrika gegen den weithin gefürchteten, intelligenten und verschlagenen Hottentottenhäuptling Hendrik Witbooi zu Felde gezogen war, daß mir, seinem eben ins Land gekommenen Stellvertreter und kaiserlichen Richter, die Aufgabe zufiel, durch eine Grenzbereisung eine deutlich sichtbare Grenze zwischen dem Hererólande und dem früher von den Windhuker Jan Jonker-Hottentotten beanspruchten Lande ausfindig zu machen und mit den Hererós zu vereinbaren.

Früher waren die Hererós durch die Hottentotten in Schach gehalten und, wenn sie sich mit ihren großen Rinderherden zu weit über die traditionellen Grenzen des Hererólandes ausbreiteten, von diesen überfallen und Tausender von Rindern beraubt worden. Jetzt, wo die Witboois von der deutschen Truppe bekämpft wurden, drangen sie wieder gewaltig nach Süden vor, so daß sie die wenigen deutschen Farmen, welche damals in der Nähe von Windhuk bewirtschaftet wurden, mit ihren Viehherden überschwemmten und eine weitere Besiedlung mit Weißen unmöglich machten. Deshalb war Eile nötig, bevor sich die Neger etwa auf ein altes Gewohnheitsrecht berufen konnten, wozu sie noch vielmehr neigen als die Weißen. Da alle irgendwie entbehrlichen Mannschaften der kleinen Truppe dringend für den Witbooifeldzug benötigt wurden, so begnügte ich mich mit einer Patrouille von drei Mann und zog mit ihr und dem bekannten Farmer und Kaufmann Gustav Voigts, der das Otjihereró beherrschte und den Charakter der Eingeborenen kannte, gen Osten, sowie sieben Hererós. Der Oberhäuptling Samuel Mahárero hatte sie mir aus seinen Vertrauten und Großleuten ausgesucht und mitgegeben, unter ihnen den Unterhäuptling Assa Riárua, den ältesten Sohn des verschlagenen und durch seinen Rinderreichtum besonders mächtigen Riárua, ersten Ratgebers des verstorbenen Oberhäuptlings Kamahárero. Riárua war dem Nachfolger Samuel Mahárero weniger freundlich gesinnt, da er die Oberhäuptlingswürde für seinen Stiefsohn Nikodemus wünschte, der nach dem Erbrecht der Hererós als Sohn der ältesten Schwester des Kamahárero tatsächlich ein besseres Recht auf die »Krone« hatte. Kamahárero hatte jedoch kurz vor seinem Tode diesen Rechtsbrauch umgestoßen, indem er seinen ältesten Sohn zum Nachfolger bestimmte, der dann auch von den Deutschen als solcher anerkannt wurde. Nikodemus hatte aber sein Recht auf den Hereróthron nicht aufgegeben und fand außer an dem alten Riárua eine starke Stütze an dem viehreichen Häuptling des Oststammes – der Ovambándjeru –, dem beleibten Kahimema. Dies war auch der Grund, weswegen mich der Oberhäuptling nicht selbst begleiten wollte, da er sich in den Gebieten seiner Rivalen Nikodemus und Kahimema nicht sicher fühlte. Auf kürzestem Wege im Osten angelangt, trafen wir jenseits Gobabis – weit über das Hereróland hinaus – auf gewaltige Rinderherden der beiden Häuptlinge, die ein Sohn das Kahimema betreute, der sich höchst unfreundlich gebärdete und deutlich zeigte, daß er keinerlei Auffassung für unsern Besuch hatte und die Andeutungen, daß er sich weit außerhalb der Grenzen des Hererólandes mit seinen Rindern befände. Auf der Rückreise stieß alsbald der Häuptling Nikodemus zu uns, gefolgt von einem starken Kommando von Hererókriegern, die teils mit modernen Schußwaffen, namentlich Henry-Martini-Gewehren,

Salonwagen des Gouverneurs (SWA); Exzellenz v. Lindequist steigt aus.

teils mit Kirris, der gefährlichen Nahwaffe der Hererós, einer Keule mit starkem, rundem Knopf, ausgerüstet waren. Sie begleiteten uns mehrere Tage in einiger Entfernung unter Kriegsgesang, indem sie zeitweise verschwanden und dann plötzlich wieder auftauchten, bis nach Otjihaínena, der Werft des Ovambándjeruhäuptlings Kahimema am Weißen Mossob. Wie mir der Oberhäuptling Mahárero später auf das Bestimmteste versicherte, hätten die Nikodemusleute mich und meine vier weißen Begleiter schon während des Rittes von Gobabis überfallen und ermorden wollen und seien nur durch des Nikodemus Halbbruder Assa Riárua und die übrigen Okahandjaleute davon abgehalten worden.

In Otjihaínena trafen wir mit Dunkelwerden ein und schlugen unser Lager einige hundert Meter von der Häuptlingswerft auf. Die Leute Kahimemas zeigten sich mißtrauisch und wenig freundlich, der Häuptling erschien weder selbst zur Begrüßung noch sandte er einen seiner Großen. Als ich mich am nächsten Morgen nach dem dauernden Lärm während der Nacht erkundigte, wurde mir mitgeteilt, daß ein Teil der Hererós, die Nikodemus- und Kahimemaleute, mein Zelt hätten stürmen wollen und von den Okahandjaleuten nur mit Mühe davon abgehalten worden wären. Ich tat, als ob nichts vorgefallen wäre, und ließ die Großleute, insbesondere auch die beiden Osthäuptlinge, zu den Grenzberatungen um 11 Uhr entbieten. Kahimema hielt es noch immer nicht für nötig, mir seinen Besuch zu machen, sondern erwartete, wie mir hinterbracht wurde, daß ich ihm zuerst meinen Besuch machte, was in den Augen der Hererós als Beweis gedeutet worden wäre, daß er mächtiger sei als der Vertreter des Landeshauptmannes oder, wie die Eingeborenen zu sagen pflegten, »des Kaisers«. Statt dessen schickte er einen seiner Großleute und ließ mich fragen, ob ich Fleisch brauchte, was soviel heißen sollte, ob er mir ein Gastgeschenk in Gestalt eines Ochsen machen dürfe. Ich erklärte, ich hätte selbst Fleisch, der Häuptling möchte seinen Ochsen nur behalten. Alsbald wurde mir hinterbracht, Kahimema sei sehr böse darüber, daß ich sein Gastgeschenk verschmäht hätte, worauf ich ihm auf indirektem Wege zu verstehen gab, daß ich von so unhöflichen Leuten, die mich nicht zuerst besuchten, keine Geschenke annehme.

Inwischen rückte die festgesetzte Zeit zur Besprechung heran. Die Großleute des Oberhäuptlings Mahárero aus der Umgebung waren zur Stelle, Nikodemus und Kahimema fehlten. Auf meine nochmalige Botschaft, daß ich die Beratung nun beginnen würde und Wünsche, die dabei nicht vorgebracht würden, von mir später nicht mehr berücksichtigt werden könnten, erschien nur Nikodemus; der sture, auf seine Macht und seinen Reichtum pochende Kahimema nicht! Aber der Gedanke, daß er vielleicht nicht genügend Land für seine vielen nach Tausenden zählenden Rinder behalten würde, siegte doch schließlich über seinen Stolz. Man sah ihn mit dem kleinen, mit Lederriemen als Sitz überspannten hölzernen Stühlchen vor seinem Pontok erscheinen und es war höchst drollig zu beobachten, wie er einen schweren Kampf mit sich kämpfte, immer noch in der Hoffnung, daß ich nun kommen und ihn persönlich zur Teilnahme auffordern oder gar die Versammlung auf seine Werft verlegen würde. Als ich, ihn scharf im Auge behaltend, mich nicht stören ließ, rückte er in etwa einem halben Dutzend Etappen, wobei eine gute halbe Stunde verging, näher und näher, indem er von seinem Pontok zu dem diesem zunächst stehenden der großen Akazienbäume, mit dem das Ufer des Weißen Nossob bestanden war, ging, um dort wieder geraume Zeit auf seinem von einem Diener nachgetragenen Stuhle Platz zu nehmen, und dies setzte er von Baum zu Baum fort, bis er endlich bei mir landete! –

Meine Erklärung, daß ich über den Teil der Grenze, über den wir uns inzwischen geeinigt hätten, nicht noch einmal verhandeln könne, da es seine Schuld sei, daß ich ohne ihn hätte verhandeln müssen, nahm er ruhig hin und machte auch bei der weiteren Festlegung der für die Hererós allerdings sehr reichlich und günstig bemessenen Grenzen keine wesentlichen Einwendungen, nachdem ihm offenbar klar geworden war, daß er mit unberechtigten Forderungen nicht durchdringen würde.

Nach Beendigung der Beratung sagte ich ihm, daß ich nun bereit wäre, sein mir angebotenes Gastgeschenk anzunehmen, worauf sich sein bisher düster verschlossenes Gesicht aufhellte und mir alsbald drei prächtige Ochsen vorgeführt wurden, wofür dann die übliche Gegengabe in Gestalt von Reis und Mehl verabfolgt wurde. So schieden wir im besten Einvernehmen.

Seitdem hatte er ein großes Vertrauen zu mir gefaßt, was sich noch bei zwei Gelegenheiten zeigte. Wegen einer Unbotmäßigkeit seiner Leute gegen die Regierung und zugleich auch gegen den Oberhäuptling unternahm ein Jahr darauf der Landeshauptmann einen Demonstrationszug. Die Schutztruppe machte in der Entfernung von einigen Kilometern von seiner Werft halt. Der Verhandlung, zu der er durch vorgesandte Boten eingeladen war, wich er aus; diese kamen mit der Nachricht zurück, er sei nicht zu finden. Aber die ganzen Bergzüge um die Werft herum hätten sie mit bewaffneten Hererós besetzt gefunden, die

Samuel Mahárero, Großkapitän der Ovahereró

beim Herannahen der Truppe das Feuer eröffnen würden. Da erbot ich mich mit einer Ordonnanz und einem Hererógroßmann hinüberzureiten. Trotz dringenden Abratens des Oberhäuptlings, der immer wieder versicherte, wir würden nicht lebend zurückkommen, durchritten wir den Nossob; – ich ritt mitten in die Verschanzungen hinein, die stark besetzt waren, und rief den mir von der Grenzbereisung bekannten Führer an, was die Torheit solle, daß sie alle bis an die Zähne bewaffnet in den Schanzen lägen, er wüßte doch, daß ich friedlich wäre und keinen »orlog« mache, worauf nach und nach die auf mich gerichteten Gewehre verschwanden. Mit Hilfe des Hererógroßmannes gelang es dann auch, den Häuptling zu finden und ihn gleichfalls von unsern friedlichen Absichten zu überzeugen und so eine Besprechung mit Landeshauptmann und Oberhäuptling und eine friedliche Beilegung des Streites herbeizuführen.

Die zweite Gelegenheit bot sich, als Kahimema, der, von den Khauashottentotten und Nikodemus überredet, sich törichterweise ohne jeden Grund einem Aufstande angeschlossen hatte, nach dem Gefecht bei Otjundu (Sturmfeld) gefangengenommen worden war. Als er mich erblickte, flog über seine finstern, tiefe Niedergeschlagenheit zeigenden Gesichtszüge ein freudiges Lächeln, und er winkte mir als Zeichen alter Bekanntschaft mit der durch einen Schuß verwundeten und verbundenen Hand lebhaft zu. Er hoffte offenbar, daß ich ihn durch meine Fürsprache retten würde. Aber die eingehende Untersuchung ergab so klar die Schuld der Häuptlinge, daß das Kriegsgericht, zu dem auch Eingeborene als Beisitzer zugezogen waren, sie einstimmig zum Tode verurteilte. Während Nikodemus eine furchtbare Angst vor dem Tode zeigte, so daß er zum Richtplatz halb getragen werden mußte, schritt Kahimema furchtlos und aufrecht seinem Verhängnis entgegen. Ihrer Begnadigung hatte sich der Oberhäuptling heftig widersetzt, während ihre Leute begnadigt wurden.

Nur sechs Jahre hielt das Strafgericht vor. Dann benutzten die Hererós die Abwesenheit der Schutztruppe im Süden, um den verhängnisvollen großen Hererókönig zu entfesseln und den schwachen Oberhäuptling selbst mit hineinzuziehen.

Als ich gegen Ende des Aufstandes 1904 als Gouverneur nach Deutsch-Südwestafrika kam, stellte ich mir als erstes die Aufgabe, mit Hilfe der den Hererós seit Jahrzehnten vertrauten Missionare der evangelischen Rheinischen Missionsgesellschaft, die nach der furchtbaren Niederlage durch General von Trotha am Waterberg im Sandfeld zerstreuten, verängstigten und verhungerten Reste des einst so stolzen und herrischen Hererövolkes zu sammeln und so vor dem Aussterben und Untergang zu bewahren.

Der Reiter

Die Sterne, sie vergaukeln
Im Morgensonnenschein,
Und halb verschlafen schaukeln
Wir in den Tag hinein.

Den Fuß tief in dem Bügel,
Die Hand am Sattelknopf
Mit losem, langem Zügel
Und tiefgebeugtem Kopf,

So reiten wir gen Osten
Für unser Vaterland;
Wir sind die weißen Posten,
Von Deutschland ausgesandt.

Es klappen matt und mager
Die Gäule ihre Pas;
Von Lager bis zu Lager
Kein Wasser und kein Gras!

Die Säcke, sie vertropfen,
Der Fels bleibt hart und nackt,
Und nur die Hufe klopfen
Den gleichen müden Takt.

Heut morgen in der Senke
Gab's kaum genug fürs Zelt;
Wer weiß, die nächste Tränke
Liegt nicht in dieser Welt!

Schon flimmern fern im Hellen
Die Steine glutzerbrannt;
Schon tanzen heiße Wellen
Da vorne auf dem Sand.

Wir fühlen Unheil lauern;
Durch alle Poren zieht
Der Tod und sein Erschauern,
Der Tod, den man nicht sieht.

Vielleicht war er's, der grüßte
Vorhin, als von dem Riff
Es durch die nackte Wüste
Zu uns herüberpfiff.

Vielleicht versäumt und harrt er
Und spottet unsrer Pein,
Bis wir aus langer Marter
Zu ihm um Hilfe schrein.

Ich hebe im Gebete
Den Blick zum Himmelszelt:
»Gib, Gott, daß sie mich töte,
Die Kugel, die mich fällt!«

Stefan v. Kotze.

Die Rinderpest in Südwestafrika

Von Wilhelm Mehr

Im englischen Betschuanaland wütete die Rinderpest.

Um diese gefährliche Seuche vom deutschen Schutzgebiet fernzuhalten, wurden an der nördlichen Grenze des Dámaralandes in Abständen kleinere Militärstationen errichtet. Die Besatzung hatte den Befehl, durch Patrouillenritte Verbindung miteinander zu halten und dabei durch Abschuß angetroffenen Wildes das Wechseln über die Grenzlinie zu verhindern. Es war bekannt, daß Wild, das auf der Weide mit kranken Rindern zusammenkam, die Rinderpest verschleppte.

Wir waren sechs Reiter und ein Sergeant der 4. Feldkompanie in Outjo und erhielten den Befehl, mit einem Proviantwagen nach dem Norden abzurücken, um einen neuen Absperrposten – zwischen den schon besetzten – zu gründen. Bewaffnet waren wir mit Gewehr Modell 88 und führten reichliche Munition mit uns.

Es war anfangs Januar 1897. Die Regenzeit hatte schon im alten Jahre mächtig eingesetzt; das ganze Gelände stand unter Wasser. Strömender Regen zwang uns auf dem Marsche oft zu längerer Rast. Die vor den Wagen gespannten 24 Zugochsen zogen sich in der Nässe im Genick wund. In dem aufgeweichten Erdreich, den sogenannten Durchschlägen, sanken die Räder bis an die Achsen ein. Dann mußte der Proviant abgeladen werden, um nur den leeren Wagen aus dem Morast herauszubringen. Obgleich wir Mannschaft kräftig in die Radspeichen griffen, mußten die Zugochsen schwere Hiebe kriegen, um nur vorwärts zukommen. Durch mehrmaliges Ab- und Wiederaufladen der Fracht hatten wir viel Arbeit; deshalb waren wir froh, als wir in reichlich acht Tagen auf der Station Grootfontein ankamen.

Nach ein paar Ruhetagen erhielten wir vom Stationschef, Leutnant Steinhausen, zwei Reitochsen und zwölf Schlachtrinder mit dem Befehl, uns bei dem Postenführer, Leutnant von Bonin, auf dem Absperrposten Amatoni zu melden. Der Weg führte jetzt durch schöne Laubwälder. Leider verunglückte unser Sergeant, der durch Überfahrenwerden ein Bein brach. Nach dem Lazarett in Grootfontein war es schon zu weit, darum fuhren wir weiter. Den Leutnant v. Bonin trafen wir unterwegs; er fuhr, krank in der Ochsenkarre liegend, mit seinem Burschen nach Grootfontein.

Der Monat ging zu Ende, als wir in Amatoni eintrafen. Das Wasser lag an der großen Salzpfanne und war salzhaltig. Im Schilfrohr wimmelte es von roten Sperlingen und Webervögeln. Unter der Stationsbesatzung herrschte das Fieber. Sie erwarteten schon lange Proviant, den wir nun nebst sechs Schlachtochsen übergeben konnten.

Wir hielten uns nicht lange auf; ganze Schwärme Moskitos hatten uns in der Nacht schrecklich zugerichtet und kleine schwarze Käfer die Schlafdecken zerfressen.

In banger Erwartung des uns Bevorstehenden machten wir uns nach unserem Bestimmungsorte in östlicher Richtung auf. Durch einen Arm der Salzpfanne, die einen mit vielen Wasservögeln bevölkerten See bildete, ging es durch tiefes Wasser hindurch. Nach einigen Tagen fanden wir unsere Wasserstelle Ondera.

Das Wasser lag im trockenen Bett des Omuramba u Owambo, der zu beiden Seiten dicht bewaldet war. Den leeren Wagen schickten wir nun mit dem eingeborenen Wagenpersonal nach Grootfontein zurück. Unser Sergeant wollte bei uns bleiben, weil er schon Besserung verspürte. Auf dem nördlichen Ufer wollten wird das Stationsgebäude errichten; Holz zum Bau und Lehm zum Dache waren vorhanden. Vorderhand krochen wir während des Regens unter die Segelleinwand, mit der der Proviant bedeckt war.

Hereróhäuptling Kambasembi, vor der Rinderpest
Besitzer von 10 000 Rindern (DSWA)

Während der ersten Nächte spürten wir wohl nur wenige Moskitos; doch eine andere Plage trat auf. Hunderte von Fröschen hüpften auf uns Schläfer, bis wir durch wütendes Dreinschlagen etwas Ruhe bekamen. Unser Lager schlugen wir jedoch an einem höher gelegenen Platze auf.

Nun begann der Hausbau; während desselben wurde auf den Reitochsen eine Patrouille nach der östlich liegenden Nachbarstation geritten. Dort, in Omutuondju, sah es auch traurig aus; denn die Stationsmannschaft schlich fiebernd umher.

Eine Patrouille von Amatoni kam sehen, ob wir uns schon eingerichtet hätten. Wir waren mit dem Dachbau beschäftigt, da legten sich zwei nieder und froren in der größten Hitze; es war Schüttelfrost vor dem Malariafieber. Wir kamen alle an die Reihe! –

Eines Tages kam der in Grootfontein stationierte Assistenzarzt Dr. Kuhn angereist, der die Absperrlinie abritt und uns alle mit dem Fieber kämpfend vorfand. Als in Omutuondju drei Todesfälle vorkamen, wurde die ganze Linie eingezogen und die Besatzung nach Grootfontein gebracht.

Während unserer Genesung verendeten überraschend schnell ein paar Truppenochsen von

Grootfontein: die gefürchtete Rinderpest war da! – Eine Gefahr bestand insofern, als die Zufuhr von Lebensmitteln von der Küste her in Frage gestellt war.

Der Führer der 4. Feldkompanie, Hauptmann Kaiser, der sich von Outjo aus auf Reisen zufällig in Grootfontein befand, befahl sogleich, daß sämtliche transportfähigen Mannschaften ohne Gepäck, nur mit Waffen versehen, den Marsch nach der Küste antreten sollten. Die noch unverdächtigen Zugochsen wurden herausgesucht und vor einen Proviantwagen gespannt. Wir waren zusammen fünfzehn Mann und ein Unteroffizier, der uns bei dem Kompanieführer abmeldete. Wir bekamen den Befehl, in einem gewissen Abstande hinter dem Kompaniewagen, der mit Zugochsen aus Outjo bespannt war, herzufahren, damit die letzteren mit den womöglich schon angesteckten Grootfonteinern nicht in Berührung kommen sollten. Weil aber trotzdem die Ochsen während des Weideganges durcheinanderliefen, wurde uns befohlen, einen Abstand von fünf Kilometern innezuhalten.

Noch entkräftet, befiel bald wieder jeden von uns das Fieber. Darum blieben wir, als wir bei dem Weitermarsche an einen großen Teich gelangten, einige Tage liegen, denn die Osterfeiertage waren herangekommen.

Mittlerweile wurde die Entfernung von Wagen zu Wagen so groß, daß wir unsern Hauptmann niemals wiedersahen. – Uns schon mit einer Heimatsreise vertraut machend, zogen wir ohne große Sorgen dahin, als unverhofft zwei Reiter auf uns zusprengten. Hauptmann v. Estorff, der alte Römer, war es mit seinem Burschen.

Nach Meldung, daß wir »auf der Reise nach der Küste« wären, befahl er anzutreten; weil wir aber so leidend aussahen, durften wir uns ins Gras setzen. »Wie kommt denn der auf einmal hierher, den wir noch auf Heimatsurlaub wähnten?« dachten wir. Doch wir erfuhren bald, daß Hauptmann Kaiser in Outjo abgelöst sei und nun Hauptmann v. Estorff unser neuer Kompanieführer war.

»Die Rinderpest«, sagte er, »ist ein Feind wie jeder andere; darum werden wir ihn bekämpfen! Was soll denn nur die Regierung daheim denken, wenn wir die Kolonie aufgäben und unsere Posten verließen? Ihr kehrt jetzt an das Wasser in Naidaus zurück. Was Ihr braucht, schicke ich schon. In einer Stunde ist Gewehrappell!« –

Unser Hauptmann überließ uns noch sein Jagdgewehr mit Schrotpatronen, damit wir für die Kranken Perlhühner schießen konnten. Wir bekamen wieder Mut und bauten uns in Naidaus, in der Mitte zwischen Grootfontein und Outjo gelegen, drei Hütten aus Baumästen, die wir mit langem Gras bedeckten. Um den Lagerplatz führten wir eine Steinmauer auf und legten ein Schutzfeld an. Es wurde wieder empfindlich kalt; denn die kalte Jahreszeit war angebrochen. Ein Kamerad starb; die Lebensmittel gingen zur Neige: wir dachten an unseren Hauptmann! –

Der aber hielt Wort! Eine Geschützprotze, von Mauleseln gezogen, brachte Mehl und Reis. Bald darauf trafen Pferde ein; auch Impfmaterial kam mit und der Befehl, die Rinder der Eingeborenen zu impfen. Nun ritten wir auf die Dörfer der Hererós und bekämpften die das Land schon durchziehende Rinderpest. Mit brennenden Schmerzen im Leibe raste das Vieh an die Wasserstellen, wo es verendete. Das Wasser und die Luft wurden verpestet. Die ganze Schutztruppe bekam schwere Arbeit: sämtliches gefallene Vieh mußte verbrannt werden.

Eines Tages besuchte uns unser Hauptmann. Er zog ein Neues Testament aus der Tasche und erinnerte uns mit eindringlichen Worten daran, daß wir Christen seien.

Nur ihm ist es zu verdanken, daß wir manchen Viehherd vor der Rinderpest retteten und so das Schutzgebiet vor schwerem Schaden bewahrten.

Aus Südwestafrikas schweren Tagen

Tagebuchnotizen von Paul Rohrbach

Grootfontein, den 3. März. 1904

Ostersonntag! Nach längerem Planen und Erwägen ist nun auf morgen definitiv die Absendung einer Wagenkolonne unter Bedeckung nach Outjo bestimmt worden. Es fehlt an so vielem, namentlich aber ist Hafer so knapp geworden, daß ein Ersatz der Bestände nicht mehr hinausgeschoben werden kann. Hauptmann Volkmann wollte die Wagen eigentlich schon eine Woche früher schicken, aber die Lungenseucheimpfung nötigte uns, abzuwarten, ob sich Krankheitserreger bei einzelnen Tieren, die dann von der Verwendung als Wagengespann ausgeschlossen werden müßten, zeigen würden. Es scheint nun aber in der Tat, daß durch die rasche Impfung der ganze große Rinderbestand auf Grootfontein vor der Seuche bewahrt geblieben ist.

Roßarzt Hörauf soll die Kolonne führen: nach Outjo und, wenn dort das Gewünschte nicht zu haben ist, nach Káribib. Der ganze Zug umfaßt sieben Wagen, meine Karre und für alle Fälle noch eine gleichfalls mit Ochsen bespannte leichte Pferdekarre. An Bedeckung sind insgesamt 25 Gewehre vorgesehen – meist Buren und Kriegsfreiwillige, nur einige Truppler, unter ihnen der brave Unteroffizier Weber von Otavi. Solange ich mich auch nach der Befreiung aus der Grootfonteiner Untätigkeit gesehnt habe – jetzt, wo sie nun mit einem Male tatsächlich bevorsteht, wird mir bald wehmütig ums Herz – bald kann ich's überhaupt noch nicht recht glauben!

Heute mittag gab es zum Abschied aus Volkmanns allmählich auch kleiner werdenden Vorräten zwei edle Marken und eine Flasche Sekt!

Otavi, den 6. April 1904

So liegt nun Grootfontein wirklich hinter mir! Vorgestern nachmittag um vier Uhr verabschiedeten wir beide, Hörauf und ich, uns auf dem großen Hof vor der westlichen Innenschanze von den Zurückbleibenden. Am Schulhaus beim Hauptdurchgang durch das Stacheldrahtgitter sahen wir uns noch einmal um und gewahrten die zum Lebewohl winkenden Taschentücher der Damen an der großen Schanze neben dem Proviantschuppen; dann nahm uns der dichte Busch auf. Auf der Fläche vor Abakobib wurde ausgespannt, bis der Mond aufging, und dann gleich weitergetreckt bis hinter Paviansfontein, wo ich am 16. Januar bei meinem letzten Versuch, Grootfontein noch vor Ausbruch des Aufstandes zu verlassen, den alten Dewet getroffen hatte. Heute gegen Mittag sind wir programmäßig hier angekommen und wollten die erste größere Rast bis eine Stunde vor Sonnenuntergang machen. Stations- und Kompaniehaus stehen noch, aber alles verwüstet und geplündert. Merkwürdigerweise sind das Gathmansche Klavier und ein zierliches Schränkchen mit Weingläsern inmitten der allgemeinen Verwüstung fast unverletzt geblieben. Ein musikalischer Kriegsfreiwilliger versuchte gleich einige flotte Töne auf dem Instrument, als Hörauf, der den Busch um die Station etwas rekognosziert hatte, hereinkam und erzählte, er sei mit der Spitze unserer Patrouille im Busch zwei Hererós begegnet, die auf Anruf zuerst standen, dann aber plötzlich ausreißen wollten. Drei Schüsse knallten hinterher, und die beiden Kerle lagen im Feuer. Wenn sie entkommen wären, hätten sie natürlich nichts Eiligeres zu tun gehabt, als nach Otjenga zu rennen, wo sicher Bewaffnete sind, die uns dann auf dem Weitermarsch nach Otavi einen Hinterhalt gelegt hätten. Die beiden Kundschafter waren nur mit Kirris bewaffnet gewesen. Der eine trug eine Umhängetasche, aus der es entsetzlich hervorstank: Reste eines gekochten Huhnes. »Das wird wohl der letzte Mohikaner von Frau Gathmanns und meinen zurückgelassenen Hühnern gewesen sein«, sagte Unteroffizier Weber melancholisch. In dem Augenblick kam ein Reiter und brachte aus dem Gathmannschen Hühnerstall ein ganz frisch gelegtes Ei! Sollte hier noch einiges Geflügel im Busch umherirren und zum Legen an die gewohnte Stätte kommen?

Ich habe mir etwas die Hererówerft besehen. Dort standen Tische und Stühle, die aus den Häusern der Weißen fortgeschleppt waren. Offenbar haben die Herren Hererós spaßeshalber etwas auf weiße Manier leben wollen. Aus einem großen Geschirrschrank sind alle Wassergläser und Obertassen geraubt, die feinen Weingläser und die Untertassen sind stehengeblieben, damit haben die Schwarzen nichts anzufangen gewußt. Im Vorratsraum des Kompaniegebäudes war alles geplündert und zusammengeschlagen; unberührt standen nur die Schwefelsäureballons und eine Kiste mit einigen Dutzend Fläschchen Worcestersauce. Wir nahmen sie als gute Prise zur Würze unsrer gegenwärtigen und aller zukünftigen Reis- und Cornedbeefmahlzeiten mit. Zu Mittag aßen wir draußen auf dem großen Hafenplatz vor dem Kompaniehaus. Alles ist so still und sonnig wie im tiefsten Frieden. Aus dem großen Quellbassin fließt der rasche Bach zu den Gärten hinunter, der abgehauene Feigenbaumast, der als Wegweiserpfahl mitten auf dem Platz steht, hat in dieser Regenzeit noch mehr Zweige getrieben als im vorigen Jahr; die Wegetafel ist heruntergefallen, alle Gebäude stehen äußerlich unversehrt da, aber die Öde und Verlassenheit, die trotz unserer Wagenburg und der 150 weidenden Ochsen über dem Platz liegt, ist unheimlich. Es ist, als ob man durch ein ausgestorbenes Land zöge.

Outjo, den 11. April 1904

Gestern nachmittag 5 Uhr eingerückt. Wir sind also sehr schnell gezogen. Am 8. April lagen wir zur Nacht auf der Fläche zwischen Aiams und Naidaus: die Ochsen hatten nach dem Ausspannen zwei Stunden gefressen und waren, sobald es dunkel wurde, mit langgeknüpften Riemen an den Jochen festgemacht worden. Das ist die feststehende Regel für alle Kriegsmärsche in unsicheren Gebieten. Ich hatte mit meinem Wagentreiber Petrus die Wachtnummer von 12 bis 1 Uhr nachts und ging gerade am östlichen Ende des aufgefahrenen Wagenparks auf und ab, als plötzlich auf der Seite gegen Outjo ein lautes »Halt« mit Petrus' rauher, heiserer Stimme durch die stockfinstere Nacht schallte. Die beiden Ovambopostboten, die wir vor drei Wochen von Grootfontein nach Káribib geschickt hatten, waren mit einem schweren Sack voll Briefe und Zeitungen auf dem Rückwege und meldeten sich bei unserem Wachtfeuer. Der Sicherheit wegen laufen sie nachts und liegen tagsüber irgendwo im Busch versteckt. Volkmann hatte unserer Patrouille die Erlaubnis gegeben, falls wir den Boten begegnen sollten, den Postsack zu öffnen. Für mich war leider nicht viel dabei; desto mehr für die anderen, und außerdem die Nummern der »Südwestafrikanischen Zeitung« bis zum 8. März. Als meine Stunde Wacht um war, ging ich zum Briefsack und kam gerade dazu, wie im Schutz eines Wagens zwei kleine Kerzenstümpfe angezündet waren und die Briefschaften verteilt wurden. Alles las eifrig; wer auf etwas Interessantes stieß, teilte es sofort mit. Weil ich keine Briefe hatte, nahm ich die Zeitungen, und plötzlich fiel mein Blick auf ein fettgedrucktes Telegramm unserer »Südwestafrikanischen«, datiert Kapstadt, den 29. Februar: Japaner haben am 24. teilweise erfolgreich den Eingang zum Hafen von Port Arthur blockiert ... Japanische Flotte bisher überall erfolgreich ... Also Krieg zwischen Rußland und Japan! Mitten in unseren kleinen Kolonialkrieg hinein fällt diese Nachricht vom Ausbruch des großen Konflikts im fernen Osten, von dem jetzt niemand wissen kann, ob die politischen Wellen, die er aufregt, nicht schließlich um den Erdball auch bis ins Hereróland rollen und unser Südwestafrika mit überspülen werden! Unteroffizier Weber sagt trocken: Nun werden die zu Hause sich ja wohl für die Japaner mehr interessieren als für uns – wir sind ja auch bloß eine deutsche Kolonie!

Am nächsten Vormittag Rast und Abkochen in Naidaus. Auch dort alles verödet. Im Frieden wohnt dort der Buschmann Aribib. Der hatte einmal, als nominell schon die deutsche Flagge über Südwestafrika wehte, einen Buren gefangen; dem ließ er die Nase durchstechen, zog einen Pflock durch, legte einen Ochsenriemen herum, und ritt dann in seiner Werft auf dem Unglücklichen umher. Der Alte lebt noch heute im Lande.

Wieder habe ich bedauert, daß ich kein Geologe bin. Goab, Nunab, Aiams, die drei Wasser zwischen Otavi und Naidaus, sind geologisch besonders interessant: teils weite Löcher in der Kalksteindecke, die tief in das bunte Sandsteinkonglomerat eindringen, teils von einer merkwürdigen Moormasse erfüllte Becken im Kalkstein selbst. Zwischen Aiams und Outjo viele Stunden lang herrliche Wollschafweide. Kurz vor Outjo lagerten wir über Mittag an der Wasserstelle Chauchas – einen höchst merkwürdigen Ort. Tiefer Felskessel im Sandstein, die Landschaft hat ein ganz zyklopisches Gesicht. Als wir nach Outjo einrückten, wunderten wir uns: der weitläufige Komplex liegt auf dem Grunde einer flachen, rings von Höhen eingefaßten Schüssel, in die man von allen Seiten gedeckt hineinschießen kann. An Krieg haben die Erbauer offenbar nicht mehr gedacht. Hier liegen einige fünfzig Mann Marineinfanterie, die ersten *neuen* Truppen, die wir zu sehen bekommen. Gut steht es nicht mit ihnen, fast die Hälfte ist malariakrank und im Lazarett.

Morgen Mittag wird weitergetreckt. Hauptmann Kliefoth, der Befehlshaber von Outjo, geht mit hinunter, er muß nach Deutschland, um seine Wunde zu kurieren. Nach Monaten sehe ich zum ersten Male wieder einen Arzt, Dr. Tiburtius vom Seebataillon. Er geht mit uns Nach Káribib.

Omaruru, den 19. April 1904

Aus Outjo am 12. nachmittags mit Fieber, im Ochsenwagen liegend, aufgebrochen, Malaria. Kaum ist der Oktober da, so fehlt einem natürlich gleich etwas. Dann zwei sehr ungemütliche Tage. Nur mühsam dazwischen auf die Vorderkiste geklettert, um den fortlaufenden Überblick über den Charakter der Landschaft, über ihren wirtschaftlichen Wert, über Weg, Boden, Busch, Gras, Weide usw. nicht zu verlieren. Ging recht notdürftig. Am 12. abends bei Pallafontein. Ich konnte gerade noch aus dem Wagen kriechen und mir das leere Farmhaus besehen. Geplündert war nichts, denn hier wohnten Buren, und denen haben die Hererós überhaupt nichts getan. Am nächsten Morgen kamen wir an einer Stelle vorbei, wo allerlei Trümmer etwas abseits vom Wege lagen. Hier war am 24. Januar der Farmer Peter ermordet und seine Wagen ausgeplündert worden. – Das Unangenehme beim Malariaanfall ist das fortwährende Brechen; man wird ganz schlapp davon. Melancholisch dachte ich daran, wie sich die Freunde in Grootfontein jetzt wohl an den Würsten, Zigarren und Zeitungen delektierten, die ich ihnen von Outjo geschickt habe. Am meisten wohl an den Zeitungen! Am 14. passierten wir den Heliographenberg von Etáneno. Der Unteroffizier schickte die letzten Heliogramme hinunter, nichts Wichtiges, nur wieder einige Vervollständigungen der in Outjo aushängenden Liste der Ermordeten und Gefallenen. Uns Grootfonteinern ist immer noch ganz wirr im Kopf, wenn wir daran denken, daß alle die Leute, die man gekannt hat, die man vor einigen Monaten noch gesund und frisch in ihrer Arbeit sah, jetzt irgendwo im Busch mit zertrümmertem Schädel als von den Hyänen abgenagte Skelette umherliegen. Am 15. abends treckten wir bei der zweiten Heliographenstation Okowakwátjiwi vorbei. Die Station schickte zwei Heliogrammabschriften hinunter; eine Depesche war vormittags nach Outjo durchgegangen, die andere traf gerade ein, als unsere Kolonne in Sicht kam. Die Nachrichten waren wichtig und ernst; daß sie auch ermutigend waren, konnte man nicht behaupten: schwere Verluste der Ostabteilung bei Okahárui, nicht weit von Ovikokórero am 2. April, und ein erfreulicher, aber offenbar nicht durchschlagender und mit starken Opfern bezahlter Erfolg des Gouverneurs bei Onganjira in den Onjatibergen. Dabei ist auch mein alter Reisegefährte v. Erffa gefallen! ... Hier in Omaruru ist noch ein trauriger Nachtrag zu jenen beiden Heliogrammen gekommen. Dem Gefecht von Okahárui am 2. April ist bereits am 13. März ein Zusammenstoß zwischen der Kolonne v. Glasenapp und den Tjetjohereós bei Ovikokórero vorangegangen. Gefallen sind von uns 7 Offiziere, 11 Unteroffiziere, 6 Mannschaften, dazu soundsoviel Verwundete. Tot sind Hauptmann v. François, Oberleutnant Eggers und Stempel, Leutnant Thiesmeyer, Dziobek, Bendir, Marinearzt Dr. Velten. Also auch François und Eggers sind nicht mehr, die beiden ältesten unter unseren »alten« Afrikanern! Mit Referendar v. Erffa, Landmesser Thiesmeyer und Regierungsbaumeister Bendir, die alle als Offiziere eingezogen und gefallen sind, bin ich im August vorigen Jahres von Hamburg abgefahren. Auch Zollamtsassistent Nörr, der als Reserveleutnant bei Okahárui gefallen ist, war mit auf dem »Ernst Woermann«. V. Erffa war im Oktober mit uns auf der Farmtour im Windhuker Bezirk, ein feiner und liebenswürdiger Mensch. Er dachte daran, sich im Lande anzukaufen. Thiesmeyer ist als Regierungsbeamter nach Afrika gegangen, um seine alte Mutter zu Hause besser unterstützen zu können – der einzige Sohn! Auch Feldwebel Müller, der beim Entsatz von Omaruru gefallen ist, und Steinfurth, den die Hererós auf Okatjongeama bei Grootfontein erschlagen haben, waren mit auf dem »Ernst«.Das sind allein die aus den letzten Gefechten, die man näher gekannt hat, und nun dazu noch die lange Reihe derer, die für uns nur Namen geblieben sind, die aber alle ihre Lieben, ihre Freunde und Verwandten zu Hause hatten.

Omaruru sieht trotz der Belagerung und der harten Kämpfe im Januar und Februar ziemlich unberührt aus. Wir aßen heute alle zusammen in der alten Feste von Omaruru, vor der unsere große von Grootfontein und Outjo mitgebrachte Wagenburg aufgefahren ist. Jeder muß sich Eßzeug, Trinkbecher usw. mitbringen. Es existierten nur Blechteller und entsprechende Bestecke; unsere Anzüge sahen so aus, daß man uns im Grunewald für Wegelagerer halten würde, alles ist unrasiert, mit Stoppeln oder wilden Kriegsbärten; die Sitzgelegenheit ist hier eine zerbrochene Bank, dort ein Faß oder ein wackliger Feldstuhl. Menü: Hammelfleisch, Makkaroni, Erbswurst, Mixed Pickles, Mosel und Kognak, viel, viel Kognak! Darin scheinen die Ankömmlinge womöglich noch mehr zu leisten als die ältesten Afrikaner. Als Omaruru beim Ausbruch des Aufstandes in Belagerungszustand erklärt wurde, ließ Stabsarzt Kuhn aus den Stores auf dem Platz allen vorhandenen Alkohol nach der alten Station bringen, um ihn für den Fall einer Plünderung den Hererós zu entziehen. Später mußte die alte Station geräumt und die Verteidigung auf die neue Kaserne konzentriert werden. Vor dem Abzug aus der Station ließ Kuhn alle Schnaps-, Kognak- und Weinkisten auf einen Haufen zusammentragen und mit Pulver in die Luft sprengen. Einige Kisten sollen damals durch die Gewalt der Explosion mit teilweise unversehrtem Inhalt aufs Dach der Station geschleudert und dort von den Hererós gefunden worden sein. Der tapfere Stabsarzt ist in Südwest als schroffer Antialkoholiker ein Unikum; es wäre aber gut, sein Beispiel wirkte etwas. Es scheint ziemlich viel Alkohol mit den Verstärkungen mitgekommen zu sein.

Die Herren, die von unten kommen, haben die Nachrichten aus dem Osten schon länger hinter sich und reden nur von der Zukunft, was geschehen soll, was sie wollen und nicht wollen; sie kritisieren und diskutieren – ich bin immer noch halb betäubt. Wir sind gestern spät angekommen und wollten ursprünglich heute nachmittag fort, ich bleibe aber doch bis morgen früh, um mit den Ansiedlern ausführlicher zu sprechen. Da alles eingezogen ist oder kriegsfreiwillig Dienst tut, so gibt es Löhnung und Kost, aber die Stimmung ist sehr verzweifelt. Niemand will recht an die kommende Entschädigung glauben. »Gibt es nichts und es muß wieder von vorn angefangen werden, dann lieber woanders, nicht mehr hier! Könnte ich nur fort, ich ginge morgen!« Das ist der herrschende Ton. Ich kann mir aber doch nicht vorstellen, daß die Regierung die koloniale Sparsamkeitsparole auch auf diesen Notstand ausdehnen wird, und vollends der Reichstag – wie könnte der sich dem Eindruck der von hier kommenden Berichte entziehen!

Etiro, den 21. April 1904

Ein hübscher Fleck Erde, aber auch hier haben Mord und Verwüstung gehaust. Am Rande des breiten sanderfüllten Riviers mit seiner grünen Blumenpracht steht ein sauberes weißes Haus, Brunnen und Tränketrog, dahinter ein großer Garten mit vielen jungen Apfelsinenbäumchen, frisch angelegten Weinlaubgängen und Blumen. Hier wohnte der Kaufmann Joost; er war ein wohlhabender Viehbesitzer und hatte im Hause einen flott gehenden Store mit Ausschank, wo jedermann zwischen Omaruru und Káribib einkehrte. Als der Aufstand ausbrach, war er draußen im Feld; dort ist er erschlagen worden. Niemand weiß wo. Seine Frau schloß sich dem als Patrouille nach Omaruru reitenden Unteroffizier Schneidewind an. Kaum eine Vierstelstunde vor der Feste überfielen Michaelleute den herankommenden Wagen, rissen Schneidewind herunter und ermordeten ihn. Frau Joost taten sie nichts und ließen sie zu Fuß nach Omaruru weitergehen. Im Joostschen Store war ein großes Hutlager. Das haben die Hererós ausgeplündert, aber die Krempen waren ihnen zu breit, und Dutzende rundum abgeschnittener Filzstreifen liegen noch umher. Im Hause und draußen liegt zahllos zerrissenes und beschmutztes Papier, alte Journale, Zeitschriften, Wirtschaftsbücher, Briefe, Kladden und dergleichen. Anderswo haben die Hererós alle Bücher und Schriften, die sie in den Stores fanden, sofort verbrannt, um ihre Schulden, von denen sie wußten, daß sie dort irgendwo aufgeschrieben waren, aus der Welt zu schaffen. Vorhin, während Kliefoths Bursche Mittag kochte, kamen einige Wagen mit einem alten, jetzt als Unteroffizier eingezogenen Farmer vorbei. Der Mann sagte auch wieder, als ich vom Wiederanfangen nach dem Kriege sprach: »Ach, Wiederanfangen! Entschädigung – gibt's ja gar nicht! Und wenn's eine geben soll, dann wissen wir schon, was für eine, – nein, hierher können jetzt andere kommen! Wenn's mit dem Krieg, der Löhnung und der Kriegsration für uns vorbei ist, dann verkaufe ich das Dutzend Ochsen, das mir noch geblieben ist, und gehe nach Südamerika, da kann einer mit tausend Mark und zwei gesunden Armen noch etwas anfangen.« – »Wenn wir nicht entschädigt werden«, mischte sich ein anderer ein, »so können wir ja gar nichts tun als fortgehen. Noch einmal so anfangen, noch einmal jahrelang so leben, wie wir es getan haben, das bringen wir nicht mehr fertig. Lieber in Deutschland wieder Arbeit suchen, aber nur nicht hier, wo wir schon einmal etwas gehabt haben!« Allmählich gelang es mir doch, den Leuten ihren verzweifelten Pessimismus etwas auszureden.

Káribib, den 22.April 1904

Gestern nachmittag 5 Uhr kam der große Wasserturm bei der Eisenbahn und gleich danach Káribib selbst in Sicht. Ich war mit Distriktchef Kuhn, Dr. Tiburtius, Farmer Bohnstedt von Kaltenhausen (bei Otjimbíngue), der auch als Vizewachtmeister eingezogen ist, und einigen Leuten vorausgeritten; die Wagen sollten am späten Abend nachkommen. Als die Sonne eben untergehen wollte, stieg ich beim Hotel Rösemann jenseits der Eisenbahnschienen vom Pferde: die Reise, zu der ich Anfang November vorigen Jahres von Okahandja ausgezogen war, sie war nun wirklich zu Ende; der Anschluß an das militärisch gesicherte Gebiet, an Post, Telegraph, Eisenbahn, an die Verbindung mit der Außenwelt und die vor einem halben Jahre verlassene Menschheit diesseits der großen Kriegs- und Aufstandseinöde war wieder erreicht. Auf der Post lagen Briefe aus der Heimat, Glückwünsche zur Rettung aus der in den ersten Aufstandstagen überstandenen Gefahr; ja selbst die Weihnachtskiste, die ich von den Hererós mit den Lombardschen Frachten bei Omurassa genommen glaubte, stand friedlich hier in Káribib im Zollschuppen. Ihr Inhalt wurde sofort mit Andacht in Konsum genommen. Wie Schokolade schmeckt, hatte ich schon ganz vergessen. Ich knabberte Pfefferkuchen und genoß dazu das Vergnügen, in ein paar Zeitungen vom Januar Worte des Nachrufs auf mich als den vermeintlich von den Hererós Ermordeten zu lesen. Es ist doch nett, wenn man so bei lebendigem Leibe bescheinigt bekommt, was die Leute über den Totgeglaubten sagen. Eine Notiz hat mir besonderes Vergnügen gemacht. Da heißt es ungefähr: »Wir haben zwar davor gewarnt, diesen Querkopf, der sogar einmal Theologie studiert hat, nach Afrika zu schicken, aber wir müssen sagen, daß er persönlich doch ein anständiger Kerl gewesen ist.«

Abends konnte ich Stabsarzt Kuhn, dem Verteidiger von Omaruru, und seiner jungen Gattin die Hand drücken. Die tapfere kleine Frau hat sich in Omaruru prächtig gehalten. Am. 1. Dezember hatte ich mich damals auf Farm Neitsas, hoch oben im grünen frühlingsprangenden Norden, von den beiden verabschiedet und halb und halb abgemacht, daß wir uns in einem Vierteljahr im Namaland in Gibeon wiedersehen wollten. Wie anders ist das nun alles gekommen. Kuhn ist jetzt Leiter des Lazaretts in Káribib. Von ihm hörte ich bestätigt, wie furchtbar im Osten der Typhus beim Marineexpeditionskorps wütet. Es ist so schlimm, daß die Abteilung direkt aktionsunfähig ist. Major von Glasenapp hat fast die ganze Zeit zwischen den Gefechten von Owikokórero und Okahárui an der Wasserstelle Onjatu gestanden. Dort ist der Typhus ausgebrochen. Fühlung soll während der ganzen Zeit weder mit dem Feinde noch mit der Hauptabteilung bestanden haben. Major v. Estorff hat auf dem Marsch von Otjihinamapárero nach Okahandja zwei Gefechte nahe beim Omatakoberg gehabt und wiederum eine Menge Vieh erbeutet. Das ist ja vortrefflich, ausgezeichnet! Die Erbeutung oder Nichterbeutung von Vieh ist der sicherste Maßstab dafür, ob ein Gefecht mit Eingeborenen einen wirklichen Erfolg im afrikanischen Sinne bedeutet. Jede Kuh, jede Färse der

Hererós, die wir nicht bekommen, ist ein Verlust am Lebensmark des Landes – und das um so mehr, als die Hererós ja bei weitem den größten Teil alles Farmerviehs geraubt haben.

Das Land um Káribib erkenne ich gar nicht wieder. Im vorigen Jahre, als ich gegen Ende September mit der Bahn zum erstenmal heraufkam, war hier eine beinahe graslose, mit spärlichen Büschen überstreute Wüstensteppe, und heute dehnt sich ein reiches unendliches Weidefeld. Hier steht jetzt Gras auf zwei Jahre. Heute früh, als ich in einem guten Bett im sauberen Hotelzimmer aufwachte, mußte ich mich lange darauf besinnen, wo ich eigentlich war, und daß das Feld- und Kriegsleben nun wirklich zu Ende ist. Gestern noch gestiefelt und gespornt, mit verschlissenem Truppenhut, Patronengurt, Gewehr am Sattel, schmutzig und zerfetzt in Káribib eingeritten – und heute geht man wieder als friedlicher Zivilist im grauen Reiseanzug mit geputzten Stiefeln über die Straße, speist am Wirtshaustische, bestellt sich Kaffee und Bier und bezahlt seine Mahlzeit. An diesen Griff nach dem Portemonnaie, wenn man gegessen hat, werde ich mich wohl langsam erst wieder gewöhnen … Gestern abend kam mit dem Zug von oben der Rechtsanwalt und Farmer Erdmann von Haris bei Windhuk durch. Er reist als Führer einer Abordnung der hiesigen Farmer nach Deutschland, um die Interessen der Geschädigten vor der Regierung, dem Reichstage und der öffentlichen Meinung zu Hause zu vertreten. Glück auf den Weg!

(Etwas verkürzt nach meinem Buch »Aus Südwestafrikas schweren Tagen«. P. R.)

Verweht

Die Tropennacht bricht jäh herein,
Die Steppe ruht schweigend um Grootfontein.
Nur selten, gespenstisch, im Sprung und Husch
Schleicht's schwarzgestaltig im Dornenbusch.
Da, in der Station fern, da blitzt ein Strahl!
Da wieder! Und nochmals! Ein Leuchtsignal!
Was soll's? Will bedrängt man um Hilfe bitten?
's gilt einer Patrouille, die sich verritten.
Dort drüben heult klagend am Dünenhang
Die Hyäne voll Scheu ihren Totengesang.
Die Brust zerrissen, den Schädel zerklafft,
Zwei Reiter liegen hier hingerafft,
Eng Seite an Seite, so ruht sich's gut;
Die Wüste trinkt lechzend das rote Blut.

Drei Monde sind's her, da kamen zum Strand
Sie jugendfrisch vom Heimatland,
Und heimwärts zog auf qualvollem Ritt
Als treuster Begleiter die Sehnsucht mit,
Das Sehnen zur Mutter im Schwabenland,
Zum blonden Schätzchen am Weserstrand.
Nun ruhn sie so bleich in kalter Nacht,
Wo strahlend des Südens Sternkreuz wacht,
Und die Nacht ist furchtbar, die Nacht ist lang;
Den beiden ist längst schon nicht mehr bang.

Als der Ost sich rötet, da trabt es heran
Staubwirbelnd, voll Hast, in grausandiger Bahn,
Die Zügel verhängt, verhalten die Wut,
Auf sonnbrauner Stirne den Tropenhut.
Da scheut, da bäumt sich des Führers Roß,
Nachjagend hält bald der ganze Troß,
In Gram verloren, die Züge fahl,
Steht drüben graubärtig der Korporal.
Weich werden ist sonst nicht seine Art,
Heut rollt eine Träne in seinen Bart:
»In Treuen gefallen, dem Tode zum Spott,
Ihr armen Burschen, vergelt's euch Gott!«
Der Spaten schaufelt tief hinab
Den beiden rasch ein sandig Grab.

Starr blickt manch Reitersmann im Kreise,
Ein Vaterunser summt man leise,
Dann krachend übern Grubenrand
Drei Salven schlagen in den Sand,
Flugs Heine und nach Christenrecht
Ein Kreuzlein drauf und Dorngeflecht.
Dann aufgesessen, dem Feinde nach,
Und frisch gerächt die blutige Schmach!
Und »Gestern noch auf stolzen Rossen,
Heute durch die Brust geschossen«,
So klingt es verhallend am Dünenhang.
Die Hyäne heult scheu ihren Totengesang.
Der Morgenwind durchs Riedgras geht,
Verweht, verweht – –.

Heinrich May.

Pomona-Diamanten

Von Ludwig Scholz

In Südwest hatte im Sommer 1908 ein Kaffer, der als Streckenarbeiter am Lenzschen Bahnbau beschäftigt war, bei der Kolmanskuppe hinter Lüderitzbucht im Kiessand ein glitzerndes Steinchen gefunden, das er, der wohl früher in einer südafrikanischen Diamantmine gearbeitet hatte, als einen Diamanten erkannte. Seine »Master« hatten es, nachdem sie sich der Echtheit des Diamanten vergewissert, in recht geschickter Weise verstanden, die richtigen Konsequenzen aus dieser Entdeckung zu ziehen und waren über Nacht reiche Leute geworden. Allmählich hatte auch der Schwerfälligste in Lüderitzbucht begriffen, daß es hier hieß, das nahe Glück beim Schopfe fassen, und damit war ganz Lüderitzbucht vom Diamantenfieber gepackt. Alle zogen sie hinaus in die Wüste, reich mit Getränken und Schürftafeln versehen. »Der Gravel ist gut« war das Stichwort, und jeder hatte Diamanten in der Westentasche. Ich war gerade vor kurzem aus Südwest nach Deutschland zurückgekehrt und hatte alle Ursache, dem Schicksal zu grollen, daß es mich nicht draußen an dem Diamantensegen teilnehmen ließ. Dies war um so tragischer für mich, als ich bis vor kurzem das alleinige Schürfrecht auf alle Mineralien ausgerechnet für das Gebiet besessen hatte, das heute noch als das Haupt-Diamantengebiet gilt. Und das war so gekommen. Seit meinem Aufenthalt in Südwest von 1901 ab war ich ebenso von der Prospektierleidenschaft befallen wie mein einstiger Vorgänger in Lüderitzbucht und der Begründer der ersten deutschen Kolonie, Adolf Lüderitz, der bekanntlich auf einer solchen Schürfexpedition sein Leben ließ. Alle seine Schürflöcher um Lüderitzbucht und Aus herum waren mir bekannt und andere noch dazu. Aufgrund eines von mir in Erfahrung gebrachten Guanolagers bei den Eastercliffs, eines Kupfervorkommens gegenüber der Sinclair- (oder Roastbeef-) Insel, und einer von mir bei Pomona selbst entdeckten Goldquarz-Ader hatte ich 1905 in Berlin das Namalend-Schürf- und -Guanao-Syndikat gegründet, hoffend, daß wenigstens eines der Vorkommen ein Treffer sein würde. Um das ganze Küstengebiet zwischen den Eastercliffs und der Sinclairinsel auf abbauwerte Mineralien absuchen zu können – damals gab es dort außer mir keine Interessenten für solche Sachen –, war es mir nicht schwer gefallen, von der Besitzernin der Berggerechtsame, der Deutschen Kolonial-Gesellschaft für Südwestafrika, kurz DKG genannt, das ausschließliche Schürfrecht für dieses große Gebiet zu erhalten. Das geschah 1906 mit dem ausdrücklichen Ausschluß des Pomona-Gebiets, wo nicht die DKG sondern der Engländer Daniel de Paß die Minenrechte habe. Die dann mit diesem gepflogenen Verhandlungen scheiterten, da mir seine Bedingungen nicht annehmbar schienen.

Über den Schürfexpeditionen des Namaland-Syndikats hatte ein besonderer Unstern geschwebt. Mangel an geeigneten Prospektoren, die schwierigsten Transport- und Landungsverhältnisse, die Enttäuschung der Fundstellen hatten mir schon manchen Verdruß bereitet. Als Fischerei-Sachverständigen hatte ich Arnold Tismer mit einem Motorkutter nach der Lüderitz-Küste geschickt, um die Wal-, Seehunds- und allgemeinen Fischereiverhältnisse und bei der Gelegenheit auch die erwähnten Guano- und Mineralvorkommen zu prüfen. Die Unternehmungen, die ich nach dieser Richtung plante, habe ich später zum Teil ausgeführt. Sein Bericht liest sich wie eine Odyssee, ein einziger Kampf mit Wind, schlimmer See, Krankheit, Kamelen und bösen Menschen. Tismer hatte etwa einen Monat auf Pomona gesessen, ohne die Diamanten zu entdecken. Schließlich hatte ich selbst eine Expedition in Begleitung des Gouvernements-Geologen Dr. Paul Range 1907 nach Angras Juntas unternommen, um das mir vom Kapitän des

Die Diamantenstadt Lüderitzbucht (DSWA 1910)

Guanoseglers »Seabird« geschilderte und mit herrlichen Erzmustern belegte Kupfervorkommen zu untersuchen. Auch diese Expedition war reich an Hindernissen und Enttäuschungen, aber auch an mancherlei interessanten Erlebnissen. Nachdem schon mancher andere Versuch, dorthinzugelangen, gescheitert war, hatte uns schließlich ein Viehdampfer der Houston-Linie an Bord genommen. Als er uns am nächsten Morgen vor Angras Juntas landen wollte, stand an der Küste eine himmelhohe Brandung. Ein hinter der Plumpudding-Insel liegender kleiner Guanodampfer, der dort auf bessere See und die Rückkehr seiner Bootsbesatzung von der Sinclairinsel wartete, nahm uns einige Tage an Bord. Dann mußten wir noch einige Tage auf der Sinclairinsel selbst warten, die von Pinguinen, Seehunden und einer eigenartig zusammengewürfelten Guanoarbeiter-Besatzung bewohnt war. Täglich musterten die Leute mit gierigen Blicken unsere noch gefüllte Getränkekiste und meinten, die Brandung sei noch zu gefährlich zum Landen. Schließlich landeten wir doch, wenn auch durchnäßt, um in den wenigen uns zur Verfügung stehenden Tagen zwei Wasserstellen (davon Buntfeldschuh die eine), verschiedene Marmor- und Onyx-, ein Eisenerzvorkommen und schließlich die hervorragende Minderwertigkeit des berühmten Kupfervorkommens festzustellen. Letzteres wurde als »Trugmine« in der Rangeschen Karte eingetragen und das ganze Land »Marmora« genannt. Ein Jahr später, nachdem unsere Konzession verfallen war, wurden dort auch Diamanten gefunden. Ehe die Diamanten bei Lüderitzbucht im Sande gefunden wurden, glaubte man nur nach Blaugrundstellen oder dem Zersetzungsprodukt des Blaugrundes, dem *»Yellowground«*, und den *»indications«*, oder Begleitmineralien Ausschau halten zu müssen. Von den letzteren hatte ich allerdings die Achate und Kaprubine an vielen Stellen gefunden.

Als ich nun in Deutschland von den Diamantfunden im Dünengürtel hinter Lüderitzbucht hörte und an meine Erfahrung dachte, daß die Dünen von Süd nach Nord in steter Bewegung (daher Wanderdünen genannt) und das Verwitterungsprodukt der südlich gelegenen Gesteinsformationen sind, da fiel mir sofort wieder das südlich gelegene Pomona ein, und daß ich, obwohl nicht an Ort und Stelle, eventuell doch noch an dem Diamantensegen Anteil nehmen könne, wenn es mir gelänge, die Schürfkonzession von de Paß, wegen der ich mit diesem schon 1906 verhandelt hatte, zu erlangen. Ich fragte daher bei de Paß an, ob er mir heute noch die früher offerierte Schürfkonzession für sein Pomonagebiet unter den gleichen Bedingungen geben wolle, was er mir zu meiner nicht geringen Überraschung umgehend bestätigte.

Inzwischen war ich in Berlin mit den Hauptinteressenten an dem Lüderitzbuchter Diamant-

Diamantengewinnung: Schiechelanlage (DSWA)

vorkommen, der Stauch-Lenz-Gruppe und der Gibeon-Schürfgesellschaft, eine Interessengemeinschaft eingegangen. Ich reiste dann nach London und nach vierwöchigen schwierigen Verhandlungen mit de Paß erlangte ich schließlich zwei Optionen, eine auf das ganze Gebiet mit allen Rechten, die andere nur auf Edelsteine. Es war eine aufregende Zeit für mich, denn täglich las man in den Londoner Zeitungen Nachrichten über die sich immer mehr nach Süden ausdehnenden Entdekkungen immer reicherer Diamantfelder, und es war zu befürchten, daß de Paß sich noch eines anderen besinnen könne, wenn er erfuhr, daß gerade auf Pomona die dicksten Steine gefunden wurden. Aber obgleich inzwischen mehrere telegrafische Anfragen wegen seiner Konzessionen aus Südafrika an ihn gelangten, ließ er sich nicht dadurch beeinflussen, da er sich als Ehrenmann an die mir nun einmal gegebene Zusage hielt.

In Berlin begab ich mich alsbald mit den Optionsverträgen ins Reichs-Kolonialamt, um mir vom Kolonial-Staatssekretär und seinem juristischen Berater die Einwandsfreiheit der de Paßschen Rechte am Pomonagebiet bestätigen zu lassen. Dann gründete ich mit den obenerwähnten Hauptinteressenten noch die Pomona-Minengesellschaft m. b. H. und ging in der Zuversicht, eine gute sichere Sache in der Tasche zu haben, hinaus nach Südwest. Es war meine zehnte Ausreise nach Afrika seit 1888.

In Lüderitzbucht hatte ich zunächst alle Welt gegen mich, denn jeder besaß dort schon, entweder von der Regierung oder von der DKG, auf das Pomonagebiet ausgestellte Schürfscheine oder Unterbeteiligungen an solchen. Die Regierung stand auf dem Standpunkt, daß die de Paßsche Pomonakonzession sich nur auf die von de Paß vor 60 Jahren dort betriebene Silberblei-Mine mit je zwei Meilen Land im Umkreise bezog, während die Rechte an den anderen Mineralien ihr, der Regierung, gehörten. Die DKG sagte: Wenn die Rechte an den Diamanten nicht de Paß zustehen, dann gehören sie uns, die wir im ganzen Land doch die Berggerechtsame besitzen. Inzwischen hatte sich auch noch gerade das Pomonagebiet als das reichste und größte Diamantenfeld herausgestellt und niemand konnte sich leicht mit dem Gedanken befreunden, daß gerade dieses Gebiet eine englische Konzession sei, von der außerdem die meisten nie etwas gehört hatten. Kurzum, die Situation war nicht angenehm für mich, denn schließlich wünschten sie mich alle zum Kuckuck. Ebenso hatte ich die Regierungsvertreter gegen mich, vom Gouverneur bis zum Bezirksamtmanns-Schreibergehilfen.

Noch verzwickter wurde die Situation, als nach meinem Auftreten noch eine Anzahl Kapstädter erschienen, die behaupteten, daß ihre Väter oder Großväter neben de Paß auch noch Anrechte an Pomona besäßen, und daß sie als deren Erben de

Paß das Recht absprächen, ohne ihre Einwilligung mir die Konzession zu erteilen. Allmählich beruhigten sich aber die Gemüter und besonders diejenigen, die sich in der Pomona-Minengesellschaft befanden und sich nach drei Seiten gedeckt sahen, wurden umgänglicher. Dies galt besonders von August Stauch, dem mächtigsten der Lüderitzbuchter Diamantenkönige. Ein Diamantenkönig war damals allerdings jeder, der für einen Millionär galt, und wer galt nicht als Millionär! Für einen Millionär hielt sich damals jeder, der ein Diamanten-Schürffeld besaß, besonders, wenn der Gravel, der feine Kies, gut schien. Angesichts der vielen Könige wollte es nun nicht viel besagen, daß man mich den »Herzog von Pomona« nannte. In Lüderitzbucht zirkulierten damals über die fabelhaften Reichtümer Pomonas, die dort von Hunderten von Schürfern »erschürft« waren, die wildesten Gerüchte. Waren doch die abenteuerlichsten Gestalten von nah und fern herbeigeeilt, um die wasserlose und öde Wüste in Pomona zu bevölkern.

Ich beantragte daher, daß eine einstweilige richterliche Verfügung erlassen würde, wonach das Aufheben von Diamanten im Pomonagebiet bis zu einer Gerichtsentscheidung über die Besitzrechtsfrage polizeilich verboten wurde, bei Strafe der Konfiskation der bei den Betreffenden gefundenen Diamanten. Ein solches Verbot wurde also erlassen, aber es wurde nicht die dafür nötige polizeiliche Kontrolle ausgeübt. Der Polizeichef stand nämlich lange auf dem Standpunkt, daß jeder Schürfer sein Schürffeld selbst zu bewachen und zu kontrollieren habe und daß nicht die Polizei dafür da sei. Eine eigenartige Auffassung, die weder dem allgemeinen noch dem fiskalischen Interesse entsprach, zumal der Fiskus durch die nicht ausgeübte Überwachung den größten Schaden erlitt, da er, wenigstens später, auf die Pomonadiamanten die »nicht geringe« Abgabe von 66 2/3 Prozent erhob, *nota bene* vom Bruttowert der Steine!

Als Vertreter der Pomona-Minengesellschaft hatte ich nun das Verlangen, mich einmal persönlich im Pomonagebiet umzuschauen. So ritt ich denn eines Tages nach Süden, freundlichst unterstützt von Stauch, der seine Wächter auf Pomona wegen meines Kommens und meiner Unterkunft instruiert hatte. Erwähnt sei hier, daß Stauch auf einer seiner Expeditionen nach dem Süden, begleitet von dem bekannten und inzwischen in Columbien verstorbenen Mineralogie-Professor Scheibe, die reichsten Diamantenstellen auf Pomona, im Ida- und Märchental, entdeckt hatte. Wieviel angenehmer war mein diesmaliger Ritt nach Pomona, verglichen mit meinem ersten vor mehreren Jahren! Damals war diese Gegend für uns Deutsche noch terra incognita. Damals gab es weder Menschen noch Niederlassungen in dieser trostlosen Wüste, die wohl hin und wieder von nomadifierenden Buschleuten oder von Hottentoten durchzogen wurde, um auf den Guanoinseln kurze Zeit Arbeit zu verrichten. Nur Sand, Klippen und Dünen, weit und breit nichts Grünes! Wo ich diesmal bereits die Wirtschaft »Zum Wüstenkönig« vorfand, lag damals die einzige Brachwasserstelle, ein kleines rundes Loch im Boden, wo nach den Spuren nur Schakale zu verkehren pflegten. Damals hatte ich einen schlechten Führer mit, der sich selbst nicht auskannte. Wir gerieten aus einer Düne in die andere und als mittags auch noch ein starker Sandsturm einsetzte, der fast bis zum Abend wehte und eine Orientierung in dem Dünengürtel ausschloß, schien unsere und unserer armen Pferde Lage doch recht bedenklich. Diesmal war schon vieles anders, hier und da passierte ich Holzhäuser und Zelte der Wächter von den vielen inzwischen entstandenen Diamantgesellschaften. Je mehr ich mich Pomona näherte und in dessen Gebiet eindrang, desto zahlreicher wurden Zelte, Menschen und Schürftafeln. Stellenweise, besonders da, wo die meisten Diamanten gefunden wurden, glich die Gegend einem trostlosen Friedhof, denn die vielen mit Namen, Nummern und Daten beschriebenen Tafeln sahen aus wie Grabkreuze. Viele waren vom Wind umgeweht oder irgendwelche Formfehler der nicht immer gesetzes- und schriftkundigen Schürfer waren von anderen ausgenutzt und »gejumpt«, und so sah man manchmal auf einer Stelle mehrere solcher Schürftafeln. Verwegene Gestalten sah man hinter jeder Klippe, die etwas Schutz bot gegen den starken Südwest, zum Schlafen oder Abkochen der mitgebrachten Konserven.

Gegen Abend erreichte ich Stauchs Lager, wo mich vor einer kleinen Holzhütte anstatt des gerade abwesenden Wächters Hayn sein Freund und Gast, ein gewisser Freiberg, empfing, nach

Wasserbeschaffung auf den Diamantfeldern (DSWA)

seinem ganzen Auftreten *»Gentleman«*. Er wußte mir schier Unglaubliches vom fabelhaften Reichtum unserer Felder zu erzählen und, obgleich er selbst Regierungsfelder in nächster Nachbarschaft abgesteckt, gab er seiner Überzeugung Ausdruck, daß die de Paßschen Rechte die wirklichen am Pomonagebiet seien. Mit seiner freimütigen Anerkennung wollte er mir offenbar wohltun und mein Vertrauen gewinnen. Als Unterkunft für mich war ein in der Nähe befindliches Zelt mit Feldbett reserviert. Als ich mich ermüdet von dem langen Wüstenritt zur Ruhe begeben wollte, gewahrte ich auf der den Tisch bildenden leeren Bierkiste eine Zigarrenkiste großen Formats zu 100 Stück. Ich hob den Deckel und wollte meinen Augen kaum trauen, denn sie war voll bis an den Rand von Diamanen. Sogleich dachte ich an das erlassene Polizeiverbot, rief den inzwischen zurückgekommenen Wächter und verlangte, auf die Diamanten weisend, Aufklärung. Der aber, in größter Ruhe, als ob ihm eine Kiste Diamanten nicht viel bedeute, fragte, was er denn habe tun sollen, da seine Kaffern, die er zum Herbeischaffen von Wasser und Futter für die Reittiere beschäftigte, ihm grinsend oft eine Handvoll dieser Steinchen überbrachten, die sie im Sande gefunden. Er habe sie dann einstweilen in die Zigarrenkiste getan, sich sagend, daß ich wohl am besten wissen würde, was mit ihnen geschehen solle. Ich bedeutete ihm aber, daß sein Verfahren nicht richtig gewesen, da er seinen Kaffern wie jedem nach der bekannt gemachten Polizeiordnung das Aufheben von Diamanten hätte untersagen müssen. Er meinte dann nicht ganz unrichtig, es wäre doch besser gewesen, den Kaffern die Steine abzunehmen, da sie sonst vielleicht anderen eine Freude damit gemacht hätten. Mit meiner Müdigkeit war es vorbei. Beim Kerzenlicht bewunderte ich noch lange die blitzenden Steinchen, deren verschiedenartige Kristallformen, dachte an den immensen Wert und es wurde mir nun erst recht klar, daß die Erzählungen von Pomonas Reichtum kaum übertrieben waren, und wie groß die Gefahr war, daß dieser hauptsächlich an der Oberfläche liegende Reichtum bis zur gerichtlichen Entscheidung des wohl unausbleiblichen und langwierigen Prozesses größtenteils in den Taschen Unbefugter verschwinden würde. Immer wieder zog es mich vom Lager zu den Diamanten zurück und ich wurde unruhig bei dem Gedanken, daß es zufällig am nächsten Morgen früh dem einzigen außerhalb des Pomonagebiets stationierten Polizisten auf Grund der Polizei-Verordnung einfallen könnte, zum erstenmal die Zelte der reichsten Diamantfelder auf Diamanten zu untersuchen und daß er dann gerade in meinem Zelt diesen Schatz finden würde. Ich sagte mir, daß beim Auffinden der Diamantenkiste die Konfiskation der Steine seitens des Fiskus wenigstens als sicher anzunehmen sei, selbst wenn ich die trotz der Polizeiverordnung aufgehobenen Diamanten in Lüderitzbucht zur Ablieferung gebracht hätte. Da gab es für mich nur einen Ausweg! Zunächst aber, um für den Rest der Nacht Ruhe zu haben, trug ich die schwere Diamantenkiste hinaus und vergrub sie in einer nahe beim Zelt auslaufenden Sanddüne. Am anderen Morgen hieß ich den Wächter zwei Pferde »klarmachen« und einen Beutel mitbringen. Ich holte die Diamantenkiste aus ihrem Versteck, tat die Hälfte in den Beutel, gab das Kistchen mit dem Rest dem Wächter und auf's Pferd steigend, sagte ich ihm, er solle mit den Diamanten ebenso verfahren, wie ich es täte. In leichtem Galopp durchs Idatal reitend, griff ich nun in den Beutel und streute einmal links, einmal rechts, wie der Sämann in der Bibel, nur zu Pferde, die Diamanten in die Wüste zurück, von wo sie aufgelesen waren und wieder aufgelesen werden sollten, hoffend, daß das bald und von uns als den rechtmäßigen Besitzern geschehen würde. Das ist dann auch später so geschehen, bis auf die Steine, die während des langen Rechtsstreits, der in einem Kompromiß sämtlicher Konzessionäre und Schürfer innerhalb der gegründeten Pomona-Diamantengesellschaft seinen Abschluß fand, abwegig gingen. Um welche Millionenwerte es sich in dieser und der ersten Schürfzeit bei der mangelnden Polizeikontrolle, den weiten und offenen Landesgrenzen, handelte, ist nicht annähernd zu schätzen. Einer von den Diamanträubern großen Stils war ein gewisser Freiberg, der die ihm gebotene Gastfreundschaft in Stauchs Lager dazu benutzte, die reichsten Stellen abzugrasen. Was er nicht über die Grenzen bringen konnte, bewahrte er in Flaschen auf, versteckte es irgendwo in der Wüste als Reserve für spätere Zeiten. Denn als ihm später im Gefängnis die Zeit zu lang wurde, hoffte er sie dadurch abkürzen zu können, daß er sich erbot, gegen Erlaß seiner restlichen Freiheitsstrafe die Stellen anzugeben, wo er in der Wüste seine Diamantenflaschen vergraben hat. Ich weiß nicht, was später aus ihm und seinen Diamantenreserven geworden ist.

Nach der Entdeckung der Lüderitzbuchter Diamanten hatte man sich über deren Ursprung viel den Kopf zerbrochen. Verschiedene Theorien wurden vertreten. Nach einer sollten die Diamanten aus dem Oranjefluß hinunter ins Meer geschwemmt, von dort von der Südweströmung an der Küste abgesetzt und von da wieder vom starken Südwestwind allmählich nach Norden geblasen sein, wie die Wanderdünen. Andere wieder nahmen dasselbe an, nur daß die Diamanten aus einer im Meer liegenden Blaugrundstelle statt aus dem Oranje stammen sollten. Wieder andere meinten, sie wären in altersgrauen Zeiten, als das Land noch Flüsse hatte, von diesen aus dem Inneren nach der Küste geführt worden, da man ja im Inneren an manchen Stellen, besonders im Gibeoner Bezirk, Blaugrundstellen schon lange gefunden hatte. Alle diese Theorien konnte man gelten lassen, bis zu dem Tage, da ich bei meinem letzten Besuch in Pomona 1912 auf der Hochfläche eines der Pomona-Tafelberge einen kleinen Diamanten in einer Gesteinsspalte eingeklemmt fand. Da er dorthin nicht gut vom Wind hingeblasen sein konnte, sah ich mir das Tafelberggestein etwas näher an und fand, daß dies aus einem Conglomerat bestand, das in seiner Zusammensetzung dem losen Kiesgeschiebe in den Tälern glich. So kam ich denn zu dem Schluß, daß die Lüderitzbuchter Diamanten aus den Trümmern der Tafelberge stammten, welche die Reste einer mächtigen Deckformation an diesem Teil der südwestafrikanischen Küste waren. So interessant diese Beobachtung, vom wissenschaftlichen Standpunkt aus betrachtet, auch war, so maß ich ihr wirtschaftlich keinen großen Wert bei, da ich mir sagte, daß ein Abbau dieser Tafelberge kaum lohnen würde, weil der Diamantgehalt nicht groß genug war, um die Abbaukosten zu bezahlen, während das in den Tälern liegende diamantführende Kiesmaterial bereits durch die Natur selbst,

Hendrik Witbooi mit seiner Familie (SWA)

Wind und Verwitterung, aufbereitet und angereichert war und so den Abbau besser lohne. Meine Beobachtungen wurden später von Professor Dr. Erich Kaiser, der sich während der Kriegszeit im Pomonagebiet mit dem Ursprung der Diamanten eingehend befaßte, bestätigt.

Wie große Ereignisse oft ihre Schatten vorauswerfen, so auch die Entdeckung der Lüderitzbuchter Diamanten. Schon öfter hatte sich in Südwest das Gerücht von Diamantenfunden verbreitet. Zuletzt 1906, gelegentlich des geheimnisvollen Erscheinens des englischen Dampfers »Xemia« an der Lüderitzküste, von dem man sich folgendes erzählte. Vor Jahren habe einmal ein Mann, der einem Apotheker in Kapstadt ein Beutelchen mit Kristallen überbrachte, wissen wollen, ob es Diamanten seien. Er gab an, als Arbeiter auf einer der Guanoinseln beschäftigt gewesen zu sein, wo er die Steinchen gefunden habe. Der Apotheker, der wie alle seine Kollegen in solchen Weltteilen im Geruch eines großen Mineralogen stand, konnte es ihm aber nicht sagen; er wollte sich darüber bei anderen Gewißheit holen und es ihn dann wissen lassen. Der Mann versprach dem Apotheker wiederzukommen, tat es jedoch nicht.

Viele Jahre später, nachdem längst die Steine als Diamanten erkannt waren, habe dann der Apotheker oder sein Sohn, dem er auf dem Sterbebett das Geheimnis der Diamanteninsel anvertraute, in England wohlhabende Leute dafür interessiert, welche dann zur Aufsuchung der Fundstelle eine Expedition ausrüsteten und an Bord des eigens dazu gecharterten Dampfers »Xemia« nach Südafrika schickten. In Kapstadt versuchte dann der Expeditionsführer zunächst von der *Cape Government Guano Company*, der die Guanoinsel gehörten, eine Schürferlaubnis für die Inseln zu erhalten. Die Company lehnte das jedoch ab mit der Begründung, daß durch Prospektierarbeiten die Robben und Guanovögel nur in ihren Pflichten der Company gegenüber gestört werden könnten. Außerdem hätten sie auf ihren Inseln keine Diamanten, sie würden sie sonst schon längst selbst aufgelesen haben. Als ich zu der Zeit mit Dr. Paul Range auf der Sinclairinsel war, erzählten uns die Guanoarbeiter, daß die »Xemia« kurze Zeit vorher dort gewesen sei und versucht habe, bei ihnen zu landen, was sie aber gemäß der aus Kapstadt schon erhaltenen Instruktion unter Drohung zu schießen verhindert hätten. Die »Xemia« habe dann noch verschiedene Landungen am Festland unternommen, dort wahrscheinlich vergeblich nach Diamanten gesucht und sei bald darauf wieder nach England zurückgedampft.

Diamantenabbau in der Namib bei Lüderitzbucht (SWA): Trommelsieb

Auf Pad in Südwest

Von Leo Waibel

Es war kurz vor Weihnachten.

Das Feld war ausgebrannt, Büsche und Sträucher verdurstet. Meilenweit rings um die Stadt nicht ein Halm Gras mehr zu finden. Braun dehnte sich die weite, trockene Steppe. Morgens zogen im Osten weiße Wolkenballen auf und schwammen tagsüber wie silberne Kähne über das blaue Himmelsmeer. Sie glichen bald einer Tiergestalt, bald einem Menschenhaupt, erinnerten jetzt mit ihren steilen, zerrissenen Formen an schneebedeckte Hochgebirgspartien und glichen im nächsten Augenblick ringenden Giganten oder stürmischen Meeresfluten.

Gegen Abend lösten sich die wundersamen Figuren im blauen Äther, als ob diese zarten, duftigen Gebilde die dunklen Mächte der Nacht fürchteten.

Dazwischen auch warfen blaugraue Gewitterwolken ihre drohenden Schatten auf die kahlen Flächen. Windhosen und Staubstürme fegten als willkommene Sendboten vor ihnen her. Es regnete Sand. Aber das Wasser, nach dem die Erde schon neun lange Monate dürstete, der Regen, blieb aus.

In der Stadt ließen Kapweiden und Pfefferbäume ihre müden Blätter sinken. Die breiten, sanderfüllten Straßen waren leer und tot. Sogar die Windmotore standen still. Ein paar Eingeborene stampften mühsam durch den tiefen Sand. Im Schatten der Häuser lungerten faule Kaffernhunde herum.

Die große Hitze lag schwer wie ein Bann auf der Stadt und ihren Bewohnern.

Auf der Veranda des Hotels versammelte sich gegen Abend der Stammtisch, Beamte und Kaufleute, die Honoratioren des Städtchens.

Dr. Reinhardt und Ingenieur Petersen hatten sich miteinander befreundet. Sie trafen sich auch öfter außerhalb der abendlichen Stammtischsitzungen.

Petersen war ein stiller, feiner Mensch. Gesellschaftliches Vorurteil und übertriebener Berufsstolz der andern waren ihm fremd. Er war in seinem innersten Wesen eine große, starke Natur. Und deshalb konnte er sich natürlich geben, so wie er war. Nur schwache Wesen bedürfen eines starren Panzers zu ihrem Schutze. Ist es bei den Tieren nicht ebenso?

Dr. Reinhardt war Süddeutscher. Er war als stets lustiger Bruder gern gesehen, wenn auch öfter sein sprudelndes Temperament mit ihm durchging.

»Herrgott, dies fade Leben habe ich jetzt gründlich satt. Immer diese Haubitze, der viele Dienst, der Ärger mit dem Chef und nicht einmal ein ordentliches Bier gibt es mehr. Das Zeug schmeckt ja wie Gurgelwasser. Ich muß mal raus aus dem Nest. Sonst ersticke ich noch.«

»Nanu, Reinhardt, wo wollen Sie denn hin? Wollen Sie über die Feiertage nach Swakopmund fahren? Das wär' ein Gedanke«, meinte der Leutnant Werner.

»Nee, fällt mir gar nicht ein. Ich will keinen Menschen sehen. Auf Pad gehe ich. Es ist mir ganz gleich, wohin. Machen Sie mit, Petersen?«

»Hallo, habt Ihr's gehört«, rief der Direktor Müller, »der dicke Reinhardt will auf Pad! Sie brauchen ja allein einen Ochsenwagen voll Bier! Und dann müssen Sie Ihr großes Bett, einen Klubsessel, die Badewanne, mehrere Zentner Konserven mitnehmen. Mit zwei Ochsenwagen müssen Sie schon rechnen. Das gibt eine große Expedition. Da gehen wir alle mit.« Man ulkte sich noch lange über diesen »Witz« herum.

Die meisten von den Herren kannten die Pad. Der Dienst führte einen jeden von ihnen einige Wochen oder gar Monate des Jahres hinaus in die Steppe. Und die Art des Reisens in der rohen Natur war ihnen allen wohl geläufig. Sie kannten die weiten Entfernungen und unzuverlässigen Wege, den Wassermangel und den Durst der

Auf Pad in DSWA

Steppe, den Schmutz und die Unbequemlichkeit des Padlebens.

Und diesen Mühen und Strapazen wollte sich der Reinhardt aussetzen, für den ein frisch gebügelter weißer Anzug und eisgekühltes Bier Lebensbedürfnis waren? Das war wirklich witzig!

Reinhardt ärgerte sich über das Spötteln der anderen. Was die sich wohl einbildeten! Was die konnten, konnte er lange auch. Wenn er auch kein alter Afrikaner war, so war er doch schon viel in der Welt herumgekommen. Und da sollte er nicht in die Usibberge reisen können, die man Tag für Tag als blaue Gipfel oder violette Mauern von Westen herüberleuchten sah? Das wäre ja noch schöner!

»Jetzt erst recht gehe ich über die Feiertage auf Pad«, sagte er auf dem Nachhauseweg zu Petersen. »Wollen Sie mit?«

»Warum nicht?« Das wäre einmal eine Abwechslung. Wir wollen morgen alles besprechen.«

Am übernächsten Tag, es war ein Sonnabend, um 3 Uhr nachmittags, fuhren sie weg. Sie hatten sich in aller Stille eine Karre mit zwei Pferden für die Tour geliehen. Sie wollten über Kouwater nach Kosos fahren und dann über Uniab zurück. Einen Eingeborenen hatten sie nicht mit. Es war kein Platz für ihn auf der Karre.

Mehr wußte man nicht von den beiden.

Als Müller abends am Stammtisch dies erfuhr, war er sehr verlegen. »Donnerwetter, so ein Unsinn! Fahren die beiden Menschen ohne Eingeborenen und Führer blindlings in die Wildnis hinein. Karten gibt es nicht von den Usibbergen, vom Padleben haben die beiden keine Ahnung. Wenn da nur alles gut geht. Ich hätte den Reinhardt doch nicht so aufziehen sollen!«

»Ach, so schlimm ist es nicht«, meinte einer der anwesenden Offiziere; »ich bin in die Pad oft genug geritten. Man kann sie gar nicht verfehlen. Wasser ist stief da.«

»Ja, wer es kennt«, meinte ein anderer. »Sie werden sehen, die beiden fahren an Kouwater und Ubib vorbei. Und dann haben sie die große Durststrecke bis Kosos. Ich möchte bloß wissen, bei wem sie sich über die Pad erkundigt haben.«

Unterdessen fuhren die beiden, über die man am Stammtisch doch etwas in Sorge war, fröhlich in die sternenklare Nacht hinein.

Die 15 Kilometer bis zum Dabibrivier hatten sie in drei Stunden zurückgelegt. Das war eine ganz gute Leistung auf der sehr sandigen Pad. Und dabei war die Karre ziemlich beladen mit Decken, Konserven, Flaschen usw. Zwei Wassersäcke hatten sie gefüllt und hinten an der Karre festgemacht. Der eine war undicht und ganz ausgelaufen, der andere durch das Stoßen der Karre schon halb leer.

Sie kamen gegen Abend am Dabibrivier an. Durch die grünen Zweige der Uferbäume fielen die letzten Strahlen der versinkenden Sonne auf einen großen Teich, der sich noch im Riviersande erhalten hatte. Er war ringsum von einer weißen Salzkruste bekränzt, die wie Neuschnee glitzerte. Im klaren, goldig schimmernden Wasser spiegelten sich die hohen Bäume. Und hinter der dunkelgrünen Waldmauer leuchtete der Abendhimmel in glutigroten, feuriggelben Farben.

Welch ein Bild in der ringsum ausgebrannten Landschaft!

Aus den Baumkronen klang lebhaftes Vogelgezwitscher wie ein froher Gruß den beiden Ankömmlingen entgegen. Die kleinen Wesen nahmen der schweigenden Einsamkeit ringsum die Härte. Die fremde Landschaft bekam durch sie eine freundliche Stimmung.

Unsere beiden Pfadfinder waren von so viel Schönheit so benommen, daß sie ihre nächstliegenden Pflichten ganz vergaßen. Sie ließen die Pferde im Riviersande halten und stiegen etwas steif von der Karre. Dann holten sie ihre Vorräte herunter und machten es sich im weichen Riviersande bequem.

»Sehen Sie nur diese feurige Pracht der Farben«, meinte Reinhardt zu seinem Kameraden. »Soviel Poesie hätte ich der Steppe gar nicht zugetraut.«

Petersen lag neben ihm, die Hände um den Kopf geschlungen und sah träumerisch in den mählich verglühenden Abendhimmel.

»Ja, das ist wunderschön«, meinte er. »Ich bin doch froh, daß wir aus dem kleinen Klatschnest heraus sind. Und so schlimm ist es mit dem Padleben, scheint's, auch nicht, wie die es alle hingestellt haben.«

»Ach wo«, meinte Reinhardt. »Wir müssen heute abend nur gut auf die Pad aufpassen, daß wir den richtigen Aufstieg zu den Bergen treffen. Nach Kouwater sollen es noch 15 Kilometer sein, wie? So sagte doch der Bergmann?«

»Ich glaube, ja. Und wenn wir in Kouwater kein Wasser finden, dann ist ja 10 Kilometer weiter schon wieder eine große Wasserstelle, Ubib, glaube ich.«

»Wir werden schon hinkommen, da habe ich keine Angst«, meinte Reinhardt. »Wir lassen die Pferde noch ein bißchen ruhen und fahren dann in der Dunkelheit noch bis Kouwater. In der Abendkühle bleiben die Tiere frisch und wir können in anderthalb Stunden da sein. Dann spannen wir aus und bleiben über Nacht. Morgen sind wir programmmäßig in Kosos zum Heiligen Abend.«

So erholten sich unsere Reisenden von der dreistündigen Karrenfahrt und machten Pläne für die weitere Tour.

An das Nächstliegende aber dachten sie nicht.

Sie ließen die müden Pferde in den Strängen stehen, gaben sich nicht einmal die Mühe, sie auszuspannen, zu tränken und in dem saftig grünen Ufergras ein Stündchen weiden zu lassen. Ob ihnen das zu viel machte oder ob sie nicht daran dachten, daß die Tiere auch Hunger und Durst verspüren könnten?

Verhängnisvoller für sie wurde eine andere Padsünde. Um ihre Wassersäcke kümmerten sie sich nicht. Die hatten sie doch erst vor der Abfahrt gefüllt. Und zudem, wo alle zwei bis drei Stunden eine Wasserstelle war, was brauchte man da noch viel Wasser mitzuschleppen?

So mögen sie vielleicht gedacht haben. Und wenn sie nicht daran gedacht haben, dann ist es noch viel schlimmer gewesen! Hätten sie nur die geringste Paderfahrung gehabt, so hätte einer nach den Wassersäcken gesehen. Dann wäre alles anders gekommen!

Als alle Sternenlichter am dunklen Himmel brannten und die Nacht hell erleuchteten, machten sie sich wieder auf den Weg. Die Pad führte über das Rivier und dann auf eine Fläche hinauf, die ganz mit großen, phantastischen Klippen übersät war. Der Boden war jetzt hart und sie kamen rasch vorwärts.

Die dunkle Mauer der Berge rückte schnell näher. Wie ein sehr hoher Festungswall sah das Gebirge aus. Man konnte im Sternenlicht deutlich Gesimse und Fugen, vorspringende Erker und tiefe Risse erkennen.

Nach zwei Stunden waren sie am Fuß der hohen Wand. Einem breiten Rivier folgend, traten sie durch eine dunkle Pforte in das Reich der Berge ein.

Hier mußte die Wasserstelle Kouwater liegen, einige Minuten unterhalb der Pad, wie Herr Bergmann gesagt hatte.

Sie schirrten die Pferde aus und ließen sie mit Spannfesseln laufen.

»So Petersen, nun wollen wir uns einen ordentlichen heißen Tee mit Rum machen. Das wird uns guttun«, meinte Reinhardt. »Suchen Sie etwas dürres Holz zusammen. Ich will unterdessen unser Gepäck abladen und Wasser aufsetzen.«

Da sah er denn, daß beide Wassersäcke leer waren.

»Petersen«, rief er dem anderen noch nach, »die Wassersäcke sind leer, ich gehe ans Wasser und fülle sie gleich wieder!«

Er nahm die beiden Wassersäcke und noch den Teekessel mit und ging das Rivier hinunter. Stellenweise unterbrachen lange Geröllstreifen den tiefen Sand, auf denen es schneller vorwärts ging. Er lief eine Viertelstunde, eine halbe, immer mit dem Rivier. Aber von Wasser war keine Spur zu sehen. Nur hie und da in kleinen, lehmerfüllten Kolken lag eine weiße Kruste, die bitter nach Natron schmeckte.

Er rief nach Petersen, bekam aber keine Antwort. »Zum Donnerwetter, das ist aber zu dumm. Nirgends ein Tropfen Wasser. Und wo bleibt denn Petersen? Mag der jetzt mal auf die Suche gehen. Ich bin müde genug.«

Mühsam stampfte er zum Lager zurück. Da

Ochsenwagen auf Pad (DSWA)

hatte sein Kamerad schon ein großes Feuer angezündet und die Decken zum Lager ausgebreitet. Teller und Tassen standen auf einer Zeltplane, Brot und Wurst lagen bereit.

»Haben Sie Wasser?« fuhr ihn Reinhardt an.

»Ich? – Nein. Ich war ja auch gar nicht dort. Sie wollten doch holen!«

»Wollten, ja wollten! Wollen Sie mal, wenn Sie nicht können. Ich hab' nichts gefunden. Nun können Sie mal laufen. Ich bin much.«

Schweigend nahm ihm Petersen Wassersäcke und Teekessel ab und verschwand in der Nacht. Nach einer Stunde kam auch er müde und niedergeschlagen ohne Wasser zurück.

Reinhardt hatte unterdessen eine Flasche Rotwein geöffnet und sich das Abendbrot gut schmecken lassen. Sein Gefühlsbarometer war nach dieser Leistung wesentlich gestiegen und er wußte Petersen zu trösten.

»Lassen Sie, das ist nicht so schlimm. Sie haben ja wohl auch einen ordentlichen Brand. Aber eine Flasche Rotwein tut's auch. Dann legen wir uns schlafen und fahren morgen früh zeitig nach Ubib weiter. Da kochen wir uns Kaffee und tränken und sind abends noch zeitig in Kosos.«

Petersen hatte unruhige Träume in der Nacht. Er schlief zum erstenmal auf Pad unter freiem Himmel. Die Sterne kamen mit langen, feurigen Strahlen auf ihn zu und suchten ihn mit ihren glühenden Pfeilen zu durchbohren. Und wenn er sich ihrer Angriffe glücklich erwehrt hatte, sah er mit kaltem Entsetzen, wie die Dornbäume sich über ihn beugten und mit ihren scharfen Krallen seine Brust aufrissen. Hinter ihm kamen Hyänen und Schakale gekrochen und leckten gierig sein Blut. Wehrlos vor Schrecken konnte er nicht ein Glied rühren. Und wie er dann in Schweiß gebadet aufwachte, grasten die Sterne wie Lämmer ruhig und friedlich oben auf der Himmelsflur. Die Dornbäume standen unten am Rivier und bewegten im kühlen Nachtwind verschlafen ihre Wipfel. Neben ihm erklang beruhigend das Schnarchen des dicken Reinhardt.

Und dann merkte er, daß er Durst hatte, daß er für einen Schluck kühlen Quellwassers wer weiß wieviel gegeben hätte. Ganz in der Nähe hörte er ein leises Wimmern wie Kindergeschrei. Er dachte, daß es junge Paviane sein müßten, die in den Usibbergen so häufig waren, wie sie am Stammtisch erzählt hatten. Hätte er auch gewußt, daß die Paviane sich stets in der Nähe des Wassers aufhalten, dann wäre vielleicht noch alles gut abgelaufen.

Dann wäre er des Morgens dem Geschrei nach rivieraufwärts gegangen, um die hohe Felsennase herum, die da oben das Tal abzusperren schien. Dahinter hätte er nach fünf Minuten einen großen, blauen See gefunden, in dem große

Welse schwammen und zahlreiche Frösche tauchten.

So aber wußten sie das alles nicht.

Am anderen Morgen fuhren sie zeitig weiter nach Ubib, ließen die Wasserstelle, die ihnen das Leben hätte retten können, auf 500 Meter rechts unten in der Schlucht unbeachtet und ungekannt liegen!

Die Pad führte die beiden jetzt bergan. In Kehren stiegt sie auf einer hohen Terrasse empor. Kleine Schluchten mußten sie in weitem Bogen umfahren. Dann wieder lief die Pad hart am Rande des Cañons entlang, der wohl 100 Meter tief steil zum Rivier hinabstürzte. Unten sah man ein Chaos von Felstrümmern, zwischen denen der letzte Regen seine Spuren hinterlassen hatte.

Die Talwände waren nackt und kalt. Hell und hart leuchtete das rotviolette Schichtgestein in der frühen Morgensonne. Pergamentgelbe, unförmige Bäume mit geschwollenem, glattem Stamm und gabelstrunkähnlichen Ästen standen auf vorspringenden Schichtfugen wie Riesenarmleuchter. Zwischen ihnen starrten graugrüne, fast 2 Meter hohe Milchbüsche mit ihren nackten Zeigen in die Luft. Auf ebenen Flächenstücken der Terrasse standen auch viele goldgelbe Gräser, die wie ein reifes Roggenfeld im Winde wogten.

Unsere Reisenden hatten die Mißstimmung von gestern abend ganz vergessen. Sie hatten heute morgen sich aus Konservenmilch Kakao gekocht und hofften nun an der Wasserstelle Ubib reichlich Wasser zu finden.

Die Pferde hatten sich die Nacht über recht erholt und kamen trotz der Steigung gut voran.

Immer tiefer wurde das Tal zu ihrer Rechten, immer steiler die Wände des Cañons. Das Rivier unten war gar nicht mehr sichtbar. Dafür bekamen sie öfter einen Blick auf die Hochebene, der sie zufuhren.

Es war eine Landschaft, die an die sächsische Schweiz erinnert. Weite Ebenheiten trugen steil aufragende Kuppen, kranzförmige Platten oder phantastisch geformte Felsgruppen. Dazwischen lagen tiefe Talgründe, in denen noch die schwarzen Schatten der Nacht schlummerten. Nur verhüllte keine geschlossene Walddecke das Gestein, sondern nackt traten jede Schicht, jedes Felsenland zutage in ihrer natürlichen Färbung. Graue Sandsteineinlagen wechselten mit roten. Auf diese folgten wieder grüne und violette Bänder. Und jedes von ihnen hatte eine besondere Böschung. Terrassenartig gliederten sich die Schichten übereinander. Schuttbedeckte Gesimse wechselten mit steilen, überhängenden Wänden. Wie von Künstlerhand gemeißelt als ein riesengroßes Relief lag die Landschaft da. Und schweigsam, staunend fuhren die beiden in dies Wunder von Fels und Farbe hinein.

Doch langsam wurde Petersen wieder unruhig. Ubib sollte nur 10 Kilometer von Kouwater entfernt sein. Und jetzt fuhren sie schon zwei Stunden, aber von einer Wasserstelle war nichts zu sehen. Die Pad senkte sich wieder in ein Rivier hinab und stieg jenseits bergan. Kurz vor dem Rivier konnte man zur Rechten in eine kleine Seitenschlucht hineinsehen, und da unten lag, einen Kilometer von der Pad entfernt, die schöne, große Wasserstelle Ubib.

Aber unsere Reisenden wußten davon wieder nichts. Sie nahmen an, alle Wasserstellen müßten direkt an der Pad liegen. So fuhren sie zum zweitenmal an der rettenden Quelle vorbei, in die Hölle von Durst und Verzweiflung hinein.

Wer die Gesetze der Pad nicht kennt oder sie mißachtet, der muß diese Sünde schwer büßen. Alle Qualen des Fegefeuers und der Hölle muß er erleiden.

Petersen stieg ab und lief das Rivier entlang, während Dr. Reinhardt die Pferde auf der Pad weiterfuhr. Nach einer halben Stunde rief Petersen ihn an, zu halten.

»Wir müssen auch schon an Ubib vorbei sein. Wir sind jetzt drei Stunden gefahren. Ich denke, wir spannen hier aus und suchen nach Wasser.«

Der andere schimpfte nicht mehr. Er hatte Durst. Der Kakao brannte ihm in der Kehle. Und leise wie ein Gespenst kam die Angst geschlichen. Sollte die Sache doch schief ehen? Das mochte eine schöne Christbescherung geben heute abend. Petersen hatte mehr Mut.

»Ich gehe rivieraufwärts, Sie suchen abwärts. Ich denke, die Wasserstelle wird wohl im Flußbett liegen. Wir kehren nicht eher um, ehe wir Wasser gefunden haben. Bis Kosos sind es noch 60 Kilometer, und ohne Wasser kommen die Pferde und wir nicht hin. Nehmen Sie auch einen Wassersack mit für den Fall, daß ich kein Wasser finde. Wir treffen uns hier an der Karre. Einer wartet auf den andern.«

Die Pferde hatten sie ausgespannt und ließen sie in den Geschirren stehen, wohl damit sie nicht wegliefen.

Und dann gingen sie beide auf die Suche nach verschiedener Richtung. Das Rivier, das nach aufwärts breit und flach war, senkte sich nach unten rasch und bildete eine tiefe Schlucht.

Reinhardt lief an ihrem Rande entlang. Der kleine, dicke Mann mußte wie ein Federball über das Meer von Quadern und Blöcken springen, die den hohen Rand bildeten. Die Klippen lagen so wirr durcheinander, daß er nur sprungweise, von Fels zu Fels weiterkommen konnte. Bald lief ihm ob der ungewohnten Anstrengung der Schweiß von der Stirne. Er mußte sich öfters hinsetzen und haltmachen.

Die Sonne stand schon hoch am Himmel und brannte auf das nackte Gestein, daß es bald glühte. Wasser war nirgends zu sehen. Dann versuchte Reinhardt den Abstieg hinunter ins Rivier, um seinem Lauf besser folgen zu können. An einer steilen Felswand mußte er anhalten und auf dem schmalen Gesimse sich entlangbewegen. Dabei verlor er den Halt und stürzte die hohe Wand hinab. Unten blieb er regungslos liegen.

Als er nach einer Weile zu sich kam, war ihm der ganze Körper wie zerschlagen. Der Kopf schmerzte, die Kehle brannte. Wie mit Nadeln und Stacheln bohrte sich der Durst tiefer hinab.

In seiner hilflosen Not fing er an nach Petersen zu rufen, bis er heiser ward.

Dann versuchte er sich aufzuraffen, brach aber mit einem Wehlaut zusammen. Das Blut kam ihm vom Kopfe und der rechte Fuß schmerzte, daß er kaum auftreten konnte. Wieder fing er an zu rufen. Wo blieb nur Petersen? Der mußte doch längst Wasser gefunden haben! Und ließ ihn hier elend verschmachten!

Hilflos fing er an zu weinen, bis er vor Schmerz und Durst und Müdigkeit allmählich einschlief.

Als er aufwachte, stand die Sonne schon hinter den Bergen. Wirr sah er um sich. Wo war er nur? Und wo blieb Petersen? Warum brachte er ihm kein Wasser? Der Gaumen war ihm geschwollen, die Kehle schmerzte, als ob sie mit glühenden Eisen ausgebrannt wäre.

Und da kam die Todesangst über ihn mit wildem Entsetzen. Er war allein hier in der grausamsten Einsamkeit. Dem Verdursten nahe. Von dem Freunde verlassen. Er mußte, mußte fort, zu Menschen, ans Wasser. Wenn er der Sonne nachging, über die Berge hinweg, dann kam er irgendwo an die Bahnlinie. Hinter ihm lauerten Tod und Durst und die schreckliche Wildnis. Da vorne winkten Wasser und Leben.

Den schmerzenden Fuß nicht achtend, stürmte er in die Berge hinein.

Wild und zerrissen ist hier das Gelände, ein wogendes Meer von Kämmen und Graten, Tälern und Schluchten. Stundenlang lief er bergauf, bergab über das tote, steinerne Meer.

Hatte er einen Berg erstiegen und vermeinte nun, oben eine ebene Fläche vor sich zu haben, dann stand er nach ein paar Schritten wieder vor einem jähen Abgrund. Da mußte er wieder mühsam hinunterklettern, um auf der anderen Seite noch mühsamer bergan zu steigen. Und immer ging es über Klippen und Felsblöcke hinweg. Hier mußte es Steine geregnet haben, so dicht lagen sie aufeinander und bedeckten ringsum die ganze Welt. Eine furchtbare Saat!

Unzählige Male stürzte Reinhardt in der Dunkelheit zu Boden. Oft blieb er liegen, wie er gerade gefallen war, bis ihn Angst und Kälte weitertrieben.

Gegen Morgen konnte er nicht mehr. Es war bitterkalt geworden. In einer kleinen Schlucht zündete er sich ein Feuer an und legte sich todmüde daneben.

Als er aufwachte, stand die Sonne wieder hoch am Himmel. Da sprang er jählings auf wie ein Wild aus seinem Lager und begann von neuem seine grausame Wanderung. Die Kleider waren ihm schon ganz zerrissen, die Schuhe halb durchgelaufen, Gesicht und Hände blutüberronnen. Er achtete nicht darauf. Ein müder Schatten, schleppte er sich weiter vorwärts. Die Stunden von Durst und Not hatten scharfe Linien in sein rundes, glattes Gesicht gezeichnet.

Gegen Mittag stand er am Rande der Berge. Tief unten sah er eine rosaviolette Fläche sich dehnen bis an den fernen, blauen Horizont. Lange schwarze Rivierschlangen durchzogen sie am Fuß der Berge.

Jetzt endlich hatte er das fürchterliche Steinmeer hinter sich. Da unten mußte bald die rettende Bahnlinie kommen.

Nach zwei Stunden des mühsamsten Kletterns war er endlich unten. Die Knie zitterten ihm. Er konnte sich nicht mehr aufrecht halten. Mit einem Wehlaut brach er wieder zusammen. Er lag mitten in der freien Sonne, ihren glühenden Strahlen ungeschützt preisgegeben. Zu müde, um unter den Schatten eines nahen Busches zu kriechen, streifte er sich die Jacke ab und deckte sie über den fiebernden, brennenden Kopf. So lag er wieder stundenlang.

Wirre Träume durchirrten seine Seele. Mit Armen und Beinen stieß er um sich. Er sah sich vor einem tiefen blauen See inmitten eines grünen Tannensaales. Und sooft er sich über das Ufer beugte und trinken wollte, schlug jedesmal das Wasser zurück und staute sich zu einer hohen Mauer, die drohend über seinem Haupte stand. Dann zerfloß sie, es glätteten sich die Wogen, und von neuem begann das grausame Spiel.

Und dann wachte er wieder auf, Körper und Seele feuerdurchglüht, als hätte er in einer brennenden Lohe gelegen.

»Wasser, Wasser!« konnte er nur noch lallen: »gebt mir Wasser.«

Was ist der Durst doch für ein schreckliches Gefühl! Hunger und Liebe und körperliche Schmerzen, sie sind nichts gegen diese eine Not. Mensch und Tier sind gleich schwach diesem ersten Naturtriebe gegenüber.

Auf fürchterliche Weise half sich der arme Reinhardt zuletzt aus seiner Qual. Voller Ekel vor sich selber sprang er dann wieder auf und lief weiter auf die Fläche hinaus. Das Gehen ward ihm schwerer. Jetzt wurde der Boden sandig und stellenweise von dichtem Dornbusch bedeckt. Er taumelte, torkelte wie ein Betrunkener zwischen den hohen Sträuchern hindurch. Den Hut hatte er längst verloren, die Jacke hing in Fetzen, die Hose war voller Schrammen und Risse.

Dann stolperte er über eine vereinzelte Klippe und lag so mehr als er ging.

Glücklicherweise schlug er eine falsche Richtung ein. Statt nach Norden auf die tote Bahnstrecke zu gehen, hielt er mehr nach Westen und näherte sich so dem großen Rivier. Hier lagen überall Eingeborene mit ihren Viehherden an den zahlreichen, offenen Wasserstellen. Bald sah er auch einen Feuerschein in der Ferne und auf den hielt er zu. Mehr tot als lebend brach er vor einem Pontok zusammen. Die Hunde fielen ihn wütend an, Weiber und Kinder schrien auf. Die Männer kamen zusammengelaufen. Sie kannten den gelben Tod der Steppe vom Orlog her und gaben ihm schluckweise nur das Wasser zu trinken, nach dem er immer mehr verlangte.

Nachdem er bald zwei Töpfe leer getrunken hatte, verfiel er in einen tiefen Schlaf. Die Eingeborenen legten ihn ans Feuer und deckten ihn mit Fellen zu.

In der Nacht wachte Reinhardt auf. Der Kopf schmerzte ihm zum Zerspringen, die Glieder brannten. Aber er war wieder bei klarem Bewußtsein. Die Ereignisse der letzten Stunden waren ihm nicht ganz gegenwärtig. Aber er wußte, daß er gerettet war, mit knapper Not dem Tode entronnen.

Und da fiel ihm der Freund ein, den er zurückgelassen hatte. Wann denn und wo? Wieviel Tage war er herumgeirrt? Wo befand er sich? Er sprang auf und weckte die Eingeborenen.

Er war auf einer Werft, nur wenige Stunden von der Station, 20 Kilometer, entfernt. Morgen, d. h. heute schon, war der zweite Weihnachtsfeiertag.

Da ließ er sich rasch etwas Ziegenmilch heiß machen und stürmte dann mit einem Eingeborenen in den erwachenden Tag hinaus, auf die Station zu. Noch war er zu schwach und mußte jeden Augenblick haltmachen. Gegen 11 Uhr vormittags kamen sie an der Bahn an. Das Stationsgebäude war geschlossen und der Beamte abwesend. Da drang er mit Hilfe des Eingeborenen durch das Fenster ein und stürzte auf das Telefon zu.

Mit der Stadt bekam er zuerst Verbindung, Petersen war nicht da. Man wußte nichts von ihm. Sofort sollte eine Polizeipatrouille hinter ihm hergeschickt werden.

Dann fragte er in Kosos und auf allen anderen Stationen der Strecke an. Von dem Ingenieur war nichts bekannt.

Reinhardt wurde noch am gleichen Tage durch eine Trolly in die Stadt geholt und ins Lazarett gebracht.

Nach acht Tagen hatte er sich so weit erholt, daß man ihm das traurige Geschick seines Kameraden mitteilen konnte.

Nach der Trennung von Dr. Reinhardt war Petersen das Rivier stundenlang aufwärts gegangen. Jede Krümmung lief er aus, hinter jeder Baumgruppe suchte er nach Wasser. Er ging bis tief in den Nachmittag hinein.

Dann kehrte er um, müde und dürstend. Hier oben lag sicher die Wasserstelle nicht. Also mußte der Doktor sie gefunden haben.

Bei Sonnenuntergang kam er an der Karre an. Kaum konnte er sich mehr auf den Beinen halten. Seine Zunge, sein Gaumen, der ganze Körper schrie nach Wasser.

Die Karre stand da, wie er sie heute morgen verlassen hatte. Ein Pferd graste oben am Talhang. Das andere war nicht zu sehen. Von Reinhardt keine Spur.

Er versuchte zu rufen. Doch nur ein schwaches Stöhnen kam aus seiner wunden Kehle.

Er war so müde und dürstend, keines klaren Gedankens mehr fähig. Warum brachte ihm Reinhardt kein Wasser und wo blieb der Bambuse? Den hatte er doch schon lange an den Brunnen geschickt.

Er brach an der Karre zusammen und fiel in einen unruhigen Schlaf.

Es war Weihnachtsabend zu Hause im stillen Pfarrhofe auf der Lüneburger Heide. Eltern und Geschwister standen um den brennenden Weihnachtsbaum. Stille Nacht, heilige Nacht! tönte es in die weiß verschneite Heide hinaus. Dazwischen erklang Glockengeläute seltsam hart und hell durch die sternenklare Nacht. Vater und Mutter standen Hand in Hand, die kleinen Geschwister bekamen ihre Geschenke, Nüsse und Äpfel und Spielsachen und jedes einen großen Krug voll frischen und klaren Wassers. Alle kamen sie damit auf ihn zugelaufen und hielten ihm froh lachend den kühlen Trunk entgegen. Als er eben trinken wollte, die gierige Hand schon erhoben hatte, da wachte er auf und sah das blinkende Sternenmeer über sich und fühlte sich ringsum vom Grauen der Wildnis umgeben. In der Kehle aber brannten ihm tausend Flammen. Er sprang auf. Liegenbleiben durfte er nicht. Anscheinend war hier auch kein Wasser und Reinhardt deshalb schon nach Kosos vorausgeeilt. Er mußte sofort aufbrechen und ihm nachfolgen.

Im Sternenschein schrieb er mit zitternder Hand einen Zettel und heftete ihn an die Karre: »Ich gehe auf der Pad nach Kosos. Bringen Sie mir sofort Wasser.«

Dann durchsuchte er die Vorräte nach irgend etwas Trinkbarem und nahm sich eine Flasche Kognak heraus. Zu schwach, sie mit dem Messer zu öffnen, schlug er den Hals am Karrenende ab und trank in vollen Zügen, bis der Magen wieder alles von sich gab.

Doch nun quälte ihn der Durst noch mehr, und so schnell er konnte, eilte er die Pad entlang nach Kosos zu.

Wäre er umgekehrt und die Pad zurückgegangen, dann hätte er am großen Rivier wieder das sichere Wasser getroffen und sein Leben wäre gerettet worden. Wie das eine Pferd, das schon seit Mittag die Pad zurücktrottete, dem Rivier zu. Ein Tier wird in der fremden Welt immer den Weg zurück nehmen, den es gekommen ist. Eingeborene und erfahrene Afrikaner haben diese Gewohnheit von ihm übernommen. Aber Petersen war ein Neuling im Lande. Er kannte die Pad nicht und ihre Sitten. Und diese Unkenntnis mußte er mit dem Tode büßen.

Er lief mit Unterbrechungen die ganze Nacht hindurch, bis er am andern Morgen vor Ermüdung und Durst zusammenstürzte. Nach ein paar Stunden brach er wieder auf. Er mußte jetzt doch bald nach Kosos kommen!

Die Pad war schon lange aus dem zerklüfteten Gebirge heraus und führte auf einer weiten Hochebene sanft nach Süden hinab. Links der Pad leuchteten in weiter Entfernung gelbrote Sanddünen. Dahinter erhob sich ein zackiges, hohes, blaues Gebirge. Rechts liefen die rotvioletten Sandsteintafeln flach nach Süden aus. Gegen Mittag endete die breite, unzerschnittene Hochfläche plötzlich in der Luft und das Gelände brach um 100 bis 200 Meter jäh nach Süden ab. Unten dehnten sich weißglitzernde Flächen, denen niedrige, schwarze Kuppen aufgesetzt waren. Die Farm war nur noch wenige Kilometer entfernt.

Doch Petersen, dessen Sinne vor Ermüdung und Durst wehrlos geworden waren, brach bei diesem überraschenden Anblick gänzlich zusammen. Er glaubte die Pad verfehlt zu haben und längst an der Farm vorbei zu sein.

Jetzt gab er die letzte Hoffnung auf.

Er schleppte sich abseits der Pad unter einen Baum, um da zu sterben. Die Sinne schwanden ihm bald unter der versengenden Glut. Sein Körper war wie ausgetrocknet, das Gesicht blau verschwollen, der Leib und die Glieder zum Skelett abgemagert unter den brennenden Qualen des Durstes.

In der Nacht kam er noch einmal zum Bewußtsein. Nicht sterben, noch nicht sterben, weinte er vor sich hin. Dann raffte er sich auf und taumelte die Pad wieder zurück. Nach ein paar Schritten stürzte er regelmäßig wieder zu Boden. Und da stellten sich schwarze Schatten hinter ihm ein, die ihm Schritt auf Schritt folgten. Zuerst erkannte er sie nicht. Dann aber trieb ihm das unheimliche Keckern der Hyänen Angstschweiß in das entstellte Gesicht. Wieder raffte er sich hoch und irrte so die ganze Nacht hindurch, mehr stürzend und fallend als liegend und gehend.

Gegen Morgen blieben seine unheimlichen Verfolger zurück. Er schleppte sich nur noch von Busch zu Busch. Ein Kleidungsstück nach dem anderen warf er von sich.

Die Polizeipatrouille, die gegen Abend des zweiten Weihnachtsfeiertages die Pad geritten kam, fand ihn im Hemd, tot unter einem Busche liegen.

Beide Hände hatte er tief in den Sand eingewühlt, um in letzter Verzweiflung nach Wasser zu graben.

So mitten aus seinen Qualen hatte ihn die milde Hand des Todes erlöst. Er mußte erst vor wenigen Stunden gestorben sein.

Auf einem Ochsenwagen brachte der Farmer von Kosos den Toten in die Stadt und dort wurde er am dritten Tage nach Weihnachten beerdigt.

Seitdem ist der Stammtisch verwaist und Dr. Reinhardt ist ein stiller Mann geworden.

Die Steppe, die so einfach und offen sich ansieht, hatte er ihrer wahren Natur nach kennengelernt. Und als solche ist sie groß und furchtbar. Wie die drohende Hand Gottes lastet sie auf dem Menschen. Und einer Gottheit gleich verlangt sie Ehrfurcht und Demut von uns schwachen Erdenkindern.

Bahnhof Windhuk (SWA)

Die Sprache von Deutsch-Südwest

Ich sing' ein Lied ganz nagelneu,
Ein Lied gar fein – nein, banja moi,
Von Deutsch-Südwestens Sprache!
Wenn einer spricht die Sprache wert,
Die seine Mutter ihn gelehrt,
Das ist gar keine Sache!
Nein, wer den deutschen Laut verfälscht,
Wer möglichst greulich kauderwelscht,
Der, der beherrscht am besten
Die Sprache von Südwesten!

»Kaffern« nennt man das schwarze Pack.
Ist einer schlecht, heißt er »moikack«.
Der deutsche Mann heißt »Mister«
Und »Missis« heißt das deutsche Weib.
'nen »baiki« trägt man auf dem Leib.
Der Herr – ein »Baas« nur ist er.
Nicht Teich, nicht Flüsse gibt es hier;
Wer Bildung hat, sagt »Vley«, »Rivier«.
Die Kinder nennt man »Beester«,
Und »Supi« heißt der Tröster.

»Kost« heißt, was sonsten Speise war.
Und diese Kost, die »macht man klar«,
Wenn Kohldampf uns befallen.
Und »Koffi«, Reis und »Zugemüs«
Macht man stets klar in der »Kombüs«, –
»Küche« ist nur ein Lallen!
Fühlt sich ein Kaffer zur Natur
Gezogen, macht er »hartloop« nur,
Geschmückt mit der »Komberse«;
Und merschdendeels »klaut« er se.

Statt eines Bauchs 'nen »Pens« man hat.
Sprechen tut niemand, nein, man »pratt«.
»Morrow«, heißt »Guten Morgen«.
Und hat der Gent nicht Geld genug,
Ward seine Börse schlapp und »much«,
Mußt er »Mariva« borgen.
Und ist des Junggesellen Glück,
Die Omakaindu (Waschfrau), »sick«,
Dann haucht er: »Inyo, Schnuti!
Nambano fatt omuti!«

Wer Durst hat, trinkt sein »Koppi« aus.
Man wohnt im *»Pontok«*, nicht im Haus
Und ruft man seiner Anna,
Den Dickpens oder Daniel,
So brüllt kein feiner Mann: »Komm schnell!« –
Nein: »Hastag! Hakahana!«
Wer staunt, der sage nie: »Herrje!« –
Viel hübscher klingt doch: »Eikutse!«
Man schnalze a la Lama
Wie ein geborner Nama!

Wenn einer schwelgt im Hochgenuß,
Er »attatita!« stöhnen muß.
Das paßt für deutsche Lippen.
Wenn einer *lang* im Lande sitzt,
Zu »huca« er sein Mäulchen spitzt;
Für Steine sagt der »Klippen«.
Wer einen Weg zu machen hat,
Begibt sich »futsam« auf die »Pad«,
Steht auf und legt sich munter
Mit »Sonnen-auf« und »-unter«.

Auch sagt ein richtig Sprachgenie
Nie »der« und »das« – kack, immer: »die«,
Um banja moi zu quatschen;
Wenn mittags ich von die police
Heim zu die Pontok geh, dann grüß'
Ich meine »Okanantschen«.
Wenn Missis mich zu Tische rief,
So mach' ich »Happu-happu« stief,
Dann muß ein Schlaf zum »Werken«
Den »muchen Dannas« stärken.

Der »Schtor« - bei Gott nicht Warenhaus! –
Zieht »Schilling« dir und »Sixpenz« raus
Und schröpft dich wie ein Vampyr.
Auch flicht, wer echt südwestlich spricht,
In jeden Satz »nicht wahr?« und »nicht?«
Statt *Pa*pier sagte er »*Pam*pier«.
Fragt einer dich, bescheide ihn,
Falls Zweifel walten, mit »miskin«.
»Moi« deutete auf was Feines,
»Katiti« auf was Kleines.

Zwei Freunde hierzulande sich
Betiteln »Mistbock« und »Mistviech«,
Nicht feindlich, – kack, aus Liebe!
Wenn der »Bambuse« schmutzig lacht,
Der »Omuhona« Orlog macht,
Dann setzt es »Shambock«-Hiebe.
Der »Trunk« dem Planemacher winkt,
Was diesen »Povian« »kainatsch« dünkt.
Und was nicht eben hold sich,
»Vertrimmt, verrammt, verrollt sich!«

Ihr lieben Leute von Südwest!
Dies Lexikon sich führen läßt
Noch hundert Seiten weiter.
Dem »greenhorn« klingt das ganz famos,–
Er fühlt sich afrikanisch-groß, – –
Im Grund ist's gar nicht heiter …
Hör', *Deutsch*-Südwester, ganz im Ernst:
Wenn du nicht deutscher reden lernst,
Verdienst du … Lob? – – Ei, kacko:
Dona vor Omatako!

Walter Ahlhorn

Am Omuramba Omatako

Von Paul Leutwein

Anfang Dezember 1903 nahm ich von meinen Freunden Dr. Paul Rohrbach und Oberleutnant Volkmann, dem gastlichen Distriktschef von Grootfontein, Abschied, um allein, von meinem Hottentottenjungen Johannes begleitet, die 350 Kilometer lange Strecke nach Okahandja zu Pferde zurückzulegen. Der erfahrene Volkmann hatte mich zwar vor der Gefahr des Verirrens in der einsetzenden Regenzeit gewarnt, mein Jugendmut dürstete aber nach Abenteuern. So bestieg ich denn meinen treuen Falben, mein Junge seinen Maulesel und munter trabten wir los. Meine ganze Ausrüstung bestand aus einer 71er Jägerbüchse mit 30 Patronen, drei Erbswürsten, einem Laib Brot, einem Pfund Kaffee und Plattentabak für die Eingeborenen.

Es ist ein wunderbares Gefühl, bei sinkender Sonne, wenn der Wind kühlend über die Ebene streicht, unter blauem Himmel durch die herrliche Buschsavanne des nördlichen Hererólandes zu reiten. Wenn dann der Mond aufsteigt, nimmt unter dem magischen Licht des Nachtgestirns die Vegetation einen zauberischen Charakter an, der merkwürdig an die Erlkönigstimmung erinnert. Aber gefährlich für den Reisenden ist auch dieses Mondlicht, denn alle Konturen verschwimmen wie im Nebel und nur schwer findet er sich im Gewirr afrikanischer Wege am afrikanischen Flußbett zurecht. Die Wege bestehen meist nur aus Wagenspuren, die sich wiederholt kreuzen, plötzlich im Fluß verschwinden und am anderen Ufer nur mit Mühe wiedergefunden werden können.

Vorläufig ging indessen alles gut. Nach vierstündigem Ritt war die 30 Kilometer entfernte Wasserstelle Otjimawara erreicht, wo wir die Tiere tränken und ihnen und uns einige Stunden Ruhe gönnten. Wir schliefen herrlich im Freien und ritten um 3 Uhr morgens frisch gestärkt weiter. Jetzt zog ich es aber schon vor, den tückischen Flußlauf zu verlassen und lieber einen mir von Volkmann angegebenen Umweg über ein einsames Farmhaus zu machen, wobei ein Verirren ausgeschlossen war.

So gelangten wir nach Ovizume, eine jener Ortschaften, die wie Otjimawara ausschließlich aus einem Wasserloch bestehen. Um so mehr war ich erstaunt, hier Hererós vorzufinden. Es handelte sich aber nur um eine sogenannte Wanderwerft, deren Bewohner sich vorübergehend an irgendeiner Wasserstelle aufhalten. Diese kaum bekleideten Kinder der Natur erwiesen sich als sehr freundlich. Indem sie bereitwillig zwei alte Blecheimer zum Tränken unserer Tiere herbeibrachten, lieferten sie sogar den Beweis, daß in kultureller Hinsicht etwas geschehen war. Viel mit Weißen schienen sie noch nicht tun gehabt zu haben, denn als ich meinen Oberkörper wusch, umdrängten mich alle neugierig. Ein hübsches Mädchen befühlte sogar neckisch meine Haut, die sie für eine Art Fell halten mochte, und konnte erst nach wiederholten freundschaftlichen Klapsen beruhigt werden. Aber im damaligen Südwestafrika war das Waschen auf der »Pad« überhaupt nicht sehr gebräuchlich. Es gehörte zweifellos zu meinen schönsten Ruhmestiteln, daß ich mich in Ovizume schon am zweiten Tage der Wanderfahrt gewaschen habe.

Noch immer bei herrlichstem Sonnenschein zogen wir den ganzen Tag dahin. Abends erreichten wir ein felsiges, mit dichtem Busch bestandenes Gelände, wo sich wieder eine Wasserstelle befinden mußte. Als ich in der Dunkelheit vergeblich danach suchte, tauchten plötzlich zwei Reiter auf. Es waren zwei gutgekleidete Hererós, die mir freundlich die Wasserstelle wiesen. Erst als sie fort waren, fiel mir auf, daß beide entgegen dem Verbote der Regierung mit Gewehren bewaffnet waren. Ich machte mir keine Gedanken darüber, sattelte ab, aß rasch eine Erbssuppe und

Gouverneur Dr. Seitz (SWA)

schlief bald ein. Am Morgen weckte mich Johannes mit der erfreulichen Mitteilung, daß die Tiere fort waren. Lange suchten wir umsonst. Schon glaubte ich sie von den beiden nächtlichen Reitern gestohlen, als der findigere Hottentotte mit beiden ankam. Den Sündern hatte das Gras anderswo besser geschmeckt, und so hatten sie sich trotz der Spannfesseln von dannen gemacht.

In der Nacht mußte es in der Gegend geregnet haben, denn Gras und Busch glänzten von Tau, als wir weiterritten. Einmal erschien am Wege sogar ein Teich, wie sie sich in der Regenzeit rasch zu bilden pflegen, um ebenso rasch wieder zu verschwinden. Erstaunlich war die Menge der Wasservögel, die sich darauf herumtummelten, während rings in den Büschen andere Vögel ihren jubilierenden Gesang ertönen ließen. Das Idyll schien mir zu schön, zu heimatlich, um es durch Jagd auf die harmlosen Wassertiere, unter denen sich große buntgefiederte Enten befanden, zu entweihen. Nicht ohne Mißbilligung bemerkte dies der brave Johannes.

Während der Mittagsrast unter mächtigen Tambutibäumen entledigte ich mich meiner schweren Stiefel, die ich in der verflossenen Nacht vorsichtshalber anbehalten hatte, und streckte mich wohlig aus, um etwas in Goethes Faust, meiner einzigen Reiselektüre, zu lesen. Eben stellte ich mit Befriedigung fest:

> Dies ist der Jugend edelster Beruf,
> Die Welt, sie war nicht, eh' ich sie erschuf;

als etwas Kaltes meinen linken Fuß berührte. Ein Blick, ein unterdrückter Schrei und der »kleine Gott der Welt« war mit einem einzigen Satz über die Satteldecke in die Dornen gesprungen und starrte auf eine Hornviper, die sich vor ihm zum Sprunge anzuschicken schien. Aber die Jugend ist rasch und im nächsten Augenblick schon traf sie mein schwerer Stiefel.

Die Hornviper ist kaum größer als unsere Kreuzotter, gilt aber als die giftigste Schlange Südafrikas, deren Biß rettungslos tödlich sein soll. Sie und der Skorpion sind m.E. auf einsamen Reisen am gefährlichsten. Der Skorpion kriecht nachts mit Vorliebe in die Stiefel. Zieht man sie morgens an, ohne sie zu schütteln, so sticht er, während ihn der Fuß zu Tode quetscht. Was hilft es, daß der Stich an sich nicht tödlich ist? Im besten Falle bleibt man wochenlang in einer Eingeborenenwerft unter qualvollen Schmerzen liegen, falls man sich überhaupt noch dahin zu schleppen vermag. In jedem Falle ist der große schwarze afrikanische Skorpion viel giftiger als der kleinere südeuropäische.

Am selben Nachmittag setzte die Regenzeit ein. Es kam einer jener fürchterlichen Güsse herunter, wie sie typisch für die kurze südafrikanische Regenperiode sind. Für die Augen unserer Tiere wurden die dicken Wasserfäden oft so unerträglich, daß ich zeitweise Schutz unter großen Bäumen suchen mußte. Inzwischen wurde die ganze Gegend eine Wasserfläche. Die Pad floß als Bach dahin und konnte nur noch an der Strömung erkannt werden. Stundenlang zogen wir so fort und ich hatte schon die Hoffnung auf Unterkunft aufgegeben, als auf einmal ein dichter Dornverhau vor uns aufragte, hinter dem wie runde Hügel die Pontoks von Eingeborenen sichtbar wurden. Es war die große Hererówerft Omatupa.

Wir wurden mit ebenso natürlicher wie herzlicher Gastfreundschaft aufgenommen. Ich erhielt den stolzen Häuptlingspontok, da der Kapitän, wie man mir sagte, nach Waterberg geritten war. Da der Regen eine Weile aufhörte, konnten die Kleider am lustig prasselnden Feuer getrocknet werden. In einem Gartenstuhl, offenbar dem »Regierungssitz« des Dorfgewaltigen, konnte ich behaglich meine Suppe zu mir nehmen und nachher eine erfrischende Tasse Kaffee trinken. Eine meiner letzten Zigarren vervollständigte das fürstliche Mahl. Später fanden sich drei hübsche junge Hererómädchen ein, auf die Johannes mit stolzem Grinsen wies. Soviel ich seinem Kauderwelsch entnehmen konnte, sollte das eine besondere Ehrung in Gestalt eines kleinen Harems sein. Jetzt erst ging mir ein Licht auf. Der Frechling hatte mich gegen mein Verbot als Sohn des Gouverneurs angemeldet. Um meine gastfreundlichen Wirte nicht zu kränken, gab ich jeder der etwas penetrant riechenden Schönen einen Kuß, nannte sie geliebte Freundinnen und schickte sie wieder nach Hause.

Meine alte Karte hatte sich als unbrauchbar erwiesen. Gegen meine Gewohnheit ließ ich mich diesmal von Hererós auf die Pad nach Omborombonga bringen. Getrost vorwärts reitend sah ich gegen Mittag auf einer Höhe eine große Werft vor mir liegen, über der Geier kreisten. Die Untersuchung ergab, daß sie verlassen war. Die noch frischen Feuerstellen verrieten, daß die Bewohner erst vor kurzem fortgezogen sein konnten. Wir sattelten ab und ließen die Tiere grasen. Ich selbst erstieg die sich hinter dem Dorf erhebenden Felsen, um mich mit meinem guten Glase zu orientieren. Ein wundervoller Rundblick öffnete sich. Gegen Osten und Süden die unendliche Buschsavanne, die von meinem erhöhten Standpunkt einem riesigen Waldmeer glich, gegen Westen und Norden eine Kette von Bergzügen über der mit vielen Lichtungen durchsetzten Ebene. Bald stellte ich die mauerartigen Formen des Waterberges fest. Jetzt erkannte ich, mich verirrt zu haben. Statt nach Südwesten war ich nach Nordwesten geritten. Der Leichtsinn, an diesem Morgen nicht wiederholt den Kompaß zu Rate gezogen zu haben, hatte sich gerächt. Schon wollte sich meine jugendliche Ungeduld in einem Wutanfall über die verruchten Hererós entladen, die mich so falsch gewiesen, als ich mich auf die Weisheit des alten Kaisers Marc Aurel besann: »Alles, was sich ereignet, geschieht recht.« In der Tat mußte ich mir allein die Schuld geben. Volkmann hatte mich gewarnt, den Kompaß hatte ich nicht befragt. Ich setzte mich also ruhig auf die Felsen und war bald mit mir im reinen, denselben Weg, diesmal unter Vermeidung Omatupas, zurückzureiten. Der Versuch, mich außerhalb aller bekannten Pfade nach Waterberg durchzuschlagen, hätte neue katastrophale Irrtümer zur Folge haben können.

Als ich mich zum Abstieg wandte, fesselte mich ein urwüchsiges Bild. In kaum 10 Meter Entfernung zwischen zwei mir gegenüberliegenden Felsen erschien der Kopf eines Luchses, der mich mit seinen grünen Augen anfunkelte und als er sich entdeckt sah, ein zischendes Fauchen hören ließ. Wohl hatte ich als Berufssoldat mein Gewehr wie stets bei mir, aber ich konnte mich nicht zum Schuß entschließen. Der kleine gedrungene Wüstenluchs mit seinen langen scharfen Eckzähnen, seinen mächtigen Pranken, ist mir stets als das Sinnbild freiheitsliebender Urnatur erschienen. Im Verhältnis zu seiner Größe ist er wohl die gefährlichste Katze. Ich habe selbst erlebt, wie unser aus der Gefangenschaft entsprungener Luchs im Gouvernementsgarten zu Windhuk eine ihn stellende mächtige Ulmer Dogge so zerfleischte, daß sie nur durch des Wärters und meine Dazwischenkunst errettet werden konnte. Übrigens hätte mir der Luchs auch keine Zeit zum Schuß gelassen. Schon als ich den Lauf des ungeladenen Gewehrs senkte, verschwand er mit wütendem Geknurr.

Ich hatte von den Felsen in der Richtung auf Omborombonga eine Rauchsäule entdeckt und, diesmal vorsichtig reitend, erreichten wir am Abend eine Wanderwerft unweit der Pad nach diesem Ort. Die Nacht mußte ich gemeinsam mit der Familie des Kapitäns in seinem von Rauch erfüllten Pontok zubringen, während draußen der Regen prasselte und gegen Mitternacht ein furchtbares Gewitter losbrach. Der Schrecken eines afrikanischen Gewitters ist unbeschreiblich. Gegen jedes bessere Wissen glaubt man unter dem einer Kanonade gleichenden Donner, den schauerlichen knallenden Blitzen ständig den Weltuntergang erleben zu müssen. Der Aberglaube der Hererós verbot mir, auch nur das verrammelte Eingangsloch gelegentlich zu öffnen. Die Familie zitterte aus Angst vor allen losgelassenen bösen Geistern. Während mir selbst die

Bezirksamtmann Ahlhorn und Hereró-Kapitän Zacharias vor dessen Pontok (SWA)

Augen brannten, erfüllte mich tiefes Mitleid mit unseren armen Tieren, die die Schreckensnacht draußen verbringen mußten.

Nichts kann wechselvoller sein als die afrikanische Natur in der Regenzeit. Balsamische Morgenluft drang mit entgegen, als ich in der Frühe aus der Hütte kroch. Der Aufruhr hatte sich vollständig gelegt. Der klare Himmel verkündete einen schönen Tag und mit dem glücklichen Frohsinn der Jugend ritt ich in den lachenden Morgen hinein. Aber nur kurz sollte die Freude dauern. Mein braver Falbe fing unter mir an zu zittern und ich konnte gerade noch abspringen, als er sich mit allen Zeichen der Erschöpfung niederlegte. Ich fürchtete einen Anfall von Kolik und suchte lange Zeit vergeblich, das arme Tier auf die Beine zu bringen. Doch mußte er unbedingt bewegt werden. Endlich, als er wohl fühlte, daß ich ihn nur führen wollte, stand er mühsam auf. Ich zog ihn am Zügel hinter mir her und auch Johannes mußte von seinem frisch gebliebenen Maulesel herunter. So hatte ich wenigstens die Möglichkeit, mein Pferd vom Sattel zu befreien und diesen dem Maulesel aufzuladen.

Den ganzen Tag wanderten wir so vorwärts. Diesmal regnete es nicht, dafür brannte die Sonne erbarmungslos auf uns nieder. Auch drückte mich jetzt die Sorge um unsere Verpflegung. Kaffee und Tabak, diese in Afrika unentbehrlichen Genußmittel waren zwar noch vorhanden, aber zu essen hatten wir nur noch ein Stück hartes Brot und eine halbe Erbswurst. Jetzt, wo ich es brauchte, schien sich auch das Wild verflüchtigt zu haben. Da gegen Abend, als wir uns gerade verschnauften, zeigte Johannes freudig auf ein seitwärts liegendes Gebüsch. Auch ich sah nun das Gehörn einer kleinen Antilope daraus hervorragen. Vorsichtig den Falben als Deckung benutzend, lud ich und zielte sorgsam. Mit dem Schuß verschwand das Gehörn. Selten war ich so gespannt wie in diesem Augenblick, als Johannes eilig ins Gebüsch rannte. Plötzlich hob er triumphierend einen Deucker empor. Wir waren fürs erste versorgt.

Omburombonga war eine ebenso stattliche Werft wie Omatupa. Auch hier war merkwürdigerweise der Kapitän abwesend. Wieder fand ich mich fürstlich im Häuptlingspontok einquartiert und konnte behaglich den Rauch meiner letzten Zigarre in die Luft blasen. Das Leben schien mir wieder schön, zumal ich meinen Falben friedlich und offenbar mit Appetit am Waldrand grasen sah.

Mein Pferd hatte sich wirklich erholt, und stolzer als wir eingezogen waren, konnten wir die Weiterreise antreten. Der Nachmittag brachte den erwarteten Regenguß, ohne unsere Stimmung trüben zu können. Mit Vergnügen sah ich eine Anzahl der hübschen Schabrackenschakale in einer Lichtung im Wasser herumlaufen, den Füchsen gleich listig und unruhig nach allen Seiten witternd. Sieht man das Tier am Tage, so glaubt man nicht, daß gerade sein gelächterartiges Heulen in der Nacht so unheimlich wirkt. Als aber der Regen dann aufhörte und das ersehnte nächste Nachtquartier Osire immer noch nicht kommen wollte, wurde ich unruhig.

Endlich zeigte sich seitwärts ein einzelner Hereró, offenbar ein Viehwächter. Auf einen Wink, näher zu treten, reagierte er nicht. Johannes, den ich schickte, wurde grob angefahren. Als ich vom Pferde stieg, kam er endlich herbei. Auf meine Frage nach Osire erwiderte er zunächst: okokure, d.h. weit. Mein Kopfschütteln gab ihm Veranlassung, auf eine Wasserlache zu zeigen und mir zu bedeuten, daß ich da übernachten sollte. Im Nu hatte der Bursche eine so überraschende Ohrfeige, daß er erst ganz verdutzt dastand, um dann schimpfend davonzulaufen. Diese Begebenheit zeigte mir, daß in der Nähe ein weißer Händler sein Wesen trieb, also Osire nicht weit sein konnte. Bald lag auch Osire vor uns. Den weißen Händler traf ich schon vor dem Ort,

Reitergrab in der Naukluft (DSWA)

furchtbar auf die Polizei schimpfend, die ihm sein Recht verkürze. Die Polizei, in Gestalt des Sergeanten Rademacher, fand ich im Ort selbst vor. Ich erfuhr, daß der Händler von dem Dorfoberhaupt für »Aufbewahrung« von zwei Säcken Reis zwei Ochsen verlangt hatte. Die Aufbewahrung ist ein in ganz Südafrika bekannter Händlertrick, um die Eingeborenen zum Verbrauch zu verleiten und sie dann schröpfen zu können. Rademacher hatte dem Händler für den natürlich verbrauchten Reis zwei Ziegen zugesprochen und ich konnte ihm nur recht geben. Eine Weile hatte ich aber doch das Gefühl, ob es nicht am besten sei, sich im nächsten Kaufladen zu versorgen und ungesäumt wieder zu den Naturkindern fern von allen Weißen zurückzukehren …

… Wie bekannt, haben sich kurz darauf die Hererós überraschend erhoben und in einer Nacht alle Weißen hingemordet, deren sie habhaft werden konnten. Dieser blutige Aufstand ist nicht zum wenigsten die Schuld solcher Händler gewesen, denen die Regierung mit ihren viel zu geringen Machtmitteln das Handwerk nicht immer legen konnte. Die deutsche Regierung hat es jedenfalls überall nach besten Kräften versucht. Sie steht rein da gegenüber gewissen Ententeregierungen, die uns beschimpfen, während sie selbst solches Treiben noch gefördert haben.

Von Osire bis Okahandja ritt ich in Begleitung von Weißen und übernachtete stets bei weißen Farmern. Die Reise bot nichts Eigenartiges mehr, denn ich war im Grenzgebiet der Kultur angelangt. Sie dürfte noch heute in der gleichen Weise verlaufen, soweit nicht das Automobil das Pferd verdrängt hat. Aber jene romantischen Tage in der Urnatur des Omuramba Omatako sind unwiederbringlich dahin. Zwei schwere Kriege sind inzwischen über das Land gebraust, überall Zerstörung zurücklassend. Der Wiederaufbau erfolgte aber sicherlich unter dem Zeichen der »Errungenschaften« der Zivilisation. Als letzter Weißer habe ich den Omuramba in der unberührten Wildheit und Größe der Vorzeit gesehen, und fest eingegraben in meinem Herzen leben in der Erinnerung fort die letzten Tage von Wild-Südwest.

Aus ärztlicher Landpraxis in Südwestafrika

Von Georg Fock

Wer an Südwestafrika denkt, der hat wohl am ehesten vor seinen Augen die Bilder von Dürre, Trockenheit und Durst. Und für den größten Teil des Jahres hat er ja auch recht. Daß es aber in der Regenzeit gar nicht zu selten vollkommen anders sein kann, möge die folgende Erzählung eines ärztlichen Landbesuches zeigen.

Ich saß in Windhuk als Arzt. Da wurde ich 1920 am 29. Februar gegen 5 Uhr nachmittags telephonisch gebeten, zu einer kranken Farmersfrau zu kommen, die sich vier Reitstunden hinter der Polizeistation Seeis auf einer Farm befinde. Telephoniert wurde von dieser Polizeistation aus; der burische Polizeisergeant konnte mir aber die Namen von Frau und Farm nicht sagen; beides könne ich in dem deutschen Gasthause in Seeis erfahren; er sei dort fremd. Auf meine Frage, was der Frau denn wohl fehlen könne (Verletzung, Malaria, Entbindung oder sonst was), damit ich dementsprechend mich mit Arznei und Instrumenten einrichten könne, sagte er nur, das Kind lebe, aber die Frau sei krank, so daß ich Wochenbettfieber vermutete. – Ich pflegte meine Praxis mit Pferd und Wagen zu besorgen, meist im Sattel. Ein Auto besaß ich nicht. Für diese weite und eilige Fahrt wollte ich aber lieber ein Auto benutzen. Seeis lag schon 60 Kilometer von Windhuk; und dann von da noch vier Reitstunden. Weil gerade gesagt war, vier Reitstunden, so schloß ich, daß es wohl nicht möglich sei, über den Nossobfluß mit dem Auto zu kommen und daß ich von Seeis aus reiten müsse; daher zog ich Reitstiefel an. Wir waren in einer sehr regenreichen Regenzeit. Ich ging nun zu einem Mietsautobesitzer, und der erklärte sich auch gleich bereit, mich zu fahren; er wolle wegen der Regenzeit alle Vorbereitungen sehr sorgfältig treffen, damit wir nicht steckenblieben. So wurde es 8 Uhr, bis wir losfuhren. Nach einer Viertelstunde kam das erste Hindernis, das Klein-Windhuker Revier, also das Flußbett, welches in der Regel trocken liegt und nur kurz nach einem Regen Wasser führt, dann aber auch gleich in gewaltigen Massen. Windhuk liegt 1600–1700 Meter über dem Meere; die Windhuk umgebenden Berge sind noch 4–600 Meter höher und sehr steil, so daß die niederfallenden Regenmengen in außerordentlich kurzer Zeit von dem kahlen Felsboden der Berge abfließen und in den Flußbetten gewaltig reißende Ströme zu Tal gehen lassen. Das Wasser hat von Windhuk bis zum Meere bei Swakopmund etwa dieselbe Entfernung zu durchlaufen, wie das Wasser der Spree von Berlin bis zur Nordsee; während im letzteren Falle der Höhenunterschied zwischen Berlin und dem Meere noch nicht 40 Meter beträgt, ist er von Windhuk bis Swakopmund 1700 Meter, und daraus erklärt sich die Wasserlosigkeit des Landes. Alles vom Himmel kommende Wasser ist in kurzer Zeit in den Ozean abgelaufen. Also unser Klein-Windhuker Rivier führte gerade Wasser, es »kam ab«, wie der Ausdruck dafür lautet. Das Wasser mochte etwa einen halben Meter hoch sein. Durch frühere Erfahrungen gewitzigt, riet ich dem Fahrer, ganz langsam hindurchzufahren. Er meinte jedoch: »Nein, gerade je schneller, desto besser!« und sauste dementsprechend hinein. Was ich gefürchtet hatte, trat ein: Es bildete sich vor dem Auto eine hohe Bugwelle, die in den Motor hineinschlug und ihn zum Stehen brachte! Da saßen wir! Ich kletterte aus dem Auto und auf einigen hohen Steinen an Land und konnte dann mit einem anderen Auto, das, als es unser Pech sah, keinen Versuch machen wollte, nach Hause zurückfahren. Da das Rivier andauernd stieg und sich auch nicht umgehen ließ, so war für den Abend nichts mehr zu machen. Als ich am nächsten Morgen mit einem andern Auto wieder losfuhr, führte das Klein-Windhuker Rivier kaum noch Wasser und bot keinerlei Schwierigkeit. Eine ganze Anzahl ähnlicher Riviere wurden auch ohne Besonderheiten genommen und wir kamen nach Seeis. Hier erfuhr ich in dem Gasthause von Herrn Pieter de Wet, daß ich zu einer Farmersfrau gerufen sei, die auf dem Wege zum Elisabethhause, dem Entbindungsheim in Windhuk, auf der Farm des »General Petersen« von der Geburt überrascht worden war; die Geburt sei normal verlaufen, aber die Nachgeburt wolle nicht kommen. – Nach kurzer Rast ging es weiter und nach weiteren 25 Kilometern waren mir am Nossob bei Otjihaénena und mußten ihn hier queren. Der Fluß kam reißend ab in einer Breite von etwa 150 Metern. Das Farmhaus lag an der andern Seite und war bewohnt von Herrn Baron de Smidt mit Familie. Der eine Sohn, wie alle Mitglieder der Familie etwa 2 Meter groß, der beim Hause beschäftigt war, rief mir zu: »Warten Sie! Ich hole Sie gleich!« Und eins, zwei, drei waren alle Kleidungsstücke außer dem Hemde abgeworfen und er kam zu uns herübergewatet, wobei ihm das Wasser an die Hüften reichte. Ich mußte auf seine Schultern klettern und huckepack trug er mich hinüber und gleich hinterher den Chauffeur. »Nun wollen wir die Ochsen holen lassen und das Auto hindurchschleppen.« Wir wurden zu Tisch gebeten, unterhielten uns sehr anregend, besahen uns Haus und Hof und die in einer neuen Maschine hergestellten Kalksandsteine, die damals noch wenig auf Farmen zu sehen waren, und guckten dabei immer nach den Ochsen aus. Wer Südwest nicht kennt, wundert sich, weshalb die so lange auf sich warten ließen. Er bedenke aber, daß eine normale große Farm 5000 Hektar hat; wenn sie eine gerade quadratische Form hat, ist jede Seite eine deutsche Meile; 7 1/2 Kilometer, lang. Diese Farm war noch ein ganzes Stück größer. Irgendwo nun auf der Farm weidet der eingeborene Wächter seine Tiere, mit der Weisung, zu Sonnenuntergang wieder zu Hause zu sein. Da es den Tag viel geregnet hatte, waren die Spuren wieder verregnet und der nachgesandte Eingeborene fand sie erst so spät, daß er ihre Rückkehr kaum beschleunigen konnte; denn erst kurz vor Sonnenuntergang kamen sie endlich an. Schnell wurden ihrer 14 an der langen Treckkette angeschirrt und von einigen Eingeborenen, dem Chauffeur und dem einen jungen Herrn Baron hindurchgetrieben durch den inzwischen deutlich gefallenen Fluß, vor das Auto gespannt und in sehr mühseliger Arbeit mit ihrer Fracht wieder zurückgebracht. Dann das Auto schnell nachgesehen! Gott sei Dank! Der Motor springt an. Vielen herzlichen Dank! Los! – Nach einer Stunde kommt wieder ein Farmerhaus, das wir anlaufen. »Der Weg (die Pad) ist jetzt im Dunkeln nicht leicht zu finden; ich gebe Ihnen einen Eingeborenen mit; es sind noch 16 Kilometer.« Dankend angenommen und weiter! Nachdem wir etwa die halbe Strecke hinter uns haben, sitzen wir fest im Durchschlag; der lehmige Boden ist aufgeweicht, so daß die Räder sich drehen, aber nicht fassen und sich immer tiefer in den Boden hineinarbeiten. Da weiß jeder Südwester: nun heißt es Busch kappen und drunterlegen. Hier war aber, soweit man bei dem schwachen Lichte des halben Mondes sehen konnte, nirgends Busch vorhanden und so mußte es denn ziemlich lange dauern, bis wir wieder flott sein konnten. Da sagte ich mir: Es sind nur noch 8 Kilometer; ich weiß nicht, wie es mit der Frau steht; jedenfalls muß ich doch alles tun, um so schnell wie irgend möglich zu ihr zu kommen; ich gehe einfach zu Fuß los! – Der Eingeborene beschrieb mir den Weg sehr kurz: »Du mußt immer geradeaus gehen und einmal links.« Ich nehme also meine Instrumententasche, ziehe meinen Militärmantel an und marschiere los. Bald bezieht sich der Himmel dichter und ein leichter Regen beginnt zu rieseln; der Weg wird tief sandig, so daß es sich schwer geht, aber ich bin froh, wenigstens die Pad halten zu können und nicht vom Wege abzukommen. Nach einer Stunde beginne ich lebhaft an mein Endziel zu denken; nach zwei Stunden habe ich es noch nicht und ich sage mir, ich muß mich verlaufen haben, den links abgehenden sogenannten Weg, der wohl selten mal befahren und nicht viel mehr als eine Wagenspur sein wird, in der Dunkelheit nicht gesehen haben. Was nun? Zurück? Weiter? Die Pad ist gut ausgefahren, muß also doch zu einer Farm führen; deshalb vorwärts! Die Leute müssen mich unter diesen besonderen Umständen hinfahren zu der Kranken. Ich stapfe weiter. Nun kommt aber auch Müdigkeit, eine schwere Müdigkeit, und als der Weg eine verhältnismäßig trockene Stelle bietet, lege ich mich einmal ein bißchen hin, die Tasche als Kopfkissen, und bin sofort eingeschlafen, 12 1/4 Uhr. Nach einiger Zeit erwache ich wieder, weil es mir so in den Nacken hineinregnet; die Uhr zeigt 12 1/2, also

»Pad« in SWA (Diamantengebiet)

doch eine Viertelstunde geschlafen. Das hat mir gutgetan. Wieder mutig weiter. Endlich muß doch ein Farmhaus kommen! Aha! Da voraus rechts Rindergebrüll! Neue Spannkraft ist da. Aber die Rinder lassen sich nur noch wenige Male hören; entweder ein Viehposten oder eine Kuh, die draußen im Busch gekalbt hat und bei ihrem Kalb geblieben ist. Ich sehe nichts. Weiter. Als die Wolken einmal größere Lücken am Himmel frei lassen, sehe ich im fahlen Mondlicht einen toten Schimmel gespenstisch seine steifen Beine emporstrecken und ich höre die Schakale bellen, die an ihm fressen. Brr! Unbehaglich! Solltest du Pech haben und dich völlig verlaufen, dann könnten sie dich auch bald so vornehmen! Als ich eine weitere Stunde marschiert bin, kommt wieder die Müdigkeit und ich mache wieder eine Ruhepause, schlafe schnell ein und werde nach einer Viertelstunde wach, weil die linke Seite, auf der ich liege, so naß und kalt wird. »Du wärest wenigstens zur Not noch felddienstfähig«, ist mein Trost. Nun kommt eine weitere Wasserfläche vor mir; die Pad steht unter Wasser. Vorsichtig taste ich mit einem Stocke, um nicht in ein Loch zu fallen. Trotz der Vorsicht muß ich beide Reitstiefel voll Wasser laufen lassen; es war zu tief. Nachher quatscht das Wasser so schön bei jedem Tritt. So ging es nun fort. Noch einmal eine Schlafpause von derselben Dauer und endlich kommt die ganz kurze Dämmerung und dann geht die Sonne auf. 5 Uhr 49 Minuten nach dem Kalender. Da sehe ich flach vor mir ausgebreitet eine weite gleichmäßige Ebene in einer Ausdehnung von schätzungsweise 12 Kilometer; die Pad schlängelt sich als deutlich erkennbares Band hindurch, aber von einem Farmhause ist trotz allen Spähens nichts zu gewahren, und ich erfuhr später, daß erst nach etwa 17 oder 18 Kilometern wieder ein Farmhaus gekommen wäre. Da war es zwecklos, weiterzulaufen und ich trete den Rückmarsch an, recht geknickten Gemütes. Wo ist die Kranke? Lebt sie noch? Wo ist das Auto? Wo bin ich? Als nach einer halben Stunde die Sonne etwas Kraft bekommt, suche ich mir eine trockene sandige Stelle auf der Pad und schlafe erstmal wohl eine Stunde ohne zu frieren. Das erquickte! Auch der Mantel, der so viel Wasser aufgesogen hatte, wurde wieder etwas trockener und verlor an Gewicht. Der Regen hatte aufgehört. Das Laufen wurde allmählich beschwerlich wegen der nassen Stiefel und der wund werdenden Füße. Da kommt wieder das Wasser, und es hilft alles nichts, ich muß die Stiefel noch mal vollaufen lassen. Den toten Schimmel sehe ich jetzt im Sonnenschein, aber er sah darum nicht freundlicher aus, nur daß anstatt der Schakale nun Vögel an ihm fraßen. Endlich gegen 10 Uhr kommt mir mein Auto entgegen. Meine erste Frage ist natürlich: »Sind Sie bei der kranken Frau gewesen? Wie steht es da?« Und die Antwort: »Ja. Die ist aber schon wieder zurück zu ihrer Farm, nachdem sich alles von selbst gemacht hat; es geht ihr gut.« – Einerseits eine Beruhigung, daß durch unser spätes Kommen und mein Verlaufen nichts versäumt ist; dann aber das Gefühl, ganz unnötigerweise die ganze Fahrt gemacht zu haben. Erhebend war das nicht. Aber es ließ sich eben nichts daran ändern. Und dann ließ ich mir erst mal die Stiefel ausziehen, was gar nicht so leicht war. Wie tat das den Füßen gut, diese nassen Dinger endlich los zu sein! Und trockene Strümpfe hatte ich sogar in der Instrumententasche mit. Wie schön war das! Und dann umgekehrt nach Hause zu. Der geliehene Eingeborene wurde abgeliefert bei seinem Baas, der uns auch ein wunderbar mundendes Frühstück darbot. Bei Baron de Smidt wartete schon ein anderes Auto mit vier jüngeren Farmern vom Osten her, die auch hindurch wollten, und so wurden denn beide Autos nacheinander von den 14 Ochsen hindurchgeschleppt durch den Fluß, der etwas weniger Wasser führte als gestern. Wir beschlossen nun, daß beide Autos zusammenbleiben sollten, um sich bei Festsitzen besser helfen zu können, und wir hatten auch zwei- oder dreimal Gelegenheit, das auszuprobieren. Böse Ahnungen stiegen uns auf, als wir sahen, daß auf den Bismarckbergen gerade vor uns ein ganz schwerer Wolkenbruch niederging! Und richtig! Als wir bei Ondekaremba an das von den Bismarckbergen kommende Rivier gelangen, das wir gestern morgen ohne Schwierigkeiten passiert hatten, kommt es ab in der Höhe von 4 bis 5 Metern in seinem engen, steilwandigen Bett und wir sitzen da und müssen warten, bis es abgelaufen ist. Also übernachten. Wir fahren die Autos nebeneinander unter die großen Kameldornbäume und richten uns ein. Wie steht es mit dem Essen, fragt einer. In meinem Auto war gar nichts, da wir sicher darauf gerechnet hatten, heute abend zu Hause zu sein. »Ich habe ein Maisbrot, das mir unsere Nachbarin Frau Wilckens für ihren Sohn Walter im Schulpensionat mitgegeben hat; der Junge ißt es so gern«, sagte einer vom andern Auto. »Halt«, fuhr ich gleich dazwischen, »Walter Wilckens ist mein Neffe; ich schreibe Ihnen ein ärztliches Attest, daß das Maisbrot dem Walter lange nicht so gut bekommt wie uns; deshalb her damit! Ein anderer hatte ein Stück Speck. Brot und Speck ist ein vorzügliches Essen auf Pad und es schmeckte uns auch herrlich, denn Hunger hatten wir alle. Aber doch berührte es uns eigenartig, daß wir auf der andern Seite des Flusses die Kinder des Farmers im Garten leckere Früchte pflücken sahen und nichts davon abbekommen konnten. Wir schliefen dann die Nacht gut; am besten jedenfalls ich nach der letzten durchwanderten Nacht. Am andern Morgen hatte sich das Wasser so weit verlaufen, daß wir gut hindurchfahren konnten. Auf der letzten Strecke des Weges nach Windhuk mußten noch einige Male die Stiefel und Strümpfe von den Füßen und das Auto herausgearbeitet werden, aber es ging immer ohne zu großen Zeitverlust ab und gegen 10 Uhr war ich wieder zu Hause. Meine anfängliche Wut auf den Farmer, daß er mir nicht einen Boten entgegengeschickt, um mich abzubestellen, sobald er sah, daß meine Hilfe nicht mehr nötig war, verflog, als ich nach einigen Tagen erfuhr, daß er einen Eingeborenen auf einem Maultier losgeschickt hatte, daß dieser aber an einer andern Stelle den Nossobfluß durchritten hatte, dabei von der Strömung fortgerissen war und sich selbst noch eben gerettet hatte, während das Maultier ertrunken war.

Das war eine ärztliche Landfahrt mit einer allerdings außergewöhnlichen Zahl von Hindernissen. Auf einige solcher Schwierigkeiten muß sich aber der Arzt bei Landfahrten in der Regenzeit immer gefaßt machen; er mehr als Leute anderer Berufe. Denn wenn er gerufen wird, ist es immer eilig und er muß den Kampf mit einem abkommenden Rivier aufnehmen, während ein anderer ruhig warten kann, bis es sich wieder verlaufen hat. In der neun Monate dauernden völlig regenlosen Trockenzeit fehlen die abkommenden Riviere. Dafür aber machen Strecken feinen Sandes dieselben Schwierigkeiten; wie im Durchschlag wühlen sich die Räder tief in den Sand und fassen nicht, so daß man auch Busch kappen und unterlegen muß. Eine berühmte Stelle der Art war das Rivier bei Otjihokero mit seinem feinen weißen Sande, und der hier wohnende Farmer hatte für die fast täglich festsitzenden Autos eine Tafel angebracht: Autos werden mit Ochsen durch das Rivier geschleppt für den Preis von … (Die Summe habe ich vergessen.) Die Autos hatten meist 40 oder 42 Pferdekräfte. Allmählich werden ja mehr Bahnen gebaut; bis Ondekaremba, wo wir bei Maisbrot und Speck übernachten mußten, fährt man heute (1925) schon mit der Bahn und bald wird sie bis Gobabis gehen. Bequemer wird das Leben und das Reisen durch sie ohne Zweifel, doch von der alten Poesie und Romantik des Lebens geht auch immer mehr verloren. Ein ganz alter Afrikaner sagte mir schon 1907: »Es ist gar nicht mehr schön in Sobabis. Wenn ich früher eine Europapost an meine Hamburger Firma abgefertigt hatte, dann wußte ich, ich hatte nun drei Monate Ruhe mit dem Schreiben; jetzt kommt so oft ein Dampfer, daß ich keine 14 Tage sicher bin, nicht einen Brief zu bekommen.« – Schöner war es früher, und doch möchte keiner die Bahn und das häufigere Kommen der Dampfer wieder vermissen!

Feste (Bezirksamt) Kilwa (DOA)

Ost-Afrika

Ußagara-Berge (DOA)

Ußagara-Lied

Schau' ich auf die dunkelblauen
Berge Ußagaras hin,
Kommen mir die altersgrauen
Deutschen Burgen in den Sinn;
Und ich denke froher Stunden,
Ohne daß mein Herz beschwert,
hab' ich doch auch hier gefunden,
Was des deutschen Mannes wert,

Deutsche Wimpel seh' ich wallen
Auf dem blauen Ozean;
Deutsche Laute hör' ich schallen
Bei Korogwe und Ssaadan.
Leb' ich auch im fremden Lande,
Fühl' ich mich der Heimat nah:
Rauschet doch am Meeresstrande
Dein Panier, Germania.

Stolz durchbraust es meine Adern,
Seh' die Flagge ich gehißt,
Die den fremden Kriegsgeschwadern
Längst ein Dorn im Auge ist.
Wenn ich einstmals sterben werde,
Soll mein letzter Wunsch noch sein:
Legt mich nicht in fremde Erde,
hüllt mich in die Flagge ein.

Fluch dem Frechen, der da waget
Anzutasten unsern Schild!
Fluch dem Feigen, der da zaget,
Wenn's der deutschen Flagge gilt!
Deutschlands Söhne, euch umfasset
Alle ein gemeinsam Band:
Deutsche Brüder, nimmer lasset
Ab vom hehren Vaterland!

August Leue (1891)

Benediktinerinnen mit ihren Zöglingen (DOA)

Banaheris Niederlage 1890

Brief von Franz Stuhlmann

Sansibar, 13. Januar 1890.

Liebe Eltern!

Soeben erfahre ich, daß ein französisches Kriegsschiff nach Europa Post mitnehmen will, und schreibe Euch nun eiligst wenige Zeilen, damit Ihr nicht etwa durch irgendeine Zeitungsnotiz erschreckt werdet. Ich schrieb Euch am 2. noch ganz kurz, daß ich mit Wißmann nach Ssaadani gehen würde, fuhr dann auch mittags 1 Uhr ab und langte nachmittags 5 Uhr dort an. Wißmann, der noch mit der Post zu tun hatte, kam erst einen Tag später nach. Hinter Ssaadani hatten sich unter Führung von einem bedeutenden Jumbe (Häuptling) Bana Heri und seinen Söhnen etwa 1–2000 Neger, meist Wasegūa, angesammelt, um sich Wißmann zu widersetzen. Bei einer Rekognoszierung von Mkwadja aus unter Lt. Schmidt war man plötzlich auf eine stark befestigte Boma (Verschanzung) gestoßen, aus der heftiges Feuer kam, so daß sofort ein weißer Unteroffizier und 7 Sulu tot hinfielen und die zu schwache deutsche Abteilung zurückmußte. Eines Abends (30. Dezember) kam die Nachricht hier an. Wißmann mußte nun zur Unterdrückung dieses neuen Widerstandes alles verfügbare Truppenmaterial aufbieten. Die ganze Nacht wurde disponiert und morgens fuhren die Schiffe fort, um die Truppen von allen Plätzen zusammenzuholen. Zu bestimmter Stunde trafen sie in Ssaadani zusammen, es wurde gelandet und der Ort, der *ganz* zerstört und verlassen ist, besetzt. Hansing & Co. hatten in einem Tage eine vollständige Stationsausrüstung besorgt und verladen, so daß sofort mit dem Bau einer Wellblechverschanzung begonnen werden konnte. Am 2. Januar abends war die viereckige, ca. einen Fuß dicke Schanze fertig sowie aus Wellblech hergestellte Schuppen zur Unterkunft. Es waren etwa 45 Europäer und fast 600 Soldaten im Lager. Da Wißmann alles aufbieten mußte, so stellte auch ich mich ihm zur Verfügung, besonders da ich in Erwartung des Abgangs der Expedition doch nichts Gescheutes mehr unternehmen konnte. Ich wich dadurch allerdings von meinem früheren Verfahren ab, hatte aber schon lange ein großes Verlangen, auch einmal ein kriegerisches Unternehmen mitzumachen. Außerdem war es ja nicht zwecklos, sondern eine schöne nationale Sache. – Am 3. Januar wurde noch viel exerziert, um Disziplin in die Truppen zu bekommen; besonders mußte die Artillerie-Kolonne geübt werden, damit die einzelnen Geschützteile zusammen marschierten und auch das Zusammensetzen schnell ging. Abends machte Wißmann die Disposition. Zwei Kompanien und 30 Askari mit Marine-Geschütz voran unter Chef Lt. Schmidt, dann er selbst mit dem Stab, darauf die an 100 Mann starke Artillerie (zwei 6 cm-Geschütze, zwei 4,7-cm-Geschütze mit Munition) und endlich das Expeditionskorps, 4 Kompanien unter Zelewski. Ich war

Elfenbein-Karawane bei Bagamojo (DOA)

Letzterem als Ordonnanzoffizier beigegeben. Wir schliefen auf der Erde unter einigen Wellblechplatten. Um 1/2 4 wurde Reveille geblasen, dann rangiert und etwa um 3/4 5 abmarschiert, nach Westen. Das Lager der Aufständischen lag etwas über eine deutsche Meile WNW von Ssaadani, etwas nördlich von der Stelle, wo man Ndumi auf der Karte angegeben findet; der Ort selbst hieß Mlémbule, wo wir etwa nach 6 Uhr ankamen. Wir stießen auf ein großes verlassenes Dorf, das ganz provisorisch von Flüchtlingen wieder hergerichtet war. Westlich von diesem war ein Tal, an dessen anderem Rand die feindliche Boma lag, von der wir nur ein kleines Stück Pfahlzaun sahen. Rechts vom Dorf fuhr die Artillerie auf und fing an zu schießen (450 m), empfing auch wieder Feuer, das aber keinen Schaden tat. Ich mußte immer als Adjutant im hohen Gras und Busch hin und her, um Befehle zu übermitteln. Euch alles einzeln zu erzählen führt zu weit, dazu ist heute keine Zeit. Allmählich wurde das Ganze nach links gezogen, nur eine Kompanie behielt das Dorf besetzt. Wißmann stand mit dem Stab, worunter auch ich, hinter einem kleinen Hügel, links und rechts je zwei Geschütze. Der Feind war äußerst hartnäckig, nach jeder ins Lager fallenden Granate wurde getrommelt und Halloh gemacht. Wir sagten uns, daß unter diesen Umständen ein Sturm ein Leichtsinn sei. Es wurde also 1 1/2 Stunde lang nur von Europäern geschossen, dann und wann eine Salve von Soldaten dazwischen. Ich stand neben Wißmann und Stabsarzt Dr. Becker, und wir feuerten abwechselnd einen Schuß nach dem anderen. Wenn ein Gewehr heiß geworden war, ließ ich mir von einem Sulu ein anderes geben. Mein Junge mit meinem Gewehr war gleich zu Anfang unsichtbar geworden, so daß ich das Ganze nur mit einem Spazierstock mitmachte. (Zelewski mit einem Sonnenschirm unter dem Arm.) So habe ich wohl 70 bis 80 Schuß abgegeben. Plötzlich bekamen wir vom Rücken aus Feuer, indem der Feind eine Umgehung gemacht hatte; doch wurde er nach einigen Minuten zurückgetrieben. Endlich nach 31/2 Stunden Gefecht nahm das Feuer des Gegners ab, und Wißmann setzte die Sudanesen-Kompanien zum Sturm an, von der linken Seite. Währenddessen schossen wir eine Granate nach der anderen ins Lager hinein und suchten auch die Stürmenden durch Salvenfeuer zu entlasten. Als wir dann heftiges Feuer und »Hurrah« hörten, drückten wir sämtlich beide Daumen. Schwenken der schwarz-weiß-roten Fahne von der Boma benachrichtigte uns vom Gelingen des Sturms, und alles ging auf die Boma zu, schneller als ich das schreiben kann, denn wir bekamen immer noch etwas Feuer. Die Sudanesen waren tadellos wie europäische Truppen vorgegangen und hatten, als sie auf 25 Schritt von

Zollanlagen Handelshäuser Bezirksamt Katholische Kirche Post Evangelische Kirche

Daressalam (DOA, 1911)

der Boma Schnellfeuer bekamen, dasselbe durch gute Salven erwidert. In durch Granaten gerissene Löcher eingreifend, die Europäer voran, wurde ein Eingang geschaffen. Als wir in die Boma kamen, waren die Soldaten schon ausgerichtet angetreten, drückten den Europäern die Hände und fielen sich gegenseitig um den Arm. Unsere Verluste waren in Anbetracht eines vierstündigen Gefechtes und des starken Widerstandes sehr gering: acht Sudanesen Beinschüsse, ein Sulu hatte sich den Kopf an einem Baum blutig gerannt. Leider war ein Unteroffizier beim Laden einer Kanone verunglückt; beim Einschieben der Kartusche muß wohl noch ein Funken im Rohr gewesen sein. Ehe er den Verschluß vorgeschoben, ging der Schuß nach hinten heraus und riß ihm den ganzen rechten Arm fort. Reines Wunder, daß Wißmann und andere, die dicht dabei standen, nichts abbekamen. Der Verwundete behielt die Besinnung, starb aber nach Amputation am nächsten Tage an Bord des »Sperber«.

Im Lager fanden wir nur neun Tote, doch müssen nach hiesiger Sitte Gefallene und Verwundete fortgeschleppt sein, denn wir haben 173 Granaten und Schrapnells und 10–12 000 Gewehrkugeln in das Lager hineingeschossen. Es war das heftigste Gefecht, das die Schutztruppe bis jetzt gehabt hat. – Während nun Herr Illich mit seinen Askari die Befestigung zerstörte und alles Holz auf einen Haufen trug, labten wir uns an den mitgebrachten Getränken. Die Verwundeten wurden verbunden und auf vorgefundene Neger-Bettstellen gelegt, endlich das ganze Lager angezündet. Eine Verfolgung der Feinde hatte keine Resultate gegeben, da der Busch zu dicht war und unseren Leuten die Schlupfwinkel nicht bekannt waren.

Um 1/2 1 Uhr marschierten wir in aller Ruhe ab, zwei Kompanien nach dem oben erwähnten Dorf, um auch das noch anzuzünden. Ich ging neben Zelewski und v. Nettelbladt, dem Chef der freiwilligen Krankenpfleger. Plötzlich nach einer halben Stunde Marsch bekamen wir von der rechten Seite von offenbar zersprengten Aufrührern ziemlich heftiges Feuer. Leute sah ich nicht, rief aber nach meinem Gewehr. Plötzlich fühlte ich einen starken Schlag auf meinen rechten Oberschenkel und sah ein kleines rundes Loch, das mir anzeigte, was geschehen war. Da ich stehen und gehen konnte und auch fast kein Blut kam, wußte ich gleich, daß die Verwundung ganz ungefährlich sei, konnte aber von meinem Jungen, der sich rasch versteckt hatte, mein Gewehr nicht mehr bekommen, um bei der Abwehr des Überfalles mitzuwirken. So konnte ich nichts Besseres tun, als mich in einen Graben legen und warten, bis eine folgende Sulukompanie die Ruhestörer vertrieben hatte. Dann ging ich in den Schatten und ließ mich von Herrn v. Nettelbladt verbinden. Es ist lächerlich, wie wenig Schmerzen bei einem solchen Schuß sind. Man gab mir einen Cognak und legte mich auf eine herangeholte freie Bettstelle, auf der ich von Sulus und Ssaadani getragen wurde. – Es ist gerade wie beim Duell, daß immer der Unschuldigste etwas abbekommt. Alle Leute, vor allem Wißmann, waren äußerst liebenswürdig gegen mich, und Kapt. Foß, der mit seiner »Sperber«-Mannschaft während unserer Abwesenheit das Lager besetzt hatte, bot mir sofort an, mich als seinen Gast nach Sansibar zu bringen. Nachmittags war ich definitiv verbunden und die oberflächlich unter der Haut sitzende Kugel, die den ganzen Oberschenkel durchschlagen hatte, ohne Schwierigkeiten herausgeschnitten. Abends kam ich noch an Bord des »Sperber« und traf ganz munter in Sansibar ein, wo mich Dr. Becker durchaus erst mal im Lazarett haben wollte. Die Kugel war eine schlecht gegossene Rundkugel, die offenbar gar nicht in das Gewehr gepaßt hatte. – Jetzt, nach acht Tagen, bin ich schon wieder zu Hansings übergesiedelt und alles geht beinah so, wie der Stabsarzt es erwartete.

Von fast allen Leuten werde ich wegen dieses »Renommierschusses« beneidet, alle möchten ihn gern haben. In wenigen Tagen kann ich wieder ganz gehen und will dann noch auf Krokodileier fahnden und auch auf der Insel etwas arbeiten, um den deutschen Frühling abzuwarten.

Ich muß jetzt schließen, da ich noch nicht allzulange aufrecht am Schreibtisch sitzen, sondern das Bein mehr strecken soll. Lebt also alle herzlichst wohl und nochmals: seid mir nicht böse. Mit vielen Grüßen auch an die Geschwister

Euer treuer Sohn

Franz.

Waidmannsheil

Als Beherrscher von Pangani
lebte unweit von Sabani
einst Herr Schulze; selbiger
zeigte auch sich nebenher
als ein großer Nimrod.

Einstmals kam in hellen Haufen
Seine Dienerschaft gelaufen;
Bana, kuba, diese Nacht,
Ssimba – welche Niedertracht! –
hat geraubt dein Schlachtroß.

Schulzen tät dies sehr verdrießen,
und den Löwen abzuschießen,
nahm er seine Büchse – und
den Revolver in dem Mund –
schlich er nach der Fährte.

Wie Trabanten ihrem Sterne
folgte ihm aus sichrer Ferne,
staunend ob der Tapferkeit
ihres Herren, das Geleit,
seine schwarzen Diener.

Dicht bei einem leeren Kraale
fand man halb vom Löwenmahle
einen reichen Überrest,
der ein hochwillkommnes Fest
bot für ein'ge Geier.

Um den Kriegsplan zu gestalten,
ward ein Schauri abgehalten,
und hier faßte stantepheh,
Schulze eine Prachtidee,
bis die auch ausgeführt ward.

Abends zog er die Kanonen
an, nahm 110 Patronen,
den Revolver, einen Speer,
ein'ge Schnäpse, sein Gewehr
und dann Platz im Kraale.

Allhier dachte er verwegen,
einen Hinterhalt zu legen:
»Wenn das Vieh, wie sich gebührt,
heute wieder Hunger spürt,
knall' ich ihm aufs Leder.«

So in voller Kriegsausrüstung
lugt' er über eine Brüstung,
unverdrossen, ganz allein;
deutlich schien der Mondenschein
auf die halbe Stute.

Anstandshalber sollt' ich meinen,
mußte jetzt der Leu erscheinen;
doch die tück'sche Kreatur
fragte nicht nach Schulzen's Uhr
und ließ auf sich warten.

Und den heldenmüt'gen Jäger
trafen morgens früh die Neger –
die ob ihres Herrn Geschick
bang die Nacht durchwacht – zum Glück –
sanft und tief entschlafen.

Schulze machte die Bemerkung,
daß infolge starker Stärkung
manchmal dem gerechten Mann
Nachtdienst sauer werden kann –
Doch wo war die Stute?

Diese war vom Ort der Taten
ein Stück abseits hingeraten,
wo der Löwe unverwehrt
sie in Muße aufgezehrt
bis auf ein'ge Knochen.

Denn, um Schulzen nicht zu stören,
den es hatte schnarchen hören,
trug das edelmüt'ge Vieh
unverweilt sein Hottehüh –
noch ein Stückchen weiter.

Danach ist ein gut Gewissen
stets das beste Ruhekissen.
Nebenbei sei noch bemerkt:
wenn man es durch Schnäpse stärkt,
wirkt es ganz besonders.

Kurt Hoffmann (1890)

Auf dem Gipfel des Kilimandjaro

Von Hans Meyer

Nahe dem Äquator und etwa 14 Tagereisen weit von der Küste des Indischen Ozeans erhebt sich mitten im ostafrikanischen Steppenland der höchste Berg des dunklen Kontinents, der »*Kilimandjaro*«. Einsam und majestätisch steht der König der afrikanischen Berge in der weiten ebenen Landschaft. Sein Fuß ruht auf der etwa 700 Meter hoch sich ausbreitenden graugrünen Basisebene, die Falten seines Riesenmantels schimmern unten fast grün von den Bananenpflanzungen der eingeborenen Wadschagga, in der Mitte dunkelgrün und bräunlich von den Urwäldern der Regenzone und von dem Strauch- und Staudenwuchs der subalpinen Region; und sein darüber schroff erhobenes Haupt, der Kibo-Kegel, trägt stolz die blinkende mächtige Krone von ewigem Schnee und Gletschereis, die sich bis über 6000 Meter hoch zum Firmament emporwölbt. Durch alle irdischen Zonen des Klimas und der Vegetation, von der äquatorialen Hitze seiner Fußebene bis zur Eisluft der Pole, von den Hüttensiedlungen des nackten Negers bis zur hochalpinen Hütte seiner Gipfelregion, reicht der Kilimandjaro mit seiner den Montblanc noch um mehr als 1000 Meter übertreffenden Höhe: eine Naturschöpfung von wahrhaft überirdischer Größe und Schönheit.

Nur selten steht das gewaltige Bergbild klar und rein in der Landschaft. Am ehesten in den Morgenstunden der Regenzeit, bevor die täglichen Gewitter aufziehen. Gewöhnlich lagert ein dunkelgrauer Wolkenkranz um seine Urwaldzone oder türmt sich eine ungeheure Kumulushaube über dem Gipfel auf und scheint den Berg noch um weitere 1000 Meter wachsen zu lassen. Aber auch in der oft wochenlang wolkenlosen Trockenzeit des Sommers verschleiert sich das Bild vom Vormittag an mit einem offenen Wasser- und Staubdunst, in dem die Einzelheiten verschwimmen; doch erscheint gerade deshalb das Bergmassiv noch größer und geschlossener als sonst.

Nicht ein einzelner großer Berg, sondern ein Gebirgsstock von riesigen Maßen ist der Kilimandjaro; emporgewachsen aus einem System von tektonischen Brüchen, wie sie das ganze Ostafrika durchziehen. Mit 4800 Quadratkilometer Grundfläche mißt er so viel wie die früheren Herzogtümer Sachsen-Weimar und –Altenburg zusammengenommen. Er ist so groß wie das ganze Harzgebirge. Schon seiner Gestalt sieht man die vulkanische Entstehung auf den ersten Blick an. In einer herrlichen weitausholenden Kurve steigen die Flanken des gewaltigen Kegels langsam aus der Ebene bis zu 2000 Meter Höhe an, wo die Hebung stärker wird und bis zu 4000 Meter zunimmt, um bei 4400 Meter in einen breiten, flachgewölbten Sattel überzugehen, auf dessen Ost- und Westende die beiden eigentlichen Gipfelpryamiden, der ältere zerfurchte *Mawensi* (5355 Meter) und der jüngere domförmige *Kibo* (6010 Meter), steil aufsitzen.

Im Gesamtbild beherrscht der Kibo alles, da er die breite Krönung des Ganzen ist und nur er eine mächtige Haube ewigen Schnees trägt. Der ganze Riesenbau des Gebirges bekundet den hehren Stil, in dem auf Erden nur Cyklopen bauen, wenn auch das Feuer in ihrer Werkstatt längst verloschen ist. Welche gewaltige Symphonie der Formen und Farben, von Luft und Licht, von Wolken und Regenschleiern, von Urwald und Kulturland; welch edler Rhythmus im räumlichen Nebeneinander und zeitlichen Nacheinander der Erscheinungen; sie alle innerlich geeint und äußerlich zu einem großen harmonischen Ganzen gestaltet durch das Zusammenspiel der physikalischen Kräfte! Man meint, das leise Klingen der Sphärenharmonie zu vernehmen.

Ungezählte Jahrtausende hat der riesige ostafrikanische Schneeberg sich der Kenntnis der

Kulturwelt entzogen, bekannt nur den Eingeborenen des Innern. Weder die Geographen des Altertums noch die Araber des Mittelalters hatten sichere Kunde von ihm, und auch die Portugiesen, die sich im 16. Jahrhundert an der ostafrikanischen Küste festsetzten, ohne je weit ins Binnenland einzudringen, wissen nichts von ihm zu berichten, außer dem Fernandez de Encisco, der 1519 in seiner *»Summa de Geographia«* schrieb: »Westlich von Mombassa liegt der äthiopische Olympos, der sehr hoch ist.« Das ist alles. Es war dem deutschen Glaubensboten *Johann Rebmann* vorbehalten, den großen Schneeberg, der den Äquator verhöhnt, zum ersten Mal leibhaftig zu erschauen. Auf einer Missionsreise drang er im April 1848 bis in das Dschaggaland vor, wo er eines Morgens den Riesenberg mit seinem weißen Gipfel vor sich stehen sah: »Es war mir sicher, daß das nichts anderes sein könne als Schnee.« Und in seinem danach veröffentlichten Tagebuch schildert er den Berg in vielen Einzelheiten. Ein Jahr später bestätigte der Missionar *Krapf* Rebmanns wunderbare Entdeckung. Trotz vieler Zweifel und heftiger Anfeindung seitens zünftiger englischer Geographen setzte sich die Wahrheit durch, als 1861 der hannoversche Baron *Klaus von der Decken* den Kilimandjaro besuchte und ihn 1862 zusammen mit *Otto Kersten* bis zur Neuschneegrenze bis 13 000 Fuß Höhe bestieg, worüber in ihrem inhaltsreichen Reisewerk Bericht erstattet wurde. Allerlei andere Besteigungsversuche übergehe ich, da sie viel mehr Dichtung als Wahrheit sind.

Der Kibo aus Südosten (von der Strauchregion oberhalb des Urwaldes aus) 3600 m

Auch ich hatte mich 1887 bei einem Besuch unserer jungen ostafrikanischen Kolonie vergeblich am oberen Kibo versucht und mußte mit meinem Begleiter E.A. von Eberstein in 5500 Meter Höhe wegen unzureichender alpiner Ausrüstung umkehren. Auf meiner dritten Ostafrikareise 1889 aber, zu der ich den bekannten österreichischen Hochalpinisten *Ludwig Purtscheller* als Begleiter erkoren hatte, wurde endlich das lang erstrebte Ziel erreicht und ein halbes Jahrhundert nach der Entdeckung des Berges zum ersten Mal sein Gipfel betreten. Der höchste Berg Afrikas, der durch die Gründung der deutsch-ostafrikanischen Kolonie auch der höchste Berg Deutschlands geworden war, der von einem Deutschen 1848 entdeckt worden und zumeist von Deutschen erforscht worden war, war nun auch alpinistisch erstmalig von einem Deutschen bezwungen.

Dieser Erstersteigung und ihren an Entdekkerfreuden reichen Erlebnissen sind im nachfolgenden einige Blätter gewidmet, wobei ich mehrere Resultate meiner 10 Jahre später ausgeführten letzten Kilimandjaro-Expedition (1898) mit einflechte. Im übrigen verweise ich auf meine Bücher »Ostafrikanische Gletscherfahrten«, Leipzig 1890, und »Der Kilimandjaro; Reisen und Studien«, Berlin 1900.

Ich eilte über den Zug meiner 120 Mann starken Karawane vom englischen Küstenplatz Mombassa durch die Steppen zum Fuß des Kilimandjaro hinweg, hinweg über die Errichtung eines *Standlagers* bei dem mir von 1887 her befreundeten Häuptling *Mareale* von Marangu in 1400 Meter Bergeshöhe inmitten üppiger Bananenpflanzungen, zwischen Hüttengruppen freundlicher Wadschagganeger, wo meine Leute in Ruhe und reichlicher Nahrung weilen konnten. Ich streife nur den Aufstieg meiner aus dem Gros der Karawane ausgewählten kleinen Bergexpedition von lauter kräftigen, zuverlässigen Männern durch das gesegnete Dschaggaland und den bei 1800 Meter beginnenden düstern

Die Zunge des Drygalski-Gletschers am West-Kibo, 4800 m

und immer feuchten Urwald; und ich eile, um mit meinen wenigen Leuten über die oberhalb des Urwaldgürtels bei 3000 Meter sich ausdehnenden Gras- und Staudenfluren durch Nebel und blitzenden Hochgebirgssonnenschein zu dem breiten Sattel zwischen Kibo und Mawensi emporzusteigen, wo in der nun beginnenden hochalpinen Wüste bei 4330 Meter Höhe zwischen schützenden Lavablöcken unser Zelt auf sandigem Boden aufgeschlagen wurde.

Der Aufstieg von Mareales Dorf Marangu bis hier herauf hatte 3 Tage gedauert. Nun schickte ich meine Leute, nachdem sie die Lasten der Nahrungsmittel, Instrumente, Geräte usw. zwischen die Felsen verstaut hatten, nach dem oberen Urwaldrand wieder hinunter, wo sie für die nächsten 8 Tage ein Hüttenlager als *Zwischenstation* zwischen unserm oberen Lager und Marangu errichteten, so daß eine tägliche Verbindung zwischen unten und oben hergestellt war.

Nun waren wir beiden Europäer im obern Berglager allein mit einem einzigen Neger, *Muini Amani*, einem vortrefflichen Burschen, der sich schon auf der Herreise durch Umsicht und Gewandtheit vor allen andern hervorgetan hatte und sich vor Tod und Teufel nicht fürchtete. Er hatte, während ich mit Purtscheller in den folgenden Tagen die Hochtouren ausführte, das Zelt und das Feuer zu hüten, Brennholz und Wasser zu beschaffen, die Mahlzeiten herzurichten und gelegentlich unsre Schlafsäcke in ein höheres Biwak zu transportieren.

Unser Zelt lag dem *Kibokegel* viel näher als dem östlicheren Mawensi, denn der eisige Kibogipfel war ja unser Hauptziel. Noch rund 1700 Meter türmte sich der Kibo über unserem Lagerplatz empor. Die große stille Einsamkeit und die gewaltigen einfachen Formen dieser Hochgebirgslandschaft nahmen unsre Sinne völlig gefangen. Von hohem Reiz aber ist das immer wechselnde Spiel des Lichtes und der Farben. Ziegelrot ist das Aschen- und Geröllfeld unsrer Umgebung, durchzogen von mattgelben Bändern und Streifen. Ziegelrot sind die kleinen Hügel am Sattel, von denen diese Aschen ausgeworfen sind, graubraun schimmern die basaltischen Trümmerwälle am Fuß des Kibokegels, dunkelblaugrau und grauviolett die Abhänge und Wände des Kibo selbst; blendend weiß mit lichtblauen Bruchrändern wölbt sich seine breite Firn- und Eishaube über die Felsmassen, und tief dunkelblau spannt sich der Hochgebirgshimmel über das Ganze. Ein prachtvoller Vorwurf für einen Landschaftsmaler! Was aber kein Maler wiederzugeben vermag, das ist der fortwährende

Wechsel des Sonnenlichtes und der Wolkenschatten, im Aufleuchten und Verblassen der Farbentöne, im Auf- und Zuziehen der Nebelschwaden. Und doch ist es gerade dies, was neben dem Fauchen des Windes, dem Rieseln eines Bächleins, dem Zwitschern eines einsamen Steinschmätzers, dem dumpfen Krachen in den Spalten des nahen Kibogletschers und neben anderen undefinierbaren Geräuschen diese so starr erscheinende märchenhafte Hochgebirgslandschaft belebt und sie dem lebendigen Menschen, wenn er Augen hat zu sehen und Ohren hat zu hören, näherbringt.

Ganz anders aber, wenn nach kurzer Tropendämmerung die Nacht hereingebrochen ist. Steht der Mond halb oder ganz voll am dunkeln Himmel, dann strömt er unter diesen äquatorialen Breiten und in dieser Höhe ein so klares Licht über die Landschaft, daß man kilometerweit die Dinge erkennen und leicht dabei schreiben und lesen kann. Ist jedoch die Nacht mondlos, so funkelt und flimmert der Fixsternhimmel in nie geschauter Pracht und Lebendigkeit, während die ungeheure Masse des Kibo dunkel und drückend, ja drohend und unnahbar über uns steht, scheinbar noch höher und steiler als bei Tageslicht, und sein fahles Haupt mild umleuchtet von dem phosphoreszierenden Schimmer der Milchstraße wie von einer riesenhaften Aureole. Das ist alles stille Größe und Geheimnis, und andachtsvoll stehst du kleiner Mensch vor der unfaßbaren göttlichen Natur.

Und dennoch galt es in das hehre, hohe Heiligtum einzudringen, mit dem Endziel, unsern Fuß dem Riesen auf den Scheitel zu setzen und die Natur der Gipfelregion zu entschleiern. Am Tag hatten wir mit Fernglas und Zwiegespräch eine Route ausfindig gemacht, die uns über Felsrücken und Gletscherzungen hinweg auf den obern östlichen Firnmantel führen sollte, von wo der von hier aus unsichtbare breite Gipfel ersteigbar schien. Der Weg war weit, die Arbeit voraussichtlich um so schwerer, als zu den alpinistischen Schwierigkeiten des Berges selbst noch die von etwa 5000 Meter an zu erwartende lähmende Wirkung der dünnen Luft hinzukam; ganz zu schweigen von einem Wettersturz, wie er hier unter dem Äquator mit großer Geschwindigkeit einzutreten pflegt.

Es war stockfinstere Nacht und 4° Kälte, als wir am 3. Oktober früh 1/2 3 Uhr vom Zelt aufbrachen. Muini Amani blieb im Lager zurück. Beim Schimmer unserer kleinen Laternen strebten wir dem *Kibo* zu. Rucksäcke, Pickel, Seil, Steigeisen, Proviant und Instrumente hatten ein ganz ansehnliches Gewicht. Bald gab es eine böse Kletterei an den Wänden eines Talkessels entlang, in dem von oben die Zunge des von uns für den Aufstieg erkundeten Hängegletschers sich hineinstreckte. Das Kesseltal wurde durchquert und auf den Schutthalden seiner Südflanke steil emporgestiegen. Als der Morgen dämmerte, standen wir 4800 Meter hoch bei den letzten winzigen Blütenpflanzen (*Senecio repens*) dieser Bergseite – auf andern Seiten fand ich später noch welche bei 5000 Meter – und genossen kurz den Farbenzauber der »Morgenröte«, die in allen Tönen des Gelb, Rot und Violett über den östlichen Himmel flammte; aber die aufgehende Sonne blieb uns durch die gerade im Osten aufragende Zackenruine des Mawensivulkans verdeckt.

Von drüben her ergießt sich nun ein warmer rosiger Schimmer über unsre felsige Umgebung und über den mächtigen Schnee- und Eisdom des obern Kibo, und bald blitzen über den Mawensi die ersten wärmenden Strahlen des schnell steigenden Sonnenballes herüber und laden uns zur ersten Rast in 5000 Meter Höhe ein. Hier liegen die ersten verharschten Schneeflecken unter dem Schutz der großen Lavablöcke, hier tragen die Felsen schon deutliche Spuren glazialer Einwirkung aus einer offenbar noch nicht lang verflossenen Zeit, als der Gletscher sich noch bis hierher erstreckte; hier haben die Trümmerfelder und -wälle ganz den Charakter von alten Moränen, während sich junge Endmoränen oben um die Gletscherzunge im Halbkreis herumlegen.

Zurückgewendet schweift der Blick über das tief unter uns hingestreckte Sattelplateau mit seiner Reihe kleiner Eruptionshügel und unserm gerade noch im Fernglas erkennbaren Zeltplatz. Darauf zu wallen von Süden her langsam Nebelschwaden, während weiter unten über der Urwaldregion dichte silbergraue Wolkenbänke lagern und weit draußen die Steppenebene im Dunst der von der Sonne hervorgelockten Wasserdämpfe nur sehr undeutlich heraufschimmert. Es ist eine Überschau vom Charakter jener vom Inselberg auf die herbstliche Ebene von Gotha und Mühlhausen, hier wie dort dieselben gerundeten Formen und dieselben Waldgürtel, aber hier alles gedehnt ins Riesengroße, alles einsame Wildnis ohne menschliche Bewohner und Kultur, denn die Siedlungen der Madschagga und anderer kleiner Stämme sind nur Oasen in den gewaltigen Urwäldern und an den Steppenflüßchen. Eine sogenannte schöne Aussicht kann es ja in solchen äquatorialen Höhen gar nicht geben; dafür ist die Höhe von mehr als 5000 Meter viel zu groß, die Luft der mittleren und unteren Regionen viel zu unklar, der Gesichtskreis viel zu weit.

Über uns aber blinkte in der reinen trocknen Höhenluft der nun schon näher herangerückte Eishelm des Kibo wie in Kampfeslust um die Verteidigung der Bergfestung und reizte uns doppelt stark zu einer Berennung an. Auf einem steilen schuttbestreuten Lavakamm kletterten wir langsam dem Eis entgegen. Da wir längst über Montblanc-Höhe hinaus waren, fühlten wir nun die zunehmende Luftdünne mehr und mehr. Alle paar Minuten mußten wir einen Augenblick stillstehen, um den keuchenden Lungen und dem ungestümen Herzschlag eine kurze Beruhigung zu gönnen. Auf den Beinmuskeln lastete eine eigentümliche Schwere. In der überaus trocknen Luft schmerzte die hart und spröde gewordene Schleimhaut der Lippen und des Gaumens und die trockne Zunge fühlte man wie einen Fremdkörper im Munde sitzen. Die Augen brannten trotz Schutzbrille und Salbe.

Endlich um 9.50 Uhr standen wir in 5480 Meter Höhe an der untern Grenze des geschlossenen Kibo-Eismantels und setzten nach einigem Stufenschlagen den Fuß auf den ersten von Menschen betretenen afrikanischen Gletscher. Ich gab ihm in Erinnerung an meinen verehrten verstorbenen Freund Friedrich Ratzel den Namen *»Ratzelgletscher«*.

Der erste Abschnitt der Befestigung, die 5 1/2 stündige Fels- und Schuttkletterei, lag hinter uns und es begann die zweite, die *Eisarbeit*. Jetzt trat Purtscheller, der Meister der Eistechnik, der bisher zurückgestanden hatte, in sein Recht und übernahm die Führung. Unter seinen wuchtigen Pikelhieben splitterte das spröde Eis in tausend Atome. Der Gletscher steigt sofort mit 35° Steile empor, und jede Stufe erforderte acht bis zehn Hiebe, um Stand zu gewähren. Im Zickzack gewannen wir langsam ein Hundert Meter nach dem andern, bis wir bei 5700 Meter in ein System von Spalten und Schründen gerieten, die uns ein schweres Stück Arbeit aufzwangen. Nach vielen Versuchen hier und da gelang es, eine vereiste Schneebrükke ausfindig zu machen, die über die größte Kluft wegführte und hielt. Jenseits strebte der Eishang noch steiler in die Höhe und erforderte weiteres Stufenschlagen, indem ich nun mit Purtscheller abwechselte. Immer hatten wir Eis unter den Füßen, keinen Firn oder Schnee, da es in diesen Trockenzeitwochen lange nicht geschneit hatte. Was von unten als eine weiße Schneehaube erscheint, ist die von Sonne und Wind angefressene Oberfläche des Eismantels, der den Gipfel umhüllt und überall in seinen untern Randpartien Gletschercharakter annimmt. Die weißen Eishänge reflektieren die Sonnenstrahlen um so stärker, als sie nicht von der abnorm trockenen dünnen Atmosphäre gedämpft werden können. Der Feuchtigkeitsgehalt der Luft beträgt nur 15 Proz. von dem des Küstenlandes und der Sauerstoffgehalt kaum die Hälfte. Und diese beiden Faktoren vereinen sich mit der übergroßen Kraftanstrengung und der hochgradigen physischen Spannung, um unsre Kräfte zu erschöpfen.

Es war wirklich hohe Zeit, daß wir dem Oberrand der Eiskalotte nahe kamen. Aber gerade die letzten 100 Meter waren auch rein objektiv die schwierigsten, denn die Eisoberfläche wurde nun von Sonnenstrahlung und Schmelzwasser so tief zerfurcht, daß sie ganz wie der sog. »Büßerschnee« der südamerikanischen Anden aussah. Bis zu 2 Meter Tiefe in Furchen und Spitzen, die in parallelen Reihen verlaufen, zerschmolzen, gleicht das Ganze einem Karrenfeld des Karstes. Und noch schwerer als über ein Karrenfeld ist das Gehen und Steigen hier, weil wir immer wieder bis an den Leib oder an die Brust einbrachen, so daß wir nur noch ruckweise vorwärts kamen.

Da endlich flacht sich der Eishang ab; wir nähern uns dem obersten Rand. Noch ein paar Dutzend Schritte, und mit einem Mal tut sich vor uns die Erde auf: in jähen Abstürzen liegt vor unsern staunenden Augen ein riesiger, den ganzen obern Kibo einnehmender *Krater*. Das war eine Entdeckung, die alle Mühen und Nöte lohnte! Ergriffen von dem großartigen Landschaftsbild ließ ich den Blick über den zirka 2000 Meter breiten und 200 Meter tiefen Kraterkessel, über die phantastisch gestalteten Eismassen, die seinen Boden bedecken, und über den Ausbruchskegel, der sich aus seiner Mitte erhebt, hinwegschweifen. Aber wir sahen auch sofort, daß die höchste Erhebung des Kibo nicht da war, wo wir gerade standen (5870 Meter), sondern links von uns auf der Südseite des Kraterrandes, wo drei Felskuppen die dunkeln Kraterwände überragen. Die Entfernung war auf etwa 11/2 Stunde zu schätzen. Dorthin aber durch das schwierige Eis vorzudringen, reichten an diesem Tag unsre Kräfte nicht mehr aus. Es war 2 Uhr; wir hatten eine 111/2 stündige höchst anstrengende Steigarbeit auf unbekanntem Terrain zwischen rund 4400 und 5900 Meter hinter uns und mußten nun auch noch mit dem Nebel rechnen, der, wie an jedem Mittag, über die Eishänge heraufzuwallen begann. Also: umkehren und in zwei Tagen wiederkommen, und den höchsten Gipfel forcieren! Und so geschah es.

Erfüllt von den Eindrücken des gewaltigen Kraterbildes traten wir den Abstieg an, aber bald nahmen das Eis und das erneute Stufenschlagen wiederum unsre ganze Aufmerksamkeit in Anspruch, so daß es in langsamer Bewegung 4 Uhr wurde, bis wir wieder festen Felsboden unter den Füßen hatten. Nach halbstündiger Rast, die – zum ersten Mal an diesem Tag – durch einen Schluck Rotwein und eine Tafel Schokolade versüßt wurde, rutschten wir auf den abschüssigen Schotterhalden der unteren Kiboregionen geschwind zu Tal, betraten bei Dämmerung das ebne Sattelplateau und langten endlich um 7 Uhr, zuletzt im Dunkel geleitet vom weithin leuchtenden Lagerfeuer unsres braven Muini, am gastlichen Zelt wieder an, wo uns eine solide Reismahlzeit, frische Bananen und duftender Tee erwarteten.

Am übernächsten Tag sah uns die Morgensonne alle drei mit schwerer Verpackung von Schlafsäcken, Wolldecken, Proviant, Brennholz und Wasser außer Rucksäcken, Steiggerät und Instrumenten auf dem Weg nach einem *Biwak*, für das ich vorher eine Felsgruppe in zirka 4650 Meter unter dem Ratzelgletscher ausersehen hatte. Dort waren wir unter den höhlenartig überhängenden Felsblöcken gegen den sausenden Nachtwind geschützt und verbrachten die Nacht trotz – 12° C recht gut. Um 3 Uhr in der Frühe des 6. Oktober gingen wir beiden Europäer frisch ans schwere Werk der Gipfelersteigung, während Muini Amani wieder im Biwak auf uns wartete. Und diesmal war uns Ndjaro, der erhabene Berggeist des Kibo, gnädig: wir erreichten unser Ziel.

Bald nach 6 Uhr waren wir schon wieder am Fußpunkt unsrer Eiswände vom 3. Oktober, und die damals geschlagenen Stufen bedurften nur so geringer Nachbesserung, daß wir wider Erwarten schnell vorwärts kamen. Dazu trug wesentlich der Umstand bei, daß wir nun unser Terrain kannten und in gehobener psychischer Verfassung die Erreichung des Gipfels bereits als sicher ansehen konnten. Um 3/4 9 Uhr betraten wir wieder den Kraterrand und hatten den gewaltigen Zirkus zu unseren Füßen. Jetzt begann das neue, letzte Stück der *Gipfelersteigung*, und dieses war nicht sonderlich schwer. Zwar waren hier oben das Eis und der ihm stellenweise aufliegende Firn ebenso von Sonne, Wind und Schmelzwasser zerschnitten und zerfressen wie weiter unten, aber seine Wölbung stieg nur leicht zu den höchsten Kuppen der südlichen Kraterwände an, so daß wir in 1 1/2 Stunden, schließlich auf losen verwitterten Lavablöcken und Geröll, die drei Kuppen erreichten und nun gemächlich eine nach der andern bestiegen. Die mittelste überragt nach barometrischer Messung mit 6010 Meter Höhe die andern um ein Geringes. Vor 11 Uhr betrat ich als erster den höchsten Punkt, pflanzte an meinem Eispickel eine kleine deutsche Flagge auf und rief nach dreimaligem, von Purtscheller kräftig sekundierten »Hurra« frohlockend aus: »Mit dem Recht des Erstersteigers taufe in diesen höchsten Gipfel afrikanischer und deutscher Erde: *Kaiser-Wilhelm-Spitze!*«

Wir schüttelten uns glückwünschend die Hände und überließen uns der körperlichen Erholung, dem weihevollen Siegergefühl und dem Genuß der wundervollen Gipfellandschaft. Die Sonne brannte heiß bei nur 2 1/2° Lufttemperatur, aber ein leichter Nordost fächelte Kühlung und verscheuchte alle Müdigkeit. Bis in jede Einzelheit klar lag der mächtige Kraterkessel unter uns und offenbarte seine Wunder von erstarrten dunkeln Lavafluten, von helleren Auswurfschen, von hügeligen Eruptionsstellen, von festungsartigen Eismassen im Grunde und blauweißen Eisgalerien an seinen Innenwänden und oberen Rändern. Nach Westen aber öffnet sich

Hans-Meyer-Höhle am Ost-Kibo 4500 m

der Ringwall in einer riesigen steilwandigen Kluft, durch welche die Schmelzwasser des Zirkus nach dem westlichen Unterland abfließen und eine Gletscherzunge hinabzüngelt. Tiefe Mittagsruhe lag über dem Ganzen. Bloß in den Felsen und in den Eismassen knisterte es unter dem Einfluß der warmen Sonnenstrahlung geheimnisvoll; der große Pan schläft!

Eine Stunde ging hin mit Schauen, Messen, Skizzieren, Notieren, während Purtscheller einen kleinen »Steinmann« baute und einen Zettel mit unsern Namen, Datum und kurzem Besteigungsbericht darin deponierte. Den obersten Stein des Gipfels aber barg ich in meinem Rucksack, um ihn dem deutschen Kaiser mitzubringen; er hat später als Briefbeschwerer den Schreibtisch Wilhelms II. geziert.

Fernsicht bot sich nur nach Süden und Westen, da im Norden und Osten der breite Kraterrand den Ausblick hinderte. Aber auch im Süden und Westen schweifte das Auge nur bis zur Urwaldregion, über der sich ein weites welliges Wolkenmeer ausbreitete und das Unterland verdeckte. Einzig im Südwesten ragte in der Ferne inselartig aus dem weißen Meer die herrliche Silhouette des Meruvulkanes (4630 Meter) empor und lockte zu einem Besuch.

Nun aber mahnte das Erscheinen kleiner flatternder Nebel zum Rückzug. Um 11 Uhr wendeten wir uns zum Abstieg. Er verlief trotz der bald dicht uns umschlingenden kalten Nebel in den ausgetretenen Spuren glatt bis auf einen einzigen kritischen Moment. Auf dem Steilhang des Ratzelgletschers glitt mein der Steigeisen entbehrender Fuß auf einer Stufe aus, und im Nu hing ich an meinem blitzschnell eingehauenen Pikkel. Dieser und das von Purtscheller ebenso schnell gestrammte Seil hielten glücklicherweise fest und retteten uns vor dem Sturz in den nebelbedeckten Abgrund. Vom Gletscherrand ab liefen wir wie vor zwei Tagen in langen Sprüngen über den lockeren Schutt eilig hinab zur Biwakhöhle, wo Muini Amani, der uns schon längst hatte kommen sehen, bereits mit geschnürtem Bündel zum Weitermarsch bereitstand. Bei Sonnenuntergang saßen wir wieder am *Zelt* beim brodelnden Reistopf und ergingen uns in fröhlichen Betrachtungen über die Erlebnisse und Errungenschaften in der Hochregion

Die Erstersteigung des Kilimandjaro war zu Ende. Aber das Hochgefühl der vollbrachten Tat, die eine mehr als 40jährige Belagerung und Bestürmung des afrikanischen Bergriesen zum siegreichen Abschluß gebracht hatte, verließ uns auch in den nächsten Tagen und Wochen nicht, als wir nach manchen andern Hochtouren im Kilimandjarogebiet zum Standlager beim Häuptling Mareale und bald darauf mit dem großen Karawanentroß wieder zur Küste zurückkehrten. Es blieb auch in der Heimat lebendig, als das mitgebrachte reiche Material an Sammlungen und Aufzeichnungen verarbeitet wurde und allenthalben von mir und von Purtscheller Bericht über unsere Ersteigung des höchsten afrikanischen Berges erstattet wurde. Der Kilimandjaro war unser – und er soll wieder unser werden.

Aus dem ehemaligen Deutsch-Wituland

Von Rochus Schmidt

Deutsch-Wituland ist ein einstmals deutsches Schutzgebiet, dessen Namen mancher Deutsche nicht kennt und dessen Geschichte, Bevölkerung und Bedeutung sogar vielen Kolonialdeutschen fremd geblieben ist. Witu zählt nicht zu den Kolonien, die uns gegen Treu und Glauben durch Lug und Trug mit dem nichtswürdigen Versailler Diktat genommen worden sind, sondern es ist durch den auf dem Wege gleichberechtigter Verhandlungen zustande gekommenen deutsch-englischen Vertrag des Jahres 1890 gegen Kompensationen an Großbritannien abgetreten worden und hat in dem von mir bejahten Falle der Vollwertigkeit dieser Kompensationen für uns seinen Zweck erfüllt.

Ich selbst lernte das Wituland in den Jahren 1886 und 1887 als Festlandsvertreter der mit der Verwaltung des Landes unter Aufsicht der Regierung betrauten deutschen Witugesellschaft kennen. In den Dienst dieser damals in der Gründung begriffenen Gesellschaft trat ich auf Wunsch und Vorschlag des Auswärtigen Amts, nachdem ich bereits im Jahre 1885 für die deutsch-ostafrikanische Gesellschaft gewirkt und im Sommer jenes Jahres durch Verträge mit Häuptlingen die Landschaft Usaramo erworben hatte. Schwere im Anschluß an diese Expedition gelegentlich eines Überfalls durch Ruga-Ruga erlittene Verwundungen führten eine Unterbrechung meiner Tätigkeit bei der ostafrikanischen Gesellschaft herbei. In dieser Zeit erging das genannte Ersuchen an mich.

Deutsch-Wituland, das ja in der Hauptsache das Ausgleichsobjekt gegen das für uns so bedeutungsvolle Helgoland geworden ist, war nach vielen Richtungen hin sehr interessant, so daß ich niemals bedauert habe, vor meiner späteren Rückkehr nach Deutsch-Ostafrika jenem Lande gedient zu haben. Ich habe das zwar nur kurze Zeit deutsch gewesene Land und seinen mit den besten Charakter- und Herzenseigenschaften ausgestatteten damaligen Herrscher, den alten Sultan Achmed, genannt Ssimba, aus dem alten Geschlecht der Nabahani und dessen Familie, sowie einen großen Teil der ihrem Sultan ergebenen Suaheli liebgewonnen und an dem nicht ganz ohne Schuld der damaligen Reichsbehörden sehr harten Geschick von Wituherrscher, -land und -leuten, wie es sich bei der Art der Ausführung des erwähnten Vertrages gestaltete, warmen Anteil genommen.

Die Bevölkerungsteile, auf welche sich unser Interesse vornehmlich erstreckte, waren in erster Linie die den Ton angebenden Suaheli, unter ihnen besonders einige ihre Abstammung auf den Propheten zurückführende Scherife und sonstige Notabeln, ferner die zwar keinen eigenen Stamm bildenden unter dem Namen der Watuballi zusammengefaßten Eingeborenen, ursprünglich große Scharen entlaufener Sklaven, die als solche anderwärts, besonders im Süden Ostafrikas eine Geißel gewesen waren, unter dem guten Einfluß und milden Szepter des Sultan Achmed im Wituland aber einer friedlichen Tätigkeit, besonders dem Landbau, sich zugewandt hatten; schon weniger angenehm waren die Waboni, ein tüchtiges Jägervolk, aber als Sklavenjäger gefürchtet, übel berüchtigt und nicht leicht im Zaume zu halten. Dagegen waren wieder als Feldbebauer, Schiffer und Fischer sehr zu schätzen die friedlichen Wapokomo, stramme, kräftige Gestalten, die besonders um den Tana herum saßen. Einfluß und Macht Achmeds dehnten sich ja weit über die Grenzen seines eigentlichen Landes aus, wenn er auch in der Zeit meines Dortseins gar nicht mehr bewegungsfähig und infolge einer stark vorgerückten Elephantiasis ständig an die Bettstatt gefesselt war, woselbst er, immer im Koran lesend, alle Besuche, sehr oft auch den meinigen, entgegennahm. Ein Stamm, der gerade damals sich

Sheikh Solimân bin Nâßr, Wali von Daressalam (DOA)

ganz freiwillig in die Herrschaft des Sultans Achmed einfügte, waren die Bararetta-Galla, ein Teil der südlichen Galla. Ich selbst trat sehr bald von Witu aus zu den Galla in Beziehungen, die sich darauf enger und freundlicher gestalteten. Der ganze Gallastamm, früher das große Gebiet in Abessinien bis über den Tana hinaus bewohnend, ist stark durch die ihm früher weit unterlegenen Somali dezimiert und zurückgedrängt worden. Die früheren Kriege zwischen Galla und Somali wurden schließlich zu einseitigen Mordzügen, verbunden mit Sklaven- und Viehräubereien der Somali. Die früher so stolzen Galla wurden massenhaft, nachdem die Somali ihrer Mordlust hatten die Zügel schießen lassen, zu Sklaven der letzteren gemacht. Die grausigsten Ereignisse spielten sich während meiner Witutätigkeit ab; diese hatten die schlimmsten Folgen für die Galla, indem die Bararetta, total entnervt und verängstigt, ihre politische Selbständigkeit verloren. Mir war es beschieden, in einem Teil der Gallatragödie handelnd einzugreifen. Die Schwere des Gallaschicksals habe ich jedenfalls mit dem bedauernswerten Volke mitempfunden.

Ich war nach Überwindung großer Schwierigkeiten und Feindseligkeiten, die mir von den Soldaten und der Partei des Sansibarsultans entgegengesetzt wurden, nach Kau am Osi, einem zwischen Sansibar und Witu stark umstrittenen Punkte, übergesiedelt. Der sansibaritische Statthalter von Kau und die ausschließlich arabische oder arabisch-orientierte Bevölkerung waren mir feindselig gesinnt und bewiesen das durch Anschläge und Ränke gegen mich. Es war offenkundig, daß der Statthalter und der hinter ihm stehende Wali von Lamu sich durch die Soldaten und andere Mittelspersonen meiner zu entledigen suchten. Mißtrauen hegte ich nach dieser Richtung hin auch gegen die Somali, deren viele in Witu verkehrten. Sie trieben dort als Viehhändler ein unsauberes Geschäft, indem sie das den Galla geraubte Vieh ihren mohammedanischen Glaubensgenossen verkauften. Während die Galla bei den strenggläubigen Mohammedanern als Ungläubige verhaßt waren, standen die Somali als fanatische Anhänger des Islâm bei ihnen in großer Achtung. Hinsichtlich der südlichen Galla möchte ich hierbei bemerken, daß ich die auch ihnen gegenüber beliebte Bezeichnung als Heiden für höchst gedankenlos bzw. falsch halte, denn sie sind keine Fetischdiener, sondern Anbeter einer persönlichen Gottheit. Sie haben einen Gottesdienst, der bei einzelnen Gruppen durch die Anbetung der Gestirne ersetzt wird, so daß wohl von einer über das Heidentum sich erhebenden Religion gesprochen werden kann.

Die damals in Kau verkehrenden Somali sprachen zumeist auch bei mir vor. Ihre Besuche waren von Interesse für mich, da sie mir, der ich ja meine Vorbehalte bei allem innerlich machte und Mißtrauen hatte, einen guten Einblick in die Sinnesart jenes verschlagenen, aber damals eine große Rolle spielenden Stammes gewährten. Sie suchten mich, da sie unschwer meine Jagdpassion festgestellt hatten, zu einem Jagdausflug in ihr Land zu bewegen; ihre Schilderungen hörte ich natürlich mit anscheinender Begeisterung an. Jene Somali gehörten zumeist zum Stamm der Migadén und Worsengele. Ein Angehöriger des letztgenannten Stammes war es auch, der in der damaligen Zeit den Dr. jur. Karl Jühlke, Freund und

Begleiter von Dr. Carl Peters, am 1. Dezember 1886 in Kismaju meuchlings ermordete. Dieser Meuchelmord war so recht nach Somaliart in Szene gesetzt: der Mörder suchte nach damaliger Gewohnheit der Eingeborenen, in jedem Weißen einen Arzt zu sehen, die ärztliche Hilfe Jühlkes wegen eines angeblichen Augenleidens nach. Bereitwillig und arglos ging Jühlke ans Werk. Als er die Augen des Somali untersuchte, versetzte ihm dieser heimtückisch den tödlichen Dolchstoß. Der Somali war, wie sich in der Folge zeigte, zum Meuchelmörder gedungen. Bei dem regen Verkehr der Worsengele-Somali erfuhr auch ich sehr bald von jenem mich tief bewegenden Ereignis; war ich doch noch kurz vorher dem guten Jühlke kameradschaftlich recht nahe getreten.

Die Besuche der Somali hörten aber bald auf, selbst in Kau, wo sie so viele Freunde und Spießgesellen hatten. Ein großer Somalieinfall ins Gallaland, der sich bis in das Gebiet des Witusultans und der Witugesellschaft erstreckte, löste sie ab. Auch Kau, von wo aus man Tausende Somali zusammengeschart beobachten konnte, galt als bedroht; wie ich von vornherein annahm, zu Unrecht. Außer mir, der ich freilich nicht über einen einzigen Bewaffneten und nur über meine eigene Jagdausrüstung verfügte, hatten die Somali ja dort nur Freunde. Allerdings schien mir die Freundschaft seitens der Kau-Araber und Belutschen stark ins Wanken zu geraten, als sie mit mir die nicht sehr freundliche Flankenstellung der Somali vom Orte aus beobachteten. Ich schien ein wenig im Hinblick auf etwaige Operationen gegen die Somali an Boden zu gewinnen. Die Somali zogen aber ab und ich konnte nicht zum Führer der Araber gegen sie avancieren. Dagegen führten die Ereignisse zu einer kleinen Operation unter meiner Führung von Witu aus, nachdem zu mir nach Kau das Gerücht gedrungen war, Witu selbst sei von den Somali bedroht. Auf diese, mir von vornherein nicht unglaubhaft erscheinende Nachricht hin zog ich, wie ich stand und ging, allein mit meinem Boy und nicht viel mehr als einer Doppelbüchse nebst Munition und einer Zahnbürste bewaffnet, eiligst nach Witu, wohin der Weg frei war. Daß die Somali sehr viel mehr Neigung hatten, Witu, den dortigen Sultan und seine Bevölkerung zu überfallen und anzugreifen, als das den Kauleuten gegenüber der Fall war, erschien begründet; denn der zwar strenggläubige, aber sehr duldsame, uns Deutschen besonders gut gesinnte Sultan Achmed und seine zum größten Teil toleranten Untertanen reizten die mit Fanatismus beseelten Somali mehr als die ihnen hinsichtlich des Grades der Verletzung näherstehenden Kauleute.

Daß ich vor jener Zeit von Witu aus bereits den Galla näher gerückt war, daran trug der fürsorgliche alte Achmed Schuld. Ich weiß es ihm Dank. Ohne sein Eingreifen wäre ich jedenfalls bei den vorher gegen alle Europäer sich scharf abschließenden, mißtrauischen Galla in eine sehr üble Lage geraten. Ich hatte nämlich die Absicht gehabt, ohne Hilfe in Anspruch zu nehmen, von Witu aus eine kleine Jagdexpedition in die guten Wildstand aufweisenden Gebiete des Gallalandes zu machen. Als der Sultan davon erfuhr, warnte mich der alte Mann, der sich, wie er sagte, dem deutschen Kaiser gegenüber verantwortlich für mein Leben fühlte, persönlich sehr dringend und riet mir einen nur eintägigen Aufschub an, den er dazu benutzen wolle, zu den Galla Boten zu schicken und seinen Einfluß dahin auszuüben, daß mir ein dem Freunde des Witusultans gebührender Empfang zuteil werde. Außerdem wolle er mir dann noch einen Begleiter mitgeben, der mich persönlich bei den Galla einführte. Selbstverständlich befolgte ich den wohlgemeinten Rat. Und trotzdem fand ich bei den Galla in dem zunächst besuchten Dorf Titureida einen nichts weniger als freundlichen Empfang. Denn an den wütenden Blicken der Männer und Frauen, die ihren Zorn zu verbergen sich nicht bemühten, konnte ich mir ausmalen, was mir ohne die Hilfe des alten Achmed geschehen wäre. Dank dem Parlamentieren des Witubegleiters wurde ja meinem Plan, die Jagd auszuüben, kein Hindernis in den Weg gelegt; ich erhielt sogar Jagdbegleiter aus den Galla und erlangte schließlich bei meinen öfter und ohne Mittelspersonen unternommenen Besuchen des Gallalandes das Vertrauen der von mir liebgewonnenen Angehörigen jenes Stammes. Und zuletzt haben die Bararetta in mir einen Freund gesehen, dem sie vertrauten und der mit ihnen fühlte.

Als ich während des Somalieinfalls nach Witu kam und dem Sultan meine Hilfe anbot, die eben mangels auch des leisesten Ansatzes einer Truppe der Witugesellschaft, welche es ihren Vertretern überließ, sich persönlich Einfluß und Gehör zu verschaffen, nur in meiner Person bestehen konnte, wurde ich dort sehr willkommen geheißen. Zwar waren auch von dort die Somali abgezogen; indes war der Sultan sehr in Sorge um das Schicksal zweier Deutscher, von denen ihm besonders Gustav Denhardt, der Erwerber von Deutsch-Wituland, mit seinem Bruder Clemens nahestand. Gustav Denhardt befand sich zur Zeit, als die Somali ins Gallaland eingefallen waren und Witu gegenüber eine drohende Haltung einnahmen, mit einem deutschen Begleiter am Tana. Diese Gegend aber war den eingegangenen, in Wirklichkeit auch zutreffenden Nachrichten zufolge als von den Somali bedroht anzusehen. Hierzu kam noch das den Sultan wie mich in größte Sorge versetzende Gerücht, Gustav Denhardt und sein Begleiter befänden sich in der Gefangenschaft der Somali. So war meine Hilfe dem alten Achmed in hohem Grade erwünscht. Ich brach natürlich wegen der noch dazu für einen Freund obwaltenden Gefahr ohne Verzug, ohne meine Ausrüstung ergänzen zu können, auf, zumal auch der Sultan sofort hundert Mann bereit- und unter meinen Befehl stellen ließ. Einzelne Leute, insbesondere die mitziehenden Landesgrößen, waren mir bereits bekannt. Diese sorgten dann auch dafür, daß mir, der ich ja mangels allen und jeden sonst gebräuchlichen Komforts mit den Negern leben mußte, das für die Eingeborenen zubereitete Essen in möglichst freundlicher Form gereicht wurde. Alle schätzten es augenscheinlich sehr, daß ich im Hinblick auf die drohende Gefahr nicht gezaudert hatte, auf Schusters Rappen, ohne Feldbett, Zelt und dgl. mit ihnen aufzubrechen. Ein ununterbrochener sechzehnstündiger, zum Teil in der Nacht zurückgelegter Parforcemarsch führte uns zunächst durch das mit verstümmelten Gallaleichen jeden Geschlechts und Alters angefüllte Dorf Titureida, das von den Galla eben verlassen war. Die aufs roheste verstümmelten Galla waren teilweise über Feuern aufgehangen und so noch einer besonderen Tortur ausgesetzt worden. Unser ganzer Weg führte über Stätten von Qualen, die den Galla in ihren Behausungen oder auf der Flucht soeben bereitet worden waren. Fortwährend begegneten wir flüchtenden, unter dem Eindruck des Schaurigen, auch wenn sie unverletzt waren, seelisch zusammengebrochenen Männern, Frauen, Greisen und Kindern. Bei der in der tropischen Hauptthitzezeit so schnell fortschreitenden Verwesung erfüllte ein furchtbarer Geruch die Dörfer und Hütten der Eingeborenen, die wir betraten. Keiner der Galla war zu bewegen, uns nach dem mutmaßlichen Ziel der Unternehmung, dem Tana zu folgen; so voll von Angst und Entsetzen waren selbst die Stärksten in dem Gedanken, den Somali zu begegnen. Als wir schließlich am Tana ankamen, erfuhr ich zu meiner großen Freude und Erleichterung, daß der dort wohlbekannte und beliebte bana Gustava (Gustav Denhardt) und sein Begleiter in Kanus der Wapokomo den Tana heruntergefahren und vermutlich unbemerkt von den Somali geblieben seien. Das war anzunehmen, da der Fluß in jener Gegend zwischen steilen und hohen Ufern dahinfließt und die Somali zur Zeit der Abfahrt noch oberhalb des Flusses und etwas abseits von diesem standen.

Bei unserer Ankunft am Tana nahmen die Somali Stellungen dicht am Flusse, und zwar ober- und unterhalb der Stelle, an der wir ihn erreichten, ein. Es war nicht klar, wohin sie sich wenden würden. Die Somali hatten sicher Kenntnis von unserer Ankunft und unserer geringen Stärke. Unsere Situation schien namentlich den schwarzen Ehrenmännern nicht unbedenklich. Waren auch die Somali nicht mit Schußwaffen ausgerüstet, so bestand doch die Bewaffnung meiner Witumännlein nur in recht elenden Vorderstoppern, nämlich den bekannten Karawanengewehren; dazu fehlte trotz sonstiger guter und sympathischer Eigenschaften dem Gros der Wituleute neben einer genügenden Ausbildung ganz naturgemäß jeder aktive Mut. Trotzdem konnte ich, wie sich zeigte, noch ganz leidlich mit ihnen zufrieden sein und sie dahin bringen, wohin ich sie haben wollte und nach Lage der Dinge haben mußte.

Als wir bei Ankunft am Tana die in Hinblick auf Denhardt befriedigende Nachricht erfuhren, drängten mich alle, so schnell wie möglich auf dem Wege, den wir gekommen waren, zurückzukehren, als wenn der Weg daran schuld wäre, daß wir selbst dort von den Somali unbehelligt geblieben waren. Die Rücksicht aber auf Fußkranke und der Umstand, daß die Somali unser Kommen inzwischen bemerkt hatten, uns nun beobachteten und der Landweg den berüchtigten, für den Nahkampf bestens gerüsteten und trainierten Schnelläufern mindestens die gleichen Überfallmöglichkeiten bot wie der Wasserweg, veranlaßte mich dazu, den letzteren zu wählen. Von den Wapokomo erhielt ich Kanus und Führer. Der erste größere Ort, den wir auf der Wasserfahrt erreichten, war Galbanti. Bei unserer Ankunft an dem den Tana und Osi verbindenden Beledsoni-Kanal liefen die Wapokomo, die erst die Fahrzeuge über die dortigen Untiefen hatten hinwegbugsieren wollen, aus Furcht vor den jetzt in großer Nähe beobachteten Somali, ihre Kanus im Stiche lassend, fort. Wir waren somit nun ausschließlich auf Fußmarsch angewiesen. Ein Somalitrupp, der uns provozierend den Weg versperrte, mußte zur Erzwingung der Passage angegriffen werden, was auch meinen Schutzbefohlenen plausibel erschien. Die Somaliabteilung indes gab, den Ernst der Sachlage einsehend, den Weg frei. Tausende der Somali indes hatten uns, behende wie sie waren, inzwischen überflügelt und nahmen teils in der Flanke Aufstellung, teils marschierten sie seitlich weiter. Da uns jetzt, wie ich wußte, das Passieren unübersichtlichen, zu Überfällen geradezu herausfordernden Geländes bevorstand, hielt ich es für dringend geboten, meinerseits zum Angriff überzugehen. Die taktische Notwendigkeit hierzu mußte ich jedoch meiner ein wenig zaghaften Hundertschaft erst klarmachen. Aber zu ihrer Ehre sei gesagt, daß das gelang und sie dann auch, nicht gerade wie Blücher, aber doch, in schließliche Rage geratend, draufgingen bzw. das Feuer eröffneten, so daß wir die vor und bei Eröffnung des Feuers sprunghaft anstürmenden Tausende der Somali in wilder Flucht und mit nicht unerheblichem Verlust ihrerseits zurückwarfen, während auf unserer Seite nur ein durch einen Speerstoß der schon eindringenden Somali schwer verwundeter Witumann auf die Verlustliste kam. Wir hatten eine kurze Kampfperiode hinter uns, deren Chancen von vornherein recht verschieden gedeutet werden konnten. Hart beieinander stehen in solchen Fällen für den speerkämpfenden Krieger die beiden Möglichkeiten: völlige Vernichtung einerseits – die Zelewskikatastrophe in Uhehe – und nahezu unblutiger Ausgang andererseits.

Im vorliegenden Falle erreichten wir Witu trotz der schaurigen Eindrücke recht zufrieden ob des Ausgangs. Dort traf ich Gustav Dehnhardt an, der mir dankerfüllt entgegenschritt.

Für die Galla aber brachten jene Tage den Untergang ihrer Selbständigkeit. Sie rückten ganz nahe an Witu heran und siedelten sich unter dem Schutze des Witusultans an. Aber auch die Witusultane fanden 4 Jahre darauf unter englischer Herrschaft das Ende ihrer Selbständigkeit.

v. Wißmann v. Bennigsen Frau v. Wißmann
Abschied des Gouverneurs v. Wißmann in Daressalam 1896

Gouverneur v. Liebert 1897–1901

Von Eduard von Liebert

Im Januar 1897 trat ich mein Amt in Daressalam an. Die Kolonie befand sich seit 1801 unter kaiserlicher Verwaltung, war aber noch nicht voll befriedet und im Innern nur in einzelnen Gebieten unter deutscher Kontrolle. Eine Bezirkseinteilung mit geregelter Verwaltung bestand nur für die Küstendistrikte. Ich mußte mich entschließen, nach der großen Regenzeit (Ende Mai) 1897 eine Kompanie der Schutztruppe unter Hauptmann Engelhard gegen die kriegerischen Wangoni östlich des Njassasees zu entsenden und selbst an der Spitze einer größeren Unternehmung gegen die Wahehe am oberen Ruaha zu marschieren.
Die Kolonie kannte damals noch keine Eisenbahn außer der kleinen Strecke Tanga-Muhesa. Für eine Reise ins Innere war man also auf Fußmarsch in Form der Karawane angewiesen. Meine für den Marsch nach Uhehe bestimmte Karawane setzte sich aus etwa 120 Askari (Soldaten) und mehr als 500 Trägern zusammen. Diese Menschenmenge mußte in Ordnung gehalten und täglich ausreichend mit Wasser und Lebensmitteln versorgt werden.

Da auf den damals schmalen Wegen nur zu einem marschiert werden konnte, so dehnte sich eine Karawane von mehreren hundert Leuten sehr weit aus und war schwer zu übersehen. Wenn der Führer selbstverständlich seinen Platz an der Spitze hatte, so erfuhr er nur selten und spät von dem, was sich hinten am Schwanz des langen Zuges ereignete. Oft blieben sogar Träger absichtlich unter verschiedenen Vorwänden zurück, um ohne Aufsicht zu sein und Räuberei und Gewalttat ausüben zu können.

So erhielt ich eines Tages die Meldung, daß einige Nachzügler meiner Karawane in einem Dorfe, das wir passiert hatten, zurückgeblieben waren und mit den Eingeborenen Händel angefangen hatten. Dabei war einer der Dorfbewohner erschlagen worden. Ich sandte sofort einen Beamten zurück, der dem Jumben (Dorfältesten) mein Bedauern über die Untat aussprechen und ihn nach der Höhe des Sühnegeldes fragen sollte. Der Beamte – Herr Zache – fand die ganze Dorfgemeinde um die Leiche des Erschlagenen versammelt, mit der Wehklage beschäftigt, wobei die Weiber sich durch Kundgebung sehr hoher, schriller Töne auszeichnen. Der Dorfalte nannte als Sühnegeld 3 Rupien (4 Mark), der Beamte erhöhte die Summe im Namen des Gouverneurs auf 12 Rupien. Kaum war diese Ziffer den Negern zu Ohren gekommen, als sie ein Freudengeheul ausstießen, die Leiche des Getöteten erfaßten und in den Busch warfen. Darauf wurden aus den Hütten die großen Pombetöpfe herangeschleppt und der Lieblingstrank der Eingeborenen (Pombe: eine Art Bier oder Met) genossen. Der Abend fand das Dorf bei der Ngoma, dem Negertanz, in glücklicher Stimmung. Ich führe dies kleine Ereignis nur an, um zu zeigen, wie gering der Neger das menschliche Leben einschätzt, und wie schnell eine Stimmung bei den Naturvölkern in die entgegengesetzte umschlägt.

Am zwanzigsten Marschtage erreichten wir Kidatu, den Ort an der östlichen Grenze Uhehes, wo der Ruaha das Gebirge verläßt und in die Ebene eintritt. Der Charakter der Landschaft gleicht etwa dem Bilde des Austritts der Isar oder des Inn aus den Alpen. Steil ragen die Felsen zu beiden Seiten des Flußbettes empor; es galt jetzt ein strammes Klettern, das für die schwer bepackten Träger keine leichte Aufgabe war. Am ersten Tage lagerten wir auf 740 m, am dritten auf 1480 m. Zu den Strapazen des steilen Anstieges kam der empfindliche Temperaturwechsel zwischen der heißesten Ebene und dem kalten nebligen Gebirgslande. Bevor wir den Hauptort des Bezirkes Iringa (1570 m Meereshöhe) erreichten, waren die Terrassen zu erklettern. Man mußte den Eifer und guten Willen unserer Küstenneger bewundern, wie sie alle Schwierigkeiten des Geländes, die Nachtkälte und die Strapazen des Marsches mit Gleichmut überwanden.

Vor dem Eintreffen in Iringa durchquerte mei-

a) Dr. Stuhlman b) Gouverneur v. Liebert
Lager vor dem Abmarsch aus Daressalam (DOA)

ne Karawane das Schlachtfeld von Rugaro, wo vier Kompanien der jungen deutschen Schutztruppe am 17. August 1891 auf dem Marsche von den Wahehe überfallen und fast vernichtet wurden. Der Angriff war durch das hohe Gras gedeckt ausgeführt worden, der kurze Stoßspeer der Wahehe hatte mörderisch unter den Europäern und Askari aufgeräumt. Später hat gerade dieser kriegsgewohnte Stamm uns die besten Soldaten geliefert. Die Wahehe haben ihren Namen von dem Kriegsgeschrei: Hä! Hä!, das dem Gegner allerdings markerschütternd erklingen mag.

In Iringa traf ich den Hauptmann v. Prince, einen der bekanntesten und bewährtesten Wißmannkrieger. Er hatte von den Suaheli den Ehrennamen »Bwana Ssakkarani« erhalten (ssakkarani heißt betrunken), weil er wie ein Betrunkener auf den Feind losstürmte. Seine junge Frau, geb. v. Massow, hatte ihn hierher in das Innere Afrikas begleitet, auf den gefährlichen Kriegsschauplatz, wo täglich und stündlich ihr Leben bedroht war, eine echte deutsche Offizierstochter und Offiziersfrau. Um uns zu bewirten, kochte sie wie die Neger auf drei Steinen, da es ihr an einem Herde mangelte. Ich konnte die bei ihr genossene Gastfreundschaft nicht besser vergelten, als daß ich ihr aus Daressalam eine eiserne Herdplatte mit Ringen hinaufsandte, so daß sie auf europäische Art zu kochen vermochte.

Von der Station Iringa aus wurde nun ein Kriegszug unternommen, um unter Aufbietung der gesamten verfügbaren Mannschaft (etwa 2000 Köpfe einschl. der notwendigen Träger) dem Kwawakriege mit einem Schlage ein Ende zu machen. Bisher hatte Kwawa, der Sultan der Wahehe, beständig seinen Wohnsitz oder Lagerplatz verändert, eine Landschaft nach der anderen zum Kriegsschauplatz gemacht und sein ganzes großes Reich der Zerstörung und Verwüstung preisgegeben. Jetzt war er endlich in seinen Bergen gestellt, wir rückten ihm auf den Leib, umfaßten ihn von allen Seiten und stürmten sein Lager, aber trotz aller getroffenen Vorsichtsmaßnahmenregeln endete die Sache – afrikanisch: es kommt alles anders als man denkt! Im letzten Augenblick war das Kwawalager aufgelöst worden,

Suahelifrauen beim Frisieren (DOA)

seine Weiber waren nach einer Seite, sein Vieh nach einer anderen, er selbst mit wenigen Getreuen nach einer dritten Richtung verschwunden! Es blieb nichts übrig, als den Kleinkrieg in Busch und Waldgebirge gegen ihn fortzuführen. Ich mußte den Rückmarsch zur Küste antreten und dem Hauptmann v. Prince die endgültige Unterwerfung des Kwawa überlassen. Es dauerte noch ein volles Jahr, bis es einem Feldwebel der Schutztruppe gelang, als »Wilder« verkleidet den Kwawa in seinem Lager zu beschleichen und zu überraschen. Als er sich entdeckt sah, tötete der letzte Wahehesultan seinen letzten Begleiter und sich selbst. Der Feldwebel brachte das Haupt des Kwawa nach Iringa, es wurde von den anwesenden Wasságira (Stammesälteste) als das ihres bisherigen Sultans anerkannt, und mit einem Schlage war der Krieg zu Ende. Die Wahehe haben sich niemals wieder gegen die deutsche Herrschaft erhoben.

Von besonderem Interesse war für mich das Zusammentreffen mit dem Sultan von Mahenge, Kiwanga, einem Verwandten des Kwawa, der jedoch stets treu zu den Deutschen gehalten hatte. Er kam jetzt auf Anruf des Hauptmann v. Prince mit 500 Kriegern anmarschiert und schloß sich mit seiner Truppe den meinigen an. Er führte mir seine in 6 Abteilungen geordneten und wohl disziplinierten Soldaten im Laufschritt vor und war stolz darauf, als ich seine Leute ansprach und belobte. Er selbst war ein seltsames Gemisch von Kulturmensch und Negerfürst. Seine Kleidung war europäisch im Gegensatz zu allen Eingeborenen Ostafrikas, von denen die höherstehenden sich arabisch-orientalisch kleiden. Er speiste am Tisch mit Messer und Gabel von Schüssel und Teller, und er wünschte als »Msungu« (Europäer) behandelt zu werden. Daneben behauptete er steif und fest, er sei 126 Jahr alt, weil er alle Ereignisse seines Lebens (Hochzeiten, Geburten der Kinder, Jagd- und Kriegszüge, Krankheiten u. dergl.) als je ein Jahr angemerkt hatte. Er versprach mir, seinen Sohn nach Daressalam zu schicken, damit er dort die Schule besuche und deutsch lerne; er selbst sei zu alt dazu. Während er durchweg eine mustergültige Haltung bewahrte, fiel er einmal aus der Rolle, als seine Krieger vor mir große Waffentänze aufführten. Da ging die Leidenschaft mit ihm durch, er sprang mitten in den Haufen der Tanzenden hinein und gab nun im europäischen Tropenanzuge zwischen den »Wilden« herumspringend ein die Lachmuskeln unwillkürlich reizendes Zerrbild ab. Im übrigen war er ein wichtiger, vorsichtig zu behandelnder Bundesgenosse.

Endlich sei von diesem fast unblutig verlaufenen Kriegszuge noch als ungewöhnlich ein Höhlenkampf erwähnt. Beim Durchmarsch durch die Landschaft Kisumi zeigte sich die Gegend völlig menschenleer. Auch ein Dorf, das durch Zufall zwischen Berg und dichtem Buschwald entdeckt wurde, war von allen Einwohnern verlassen. Frisch gekochtes Essen und andere Anzeichen deuteten aber darauf hin, daß die Bewohner die Hütten soeben erst fluchtartig geräumt hatten. Aufgegriffene Weiber gaben an, daß sich die Dorfbevölkerung in großen Höhlen in unmittelbarer Nähe verborgen halte. Da wir es mit Anhängern des Kwawa zu tun hatten, so mußten wir gegen sie vorgehen. In der Annahme, daß die Neger keinen hartnäckigen Widerstand leisten würden, ging ich mit wenigen Leuten auf die Felsspalte los, die den Eingang zu einem unterirdischen Gange bildete, und suchte Insassen durch Zurufe zum Heraustreten zu bewegen. Als ich mich aber auf einige Schritte dem dunklen Loche näherte, blendete mir der Feuerschein eines Gewehrschusses die Augen. Mein braver Boy Abdallah riß mich zur Seite, ein zweiter Schuß krachte und verwundete tödlich einen Neger neben mir. Auch aus anderen Löchern und Felsritzen erdröhnten jetzt Schüsse, und Leutnant Graf Fugger erhielt einen Streifschuss, als er eben den unteren, von ihm entdeckten Eingang der Höhle betrat.

Trotz des Feuers aus unmittelbarer Nähe mußten wir erst das Buschwerk entfernen und konnten dann in die Höhle eindringen. Graf Fugger und Forstprofessor v. Bruchhausen machten sich dazu bereit. Unter mühsamem Kriechen und Klettern ging es bei Laternenschein langsam vorwärts. Lebhaftes Schießen unter der Erde, Pulverrauch aus allen Erd- und Felslöchern aufsteigend, gelegentliches Verlangen nach neuen Lichtern und frischen Patronen waren die Ereignisse der nächsten Stunde. Als die ganze Höhle abgeleuchtet und ihr jenseitiger Ausgang erreicht war, fanden sich nur zwei getötete Krieger, aber ein Versteck mit 54 Weibern und 45 Kindern. Bedeutende Vorräte und eine große Rinderherde waren weitere Beute. Von den Verteidigern fehlte jede Spur, sie mußten entweder einen uns unbekannt gebliebenen Ausgang haben, oder sie hatten sich derart verbaut, daß ihr Schlupfwinkel uns verborgen blieb. Die meisten der dem unterirdischen Versteck entsteigenden Weiber waren tatsächlich »befreit«, sie waren kürzlich von Kwawa-Leuten bei anderen Stämmen geraubt worden. Nunmehr wurden sie nach Iringa geführt und dort im Schauri ihre Persönlichkeit festgestellt; sodann kehrten sie zu ihrer Familie in die heimische Ortschaft zurück.

Mein Rückmarsch erfolgte quer über das Utschungwe-Gebirge (1700 m) zum oberen Ulanga, sodann diesen und den vereinigten Rufidji abwärts zur Küste. Die mich begleitenden Sachverständigen hatten festzustellen vermocht, daß das Uhehe-Hochland klimatisch, nach Bodenbeschaffenheit und Bewässerung durchaus zur Besiedlung durch deutsche Landwirte geeignet sei, wenn für Eisenbahnverbindung mit der Küste gesorgt würde. Letzterer Punkt war damals das A und O der ganzen Kolonilapolitik, d. h. die Grundlage der wirtschaftlichen Entwicklung aller Schutzgebiete.

Den Abschluß dieser Skizze bilde die Heldentat eines Offiziers der damaligen Schutztruppe, des Oberleutnant Cramer, eine Tat, über die ich mich seit 24 Jahren immer wieder freue, sooft ich über sie irgendwie zu berichten habe. Sie schlägt in das Gebiet der hohen Politik.

Die Deutsche Kolonie Ostafrika hatte (1900) keine durch diplomatischen Vertrag festgelegte Nordwestgrenze. Die natürlich gegebene Grenze Kiwusee, Russissifluß, Tanganjika-Nordpunkt war den Deutschen nicht zugebilligt. Ein großes Dreieck nordöstlich von Tangajika war »Nomansland« geblieben. Gerade dieses streitige Gebiet aber ist beherrscht von einem körperlich und geistig seine Nachbarn überragenden hamitischen Negerstamm, den Watussi, der unter deutschen Schutz zu bringen für die Kolonie und deren zukünftige Entwicklung von großer Bedeutung war. Ich hatte zu dem Kigeri (Sultan) dieser Wanyaruanda-Watussi einen Reisenden entsandt, um mit ihm in freundschaftliche Beziehungen zu treten. Der Sultan hatte mir sagen lassen, er wolle stets mit den Deutschen in Freundschaft leben, mit den Belgiern im Kongostaate, seinem westlichen Nachbarn, wolle er dagegen nichts zu tun haben.

Mir lag daran, in irgendeiner Form auch einen militärischen Einfluß auf jenes Grenzgebiet auszuüben und das Besitzrecht äußerlich in Anspruch zu nehmen. Leider waren die Mittel dazu knapp bemessen, ich konnte nur einen Offizier und 25 Askari für den wichtigen Zweck verfügbar machen. Oberleutnant Cramer erhielt Frühjahr 1900 Anweisung, am Einfluß des Russissi in den Tanganjika eine Station anzulegen und dort die deutsche Flagge zu hissen. Er war noch nicht lange dort eingerichtet, als im Kongostaat eine der sich häufig wiederholenden Militärrevolutionen ausbrach und ein höherer belgischer Offizier mit seinen fliehenden Truppen von den Rebellen gegen den Russissi gedrängt wurde. Er überschritt den Fluß und bat den Oberleutnant Cramer, ihm gegen die Rebellen beizustehen.

Der deutsche Offizier war sich der hohen politischen Bedeutung des Augenblicks voll bewußt, er erwiderte dem Belgier: »Sie befinden sich hier auf deutschem Gebiet; bitte lassen Sie Ihre Askari die Gewehre zusammensetzen und ruhen; ich werde allein die Grenze verteidigen.« Gesagt, getan. Er ließ seine 25 Askari den Russissi entlang ausschwärmen, soweit dies nur möglich war und – ließ die Bendera, die Marineflagge mit dem eisernen Kreuz im schwarz-weiß-roten Felde entfalten. Die belgischen Rebellen stutzten trotz ihrer gewaltigen Überzahl, keiner sprang in ein Kanu, sie zogen sich langsam zurück und verschwanden.

Aber weiter: Der belgische Kommandant meldete nach Boma, der Hauptstadt des Kongostaates, er befinde sich auf deutschem Boden unter dem Schutze des Oberleutnants Cramer; er werde demnächst in seinen Bezirk zurückkehren. Damit war ein Beweis gewonnen, der den deutschen Besitz anerkannte. Die Verhandlungen zwischen den Kabinetten wurden aufgenommen und haben länger als ein Jahrzehnt gewährt. Im Jahre 1911 wurde in Brüssel endlich der endgültige Vertrag unterzeichnet, wonach der Kiwusee und der Lauf des Russissi als deutsche Grenze anerkannt wurden, also alles zugestanden wurde, was wir von Anfang an beansprucht hatten.

Ich hebe diese Begebenheit besonders hervor, weil sie einerseits den Schneid und die Entschlußkraft eines deutschen Offiziers mitten in Zentralafrika, weitab von jeder Unterstützung, glänzend beleuchtet, sodann aber zeigt, welche Achtung unsere schwarz-weiß-rote Flagge überall in der Welt genoß.

Der Kibo von Moschi aus (DOA)

Kolonialscherze

Wiedergegeben von Hans Zache

Das Mädchen für alles

Als ich 189. Bezirksamtmann in L. war, erhielt ich eines Tages folgendes Telegramm: »Stabsarzt Dr. P nach S. versetzt. Abmarsch spätestens übermorgen. Gouverneur.« Der Sanitätsunteroffizier übernahm Lazarett und Sanitätsdienst und der Stabsarzt marschierte ab. Eine Woche später kam wieder ein Telegramm: »Mit rückkehrendem Gouvernementsdampfer hierher versetzt Sanitätssergeant B. Wegen Vertretung siehe Landesgesetzgebung S. 231, Nr. 3547. Drahtet Veranlaßtes. Gouverneur.« Ich schlug nach: »Alle Dienstgeschäfte, für die ein besonderer Funktionär beim Bezirksamt nicht vorhanden ist, hat ein anderer von dem Bezirksamtmann zu bestimmender Funktionär, notfalls der Bezirksamtmann selbst, zu übernehmen.« Ich setzte den Unteroffizier auf den rückkehrenden Gouvernementsdampfer und drahtete: »Mit Rovuma eintrifft Sanitätssergenat B. Habe Lazarett und ärztlichen Dienst selbst übernommen. Was in schweren Fällen tun? Bezirksamtmann.« – – Die Antwort blieb nicht lange aus. »Anfragt bei Oberstabsarzt. Gouverneur.« Am nächsten Tage telegrafierte ich: »Oberstabsarzt. Wird graue Salbe innerlich oder äußerlich gegeben? Bezirksamtmann.« Es kam folgende Antwort: »Graue Salbe nicht anwenden. Mit nächstem Dampfer eintrifft Stabsarzt R. und Sanitätsunteroffizier R. Gouverneur.«

Eierhändler

Es war schon der dritte Tag, daß das Essen nicht schmeckte. »Ruf den Koch«, befahl ich einem Boy. Allgemeine Verwirrung unter der Dienerschaft. »Herr«, faßte sich endlich der oberste ein Herz, »dein Koch ist nicht da.« – »Nanu, ist er krank?« – »Nein, Herr, aber er ist die Tage nicht gekommen. Er soll betrunken auf der Schamba« – Eingeborenendörfer vor der Stadt – »sein. Wir haben gekocht.« Mir ahnte Übles. »Bringe das Einkaufsbuch.« In diesem Buch stand vorn drin: »Inhaber, mein Koch Abdallah, ist berechtigt, auf meinen Namen Waren einzukaufen.« Anfänglich war nichts Besonderes. Aber bei dem Posten Eier gingen mir die Augen über: »2. Mai 17 Eier, 3. Mai 21 Eier, 26. Mai 15 Eier, 5. Mai 27 Eier usw.« mit dem Knalleffekt: »29. Mai 143 Eier.« Ich ließ den Eierhändler kommen. »Sagen Sie mal, mein Lieber, haben Sie geglaubt, ich lebe lediglich von Eiern und mache eine Mastkur?« – »Ja, ich habe mich ja auch gewundert, aber der Koch sagte, Sie hätten so viele Gäste« – »die ich mit Rührei, Eiersuppe, Soleiern und Eiergrog bewirte?« – »Ja, – ich habe meine Bedenken gehabt, aber Ihr Koch sagte, Sie kauften zugleich für einen Freund in Tanga ein.« – Nun, der Mann erhielt sein Geld, der Koch seine Strafe und ich die meine. Denn seit der Zeit mochte ich Eier nicht mehr sehen.

»Kinkressa – Kisäggsch«

Der Stabsarzt Paul Bemmermann war eine Seele von Mensch, ein entzückender Gesellschafter und tüchtiger Arzt. Nur eins an ihm war furchtbar: sein Gi-säggsch, das das Kiswaheli ersetzte. Paul Pemmermann, wie er sich nannte, saß am Tanganjika und erhielt endlich den ersehnten Urlaub. Über die Karte gebeugt, die damals – Mitte der neunziger Jahre – noch aus großen, weißen Flecken bestand, studierte er den Weg zur Küste. »Was wärd 'ch den ausgedrädnen Wech über Dabora dibbeln!« sagte er. »Nu näh! Das gann jäder! Jähn mer mal gwerfeldein durch die Massai-Schtäbbe. Da is nämlich vielleicht noch was zu enddeggen.« Gesagt, getan. Eines Tages marschierte er mit seinem Begleitkommando und seinen Trägern los, immer nach Osten in das große, weiße Loch hinein, an dessen anderm Ende der Kilimandjaro eingezeichnet war. Ein solches Unternehmen war dazumal ein großes Risiko, denn die Massaisteppe galt für völlig wasserlos.

Aber der Umsicht und Tatkraft des Stabsarztes gelang es, durchzukommen, und als er nach vierzig Tagen schließlich die Bruchstufe hinabstieg und nach einem beschwerlichen Nachtmarsch durch nun wirklich gänzlich wasserloses Gebiet beim dämmernden Morgen Umschau hielt, da erkannte er vor sich die riesige Eiskuppe des Bergalten. Nun wünschte er zu wissen, ob dort eine europäische Ansiedlung, vielleicht gar schon eine Militärstation, angelegt war. Denn damals waren die entlegenen Innenstationen mit Nachrichten von den Vorgängen an der Küste nur schlecht versorgt. Zwei gewandte Askari erhielten Befehl, vorauszumarschieren, um einen Eingeborenen zu »greifen«. Und auch das gelang. Hier müssen wir einschalten, daß damals die Eingeborenen »evangelisch« mit »englisch« und »katholisch« mit »französisch« bezeichneten. Waren doch die ältesten Missionen, die der *High Church* und der *Pères du St. Esprit et du St. Coeur de Marie* gewesen, denen deutsche – am Kilimandjaro die Leipziger – damals eben erst nachgefolgt waren. Diese Eingeborenenterminologie war aber dem Stabsarzte nicht bekannt geworden. So bekam er einen gelinden Schrecken, als der in Richtung auf den Kilimandjaro als Wegführer in Marsch gesetzte »Aufgegriffene« verkündete, daß dort eine »englische« Station sei. Denn Englisch war nicht die stärkste Seite unseres Freundes. So rekapitulierte er während des heißen Tagesmarsches emsig sein Vokabularium und als er endlich nach beschwerlichem Aufstiege durch die mit einem Kreuz geschmückte Pforte eintrat, konnte er dem langen blonden Missionar mit einem *»Morning, Sir, hau tu chu tu?«*[1]) die biedere Rechte schütteln. *»O ssenk chu, ferri fell«*[2]), kam etwas zögernd die Antwort. *»Doktor Pemmermann ist mei nehm!«* – *»Bliess gömm in!«* – Man trat auf die Veranda. *»Bliess sidd taun!«*[3]) – *»Ssänk chu!«* – *»Hodd wesser tu deh!«*[4]) – *»O jähss, ferri hodd intiet!«*[5]) – *»Chu gömm from se Degeneike?«*[6]) – *»Jähss! Ei emm on se weh fordi tehs!«*[7]) – *»Chu ar sörsti ei subbose?«*[8]) – *»Intied, ä liddle!«*[9]) – Da stand der lange Blonde auf und rief durch die Tür: »Mariechen, genn mer nich een Scheelchen Heesen ha'm?« – Der Stabsarzt glaubte, ihn rührte der Schlag, solch eine Freude durchflutete sein lokal-patriotisches Inneres: »Dunnerlittchen«, rief er aufspringend, »wohär sinn Se dänn? Ich bin Se nämlich aus Wurzen!« – »Nu sähn Se mal an: ich bin Se nämlich aus Pautzen (Bautzen).«

Gebrochene Beine

Im Jahre 190... war ich Bezirksamtmann in L. Ich war auf Urlaub gewesen und kehrte gekräftigt und voll Tatendrang zurück. Unter manchem anderen hatte ich ein Dackelpaar aus »Ulaya« mitgebracht. Der Empfang war beendet. Die Polizeiabteilung, die in Parade gestanden hatte, war weggetreten. Die versammelten Häuptlinge, denen ich wieder einmal mein vollstes Wohlwollen in Aussicht gestellt hatte, wenn – –, ja wenn Sie 1. die Steuern pünktlich zahlten, 2. die Straßen gut instand hielten und 3. die Justiz lebhaft unterstützten bei der Festnahme von Übeltätern – die Häuptlinge waren entlassen, und selbst die Kettengefangenen durften feiern und einen eingegangenen Hammel aus Zukost zu ihrem Festmahle schmoren.

Ich saß mit den Herren nach dem Frühstück in der Messe und erzählte von Ulaya. Da fielen mir die Dackel ein, die noch an Bord des Gouvernementsdampfers waren, denn L. lag an einem der großen zentralafrikanischen Seen. Ich rief einen Boy herbei und sagte ihm, er solle sich vom Kapitän die Kiste geben lassen, die auf dem Hinterdeck stände. Der Boy ging und kam bald zurück. Die Kiste wurde hingestellt, und ich befahl ihm, die Schiebetür aufzumachen. Mißtrauisch wackelte das Pärchen heraus, vorsichtig ein Krummbein vor das andere setzend. »Herr«, rief mein Boy, schreckensbleich, als er die kleinen Ungestüme sah, »Herr, ich habe die Kiste nicht hinfallen lassen.«

1) How do you do?
2) Oh, tank you very well.
3) Please sit down!
4) Hot weather doday.
5) O yes, very hot indeed.
6) You come from the Tanganjika?
7) Yes, I am on the way forty days.
8) You are thirsty, I suppose?
9) Indeed, a little.

Ein Tag in der Schule Tanga

Von Paul Blank

Man mußte schon Frühaufsteher sein, wenn man den Schulanfang in Tanga mitmachen wollte; galt es doch, die kühlen Morgenstunden auszunutzen, besonders für die Werkbetriebe. Schon um 6 Uhr sehen wir in der *Druckerei* die Schriftsetzer vor ihren Setzregalen an der Arbeit: nahezu fünfzig schwarze Jungen und Jünglinge schaffen als emsige Jünger der »schwarzen« Kunst an Buch-, Formular- und Zeitungssatz – will doch die Schuldruckerei jedem Bedarf in der Kolonie gerecht werden. Die allwöchentlich erscheinende deutsche *»Usambara-Post«* mit der Unterhaltungsbeilage *»Der Ansiedler-Freund«* sowie die für die tropische Landwirtschaft unentbehrliche Fachschrift *»Der Pflanzer«* (vom Biologisch-Landwirtschaftlichen Institut Amani redigiert) werden hier gesetzt und gedruckt. Das für die Eingeborenen bestimmte illustrierte Monatsblatt *»Kiongosi«* (Der Führer) entsteht hier, ferner die *»Schulfragen«* (Blätter zur Förderung des ostafrikanischen Schulwesens) sowie die in Suaheli abgefaßten Volksbücher der *»Rechenberg-Bibliothek«*, die Landesgesetzgebung, Formulare, Arbeiterkarten, Steuerzettel, Register usw. für amtlichen und Privatgebrauch. Alles vollzieht sich in fast geräuschlosem, sorgsamem Hantieren mit dem leicht verletzlichen Material der Lettern und Formen, die der Faktor Sikiri und seine geübten Gehilfen Toba und Akida mit prüfendem Blick betreuen und zusammenschließen.

Die eigentliche Drucklegung geht in den beiden folgenden Räumen vor sich, wo sehnige Gestalten den Druckmaschinen ihre Kraft und Gewandtheit leihen. Man ist recht überrascht von der Genauigkeit und Sorgfalt in den Druckleistungen, die mit nur menschlicher Muskelkraft – ohne Antriebsmaschinen oder Motore – an Druckpressen verschiedenster Art, darunter auch zwei Schnellpressen, erzielt werden. Der kernige Oberdrucker Mußa ist hier der disponierende Geist, unterstützt von Ali-Presse, dessen scharfem Blick und feinem Erlauschen keine Unregelmäßigkeit an Rädern und Hebeln in seiner dumpf dröhnenden Maschinenwelt entgeht.

Die fertigen Druckbogen, die sich inzwischen zu Bergen gehäuft haben, finden wir in der *Buchbinderei* wieder. Hier verteilt und überwacht Muhamadi die Arbeiten von fünfzehn Buchbindern und dem entsprechenden Hilfspersonal an Falzern, Heftern usw. Die Zurichtung und Expedierung der vielen Zeitschriften, die Einbindearbeiten bei der oft hohen Auflage (nicht selten 15- bis 20 000) der Bücher für die Schüler, Lese- und Rechenbücher, Hilfsbücher für den deutschen, naturkundlichen, geographischen Unterricht u.a. heischen viele Hände.

Da ertönt draußen die Schulglocke, und wir sehen nun bei einem Blick durch die Fenster den Strom des Schülervölkchens sich in die Klassenräume ergießen und kommen so zum Quellpunkt und Herzen der Tangaschule. Bis zum Beginn des Unterrichts bleibt uns noch Zeit zu einem Gang nach der *Schultischlerei*, die sich in einem massiven und besonders geräumigen Gebäude befindet. Es ist wie die meisten Schulgebäude von den eingeborenen Schülern unter Leitung ihrer deutschen Lehrer erbaut. Wir durchqueren das ausgedehnte Schulanwesen (von der Größe etwa der Straße Unter den Linden von der Schloßbrücke bis zum Denkmal des Alten Fritz) mit seinem Komplex freundlicher, weißer Steinbauten, den weiten Höfen, seinen schattenspendenden Palmen, Mango- und Gummibäumen, den feinblättrigen Eukalypten und Kasuarinen und müssen da unwillkürlich des bescheidenen Anfangs gedenken, wie wir nun unter dem riesigen Mangobaum mitten auf dem Hofe dahinschreiten … In seinem Schatten vollzogen sich vor Jahren auf einigen Holzböcken mit darüber gelegten Bohlen als Werktisch die Hobelversuche der ersten Lehrlinge, die ein in-

Hauptgebäude der Schule Tanga (DOA)

discher Tischlerfundi anleitete. Als dann die erste, mit Kokosflechtwerk gedeckte offene Halle erstand, war das ein froh begrüßter Fortschritt. Und dann nach einigen Jahren die Krone für langes Beharren: neben Magazinen und Lagerschuppen für Holz hohe luftige Werkräume, deren Ausrüstung sich eine großzügige Handwerkerschule in der deutschen Heimat nicht zu schämen brauchte. Jeder Lehrling hat seine besondere moderne Hobelbank, sein eigenes Werkzeug und Werkzeugspind an der Wand. Über den indischen, später syrischen Werkmeister war man nun zu dem in allen Sätteln gerechten deutschen Tischlermeister als gewandter Lehrkraft gekommen, der biedere Handwerkerart und Sorgfalt auch in seine schwarze Pflegebefohlenen zu verpflanzen wußte und sie zu schaffenfreudigen, auf ihre Arbeit bescheiden-stolzen Menschenkinder erzog. Es war gewiß kein leichtes Werk, dessen Anlage und Durchführung hier die Schule in die Hand genommen hatte, das aber unter der praktischen Mitarbeit des deutschen Meisters zu bestem Erfolge geführt wurde.

Etwa fünfzig Tischlerlehrlinge in den verschiedensten Stadien der Ausbildung – die ältesten müssen schon wieder die jüngsten anlernen – sind hier in der Möbel- und Bautischlerei, auch in der Zimmerei tätig, stellen auf der Drehbank nach Skizzen Konsolen und Säulen her, lernen Tischlereimaschinen bedienen und werden im Entwerfen geübt usw. Ganze Wohnungs-, Büro-, Schul- und Ladeneinrichtungen, Fenster und Türen, sogar große Dachstühle werden hier fertiggestellt, oft auch verpackt und zum Versand gebracht. Mit der Freude am Schaffen, der Liebe zum eigenen Werk wächst auch bei dem Eingeborenen die Lust zur Arbeit, und damit ein gesundes Bedürfnis nach höherer äußerer Kultur, das er sich nun selbst befriedigen kann, z. B. durch Anfertigung eigenen Hausrats.

An der *Schulschmiede und Schulschlosserei* vorbei, mit sachgemäßen Feuerungsanlagen und Werkzeugausrüstung, mit Bohrmaschinen und Eisendrehbänken ausgestattet, wo vier stämmige, im Feuerschein wie Bronzefiguren schimmernde Burschen um Amboß und Eisen wuch-

Die Schülerkapelle in Tango (DOA)

ten, gelangen wir nun zum Pulsschlag der ganzen Schulanlage, *der eigentlichen Schule.* Die hohen hellen Schulräume finden wir in etwa einem halben Dutzend massiver Gebäude verteilt, fast alle ebenerdig; so ist in natürlichem Wachstum eigentlich von selbst die viel erstrebte »Pavillon«-Schule entstanden, hier ist das Reich des deutschen Lehrers, der nach sorgfältigen Sprachstudien am Orientalischen Seminar in Berlin sich bei seiner Ankunft in Afrika vielseitigen Aufgaben gegenüber sieht. In gesammelter Kraft und ungeschwächtem Idealismus hat er sie zu erfüllen gesucht und zu erfüllen verstanden.

Der Lehrplan zeigt sechs aufsteigende Jahresklassen, fast alle noch mit Unterabteilungen, und darauf gesetzt eine Oberklasse (»Oberschule«). Die Klassen weisen die in Deutschland übliche Besetzung von 40 bis 50 Schülern auf. Schulsystem und Lehrplan zielen auf gründliche Ausbildung, deren letzte Ausgestaltung auf den obersten Stufen in erster Linie dem deutschen Lehrer obliegt, während die Unter- und Mittelstufen eingeborenen Lehrkräften anvertraut sind. Diese Arbeits- und Lehrmethode bewährt sich gut, wenn auch die schwarze Lehrkraft noch nicht ganz ohne europäische Aufsicht gelassen werden kann.

Mit dem Alter von 13 bis 14 Jahren hat die Erziehung in der eigentlichen Schule ihr Ende erreicht. Zeigt ein Schüler besondere Fähigkeiten, so wird er in die Oberschule übernommen, wo die Schularbeit ihre Fortsetzung findet. Der weitere Lehrgang bringt dem Zögling je nach Anlage und Befähigung die Ausbildung als Schullehrer, Handels- oder Bürogehilfe, oder er wird in den Werkstätten, von deren Besichtigung wir eben kommen, im praktischen Handwerk unterwiesen. Die so ausgebildeten jungen Leute werden als geschickte Arbeiter sehr geschätzt. Die für den Schuldienst bestimmten Zöglinge finden zuerst als Lehrgehilfen, dann als Lehrer in der Zentralschule Verwendung und werden schließlich mit der selbständigen Leitung einer Dorfschule betraut. Soviel als möglich werden gerade die aus den Filialschulen im Bezirk stammenden Zöglinge ermutigt, sich dem Schuldienst zu widmen, weil sie später zu ihren Stämmen als Lehrer zurückgeschickt werden und so zur Überwindung etwa vorhandener Schwierigkeiten auf

Schmiede der Schule Tanga (DOA)

sprachlichem Gebiet beitragen können. Ein Teil der früheren Schüler erhält Anstellung als Laden- oder Handelsgehilfen in Geschäftshäusern und Plantagen, die größere Zahl indes in den Gouvernementsbüros, als Post- und Telegraphengehilfen, Begleitungs- und Zugpersonal bei den Eisenbahnen, als Stationsvorsteher, Stadt- und Steuerschreiber, Zoll- und Hospitalgehilfen, Dolmetscher, Lektoren (für Berlin) usw. Den Nachfragen nach vorgebildeten Kräften kann trotz alledem leider nicht immer genügt werden.

Daß die Schulerziehung und -arbeit sich nicht in Gegensatz zur körperlichen Betätigung stellt, wird den Schülern dadurch klar, daß sie zu allen irgendwie von ihnen selbst zu bewältigenden Arbeiten herangezogen werden. Zu tun gibt's immer. Schon die mannigfache Bautätigkeit fordert viele Hände für das Heranschaffen von Steinen, Kalk und anderen Baumateralien, sowie für die Handlangerarbeiten. Da sind ferner Kisten vom Zoll zu holen, Waggonladungen Holz zu überführen, die von den Sägewerken im Usambaragebirge auf dem Bahnhof Tanga angekommen sind, Räume und Grundstück rein zu halten, Dächer zu decken, fertiggestellte Sachen zur Eisenbahn und zum Dampfer zu bringen usw. Da die zur Verfügung stehenden Kräfte eine Verteilung auf viele Schultern gestatten, so sehen wir überall frohes Regen und Bewegen, das aus dem Gefühl jedes Einzelnen erwächst, auch mit seiner geringen Kraft zum Schulaufbau mit berufen zu sein; dadurch wird auch eine wohltuende Förderung des Gemeinschaftsgeistes erreicht.

Die eingeborenen Lehrgehilfen auf die Unterrichtserteilung vorzubereiten fordert von dem deutschen Lehrer viel Kraft und Zeit, auch die Überwachung ihrer Lehrausbildung. Dazu sind im Bezirk Tanga noch 22 Hinterlandschulen in wochenlang dauernden Rundreisen zu besichtigen. Sie verdanken ihre Gründung und starke Förderung im besonderen einem unserer ältesten Ostafrikaner, Bezirksamtmann von St. Paul Illaire. Aus diesen Filialschulen fließt der Zentralschule stets wieder gut veranlagtes und vorgebildetes Schülermaterial zu, das durch regelmäßige, in Tanga veranstaltete Prüfungen ausgewählt und den Mittelstufen zugeführt wird. Sie beziehen dann das Schülerwohngebäude, wo sie Unterkunft und Beköstigungszuschuß (12 Pf. pro Tag) erhalten, oder wohnen sehr häufig auch bei ihren Anverwandten in der Stadt selbst.

Wir sehen gerade heute so eine Prüfungsschar von etwa 80 Jungen aus den Dorfschulen des Bezirks mit ihren Lehrern vor uns in allen Nuancen der Haut und des Gesichtsausdruckes dem hochnotpeinlichen Examen entgegenharren, das Lesefertigkeit und Rechenoperationen (bis 100) fordert. Hin und wieder flunkert zum Entsetzen seines Lehrers eins der freien Naturkinder und markiert Unwissenheit ...

Schule Tanga: Buchbinderei

Der Blick in die Schulzimmer zeigt den von der Heimat her gewohnten, ordungsmäßigen Lehrbetrieb, hier z. B. gerade den gemessenen Vortrag des verdienten ältesten eingeborenen Hilfslehrers Alfred Juma über Eingeborenenkrankheiten und ihre Behandlung, nebenan das muntere Frage- und Antwortspiel des rechengewandten Mschirasi oder in einer anderen Klasse das Aufzeigen an Globus und Landkarte der uns mit dem Mutterlande verknüpfenden Verbindungswege usw. Einziger Fachlehrer an der Schule ist der Klarinettist und stellvertretende Dirigent der Schülerkapelle, der musikalisch sehr begabte Mustaffa, der mit Hilfe seines Instruments in allen Klassen den Gesangsunterricht erteilt. Nebenbei ist er auch eifriger Sammler von Negertexten und -melodien, deren Rhythmen und Tonhöhen sich allerdings zu seinem Leidwesen nicht immer mit der uns geläufigen Taktbezeichnung und Rotation zum Ausdruck bringen lassen.

Was sonst der Schulfreund bei einem Durchgang durch die Klassen noch sieht, ist natürlich dem lange Jahre in afrikanischer Schularbeit Stehenden längst zur täglichen Gewohnheit geworden. Vertrauen wir uns deshalb lieber für kurze Zeit der Führung eines kritischen Besichtigers und Fachmannes an, dem Breslauer Oberlehrer Dr. phil. Richter, der kurze Zeit eigens zum Studium der ostafrikanischen Schulen in der Kolonie geweilt hat und unter dem frischen Eindruck des Gesehenen u. a. schreibt: »Ordnung und Sauberkeit herrscht in den geräumigen Korridoren. Mit einem frischen »Jambo« antwortete die Klasse auf meinen Gruß. In buntem Baumwollsweater, im Netzhemd oder Trikot, meist im langen weißen Negerhemd, dem »Kansu«, seltener mit Schurz oder Khakihose bekleidet, machen die Bürschchen fast ausnahmslos einen reinlichen und freundlichen Eindruck. Ihre Haltung ist gut, die Antwort wird im ganzen Satz gegeben, die Anteilnahme am Unterricht ist – wenigstens bei Anwesenheit von Fremden – sogar oft zu lebhaft, aber ohne daß dabei die Disziplin zu Schaden käme. Großen Spaß machte mir die Beobachtung, daß sich der schwarze Schulbube in tausend Kleinigkeiten genau so gibt wie unsere Schuljugend, nur daß er durchschnittlich etwas weniger Befangenheit zeigt. Das Klasseninventar entspricht genau dem unserigen, im Bilderschmuck ist es uns sogar über!

Geschrieben und gerechnet wird aus Sparsamkeitsgründen für gewöhnlich auf der Schiefertafel, in allen Klassen sind aber für Diktate und Probearbeiten auch recht sauber gehaltene Hefte in Gebrauch. Da es der Lebensweise und der häuslichen Verhältnisse wegen keine Schularbeiten gibt, werden Bücher, Hefte und Tafeln, Griffel, Stifte und Federhalter nach dem Unterricht eingesammelt und im Klassenschrank aufbewahrt. Sehr berechtigt und zeitentsprechend fand ich es, daß in den Schreibstuben auch etliche Schreibmaschinen klapperten; und daß auf der Schule überhaupt nur die lateinischen Buchstaben gelehrt werden, sollte auch uns zu denken geben! Die Lernanfänger werden daher nur mit vier, nicht wie bei uns mit acht verschiedenen Alphabeten gequält!

Modern ist auch der Zeichenunterricht, der mit Teilung gerader Linien beginnt und durch Verbindungsstrecken daraus die einfachsten Figuren und Gegenstände des Alltagslebens entstehen läßt. Auf meinen Wunsch wurde die ganze Schule im Turnen und schließlich auch im Gesang vorgeführt; was den Burschen große Freude machte, obgleich die Mittagsglocke schon geläutet hatte. Jede Klasse bildet einen Turnzug für sich, die Größen- und Altersunterschiede wirken dabei freilich recht komisch. Man bedenke nur, daß der Neger keineswegs immer mit fünf oder sechs Jahren, sondern oft erst mit zehn oder zwölf Jahren zur Schule kommt, daß sogar oft Askari unter den Lernanfängern sitzen. Da es beim Neger weniger nötig ist, Kraft und Mut zur Entfaltung zu bringen, als vor allem Ordnungssinn und Disziplin, so beschränkt sich der Turnunterricht hauptsächlich auf Freiübungen und Spiele. Mit unsagbarer Mühe und Geduld werden die einfachsten Ordnungsübungen nach deutschem Kommando beigebracht. Wie eine Erlösung wirkt dann das Spiel! Blitzschnell ist der lange weiße Kansu zwischen den Oberschenkeln durchgezogen und um die Hüften geknotet, und mit Jubel beginnt irgendein fröhliches, aber geordnetes und beaufsichtigtes Rasenspiel, das auch in jedem Zuschauer herzliche Freude wecken muß. Bei dem selten geübten Geräteturnen dagegen weiß der sonst so geschickte Neger mit seinen langen Gliedmaßen nichts Rechtes anzufangen. In der Gesangsstunde berühren die Melodien unserer Volkslieder und Suahelitexten zunächst recht eigenartig. Ihr Wanderlied »Safari, tajari …« bringen die Jungens als unser Mailied und eins ihrer Vaterlandslieder als unsern »Hohenfriedberger« mit einer Begeisterung zu Gehör, daß man gut tut, etwas Abstand zu nehmen. Immerhin ist es erstaunlich, den Neger, dessen monotone Lieder doch typisch sind, melodiös singen zu hören.

Bei allen Vorführungen der Schüler sah ich nur selten ein verdrossenes Gesicht; macht doch der ganze Schulbetrieb jedem, der sich einmal daran gewöhnt hat, sichtlich Freude!«

Soweit der Studienbericht. Nun folgen wir wieder eigener Beobachtung und gönnen uns zunächst eine Mittagspause, die auch für den gesamten Schulbetrieb die Stunden von zwölf bis zwei Uhr umfaßt. Dann nehmen die Werkbetriebe ihre Arbeit wieder auf, und in der Schule selbst erhalten die vormittags verhinderten Schüler sowie die aus der weiteren Umgebung der Stadt stammenden Unterweisung. Die Hauptarbeit des deutschen Lehrers in diesen Stunden aber gilt in besonderen Lehrgängen und ausgewählten Lehrproben der methodischen Weiterbildung der eingeborenen Lehrkräfte, die nun als Lehrseminaristen selbst auf den Bänken Platz nehmen und für die Schülerbehandlung im allgemeinen, für Schuleinrichtung, Schulordnung und -verwaltung Anweisung erhalten. Manch pädagogisch hervorragend beanlagtes Talent wird da entdeckt und besondere Eignung zum Erzieherberuf erkannt.

Mit der täglichen Übungsstunde der *Schülerkapelle* von fünf bis sechs Uhr klingt dann das Tagewerk der Tangaschule aus. Bis sich die Musiker in dem aus Spenden auf dem Schulgrundstück errichteten Musiktempel zusammenfinden, werfen wir im Vorgehen noch einen Blick in die mehrere tausend Bände umfassende Bibliothek, die von älteren Schülern verwaltet wird, und begrüßen auch Mbaruku, des umfangreichen Schulmagazins treuen Hüter, der gerade seine Trommel für die beginnende Musikübung stimmt. In nächster Nachbarschaft befindet sich das Schulverwaltungs- und Rechnungsbüro: Lohn- und Sparkassenzahlungen, Einkäufe und Lieferungen, Kalkulationen, Rechnungs- und Buchhaltungssachen, der geplante Post- und Zeitungsexpeditionsverkehr, Druckkorrekturen usw. finden hier ihre sachgemäße, prompte Erledigung. Der peinlich genaue feinnervige Muinji-Ussi als Buchhalter

Arbeit der Lehrtischlerei Tanga (DOA)

neben dem klaren »Disponent« Abdil sind hier fest eingewachsene Pfeiler. In ihrem Büro sind auch stets drei Schreibmaschinenschreiber tätig, die nach einiger Übung an andere Betriebe in der Kolonie abgegeben werden und immer wieder neuen Aspiranten Platz machen.

Nun hören wir schon das Stimmen der Instrumente und befinden uns bald inmitten der Kapelle von 46 Köpfen, zu der jede Schülerkategorien Mitglieder entsendet und die stark besetzte Infanterie-Musik darstellt, auch ihrem Programm nach, in dem Verdi und Wagner nicht fehlen. – Als Gouverneur Exz. von Liebert einmal von den Schülern mehrstimmige Proben ihrer gesanglichen Begabung hörte, tauchte bald der Gedanke auf, diese Anlagen auch in der Instrumentalmusik auszuwerten. Zuwendungen aus allen Kreisen und regelmäßige Beiträge der Bürgerschaft ermöglichten neben reichlichem Notenmaterial die Beschaffung von zunächst 18 Blechinstrumenten. Die Anfangsübungen wurden in den friedlich-stillen Palmen- und Bananenhainen weit draußen vor der Stadt abgehalten. Bei den ersten erschütternd schaurig-schönen Tönen schüttelten zwar die so schwer heimgesuchten Palmen bedenklich ihre langen Wedel und nicht minder unmutig ihre Mähnen die Herren Löwen, die bei so anhaltender Gefahr schließlich unter knurrigem Protest diese wildgewordene Gegend verließen; es wurde aber doch erreicht, daß infolge dieser geregelten Übungen schon nach wenigen Monaten einfache Musikstücke ziemlich harmonisch erklangen. »Kein Ton ohne Note« war oberstes Gesetz! – So steigerte sich nach dem ersten Erfolg der Schülerkapelle ihre allmähliche Entwicklung bis zum jetzigen Umfang, wo wir unter den vor uns stehenden Musikern u.a. an Holzbläsern auch sieben Klarinettisten, drei Flötisten, zwei Oboisten und einen Fagottisten erblicken. »Man spielte uns in schönem Orchester sogar »Tannhäuser« und unter Abschreiten der Höfe flotte Armeemärsche vor«, schreibt unser Führer von vorhin. Die deutsche Musik eroberte sich die Gemüter der Eingeborenen im Fluge, und die oft gespielten Melodien klangen einem im Singen und Pfeifen auf Weg und Steg allerorten entgegen. Die musikalischen Ausführungen fanden meist sonntags, auch an Dampfertagen auf dem Bismarckplatz statt, und längere Konzertreisen, z.B. auf Einladung des damaligen Gouverneurs Graf Götzen zur Ausstellung nach Daressalam und Sansibar, auch nach dem Innern zur Eisenbahneröffnung, führten die Kapelle in ihren schmucken weiß-blauen Matrosenanzügen in alle Teile der Kolonie, beinahe auch einmal nach Europa.

Ein flotter Schlußmarsch entläßt uns nach Tagesarbeit und Tropenhitze zu einem wohlverdienten Erfrischungstrunk auf der Veranda der Lehrerwohnung, deren aus afrikanischem Holz gearbeitetes Mobiliar für Besteller zugleich Musterstücke aus der Schultischlerei darstellt. Das vorgelegte Fremdenbuch weist viele, oft recht bekannte Namen aus aller Welt auf, und die mit der letzten Post eingetroffene englische Zeitung »The Empire Review« enthält in der ausführlichen Abhandlung eines englischen Fachmannes über das deutsche Schulsystem in Deutsch-Ostafrika das anspornende Urteil: »Das gesunde wirkungsvolle Erziehungssystem, daß sich so erfolgreich in Deutsch-Ostafrika bewährt hat, kann der britischen (Nachbar-)Kolonie als Muster dienen.« Ein solches Urteil war naturgemäß nur dadurch möglich gewesen, daß jeder deutsche Lehrer seine volle Kraft hergab und das Ziel der Arbeitsschule hochhielt. Zu ihrem unverzögerten Aufbau konnten reichliche Mittel vom Gouvernement nicht zur Verfügung gestellt werden, aber der unverwüstliche Optimismus der kolonialen Lehrerschaft überwand auch diese Schwierigkeiten.

Keine Mittel zum Bücherdruck – Der Blick fiel auf wartende, intelligente Jugend ... »Unsere Schulbücher können wir uns doch selbst setzen und drucken!« – Im Sturmschritt gingen die ersten sechs Druckfehlerkobolde mit: die Druckerei war geboren! – Auch die Mittel für die zahllosen Schulgerätschaften, Tische, Bänke, Tafeln usw. wollten nie reichen. »Bauen wir sie uns also selbst!« Und die geschickten, naturgeübten Hände schafften's – und schufen noch mehr: die afrikanische Handwerkerschule. Und größere Mittel flossen nun – aus deren Überschüssen; aber später folgten dann auch wieder, gleichsam als der Mühe Preis, Gouvernementsspenden für den Bau des neuen großen Schulgebäudes mit schönen Wohnungen im Oberstock für die deutschen Lehrer: 42 000 Rupien. Unser früheres Tangahaupt, Bezirksamtmann Zache, damals am Sitze des Gouvernements in Daressalam tätig, hatte den gelegentlich einer Änderung in der Verwaltungsorganisation freiwerdenden Betrag unserer Schule zuzuwenden verstanden – wir jubelten!

In solchem erst allmählich zu schaffenden vielseitigen Schulbetriebe mit nahezu 1000 Zöglingen bei drei bis fünf deutschen Lehrkräften, sah sich allerdings der neu herauskommende deutsche Lehrer vor recht veränderte und erweiterte, ja schöpferische Berufsausbildung gestellt. Dazu mußte er sich sowohl sein geistiges Werkzeug, die Unterrichtsmittel usw. erst selbst schaffen, als auch mancherlei manuelle Fertigkeiten erwerben, was zumeist während des Heimaturlaubs geschah. In Treue und Selbstlosigkeit ist alle diese Arbeit, die ja auch beglückte, geleistet worden, ohne besondere äußere Belohnung oder Zukunftsaussichten. Und auch der Eingeborene hat den Segen des Lernens und der Arbeit erkannt, der ihm jetzt, nun er reifer geworden, unter der veränderten politischen Führung, die ihn auch in diesen Dingen zurückgeworfen hat, erst so recht zum Bewußtsein kommt, wie aus vielen spontanen, neuerdings hier ankommenden Briefen hervorgeht.

Sollte die alte Sehnsucht und neue Hoffnung aller »Afrikaner« auf Rückkehr nach der liebgewordenen zweiten Heimat bald Wirklichkeit werden und wir den beim Abzug der letzten Deutschen drüben ihnen lange nachhallenden Abschiedswunsch unserer treuen Schwarzen: »Ru-di-ni!« (Kehrt wieder!) erfüllen dürfen – ewallah! Bei dieser glückhaften Safari wäre der deutsche Koloniallehrer unter den Ersten!

Kolonialscherze

Wiedergegeben von Hans Zache

Der Aal

Ich erfuhr, daß in einem Bache am Kilimandjaro wunderbare Aale vorhanden waren, von denen die abergläubischen Eingeborenen keinen kulinarischen Gebrauch machten. Am Kilimandjaro war man zwar von dem ewigen Huhn mit Reis und Reis mit Huhn, das z.B. in Lindi den einzigen Wechsel auf der Speisekarte darstellte, weit entfernt. Fleisch aller Art lieferten die viehzüchtenden Eingeborenen in Hülle und Fülle, die Jagd war unerschöpflich und der Garten bot außer Kaffee, Ananas und allen Tropenfrüchten auch alle europäischen Gemüse und selbst Erdbeeren. Aber Aal! Das war in Afrika etwas ganz besonderes. Nach dem nächsten Schauri winkte ich den zuständigen Häuptling heran und sagte: »Du kannst jedesmal, wenn du hier erscheinst, einen Aal mitbringen.« – »Eine Wasserschlange?« entgegnete er mit ungläubigem Entsetzen. »Jawohl, eine Wasserschlange.« Und tatsächlich brachte er nach 14 Tagen einen armdicken und armlangen, wunderbaren Aal, der ihm reichlich bezahlt wurde. »Koch«, sagte ich, »diesen Aal schneidest du in vier Stücke. Das eine wird gebraten, das andere gibt's grün, das dritte mariniert und das vierte kommt in die Aalsuppe.« Er sah mich groß an, denn »Wasserschlange« hatte er noch nie gemacht. »Geh und komm mit deinem Verstande wieder.« – Sein »Verstand« war das Kochbuch von Henriette Davidis, wie er wußte. Ich unterzog die Vorschriften der hochgeschätzten Dame einer vereinfachenden Revision und las ihm die Rezepte auf Suaheli vor. Das Ergebnis war glänzend. Die Herren des Bezirksamtes, die ich zu dem »Aalessen«, das nur durch ein Beefsteak unterbrochen und durch Marasquino-Auflauf abgeschlossen wurde, eingeladen hatte, waren des Lobes voll über meinen Koch.

Monate waren vergangen, als ich den Aal-Häuptling wieder im Hintergrunde der Schaurihalle erblickte. Sofort fiel mir der ihm erteilte Auftrag ein. Nach Schluß der Verhandlungen winkte ich ihn heran! »Nun, sind die Aale in deinem Bache alle eingegangen?« – »Ach, Herr, ich hätte gern deinem Befehle Folge geleistet. Aber dein Koch hat mich, als ich das nächste Mal mit einem Aal kam, mitsamt dem Aale hinausgeworfen und mir gesagt, ich bekäme fürchterliche Prügel, wenn ich noch einmal mit einer Wasserschlange käme: den ganzen lieben langen Tag hätte er an dem einen Aal zu arbeiten gehabt.« »So fürchtest du meinen Koch mehr als mich?« – Er lächelte verlegen: »Ach, Herr, du läßt wenigstens mit dir reden, aber dein Koch nicht.« – Das gab zu denken. Da der Koch außerdem, wie ich jetzt aus dem Abrechnungsbuch ersah, alle zwei Wochen eine Rupie für eine »Wasserschlange« liquidiert hatte, war sein Vergehen klar, und so erhielt er prompt das, was er dem Häuptling angedroht hatte.

Ein Schlager

Es war Kaisers Geburtstag in L. Die Truppe stand unter präsentiertem Gewehr. Der Chef war die Front abgeschritten und zu der Kasinoveranda zurückgekehrt, wo die versammelten Europäer – darunter auch einige Damen – Aufstellung genommen hatten. Das Spiel schwieg. In klassischem Kiswaheli begann er: »Soldaten! Wieder ist der Tag da, wo wir unter Jubelklängen unsern erhabenen –«

Mit einmal erklang aus dem Kasino ein Leierkasten: »Siehst Du wohl, da kimmt er« und drosch in rasendem Tempo den Gassenhauer herunter. Der Chef unterbrach sich und donnerte »Kelele!« (»Ruhe!«) – Aber ohne Erfolg. Offenbar war der unberufene Konzertmeister ganz in seine Melodie vertieft. »Entschuldigen Sie, meine Damen.«

Gelassen ließ er die Versammelten stehen und

Tom Prince
Deutschostafrikanische Pflanzer am Bismarckdenkmal in Tanga.

verschwand hinter der Tür. »Klatsch-klatsch« klang es aus dem Kasino und jäh verstummte die Musik. Als wäre nichts geschehen, trat der »Banamkuba« wieder vor die Front.

»Soldaten! wieder ist der Tag gekommen, wo wir unter – äh – Jubelklängen der erhabenen Person …« usw.

Beim folgenden Festmahl zeigte einer der servierenden Boys eine auffallend dicke Backe. Während er mir die Suppe vorsetzte, fragte ich ihn: »Du Ärmster Gottes, was hast du dir denn dabei gedacht?« – »Ah«, entgegnete er gedrückt, »ich hielt das für einen Riesenschlager!« – Er hatte sich nicht geirrt.[1]).

1) *»Ah, nalithani ni shindo kubwa mno.«*

Die ganze Richtung paßt uns nicht

Bekanntlich hat mancher der Buren, die nach dem Kriege gegen die Engländer nach DOA übergesiedelt waren, am Kilimandjaro nicht gefunden, was er erhofft hatte, und war nach dem Süden zurückgewandert. Als einmal wieder eine kaum angekommene Gruppe sich bei dem Bezirksamtmann abmeldete, fragte dieser betroffen, was denn den Ansiedlern in seinem Bezirke nicht gefallen hätte: »Je«, antwortete schließlich ein Graukopf, sich hinter dem Ohr kratzend, »die ganze Art und Weise in Deutsch-Ostafrika paßt uns nicht! Immerzu arbeiten – sehr selten ein Feiertag, kein Vertrauen auf den lieben Gott – und dann noch singen: »Deutschland, Deutschland über alles – Nee!« Sprach's und verließ unter beifälligem Kopfnicken seiner Genossen das Lokal.

Am Ulanga
Mein Freund: »Das Flußpferd«

Von Heinrich Fonck

Mit den Worten »U na kwitwa« zu deutsch »Du wirst gerufen«, empfunden als: »Exzellenz lassen bitten«, überbrachte mir die Ordonnanz des Gouverneurs den Wunsch desselben, mich zu sprechen. Gouverneur Frhr. v. Rechenberg fragte nur: »Wollen Sie eine Expedition machen?« Auf mein »Jawohl« erfuhr ich, daß es sich um eine Erkundung der wirtschaftlichen Verhältnisse der Ulangaebene und eine genaue Erforschung des Ulanga-Rufidjiflusses in bezug auf seine Schiffbarkeit handle. – In wenigen Tagen abmarschbereit, trat ich mit 2 Vermessungsbeamten, 156 Trägern und 12 Begleitaskaris am 1. Juli 1908 die Reise an.

Am 8. Juli lagerten wir am Tschagowariteich. Um 7 Uhr abends hatte die sinkende Nacht das Lager bereits in finsteres Dunkel gehüllt. Zahlreiche Lagerfeuer brannten hellauf. Munteres Geschwätz, das »Masumgumso« und melodische Gesänge der Träger klangen durch die Nacht. – Nach und nach wurde es stiller und ein Träger nach dem anderen hüllte sich am Lagerfeuer in seine Decke zur Nachtruhe ein. – Um ein halb 9 Uhr ließ ein dröhnendes Poltern keine fünfzehn Schritte von meinem Zelt entfernt, dem unmittelbar darauf gellendes Angst- und Schmerzgeschrei folgte, uns zusammenfahren, worauf allgemeiner Alarm das Lager schnellstens hochbrachte ... Was war? Ein Löwe hatte sich, durch das hohe Schilf brechend, auf einen schon schlafenden Träger gestürzt und ihn »angebissen«. Er war aber sofort wieder abgesprungen ... Die Wunden an Schulter und Knie des Mannes wurden gewaschen und verbunden, das Lager nunmehr schnell mit einer Boma (Busch- und Astverhau) umgeben, so daß man um 11 Uhr schon wieder von der wohltuenden Grabesruhe im Lager hätte sprechen können, wenn die unerfreulichen Schnarcher nicht gewesen wären. – Der früheste Morgen fand uns beim Lagerabbruch. Unser »Pflegling« wurde in eine Decke gelegt, diese an eine Stange gebunden und weiter ging die Reise.

Vielleicht lag es bei ihm »in der Familie«, daß er von einer hungrigen Bestie des Landes als Festbraten auserkoren wurde. In der Karawane befand sich nämlich noch sein Bruder, dem vor Jahresfrist ein Krokodil, als er unvorsichtig am Fluß Wasser schöpfte, ins Gesicht gefahren war und ihm dabei so ziemlich Ohren, Wangen und die Nase gewaltsam entfernt hatte. Auch er war glücklich entkommen ...

Ich hatte mich entschlossen, zuerst am großen Ruaha flußaufwärts vorzudringen. Wege gab es in diesem weiten, völlig menschenleeren Gebiet nicht, das aus einer unbekannten, gefürchteten Wildnis bestand. Schon in Mkalinso, wo ich Führer werden wollte, stieß ich auf eine erstaunliche Abneigung gegen jedes Vordringen hier. Die Wakambaleute, an die ich mich dann wandte, hielten ein Durchkommen ebenfalls für undenkbar. Darauf versicherte ich ihnen, daß Undenkbares immer besonders hübsch zu sein pflege, daß ich mir das ansehen müsse und daß ich dann eben allein gehen würde. Nun ist die Welt bekanntlich klein und manches stellt zur rechten Zeit sich ein ... Auch die Herren Wakamba begannen sich unauffällig zu verkrümeln, um ja nicht mitzumüssen, als plötzlich ein neu Hinzugekommener mich mit großer Freude begrüßte und sich nur wunderte, daß ich ihn nicht gleich erkannte. Er hatte sechs Jahre vorher als Träger mit mir Ruanda bereist. Nun erklärten sich sieben Männer bereit, mich zu begleiten, denn: ihr Landsmann sei mit mir gereist, ich sei also eine einwandsfreie Persönlichkeit und nun wollten sie auch mit, ganz gleich, was geschehe!

Die sieben erhielten Buschmesser und sieben mit ihren Seitengewehren arbeitende Askari gingen zusammen mit ihnen unter mühsamem

Wegbrechen voraus. Trotzdem hätten wir umkehren oder seitwärts im lichten Poriwald durchstoßen müssen, wenn wir nicht immer wieder alte, verwachsene Elefantenpfade gefunden hätten, die dem Wasser folgten. Der Marsch in der unberührten Wildnis, die ein Weißer hier am Fluß noch nicht betreten hatte, war dauernd von hohem Zauber ständiger Erwartung irgendeines besonderen Erlebnisses erfüllt. Die völlige Unschiffbarkeit des großen Ruaha zwischen Kidatu und seiner Einmündung in den Ruidji trat bald zutage. Am Mangwasabach versuchte man noch einmal, mich auf höchst listige Weise vom Fluß wegzulocken. Wir blieben natürlich am Ruaha. Der Busch, meist ein undurchdringliches Gewirr armdicker Lianen, wurde so dicht, daß selbst die Elefanten hier nicht durchgekommen und abgebogen waren. Alle Augenblicke mußte ein umgestürzter Baum, der im Fallen alles benachbarte Ast- und Strauchgewirr mitgerissen hatte, überklettert werden. Am 28. Juli endlich hatte unsere Wühlarbeit im Walde ihr Ende erreicht. Am 18. August begann die eigentliche Bereisung der Ulangaebene. Nahe Lugoda wurde beim bekannten Jumben Makua gelagert. Ein Ruhetag für die Träger wurde zu orientierten Streifen benutzt, auf deren Zustandekommen Makua selbst weniger Wert legte als ich, da ihm die mir zugedachte Reparatur seiner streikenden Taschenuhr weit mehr am Herzen lag als der allgemeine Zweck meiner Reise. Die Uhr war leider zu neuem Leben nicht zu erwecken, wahrscheinlich weil ich mit voller Hingabe stundenlang daran herumbastelte. Makua trug mir diesen Mißerfolg nicht nach, denn er brachte mir in der Frühe des Abmarschtages eine Parade seiner Leibtruppe dar, die glänzend verlief.

Rufidjikrokodil (DOA), von Hauptmann Fonck erlegt

Wir kamen an die Paliahaiaschnellen des Mpanga und eine Stunde oberhalb dieser an die Salangafelsplatte, daher berühmt, weil der Häuptling Salanga hier einst auf der Flucht vor seinen Verfolgern in einem mächtigen Satz über den 8 Meter breiten Fluß gesprungen und entkommen sein soll.

Es begann nun die Erkundungsfahrt des Hauptquellflusses des Ulanga-Rufidji, der hier Ruhudje heißt. Die auf Befehl des Gouvernements von der Station Mahenge für die Talfahrt zu stellenden Boote waren natürlich nicht da, sondern, wie ich später hörte, zur »Beobachtung« von Elefanten benötigt worden, was mir als wichtiger als meine Reise nicht recht einleuchten wollte.

Ein ausrangiertes und nur noch als Fährboot an einer stillen Stelle benutztes morsches Wrack eines ehemals guten Einbaums war alles, was aufzutreiben war. Mit einem spitzen Stock konnte man die Holzwände stellenweise glatt durchstoßen. Das Wasser lief in kleinen Rinnsalen durch die Löcher im Boden hinein. Nachdem das höchst verdächtige Fahrzeug mit tonigem Lehm einigermaßen gedichtet war, trat ich am 12.9. mit 2 Bootsleuten und 2 Boys die Talfahrt an, wobei ich es mir abwechselnd auf der zusammengefalteten Zeltbodendecke oder einer leeren Patronenkiste bequem machte. Die Karawane marschierte am Ufer entlang. – Bereits nach 20 Minuten dahinschießender Fahrt hatten wir den ersten Schiffbruch, indem das Boot von der reis-

Rufidjifluß (Shúgulifälle) in DOA

senden Strömung gegen die Uferfelsen geschleudert wurde, wobei es einige neue Löcher gewann. Erfreulicherweise hielt es in der Hauptsache aber noch zusammen, so daß wir bald wieder schwammen. Dann kamen sogar 3 Tage glatte Fahrt, bis am 4. eine heftige Strömung unsere Arche mitten im Fluß gegen einen aus dem Wasser ragenden Baumstamm warf, so daß die längst durchgefaulte linke Seitenwand eingedrückt wurde. Wir kamen heil an Land, und ... »reparierten« darauf los, bis der Kasten wieder schwamm. Rein zufällig nahm ich am 16. September noch einen fahrwasserkundigen Lotsen mit, da der Fluß sich nun in mehrere Arme gabelte. – Nach einhalbstündiger Fahrt lenkte er das Boot, durch dessen Boden schon längst wieder Dutzende winziger Wasserquellen munter hereinquirlten, in einen nur 8–10 Meer breiten, 2–3 Meter tiefen Seitenarm, dessen Ufer mit überhängendem Strauchwerk und schweren Schilfmassen bestanden waren. Unser Einbaum glitt im scharfen Strom schnell dahin. Hinter mir lag mein Infanteriegewehr 98 auf dem Boden. Unser Lotse hatte sich auf den vorragenden Holzschnabel der Bootsspitze gestellt, von wo er mit einer langen Bambusstange lenkte. – Ein herrlicher Morgen war angebrochen und die frische Luft, die uns weich umstrich, noch Siegerin über die brütende Hitze der kommenden Stunden. Wir waren einige Minuten in dem schmalen Flußarm gefahren, als dicht vor uns die schwarzen Köpfe zweier Flußpferde erschienen, denen wir uns mit großer Geschwindigkeit näherten. Die Tiere ließen sich unter Wasser sinken und wir glitten über sie hin. Gleich darauf tauchte ein drittes kleineres Tier blitzschnell fort. Kaum hatten wir dieses passiert, als ein viertes mächtiges Flußpferd kurz vor dem Schnabel des Einbaums hochschnaubte und sich seitwärts unter dem überhängenden Strauchwerk drücken zu wollen schien ... Diese Empfindung war aber »die falsche Deutung eines wirklich wahrgenommenen Sinneseindrucks«, also eine Illusion ... wie sie uns Menschen ja täglich und stündlich überfällt!

Ich griff deshalb auch gar nicht erst zum Gewehr ... hätte dazu auch keine Zeit mehr gehabt, denn schon trieb die Spitze des Bootes etwa 5 Meter von dem Tiere entfernt vorbei. – Ich selbst spähte – nichts ahnend – wieder nach vorn aus und nahm eine Wassertiefe, als ein plötzliches, wie von einer Schiffsschraube kommendes Aufrauschen des Wassers mich trieb, schnell rückwärts zu schauen und mir der keineswegs erheiternde Anblick zuteil ward, wie der herrliche

Grenze der Schiffbarkeit des Rufidji (Panganischnellen, DOA)

alte Bulle sich mit aufgerissenem Rachen unter Benutzung der reißenden Strömung seitlich von hinten kommend auf meinen Einbaum stürzte und – die unteren Stoßzähne ins Holz bohrend – beim ersten Herunterklappen seines massigen Oberkiefers die linke Bootswand vollends zertrümmerte. Boys und Kanuleute waren mit Ausnahme des Lotsen sofort über Bord gesprungen, als sie merkten, was los war.

In wenigen Sekunden hatte sich unsere, eben noch so gemütliche Lage merklich geändert. In einem Augenblicke hatte sich das Boot mit Wasser gefüllt und trieb mit der Breitseite stromab, während ich mich veranlaßt sah, mich von der Patronenkiste zu erheben und mit großer Schnelligkeit darüber nachzugrübeln, wie man wohl am besten aus dieser eigentümlichen Lage herauskäme. Infolge seiner schwammigen Beschaffenheit sackte der nun richtungslos von der Strömung umhergeschwenkte Bootsrest nur zentimeterweise weg. Der größte Teil der durchgefaulten linken Bootswand war mit dem »Heck« inzwischen abgebrochen, so daß mein Gewehr und das »kleine Gepäck« vereint mit dem »ersten Frühstück« im Strome verschwanden … Dies alles war leider keine Illusion!

Der Lotse und ich landeten schließlich auf einer Insel und waren soweit ganz zufrieden. – Der Anblick des wütenden Tieres mit seinen hervorquellenden, glasig-starren, gleichsam blutig geränderten Augen war zwar großartig gewesen, aber in der Tat auch einigermaßen unangenehm … Boys und Bootsleute hatten gleichfalls irgendwo rettendes Land erreicht und fanden sich im Lauf der nächsten Stunden mißvergnügt wieder ein. Von 8 Uhr morgens bis zum späten Nachmittage saßen wir nun, unfroh unser Nachtlager aus Schilf bereitend, auf der Insel, als die Sache eine unerwartete Wendung nahm. Unser Lotse, ein prächtiger, schneidiger Kerl, hatte erklärt, er würde Hilfe holen, und hatte sich, mehrere Flußarme und Sümpfe durchschwimmend, nach dem festen Lande aufgemacht. Wir waren nicht wenig überrascht, als wir dem Sonnenstande nach gegen 5 Uhr nachmittags stromaufwärts plötzlich Stimmen und Gelächter vernahmen, worauf fast gleichzeitig zwei ganz kleine Einbäume heranschossen. Auch diese waren von dem Flußpferd an derselben Stelle überfallen worden. Die unerschrockenen Führer aber, die den Rummel schon kannten, trieben ihre Nußschalen so schnell vorbei, daß der Behemot ins Leere stieß. Jeder Einbaum faßte zwei Mann. Eine dritte Person konnte nur mitgenommen werden, wenn sie sich steif wie ein Stück Holz mit angeklemmten Armen auf den Boden legte. Hierzu luden mich die fröhlich grinsenden Schiffer als erstes Opfer freundlich ein mit der Versicherung, daß sie uns alle wohlbehalten an Land bringen würden. Man kann sich – und ich tat es natürlich – diesen prachtvollen Ulangabefahrern ruhig anvertrauen und außerdem blieb mir nichts anderes übrig! Ich verstaute mich also vorschriftsmäßig in Mumienhaltung im Laderaum des einen ausgehöhlten Baumstammes, dessen Form an einen Bumerang erinnerte und »Heidi« ging's los in den gurgelnden Strom! Nach 10 Minuten Fahrt, während welcher ich mir – interessiert wie noch nie – den Himmel angesehen hatte, knirschte fester Sand unter uns. Ich wurde von vier kräftigen Fischerfäusten hochgehievt und an Land gestellt. Alles mit Humor, Scherz, fröhlichem Lachen und gewinnender Sicherheit, in die ich, als die Muskelstarre zu weichen begann, mit Vergnügen einstimmte.

Auf den alten Bullen hatte ich natürlich eine seiner Scheußlichkeit angemessene Wut, die mich den Entschluß fassen ließ, ihm nach dem Leben zu trachten. Aber es war unmöglich, ein zu seiner Verfolgung geeignetes Boot zu beschaffen. Schließlich kam ich auf den richtigen Gedanken, daß das Flußpferd von seinem Standpunkt aus doch nicht so Unrecht gehabt hätte, denn zu viele seiner Genossen waren den Harpunen der Wandamba schon zum Opfer gefallen und ihm selbst wird fraglos auch erst eine solche im Fell seine gehässige Gesinnung eingeflößt haben ... So schwand mein Groll zusehends in demselben Maße, wie meine Überzeugung, ihm doch nichts anhaben zu können, zunahm. Schließlich wurde mir das Tier, das mich, als es wie ein aufgetauchtes U-Boot angefegt kam, so schauderhaft angesehn hatte, direkt sympathisch! ... Noch nach Jahren träumte ich von ihm, wie es nachts zu mir ins Zelt kam, unglaublich gähnte, mir seine 2 Zentner schwere fürchterliche Maulschwarte auf den Bauch legte und mich mit seinen grünleuchtenden Pupillen von der Größe einer runden Pflaume nicht unfreundlich anglotzte ... Dann sah ich es wieder gefangen in irgendeinem zoologischen Garten und brachte ihm zur Erheiterung Zuckerrohr, wenn nicht gar Eierkognak mit. Zärtlich streichelte ich seine borstigen mannsbreiten Lippen, welche es mir verlangend entgegenhielt ... Es kam mir vor wie ein Edelkommunist, der mich zwar zerstören wollte, aber wenigstens nicht wußte, warum. So sprach ich denn zu ihm in der zarten Ausdrucksweise jener gemütvollen Zunft wie zu einem lieben Freunde bittend und ermahnend: »Komm mir bloß nicht noch mal mit deiner großen Schnauze!« Alles im Traum natürlich! Aber so nahe wohnten ja beim Menschen Haß und Liebe beieinander!

Landschaft am Rukwa-See (DOA)

Kolonialscherze

Wiedergegeben von Hans Zache

Der Geheimpolizist

Im Bezirke T. in Deutsch-Ostafrika hatte das lichtscheue Gesindel dermaßen überhandgenommen, daß der Bezirksamtmann sich entschloß, ganz energisch vorzugehen. Am schlimmsten war es im Marktflecken und Kreise M., wo alle Wochen Einbrüche vorkamen, ohne daß es dem Akiden – farbigen Kreisvorstand – mit seinen beiden schwarzen Gendarmen seit einem halben Jahre gelungen wäre, eines Verbrechers habhaft zu werden. »Suchen Sie mal den schlausten Kerl aus der Polizei-Abteilung raus! Lassen Sie ihn Zivil anziehen und mit einer Last als Händler nach M. gehen. Er soll dort auf einige Wochen Kriminalbeamter sein«, sagte der Bezirksamtmann zu seinem Polizeiwachtmeister. Und schon am Tage darauf wanderte Ombascha Hamiß im schmucklosen Zivilkleide nach M. Verständlicherweise wurmte es den Braven, daß kein schwarzer Untertan ihn mit der Ehrfurcht, die Uniform überall erweckt oder beansprucht, grüßte und mit dem obligaten Huhn im Topf bewirtete. Seine Haltung wurde immer strammer, sein Stechschritt immer militärischer, sein Blick immer gebieterischer – aber umsonst. »Die Schweinerei muß aufhören«, dachte Ombascha Hamiß – der »Schlauste« –, als er kerzengerade in M. einmarschierte und herrisch nach dem Akida fragte, dem er sich durch ein bezirksamtliches Schreiben legitimierte.

»Morgen wünsche ich sämtliche Amtsvorsteher und Dorfschulzen zu empfangen und alle Einwohner M.s hier versammelt zu sehen«, sagte der Gewaltige aus der Provinzialhauptstadt. Und so geschah es. Nachdem sich zwei- bis dreihundert Männer in ehrerbietigem Schweigen versammelt hatten, erschien unser Ombascha und hielt folgende Ansprache:

»Es ist mir unangenehm aufgefallen, daß ich im Kreise M. nicht mit der Achtung empfangen worden bin, die mein Rang erfordert. Ihr denkt wohl, ich bin ein Schensi – Buschnigger – und krummer Zivilist wie ihr, weil ich keine Uniform anhabe? Nun, so wißt, daß ich die nur auf Befehl ausgezogen habe, weil ich hier als Geheimpolizist fungieren soll. Im übrigen wünsche ich, daß jedermann weiß, daß ich der Ombascha Hamiß bin und als solcher respektiert werden will!«

Zapfenstreich

Im Januar haben die Deutsch-Ostafrikaner bekanntlich die heißeste Zeit – Hochsommer, wenn man so will. In einer Küstenstadt, in der außer farbiger Polizei während des Aufstandes 1905/6 ein Marine-Infanterie-Detachement im Quartier lag, blies die Polizei alle Abend um 10 Uhr Zapfenstreich, die Marine aber schon um 9 Uhr. »Hören Sie mal«, sagte der Bezirksamtmann zu dem jungen Seesoldaten-Leutnant, »es geht doch nicht zu, daß Ihre weißen Soldaten eine Stunde früher als meine schwarzen ins Bett geschickt werden; lassen Sie doch auch um 10 Uhr blasen!« – »Würde ich wirklich sehr gern tun, Herr Bezirksamtmann, aber gemäß der Garnisondienstvorschrift muß ich im *Winter* um 9 Uhr Zapfenstreich blasen lassen.«

Der Spielmann

Der Hornist der Polizeiabteilung in T. wurde durch den Dienst überanstrengt, da er alle Morgen um 5.30 Uhr Wecken und alle Abend um 10 Uhr Zapfenstreich zu blasen hatte. Der Bezirksamtmann beantragte daher beim Kommando einen zweiten Hornisten und die Kompanie in P. erhielt Befehl, einen solchen zu stellen. Drei Tage darauf meldet sich der Mann mit den Schwalbennestern in T., erhielt gelbe Knöpfe statt der weißen, einen Mützenadler statt der Kompanienummer und ein Signalhorn mit dem Befehl, am selben Abend Punkt 10 Uhr die Einwohner von T. zum Schlafengehen zu »locken«. Der Brave stand eine Weile wie angewurzelt und bohrte seinen Blick dem Polizeiwachtmeister in die Augen. Da derselbe aber mit einem barschen »Bassi« (Schluß!) sich abwendete, machte auch er stramm kehrt: »Ist befohlen – wird gemacht.«

Die Uhr schlug zehn – da ging es los! Quiekend, brüllend, kreischend zerrissen die unerörterten Töne die Ohren der Anwohner. Und alsbald fielen sämtliche Köter von T., die offenbar an bessere Konzerte gewöhnt waren, mit Geheul und Gewinsel ein. Der Bezirksrichter, der neben dem Bezirksamtmann wohnte, war ein sehr musikalischer, aber auch sehr nervöser Herr; mit einem Satz war er am Fenster und brüllte auf den Bomahof hinab: »Njamasa!« (Stille!) – »Kelele!« (Ruhe da!) –

Aber der brave Spielmann hörte offenbar nur seine mit voller Lungenkraft in die Tropennacht hinausgeschmetterten Sirenenklänge; jedenfalls hörte er nicht auf. So sprang Herr v.R. mit einigen Sätzen die Treppe hinab, durchquerte den Hof und riß ihm die Trompete vom Munde.

Der Bezirksamtmann, der zwar alle zu seinem Berufe erforderlichen Eigenschaften in höchstem Maße besaß, aber völlig unmusikalisch war, bemerkte seinerseits, daß das Signal erheblich kürzer war als gewöhnlich, und da er auch noch heftige Worte hörte, sauste auch er treppab und stand bald neben dem Bezirksrichter vor dem Posten.

Bezirksamtmann: »Warum bläst du nicht zu Ende?« Spielmann: »Der andere Herr hat es verboten.« – Richter: »Entschuldigen Sie – aber es war nicht mitanzuhören – der Mann blies ja ganz unmusikalisch.«

Bezirksamtmann: »Das habe ich nicht gefunden; der Mann ist ausgebildet – (zum Spielmann) blas weiter!«

(Geschieht.) Der Bezirksrichter läuft bei den ersten Tönen wie vom Skorpion gestochen davon. Der Bezirksamtmann sieht dem Spielmann wohlgefällig zu: »Na, ja!«

Bezirksrichter (der mit mehreren anderen Herren zurückgekehrt ist): »Lassen Sie es sich von diesen Herren bezeugen, wenn Sie es mir nicht glauben, daß diese Töne Steine erweichen und Menschen rasend machen können!« – Bezirksamtmann (ungläubig): »Ach nee?« (Die Herren unterstützen lebhaft den Bezirksrichter.)

Bezirksamtmann (den Spielmann heranwinkend): »Bist du denn nicht Spielmann, mein Sohn?«

»Jawohl, Banamkuba, – Trommler.«

Potemkin wider Willen

Unter den Reichstagsabgeordneten befand sich ein besonders gewissenhafter Kolonialfreund. »Um sich keine Potemkinschen Dörfer vormachen lassen zu müssen«, hatte er auf der Überfahrt eifrig Suaheli gelernt. Und als ich mit großen Ehren die Reichsboten in Tanga empfing, schlug er sich unbemerkt seitwärts in die Büsche, um auf eigene Faust und mit eigenen Augen Erhebungen anzustellen. Alles war den Volksvertretern gezeigt worden, und wir waren bereits zum Frühstück versammelt, aber immer noch fehlte Dr. Weiße. Endlich sah ich ihn ankommen, von einem kleinen, sauber angezogenen Negerjungen geführt, mit dem er sich anscheinend ganz gut verständigte. Ich ging auf ihn zu und drückte ihm meine Freude aus, daß er wieder da sei und bat, am Frühstückstische Platz zu nehmen.

»Wissen Sie«, sagte Dr. Weiße mit dem Ausdruck verschmitzter Selbstzufriedenheit, »ich habe mir nämlich inzwischen *das* Tanga angesehen, daß Sie uns nicht zeigen wollten.« – »Nun?« sagte ich, »und das Ergebnis?« – »Ungelogen! Alles tadellos. Glücklicherweise fand ich einen sehr freundlichen und sehr verständigen Führer.« Ich blickte zur Tür, wo der Junge, der mir bekannt vorkam, stand. Nach dem Essen rief ich ihn heran. »Nun, mein Junge, wer bist du und was hast du dem Herrn alles gezeigt?« – »Banamkuba«, antwortete der Knirps, »ich bin Schüler der ersten Klasse.« – Notabene: er sprach also leidlich deutsch, daher die gute Verständigung! – »Und neulich hast du doch die Klasse versammelt und uns gesagt, die Herren, die kommen würden, wären aus dem großen Schauri des Kaisers und kämen, um nachzusehen, ob hier alles in Ordnung wäre. Und diese Herren müßte der Kaiser immer fragen, wenn er Geld für die Schule und die Askari und für die Eisenbahn ausgeben wollte, ob sie damit einverstanden wären. Da habe ich mir gedacht, da müssen wir denen doch recht viel Schönes zeigen, damit sie recht viel Geld schicken. Und da habe ich ihm nur Schönes gezeigt.«

Da im übrigen in Tanga nichts war, was nicht hätte gezeigt werden können, ließ ich Herrn Dr. Weiße das befriedigende Bewußtsein, ungeleitet und unbeeinflußt seine Feststellungen selbst getroffen zu haben, ein Bewußtsein, das ihn aller Wahrscheinlichkeit nach noch heute befriedigt und erhebt.

Die Jagd der Eingeborenen Deutsch-Ostafrikas

Von Franz Paulßen

Es ist die Sehnsucht nach den verlorenen Jagdgründen, die das in Deutsch-Ostafrika als Jünger des heiligen Hubertus Erlebte wieder lebendig in mir werden läßt; aber auch der Wunsch, in Unmittelbarkeit und Lebendigkeit das festzuhalten, was wir verloren haben und dankbar der Schwarzen zu gedenken, die in unerschütterlicher Treue ohne Sold zu uns gehalten haben gegen eine erdrückende Überzahl von Feinden auf allen Seiten. Unsere Schwarzen müssen wir in jeder ihrer Lebensbetätigungen der Heimat vor Augen führen. Wir müssen dieser zeigen, welche Klugheit, Geschicklichkeit und Kraft das Menschenmaterial besaß, das uns als Schatz anvertraut war und das wir so gehütet haben, daß es in Treue mit uns verwachsen ist wie wir mit ihm.

Ich will deshalb versuchen, dem Jäger und Weidmann ein Bild von unseren deutsch-ostafrikanischen Nimroden zu entwerfen. In diesem Sinne bitte ich meinen Versuch aufzufassen, der nichts mit zoologischer Wissenschaft zu tun hat, sondern der nur die durch jahrelange Beobachtung gewonnene Kenntnis von Leuten, Land und Wild in den Dienst des lebendigen kolonialen Gedankens stellt, des Gedankens, der auf Abstellung des uns widerfahrenen Unrechts hinzielt.

Deutsch-Ostafrika ist in zoologischer Hinsicht reich gegliedert, da vier Tierzonen, von Süden, Norden und Westen kommend, weit ins Schutzgebiet hineinreichen und darin zusamenstoßen. Es sind die Kongo-, Moçambique-, Sudan- und Somalizone. Hierdurch wird die Tierwelt DOAs besonders artenreich; denn jede Zone hat besondere Arten jagdbaren Wildes, z.B. haben wir in DOA zwei Arten Zebras, zwei Arten Gnus, zwei Arten Oryx, zwei Arten Hyänen, zwei Arten Luchse. Von diesen gehört je ein Vertreter den beiden von Norden hereinreichenden Zonen, der Somali- und Sudanzone, an. Bestimmt hat DOA zwei Arten von Giraffen, wenn nicht drei, mehrere verschiedene Vertreter der Schakalfamilie und drei Arten Hunde, vor allem den Löffelhund und vielleicht auch den Strandwolf.

Von dem Wild, welches der Moçambiquezone angehört, kommen im Schutzgebiet vor: der schwarze Reiher, die rote Schopfantilope, der Kaffernbüffel. Letzterer hat sich das ganze Schutzgebiet erobert. Er wandert viel und wird dort Standwild, wo er günstige Lebensbedingungen, d.h. Ruhe und auch in der Trockenheit Gelegenheit zum Suhlen hat. Bis in die Höhe von Tanga kommt auch die Seekuh vor.

Die Kongozone hat das Tierleben DOAs bereichert durch den Graupapgei, die einzigste Papageienart, der wir in DOA als Standvogel begegnen, durch die Hirschantilope, den Sumpfbock, durch eine Art Kolobusaffe und durch den Schimpansen, den wir am Kiwu und Russissi treffen.

Die Sudanzone hat noch andere Vertreter ihrer eigenartigen Tierwelt nach DOA entsandt. Es ist die Giraffengazelle, eine seltene, kleine, schwachgehörnte Gazelle, die ihren Namen dem langen Halse verdankt, und der Gepardjagdleopard, ein Mittelding zwischen Hund und Katze, ein Tier, das mit dem runden Schädel und Hängebauch der Katzen die nicht zurückziehbaren Krallen des Hundes verbindet.

Ich will damit aufhören, einzelne Wildarten zu nennen und nur noch etwas über die Größe des am häufigsten vorkommenden Wildes sagen. Von dem Großwild weisen Büffel, Gnu, Kudu, Oryx, Rappen-, Pferde-, Elen-, Kuhantilopen die Größe und Schwere eines mittleren Ochsen bis zu einem Mastochsen auf. Wasser-, Moor-, Riedbock haben die Größe eines Kalbes, während der Buschbock, Sumpfbock, das kleine Kudu, die Grant-, Thompsen-, Petersgazelle, Schwarzfersenantilope etwa von Ziegengröße sind und unsere kleinsten, die

Lindi-Fluß (DOA)

Wildartenreichtum reden, der besonders dort, wo verschiedene Zonen zusammenstoßen oder sogar ineinandergreifen, das Herz eines jeden Wild- und Jagdfreundes höher schlagen läßt. Gewiß sind im allgemeinen die Grenzen, in welchen die einzelnen Arten sich wohl fühlen, gegebene. Klima, Vegetation, Bodengestaltung setzen der Verbreitung der einzelnen Arten Schranken. Die eine liebt die Steppe, die andere wieder Busch und die dritte Sumpf; jedoch am stärksten hat der Mensch auf die Verbreitung des Wildes gewirkt. DOA ist volkreicher geworden, und wo Land unter Kultur genommen worden ist, ist für afrikanisches Großwild kein Platz mehr. Der Wildreichtum in den großen menschenarmen Steppen des Ikomabezirks, Olgospostens, der Ruwanaebene, der Rugwasenke, in den Überschwemmungsgebieten des Bubu und großen Ruhaeflusses sowie in den Wildreservaten des Moschi- und des Dodomabezirks, in welchen ein Schuß nicht fallen darf, ist noch so groß, daß nur wenige sich eine Vorstellung davon machen können. Selbst wenn ich von Herden von mehr als 100 Stück Zebras, Gnus, Kuhantilopen, Wasserböcken usw. erzählte, so wäre das Bild nur unvollkommen, was ich entwerfen könnte. 1912 war ich nach Beendigung der Regenzeit auf Jagd-Safari im Süden des Taborabezirks, dort sah ich eines Morgens prozessionsartig Tausende von Tieren der verschiedensten Gattungen zur Salzlecke in die Rugwasenke ziehen. Gegen Sicht gedeckt, mit dem Glas bewaffnet, sah ich bis in den Spätvormittag hinein stundenlang zu, wie Herden von Straußen, Zebras, Giraffen, Büffeln, Antilopen, Gazellen familienweise oder nach Arten geordnet bzw. vergesellschaftet durch die Steppe

Ducker, Klippspringer, Silberantilope, Giraffengazelle und andere Arten Zwergantilopen teilweise nur die Größe eines Zickleins besitzen. Unser ostafrikanischer Elefant ist fast die Hälfte schwerer als der meist in den zoologischen Gärten gezeigte indische Elefant und wilder, so daß eine Zähmung und ein Dienstbarmachen seiner Kräfte zu Arbeitsleistungen nur schwer möglich sein soll. Unser Nashorn unterscheidet sich von dem indischen durch sein zweites Horn. Bezüglich der Größe von Zebra, Flußpferden, Löwen, Leoparden, Zibet- und Ginsterkatzen brauche ich wohl nichts zu sagen, da diese aus den zoologischen Gärten ja genauer bekannt sind.

So reich wie Ostafrika an Vierfüßlern ist, so vielgestaltet ist auch die jagdbare Vogelwelt. Die verschiedensten Taubenarten, Wachteln (Kwale), Rebhühner, Frankoline, Kronenkraniche, Ibisse und Perlhühner sind wohl Sorten, worauf jeder auf der Frühpirsch zu Schuß kommt, während Marabu und fünf verschiedene Reiherarten, kleine und große Trappen schon größere Gewandtheit in Pirsch und Schuß voraussetzen, ehe man sie als Beute gewinnt. Die Jagd auf Strauß und Sekretär war in DOA verboten.

Man kann also im allgemeinen von einem

gegen Westen zogen. Mehrere Tage hintereinander habe ich diese Tierwanderung beobachtet, die bei Dunkelheit begann und bis in den hellen Tag hinein dauerte, ehe das Wild sich verteilte und zu Äsung und Ruhe überging. Von den großen *Elefantenherden* der Miombowälder bei Tabora hat dieses seinen Namen. Tabora ist Kinjamwesi und heißt auf Deutsch »Elefant«. Wenn man nun auch keine Standelefanten bei Tabora mehr vorfindet, so ist seine Umgegend doch der Ruhesitz vieler alter eingeborener Elefantenjäger, die verschiedenen Stämmen, meistenteils aber den Makua, angehören. Diese Jäger schlossen sich zu kleinen Gesellschaften zusammen, welche gemeinschaftlich jagten. Zu jeder Jagdgesellschaft gehörte auch ein Zauberer (Mchawi). Über den Wert bzw. Unwert eines Mchawi im allgemeinen kann man nur einer Meinung sein. Er ist kein nützliches Mitglied der Gemeinschaft. Für die Jagdgesellschaft war es aber etwas anderes. Denn er ist klüger, gerissener als die Mehrzahl der Eingeborenen, deshalb ein kluger Berater bei den vielen Zwischenfällen, die eine solche Jagd im Gefolge hatte. Dann ist er aber auch das ausgleichende Moment bei den entstehenden Meinungsverschiedenheiten, derjenige, der durch das Orakel eine bestimmte Ansicht erhärten lassen, ja sogar einen Streit evtl. durch Ausstoßen eines Unruhestifters aus der Jagdgemeinschaft beendigen konnte. Nachdem das in Aussicht genommene Jagdgebiet erreicht war, stellte der Zauberer durch Befragen der Eingeweide eines Huhnes fest, ob Jagdglück zu erwarten sei. Fiel das Orakel für die Jagd günstig aus, so verwitterten sich die Jäger mit aufgelöstem Kuhdung oder auch Baum- und Pflanzensäften, suchten die Elefanten auf und schlichen sie an. Mit günstigem Winde gelang das Anschleichen auch meistens, da der Elefant schlecht sieht und nicht erstklassig hört. Er ist ein ausgesprochenes Nasentier. Schwer, sehr schwer muß das Speeren der Elefanten nach den Berichten der Jäger sein. Der Speer war etwa eineinhalb Meter lang, mit einem schmalen, beiderseits scharfen Speerblatt versehen. Der Speerschaft endete entweder unten in einem Holzklotz als Speerschuh oder es war dort eine Rille vorhanden, durch die ein naß übergezogener Holzklotz nach seinem Eintrocknen festgehalten wurde. Es bedarf neben Mut besonderer Geschicklichkeit und Kraft, den Speer in eine durchdringbare Stelle der Schwarte des Elefanten zu stoßen oder zu werfen. Eine derartig weiche Stelle ist die Achselhöhle der Vordersäulen. Saß der Speer gut, so war die Lunge des Riesen getroffen, sein Schicksal war besiegelt, ob er nun floh oder zum Gegenangriff gegen den fliehenden Jäger vorging. Durch jede Bewegung wurde das schwere Ende des Speeres, der Speerschuh, in schwingende oder kreisende Bewegung versetzt. Das Speerblatt im Innern des Körpers machte die Bewegung mit, zerschnitt die Lunge noch mehr und ließ die Wunde nicht zum Heilen kommen. Der aus der Wunde daher unausgesetzt fließende Schweiß war eine deutlich erkennbare Spur, auf die sich die Schwarzen später setzten. Trotzdem die Verwundung der Lunge den Riesen an der ganzen Entfaltung seiner Geschwindigkeit und an seiner sonstigen Ausdauer hinderte, dauerte die Jagd oft mehrere Tage, ehe er wieder eingeholt und zum zweitenmal gespeert werden konnte. Diese Speerung erfolgte so oft, bis der Riese durch Blutverlust geschwächt zusammenbrach. Nur Schwarze mit einer Lungen- und Muskelkraft, wie sie nur wenige Europäer besitzen werden, konnten diese Jagd aushalten, die sich tagelang in der heißesten Sonnenglut über unwegsames Gelände hinzog, ehe der Elefant zur Strecke gebracht war. Dafür hatten die Jäger aber auch für ein, wenn nicht für mehrere Jahre die Mittel für ihren Lebensunterhalt gewonnen. Die Stoßzähne wurden mit Äxten ausgebrochen und an Araber und Inder verkauft. Das Fleisch wurde am offenen Feuer oder auf einem Gerüst von feuchten Ästen geröstet und diente später als Tauschmittel gegen Tabak, Salz und Mehl. Aus dem Horn der Fußsohlen machte der Fundi Ringe und Elefantenamulette.

Anders wurde die Elefantenjagd bei den Leuten des Mkalamabezirks ausgeübt, welche speziell in der Massai- und Vembäresteppe jagten. Sie schlichen sich, nur bewaffnet mit einem schweren Haumesser, an eine der Hintersäulen des Elefanten heran und schlugen mit einem Schlag deren Fessel kurz oberhalb des Fußes durch. Hierdurch wurde das Tier, welches sich nicht wie andere Vierfüßler auch auf drei Läufen vorwärts bewegen kann, zum Tode des Verhungerns und Verdurstens verurteilt. Es konnte nur das fressen und saufen, was in Reichweite seines Rüssels war. Während der Europäer den Elefanten durch Schuß ins Ohr oder oberhalb des Rüsselansatzes tötete, habe ich einen sehr erfolgreichen Elefantenjäger kennengelernt, der durch Schuß in das ein sicheres Ziel bietende Knie den Elefanten zuerst bewegungsunfähig machte, ehe er ihm den Fangschuß gab. Von den Eingeborenen wurde der Elefant nur selten mit Vorderlader gejagt. Er hatte nicht durchschlagende Kraft genug, um dem Riesen eine tödliche Verletzung beizubringen. Wohl ist er von ihnen zuweilen in Gruben gefangen worden, während Nashorn und Flußpferd häufiger durch diese letzte Fangart erbeutet wurden. Die Gruben wurden auf den Wechseln oder in der Nähe der von den Tieren besuchten Felder angelegt. Sie waren zwei bis zweieinhalb Meter lang, zwei Meter tief und gingen nach unten spitz zu. Hierdurch wurden die Füße des hineingeratenen Tieres stark zusammengedrückt und das Tier sozusagen bewegungsunfähig gemacht. Oben waren diese Gruben mit dünnen Hölzern, Laub und Erde leicht verdeckt und mit dem umliegenden Gelände in Einklang gebracht. Sehr oft aber wurden die *Flußpferde*, die einerseits ein von allen Schwarzen gern gegessenes Wildbret liefern, andererseits bei ihrem häufigen Vorkommen den meisten Schaden in den Feldern anrichten, auch mit der Fallharpune getötet. Diese Fallharpune bestand aus einem mehrere Kilo schweren Holzklotz, in welchem ein nach unten gerichtetes Speerblatt steckte. Der Holzklotz ruhte auf einem zwei bis zweieinhalb Meter hohen Gerüst. Am Herunterfallen wurde er durch ein eingekerbtes Holz verhindert, welches in seiner Lage durch einen Strick gehalten wurde, der wiederum durch zwei andere Hölzchen auf dem Wechsel befestigt war. Stößt das unter der Harpune durchgehende Flußpferd an die auf dem Wechsel befestigten Hölzchen, dann wird der Halt gelöst und die herunterfallende Harpune dringt dem Tier in den Rücken oder Körper. Ist das Rückgrat getroffen, so bleibt das Tier natürlich liegen; im anderen Falle versucht es die Harpune abzustreifen oder abzuwälzen, dadurch wird die Wunde noch verschlimmert, und sollte schließlich die Bemühung des Tieres auch von Erfolg gekrönt sein: es hinterläßt immer eine so deutliche Schweißspur, daß es den Schwarzen ein leichtes ist, das kranke Tier am andern Morgen entweder im Gestrüpp oder am Ufer im seichten Wasser aufzuspüren und durch Fangschuß zu erlegen. Das auch verhältnismäßig nur leicht verletzte Flußpferd soll nämlich das tiefere Wasser meiden und war dadurch für den Jäger leichter zu erreichen, besonders da das Wundbett des kranken Tieres auch durch Vögel angezeigt wurde. Im Victoriasee wurde von den Wakerewe auch von Booten aus auf Flußpferde mit der Wurfharpune gejagt. Sie hatte die bekannte Form und am freien Ende an einer verhältnismäßig kurzen Leine ein Stück des sehr leicht schwimmenden Ambatschholzes. Dieser Schwimmer zeigte den Jägern, wohin das von ihnen harpunierte Tier unter Wasser flüchtete. Nach den Schilderungen der Leute war diese Jagd nicht sehr gefährlich und soll auch, weil die dabei Beteiligten gut schwimmen konnten, nur selten Menschenopfer gefordert haben. Die Eingeborenen behaupteten, daß das Flußpferd, selbst nur zweimal harpuniert, dem Schwarzen im Schwimmen und besonders im Tauchen nicht gewachsen gewesen sei. Die Ambatschholzschwimmer haben dieses wahrscheinlich verursacht, da sie, wie gesagt, wohl umfangreich, aber dabei sehr leicht waren. Anders war es aber mit dem Bootsverlust. Ich habe den Angriff eines Flußpferdes auf ein großes europäisches Whaleboot erlebt und gesehen, daß selbst das Holz eines derart festen Bootes bei dem Angriff und Stoß des Flußpferdes zersplitterte, als wenn es mit der Axt bearbeitet würde. Wie wenig Kraftaufwand war nötig, um einen schwachen Einbaum, eben das am Victoriasee gebräuchliche Eingeborenenboot, zu zertrümmern.

Von den zuletzt erwähnten großen vorsintflutlichen Dickhäutern kann der Schwarze auch alles verwenden, mit Ausnahme der Haut. Für derartig dicke, fettreiche Häute hat der Schwarze keine Konservierungsmittel. Wohl sind aus Häuten, die in Streifen zerschnitten und getrocknet wurden, Spazier- und Reitstöcke angefertigt worden. Der Europäer hat aber ganze Häute von Flußpferden zur Verschiffung gebracht. Das zu Pulverstaub zermahlene Horn des Nashornes galt bei den Indern als aphroditisches Mittel.

Während noch Flußpferde überaus reichlich im Schutzgebiet vorhanden sind, ist es bereits vor Jahren nötig gewesen, für Elefant und Nashorn Schutzmaßnahmen zu ergreifen. Sie durften nur noch, und zwar in ganz beschränkter Anzahl, auf einen Großen Jagdschein hin erlegt werden. Auch Jagd- und Wildschutzgebiete, die, wie schon erwähnt, teilweise sehr große Ausdehnung hatten und in deren Grenzen jede Art Jagd verboten war, haben ihre wildvermehrende und wilderhaltende Wirkung ausgeübt. Die Jagdgewohnheiten der Eingeborenen hätten einen derartigen Schutz wohl nicht nötig gemacht. Allen Waffen des Eingeborenen, selbst dem Giftpfeil, einer verblüffenden Pfeilschußsicherheit bis auf 200 Schritte und Speerwurfsicherheit von 50 und mehr Schritten ist die weittragende Schnellfeuerwaffe des Europäers in ihrer alles Leben vernichtenden Wirkung weit überlegen. Nur das *Krokodil* scheint keinerlei Schonung zu bedürfen, trotzdem ein Europäer kaum die Gelegenheit, ein Krokodil zu beschießen, vorübergehen läßt. Dem Krokodil rücken die Eingeborenen auf dem Lande mit der Wurfharpune und dem Haumesser zu Leibe. Es ist nur der Haß gegen diese Menschenfresser, der die Eingeborenen zwingt, Jagd darauf zu machen. Von dem Krokodil können die Schwarzen nichts verwerten, es sei denn, daß der Magen des erlegten Tieres für sie noch brauchbare Sachen enthält. Ich sah, daß Schwarze einen Fisch, der aus dem Magen eines frisch getöteten Krokodils herausgeholt worden war, für sich zubereitet und gegessen haben. Das Krokodil hat dreieckige ineinandergreifende Zähne. Es kann deshalb nicht kauen und ist gezwungen, größere Beute durch Hin- und Herzerren und Schlagen zu zerkleinern und die Stücke ebenso wie kleinerer Beute, wie einen Fisch z.B: von etwa zwei bis drei Pfund, hinunterzuwürgen. Aus diesem Grunde enthält der Krokodilmagen die sonderbarsten, für den Eingeborenen noch verwendbaren Sachen, wie z. B. Arm- und Beinringe von gefressenen Eingeborenen. Einmal habe ich gesehen, daß ein Abessinier dem Krokodil eine Trophäe nahm, die ich bei ihm nicht gesucht hätte. Er schnitt sich zwei Drüsen, die an jeder Seite des oberen Teiles des Krokodilhalses saßen, aus, trocknete sie, und als ich sie nach einigen Tagen aufschnitt, entströmte denselben ein intensiver Moschusgeruch. Dieser Geruch soll angeblich jahrelang anhalten. Das Krokodil wird, wenn es auf Land in der Sonne schläft, mit der Wurfharpune, die starke Widerhaken hat, gespeert. An der Harpune ist ein starkes, langes Seil. Dies hält ein Mann, eventuell auch noch ein zweiter, fest und sie behindern, wenn die Harpune nur einigermaßen gut sitzt, so die Flucht des Tieres. So festgehalten und in der Bewegungsfreiheit beschränkt, tötet ein weiterer Eingeborener mit einem langstieligen Haumesser das Krokodil durch einen Schlag auf den Kopf. Bei einer solchen Jagd, von drei Eingeborenen ausgeübt, der ich als Zuschauer in Usinsa, am Südufer des Victoriasees, beiwohnte, spaltete ein Usinsajäger durch den ersten Schlag den Krokodilkopf quer über den Augenwülsten in zwei Teile. Um das Krokodil durch Schuß sofort zu töten, muß genau hingehalten werden, denn der Lebenssitz, das ganz kleine Gehirn, sitzt weit im Hinterkopf, genau zwischen den Augenwülsten. Ein schwimmendes Krokodil wendet sich nach einem derartigen Schuß halb auf den Rücken, der Schwanz sinkt tiefer und mit einer Vorderpranke winkt es Abschied. Erst nach mehreren Stunden kommt es aufgetrieben an die Oberfläche, wenn es nicht von Artgenossen unter Wasser verschleppt und aufgefressen wird. Der an vielen Stellen des Schutzgebiets aufgetretenen Krokodilplage hat das Gouvernement durch Prämien, die für erlegte Krokodile oder für gesammelte Eier bezahlt wurden, Herr zu werden versucht. Das Krokodil kratzt ein etwa 1/2 Meter tiefes Loch in den Ufersand, füllt es mit abgefallenem Laub, Gras, Sand, morschen und verwesten Holzstückchen etwa halb voll und legt 50 bis 70 Eier hinein, dann scharrt es mit der Schnauze so viel Laub und Erde darüber, bis das Loch ganz ausgefüllt ist. Die Eier sind so groß wie ein starkes Gänseei. Die Krokodilmutter bewacht die Eier in der Nähe des Nestes oder auf demselben liegend und überläßt deren Ausbrüten der Sonnenhitze und der durch die im Neste liegenden verwesenden Stoffe erzeugten Wärme. Ist die Zeit zum Ausschlüpfen der Eier gekommen, dann räumt die Mutter die Decke auch wieder ab. Häufig kommt es vor, daß ein Ei Zwillinge enthält. Dieses sieht man dem Ei äußerlich an der Einschnürung an, die es auf seinem dicksten Umfange hat. Damit die lieben Zwillingsbrüder sich nicht bereits im Ei vor Liebe auffressen, liegen sie in der Mitte des Eis mit den Schwänzen zusammengeringelt und ihre Köpfe an den beiden Spitzen des Eis. Wie einwandfrei beobachtet worden ist, hat auch das Krokodil Mutterliebe, denn die Krokodilmutter, der die Eier fortgenommen worden sind, nimmt Adoptivkinder an und schützt sie gegen die Freßgier ihrer größeren Vettern.

Ich durfte bisher etwas davon erzählen, wie die Eingeborenen die Jagd mit Elefantenspeeren, Fallgruben, Haumessern und Harpunen ausüben. Damit sind aber ihre Jagdarten noch nicht erschöpft. Wenn es sich darum handelt, sich das von ihnen so sehr geschätzte Antilopenfleisch zu beschaffen, scheuen sie auch größere Arbeit und Mühe nicht. Besonders anstrengend ist die *Hetzjagd*, welche in ganz Deutsch-Ostafrika, in Uhehe aber nur mit Hunden, ausgeübt wird. Eine Anzahl Schwarzer vereinigt sich zu diesem Zweck und sie umstellen eine möglichst offene Buschsteppe oder noch lieber eine reine Steppe, da in derselben überhaupt keine Dornen sind, die zu Fußverletzungen führen könnten. Die Jäger treten auf ein gemeinsames Zeichen den Marsch zum Mittelpunkt an. Das Wild, so eingekreist, wird aus dem Kreis nicht mehr hinausgelassen oder es wird, indem die Schwarzen ihm auf der inneren Linie den Weg abschneiden, in demselben wieder zurückgetrieben. Durch dieses Hin- und Herhetzen wird es ermüdet und von leichtfüßigen Schwarzen so lange verfolgt, bis es gespeert wird oder zusammenbricht. Im allgemeinen wird durch diese Jagd nur kleines Wild zur Strecke gebracht. Andererseits beteiligen sich auch kaum Männer, sondern nur halbwüchsige Burschen an dieser Jagd. Auch bei der *Netzjagd* wird nur kleines Wild erbeutet. Weitmaschige Netze werden im hohen Grase versteckt und in Form eines Vielecks aufgestellt. Sie haben einen sich verengenden trichterförmigen Eingang, wo hinein das Wild von den Jägern gedrückt wird. Das Töten des Wildes erfolgt dann durch Pfeilschüsse oder durch Speerwerfen. Ähnlich ist die *Kraljagd*. Der Kral wird aus Ästen, Dornen und Gestrüpp im Busch aufgestellt. Er hat ebenfalls einen trichterförmigen, weit auseinandergehenden Eingang, zum leichteren Hineintreiben des scheuen und mißtrauenden Wildes. Bei der Kraljagd wird auch großes Wild gefangen. Es kommt nur darauf an, den Kral, der oft jahrelang zum gleichen Zwecke benutzt wird, allmählich breit und hoch genug auszubauen und instand zu halten. Die *Schlingenjagd* war 1910 noch sehr gebräuchlich in den der Serengeti- und Vembere-Steppe benachbarten Sultanaten. Aus Fasern geklopfter Baumrinden wurden die Seile, mit welchen diese Jagd ausgeübt wurde, gefertigt. Besonders starke Seile lieferten die Rindenfasern des Affenbrotbaumes. Das eine Ende des Seiles wurde unter einem starken Astansatz, aber doch möglichst hoch, in einem jungen Baum befestigt, sein Gipfel damit heruntergezogen und unter Zuhilfenahme einer dünnen Schnur und zweier Hölzer, die auf dem Wechsel eingeschlagen wurden, in seiner Zwangslage festgehalten. Rund um den auf dem Wechsel befestigten Halt wurde das andere Seilende als Schlinge gelegt. Stößt das den Wechsel begehende Wild an die den Baumgipfel festhaltenden Hölzchen, so löst sich der Halt, der Baum schnellt in die Höhe und reißt die Schlinge um die Läufe des Wildes, wodurch dieses gefangen wird. Ich habe einen großen, ausgewachsenen Giraffenbullen, der an einem Vorderlauf so gefangen war, im Sultanat Itilima gefunden. Das große kräftige Tier machte verzweifelte Anstrengungen sich loszureißen, wurde aber von dem federnden Baum mitten im Sprunge wieder hoch- und zurückgerissen.

Auch richtige *Treibjagden*, oft mit Hunden innerhalb der Treiberkette ausgeführt, bei denen das Wild den mit Vorderladern, Pfeil und Bogen bewaffneten Schützen zugetrieben wird, ist den Eingeborenen, besonders denen in der Ugogosteppe, bekannt. Die Jagd mit Hunden, und zwar als Suchjagd auf Wildschweine, wird allein von den Wahehe ausgeübt. Der Hund, ein großer brauner, in seinem Benehmen der Dogge ähnlicher Hund, wird für die Jagd besonders abgerichtet. Die Hunde verbeißen sich in Schwarte und Teller des gestellten Ebers und halten ihn fest, bis der Jäger kommt und ihn durch Speerstoß tötet. Also unser mittelalterliches, ritterliches, weidgerechtes Abfangen mit der Saufeder im afrikanischen Busch. Außer in Uhehe und in beschränktem Maße auch in Karagwe wird nur gelegentlich von einem oder dem andern Eingeborenen mit dem Hunde gejagt. Auch der Europäer kann sich seines liebsten Jagdgenossen in Afrika nicht bedienen. Der beste Hund verliert im heißen trockenen Afrika sehr bald die Nase. Nur in den kälteren Bergländern von Uhehe und Karagwe, in denen selbst in der Trockenheit das Gras nicht verdorrt, konnte ich deshalb eine Jagdgewohnheit mit Hunden herausbilden und erhalten.

Die Jagd mit *Pfeil und Bogen* wird sowohl, wie schon erwähnt, auf der Treibjagd wie auch auf der Suchjagd und vom Anstand (Hochsitz) aus geübt. Die Pfeilspitzen sind mit einem aus der Wurzel und Rinde eines Baumes gewonnenen Gifte getränkt. Durch das Gift wird, da es Blutgift ist, das Wildbret nicht ungenießbar gemacht. Die Bewohner der Schirati- und Muansa-Bezirke töten mit diesem Giftpfeile vom Ansitz aus in jedem Jahre Hunderte von Gnus. Sie graben in der Trockenzeit an den Tränkstellen der Ruwanaebene 1/2 Meter tiefe Löcher, in denen ein Jäger bequem sitzen kann. Hierüber bauen sie mit einigen starken Ästen ein Gerüst und packen dieses mit Ästen von Dornbäumen und Dornsträuchern dicht und vielleicht 1/2 Meter dick zu. Das ganze ähnelt einer Dornhaube, die einem Jäger genügend Platz zum Handhaben seines Bogens läßt. In der Dornpackung ist eine ausgesparte Öffnung, wodurch der Jäger seinen Pfeil auf das Wild senden und eine Stelle, durch die er in die Haube hineinkriechen kann und die er durch einen starken Dornbusch von innen wieder verschließt. Die Jäger selbst verwittern sich mit aufgelöstem Kuhdung oder Losung von Wild und schießen in mondhellen Nächten das zur Tränke kommende Wild mit Giftpfeilen. Das getroffene Tier flieht, fällt aber bald in der Steppe, da das Gift schnell und tödlich wirkt. Morgens beginnt die Nachsuchung, die durch Aasvögel, welche den Liegeplatz des Wildes anzeigen, noch erleichtert wird. Da jeder Pfeil Kerbmerkmale enthält, die die Eigentumsmarke gewisser Familien darstellen, so kann über den Erleger irgendeines Stükkes ein Zweifel nicht aufkommen. Leider wird von dem so erlegten Tier das Fleisch nicht benutzt, da nur wenig Esser an Ort und Stelle sind und des Wildes wegen in der Steppe Räuchereien nicht angelegt werden können. Die Gnus werden nur der paar Schwanz- und Mähnenhaare wegen getötet. Die Haare bilden beliebte Tauschartikel. Auf ihnen werden Perlen aufgereiht und so aus ihnen Hals- und Armketten gebildet.

Der Fischotter, der in mehreren Gattungen im Schutzgebiet vertreten ist, wird von den Schwarzen in Reusen mit einem Fischköder gefangen. In der letzten Zeit, wo die Nachfrage nach Fischotterfellen größer wurde, schossen die Schwarzen den Fischotter, indem sie sich auf dessen Landwechsel ansetzten, mit dem Pfeil. – Stachelschwein, Erdferkel, Wildschwein usw. werden auch in Gruben gefangen. Diese Wühler und Graber verursachen in den Feldern sehr großen Schaden. Die Eingeborenen umgeben daher ihre Felder mit einem etwa 3/4 Meter hohen Palisadenzaun von nebeneinander gesteckten bzw. in den Boden getriebenen Ästen und Stangen und graben außerhalb dieses Zaunes noch einen etwa 1/2 Meter tiefen Graben mit senkrechten Wänden. Diesen decken sie mit dünnen Zweigen, großen Blättern, Laub und Erde leicht zu. Es gibt wohl kein Dorf in Usinsa, in dem nicht eins dieser kleinen Tiere täglich bzw. in jeder Nacht gefangen wird. Fällt nämlich eins der erwähnten Tiere in den Graben, so gräbt es sich nicht sogleich wieder aus, was ihm ein leichtes wäre, sondern es rennt in dem Graben herum und sucht einen Ausgang. Der Eingeborene trifft es am Morgen oft noch in demselben an und benutzt es zur Verbesserung seines Speisezettels. Besonders das Stachelschwein gibt einen von vielen Stämmen, die nicht mohammedanisch beeinflußt sind, geschätzten Leckerbissen ab, der auch einem europäischen Gaumen behagen kann.

Wir werden aber die großen *Raubtierkatzen* dieser Gegenden, Löwen und Leoparden gejagt? Die Eingeborenen der von mir bereisten Gegenden lassen im allgemeinen die Finger von diesen, erwehren sich nur ihrer Angriffe und schützen ihr Vieh. Nur die Majittaleute, soviel ich weiß, rücken auch dem Löwen zu Leibe, und zwar mit dem großen Wahaiaspeer: ein Speer von zwei Meter Länge mit einem sehr großen breiten Blatt, kurzem Schaft und langem, spitzem Schuh. Die jungen Leute, die etwas auf sich halten, durften nicht eher heiraten, bis sie auf einer Löwenjagd ihren Mut gezeigt und mit schweißbeflecktem Speer von der Löwenjagd zurückgekehrt waren. In dem löwenreichen Ikomabezirk war schon nach kurzer Zeit ein Löwe ausgemacht und sein Taglager ausgekundschaftet. Es wurde umstellt und konzentrisch rückten die Jäger darauf vor.

Der Löwe ist im allgemeinen nicht aggressiv; ist er aber verwundet oder wird er stark bedrängt, so geht auch er zum Angriff über. Mehrere Jagdgesellschaften haben mir aber übereinstimmend versichert, daß sehr selten mehr als einer vom Löwen verwundet oder getötet worden sei. Springt der Löwe einen Jäger an, so geht dieser in Kniestellung über, stemmt den Speerschuh in den Boden und hält den Speer dem anspringenden Löwen entgegen, indem er sich noch bemüht, den Körper mit dem Schild zu decken. Der Löwe springt dann in den Speer hinein und der Schwarze wirft sich im letzten Augenblick zur Seite, um nicht unter den Löwen zu kommen. Gelang das nicht, sprang der Löwe nicht in den Speer und hatte er den Schwarzen unter sich liegen, so blieb er auf dem Niedergeworfenen stehen, siegessicher ließ er von seinem Opfer nicht ab, selbst wenn er von mehreren Speeren durchbohrt war. Gern sucht man des Leoparden habhaft zu werden, da sein Fell eine geschätzte Trophäe bildet. Er wird nicht gejagt, sondern in Fallen gefangen. Er ist zu flink, zu angriffslustig, er würde nicht auf einem Niedergeworfenen stehenbleiben und sich speeren lassen, sondern springend, nach rechts und links tödliche Prankenhiebe austeilend, würde er, wenn auch schwer verwundet, zum Schlusse doch noch entkommen. Für ihn wie auch für Löwe und Hyäne bauen die Eingeborenen Fallen, die das gefangene Tier entweder erdrücken oder auch lebend, unverletzt fangen.

Die Falle ähnelt unserer Kastenfalle. Sie wird aus starken Holzpfählen und Baumstämmen errichtet. Sie ist etwa zwei Meter lang, einen Meter hoch und ungefähr einen halben Meter breit. An einem Ende ist sie vollständig offen und an dem anderen Ende ist ein kleiner Stall für eine Ziege, den Köder, auch aus Pfählen angebaut. Oben wird diese gangartige Falle durch einen schweren Baumstamm, auf dem noch dicke Steine liegen, abgeschlossen. Der Ziegenstall und auch der ganze Fallengang sind rechts, links und oben stark mit Dornen bepackt. Der als Abschluß dienende Baumstamm liegt nur lose auf. Er wird in seiner waagerechten Lage nur dadurch erhalten, daß das eine Ende eine schmale Auflage hat und das andere Ende in der Schwebe vermittels einer kunstvollen Einrichtung aus Schnüren und Holzknebeln gehalten wird. Dieser Halt löst sich, wenn der Leopard in den Gang hineinschleicht und kurz vor dem Ziegenstall durch Kratzen z. B. den Halt löst oder an ein weitmaschiges Netz stößt. Der schwere Balken fällt auf ihn und erdrückt ihn. Ähnlich war auch die Einrichtung, das Tier lebend zu fangen, nur lag dann dieser waagerechte Balken fest auf, eine ähnliche Vorrichtung aber hielt einen senkrecht stehenden Balken, der, aus seinem Halt gelöst, herunterfiel und den Eingang verschloß. Das Netz wandten die Schwarzen dort an, wo durch kleines Raubzeug die Falle nicht in Tätigkeit treten sollte. Das Netz wurde dann so angebracht, daß kleinere Tiere, ohne anzustoßen, darunter durchkriechen konnten.

Auch das Erlegen von Wild durch *Selbstschuß* war den Schwarzen bekannt und es gelangte besonders gegen Aasfresser und Paviane zur Anwendung. Vorderlader, Bogen und Pfeil wurden dazu verwandt. Entweder war die Mündung des Vorderladers mit einem Stück Fleisch, von welchem eine Schnur zum Abzug ging, oder die Spitze des auf dem gespannten Bogen ruhenden Pfeiles mit einem Stück Batate verkleidet. Nur der Köder lag zutage, während der übrige Teil der Waffe verwittert unter Erde und Laub versteckt war. Versuchte das Tier, das Fleisch des Köders abzureißen, so wurde der Abzug des Vorderladers oder der Halt der gespannten Bogensehne gelöst und der Schuß oder die vergiftete Pfeilspitze drang dem Tier in den Rachen. Im übrigen werden die Affen nicht so, wie Wilhelm Busch es köstlich in seinem Fipps beschreibt, vermittels zweier Flaschenkürbisse gefangen, sondern sie werden, wenn nicht durch Selbstschuß, mit Giftpfeil von einem gut angelegten Versteck aus geschossen. Um sie lebend zu fangen, werden sie von den Schwarzen gehetzt und getrieben, bis die Schwächeren zurückbleiben und ergriffen werden oder bis sie auf einem einzeln stehenden Baume Zuflucht gesucht haben. Dieser wird umstellt und mit Steinen, Knitteln, Stöcken und Haken den Tieren so lange zugesetzt, bis sie herunterspringen oder fallen. So wurde speziell in Ugogo das Material beschafft, das in den Laboratorien des Schutzgebietes zu wissenschaftlichen biologischen Zwecken benötigt wurde. In Busch oder Wald war der Affe aber so nie zu fangen, sondern nur in der Steppe.

Die *Schlangen*, speziell die sehr giftige Puff-

Gouvernementsbureaus und Beamtenwohnungen in Daressalam (DOA)

otter, wurden mit einem Stock gefangen, der sich oben gabelte. Diese Gabel wurde hinter dem Kopfe des Tieres in den Boden gestoßen. Das Tier konnte nicht mehr beißen und der Schwarze konnte ihr den Kopf abschneiden oder, mit einem Griff hinter der Gabel fest zufassend, ungefährdet das Tier auch lebend in seine Gewalt bringen.

Der *Strauß*, dessen Jagd an und für sich verboten war, wurde trotzdem von den Schwarzen vom künstlichen oder natürlichen Schirm aus gewildert. Durch Mais oder Hirsekörner, die während mehrerer Tage bis an den Schirm herangestreut wurden, wurde der Strauß bis in die Schußweite gelockt und fiel dann eines Morgens dem Schwarzen, der sich rechtzeitig hinter dem Schirm versteckt hatte, als Beute zu.

Kleinere Vögel, wie z. B. Perlhuhn, Rebhuhn, Wachteln, fing der Schwarze in Körben ohne Boden, die an geeigneten Stellen im Gras aufgestellt und durch Haken mit dem Boden verbunden wurden. Sie hatten bequeme Eingänge, die aber schlechte Ausgänge waren – genau wie die runden Drahtrattenfallen. Auch ist der Vogelschlingenfang den Schwarzen bekannt, aber ob die aus Tierhaaren hergestellte Schlinge im Dohnenstieg Verwendung gefunden hat, habe ich nie festgestellt. Ich weiß nur, daß die Schlinge, ins Gras gelegt, die Vögel an den Füßen fangen soll. Auch die Schleuder diente als Jagdwaffe auf Vögel.

Also eine recht vielseitige Jagdmethode und viele Jagdarten waren unseren schwarzen Landsleuten in Deutsch-Ostafrika bekannt, aber trotzdem habe ich nie erfahren, daß sie jemals auf unseren schwarz-weiß-roten Storch, dessen Winterquartiere die weiten sumpfigen Steppen Deutsch-Ostafrikas sind, Jagd gemacht haben. Adebar wird also in großen Teilen seines Winterquartiers ungefährdet Kräfte zum Rückflug nach hier sammeln und deshalb nach wie vor unser Kinderlieferant sein und bleiben. Hoffentlich hat die uns neu gelieferte Generation das Glück, die Dankesschuld gegen unsere Schwarzen deutschostafrikanischen Landsleute abzutragen für die uns im Kriege bewiesene Treue und Anhänglichkeit.

Kolonialscherze

Wiedergegeben von Waldemar Zencke

Wie bekannt, hielt der Reichstag uns mit Mitteln, ganz besonders in den ersten Jahren, sehr knapp. Diese an und für sich unzulänglichen Mittel wurden seitens des Gouvernements meist so verteilt, daß den Löwenanteil die Küsten- und küstennahen Bezirke erhielten, während, je weiter entfernt, die Subsidien immer spärlicher flossen. Wer also in diesen Zeiten den an und für sich sehr zu schätzenden Vorzug hatte, einen im Inneren liegenden Bezirk zu erhalten, und daneben den Ehrgeiz besaß, aus diesem Bezirk auch etwas herauszuholen, der mußte bestrebt sein, sich allmählich zum Finanzgenie zu entwickeln und zu versuchen, neben den amtlichen Mitteln auch auf nicht vorgeschriebenen, aber nicht direkt verbotenen Wegen seine Staatskassen zu füllen.
So baute sich mein Freund H. sein massives Wohnhaus an seiner Hafenstation am Njassasee, wie er sagte, für nichts. Er trug ein auf der anderen Seite des Sees überflüssiges Verwaltungsgebäude ab, fuhr es mit unserem großen Stahlboot auf seine Seeseite zu seiner Station und baute es erneut auf. Er meinte dabei, die festangestellten Bootsleute und die Stationshandwerker bekämen ja doch ihren regelmäßigen Monatslohn, also sind keine besonderen Ausgaben notwendig. Die paar Ziegel, die er mehr gebraucht hätte, hätten ihm Leute gebrannt, die sonst ihre Steuern nicht hätten erlegen können. Nur weiß ich nicht mehr, wie er in dem erheblich größeren Gebäude die erforderlichen Türen und Fenster pp. erworben und auf den Bau verrechnet hat. Daß er sie durch Ankauf beschafft hatte, war mir bekannt geworden, weil er dem liefernden Kaufmann aus der englischen Nachbarkolonie eines Tages in meiner Gegenwart Vorwürfe machte, daß er ihm diese in einzelnen Fällen nicht wunschgemäß geliefert hätte. Dieser wollte wahrscheinlich aber auch seine Einkünfte nicht mindern und lehnte jeden konzilianten Umtausch, trotz der persönlichen freundschaftlichen Beziehungen mit den bezeichnenden Worten ab: »Herr H., verkauft ist verkauft, Geschäft ist Geschäft.« Mein Freund sah ein, daß Zwang zwecklos sei, vergaß die Sache aber nicht und bald hatte er Gelegenheit, die Lacher auf seiner Seite zu haben.
Dem Gouvernement kam es damals mehr darauf an, sichere Einnahmen zu haben, als im Inneren schlecht verwertbare Naturalien und Vieh anzusammeln. Es war daher vereinbart worden, daß die Naturalien, welche die Eingeborenen wegen mangelnden Bargeldes als Steuer abliefern wollten, nur insoweit angenommen werden sollten, als Absatzmöglichkeit vorhanden war und die Lokalverwaltung (Kommune) davon übernehmen wollte. Die Lokalverwaltung suchte dann nach Möglichkeit die Konjunkturen auszunutzen, sammelte ihr Steuervieh an und, wenn eine lohnende Menge vorhanden war, wurde im allgemeinen eine öffentliche Versteigerung so angesetzt, daß auch die Liebhaber aus der Nachbarkolonie es für lohnend hielten, die mehrtägige Dampferreise oder längere Fußreise nach dem betreffenden Verwaltungssitz anzutreten.
Bei einer dieser Versteigerungen erstand auch der oben erwähnte Kaufmann mehrere Stück Vieh, nach seiner Meinung sehr preiswert. Als er sich aber die Sache näher besah, stellte er fest, daß zwei der Kühe blind waren. Sehr erregt eilte er zu dem Stationschef und bat um Umtausch. Doch dieser lächelte fein und sagte: »Herr T., Geschäft ist Geschäft, verkauft ist verkauft.«
Herr T. hat noch häufig, sich den Kopf kraulend, klagend gesagt: »O dieser Herr H.!«

Am Anfang unserer kolonialen Tätigkeit war die Bekleidung der Eingeborenen im weiteren Inneren der Kolonie recht dürftig, und so waren auch die braven Wanjakjussa, nördlich des Njassasees im Bezirk Langenburg, mehr oder weniger unbekleidet. Während das schönere Geschlecht sich mit einem zwischen den Beinen durchgezogenen schmalen Rindenstreifen begnügte,

Glimmerbergbau (DOA)

glaubten die Herren der Schöpfung sich im *full dress* zu zeigen, wenn sie einen oder mehrere Kupferringe oberhalb der Hüfte trugen.

Der damalige Verwaltungschef meinte die Eingeborenen auf eine kulturell höhere Stufe zu bringen, wenn er sie zu unserer Anschauung über Scham erzöge. Er hielt es um so wünschenswerter mit Rücksicht auf die Anwesenheit einer ganzen Reihe von weißen Frauen im Bezirk. Er ordnete daher an, daß jeder Rechtsuchende, der zur Station kam, zum mindesten seine Scham durch einen Schurz zu verdecken hätte. Manch einem der Eingeborenen mag dies als eine sonderbare Schrulle des großen weißen Mannes vorgekommen sein. Aber da die Leute gewohnt waren, mit Macht gepaarte Autorität anzuerkennen, wurde dem Wunsche im allgemeinen willfahren. Und sollte einmal ein Farbiger von dieser Verordnung keine Kenntnis erhalten haben, so machte ihn der wachhabende Posten schon darauf aufmerksam und der nächste Baum oder Busch lieferte ihm das erforderliche Bekleidungsstück.

So kam auch eines schönen Tages ein älterer Mann an, der neben seiner Nationaltracht sich einen winzigen schmalen Tuchstreifen als Hofgalaanzug beschafft hatte, den er aber, den inneren Zweck des hohen Befehls nicht verstehend, an seinen Kupferringen derart befestigt hatte, daß er jeden anderen Zweck verfolgte, nur nicht die Scham deckte.

Wie mag der alte Herr sich gewundert haben, als er dieserhalb in der Gerichtshalle von einem schallenden Gelächter des hohen Gerichtshofes und des stark vertretenen Publikums empfangen wurde.

Der Eingeborene ist auf manchem Gebiete auch ein Lebenskünstler und tröstet sich zeitweilig nach den Worten Buschs:

»Enthaltsamkeit ist das Vergnügen an Dingen, die wir so nicht kriegen.«

Eine kleine Illustration dazu.

Ein heute sehr bekannter Forscher, der unser damaliger Stationsarzt war, beschäftigte sich auch lebhaft mit der Fauna der Gewässer unseres Bezirks. Als er in einem tiefen Kratersee ihm interessant erscheinende Fische feststellen wollte, wurde er von den Eingeborenen vor dem Fang gewarnt, da die Fische giftig seien. Aber der Forscher wollte sich so leicht von seiner Ansicht, daß die Fische genießbar wären, nicht abbringen lassen und ließ sich, da andere Fahrzeuge nicht erhältlich waren, ein Floß aus Bananenstauden herstellen, mit dessen Hilfe er erfolgreich den Fischfang unternahm. Ein alter farbiger Fischer, der ihm dabei behilflich gewesen war, wurde dann zum Schluß noch energisch ausgefragt. Der blieb dabei, daß die Fische giftig seien. Als aber der Stationsarzt ihn schließlich vor die Frage stellte: »Na, eßt ihr die Fische denn wirklich nicht?«, antwortete der Weise verschmitzt: »Wir würden Sie schon essen, wir kriegen sie bloß nicht!«

Jedenfalls half ich wenige Stunden später dem Forscher bei der Giftprobe.

Die Fische mundeten uns köstlich, ebenso die Flasche Sekt, die ich opferte für den Fall, daß wir wirklich zu unseren Manen abberufen werden sollten. Sie waren aber nicht giftig, die Fische.

Steppenbrand in der Ulanga-Ebene (DOA)

Kolonialscherze

Wiedergegeben von Hans Zache

Die Schildkröte

Der hohe Reichstag wollte uns mit seinem Besuche beehren! Sieben Herren aller kolonialtreuen Parteien hatten sich bereit gefunden, die Kolonie in Augenschein zu nehmen, und Tanga nebst den Pflanzungen des Hinterlandes stand als erste Nummer auf dem Programm. Sobald ich die endgültige Nachricht erhielt, versammelte ich das Präsidium des Klubs, um die Tagesordnung für den Aufenthalt in der Hafenstadt des Nordens festzustellen. Empfang, Besichtigungen der Stadt, Schule, Geschäfte usw., Konzert der 40 Mann starken Schülerkapelle, die unter ihrem genialen Rektor sogar Wagner und anderes vom Blatt spielte, Festessen. »Was setzen wir vor, meine Herren?« Es herrschte Einigkeit, daß die Speisenfolge nur Landesprodukte, keine Konserven, aufweisen dürfe. Wir hatten ja auch alles. Einen Schweineschinken – in Brotteig zu backen – lieferte Vater Illich in Kwai, Artischocken und alle Gemüse Hedde in Westusambara, Ernten hatten wir, Wild war zu haben. Ananas, die zu Sektkelchen ausgehöhlt wurden, gleichfalls. Es fehlte nichts. Nur eine gescheute Suppe fiel uns nicht ein. Und da es spät geworden war, gaben wir das Suchen nach etwas spezifisch Afrikanischem auf und einigten uns auf eine Königinsuppe. – Aber ein richtiger Bezirksamtmann ist nicht zufrieden, wenn eine Aufgabe, sei sie auch noch so nebensächlich, nicht »restlos« gelöst ist, und so ging mir auf dem Nachhauseweg und beim Auskleiden immer wieder die ganz unafrikanische »Königinsuppe« im Kopf herum. Aus der Erfahrung heraus, daß die besten Gedanken oft des Nachts kommen und am Morgen wieder vergessen sind, lagen neben meinem Bett immer ein Notizbuch und eine Taschenlaterne. Das wirkte zugleich suggestiv auf das Unterbewußtsein während des Schlafes. Und richtig. Plötzlich wachte ich mit dem Gedanken: »Schildkrötensuppe« auf. Vorsichtig hob ich, um den gierigen Blutsaugern keinen Zutritt zu gewähren, das Moskitonetz, schrieb das Stichwort auf und schlief wieder ein.

Am nächsten Morgen sagte ich dem Polizeiwachtmeister: »Schicken Sie einen Boten an die Fischer in die Nachbarschaft. Wir brauchen heute in acht Tagen eine Schildkröte.« – »Zu Befehl.«

Landungsanlage in Muansa (Victoria-Njansa, DOA)

»Heute in acht Tagen« hielt ich Mittagsschlaf. Das ist in Afrika an der Küste üblich, weil Dienst in der heißesten Zeit von 12 bis 3 Uhr nicht stattfindet und man bei dem Treibhausklima des Nachts nicht die nötige Erquickung findet. Da träumte ich, ich befände mich im Theater. In meiner Primanerzeit hatte ich einmal im Königlichen Schauspielhaus als Volksmenge mitgewirkt, und diese wurde dahin gedrillt, daß sie dem »Volksbegehren« durch ein immerfort drohend gemurmeltes »Rhabarber – Rhabarber – Rhabarber« Ausdruck zu geben hätte. Ich träumte, alles um mich her murmelte wütend: »Rhabarber – Rhabarber« und erwachte. Und es war kein Traum! Deutlich klang es zu mir von unten herauf wie leise brandende Meereswogen: »Rhabarber – Rhabarber«. »Nanu?« dachte ich. Unten steht doch der Posten vor dem Bezirksamt. »Was begehrt das Volk in so bedrohlicher Nähe?« Ich sprang auf und sah über die Veranda: – so weit ich sehen konnte, war alles schwarz von Schwarzen. Jeder Schwarze war ein Fischer, und vor jedem Fischer zappelte mit einem Kokosstrick an einem in die Erde gesteckten Stock gebunden, eine Schildkröte, eifrig bemüht, nach dem Meere zu entkommen, dessen Richtung ein unfehlbarer Instinkt jeder einzelnen eingab. »Hm!« dachte ich, »ein unerwarteter und nicht ganz erwünschter Erfolg, aber Gehorsam und Diensteifer ist zu loben.« Der brave Wachtmeister hatte nämlich an sämtliche Fischer der Küste von der britischen Grenze im Norden bis nach Pangani im Süden meinen Befehl weitergegeben. Doch, was tun, um niemand zu kränken und, wie Wrangel sagte, »ohne mir selbst zu dementieren?«

Pünktlich um drei setzte ich die Dienstmütze auf und durchschritt, von der Ordonnanz und dem Koch gefolgt, feierlich die Reihe der bezirksamttreuen Fischer, die Grüße freundlich erwidernd und jede Schildkröte mit schnellem Blick ins Auge fassend. Ab und zu winkte ich, und der Besitzer des Kriechtieres nahm es auf den Arm und schloß sich uns an. Eins brauchten wir nur, aber ich wählte vier, bezahlte fürstlich und entließ die Fischer mit Dank und Anerkennung. – Wie ich später erfuhr, bildete das Ereignis noch monatelang den Gegenstand endloser Meinungsaustausche unter den Fischern: welches sind eigentlich die Merkmale einer Schildkröte, die für eine Reichstagssuppe geeignet ist?

Der Teufelshut

Von Afrikanus

In Ostafrika war es. – In Deutsch-Ostafrika. Lange bevor das ländergierige Albion, dem unsere schöne Kolonie besonders in die Augen stach, das Land geraubt hatte. Trotz feierlicher Annahme der 14 Punkte von Wilson. Wortbrüchig. – Bevor Deutsch-Ostafrika – in »Tanganyika-Territory« umgetauft – unter englisches Gesetz gestellt war. Noch ehe der sogenannte »Völkerbund«, geleitet von Beamten der Raubstaaten, das britische »Mandat« bestätigt hatte. Ein »Mandat«, das – perfider Trick der Entente-Diplomaten! – nur erfunden war, um den hohen Wert unserer Kolonien uns nicht auf unser »Reparations-Konto« gutschreiben zu brauchen!

Droben im herrlichen Waldgebirge von Usambara war es. Auf einer Kaffee-Pflanzung, welche ein deutscher Fürst hatte anlegen lassen.

Deutsche Fürsten hatten nämlich Interesse für deutsche Kolonien. Außer dem Schöpfer jener Kaffee-Pflanzung betätigten sich noch manche andere in hervorragender, vorbildlicher Weise an kolonialer Arbeit.

Das war sehr erfreulich. Denn Deutschland braucht Kolonien, um zu leben. Ehe es nicht wieder eigene Kolonien hat, kann es nicht wieder auf einen grünen Zweig kommen.

Aber Michel begnügt sich mit einigen schönen Denkschriften an den Völkerbund usw. und schweigt fein stille, wenn sein Protest unbeachtet in den Papierkorb wandert. Statt gehörigen Lärm zu machen und immer wieder seine Stimme zu erheben, bis man ihn auf der ganzen Erde hört und beachtet. Das darf aber nicht allein der Deutschen Kolonialgesellschaft überlassen bleiben. Da muß die hohe Regierung vorangehen.

Jene Kaffee-Pflanzung in Usambara lag nicht weit von dem unter der Leitung hervorragender, deutscher Gelehrter weltberühmt gewordenen biologisch-landwirtschaftlichen Institute »Amani«. Das Institut drohte vor dem Kriege nach dem Urteil nichtdeutscher Sachverständiger ähnlichen Instituten in englischen oder holländischen Kolonien den Rang abzulaufen. Trotzdem wir »Barbaren« sind und »keinerlei Fähigkeiten zum Kolonisieren haben!«

»Barbaren« wird für uns noch ein Ehrenname werden, wie seinerzeit der Name Geusen für die Holländer.

Amani heißt »Friede«. Der Platz war also gewissermaßen ein ostafrikanisches »Sanssouci« oder »Buitenzorg«.

Der erste Bezirksamtmann von Tanga hatte dort in kühler Bergeshöhe, im Schatten der Urwaldriesen Anfang der neunziger Jahre des vorigen Jahrhunderts ein kleines Wohnhaus bauen lassen, in dem die Deutschen seines Regierungsbezirks Ruhe und Erholung von tropischer Arbeit und Krankheit finden könnten. Das war der kleine Anfang des berühmten Institutes.

Lästerzungen behaupteten damals, der Bezirksamtmann, der das Haus als erster Besucher einweihte, hätte es nur gebaut, um dort vor allerhand Anärgereien des Gouvernements seine »königlich-bayrische Ruh« zu finden.

Das stimmt ganz und gar nicht.

Erstens ärgerte sich dieser philosophisch veranlagte Bezirksamtmann überhaupt nicht, weil ihm der vorzügliche Arzt in Tanga jeden Ärger als gesundheits- und dienstschädlich strenge untersagt hatte, zweitens hatte einer seiner Bezirksbeamten – ein biederer Schwab – durch die Erfindung des »Selbsterledigungsfachs« dafür gesorgt, daß dem Herrn Chef jede Möglichkeit dienstlichen Ärgers durchaus ferngehalten wurde. Alle Schriftstücke, die etwa Anlaß zu Aufregung, Mißstimmung oder Ärger geben konnten, wanderten ohne Beantwortung in dieses Selbsterledigungsfach. Ebenso alle auf solche Schriftstücke bezüglichen Mahnungen um Antwort. Nach drei bis vier Monaten hatten sich dann sol-

Kaffeepflanzung in Ostusambara (DOA)

che Aktenstücke automatisch »selbst erledigt« und konnten dem Aktenbande, in den sie gehörten, ohne weitere Gefahr einverleibt werden.

Es gab aber auch Leute, welche dem biederen Schwaben den Ruhm seiner Erfindung nicht gönnten; – das wäre in den Ministerien aller Bundesstaaten des deutschen Reiches eine altbewährte Einrichtung, die der Schwabe in Tanga nur nachgemacht hätte. –

Der Leiter der erwähnten Kaffeepflanzung in Usambara hatte mit dem Bezirksamtmann in Amani eine Unterredung gehabt und ritt auf seinem Maultiere durch den Urwald nach seiner Pflanzung zurück.

Maultiere waren damals noch in Deutsch-Ostafrika das übliche Fortbewegungsmittel, soweit man nicht gezwungen war, sich der minderwertigsten Bewegungsart, die der liebe Gott erfunden hat, »auf de Fieß« zu bedienen. Zu Autos reichten die Mittel de Gouvernements nicht aus. Hätte jedes Bezirksamt in Küstennähe und jede Militärstation im Innern des Landes ein Auto zur Verfügung gehabt, so wäre, wie ein Ostafrikaner, der seine Rede gern mit Fremdwörtern zu »verschönern« pflegte, einmal gesagt hat, die »Wege-tation« von Deutsch-Ostafrika schon damals üppiger gewesen. So mußten sich die Engländer erst im Kriege der Mühe unterziehen, für ihre Tausende von Last- und sonstigen Autos, mit denen sie den heldenmütigen Verteidiger von Deutsch-Ostafrika im Kriege hetzten, ohne ihn zu haschen, geeignete Wege zu bauen. Die Sparsamkeit des Gouvernements hatte doch also unbewußt etwas Gutes; denn wenn die Feinde bei uns bereits eine üppige »Wegetation« vorgefunden hätten, hätten sie vielleicht schneller vordringen können. Unsere Maultiere waren oft recht störrisch, aber die englischen Autos müssen noch viel störrischer gewesen sein, denn zu Tausenden verweigerten sie ihren Dienst und blieben an den langen Etappenstraßen liegen, als ehrendes Denkmal des Kampfes von 300 (oder mehr?) Generälen mit dreihunderttausend Mann gegen den einen Lettow-Vorbeck mit dreitausend Europäern und vierzehntausend farbigen Soldaten und Polizisten.

Besagter Pflanzungsleiter oder »Administra-

Gouverneur Liebert vor der Feste Tanga (DOA)
(zu seiner Linken Bezirksamtmann v. St. Paul)

tor«, wie er volltönender von seinem Prinzen genannt wurde, trug einen Filzhut, der daheim mit einer neuen Ballonmütze nicht mehr in Schönheits-Wettbewerb hätte treten können, aber hier im Busch noch recht und schlecht seinen Dienst tat; sogar eine schöne Feder zierte ihn.

Es war Teezeit geworden; der Herr Administrator sprach deshalb unterwegs bei einem seiner verheirateten Assistenten vor und genehmigte auf dessen Veranda eine ihm von der Hausfrau angebotene Tasse Tee.

Er war ein unterhaltsamer Plauderer; so sank die Sonne, ohne daß man es bemerkt hätte. Um noch vor völliger Dunkelheit sein Haus zu erreichen, schwang sich der Administrator eiligst auf sein Maultier und trabte nach Dank und Gruß davon.

Dabei vergaß er in der Abendkühle seinen Hut. Die Hausfrau bemerkte das Möbel erst, nachdem der hohe Vorgesetzte längst über alle Berge war. Sie ermannte ihren Gatten, den Hut seinem Besitzer nachzusenden. »Das werden wir gleich haben!« erwiderte dieser, ergriff seine Flinte, warf den Hut in der Richtung des »Chimborrasso« (wie der Berg, auf dem das Leiterhaus in einsamer Höhe in dichtem Wald versteckt thronte, genannt wurde) in die Luft und sandte ihm eine Schrotladung nach. Aber der Hut tat ihm nicht den Gefallen, unter dem Drucke der Pulverladung nach dem »Chimborasso« zu fliegen, sondern fiel, dem Gesetz der Schwere folgend, bald zu Boden. Der wohlgezielte Schuß hatte ihm den letzten Rest seiner Schönheit geraubt. Wie ein Sieb sah er aus.

Der Pflanzungsleiter bemerkte den Verlust nicht sofort; denn als ein prinzlicher Administrator konnte er sich mehrere Hüte leisten.

Lachend vernahm er am nächsten Abend auf der Veranda des Assistenten das Schicksal seines Hutes. »Schadet nichts«, meinte er, »er hatte sowieso ausgedient und ist nun eines ehrenvolles Todes gestorben.«

Die Arbeiter kamen gerade aus der Pflanzung zurück, um ihre Verpflegung in Empfang zu nehmen. Voran der erste Aufseher »Hamiß«.

»Heda, Hamiß!« rief der Administrator, »hier hast du einen schönen Schmuck für deinen kahlrasierten Schädel.«

Dankend nahm der Schwarze das Geschenk in Empfang, stülpte den durchlöcherten Hut – die Feder nach vorn – auf seinen Kopf und schritt von den halb bewundernden, halb neidischen Blicken seiner Mitaufseher und der Arbeiter begleitet davon.

Natürlich erschien er von diesem Tage an stets im Schmucke des durchlöcherten Hutes. Hamiß war abernicht nur stolz auf seinen schönen Schmuck, sondern er war auch ein guter Geschäftsmann. Der von Tag zu Tag wachsende Neid seiner Kollegen brachte ihn auf den Gedanken, diesen in klingenden Mammon umzumünzen. Er vermietete den Hut, und zwar, da die Nachfrage der zahlreichen Aufseher sein Angebot weit übertraf, meistbietend; aber immer nur für einen Tag.

So konnten die andern doch auch an dem Stolz des Hamiß teilnehmen.

Aber

»Mit des Geschickes Mächten
ist kein ew'ger Bund zu flechten
und das Unglück schreitet schnell.«

Das Unglück war in diesem Falle der Administrator. Des Geschickes Mächte führten ihn eines Morgens über den Hügel, an dessen Hange der Aufseher Abdallah, der glückliche Mieter des Hutes an diesem Tage, mit seiner Kolonne arbeitete. Der Administrator sah den Hut durch die Kaffeebäume schimmern. »Heda, Hamiß!« rief er ihn an. Aber da Abdallah nicht Hamiß hieß, fühlte er keinerlei Verpflichtung, dem Rufe Folge zu leisten. »Hamiß, kannst du denn nicht hören?« tönte die Stimme des Herrn und schon sauste dem Abdallah ein dicker Erdklumpen zwischen die Schulterblätter. Ein zweiter traf ihn vor die Brust, als er sich erstaunt umwandte. »Ach so, du bist ja gar nicht Hamiß«, meinte der Administrator und ging seines Weges.

Am nächsten Tage trug ein anderer Aufseher den Hut. Ihm begegnete das Mißgeschick, vom Assistenten für Hamiß gehalten zu werden. Als auch er auf den Anruf »Hamiß« nicht reagierte, spürte er plötzlich den Stock des Assistenten auf seiner Hinterfront.

So ging es eine Reihe von Tagen. Mal war es der Administrator, mal der eine, und der andere Assistent, der durch den Hut getäuscht wurde. Und jedesmal fiel für den vermeintlichen Hamiß eine kleine Ermunterung ab. Das fiel den Leuten auf. Da kann doch nur der Hut dran schuld sein, meinten sie. Da muß ein »Shetani«, – ein Teufel drinstecken.

Und die Neigung, den Hut wieder zu mieten, schwand mit einem Male.

Hamiß war traurig, daß sein schönes Geschäft ein so plötzliches Ende nehmen sollte, und versuchte den Kollegen klarzumachen, daß in dem Hut des Administrators, des großen Herrn, der den Hut selbst so lange getragen hätte, unmöglich ein Shetani stecken könnte.

Vergeblich, wie sehr er auch den Leuten zureden mochte, es fand sich kein Mieter mehr.

Hamiß fügte sich in das Unvermeidliche und setzte am nächsten Tag den Hut selber wieder auf.

Aber auch er entging seinem Schicksal nicht. Er lief dem Administrator, der gerade schlecht geschlafen hatte, also schlechter Laune war, in die Quere. »Da läuft schon wieder so ein infamer Kerl in dem Hute des Hamiß herum; diesmal falle ich aber nicht darauf hinein!«, brummte er vor sich hin, und ehe es sich Hamiß versah, fühlte er sich durch den Morgengruß seines Herrn nicht gerade angenehm berührt.

Als der Administrator sah, daß er diesmal wirklich den Hamiß vor sich hatte, besänftigte sich seine schlechte Laune keineswegs. »Das kommt davon«, rief er ihn an, »daß du ein Geschenk deines Herrn so wenig achtest! Was brauchst du den Hut immer zu verpumpen.«

Nachdenklich erschien Hamiß am Abend nach der Arbeit vor dem Assistenten, den Hut in der Hand. »Herr, hier ist der Hut wieder«, sagte er. »Der Shetani steckt wirklich drin. Jedem, der den Hut bis jetzt getragen, ist das Vergnügen schlecht bekommen. Heute sogar mir selbst. – Der Hut ist gefährlich. Bitte, gib ihn dem großen Herrn wieder zurück. Ich traue mich nicht, es selbst zu tun; er könnte noch mal zornig werden.«

Der Assistent lachte und versuchte Hamiß seinen Aberglauben auszureden. Aber Hamiß blieb standhaft.

Der Herr Administrator erhielt seinen Hut wieder und fand niemanden mehr, der ihn tragen wollte.

Als »Shetani-Hut« schmückte er seitdem die Wand der Veranda.

Wahrscheinlich haben ihn die Engländer bei der Besetzung der Pflanzung im Kriege als Andenken mitgenommen. Sie liebten es ja, Privatwohnungen auszuräumen.

Ostafrika, das zweite Vaterland

Nun horch ich oft, schlaflos in tiefer Nacht,
Ob nicht der Wind zur Rückfahrt möge wehn.
Storm

Deutscher Männer kühnbewußtes Wagen
hat erworben uns das schöne Land;
Und in guten wie in bösen Tagen
Hielten schirmend drüber wir die Hand;
Rodeten in Sumpf und Niederungen
Alles Unkraut und die Dornen aus,
Neuland ward der Wildnis abgerungen,
Fest der Grund gelegt für Hof und Haus.

Deutsche Heimat, nebelfeuchter Norden,
Kühl, vom blassen Himmel überspannt,
Unter Tropensonnen neu geworden
Wirst du hier zum zweiten Vaterland.
Quellenkräftig stieg die starke, echte
Heimatliebe in des Siedlers Brust,
Liebe, die für dieser Scholle Rechte
Auch zu sterben stets sich war bewußt.

Liebe war kein Prahlen und kein Pochen,
Und die Zeit kam, da sie hart erprobt,
Als das Heer der Feinde eingebrochen,
Und der wilde Krieg das Land durchtobt,
Und der Tod an alle Pforten pochte,
Und manch Auge rot und tränennaß.
Und doch! wer nicht freudig sterben mochte,
War des Bodens unwert, drauf er saß!

Ja, du durftest auch das schwerste, letzte
Opfer fordern, heiß geliebtes Land!
Kommt und tretet auf die schaumbenetzte
Braune Klippe am Korallenstrand.
Seht die Flut, die frührotübersonnte,
Frisch und salzig fegt es drüber her;
Helle Segel stehn am Horizonte,
Purpurn und smaragden spielt das Meer.

Und wem hat sich nicht die Brust geweitet
Dort auf *Usambaras* Felsenhang?
Unten liegt die Fläche ausgebreitet,
Donnernd tost der Strom das Tal entlang.
Weit im stahlgefügten Bogen schweben
Brücken schimmernd über seinem Lauf,
Auf der Schienenader rollt das Leben
Nach des Hochlands Herzen fern hinauf.

Und wenn euch durch Dorngewirr und Ranken
Weidwerkslust im Morgengrau geführt,
Wenn ihr gingt dem Büffel nach, dem kranken,
Ihr das *Faru*[1]) und den Leu gespürt!
Wenn der Tag verglühte, und im Schweigen
Rings versank die mondbeglänzte Welt,
Wenn der Nachtwind raunte in den Zweigen
Und das Fähnlein flappte leis am Zelt,

Immer glänzt in freudig hellen Bildern
heiligstes Erinnern, das uns blieb;
Wird den Schmerz und muß die Klage mildern
Um das Land, daraus man uns vertrieb,
Wo das Blut rann wie aus tausend Wunden,
Der Besitz verstreut ward in den Wind,
Harmlos Volk gepeinigt und geschunden,
Willkür frech verhöhnte Weib und Kind.

Doch er lebt, der sausend einst am steilen
Kibo landete, der deutsche Aar!
Matt nur, aber nie zerbrochen, heilen
Bald die Schwingen und der Fänge Paar.
Zwischen Eis und Klippen sitzt er nieder,
Und es späht sein Auge, kühn und scharf,
Und er harrt des Tags, da sein Gefieder,
Neu zum Flug er wieder breiten darf!

Ernst Marshall

---
1) Nashorn

Mukama Kahigi

Von Willibald von Stuemer

Glühend steigt der Sonnenball aus den blauen Fluten des Njansa. Ein frischer Morgenwind kräuselt die strahlende Wasserfläche; in leisem Rauschen plätschern die Wellen ans Ufer.

Wie flüssiges Gold ergießt sich über den weissen Strand, die grünen Dünen und die im weiten Bogen die Bucht umspannenden Häuserreihen von Bukoba die aufflammende Glut des erwachenden Morgens.

Der langgezogene Ruf des Vorbeters vom Minarett der Arabermoschee, der die Gläubigen zum Frühgebet ruft, ist noch nicht verhallt, das Wecksignal von der deutschen Feste – der Boma – her noch nicht verklungen, da tönt aus der Ferne von den Bergen herab dumpfer Schall von Pauken in die Stille des werdenden Tages, wird lauter und lauter, vielstimmiger Klang von Flöten und Schalmeien mengt sich hinein, dann heller Trommelwirbel und Hörnerklang und auf der Höhe der breiten Landstraße, die aus den Bananenhainen von den Bergen zum Ort herabführt, erscheint im Morgensonnenschein ein gewaltiger Zug von Menschen. Dicht um eine aus einem Wald von gleißenden Speerklingen die Häupter überragende Sänfte geschart, wallt er wogend talwärts.

»Omukama nakuja – der Herrscher kommt«, schwirrt's im Ort von Haus zu Haus, von Gehöft zu Gehöft. Reges Leben füllt bald Markt und Gassen.

Am hohen Mast auf der Terrasse von der Residentur steigt langsam Deutschlands Flagge empor, ihr stolzes schwarz-weiß-rotes Tuch im Morgenwinde breit entfaltend.

Drüben aber im landeinwärts gelegenen Vorort, wo die breiten Gehöfte der Sultansbeamten erstanden sind, der Katikiros, die mit der Vertretung ihrer Gebieter im Dienst bei der Residentur betraut sind, und wo sich die Waheiafürsten freundliche Häuser nach Europäerart als Absteigequartier bei ihren Besuchen in Bukoba errichtet haben, dort strömt das Volk zusammen, in hellen Haufen herbeieilend, um beim Einzug des hohen Gastes nicht zu fehlen und ihn nach der Väter Sitte in Ehrerbietung zu begrüßen.

Der Zug ist im Tal – gewaltig dröhnen die Pauken; jetzt biegt die vorausmarschierende Leibwache in die Zugangsstraße zum Katikirodorf ein und schafft Raum durch die Menge, die den weiten Dorfplatz drängend füllt; ihr folgen die Pauker, Trommler, Zinkenisten, der Hofnaar kommt heran, in der Schar bekränzte Kürbisflaschen tragender Mädchen der Mundschenk, dann der Marschall, der die Hoheitszeichen trägt, und nun erscheint der hohe Tragstuhl, umgeben und gefolgt von ungezählten Mannen, von dem herab ein stolzes Antlitz aus hellem Auge über die Menge schaut.

Da wirft sich alles ringsumher zu Boden, ein brausendes Händeklatschen durchhallt die Luft und der feierliche Willkommensgruß: »Kamerere Rugaba«.

Durch die frohbewegten Massen zieht sich der Troß hin über den Platz, hinein in das weitgeöffnete Tor des Katikirogehöftes, das ihn aufnimmt.

So war es stets, wenn der Mukama Rahigi nach Bukoba kam. So war es noch in den ersten Monaten des Schicksalsjahres 1914. Vor mehr als zwei Jahrzehnten war er zum erstenmal gekommen; um die Jahreswende zu 1891 war das gewesen. Als Emin Pascha mit Stuhlmann und Langheld in Bukoba die Flagge gehißt und den ersten deutschen Posten in diesem fernabgelegenen Teil der jungen deutschen Kolonie errichtet hatte. Damals freilich mochte dem mächtigen Häuptling von Kianja der Entschluß gewißlich nicht leicht geworden sein, von seinem Herrensitz in Kanasi den Weg nach Bukoba zu machen.

Bis dahin war man zu *ihm* gekommen, zum Größten im Lande. Nun waren weiße Männer dort gelandet, waren bei ihm gewesen und hat-

Häuptlingshaus der Watussi (Zwischenseengebiet, DOA)

ten Gastgeschenke mit ihm getauscht. Allein die Botschaft, die sie ihm brachten, machte im Sorge, hatte ihn gewaltig bewegt: Gefolgschaft, hieß es, solle er leisten dem mächtigen Deutschen Reich, das fortan das Geschick von Land und Leuten am Westgestade des Rjansa mit starker Hand leiten wolle, und man erwarte seinen Besuch in Bukoba zum Zeichen, daß er dazu bereit sei.

Bedeutsamer als je ein anderes zuvor war dies Ereignis, und die Entscheidung ernst zu wägen.

In der großen Staatshütte zu Kanasi, wo die Hoheitszeichen, Schild, Speere und Fetische des Herrschers an dem hochragenden Pfeiler über seinem Sitz prangten, hatte der Mukama Kahigi des Volkes Älteste, Priester und Zauberer um sich versammelt; dort hatten sie bei Tag und Nacht beim Scheine des nie verlöschenden Feuers der geheiligten Herdstätte auf dem weichen Graspolster des Bodens bei ihm gesessen und Rats gepflogen.

Schwere Bedenken stiegen auf, ob man den weißen Fremdlingen trauen dürfe. Wer kannte den Sinn der Wasungu, wer durchschaute ihre Absichten? Nur wenige waren bis dahin ins Land gekommen, geblieben waren sie nicht, stets waren sie weitergezogen.

Ein Knabe war Kahigi noch gewesen, als einst die Kunde an des Vaters Hof gelangte, daß beim Sultan Mtessa von Ugana ein Fremdling lebte, dessen Antlitz weiße Hautfarbe zeige. Und bald darauf war eine Flotte ungezählter Wagandaboote, die dieser weiße Mann führte, von Norden her vor den Ufern von Kianja erschienen.

Gefürchtet und gehaßt waren diese Bootszüge der Waganda über den See von altersher; nichts anderes als Plündern und Raub bedeuteten sie ehedem. Darum hatten Kahigis Vater und sein Volk sich kriegsbereit gemacht und dem Fremdling das Landen verwehrt, als er in die Bucht der von Waheia bewohnten Insel Bumbire einlaufen wollte. Ein Aufatmen war durchs Land gegangen, als dann die Boote südwärts steuerten. Das war das erste Mal, daß ein Msungu in Kahigis Leben getreten war. Zwar gesehen hatte er ihn nicht, doch seines Namens entsann er sich, Bulamatari war er genannt worden.

Es war Stanley, der bei seinen Reisen am Viktoria Rjansa ums Jahr 1875 dieses Erlebnis gehabt hatte, das ihn das liebliche Eiland Bumbire die »Schreckensinsel« nennen ließ.

Das lag nun weit zurück. Lange ruhte ja auch der Vater schon in der Grabhütte im heiligen Hain und als Jüngling hatte Kahigi das väterliche Erbe als Mukama angetreten.

Seitdem waren Jahre vergangen, ohne daß ei-

Sultan Kahigi von Kianja im Staatsgewand (DOA)

nes weißen Fremdlings Kommen wieder einmal Ursache zu Besorgnis und Unruhe gegeben hätte.

Wohl war mancherlei Kunde auch in sein abgelegenes Reich gedrungen, daß in den Ländern jenseits des Njansa, daß auch in Uganda der Zuzug der Wasungu reger sei; wohl hatte man von Kämpfen berichtet, die sie mit den Arabern bestanden an den ferneren Küsten des großen Meeres, das Ungudja – die vielgepriesene Insel Sansibar – umfloß, von der die arabischen Händler gar Wunderbares zu melden wußten als dem prächtigen Sitz ihres Sultans.

Und dann war in jüngster Zeit, vor etlichen Monden, ein weißer Reisender in der Bucht von Bukoba gelandet, den sie Pandascharo nannten – Peters –, der mit Booten des Sultans Mwanga von Uganda über den See nach Ussukuma unterwegs war; doch zu kurzer Rast hatte er dort angelegt.

Heut aber war es anders.

Die weißen Männer, die jetzt mit ihrem Troß in Bukoba ein großes Lager aufgeschlagen hatten, in dessen Mitte an hohem Mast ein schwarz-weiß-rotes Flaggentuch im Winde wallte, die heischten nicht nur kurze Gastfreundschaft. Sie wollten bleiben. Und sie forderten von ihm, dem Mukama Kahigi, daß er sich ihrer Führung anvertraute, sich ihnen verbünde und Beistand leiste, sie seßhaft werden zu lassen.

Frieden und Freundschaft wollten sie pflegen, das hatten sie zugesagt – aber würden sie das Versprochene halten? Würden sie ihn nicht verdrängen aus der Herrschaft, die seine Ahnen vor Jahrhunderten im Lande der Waheia aufgerichtet, die er, wie seine Väter, bis jetzt unumschränkt geführt?

Die greisen Ältesten des Volkes, die Wahrsager und Priester um ihn her, sie kannten die Geschichte des Landes und seiner Herren aus dem Wahindageschlecht so gut wie er.

Sie wußten, daß einst – vor der unendlich langen Zeit von vier Jahrhunderten mit jenem Völkerströmen vom sagenhaften Norden her zuwandernd – dieses Geschlecht aus dem Mtussistamm sich in Unjoro und Usindja große Reiche geschaffen hatte.

Die treu gepflegte Überlieferung von Geschlecht zu Geschlecht, die sorglich gehüteten Grabmäler der Wahindahäuptlinge hielten die Kunde von den Geschehnissen der Vorzeit wach.

Unvergessen blieb es, daß das große Reich Unjoro zerfallen war, daß die einzelnen Zweige des Geschlechts in den abgetrennten Teilen sich zur Herrschaft aufgezwungen hatten, in denen sie einst die Statthalterschaft geführt.

Heut lenkten Wahindasprosse das Geschick des Volkes in den einstigen fünf Statthalterschaften von Uheia: Kisiba, Bugabo, Kiamtwara, Ihangiro und Kianja, als unabhängige Machthaber.

So gleichfalls in dem Bergland von Karagwe, das wie Uheia einstmals zum Unjororeich gehörte und von dem der Ahn Kahigis Kalimera nach Kianja kam, dem damals noch mit Kiamtwara zusammengehörigen Lande.

Es war der Teil des alten Reiches südlich vom

Sultan Kahigi (DOA)

Kagera, der sich so zergliedert hatte. Mit den im Norden gelegenen Ländern, die ihm zugehörten: Unjoro, Toro, Ankole und Buddu hatten die Waheihasultanate wenig Fühlung mehr behalten. Der breite Strom des Kagera hatte die Trennung gefördert und jene Länder waren dem Einfluß Ugandas verfallen.

Wohl aber hielten die Waheihasultante die Verbindung mit dem nach Süden hin benachbarten Usindja aufrecht.

Auch dieses war nicht mehr im ganzen Umfang in der Hand eines Machthabers geblieben wie zu den Zeiten, da Ruhinda, der Erste aus dem Wahindageschlecht, von Toro her zu den Wahinda gekommen war und, von ihnen zum Mukama erkoren, in Bwina seinen Hofhalt aufgeschlagen hatte. Aber der größte Teil Usindjas, das Land Ussuri stand noch heute unter Wahindaherrschaft; der stolze Nachkomme Ruhindas, Kassussura, führte sie nach der Väter Weise über ein Volk, das ihm ehrfürchtig ergeben war in dem tief eingewurzelten Bewußtsein, daß es sich einst selbst den Ahn zum Führer erkoren. Das Wunderbare, das Ruhinda zum Häuptling in Usindja gemacht hatte, war durch die Jahrhunderte im Volk lebendig geblieben und jedem Usindja wohlbekannt. Und immer wieder ward es neu erzählt und zog die Lauschenden in seinen Bann. So war's gewesen: Dürre war im Land; nicht Mais noch Hirse wuchs mehr, Mensch und Vieh verkam. Zum Walde zogen da die Männer, Wild zu erlegen für die Hungernden. Doch fand man nichts. Um Mittag war's, die Sonne glühend heiß, der Jäger Schar durchquerte eine Lichtung, da plötzlich knackts und krachts in dem Gestrüpp und aus der dichten Waldeswand bricht eine ragende Giraffe vor in wilder Flucht – verhofft und stürzt zusammen. Und eh' die Jäger noch zu ihr geeilt, da springt ein hoher Mann, die Speere schwingend, aus dem Busch hervor und gibt dem edlen Wild den Todesstoß. Im gleichen Augenblicke zuckt ein Blitz, erdröhnt ein Donnerschlag, ein zweites, dumpfes Rollen – und wie des dunklen Blutes Strahl entquillt, die dürren Gräser färbt, den harten Boden netzt, da mischt es sich mit kühlen Regenfluten, die unaufhörlich jetzt vom Himmel strömen, und vor den Augen der gebannten Männer sprießt ringsumher ein frisches Hirsefeld und wächst und wächst und trägt in zauberischer Schnelle Frucht. Da fallen sie zu Boden, jauchzen ihm den Gruß und führen dann den hohen Fremdling in das Dorf und küren ihn, den Retter, sich zum Häuptling.

Und seit der Zeit war Usindja den Wahinda untertan, bis heute, da Kassussura dort gebot.

Das alles zog Kahigi durch den Sinn im Kreis der Alten, die mit ihm beratschlagten über das

Kahigi v. Guemer
Rasthaus beim Sultan Kahigi (DOA)

Für und Wider eines Paktes mit den Wadaki (= Deutschen), die in Bukoba Fuß gefaßt.

Er sann und sann, er hörte diesen, jenen und wog die Ratschläge, die sie gaben, und aus dem allem kam ihm der Gedanke, daß, wenn er Freundschaft schließen würde mit den weißen Männern, wenn er der erste wäre im Lande, der zu ihnen hielt, er ihre Macht auch für sich nützen könnte und das, was er im stillen stets ersehnt, erhofft, mit ihrer Hilfe erlangen: ein einiges Reich Uheia wieder aufzurichten, in dem er als alleiniger Gebieter wie einst Kalimera über allen stände.

Dieser Gedanke hielt ihn fest. Einwände, die die Alten machten, wies er nun zurück; die Zauberer hieß es, das Orakel zu befragen, das aus der Hühner Eingeweide zu ihnen sprach, und als es ihm die Klärung nur zweideutig gab, da legte er es seinen Wünschen günstig aus – tat einen langen Zug aus dem gereichten Becher, erhob sich von dem Sitz und sein: »Tugende« = »wir gehen« entschied in jener schicksalsschweren Nacht.

Der nächste Tag sah den Sultan Kahigi im deutschen Lager zu Bukoba zum erstenmal.

Nun war der Bann gebrochen. Daß der Größte im Lande sich zur Gefolgschaft bereit gefunden hatte, half von vornherein, deutsches Wollen und Wirken im neuen Lande Fuß fassen zu lassen.

Von Jahr zu Jahr knüpften sich die in Freundschaft begonnenen Beziehungen enger und ließen Kahigi erkennen, daß er seinen Entschluß, dem Ruf der Deutschen zu folgen, nicht zu bereuen brauchte.

Das Verständnis und die sorgliche Art, mit der die deutsche Verwaltung den einzigartigen Verhältnissen des Landes und seiner Bewohner Rechnung trug, war die beste Grundlage dafür, ihr Vertrauen und ihre Mitarbeit zu einer nach jeder Richtung hin nutzbringenden Entwicklung zu gewinnen.

Auf emsige Friedensarbeit war alles eingestellt, auf werteschaffenden Aufbau, auf nutzbringende wirtschaftliche und kulturelle Entwicklung – da meldeten die tönenden Funken der drahtlosen Station den Ausbruch des Krieges und das erfolgreiche Planen, das friedliche Schaffen fand mit einem Schlage ein jähes Ende.

Doch mit den schweren Schicksalstagen, die nun über das ferne, wieder völlig abgeschiedene Grenzgebiet hereinbrachen, endeten nicht das Vertrauen und die Anhänglichkeit, die die Eingeborenenmachthaber und ihre Völker dem Deutschen in glücklicher Friedenszeit bewiesen hatten. Sie hielten uns treue Gefolgschaft – vor allen anderen der Größte unter ihnen: Mukama Kahigi.

Wie Kahigi vom Anbeginn an, als die deutsche Herrschaft ins Land kam, sich an ihre Seite gestellt hatte, so blieb er heute unerschütterlich mit allem, was ihm zu Gebote stand, um sie zu stützen, ihr ergeben.

Ein Dreißigjähriger damals, hatte er den wagemutigen Entschluß gefaßt, den Bund mit der ihm unbekannten Macht zu schließen, nicht wissend, ob der Schritt, den er tat, zu dem Ziele führen würde, das er damit zu erreichen hoffte. Nicht alles hatte die seitdem vergangene Zeit ihm bringen können, was und wie er es wohl ersehnt hatte.

Das Reich, das einst sein Ahne Kalimera allein beherrscht, das mit Kianja Kiamtwara und Karagwe einte, unter seiner Hand mit deutscher Hilfe wieder zusammenzufügen, das war noch immer nicht erreicht. Wohl hatte ihm der Deutschen Rat und Beschluß über des Landes Karagwe schwachsinnigen Sultan Antari die Vormundschaft und Führerschaft gewährt und ließ ihn dort wie in Kianja schalten und walten, doch Kiamtwara hatte ihnen einen Anlaß zu gleicher Regelung nicht geboten.

Aber er hatte sich beschieden; denn in den Jahrzehnten, die er nun unter Deutschlands Flagge hatte dahingehen sehen, hatte er erfahren, daß der Deutsche ehrlich und gerecht, fürsorglich und bedachtsam das Geschick der seinem Schutze Anvertrauten lenkte und ihnen Frieden, Glück und Wohlstand brachte.

Und darum gab's für ihn auch kein Besinnen, als nun der neidvolle englische Nachbar als Feind der Deutschen an der Grenze stand; der Fünfzigjährige, dem Haupthaar und Bart im Dienst der Deutschen ergraut war, blieb fest und ließ sie nicht im Stich. Und seinem Beispiel folgten alle anderen.

So wurde der Krieg auch auf diesem Fleck deutscher Erde zum wahren Volkskrieg. Was an Menschen und Hilfsmitteln im Lande zur Verfügung stand, um uns gegen den übermächtigen Gegner zu verteidigen, wurde freiwillig und opferfreudig hergegeben und hat uns in den Stand gesetzt auszuhalten, solange es nur möglich war.

Der ungeheuren Übermacht mit ihren unbegrenzten europäischen Kampfmitteln, wovon wir so gut wie nichts besaßen, mußten wir schließlich weichen. Von Land und See drangen der Feinde Waffen in das verlorene Land. Aber ihre Machenschaften, von den Eingeborenen als Befreier vom deutschen Joch willkommen geheißen zu werden und bei ihnen festen Fuß zu fassen, brachen von vornherein zusammen an einer Tat, die unvergessen bleibt, solange des Njansa Wogen rauschen.

Kahigi, der Mukama von Kianja, empfing auf seinem Hof, dort in der Staatshütte zu Kanasi, wo die Hoheitszeichen: Schild, Speere und Fetische des Herrschers aus Wahindageschlecht an dem hochragenden Pfeiler über seinem Sitz prangten, des Britischen Befehlshabers Boten, die ihm die Weisung bringen sollten, sich alsbald vor jenem einzufinden.

Als Antwort sandte er dem Briten einen Brief, der diesen wohl hat baß erstaunen lassen.

Er lautete:

»Nachdem ich den Deutschen so gedient habe, wie ich es tat, kann ich ihren Feinden nicht auch dienen. Darum sterbe ich lieber.«

Und in der Nacht, die sich herabgesenkt, drang dumpfer Paukenschall hinüber zu der Briten Lager und durch die Bananenhaine um den Sultanhof und weit und weiterhin durchs ganze Land, da hallte der Waheiafrauen Totenklage.

Kahigi war nicht mehr – freiwillig hatte er seine Treue mit dem Tod besiegelt.

Tanga

Von Paul von Lettow-Vorbeck

Vor 50 Jahren kannte in Deutschland kaum jemand den Namen Tanga, selten nur berührte ein Dampfer diesen ostafrikanischen Hafen. Indische Krämer und schwarze Suaheli, die im weissen Kansu und mit wippendem Spazierstöckchen auf den Straßen flanierten, gaben der Stadt das Gepräge. Den Arabern verdankte der Ort seine Kokoswälder, den Indern seine Bananenhaine. Seit der Besitznahme durch Deutschland und besonders seit dem Bau der Eisenbahn hoben sich Handel und Verkehr gewaltig, und es entstand nach und nach ein richtiges, zusammenhängendes Europäerviertel mit schönen weißen Häusern, geräumigen Veranden und entzückender Berankung mit dichter blauer Bougainvillea. Neben den Gebäuden der altangesessenen Deutsch-Ostafrikanischen Gesellschaft entstanden die Niederlassungen anderer europäischer Häuser, die Usamabarabahn baute ein schönes Direktionsgebäude und Beamtenwohnungen, ein Photograph eröffnete sein Atelier, und zur »Bomba«, dem festungsartigen Sitz der deutschen Verwaltung, zogen die Eingeborenen mit ihren zahllosen »Schauris«; wußten sie doch, daß jeder, den der Schuh irgendwie drückte, bei den weißen Herren Verständnis und eine väterliche Handhabung der Gerechtigkeit fand.

Aus dem näheren und weiteren Hinterlande brachten die Eingeborenen ihre Produkte auf den »Ssoko«, den Markt, und kauften für den Erlös schöne Gewänder, »Kansu« für die Männer und »Kanga« für die Frauen. Das mußte alles modern sein, und der weiße Großhändler wie der indische Krämer mußten immer die gerade gängigen Stoffe und Muster auf Lager haben. Der Schwarze war nicht kleinlich veranlagt; hatte er Geld, so gab er's auch gern und meist ziemlich restlos aus. Die letzten Heller wurden schließlich abends bei Pombe (Bier) und Tanz verjubelt, wo sich alles nach den rhythmischen Schlägen der »Ngoma« (Trommel) drehte, bis schließlich Kopf und Beine den Dienst versagten. Aber man soll beileibe nicht glauben, daß das Leben der Schwarzen nur ein Nichtstun und ein Freudenrausch war. »Saure Wochen, frohe Feste«, das galt auch dort. Der Schwarze war bei all seinem Frohsinn und seiner Harmlosigkeit doch ein sehr fleißiger und zuverlässiger Arbeiter. Die Leistungen der Träger, die oft wochenlang ihre 25 Kilogramm jeden Tag 30 Kilometer schleppten und dabei stets fröhlich und guter Dinge waren, konnte man nur bewundern.

Im Hinterlande von Tanga, längs des Panganistromes und vor allem längs der Bahn, die zu dem fruchtbaren Tale von Muehsa, den Bergen von Usambara, Pare und Kilimandscharo führte, lagen Pflanzungen, Farmen, Missionen der Weißen; auch eine bescheidene, aber zukunftsreiche Industrie hatte sich entwickelt, die die Zedern des Schummewaldes, die Hölzer des Sigi, besonders aber den Sisalhanf und die Baumwolle der Pflanzungen verarbeitete. Klein hatten die meisten angefangen; dem Zelt war das einfache Grashäuschen, diesem das Lehmhaus gefolgt. Aber auch dieses war an vielen Stellen schon durch das solide Steinhaus verdrängt worden. Das schöne harte Wuleholz lieferte die Balken, die Steine wurden aus dem Fels gesprengt und als Mörtel ließ man sich gern Zement kommen, um Schutz gegen die alles zerstörenden Termiten zu erreichen. Die Anlage des Obst- und Gemüsegartens war das besondere Amt der Hausfrau, während der Mann schon früh hinausmußte, um die schwarzen Arbeiter mit der großen Trommel zusammenzurufen, den Vorarbeitern die Arbeit zuzuweisen, dann aber auch gut zuzusehen, daß auf den Kaffee-, Sisal- oder Baumwollfeldern fleißig und sorgsam gearbeitet wurde. Die Jagd, die einen wesentlichen Teil des Fleischbedarfs liefern mußte, war zugleich so ziemlich das einzige

Vergnügen. Dann ging es hinauf in den Urwald der Berge auf den wehrhaften Büffel oder hinab in die endlose Umbasteppe, die von Antilopen und infolgedessen auch von Löwen und anderem Raubwilde wimmelte. Die urwüchsigen Weißen liebten das Land, das ihnen Freiheit, Selbständigkeit, Arbeit und Glück schenkte, und dessen wilde Schönheit sie jeden Tag von neuem genossen. In freiwilligen Schützenverbänden hatten sie sich zusammengeschlossen, um es im Notfalle zu verteidigen. Aber manchmal zog sie's doch auch zur Stadt, nach Tanga. Dann wurde der Safariwagen, ein hölzernes Einrad mit Sitz, hervorgeholt; ein Schwarzer hielt die Rückenlehne, damit das Vehikel nicht kippte; der weiße »Bana« nahm Platz, vier Schwarze spannten sich davor, und im sausenden Lauf ging es auf dem schmalen holperigen Fußsteige zur Bahnstation, wohin der Diener, der Koch und die Träger mit den Lasten schon am Tage vorher marschiert waren. Jeden Europäer, der unterwegs einstieg, kannte man, und in Tanga, bei der allgemeinen Zusammenkunft, ging es hoch her. Man traf sich im Klub oder in einem der Hotels, von denen sich dasjenige eines alten südafrikanischen Kämpen besonderer Beliebtheit erfreute; die Stimmung wurde immer fideler und fideler, und schließlich endete wohl die ganze Gesellschaft in der Bar bei der schönen Ria. Ja, sie waren keine Freunde von Traurigkeit, die alten Tanganesen, und über dem fröhlichen Getriebe mit den ausgelassenen Scherzen und halsbrecherischen Wetten herrschte richtige Jahrmarktstimmung.

Übergang über den Ruaha bei Kidatu (DOA)

Auch Anfang August 1914 waren sie wieder einmal in Tanga versammelt, frisch und unternehmend wie immer; aber doch wollte die richtige Ausgelassenheit nicht aufkommen. Ein gewisser Ernst gab den Unterton: Krieg mit Rußland und Frankreich! Zwar war von Deutschland noch eine letzte Mitteilung gekommen, daß die Kolonien außer Kriegsgefahr; aber es waren doch zu viele alte Soldaten unter den Anwesenden, und die glaubten nicht daran. Woher kam es auch, daß man seitdem gar keine Nachricht mehr von der Außenwelt erhielt? Das Kabel lief doch über England, das ja neutral war! Wie stand es in Wirklichkeit mit dessen Neutralität? Nein, es war sicher, der Krieg auch mit England hing in der Luft, sein Ausbruch war wahrscheinlich nur noch eine Frage von Stunden. Da gab es viel Kleinmut; uns fehlte ja der Schutz, nichts war auf den Krieg vorbereitet! Was wird aus meinem blühenden Geschäft, meinem schönen Hause, meiner Pflanzung, meiner Farm, wenn nun der Feind ins Land kommt? Aber er wird ja nicht kommen; das Kongo-Abkommen, das für den Kriegsfall die Neutralität auch von Ostafrika vorsieht, sichert uns hier die Ruhe auch im Falle eines Weltkrieges! Laß hinten weit in Europa die Völker aufeinander schlagen, was kümmert's uns? Wir warten in aller Seelenruhe ab, wie auf den europäischen Schlachtfeldern das Schicksal unserer Kolonie entschieden wird, und das Weitere wird sich dann ja finden. Inzwischen schwoll eine andere Woge der Meinungen höher und höher, die nichts wissen wollte von bloßem Nachgeben und Sichinallesfinden; die kämpfen wollte, wenn der Feind die Hand nach unserem Kolonialbesitz ausstreckte, und als nun ein alter Pflanzer, der durch seine ganze Persönlichkeit und seine lange Erfahrung ein selten hohes Ansehen genoß, das Wort ergriff, da stimmte am Schluß seiner Ansprache spontan alles die »Wacht am Rhein« an.

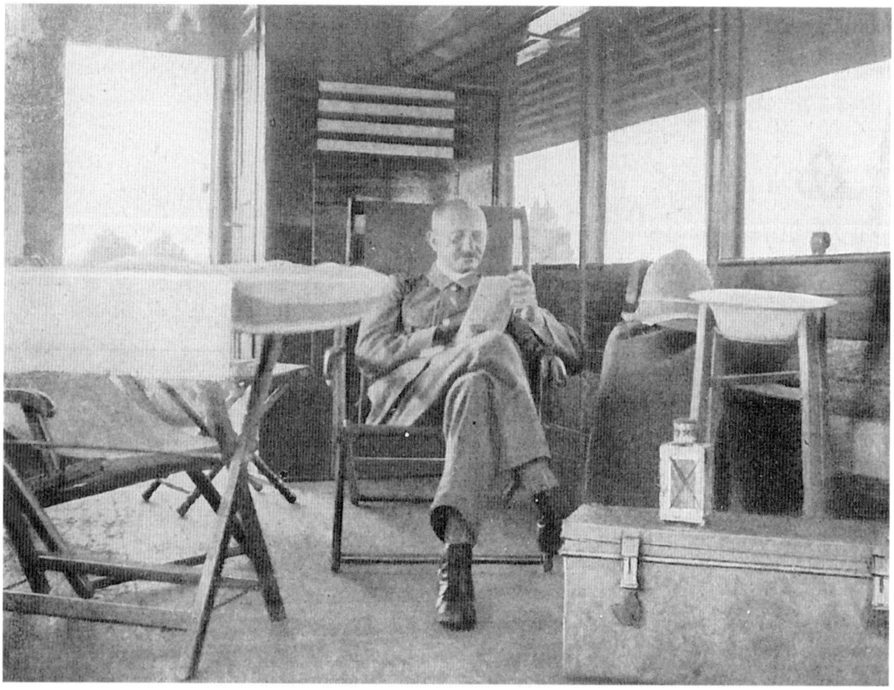

General von Lettow-Vorbeck im afrikanischen Eisenbahnwagen

So traf die Kriegserklärung Englands auf die Bewohner von Tanga.

Dann kamen die ersten Funksprüche. Daressalam empfing sie von Kamina in Togo und gab sie mit dem Draht nach Tanga. Lüttich! Namur! Die Freiwilligen-Formationen der Europäer traten zusammen. Meist altgediente Soldaten; jeder trat ruhig in Reih und Glied, stand stramm und schluckte seinen Anpfiff, wie es eben immer beim Militär gewesen war. Aber es war doch nur eine Improvisation mit allen Mängeln einer solchen. Es fehlte der feste Zusammenhalt, die Tradition. Der zufällig nach dem militärischen Rang Höhere besaß nicht immer auch die wirkliche Autorität. Es fehlten Gewehre und Patronen. Wer nicht die eigene Pirschbüchse mitbrachte, mußte sich mit einer alten Militärbüchse Modell 71 begnügen. Nicht gerade erfreulich gegen den Feind mit modernen Waffen. Und nun gar die Marschfähigkeit! Da fehlte es eben schlechtweg an allem. Der Europäer brauchte in den Tropen Zelte, Schutz gegen Moskiten und Zecken aller Art, Medizin und Verbandzeug, Verpflegung. Wer sollte ihm das alles tragen? Wer für ihn kochen? Wer wenigstens die nötigen Handreichungen machen? In den Tropen bedarf die Gesundheit des Weißen besonderer Pflege, und es rächt sich bitter, wenn man hierbei sparen will. Der Troß wuchs ins Ungeheure, so sehr, daß schon allein aus diesem Grunde eine Verwendung weißer Truppen im Felde fast zur Unmöglichkeit wurde. Von selbst fiel diesen weißen Schützenkompanien die Aufgabe lokalen Schutzes zu. Sie stellten die Sicherheitstruppen längs der Bahn und in Tanga. Noch verringert wurde der militärische Wert dieser Europäertruppen dadurch, daß viele ihrer Mitglieder nur im Falle wirklicher Gefahr eintreten, für gewöhnlich aber ihrem zivilen Berufe nachgehen wollten.

In mancher Hinsicht günstiger stand es bei den neuaufgestellten farbigen Kompanien. Die besondere Sorge für die Gesundheit allzu vieler Europäer fiel fort und dadurch verminderte sich der Troß. Auch standen eine Anzahl von Polizeisoldaten zur Verfügung, die zum Teil in ganzen Kompanien übernommen werden konnten. Aber farbige Neuformationen haben doch immer große Schwächen. Die geringere Intelligenz und auch der geringere Kulturstand des Schwarzen machen eine längere Zeit der Ausbildung nötig.

Schon seit Kriegsausbruch war es in der Gegend von Tanga zu Plänkeleien an der Küste gekommen, und man rechnete mit einer größeren Unternehmung des Feindes. Aber als nun am 2. November 1914 wirklich eine Flotte von zwei Kriegsschiffen und 14 Transportern auf der Reede von Tanga erschien, entstand doch eine begreifliche Überraschung. Vier Tage tobte der Kampf der kleinen deutschen Truppe gegen den achtfach überlegenen Feind in den Kokoswäldern und Muhogofeldern. Entsetzlich raste der Häuserkampf in den europäischen Vierteln, in die die schweren feindlichen Kanonen der Schiffe erbarmungslos in das Durcheinander von Feind und Freund hineinfeuerten; aber dann war die Arbeit auch getan. In kopfloser Flucht rannte der geschlagene Feind zurück auf seine Schiffe, Tausende von Gefallenen und Verwundeten und einen großen Teil seiner Waffen ließ er liegen. Die Schiffe fuhren zunächst in die Bucht von Mansa, und die lange halbstock gesetzten Flaggen zeigten, daß auch dort immer und immer wieder Gefallene bestattet wurden. Der blutigen Arbeit folgte eine erhebende Totenfeier. Auf dem Festplatze der Eingeborenen, da, wo die deutschen Weißen gegen das tapfere britische weiße Loyal North Lancashire Regiment angerannt waren, und die Hauptschwere des Kampfes getragen hatten, erhebt sich ein gewaltiger Buyubaum von wohl sechs Meter Umfang. Dort wurden die gefallenen Deutschen in einem wundervollen, schlichten Kriegergrabe zur letzten Ruhe bestattet. Die geflüchteten Bewohner von Tanga, weiße und farbige, hatten sich wieder eingefunden; eine weiße und eine farbige Kompanie gaben die letzte Ehrenwache. Zuerst sprach ein evangelischer Missionar, der den Kampf in der Front mitgemacht hatte, dann ein katholischer von der nahen Missionsstation, und an dritter Stelle ein mohammedanischer schwarzer Lehrer. »Was geht es euch an, ihr deutschen Askari, ob Krieg ist oder Friede«, so sprach der Schwarze, »überlaßt das dem Kaiser und dem Kalifen! Es ist deren Sache; zerbrecht nicht ihr euch den Kopf! Eure Sache ist es lediglich, die gegebenen Befehle auszuführen, damit basta! Eure Sache ist es zu kämpfen, das genügt! Ob ihr fallt oder nicht, haizuru, ganz wurscht, das geht euch gar nichts an. Darüber sich den Kopf zu zerbrechen ist Sache Gottes; pfuscht ihm also nicht ins Geschäft.« Ein bißchen originell nach unserem Geschmack, aber handfest und klar, wie es unsere einfachen schwarzen Kerle brauchten.

Kriegerischer Geist, Stolz, Hoffnung, Hingabe an die Sache des Vaterlandes, Vertrauen – all diese mächtigen Triebfedern für den Krieger –, sie rangen sich bei vielen erst unter der Wucht der Erfolge von Tanga durch zur Klarheit, und man fühlte es geradezu: Von heute ab stehen wir anders zueinander, unüberwindlich scheinende Hindernisse in unseren Reihen und besonders hinter der Front sind weggeräumt. Dazu der gewaltige Rahmen, in dem sich die Ereignisse der letzten Tage abgespielt hatten: die Anfahrt von dem ewigen Schnee des Kilimandjaro zum Indischen Ozean, der Palmenwald, die im Handumdrehen zusammengeschossene blühende Stadt, die große Flotte, die erdrückende feindliche Überzahl – und dann der plötzlich durchschlagende Sieg; nein, es war ein tiefer, feierlicher Ernst, der über dem Ganzen lag, und wohl ohne Ausnahme fühlte jeder, der diese Tage miterlebt hat, daß unser Weg geführt hatte: *»per aspera ad astra«*, durch Nacht zum Licht.

Der Sieg von Tanga

Von Franz Kempner

Ende Juli 1914 in Daressalam. Die Nachrichten aus der Heimat klingen ernst. Noch aber erreichen uns Kabeltelegramme aus Berlin, die über das englische Sansibar gehen. Allmählich werden sie spärlicher, nichtssagender. Die englische Zensur ist am Werke. Unsere Hoffnung ist jetzt der Funkturm von Daressalam. Am 31. Juli übermittelt er uns die wenigen Worte des deutschen Admiralstabs: »Drohende Kriegsgefahr England, Frankreich, Rußland.« Am Frühmorgen des 2. August gibt er uns die Nachricht aus Nauen, daß Deutschland mit Rußland und Frankreich im Krieg ist. Die Nervenspannung steigert sich zu letzter Stärke: tritt auch England in den Krieg ein? Dann ist Ostafrika für die Kriegsdauer von der Heimat abgeschnitten. Der Morgen des 5. August gibt die Antwort. Wir entziffern den Funkspruch: »England hat Deutschland am 4. August den Krieg erklärt.« Die Entscheidung ist da, wir sind allein auf uns und die eigene Kraft gestellt. Der Gouverneur berät sofort mit den Spitzen des Militärs, der Verwaltung, der Kaufmannschaft. Es gibt keinen Zweifel. Will England versuchen, unsere Kolonie, den wertvollsten überseeischen Besitz Deutschlands, den es schon lange durch seine Konsulatsvertretung militärisch und wirtschaftlich erkundet, mit Gewalt an sich zu reißen; will es auf diesem Wege versuchen, den Schlußstein an den planmäßigen Bau zu legen, der die Indische See zu einem breiten britischen Binnenmeer macht, so wird es hier auf den gleichen Geist stoßen, der die Heimat beseelt. Wir werden die Kongoakte achten, die für den Fall eines europäischen Krieges wenigstens Zentralafrika den Frieden belassen wollen. Will aber England es auf sich nehmen, der eingeborenen schwarzen Bevölkerung das Schauspiel eines Kampfes Weiß gegen Weiß zu bieten, so werden wir kämpfen. Der Gouverneur Schnee erläßt einen Aufruf an die deutsche Bevölkerung, in dem er sie für den Fall des Bruchs der Kongoakte zum äußersten Widerstand auffordert. Der Kommandeur der Schutztruppe, der damalige Oberstleutnant, spätere General von Lettow-Vorbeck, zieht seine geringen Truppen zusammen und wirft sich nach Moschi, der Endstation unserer Nordbahn, am Fuße des schneebedeckten Kilimandjaro. Denn dort befürchtet er den Vorstoß aus Britisch-Ostafrika. Mit Tanga ist er durch die Nordbahn verbunden. Daressalam erscheint zunächst hinreichend geschützt durch die dortige starke weiße Bevölkerung. Für die Küste nördlich Daressalam bis zur Grenze der englischen Kolonie bleiben nur vier Eingeborenen-Kompanien übrig.

Bald fällt der erste Schlag. Wenige Tage nach der Kriegserklärung beschießen englische Kriegsschiffe Daressalam. Einige Tage später werden die weißen Führer des deutschen Dampfers »Hermann von Wißmann«, der im Njassasee auf Slip liegt, von englischen Truppen gefangengenommen, bevor die Nachricht des Kriegsausbruches sie erreicht. Plänkeleien an der Nordgrenze folgen in den nächsten Wochen.

Am 2. November, morgens 5 Uhr, wird der einzige in Tanga verbliebene Offizier, dem nur ein Zug einer Kompanie zur Verfügung stand, mit der Meldung geweckt, daß drei englische Kriegsschiffe und 12 Truppentransporter mit Kurs auf die Hafeneinfahrt Tanga gesichtet sind. Das Geschwader geht auf der Außenreede vor Anker und setzt das Signal, durch das es um Entsendung eines Parlamentärs bittet. Auf Ersuchen des Offiziers fährt der Bezirksamtmann von Tanga selbst hinaus und kommt mit der Forderung des Feindes zurück: Bedingungslose Übergabe von Tanga; widrigenfalls wird um 8.30 Uhr Tanga mit Schiffsgeschützen bombardiert und dann von Landungstruppen gestürmt. Zum Zeichen der Übergabe soll die schwarz-gelbe Flagge Tangas, die auf einem weit über See sichtbaren Turm

Bahnhof Tanga (DOA)

weht, bis 8.30 Uhr niedergeholt werden. Der »Truppenführer« meldet das Verlangen telegraphisch an Gouverneur und Kommandeur mit dem Hinzufügen, daß er die Forderung ablehne. Er kann es sich nicht versagen, dem Gegner eine schwere Enttäuschung zu bringen, holt um 8.28 Uhr die Tangaflagge nieder und hißt um 8.29 Uhr die Kriegsflagge des Deutschen Reiches.

Nichts erfolgt. Um 9 Uhr geht die feindliche Flotte, deren Führer die Gezeiten nicht berücksichtigt hat, wieder auf See hinaus. Im Laufe des Nachmittags trifft der Rest der Kompanie ein. Abends nähert sich die Flotte und der Feind wirft in breiter Front auf zahlreichen Booten und Leitern unter dem Schutze seiner Schiffsgeschütze Truppen auf das östlich Tanga hervorspringende Kap.

Am Morgen des 3. November greift der Feind mit starken indischen Truppen die Verteidiger Tangas an, die inzwischen drei Kompanien stark geworden sind. Es wird blutig zurückgeschlagen. In den Frühmorgenstunden des 4. November trifft Lettow selbst mit fünf weiteren Kompanien aus Moschi mit der Bahn ein. Persönlich erkundet er die feindliche Stellung, wobei er auf seinem Rad über die ersten indischen Posten hinausfährt.

Gegen Mittag setzt der große englische Angriff ein. Das Regiment *Loyal Nord Lancashire* überrennt in erstem Ansturm unsere eingeborene Flügelkompanie und dringt durch die Stadt ein. Der Kommandeur setzt ihm eine Europäerabteilung unter Führung des bekannten Afrikaners Hauptmann von Prince entgegen, die die *Lancarshires* mit der blanken Waffe aus der Stadt wirft. Prince fällt durch Kopfschuß.

Große indische Truppenmengen stürmen inzwischen gegen die übrige Front an. Der Rückwurf der *Lancashires* läßt sie zögern. Diesen psychologischen Moment rasch erlassend, wirft Lettow den Rest seiner geringen Reserve gegen den linken Flügel des Feindes und rollt ihn auf. Auf der gesamten Front erklingt das altpreußische Angriffssignal der deutschen Trompeten, sie bricht vor und jagt den Feind in wilde Flucht. Auch das starke Feuer der Schiffsgeschütze vermag das englische Schicksal nicht zu wenden.

Dunkle Tropennacht beendet den Kampf. Die feindlichen Truppen werden hastig eingeschifft, am 5. November geht das Geschwader bei Tagesanbruch in hohe See.

Eine mit den modernsten Waffen ausgerüstete Truppe von 8000 Mann, darunter reine Europäertruppen, waren von noch nicht 1000 Mann der deutschen Schutztruppe geschlagen. 3000 Tote und Verwundete kostete England die Schlacht von Tanga, der ein englischer Offizier das Zeugnis *»made in Germany«* ausstellte.

Der Krieg ging weiter. Truppen aus England und allen Teilen Indiens, aus Ost- und West-Afrika, aus Südafrika und dem Kongo, ja selbst Formationen aus Westindien wurden gegen die schwache deutsche Truppenmacht angesetzt. 300 000 Mann standen im Laufe der Jahre gegen 3000 Weiße und 12 000 Schwarze im Kampfe. Durch die ungeheure Übermacht an Truppenzahl und Waffentechnik allmählich im äußersten Südosten der Kolonie zusammengedrängt, überschrittten die Reste der Schutztruppe im November 1917 den südlichen Grenzfluß Rovuma und führten im portugiesischen Gebiet den Kampf gegen Engländer und Portugiesen fort. Im September 1918 drang die Schutztruppe erneut in deutsches Gebiet vor und brach nördlich des Njassasaees in das englische Rhodesien ein. Einen kühnen Plan hatte der Führer gefaßt. Die deutsche Munition war längst ausgegangen, die gesamte Truppe kämpfte nur noch mit portugiesischen Beutewaffen. Auch diese Munition mußte ersetzt werden, die für uns nur in der westafrikanischen Kolonie Portugals, in Angola, zu holen war. Dorthin zum Atlantischen Ozean sollte der Marsch führen. Ihm setzte die am 13. November 1918 uns ereilende Nachricht vom Abschluß des Waffenstillstandes in der Heimat ein Ende.

Die angeführten Ziffern und der Umstand, daß fast alles, was unsere Truppen zur Kriegführung benötigten, im Lande beschafft oder wenigstens ergänzt werden mußte – Waffen, Munition, Kleidung, Verpflegung –, legen die Frage nahe, welche Faktoren es waren, die uns den so ungleichen Kampf durch mehr als vier Jahre ermöglichten. Der entschlossene Wille des Führers, für das Vaterland und deutsche Waffenehre bis zum Letzten zu kämpfen, und die im Frieden durchgeführte Eingeborenenpolitik mußten zusammenwirken, um das Unwahrscheinliche gelingen zu lassen. Denn nur diese Eingeborenenpolitik war der letzte Grund für die bewundernswerte Treue, die uns die schwarzen Soldaten durch die langen schweren Kriegsjahre hielten.

Was haben unsere Gegner daraus gemacht?

Die Tatsachen verfälschend, haben sie der Welt den Glauben beizubringen gewußt, daß die Ziele unserer Kolonialpolitik Militarismus und Ausbeutung der Eingeborenen gewesen seien. Sie haben sich nicht begnügt, uns unseren ganzen Kolonialbesitz zu nehmen, sie haben dieser Handlung eine Begründung gegeben, die uns Kolonialdeutschen als die ungeheuerlichste Lüge des Vertrages von Versailles und der ihn stützenden Dokumente überhaupt erscheint. Als unfähig und unwürdig für die Aufgaben der Kolonisation ist Deutschland hingestellt worden. Es ist nicht leicht, über diese Dinge ruhig zu sprechen und zu schreiben. In keiner seiner Kolonien hat Deutschland jemals eine Truppenmacht unterhalten, die über das hinausging, was unbedingt erforderlich war, um Ordnung und Sicherheit von Leben und Eigentum zu gewährleisten. Diesem – und nur diesem Zwecke entsprach auch ihre Bewaffnung mit rauchstarken Einzelladern. Erst der Feind selbst, beginnend mit der Schlacht von Tanga, gab uns die Möglichkeit einer modernen Ausrüstung mit englischen Beutegewehren. Wie dagegen stand es mit dem kolonialen Militarismus bei den fremden Mächten? Die Hunderttausende von Indern in der englischen und von Negern in der französischen Armee, die auf europäischem Boden fochten, geben eine so klare Antwort, daß jede Diskussion sich erübrigt.

Das gleiche Bild beim zweiten Vorwurf: Grausamkeit und Ausbeutung gegenüber den Eingeborenen. Gerade Deutschland ist es gewesen, das von Beginn seiner Kolonialpolitik an eins erkannt hatte: eine wahrhafte Kolonialpolitik darf sich nicht darauf beschränken, aus überseeischen Gebieten Vorteile für die eigene Volkswirtschaft zu gewinnen, sie muß als Korrelat der eingeborenen Bevölkerung etwas geben. Der zur Verfügung stehende Raum verbietet es, eingehend darzulegen, was Deutschland seinen Schutzgebieten gebracht und gegeben hat. Als es seine Kolonien erworben hatte, befand sich in den meisten von ihnen die Bevölkerung in einem Zustande, der, kaum übertrieben, als ein Krieg aller Stämme gegen alle bezeichnet werden kann.

Das blühendste Geschäft war der Sklavenhandel. Nach knappen zwei Jahrzehnten gehörte der Sklavenhandel längst der Vergangenheit an, war das bekannte Wort zur Wahrheit geworden, daß ein Spazierstock genüge, um die deutschen Kolonien zu durchwandern. Geordnete Rechtsprechung und Verwaltung waren durchgeführt. Man muß gesehen haben, wie an den Schauritagen Hunderte von Eingeborenen zu den Stationen eilten, um Recht zu suchen und zu finden. Unbedingtes Vertrauen der Eingeborenen zur deutschen Rechtsprechung in Straf- und Zivilsachen, zur Gerechtigkeit der deutschen Verwaltungsbehörden, das war das hervorstechendste Merkmal in unseren Beziehungen zu der angeblich mißhandelten und ausgebeuteten Bevölkerung. Aber weiter: planmäßige Erziehung und Belehrung hatten eingesetzt. Zahlreiche Schulen der Regierung und der Millionen beider Konfessionen waren im Lande errichtet und hatten reiche Erfolge. Keinerlei Zwang wurde ausgeübt; freiwillig sandten die Eingeborenen ihre Kinder in diese Schulen und zahllose mußten abgewiesen werden, weil das Heranbilden des Lehrermaterials mit dem Lernbedürfnis der Eingeborenen noch nicht gleichen Schritt halten konnte. Und um ein Letztes auszuführen: der größte Schrekken tropischen Gebietes sind die endemischen Seuchen von Mensch und Tier. Mit berechtigtem Stolz kann Deutschland für sich in Anspruch nehmen, daß kein anderes Volk in der Seuchenbekämpfung ihm annähernd gleichkam. Malaria, Frambösie, Aussatz und vor allem die Schlafkrankheit wurden unter Aufwendung großer Mittel planmäßig erforscht und bekämpft, große Gebiete von den Erregern dieser Seuchen völlig gesäubert und so der Gesundheitszustand des Weißen wie des Schwarzen im Laufe der Jahre beträchtlich gebessert.

Namhafte englische Kolonialpolitiker haben die Haltung der ostafrikanischen Eingeborenen im Kriege, ihre vorbildliche Treue, die sie den Deutschen hielten, als ein unlösbares Rätsel bezeichnet. Es ist kein Rätsel für den, der die Wahrheit sehen will. Richtig ist allerdings, daß die Haltung unserer Eingeborenen die stärkste Widerlegung jener Argumente ist, mit denen der Raub unserer Kolonien verbrämt wurde. Nichts beweist so schlagend, daß Deutschland mit seiner Kolonialpolitik auf dem richtigen Wege war. Hier trifft das Wort zu: »Der Krieg erntet, was der Friede gesät hat.«

Askari der Schutztruppe (DOA)

Zehn schwerste Jahre liegen hinter uns, die Jahre eines sogenannten Friedens, in manchem schwerer als die des Krieges. In mühsamem, oft nervenzerreibendem Ringen, langsam vortastend, sucht Deutschland sich aufzurichten. Hier und dort im Ausland beginnt der eine und andere über die Lügen der Kriegs- und Nachkriegszeit, unter deren Last wir darniederliegen, nachzudenken, beginnt in manchen Dingen einer objektiveren Betrachtung Raum zu geben. Schwach und spärlich sind die Ansätze, keineswegs gesichert ist ihr Durchdringen. Niemals aber darf Deutschland im Kampf um die Wahrheit erlahmen. Uns Kolonialdeutschen fällt dabei der Teilkampf um die koloniale Wahrheit zu. Sein unverrückbares Ziel bleibt die Wiedererlangung unserer Kolonien.

Der Ruhmestag von Tanga vom 2. bis 5. November 1914

Von Wilhelm Arning

Der Tag von Tanga war es, der uns selber erst bewies, was wir in dem Lande unserer neuen Heimat an aufbauender Arbeit geleistet hatten; der uns das Vertrauen gab auf die bis dahin unbewußt in uns ruhende Kraft, auch abgeschlossen von aller Welt, den Kampf bis zum letzten, bitteren Ende bestehen zu wollen.

Noch stand das Glück des Krieges im Leuchten der Tropensonne auf unserer Seite.

Gewaltig war die Überzahl der Feinde, die am frühen Morgen des 2. November sich in eineinviertel Dutzend großen Überseetransportern und stattlichen Kriegsschiffen auf der Reede von Tanga versammelte.

Die Stadt war dauernd unbesetzt gewesen; nur zufällig lagerte vor ihren Toren die 17. Feldkompanie unter Hauptmann Adler. Doch der Feind ließ nutzlos den ganzen Tag verstreichen, ehe er am 3. November sich anschickte zu landen. Fast als ob er Rücksicht nehmen wollte darauf, daß unsere sämtlichen Truppen am Kilimandjaro lagen und erst über die 350 Kilometer lange Strekke mit der kleinen Usambarabahn herangeführt werden mußten.

Als am 3. November der erste Versuch zur Landung gemacht wurde, fand gerade General Aitkins einige Züge der 1. und 6. Feldkompanie angekommen vor, der unter ihren Führern Poppe, Merensky und v. Ruckteschell in den Kampf eingreifen konnten, als Hauptmann Adler mit seiner 17. sich eben verschossen hatte und überflügelt wurde. Mit der blanken Waffe wurde der Feind auf den Strand geworfen und deckte sich durch den Steilabfall des Meeresufers unter dem Feuer seiner schweren Schiffsgeschütze.

Und wieder ließ der Gegner 24 Stunden verstreichen. Eine kostbare Zeit für uns. So war der Kommandeur v. Lettow, selber herbeigeeilt, am frühen Morgen und Mittag des 4. November imstande, all die Abteilungen zu mustern, die er überhaupt von der gleichfalls schwer gefährdeten Kilimandjarofront loslösen und diesem Angriff entgegenwerfen konnte.

2 Uhr 50 Minuten eröffneten die Engländer das Gefecht. Der feindliche General hatte alle Mittel in der Hand und die Mannschaften dazu, um in weiter Überflügelung unsere kleine Streitmacht zu erdrücken. Er tat es nicht; vielleicht hatte er in dem Bewußtsein seiner zahlenmäßig ungeheuren Übermacht geglaubt, daß er mit dem kleinen Häuflein ohne besondere Kunstgriffe fertig werden würde.

Im Frontstoß ging er auf den Kern unserer Stellung los; die 16. Feldkompanie – 120 Askari stark – unter Hauptmann v. Brandis, hatte ihn auszuhalten, zu dem das gesamte rein englische Regiment der *Loyal North Lancashires* angesetzt wurde. Zu gleicher Zeit faßten näher der Stadt an der Zollbrücke gelandete indische Truppen die hier stehende 6. Feldkompanie, die eben erst aus rasch zusammengerafften Polizeiaskaris gebildet worden war, in die Flanke. Sie verlor ihre Europäer, tot oder verwundet, und flutete rückwärts.

So konnten die tapfer vorstoßenden *Loyal North Lancashires* die bisher nicht erschütterte 16. in der linken Flanke und im Rücken bedrohen; auch sie wurde unruhig. Doch auf einen Termitenhügel springend, führte v. Brandis seine Askari zum Gegenstoß aus der Deckung, indes sein Kompanieleutant Tietgen von einem Mangobaume herab das Maschinengewehrfeuer leitete.

Es gelang ihnen, die Engländer in der Front festzuhalten, um so mehr, als diese in ihrem Überflügelungsversuche alsbald am Nordrande des Ngomaplatzes, am Eingang in das Weichbild der Stadt Tanga, auf die aus den Pflanzern des Kilimandjaro und der Usambaraberge gebildeten

Schützenkompanie 7 und 8 trafen. Es war das beste Soldatenmaterial, das die Kolonie aufzuweisen hatte. Ihr Führer war Tom v. Price, der alte Afrikaner, seine Unterabteilungen geleitet von Hauptmann Demuth und Kapitänleutnant Niemeyer.

Hier fiel Tom v. Price und mit ihm ein halbes Dutzend seiner Pflanzer. An ihnen brach sich der kraftvoll durchgeführte Angriff des englischen Regiments und vor dem einsetzenden Gegenstoß der Deutschen gab es Raum. Die 17. Feldkompanie des Hauptmanns Adler, aus der Reserve gezogen, warf sich an Stelle der 6., deren Reste von dem Kriegsfreiwilligen Dr. Lessel gesammelt und am Strande wieder vorgeführt wurden, in den Kampf. v. Brandis mit seiner 16., die den vollen Druck des Angriffs prachtvoll getragen hatte, bekam Luft, da die Engländer anfingen, vor den deutschen Pflanzerkompanien zu weichen, und die Maschinengewehre der 16. ganze Arbeit leisteten; mit welcher Ruhe dies im Augenblick der Entscheidung geschah, zeigt der unvergeßliche Ausspruch des Unteroffiziers Hiese: »Achtung! Jetzt spricht Schorsch Hiese«, rief er dem Feind entgegen und legte mit seinem Maschinengewehr eine volle Kompanie der Inder auf den Sand; so wie sie herankam, von Geschossen durchsiebt, fand man sie später liegen.

Inzwischen hatte der Kommandeur die 13. und 4. Feldkompagnie unter den Oberstleutnant Spalding und Dransfeld auf unserem rechten Flügel eingesetzt; weit ausholend warf er sie in die linke Flanke des Gegners, deren indische Abteilungen zusammenbrachen.

Noch hatten die zähen *Loyal North Lancashires* um einen geordneten Rückzug gekämpft. Jetzt aber wurden sie in beiden Flanken mit Maschinengewehrfeuer gefaßt; die 16. Feldkompanie und die Reserve, die Lettow noch zu versenden hatte, die Pflanzer der 6. Schützenkompanie, gingen im Sturmangriff vor. Da wandten auch sie sich zur Flucht.

Das war gegen 5 Uhr nachmittags.

Das hohe Ufer über dem Strande, das Schnellfeuer der schweren Schiffsgeschütze und die frühe Tropennacht retteten den Rest des zusammengehauenen Gegners.

Der Sieg war vollständig und unbestritten: der Feind bat um Waffenruhe, um seine Verwundeten auf die Schiffe zu bringen.

600 farbige Askari und nicht ganz 300 Deutsche waren auf dem Gefechtsfelde gewesen, 889 Gewehre. Der Feind hatte etwa 8000 Mann gelandet; das englische Regiment allein war stärker gewesen als die gesamte deutsche Truppe.

Unsere Verluste waren gering: 15 Europäer waren gefallen, darunter zwei protestantische Missionare und ein Italiener, der noch an die Bundestreue seines Vaterlandes glaubte; 24 waren verwundet. 28 Askari waren tot und 54, meist leicht, verwundet.

Auf dem Gefechtsfeld wurden, einzeln gezählt, 187 Engländer und weit über 1000 Inder tot aufgefunden; die Gesamteinbuße des Feindes dürfte auf weit über 2000 Mann zu schätzen sein: jedem deutschen Gewehr waren mehr als zwei Feinde erlegen.

13 Maschinengewehre waren genommen und so viele moderne Lee-Metfordgewehre erbeutet, daß wir ein ganzes Bataillon damit ausrüsten konnten anstelle des bislang geführten rauchstarken Einzelladers Modell 71.

So gab der Sieg von Tanga der Schutztruppe, die für einen wirklichen Krieg in höchstem Grade mangelhaft ausgerüstet war, ein gut Teil des Kriegsmaterials in die Hand, mit dem der Feldzug weitergeführt werden konnte. Dadurch verstärkte er nicht nur in der deutschen Bevölkerung das Vertrauen auf die Zukunft, sondern er wirkte vor allem in der gleichen Weise auf die Eingeborenen. Im Fluge zog die Kunde von dem gewaltigen Erfolge durch das Land, und noch lange sangen auf Markt und Straßen in Korogwe und Kigoma, wie sonst überall im Schutzgebiet, die Mädchen Lieder vom Bana Sakkarani (Hauptmann v. Price) und vom Bana Lettow, vom Siegen und Sterben der Deutschen.

S.M.S. »Königsberg« im Rufidjiflusse

Von Max Looff

Nach wochenlanger erfolgreicher Kreuzfahrt im westlichen Indischen Ozean sah S.M.S. »Königsberg«, der Stationskreuzer der Ostafrikanischen Station, sich im September 1914 wegen Kohlenmangels gezwungen, nach der Küste von Deutsch-Ostafrika zurückzukehren, um dort seine Vorräte zu ergänzen.

Der einzige geschützte, von der See her nicht einzusehende Liegeplatz für den Kreuzer war das Mündungsdelta des Rufidjiflusses. In allen übrigen Häfen und Buchten an der Küste von Deutsch-Ostafrika wäre er mit Leichtigkeit von den an der Küste auf und ab fahrenden englischen Kreuzern gefunden worden. Es kam ihm darauf an, unentdeckt zu bleiben, um so schnell wie möglich seine Kreuzfahrten im Indischen Ozean wieder aufnehmen zu können, ohne daß der Feind wußte, wo die Königsberg sich aufhielt. Die Versorgung des Schiffes mit den nötigen Materialien stieß im Rufidjiflusse naturgemäß auf große Schwierigkeiten, die aber dank der bereitwilligen Unterstützung durch die Landbehörden behoben werden konnten, so daß das Schiff in ganz kurzer Zeit wieder fahrbereit war.

Die Aufgaben der Auslandskreuzer im Kriege bestanden in erster Linie in dem Kampfe gegen den Handel des Feindes auf den Hochstraßen des Weltverkehrs, in dem Aufbringen feindlicher Handelsschiffe und dem Schutz des eigenen Handels. In Gefechte mit feindlichen Kriegsschiffen durften sie sich nur einlassen, sofern die Hauptaufgabe dadurch nicht gefährdet war. Dennoch wurde von der Königsberg die günstige Gelegenheit, einen der englischen Kreuzer an der Küste von Deutsch-Ostafrika zum Kampfe zu stellen, mit Freuden ausgenutzt, als am 19. September 1914 die Anwesenheit eines solchen im Hafen von Sansibar festgestellt war. Es handelte sich um den englischen Kreuzer »Pegasus«, dasselbe Schiff, das Anfang August die Städte Daressalam und Bagamojo beschossen und dadurch die Postbehörde zum Sprengen des Funkenmastes veranlaßt hatte. Die willkommene Gelegenheit, gerade an diesem Kreuzer, der ganz Deutsch-Ostafrika durch sein aggressives Vorgehen gegen die unverteidigten Städte in Aufregung versetzt hatte, Vergeltung zu üben, mochte der Kommandant S.M.S. »Königsberg« sich nicht entgehen lassen.

Das Risiko eigener Verluste und Beschädigungen bei dem Kampfe mußte nach Möglichkeit durch Überrumpelung des Gegners verkleinert werden. Die Überrumpelung gelang auch vollkommen; am 20. September 1914, beim Tagesgrauen eines strahlenden Sonntags, fand der Kampf zwischen Königsberg und Pegasus auf der Reede von Sansibar statt und endete mit der Vernichtung des Pegasus. Der englische Kreuzer, der ungefähr dieselbe Größe und Kampfkraft wie die Königsberg hatte, wurde durch die Unaufmerksamkeit der vor dem Hafen auf Posten befindlichen Wachfahrzeuge vollkommen überrascht. Nach nur einstündigem Feuergefecht wurde Pegagus durch die Artillerie der Königsberg vollkommen zum Wrack geschossen und ist kurz nach dem Gefecht in tiefem Wasser untergegangen. Während des Gefechtes hatte Pegasus die »weiße Flagge« gesetzt und die englische Kriegsflagge zum Zeichen, daß die Besatzung des Pegasus sich dem deutschen Kommandanten auf Gnade oder Ungnade ergebe, gestrichen. Infolge des über dem Pegasus liegenden Rauches und Qualmes, herrührend von dem Brande des Schiffes und den mit größter Treffsicherheit einschlagenden Granaten der Königsberg, war die weiße Flagge von der Königsberg aus nicht rechtzeitig erkannt worden, so daß das Feuer so lange fortgesetzt wurde, bis an der Niederkämpfung des Gegners nicht mehr gezweifelt werden konnte. Königsberg wurde während des Kampfes von keiner Granate des Pegasus getroffen, was wie

S.M.S. »Königsberg« verläßt den Hafen von Daressalam (DOA)

Der Kommandant der »Königsberg«, Kapt. Looff

ein Wunder wirkte. Die überlebende Mannschaft des letzteren wurde durch Boote von Sansibar geborgen und an Land in das englische Hospital gebracht. Königsberg mußte den Hafen von Sansibar so schnell wie möglich verlassen, da durch die Funkentelegraphie die schnelle Annäherung eines anderen uns weit überlegenen Kreuzers in Erfahrung gebracht wurde. Auf der Fahrt der Königsberg nach Süden sah sich der Kommandant, entgegen seiner ursprünglichen Absicht, gezwungen, wieder in den Rufidjifluß zurückzukehren, da sich während der Überfahrt nach Sansibar schwere Maschinenhavarien bemerkbar gemacht hatten, die sofort ausgebessert werden mußten, sollte Königsberg nicht Gefahr laufen, eines Tages als bewegungsloses Wrack im Indischen Ozean zu treiben und eine leichte Beute der weit überlegenen Gegner zu werden.

Die Reparatur der havarierten Maschinenteile verzögerte sich, weil es ungeheure Mühe verursachte, die schweren Gußteile über Land nach der 200 Kilometer entfernten Flottillenwerft von Daressalam zu schaffen. Ein tragisches Geschick fügte sich, daß der Liegeplatz der Königsberg im Rufidjifluß gerade an dem Tage von einem englischen Kreuzer, der Chatam, entdeckt wurde, als die reparierten Maschinenteile an Bord der Königsberg zurückgelangten und das im Rufidji liegende Schiff wieder fahrbereit gemacht werden konnte. Die Chatam war ein moderner Kreuzer von doppelter Gefechtsstärke wie die Königsberg, zu ihr gesellten sich alsbald drei weitere englische Kreuzer derselben Klasse. Bei einer ihrer Fahrten an der Küste entlang, war Chatam auch bis dicht an die Rufidjimündung herangekommen und hatte durch Bedrohung eingefangener Eingeborener den Liegeplatz der Königsberg in Erfahrung gebracht. Von einem gelandeten Boote der Chatam aus wurden dann auch die Masten der Königsberg über dem Mangrowenwald des Rufidjideltas entdeckt. Die hochwillkommene Nachricht von der Feststellung des Aufenthaltsortes der Königsberg, nach der seit langen Wochen eine große Anzahl englischer Kriegsschiffe fieberhaft gesucht hatte, um Rache zu nehmen für den Pegasus, wurde sofort in alle Welt gekabelt und gefunkt und rief wie die gleichzeitig eintreffende Nachricht von der Vernichtung der Emden bei den uns feindlich gesinnten Völkern und besonders in England jubelnde Freude wach. Hatten diese beiden Kreuzer, Emden und Königsberg, doch von Kriegsbeginn an den ganzen Überseehandel im Indischen Ozean gestört und nahezu lahmgelegt und verbunden mit der Versenkung zahlreicher Handelsschiffe und mehrfachen Angriffen auf feindliche Häfen dem Feinde unermeßlichen Schaden zugefügt. Wie hoch England diese Schädigung einschätzte, ist an dem enormen Aufgebot von Streitkräften zu erkennen, die im Indischen Ozean zur Beseitigung der beiden erfolgreichen deutschen Kreuzer zusammengezogen wurden und dadurch doch dem Hauptkriegsschauplatz in europäischen Gewässern entzogen werden mußten.

Nach dem Sichten der Königsberg im Rufidjiflusse ließ der Gegner auch nicht mehr von ihr ab, denn er verfügte in seinen modernen und kampfkräftigen Kreuzern über eine große Übermacht gegenüber der Königsberg, die er um so leichter zur Geltung bringen konnte, als die Fahrwassertiefen der Rufidjimündung es der Königsberg nur zur Zeit des höchsten Hochwassers, das nur alle vierzehn Tage bei Vollmond und bei Neumond eintrat, gestatteten, den Fluß zu verlassen. Die dem Rufidjidelta vorgelagerten Sandbänke versperrten zu den anderen Zeiten die Einfahrt in die schiffbaren Mündungsarme. Die Konzentration starker, der Königsberg dann stets um das vielfache überlegenen Streitkräfte fand denn auch zumeist nur zu den erwähnten Hochwasserzeiten statt. Aber auch zu den übrigen Zeiten lagen stets

Posten an der Rufidjimündung (DOA 1915)

mehrere Schiffe des Feindes vor der Rufidjimündung, um dieselbe zu blockieren und Zufuhren für die Königsberg über See zu verhindern.

Für die Besatzung der Königsberg bedeutete das nun folgende monatelange Liegen im Rufidjiflusse nichts weniger als eine Erholung, die Monate wurden vielmehr für sie zur einer schweren Leidenszeit. Die zahlreichen, unter sich durch Querarme verbundenen Flußarme des Rufidjideltas, deren Schlickufer bei Hochwasser überschwemmt, bei Niedrigwasser aber unter der sengenden Tropensonne trocken lagen, waren der ideale Brutplatz für die Malariamücken. Trotz bester sanitärer Vorbeugungsmaßnahmen an Bord unterlag die Tag und Nacht in schwerem Wachdienst angestrengte Besatzung doch allmählich der Infizierung durch die Anopheles und machte eine schwere Malaria-Epidemie durch. Zeitweise war über die Hälfte der Besatzung fieberkrank. In Reihen übereinander lagen die fiebergeschüttelten Menschen in den niedrigen Schiffsräumen, die durch die erbarmungslos auf das Schiff herniederbrennende Tropensonne überhitzt waren und durch die kein Luftzug zur Abkühlung strich. Trotzdem waren alle Mannschaften nur von dem einen Gedanken beseelt, so schnell wie möglich wieder auf ihren Posten zu kommen, wußten sie doch alle, daß die Gesunden den Dienst der Kranken mitmachen mußten, also doppelten Dienst hatten. Auch die Verpflegung der Besatzung machte zeitweise große Schwierigkeiten, bis auch hier der Gouverneur von Deutsch-Ostafrika, Dr. Schnee, helfend eingriff und die planmäßige Zusendung von Schlachtvieh aus dem Inneren des Landes für die Besatzung des Kreuzers genehmigte. Die Heizmaterialien zum Betriebe der für Beleuchtung, Funkentelegraphie und die dauernde Gefechtsbereitschaft nötigen Kessel wurden zur Ersparung der letzten an Bord befindlichen Kohlen von Land genommen, und zwar Mangrowenholz. Es steht wohl einzig da, daß ein Kriegsschiff neun Monate hindurch seine Schiffskessel, und zwar die empfindlichen Wasserrohrkessel ausschließlich mit Holz geheizt hat. Riesige Mengen dieses Holzes mußten deshalb dauernd an Bord genommen werden, was eine große Mehrarbeit für das Maschinenpersonal bedeutete. Ohne dieses Hilfsmittel wäre es auch nicht möglich gewesen, für die Besatzung das nötige Trink- und Waschwasser herzustellen.

Der Feind versuchte mit allen technischen Mitteln an die Königsberg heranzukommen, um sie zu vernichten. Ein an Bord der Königsberg aufgefangener Funkspruch der englischen Admiralität an die vor dem Rufidji liegenden Kreuzer enthielt den kategorischen Befehl: *»sink or destroy the Königsberg at any costs.«* Trotz der ungeheuren Mittel, die das britische Blockadegeschwader anwandte, um den Befehl auszuführen, währte es doch neun Monate, bis sie endlich das Ziel erreichten.

Von einer kleinen, großenteils aus Marine-Reservisten gebildeten Schutztruppen-Abteilung, die die Bewachung der Flußmündungen übernommen hatte, wurden alle Annäherungsversuche der Blockadeschiffe sofort der Königsberg gemeldet. Die Posten wurden mit Maschinengewehren und Bootsgeschützen der Königsberg ausgerüstet und schlugen alle Versuche der Gegner, mit Booten und kleinen Fahrzeugen in den Rufidjifluß einzudringen, jedesmal erfolgreich ab. Königsberg und die Posten an der Mündung waren daher das Ziel zahlreicher Beschießungen durch die Blockadeschiffe, die über viel schwerere und weitragendere Geschütze verfügten, als die Königsberg sie besaß. Sie waren auch das Ziel wiederholter Angriffe durch Flieger, von denen drei heruntergeschossen oder durch Havarien unbrauchbar wurden. Ein Versuch des Feindes, einen der Mündungsarme des Rufidji, in dem die Königsberg vermutet wurde, durch Versenken eines großen leeren Kohlendampfers zu sperren, um dadurch der Königsberg die Ausfahrt unmöglich zu machen, mißlang vollkommen. Obwohl der Dampfer bei der Einfahrt stark beschossen wurde, brachten die Engländer ihn doch in die Mündung hinein und versenkten ihn an der vorher bestimmten Stelle. Das Unternehmen war aber zwecklos, da der Flußarm an der Versenkungsstelle etwa einen Kilometer breit war, das Auslaufen der Königsberg wäre dadurch also nicht verhindert worden, wenn es überhaupt möglich gewesen wäre. Trotz dieses offensichtlichen Mißerfolges des ohne Zweifel kühnen Unternehmens meldete das Blockadegeschwader wider besseres Wissen an seine Admiralität: *Königsberg is bottled up.«* Die übrigen Angaben

Wrack S.M.S. »Königsberg« im Rufidji-Flusse

Bergen der Geschütze S.M.S. »Königsberg« (Rufidjifluß, DOA)

dieser Meldung, Königsberg läge auf einer Schlammbank im Rufidji, sie hätte einen Teil der Besatzung ausgeschifft, die an Land ein befestigtes Lager bezogen hätte, und anderes stimmte ebensowenig und sollte nur die immer nervöser werdende öffentliche Meinung in England beruhigen. Monatelang lagen nun auch schon zahlreiche englische Schiffe vor dem Rufidji und es wollte nicht gelingen, den deutschen Kreuzer unschädlich zu machen. Die Verluste der Schiffe bei den Bootsunternehmungen gegen die Rufidjimündungen, die durch Veröffentlichungen der Verlustlisten in der Heimat bekannt wurden, vermehrten die Unzufriedenheit in der Heimat sowohl wie an Bord der Blockadeschiffe selbst. Die letzteren hatten ja auch einen äußerst ermüdenden Dienst, wenn sie auch von Zeit zu Zeit abgelöst wurden. Zahlreiche Scheinmanöver seitens der Königsberg, die ein unmittelbar bevorstehendes Auslaufen derselben aus dem Rufidji vortäuschen sollten und besonders bei Nacht ausgeführt wurden, hielten das Geschwader in dauernder ermüdender Alarmbereitschaft.

Ein größeres, von den Engländern in neutralen Hoheitsgewässern völkerrechtswidrig aufgebrachtes deutsches Schiff »Adjutant«, das mit vier Geschützen armiert worden war und als Besatzung einen Teil der Pegasus-Mannschaft an Bord hatte, versuchte mit anderen Fahrzeugen zusammen eine gewaltsame Erkundung in den Rufidji hinein und wurde bei diesem Unternehmen durch ein Bootsgeschütz der Königsberg so schwer havariert, daß es manövrierunfähig wurde und in der Mündung des Rufidji strandete. Die nach dem Urteil des Kommandanten dieses Fahrzeuges überaus feige Besatzung hatte sich nach dem ersten Treffer, der das Schiff traf, verkrochen und »sei nicht mehr an die Geschütze zu prügeln gewesen«. Sie strich die Kriegsflagge, hißte die »weiße Flagge« und ergab sich; – das zweite Mal also auf diesem Kriegsschauplatze, daß ein englisches Schiff die Kriegsflagge im Gefecht strich!

Zu einem gewaltsamen Eindringen in den Rufidjifluß mit allen Streitkräften, um S.M.S. Königsberg im Nahkampfe niederzuringen, fühlten sich die Engländer erst Anfang Juli 1915 stark genug, als zwei mit 15-cm-Geschützen und Haubitzen armierte Panzerkanonenboote, die Monitore Mersey und Severn, aus England zur Bekämpfung der Königsberg herangezogen waren. Mit diesen für ihren Zweck vorzüglich geeigneten Fahrzeugen war das gegen Königsberg aufgebrachte Angriffsgeschwader auf die Stärke von 21 Schiffen mit einem Tonnengehalt von über 80 000 t Deplacement angewachsen, eine 20–30fache Übermacht gegenüber der Königsberg! – Mit der Führung dieser Streitmacht war der Vizeadmiral King Hall beauftragt worden.

Trotz dieser gewaltigen Übermacht gelang es dem Gegner doch erst nach zweimaligem Angriff, am 6. und 11. Juli 1915, den seit neun Monaten erstrebten Erfolg zu erzielen. Am ersten Kampftage, der eine achtstündige Beschießung der Königsberg brachte, konnte Königsberg sogar noch einen unbestreitbaren Erfolg gegen den Angreifer erringen, der in Stärke von 15 Schiffen und Fahrzeugen in den Rufidji eingedrungen war. Während Königsberg durch das Feuer der Gegner nur geringe Verluste und Beschädigungen erlitt, die die Gefechtsfähigkeit des Schiffes nicht beeinträchtigten, wurde der eine der beiden Monitore durch das Feuer der Königsberg so schwer beschädigt, daß er aus dem Rufidji herausgeschleppt werden mußte und in großer Gefahr sich befand, durch Explosion seiner Munitionskammern in die Luft zu fliegen. Die größte Gefahr lag für die Königsberg in dem großen Munitionsverbrauch während des nicht endenwollenden Gefechtes am ersten Kampftage, verfügte sie doch über keinerlei Munitionsreserve an Bord oder an Land. Am zweiten Kampftage nahm das gesamte Blockadegeschwader an der Unternehmung teil. Die Schiffe griffen dieses Mal mit Fliegerunterstützung wesentlich geschickter die Königsberg an, ihre Artillerie schoß sich dieses Mal schnell und gut ein. Nach nur zweistündigem Kampfe waren die sämtlichen Verteidigungsmöglichkeiten an Bord der Königsberg erschöpft, die Geschützbedienungen waren sämtlich gefallen oder schwer verwundet, ein Brand brach unter Deck aus und drohte die Munitionskammern zu ergreifen, so daß diese mit dem kleinen Rest der Munition unter Wasser gesetzt werden mußten. Mit dem letzten an Bord befindlichen Schrapnell wurde noch einer der feindlichen Flieger heruntergeschossen und stürzte in den Rufidjifluß. Der auf der Kommandobrücke mehrmals schwerverwundete Kommandant gab darauf den Befehl, den Rest der Besatzung auszuschiffen und das Schiff zu sprengen, um es nicht in Feindeshand fallen zu lassen, die Verwundeten und Toten wurden mitgenommen. Die Sprengung zweier Torpedos in den unteren Schiffsräumen riß den Schiffskörper auseinander, so daß es sofort versank. Bei Hochwasser ist der ganze Schiffskörper unter Wasser, so daß er nie von den Feinden geborgen werden kann; wenige Monate nach dem Untergange war das Wrack auch schon vollkommen verschlickt. Beim Untergange wehten Flagge und Wimpel, die erst niedergeholt wurden, als die feindlichen Schiffe sämtlich aus dem Rufidjiflusse ausgelaufen waren, sie hatten also nicht den Ruhm zu sehen, daß die deutsche Kriegsflagge niederging. Ganz unverständlich war es, daß sie sich dem untergehenden Schiffe nicht näherten, was sie auch später sehr bedauert haben sollen, denn durch Untersuchung des Schiffskörpers wurde am Tage nach dem Schlußkampfe festgestellt, daß alle Geschütze der Königsberg zwar schwer beschädigt, aber doch zu reparieren waren. Sie wurden deshalb auf Befehl des Kommandanten an Bord genommen und über Land nach Daressalam gebracht, wo sie instandgesetzt und für die Verwendung an Land vorbereitet wurden. Die Geschütze haben dann noch zwei Jahre – von Königsbergmannschaften bedient – an der Verteidigung von Deutsch-Ostafrika teilgenommen, die Munition für sie brachte ein aus der Heimat herausgesandtes Hilfsschiff nach Ostafrika. – Die Besatzung der Königsberg wurde nach Daressalam überführt, dort neu ausgerüstet und für den Buschkrieg ausgebildet. Vom Frühjahr 1916 ab hat sie dann noch ruhmvollen Anteil an dem zähen Verteidigungskampfe um unsere herrliche Kolonie Deutsch-Ostafrika gehabt.

Vom Wrack der Königsberg wurde noch alles irgendwie in der Kolonie Verwendbare herausgetaucht und an Land geborgen, so wurden z.B. Messing und Bronzeteile nach Tabora geschickt und dort zur Hartgeldprägung verwendet. Auch ein Ehrenstück wurde an Bord geborgen, die stets spiegelblank gehaltene Bronzetafel mit dem Taufspruch der Königsberg, unter dem sie am 15. Dezember 1905 auf der kaiserlichen Werft in Kiel vom Stapel gelaufen war, und nach dem die Besatzung zu handeln versucht hatte:

»Biet dem Feinde Trutz, – Sei dem Vaterlande Schutz,
Und treu bis zum Tod – in Kampf und in Not
Sei stets deiner Besatzung höchstes Gebot.«

Das Gefecht bei Narungombe am 19. Juli 1917

Erlebtes aus großen Tagen von Eberhard v. Lieberman

Es klingt ein Lied aus alten Tagen, das uns mit Bewunderung erfüllt, wie Männer gegen noch so große Überlegenheit ausgehalten haben. Wir siegen und zittern mit Hannibal und beweinen seinen unverschuldeten Untergang bei Zama. Wir werden als alte Soldaten still und hart vor der unbeugsamen Seele des Großen Friedrich in den Tagen von Bunzelwitz, als jeder Stern erloschen schien. Wir jubeln mit Gneisenau und Nettelbeck, da es klar wurde, daß jedes Durchhalten sich belohnt. All dies Große wird leben bleiben und sich wieder durchsetzen, mag die Welt noch so sehr verflachen und dem Dollar nachjagen. Hinter uns liegt der große Weltkrieg, versunken und vergessen ist so manche Tat. Ungern sprechen wir alten Soldaten von jenen Tagen, die unsere ganze Seele erfüllten, uns schliffen, und in deren Erinnerung wir immer wieder froh werden, weil wir uns sagen konnten: was in eines Menschen Kraft stand, haben wir getan. Mehr konnte die Front nicht leisten. Aber wenn wir davon sprechen – und es muß um der Toten willen immer und immer wieder der Nachwelt eingehämmert werden: »Kumbuke: erinnere Dich!« –, dann ist es nicht für die Alten, sondern für unsere Jungens, die einst alles wieder gutmachen sollen, was Dummheit und alte Erbfehler angerichtet haben. Mein fünfjähriger Junge hörte neulich von seiner Mutter, daß die Franzosen noch im Lande seien und daß sein Vater früher im Kriege war. Drauf kam prompt aus Kindermund die Frage an mich: »Warum hast du dann aufgehört, Krieg zu führen?« Ja, warum? Es gab da einen draußen in weiter Ferne, der diese Frage auch an die Heimat stellte, und mit Recht. Es war der General von Lettow-Vorbeck, der Sieger von Tanga, der bereit war, seine Truppe bis ans Ende der Welt zu führen, und auf diesem Vormarsch bereits in Nord-Rhodesien angelangt war, der alles verstand, nur eines nicht, »Ergeben, Waffenstrecken«, der jedem Vorschlag willig sein Ohr lieh, aber jeden nur groß ansah, dessen Vorschlag rückwärts deutete, ihn wortlos ansah, bis er in ein Nichts zusammensank und verschwand. Der Geist dieses Mannes war es, den mehr oder weniger jeder von uns verkörperte und der Leistungen erzielte, die wert sind, der Geschichte anzugehören. Der Geist hatte über die Zahl gesiegt. Die Überlegenheit an Gefechtsstärke war so erdrückend, daß militärische Berechnung vollständig schweigen mußte. Was wollen 6000 gegen 225 000! Was wollen rauchstarke 71er Gewehre gegen das Arsenal des Flandernkrieges! »Mord« sagten die einen, »Durchhalten« sagte der eine, dessen Geist maßgebend war. Und »Durchhalten« und »Ich gebe nicht nach« erfüllten meine ganze Seele, als ich am Tage von Narumgombe mit einer kleinen Schar von 850 Gewehren, 12 M.-G. und zwei portugiesischen Geschützen verantwortlich war für das Wohl und Wehe dieser meiner kleinen, aber tapferen Gesellschaft, für das Schicksal wichtiger Gebietsteile, letzten Endes mit verantwortlich für die Verteidigung der Kolonie Deutsch-Ostafrika.

Wir wollen gleich hineinspringen in die Truppeneinteilung, um uns die beiderseitige Stärke vor Augen zu führen:

Englische Streitkräfte:

Führer: General Beves.

Kolonne I: Colonel Orr.

8. Südafrikanisches Inf-Regt. (ohne zwei Komp.). Goldküsten-Regt.

33. Punjabis

2. Batl. II. Kings African Rifles.

27. Gebirgs-Batt.

Kolonne II: Colonel Ridgeway.

7. Südafrikanisches Inf.-Reg.

1. Batl. III. Kings African Rifles.

2. Batl. III. Kings African Rifles.

22. Gebirgs-Batt.

Kolonne III: Colonel Taylor.
8. Südafrikanisches Inf.-Reg. (2 Komp.).
3. Batl. III. Kings African Rifles.
40. Pathams (detachement).

Deutsche Streitkräfte:
Führer: Hauptmann von Lieberman.
I. Unterabtl.: Hauptmann Spangenberg.
6. Schützen-Komp.
Wangoni-Komp., Lt. z. S. Volkmar.
21. Feld-Komp., Lt. d. R. Bleeck.
II. Unterabtl.: Lt. d. R. Kempner.
11. Feld-Komp.
27. Feld-Komp., Lt. d. R. Wolfram.
IV. Batt. (2 port. Geschütze), Lt. d. R. Batzner
III. Unterabtl.: Oblt. z. S. Büchsel.
17. Feld-Komp.
14. Res.-Komp., Lt. d. R. Hausen.
IV. Unterabtl.: Oblt. d. R. Steinhäuser.
10. Feldkomp.
3. Schützen-Komp., Oblt.. Osmann.
10. Schützen-Komp., Oblt. d. R. Treuge.
Feldlazarett: St.-A. Dr. Weck.
Feldmagazin.
Truppenverbandplatz: St.-A. Dr. Vorwerk,
St.-A. Dr. Kudicke,
Ass-A. Dr. Hauer.

Ich kann vom Tage von Narungombe nur erzählen, wenn ich auch gleichzeitig dabei erwähne, wie es dazu kam.

Seit den Tagen der großen Regenzeit im April hatten sich Hauptmann Göring und ich mit unsern Abteilungen an der Lingaula-Front festgesetzt. Den Befehl Lettows, nach der Melodie vom alten Blücher: »Wo liegt Paris? Paris dahier! Den Finger drauf, das nehmen wir«, mit dem optimistischen beruhigenden Zusatz: »In Kilwa« – das in diesem Falle Paris darstellt – würden wohl nicht allzu viel Feinde sein«, hatten wir nicht ausführen können. Die Abteilung Göring wurde durch das Anschwellen des Lingaula-Baches mehrere Tage aufgehalten und hatte dann so viel Tamtam geschlagen, daß der Feind sich am anderen Ufer mit starken Kräften erwartungsvoll eingrub. Mit der offenen See und der Verbindung mit unsern erhofften U-Boot-Kreuzern war es also nichts. Nur auf der höchsten Spitze des Kimamba-Berges im luftigen Sitz eines hohen Baumes konnte man ein Stück blaue See eräugen und »Thalatta-thalatta« rufen. Auch die Abteilung Lieberman am linken Flügel der Ausstellung dieser deutschen Streitkräfte war nicht gerade sehr schweigsam vorgegangen. Meine 11. Feldkompanie, mit der ich zuerst allein ankam, erstürmte am 11. April das Wespennest Makangaga, wobei der tapfere Lt. Volkwein 10 Schritte vor dem feindlichen M.-G. schwer verwundet wurde. Aber wie so oft in Afrika, saß man nur nach dem Siege da und konnte nicht weiter, weil eben die rückwärtigen Verbindungen derartig schlecht waren, daß man wochenlang zu tun hatte, um Verwundetentransporte und Munitions-Ersatz in die Wege zu leiten. Da dazu Lettow uns nichts zu essen gab, sondern der Meinung war, der Feind müßte uns ernähren, so vergingen auch einige Tage mit der Lösung dieser Aufgabe. Hinzu kam, daß wir auch nicht die geringste Ähnlichkeit hatten mit der berühmten russischen Dampfwalze, sondern daß wir alle Unternehmungen auch trotz Beherzigung des schönen Sprichwortes: Frisch gewagt ist halb gewonnen, doch erst vorsichtig abtasten mußten; denn alle unseren Karten im Maßstab 1 : 1 000 000 sagten herzlich wenig, vor allen Dingen nie, ob wir Wasser und Verpflegung finden würden.

Bei einem Angriff kann man sich aber mit ernten nicht viel abgeben; daher vergingen gut acht Tage, in denen Aufklärung und Auffrischung der Kräfte die Zeit ausfüllten.

Nun das Land. Miombo-Wald, noch mal Miombo-Wald, dichter Busch und wieder Miombo-Wald. Die Gegend war zwar überall für Infanterie gangbar, doch vollständig unübersichtlich. Dazu stand jetzt in der Regenzeit im Walde das Gras hoch und machte den Aufklärungspatrouillen ihre Tätigkeit zur höchsten Anstrengung. Es gab kaum einen Europäer, der nicht nach einer Patrouille, manchmal schon während der Patrouille, mit Malaria zusammenklappte. In dieser Zeit sind auch Jagderfolge mäßig, da man im hohen Gras an das Wild nicht herankommt. Zahlreiche Elefanten bevölkerten die Gegend und wurden von Trägern und einzelnen Askaris doch so gefürchtet, daß nächtliche Meldungen, die man über die Melde-Linie nach hinten schickte, zwecklos waren, weil die Neger aus Angst vor diesen Tierchen und anderen Geistern und Dämonen, die es dort zahlreich geben sollte, ihren Auftrag doch nicht ausführten. Die Elefanten waren doch mal so unverschämt, den Engländern erfolgreiche Konkurrenz zu machen, indem dreißig dieser grauen Urwald-Tanks unsere auf dem Marsche befindliche 30. Feldkomp. restlos besiegten und mit lautem Trompeten »Halali« bliesen.

Wie traurig hatte sich doch die Jagd gestaltet. Man griff nicht mehr den Bullen an, um das schöne Elfenbein zu bekommen; nein, Fett hieß die Parole, und nochmals Fett, möglichst eimerweise, und das konnte nur eine dicke, wohlgenährte Mama aufweisen. Bereiteten doch Kenner aus verschiedenen Mischungen dieser Tiere Gänseschmalz!

Die Bodenform des Landes war Hügellandschaft, so wie die niedrigen Teile von Thüringen etwa; nur im Süden von uns erhoben sie sich zu einer Höhe von einigen hundert Metern, aber sehr steil, die Kiturikaberge, die sich gut etwa hundert Kilometer nach Süden hart nördlich Narumgombe erstreckten. Dornig, wasserlos, uninteressant.

Wie gesagt, auch die Abteilung Lieberman kam nicht nach Kilwa. Es wäre ihr ja dort wohl auch – mutterseelenallein, wie sie war – häßlich ergangen, denn mit zwei Kompanien inmitten einer feindlichen Division kommen doch gewisse Einsamkeitsregungen und man späht nach dem Nachbar, ob er nicht kommt.

Dafür tat der Feind uns den Gefallen und griff die Abteilung von Lieberman, 11. Feldkomp. und 17. Feldkomp., Oberlt. Büchsel, am 18. April im Dörfchen Lingaula an. Es war ein kleines nettes Gefecht, doch taktisch so interessant, wie es Gefechte dieser Art auf dem europäischen Kriegsschauplatz nicht geben konnte. »Räuber und Gendarm«, »Winnetou und Old Shatterhand« werden Waisenknaben.

Situation: Beide Kompanien lagern traulich auf den Hügeln südlich des Kleinen Lingaula-Flüßchens. Beide Kompanien haben jede eine starke Gefechtspatrouille, die elfte sogar von 50 Gewehren und einem M.-G. in die Welt entsandt, und ihre Rückkehr ist gar nicht abzusehen. Frühmorgens, wenn die Hähne krähen (das durften sie nicht, sondern erhielten sofort Arrest unter der Erde), wanderten unsere Träger ins Tal des Flusses vor die Stellungen, um die Getreidefelder abzuernten, ähnlich wie »Fritz« vor dem Durchbruch des Marschalls Foch in den Marnebogen hinein. Zum Schutz dieser durchaus friedfertigen Arbeit sollte ein Europäer mit einer Gruppe am Nordufer aufklären. Dieser Vorsichtskandidat hatte sich aber seitwärts in die Büsche eingeschlagen, und plötzlich platzt das britische Detachement der 40. Panthams, 8 Kompanien und eine Batterie auf unsere harmlosen Träger, die erschreckt nach rechts und links sich zur vollständigen Unsichtbarkeit verflüchtigen. Gleich darauf beginnt der Kampf.

Uns war nicht ganz wohl, da man im Busch-Krieg nie weiß, wen man vor sich hat und beim Engländer meist getrost annehmen kann, daß er einige tausend Streiter in Bewegung gesetzt hat. Die *ultima ratio regis* – des Verteidigers von Deutsch-Ostafrika – war aber nicht etwa die Kanone, sondern das Verschwinden im Busch. Heute konnten wir jedoch unsere Kolonnen nicht wegschicken, denn ohne Träger ist nichts, und der fechtende Askari kann nicht gut gleichzeitig schießen und einen Blechkoffer schleppen. Entbehren konnten wir den Kram auch nicht, denn Ersatz dafür mit Mutters nächstem Wäschepaket war nicht. Ich telefonierte also zu meinem Leidensgenossen Büchsel, »Wir siegen oder sterben bei unserem Blechkoffer!« Da man in Afrika zu damaliger Zeit nur Sympathien für die Flanken des Feindes hatte, denn irgendwo sind sie, und da muß man herum, so brauchte ich für das Zentrum meiner Völker nichts fürchten. Dieses Zentrum wurde in einer Ausdehnung von 500 Metern repräsentiert von einem M.-G. der 11. und Feldwebel Friebe mit 12 Revier-Kranken, die den Befehl erhielten, kolossal zu knallen. Den Rest der 11. schied ich aus als Abteilungs-Reserve.

Der Engländer murkste und erwischte bei einem Versuch östlicher Umfassung nur den zurückgebogenen rechten Flügel der 17., die im übrigen frontal hinhaltendes Gefecht führte. Weinend dachte ich an meine schönen Kampf-Patrouillen, die auswärtigen Dienst hatten. Hilfe von rechts und links war nicht zu erhoffen. Der Helio-(Göring, Kimamba-)Berg schwieg hartnäckig. Der Nordost-Monsun stand ab von dort, so daß Göring auch keinen Gefechtslärm hörte. In Makangaga hatte ich noch die 27. Feldkomp., und ein Bote dorthin ging ab. Vor Nachmittag 4 Uhr war aber auf Hilfe von dort nicht zu rechnen, und bis dahin konnten wir schon gewaltige Keile besehen haben. Jetzt würden die Lords wohl meine westliche Flanke besuchen.

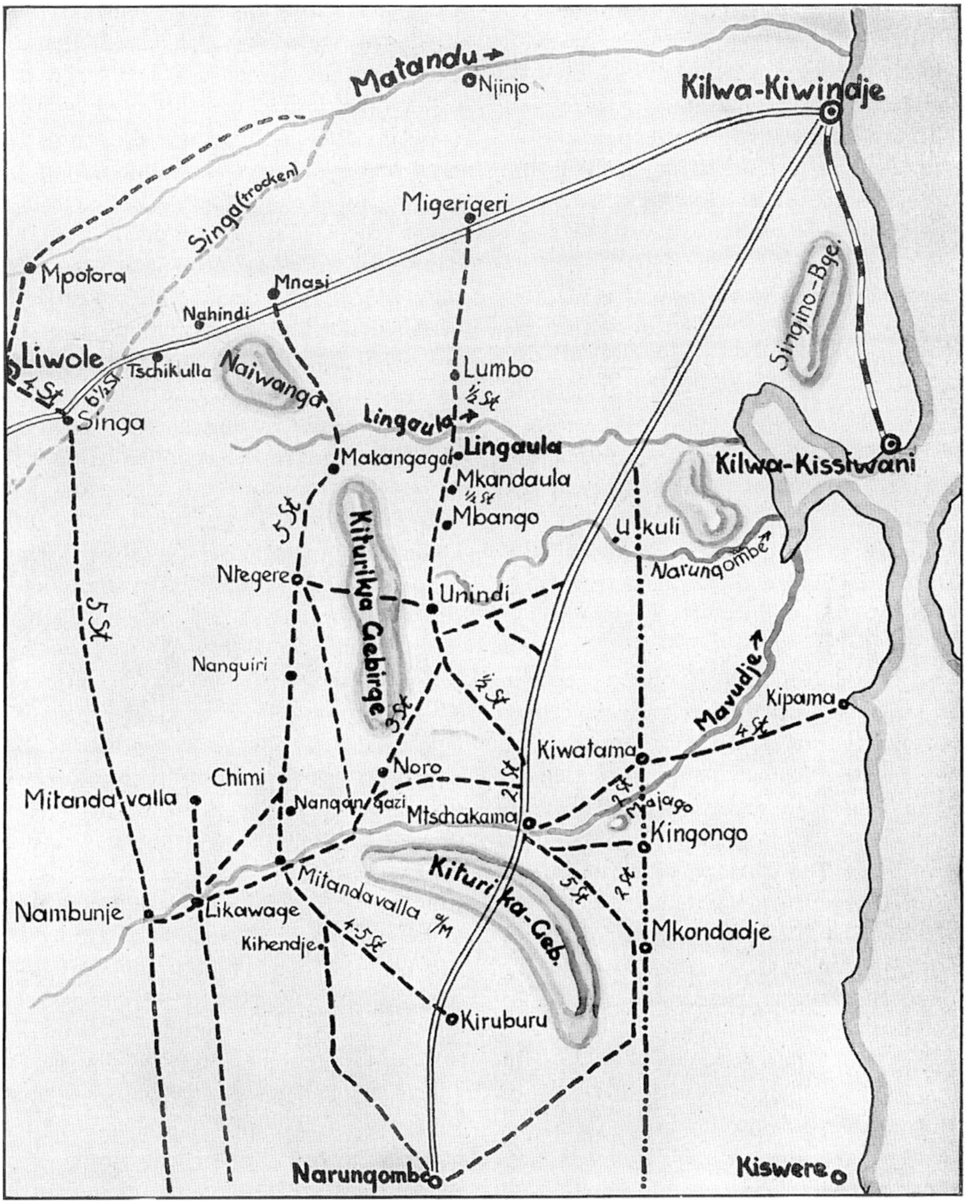

Da aber taucht plötzlich mit grasbedecktem Tropenhelm atemlos der Maat Heinrich der Kampfpatrouille Vizefeldwebel Stens der 11. Kompanie auf. Er war von unserer eigenen linken Feldwache gefangengenommen worden. Stens nämlich, seit Tagen im Busch, über die Lage unorientiert, hatte meinen Lagerrauch entdeckt, unser Lager für Feind gehalten und zur Aufklärung indianisch beschlichen. Hierzu Maat Heinrich mit zwei Askaris, der wie eine Schlange am Boden schleichend die Vorpostenlinie passierte und dabei gefaßt wurde. Horrido, das war Hilfe in der Not. Stens erhielt Befehl: »Um Gottes willen nicht zu uns kommen, sondern den Feind von draußen in Flanke und Rücken beunruhigen.« Vizefeldwebel Stens machte dies so ausgezeichnet, und ich hörte seinen Gefechtslärm den ganzen Tag über nordwestlich von uns, daß die Engländer nicht wußten, woran sie waren, ihre Reserven zurückhielten und über unsere Stärke vollständig im Dunkeln tappten.

Dazu wurde es auch noch wirklich dunkel,

denn um 11 Uhr setzte ein Wolkenbruch ein mit einer Stunde Dauer, wie ich ihn früher nur am Kilimandjaro erlebt hatte. Man sah nicht mal mit Schielen seine Nasenspitze, und es war jetzt für die Engländer der gegebene Moment, im hohen Gras mit dem Bajonett durchzubrechen. Beängstigend geradezu war die Lücke zwischen beiden Kompanien, 500 Meter breit, wo nur Meldegänger lebten.

Ähnlich Schauerliches müssen aber auch die Engländer uns zugetraut haben, denn auch diese verhielten sich mucksmäuschenstill. Nach dem Wolkenbruch freute sich jeder, daß der andere noch da war.

Es ist zwei Uhr. Bei Old-England drüben hört man Trompeten-Signale, deren Bedeutung man wie immer als irgendeine Raffiniertheit auslegt. Dabei bliesen diese harmlosen Leute in Wirklichkeit zum Rückzug. Gleichzeitig taucht wieder hinter mir als *Deus ex machina* der Vizefeldwebel Nottbohm der 17. Feldkompanie mit 30 Gewehren auf, den der Kanonendonner, wie jeden guten Soldaten, magnetisch angezogen hatte. Jetzt war das Schachbrett fertig besetzt. Büchsel meldete mir, daß die Gentlemen enorm viel Hängematten mit Verwundeten sehen ließen und meinte ganz richtig, daß, wenn wir zu einem ruhigen 5-Uhr-Tee kommen wollten, wir die Kerls hinüberwerfen müßten aufs andere Ufer. Also Gefechtsbefehl! 4 Uhr nachmittags mündlich durch Fernsprecher an Oberlt. Büchsel:

1. Feind ist im Rückzug begriffen.
2. Die Abteilung greift an.
3. Hierzu rückt die Sturmkolonne Büchsel (2 Züge 17. und Zug Weiß 11.) auf das nördliche Lingaula-Ufer und greift den Gegner in Flanke und Rücken an. Stens unterstützt die Umfassung von Westen. Die Mitte greift an, wenn die Umfassungen fühlbar werden.

gez. V. Lieberman.

Schriftlich an Vizefeldwebel Stens:

1. Nachrichten vom Feind.
2. Sturmkolonne Büchsel greift östlich umfassend an. Mitte folgt.
3. Zug Stens greift den Gegner westlich umfassend in Flanke und Rücken an.

gez. v. Lieberman.

Abteilungsreserve blieb Zug Nottbohm, der sich erst verpusten mußte. Drauf gings los, wie Zieten aus dem Busch. Lautlos im Gänsemarsch geht die Buschschlange Büchsel durch das hohe Gras bis ans Südofer des Lingaula und sieht mit Erstaunen, daß die harmlose Rinne ein Strom geworden ist, 2 Meter tief, 5 bis 6 Meter breit. Übergang unmöglich. Die Kolonne macht links um, ein Trompeter auf dem rechten, ein Trompeter auf dem linken Flügel, Seitengewehr pflanzt auf und mit »Hurra« fährts dem Feind ins Gebein. Eine Komp. *Kings African Rifles* (feindliche Flankendeckung) wird über den Haufen gerannt und dann das Afghanen-Regt. gefaßt. Sie wehrten sich verzweifelt, hatten sie doch die Aufgabe, den schwierigen Rückzug zu decken. Die engl. Maschinengewehr-Bedienung wehrte sich mit Handgranaten und mußte Mann für Mann niedergemacht werden; keiner ergab sich. Die engl. Artillerie schoß über Visier und Korn mit Kartätschen und verschwand dann spurlos. Die Geschütze waren in den Fluß geworfen worden.

Im Fluß standen Indiens Söhne mit hochgehobenen Armen bis zum Hals im Wasser und konnten nicht weiter. Büchsel fuhr unter sie wie Blücher an der Katzbach. Sie erlitten das gleiche Schicksal, denn der Verwundete ist für den Askari wertlos, der Gefangene sinnlos, der Tote dagegen hat unermeßliche Reichtümer an sich. Wehe dem Besiegten! Büchsel und Sehlke waren verwundet, Weiß schwer. Der Sieg war restlos, die Beute vier Maschinengewehre, 90 Gewehre, ungeheuer viel Telephondraht, für mich der Wäschesack des englischen Majors und ein sehr bequemer englischer Feldstuhl. Nach erbeutetem Whisky wagte ich nicht zu fragen, da es bei Sturmkolonne Büchsel vergeblich gewesen wäre.

Dann kamen die Monate Mai und Juni, wo die Regenzeit wieder aufhörte, das Gras gelb wurde und Wassermangel uns zwang, die Lingaula-Linie aufzugeben und uns weiter südlich bei Unindi zu konzentrieren. Hauptmann Göring war für seine Person weggegangen, Köhl war krank, bei Lindi wurde es unruhig, Lettow zog mit der Garde nach Süden, übergab mir die Abteilungen von Göring und Köhl und ließ uns im Norden sitzen.

Sowie aber der Engländer hörte, daß Lettow Interesse für Lindi zeigte, wurde er sofort äußerst zurückhaltend, denn es war gänzlich zwecklos, den alten Löwen anzugreifen. Mit den Jungen dachte er noch eher fertig zu werden. Aber auch diese wurden dem englischen Publikum erst schmackhaft gemacht, nachdem ein Captain Naumann und ein Captain Lieberman, Otto, Tafel, die englische Generäle zur Verzweiflung brachten, hätte schlecht geklungen. Daher wurden wir drüben zu Colonels befördert. Schade, daß sie uns nicht das Gehalt zahlten. Daher schaltete General von Deventer um und setzte seine Offensive gegen die Kilwa-Front an. Das ging nicht von heute auf morgen, sondern erst erschienen vier Dampferchen, schließlich waren es zwölf. Der feindliche Patrouillengang wurde stärker, war durchsetzt mit europäischen Truppen; wir fanden Meldungen, daß das Schanzzeug für das 7. Afrikanische Infanterie-Regiment angekommen war, und das 8. Regiment feierte ein Abschiedsfest in Durban und erklärte, daß es sich kolossal beeilen müßte, um zu dem Run gegen die Huns rechtzeitig einzutreffen. Das Kommando teilte uns mit, daß die 1. Division bei Mnasi und Migerigeri stände, forderte uns zur Konzentration der Kräfte auf und verlangte eine Beurteilung der Lage.

Kunststück, sich zu konzentrieren, wenn man 10 Kompanien hat und 150 km schützen soll, dabei keine Autos, um rechtzeitig Kräfte irgendwohin zu werfen. Von mir in Unindi bis zu den Flügelpostierungen rechts Kißwere am Ozean, links Mpotora waren es hin und zurück 6 Tage. Die 2000 Fordwagen machten es schneller. Es ist sehr bequem, sich vorher einen Schlachtplan zu machen, der so einfach klingt. Wir stehen mit 4 Kompanien und einer Batterie in Unindi. Mit 3 Kompanien Abteilung Spangenberg 3 km östlich bei Ukuli an der großen Straße Mtschakama –Kilwa; 3 Kompanien Oberleutnant Steinhäuser können wir nicht helfen, da es 9 Marschstunden sind über unwegsames Gebirge. Er muß sich allein helfen. Wir aber konzentrieren uns da, wo der Gegner angreift.

Erstens kommt es anders, zweitens als man denkt. Wir saßen und warteten. Es ist nicht schön, auf eine feindliche Offensive zu warten. Ich weiß dies von Kameraden aus Frankreich. Man wagt auch nicht recht starke Patrouillen fortzuschicken, da man jedes Gewehr im bevorstehenden Gefecht braucht.

Am 6. Juli 5 Uhr morgens greift der Feind die Feldwachen von Unindi und Ukuli gleichzeitig an, und bald darauf beide Fronten. Über uns amüsieren sich zwei Fronten. Über uns amüsieren sich zwei Flieger. Donnerwetter, wo bleibt da unser Plan? Wo ist nun der Hauptangriff und wo der Scheinangriff? Abwarten ist Nervenarbeit des Führers. Man soll sich nicht einbilden, daß das weniger aufregend ist als das Gefecht in Front. Außerdem war bei afrikanischen Gefechten, wo viele Helden auf beiden Seiten den Kopf wegsteckten und mit dem Gewehr in die Luft funkten, die Tiefenstreuung herrlich, groß und schön. Feindliche Artillerie, deren Zünder durch die Tropeneinflüsse nicht so sicher arbeiteten wie in der Heimat, mußten immer einen Sicherheitskoeffizienten zum Schutze ihrer eigenen Linien zugeben und schossen daher immer zu weit, d.h. beglückten die Abteilungsstäbe und Reserven.

Um 8 Uhr meldete Spangenberg aus Ukuli, er habe den Eindruck, daß der Feind bei ihm nur hinhaltend fechte. Büchsel in Unindi dagegen meldet durch Fernsprecher: Der Feind ziehe vor ihm nach links und bedrohe seine westliche Flanke. Er bäte um Bereitstellung von Unterstützung.

Entschluß: Unindi ist der für uns und auch für den Feind wichtigere Punkt, da er die größeren Wasserstellen hat; schon jetzt zeigt der Feind Interesse für Unindi. Auch ist er der Drehpunkt der Front für die Wege nach Mtschakama und Noro. Keineswegs dürfen wir uns zur Küste drücken lassen. Nun muß aber unser Entschluß frühzeitig gefaßt werden. Wir können nicht warten, bis die Abteilung Büchsel vorn womöglich zurückmuß. Also heißt es, Kräfte von Spangenberg zu uns herüberzuziehen. Diese brauchen zu ihrem Marsch quer durchs Pori in den Rücken des Feindes, der vor Büchsel ficht, gute 2 Stunden. Vor 11 Uhr mittags kann diese Umgehungsabteilung nicht eingreifen; also los!

Befehl schriftlich an Hauptmann Spangenberg: 8 Uhr 30 morgens:

Unterabteilung Büchsel wird westlich umgangen.

Hauptmann Spangenberg mit der 6. Schützenkompanie führt in Ukuli hinhaltendes Gefecht.

Unterabteilung Lt. d. R. Bleeck (W.-Kompanie, 21. Feldkompanie) rückt vor Ukuli quer durchs Pori nach NW. und greift den Gegner vor Büchsel östlich umfassend an.

Unterstützung durch hiesige Truppen durch westliche Umfassung ist beabsichtigt.

Im Falle eines Rückzuges geht Hauptmann Spangenberg auf Unindi zurück und beläßt auf der großen Straße nach Mtschakama eine Patrouille.

gez. v. Lieberman.

Nun hört die Arbeit des Führers für Stunden wieder auf. Die Abteilung, die man einmal in den Busch losgelassen, entzieht sich auf lange Zeit jeder Einmischung. Aber unsere Unterführer, geschult im Buschkrieg, handeln selbständig und ohne viel Worte bis zum Schlußakt des Tages, wohingegen die englischen Umgehungskolonnen nach Planquadraten angesetzt werden, und wenn sie im Planquadrat W 8 z. B. angekommen zu sein glauben (meistens waren sie natürlich ganz woanders), dann nahmen sie mit dem Headquarter erst die berühmte gute Kabelverbindung auf und holten sich neue Schlachtgedanken. Die englische Armee war tapfer, aber jung.

Bei Umfassungen ist nur das Ohr eingestellt, und man marschiert so lange im Busch, bis man den Gefechtslärm vollständig querab hat. Dann erst dreht man ein. Es bildete sich bei uns ein »sechster Sinn« heraus, »ob man nicht zu weit ging«. Bei manchen entstand auch ein siebenter; diese holten so weit aus, daß sie gar nicht wiederkamen. Und hinten sitzt der Führer des Ganzen und hört den Gefechtslärm vor sich. Zu sehen ist nichts. Ich zeichnete mir mit meinem Spazierstock Striche in den Boden in der Richtung, wo der Gefechtslärm der Flügel aufhörte. Man konnte dann schon rechtzeitig Reserven verschieben, ohne sie gleich einzusetzen, wenn das Gefecht nach der einen oder anderen Seite zunahm.

Die Uhr nähert sich der 12. Spangenberg mußte erst die Abteilung Bleeck aus der Gefechtslinie nehmen. Das nahm auch wieder eine Stunde in Anspruch. Aber jetzt muß jede Minute Bleeck eingreifen. Da, was ist das? Büchsel hört auf zu schießen. Jetzt ist es ganz still und die 17. Feldkompanie meldet: der Feind löst sich los und ist nach Norden verschwunden. Büchsel setzt keine Verfolgung an, da er dem Frieden nicht traut und folgt nur mit Patrouillen. Die Toten gehören dem Goldküsten-Regiment an, das unter Oberst Orr zuletzt in unserem alten Lingaula-Lager biwakierte. Bei Spangenberg dagegen nimmt der Gefechtslärm zu. Spangenberg meldet durch Meldegänger schriftlich.

»Ich bin aus meiner ersten Stellung herausgeworfen und in eine zweite zurückgegangen. Feind folgt. Ich brauche Munition.«

gez. Spangenberg.

Spangenberg probte hier schon sein Meisterstück von Kiruburu am 18. Juli: während er seinen Mittelzug zurückgehen ließ, machten beide Flügelzüge Offensiv-Flankenstöße. Der Feind wurde infolgedessen über die Stärke vollständig getäuscht. Rückzugsgefechte sind bekanntlich die schwersten, die es gibt.

Spangenberg bekam die letzte Reserve-Munition zugesandt. Was war nun zu tun? Der Feind hatte uns getäuscht. Der Angriff bei Büchsel war nur Camouflage, der Stoß ging auf Spangenberg.

Himmeldonnerwetter! Was nun tun? Vielleicht kommt das Goldküsten-Regiment aber doch wieder. Inzwischen meldete sich der Führer der Umgehungskolonne Leutnant Bleeck am Telephon Büchsel. Er hatte unterwegs den Gefechtsalarm verstummen gehört und, um keinen Luftstoß zu machen, sich an unsern rechten Flügel herangefühlt und seine Truppen zu weiterer Verwendung bereitgestellt. Alle drei Unterführer Kempner, Büchsel, Bleeck bestürmen mich, die Truppen bei Spangenberg zu konzentrieren und dort entscheidend zu fechten.

In diesen schweren Sekunden harter Abwägung kommt plötzlich vom westlichen Außenposten linker Flügel Büchsel die Meldung:

»Eine feindliche Inder-Kompanie marschiert 500 m westlich im Pori nach Süden.« Fünf Minuten später meldet Feldwebel Friebe der 11. Feldkompanie: »Zehn feindliche Inderkompanien marschieren westlich von uns im Pori nach Süden.«

Das also war des Pudels Kern. Wir hatten Front nach Norden. Es hieß also: den Kampf nach Westen aufzunehmen, um die Links-Umfassung zu parieren; dabei das Augenmerk doch noch weiter nach Norden zu haben, und außerdem Spangenberg mit seinen schwachen Kräften im Rücken zu belassen. Wieder Sekundenentschluß. Ich rufe noch dem zu seiner Kompanie laufenden Leutnant Kempner zu: »Feindlichen Vormarsch fesseln durch Feuereröffnung.« Mündlich an Leutnant Batzner: »Batterie eröffnet sofort das Feuer auf jedes lohnende Ziel.« Mündlich an Leutnant Wolfram: »27. Feld-Kompanie geht am Wege nach

Ntegere (Weg übers Gebirge zu Steinhäuser) mit der Front nach Westen in Stellung, nimmt Verbindung mit dem linken Flügel der 11. Feld-Kompanie und treibt Aufklärung nach Westen vor.« Telephonisch an Leutnant Bleeck: »Unterabteilung Bleeck (21. Und W-Kompanie) rücken sofort zu mir nach Unindi.« Telephonisch an Oberleutnant Büschel: »14. Reserve-Kompanie Leutnant Hausen rückt sofort zu mir nach Unindi. Die 17. Feld-Kompanie (Büschel) beläßt Postierungen in der Stellung, die nach Norden und nach Osten aufpassen, und geht auf den näher an Unindi liegenden Hügel zurück, so daß mit dem rechten Flügel der 11. Fühlung besteht.« Die drei in Unindi eintreffenden Kompanien werden südlich von Unindi unter Befehl von Leutnant Bleeck mit dem Gesicht nach W. bereitgestellt, und Aufklärung nach SW. befohlen. Der westlich und südwestlich gelegene Busch ist leider so maßlos dicht, daß dort ganze Divisionen des Feindes herumwursteln konnten, ohne daß wir es sahen. Der Igel hat sich aber zusammengerollt, und wenn Spangenberg im Rücken hält, wird die Sache gehen.

Der Feind läßt sich durch die Feuereröffnung anziehen und nimmt das Gefecht gegen die 11. auf. Er brachte so etwas merkwürdig Neues mit, was mächtig »bum« machte, keinen Abschuß hatte, kolossalen Dreck aufwarf, nicht traf, viel Blindgänger hatte und sich Minenwerfer nannte.

Es wurde nun 2 Uhr. Der Feind zeigte keine Neigung, weiter nach Süden zu umfassen. Spangenberg meldet: er könnte sich mit der ihm jetzt gelieferten Munition noch halten: »Kommt der Feind nicht, müssen wir zum Gegenangriff schreiten, nicht zu früh und nicht zu spät.«

Befehl mündlich an Leutnant Bleeck: »Unterabteilung Bleeck (W.-Kompanie, 21. Kompanie) umfaßt von Westen her feindliche westliche Flanke; Umgehung von Osten mit Büchsel zur Unterstützung ist beabsichtigt.« – Schriftlich an Leutnant Wolfram und Leutnant Kempner: »Wenn Umfassung Bleeck wirksam wird, wird Angriff durch 27. und 11. Feldkompanie vorgetragen. Umgehung östlich durch Büschel ist beabsichtigt.« – Es war ein großes Risiko, diese Truppen auf ungewisse Zeit in den Busch zu schicken; dann brach Spangenberg zusammen, so war meine Abteilung in die Winde zerstreut und Büchsel und Kempner kamen aus dem Kessel überhaupt nicht mehr heraus. Ich wartete bis 4 Uhr. Da hörte ich ganz entfernt im Westen und Nordwesten neuen Gefechtslärm. Bleeck faßt an. Ich kann nun nicht Meldung abwarten; das dauert zu lange. Soll man Büchsel schon einsetzen? Um 1/2 5 Uhr wird Spangenberg aus seiner Stellung herausgeworfen und geht in eine dritte Stellung, die nur noch 20 Minuten östlich von mir liegt. Das Strichfeuer geht bereits durch die Hütten von Unindi. Um 5 Uhr läßt der Lärm bei Spangenberg nach. Meine Rücken-Postierungen nach Mtschakama zu melden auch nichts. Also alles auf eine Karte gesetzt. Mündlich an Leutnant Hausen: »14. Reserve-Kompanie rückt wieder zu Büchsel. Abteilung Büchsel 17. Und 14. Reserve-Kompanie greifen den Gegner vor 11. Feld-Kompanie östlich umfassend an. Postierungen in der alten Stellung bleiben stehen.«

Bei mir blieb jetzt nur noch ein M.-G. mit einer Gruppe als Reserve für Spangenberg. Mein Befehl an Büchsel kreuzte sich mit einem Zettel von ihm, auf welchem er mir die Umfassung vorschlug. So, nun war alles verausgabt. Jetzt gab es nur noch Nervenarbeit und Warten.

Da kamen Verwundete mit Alarmnachrichten vom linken Flügel Bleeck. Dann eine Meldung von Leutnant Volkmar mit dem kurzen Inhalt: »Sturm 21. Feld-Kompanie gegen 8. Südafrikanisches Infanterie-Regiment mißglückt. Bleeck und 6 Europäer der 21. schwer verwundet. Ich sammle die Reste der 21. und bin in abwartende rückwärtige Stellung mit W.-Kompanie gegangen. Feind folgt.«

gez. Volkmar, Lt. z. S.

Gleich darauf wird der schwerverwundete Leutnant Bleeck mit Bauchschuß zu mir getragen, um mich zu orientieren. Er hatte große Schmerzen und fühlte wohl, daß es mit ihm zu Ende ging. Er beurteilte daher die Lage am linken Flügel noch pessimistischer als Volkmar. Acht Tage später standen wir an seinem Grabe. Ich konnte selbst nicht hineilen zum linken Flügel, denn jeden Augenblick konnten die wichtigsten Meldungen eintreffen. Der Rückzugsbefehl schien unvermeidlich (wollte man nicht noch mehr opfern) und reifte langsam in meinem Kopf. Als erstes setzte ich die Batterie in Bewegung nach Mtschakama. Batzner wollte Infanterieschutz haben. Ich antwortete: »Ist nicht, lieber Batzner, machen Sie, daß

Sie wegkommen.« Ich schrieb dann die Orientierung der Lage für Steinhäuser und Meldung ans Kommando. Von Büchsel war nichts zu hören.

Bei Spangenberg tobte der Kampf mit erneuter Heftigkeit fort. Da stand Ombascha Madeni auf, horchte nach Nordwesten und meldete kurz und sachlich: »Bwana Hauptmann, nassikia[1]) Sturmsignal, Bwana Oberleutnant Büchsel tajari!« – Tatsächlich, jetzt hörten auch wir anschwellendes Blasen, ganz entferntes Schießen im Rücken der Feinde und langsam anschwellendes Hurra-Rufen. Das feindliche Feuer hörte auf und eine Viertelstunde später, als der glühende Sonnenball im Westen versank, lag über der Landschaft tiefer Friede. Nur vereinzelt klangen von Spangenberg Schüsse herüber. Dann kamen die ersten Nachrichten. Sturmkolonne Büchsel hatte wieder, wie Zieten aus dem Busch, den feindlichen linken Flügel von hinten gefaßt und die ganze Gesellschaft so aufgerollt, daß der Sturm am rechten Flügel des Feindes dort zu stehen kam, wo die Verwundeten vom Sturm Bleeck lagen. Allzu schwer sind wohl die Verluste des Gegners nicht gewesen, denn er war mürbe durch Sonne und Durst und floh widerstandslos in regellosen Haufen nach Westen und Südwesten in das wasserlose Kiturika-Gebirge.

Es kamen ein: 4 M.-G's, zahlreiche Munition, 1 Dutzend weiße und 1 Dutzend schwarze Gefangene.

Die Nacht verging in Fröhlichkeit, aber in angestrengtem Arbeiten. Gefangenen-, Verwundeten- und Beute-Transporte gingen nach Süden ab. Ich muß hierbei noch eins erwähnen, was zur Hilfe des Sieges beitrug. Zu einem Sieg gehört immer dreierlei: Führung, eine gute Truppe und Glück. Auch das Glück hatte bei Unindi ein Wort mitzureden. Ad. 1 war die gesamte Feldartillerie des Gegners im dichten Busch hängengeblieben, obwohl ihr Eingreifen uns auch nicht sonderlich entmutigt hätte, aber das 8. Regiment hätte seine Flankierung wohl weiter durchgeführt. Ad. 2 erscheint weit hinter mir im Süden bis auf eine halbe Stunde Marsch-Entfernung ein feindliches Inderbaillion vor meinem Magazin Mtschakama und drohte, es wegzunehmen. Der dort stationierte Magazinverwalter schrieb darüber an mich eine Meldung, auf deren bedrohlichen Inhalt hin ich zweifellos Unindi geräumt hätte, wenn diese Meldung in meine Hände gekommen wäre. Der gute Mohr mit dem Liebesbrief am Stock sah aber die Knallerei in Unindi als für ihn zu gefährlich an, setzte sich in den Busch und hielt es für vorteilhafter, bis zum Abend zu warten. Nachts bekam ich dann noch eine Meldung von der in Mtschkama eingetroffenen Batterie, daß das Inder-Bataillon sich nicht weiter herangetraut habe, sondern nach Osten an die nahe Küste zurückmarschiert sei.

Der Morgen des 7. fand uns etwas übermüdet. Teile der Truppen und Träger suchten das gestrige Schlachtfeld ab. In der Nacht war Sanitäts-Vizefeldwebel Lange mit einer Sanitäts-Kolonne von fliehenden Scharen mitgenommen worden. Ich schrieb darüber einen Brief an die Engländer und sandte einen weißen Unteroffizier mit weißer Flagge ins Lingaula-Lager. Hauer sammelte englische Verwundete in der alten Büchsel-Stellung, darunter 2 schwerverwundete Captains. Die Maßnahmen für den Tag schrieb uns der Feind vor, denn wir waren froh, daß wir das Leben hatten. Da kommt die Meldung von Hauptmann Spangenberg: »Starke feindliche Schützenlinien, dahinter gehen Kolonnen auf der großen Straße Ukuli–Mtschakama in unserer rechten Flanke nach Süden vor.« – Gleich darauf gingen auch leichte Plänkeleien vor Spangenberg los. Der Ukuli-Gegner faßte also wieder an. Der Teutone Büchsel schlug mir vor, mit Front nach Osten die Gesellschaft in der Flanke anzugreifen. Der Plan hatte etwas Verlockendes. Ich mußte aber bei allem Kriegsglück an den Zustand der Truppe denken. Neue Munition war noch nicht herangekommen, die Sanitäts-Kolonne und die Hängematten für Verwundete vom Abtransport noch nicht zurück. Truppen ermüdet und *last not least* meldete mir Leutnant Wolfram, es steckten immer noch Teile des alten Gegners von gestern nordwestlich von uns im Busch. Diesen hätte ich also den Rücken zuwenden müssen.

Dieser drohenden Umklammerung wollte ich mich doch entziehen und beschloß, den Kampf weiter südlich an der Weggabelung Ukuli–Unindi–Mtschakama aufzunehmen. Der Abmarsch vollzog sich schnell und geräuschlos unter dem Schutz der tapferen 6. Schützenkompanie, und eine halbe Stunde später standen wir etwa 3 km tief gestaffelt mit der Front nach Norden zu er-

1) Ich höre.

neutem Kampf bereit. Noch nicht abtransportierte erbeutete Munition flog in Unindi in die Luft, dann lagerte brütende Mittagshitze über der Gegend, und alles wartete auf den Feind.

Nur der gute Hauer war restlos verlorengegangen. Er blieb bei den engl. Verwundeten, um diese an den engl. Arzt zu übergeben. Als er wegwollte, war Unindi vom Gegner besetzt, und die Engländer meinten im stillen für sich, daß er wohl zu viel gesehen hätte. Der Deutsche würde nun diesem Hauer den Tatbestand so etwa sagen: »Bürschchen, du bleibst hier bei uns und muckst dich nicht, bis wir es für richtig halten dich auszuliefern.« – Die Engländer verbanden ihm die Augen und sagten: er würde zu den Vorposten geführt. Dann gings im Auto los. Er wunderte sich schon, daß die Reise nach Norden ging; als man ihm die Binde abnahm, war er in Kilwa. Ich wartete an der Wegegabel bis 3 Uhr, und als die Gents nicht kamen, rückten wir ab nach Mtschakama, da wir ans Wasser mußten. Großes Interesse an einem Kampf in Mtschakama hatte ich nicht. Hinter der fechtenden Truppe lag die Brücke über den Mavudje und dann ging es steil herauf auf das Kiturika-Gebirge. Ich mußte also jetzt schon einen großen Teil der Truppen nach oben legen zur Batterie, hätte oben entscheidend fechten müssen und kein Wasser gehabt. Dazu fanden wir bei Unindi zwei Karten des Landes von Britischen Offizieren mit wichtigen Einzeichnungen, die beide starke Absichten zu einer Ausflankierung Mtschakamas zeigten, und weiterhin im Süden die Absicht aufwiesen, sich wiederum an der starken Wasserstelle von Narungombe zu vereinigen. Ging doch sogar auch vom Küstenpunkt Kißwere, der schon seit langem von einem Inder-Bataillon besetzt war, ein Vormarsch-Strich nach Westen in die Gegend des mittleren Mbemkuru. Narungombe war nach den mir von der Etappe gelieferten Nachrichten die letzte Wasserstelle für größere Truppenmengen nördlich von Mbenkuru, und dieser Fluß durfte nicht verlorengehen, lagen doch an seinem Oberlauf unsere Etappen und reiche Verpflegungsgebiete. Ich durfte es also nicht dazu kommen lassen, daß der Feind mir in meinem Rücken Narungombe wegnahm. Als daher im Westen Steinhäuser bei Ntegere angegriffen wurde, löste ich diese Abteilung auf, zog die 10. Feldkompanie heran und die 3. Schützenkompanie Oberleutnant Oßmann in die nähere linke Flanke. Nur die 10. Schützenkompanie Oberleutnant Treuge blieb am Feind und sollte später als die Kavallerie-Division der linken Flanke meine Fernaufklärung am Oberlauf des Mavudje durchführen und in jener Gegend nach dem oberen Mbemkuru zurückgehen. Vor dem wichtigen Punkt Kißwere, unserem taktischen rechten Flügel, lag seit Wochen Leutnant Meinecke und 30 Mann der W.-Kompanie.

Teile nach Narungombe vorauszusenden als Deckung hätte Zersplitterung bedeutet, und wenn wir uns zersplitterten und an jede Straße ein Häufchen hinstellten, wurde Lettow grob. Als daher Oßmann in meiner linken Flanke angegriffen wurde, rechts am Ozean der Patrouillengang des Feindes nach Süden stärker wurde, bauten wir kurzerhand ab, überschritten das Gebirge und lagerten südlich von ihm in Kiriburu an Bleecks Grab. Auch dies war keine Patent-Lösung. Denn das Gelände vor uns überhöhte die Stellung. Daher rückte das Gros am 16. Juli nach Narungombe, um diese Stellung zu heiterem Kriegstanz würdig vorzubereiten. Nur der Meister des Rückzugs-Gefechtes Hauptmann Spangenberg mit 6. Schützenkompanie, 27. Feldkompanie und W.-Kompanie blieb in Kiruburu mit der Weisung, den Feind aufzuhalten, um für den Ausbau in Narungombe Zeit zu gewinnen, aber nicht entscheidend zu fechten. Auch unsern Freund Hauer hatten wir nicht vergessen. Ich sandte Büchsel, dessen Auftreten mir Erfolg versprach, mit weißer Flagge und Brief an den General von Deventer herüber und ließ dem Inhalt entsprechend durch Büchsel mündlich bestellen, daß von jetzt ab englische Verwundete von uns nicht mehr abtransportiert würden. Wir hätten Leute und Material vom 6. lediglich im Interesse der Engländer verwandt und nicht zurückerhalten. Wir wären außerstande, weiteres Personal zu opfern und hätten auch keine Tragbahren mehr, um die englischen Verwundeten hinwegzutragen, sie würden verbunden im Pori liegenbleiben. Büchsel verstand die Sache noch recht anschaulich hinzustellen, indem er darauf hinwies, daß die Kampfplätze gewöhnlich tagelang leer blieben und ein Aufenthalt nachts im Pori für unbewaffnete Verwundete, in traulichem Zusammensein mit Löwen, Hyänen und Ameisen, nicht besonders angenehm sei. Der

Maschinengewehrstellung der Schutztruppe (DOA)

rechts und links zu flankierenden Angriffen an, um dann in eine weiter rückwärts liegende Stellung zurückzufallen. Dies wiederholte er fünf Mal, bis die Engländer ihn nachmittags um 5 Uhr in Ruhe ließen. Er rückte dann bei uns in Narungombe in die hinterste Reserve-Stellung.

Oberst von Lettow – mit der Abteilung Köhl, 6 Kompanien und der II. Batterie – war schon vor Tagen auf meine alarmierenden Nachrichten hin aus dem Lindi-Gebiet herauf nach Norden marschiert und hatte den unteren Mbemkuru überschritten. Er beabsichtigte in meinem Operationsgebiet helfend einzugreifen. In den letzten Tagen hatten wir aber nichts mehr vom Kommando gehört. Am 18. abends meldete sich bei mir als Verbindungspatrouille des Kommandos Unteroffizier Truppelt, um sich über die Lage zu orientieren. Am 19. früh wird 5 Uhr morgens die Feldwache angegriffen, und Patrouille Vizefeldwebel Kleine der 11. Kompanie meldet mir, daß der Feind rechts und links der Straße in starken Kolonnen marschiere. Gleichzeitig baut sich in diesem ungeeignetsten Moment Truppelt vor mir auf und will wissen, was er dem Obersten melden soll. Ja, was sollt' ich da nun sagen, früh um 5 Uhr? – Eine Begleitordonnanz des Kommandos wurde bereits bei uns verwundet. Ich sagte also: »Lieber Truppelt, vorn schießt es, und ich bin der Ansicht, daß der Feind angreifen wird. Was er nun wirklich unternimmt, kann ich jetzt unmöglich sagen. Machen Sie also, daß Sie fortkommen, um dem Kommando als Wegführer zu dienen.

Gleich darauf ärgerte ich mich über meine beiden Kanonen, die seit Unindi tatenlos im Busch faulenzten. Mit dem Hintergedanken, eine loszuwerden, gab ich Batzner den Befehl, ein Geschütz vorn in den M.-G.-Stand am linken Flügel der 11. Kompanie zu stellen. Diese Tat sollte belohnt werden; denn schon um 6.30 Uhr morgens setz-

Engländer erklärte wie immer *»I am so sorry«* und *»I will see.«*

Der 17. und 18. Juli wurde dazu benutzt, Narungombe stützpunktartig wie die Siegfriedstellung auszubauen. Südlich von Narungombe erstreckte sich ein ungeheures Dornenfeld, für Infanterie nur nach mühseliger Arbeit mit Beil und Seitengewehr durchschreitbar. Der nach Süden führende Weg bildete also eine Enge, und mit Engen im Rücken ist im Falle eines Rückzuges schlecht Kirschenessen. Dafür hatten wir aber den Vorteil, daß alle Umgehungen des Feindes im Dorn steckenbleiben mußten. Für die Reserven wurden zwei und drei Kilometer weiter südlich nach rechts und links Umgehungswege ein bis vier Meter breit geschlagen, an den Ausgängen Stützpunkt angelegt, um die taktische Ellbogenfreiheite sicherzustellen. In der Front lagen 10. rechts, 11. Feldkompanie links als Unterabteilung Steinhäuser. In Reserve bei mir Abteilung Büchsel, 17. und 14. Reserve-Kompanie. Da Büchsel Malaria hatte, führte ich die Reserve selbst.

Am 18. Juli wurde Spangenberg von Alt-England angegriffen. Er löste seine Aufgabe ausgezeichnet. Die Engländer tasteten seine Front ab, fühlten sich um die Flügel herum und setzten zu Umfassungen an. Jedes Mal, wenn es so weit war, zog er seine Frontkompanie zurück und setzte zur Entlastung seine beiden Reserve-Kompanien

te ein Sturm des 7. Südafrikanischen Infanterie-Regiments gegen den linken Flügel der 11. ein, während die 40. Pathams in der Front ein fabelhaftes M.-G- und Minenwerfer-Feuerwerk steigen ließen, so daß die 11. vollständig eingedeckt wurde. Hier am linken Flügel rasten sie aber in das M.-G.-Feuer von Friebe und Kleine, und Leutnant Batzner verschoß über Visier und Korn 50 Schrapnells und Granaten in die dichten Massen hinein. Den Sturm unterstützte die 14. Reserve-Kompanie Leutnant Hausen. Er erhielt von mir bereits 6 Uhr morgens den Befehl, sich am Stützpunkt Umgehungsweg 1 zu selbständigen Gegenangriff bereitzustellen. Er griff also selbständig das zurückflutende 7. Südafrikanische Infanterie-Regiment umfassend an, wurde aber im Gegenstoß überflügelt, mußte zurück und bat seinerseits um Unterstützung. Ich setzte daraufhin von ganz hinten über Umgehungsweg II die 27. Feld-Kompanie Leutnant Wolfram in Marsch. Ob der Stoß Hausen vielleicht verfrüht einsetzte, entzieht sich meiner Kenntnis, da ich die Beurteilung dieser kleinen Lagen meinen Unterführern überlassen mußte. Auch bei der 27. Feldkompanie ging die Sache nicht so, wie ich kalkulierte.

Ich war diesen Umgehungsweg II persönlich abgegangen, war gleichfalls wie der Arbeitstrupp auf eine Lichtung gekommen und glaubte auch am Nordrande des Dornfeldes zu stehen. Als jetzt die 27. Feldkompanie zum Angriff schreiten wollte, entdeckte sie, daß sie nicht am Ende des Dornfeldes stand, sondern nur eine Lichtung vor sich hatte, also noch mit Seitengewehr und Beil weiterarbeiten mußte, um der 14. zu Hilfe zu kommen. Inzwischen meldete mir etwa gegen 9 Uhr morgens Leutnant Hausen, er habe keine Munition mehr und die Stellung sei nicht zu halten.

Ich befahl zurück: »Stellung ist zu halten, 27. Feldkompanie muß jeden Moment eintreffen.«
gez. von Lieberman.

Inzwischen hatte die 11. Feldkompanie hart zu kämpfen. Kempner forderte immer mehr Munition an und die gesamte Reservemunition der Abteilung Spangenberg war bereits nach vorn verschwunden. Das Gras geriet in Brand, und die Stellung der 11. mußte zeitweise geräumt werden. Kempner bat um Entlastung auf den Flügeln. Ich sandte eine Brandmeldung um Hilfe auf dem Etappenweg an den Obersten v. Lettow. Gleichzeitig kam eine Meldung, worin wir das nächste Etappenschwein, den ich seit 8 Tagen darum gebeten hatte, mitteilte, es habe keine Munition.

Jetzt meldet Steinhäuser, der Feind ziehe sich vor ihm nach rechts. *Befehl mündlich an Leutnant Sehlke:*

»17. Feldkompanie entsendet einen Zug, der sich hinter dem rechten Flügel der 10. zu selbständigem Eingreifen bereitstellt. Die 17. mit den beiden anderen Zügen stellt sich am Ausgang Umgehungsweg III zu selbständigem umfassenden Eingreifen bereit. Aufklärung nach Norden und Nordosten ist vorzutreiben.« gez. von Lieberman.

Drei Kompanien der Reserve waren schon verbraucht und als Reserve noch die 6. Schützenkompanie und die W.-Kompanie vorhanden, die zum entscheidenden Gegenstoß am Nachmittag eingesetzt werden sollten.

Da brach plötzlich in dem die 11. zermürbenden Frontkampf deren rechter Flügel zusammen, da dort ein starker Sturm des 8. Südafrikanischen Infanterie-Regiments einsetzte. Das M.-G. Krause hatte im ungeeignetsten Moment Ladehemmung. Es wurde bei mir vorbeigetragen, und Gefreiter Noack meldete mir, der Feind sei zwischen 10. und 11. durchgebrochen. Befehl schriftlich an Oberleutnant Steinhäuser (10. Feldkompanie):

»Dirigieren Sie den hinter Ihrem rechten Flügel stehenden Zug der 17. Nach dem rechten Flügel der 11.«

Dann zog ich die 6. Schützenkompanie mit Spangenberg zu mir heran und setzte einen Zug der 6. gegen die bedrohte Stelle. Als nach einer Weile Stens vom rechten Flügel der 11. um Munition bat und meldete, Unterstützung sei nicht eingetroffen, wurde der 2. und dann auch der 3. Zug der 6. Schützenkompanie einzeln nach der bedrohten Stellung entsandt. Letzten Endes war nicht ein Reservezug bei Stens eingetroffen, sondern Stens, Krause und eine Handvoll Askaris hatten schließlich mit ihren Karabinern den Sturm, der bis in den eigenen Graben vorgedrungen war, erledigt. Die 6. Schützenkompanie hatte sich in den Linien der 10. zerstreut.

Auch der Druck Leutnant Sehlkes hatte sich fühlbar gemacht und die Aktion des 8. Südafrikanischen Infanterie-Regiments unterbrochen; denn als die Aufklärung der 17. keinen Feind vor sich fand, ging Sehlke selbständig zur Umfassung vor, zerstreute sich mit seinen Leuten ziemlich im Busch und stand plötzlich vor einem Talkessel, wo zwei intakte Kompanien des 8. Regiments in Reserve lagen und sich ihm ergaben. Noch während Sehlke mit den beiden Captains verhandelte, erkennen aber die Tommy's, daß Sehlke nur ein paar Mann bei sich hatte, und fangen wieder an zu schießen.

In demselben Augenblick erscheint Gott sei Dank ein M.-G. der 17., um den Kampf aufzunehmen, der natürlich für die beiden Kompanien, die geschlossen lagen, betrübend endete. Das Resultat war: 1 Major, 2 Captains, 1 Oberleutnant und 19 Europäer gefangen, dazu 4 M.-G. und zahlreiche Gewehre erbeutet. Sehlke hatte hier das Schicksal des Tages in der Hand; aber er war nicht Büchsel, der mir heute sehr fehlte. Ein späterer Gefechtsbericht der Engländer sagt, daß ihr linker Flügel vollständig geschlagen war. Sehlke bekam aber von den Gefangenen Aussagen, die dahin lauteten: Eine englische Brigade marschierte weiter östlich von uns im Busch, uns rechts umfassend, in unseren Rücken. Diese Situation erschien Sehlke zu bedenklich, um mit dem Feind im Rükken weiter vorzugehen. Er nahm die 17. zurück an den rechten Flügel der 10. und klärte nach NO. gegen die vermeintliche Brigade auf.

Wenn doch Lettow mit seinen guten sechs Kompanien käme! Seine Anmarschrichtung aus Südost war gerade die richtige, um dem Feind ein Cannä zu bereiten. Unglücklicherweise hatte der Verbindungsmann des Kommandos Unteroffizier Truppelt unterwegs im dichten Wald von dem Gefechtslärm nichts gehört und meldete 12 Uhr mittags beim Kommando eintreffend dem Oberst: bei Abteilung von Lieberman sei nichts los!

Diese stark optimistische Auffassung widerlegte erst nachmittags der von der Jagd heimkehrende Bur Niewenhuizen, der meldete, daß er bei Abteilung Lieberman 50 Detonationen gezählt hätte, und diese zweifellos in starkem Gefecht stände. Erst auf diese Nachricht hin marschierte der Kommandeur in Richtung zu uns ab, um leider erst abends um 9 Uhr in der Nähe einzutreffen.

Die 27. Feldkompanie, die wir zuletzt in Umgehungsweg II hatten steckenlassen, hatte sich über Mittag durchgehauen und entlastete durch gewaltigen Vorstoß die stark bedrängte 14. Reserve-Kompanie. Sie wurde aber durch frische Reserven des Feindes umfaßt, mußte am Nachmittag zurück, hatte starke Verluste und verlor ein M.-G.

Im Dornrand blieben beide Parteien stecken und kamen nicht weiter.

Bei mir im Abteilungsstand saßen 5 Uhr nachmittags die beiden Abteilungsführer Oberleutnant Steinhäuser und Hauptmann Spangenberg. Die Entscheidung mußte erzwungen werden. Die Aufklärung nach Nordosten hatte keine feindliche Umgehungsbrigade gefunden. Ich befahl daher mündlich an Oberleutnant Steinhäuser:

»17. Feldkompanie wird Ihnen unterstellt. 10. und 17. gehen östlich umfassend zum Angriff über.«

Mündlich an Hauptmann Spangenberg:

»Nehmen Sie die W.-Kompanie mit und übernehmen Sie den Befehl über die drei Kompanien des linken Flügels. Der Angriff ist vorzutragen.«

Die W.-Kompanie rückte auf Umgehungsweg I vor. Und dies war von mir falsch angeordnet. Sie hätte den Weg Wolfram nehmen müssen. Jetzt fand sie den ganzen Weg verstopft mit Verwundeten und flüchtigen Teilen des linken Flügels. Feindliches einsetzendes Speerfeuer demoralisierte die W.-Kompanie und schon nach kurzer Zeit kamen Teile von ihr an mir nach rückwärts vorbeimarschiert. Da kam zum Schluß noch gegen 6 Uhr abends ein letztes Désastre. Ein mit letzten Reserven ausgeführter englischer Angriff ging zwischen der 14. und 11. hindurch und warf den linken Flügel der 11.

Kempner meldete mir, daß er, wenn nicht sofort Hilfe käme, die Stellung räumen müßte. Vom rechten Flügel fehlten irgendwie ermutigende Nachrichten. Bei mir war nur noch die Batterie.

Ich befahl: »Feuerwerker Blum mit den Askaris der Batterie (lauter Rekruten) greift sofort bei der Durchbruchstelle im Gegenstoß an. Die Geschütze selbst unter Leutnant Batzner marschieren nach Süden ab.«

Befehl an Oberleutnant Steinhäuser schriftlich:

»Linker Flügel der 11. ist eingedrückt. Vorwärtsbewegung des rechten Flügels einstellen. Die drei Züge der 6. Schützenkompanie und ein Zug der 17. greifen an der Durchbruchstelle sofort zum Gegenstoß an.

gez. von Lieberman.«

Während die Leutchen sich den ganzen Tag über reichlich oft verlaufen hatten, gelang hier der Einsatz überraschend. Voran der Rekrutenzug Feuerwerker Blum, stürmten fünf Züge unter brausendem Hurra erneut in den Feind und brachen die letzte Stoßkraft des Gegners. Der tapfere Blum fiel dabei.

Und als die Sonne gesunken war, die dunkle Tropennacht alles Kriegselend verhüllte, da herrschte durchaus Siegesstimmung unter den Askaris, vor allen Dingen bei der tapferen 11., die den ganzen Tag über unter ihrem Führer Kempner die Hauptarbeit geleistet hatte.

Unsere Verluste waren stark, aber die Trauer darüber wurde durch das Gefühl der unbedingten Überlegenheit unterdrückt. Meine einzige Sorge war der Munitionsersatz. Als ich mit den Unterführern um 9 Uhr abends bei einer guten englischen Zigarre die Tagesereignisse besprach und mit den Kampfgenossen erwog, was zu tun sei, kam eine Meldung von der Etappe, die nächste Munition läge 8 Tage weit weg in Nangano am oberen Mbemkuru. »Nee, mein lieber Deininger, Munitionsreferent beim Kommando, von nichts ist nichts. Schließlich können wir nicht gegen die Engländer mit dem Flitzbogen schießen oder mit Steinen schmeißen.« Die geringe eroberte Munition des Feindes kam nur einigen englischen Gewehren zugute, nicht aber den deutschen M.-Gs.

Die Abteilungsführer meldeten mir dienstlich, daß sie pro Gewehr noch 25 Patronen hätten. Damit konnten wir am nächsten Tage nichts anfangen. Das hieße am nächsten Tage schon gegen 11 Uhr vormittags bei vollster Kenntnis des Feindes über unsere Stellung den Rückweg durch die Enge antreten. Die Meldungen vom Feind besagten, daß er schanze und Verpflegung ausgebe. Und so beschlossen wir nicht etwa einen moralischen Rückzug, wie es die Engländer schreiben, sondern ein Verlegen der Stellung nach Mihambia, um dem Engländer eine neue Situation zu bereiten. – Daher rückte das Gros um 9 Uhr abends ab und nur Abteilung Steinhäuser blieb am Feind, um Beerdigung und Verwundetentransport sicherzustellen.

Wir hatten zwar gesiegt, aber leider verbirgt der Busch zu viel, und wir wußten am Abend nicht, daß bei den Engländern eine Katastrophe eingetreten war. Ihre Teile waren in vollster Auflösung im Abmarsch über das Gebirge nach Mtschakama. Ihre Verluste waren so riesengroß, daß General van Deventer auf mehrere Monate die Offensive einstellen mußte. Das 8. Südafrikanische Regiment wurde wegen schlechten Verhaltens vor dem Feind nach Südafrika zurückgesandt.

Kaum waren wir fort, so erschien bei Steinhäuser, Leutnant Braul, Ordonnanzoffizier von Lettow, um sich über die Lage zu orientieren. Der Kommandeur läge mit seiner Stoßtruppe (Abteilung Koehl) zwei Stunden entfernt und wollte wissen, wo er am Morgen des 20. Juli zweckmäßig eingreifen könnte. Da wurde nun Steinhäuser wütend und erklärte, jetzt sei es zu spät, das Gros sei weg und er hätte auch Befehl abzumarschieren.

Ich erlebte noch ein kurzes Intermezzo beim Vorbeimarsch am Verbandsplatz, denn ich hatte befohlen, daß gemäß dem Schreiben an General van Deventer die englischen Verwundeten verbunden, aber waffenlos im Busch zurückbleiben. Der englische Major ließ mich holen und machte mir Vorhaltungen. Ich verwies ihn aber auf den Brief, nannte ihm eindringlichst die Namen Hauer und Lange, erklärte: »I am so sorry« und sagte »Good evening.«

Als nach 24 Stunden eine deutsche Patrouille nach den Verwundeten sah, lagen die armen Teufel immer noch im Busch und kein Engländer ließ sich sehen. Der deutsche Unteroffizier ließ dann in der englischen Stellung eine Benachrichtigung liegen und gab bei den Verwundeten eine Reihe von Alarmschüssen ab. Als dann eine englische Patrouille nahte, verschwand die unsrige. Die Huns waren also mal wieder gutmütig gewesen.

Jedenfalls genügte dies Experiment, um zu erreichen, daß Hauer samt Parlamentär und Sanitätskolonne schön versehen mit Rotwein, Kakao und anderen sagenhaften Herrlichkeiten nach 8 Tagen bei uns einmarschierte.

In seinem Buch »Kumbuke« erzählt er, was er im Hintergrunde der Tage von Narungombe sah, – und das war nichts Erfreuliches für die Engländer.

Die letzten Kämpfe der Westtruppen bei Mahenge und ihr Marsch zum Rovuma

Von Theodor Tafel

Während im zweiten Halbjahr 1917 General von Lettow mit dem größten Teil der Schutztruppe im Kilwa- und Lindibezirk sich der Hauptkräfte des Gegners zu erwehren hatte, befanden sich weit im Binnenland, im Mahenbezirk, noch die »Westtruppen«, deren Gesamtstärke schließlich auf 14 Kompanien angewachsen war. Sie standen seit Mai 1917 unter dem Befehl des Hauptmanns Tafel, der als »Westbefehlshaber« sein Stabsquartier in Mahenge selbst hatte, als dem zentralen Punkte des Operationsgebietes. Das Plateau und Bergland um den genannten Ort herum sowie die nördlich vorgelagerten Niederungen des oberen Rufidji und seiner Zuflüsse waren fruchtbare Landschaften, aus denen die gesamte Verpflegung beschafft werden mußte; östlich und südlich Mahenge erstreckte sich ein ungeheures Trockenwaldgebiet – Pori –, aus dem nichts zu holen war. Die Verteilung unserer Streitkräfte zu Beginn des Sommerfeldzuges geht aus anliegender Karte hervor; das zu deckende Gebiet war etwa so groß wie (das rechtsrheinische) Bayern. Unsere Gesamtstärke hat 2500 Gewehre nie überschritten; gegen dieses Häuflein bot der Feind etwa 4 bis 5 Brigaden auf, bestehend aus schwarzen und indischen Truppen mit einzelnen Abteilungen von Südafrikanern.

Mit dem Aufhören der Regenzeit, Juli 1917, begann er seinen konzentrischen Vormarsch auf allen Fronten; besonders energisch zeigte er sich im Norden gegenüber der Abteilung des Korv.-Kapitän Schoenfeld, wo eine belgische Kolonne von 6 Bataillonen berüchtigter Kongoneger zu den bereits vorhandenen Kräften hinzukam. Es würde zu weit führen, auf die einzelnen Kämpfe einzugehen; fast kein Tag verging ohne Zusammenstöße. Es war wie überall in diesem kolonialen Kriege dasselbe Bild: schwache deutsche Abteilungen in riesenhafter Frontausdehnung, ohne Reserven hinter sich, gegenüber einem mit immer wieder frischen Kräften und an neuen Punkten auftauchendem Feind, versehen mit allen modernsten Kampfmitteln, während es bei uns am Nötigsten fehlte. Besonders drückend machte sich der ständige Munitionsmangel fühlbar, der eine zweckmäßige Ausnutzung gerade unserer wirksamsten Waffe, der Maschinengewehre, ausschloß. Am besten waren noch die Gewehre Modell 71 mit Munition versehen; da sie aber mit rauchstarkem Pulver schossen, so war der zugehörige Schütze im Gefecht ein dankbares Ziel für einen Gegner, der sich jede Munitionsverschwendung leisten konnte. Unsere Truppe war daher in allen ihren Teilen nur schwer zum Einsatz dieser veralteten Waffen zu bringen, solange ihnen bessere zur Verfügung standen. Man darf dabei nicht vergessen, daß die Westtruppen zum größeren Teil aus jungen Kompanien bestanden, mit einem sehr geringen Stamm alter Askari; ihnen fehlten die Disziplin, Ausbildung und Erfahrung unserer kampferprobten alten Formationen.

Schritt für Schritt nur wurde dem übermächtigen Gegner das Gelände preisgegeben, aber doch trat allmählich an die Leitung die Notwendigkeit heran, sich zu entscheiden, was zu tun sei, wenn der Feind von allen Seiten so nah herangekommen sein würde, daß er den Ring um das eigentliche Mahengeplateau schließen könne. Verpflegung war bis zum Dezember vorhanden, wenn auch zum Teil noch auf dem Halm. War sie aufgezehrt, so war in weitestem Umkreise nichts mehr zu finden, denn auch der Feind konnte jetzt schon nicht mehr aus dem Lande leben und mußte mit einem Riesenaufwand von Transportmitteln alles von seinen weitentlegenen Hauptetappen herbeischaffen. Mit dem letzten Sack Verpflegung fand unser Widerstand sein

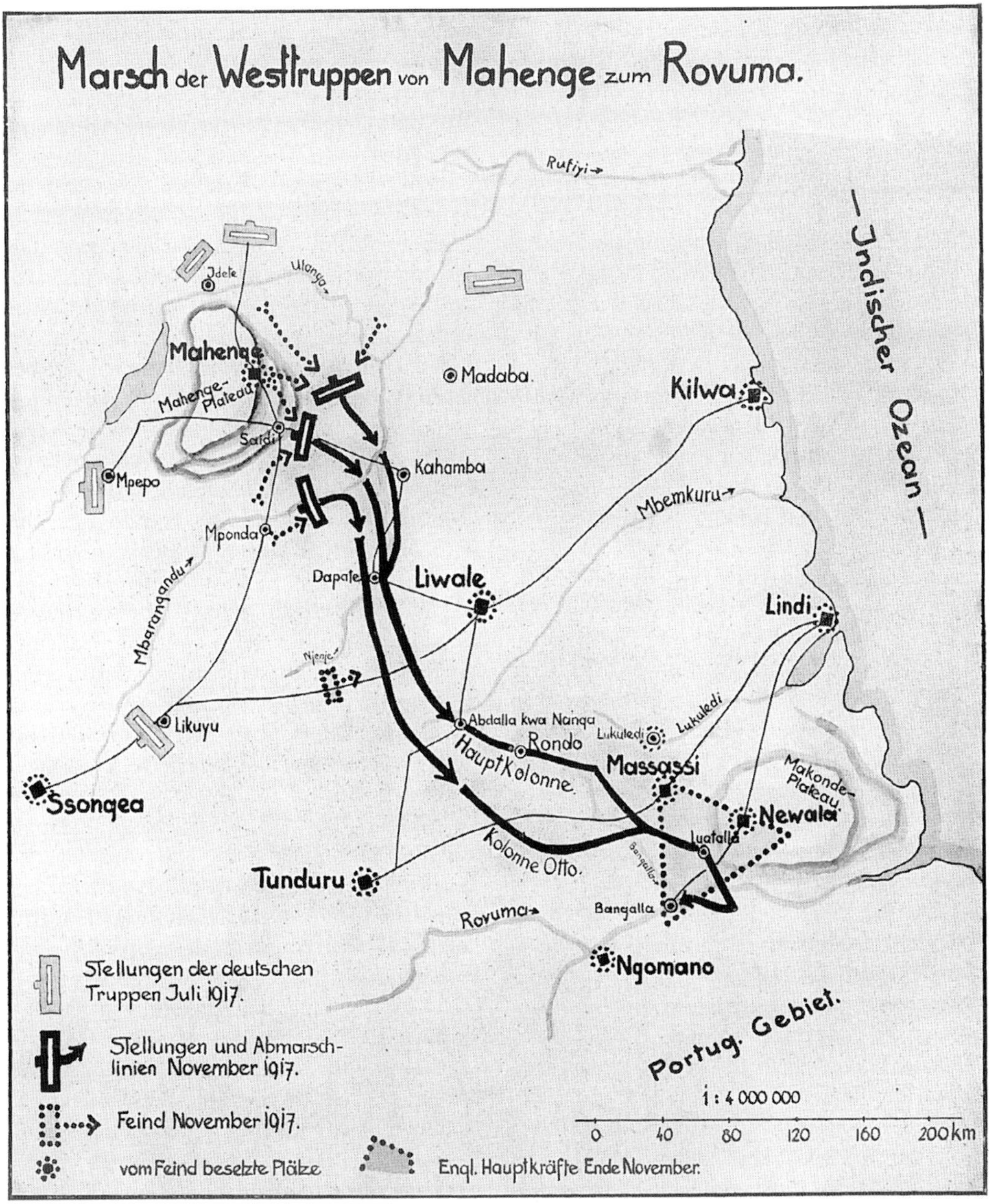
Marsch der Westtruppen von Mahenge zum Rovuma.
Rufiyi
Ulanga
Idete
Mahenge
Mahenge-Plateau
Madaba
Kilwa
Indischer Ozean
Saidi
Mpepo
Kahamba
Mbemkuru
Mponda
Mbarangandu
Dapate
Liwale
Lindi
Njenje
Likuyu
Abdalla kwa Nanga
Rondo
Lukuledi
Lukuledi
Hauptkolonne.
Massassi
Makonde-Plateau
Ssongea
Newala
Luatalla
Kolonne Otto.
Bangalla
Tunduru
Rovuma
Bangalla
Ngomano
Stellungen der deutschen Truppen Juli 1917.
Portug. Gebiet.
Stellungen und Abmarschlinien November 1917.
1 : 4 000 000
Feind November 1917.
0
40
80
120
160
200km
vom Feind besetzte Plätze
Engl. Hauptkräfte Ende November.

natürliches Ende. Man mußte also vorher durchbrechen; das Naheliegendste war, den Anschluß an die Hauptkräfte im Südosten zu suchen, von denen verlautete, daß sie über große Verpflegungsbestände verfügten. Man durfte also Mahenge nicht bis zum Äußersten halten; es wurde aber erst geräumt, als der Feind bereits an mehreren Punkten das Plateau erstiegen hatte. Das war am 9. Oktober 1917. Gleichzeitig wurde die Verbindung mit den Truppen des Generals v. Lettow endgültig unterbrochen. Die Armee des Südafrikaner-Generals von Deventer hatte sich zwischen die beiden deutschen Gruppen geschoben. Im Laufe des September und Oktober wurden unsere bisherigen Etappenorte Liwale, Tunduru und viele kleinere andere vom Feinde besetzt und uns damit der letzte Rückhalt in deren Gebiete genommen. Vom Kommando war als letzte Nachricht der Befehl eingegangen: »Haltet Euch so lange wie möglich und marschiert dann zum Kommando; die Osttruppen stehen z. Z. zwischen dem Mbemkuru und Lukuledi!«

Der Zeitpunkt zum Abzug war für uns gegeben, wenn die Verpflegungsbestände bis auf die Menge herabgemindert waren, welche die Truppe mit sich führen konnte, also Anfang November. Große Sorge machte der Umstand, daß zwischen uns und dem Kommando ein fast völlig unbewohntes, verpflegungsloses und – was das Schlimmste war – wasserarmes Land lag, in einer Ausdehnung, die etwa der Entfernung von Berlin bis Nürnberg entsprach; ein Gebiet, in welchem zudem alle wichtigen Punkte in Feindeshand waren. Das vorhandene Kartenmaterial war äußerst unzulänglich; Ortskundige hatte man nicht; noch niemand von der Truppe war je in dem fraglichen Gebiet gewesen.

Und doch mußte der Marsch unternommen werden, die Lage gebot es und der klare Befehl des Kommandos auch. Es bedurfte dazu umfangreicher Vorbereitungen, die aber selbst der eigenen Truppe geheim bleiben mußten, denn sonst hätte auch der Feind bald gewußt, um was es sich handelte. Mit einem Handstreich gegen unsere fast ungeschützten Magazine hätte er dann das ganze Unternehmen im Keime erstikken können.

In der Gegend von Kahamba, östlich des Njenjeflusses, wurden die Bestände aufgehäuft, die als Marschverpflegung zu dienen hatten. War es dann soweit, dann sollten sich sämtliche Abteilungen gleichzeitig vom Feinde loslösen, in Eilmärschen nach Gegend Kahamba kommen, die Vorräte aufnehmen und so schnell wie möglich weiterziehen. Die Landschaft war dort so dünn bevölkert und unwirtlich, daß ihr der Gegner glücklicherweise keinerlei Beachtung schenkte. Aber trotz alledem gab es zahllose Hemmungen zu überwinden. Daß alles schließlich planmäßig klappte, war hauptsächlich das Verdienst des Hauptmanns v. Brandis, der die Geschäfte der Intendantur führte. Seine Umsicht und Energie fanden wie überall so auch in diesen schwierigen Verhältnissen immer wieder Mittel und Wege, um all der Schwierigkeiten Herr zu werden.

Nur leistungsfähige Leute konnten auf den wochenlangen Gewaltmarsch mitgenommen werden; so hart es für den Führer wie für die Betroffenen war, mußten etwa die Hälfte aller Europäer und ein Drittel der Askari dem Feinde überlassen werden, um die Truppe nicht von vornherein mit Schonungsbedürftigen zu belasten.

Nach der Besetzung von Mahenge war der Feind nur langsam gefolgt; er mußte erst seinen Nachschub völlig neu organisieren; in den ersten Tagen des November begann er wieder energischer vorzurücken. Aber am 6. fand er alle deutschen Stellungen verlassen; unsere Abteilungen waren in Richtung Kahamba–Dapate abgezogen, an welchen Orten sie in den folgenden Tagen eintrafen. Bis Dapate waren die äußersten Magazine vorgeschoben, hier wurden die Bestände den Truppen vollends übergeben und ohne Aufenthalt ging's weiter in südsüdöstlicher Richtung. Für eine Gesamtstärke von 4500 Köpfen waren pro Mann und Tag je 600 Gramm an kochfertiger Verpflegung, bestehend aus Reis und Mehl, bereitgestellt; insgesamt etwa 40 000 Kilogramm. Es war eine große Leistung, diese Menge im Handbetrieb gebrauchsfertig gemacht zu haben, den nebenher hatte die Intendantur während des ganzen vorhergehenden Monats die Gesamtheit vollständig nur aus Magazinen verpflegen müssen, wobei die Truppe selbst in ständiger Bewegung und alle Wege mehr oder weniger vom Feinde bedroht waren.

Die Truppe zählte etwa 150 Europäer, 1500

Askari, 2300 Träger, 550 Boys, Askarifrauen und Kinder. Die hohe Trägerzahl erklärt sich einesteils dadurch, daß das gesamte Kriegsmaterial mit allen Beständen an Munition, Sanitätsausrüstung und Sonstigem mitgeführt werden mußte, andererseits aus der Notwendigkeit, die Verpflegung in Lasten mitzunehmen, statt sie dem Einzelnen aufzupacken. So war eine strenge Kontrolle über den Verbrauch möglich; anders wären die Bestände viel zu schnell aufgezehrt gewesen, denn die Truppe war zu wenig geschult im Haushalten auf langen Hungerstrecken.

Da man so viele Menschen nicht auf einem Wege – was man in Innerafrika unter »Wegen« versteht, ist dem Leser wohl schon bekannt – gehen lassen konnte, so wurden zunächst drei Kolonnen gebildet. Eine unter Hauptmann Otto, 5 Kompanien stark, am weitesten westlich; eine unter Korvetten-Kapitän Schoenfeld, 4 Kompanien, östlich; und eine unter Hauptmann Tafel, 4 Kompanien und die Hauptträgerkolonnen, in der Mitte. Die Geländeverhältnisse brachten es jedoch bald mit sich, daß die beiden letztgenannten Abteilungen zusammenblieben.

Jeden Morgen wurde im Tagesgrauen abmarschiert ins Ungewisse hinein, mit der stetigen bangen Frage, wo werden wir heute Wasser finden? Da man solches nicht gerade erwarten durfte, wo die Ereignisse oder der hereinbrechende Abend zum Lagern zwingen würden, so mußte man den ganzen Tag über darauf bedacht sein, jede, auch die kleinste Wasserquelle zur Versorgung auszunützen. Wer die Eingeborenenbrunnen kennt, der weiß, daß es sich zumeist nur um wenig tiefgeschürfte Erdlöcher handelt, in denen sich ein wenig Wasser ansammelt, um ganz langsam nachzusickern, wenn es einmal ausgeschöpft ist. Diese Art der Wasserbeschaffung war sehr zeitraubend und hatte zur Folge, daß die Truppe den ganzen Tag auf den Beinen war, ohne daß die zurückgelegte Gesamtstrecke dem Aufwand an Zeit und Kraft entsprochen hätte. Und doch zehrte auch der geringste Aufenthalt an unseren Verpflegungsbeständen und damit an unserer Lebensdauer. Die wenigen kleinen Eingeborenensiedlungen, die passiert wurden, waren stets verlassen und ihre Felder verödet; Wild gab es auch nicht. Wir haben während des gesamten Marsches nicht einen Bissen aus der Landschaft entnehmen können, abgesehen von einigen unschmackhaften Früchten der Wildnis.

Gefahrpunkte waren die von der Küste her ins Innere, nach Songea und Tunduru führenden Straßen. Sie waren vollständig trocken und daher für feindliche Fahrzeuge benutzbar. Es war zu erwarten, daß an ihnen der Feind sich uns vorlegen würde. Das geschah denn auch zu wiederholten Malen. Er wurde jedesmal bös zerzaust und abgeschüttelt, aber doch verursachte selbst die geringste Schießerei große Stockungen und Zeitverluste. Das ernsteste Gefecht fand am 16. November bei Abdalla kwa Nangwa statt, als die Straße Liwale –Tunduru gekreuzt wurde. Es kostete uns u. a. zwei unersetzliche Kompanieführer; der Oberleutnant d. R. Niemir, ein bewährter, tapferer Offizier, fiel und Hauptmann Bauer mußte schwerverwundet dem Feind übergeben werden. Die Kompanien kamen teilweise erst nach Mitternacht zur Ruhe; schon vor Tagesanbruch wurde weitermarschiert; es war an diesem Tage besonders heiß und die müde Truppe litt unter dem Durst. Da führte uns ein gütiges Geschick an einen Tümpel mit einer grünlich schillernden Brühe; zu alledem lag in ihr ein stark in Verwesung übergegangener Elefantenkadaver. Aber wer den Durst im hitzedurchglühten Dornbusch des tropischen Afrikas kennengelernt hat, der läßt sich durch derartige Verunreinigungen des Wassers nicht von seinem Genuß abhalten. An diesem Tage gab es dann keinen Tropfen mehr, am folgenden erreichte man aber die Rondoberge und in ihnen herrliches Wasser. Ebenfalls am 16. November hatte die Abteilung Otto einen schönen Erfolg erzielt. Sie zersprengte eine ihr in die Quere kommende englische Kolonne und nahm ihr eine beträchtliche Beute ab.

Von der Höhe der Rondoberge aus erblickte man östlich in weitester Ferner die scharfen Linien eines hohen und ausgedehnten Berglandes; es war der Westabfall des Makondeplateaus, unseres Marschzieles. Es mochten noch 4–5 Tagemärsche dorthin sein, und wohl ebensoviel in südlicher Richtung zum Rovuma. So lange reichte auch unsere Verpflegung, dann aber stand man vor dem Nichts.

Aus der Truppe heraus kam der Vorschlag, zum Rovuma zu gehen und aus den dortigen Landschaften oder aus wegzunehmenden feindlichen

Magazinen zunächst sich wieder zu verproviantieren; dann werde man schon sehen, was weiter zu machen sei. Der Westbefehlshaber konnte sich dieser Auffassung nicht anschließen. Ihm war bekannt, daß in den an sich unfruchtbaren Landstrichen am mittleren Rovuma seit der Expedition des Major v. Stuemer im Vorjahr 1917 systematisch vom Feinde alle Verpflegungsmöglichkeiten vernichtet und sogar die Eingeborenen weggeschafft worden waren, um eben jegliche neue deutsche Unternehmung dorthin unmöglich zu machen. Man konnte eine Menge von mehreren tausend Menschen nicht aufs Geratewohl zum Rovuma führen, lediglich auf die Hoffnung bauend, daß feindliche Magazine erbeutet würden. Geschah das nicht, was dann?

Es blieb keine andere Wahl, als dem Makondeplateau zuzustreben. Wäre dieses inzwischen von den Osttruppen geräumt worden, so hätte man uns doch zweifellos Nachricht und weitere Weisungen entgegengeschickt; auch die Aussagen aufgegriffener Eingeborener lauteten bestimmt dahin, daß die Deutschen noch bei Nevala ständen. Es handelte sich für uns darum, sobald wie möglich wieder zu Verpflegung zu kommen und die war allein zu erwarten aus den Beständen des Kommandos. Was sollte uns auch hindern dorthin zu marschieren? Der Feind? Dem konnte es nur höchst unangenehm sein, wenn wir mit so beträchtlichen Kräften in seinem Rücken oder der Flanke erschienen; das bot uns die Gelegenheit, dem Kommando energisch Luft zu machen. Als Marschziel wurde also nun Revala bezeichnet; auch die Kolonne Otto schwenkte dorthin ab. Nach einigen Tagen vereinigte man sich mit ihr am mittleren Bangalla, denn es galt nunmehr alle Kräfte zusammenzuhalten. Vorher aber hatten die Abteilungen Schoenfeld-Tafel noch eine bittere Prüfung über sich ergehen zu lassen. Es wurde quer durch den Busch marschiert, nur dem Kompaß folgend. Am 20. November geriet man in ein dichtes Gestrüpp von Dornen und Bambus, in dem man nur sehr mühsam und langsam vorwärts kam. An Wasser hatte man nur das, was morgens mitgenommen worden war. Das Dickicht hielt die Hitze fest wie ein glühender Backofen. Am Abend machte sich infolge des Durstes eine bedenkliche Erschöpfung geltend. Hunger kann man lange ertragen, aber Durst läßt sehr schnell von Kräften kommen; das ist auch beim Neger nicht anders, der ein großes Wasseraufnahmebedürfnis hat. Am andern Morgen schleppte sich die Truppe nur mühsam weiter, immer mehr Leute blieben erschöpft liegen und immer mehr riß die Kolonne auseinander. Endlich erreichte die Spitze das Trockenbett des Bangalla; was noch Kraft hatte, begann mit fiebernden Händen zu graben, aber auch in mehr als Mannestiefe zeigte sich noch kein Wasser. Die Lage war verzweifelt, die Truppe am Ende ihrer Kraft. Unter den Qualen des Durstes begann die Disziplin sich bedenklich zu lockern; ein Zusammenstoß gerade jetzt mit dem Feinde wäre katastrophal geworden. Da in der höchsten Not erschienen zwei Rettungsengel in den Gestalten des braven Hautpmann v. Brandis und eines alten Negerweibes, das er auf der Suche nach Wasser mit einem gefüllten Topf erwischt und mitgebracht hatte. Kein Mensch verstand den Dialekt des holden Geschöpfes, aber so viel brachte man doch aus ihr heraus, daß sie eine Stelle im Bachbett angab, wo Schürfen auf Wasser von Erfolg sein mußte. An vielen Stellen wurde zugleich gegraben, in einer Tiefe von mehr als 1 1/2 Metern begann endlich das Wasser tropfenweise hervorzusickern. Nach Stunden, es war schon Spätnachmittag, hatte wenigstens jeder Anwesende zu trinken bekommen und bis spät in die Nacht war man damit bemüht, die Liegengebliebenen heranzuholen, mit dem erfreulichen Erfolge, daß am nächsten Morgen keiner mehr fehlte. Aber fast zwei kostbare Tage waren verlorengegangen; immer mehr mußte man die zur Neige gehenden Verpflegungsbestände strecken, so daß die Ernährung in keinem Verhältnis mehr stand zu den Leistungen, die gefordert wurden. Mit Dank und Anerkennung sei hier der Europäer und Farbigen gedacht, die in diesen kritischen Stunden in vorbildlicher Pflichterfüllung sich dafür eingesetzt haben, ihre Kameraden vor dem Verdursten zu retten.

Am 21. November hörte man in östlicher Richtung einige Kanonenschläge; also wurde dort gekämpft. Noch am 23. sagten Eingeborene aus, Nevala sei in deutscher Hand. Das Kommando mußte inzwischen auch über unser Kommen durch eine Offizierspatrouille benachrichtigt sein, die schon am 9. November von Dapate aus vorausgeschickt war. Daß sie bereits vom Feinde abgefangen, daß die Aussagen der Eingeborenen falsch waren und daß die vermeintlichen Kanonenschläge von einem Flieger herrührten, der irgendwo seine Bomben abwarf, weil er zu einer Notlandung schreiten mußte, das alles konnten wir nicht wissen. Mit frischem Mut ging's weiter gen Osten, ran an den Feind. Am 25. wurde nach einem Gefecht bei Luatalla der Mwitifluß überschritten; durch Gefangene erfuhren wir zu unserer bittersten Enttäuschung, daß General v. Lettow vor wenigen Tagen das Makondeplateau geräumt habe und ins portugiesische Gebiet abgezogen sei. Der Feind war ihm mit einer immer noch respektablen Armee bis zum Rovuma gefolgt, jetzt machte er Jagd auf uns, denn wir befanden uns mitten in seinem Bereich. Da wir uns die letzten Tage nur im dichtesten Busch bewegt hatten, so war er über unsern derzeitigen Aufenthalt ebensowenig orientiert wie wir über den seinen. Für uns gab es nun nur noch eine Möglichkeit: so schnell wie möglich zum Novuma und dort versuchen, mit den Osttruppen noch Fühlung zu bekommen.

Scharf nach Süden abbiegend, wurde am 25. die Straße Newala-Bangalla-Mündung überschritten. Dabei stießen wir überraschend auf ein indisches Regiment, das in mehrstündigem Gefecht völlig zersprengt wurde; aber die erhoffte Beute an Verpflegung blieb aus. Spät am Abend wurde der Rovumba erreicht; er konnte eben noch durchwatet werden und wurde am anderen Morgen überschritten. Mitten durch den übermächtigen Feind waren wir hindurchmarschiert; südlich des großen Flusses waren wir vor ihm in Sicherheit, aber von den Unsern zeigten sich nur mehrere Tage alte Spuren. Patrouillen, die am 27. weithin nach allen Richtungen vorgetrieben wurden, fanden nichts als trostlosesten Dornbusch. Trotzdem wurde der Marsch flußaufwärts angetreten, in der Hoffnung, wenigstens noch irgendwo über den Feind herfallen zu können; aber selbst von diesem sah man nichts; erst in der Nacht erfuhr man, daß er einige Stunden flußaufwärts in großen Lagern stehe. Im Laufe des Vormittags gingen von allen Unterführern die Meldungen ein, ihre Leute könnten nicht mehr weiter; die Zahl der Liegenbleibenden mehrte sich in erschreckender Weise. Kein Wunder, denn seit Tagen gab es nur noch pro Mann einen Löffel Mehl und jetzt war überhaupt nichts mehr vorhanden.

Das Ende war gekommen. Durfte man die Truppe noch weiter ins Dickicht führen, um sie da elend umkommen zu lassen, oder sollte man zum einzigen Mittel greifen, das sie dem Verhungern entzog, zur Auslieferung an den Feind? Alle die bösen Jahre hindurch hatten die Askari und Träger Freud und Leid mit uns geteilt, hatten treu zu uns gehalten, als wir ihnen längst nichts mehr bieten konnten als Entbehrungen, Mühsal und Gefahren, und nun sollte man sie dem Hungertode opfern, ohne irgendetwas damit zu erreichen? Nein.

Hauptmann von Brandis wurde am 28.11. früh zum Feinde geschickt. Der war äußerst erstaunt über unser Anerbieten, denn ihm war es klar geworden, daß er unsern Durchbruch nicht zu verhindern gewußt hatte. Angesichts unserer Lage forderte er bedingungslose Übergabe, die zugestanden werden mußte; nur die Europäer sollten ihre Waffen behalten, solange sie im Schutzgebiet seien. Aber wenigstens wurde sämtliches Kriegsmaterial von uns vernichtet; lediglich die verhungernden Menschen wurden dem Feind übergeben. Vorher wurde noch aus den letzten Beständen der gesamten Truppe eine Patrouille ausgerüstet; für mehr als 14 Europäer und 30 Askari langte es nicht mehr. Unter Hauptmann Otto marschierten sie quer durch den Busch zu General v. Lettow ins Portugiesische hinein, um ihm unser Schicksal zu melden. Sie erreichten ihn völlig erschöpft 14 Tage später und erbrachten damit den Beweis, daß stärkere Abteilungen beim gleichen Versuch zugrunde gegangen wären.

Noch am Abend des 28.11.1917 wurden die Truppen in das englische Lager am Bangalla geführt. Der dortige Befehlshaber war ritterlich genug, seinen Formationen das Wenige an Verpflegung abzunehmen, was diese bei sich hatten, um unsern erschöpften Leuten wenigstens etwas zukommen lassen zu können.

Askari und Träger blieben im Lande, zunächst in Konzentrationslagern, während die Europäer nach Ägypten gebracht wurden, um dann Ende 1919 sang- und klanglos in den traurigen Verhältnissen der Heimat unterzutauchen.

Sechs Monate hinter den englischen Linien in DOA (1917)

Von Heinrich Naumann

Rund zwei Monate waren wir bereits ohne Verbindung mit dem Hauptteil der Schutztruppe, als die Abteilung durch Ausscheiden des früheren Führers[1]) unter meinen Befehl kam. 3 Feldkompanien, 1 M.-G.-K. und 1 kleine 3,7 cm Batterie, d.h. an Kopfzahl etwa 50 Weiße, 400 farbige Soldaten und gegen 1200 Träger und Boys, standen wir 130 Kilometer südlich Tabora. Eine 10–15fache Übermacht des Gegners umschloß uns auf 1 bis 2 Tagemärsche Entfernung. An Munition hatten wir nur Taschenmunition und etwa 3000 Schuß je M.-G. und 40 Granaten je Geschütz.

Über Lettow selbst ging unter den Eingeborenen das Gerücht, daß er bereits unser Schutzgebiet nach Süden zu verlassen habe.

Eine wenig angenehme Lage, die mir einen beängstigend weiten Spielraum ließ. Aus Gründen, deren Darlegung hier zu weit führen würde, beschloß ich, den Gegner nach Nordosten zu durchbrechen, die Mittellandbahn zu überschreiten, den nördlich davon sich in völliger Ruhe wiegenden Feind energisch aufzumuntern und ihn zum Einsatz aller nur möglichen Kräfte gegen mich zu zwingen. Mein Wunsch war, diese Kräfte nach dem äußersten Norden der Kolonie hinter mir herzulocken, um sie dem Hauptkriegsschauplatz möglichst lange zu entziehen. Mit der Erledigung meiner Abteilung nach Verbrauch der Mittel war naturgemäß zu rechnen, wenn der Frieden noch lange ausblieb. Dem sich dafür interessierenden Leser geben über die Wirkung des Auftretens der Abteilung am deutlichsten die englischen offiziellen Berichte Aufschluß. Es wird darin belegt, daß die Abteilung vom Mai bis Oktober 1917 10 000 Mann des Gegners auf sich zog und von den Lettowschen Truppen abhielt.

In Ausführung meines Planes gelang es zunächst, dem Gegner die Absicht eines Rückmarsches zu Lettow vorzutäuschen. In Wirklichkeit führte uns aber ein mehrtägiger Gewaltmarsch, abseits der Wege, nach dem Kompaß durch dichten Nashornbusch unbemerkt an die Mittellandbahn hart westlich der Station Malongwe.

Am hellen Mittage, dem Zeitpunkte, an dem uns wohl der Gegner am wenigsten erwartete, tauchte die lautlos marschierende Kolonne mitten aus dem Busch auf und schob sich, einen großen Wasserdurchlaß benützend, unter der Bahn durch. Während unseres Durchmarsches eilte eine englische Motorpatrouillendräsine über uns weg. Ihre drei Insassen ahnten wohl kaum, wie nahe ihnen der Tod ins Angesicht geschaut hat. Ahnungslos fuhren sie vorüber. Nach weiterem fünfstündigen Marsche trafen wir glücklich die nächste Wasserstelle. Als höfliche Gegner teilten wir am nächsten Tage nun unsererseits den Engländern unsern Durchbruch dadurch mit, daß wir eine starke Patrouille nach der Station Malongwe entsandten und dort mit fröhlichem M.-G.-Feuer zwei feindlichen Kompanien beim Ausladen behilflich waren.

Die Folgezeit sieht die Abteilung in schnellen Märschen am Strande der Wembäresteppe entlang die Gegend von Mkalama gewinnen. Stets wird die Marschroute so gewählt, daß sie, der Fliegerbeobachtung entzogen, ihr wahres Ziel möglichst lange verschleiert läßt, um den Gegner zu zwingen, starke Kräfte nach den verschiedensten Punkten hinzuwerfen. Eine kleine Seitenabteilung unter Feldwebel Müller überrumpelte die Feste Ssingidda. Reiche Beute an Ausrüstung, Munition und Verpflegung ist unser Lohn. Auch die englische Bezirkskasse wird »laut Kassenbuch ordnungsgemäß übernommen.« Überall erregt unser Wiedererscheinen Freude bei den Eingeborenen. In Mkalama beuten wir die reichen Bestände der englischen Inderläden aus und warten

1) Hauptmann Wintgens.

in Ruhe das gemeldete Heraneilen der starken feindlichen Kräfte ab. Gleichzeitig übernehmen wir dankbar nach kurzem Gefecht mit einer Patrouille eine leidliche englische Fähre über den hochangeschwollenen Ssimbiti, unserer voraussichtlichen nordwestlichen Abmarschrichtung, und gegen 800 Stück Großvieh des Gegners. Als der Feind nun tatsächlich vor Mkalama erscheint, geben wir seinem vordersten Bataillon noch zum Abschied einen kräftigen Denkzettel, entnehmen seinem Überfluß Munition und Gewehre, sind ihm aber dann bei der Versammlung in dieser etwas eintönigen Gegend nicht mehr hinderlich.

Unsre Lagerfeuer bleiben bei Mkalama brennen, während wir doch lieber durch nächtlichen Abmarsch den Ssimbiti zwischen uns und den Gegner bringen.

Unter scheinbarem Vorstoß gegen Muansa und einer damit verbundenen Reihe kleinerer Gefechtshandlungen erreicht die Abteilung in Wirklichkeit Naßa am Speke-Golf. Vorzügliche Patrouillen, geführt von Kriegsfreiwilligen, Marine-Maschinenpersonal, kurz Deutschen jeder Klangfarbe, halten uns, ständig am Feinde bleibend, auf dem laufenden. Dank gebührt diesen Braven besonders.

Vier feindliche Kolonnen, Engländer und Belgier, sind von Westen und Süden her im Anmarsch. Jede Kolonne etwa 800–1000 Gewehre stark.

Die Abteilung biegt auf Ikoma am Westrande der wasserlosen Sserengeti ab. Voraus eilt eine kleine Abteilung unter dem Kriegsfreiwilligen Berch. Dem 56jährigen Manne gelingt es, in der Nacht die Feste zu überraschen und die englische Besatzung gefangenzunehmen. Sofort wird mit allen Kräften an diesem letzten bewohnten Ort an der Bereitstellung von Verpflegung gearbeitet. Wir beabsichtigen später, wenn der Gegner vor Ikoma versammelt ist, die Sseregenti nach dem Natron-See zu und von dort südwärts zu durchschreiten. Ein böses Unterfangen, da wir gerade in der schlimmsten Trockenzeit sind. In normalen Zeiten würde es für 20 Leute schon eine Gefahr bedeuten. Wir wollen dem Dursttode mit 12–1400 Mann nach wohlerwogenem Plane ins hohle Auge sehen. Verpflegung müssen wir etwa für 20 Tage unbewohntes Gebiet rechnen.

Ehe wir uns aber mit der Sserengeti messen, möchten wir gerne einem Teile des hinter uns herdrängenden Gegners ein warmes Willkommen vor Ikoma bereiten, um dann seinen Nachfolgern bereitwillig die autostraßenreine und auch sonst für eine Versammlung starken Gegners in unserem Sinne wünschenswerte Gegend zu überlassen. Er steht dann etwa 1000 Kilometer vom übrigen Kriegsschauplatz entfernt.

Hauptmann Naumann (DOA)

Durch Patrouillenmeldungen ist festgestellt, daß eine der vier belgisch-englischen Kolonnen mit zwei Tagemärschen Vorsprung herbeieilt. Ihre Dienstpost ist in unsere Hand geraten. Dieser Gegner ist etwa 7–800 Mann stark. Durch eine Kriegslist täuschen wir ihm den Abzug der Abteilung in die Sseregenti vor, gehen aber in Wirklichkeit mit den verfügbaren 203 Gewehren Gefechtsstärke südwestlich von Ikoma in Lauerstellung. Der Gegner greift mit über 700 Gewehren und zahlreichen M.G.s die von 12 Mann, wie ihm bekannt ist, besetzte Feste mutig an. Als er sich zum Sturm anschickt, trifft ihn überraschend unser Stoß in Flanke und Rücken. Die Wucht unseres Angriffes wirft ihn in kürzester Frist über den Haufen. Die kläglichen Trümmer erreichen nach wildester Flucht unter Drangabe aller ihrer Habe unter ihrem Obersten nach 5 Tagen den Viktoria-See! Das Absuchen des Gefechtsfeldes ergibt 136 Gewehre, große Mengen Munition, 2 M.-G. und über 300 Lasten Gepäck nebst zahlreichen Reittieren. Vieles geht in dem hohen Grase verloren. Es werden eingebracht: 4 Europäer, 64 Askari des Gegners an Toten und

2 Offiziere sowie 42 Askari an Gefangenen. Uns hat der Angriff gekostet: 1 Askari tot, 1 Europäer und 2 Askari verwundet.

Als nach zwei Tagen die übrigen drei Kolonnen sich vor Ikoma treffen, befindet sich die Abteilung bereits weit in der Sserengeti im Marsch nach Osten. Der Gegner ist auf Wochen, ohne folgen zu können, kaltgestellt.

18 Tage schaut uns der Durst- und Erschöpfungstod bei unserem Marsche durch die erbarmungslose Steppe hart und unvermittelt ins Auge. Doch er kann unserm zähen Willen nur an einem fürchterlichen Tage, der uns zwingt, 14 Stunden am Fuße eines noch tätigen Vulkans über vegetationslose Asche- und Salzfelder in salzübersättigter Luft zu marschieren, 12 brave Träger als Opfer abringen. Gefallene Helden deutscher Pflichtauffassung!

Endlich erreichen wir die Gegend von Umbugwe am Südrand des Majara-Sees. An Ruhe ist nicht zu denken, denn Schnelligkeit des Marsches und Ausnutzung wegelosen Geländes sind unsere einzigen Mittel, um gegen die gewaltige Übermacht des Feindes, seine überlegene Ausrüstung an technischen Mitteln und seine Verbindungsmöglichkeiten aufzukommen. Wohl erfüllt es uns mit Genugtuung, als wir hören, daß der Feind seine Reserven aus Britisch-Ostafrika, eine neu aufgestellte Kavallerie-Brigade, ein Mischlings-Korps und zahlreiche Infanterie-Regimenter aus Südafrika gegen unsere Abteilung einsetzen muß. Viele Hunderte von Autos, als Korps zusammengefaßt, treten in Erscheinung. Jeder Verkehr in unserem Wirkungsbereich stockt. Alle diese Kräfte werden von unsern Kameraden im fernen Süden abgehalten. Aber für uns selbst scheint der Sensenmann das Stundenglas doch allmählich drohend zu heben. Doch vorläufig soll er sich noch den zahnlosen Mund wischen.

Gewaltige Märsche abseits der Straßen bringen uns unter erfolgreichen kleineren Gefechtshandlungen, unter einem Scheinangriff auf Ssingidda, bis hart nördlich der Mittellandbahn nordwestlich von Dodoma. Der Gegner muß auf unsere Bewegung eingehen und seine Truppen mit allen Mitteln an die Bahn werfen. Während er das tut, biegen wir heimlich ostwärts über Tissu kwa Meda in die Massai-Steppe ab. Am Luita-Berge scheiden wir schweren Herzens von allen nicht marschfähigen Kameraden. Ihr trauriges, aber unvermeidliches Los ist die Zuführung in englische Hospitäler. Zwei kleinere Abteilungen werden in Richtung Morogoro und Umbugwe, um den Feind wieder auseinander zu zwingen, angesetzt, während die stark zusammengeschmolzene Hauptabteilung durch die wasserarme, wegelose Massaisteppe gegen die Nordbahn südöstlich Neu-Moschi vorstößt. Wieder gilt es, auf lange Tage bei kärglichstem Wasserverbrauch aus dem Körper herauszuholen, was er leisten kann. Günstige Patrouillengefechte bringen uns Beute an Pferden und Waffen. Überraschend nehmen wir die Bahnstation Kahe der Nordbahn in Besitz. Durch Stellen der Einfahrtssignale gelangen 2 Züge, aus Tanga und Boi, in unsern Besitz und bringen uns mehr oder minder freudig, nach kurzem Gefecht mit der Bedeckung, über 40 Gefangene, mehrere Autos, Teile von Flugzeugen, sehr viel Benzin, Flugzeugbomben, Munition, Waffen, Ausrüstung, Geld, in der Post den Aufmarschbefehl gegen uns als Morgengabe. Soviel wir können, entnehmen wir Verwendbares. Der Rest wird mit Hilfe der Brenn- und Explosivstoffe dem Flammentode übergeben. Nur die Maschinen erlauben wir uns auf Höchstspannung gebracht unter festgedrehten Ventilen führerlos einem aus Boi gemeldeten Verpflegungszuge entgegen zu senden. Der englische Aufmarschbefehl enthielt einen Steckbrief gegen mich. Ich war darin als Oberst bezeichnet, eine hohe Ehre!

Leider hatten die Eingeborenen der dortigen Gegend auf Befehl alle Verpflegung nach sicheren Punkten bringen müssen. Das war uns recht unerwünscht, und so sahen wir uns gezwungen, nachdem wir uns von dem vollen gegnerischen Aufmarsch überzeugt hatten, wiederum durch die Massaisteppe nach Süden abzuziehen. Wir versuchten in harter Marscharbeit an die Mittellandbahn überraschend heranzukommen, um nach Süden durchzubrechen. Es war so ziemlich das Letzte, was uns blieb. Sehr überlegenem Gegner gegenüber mußten wir jedoch hart nördlich Kidete von unserm Plane Abstand nehmen und dem schon früher erwähnten, einsamen Luita-Berg mit unsern letzten Kräften zustreben. Eine Kavallerie-Brigade, ein Autokorps, starke Infanterie erreichte den Berg wenige Stunden nach uns. Am nächsten Morgen waren wir von 3000 Mann des Gegners, ausgerüstet mit allen Waffen und technischen Mitteln, eingeschlossen, während die in 24 Stunden Umkreis liegenden Wasserstellen von je einem Halbbataillon in verschanzter Stellung gesperrt wurden. Wir haben den etwa 80 Meter hohen, oben kahlen Steinberg, auf dem wir uns nicht eingraben konnten, im Feuer aller Waffen noch 14 Tage gehalten. Wir haben noch ein gutes Gefecht gegen abgesessene Kavallerie, eines gegen zwei Infanterie-Kompanien, denen wir dabei noch einmal ihr gesamtes Gepäck mit Verpflegung abnahmen, und täglich kleinere Scharmützel gehabt. Dann waren unsre Kräfte, unsre Kampfmittel verbraucht. Ein Durchbruch war uns angesichts der Lage nicht mehr möglich, da er unsre Trümmer, ohne Kampfmittel zu haben, in den Durstod getrieben hätte. Seit drei Tagen ohne abgekochte Verpflegung, nur noch im Besitze einer Feldflasche voll Wasser je Kopf, im Gewehr noch zwei bis drei Patronen, ersuchten wir den Gegner um eine Unterredung. Unsre Lage war bitterernst, aber wir waren entschlossen, den Gegner nicht in unsre Karten sehen zu lassen und an Bedingungen herauszuholen, was möglich war.

Die Zusammenkunft fand am 1. Oktober 1917 am Fuße des Berges statt. Von deutscher Seite waren anwesend: der Führer und einige Offiziere der Abteilung, Feldwebel Müller, ein Unteroffizier als Dolmetscher, ein farbiger Feldwebel und ein Askari mit unsrer alten schwarz-weiß-roten Fahne. Auf englischer Seite erschienen: drei Obersten, fünf Majore und dahinter etwa vierzig bis fünfzig Offiziere. Der oberste Führer war nicht anwesend. Die Verhandlungen wurden von deutscher Seite eröffnet unter der Erklärung, von weiterem Blutvergießen absehen zu wollen, wenn die Bedingungen, die wir stellen müßten, zugesagt würden. Nach langer Verhandlung und mehrfachen Hinweisen von uns, daß wir im Weigerungsfalle vorzögen, wieder unsern Berg aufzusuchen, kam es zur schriftlichen Festlegung folgender Bedingungen:

1. die Freiheit für die Askari, die Träger und die Boys;
2. Askari, Träger und Boys dürfen ihr Eigentum mitnehmen;
3. die Waffe, zum Zeichen einer ehrenvollen Übergabe, für den Führer;
4. 24 Stunden Zeit zur restlichen Vernichtung des deutschen Kriegsmaterials.

Während der Zeit der Vernichtung unsrer Waffen durfte kein Engländer seine vorderste Linie überschreiten. Nach 24 Stunden, d.h. am 2. Oktober 1917, führte ich unserm 10 000-Mann-Gegner meine Abteilung in Stärke von 1 Offizier, 12 Unteroffizieren und 159 Askari zu. Zwei gegnerische Kompanien bildeten Spalier unter präsentiertem Gewehr.

Vier Tage später befand ich mich persönlich, ohne eine Erklärung zu erhalten, im Gefängnis in Daressalam in strengster Einzelhaft. Nach über vier Monaten Kerker stellte ein Kriegsgericht in einstündiger Verhandlung fest, daß »kein Grund zu einer Anklage gegen mich vorläge!« Im Anschluß daran bezog ich mit andern Leidensgenossen bis zum Oktober 1919 Stacheldrahtquartier in Nordägypten.

Von der Regierung angelegter Brunnen für Eingeborene in der Araberstraße von Daressalam

»Watoto«, die Kleinsten der Lettow-Truppe

Von August Hauer

Einige wenige Vertreter der schwarzen Jugend – Europäerkinder sah man ja längst nicht mehr! – folgten getreu der asketischen Männerschar Lettows auf all ihren Zügen durch Wildnis und Hungersnöte. Sie wären auch bis ans Ende der Welt mitgelaufen! Da waren unsere »Watoto«: die Kinder, das kleine Volk, das während des Feldzuges aufwuchs und die lockenden Fahnen des Krieges so liebte!

Da gab es zunächst die jungen Boys, von denen sich viele gewissermaßen nur durch ein Versehen noch bei der Truppe befanden. Meist hatten verwandtschaftliche Bande die Knaben seinerzeit dazu bewogen, den Kompanien südlich der zerstörten Mittellandbahn über die Berge zu folgen. War doch damals der Hauptschwarm der Weiber sowie mancher Askari, der das ewige Rennen satt hatte oder sich fürchterlich nach Frau und Kindern sehnte, und vor allem die Mehrzahl der piekfeinen, verwöhnten, hochnäsigen Friedensboys zurückgeblieben, da sie nicht ihre teuren Knochen in das *pori tupu* (Buschwildnis) hineinzutragen gedachten, sondern viel lieber in den »Stätten der Kultur« mit blütenweißem, um die ölüberhauchte Schulter flatternden *kanzu* vor der staunenden Menge einherparadieren wollten!

Da waren ferner die Kriegskinder. Die hatten ihre Mütter noch in der ruhigen, fetten Zeit des ersten Kriegsjahres geboren oder später irgendwo im Busch zur Welt gebracht, entweder während einer kurzen Nachtrast aber auch mitten auf dem Marsche, indem sie zu diesem Zwecke aus der langhingezogenen Kolonne ausgeschieden und nach kurzer Zeit bereits mit dem schreienden Baby nachmarschiert waren. Jene langköpfigen süßen Kinder sah der Frontkrieger nur, wenn er verwundet oder schwerkrank nach hinten mußte. Dann stieß er wohl mit einem Mal im kurzen Schatten des dichten Miombowaldes oder in der heißen dornigen Buschsteppe auf die »Weibersafari«! So hieß die offizielle Kolonne der Askarifrauen, die laut schnatternd alle Bewegungen des Krieges hinter dem schützenden Ring der fechtenden Truppe mitmachten und stets im Gänsemarsch fürbaß schritten. Jede dieser Liebholden hatte ununterbrochen mit Frau Nachbarin vor oder hinter sich zu scherzen, zu schwatzen oder zu keifen, und drehte dabei keineswegs das mit einem ungeheuren, klirrenden Ballast beladene Wollhaupt auch nur ein bißchen zur Seite, sondern hielt Kopf und Nacken stocksteif. Höchstens erhöhte eine, wenn sie sich schlecht verstanden glaubte oder noch deutlicher als bisher werden wollte, den Schwall ihrer gewichtigen Worte. Das Mienenspiel aber der für einander unsichtbaren Gesichter war vollendet im Ausdruck, köstlich und von klassischer Form; wie sie die Backen hochzogen, die Augen rollten, jetzt den Mund im Schmerz verzerrten und im nächsten Moment ein hauchfeines Lächeln des Sarkasmus über ihr völlig beherrschtes, ölglattes Angesicht kommen ließen, indem sie sich zur giftigsten Erwiderung anschickten: o, das mußte man gesehen haben! Und beinahe jede dieser rundköpfigen Kriegerfrauen, die bei der Nachricht von dem Heldentode ihres Ehegesponses laut wehklagen würde, wie dazumal die weißhäutige Kriemhild von Burgund, um dann nach altem Brauch alsbald in den versorgenden Besitz seines besten Freundes überzugehen, trug auf dem Kreuz ihr jüngstes Kriegskind. Die Babys saßen, von dem umhüllenden Tuch der Mutter gehalten, rittlings auf deren Taille und beschauten stumm aus wunderschönen, blitzblanken, samtschwarzen Augen die für sie so herrliche Welt zur Rechten und zur Linken.

Keiner hat je eines jener niedlichen Kleinen, die selbst nicht mehr weinten, wenn ein Msungu, einer der unheimlichen Europäer, sie noch so nahe betrachtete, während des Marsches einen Laut sagen hören! Auch die Mehrjährigen, die splitternackt vor der Mutter einhertrippelten, daß sie sich im glühenden Sande fast die Fußsohlen verbrannten, kamen inmitten der lautschallenden Kolonne niemals dazu, etwas zu sagen oder eine Frage zu stellen. Sie trippelten den launigen Hasenpaß zwischen dem Gras entlang; das war so hoch und dicht, daß sie höchstens Stücke des bleiblauweißen Himmels und mal die herüberschauenden Wipfel naher Bäume, aber weder die Dumqalmen, von der die Frauen gerade sprachen, noch die abgaloppierende Zebraherde, nach denen ihre Mütter die schwerbeladenen Köpfe ein ganz klein wenig herumdrehten, sehen konnten.

Wenn man erst im Lager angekommen war, dann wurde die Sache allerdings anders: da taute manch einer der Kleinen auf, reckte erst die steifgewordenen Gliederchen zurecht, kratzte am Boden herum, brach Bambusstückchen ab, daß es hell knackte, half das Feuer schüren, bewachte dann mit gierigen Augen den brodelnden Eßtopf und begann, nachdem der unheimliche Hunger endlich gestillt war, zu spielen, oder gar, wenn es ein Knabe war – und die meisten Kriegskinder waren Knaben –, unter dem bewundernden Blick der Alte »Griffe zu kloppen«.

Denn das machte ihnen doch den allermeisten Spaß, erfüllte gänzlich ihre junge Phantasie und Sehnsucht: Askari werden wollten sie alle einmal, das war das Höchste von allem! Der Vater war Soldat und der Sohn sollte einst Soldat werden. Das war ja selbstverständlich. Der Vater, der irgendwo da vorn – die Mutter wußte immer ganz genau, wo seine Kompanie gestern war, wo sie heute sein würde, ob er genügend zu essen gehabt, was der Feind machte – immer neue Heldentaten verrichtete, so viel Feinde schon besiegt und noch jedesmal, wenn sie ihn wiedergesehen, neue kleine Beutestückchen mitgebracht hatte, freute sich ja so diebisch, wenn man sich da plötzlich vor ihm aufbaute, mit todernstem Gesicht und steif wie ein Baumstamm dastand und mit einem Knüppel sein anständiges »Gewehr über« machte! Dann schmunzelte der Bärtige, dem hinten von der hellen Lederkoppel ein mit allerhand kleinen »Andenken« gefüllter Brotbeutel gegen die zerrissenen Beinkleider baumelte, und schüttelte wohlgefällig den Sudanesenkopf. *»Lowe, weye! Bwana haupmani atafurahi sana!«* »Donnerwetter, ja, du bist mir aber ein Kerl! Da würde sich ja wahrhaftig mein Hauptmann freuen!«)

Der Nachwuchs in der Lettowschen Truppe, unsere schwarze Frühjugend, war trotz der quälenden Entbehrungen, trotz Seuchen und Not und Dauermärschen, trotz aller Greuel und Schrecknisse, die der Krieg ihrem reinen Auge allzu unverhüllt vorhielt, in ein herrliches Gefilde gestellt: der Heroismus der Tat, das Heiligtum tiefster Pflichterfüllung, die sittliche Kraft reinen Mannestums, die Tugenden der Treue und einer göttlichen Disziplin stählten ihre naturgesunde, sprießende Seele, in der das unfaßbare Lied von der stummen Opferfreudigkeit erklang und erklang. Gewiß, sie machten auch zur rechten Zeit ihre Dummenjungenstreiche, trieben ihre Knabenspiele, aber das alles trat weit in den Hintergrund, obgleich es ja zum natürlichen Wesen des Kindes gehört, wie ein starker Charakter zum wahren Mann und ein weiches, keusches Gefühlsleben zur gesunden Frau. Ihr Herzblut glühte, da ihr Leib kaum die nötigste Kraft aus der schlechten Nahrung ziehen konnte, glühte in heroischem Drang, der Heldentaten, die ihre Väter vollbrachten, einst wert und fähig zu werden. Sie sahen und faßten mit dem scharfen, unbetrügbaren Auge des Kindes das beispiellose Drama, dessen hinreißende Macht ihr Herz umjubelte, wenngleich ihr naiver Verstand es nicht zu begreifen vermochte. Sie fühlten: das, was die deutsche Schutztruppe und mit ihr die Askari, ihre eigenen Väter da vollbrachten, war nicht gewöhnlicher Krieg, war mehr als gewöhnliche Pflichterfüllung – es war etwas Göttliches, etwas Übermenschliches, ein unvergängliches Stück Stolz und Glück irdischer Geschlechter.

Sie tragen das Erbe deutscher Zucht und Menschlichkeit, das heilige Erbe einer musterhaften, jahrzehntelangen Kolonisation, einer unerreichten Gerechtigkeit, um deren endliche Rückkehr das ganze trauernde Volk alltäglich den Himmel anfleht. Sie sind nicht verrottet und im innersten Marke vermorscht, wie man dieses in der Geschichte der Völker so oft bei einer in langem Krieg aufgewachsenen Jugend findet, nein – denn entweder verpestet der Krieg wie ein geiles Laster oder aber er sendet ein heiliges Feuer ins Land, das wundervoll reinigt und härtet – nein, sie tragen, gestählt und stolz das Zeichen und das

Recht einer gesunden Zukunftsmission in ihrem kühnen Herzen. Sie warten auf den Tag, an dem die deutsche Afrikaheimat uns endlich wieder offenstehen darf. Unter dem Segen deutschen Wesens wird die heilige Saat, die in ihrer opferfesten Seele schlummert, einst aufgehen und erblühen! Unter jeder Fremdherrschaft werden sie leiden, wird ihre Entfaltung, ihr fruchtbringender Einfluß verzerrt, erdrückt; da müssen Unklarheiten, Widersprüche und traurige Zweifel sie niederhalten. Denn wie der Baum vom Stein, so unterscheiden wir uns von den anderen ...

Von diesem jungen bunten Volk lassen sich hundert wahre Geschichten erzählen, die ebenso rühren wie sie überraschen, mögen sie nun von unseren eigenen Hilfsboys oder von den Mpischiboys (Boys der Köche), den »Dienern der Diener«, handeln, von Askarijungens oder den Signalschülern, jenen gemütvollen Eisenfressern, denen der Tod als ein ordinäres Ding erschien, die Ehre aber die höchste aller Tugenden!

Einer der vielseitigsten Originale und, nebenbei gesagt, sicherlich von einem göttlichen Geist geküßt, war der kleine Mustáfa bin Mabrûk. Bei Kriegsbeginn mochte er 9 oder 10 Jahre zählen. Er war Vollblutsudanese, sein Vater war jener alte, vielverdiente Sol, der mit seinem viereckigen, eisenern Maskengesicht, dem kurzen Oberkörper und seinen langen, stockdünnen Sudanesenbeinen eine der markantesten Erscheinungen unter unserem schwarzen Soldatenvolk bildete.

Mustáfa gehörte zur Signalabteilung, die aus lauter solchen munteren Kadetten bestand. Er galt aber allgemein als der tüchtigste unter ihnen, war äußerst dienstbeflissen und von blinder Zuverlässigkeit. Sein Knabengesicht besaß die weiche Rundung der Frühjugend und zeigte noch keine scharfen Kanten des obligaten Sudanesenantlitzes. Stets trug es den Schimmer eines Lächelns, das zu denken gab und ihm fraglos eine aparte Anmut verlieh. Selbstverständlich füllte das junge Herz auch ein gutes Maß an Eitelkeit, denn dafür war er ja doch ein Kind.

Wer von euch, ihr letzten Kameraden, erinnerte sich nicht gern beim Hinblick auf die Rückzugsgefechte im Mai 1916, aus denen wir selbst nur abgerissene Kleider heraustrugen, jenes kleinen Signalschülers, der immer mit dem dienstlich ernstesten Gesicht von der Welt neben seinem Blinkapparat stand oder, wenn's gerade nichts zu tun gab, in vornehmer Lässigkeit die staubumwölkten Kolonnen Revue passieren ließ? Stets piekfein, wie aus dem Ei gepellt, blanke Knöpfe am hellbraunen Khakirock, den unteren Rand des schmucken Tarbûschs fein ausgerichtet mit den schmalen Augenbrauen, ein richtiges Seitengewehr um die Zweifäustetaille geschnallt – so stieß dieser kleine »Gent« die Übermüdeten aus ihrem unnützen Brüten heraus und regte sie zu lustigen Selbstgesprächen an: »Nanu, sieh doch mal einer den da an, das ist ja der reinste Tausendsassa, wie schafft der Kerl das bloß?«

Aber alle irdischen Dinge sind vergänglich, Mustáfa bin Mabrûk, auch die schönsten Kleider – ...

Die Panganiederung war ganz und gar mit schwerem Nebel angefüllt, der die vorrückenden Kolonnen des Generals Smuts zudeckte. Nur der an einer Höhe angelehnte Bahnhof Kissangire, wo gerade ein letzter Rest unserer Truppen verladen wurde, und einige weit vorgeschobene Hügelköpfe waren in leuchtenden Sonnenschein getaucht.

Plötzlich beginnt es unten zu knallen, ein lebhaftes Vorpostengefecht entspinnt sich, das die lauschende Ruhe unerwünscht stört und die gespannte Wachsamkeit erhöht. Doch halt – was ist denn das? Auf einem jener vorgelagerten Sonnenhügel, etwa drei Kilometer von Kissangire entfernt, blinken ja auf einmal Lichtsignale auf! Mein Gott, richtig – da ist in dem allgemeinen Trubel einer unserer Signalposten vergessen worden! Da vorne funkt, eigentlich schon mitten aus dem Kreis des Gegners heraus, mein guter Mustáfa bin Mabrûk, selbstverständlich wie immer peinlich sauber gekleidet, den unteren Rand des schmucken Tarbûsches fein ausgerichtet mit den schmalen Augenbrauen und schwer bewaffnet mit einem Seitengewehr!

Kann man ihm denn nicht helfen? Oder wenigstens ein Warnungssignal geben? ...

Unmöglich! Der Sonnenstreifen ist vom Bahnhofsgelände aus unserer Reichweite entflohen: der Befehl zum Abbauen kann ihm nicht mehr zugefunkt werden.

Seine Signale blitzen und blinken, pausenlos folgt Schlag auf Schlag. Viele schauen gespannt von unten diesem Drama zu, das ebenso ergreifend wie belustigend ist, und fühlen, daß von den stummen, hilflos-naiven Blinkzeichen dieses Knaben ein heroisches Stück menschlicher Grösse skizziert wird: Pflichtbewußtsein und Treue in einem Kinde verkörpert, an einen Soldatensohn vererbt. Unvergeßlich leuchten die letzten Worte seiner selbstverständlichen Meldungen herüber:

»*Adui Karibu lakini wengi:* Feinde nahe und, weiß Gott, recht viele.«

Dann:

»*Wanakuja:* Sie kommen schon herauf.«

Und unmittelbar hierauf:

»*Karibu Kabissa:* Jetzt sind sie ganz dicht vor mir.«

Kein weiteres Blinkzeichen mehr. Der Junge hat also offenbar gefunkt, bis der Feind ihm den Apparat aus der Hand schlug. Ganz der Vater: getreu bis in den Tod!

Die, welche das Schauspiel mit zugesehen, standen einen Moment nachdenklich da und wären erschüttert gewesen, wenn das disziplinierte Gefühl des Kriegsdaseins solch eine Weichheit erlaubt hätte.

War er tot? Verwundet? Oder heil geblieben und nun irgendwo in einem Gefangenenlager untergebracht? Niemand konnte es in Erfahrung bringen, so sehr auch die Gefangenen der nächsten Zeit ausgefragt wurden ...

Etwa 14 Tage später trat dicht vor dem Lager der 11. Feldkompanie aus dem Busch ein barhäuptiger, abgemagerter Junge, dem an zehn Stellen die von Dornen arg zerkratzte Haut aus den Fetzen der Kleider herausguckte. Um die halbnackten Hüften trug er ein Seitengewehr und daneben den Spiegel eines Signalapparates.

Dieser abgetriebene Zigeunerjunge war die Resterscheinung jenes stets so patent gekleideten Signalschülers Mustáfa bin Mabrûk!

Kurz eh' die Sonne schlafen ging, langte der Junge vor der Dornenhecke an, unter der sein Vater lagerte.

»Mustáfa!«

Die Hecke zitterte und raschelte. So hastig sprang der Alte heraus. Es war doch sein einziges Kind!

Ein unvergeßlicher Anblick, wie die beiden da in dem weichen Abendrot standen, das auf die

Signalschüler und Betschausch (Sergeant) DOA

feine Samthaut des geschundenen Knabenkörpers goldene und rotbraune Töne zaubert. Die Kleider hängen ihm buchstäblich in Fetzen vom Leibe. Nur das heile Seitengewehr korrigiert den wüsten Eindruck und in dem Signalspiegel läßt der verglühende Himmel nun auf einmal einen warmen Lichtganz aufleuchten, als wolle er zeigen, wie sehr dieses Menschenkind einen Glorienschein verdiene ...

Das viereckige Sudanesengesicht des greisen Sols war unbewegliche Maske wie sonst. Wer aber in den Zügen des alten Wißmann-Kämpfers zu lesen verstand, der fand in ihnen den Ausdruck unendlichen Stolzes und die Genugtuung einer herrlich erfüllten Erwartung.

O Deutschland, das du in jahrzehntelanger Kolonialarbeit und Geduld dir solche Menschen erzogst, was willst du denn mehr? ...

Ostafrikanische Treue

Von Heinrich Schnee

Im Weltkriege haben die Eingeborenen in Deutsch-Ostafrika uns die Treue bis zum letzten gehalten. Das trat schon während des ersten Teiles des Krieges hervor. Die Askari (schwarze Soldaten) haben tapfer für uns gekämpft. Es meldeten sich weit mehr Eingeborene freiwillig zur Truppe, als wir bei unserem sehr geringen Bestande an Gewehren einstellen konnten. Auch alle sonstigen Leistungen, Trägerdienste und sonstige Arbeiten wurden willig für uns ausgeführt.

Ohne eine solche Haltung unserer Eingeborenenbevölkerung hätten wir gar nicht Krieg führen können. Wir waren weniger als 6000 Weiße unter einer Eingeborenenbevölkerung von fast 8 Millionen Köpfen. Wenn sich die Schwarzen in einem großen Aufstande erhoben hätten, als überlegene feindliche Truppen in das Land einzubrechen suchten, so wäre es ausgeschlossen gewesen, daß wir uns hätten halten können. Tatsächlich haben wir während des ganzen Krieges keine Aufstände in der Kolonie gehabt. Aber auch der bloße passive Widerstand hätte genügt, um uns lahmzulegen. Die Zahl der Deutschen war nicht groß genug, als daß wir allein hätten gegen die weit stärkeren feindlichen Kräfte Krieg führen können. Außerdem waren wir für die Bewegungen der Truppe abseits der beiden einzigen Bahnen sowie für die Unterhaltung der ersteren und der weißen Bevölkerung auf die Hilfe unserer Farbigen angewiesen. Es waren beständig Tausende und Zehntausende von Schwarzen unterwegs um Nahrungsmittel und alles sonst Notwendige heran zu transportieren. Bisweilen waren dazu Märsche zu einem Monat, selbst von zwei Monaten Dauer erforderlich. Die Karawanen marschierten meist nur unter Führung von Schwarzen, da wir gar nicht genug Deutsche waren, als daß jedesmal ein weißer Aufseher hätte mitgehen können. Daneben war, da wir von Kriegsbeginn an völlig von der Außenwelt abgeschnitten waren, die Anfertigung vieler Ersatzartikel für diejenigen Gegenstände erforderlich, welche wir früher über See eingeführt hatten. Wir haben, um nur einiges zu erwähnen, Häute gegerbt, Leder hergestellt und daraus Schuhe fabriziert. Wir haben mit Handspinnrädern und Handwebstühlen Stoffe hergestellt, ferner Chinin, Benzinersatz, Petroleumersatz, Seife, Wachskerzen und viele andere Dinge, darunter auch Münzen aus Messing und Münzen aus Gold aus unseren eigenen Goldbergwerken. Mit diesen Arbeiten waren beständig viele Tausende von Eingeborenen beschäftigt, welche unter deutscher Anleitung arbeiteten. All dies wäre nicht möglich gewesen, wenn unsere Schwarzen nicht innerlich auf unserer Seite gestanden hätten.

Der schwersten Probe wurde die Treue unserer Eingeborenen aber unterworfen, als wir nach 31/2jähriger Verteidigung unserer Kolonie, in der unsere tapferen Truppen dem von allen Seiten mit übermächtigen Streitkräften eingedrungenen Feind jeden Fußbreit Boden streitig machten, die Kolonie und über den südlichen Grenzfluß, den Rovuma, nach Portugiesisch-Ostafrika hineinmarschieren mußten. Wir waren damals noch 300 Deutsche. Mit uns sind Tausende von tapferen Askari und braven Trägern gegangen. Sie ließen ihre Heimat, ihre Hütten zurück und zogen mit uns in ein unbekanntes Land unter den größten Gefahren, Entbehrungen und Strapazen einer unbekannten Zukunft entgegen. Unter diesen braven Farbigen befanden sich auch eine ganze Anzahl von Boys (Burschen oder Diener), wie sie in den tropischen Verhältnissen notwendig sind, um für den Weißen das Kochen und sonstige notwendige Arbeiten vorzunehmen.

Um den Geist zu zeigen, welcher unsere Schwarzen beseelte, möchte ich hier eine kleine Geschichte erzählen, welche meinen eigenen Mpischi (Koch) Mohamadi betrifft. Dieser war

Nach dem Waffenstillstand: Die letzten Lettow-Offiziere in DOA
Von links nach rechts, sitzend: Lt. d. R. v. Scherbening, Stabsarzt Dr. Taute, Lt. d. R. Brixner, Stabsarzt Dr. Penschke. Ob.-Apoth. d. R. Beyer
stehend, vordere Reihe: Hptm. Maier, Oblt. d. R: Merensky. Kpt.-Lt. Apel, Oblt. z. S. Wenig, Hptm. Müller, F.-Post-Sekr. Schmidt, Major Kraut, *Gouverneur Schnee*, Lt. d. R. Kempner, Hpt. Köhl, Lt. d. R. (Oberrichter) Bortisch, Lt. d. R. Dietrich
stehend, hintere Reihe: Oblt. d. R. Treuge, Oblt. d. R. v. Busse, Hptm. Otto, Ob.-Arzt Dr. Klemm, St.-A. Dr. Müller, Ob.-Vet d. R. Dr. Huber, Reg-Arzt Dr. Deppe, Lt. d. R. Dingier, V.-Wachtmeister d. R. Sabath.
Es fehlen auf dem Bilde: Gen. v. Lettow, Oblt. d. R. von Ruckteschell, Hpt. Stemmermann, Stabsarzt Dr. Marshall, Vet.d. R. Dr. Ruppert.

bereits den ganzen Krieg bei mir gewesen und hatte nach besten Kräften für mich zu sorgen gesucht. Manchmal war es, besonders bei den beständigen großen Märschen in Portugiesisch-Ostafrika, sehr schwierig, Nahrung für uns und unsere Leute zu bekommen. Auch wir Europäer waren oft genug nur auf etwas Reis oder Negerhirse angewiesen. Aber mein Koch hatte es doch immer verstanden, irgendetwas zu finden und in schmackhafter Weise zuzubereiten. Eines Tages in dem letzten Teile des Feldzuges wurde mir, als wir gerade nach einer kurzen Rast während des Marsches wieder aufbrechen wollten, gemeldet, daß Mohamadi krank zusammengebrochen sei. Ich begab mich sofort, während alles schon im Aufbruch begriffen war, zu der Stelle, wo mein Koch sich in Schmerzen wand. Der Versuch, einen Arzt herbeizuholen, mißlang, da alles bereits im Marsch begriffen war. Ich ließ daher Mohamadi in einer Maschilla (Hängematte) zu dem Lagerplatz transportieren, den wir nach einigen Stunden weiteren Marsches erreichten. Eine sofort vorgenommene Untersuchung durch den Arzt ergab, daß es sich um einen mit einem Bruchleiden in Verbindung stehenden akuten Anfall handelte. Der Arzt leitete eine Behandlung ein, die auch Erfolg hatte. Er erklärte aber, daß eine weitere Teilnahme Mohamadis an den Märschen die Gefahr des Auftretens von Komplikationen mit sich brächte, die lediglich durch eine lebensgefährliche und mit langwierigem Krankenlager verbundene Operation befestigt werden könnten. Da wir beständig uns auf dem Marsche befanden, so war eine solche Operation natürlich ausgeschlossen und tödlicher Ausgang bei Eintritt folgender Komplikationen sicher vorauszusehen. Der Arzt hielt es daher für notwendig, daß mein Koch bei der nächsten Gelegenheit, bei der ein Lazarett dem Feind übergeben wurde, zurückblieb.

Der brave Mohamadi wurde von dem Arzt eingehend über den Zustand seines Leidens unterrichtet, ebenso über die unbedingte Todesgefahr,

Governeur Graf von Götzer
Paradeaufstellung am Bismarckdenkmal in Daressalam (DOA)

in welcher er sich bei Eintritt von Komplikationen befinden würde, und es wurde ihm mitgeteilt, daß er nunmehr bei der nächsten Gelegenheit mit zurückbleiben müsse. Der Koch erklärte darauf, daß er trotzdem mit uns weitermarschieren wolle. Ich selber sprach nun nochmals eingehend mit ihm und sagte ihm, daß er zurückbleiben müsse, da andernfalls sein Tod wahrscheinlich sei. Mohamadi erklärte darauf, wenn er sterbe, so sei das amri ya muungu (der Wille Gottes). Er wollte, obwohl er sich vollkommen über das Risiko klar war, bei mir und auf keinen Fall zurückbleiben.

Angesichts dieser festen Entschlossenheit des Mohamadi, der als Mohammedaner von fatalistischen Gedanken erfüllt war, habe ich dann schließlich nach nochmaliger Besprechung mit dem Arzt zugelassen, daß der Koch weiter am Feldzuge teilnahm. Glücklicherweise trat kein weiterer Anfall auf, Mohamadi hat mich bis zum Schluß begleitet und befand sich noch bei unserer zusammengeschmolzenen kleinen Truppe, als uns im November 1918 in Rhodesien die Nachricht von dem in der Heimat abgeschlossenen Waffenstillstand erreichte, in dem auch die Räumung Ostafrikas durch unsere Truppen ausbedungen war. Wir waren damals noch 155 Deutsche, etwa 1200 Askari und 2000 Träger und Boys.

Die Treue, welche diese Schwarzen uns gehalten haben und die in vielen Einzelfällen ähnlich dem hier erzählten Erlebnis mit meinem eigenen Koch zutage trat, verdient festgehalten zu werden. Es gibt in der Geschichte keiner der fremden Kolonialvölker etwas, was sich dieser Treue unserer Schwarzen an die Seite stellen läßt. Es ist zugleich der beste Gegenbeweis für die Vorwürfe, welche gegen die deutsche Kolonisation im Kriege und nach dem Kriege erhoben sind, um als Vorwand für den Raub unserer Kolonien zu dienen. Wir können mit Recht, gestützt auf solche Vorgänge, die Forderung auf Wiedererlangung von Kolonien erheben; denn diese Treue ist gleichzeitig der Beweis dafür, daß wir von unserer Seite den Schwarzen die Treue gehalten, sie richtig behandelt und für sie gesorgt haben.

Der ferne Osten

Turandawai, eine Erinnerung an Neuguinea

Von Albert Hahl

Im Jahre 1896 »kriselte« es noch unter den Bewohnern der Landschaften um Kopoko (Herbertshöhe). 1893 hatte die erste Ausdehnung der Kokospalmpflanzungen zu bewaffnetem Widerstande geführt, ohne daß eigentlich klar wurde, warum die Eingeborenen losschlugen; denn von den Grenzen ihrer Niederlassungen und ihrer Anbaugebiete waren die Bestockungen weit entfernt. Seitdem war es nicht mehr recht geheuer. In Paparatawa und Wairiki, in der Gegend um den Varzinberg (Wunakokor) kam es 1896 auch richtig zu Fehden der stets kampfbereiten Sippen unter sich; ein Überspringen des Streites auf die Küstenstämme und damit eine Gefährdung der Europäersiedlungen wurde erwartet. Die kleine Polizeitruppe beschäftigte sich nützlich mit Spaziergängen nach dem Varzin und zurück; es blieb ruhig. Diese recht beschwerlichen Märsche ließen ganz natürlich den Gedanken aufkommen, daß mit einem einfachen Reitwege schon viel an Schnelligkeit und Bequemlichkeit der Bewegung gewonnen wäre und die Eingeborenen damit um so leichter in Schach gehalten werden könnten. Den Anfang machte die Mission vom Heiligsten Herzen Jesu; sie gestaltete den Fußpfad nach ihrer neuen Inlandstation bei Tingenawudu reitbar. Sie arbeitete mit bezahlten Kräften. Über solchen Reichtum verfügte ich nicht. Es gelang aber schließlich, die Eingeborenen der nächsten Dörfer davon zu überzeugen, daß die Sache noch besser gemacht werden könnte; auch könnte der »schöne« Weg noch länger werden und jeder hätte das Recht, ohne »Tabu«, ohne Wegesteuer in die Tasche eines Mächtigen täglich darauf zu spazieren. Es entstand so etwas wie ein Wetteifer, und ich war hoffnungsfreudig gestimmt ob des friedlichen Erfolges. Die »Straße« wuchs sichtlich in die Länge, holperig, unregelmäßig, steil über Berg und Tal – aber es ging. Plötzlich kam eine neuzeitliche Anwandlung in die eben der Steinzeit entrückten Menschen: sie streikten. Ich überzeugte mich, es war so; meine Hacken und Spaten und Messer steckten schön ausgerichtet – kein Stück fehlte – am Wegesende und die arbeitenden Kräfte waren verschwunden, auch nicht aufzufinden, nur Weiber und Kinder, die mir, offenbar beauftragt, erzählten, die Männer hätten Gliederschmerzen, die Pflanzungen müßten bestellt werden, auch wären wichtige Vorbereitungen für einen bevorstehenden festlichen Tanz auf der Tagesordnung. Nachdenklich wanderte ich heimwärts – zu einem Pferde hatte ich es noch nicht gebracht. Siegte der Streik, dann war es vorbei mit dem Wegebau auf lange Zeit; Druckmittel anzuwenden war ausgeschlossen, schon weil jede Macht dazu fehlte, und Geld für den Wegebau war nicht ausgeworfen und stand damit nicht zu Gebote. Die Werkzeuge waren eine Stiftung der Firmen für den löblichen Zweck. Was tun? Diese Frage beschäftigte mich auch noch, als ich abends auf der Veranda saß. Da hörte ich im Dunkel leise Schritte, ein Gemurmel einiger Stimmen, ein Räuspern, und eine Gestalt schob sich in das Lampenlicht, eine Frau – siehe, des Häuptlings Turandawai von Bitarébarébe ehrbare Gattin. Ich verstand sofort ihre Winke, das Licht abzublenden, und mit noch zwei Gefährtinnen ließ sie sich in meiner Nähe nieder und wisperte: »Dein Weg ist sehr gut; wir Frauen, die wir die schweren Lasten zu Markt tragen müssen, empfinden dies an unseren Füßen, wir gehen leicht und sicher, ohne uns Wunden zu reißen. Unsere Männer sind faul; was dir heute erzählt wurde, ist erlogen; sie wollen nicht arbeiten. Und wir Frauen wollen den Weg. Bleibe hart und befehle ihnen zu graben, sie werden weiter arbeiten.« Das war liebliche Musik in meinen Ohren. Ich versicherte mich des Beistandes der neuen Bundesgenossinnen, der feierlich zugesagt wurde, und fühlte mich stark, allen

Eingeborene der Ostkarolinen (Ponapé), um den Gouverneur Dr. Hahl versammelt

Schwierigkeiten gewachsen. Am anderen Morgen sandte ich einen Boten voraus mit der Weisung, mich am Wege bei der Arbeit zu erwarten. Und alle die streitlustigen Männer waren da; ich tat, als ob nichts gewesen sei, es wurde wenig geredet und fleißig »gegraben«, der Sieg war mein.

Der alte Turandawai war eine stattliche Erscheinung, hoch gewachsen, breitschultrig, mit starker Muskulatur, ein Held der Wildnis. Nach alter Sitte trug er das Haar in langen Zotteln, die über die Stirn hereinhingen und noch die Augen beschatteten. Wer ihn nicht kannte, mochte Furcht vor ihm haben; aber der starke Mann hatte ein ehrliches Gemüt; er hielt Wort, nachdem er einmal gelobt hatte, die Blutfehde ruhen zu lassen. Die köstliche Hingabe von Zeit und Kraft an den Wegebau verdichtete sich zu einer angenehmen Freundschaft zwischen Turandawai und mir. Es wuchs beiderseitig Vertrauen empor. Einmal rasteten wir im Schatten des mächtigen Fikusbaumes (rebaarebe), dem die Landschaft ihren Namen verdankte. Unter diesem Baume hatten – die Zeit lag noch nicht lange zurück – herkömmlich blutige Feste stattgefunden. Hier lagen auf dem poka na wirua – auf dem Grase für die Schlachtopfer – die gefesselten Gefangenen, die unter den qualvollsten Martern umgebracht, in Gruben zwischen heißen Steinen geröstet und zum Schmaus zerteilt wurden. Darüber wurde mir manches erzählt, wobei ich anführen muß, daß nach seinem sittlichen Empfinden dem Eingeborenen die Haut über solche Dinge nicht erschauderte, jedenfalls nicht dem damaligen Geschlechte; das war eben so der Brauch, Auge um Auge, Zahn um Zahn. Und ich begnüge mich, nur eine der üblichen Martern wiederzugeben. Man schlug dem Opfer einen Arm ab und unterband den Stummel sorgfältig, der Verblutung vorzubeugen. Der Arm wurde vor dem Unglücklichen gebraten und ihm zum Genusse zuerst angeboten. Die Weigerung, vom eigenen Fleische zu genießen, hatte neue schreckliche Martern im Gefolge, von denen ich schweigen will. Die Unterhaltung über diese »Gebräuche« brachte mich zu der Frage, ob es denn auch besonders beliebte Stücke gegeben habe. »Oh«, meinte Turandawai, »das Nierenfett, so süß und weich, wie die feinste Banane!« Das Wort war kaum verklungen, da sprangen die alten Knaben, die neben uns zugehört hatten, empor, es kam Leben und Bewegung in die steifen Gestalten, die Erinnerung an vergangene Genüsse wurde stark, sie fingen an, wetteifernd ihre auserlesenen Stücke zu preisen und konnten damit erst aufhören, als ich frischen Tabak für die kreisende Kalkpfeife gestiftet hatte.

Mit dem alten Turandawai ging es nach einigen Jahren langsam zu Ende. Er ließ es mir sagen und bat um meinen Besuch. Ich traf ihn im Kreise der Seinen an, müde, aber ruhig und gefaßt. Er verteilte noch Geschenke, erfreute sich an den großen Rollen Muschelgeld, die vor ihm aufgestellt waren und deren Verteilung an die Leidtragenden aus Fern und Nah nach altem Glauben seiner armen Seele die ewige Ruhe sichern sollte. Nach wenigen Tagen schon kam ein Eilbote, Turandawai bitte mich, bei seiner letzten Stunde gegenwärtig zu sein. Ich ritt – inzwischen hatte ich es längst zu einem Pferde gebracht – rasch zu seinem Gehöfte. Aber schon am dorthin abzweigenden Seitenwege hörte ich die Totenklage, jammernde Frauen liefen mir entgegen und riefen: Turandawai i ga wana, ákawe ra tulungean, Turandawai ist fort, wo ist sein Geist? Unter grossem Schaugepränge wurde sein irdisch Teil zu Grabe getragen, mir wurden bei der großen Güterverteilung des Mächtigen am Trauerhause zehn Faden »Tabu«, Muschelgeld, behändigt als sein besonderes Vermächtnis. Er ruht schon lange, ein wackerer Mann, der es verstanden hatte, den Anforderungen eines neuen, jäh hereinbrechenden Zeitalters in Ruhe und mit Würde Rechnung zu tragen.

Korallengebilde am Nauru (Südsee)

Meine ersten braunen Freunde

Von Otto Dempfwolff

I. Der Schlingel Sisao

Als ich 1895 Arzt der Neuguinea-Kompanie in Friedrich-Wilhelms-Hafen war, pflegte ich an freien Nachmittagen nach der meiner Dienstwohnung auf Rufweite gegenüberliegenden Insel Graged (Raketta der Karten) zu fahren, die von etwa 120 Eingeborenen bewohnt war. Um diese Tageszeit waren die arbeitsfähigen Leute gewöhnlich auf dem Festland in ihren Pflanzungen tätig; im Dorf saßen nur die Kranken und Alten, und die kleinen Kinder spielten am Strande oder im Busch. Mit diesen freundete ich mich schnell an, wobei kleine Geschenke an Tabak und Perlen halfen, und übte an ihnen die ersten Kenntnisse ihrer Sprache, die ich vom Missionar Bergmann von der benachbarten Insel Siar erlernt hatte. Unter den Knaben war einer, der sich besonders an mich anschloß, Sisao, Sohn des Malbog, damals etwa zehnjährig, den ich freilich in seiner Naktheit auf sechs- bis siebenjährig schätzte. Er war ein kleiner Frechdachs, der keck genug war, mich in meiner Wohnung zu besuchen, der auch wohl mich auf kleinen Ausflügen in den Busch begleitete, und den ich damals mit den Brocken, die ich von seiner Muttersprache begriffen hatte, *natug*, »mein Sohn«, zu nennen pflegte.

Sisao ist noch im alten Heidentum herangewachsen. Er war voll Furcht vor allerlei Zauber, der ihm drohte, wenn er »aus einem schlechten Topf gegessen«, d. h. Speisen genossen hatte, die für Kinder verboten sind, denn davon bekommt man Frambösie und andere Geschwüre. Er ängstigte sich vor Gespenstern, zu denen die Seelen der Menschen im Tode werden, und vor Geistern, die an heiligen Plätzen im Walde oder auf dem Meere hausen, denn sie trachten dem Menschen nach dem Leben, fressen ihn auf oder fahren in ihn hinein und bringen ihm Fieber und andere innerliche Krankheiten. Aber er erlebte auch die fröhlichen Feste des Heidentums, die Frühlingsweihe, wenn alljährlich beim Beginn der Regenzeit das Siebengestirn am Osthimmel im Morgengrauen sichtbar wird, wenn das ganze Dorf an den Strand zieht, mit Trommeln und Muschelhörnern das Gestirn begrüßt und zu ihm betet, es möge Gesundheit und guten Fischfang spenden, bis die Feier mit einem gemeinsamen Bad, nach Geschlechtern getrennt, ihr Ende findet. Oder wenn in klaren Mondnächten getanzt wurde, und es gab so viele Tänze und Lieder dazu, jede Sippe besaß mindestens zwei, die ihr Erbgut waren, und die keine andere nachahmen durfte: beim Aumtanz, wird der Südostpassat und die Meeresdünung dargestellt, beim Kalakolreigen werden Meerestiere nachgeahmt – schon der Kopfputz deutet darauf hin, der Delphine und Polypen abbildet –, beim Kanamreigen, der aus Karakas (Dampierinsel) stammt, wird das Liebeswerben eines Mannes gezeigt, der als Solotänzer die Trommel schlägt, worauf der ihn umkreisende Chor einstimmt; aber der schönste Tanz ist doch der Siao, der von östlichen Nachbarn gekauft ist und bei dem alle Mitwirkenden sich mit Kakadufedern schmücken und das Leben und Treiben dieser Vögel in künstlerisch geordneter Pantomime wiedergeben.

Sisao ist auch in die Missionsschule gegangen, die etwa 1898 auf Graged eingerichtet wurde. Aber er hat seinem braven Lehrer wenig Freude gemacht, obwohl er ein aufgeweckter Junge war und Lesen und Schreiben ganz leidlich gelernt hat. Ihm wurde das Lernen bald leid und eines Tages lief er, erbost über eine durchaus berechtigte Züchtigung – der Bengel hatte die Schultafel zu unanständigen Zeichnungen benutzt – fort und verdingte sich auf der nahen Station als Hausjunge bei einem Europäer. Er war der erste aus seinem Dorf, der in die Dienste von Weißen trat. Mit einer Kiste voll Tauschwaren kam er nach Jahresfrist heim und versprach seinen Eltern artig zu sein und ihnen bei der Feldbestellung zu helfen. Aber lange hielt der Schlingel es zu Hause nicht aus.

1901 war ich zum zweitenmal nach Friedrich-Wilhelms-Hafen gekommen, aber nur für kurze Wochen, denn mein Auftrag – Malariabekämpfung – führte mich fast zwei Jahre lang kreuz und quer durch das ganze Inselgebiet der Kolonie. Ich suchte einen Diener und bat den Vater Malbog, mir seinen ältesten Sohn Ekum zu überlassen, aber der Alte wollte diese tüchtige Kraft nicht missen und bot mir Sisao an. Dieser erschien mir mit seinen 16 Jahren zu schwächlich, zumal er wie ein Zwölfjähriger aussah – wir Europäer täuschen uns leicht über das Alter unbekleideter Eingeborener –, und ich lehnte ihn ab. Als ich aber mich eingeschifft hatte und der Dampfer den Hafen verließ, kroch Sisao hinter einem Rettungsboot vor: er hatte sich mit Wissen seines Vaters an Bord geschlichen, was der Alte, der im Kanoe mir das Geleit durch den Hafen gab, schmunzelnd bestätigte. So mußte ich den Schlingel behalten, und ich muß sagen, daß er mir sehr nützlich und angenehm gewesen ist. Er verstand nicht nur die kleinen Dienste eines Hausjungen, er konnte auch ausdauernd rudern, gut schießen, und als ich einige Monate lang ein Reitpferd ermietet hatte, lernte er erstaunlich schnell mit diesem Untier – die Eingeborenen von Neuguinea besitzen als Haustiere nur Schweine und Hunde – umzugehen und sattelfest auf ihm zu reiten.

Nach meiner Abreise, 1903, ist Sisao wieder nach Graged heimgekehrt und zunächst sogar noch einmal zur Schule gegangen. Aber bald gab er diese philisterhafte Lebensweise wieder auf und meldete sich auf der Station als Polizeisoldat. Als solcher hat er 1904 eine kleine geschichtliche Rolle in dem Aufstand gespielt, den seine Landsleute anzettelten, der aber im letzten Augenblick verraten und im Keim erstickt wurde. Sisao hielt zu den Europäern. Er veranlaßte die in den Festlandsbusch geflüchteten Eingeborenen, sich zu stellen, worauf sie entwaffnet und fünf Rädelsführer hingerichtet wurden.

Nach beendeter Dienstzeit, 1906, kehrte Sisao in sein heimatliches Dorf zurück. Als Parteigänger der Weißen wurde er beargwöhnt und gemieden, aber seine Sippe hielt zu ihm und sein Vater Malbog, der als Zauberer gefürchtet war, schützte ihn. So konnte er, seinen 21 Jahren entsprechend, mit seinen Altersgenossen auf Brautschau zu den benachbarten Felddörfern fahren. Die Sitte jener Gegend gestattet, daß die heiratsfähigen Jungfrauen sich bei einer »Vermittlerin« versammeln, zu der dann die Jünglinge zu Besuch kommen und flirten. Unter deren Aufsicht gehen sie in den Busch oder an den Strand, spielen Haschen und treiben andere neckische Scherze, wie gegenseitiges Bespritzen und Untertauchen im seichten Meerwasser und führen allerlei törichte Gespräche, wie verliebte Leute in Kulturländern es auch zu tun pflegen. Kleine Geschenke erhalten die Freundschaft, nur daß bei diesen braunen Leuten die Magie eine größere Rolle spielt als bei uns. Unfehlbarer Liebeszauber wird dadurch geübt, daß der Jüngling unter den Tabak einer Zigarette ein eigenes kleines feines Haar mischt. Raucht die Angebetete davon, so ist sie dem schlauen Werber verfallen: »Nur diesen Mann will ich heiraten.« So gewann Sisao die Liebe der Sul – der Name bedeutet »Fackel« –, der Tochter des Amang von Siar, der 1904 als Rebell erschossen war. Die Sippe der Sul schalt sehr über diese Liebschaft, zumal das Mädchen schon einem anderen zugesprochen war. Aber Sisao ließ sich nicht abweisen, im Verein mit willigen Altersgenossen entführte er Sul beim Haschespiel in einem Boot und brachte sie nach Graged. Das gab einen Skandal, der zu Ohren der Missionare drang. Die ordneten dann die Angelegenheit so gut es noch ging: die eigenmächtig vollzogene Ehe mußte durch nachträgliche Zahlung eines hohen Brautpreises legalisiert werden und wurde dann mit allen Zeremonien unter Tanz und Schmaus öffentlich gefeiert.

Malbog erlebte noch die Geburt eines Enkels, der den Namen Semeng, Sohn des Sisao, erhielt. Dann starb er nach kurzer Krankheit und wurde beweint und begraben.

Nach seinem Tod brach das Unglück über Sisao herein, das Malbogs Autorität bisher von ihm abgewandt hatte. Es entspricht nicht den Gepflogenheiten jener Eingeborenen, einem verhaßten Menschen offen entgegenzutreten, und für das Gerichtsverfahren der Europäer besaßen sie damals wenig Verständnis. Über Sisao wurden Gerüchte verbreitet, daß er diesen oder jenen Todesfall durch Zauberei verschuldet habe und,

Das Dorf Graged (Insel »Raketta« bei Friedrich-Wilhelms-Hafen, Neuguinea)

was für ihn das schlimmste war, seine junge Frau wurde ihm abspenstig gemacht. So offen war der Ehebruch, daß der Bezirksamtmann, an den sich Sisao gewandt hatte, die Ehe schied und ihm das Kind, den Knaben Semeng, zusprach.

Sisao verließ daraufhin Graged und siedelte sich auf der Insel Jakob an, wohin seine Schwester Amug geheiratet hatte. Dort nahm er eine Frau aus Sigava, da er für den kleinen Semeng eine Pflegerin brauchte. Noch war das Haus, das er auf Jakob erbaute, nicht unter Dach, als die Hetzreden seiner Landsleute in Jakob ihm das Leben verleideten und bedrohten.

Da entschloß er sich kurz und ließ sich erneut als Polizeisoldat anwerben und auf die Station Eitape, an der Grenze von Holländisch-Neuguinea, versetzen.

Hier traf ich ihn, als ich 1914 zum dritten Male nach Deutsch-Neuguinea kam. Auf der Durchreise konnte ich ihn nur wenige Stunden sprechen, nahm aber sein Gesuch an das Gouvernement mit, als Polizeisoldat entlassen zu werden und in meinen Dienst treten zu dürfen. Das Gesuch wurde genehmigt, Mai 1914 kam er zu mir; im Oktober schon hat uns das Schicksal getrennt, das mich in die Hände der Australier lieferte, ihm Gelegenheit bot, wieder Polizeisoldat in britischen Diensten zu werden, was er, soviel ich weiß, heute noch ist.

In der kurzen Zeit unseres letzten Zusammenseins zeigte sich, daß aus dem Schlingel ein Lümmel geworden war, der gerade noch die Grenzen einhielt, daß seine Dreistigkeiten und Streiche ihn nicht ins Gefängnis führten. Er war der Typus eines Eingeborenen geworden, dem die europäische Kultur in der Charakterentwicklung ebenso geschadet wie in der Intelligenzausbildung genützt hatte. Aber für mich ist er auch in dieser Zeit sehr brauchbar gewesen, weniger durch seine Dienste als Hausjunge, als vielmehr durch die Offenheit, mit der er mir über alle Sitten und Gebräuche seiner Heimat, auch über Zauberei und Geheimkulte Auskunft gab, so daß ich in seiner Muttersprache viel Seiten Text aufnehmen konnte. Denn mir gegenüber hielt er an dem Vertrauen fest, das er mir als Knabe und Jüngling entgegengebracht hatte: *id ausun tesad* – wir beide sind Freunde. Das zeigte er, für mich etwas verblüffend, als er mir seinen Sohn Semeng zuführte, der etwa sechs Jahre alt war, und von dessen

Existenz ich damals gar nichts wußte. »Da ist dein Enkel!« sagte er schlicht, und auf mein begreifliches Erstaunen über diesen plötzlichen Familienzuwachs setzte er hinzu: »Als ich so klein war, hast du mich deinen Sohn genannt; das ist jetzt mein Sohn, also dein Enkel.«

II. »Raubmörder« Labetot

Labetot mag rund 40 Jahre alt gewesen sein, als ich 1895 mit ihm Freundschaft schloß; er hatte sieben Kinder, von denen die beiden ältesten Mädchen heiratsfähig waren. Ob er seinen Beinamen »Der Raubmörder« zu Recht trug, kann ich nicht sicher behaupten, er sprach nie von der Veranlassung. Es war eine Geschichte, die schon vor Ankunft der Deutschen (1884) sich zugetragen hatte. Das Inseldorf Megias hatte die versippten und befreundeten Krieger von Graged zu Hilfe gegen das Inseldorf Saran gerufen, weil die Leute von Saran zwei Männer von Megias totgeschlagen hatten. Saran wurde umzingelt, verbrannt und geplündert. Dabei kamen zwei Männer von Saran um, und des einen Witwe wurde Labetots Frau. Soweit ist der Tatbestand nach Eingeborenenaussagen gesichert. Ob aber Labetot selbst der Mann der Wag – zu deutsch »Schiff«, so hieß die Frau – gemordet und sie geraubt hat, darüber waren meine Gewährsleute nicht einig. Labetots Neider sprachen ihm diese Heldentat ab – denn solch ein Frauenraub ist eine Heldentat in den Augen der Eingeborenen –, Malbog habe die Wag geraubt und an Labetot abgetreten, weil dieser kurz vorher Witwer geworden sei.

Also so um 1890 herum die Missionare sich in jener Gegend angesiedelt hatten und von dieser bösen Geschichte hörten, wollten sie wenigstens die unglückliche Frau aus den Händen des »Raubmörders« retten und boten sich an, sie in ihre Heimat zurückzubringen. Aber ihr menschenfreundliches Vorhaben wurde von Wag zurückgewiesen; sie soll gesagt haben, ihren ersten erschlagenen Mann könne ihr doch niemand lebendig machen, ihren zweiten jetzigen, der ein so tapferer Krieger und der Vater ihrer Kinder sei, wolle sie durchaus nicht verlassen.

Das alles war längst geschehen und fast vergessen, als ich mit Labetot an einer Zigarre rauchte, von einer Betelnuß aß und dadurch unter den erforderlichen Zaubersprüchen jene Freundschaft schloß, die in dem Ausdruck gipfelt: »meine Leber und deine Leber sind eine Leber«, denn die Leber ist in der Südsee der Sitz des Gemüts, wie bei uns das Herz. Nun wurde freilich mein Tabak auch meines Freundes Tabak, aber auch seine Kokosnüsse durfte ich trinken und seine Gastfreunde auf der weiten Inselflur und in den Bergen mußten mir, dem gelinde gesagt höchst verdächtigen tiwud-tamol (wörtlich: Ahnenmensch d. h. Weißer) ihre Gastfreundschaft gewähren.

Das zeigte sich zum Beispiel bei einem Besuch, den ich mit Labetot auf der Insel Segu abstattete. Von dort hatte, was ich nicht wußte, tags zuvor das Bezirksamt einige Eingeborene abgeholt und in Untersuchungshaft genommen wegen irgendwelcher Anschuldigungen, die sich später als unhaltbar erwiesen. Die Seguleute waren begreiflicherweise in großer Erregung; in ihren Augen war es eine unberechtigte Gewalttat der Weißen, zumal sie sich keines Unrechts bewußt waren. Und ein Weißer ist für Farbige wie der andere, sie sind alle aus einer Sippe, sonst wären sie nicht zusammen in das fremde Land gekommen. Die Situation schien dem guten Labetot bedenklicher als mir, aber im Vertrauen auf den Betelnußzauber, der ihn ebenso mit seinem Segu-Freunde wie mit mir verband, blieben wir über Nacht dort, ohne daß wir auch nur ein drohendes Wort zu hören bekamen.

Auf Labetot konnte ich mich verlassen; wenn er zugesagt hatte, mich auf einer mehrtägigen Wanderung durch die Berge zu begleiten, so hielt er sein Versprechen, trotz der verlockendsten Einladung zu einem Tanz mit Schweineessen, die er später erhalten hatte. Dafür erwartete er ebensolche Zuverlässigkeit von meinen Versprechungen. Als ich 1901 zum zweiten Mal nach Neuguinea kam, war beim Wiedersehen mit Labetot seine erste Frage, »wo ist der dicke Mantel, den du mir mitgebracht hast?« Das hatte ich ihm vier Jahre früher beim Abschied in Aussicht gestellt und glücklicherweise nicht vergessen.

Labetot ist, solange ich ihn gekannt habe, dem Glauben seiner Väter treu geblieben und kein Christ geworden. Eines Tages saß er schwarz bemalt zu Hause, anstatt ins Feld zu gehen – ein Zeichen tiefer Sippentrauer. Zwar war kein noch so entfernter Verwandter gestorben, wenigstens kein Mensch. Aber ein Krokodil war gefangen und wurde von den Siarleuten geschlachtet und verzehrt. Und Labetots Sippe stammt doch vom Krokodil ab, alle Krokodile sind ihre Verwandten, und wenn man ihren Tod auch nicht rächt, so trauert man doch darum. Übrigens tun die Krokodile ihrerseits den menschlichen Sippengenossen nichts zuleid, das ist fester Glaube.

Den Weißen gegenüber verhielt sich Labetot sonst sehr reserviert und ich weiß wirklich nicht, warum er bei mir eine Ausnahme machte. Im Aufstandsversuch von 1904 hat er sich mit einer gewissen Pfiffigkeit benommen. Er war in die Verschwörung eingeweiht und verriet sie nicht, aber er beteiligte sich nicht an dem geplanten Überfall auf die Station Friedrich-Wilhelms-Hafen, sondern übernahm mit seiner Sippe die Umzingelung der Missionsstation auf Graged. Als der Putsch mißglückte, hatte er die Ausrede, er habe den Missionar vor den anderen Eingeborenen schützen wollen. So ging er damals bei der gerichtlichen Untersuchung und Bestrafung frei aus.

Sieben Jahre später hat ihn und seine unruhigen Landsleute das Geschick ereilt. Wieder waren Verschwörungen im Gang, aber noch nicht zu klaren Aufruhrplänen gediehen. Da ließ Labetot sich hinreißen, auf offenem Dorfplatz Drohungen gegen die Weißen, gegen Bezirksamtmann und Missionare auszustoßen. Seine Pflegetochter Dinab war gestorben, durch heißen Zauber, und er wolle sie räuchern, nur die verdammte Regierung und Mission hindere ihn daran, die müßten erledigt werden. Ein Diener des Missionars, der aus einer anderen Gegend stammte, hatte aus einem Versteck zugehört, seinem Herrn die Rede überbracht, und nun wurde eine langwierige Untersuchung eingeleitet, die von der ersten Instanz, dem Bezirksamt, in die Hände des Gouverneurs als zweite und letzte Instanz gelegt wurde. Wieder versuchte Labetot seine pfiffigen Ausreden, er habe in irrealen Konditionalsätzen geredet – die Graged-Sprache besitzt solche grammatischen Formen –: »wenn es keine Weißen gäbe, wenn keine Missionare da wären, ja dann würde ich …« Aber es half ihm nichts.

Es wurde festgestellt und von den Angeschuldigten zugegeben, daß sie den großen Betelzauber gemacht hätten, um ihre Leber mit Mut für den Krieg zu erfüllen. Talad hatte den Zaubersegen gesprochen und alle hatten die Nüsse genossen.

»Mein Freund Labetot«

Da machte der Gouverneur kurzen Prozeß mit der ganzen unsicheren Gesellschaft; er verzichtete darauf, die Rädelsführer zu bestrafen und so in den Augen der Genossen zu Märtyrern zu machen, er verpflanzte die ganzen beteiligten Dorfschaften auf einige Jahre in den Bismarck-Archipel. Dort am Strande des Baining-Gebietes mußten sie sich neu ansiedeln, neue Häuser bauen und neue Felder anlegen. So mußte auch mein Freund Labetot auf seine alten Tage das Los der Verbannung von seiner Heimat mit seinen Landsleuten teilen. Als ich 1914 in der Südsee war, wollte ich ihn wieder besuchen, aber der Krieg brach aus und machte diesen, wie so viele andere Pläne zunichte. Wie ich höre, haben die Australier den Gragedleuten die Rückkehr in ihre Heimat gestattet, aber ich weiß nicht, ob Labetot diese Freude noch erlebt hat.

Labetot war der Typ eines Eingeborenen aus der alten Heidenzeit, der an ihr festhält, sich mit seinen schwachen Mitteln gegen die Herrschaft des weißen Mannes nach Möglichkeit sträubt und von seinen Gaben nur annimmt, was ihm für eine althergebrachte Lebensführung nützlich ist: Eisen und Tabak, Kleider und Schmuck. Aber in seiner Art war er ein konsequenter Charakter und ich bewahre ihm ein dankbares Gedenken. Er verdient es, daß er nicht ganz in Vergessenheit gerät, denn einmal hat er unserer jungen Kolonie einen kleinen Dienst geleistet, durch den viel Unheil abgewandt werden konnte. Er war es, der mich als Arzt auf die ersten Pockenfälle unter seinen Landsleuten aufmerksam machte, die von diesen verheimlicht waren. So konnten wir noch rechtzeitig eingreifen und durch ausgedehnte Schutzimpfungen die Seuche im Keim ersticken. Bei diesen Impfreisen entlang der Küste und in Bergdörfer, die noch keines Europäers Fuß betreten hatte, war Labetot ein williger Führer und geschickter Dolmetscher. So hat auch er seinen bescheidenen Anteil an der kolonialen Arbeit, die wir Deutschen in der fernen schönen Südsee geleistet haben.

Schulkinder auf Nauru (Südsee)

Ein Paradiesvogelwunder

Von Hermann Detzner

Himbeerstrauch an Himbeerstrauch füllte die schmale Sohle der Hochgebirgsschlucht aus und kletterte die von einem Windbruch bloßgelegten steilwandigen Hänge empor. Von zartroten Früchten strotzend, hakten sich die stachelbewehrten Ranken am Rockschoß, an Reithose und Gamaschen, als ob sie zum Halt zwingen wollten, um die großblütigen, blaßvioletten Balsaminenblüten und die Anemonen zu bewundern, welche wie gelbe Kissen den Boden bedeckten, als ob sie zum Verweilen zwingen wollten, damit dem Wanderer die rundum von glatt gewaschenen Tonschieferwänden herabstürzenden Gießbäche ebensowenig entgingen als die von den steilen Talwänden nur sparsam gegebenen Fernsicht nach Norden, wo, jenseits der Waria-Ebene, waldbedeckte Kuppen und Türme den lieblichen Ausblick begrenzten.

Ein Bild aus der heimischen Gebirgswelt. Die fragend ob meines Zögerns auf mich gerichteten Augen meiner dunkelfarbigen Begleiter, ein Blick auf das Aneroid, das 2550 Meter über dem Meer anzeigte, rissen mich aus der Täuschung. Nein, in solchen Höhenlagen lassen nur noch die äquatornahen Tropen den hohen Wald grünen, und gar der ewigfeuchte Mooswald, in den wir jetzt höher steigend eintraten, dem nicht nur alles Menschliche fremd zu sein scheint, der auch der Pflanzenwelt die Herrschaft über das Tier sichert, ist ausschließlich den australasiatischen Inseln, insonderheit Neuguinea, eigen. Der Boden, am Waldrand von einer elastischen Moosdecke gebildet, ist bald nunmehr eine meterhohe Schicht faulenden Laubes, in die der Mensch bis über die Knie versinkt; das mühsam herausgezogene Bein hängt im Augenblick voll von Blutegeln, die sich durch die Falten der Wickelgamaschen, ja durch die Ösen der Schnürstiefel hindurcharbeiten, die den ungeschützten Beinen der Farbigen einen Aderlaß bereiten, welcher die Kräfte zu verzehren droht. Nur die von den Baumstämmen zum Aufhalten des Winddrucks viele Meter weit ausgesandten und untereinander verschlungenen Hauptwurzeln eignen sich noch als Pfad, erzwingen aber ein ständiges Balancieren, so daß Herz und Lungen, durch die feuchtigkeitübersättigte Luft bereits überanstrengt, zu noch größerer Arbeitsleistung getrieben werden, ohne daß dem aus allen Poren trotz der relativ kühlen Höhentemperatur rinnenden Schweiß eine Verdunstungsmöglichkeit gegeben wäre. Denn vergeblich sucht auch das hoch stehende Tagesgestirn seine Strahlen durch das dichte Bergwalddach zu schicken, um die sich wie vollgesogene Schwämme anfühlenden Moosmüffe zu trocknen, welche, wie die Wurzeln, so die Äste, Stämme und Zweige, ja die dünnen Farnstengel umgürten, oder die geisterhaft von Baumkrone zu Baumkrone schwingenden Nebelschwaden zu verscheuchen, die wie ein undurchdringlicher Vorhang die bereits durch die dichter stehenden, von Epiphyten- und Parasitenranken verhangenen Stämme und Unterholzkronen verengte Aussicht noch mehr zu beschränken. Das düstre Grüngrau belebt kein Vogelruf, einzig das Bengbeng, das Klick-klick der Myriaden von Feuchtigkeitstropfen, die von den Moospanzern, von den Blättern, von Schlinggewächsranken, von wie Zottelbärte aus den Baumkronen herabhängenden Flechten auf die großblättrigen Bodenpflanzen herunterklatschen, unterbrechen das Schweigen. Nur hie und da leuchtet das volle Weiß, das feurige Gelb, das satte Rot oder das Enzianblau eines Baumorchis aus dem Einerlei, an die sich Aug' und Herz des Menschen anklammern, damit nicht das Innere ebenso verschimmle wie das Lederzeug der Ausrüstungs- und Bewaffnungsstücke. Das schreckliche Schweigen der Umgebung läßt die Menschen verstummen oder nur in Flüsterworten sich ver-

Die »Wahlenburg«
Wohnhaus der Firma H.R. Wahlen auf der Insel Maron (Neuguinea)

ständigen, während die Augen der Farbigen scheu umherirren, ob nicht der böse Berggeist, der Tamburan, mit seinem todbringenden Blick plötzlich aus dem Nebelverhang heraustrete. So steigen wir stundenlang empor, suchen dann, als das Sichvertiefen der Dämmerung verrät, daß die Sonne dem West horizontal zueilt, lange vergeblich nach einem Lagerplatz für die Nacht. Endlich sind einige notdürftig horizontal verlaufende Wurzeln gefunden, auf denen sich eine Art Hängeboden aus entmoosten Knüppelhölzern als Boden für das gemeinsame Zelt errichten läßt, so daß ein, wenn auch äußerst beschränktes und schwankendes, so doch ebenes Fleckchen gewonnen werden kann.

Dann folgt der unruhigen Nacht der Tag wieder ohne Sonnenlicht, nur an dem lichteren Grau erkennbar, welches der Wald gegen die zwölfstündige schwarze Finsternis eingetauscht hat.

Aber die 3000-Meter-Höhenlinie läßt mehr und mehr kleine Sonnenscheibchen auf dem fester gewordenen Erdreich, auf den Stämmen und dem Gelaub spielen, und bei 3200 Meter Seehöhe arbeiten wir uns in flacher gewordenen Hänge durch abgeblühte, mit Sonnenlicht übergossene Rhododendrongürtel hinan, in deren dunkelgrünem Laubdach unzählbare Nektariden und buntgefleckte Kolibiripapageien ihr Spiel treiben und sich an den Samenknoten gütlich tun.

Eine mächtige, von dünnem Krüppelwald bestandene Kuppe zieht jetzt die Aufmerksamkeit von dem glacisartig ansteigenden, von Farngestrüpp, Heide und Preißelbeerstauden bedeckten Hang der näheren Umgebung. Es ist der Sattelgipfel des Bachelorberges, von dessen 3450 Meter Höhe meine Vorgänger vor 3 Jahren ihr noch 2 Meilen westlicher gelegenes Ziel nur erschaut hatten, ohne es zu erreichen. Hier war die deutsch-britische Grenzexpedition gescheitert, an Weiß und Schwarz zermürbenden Krankheiten, an hartnäckigen Angriffen der in den westlichen Hochtälern hausenden Bergpapúa.

Diesen, insbesondere dem von den Bewohnern der Ebene als Miß-miß-Papua bezeichneten Stamm, den ich wegen des Mordes an einem regierungsgetreuen Sopa-Manne zur Rechenschaft ziehen wollte, galt mein Zug dicht unter dem Hochkamm der Zentralgebirgskette vorbei. Und während die kleine Soldaten- und Trägerabteilung neben den verrottetenen Stangen des letzten Lagers meiner Vorgänger das Nachtlager errichtete, um die für den nächtlichen Gebirgsmarsch in den Rücken der Miß-miß-Dörfer notwendigen Kräfte zu sammeln, wanderten meine Gedanken hinunter in das in der Wakaia-Ebene gelegene Expeditionshauptlager, wo jetzt um die frühe Nachmittagsstunde der von meinem europäischen Sergeanten geführte Haupttrupp zum Vormarsch antreten mußte, wollte er auftragsgemäß vor Anbruch des kommenden Tages die Abriegelung der Miß-miß-Dorfschaften nach der Talseite und nach den westlichen Höhen durchführen. Würden die beiden erst wenige Monate zuvor in Neuguinea Gelandeten und daher jeder Erfahrung Baren, denen ich einen buschgewohnten Eingeborenenunteroffizier als Berater beigegeben hatte, ihren Auftrag befehlsmäßig lösen, mir die ihrer Gewohnheit folgend bei Annäherung eines sie überraschenden Feindes mit Frau und Kind sich bergwärts in den deckenden Wald zurückziehenden Krieger in die Arme treiben, so daß ein Blutvergießen vermieden werden konnte?

Lange noch quälten mich die Fragen, so daß mir der leise Weckruf des Wachtsoldaten um Mitternacht, der für den Marsch in die Tiefe festgesetzten Stunde, viel zu früh erschien. Nur wenige Minuten beleuchtete die helle Mondscheibe den schmalen Pfad. Dann verschlang uns wieder der Mooswald mit seinen wallenden Nebeln, mit seinen Moosen und Flechten und seinem faulenden blutegelverseuchten Boden. Dicht hintereinander, die Hand an das lange, die Kolonne zusammenhaltende Rotangtau angesaugt, strebten wir bergabwärts. Bald balancierten wir über glitschige Wurzeln, bald ritten wir über glatte Baumstämme, welche tiefe, von Rauschen gurgelnder Wasser erfüllte Schluchten notdürftig überbrückten. Zuweilen verlangten Bergbänder, die allein das Überwinden der jähen Granitwände ermöglichten, atemberaubende Kletterarbeit; dann wieder mußten unfreiwillige Halte eingelegt werden, um die festgebissenen Blutegel mit glimmenden Holzscheiten abzubrennen. Vor jedem Zweig fuhr an zurück. weil ihn die von den Bambusfackeln glühenden Nebel ins Übermaß verzerrten. Endlich atmete man erleichtert auf, als der Fuß wieder festeres Erdreich betrat und der lichtere, fast unterholzlose Regenwald den Glanz einzelner Sterne hereinließ.

Noch ehe die nächtlichen Lichtboten durch ihr Verblassen den heraufbrechenden Tag andeuteten, machte unser wegekundiger Wakai-Führer halt. Wir waren zur Stelle; nur 500 Meter vorwärts und hangabwärts lag, durch einen Hochwaldgürtel von uns getrennt, das erste Papúadorf. Lautlos wurde die Schützenkette auseinandergezogen, und als die ersten Hahnrufe an unser Ohr schlugen und wir die Stimmen vereinzelter Weiber vernahmen, welche die geblendeten Dorfschweine aus den Hütten trieben und die Feuer zur Morgenmahlzeit für ihre gestrengen Herrn anfachten, waren die Anweisungen an die einzelnen Posten gegeben.

Gespannt lauschend erwarteten wir den vereinbarten Alarmschuß der Talkolonne, welche längst ihre Abriegelung beendet haben mußte. Aber unruhiger klopften unsere Herzen, nachdem der sieghafte Tag das nächtliche Dunkel verscheucht hatte, als laute, aus Männerkehlen stammende Zurufe vom Dorf her heraufschallten, als nach einer Weile monotone Gesänge zu uns drangen, die nach Aussage unseres kundigen Führers verkündeten, da sich die Miß-miß-Krieger zum Zurechtmachen ihrer Waffen versammelt hatten. Wo blieb die Hauptabteilung, warum ging sie nicht auf den augenscheinlich völlig ahnungslosen Gegner vor? Von allen Seiten sah ich die fragenden Blicke meiner Soldaten auf mich gerichtet. Schon hatte sich mein farbiger Gefreiter an mich herangeschlichen; heiße Flüsterworte: »Angreifen, Herr, jetzt entrinnt uns keiner!« schlugen an mein Ohr. Ich verstand seinen Eifer und seine Denkungsweise, er aber nicht mich und meine Absichten, die durch die allseitige Einkreisung Überraschten zum Strecken der Waffen und zur Auslieferung der Mörder zu zwingen, die Schuldlosen aber frei zu lassen und dadurch das Vertrauen dieser mit der deutschen Schutzherrschaft noch nie in Berührung gekommenen Völker zu gewinnen.

Schon begannen die Spitzen der höchsten Urwaldriesen sich zu vergolden; kein Alarmschuß fiel. Jetzt verstummte auf einmal der Waffengesang, immer drückender lastete das Schweigen auf der Seele. Da schien es mir wie eine Erlösung, als krächzende Rufe aus unmittelbarer Höhe über meinem Standort die Stille unterbrachen. Meine Blicke suchten den heiseren Sänger und schauten in ein kleines Fleckchen blauen Himmels. Doch was war das? Der blaue Fleck bewegte sich, nahm Gestalt an, er hüpfte und tanzte, schwang sich wie ein gewandter Turner hin und her. Jetzt strich er ab, kehrte zurück und saß bewegungslos nahe der Zweigwurzel. Und nun begann der sagenhafte *blaue Paradiesvogel* mit seiner Morgentoilette. Wie kobaltblau leuchtete der graziöse Kopf, von dem sich das weniger dunkel getönte Blau, das den Hals und die Flügeldecke auszeichnete, reizvoll abhob. Noch eine Kleinigkeit heller waren die Bauchseite und die Schwungfederenden, während die beim Balzen geblähten langen Schmuckfedern im heitersten Lichtblau erstrahlten, das auch den halblangen Schwanz verschönte.

Ehrfurchtsvolles Staunen erfüllte mich, und die Augen konnten sich von dem Vogelwunder, das kaum 30 Schritte von mir entfernt nun seinen Liebestanz aufzuführen begann, nicht eher losreißen, als bis mich ein leichtes Zupfen am Rockärmel in die Wirklichkeit zurückstieß. Es war der Wakaia-Mann, der mich darauf aufmerksam machte, daß ein mit unterdrückten Rufen untermischtes Hin und Her aus dem Dorf drang, welches sich talabwärts zu verziehen schien.

Just als er mir die Ursache seiner trostlosen Miene auseinandersetzen wollte, brach sich das Echo eines in weiter Ferne abgegebenen Büchsenschusses an den engen Talwänden. Vereinzelte Rufe folgten, dann blieb wieder alles still. Es war kein Zweifel mehr möglich; jetzt hatte die Hauptabteilung eingegriffen, und in wenigen Minuten mußten die Weiber, Kinder und Alten der bedrohten Miß-miß-Dörfer auf ihrer Flucht bergan und waldwärts in unsern Absperrungskreis laufen. Doch vergeblich bohrten sich unsere Augen in das vorliegende Waldgrün, umsonst lauschten unsere Ohren auf das Herannahen vorsichtiger Schritte. Wiederum rollte der Widerhall mehrerer, aber jetzt dicht vor uns abgegebener Büchsenschüsse an den Talhängen entlang, das letzte verklingende Echo übertönt von Befehlsworten und Kommandos, die nur aus dem Mund der beiden Europäer kommen konnten. Sie mußten sich mitten in den Dörfern befinden, waren vielleicht gar in einen Hinterhalt geraten und zur Verteidigung gezwungen. Mit »Sprung auf! Marsch – Marsch!« setzte ich mich an die Front der Schützenkette und stürzte mehr, als ich lief, hangabwärts auf das herauftönende Stimmengewirr zu. Der Waldrand gab den Blick auf das nur 50 Meter vorwärts gelegene Hauptdorf von Miß-miß und das ganze Tal frei.

Vom Dorfplatz leuchteten die Tropenhelme der beiden Sergeanten auf, die fluchend und scheltend die Soldaten davon abhielten, ein zweites Feuergefecht gegen die allein im Ort gebliebenen und grunzend zwischen den gewohnten Hütten aufgeregt hin und her flüchtenden Schweine zu eröffnen. Auf den sich von den jenseitigen Grashängen scharf abzeichnenden Pfaden aber sah man die entwischten Miß-miß-Leute bereits außerhalb wirksamer Schußweite in rascher Flucht den Wohnsitzen der ihnen befreundeten Lamani zustreben.

Das Einkreisungsmanöver war gänzlich mißlungen. Der entgegen den gegebenen Anweisungen zu spät begonnene Vormarsch der Talabteilung hatte diese erst mit Tageslicht an ihr Ziel geführt, so daß die Annäherung von den Papúavorgehöften bemerkt worden war. Der erste Schuß hatte fliehenden Feldwächtern, die späteren den einzigen Verteidigern des erstürmten Hauptortes gegolten: den gemästeten Dorfschweinen. Die ungeheuren Anstrengungen, denen sich meine Umgehungsabteilung mit der Ersteigung der über 3000 Meter hohen Gebirge und der nächtlichen Abwärtskletterei unerzogen hatte, waren umsonst gebracht. Der Mord des Sopa-Mannes blieb zunächst ungesühnt. Aber der mit berechtigtem Groll angetretene Rückmarsch zum Expeditionshauptlager nach Aru in der Wakaia-Ebene wurde durch das Bewußtsein gemildert, eines der reizvollsten Vogelwunder erlebt zu haben.

Phospatabbau auf Nauru (Südsee)

Die Ameisen. Eine Südseegeschichte

Von Benno Scholz-Madang

Wir wohnten in demselben Hotel Unter den Linden und entdeckten uns am Stehtisch als alte Südseeleute. Das gibt schnelle Bekanntschaft. Schon am zweiten Abend saß ich auf seinem Zimmer, wir tranken Whisky-Soda, rauchten und erzählten uns Südseeschnurren. Mein Gastgeber hatte sich zur Erhöhung der Gemütlichkeit in einen molligen japanischen Kimono gehüllt. Er war von kostbarer brauner Seide und erregte meine Aufmerksamkeit, weil er über und über mit goldenen Ameisen bestickt war.

»Sie wundern sich über die seltsame Stickerei«, bemerkte mein Gegenüber. »Ich habe die Tiere eigens darauf anbringen lassen. Ich verehre die Ameisen.«

»Die Ameisen?«

»Ja, die Ameisen! Gewöhnlich kennen wir sie draußen bloß als die Zerstörer unserer Häuser, aber zuweilen retten sie uns das Leben. Sie wittern eine neue Südseegeschichte? Schön, ich will sie Ihnen erzählen.«

Er holte eine ungeheure russische Reisezigarrentasche, die hundert Stück faßte, aus dem Koffer und stellte sie vor mich hin.

»Wie ich Ihnen bereits sagte, war ich drei Jahre lang in Deutsch-Neuguinea. Ich war Angestellter der Neuguineakompanie in Friedrich-Wilhelmshafen oder, wie die Eingeborenen es nennen, in Madang. Mein Leben war dort ziemlich eintönig. Vor- und nachmittags klapperte man auf der Schreibmaschine, um fünf spielte ich eine Stunde Tennis und abends trank man sein Bier in der Messe. Hin und wieder unterbrach ein Erdbeben das Einerlei. Diese Ereignisse sind dort nichts Seltenes. An sich zwar schwerer als die in Italien und ähnlichen Erdbebenländern, sind sie weit weniger gefürchtet, weil man in Holzhäusern wohnt, die nicht einstürzen. Immerhin, das Rattern und Poltern ist unheimlich genug, besonders in der Nacht. Wer aber als echter Südseemann daran gewöhnt ist, sagt: »Aha, wieder mal ein Erdbeben!«, dreht sich um und schläft weiter. Mitunter fällt die Lampe um, was man vermeiden kann, wenn man Holzklötze um ihren Fuß legt. Aber, was rede ich, Sie waren selbst dort, und ich erzählte Ihnen nichts Neues.

Mit diesen Holzklötzen beginnt meine Ameisengeschichte.

Zwischen Tennis und Abendbrot schmökerte ich gewöhnlich bei der Lampe. Geschichte war mein Steckenpferd. Manchmal besuchte mich um diese Zeit der Eingeborene Nalon, der von der Insel Beliao, an der anderen Seite des Hafens, auf seinem Kanu herübergerudet kam, um seinen Dorfklatsch loszuwerden. Dann kauerte Nalon im vollen Schmuck seiner Eberzähne zu meinen Füßen und ging erst wieder, wenn er zur Belohnung eine Stange Tabak erhalten hatte.

»Good you put him diwai lon lamp. By and by guria!« »Lege die Klötze an die Lampe, es kommt bald ein Erdbeben!« sagte er eines Abends beim Gehen. Ich holte die Klötze, an die ich nicht gedacht hatte, und rettete damit die Lampe; denn kaum hatte mich Nalon verlassen, so begann das Haus zu wackeln, daß es ohne die Klötze sicher die schönsten Scherben gegeben hätte.

»Nalon kann Erdbeben machen«, sagte Esau mein Hausboy, »alle Kanaker Angst vor ihm haben!«

Halt, das war wieder eins von den Kanakergeheimnissen, wie Regenmachen, Gespenstersehen, Ingwerzauber und dergleichen. Das mußte ich Nalon aus der Nase ziehen. Nalon wandte und krümmte sich, als er wiederkam. Es ging offenbar um ein Geschäftsgeheimnis. Erst als ich ihm die Zigarrenstummelkiste, mit der er schon immer liebäugelte, versprochen hatte, brach seine Widerstandskraft zusammen.

»Wenn die Ameisen«, begann er und stockte im gleichen Augenblick, da Esau lange Ohren machte. Den Rest flüsterte er mir leise zu und schloß todernst mit den Worten: »Bewahre meine Rede, Master, alle andern nicht wissen!«

Hm, etwas mehr hatte ich eigentlich erwartet.

Bald darauf lief meine dreijährige Vertragszeit ab. Meine Sachen waren bereits gepackt. Doch sollte ich als Abschluß meiner Tätigkeit noch eine mehrtägige Anwerbereise unternehmen. Das Schutzgebiet hatte sich gewaltig entwickelt, die Arbeiter wurden rar, und man mußte zur Anwerbung bereits Gegenden aufsuchen, die bisher von Weißen nur selten oder gar nicht betreten waren. Die »Siar«, der Kompaniedampfer, machte gerade ihre Reise nach der Nordküste, um von den einzelnen Handelsplätzen die Kopra abzuholen. Sie sollte mich in der Gegend des Sepikflusses, der damals noch nicht erschlossen war, absetzen und bei der Rückfahrt dort wieder abholen. Mit sechs bewaffneten Boys und zwei Trägern ging ich an Bord. Ein Anwerbeerfolg – an dem ich nicht zweifelte –, das gab einen guten Abschied. Und dann wollte ich mir die weite Welt besehen! Geld in der Tasche und fünfundzwanzig Jahre! In meiner Vorfreude wäre ich am liebsten wie eine Rakete in die Luft gegangen.

Gegen Mittag hatten wir die Arkarinsel steuerbords, deren erloschener Vulkankegel sich wie brauner Samt aus der dunkelblauen Flut hob. Wir saßen an Deck und frühstückten. Vogt, der Kapitän, der alte Dammköhler, der die Fahrt mitmachte, um sich von den Anstrengungen eines langen Buschaufenthalts zu erholen, und ich.

»Seien Sie vorsichtig«, sagte Dammköhler, als die Rede auf meine Anwerberreise kam, »ich bin da mal in der Nähe vorbeigekommen. Es sollen rohe, grausame Kerle dort sein, Kopfjäger und Menschenfresser.«

»Es ist noch niemals in Neuguinea ein Weißer von Eingeborenen gefressen worden«, sagte ich patzig. »Alle Behauptungen dieser Art haben sich bei der Nachprüfung als unwahr erwiesen.« Ich kramte die Weisheit aus, die ich abends am Messetisch aufgelesen hatte.

»Kein Weißer! Mag sein!« erwiderte Dammköhler und zog an seiner kurzen Pfeife. »Das habe ich auch gar nicht behauptet. Aber ihre schwarzen Gefangenen fressen sie, nachdem sie sie vorher in hundsgemeiner Weise gequält haben. Ich hörte damals von der Steinmarter erzählen; da machen sie Steine glühend heiß, öffnen dem Opfer die Hand, legen einen Stein hinein und binden sie selbst zu. Das gleiche geschieht mit der Achselhöhle und den anderen Gelenken. Zuletzt muß ein solcher Unglücklicher ein heißes Steinchen schlucken. Ich habe selbst vieles im Busch erlebt und keinen großen Grund, an der Geschichte zu zweifeln.«

»Buschgeschichten!« sagte ich überlegen. »Nach meinen Erfahrungen sind die Schwarzen harmlose Naturkinder. Wenn man gleich wild darauf losschießt, wehren sich die armen Kerle selbstverständlich. Im übrigen, ach, was wird nicht alles hierzulande zusammengefaselt!«

Der alte Südseekapitän und Dammköhler wechselten einen Blick. Es gab kaum eine nasse Ecke im Schutzgebiet, wo die »Siar« nicht schon geankert hatte. Und Dammköhler, so einfach er aussah und auftrat, hatte fast ein ganzes Menschenleben an die Forscherarbeit im Busch gesetzt. Aber wenn man jung ist, Herr, sitzt einem die Unbescheidenheit unter der Nase. Na, sie nahmen dem Grünling nichts weiter krumm und wünschten mir, als das Boot wenige Stunden später losmachte, alles Glück.

Und ich hatte Glück, gleich am Anfang, wo mir ein zufälliger Umstand sehr zustatten kam. Ein starkes Erdbeben hatte kurz vorher ein großes Stück der Küste mitsamt dem Dorfe durch Einbruch unter Wasser gesetzt. Nur die Baumkronen ragten noch aus der trümmerbesäten Schlammflut hervor. Da gab es schnell einige Faulpelze, die der Arbeit, neue Häuser aufzurichten, die ihnen gewiß war, das noch ungewisse Los der Fremde vorzogen. Das übrige taten meine Schätze, die ich in reicher Fülle vor ihnen ausbreitete: Beile, Hobelmesser, rotes Tuch, Spiegel, Maultrommeln und was man sonst bei solchen Gelegenheiten bei sich führt.

Dieser erste Erfolg machte mir Mut, so daß ich am zweiten Tag einen Vormarsch in den Busch wagte. Einer der Angeworbenen, der schon früher bei der Kompanie gearbeitet hatte, Pitschingenglisch sprach und behauptete, auch die Sprache der nächsten Dörfer zu verstehen, diente uns als Dolmetscher. Das Geschäft ging weiter gut, und ich konnte schließlich auf eine ganze Anzahl junger kräftiger Kerle blicken, die sich unserem Zug angeschlossen hatten.

Am nächsten Morgen wollte ich zur Küste zurückmarschieren und die »Siar« erwarten. Ich saß abends rauchend vor dem Zelte. Meine Leute hockten, in Decken gehüllt, um ein kleines Feuer, auf dem sie sich Taro brieten. Die fast vollkommene Scheibe des Mondes riß große Fetzen aus der Nacht, tropfte Lichtpünktchen in meinen Teebecher und wob die schimmernde Gedankenbahn zur Heimat. Nur traumhaft hörte ich von ferne die Trommeln der Eingeborenen, bald darauf andere, die zu antworten schienen. Wie mir der Dolmetscher erklärend vom Feuer herüberrief, war in einem der Dörfer ein Weib vermißt worden. Ich war in so froher Gemütsverfassung, daß ich kaum hinhörte. Wenn morgen Abend im Hafen neben der »Siar« der Lloyddampfer »Prinz Waldemar« lag, ging es bald lustig der Heimat zu. Meine Erwartung war so groß, daß ich die letzte Nacht schlaflos zubrachte.

Dorf am Morobefluß in Neuguinea

Ich erhob mich, als der erste fahle Schimmer am Himmel erschien. Vor dem Zelte standen schläfrig die beiden Posten. Es roch nach verbranntem Holz und vermoderten Blättern. Ich fröstelte und wollte nicht stehen bleiben. Nur ein paar Schritt weit, die Anhöhe hinauf; vielleicht konnte ich von dort das Meer sehen. Ich muß in diesem Wunsche weiter, viel weiter gegangen sein, als die gebotene Vorsicht im Busch erlaubte. Mir ist die Erinnerung an diese Minuten kurz vor der schrecklichsten Stunde meines Lebens nicht geblieben. Nur das eine weiß ich, daß der inzwischen erwachte Dolmetscher mir nachgelaufen kam.

Ich erhielt plötzlich von hinten einen furchtbaren Stoß, daß ich stürzte und gegen einen Baumstamm schlug, der quer über dem Pfade lag. Vor Schmerz und Schreck verlor ich halb die Besinnung; alles andere ging unter in dem fanatischen Geheul der plötzlich überall aus dem Gebüsch hervorbrechenden Wilden, die mit Speeren bewaffnet sich meiner bemächtigten und mich davonschleppten. Als ich halbwegs wieder zu mir kam, fand ich mich auf einem runden, ziemlich freien Platze mit Lianen an einen Baum gefesselt. Von meiner rechten Schulter sickerte durch den Khakianzug Blut. Die Wilden tobten und brüllten wie von einem Taumel erfaßt, andere schlugen die Trommel. Der Dolmetscher stand unter ihnen und redete auf sie ein. Ich merkte, daß es sich um den Verlust des Weibes handelte und er vergeblich unsere Unschuld darzutun versuchte. Was ich sah, erschien mir, dem so jäh und grausam aus all seinen Himmeln Gegriffenen, wie ein Spuk, etwas Unfaßbares und ganz Unwirkliches. Auf das Trommeln waren immer mehr Eingeborene erschienen. Schließlich wurde der Dolmetscher beiseite geschoben und ein Kreis um mich gebildet. Was hatten die Kerle mit mir vor? Einer von ihnen bückte sich, hob hier und da etwas vom Boden auf und näherte sich der schwelenden Brandstätte, die inmitten des Platzes lag. Barmherziger Gott! Dammköhler! Die Teufel machten Steine heiß!

Man liest mitunter, daß sich in höchster Gefahr die einzelnen Geschehnisse unseres Lebens vor unserem geistigen Auge noch einmal mit Blitzesschnelle abspielen. Nichts von alledem! Ich dachte, daß es um die siebente Stunde sei; daß die Wolke dort oben eine merkwürdige Gestalt hatte; dazwischen schob sich der Kaffeetisch mit der geblümten Decke, an dem wir daheim das Wiedersehen gefeiert hätten.

In diesem schrecklichen Augenblicke nahte meine Rettung. Nicht aus dem Lager, aus dem ich zwar Schüsse hörte, aber keine Hilfe erhielt, nein, von einem andern, kleinen, ganz unsäglich lächerlichen Umstande. Zwei Ameisen krochen plötzlich über meine gefesselte Hand. Ich sah am Baumstamm hinab, auf die anderen Bäume, alles wimmelte von Ameisen. Der Gedanke an Nalon durchzuckte mich. »Wenn die Ameisen in ganzen Haufen auf die Bäume kriechen«, so hatte er gesagt, »dann kommt ein Erdbeben.« Herr, seien Sie einmal in Todesnot und Sie werden, wenn es Ihnen Rettung verheißt, auch das Unsinnigste mit glühendem Glauben umfassen!

»Sage den Kerlen«, sprach ich zu dem Dolmetscher, der in meiner Nähe stand, »wenn sie mich nicht sofort losbinden und ungeschoren lassen, werde ich ein furchtbares Erdbeben herbeiführen!«

Auf die Rede des Dolmetschers begann ein neues Gebrüll. Einige zeigten nach der fernen Küste, wo die Bäume aus dem Wasser ragten. Andern schien die Sache nicht geheuer vorzukommen. Die meisten lachten.

Auf einmal sahen sie alle zu den Palmenwipfeln empor, wo sich plötzlich ein seltsames Rauschen vernehmen ließ. Die Palmenwedel veränderten wie von Geisterhänden berührt ihre Lage und hingen schräg gegen den Himmel. Das Rauschen war um so unheimlicher, als sich ringsum kein Lüftchen regte. Durch Stamm und Äste ging ein Ächzen und Stöhnen, dann grollte es langsam näher kommend unter den Füßen, es schüttete, donnerte, rollte, klirrte und krachte, als ob sich die Erde unter uns auftun wollte. Das Gebrüll der Wilden war atemloser Stille gewichen, in ihren schreckensstarren Gesichtern malten sich Entsetzen und Furcht: wer Erdbeben machen konnte, dem standen wohl noch andere Hexenkünste zur Verfügung. Als sich der erste zur Flucht wandte, machte die ganze Bande wie auf Befehl kehrt und stob in Hast davon. Ich hatte bis dahin jede Einzelheit verfolgen können. Dann drehte sich vor mir alles im Kreise. Als mich der Dolmetscher abgeschnitten hatte, fiel ich von Aufregung und Blutverlust erschöpft in eine tiefe Ohnmacht.

Als ich die Augen wieder aufschlug, lag ich auf einem Lehnstuhl an Deck der »Siar«. Das Wasser rauschte, Dammköhler hatte sich über mich gebeugt und flößte mir Kognak ein. In Madang, wo der »Prinz Waldemar« bereits festgemacht hatte, ließ er mich in die Kabine tragen und sah nach meinem Gepäck. Nalon erhielt in meinem Auftrage, weil er mich so schön erleuchtet hatte, eine Laterne und ein Tönnchen Petroleum.

An Bord des schönen Lloyddampfers wurde meine Schulterwunde bald wieder heil. Das Abenteuer aber hatte insofern noch eine weitere Bedeutung für mich, als es meine gesamten Lebensverhältnisse ändern sollte. Die Geschichte bildete natürlich das Bordgespräch. In Manila erschienen sogar einige amerikanische Ausfrager, die die Geschichte für ihre Blätter ausschlachteten. Dadurch wurde ein in Manila eingestiegener Deutscher, der Altmann hieß und nach Japan reiste, auf mich aufmerksam. Ich mußte ihm wiederholt alle Einzelheiten erzählen; er fand Gefallen an mir und verpflichtete mich nach Ablauf meines europäischen Aufenthaltes für sein Geschäft in Tokio. Dort ging es mir später recht gut; wir blieben beide im Kriege unbehelligt, und ich hätte schon damals allen Grund gehabt, den kleinen Ameisen von Herzen dankbar zu sein. Offenbar waren diese Glückstierchen der Meinung, noch nicht genug für mich getan zu haben. Mein neuer Geschäftsherr handelte mit altem japanischen Porzellan, meist recht kostbaren Seltsamkeiten, die nicht immer leicht zu beschaffen waren. Im großen und ganzen waren wir beim Absatz auf die kaufkräftigen Globetrotter angewiesen; das Geschäft war daher ruhig, aber wenn wir verkauften, wurde auch verdient. Unsere Prachtstücke waren Arita- und Hizenporzellane aus dem 17. und 18. Jahrhundert. Mit ihren wundervollen Darstellungen von Bambusstauden, bunten Vögeln, Päonien und Chrysanthemen hatten sie einen großen Sammelwert; sie verkörperten fast das ganze Geschäftsvermögen.

Es war gerade heute vor einem Jahre, am 31. August, als ich nach Tisch im Garten in meiner Hängematte lag, um ein bißchen der Ruhe zu pflegen. Wenn ich vor mich hinsah, fielen meine Blicke auf den Baumstamm, an dem die Hängematte befestigt war. Plötzlich ... was war das? Waren das nicht ...? In Japan gab es auch zuweilen Erdstöße, verglichen mit den unseren in der Südsee aber die wahren Waisenknaben. Doch was ich da vor mir sah ... ich springe auf ... zwei lange schwarze Züge Ameisen am Baum ... Ameisen, Ameisen, wohin ich blicke, nichts als Ameisen. Mit einem Satze war ich im Hause, wo zu ebener Erde das Sprechzimmer lag. Der Hausherr war im Gespräch mit zwei japanischen Geschäftsfreuden.

»Die Ameisen«, rief ich atemlos, »die Ameisen sind da, in großen Haufen die Ameisen. Das kostbare Porzellan muß heraus, schnell, schnell!« Die Japaner lachten, als sie hörten, was los war.

Altmann lachte nicht.

In einer Stunde lag alles, was uns im wahrsten Sinne des Wortes teuer war, im Garten, wohleingebettet in den üppigen Rasen. Was sich noch im Hause befand, mochte der Teufel holen. Wir selbst hielten uns nachts im Garten auf.

Meine Geschichte ist damit eigentlich zu Ende; denn was sich in der Nacht zum 1. September 1923 in Tokio ereignete, ist Ihnen bekannt. Unser Haus, auch die Häuser der beiden Japaner, stürzten bei dem Erdbeben ein, die Trümmer verbrannten. Es war ein furchtbares, in seinen Folgen für mich aber sehr günstiges Erlebnis. Herr Altmann, dem ich fast sein ganzes Vermögen gerettet habe, machte mich zu seinem Teilhaber. Auf seine Kosten weile ich in diesen Tagen, wo sich das Ereignis jährt, vergnügt in Europa.«

Mein Gastgeber gab am Fernsprecher eine Bestellung auf. Bald darauf brachte der Kellner eine Sakuskaplatte, Käsestangen und Sekt. Zwei Pullen.

»Aber das Ameisenrätsel!« sagte ich, als der Frack verschwunden war. »Darüber sind Sie mir noch eine Erklärung schuldig.«

»Ach so! Ja, ich habe später darüber nachgedacht und erkläre es mir so. Den Erdbeben, besonders den stärkeren, gehen oft Tausende von kleineren Erschütterungen voraus, die für uns nicht wahrnehmbar sind. Vielleicht sind sie es aber für die Ameisen. Dann wäre die einfache Lösung die, daß sie aus Furcht, vom Sande verschüttet zu werden, auf die Bäume fliehen. Wie dem auch sei, jedenfalls werden Sie zugeben, daß ich einigen Anlaß habe, den 1. September zu feiern.«

Er drehte alle Flammen an und ließ in dieser Festbeleuchtung den Propfen knallen. Wir stießen an, und er strich zärtlich über die goldenen Ameisen seines Kimonos.

»Ja«, sagte ich lachend, »es sind oft gerade die kleinsten Dinge, die ein Menschenschicksal entscheidend lenken.«

»Ein Menschenschicksal? Sagen Sie besser Völker- und Weltschicksale. Hätte die Natur die Nase der Kleopatra auch nur um den Bruchteil eines Millimeters länger oder kürzer geschaffen, Antonius, der verwöhnte Römer, hätte vielleicht nicht um ihretwillen die Schlacht von Actium im Stiche gelassen. Der Todesschlaf des Morgenlandes läge heute auch über Europa. Wir hätten keine Zeppeline gehabt.«

»Aber auch keinen Weltkrieg!«

Aus dem Saale unten klang gedämpft eine entzückende Musik zu uns herauf. Es war das Menuett von Bocherini. Wir aber schwiegen und sahen nachdenklich in unsere Rauchringe.

Südsee-Bilder

Von Antonie Brandeis

Als ich im Jahre 1907 meinen Mann nach den Marshallinseln begleitete, gab es im Kreise von Verwandten und Bekannten viel erstauntes Fragen und Verwundern, denn es konnte sich niemand richtig vorstellen, wie es auf den meerumspülten Inselchen, deren Größe auf der Landkarte noch nicht die eines Stecknadelkopfes ausmachte, ausschaue und welcher Art die Bewohner seien. Ermüdet nach fünfunddreißigtägiger Fahrt auf einer norwegischen Segelbark von Sidney in Australien kommend, langten wir in Jaluit an. Obwohl ich geneigt war, alles von der besten Seite anzusehen, denn nur das Bewußtsein, festen Boden unter den Füßen zu haben, machte es, daß ich über alles entzückt war, so kamen mir doch meine neuen Landsleute auf den ersten Blick recht stumpf und teilnahmslos vor. Dem Fremden gegenüber sich stets scheu, sogar mißtrauisch zeigend, werden sie doch bald zutraulich, wenn sie merken, daß man es gut und aufrichtig mit ihnen meint. Ihr immer heiteres Wesen, ihr freundliches Lachen muß ein jedes Herz gewinnen. In der ersten Zeit wurde es mir freilich schwer, mich an das langsame Arbeiten der Insulaner zu gewöhnen; besonders erregte es mich, die Arbeiter zu beobachten, welchen es oblag, den Garten von Unkraut zu befreien. Fast jedes Gras oder Kraut wurde einzeln herausgezogen und die gelangweilte Miene des Mannes deutete an, daß er eine solche Arbeit für höchst überflüssig halte, da in wenigen Tagen ja derselbe Zustand wieder eintreten würde! Es würde töricht gewesen sein, von einer Marschallinsulanerin zu verlangen, sie solle ebenso gewandt und peinlich ein Zimmer reinigen, wie ein Hausmädchen in Berlin; das wäre unmöglich, für solche Arbeiten muß man sich Chinesen halten. Aber die Frauen waschen, plätten und nähen recht gut und bringen auch verhältnismäßig viel fertig, wenn man sie ruhig und ungestört arbeiten läßt.

Wie bekannt, haben sie die Marshallinseln ebenso wie die übrigen Inseln Ozeaniens mit den Insassen abgetriebener Boote bevölkert.

Manchmal wurden auch kleine Flöße mit Kindern angetrieben, welche unfreiwillig ihre Heimat verlassen hatte, denn es herrschte früher die Sitte bei den Marshallinsulanern, jedes vierte Kind in einer Familie auf ein mit einem Segel versehenes Floß festzubinden und so dem Wind und den Wellen preiszugeben; trieb es an, so wurde es freundlich aufgenommen, aber wie viele Kindlein mögen wohl ihren Tod auf diese Weise gefunden haben! Die Insulaner waren wohl durch Nahrungsmangel gezwungen, zu solchen grausamen Mitteln zu greifen, die Bevölkerungszahl auf dem den Lebensmitteln entsprechenden Maße zu halten, gerade wie es auf anderen Südseeinseln Sitte war, die alten Leute zu töten, oder vielmehr die Alten des Stammes zu veranlassen, sich selbst zu entleiben, wenn sie ein gewisses Lebensalter erreicht hatten.

Wie bei allen Naturvölkern ist die Liebe der Eltern zu den Kindern eine ganz abgöttische. Abends sieht man fast jeden Mann ein kleines oder größeres Kind auf der Hüfte tragen; fragt man ihn, ob es sein Kind sei, so bekommt man in vielen Fällen eine verneinende Antwort, denn meistens ist es ein Kind von einer Verwandten, welches der Mann da umherträgt. Es ist Sitte bei der herrschenden Kinderarmut, daß die Verwandten, welche keine Kinder haben, sich in den Nachwuchs der glücklicheren Familienmitglieder teilen. Die Mutter behält meist nur ein Kind und auch dieses tauscht sie oft noch aus.

Bevor wir nun das Leben der Inselbewohner von den Raliks und Rataks weiter betrachten, müssen wir eigentlich erst verfolgen, wie es kam, daß sie auf ihren unfreiwilligen Wanderungen über das große Weltmeer Land trafen, wo sie Nahrung und Schutz fanden.

Diese nur wenige Fuß über dem Hochwaserspiegel sich erhebenden Inselchen bilden, wie Darwin glaubte, einen Kranz um eine allmählich sich senkende Bergspitze. Korallen bauen, wie bekannt, nur in tropischen Meeren, und zwar nur in einer Tiefe von 40 bis 50 Metern, da das Wasser in größerer Tiefe nicht die zum Leben derselben nötige Wärme besitzt. Nun werden aber in viel größeren Tiefen Korallen gefunden, was Darwin zur Annahme der allmählichen Senkung veranlaßt hat. Da die Korallen dort schneller wachsen, wo sie die meiste Nahrung finden, also am äußeren Rand des Riffs, so tritt dort eine Erhöhung ein. Das Meer wirft Korallentrümmer und Sand auf, und so bilden sich kleine Inseln, während in der Mitte, wo das Riff niedrig bleibt, sich die Lagune bildet. Ganze Geschwader können in einer Lagune einen sturmsicheren Ankerplatz finden. Nähert man sich mit einem Schiffe den Inseln, so tauchen erst die grauen Palmwedel auf, näher kommend sehen wir, wie das Land sich in viele kleine Inseln teilt und wie eine kräftige Brandung bei kräftigem Winde haushoch auf das den Inseln vorgelagerte Riff schlägt. Dort, wo das Riff sich spaltete, ist die Passage, und der Kapitän muß es nun verstehen, sein Schiff so geschickt zu lavieren, daß er durch dieselbe in die Lagune einfahren kann.

Es gehört viel Geschicklichkeit dazu, ein Segelschiff durch das Riff zu steuern, denn plötzlich kann der Wind einschlafen. Das Schiff treibt dann langsam mit dem Strom auf das Riff und ist verloren. Menschenleben sind zum Glück meist nicht zu beklagen, denn das Riff ist nicht von hohem Wasser bedeckt, und jedermann kann mit Ruhe in die Boote steigen und das Ufer erreichen.

Sind wir nun glücklich durch die Passage, so bietet sich unserm Auge ein herrliches Schauspiel dar. Vor uns liegt ein großer See, den am Horizont kleine Inseln begrenzen. Hellblau und in allen Farben schimmert das Meer in der Sonne, smaragdgrün wird es in der Nähe des Ufers, und dort sehen wir Korallen in allen Arten und Farben glitzern. Hindurch schlängeln sich kleine Fische und Krustentiere. Aber selbst am Bug unseres Schiffes ist das Wasser so klar, daß wir fast bis auf den Grund sehen können.

Nichts ist interessanter, als bei niedrigem Wasser auf dem Riff der Lagunenseite umherzuwandern. Korallen und Muscheln in allen Farben und Arten leuchten vor uns auf, kleine Krustentiere laufen und hüpfen umher und Seeaale, weiß und schwarz gefleckt, schlängeln sich in großer Schnelligkeit unter Korallentrümmern hindurch. Am Wasserrande stehen Männer und Knaben, welche mit an Stöcke gebundenen kleinen Netzen Fische fangen, die in großen Herden von Raubfischen verfolgt werden. In den Monaten Mai bis November kommen große Züge von Fischen von der offenen See in die Lagune hinein, und es war früher ein Fest für die Insulaner, solche Züge teilweise abzufangen. Zwei Männer halten das Netz und zwei treiben die Fische mittels Ketten von trockenen Palmenblättern hinein. Unerschrocken stehen sie in den weißschäumenden Wogen, welche von Zeit zu Zeit über sie hinweggehen. Sind genug Fische gefangen worden, so ziehen die Fischer Schnüre durch die Kiemen, werfen sich die Fischgirlanden über die Schulter und schreiten munter ihren Behausungen zu.

Marshallinsulaner (Südsee)

Die Beute des Meeres zuzubereiten liegt den Frauen ob. Die Fische werden, ohne ausgenommen zu werden, in Blätter gewickelt und dem Erdofen anvertraut. Dieser besteht aus einer Grube, in der Korallensteine erhitzt werden; zwischen diese werden nun die in Blätter gewickelten Speisen gelegt und langsam im eigenen Safte gedünstet. Fische, Hühner, Tauben, Spanferkel usw. sind auf diese Weise zubereitet äußerst schmackhaft. Besonders am Sonnabend werden große Mengen von Speisen bereitgestellt und am Sonntag kalt gegessen, denn von den Missionaren ist strenge Sonntagsruhe eingeführt. Die Hauptnahrungsmittel der Marshallinsulaner bilden Brotfrucht, Kokosnuß und Pandanus. Die Brotfrucht wird direkt auf die Steine gelegt, unter welchen noch Holzstücke glimmen, und die verkohlte Außenseite dann mit einer Muschelscherbe abgekratzt. Bei den häufigen Meeresfahrten, welche die Insulaner früher unternahmen, waren sie gezwungen, sich Schiffsproviant, der dauerhaft war, zu bereiten. Sie haben diese wichtige Frage bei ihren geringen Mitteln sehr gut gelöst, indem sie sich der Gärung und der Sonne bedienten. Das erste Prinzip wird auf die Brotfrucht, das zweite auf die Pandanus angewendet. Die Brotfrucht wird, nachdem sie einige Zeit in Meerwasser erweicht wird, gründlich durchgeknetet und dann in Gruben, welche sorgfältig mit Blättern ausgelegt werden, verschlossen. Von Zeit zu Zeit wird der gelbe Brei neu durchgeknetet, und ist die Gärung vollständig geworden, so ist diese »Piru« genannte Konserve bis zu zwei Jahren haltbar. Große Abwechslung bietet die Speisekarte der Marshallinsulaner nicht, und die Hausfrauen dort brauchen sich nicht den Kopf zu zerbrechen, wie sie die Familienmitglieder durch Abwechslung zufriedenstellen. Gekocht wird meist für mehrere Familien zugleich. Es vereinigen sich immer mehrere, um das wichtige Geschäft des Kochens zu besorgen. Der Erdofen braucht überdies aufmerksame Bedienung, denn die Arbeit wäre für *eine* Frau zu beschwerlich. Wirkliche Arbeit verrichten überhaupt nur die älteren Männer und Frauen, die Jugend, selbst die vorgeschrittene, gibt sich dem süßen Nichtstun hin. Gegen Abend gehen die Frauen mit Körben, welche aus einem Kokosblatt in wenigen Minuten geflochten werden, in den Busch, um Brennholz zu suchen; es liegt dort trockenes Holz in Massen, aber häufig fällt auch ein großes Baum unter der Axt der Männer. Unterdessen sind die Männer mit großen Lasten vom Fischen heimgekehrt und das Bereiten der Speisen kann beginnen. Die Kinder umlagern schon im weiten Umkreise das Feld der Tätigkeit ihrer Mütter, des Augenblicks gewärtig, wo die ersten fertigen Bissen in ihre Hände wandern. Als Getränk diente ihnen früher und noch jetzt der Palmwein, ein an frischen Traubenmost erinnerndes, äußerst angenehmes Getränk. Die Fruchttraube eines Kokosbaumes wird eingeschnitten und nun tröpfelt der zur Bildung der Nüsse bestimmte Saft in eine unter dem Einschnitt gehängte Flasche. Schade, das alles Angenehme im Leben auch einen bitteren Tropfen hat. Dieser wird dem schönen Palmenwein durch einen kleinen Käfer gebracht, welcher beim Naschen des Saftes in die Flasche fällt und den Genuß des Getränkes dann verhängnisvoll gestaltet. Da der Käfer Kantharidengift in sich hat, so entstehen bei dem nichtsahnenden Trinker starke Schmerzen im Magen und in den Verdauungsorganen. Ist der »toddy« genannte Palmwein in Gärung übergegangen, so wirkt er stark berauschend und soll die damit Befallenen in boshafte Menschen verwandeln.

Die Hauptmahlzeit der Insulaner ist abends, aber während des ganzen Tages kauen die Eingeborenen an etwas herum. Um das Innere einer Kokosnuß gut herauszuschaben, versehen sie ein Stück Perlmuschel mit Zähnen, es als scharfen Löffel benutzend, welcher an einer Schnur am Halse getragen wird. Manchmal sind große Vorräte vorhanden und dann essen die großen Kinder so unglaubliche Mengen, daß man es nicht begreifen kann, wie es möglich ist, ohne krank zu werden. Aber ebensogut können sie auch längere Zeit mit ganz wenig Nahrung auskommen, ja ein bis zwei Tage fasten, wenn es gerade nichts zu essen gibt. In regenarmen Jahren, wenn die Brotfruchternte fast ganz ausfiel und die Kokosbäume litten, waren die Insulaner fast nur auf Fische und Krustazeen angewiesen. Dies ist gegenwärtig anders geworden, da sie sich an den Genuß von Reis, Schweinefleisch und Büchsenkonserven gewöhnt haben und sich alles beim Händler erstehen können. Tee wird sehr gern getrunken, lieber noch Münchner Bier, und einige Häuptlinge sollen ganz gute Quantitäten davon vertilgen können. Volle Bierflaschen sind stets eine Versuchung für viele Insulaner, obwohl sie sonst durchaus ehrlich sind. Da sie früher kein Salz hatten, so benutzen sie auch jetzt noch keins. Wo sie es wünschen, ersetzen sie es durch Seewasser bei Bereitung der Speisen.

Liefert in allen Weltteilen die Pflanzenwelt des Landes der Bevölkerung einen Hauptteil der Nahrung, so ist die Mikronesiens noch mehr von Wert, denn sie lieferte früher auch sämtliche Kleidungsstücke und noch heute ganz und gar ihre Behausungen. Die Männer trugen früher als einzige Bekleidung einen Rock aus hängenden Baststreifen, und damit er recht voll und rund nach Art der Balletteusenröckchen um die Hüften stand, wurde erst ein Gürtel von mehrfach zusammengenähten trockenen Pandanusblättern darunter gebunden und dieser mit einer kunstvoll umflochtenen Schnur umwickelt. Das Haar wurde am Hinterkopf in einen Schopf gedreht, mit Muschelketten umwunden, eine Muschelkette mit Schildpattstückchen um den Hals gebunden und die einfache Toilette war fertig. Jedenfalls sahen sie viel malerischer und interessanter aus als jetzt in den schlecht sitzenden Beinkleidern und den Kattunhemden, welche darüberhängen, und ein Häuptling in einer alten Admirals- oder Kammerherruniform spielt doch höchstens eine lächerliche Rolle. Die Frauen trugen als Kleidung zwei Matten, zierlich und geschmackvoll von feinen Streifen der Pandanusblätter geflochten und mit schwarzem und braunem Bast hübsch bestickt, welche die Gestalt wie in einen Rock hüllten. Den Körper bedeckte bei den Männern sorgfältige Tätowierung, bei den Frauen wurden nur Hals und Arme tätowiert. Diese Sitte, welche viel Unbequemlichkeit mit sich brachte und dank der primitiven Instrumente recht schmerzhaft war, kommt mehr und mehr ab, seitdem der Körper ganz mit Kleidung bedeckt wird und der Zweck der Tätowierung, als Schmuck zu dienen, hinfällig wurde. Vier senkrechte Linien, auf jeder Wange tätowiert, zeichneten den Häuptling aus. Zur Vervollständigung der Toilette dienten in alten Zeiten und noch heute Blumen und Blumenketten im Haar, Blumen in den künstlich verlängerten Ohrlappen, Blumen um den Hals. Die Marshallfrauen sind äußerst geschickt im Flechten kleiner Blumenkränze; es vergeht kein Abend, an dem nicht Frauen und Mädchen, zu mehreren vereint, Blüten sammeln. Sie schmücken ihr Haupt damit, verschenken sie als Zeichen der Zuneigung an ihre Freunde und Verehrer, welche diesen zierlichen Schmuck stolz umhertragen.

Häuptling von Nauru (Südsee)

Viele Frauen und Männer tragen Hüte nach Art der Panamahüte geflochten, das nützliche Pandanusblatt dient abermals als Material.

Ich sagte schon, daß die Flora den Insulanern nicht nur Kleidung, sondern auch Behausung liefert, denn da es keine Steine zum Häuserbauen gibt, so sind die Insulaner darauf angewiesen, ihre Wohnungen von Baumstämmen und Blättern herzustellen. Die alten Hütten ruhten auf vier oder mehr Pfosten, welche frei schwebend ein großes Dach trugen. Der untere Raum zwischen diesen hohen Pfosten blieb ganz frei, nur gegen Sonne und Wind wurden Matten als

Schutz angehängt. Der Boden wurde mit kleinen weißen Korallenstückchen beschüttet und von den Frauen tadellos sauber gehalten, die jeden Morgen jedes Stäubchen und Fäserchen ablesen mußten. Hier hielt sich die Familie auf, die Männer Speere schnitzend oder Angelgerät herstellend, die Frauen Matten und Fächer flechtend. Unter dem Dach war ein Boden abgeteilt, eine Öffnung führte in der Mitte hinein und der Raum diente zum Schlafen und zum Aufenthalt bei schlechtem Wetter. Das Dach wurde aus sorgfältig übereinander genähten Pandanusblättern gefertigt. Es schützt gut gegen Sonne und Regen und hat eine Haltbarkeit von ungefähr zwei Jahren, da die Blätter sehr fest und zäh sind. Alle Beschäftigungen werden im Freien vorgenommen, nur andauernd ungünstige Witterung zwingt die Eingeborenen in die Hütten und zum Nichtstun, was ihnen aber nicht schwer fällt. Oft genug findet man auch bei gute Wetter junge gesunde Männer auf dem Rücken liegend und sich fächelnd, im Munde eine Blume zerkauend.

Ein sehr interessantes Tier ist die große Kokoskrabbe (*Birgus latro)*, ein ursprünglicher Meerbewohner, welcher sich jetzt dem Lande angepaßt hat, da er dort eine ihm zusagende Nahrung findet. Mit seinen Riesenscheren, welche mit kleinen Zähnen besetzt sind, ist er imstande, eine Kokosnuß der äußeren Faserschale zu entkleiden, das Keimloch anzubohren und mit seinen dünnen Füßen den Inhalt derselben herauszuholen. Sie sollen auch die Nüsse vom Baum holen können. In dem dicken Leib der Krabbe findet sich ein Fett, welches wie Krebsbutter aussieht und eine ganz vorzügliche Delikatesse bildet. Die Kraft dieser Tiere ist so groß, daß sie mit ihren Scheren Eisenstangen einkerben und in der Gefangenschaft große Steine heben können, mit denen man ihre Kästen belegte. Fast jedes Jahr finden sich, besonders auf den nördlichen Inseln, wilde Enten ein, welche sich ermüdet dort niederlassen. Man hat sie als eine Art bestimmt, welche in Kanada heimisch ist und alljährlich beim Eintreten der kalten Jahreszeit viele Tausende von Meilen südlich fliegt, den Stillen Ozean durchquerend. Alles zahme Geflügel, Schweine, Ziegen, Katzen und Hunde sind eingeführt, ja leider auch die Ratte.

Über die Geschicklichkeit der Marshallinsulaner als Seefahrer ist schon oft geschrieben worden. Sie sind entschieden ganz hervorragende Seeleute und mußten es werden, da sie nicht nur wie andere Inselbewohner ihre Fahrten auf die nächste Nachbarschaft ausdehnten, sondern durch den geringen Umfang ihrer Inseln bei mangelnden Lebensmitteln gezwungen waren, ihre Fahrten auszudehnen, bis sie neues Land fanden. Die Häuptlinge rüsteten oft Flottillen bis zu 40 Fahrzeugen aus, um andere Häuptlinge zu befehden und sich deren Land anzueignen. Die Marshallinsulaner bauen ihre Kanus mit Ausleger und gebogenem Kiel. Dies soll verhindern, daß das Fahrzeug im Kreise fährt. Da aber Kanus anderer Völker dies Prinzip nicht aufweisen, so wird diese Bauart wohl mehr eine Zufälligkeit sein. Das Segel wird aus zusammengenähten Mattenstreifen gemacht. Die Form des Segels ist die eines Dreiecks, die Spitze nach unten. Sie sollen mit diesen Segeln sehr gut aufkreuzen können und näher am Winde fahren als mit anderen Arten von Segeln.

Eine große Merkwürdigkeit und wohl einzig dastehend, daher für Ethnologen höchst interessant, sind die Seekarten der Marshaller. Aus Stäbchen werden große Rahmen gebildet, in welchen durch andere Stäbchen gerade und gebogene, kurze und lange Linien gebildet werden. Diese Linien sollen den Lauf der Dünungen angeben. Die Lage der Inseln wird durch Muscheln oder Steinchen bezeichnet. Es haben sich viele Seeleute Mühe gegeben, die Benutzung und Handhabung solcher Karten zu erforschen, was aber bis jetzt noch nicht vollkommen gelungen ist, denn die alten Leute hüten ihre Kunst als strenges Geheimnis und weihen nur wenige Leute ein, welche diese eigenartige Navigation fortsetzen. Jedenfalls sehen die geübten Augen der Eingeborenen Strömungen im Wasser, welche dem Weißen entgehen. Auch fuhren sie flottenweise in schräger Kiellinie, sie hatten somit ein größeres Gesichtsfeld, und ihre Beobachtungen wurden durch Signalhörner weitergegeben. Als Signalhörner dienen noch heute große Tritonmuscheln, auf welchen durch ein an der Seite angebrachtes Loch geblasen wird.

Das Auge des Amokläufers

Von Erich Schultz-Ewerth

Die samoanische Iris hat ein klares samtenes Bernsteinbraun, das gegen die Pupille hin sich dem Schwarz nähert, ohne doch völlig Schwarz zu werden. Dieser weiche Übergangston verleiht dem Blick bei beiden Geschlechtern einen sanften träumerischen Schein; der Zauber einer unschuldsvollen Ruhe liegt darin.

Man nennt das Auge den Spiegel der Seele, und in der Tat ist heitere Passivität ein Wesenszug des samoanischen Volkes, – aber nur *einer!* Viel hat im menschlichen Gemüte nebeneinander Platz; das gilt auch von den Samoanern. Langjähriger Umgang mit ihnen und anderen Ozeaniern lehrte mich, daß die bei uns sehr verbreiteten Vorstellungen von den Phäaken der Südsee revisionsbedürftig waren und daß die Anschauungen Rousseaus, Chateaubriands und Chamissos keinen unbedingten Wert für die koloniale Verwaltungspraxis haben.

Insbesondere ist der Samoaner nach Gelegenheit fähig, auf der Stufenleiter der Affekte einen hochgradigen Erregungszustand zu erreichen, der dem malaiischen Amok ähnelt und entsprechende Handlungen zu schneller Reife bringen kann. Von dem Heranziehen eines solchen Gehirnsturms gibt das Auge durch eine deutlich wahrnehmbare Veränderung warnende Kunde.

Der erste Samoaner, dem ich einen tiefen Einblick in die unbegrenzten physiologischen Möglichkeiten seines Volkes verdanke, war ein 30–35jähriger Mann namens *Sitivi* aus dem nahe bei Apia in der Landschaft Tuamasanga gelegenen Dorfe Lauli'i. Es geschah im Jahre 1906, sechs Jahre nach Hissung der deutschen Flagge.

Die Lebensgeschichte dieses Mannes zerfiel in drei Perioden. Während der ersten, der längsten, lebte er in den Tag hinein, wie es alle Samoaner gewöhnlichen Schlages tun, nur daß er zu der kleinen Minderheit gehörte, die unter den unmittelbaren Ausstrahlungen des Kulturzentrums Apia allmählich verlumpt. Er war wohl noch nicht ganz verdorben, jedoch auf dem besten Wege, ein Gewohnheitsdieb zu werden, und daher, im Polizeiberichtsstil zu reden, ein mehrfach vorbestraftes Individuum. Die zweite Periode dauerte einige Monate; er verbrachte sie in Hand- und Fußschellen. In der dritten – nur wenige Wochen – war er wieder frei, aber es war die Freiheit des wilden Tieres.

Das Stehlen anlangend, muß gesagt werden, daß Felddiebstahl in Samoa von altersher ein sehr verbreitetes Übel ist. Aber alles sonstige bewegliche Eigentum war durch die sippschaftliche Organisation vor widerrechtlicher Aneignung geschützt, und die gleiche Achtung wurde dem Besitze des Europäers zuteil. Im Kriege allerdings – bis die Flaggenhissung den fidelen alten Zeiten ein Ende machte – galt unbeschränktes Recht auf Plünderung gegenüber Feinden, Freunden und Neutralen. Die Kombattanten nahmen, marschierend oder lagernd, was sie fanden, und selbst die Europäer ließen sich verständigerweise die Konfiskation gefallen; sie blieben dafür im übrigen unbehelligt und reichten dann ihren Konsulaten Schadenersatzansprüche ein, deren Bearbeitung den diplomatischen Kanzleien viel Mühe und wenig Genuß bereitete. Ich habe im Anfang meiner samoanischen Zeit die Türen meines Hauses unbesorgt, unbewacht und unbeschädigt Tag und Nacht offen lassen können. Erst 1903 hörte dieser ideale Zustand auf, als chinesische Kulis ins Land kamen, größtenteils Hafenstadtpöbel, von dem dann auch Samoaner bald das Einbrechen lernten. Bis dahin war ein richtiggehender samoanischer Spitzbube eine Seltenheit.

Von dem Gefängnis, das Sitivi bewohnte, als er in meinen Gesichtskreis trat, darf man sich keine übertriebenen Begriffe machen. Der samoanische

Samoanische Häuptlingsfamilie

»calabus[1])« befand einfach aus mehreren, auf einem Grasplatz unter Kokospalmen errichteten samoanischen Hütten, ringsherum ein Zaun aus Wellblechplatten, und am Eingang ein Bungalow zur Unterbringung einer samoanischen Polizeiwache. Der verhältnismäßig harmlose Charakter der Anlage rechtfertigte sich durch die geringe Kriminalität des Volkes. Entweichungen wurden weniger durch äußere als durch innere Hemmungen verhindert: Das Gefängnis war eine Einrichtung des »malô[2])«, und vor diesem Worte hat der normale Samoaner einen angeborenen Respekt. Ich vermute sogar, daß die Gefangenen ihren unfreiwilligen Aufenthalt im »fale puipui[3])« als eine Art von Regierungsanstellung, also eine jedem Samoaner erstrebenswert erscheinende Gunst aufzufassen suchten. Was auch immer Sachverständige von einer solchen Strafvollstreckung halten mögen – es stand fest, daß sie von den entsittlichenden Wirkungen europäischer Anstalten mit gemeinsamer Haft frei war. Versuchung und Verführung verrichteten ihr Werk außerhalb. Übrigens waren die Trennung von Familie und Dorf und der Zwang zu regelmäßiger Arbeit – meist Wegebau – immerhin persönliche Unbequemlichkeiten, die den Gefangenen auf die Dauer doch recht fühlbar wurden. Auch die Beaufsichtigung ließ nichts zu wünschen übrig. Der Samoaner als Polizist sah seinen Landsleuten als Gefangenen nichts nach; er war von der Ehre, Amtsgewalt auszuüben zu dürfen, so durchdrungen, daß er seine Pflicht erfüllte und sogar mit Vorliebe sich des dem Kriegsschiffsvolk abgelauschten militärischen Verkehrstons bediente.

Während nun die Gefangenen sonst die Anschnauzer ihrer Wächter ergeben hinzunehmen pflegten, war Sitivi aus anderem Holze, und es gab zwischen ihm und dem diensttuenden Polizisten allerhand Reibereien. Ich sorgte daher unter der Hand dafür, daß er anderweitig beschäftigt wurde. Er hatte nämlich Anspruch auf mein Wohlwollen erworben. Auf einer meiner Dienstreisen, die er als Träger mitmachte, hatte er mir, wenn nicht das Leben gerettet, so doch aus einer großen Gefahr geholfen. Bei dem Versuche, einen angekommenen Fluß zu überschreiten, verlor ich, bis an den Hals im Wasser watend, den Boden unter den Füßen und wäre von der reißenden Strömung talab bis in die blaue See geschwemmt worden, wäre nicht Sitivi schnell bei der Hand gewesen.

Ich tat noch mehr und nahm ihn nach Ablauf seiner Strafzeit in meinen persönlichen Dienst. Er nannte sich nun, der patrialischen Sitte gemäß, meinen »Sohn« und benahm sich einwandfrei. Abgesehen von Arbeiten im Haus, Hof und Garten sorgte er für meine Tafel durch Lieferung von Fischen und jagdbarem Federwild. Namentlich war er ein vorzüglicher Schütze. Der samoanische Bergwald ist reich an schmackhaften Wild-

1) Vom spanischen *Calabozo*, Küstenjargonwort für Gefängnis.

2) Regierung.

3) Gefängnis.

tauben, und in den stehenden Gewässern gibt es vortreffliche Wildenten.

Länger als ein Jahr hielt er es jedoch bei mir nicht aus. Er erbat und erhielt seine Entlassung und ging nach Lauli'i zurück. Das Ewig-Weibliche zog ihn hinan und wurde sein Verderben. Die Erkorene war falsch, und als er dahinter kam, verließ sie ihn.

Der Grimm des betrogenen Ehemanns wendet sich in Samoa der Regel nach hauptsächlich gegen den mitschuldigen Dritten. Die Frau wird meist mit einer Tracht Prügel abgefunden und erhält dann Verzeihung oder sie wird verstoßen. Hier war der Dritte bereits in Sicherheit; daher kam es anders. Als das Boot, in dem die Verwandten der Frau mit ihr heimreisten, an einer Felsklippe östlich von Lauli'i vorbeisteuerte, fiel aus dem Gebüsch ein Schuß und traf, wohlgezielt, die Ehebrecherin in die Brust. Das Boot eilte außer Schußweite, wurde aber weiter nicht behelligt und brachte die Verwundete nach Apia, wo ihr ärztliche Hilfe zuteil wurde. Sie kam mit dem Leben davon; die Kugel war dicht am Herzen vorbeigegangen.

In der Reaktionsapathie, die der befriedigten Rache folgt, ließ Sitivi sich ruhig verhaften und zu acht Jahren Gefängnis verurteilen. Doch nicht lange nach seiner Einlieferung entfloh er nächtlicherweise, obwohl er zur größeren Sicherheit in einer Zelle im Wachtgebäude untergebracht war. Die Polizei fand ihn in Lauli'i und schaffte ihn zurück, worauf die Sicherheitsvorrichtungen verstärkt wurden. Bald danach erfolgte ein neuer Ausbruch, aber die Streife nach Lauli'i blieb diesmal ergebnislos. Im Dorfe war Sitivi nicht, und das Absuchen des dazugehörigen Waldgebiets hatte ebensowenig Erfolg. Eher wäre eine Stecknadel in einem Heuschober zu finden gewesen. Hinterwärts von Lauli'i und in Nordupolu überhaupt kannte Sitivi von Jugend auf alle Pfade, Winkel und Verstecke und erfreute sich außerdem, wie von vornherein anzunehmen war, heimlicher Unterstützung von seiten seiner Verwandten und Freunde. Das Moralgesetz der Sippenordnung verpflichtet die Gemeinschaft und den einzelnen zu voraussetzungslosem gegenseitigem Beistande nach dem Grundsatz: Einer für alle, alle für einen! Dennoch mußte ich den Versuch wagen, ob die samoanische Sitte durch persönlichen und amtlichen Einfluß auf die angestammten Häuptlinge zu durchbrechen war. Positive Machtmittel, dem Recht Geltung zu verschaffen, hatte ich nicht zur Hand. Wir beherrschten Samoa nach dem *indirekten* System, d. h. durch die Behelfe der Eingeborenendiplomatie in Anlehnung an die ursprüngliche politische Verfassung. Auf diese Art regiert es sich wesentlich billiger, aber auch schwieriger als mit einer Schutztruppe, und es kommt stets darauf an, das Prestige zu wahren. Ich schrieb den Lauli'i-Leuten einen Brief, in dem ich ihnen auf den Kopf zusagte, daß sie dem Missetäter Vorschub leisteten, und seine Auslieferung forderte. Blieb der Befehl erfolglos, so geriet unsere Autorität in eine kritische Lage.

Nach etwa einer Woche gespannten Wartens fand ich, vom Dienst in mein Haus zurückkehrend, die versammelten Häuptlinge von Lauli'i im Halbkreis draußen auf dem Vorplatz. Sitivi kauerte in der Ecke an der Außentreppe und brach bei meinem Emporschreiten zur Veranda in das die Unterwerfung unter höheres Gebot andeutende Geheul aus. Auf den Knien rutschte er dann ganz nahe zu mir heran und legte einen Revolver nebst mehreren Patronen vor mir nieder. Während ich ihn mit einigen dem Volksempfinden und dem Sinne der ganzen Szene angepaßten Worten zum Ausharren in seiner Strafe ermahnte, gewahrte ich in seinen Augen zum ersten Male einen fremden stieren Ausdruck, einen verschleierten glasigen Blick, der Übles ahnen ließ! Wie der Revolver in seine Hände gelangt war, ließ sich nicht aufklären. Zwar waren alle Feuerwaffen bald nach der Flaggenhissung gegen Entschädigung eingezogen worden, doch war wohl hier und da noch allerhand zurückgeblieben; der kriegs- und jagdlustige Samoaner schätzt eine Schutzwaffe über alles.

Die Polizeibehörde glaubte mein Verlangen, daß sie weitere Entweichungen nunmehr unweigerlich zu verhindern wissen werde, nur erfüllen zu können, wenn sie Ketten anwenden dürfte. Man wußte, das ich die Kette als ein mit dem persönlichen Ehr- und Freiheitsgefühl des Samoaners unvereinbares Zwangs- und Strafmittel ansah. Allein die Gefängniseinrichtungen waren in der Tat unzureichend, und die Sicherheit der Bevölkerung das erste Gebot. Widerstrebend willigte ich also ein, und hatte doch eine peinliche Emp-

Gouverneur Schutz-Eberth

»Fono« d.h. Ratsversammlung (Samoa)

findung zu überwinden, als ich einige Tage später Sitivi im Garten des Regierungshospitals traf, wie er, in Ketten auf dem Boden sitzend, unter Aufsicht eines der von ihm so gehaßten Polizisten Unkraut jätete, – mit den Händen; denn das Messer durfte ihm nicht mehr anvertraut werden. Zu mir emporschielend, begrüßte er mich: »Talofa, ali'i[1])!« Ungern bekenne ich, daß ich nur ein nichtssagendes »Talofa« erwiderte und vorüberging. Ich war in diesem Augenblick mehr Beamter als Mensch. Letzterer war in dem Gewimmel von Journalnummern und Paragraphen das aus dem Fall Sitivi bereits entstanden war, wenigstens teilweise untergegangen. Ich scheute mich, die Verantwortung der nachgeordneten Behörde auch nur durch den Anschein persönlicher Teilnahme zu stören, aber ich bedauere bisweilen heute noch, den Wildling nicht durch eine freundliche Bemerkung, die mich nichts gekostet hätte, ein wenig aufgemuntert zu haben. Geändert wäre dadurch nichts worden; denn ohne mein Wissen waren bereits Dinge geschehen, die ihn mit der Unabänderlichkeit eines Naturgesetzes zum Untergang trieben.

Der Samoaner ist ebenso spottlustig wie empfindlich, beides oft im Übermaß. Er pflegt das Mißgeschick eines andern, der ihm nicht durch Versippung oder sonstwie nahesteht, von der humoristischen Seite zu nehmen. Seine derben Späße sind freilich immer noch nicht so herzlos wie unsere trockene Weisheit, daß Schadenfreude die reinste Freude sei. Der Verlauf hängt jeweils von Temperament, Stimmung und anderen Zufälligkeiten ab. Handelt es sich aber um Angehörige verschiedener Ort- und Landschaften und bestehen zwischen ihnen aus älterer oder neuerer Zeit Reibungsflächen, so wird Verunglimpfung des Pechvogels lokalpatriotische Pflicht. Ein großer Vorrat innenpolitischer Stichel- und Stachelreden steht in dem samoanischen Sprachschatz dafür zur Verfügung. Auf einen Schelmen werden anderthalb gesetzt, und von den Worten geht man bald zu Taten über. Sitivi war nicht mehr der Mann, geduldig etwa folgendes anzuhören:

»Seht doch den Schwätzer, der erst prahlte, er habe sein Weib getötet und das deutsche Gefängnis gebrochen! Jetzt kriecht er im Dreck herum und trägt Eisen. Ha, du Großmaul aus Tuamasanga, geh und friß deinen Grind[1])«

Der Sohn der eigenen Landsleute muß ihn tiefer verwundet, ihn schneller in das Stadium einer kalten chronischen Wut hineingeführt haben als der Druck der Ketten. Aber die Weißen betrachtete er von da an als seine Feinde; denn *sie* hand-

1)Sei gegrüßt, Herr!

1)Anspielung auf eine Episode aus einem früheren Kriege zwischen Tuamasanga und Aana, in dem Tuamasanga-Gefangene erniedrigend behandelt wurden. Tuamsanga'ai taelase (Tuamasanga friß Grind) ist ein daher rührendes Schimpfwort.

Kokospalmen am Meeresstrand von Samoa (Mulifanua)

habten das tulafono, das ihm unverständliche Gesetz, dem er im Grunde seine Schmach verdankte.

Als die psychische Katastrophe eintrat, befand ich mich im äußersten Westen der Kolonie, in Falealupo auf der Insel Savai'i, an dem Kap, von dem nach der der samoanischen Sage die Seelen der Abgeschiedenen in das Meer hinabtauchen, um in das Totenreich Pulotu zu gelangen. Die inneren Verkehrsverbindungen waren in der Kolonie damals noch schlechter als die äußern: von Insel zu Insel das Eingeborenenboot oder ein gelegentliches Kopraschiff; zu Lande auf miserablen Wegen das kümmerliche samoanische Pferd, streckenweise als Zugtier vor einem Buggy, oder Schusters Rappen, falls man nicht auch, längs der Küste, das Boot vorzog. Ein eingeborener Eilbote war es daher, der mir folgenden Bericht meines Vertreters überbrachte: Sitivi hatte sich seiner Fesseln entledigt, war in den Busch geflüchtet und führte von da aus auf eigene Faust Krieg gegen die Weißen. Den Regierungslandmesser H., der ahnungs- und waffenlos von einer Vermessung heimkehrte, hatte er oben im Gebirge überfallen und ihm einen Speer in den Leib gesandt. Der Schwerverletzte war durch seine herbeieilenden Leute, vor denen Sitivi entfloh, gerettet worden. Dann folgten mehrere Einbrüche, bei denen ihm Schutzwaffen mit Munition in die Hände fielen. Sein Mordanschlag auf den Polizeimeister Sch. mißglückte. Der Schuß, den er aus dem Dunkel gegen den bei Lampenlicht auf der Veranda sitzenden Beamten abfeuerte, ging merkwürdigerweise fehl. Auch ein Versuch, sich durch Einbruch in den Dynamitschuppen drastischere Kampfmittel zu verschaffen, mißlang; das Gebäude war wohlverwahrt. Andere Europäer, in deren abgelegene Wohnungen er eindrang, entgingen durch zufällige Abwesenheit oder Flucht wenigstens leiblichem Schaden. Fast kein Tag verging ohne eine Tat, die nach unserer Auffassung ein Verbrechen, nach der seinen eine rühmliche Handlung war. Der europäischen Bevölkerung bemächtigte sich eine noch nicht dagewesene Aufregung, die zu begreifen sein wird, wenn man berücksichtigt, daß die Häuser der Stadt, zu schweigen von den im ganzen Schutzgebiet in die Urwaldzone vorgeschobenen Pflanzungen, zerstreut inmitten einer dichten, zum Hinterhalt geradezu einladenden Vegetation liegen, daß ihre Bretterwände nicht einmal gegen eine gewöhnliche Bleikugel Deckung bieten und, vor allem, daß die ausgesprochen fremdenfeindlichen Absichten des Verbrechers bei seinen Landsleuten schlummernde Sympathie wecken konnten. Wenn es dahin kam, wenn durch unüberlegtes Verhalten eines Weißen die menschliche Bestie im Samoaner gereizt wurde, stand alles auf dem Spiele. Das Bewußtsein, daß ich einem Zusammenbruche vorbeugen mußte, ohne jede ursächliche Handlung unverantwortlicher Dritter hindern oder sofort ausgleichen zu können, hatte für mich etwas Erdrückendes und doch auch Erhebendes. Das Gefühl, daß es auf mich ankam, habe ich in diesen und in ähnlichen Tagen stets als eine Art Auszeichnung empfunden, die ich mir nicht nehmen lassen dürfe; außerdem aber habe ich dadurch eine gründliche Verachtung gegen alles »Abwimmeln« und andere bürokratische Kniffe gleichen Kalibers erworben.

Ich erklärte den Häuptlingen von Falealupo, in deren Mitte ich saß und die natürlich mindestens ebenso schnell Bescheid wußten wie ich, den Ernst der Lage und die daraus für sie folgenden Pflichten und ließ das zwanzigruderige Dorfboot klarmachen. Noch vor Sonnenuntergang waren wir frei vom Riff und auf dem Wege nach Apia, wo wir nach einer mehr als 24stündigen, nur durch wenige Ruhepausen unterbrochenen Fahrt anlangten. In der Nacht war dort, schien es, außer einer Besprechung mit den beteiligten Gouvernementsbeamten, nichts mehr zu tun. Aber schon nach wenigen Stunden wurde ich mit der Meldung aus dem Schlafe geweckt, daß Sitivi den Deutschen H., der einige Meilen von Apia auf einer einsamen Pflanzung hauste, am späten Nachmittag kurz vor meiner Ankunft erschossen hatte. Der Ermordete war ein junger, fleißiger und tüchtiger Pflanzer aus guter Familie und allgemein beliebt; er hatte mit den Eingeborenen der ihm benachbarten Dörfer in freundlichen Beziehungen gelebt und gehörte überhaupt zu den Weißen, die in dem Eingeborenen als solchem kein Kolonisationshindernis erblicken.

Dieses beklagenswerte Ereignis trieb die Panik zum Gipfel und steigerte leider auch die eingeborenenfeindliche Stimmung unter den Weißen. Nicht der geringste Beweis war vorhanden, daß die Samoaner im allgemeinen Sitivis Verhalten billigten. Doch Massenurteile und Massenstimmungen sind oft ungerecht, und ebenso häufig erzeugt schon bloße Indolenz Unwillen und Mißtrauen bei dem, der mitwirkende Teilnahme erwartet. Wenn irgendetwas mich in der Überzeugung, daß Sitivi von den Samoanern selber, und zwar ausschließlich von ihnen, unschädlich gemacht werden müsse, noch hätte bestärken können, wäre es der Wunsch gewesen, der weißen Bevölkerung zu zeigen, daß jener Verdacht unbegründet war.

Die Häuptlinge, an die ich mich nun wandte, würden vielleicht ganz besonderen Eifer entwickelt haben, wenn ich sie hätte merken lassen, daß man ihnen nicht traute. Aber wie wir miteinander standen, däuchte mich das nicht der richtige Weg, um die Höchstleistung aus ihnen herauszuholen, und ich gab diesem meinem Gefühl auf den Fonos[1]), die ich dorfschaftsweise mit ihnen ununterbrochen von früh bis spät abhielt, unverhüllten Ausdruck. Ich verteilte alle Waffen, die ich hatte, restlos an die Dörfer, denen der Schutz der Stadt und der vereinzelten Pflanzungen und die Verfolgung des Mörders zunächst zufielen, ich betonte in eindringlichen Absprachen, daß ich mich völlig auf sie verließe und vorbehaltlose Hingebung an die gestellte Aufgabe von ihnen verlangte, und ich hatte keinen Anlaß, mich über Mangel an Eifer bei der Ausführung meiner Anordnungen zu beklagen. Im Gegenteil verdankte ich sogar vielen Häuptlingen über das bei der Absuchung des so schwierigen Geländes zu beobachtenden Verfahren Ratschläge, deren Zweckmäßigkeit einleuchtete und erprobt wurde. Für ihre loyale Haltung sprach deutlich die Tatsache, daß seit Aufbietung der samoanischen Dörfer kein weiteres Verbrechen des Geächteten mehr vorkam.

Erwähnenswert ist noch, daß unter den Europäern das nichtdeutsche Element sich als solches verhältnismäßig sicher zu fühlen begann, namentlich die Engländer. Darin offenbarte sich eine mehr oder weniger in allen Kolonien gemachte Erfahrung. Dem Fremdenhaß, wo er besteht, ist ausschließlich oder vorzugsweise stets *die herrschende Nation* ausgesetzt, in erster Linie alles, was Beamter ist oder mit der Regierung zusammenhängt, wogegen die Angehörigen an-

1) Palaver.

derer Nationalitäten nur nebenbei oder versehentlich in Mitleidenschaft gezogen werden. Unter Umständen erfreuen sie sich sogar berechnender Schonung und übernehmen *nolens volens* die Rolle eines Vertreters der Nation, von der der Eingeborene Befreiung oder Beistand dazu erhofft. So haben, von bekannteren Beispielen abgesehen, der Maori-Prophet Rua und der Häuptling Apolosi, jener in Neuseeland, dieser in Fiji Führer einer aufständischen Bewegung während des Weltkrieges, öffentlich ihre Sympathien für Deutschland bekannt. Ich gönnte den nichtdeutschen Europäern die persönliche Beruhigung von Herzen. Wenig aber gefiel mir das schmunzelnde Behagen, mit dem ein englischer Missionar auf einer Außenstation einer von einem Gouvernementsbeamten geführten Patrouille negative Auskunft gab. Hier war das Gefühl der Sicherheit der eigenen Haut in unverkennbare Freude über unsere Verlegenheiten übergegangen und hatte damit einen politischen Beigeschmack gewonnen. Diesen Kreisen galt die deutsche Herrschaft in Samoa stets nur als etwas Vorübergehendes. Für das Allgemeininteresse der weißen Rasse, von dem der Deutsche so gern schwärmt, hat ein hochgesteigertes Nationalbewußtsein erst dann Verständnis, wenn die eigenen Herrschaftsansprüche anerkannt und befriedigt sind.

Die Menschenjagd mit der Losung lebendig oder tot hatte schließlich Erfolg. Als Leiche kehrte Sitivi in das Gefängnis zurück. Zwei Leute aus dem Nachbardorfe Luatuanu'u erwischten ihn im Busch bei Lauli'i und töteten ihn nach kurzer Gegenwehr mit mehreren Schüssen. Ich stellte durch Besichtigung fest, daß es in der Tat der richtige war, und ließ die Leiche dann der Sippe übergeben.

So also handelt und endet ein Samoaner, dessen Gemüt, von unbezwinglicher Leidenschaft umdunkelt, die Anforderungen der Ordnung, der segensreichen Himmelstochter, nicht länger tragen kann. Das Leben hat für ihn keinen Wert mehr, aber er wirft es nicht einfach weg, sondern er fordert die Umwelt heraus und verkauft es so teuer wie möglich. Sein Tun ist, obwohl er völlig unter einer Zwangsvorstellung steht, in sich durchaus überlegt und methodisch, und er weiß, daß jeder Schritt ihn nur noch tiefer verstrickt und Rückkehr unmöglich macht. Bei den Maoris und den Tonganern sind gleichartige Vorgänge beobachtet worden. Es ist, kann man sagen, die den stärkeren Zweigen der polynesischen Rasse eigentümliche Art des Selbstmordes, der in unmittelbarer Form außerordentlich selten bei ihnen vorkommt.

In einem *zweiten Falle* gelang es, einen explosiven Ausgang zu verhindern. Es handelte sich um einen leiblichen Neffen des Großhäuptlings Mataafa, mit seinem Taufnamen Patelesio geheissen und katholisch wie sein Oheim. Patelesio bekleidete in einem Dorfe der Landschaft Aana die Stelle eines Katechumenen und widmete sich, in ehrsamer Ehe mit dem ihm angetrauten Weibe lebend, seinem Berufe, bis ihn der Böse eines Tages durch die Reize einer verführerischen jungen Häuptlingsfrau zu Fall brachte. Die beiden Sünder liefen davon, verbargen sich im Busch und hausten dort wie im Paradiese. Der alte Mataafa war über die Schande äußerst entrüstet, ließ das Pärchen einfangen und schickte mir seinen unartigen Neffen mit der Bitte um exemplarische Bestrafung. Schon war ich unbedenklich im Begriff, eine gehörige Freiheitsstrafe zu diktieren, da raunte mir mein samoanischer Schreiber Tolo ins Ohr: »Sieh seine Augen an, Herr, laß ihn nicht ohne eindringliche Ermahnung von dir gehen; er ist auf der Bahn Sitivis!« Tolo hatte Recht. In Patelesios Augen glimmte dasselbe düstere Feuer, ein Mittel zwischen Trübsinn und verhaltener Wut, das mir damals bei Sitivi aufgefallen war. Ich stellte mich auf die pathologische Behandlungsweise um und ließ zunächst eine Strafpredigt vom Stapel, deren Kraftstellen durch angemessen verteilte *argumenta ad hominem* gemildert waren, so daß der Delinquent sich in der Hand einer strengen, aber väterlich wohlwollenden Führung wußte und nicht jede Hoffnung verlor. Er büßte denn auch seine Strafe ohne Murren ab und gewann zwar nicht seine kirchliche Würde, jedoch sein inneres Gleichgewicht und seine normale Stellung zu den Seinigen und zur Welt wieder.

Auch der *dritte Fall* war einer, der sich nicht ereignete. Eine Häuptlingstochter aus Saluafata, Landschaft Atua, hatte ihre Unversehrtheit verloren und, was noch schlimmer war, die Geschichte ließ sich nicht vertuschen. Sie war nunmehr für eine standesgemäße Ehe unmöglich, und um sie bestens zu verwerten, verheiratete die Sippe sie, ohne sie zu fragen, an einen gemeinen Mann aus dem Stamme der Salelesi, der sich in sie vergafft hatte und durch die Ehre beglückt war. Die Salelesi-Leute stammen von flüchtigen Tonganern ab, die vor alters in Samoa Zuflucht gefunden haben und nach primitivem Fremdenrecht verachtet und kurz gehalten, aber immerhin mir einer gewissen groben Gutmütigkeit behandelt werden. U. a. haben Sie das Recht, von jeder der häufigen Festmahlzeiten und zeremoniellen Verteilungen von Nahrungsmitteltribut eine gehörige Portion zu nehmen. Die Verwandten des Mädchens waren also hierdurch fortan ständig mit Eßbarem bequem versorgt. Allein das Mädchen machte einen Strich durch die Rechnung. Sie hatte von ihrer Selbstachtung nichts eingebüßt und verachtete den Knecht. Schon nach wenigen Tagen entlief sie ihm. Da der verlassene Ehemann katholisch und die Ehe katholisch-kirchlich geschlossen war, nahm sich die katholische Mission seiner an, und auf Antrag des zuständigen Paters unternahm ich einen Sühneversuch. Wenn man das Mädchen sah, begriff man, daß der arme Junge seinen Verstand an sie verloren hatte. Er selber machte neben ihr keine üble Figur. Diese jungen Männer könnten fast alle als Modelle dienen, auch wenn sie nicht zur Elite gehören. Äußerlich sah das Paar somit nicht ungleich aus, und doch war es durch eine Kluft sozialer Anschauungen getrennt. Mein Sermon hatte nur einen Achtungserfolg. Kaum zurück, lief sie wieder davon, und als sich dies Spiel zum dritten Male wiederholt hatte, ließ ich dem Pater sagen, daß alles seine Grenzen habe und die weltliche Gerechtigkeit von nun ab nur noch zur Scheidung eingreifen werde. Ungerufen erschien der Salelsi-Mann trotzdem von neuem, und als er eigensinnig wie ein Maultier sein altes Sprüchlein aufsagte, sah mich aus seinen Augen wieder einmal Sitivi an. Der Jüngling war »verrückt aus Liebe«. Doch ich hatte nun schon Übung in solchen Sachen. Eine längere, mehrfach applizierte samoanische Variation über das Thema: »Tu l'as voulu, George Dandin!« genügte endlich, um ihn zu überzeugen, daß er den Hohn der bösen Welt am ehesten zum Schweigen bringe, wenn er sich eine andere nehme.

Wenn so, unter so gearteten Eingeborenen, möglich wäre, jedes im Entstehen begriffenen Unheils rechtzeitig habhaft zu werden, ließe sich mit je ein wenig »Iriskopie« und Redekunst allen solchen seelischen Entladungen vorbeugen. Mit Reden ist bei Südsee-Eingeborenen, zumal bei den Polynesiern, sehr viel zu erreichen. Die Leute kennen diese ihre Schwäche und sind doch stets bei ihr zu fassen. *»White man's talk too good, kanaka all fool!«*, sagte einmal ein Rarotonga-Mann in lapidarerem Pigeon-Englisch.

Leider lag der *letzte, der schlimmste Fall*, der sich in Samoa kurz vor dem Ausbruch des Weltkriegs zutrug, außerhalb jeder Einwirkungsmöglichkeit. Diesmal waren es gleich mehrere zusammen, nämlich vier Polizeisoldaten, die sich gegen das Gesetz empörten. Der Anlaß lag nicht im Gebiet der Beziehungen zwischen Mann und Weib, sondern die vier Jungen waren durch die Cowboy-Filme des neuen Kinos von Apia zu solcher Tatenlust entflammt, daß sie ihr Mütchen an einigen harmlosen chinesischen Kulis durch einen regelrechten nächtlichen Überfall mit »hands up!« und dgl. kühlten. Aus Furcht vor schwerer Strafe entschlossen sie sich zum Äußersten und entflohen mit Waffen und Munition. Als ich in frühester Morgenstunde die Meldung erhielt, war es bereits zu spät. Zwei deutsche Pflanzer waren von ihnen ermordet. Die Täter wurden von einer aus Weißen und Eingeborenen zusammengesetzten Truppe gestellt und nach einem förmlichen Gefecht, wobei sie sich wie Rasende verteidigten und ein Weißer fiel, überwunden. Drei waren tot, der vierte wurde gehängt. Die Verwendung von Eingeborenen verschiedener Stämme gegeneinander hatte sich bei dieser Gelegenheit nicht vermeiden lassen und rief wieder alte Feindschaften hervor, deren gänzliche Beschwichtigung bei Kriegsausbruch noch nicht gelungen war.

Tsingtau (Kiatuschou)

Die chinesische Bevölkerung des Schutzgebietes Kiautschou

Von Hans Wirtz

Das am 14. November 1897 von deutschen Truppen besetzte, durch Vertrag am 6. März 1898 an Deutschland auf 99 Jahre pachtweise überlassene *Kiautschougebiet* hat einen Flächeninhalt von 552 qkm. Bei der Übernahme war in dem ganzen Gebiet keine Stadt; in den Fischerdörfern von Ober-und Unter-Tsingtau waren vier mit Lehmwällen umgebene chinesische Truppenlager, an der Innenbucht drei Dschunkenhäfen: Tsangkou, Nükukou und Taputou, sonst in dem ebenen Gelände Dorf an Dorf, so daß man, wie die Chinesen sagen, von einem Dorf zum andern die Hähne krähen und die Hunde bellen hören konnte. In den hügeligen und im Norden und Osten bergigen Teilen waren die Siedlungen spärlicher.

Am Eingang der Bucht, dort, wo die deutsche Regierung die später so schöne, blühende Stadt Tsingtau anlegte, mußten einige Dörfer niedergelegt werden, um für den Stadtbau Platz zu schaffen. Abgesehen von den chinesischen Arbeitern, Handwerkern und Kaufleuten, die durch die deutschen Unternehmungen von der Stadt angezogen wurden, betrug die Landbevölkerung in den mehr als 250 Dörfern, von denen nicht wenige bis tausend, einige sogar mehrere tausend Einwohner zählten, fast 100 000 Köpfe, also auf den Quadratkilometer nicht viel weniger als 200, eine Bevölkerungsdichte, die die durchschnittliche von Deutschland bei weitem übersteigt.

Der genannte Vertrag sah vor, daß China für die Vertragsdauer auf Ausübung der Hoheitsrechte im Pachtgebiet verzichtete; damit hatte die deutsche Regierung die Pflicht übernommen, für das Wohl und Wehe der gesamten einheimischen Bevölkerung Sorge zu tragen. Die Chinesen sind dabei nicht schlecht gefahren; als Beweis nur ein chinesisches Verschen, das man die Schulkinder auf dem Lande nach der japanischen Eroberung singen hören könnte. In Übersetzung lautete es: »Japanisch brauchen wir nicht zu lernen; wartet bis übers Jahr, dann ist's aus damit.« Sie glaubten und hofften, daß die Deutschen bald zurückkehren würden.

Die Chinesen unseres Landgebiets sind von großem, kräftigem Wuchs, stark, zäh, langsam und gutmütig, ein ganz anderer Menschenschlag als die kleinen, beweglichen, geriebenen Südchinesen. Ihre Verwaltung hat den deutschen Behörden keine erheblichen Schwierigkeiten gemacht. Ihr praktischer Sinn erkannte bald, daß die deutschen Unternehmungen ihnen zahlreiche bisher unbekannte Erwerbsquellen erschlossen.

Die Kleidung der Bevölkerung ist vom Klima abhängig. Das ehemalige Schutzgebiet liegt unter dem 36. Grad nördlicher Breite, das entspricht in Europa der Breite von Süd-Sizilien, in Afrika der algerischen Küste. Aber im Norden und Westen des Schutzgebiets dehnt sich der riesige asiatisch-europäische Kontinent aus, von dem im Winter schneidende Nordweststürme über ganz Nordchina wehen. Ich habe in Tsingtau oft im Winter 15 Grad Reaumur unter Null erlebt. Im Januar 1917 war der angeblich eisfreie Tsingtauer Hafen gänzlich zugefroren, und weite Flächen der Bucht waren mit Eis bedeckt. Das Klima ist dort im Winter nicht feucht wie hier, sondern vorwiegend trocken. Erhebliche Schneefälle sind nicht gerade häufig. Der Sommer setzt etwas früher ein als bei uns, ist gewöhnlich etwas heißer, und was die Hitze häufig sehr unangenehm macht, ist die große Feuchtigkeit. Im Juli tritt eine Regenzeit ein, und es entsteht eine ungesunde Treibhausluft, in der einem die Schuhe an den Füßen schimmeln können. Dabei entstehen dann leicht Darmerkrankungen. Besonders unerträglich sind in der Regenzeit die Nächte, denn die Seebrise, die am Tag die Temperatur mildert,

Chinesische Geschäftsstraße in Tsingtau

pflegt in der Nacht auszusetzen, und erst gegen 9 Uhr morgens wieder aufzukommen.

Wenn die heftigen Sommerregengüsse niederrauschen, verwandeln sich die Flußläufe, breite Sandflächen, die man sonst gewöhnlich trockenen Fußes passieren kann, in wenigen Stunden in reißende Ströme. Zu Anfang der Belagerung von Tsingtau sind in einem dieser Flüsse mehrere deutsche Soldaten ertrunken, die sich ahnungslos in das reißende Wasser wagten, während sie früher immer trockenen Fußes das Flußbett überschritten hatten.

Der chinesische Landmann trägt Hosen und Kittel aus blaugefärbter Leinwand. Die größeren Dörfer haben alle ihren Blaufärber. China ist in europäischen Werken vielfach das Land des blauen Rockes genannt worden. Früher wurde in China viel Indigo angebaut, die deutschen künstlichen Farben verdrängten ihn aber durch ihre Vorzüglichkeit und Billigkeit. Im Winter werden Hosen und Kittel dick mit Baumwollwatte gefüttert. Die Schuhe sind aus blauem oder schwarzem Tuch mit Filzsohlen. Das Haar ist in einem Zopf geflochten, den ein rotes Band – Rot ist die Farbe der Freude – durchschlingt. Im Trauerfalle muß durchweg Weiß getragen werden, denn Weiß ist die Farbe der Trauer; nicht nur Rock und Hosen, auch das Band im Zopf und die Schuhe müssen weiß sein, am Trauerhause werden weiße Papierbüschel ausgehängt.

Im Sommer schützt der Bauer den Kopf gegen die Sonnenstrahlen durch einen runden flachen Strohhut mit breitem Rand. In der Mitte läuft der Hut in eine Spitze aus, er dient zugleich als Regendach. Während der Regenperiode schützt sich der Bauer durch einen Überhang aus dichtem Strohgeflecht, der fast bis an die Knie heranreicht, er trägt dann kurze Hosen und läuft barfuß.

Die jüngere weibliche Bevölkerung unseres Landgebiets war nicht so einseitig blau gekleidet wie die männliche. Mädchen und jüngere Frauen sah man meist in knallroten, auch wohl grünen Beinkleidern. Ganz allgemein hatten die Frauen und Mädchen künstlich verkrüppelte Füße. Die Frauen können auf den verkrüppelten Füßen nur kurze unsichere Schritte machen und strecken dabei meist die Arme seitwärts von sich, daß sie wie Balancierstangen wirken. Den Europäern erscheint diese Unsitte, die aus dem siebenten nachchristlichen Jahrhundert stammt, als ein Greuel; zur Verteidigung kann man wohl nur das eine sagen, daß die Frauen stärker ans Haus gefesselt werden. Besonders können die jungen Bauersfrauen nicht so häufig über Land aus dem Haus der Schwiegereltern zur Familie ihrer Mutter entwischen, die ihnen sonst aus dem Schatz ihrer Erfahrungen manchen Wink zukommen läßt, wie sie die Schwiegermutter aus Rache am besten ärgern können. Wenn die Frauen über Land ziehen, so reiten sie meist auf einem Maultier oder Esel, den einer ihrer Knaben am Seil führt. Meist trägt das Reittier am Sattel zwei offene Körbe, nach jeder Seite einen. Oft stehen in den Körben kleine Chinesenkinder, manchmal sieht man aber auch, wie aus dem einen Korb ein festlich geputztes Chinesenknäblein sein Näschen, aus dem andern ein schwarzes Schweinchen sein Schwänzchen herausstreckt. Die Mutter des Knäbleins thront in der Mitte, die Knie hoch angezogen. Begegnete eine über Land reitende Chinesin einem Europäer, so leitete der Führer das Reittier querfeldein, so daß das Tier und die Reiterin mit dem Rücken zur Straße zu stehen kam, bis der Europäer vorüber war.

Die Beschäftigung der Landbevölkerung ist bei weitem vorwiegend der *Ackerbau.* Das Akkerland ist sehr stark parzelliert. Großgrundbesitz gibt es nicht. Die einzelne Bauernfamilie bestellt ihren eigenen Acker, der gewöhnlich nicht sehr umfangreich ist, mit zum Teil sehr einfachen Geräten, aber sehr sorgfältig und sachgemäß. Großer Wert wird auf gute Düngung gelegt. Tierische und menschliche Fäkalien werden sorgfältig gesammelt und mit der Erde zerkleinerter Backsteine des chinesischen Ofenbetts vermischt. Das schwarze Warzenschwein wird nicht nur wegen seines Fleisches, dessen Genuß der Europäer ablehnt, sondern vielfach wegen seiner reichlichen Fäkalienproduktion gehalten. Als hochwertiges Düngemittel kommt ergänzend hinzu der Bohnenkuchen, das ist das nach Auspressung des Öls übrigbleibende Produkt der zerquetschten Ölbohne.

Die gewöhnliche Annahme, daß »der Chinese« hauptsächlich von Reis lebe, ist für Nordchina nicht richtig. In unserem Gebiet war der Reisbau fast ganz unbekannt. Dagegen nahm die Süßkartoffel als billigstes und ergiebigstes Nahrungsmittel die erste Stelle ein. Diese Süßkartoffel, auch Batate genannt, ist erst vor 200 Jahren von den Philippinen aus ins Kiautschougebiet eingeführt worden und ist bei der chinesischen Landbevölkerung schnell sehr beliebt geworden. Sie wird im Oktober geerntet und in Scheiben geschnitten an der Sonne getrocknet. Die Scheiben werden im Winter in verschiedener Zubereitung genossen. Kinder essen auch kurz nach der Ernte die noch rohen Früchte. Die Europäer scheuen den Genuß der Süßkartoffel; wir haben sie während der Belagerung als Püree zubereitet zu essen versucht, nachdem uns die heimischen Kartoffeln ausgegangen waren.

Wichtig ist auch der Anbau einer Reihe von verschiedenen Hirsearten, darunter der bis zu 3 Meter hohe Kauliang. Hirse und Winterweizen liefern verschiedene Arten von Brot und sonstigem Gebäck.

Viel gezogen wird die schon erwähnte Ölbohne. In den größeren Orten findet man Ölpressen. Das Bohnenöl, das zudem auch nach Europa exportiert wird, bildet einen wichtigen Artikel für die Bauernküche.

In den letzten Jahren der deutschen Herrschaft hat der Anbau der Erdnuß erheblich zugenommen, nachdem die deutschen Kaufleute in Tsingtau damit begonnen hatten, die Erdnüsse sowohl als das aus ihnen gepreßte feine Öl auszuführen.

Der Ackerboden im Schutzgebiet zeitigt im Verlauf von zwei Jahren gewöhnlich drei Ernten mit deutlich erkennbarem Fruchtfolgegesetz. Im ersten Kulturjahr werden im Frühjahr ausgesät: Hirse verschiedener Art, in beschränktem Maße auch Mais; die Ernte erfolgt anfangs Herbst, etwa Ende August. Nach dieser Ernte kommen als Wintersaat zu Anfang Oktober Weizen, Gerste oder Erbsen in den Boden, die im Juni des zweiten Kulturjahrs eingeheimst werden. Dann werden Ölbohnen, Süßkartoffeln, Rüben, als Einfassung von Rübenfeldern Buchweizen, ferner Weißkohl und andere Gemüse gepflanzt und im Spätherbst eingebracht. Als Kuriosum sei erwähnt, daß Weizen und Gerste nicht breitwürfig, sondern in einzelnen Büscheln gesät werden. Sie werden bei der Ernte nicht geschnitten, sondern büschelweise mit der Hand ausgezogen, die Wurzelerde wird am nackten Fuß abgeklopft. Die Wurzeln werden dann abgeschnitten und als Brennmaterial verwertet. Hier entsteht also nicht das im deutschen Herbstlied so beliebte Stoppelfeld.

Lauschan-Gebirge (Kiautschou)

Besonders wertvoll ist der Boden, der neben Feldfrüchten auch noch Obst trägt. In weiten Plantagen wird auf niedrigen Bäumen die weiße Schantungbirne gezogen, die an der chinesischen Küste sehr beliebt ist und nach der Ernte in zahlreichen Dschunken exportiert wird. Andere häufige Obstarten sind Äpfel, Granatäpfel, Jujuben (eine Dattelart), Kastanien, die von den Chinesen sehr geschätzte, auch von den Europäern gern als Kompott verarbeitete Frucht einer Weißdornart *(crataegus)*, Walnüsse, Weintrauben, Pflaumen, Aprikosen, Pfirsiche und Persimonen (Kaki), in den Tälern des Lauschangebirges auch eine kleine süße Kirsche.

Das deutsche Forstamt hat den Obstzüchtern mit gutem Erfolg Reiser zur Veredelung ihrer Obstsorten geliefert, von ihm haben die Chinesen auch bald die Zucht unserer heimischen Erdbeere gelernt, nicht zu eignem Gebrauch, aber sie entdeckten bald die gute Einnahmequelle, die ihnen die regelmäßige Versorgung der deutschen Familien in Tsingtau mit der köstlichen Frucht erschloß.

Die Viehzucht im Landgebiet ist gering. Das Rind wird als Zugtier für den Pflug gehalten. Der Genuß von Rindfleisch ist nicht beliebt, die Milchgewinnung ist unbekannt, Säuglinge werden daher sehr viel später entwöhnt, als das in Europa üblich ist. Auch Esel und Maultier finden als Zugtier bei der Feldarbeit Verwendung, zudem als Reit- und Packtier. Dem Esel fällt ferner die Arbeit zu, im Dorf den Mühlstein zu drehen, auf dem das Korn gemahlen wird. Damit er bei dem dauernden Kreislauf nicht schwindlig wird, werden ihm die Augen verbunden.

Das schwarze Schwein wird hauptsächlich des Düngers wegen gehalten, der Verkauf nach der Mast bringt keinen erheblichen Reingewinn für den Bauern. Das vom Europäer verabscheute Fleisch ist bei den Chinesen sehr beliebt. Als besonders wohlschmeckend gilt in ganz China das Tsangkouschwein. Im Spätherbst und Winter werden nicht nur aus dem Schutzgebiet, sondern auch weither aus dem Hinterland geschlachtete Schweine zu dem oben schon erwähnten Hafen Tsangkou gebracht und von dort auf Dschunken die Küste entlang exportiert. Man sagt sogar, daß vielfach Schweine von Schanghai aus nach Tsangkou verfrachtet werden und von dort nach Schanghai zurückgehen, um nur als Tsangkouschweine höhere Preise zu erzielen.

Federvieh wird in der Regel nur zum eigenen Hausgebrauch gehalten.

Die an der offenen See, an der Küste der Bucht sowie auf den Inseln gelegenen Ortschaften treiben natürlich eifrig *Fischerei*. Die Hauptfischzüge finden in den Monaten April bis Juni statt. Die Fischer ziehen gemeinsam zum Fang aus. Es sind vor allem drei Arten von Seefischen, die in großen Mengen gefangen werden, dazu kommt der Tintenfisch, dessen Genuß die Chinesen keineswegs verschmähen. Nachdem die Chinesen das Räuchern der Aale von den Deutschen gelernt hatten, brachten sie vielfach köstlichen Spickaal nach Tsingtau zum Verkauf.

Ein wenig erfreuliches Bild bietet die *Forstwirtschaft* bei der Landbevölkerung des Schutzgebietes. Das ist wohl der einzige Punkt, in dem bis zum Ausbruch des Weltkrieges ein befriedigendes Einvernehmen zwischen der deutschen Verwaltung und der chinesischen Bevölkerung nicht erzielt werden konnte, trotz eifrigster Bemühungen.

Altchinesischer Friedhof (Kiautschou)

Die Hügel, die den Hintergrund der Stadt Tsingtau bilden, war 1897 bei der Besitzergreifung fast kahle Felsen, aus denen nur spärlich verkrüppelte Kiefern hervorsahen. Nur durch die Tätigkeit des deutschen Forstamts haben sich die Hügel mit dichtem Grün bekleidet.

Im Landgebiet, in und zwischen den Dörfern, sind viele einzelne Bäume; geschlossener Wald oder Busch ist unbekannt. Im Innern auf den steinigen Höhen und im Norden im Lauschan, einem Gebirge, das sich bis 1000 Meter über den Meeresspiegel erhebt, werden viel Kiefern gezogen, aber die unteren Zweige der Bäume werden regelmäßig abgeschnitten und als Brennholz verkauft. Die Bevölkerung war nicht dazu zu bringen, durch planmäßige Schonung der Kiefernbestände in den Bergen ein Waldkleid heranzuziehen. Der Kiefernspinner richtete starke Verwüstungen an, wenn er nicht regelmäßig abgesucht wurde. Ein Übriges tat die Unsitte der ärmeren Bevölkerung, allen Graswuchs zur Gewinnung von Brennmaterial mit hölzernen Harken abzukratzen, so daß eine Bildung von Humusschicht unmöglich war. In den Berghalden des Lauschan waren in erster Linie taoistische Klöster die Besitzer ausgedehnter Gehölze. Sie behaupteten, wenn sie nicht jährlich durch Schneiden der Kiefernzweige und ihren Verkauf als Brennmaterial Bargeld in die Hand bekämen, so könnten sie die Kosten, die das Absuchenlassen des Kiefernspinners verursacht, nicht bestreiten. Die Klöster im Lauschan sind uns Deutschen sonst sehr lieb gewesen; man konnte in ihnen herrliche Wochen der Erholung in den Bergen genießen, mußte aber Nachtlager und alle dem Europäer unentbehrliche Verpflegung mitbringen. Daß von den Priestern oder Mönchen, deren jedes der im Schutzgebiet gelegenen Klöster nur einige wenige zählte, eine religiöse Einwirkung auf die umgehende Landbevölkerung ausgestrahlt wäre, ist nicht zu bemerken gewesen; sie waren Bauern mit den Bauern, von denen sie sich im wesentlichen nur durch den größeren Landbesitz des Klosters auszeichneten, der als unveräußerlich galt.

Nun ein kurzes Wort über die *Schulbildung* unserer Bevölkerung. Zwar gab es in fast jedem nicht zu kleinen Dorf Schulen, aber es waren nur Privatschulen, die auf dem freiwilligen Zusammenschluß einzelner Familien beruhten. Diese warben aus gemeinsamen Mitteln einen, und zwar für jede Schule nur einen Lehrer an, am liebsten aus dem eigenen Dorfe, wenn sich dort eine geeignete Persönlichkeit fand. Der Lehrer erhielt meist Wohnung in den beschränkten Schulräumen. Ahnenhallen, die nur zu bestimmten Feiern benutzt werden, waren als geeignete Schule beliebt. Der Lehrer war an keinen vorgeschriebenen Lehrplan gebunden, ebensowenig wie eine bestimmte Lehrzeit für die Schüler vorgesehen war. Die Eltern ließen die Schüler (Mädchenschulen gab es überhaupt nicht) solange beim Lehrer lernen, wie es ihnen beliebte. Eine im Jahre 1904 veranstaltete Schulstatistik hat in den Dörfern des Schutzgebiets insgesamt 246 Schulen festgestellt, mit 2994 Schülern. Ist

»Waldfrieden« im Lauschau-Gebirge (Kiautschou)

dies beim Fehlen jeglichen Schulzwangs für eine primitive Bauernbevölkerung auch nicht gerade gering zu nennen, so ist doch aus dem Gesagten klar, daß ein großer Teil der Knaben und Mädchen ohne Schulunterricht blieben. Die deutsche Verwaltung hat im Lauf der Jahre in zentral gelegenen größeren Ortschaften eine Reihe von Schulen mit z. T. mehreren chinesischen Lehrern errichtet, die ständig unter deutscher Aufsicht standen. Bis zur Einführung allgemeiner Schulpflicht ist es nicht mehr gekommen.

Ganz anders als die Landbevölkerung, die hier in kurzen Zügen geschildert worden ist, war die chinesische Bevölkerung der neu entstandenen *Stadt Tsingtau.* Kaufleute aus sämtlichen Hafenstädten der Ostküste und aus dem Innern der Provinz siedelten sich an, Handwerker, Kleinhändler, Schwerarbeiter (Kulis) und die uns so unentbehrlichen Hausdiener zogen in großen Scharen aus weitem Umkreis herbei, nachdem sie die erste Scheu vor den Fremden überwunden und erkannt hatten, daß die deutsche Schaffenslust ihnen viel Gelegenheit zu reichlichem Verdienst sicherte. Wie verständigte man sich mit ihnen?

Es ist erstaunlich, mit wie wenigen Wörtern der Mensch im gewöhnlichen Leben auskommen kann. Die Deutschen eigneten sich schnell eine Anzahl der täglich notwendigen chinesischen Wörter an und flickten sie in deutsche Sätze ein. So konnte man etwa hören: »Boy, spring mal kuai kuai in die fangtsy und hol mir meine mantsy (Boy, spring mal schnell ins Haus und hol mir meinen Hut).« Die Chinesen ihrerseits schnappten eine Reihe deutscher Wörter auf und flochten sie in ihr Chinesisch ein. Diejenigen, die schon an anderen Küstenplätzen in europäischen Diensten gestanden hatten, brachten Ausdrücke aus dem Pidjinenglisch mit, und auch unsere braven Soldaten hatten sich auf der Ausreise schon eine Anzahl solcher Wörter angeeignet. So spielte z. B. das englische plenty (Menge), das im Pidjinenglisch für »viel« gebraucht wird, bei ihnen eine große Rolle. So sagte ein Soldat, der dem Kuli dem Befehl geben wollte, eine Kasernenstube aufzuwischen: »Der Kuli hier plenty mache-mache.« Dazu die nötige Geste, eventuell noch ein kleiner Rippenstoß, das konnte jeder Kuli verstehen. Schon mit dem einfachen »hau« = gut, noch mehr mit »puhau« = nicht gut, reichte man sehr weit. Ein ärgerliches »puhau« mit Stirnrunzeln belehrte den Diener, daß er seine Sache schlecht gemacht hatte; was das war, mußte die Situation ergeben. Natürlich kamen da auch allerhand Mißverständnisse vor. Offiziere schickten aus der Messe zu einem erkrankten Kameraden, um sich nach dessen Befinden zu erkundigen. Der Diener kam zurück mit der Trauerkunde: »Offizier hat ausgelitten.« Die Chinesen können unser »r« nicht aussprechen, sie brauchen statt dessen stets »l«. Der Offizier war inzwischen gesund geworden und ausgeritten. Als Beispiel, wie ein chinesischer Kuli in seinem Mischmasch von Deutsch, Pidjinenglisch und Chinesisch sich verständlich machen konnte, nur den kurzen Bericht vom Ableben eines anderen Chinesen: »Chinaman kapussyla.« Das let-

Umspannstelle Litsun (Kiautschou)

zere Wort ist eine Synonymverbindung des angeblich deutschen »kaputt« mit dem chinesischen »syla« = ist gestorben.

Ich darf nicht verschweigen, daß mancher Deutscher, auch manche deutsche Hausfrau, in Tsingtau gelernt hat, mit dem Dienstpersonal und auch im chinesischen Kaufmannsladen sich fließend Chinesisch zu unterhalten, denn die chinesische Umgangssprache ist nicht besonders schwierig, nur die Erlernung der Schrift und der Schriftsprache macht große Mühe.

Nach der chinesischen Revolution von 1911 haben zahlreiche, z. T. sehr hohe chinesische Beamte des alten kaiserlichen Regimes in Tsingtau Zuflucht vor den Erpressungen der Revolutionäre gesucht und gefunden. Auch zwischen ihnen und den Deutschen hat sich schnell und leicht ein freundlicher Verkehr angebahnt.

Am 7. November 1914 ist die Festung Tsingtau gefallen. Die Japaner haben die deutschen Hoheitszeichen beseitigt. An der Felswand des Hügels, an dem am 14. November 1897 die besitzergreifenden deutschen Truppen des Admirals v. Diederichs Aufstellung genommen hatten, ist von den Deutschen der deutsche Reichsadler mit deutschem und chinesischem Sinnspruch in den Stein gemeißelt worden. Wir nannten dieses Erinnerungszeichen »Diederichsstein«. Die Japaner haben nach der Eroberung von Tsingtau mitten durch das Herz des Reichsadlers in chinesischen Schriftzeichen das japanische Datum des 7. November 1914, des Eroberungstages, eingegraben. Als sie, durch die Washington-Konferenz gezwungen, im Dezember 1922 Tsingtau räumen mußten, haben sie den ganzen Diederichsstein abmontiert und als Trophäe nach Japan gebracht.

Das Landgebiet, das während der deutschen Herrschaft und der japanischen Okkupation seine schlichten patriarchalischen Charakter gewahrt hat, wird auch heute noch dasselbe sein.

Der Charakter der Stadt aber bleibt trotz allem deutsch, und alle von den Deutschen dort geschaffenen Anlagen werden stets von deutscher Schaffensfreudigkeit und von deutscher Leistungsfähigkeit zeugen. Deutschland ist im fernen Osten nicht vergessen.

Der Diederichsstein bei Tsingtau (Kiautschou)

Zum Gedächtnis unserer gefallenen Kolonialkämpfer[1])

Melodie: Jesu hilf siegen

Herr, hilf uns trauern, wir ehren die Toten,
In fernen Landen gefallen im Streit,
Treu ihrem Eide und Deinen Geboten,
Alle ihre Leben zu geben bereit,
Hilf uns gedenken, wofür sie gelitten,
Daß sie für Deutschland gekämpft und gestritten.

Herr, hilf uns leben, wir liegen im Staube.
Sieh, welche Not uns bereitet der Feind!
Länder und Völker ihm fielen zum Raube,
Weil wir nicht blieben im Kampfe geeint.
Führe zusammen, was deutsch ist geboren,
Wieder zu werben, was schmählich verloren.

Herr, hilf uns siegen, den Adler laß wehen
Machtvoll, o Vater, auf blutigem Plan!
Sollen wir alle im Kampfe vergehen,
Führe uns aufwärts auf siegreicher Bahn!
Falle, was fallen mag, in Deinem Namen!
Sieg oder Tod für das Vaterland! Amen.

1) Dieses Lied wurde 1924 bei der Feier zum Gedächtnis der Kolonialkrieger in der Garnisonkirche zu Potsdam gesungen.

Mitarbeiter

Africanus: Walter von St. Paul Illaire, geb. 12. 1. 60 in Berlin; 85 Beamter, später Generalvertr. der DOAG, Kaiserl.-Bez.-Amtm. von Tanga, 01 Dir. der Ostafrika-Komp. und Afr. Ölplalmen-Akt-Ges., Steglitz.
Schriften: Swahili-Handbuch, Swahili-Sprachführer (96), Kriegs-Xenien und viele kolonialpolitische Aufsätze.
Beitrag S. 407. Bild S. 409.
Phot. S: 103, 189, 219, 280, 352, 409

Ahlhorn, Walter, geb. 20.2.79 in Oldenburg, Ass., 10 SWA, 11–15 Bez-Amtm. in Okahandja, Kriegsgefangener, Reg.-Rat u. Bez.-Amtm. a. D. in Oldenburg.
Schriften: koloniale Aufsätze.
Beitrag S. 340. Bild S. 344.

Arning, Wilhelm, geb. 20.12.65 in Hannover, stud. Jura, dann Med., 92–96 San.-Off. in DOA, 00 Reisen in Vorderasien, 04–05 in Ost- und Südafr., 07 Mitgl. des Reichstags, 11 Reisen in Marokko, 14 in DOA zur Einweihung der Zentralbahn, freiw. Arzt in der Schutzstr. 17 schwer erkrankt in Kriegsgefangenschaft, Dr. med. Stabsarzt a.D., stellv. Mitgl. des preuß. Staatsrats, Hannover.
Schriften: Vier Jahre Weltkrieg in DOA; Kolonial- und weltwirtschaftspolitische Aufsätze.
Beitrag S. 426.

Blank, Paul, geb. 74 in Berlin; Oberrealschule, 95–10 DOA. Lehrer, Rektor, Schulinspektor, Kaufmann in B.-Lichterfelde.
Schriften: Fachwissenschaftliche.
Beitrag: S. 377. Bild S. 380.

Boemcken, Julius von, 00–01, Chinaexpedition, 05–14 Schutztrp. in SWA, auf der Rückreise in DOA vom Kriege überrascht, daselbst Komp.- und Abt.-Führer.
Beitrag S. 110, Bild S. 111, 114.

Brandeis, Antonie, geb. Ruete, geb. 25.3.68 in Hamburg; Reisen nach England, Italien, Türkei, Syrien, Palästina, Ägypten, Ostafrika. Als Gattin des damaligen Landeshauptmanns der Marshallinseln 98 Ausreise nach Jaluit. Vorstandsmitglied des Frauenbundes der DKG und des Frauenvereins vom Roten Kreuz, Hamburg.
Schriften: Kochbuch für die Tropen, Aufsätze.
Beitrag S. 486, Bild S. 509.

Braun, Karl, geb. 14.3.70 zu Biebrich; Apotheker, stud. 93–95 u. 99–00 Botanik, Dr. phil., 04–16 am Biol. Landw. Inst. Amani (DOA), 20 zurück aus Kriegsgefangenschaft, Reg.-R., 25 Prof. Leiter der Biol. R.-Anst. Zweigst. Stade.
Beitrag S. 148. Bild S. 149.

Brückner, Eduard, geb. 1.1.71 in Niederschlesien 02 Ass. in der Kol.-Abt., 03–05, Bez.-Amtm. und Referent in Kamerun, 09, Kol.-Amt, 10–11, Stellv. Gouv. In SWA, 11–12, Gouv. von Togo, z.Z. Dirigent im Ausw. Amt (Kol.-Abt.), Berlin.
Beitrag S. 250, Bild S. 251.

Dannert, Eduard, geb 1.10.80 in Omburo (SWA); 06 Dr. jur., 10 Ass., 11–14, Bez-.Richter in Windhuk. Auf der Reise in DOA vom Kriege überrascht. Bez.-Richter in Tabora, 15 Off. der Schutztr., 17 kriegsgefangen. Ob-Reg.-Rat im R.-Ausgleichs-A. Charlottenburg.
Schriften: Recht der Hererós (06), Deutsche Kolonialfrage und Kampf gegen die Schuldlüge (24), Deutschland braucht Kolonien (24), »Im Weltkrieg der Anderen« (kolonialpol. Roman, 25), Geschichtl. Überblick unserer kol. Entwicklung (25).
Beitrag S. 186.

Dempwollf, Otto, geb. 25.5.71 in Pillau, Arzt in Neuguinea, 98–00, San.-Off. in SWA, 01–03 Maleriaexpedition in der Südsee, 04–05, SWA, 06–10, DOA 13–15 zu Sprachstudien in der Südsee. Privatdozent an der Hamb. Univ. (Sem. f. afr. und Südseespr.), Prof. Dr. med., Oberstabsarzt a. D.
Schriften: ethnologische, ärztliche, sprachwissenschaftliche,
Beitrag S. 471
Photo. S: 473, 475

Detzner, Hermann, geb. 16.10.82 in Speier, Off. im bayr. Ingenieur-Korps, 07–19, Grenzvermessungen in Kamerun und Neuguinea, Mitgl. des Reichsarvchivs und der Kol.-Abt. des Ausw. Amtes. Major a. D., Dr. h.c. Schöneberg.
Schriften: Vier Jahre unter Kannibalen, Im Land des Djudju, Fachwissenschaftliches.
Beitrag S. 477

† *Dominik, Hans,* geb. 7.5.70 in Kulm; 90 Lt. im Gren.-Rgt. 12, 94 mit Hpt. Morgen in Kamerun, 98 Leiter der Station Jaunde, zweimal schwer verwundet, 01 Unterwerfung von Adamaua, dann wieder in Jaunde, † 16.12.10. Denkmal in Kribi und Jaunde, dies errichtet zum Teil aus Beiträgen Eingeborener.
Schriften: Sechs Kriegs- und Friedensjahre in deutschen Tropen (01), Vom Atlantik zum Tschadsee (08).
Beitrag S: 276. Bild S. 277.

Fock, Georg, geb. 14.7.67 bei Lübeck, Dr. med., 07–16 Arzt in Okahandja, ehrenamtl. Bürgmstr., 17–20 Windhuk, 20–21 Tsumeb. Arzt in Helmstedt (Brschwg.).
Beitrag S: 346.

Fonck, Heinrich, geb. 19.12.69 in Oberwesel; 89 Lt. J. R. 30, 94 Schutztr. DOA, Resident von Urundi, Grenzvermessungskommissar, Polizeiinspektr. Obstl. a. D. in Berlin.
Schriften: Deutschostafrika, Farbige Hilfsvölker, Unter afrikanischem Großwild, Wildsteppen und Steppenwild.
Beitrag S. 387, Bild S. 388.
Phot. S. 389, 390, 405

Frobenius, Leo, geb. 29.6.73 in Berlin; stud. Philos. und war tätig an den völkerkundlichen Museen Bremen, Basel und Leipzig, 04 Leiter der Innerafrikanischen Forschungsexpedition (Kongo, Senegambien, Liberia), 10 Algier und Tunis, 10–12 Kamerun, Nigerien, Ägypten, Kordofan. Während des Weltkriegs mehrfach in Arabien. Gründer eines großen Afrikaarchivs und einer Kulturlehre. Jetzt an der Universität Frankfurt.
Schriften: Ursprung der afr. Kultur (98), Im Schatten des Kongostaats (07), Auf dem Wege nach Atlantis (11), Und Afrika sprach (12, 13), Paideuma (21), und anderes.
Beitrag S. 294.

Gruner, Hans, geb. 10.3.65 in der Prov. Sachsen; stud. Math., Naturw., Geogr. 91, Dr. phil., 92 Gründung der wissenschaftl. Station Misahöhe in Togo, 94–95 Führung der deutschen Togoexp. zum Niger; 96–98 Gründung von Sansanne-Mangu, 99–14 Bez.-Amtm. von Misahöhe, 14 Führer der Feldkomp. Misahöhe, Kriegsgefangener. Geh.Reg.-Rat und Bez.-Amtm. a. D. zu Sternberg (Neumark).
Schriften: Aufsätze in Zeitungen und Zeitschriften.
Beitrag S: 257

Gustedt, Elisabeth von geb. 10.12.85; Prov. Sachsen, Krankenschwester, 07 in Kamerun, 08 verh. daselbst mit Hptm. Engelhardt. 20 geschieden, Schriftstellerin in München u. Hamburg.
Beitrag S. 302.

Antonie Brandeis Landeshauptmann Brandeis

Haus des Landeshauptmanns der Marshallinseln

Hahl, Albert, geb. 10.9.68 in Niederbayern; 92 Dr. jur., 95 Richter und Verwaltungsbeamter der Neuguina-Komp., 99 Vizegouv. der Karolinen und Marianen, 02 Gouv. von D.-Neuguinea. Im Weltkrieg Unterstaatssekr. im türk. Min. für Handel und Landwirtsch., 18 Dir. der Neuguineakomp., Geh. Oberreg.-Rat, Gouv. a. D. in Berlin, Vors. Des Reichsverbandes der Kolonialdeutschen.

Schriften: Die Entwicklung Deutschneuguineas (11), Zur Geschichte der kolonialen Bestätigung der europäischen Völker,

Beitrag S. 468. Bild S. 469.

Hauer, August, geb. 29.3.86 in der Eifel; Dr. med., 14 tätig bei der Schlafkrankheitsbekämpfung in DOA, San.Off., Stabsarzt a. D. in Charlottenburg.

Schriften: Kumbuke, Ali Moçambique, Meine Sippe – ein Lied des Heimwehs, Novellen, Skizzen, Aufsätze.

Beitrag S. 460.

† *Hoffmann, Kurt;* Kais. Baurat a. D. Mitbegründ. DOA's, Erbauer u. Leiter der ersten Strecke der Usambara-Bahn, Plantagenbesitzer. Gestorben 2.3.15, St. Quentin.

Schriften: Lieder und Gesänge, Letzte Lieder.

Beitrag: S. 357.

Karstedt, Oskar, geb. 10.3.84 in Lübeck; stud. Geol, Geogr. und Volksw., 05 Dr. phil.; 06 Kolonialeleve in DOA, 13 pens.; Schriftleiter der Kolonialzeitung; 19 als Reg.-Rat wieder im Staatsdienst, 20 Ministerialrat im R.-Arbeits-Min., Steglitz.

Schriften: Eingeborenenrechtsprechung in DOA (13) DOA und Nachbargebiete (14), DOA, Deutschlands koloniale Not (16), Der koloniale Frieden (17), Kolonialatlas (18), Handwörterbuch der Wohlfahrtspflege (25), zahlreiche kolonialpolitische Aufsätze.

Beitrag S. 30, Bild S. 512.

Kempner, Franz, geb. 79, Gerichtsass. Dr. jur. 10 Referent und Bez.-Amtm. in DOA, als Reserveoff. der Schutztrp. dreimal verwundet, mit Lettow zurück. Wiederaufbauministerium, Reichskanzlei, 25 Staatssekr. und Chef der Reichskanzlei a. D.

Beitrag S. 422. Bild S. 465.

Koch, Carl W.A.

Schriften: Im toten Busch, Die Stimme des Landes.

Beitrag S. 308

Lettow, Emil v. L.-Vorbeck, geb. 20.3.71 in Saarlouis; 04–07 Hptm. im südwestafrikan. Aufstande, 13–19 Komm. in DOA, Gen-Maj. a. D. in Bremen

Schrift: Meine Erinnerungen aus Ostafrika (20).

Beitrag S. 418, Bild S. 420.

† *Leue, August*; Reg. Bauf., in DOA 1885–1916, Hptm. d. Schutztr., Leiter der Ansiedlung Leudorf am Meru. † 21 Berlin.

Beitrag S. 352

Leutwein, Paul, geb. 26.4.86 in Berlin 03 als Off. auf ein Jahr nach SWA beurlaubt, Teilnehmer am Hererókrieg, 08 Abschied, Kaufmann, stud. Staatswissenschaf., 11 Dr. phil., 12 Studienreise nach DOA, Sansibar, Ägypten. Herausgeber der Zeitschrift »Weltwirtschaft«. Z.Z. Herausgeber der Kol. Nachr. Schriftsteller und Leiter der Rednerschule für Weltpolitik in Berlin.

Schriften: Deutschland als Kolonialmacht (13), Dreißig Jahre deutscher Kolonialpolitik (18), Die Zukunft der deutschen Kolonien (22), Die deutschen Kolonien (24) u.a.

Beitrag S. 341.

Lichtenheld, Georg, geb. 16.1.77; 00 als Tierarzt approb., 03 prom., 03 Assist. von Robert Koch, Reg.-Tierarzt, Leiter des Veterinärwesens in DOA, Geh.-Vet.-Rat und Oberreg.-Rat beim R.-Entschädigungs-A., Weimar.

Schriften: Fachwissenschaftliche.

Beitrag S. 140

Lieberman, Gerhard von, geb. 6.8.87 in der Provinz Posen; Lt. in 5. G.-R., 14 Jagdreise nach DOA. Im Kriege Off. in der Schutztr., Abteilungsführer. Major a.D. in Spandau.

Beitrag S. 436

Liebert, Eduard von, geb. 16.4.50 in Rendsburg; 90 im besonderen Auftrage in DOA, 97–01 Gouv. v. DOA. Im Kriege Div.- und Korpskomm., Gen. der Inf. a. D., Exz., München.

Schriften: Sarmaticus (80 und 86), Neunzig Tage im Zelt (97), Aus einem bewegten Leben (24) und zahlreiche koloniale Aufsätze.

Beitrag S. 370. Bild S. 371.

Lindequist, Friedrich von, geb. 15.9.62 auf Rügen; 92 Reg.-Ass., 94 im Ausw. Amt, 94 Kais. Richter und stellv. Gouv. in SWA. 00 Gen.-Kons. in Kapstadt, 05 Kais. Gouv. von DSWA, 07 Unterstaatsekr. Im R.-Kol-A., 08–09 Expedition nach DOA, 10 Staatsf. des R.-Kol.-A., 11 Abschied erbeten wegen des Marokko-Kongoabkommens, Präs. der D.-Kol.-Ges., Kais. Staatssekr. a. D., Wirkl. Geh.-Rat, Präs. des Deutschen Seevereins, Vors. der Vereinig. für deutsche Siedlung und Wanderung usw. Macherslust bei Eberswalde.
Schriften: DOA als Siedlungsgebiete, Die Kolonien.
Beitrag S. 311. Bild S. 312.

Looff, Max, 14 Kommandant des Kreuzers »Königsberg«, dann Führer im Landkrieg in DOA bis zum Schluß. 21 Konteradm., Viceadm. a. D., Exz., Kiel.
Beitrag S. 428. Bild S. 430.

Marshall, Ernst, geb. 30.4.73 in Weimar; 03 San.-Off. in DOA, 19 mit Lettow zurück, 20 Medizinalrat, Oberstabsarzt a. D. in Charlottenburg.
Schrift: Ums zweite Vaterland (Dichtungen aus DOA).
Beitrag S: 117, 411. Bild S. 123.

Mecklenburg, Adolf Friedrich, Herzog zu, Hoheit, geb. 10.10.73 zu Schwerin; G.-Kür-Rgt., Reisen 94 Kleinasien, 02 Ceylon und DOA, 05 DOA 07, 08 u 10/11 Wissensch.-Zentr.-Afr.-Erp., 12 Gouv. v. Togo, 24 R. nach Nderl. Indien, Prot. d. Kol.-Krieger-Dankes. Schloß Wiligrad b. Schwerin.
Schriften: Das innerste Afrika 09, Vom Kongo zum Niger und Nil 12
Beitrag: Geleitwort, Titelbild.

Mehr, Wilhelm, Sergeant d. Schtr. SWA. Beamter.
Beitrag S. 315.

Meyer, Hans, geb. 22.3.58 in Hildburgshausen; stud. Naturw. und Geogr., Studienreisen in den Kolonien 87, 88, 89, 98, 11, wissenschaftlicher Leiter des bibliographischen Instituts, Geh.-Hofrat, Dr.phil.et. jur. Prof. der Kolonialgeographie und Kolonialpolitik in Leipzig.
Schriften: Eine Weltreise (84), Zum Schneedom des Kilimandjaro (88), Ostafr. Gletscherfahrten (90), Der Kilimandjaro (00), Eisenbahnen im trop. Afr. (02), Eiszeit in den Tropen (04) und vieles andere.
Beitrag S. 358.
Phot. S. 359, 360, 364, 374.

Morgen, Curt von, geb. 11.1.50 in Neiße; Offizier 89–91 Forschungsexp. nach Südkamerun, 91–93 Kol.-Abt., 94, Errichtung der Kameruner Schutztr., 96–97 komm. zum Feldzug gegen die Mahdisten, 99 zum griechisch-türkischen Krieg, 99–01 Militärattaché in Konstantinopel, 01 Gr.-Gen.-Stab. Lebt als Gen. d. Inf. a. D. Exz. in Lübeck.
Schrift: Durch Kamerun von Süd nach Nord (93)
Beitrag S. 265.

Naumann, Heinrich, geb. 7.4.87 in Breslau; 06 Lt. im 9. Jäg.-B., 12–18 bei der Schutztr. DOA, Hptm. a. D. in Spiller im Riesengeb.
Beitrag S. 456. Bild S. 457

Passarge, Siegfried, geb 26.2.67 in Königsberg; stud. Med. und Naturw., 93–94 Teilnahme an der Uechtritzschen Exp., die Adamaua (Kamerun), erwarb 96–99 geol. Erforschung von SWA und SA, 01–02 Reisen in Venezuela, 06–07 in Algerien und der Sahara, 13–14 und 25 Ägypten, 04 Privatdoz.. d. Geogr. in Berlin, 05–08 Prof. in Breslau, seit 08 in Hamburg.
Schriften: Adamaua (95), Kalahari (04), Buschmänner (05), Südafrika (08), Togo (10), Kamerun (14) und weitere geogr. Werke.
Beitrag S. 281

Paulßen, Franz, 03, Beamter in DOA, meist Eingeborenenrichter, im Weltkriege daselbst Komp.-Führer, 17 erkrankt und Kriegsgefangener, Bez.-Amtm. und Hptm. d. R. a. D. in Aachen.
Beitrag S. 394.

† *Peters, Carl*, geb. 27.9.56 in Neuhaus a.d.E. (Hannover), stud. Gesch., Geogr., Philos. und Jura, 79 Dr. phil., 81–83 in London, gründet 84 die Ges. f. deutsche Kolonisation, in deren Auftrage er Teile des späteren DOA erwarb, erhielt am 27.2.85 für seine Erwerbungen den Kais. Schutzbrief; Leiter der DOAG, 91 Reichskommissar am Kilimandjaro. Heftige Angriffe in Reichstag und Presse wegen angeblicher Grausamkeiten führten zu einem Disziplinarverfahren, (Dienstentlassung), worauf P. nach England übersiedelte. Von dort mehrere Forschungsreisen nach Südafrika, später rehabilitiert, † 10. 9.18 in Deutschland.
Schriften: Willenswelt und Weltwille (83), Deutschnational (87), Die Deutsche Emin-Pascha-Expedition (91), Das Deutschostafrikanische Schutzgebiet (95), Das goldene Ophir Salomos (95), Im Goldlande des Altertums (02), England und die Engländer (03), Die Gründung von DOA (06), Lebenserinnerungen (18).
Beitrag S. 37, Bild. S. 37.

Pfrank, kam 88 als kaufmännischer Angestellter bei DOAG nach Mikindani, war dann Faktoreileiter in Pangani und Lindi, 01 Generalbevoll. auf Majunga (Madagaskar); 07–12 Direktor einer Plantagenges., 13–20 Schriftleiter von »Kolonie und Heimat«, 19 Dr. phil.
Schriften: Kolonialpolitische Aufsätze.
Beitrag S. 170, Bild S. 511

Prittwitz und Gaffron, Georg v., geb. 17.6.61 zu Breslau; Off. 85/86 Kamerun, 93 Kleinasien; 97–11 Schutztr. DOA, Inh. der Nachtigalmed. Oberst a. D. Herausgeber vieler Karten. Von ihm stammen die Photos. S. 21, 79, 104, 105, 115, 116, 125, 369.

Ramsay, Hans von, geb. 18.2.62 in Westpreußen; 83 Art.-Off., stud. später Rechtsw. 86–89 im Witugebiet (Ostafrika), dann Off. der Schutztr. DOA, 00 Generalbevollmächtigter der Gef. Nordwestkamerun, 03–14 Reisen in Kamerun, im Kriege Off. in Syrien und Palästina, Lehrer am Sem. f. orient. Spr. in Berlin. Inh. der Nachtigalmed. Obstlt. a. D. in Charlottenburg.
Schriften: Kolonialpolitische Aufsätze.
Beitrag S. 288, Bild S. 279.
Phot. S. 162, 272, 277

Rohrbach, Paul, geb. 29.6.69 in Kurland; stud. Gesch., Theol. und Geogr. Dr. phil. und Lic. theol., Reisen in Rußland, Persien und der Türkei, 03–06 Ansiedlungskommissar in SWA, Reisen in Kamerun, Togo, DOA und China, Amerika. Berlin.
Schriften: In Turan und Armenien (98), Im vorderen Asien (01), Die Badgadbahn (01), Im Lande Jahwes und Jesu (01), Wirtsch. Bedeutung Westasiens (02), Vom Kaukasus zum Mittelmeer (03), Deutschland unter den Weltvölkern (03), Die russische Weltmacht (04), DSWA ein Ansiedlungsgebiet? (05), Deutsche Kolonialwirtschaft (08), Deutsch-Chines. Studien (09), Der deutsche Gedanke in der Welt (12), Gesch. der Menschheit (14), Weltpolitisches Wanderbuch (16), Die Länder und Völker der Erde, Deutschtum in Not, und vieles andere.
Beiträge S. 74, 179, 318.

Schleinitz, Kurt, Frhr. v. Gen. Maj. a. D. Von ihm stammen die Phot. S. 112, 147, 446.

Schmidt, Rochus, geb. 10.7.60 in Schlesien; 82 Lt. im Feld-Art-R. 5, 85 im Dienst der DOAG, fünfmal verwundet, 86–87 Vertreter der deutschen Witugesellschaft, 89–92 in der Schutztr., Rücktritt in die Armee, im Weltkrieg Off. in Syrien und Palästina. Gen.-Maj. a. D. in Berlin-Wilmersdorf.
Schriften: Araberaufstand, Deutschlands Kolonien (94), Deutschlands Kolonialhelden, Aus kolonialer Frühzeit (23).
Beitrag S. 365. Bild S. 10.

Schmidt, Geo A., geb. 70 in Reppen; stud. Land- und Volksw. 95 Britisch-Indien, 99 Ägypten, 00–04 Bez.-Chef Atakpame (Togo), 04–06 Bez.-Amtm. und Landw.Ref. Kamerun, 07 Kol.-A., 08 Kam., 08–16 DOA Reg.-R. und Landw.-Ref., 18 Wirtsch. Stab Rumänien, 20–24 Wirtsch. Sachv. Gesandtsch. Mexiko, lebt in Berlin.
Schriften: »Mexico.«
Beitrag S. 252, Bild 253, 256.
Phot. S. 59, 253

Dr. Ehr. Pfrank
Vor der Faktorei Der DOAG in Lindi

Schnee, Heinrich, geb. 4.2.71 in Neuhaldensleben; 97 Reg.-Ass., 98–00 Kais. Richter in Neuguinea, 00–03 Bez.-Amtm. und Richter in Samoa, 04 Leg.-R. in der Kol-Abt., 05 Kol.-Beirat der Botschaft in London, 11 Ministerialdir. im Kol-Amt, 12–19 Gouv. von DOA, Wirkl. Geh.Rat und Gouv. a. D. Erz. in Charlottenburg, Mitglied des Reichstags, Präs. des Arbeitsausschusses Deutscher Verbände usw.
Schriften: Bilder aus der Südsee (04), Unsere Kolonien (08), DOA im Weltkriege (19), Deutsches Kolonialexikon (20), Weltpolitik (23), Koloniale Schuldlüge (24).
Beitrag S. 464. Bild S. 465

Scholz, Ludwig, Bergbautreibender in SWA.
Beitrag: S. 324.

Scholz-Madang, Benno, geb. 28.12.75 in Glatz; 05 Ger.-Ass., 06 Bez.-Richter, Bez.-Amtm. in Neuguinea, Geh.-Reg.-Rat a. D. Referent im R.-Entschädigungs.-A., Berlin-Friedenau.
Beitrag S. 481.

Schubert, Alfred, geb. 12.8.77 in Augsburg; Reg.-Baum. Im preuß. Eisenbahndienst, 06 Hafen- und Bahnhofsbau in Daressalam (DOA), 07 Kol.-Amt, 08 SWA, 11 Kol.-Amt, 12 Kamerun, 14 Angolaexpedition, dort 15 Kriegsgefangener, 19 Kol.-Amt, Geh. Baurat, Reichsausgleichsamt, Gründer der Arbeitsgemeinschaft für Kol.- und Auslandstechnik (Akotech), Steglitz.
Schriften: Die gemeinen Werte von Dauerkulturen; Die Grundlagen für die Bewertung wirtschaftl. Unternehmungen.
Beitrag S. 127, Bild S. 132.
Phot. S. 137, 200, 202.

Schultz-Ewerth, Erich, geb. 8.3.70 in Berlin; stud. Rechts- und Staatsw. Volksw. und Gesch., 97 Bez.-Richter in DOA, 00–14 in Samoa, zuletzt als Gouv., während des Krieges interniert in Fidji und Neuseeland. Gouv. a. D., Berlin-Wilmersdorf.
Schriften: Sprichwörtliche Redensarten der Samoaner (06), zahlreiche Zeitungsartikel (ständiger Mitarbeiter der Kreuzzeitung)
Beitrag S. 491, Bild S. 494.

Seitz, Theodor, geb. 1.12.63 in Baden; Dr. jur., 89 Ass., 94 Kol.-Abt., 95–99 Kamerun, 99 Kol.-Abt., 07–10 Gouv. v. Kamerun, 10–15 von SWA.; Präs. der Deutschen Kol.-Ges., Wirkl. Geh. Rat, Gouv. a. D., Erz. Berlin.
Schriften: Etat der Schutzgeb. (05), und zahlreiche andere kolonialpolitische Arbeiten.
Beitrag S. 270. Bild S. 342.

Sembritzki, Emil, geb. 69 in Ostpreußen, Lehrer, eröffnet 97 die Reg.-Schule Victoria (Kamerun), lebt in Charlottenburg.
Schriften: D. Kolonialklänge (25); Kol. Gedichtbuch; Durch Urwald und Grasland in K., Südwest; Kamerun.
Beitrag S. 264.

Solf, Wilhelm, geb. 5.10.62 in Berlin; 85 Dr. phil; (Sanskrit), am Gen.-Kons. Kalkutta, stud. 90 Jura, 96 Ger.-Ass. In der Kol.-Abt. 98 Bez.-Richter in DOA, 99 Munizipalitätspräsident, 00 Gouv. von Samoa, 11 Staatssekr. d. R.-Kol.-Amtes, bereist 12 Ostafrika, 13 Kamerun, Togo, Nigerien, wurde im Kriege Staatsekr. des Ausw. Z. Z. Botschafter in Tokio, Exz.
Beitrag S. 12, Bild S. 10.

Stuemer, Willibald von, Art.-Off.; 96 Schutztr. DOA, 02 Bez.-Chef, dann Resident von Bukoba, Obstlt. a. D. und Geh. Reg.-Rat in Potsdam.
Phot.: S. 413, 414, 415, 416.
Beitrag S: 412. Bild 413.
Phot: S. 413, 414, 415, 416

Stuhlmann, Franz, geb. 29.10.63 in Hamburg; ging als Dr. phil. 89 zu zool. Forschungen nach Ostafrika, 90 als Kriegsfreiwilliger verwundet, Lt. in der Truppe, mit Emin Pascha ins Innere, brachte große Sammlungen und reiches kartographisches Material zurück, 93 Chef der Abt. f. Landeskultur und Landesvermessung in Daressalam, 03 Dir. des Biologisch-Landwirtschaftl. Inst. Amani (DOA), 07 Generalsekr. der Zentralstelle des Hamb. Kolonialinstituts, jetzt Dir. des Hamb. Weltwirtschaftsarchivs, Geh. Reg.-Rat Prof Dr. phil. und h. c. der Staatswissenschaften.
Schriften: Mit Emin Pascha ins Herz von Afrika (94), Beiträge zur Kulturgeschichte von Ostafrika (09),

Handwerk und Industrie in Ostafrika (10), Kampf um Arabien (16), Emin Paschas Tagebücher.
Beitrag S. 353, Bild S. 371.

Tafel, Theodor, geb. 2.5.78 in Württemberg; 98 Lt. im J.-R., 120, 04–07 ostas. Besatzungsbrig., 07 Urlaub nach DOA, 08 Eintritt in die Schutztr., im Weltkrieg in DOA schwerverw., Führer der Westtruppen, mußte, um die Truppe vor dem Hungertode zu retten, 17 kapitulieren. Maj. a. D. und Kaufmann in Holland.
Beitrag S. 450.

Thorbecke, Marie, Pauline, geb. 12.8.82 in Aurich, Malerin, 11 mit ihrem Gatten Prof. Dr. Th. in Kamerun (Exp. der D.-Kol.-Ges.) lebt in Köln.
Schriften: Auf der Savanne (14), Häuptling Ngambe usw.
Beitrag S. 296, Bild S. 300
Phot. S. 48, 55, 65, 90, 283, 295, 297, 298, 303, 307.

Waibel, Leo, geb. 22.2.88 in Baden; Teilnahme an wissenschaftl. Exp. in (11) Kamerun, (14) SWA, Prof. der Geogr. an der Univ. Kiel.
Schriften: Urwald, Feld, Wüste (21), Winterregen in Südwestafrika u.a.
Beitrag S. 331, Bild S. 332

Winkler, Curt, geb. 20.12.63 in Zelle a. d. Aue; Off., Sekr. d. D.-Kol-Ges., Maj. a. D., Charlottenburg.
Schriften: Zeitungsartikel über kol. Fragen.
Beitrag S. 23.

Wirtz, Hans, geb. 22.1.67 in Mülheim a. Rhein; stud. Sanskrit u. Germanistik; 94 Dr. phil., 98–00 chines. Studien am Sem. f. or. Spr. i. Berlin), 00–09 Dolmetscher b. Gouv. v. Kiautschou, 09 Dozent a. d. Deutsch-chin-Hochsch. in Tsingtau, 20 pensioniert. Privatgelehrter, Prof. Geh.-Reg.-R.
Beitrag S. 500.

† *Wißmann, Hermann von*, geb. 4.9.53 in Frankfurt a. O.; 74 Lt. im J.-R. 90, 81, mit Pogge von Angola nach Njauwe (Kongostaat), und von da allein zur afr. Ostküste, 83–85 Erforschung des Kassai (Kongo), 86–87 zweite Durchquerung Afrikas, (Angola-Quelimane), 89–91 Reichskommissar zur Bekämpfung des Araberaufstandes in DOA, 93 Transport eines Dampfers zum Njassa, 95–96 Gouv. von DOA, † 15.6.05 auf seinem Gute Weißenbach (Steiermark).
Schriften: Unter deutscher Flagge quer durch Afrika von W. nach O. (89), Im Inneren Afrikas (91), Meine zweite Durchquerung Äquatorial-Afrikas (92), Afrika (03).
Beitrag S. 39, Bild S. 10 und S. 369.

Woermann, Eduard, geb. 14.8.63; 82–83 techn. Hochsch. (Schiffbau), 84 Kamerun, 85 Kaufmann. Weitere Reisen nach Afrika: 88, 89, 90, 93, 05. 88 Teilhaber an der väterlichen Firma S. Woermann, 90 Direktor der DOAL, 11 Seniorchef der DOAL, der Woermann-L. und der Firma Carl Woermann, 1916 nur der letzteren und der Firma Woermann, Brock & Co., † 26.5.20.
Beitrag S. 261.

Zache, Hans, geb. 29.3.69 in Berlin, stud. Rechtsw., Volkw., Philos., und orient. Spr. (afr. Spr. und Arabisch), 95 stellv. Bez.-Richter, 99–10 Bez.-Amtmann in DOA, 11 Reise nach Indien, Referent und Dozent am Hamb. Kolonialinstitut, 13 Studienreise nach SWA, Kamerun und Togo, Reg.-Rat und Bez.-Amtm. a. D., Referent für Afrika und überseeische Kolonialgebiete am Hamb. Weltwirtschaftsarchiv (Kolonialinstitut).
Schriften: Wie machen wir unsere Kolonien rentabel? (06 mit einem ersten Preise gekrönt), Die Ausbildung der Kolonialbeamten (11), Mit dem Kronprinzen durch Indien (3. Auflage, 13), zahlreiche Aufsätze kol.-polit. und weltwirtschaftlichen Inhalts (»Wirtschaftsdienst«). (Mit Rohrbach: Auswanderer-Taschenbücher (darunter von Zache: Deutsch-Ostafrika) 1926.
Beiträge: S. 41, 99, 178, 198, 228. Kolonialscherze S. 375, 385, 392, 405, Bild S: 10
Phot: S. 14, 63, 77, 89, 129, 136, 138, 145, 168, 180, 251, 261, 273, 274, 326, 330, 348.

Zastrow, Berengar v. geb. 7.6.76 in Schlesien, stud. Jura, 06–09 Ref. b. Gouv. DSWA, 10–19 Bez.-Amtm. in Grootfontein. Im Kriege Führer des Burenkorps. Geh. Reg.-Rat., Herausgeber des »Kol.-Deutschen«.
Beitrag S. 163.

Zeucke, Waldemar, geb. 17.1.70 in Neidenburg (Ostpr.); 96 Beamter in DOA, 12 Bez.-Amtm., 14 Off. auf europ. Kriegsschauplätzen, 22 Referent im R.-Ausgleichs-A. Reg.-Rat in Berlin.
Beitrag S. 403.

Dr. Karstedt im Busch rastend

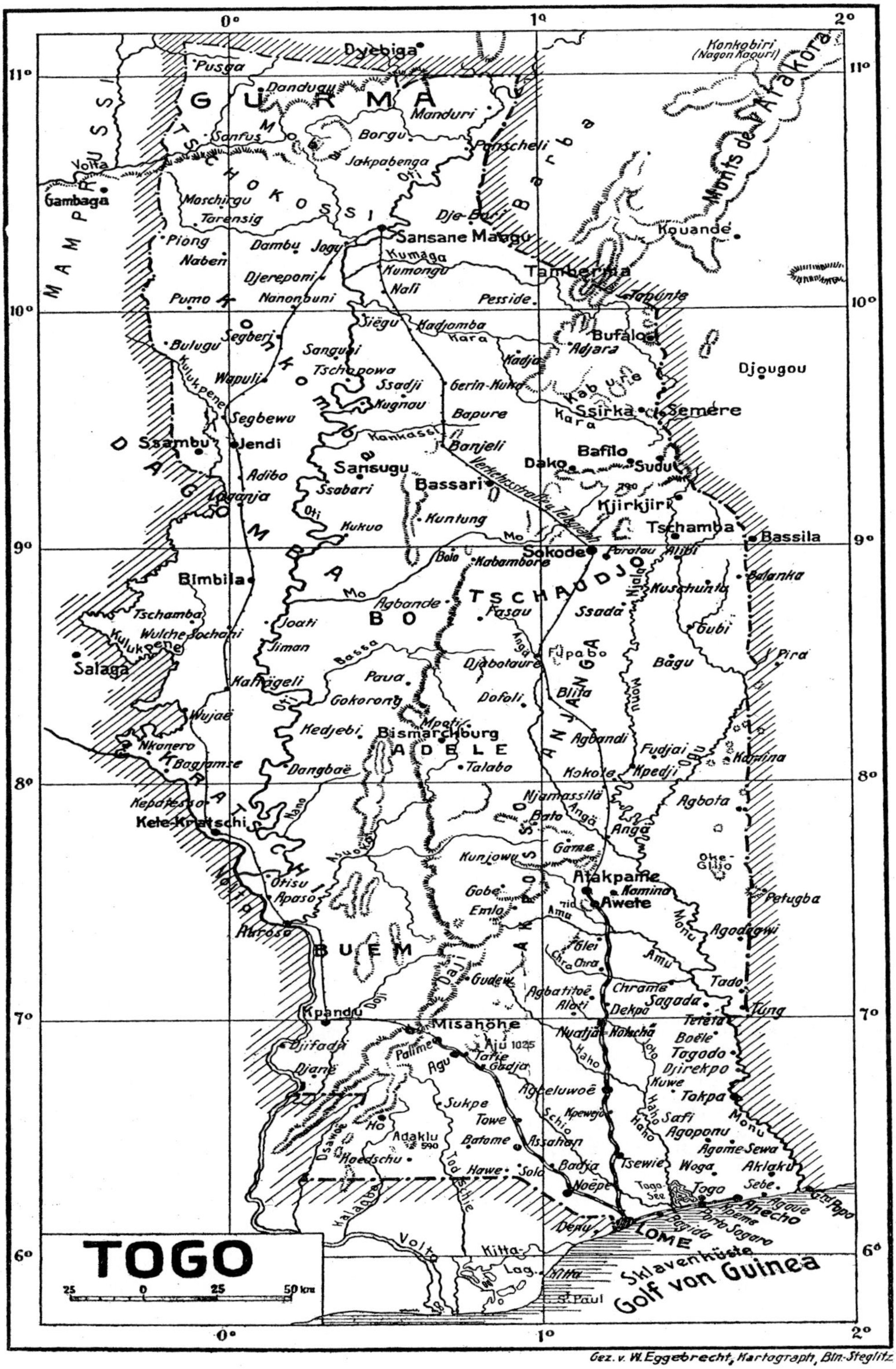

Gez. v. W. Eggebrecht, Kartograph, Bln.-Steglitz

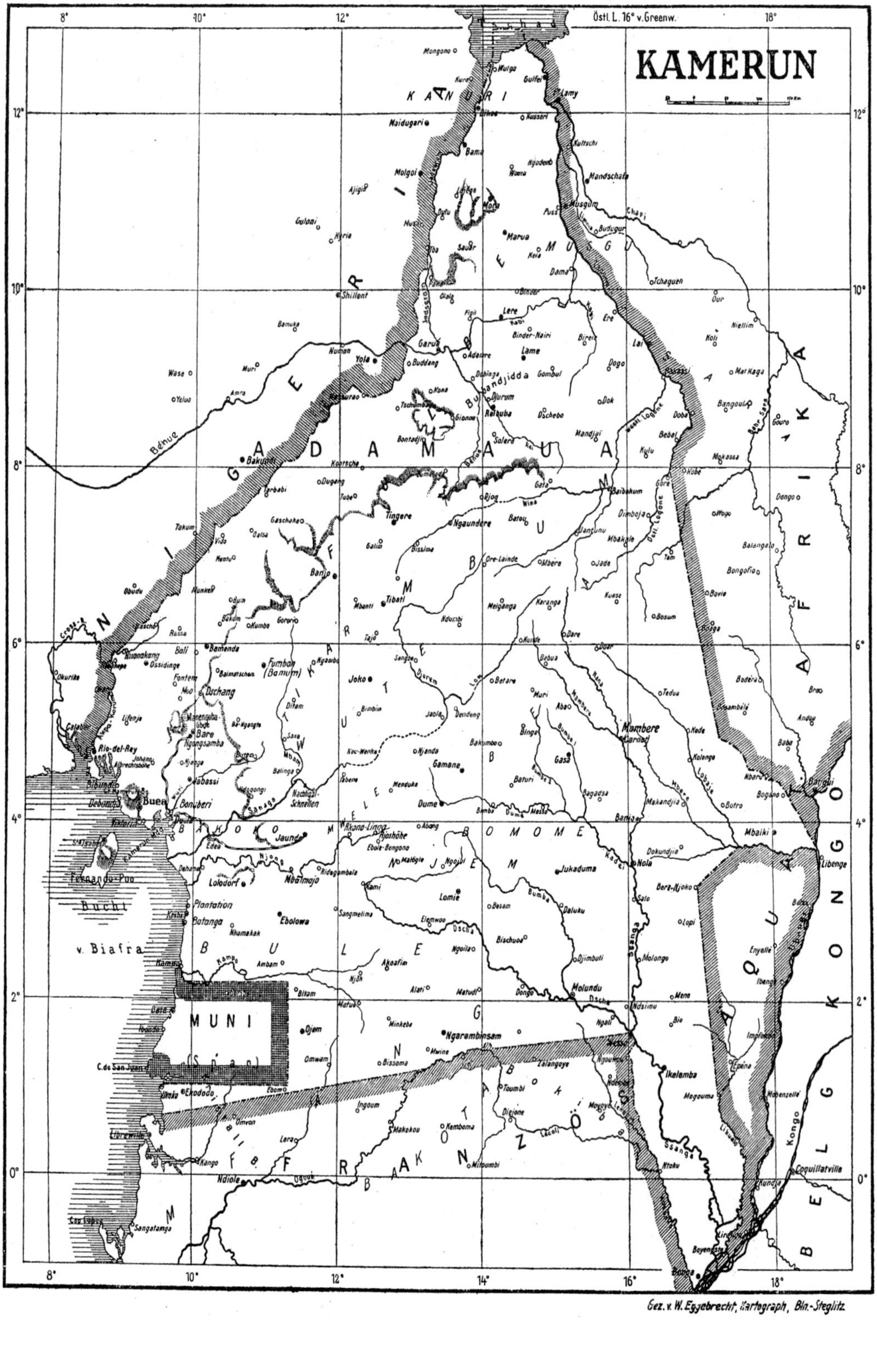

Gez. v. W. Eggebrecht, Kartograph, Bln.-Steglitz

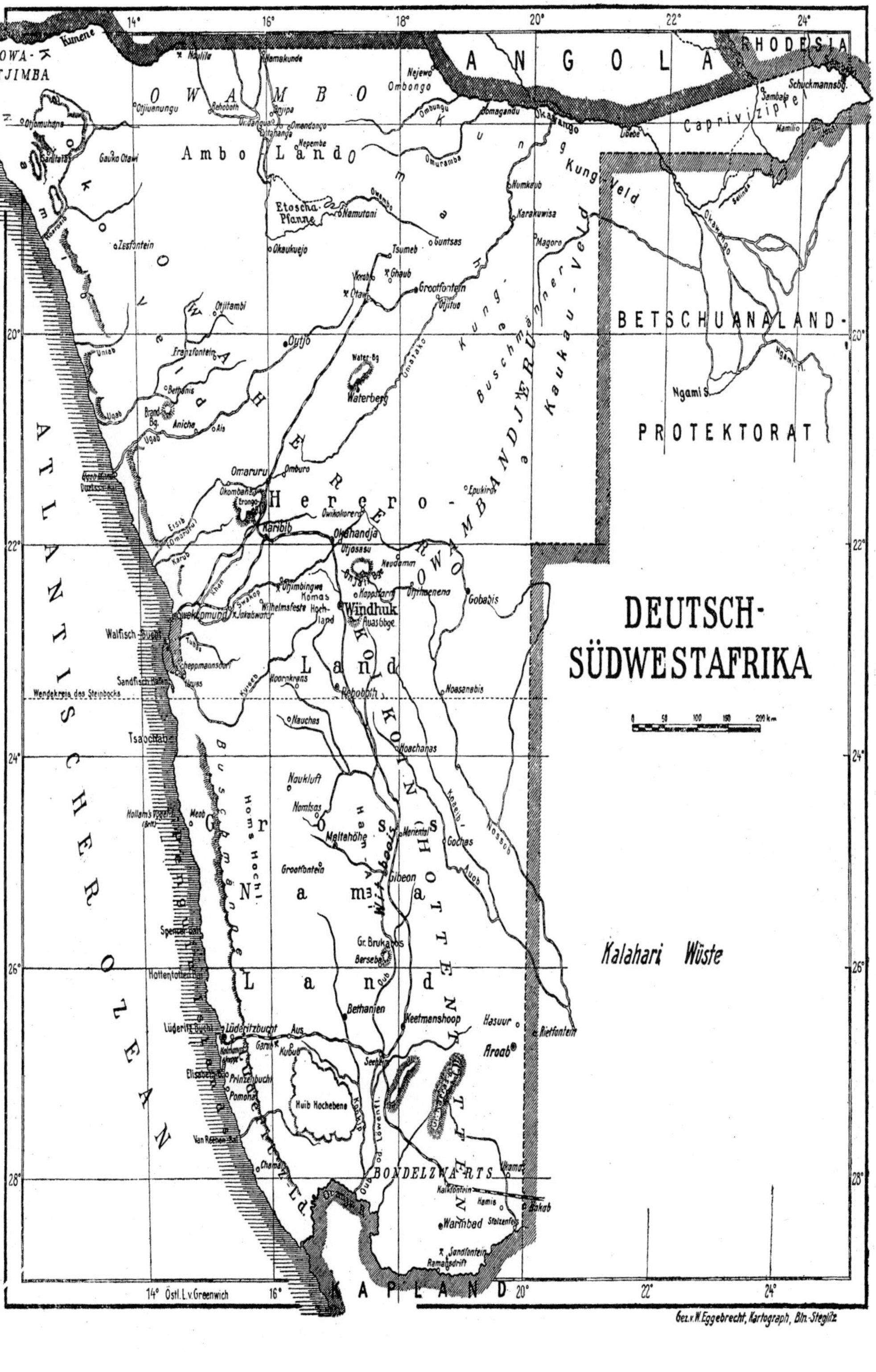

Gez. v. W. Eggebrecht, Kartograph, Bln.-Steglitz

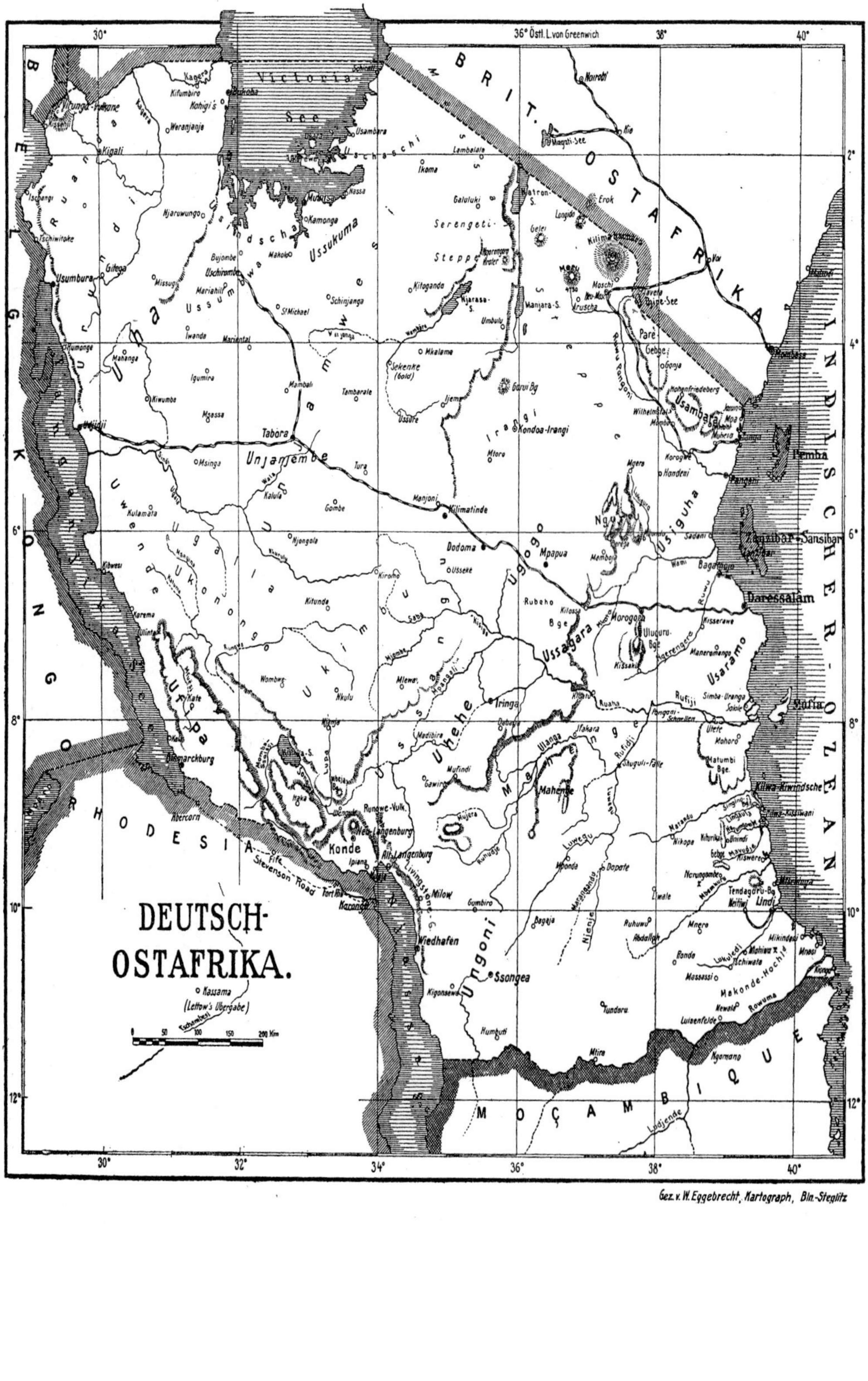

Gez. v. W. Eggebrecht, Kartograph, Bln.-Steglitz

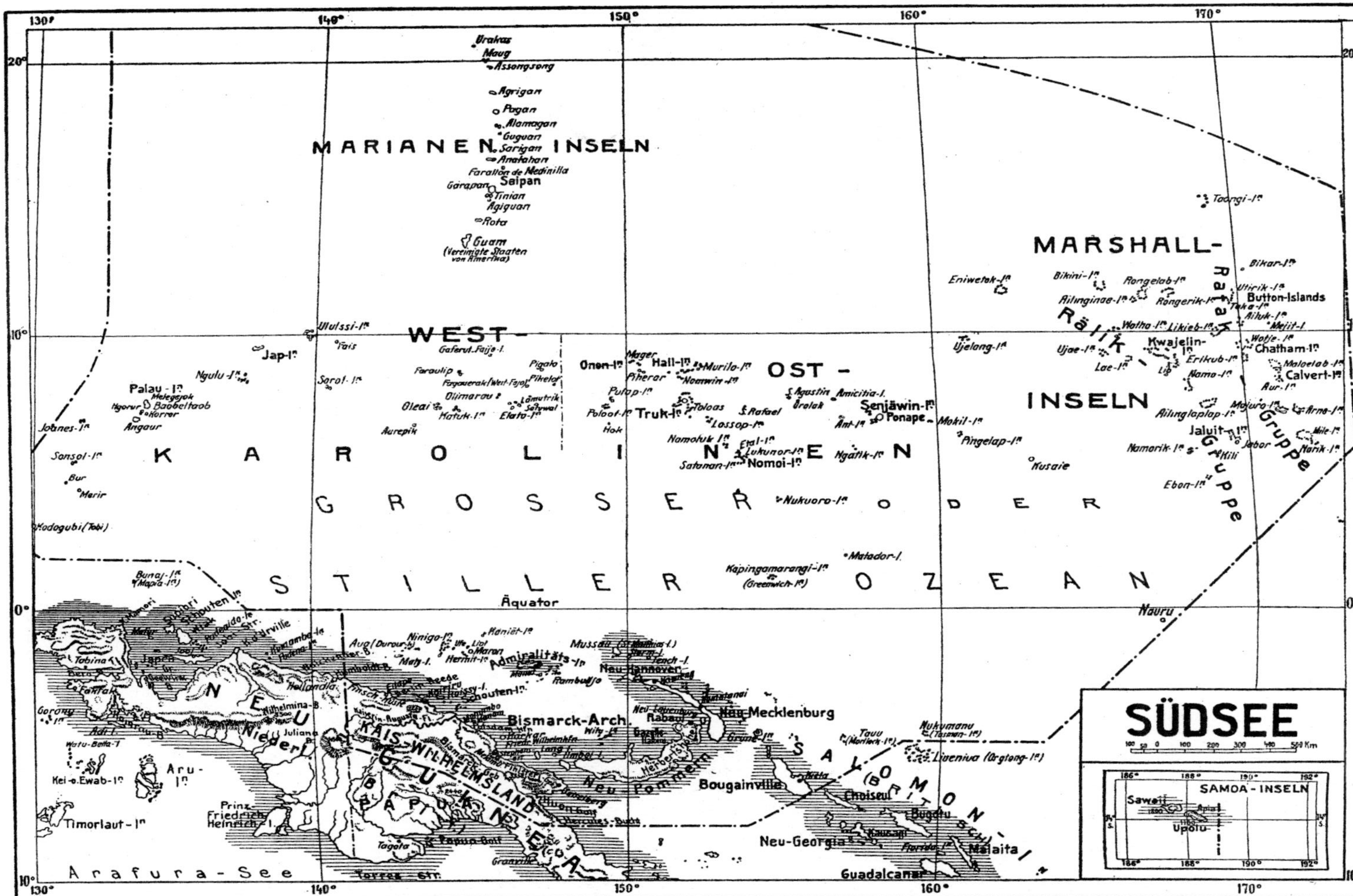

Gez. v. W. Eggebrecht, Kartograph, Bln.-Steglitz

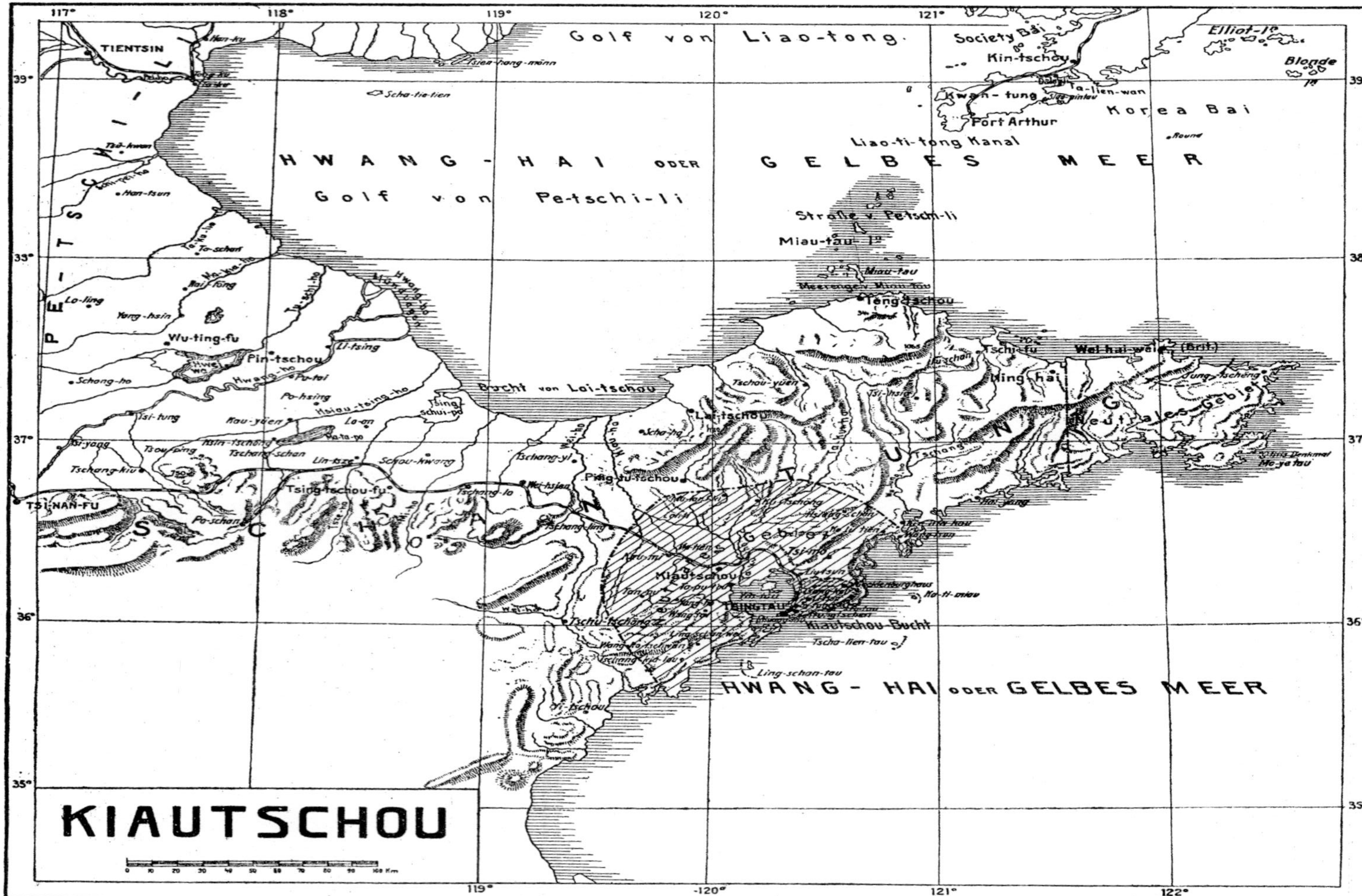

Gez. v. W. Eggebrecht, Kartograph, Bln.-Steglitz